Karl Christian Führer
Das Fleisch der Republik

Quellen und Darstellungen zur Zeitgeschichte

Herausgegeben vom Institut für Zeitgeschichte

Band 133

Karl Christian Führer

Das Fleisch der Republik

Ein Lebensmittel und die Entstehung
der modernen Landwirtschaft
in Westdeutschland 1950–1990

**DE GRUYTER
OLDENBOURG**

ISBN 978-3-11-153669-9
e-ISBN (PDF) 978-3-11-079414-4
e-ISBN (EPUB) 978-3-11-079432-8
ISSN 0481-3545

Library of Congress Control Number: 2022935826

Bibliografische Information der Deutschen Nationalbibliothek
Die Deutsche Nationalbibliothek verzeichnet diese Publikation in der Deutschen
Nationalbibliografie; detaillierte bibliografische Daten sind im Internet
über http://dnb.dnb.de abrufbar.

© 2024 Walter de Gruyter GmbH, Berlin/Boston
Titelbild: © ullstein bild – RDB / Blick
Dieser Band ist text- und seitenidentisch mit der 2022 erschienenen gebundenen
Ausgabe.

Satz: Meta Systems Publishing & Printservices GmbH, Wustermark
Druck und Bindung: Beltz Bad Langensalza GmbH

www.degruyter.com

Inhalt

Einleitung	1
I. Eine optimale Form der Fleischversorgung? Die Ordnung des deutschen Fleischmarktes vom Kaiserreich bis in die 1950er Jahre	13
1. Zwang und Kontrolle im Interesse der „Volksgesundheit": die öffentlichen Vieh- und Schlachthöfe als zentrale Instanzen des Fleischmarktes	13
2. Turbulenzen und Kontinuitäten: das deutsche Vermarktungssystem für Vieh und Fleisch vom Ersten Weltkrieg bis in die 1950er Jahre	31
II. Fleisch essen	41
1. Von Rekord zu Rekord: die Entwicklung des Fleisch-Konsums in der jungen Bundesrepublik	41
2. Möglichst kein Fett: ein neues Konsummuster und seine Folgen für den Fleischmarkt	56
3. Hartnäckige Traditionen: die Vorliebe der Deutschen für Schweinefleisch und Wurstwaren	67
4. Antibiotika und andere „Rückstände": Fleischskandale in der Bundesrepublik und ihre Auswirkungen auf den Fleischkonsum	76
5. Formen der Selbstversorgung: die Jagd auf Wildtiere und Hausschlachtungen von Schweinen	91
III. Fleisch verkaufen	99
1. Ein Markt wird neu verteilt: die Entstehung der Supermärkte mit „Frischesortiment" und der Niedergang der Metzgereien	99
2. Die Konkurrenz verstärkt sich: „Discounter" als neue Wettbewerber auf dem Lebensmittelmarkt und Fleisch als SB-Artikel	109
3. Schwierige Waren: Probleme beim Verkauf von Fleisch und Wurst	121
4. Wachsende „Nachfragemacht": Konzentrationsprozesse im Einzelhandel mit Lebensmitteln	136
5. Die Einkaufsmacht der Supermarktketten auf dem Fleischmarkt	154

IV. Modernisierung der Schlachthöfe und der Wurstproduktion für mehr „Marktservice" 161
   1. Neue Akteure: der Aufstieg der Versandschlachthöfe 161
   2. Neue Geschäftsfelder: das Streben der Versandschlachthöfe nach vertikaler Integration 173
   3. Beginnende Bedrängnis: die Entwicklung der städtischen Vieh- und Schlachthöfe in den 1960er Jahren und der Streit um eine Rückkehr zur „Freizügigkeit" für Fleisch 182
   4. Umwälzung eines Marktes: der Siegeszug der „Totvermarktung" nach 1970 190
   5. Auf dem Weg zur Massenproduktion: Boom und Automatisierung des Schlachtens 201
   6. Gefährdete „Giganten": die Marktmacht der großen Versandschlachthöfe 214
   7. Fleischverarbeitende Betriebe und ihre Stellung im neuen Marktsystem 227

V. Tiere und Landwirte im neuen Marktsystem 243
   1. Hühner als Fleischlieferanten und die moderne Geflügelwirtschaft 243
      1.1. Eine neue Form der Landwirtschaft und ihre Voraussetzungen 243
      1.2. Hoffnung auf einen Sonderweg: die westdeutsche Kritik am amerikanischen Produktionssystem für Hühnerfleisch 259
      1.3. Eine Erfolgsbilanz der bundesdeutschen Hühnermast 267
      1.4. Kritik und Selbstzweifel: Streitigkeiten über die negativen Seiten der modernen Geflügelwirtschaft 278
      1.5. Überangebot, Preiskrisen und Prozesse der Konzernbildung: Grundprobleme der Geflügelfleisch-Branche und die unternehmerische Entwicklung der Verarbeitungsbetriebe nach 1960 290
      1.6. Vertragsbindungen und betriebliche Konzentration in der Hühnermast 301
   2. Schweine und Schweinehalter in Zeiten des Massenkonsums 315
      2.1. Der Weg zum „Deutschen Fleischschwein" 315
      2.2. Mangelnde Fleischqualität und die Hybridzucht 327
      2.3. Weniger Arbeit, höhere Produktivität: Konzepte einer modernisierten Schweinehaltung 342

	2.4.	„Nie würde ich ohne Einstreu arbeiten": betriebswirtschaftliche Argumente für die traditionellen Haltungsformen	353
	2.5.	Schweinezyklen und eine Marktordnung eigener Art: die Instabilität von Angebot und Preisen	365
	2.6.	Die Kunst, als Schweinehalter dauerhaft erfolgreich zu wirtschaften	379
	2.7.	Auf der Seite der Gewinner: betriebliche und räumliche Konzentrationsprozesse in der Schweinehaltung	392
	2.8.	Das Gülle-Problem und seine Bedeutung für die Entwicklung der bundesdeutschen Schweinehaltung	403
3.	Die Haltung von Rindern und die Rindfleischproduktion		418
	3.1.	Ein „Komplementär-Betriebszweig" expandiert: die Rindermast in der Bundesrepublik	418
	3.2.	Wachsende Unordnung: die „Dauerintervention" der EG auf dem Rindfleischmarkt und ihre Folgen	429

VI. Vergebliche Mühen: das Scheitern der bundesdeutschen Politik in ihrem Kampf gegen die „Massentierhaltung" 457

Schlussbetrachtung 479

Danksagung 491

Abkürzungsverzeichnis 493

Quellen- und Literaturverzeichnis 495

Personenverzeichnis 521

Einleitung

Der Konsum von Fleisch ist in unserer Gesellschaft hoch umstritten. Es mangelt nicht an Appellen, deutlich weniger oder möglichst sogar überhaupt kein Fleisch zu essen. Die Gründe, die dabei genannt werden, sind vielfältig. Gesundheitliche Warnungen finden sich ebenso wie Hinweise auf massiv negative ökologische Folgen der landwirtschaftlichen Tierhaltung; die Fleischkritiker argumentieren mit dem Wohlbefinden und dem Lebensrecht der Tiere sowie auch mit Mahnungen, ohne eine „Fleischwende" könne es keine globale „Klimagerechtigkeit" geben.[1]

Zugleich aber verzehren die Bundesbürger enorm viel Fleisch – trotz der vielen argumentativ detailliert untermauerten Proteste gegen die moderne Tierhaltung und die von ihr verursachten Schäden und Probleme. Für die große Mehrheit der Bevölkerung kommt dieses Nahrungsmittel selbstverständlich jeden Tag neu auf den Tisch. Im internationalen Vergleich zählt die Bundesrepublik zu den Ländern, in denen der Pro-Kopf-Verbrauch von Fleisch ganz besonders hoch liegt.[2]

Die hier vorgelegte Studie führt in die vier Jahrzehnte nach 1950, in denen sich dieses ebenso dominante wie kontrovers diskutierte Konsummuster dauerhaft etablierte. Vereinfacht gesagt, zählte Fleisch zuvor auch in Deutschland zu den Nahrungsmitteln gehobener Art: Es war teuer und stand nur wirklich wohlhabenden Haushalten nach Belieben zur Verfügung. Zunächst zögerlich, dann aber zunehmend rascher begann in der zweiten Hälfte des 20. Jahrhunderts eine ganz neue Entwicklung: Es kam zu einer umfassenden Demokratisierung des Fleischkonsums. Zumal nach 1960 wurden frisches Fleisch und Fleischwaren verschiedenster Art für die Bundesbürger immer mehr zu Alltagsartikeln; die konsumierten Mengen wuchsen enorm.

Gleichzeitig wandelte sich der Fleischmarkt in der Bundesrepublik auf allen seinen Ebenen ganz grundlegend. Dies galt sowohl für den Verkauf von Fleisch an die Konsumentinnen und Konsumenten wie auch für die Verarbeitung dieser Ware und für die Beziehungen zwischen Fleischverarbeitern und Landwirten sowie – last but not least – auch für die Haltung der fleischliefernden Tiere auf den Bauernhöfen und für deren Zucht. So entstand das heute vielfach so heftig als ökologisch zerstörerisch und inhuman kritisierte Produktionssystem.

---

[1] Die entsprechende Literatur ist enorm umfangreich. Vgl. beispielhaft knapp resümierend etwa: Barbara Unmüßig/Olaf Brandt/Dorothee D'Aprile, Vorwort, in: Fleischatlas 2021. Daten und Fakten über Tiere als Nahrungsmittel, Bonn 2021, S. 6–7; Ryan Gunderson, Meat and Inequality. Environmental Health Consequences of Livestock Agribusiness, in: Jody Emel/Harvey Neo (Hrsg.), Political Ecologies of Meat, London und New York 2015, S. 101–108. Vgl. auch verschiedene Beiträge in: Jana Rückert-John/Melanie Kröger (Hrsg.), Fleisch. Vom Wohlstandssymbol zur Gefahr für die Zukunft, Baden-Baden 2019. Exemplarisch für viele Monographien vgl. etwa: Jonathan Safran Foer, Tiere essen, Köln 2010 (ein international erfolgreicher Titel); Tanja Busse, Die Wegwerfkuh. Wie unsere Landwirtschaft Tiere verheizt, Bauern ruiniert, Ressourcen verschwendet und was wir dagegen tun können, München 2015; Matthias Wolfschmidt (unter Mitarbeit v. Stefan Scheytt), Das Schweinesystem. Wie Tiere gequält, Bauern in den Ruin getrieben und Verbraucher getäuscht werden, Frankfurt/Main 2016.

[2] Vgl. die Angaben in: Fleischatlas, S. 11.

All diese Veränderungen sollen im Folgenden genauer untersucht werden. Angestrebt wird eine umfassende Geschichte des Fleischmarktes in einer Phase, in der er massiv expandierte und gleichzeitig tiefgreifend umgestaltet wurde. Die Studie will alle wichtigen Aspekte dieser beiden Entwicklungen berücksichtigen und versucht, alle Ebenen des Marktsystems gleichberechtigt ins Auge zu fassen. Sie nutzt so das Lebensmittel Fleisch, um exemplarisch die Komplexität marktwirtschaftlicher Prozesse deutlich zu machen, die sowohl direkt wie auch indirekt verschiedene ökonomische Sphären miteinander verbinden, die von einer Vielzahl eigenständiger Akteure mit jeweils eigenen Interessen, Traditionen und Handlungsmöglichkeiten gestaltet werden.

Auf diese Weise soll die Geschichte der Landwirtschaft in die allgemeine Sozial- und Wirtschaftsgeschichte der nach 1950 entstehenden Wohlstandsgesellschaft eingebunden werden, in der die große Masse der Bürgerinnen und Bürger erstmals so leben konnte, dass sie den Gürtel nicht notwendigerweise stets eng schließen mussten. So lässt sich prüfen, wie Wandlungen in der Agrarproduktion, dem primären Sektor des wirtschaftlichen Lebens, mit Veränderungen in der nicht-agrarischen Gesellschaft zusammenhingen. Die massiv gesteigerte Leistungskraft der Bauern und die dabei eingesetzten Methoden lassen sich so abgewogener und fairer beurteilen als in einer Studie, die allein auf das landwirtschaftliche Marktsegment schaut und daher in der Gefahr steht, Wirkungen zu beschreiben, deren Ursachen im Dunkeln bleiben.

Konkret zielt dieser umfassende Blick auf die landwirtschaftliche Haltung der drei Tierarten, deren Fleisch in der Bundesrepublik am häufigsten verzehrt wurde (und wird): auf Schweine, Rinder und Hühner. Die Arbeit erfasst damit den bedeutsamsten Teil der agrarischen „Veredelung", d. h. der Produktion höherwertiger landwirtschaftlicher Produkte, die auf den Früchten der Feldwirtschaft aufbaut und den Bauern den größten Teil ihrer Einnahmen bringt.[3]

Als Studie, die sehr verschiedene Bereiche der sozialen Realität ins Auge nimmt, berührt die hier vorgelegte Arbeit zwangsläufig zahlreiche der vielen Subkategorien, in die sich die Geschichtswissenschaft mittlerweile untergliedert. Sie behandelt Fragen der Konsumgeschichte und in diesem Zusammenhang auch einen Aspekt der Geschlechtergeschichte, denn Fleisch war für Frauen und Männer eine Ware

---

[3] Schon Anfang der 1960er Jahre entfielen 41 Prozent der gesamten Einnahmen der bundesdeutschen Landwirtschaft auf den Verkauf von schlachtreifen Schweinen und Rindern. Alle Produkte der „Veredelung" (inklusive der Milch) erbrachten zusammen etwas mehr als 70 Prozent der agrarwirtschaftlichen Erlöse. Max Witt, Ernährungssicherung als Aufgabe der Industriegesellschaft, Göttingen 1963, S. 11. Zudem diente auch die Pflanzenproduktion vor allem der Viehhaltung: 70 Prozent der Ernte an Feldfrüchten wurden im Inland als Tierfutter eingesetzt. Rentabilitätssteigerung bei der tierischen Veredelung. Vorträge auf der DLG-Herbsttagung Köln 1967. Schlachttiere im Wettbewerb. 6. DLG-Ausschlachtungsschau Köln 1967, Hannover 1967, S. 7. – In zeitgenössischen Dokumenten findet sich recht häufig die Schreibweise „Veredlung" statt „Veredelung". Diese Varianz wurde bei der Erstellung des folgenden Textes (auch in Zitaten) stillschweigend ignoriert, um keine sprachliche Verwirrung zu stiften. Es heißt daher durchgehend „Veredelung".

besonderer Art: Frauen verzehrten es im Durchschnitt in deutlich geringeren Mengen als Männer, obwohl sie innerhalb der Familien doch typischerweise sowohl den Einkauf wie auch dessen Zubereitung übernahmen. Eine vergleichbare Diskrepanz gab (und gibt) es bei keinem anderen Lebensmittel – daher gehört dieser geschlechtsspezifische Konsum zwingend in den Rahmen der hier vorgelegten Studie.

Die Untersuchung arbeitet darüber hinaus wirtschafts- und unternehmenshistorisch, wenn es um den Einzelhandel, die Schlachthöfe und die fleischverarbeitende Industrie sowie um die Landwirte geht, denn alle diese Betriebe verfolgten eigene Gewinninteressen. Sie leistet auch einen Beitrag zur Politikgeschichte – und dies gilt keineswegs nur für den Bereich der Agrarpolitik, die Bauern gegenüber den Gewerbetreibenden in Industrie und Handwerk aus ideologischen Gründen stets bevorzugt behandelte, um sie vor dem freien Wettbewerb zu schützen. Aufgrund gesundheitspolitischer Sorgen waren darüber hinaus sowohl der Viehhandel wie auch die Schlachtung von Tieren in Deutschland schon seit dem 19. Jahrhundert stark durch staatliche Vorschriften geprägt. Der fundamentale Wandel dieser Marktebene in den Jahrzehnten zwischen 1950 und 1990 trotz unveränderter Vorschriften war daher auch ein enorm politisches Thema. Nach Gründung der Europäischen Gemeinschaft (EG) im Jahr 1958 wurden zudem die in Brüssel vereinbarten Regeln immer wichtiger. Diese Einflüsse sind angemessen zu berücksichtigen. Dabei bietet sich die Chance, am Beispiel von Rindfleisch die Praxis einer der dirigistischen „Marktordnungen" für Agrarprodukte genauer zu untersuchen, die im Untersuchungszeitraum für die Gemeinsame Agrarpolitik der EG (GAP bzw. CAP) typisch waren.

Schließlich und endlich behandelt die Studie selbstverständlich einen zentralen Abschnitt in der neueren Agrargeschichte. Dabei berücksichtigt sie auch Ergebnisse der Wissensgeschichte, weil die moderne landwirtschaftliche Produktion ohne die praktische Umsetzung hochspezialisierter biologisch-chemischer Forschungsergebnisse überhaupt nicht funktionieren würde. In diesem Zusammenhang wird zwangsläufig das Mensch-Tier-Verhältnis intensiv behandelt. Die Frage, ob die Geschichtsschreibung – wie einige Historikerinnen und Historiker meinen – in der Lage ist, auch die Perspektive „nicht-menschlicher Tiere" einzunehmen, um so zu einer „Animate History" zu gelangen, die Tiere als „subjects in their own right" präsentiert, oder ob der Mensch auch bei diesem Projekt letztlich doch wieder nur sich selbst entdeckt, will ich hier nicht diskutieren.[4] Die vorgelegte Arbeit

---

[4] Das Zitat aus: Etienne Benson, Animal Writes: Historiography, Disciplinarity, and the Animal Trace, in: Linda Kalof/Georgina M. Montgomery (Hrsg.), Making Animal Meaning, East Lansing 2010, S. 3–16, hier: S. 5. Zu Konzept und Praxis der „Animate History" vgl. beispielhaft etwa: Friedrich Jaeger (Hrsg.), Menschen und Tiere. Grundlagen und Herausforderungen der Human-Animal-Studies, Berlin 2020; Anna Barcz/Dorota Lagodska (Hrsg.), Animals and their People. Connecting East and West in Cultural Animal Studies, Leiden und Boston 2019; Sven Wirth (Hrsg.), Das Handeln der Tiere. Tierische Agency im Fokus der Human-Animal-Studies, Bielefeld 2016; Gesine Krüger/Aline Steinbrecher/Clemens Wischermann (Hrsg.), Tiere und Geschichte. Konturen einer *Animate History*, Stuttgart 2014.

versteht sich als Beitrag zur Geschichte menschlichen Handelns in konkreten, historisch bedingten sozialen Zusammenhängen. Sie nimmt auch keine Stellung zu der grundlegenden moralischen Frage, wie legitim die menschliche Macht über Tiere ist.[5] Tiere thematisiert sie als die Objekte einer durchweg interessengeleiteten Nutzung für menschliche Zwecke. Die zahlreichen Momente, in denen Schweine, Rinder und Hühner unter der ihnen zugewiesenen Rolle litten und sich daher nicht so verhielten und entwickelten, wie es ihre Eigentümer und Nutzer erwarteten und wollten, sind dennoch selbstverständlich Teil der Untersuchung. Wer sich für das Schicksal der drei wichtigsten Nutztierarten interessiert, wird daher im Folgenden zahlreiche Informationen finden. Deren emotionale und moralische Wertung bleibt jedoch Sache der Leserin/des Lesers.

Die Darstellung beginnt (nach einer Skizze der Vorgeschichte) in den 1950er Jahren, in denen sich der Markt für das hochwertige Lebensmittel „Fleisch" einerseits noch von den Schäden des Zweiten Weltkriegs erholte und dabei wieder die Gestalt annahm, die er vor 1939 gehabt hatte. Andererseits wurden in bestimmten Segmenten des Marktsystems für Frischfleisch und auch für Wurstwaren aber doch schon in dieser Zeit der Rekonstruktion die ersten Keime für Veränderungen gelegt.

Ihr Ende findet die Untersuchung in den Jahren 1989/90. Zum einem präsentierten sich der Verbrauch, der Verkauf, die Verarbeitung und auch die landwirtschaftliche Produktion von Fleisch zu diesem Zeitpunkt gegenüber den 1950er Jahren bereits so vollständig gewandelt, dass sich schon unsere Gegenwart erkennen lässt. Die Phase, in der sich der bundesdeutsche Fleischmarkt grundlegend veränderte, war weitgehend abgeschlossen. Zum anderen hätte eine weitere Ausdehnung des Untersuchungszeitraums die Notwendigkeit mit sich gebracht, auch noch zu analysieren, wie der Einzelhandel, die Schlachthöfe und die Landwirtschaft auf dem Gebiet der ehemaligen DDR in das bundesdeutsche Marktsystem integriert wurden. Dies aber sind Themen eigener Art, die historiographisch eigenständig untersucht werden sollten.

Als eine umfassend konzipierte historische Untersuchung zur Geschichte eines modernen Lebensmittelmarktes hat die hier vorgelegte Studie einige Vorläufer und Vorbilder. Vergleichbar angelegte Arbeiten, die sich mit Fleisch beschäftigen, behandeln jedoch entweder die USA oder den Markt in diktatorischen Systemen. Typischerweise konzentrieren sie sich auf nur eine Fleisch- und Tierart; teilweise sind sie bewusst als geschichtlich weit ausgreifende Überblicksdarstellungen konzipiert, die zwangsläufig in der Darstellung einzelner Epochen auf Detailgenauigkeit verzichten müssen.[6]

---

[5] Vgl. dazu etwa: Bernd Ladwig, Politische Philosophie der Tierrechte, Berlin 2020; Herwig Grimm/Markus Wild, Tierethik – zur Einführung, Hamburg 2016.

[6] Beides gilt etwa für die konzeptionell ansonsten eng verwandte Untersuchung: Joshua Specht, Red Meat Republic. A Hoof-to-Table History of how Beef changed America, Princeton/NJ und Oxford 2019 (sie beginnt in präkolumbianischen Zeiten, reicht bis in die Gegenwart und umfasst 260 Textseiten). Vgl. als weitere thematisch verwandte Arbeiten auch: Paul R. Josephson, Chicken. A History from Farmyard to Factory, Cambridge/MS 2020; Thomas Fleischman,

Für die Bundesrepublik und für die Jahrzehnte zwischen 1950 und 1990 wird daher im Folgenden vielfach thematisches Neuland betreten. Vor allem fehlt es an Untersuchungen, die sich umfassend mit dem epochalen Wandel in der Agrarproduktion in dieser Zeit beschäftigen. Die jüngst erschienene Studie von Veronika Settele nimmt die ökonomischen, sozialen und politischen Kontexte der von ihr untersuchten „Revolution im Stall" nur thesenhaft und damit unzureichend in den Fokus. Trotz vieler wertvoller einzelner Informationen ist ihre Geschichte der landwirtschaftlichen Tierhaltung in der DDR wie auch in Westdeutschland daher keineswegs erschöpfend. Gerade die (in Ost und West sehr unterschiedlichen) Verbindungen zwischen den einzelnen Ebenen des Marktes bleiben unterbelichtet.[7]

Andere neuere Arbeiten – etwa von Kiran Klaus Patel und Melanie Kröger – beschäftigten sich ausschließlich mit der Agrarpolitik. Daneben stehen einige Gesamtgeschichten der landwirtschaftlichen Produktion, die notwendigerweise schematisch bleiben müssen, da sie für die Zeit nach dem Zweiten Weltkrieg keinen differenzierten Forschungsstand wiedergeben können.[8] Forschungen zur Konsumgeschichte streifen gelegentlich auch die Entstehung der modernen hochproduktiven Landwirtschaft, begnügen sich dabei aber mit groben Skizzen oder kaum kontextualisierten statistischen Angaben.[9]

Communist Pigs. An Animal History of East Germany's Rise and Fall, Seattle 2020; Jan Mohnhaupt, Tiere im Nationalsozialismus, München 2020; Monika R. Gisolfi, The Takeover. Chicken Farms and the Roots of American Agribusiness, Athens/GA 2017; Anett Lau, Das sozialistische Tier. Auswirkungen der SED-Politik auf das gesellschaftliche Mensch-Tier-Verhältnis in der DDR (1949–1989), Köln etc. 2017; Tiago Saraiva, Fascist Pigs. Technoscientific Organisms and the History of Fascism, London 2016; Mark Essig, Lesser Beast. A Snout-to-Tail History of the humble Pig, New York 2015; Christopher Leonard, The Meat Racket. The secret Takeover of America's Food Business, New York etc. 2014; Roger Horowitz, Putting Meat on the American Table. Taste, Technology, Transformation, Washington D.C. 2006; Patrice Poutrus, Die Erfindung des Goldbroilers. Über den Zusammenhang zwischen Herrschaftssicherung und Konsumentwicklung in der DDR, Köln 2002. Global angelegt: Josh Berson, The Meat Question. Animals, Humans, and the deep History of Food, Cambridge/MS und London 2019; Andrew Rimas/Evan D. G. Fraser, Beef. How Milk, Meat, and Muscle shaped the World, Edinburgh und London 2008.

7 Veronika Settele, Revolution im Stall. Landwirtschaftliche Tierhaltung in Deutschland 1945–1990, Göttingen 2020.

8 Politikgeschichtlich orientiert vgl.: Kiran Klaus Patel, Europäisierung wider Willen. Die Bundesrepublik Deutschland in der Agrarintegration der EWG 1955–1973, München 2009; Melanie Kröger, Die Modernisierung der Landwirtschaft. Eine vergleichende Untersuchung der Agrarpolitik Deutschlands und Österreichs nach 1945, Berlin 2006. Als Beispiele für resümierende Gesamtdarstellungen vgl. etwa: Friedrich Kuhlmann, Entwicklungen der Landwirtschaft in Deutschland. Eine Reise durch die Zeit von 1850 bis zur Gegenwart, Frankfurt/Main 2019; Alois Seidl, Deutsche Agrargeschichte, Frankfurt/Main 2014. Mit Fokus auf die Zeit bis 1950: Peter Exner, Ländliche Gesellschaft und Landwirtschaft in Westfalen 1919–1969, Paderborn 1997; Paul Erker, Der lange Abschied vom Agrarland. Zur Sozialgeschichte der Bauern im Industrialisierungsprozeß, in: Matthias Frese/Michael Prinz (Hrsg.), Politische Zäsuren und gesellschaftlicher Wandel im 20. Jahrhundert, Paderborn 1996, S. 327–360.

9 Vgl. etwa: Maren Möhring, Ernährung im Zeitalter der Globalisierung, Leipzig 2007; dies., Fremdes Essen. Die Geschichte der ausländischen Gastronomie in der Bundesrepublik Deutschland, München 2012; Nepomuk Gasteiger, Der Konsument. Verbraucherbilder in

So bleibt als wichtiger Beitrag zur neueren Agrargeschichte für die Bundesrepublik vor allem die Untersuchung von Frank Uekötter zur Wissenschaftsgeschichte der deutschen Landwirtschaft.[10] In breiter historischer Perspektive behandelt sie die intensiven Bemühungen um Verwissenschaftlichung der Agrarproduktion bis in die jüngste Vergangenheit und demonstriert dabei eindrucksvoll die Möglichkeiten einer kulturgeschichtlich orientierten und sozialgeschichtlich kontextualisierten Agrargeschichte. Uekötter konzentriert sich auf Forschungen zur Bodenfruchtbarkeit. So wird die Tierhaltung für den Zeitraum nach 1950 nur in einem prägnant zugespitzten Überblick angesprochen. Zudem bleibt den landwirtschaftlichen Produzenten in der Darstellung neben den Wissenschaftlern durchweg nur eine Nebenrolle.[11]

Vor diesem Hintergrund können einige Schlussfolgerungen der verdienstvollen Arbeit wohl berechtigt eher als Anstoß für weitere Forschungen denn als abschließendes Fazit gelten. Dies gilt etwa für Uekötters These, es gebe gerade in der zweiten Hälfte des 20. Jahrhunderts eine „Eigendynamik der agrartechnischen Entwicklung", sowie für sein Fazit, diese Eigendynamik habe zu einem „monströsen System" der landwirtschaftlichen Produktion geführt, „das eigentlich niemand gewollt hatte".[12]

Zu fragen wäre zumal, ob dieses Fazit auch noch gilt, wenn gezielt nach den Handlungszwängen und Handlungsspielräumen der Agrarproduzenten gefragt wird, die auf nationale und internationale Konkurrenz, staatliche Auflagen und Subventionsangebote sowie vor allem auch auf die Preisvorstellungen, Qualitätserwartungen und Konsumgewohnheiten der Fleischverarbeiter, des Handels und der Verbraucherinnen und Verbraucher reagieren mussten. Im Folgenden soll diese Kontextualisierung versucht werden.

Das Quellenmaterial für die hier vorlegte Untersuchung lieferten vor allem Akten staatlicher Archive (insbesondere aus dem Bestand des Bundeslandwirtschaftsministeriums im Bundesarchiv Koblenz) und – stärker noch – die zeitgenössische Fachpublizistik. Firmenarchive waren nicht zugänglich: Entsprechende Anfragen bei großen Handelsunternehmen und fleischverarbeitenden Betrieben, die im Untersuchungszeitraum aktiv waren, blieben durchweg ohne positive Antwort. Wie sich bei den Recherchearbeiten zeigte, ließ sich die so entstandene Materiallücke allerdings durch eine systematische Auswertung der seinerzeit erscheinenden Fachzeitschriften recht gut kompensieren. Sie erwiesen sich als ebenso

---

Werbung, Konsumkritik und Verbraucherschutz 1945–1989, Frankfurt/Main 2012; Alfred Reckendrees, Konsummuster im Wandel: Haushaltsbudgets und privater Verbrauch in der Bundesrepublik Deutschland 1952–1998, in: Jahrbuch für Wirtschaftsgeschichte 2007/II, S. 29–61; Roman Sandgruber, Das Geschlecht der Esser, in: Rolf Walter (Hrsg.), Geschichte des Konsums. Erträge der 20. Arbeitstagung der Gesellschaft für Sozial- und Wirtschaftsgeschichte 23.–26. April 2003 in Greifswald, Stuttgart 2004, S. 379–408.

[10] Frank Uekötter, Die Wahrheit ist auf dem Feld. Eine Wissenschaftsgeschichte der deutschen Landwirtschaft, Göttingen 2010.

[11] Zur Tierhaltung vgl.: ebenda, S. 341–354.

[12] Ebenda, S. 346 f.

umfangreich wie kompetent und diskussionsfreudig. Wichtiger noch: In den vielen Fachzeitschriften, die sich in der Zeit zwischen 1950 und 1990 in der Bundesrepublik mit Fragen aus dem Geschäft der Einzelhändler, der Schlachthöfe und der fleischverarbeitenden Industrie beschäftigten, schrieben vielfach Praktiker für Praktiker. Das Expertenwissen, das sich in diesen Publikationen findet, erwies sich als ausgesprochen praxisnah und -bezogen. Auch wenn viele dieser Texte als Ratschlag und Handlungsanweisung gedacht waren, wie man es besser machen solle, so geben sie – teilweise ganz direkt, teilweise auch eher indirekt – doch detailliert Auskunft über die Realität des jeweiligen Gewerbezweiges. So werden Blicke auch hinter die Kulissen dieser verschiedenen Arbeits- und Wirtschaftswelten möglich, bei denen teilweise sogar einzelne Betriebe und einzelne Unternehmer mit ihren individuellen Vorgeschichten und Problemen in den Fokus geraten.

Beim Einzelhandel, den fleischverarbeitenden Betrieben (inklusive der Schlachthöfe) und den Gewerbebereichen, die den Landwirten Maschinen, Arbeitsmaterialien und andere Hilfsmittel lieferten, ist die Existenz einer breiten Publizistik nicht überraschend: Es handelte sich in allen Fällen um ausgesprochen florierende Segmente der bundesdeutschen Ökonomie, die jeweils Milliardenumsätze verzeichneten. Spezielle mediale Öffentlichkeiten für die Belange fast jeder einzelnen Wirtschaftsbranche hatten in Deutschland eine lange Tradition; mit dem langen ökonomischen Aufschwung nach 1950 expandierte dieses Segment der Publizistik ganz enorm.[13]

Zudem wuchs der berufs- und brancheninterne Diskussionsbedarf mit den steigenden Umsätzen, mit den zunehmenden logistischen Herausforderungen, die größere Warenmengen und größere Betriebseinheiten mit sich brachten, ebenso wie durch die zunehmende Konkurrenz um Marktanteile und den dadurch vermehrten Zwang, das durch intensive Forschungs- und Entwicklungsarbeiten immer komplexer werdende Fachwissen der jeweiligen wirtschaftlichen Sparte möglichst genau zu überblicken. Repräsentativ angelegte, thematisch breit orientierte und redaktionell mehrheitlich exzellent betreute Fachzeitschriften wie etwa die „Lebensmittel-Zeitung", die „Lebensmittel-Praxis", die „Verpackungs-Rundschau", die „Schlacht- und Viehhof-Zeitung", „Kraftfutter" oder auch die „Fleischwirtschaft" bieten daher umfangreiches Material für historische Arbeiten zur Geschichte der Branchen, die den Bundesbürgern ihre Lebensmittel lieferten.

Für die Abschnitte der Untersuchung, die sich direkt mit der Geschichte der Agrarproduktion beschäftigten, lieferten landwirtschaftliche Fachzeitschriften ähnlich wertvolles Quellenmaterial. Dazu kommen ergänzend auch noch zahlreiche Tagungsberichte, Broschüren, Gutachten und Monographien. Die bemerkenswerte Publikationsdichte auch in diesem Segment der damaligen Medienlandschaft er-

---

[13] Vgl. zu beiden Aspekten exemplarisch jeweils für die in Hamburg erscheinenden Zeitschriften: Karl Christian Führer, Medienmetropole Hamburg. Mediale Öffentlichkeiten 1930–1960, München und Hamburg 2008, S. 173–180 sowie S. 255 f.

klärt sich zum einen durch die Vielzahl der agrarischen Interessenverbände in der Bundesrepublik. Neben dem „Deutschen Bauernverband" (DBV), der in den hier genauer untersuchten Jahrzehnten durchweg rund 90 Prozent aller hauptberuflichen Landwirte in Westdeutschland umfasste, existierten noch zahlreiche regionale Organisationen, die finanziell offensichtlich sehr gut ausgestattet waren. Einen guten Teil ihrer Gelder investierten sie in Zeitschriften für ihre bäuerliche Basis, die ein äußerst breites Themenspektrum bearbeiteten und teilweise fast schon einschüchternd umfangreich ausfielen. Das „Bauernblatt für Schleswig-Holstein" etwa erschien wöchentlich und umfasste zwischen 1960 und 1990 pro Jahrgang durchweg zwischen 5.000 und 6.000 Seiten; beim „Landwirtschaftsblatt Weser-Ems" verhielt es sich kaum anders. Fachfragen der Agrarwirtschaft füllten jeweils den größeren Teil davon.[14]

Publikationen, die fortlaufend ein durch eigene Erfahrungen fachlich enorm versiertes Publikum intensiv informieren, brauchen eine große Gruppe von ebenso kundigen wie schreibfreudigen Autoren. Diese Experten werden in den Abschnitten des hier vorgelegten Buches, die sich mit der landwirtschaftlichen Praxis beschäftigen, zwar vielfach zitiert. Gleichzeitig aber bleiben sie als Personen weitgehend im Dunkeln. Versuche, biografische Daten zu ermitteln, führten in der Regel nicht weit; intensivere Forschungen dazu hätten den Rahmen des Projektes gesprengt. So lässt sich hier nur resümierend vermerken, dass es sich bei den Fachmännern der agrarischen „Veredelung" (Autorinnen gab es auf diesem thematischen Feld so gut wie gar nicht) nur in wenigen Ausnahmen um Landwirte handelte. Sie rekrutierten sich mehrheitlich vielmehr aus den zahlreichen staatlichen und semi-staatlichen Institutionen, die in der Bundesrepublik mit Angelegenheiten der Landwirtschaft befasst waren.

Sowohl die Förderung der agrarischen Produktivität wie auch die wirtschaftliche Sicherung der bäuerlichen Familienbetriebe galten in Deutschland aus politisch-ideologischen Gründen spätestens seit dem 19. Jahrhundert als zentral wichtige politische Aufgaben. So entstand ein System von staatlicher Aufsicht und Förderung, das andere Gewerbebereiche nicht kannten. Die Bundesrepublik hat diese Tradition der intensiven Betreuung nicht nur fortgeführt, sondern sogar noch ausgebaut. Das Bundesland Schleswig-Holstein mag hier als Beispiel dienen. Wie alle anderen Flächenländer in der Bonner Republik besaß es selbstverständlich ein eigenständiges Landwirtschaftsministerium. Mitte der 1960er Jahre gliederte sich das Ressort in sechs verschiedene Abteilungen; insgesamt beschäftigte es 52 Fachreferenten. Dazu kamen dann noch drei regionale Landesämter sowie 30 Kreis-Landwirtschaftsämter. Bei der Landwirtschaftskammer Schleswig-Holstein schließlich handelte es sich um eine eigenständige öffentlich-rechtlich verfasste Institution, die sich auf die Zwangsmitgliedschaft aller Agrarproduzenten

---

[14] Allerdings gab es auch jeweils aktuelle Radio- und Fernsehprogramme, unterhaltende Beiträge bis hin zu einer Witzseite sowie separate Abschnitte für die „Landfrau", die sich vornehmlich mit Haushalt, Garten, Küche und Fragen der Kindererziehung beschäftigten.

zwischen Nord- und Ostsee stützte. Mit 18 Fach-Abteilungen war auch sie sehr breit aufgestellt; zudem lenkte sie die Arbeiten von 15 nachgeordneten Instituten und Außenstellen, die alle jeweils eigenes Personal besaßen.[15] Sogar noch üppiger präsentierte sich die Landwirtschaftskammer Westfalen-Lippe in Niedersachsen: Sie betrieb neben zwölf Fach-Abteilungen nicht weniger als 35 Kreisstellen, 49 Landwirtschaftsschulen und Wirtschaftsberatungsstellen, fünf Tierzuchtämter, drei Versuchsgüter und eine „Mastprüfungsanstalt".[16]

Da es in den übrigen Bundesländern kaum anders aussah und da es zudem auch noch Agrarwissenschaftler an Universitäten und staatlich finanzierten Forschungsinstituten sowie etliche sehr aktive gemeinnützige Fachvereine wie etwa die „Deutsche Landwirtschafts-Gesellschaft" gab, herrschte in den hier untersuchten Jahrzehnten kein Mangel an Männern, die es sich zur Aufgabe gemacht hatten, die Entwicklung der Landwirtschaft in der Bundesrepublik zu beobachten und fördernd zu kommentieren. Selbst eine Regionalzeitschrift wie das „Bauernblatt für Schleswig-Holstein" hatte daher kein Problem damit, Jahr für Jahr jeweils Tausende von Seiten mit fachlich fundierten Beiträgen zu füllen. Bereits in den 1960er Jahren, in denen sich die westdeutsche Industrie erst zögerlich für die aus den USA kommende Idee öffnete, auch Unternehmer könnten vielleicht von externer Expertise profitieren, waren die Landwirte zwischen Schleswig-Holstein und Bayern im Vergleich daher von Beratern bereits geradezu umstellt.[17]

Für die hier vorgelegte Untersuchung erwies sich diese besondere Struktur als sehr hilfreich: Die zahlreichen Informationen über die Praktiken und Probleme der landwirtschaftlichen Arbeit in der Bundesrepublik, die sich aus dieser Beratungsliteratur gewinnen lassen, erlauben es, die Wirtschafts- und Unternehmensgeschichte der Fleischproduktion durch landwirtschaftliche Betriebe zumindest in Grundzügen anschaulich zu skizzieren. Reportagen über einzelne Höfe gestatten zudem vereinzelt sogar detailgenaue Schilderungen, wie Landwirte sich dem Wettbewerb stellten.

Die folgende Darstellung beginnt – wie gesagt – mit einem historischen Rückblick auf die Struktur des deutschen Fleischmarktes in den Jahrzehnten vor 1950. Sie entstand im 19. Jahrhundert und blieb trotz politischer Umbrüche und trotz

---

[15] Alle Angaben nach: Friedrich Steding, Agrarpolitik zwischen Zwang und Freiheit. Ein Erlebnisbericht, Prien 1975, S. 79.

[16] Vgl. genauer das Organigramm in: Entwicklung und Aufgaben der Landwirtschaftskammer Westfalen-Lippe vom Beginn des Jahrhunderts bis Heute, Münster o. J. [1959], S. 268–270.

[17] Zum geringen Interesse bundesdeutscher Unternehmer in Industrie und Gewerbe an externen Beratungen noch in den Jahren um 1960 vgl. etwa: Heinrich Mechler, Der Unternehmer und sein Berater. Ein Erfahrungsbericht aus den USA, Stuttgart 1958, S. 60; Jost Hammerschmidt, Die unabhängige Wirtschaftsberatung in Deutschland. Stand und Ausbaumöglichkeiten unter Berücksichtigung ausländischer Erfahrungen, Erlangen 1964, S. 52 f. Nicht gemeint sind hier Buchprüfer und Steuerberater. Die Nutzung dieser Expertise hatte auch in Deutschland eine lange Tradition (Hammerschmidt, Wirtschaftsberatung, S. 45–49).

der heftigen wirtschaftlichen und sozialen Verwerfungen, die Deutschland in der ersten Hälfte des 20. Jahrhunderts erlebte, bis in die Anfänge des wirtschaftlichen Aufschwungs nach 1950 bemerkenswert stabil. Wesentliche Kennzeichnen dieser Marktordnung waren etwa die starke Stellung gemeinnütziger öffentlicher Schlachthöfe sowie der gering entwickelte Grad an Konkurrenz unter den Einzelhändlern, die Fleisch und Fleischwaren an die Endverbraucher verkauften.

Die an diesen Abschnitt anschließende Untersuchung der grundlegenden Wandlungen des Fleischmarktes beschäftigt sich zunächst mit der Geschichte des Fleischkonsums in der Bundesrepublik in den Jahren bis 1990. Die starken Zuwächse bei den verzehrten Fleischmengen werden ebenso beschrieben wie Neuerungen und Konstanten in den Konsummustern. Dabei ist auch nach den diversen sozialen Faktoren zu fragen, die den Fleischverbrauch prägten und darüber entschieden, welche Bevölkerungsgruppen wie stark an diesem speziellen Lebensmittelmarkt teilnahmen.

Es folgt ein Kapitel über das Geschäft, den Konsumentinnen und Konsumenten das Fleisch zu verkaufen, das sie verzehren wollen. Im Kern geht es hier dabei um den unaufhaltsamen Prozess, dass die traditionellen Fachgeschäfte für Fleisch und Fleischwaren, die Metzgereien, seit den frühen 1960er Jahren immer größere Marktanteile an Supermärkte verloren, die Lebensmittel aller Art anboten. Für den Fleischmarkt hatte diese Verschiebung gravierende Folgen: Es entstand eine neuartige Preiskonkurrenz, von der die Verbraucher enorm profitierten; zugleich konzentrierte sich die Nachfrage der Händler immer stärker in nur noch wenigen Händen. Beide Prozesse werden in ihrer Entstehung und in ihren Auswirkungen detailgenau beschrieben. In diesem Zusammenhang werden ausführlich auch die eng miteinander verknüpften Fragen behandelt, wie die stark expandierenden Einzelhandelsketten ihre Einkäufe von Fleisch und Fleischwaren konkret organisierten, und wie ihr Einfluss auf dem Fleischmarkt vor diesem Hintergrund zu bewerten ist.[18]

---

[18] In Überblicksdarstellungen zur Geschichte des Lebensmittelkonsums und -handels wird seit einiger Zeit häufiger der Begriff „Nahrungsregime" verwandt. Dabei handelt es sich um eine Übersetzung des englischen Begriffs „food regime". Beide Termini sollen das Verhältnis zwischen Produktion und Konsum beschreiben und typisierend historisieren. Für die Zeit nach 1950 wird dabei allgemein vom einem „Regime" gesprochen, das wie eine Sanduhr funktioniere: Die mittleren Marktinstanzen (konkret: die großen Handelskonzerne) würden die Verbindung zwischen Produktion und Konsum kontrollieren und damit den gesamten Markt beherrschen. Vgl. zu diesem Ansatz etwa: Ulrich Ermann u. a., Agro-Food Studies. Eine Einführung, Köln etc. 2018, S. 25–31; Michael Carolan, The Sociology of Food and Agriculture, 2. Aufl., London und New York 2016, S. 38 f. u. S. 49–51. Da mir der Begriff „Nahrungsregime" als allzu wertend erscheint, bevorzugt die vorliegende Arbeit neutralere Formulierungen wie „Marktsystem" oder auch „Ordnung des Marktes". Auch das suggestive Bild vom „Stundenglas" ist m. E. nicht unproblematisch, weil es die komplexen Machtbeziehungen auf dem Lebensmittelmarkt allzu sehr simplifiziert. Wie sich am Beispiel Fleisch zeigen wird, unterscheiden sich Lebensmittelmärkte aufgrund des besonderen Charakters der jeweils gehandelten Waren so stark voneinander, dass die Vorstellung, es gäbe auf ihnen durchweg ein einheitliches „Regime", wohl in die Irre führt.

Anschließend rücken die Instanzen des Fleischmarktes in den Fokus, die zwischen den Einzelhändlern und den Landwirten standen: die Schlachthöfe und die fleischverarbeitenden Betriebe. Zum einen ist hier zu untersuchen, warum die Entstehung sogenannter „Versandschlachthöfe" direkt in den agrarischen Produktionsräumen in den Jahren nach 1960 sowohl den Handel mit schlachtreifen Tieren wie auch die Vermarktung von frisch geschlachtetem Fleisch grundlegend veränderte. Zum anderen geht es um die Modernisierung der Produktionsverfahren in der fleischverarbeitenden Industrie, die der stark wachsende Fleischhunger der Bundesbürger erzwang, und um die Frage, ob sich diese traditionsreiche Branche im Untersuchungszeitraum ähnlich wie die Schlachthöfe ebenfalls ganz neu strukturierte.

Das nachfolgende fünfte Kapitel des Buches mit dem Titel „Tiere und Landwirte im neuen Marktsystem" präsentiert drei Abschnitte, die sich nacheinander mit der Haltung von Hühnern, Schweinen und Rindern für die Fleischproduktion beschäftigten. Jedes dieser Unterkapitel berichtet von massiv steigender Produktivität und fragt, wie diese enormen Leistungssteigerungen erreicht wurden. Sie behandeln jeweils neue Züchtungsverfahren, Fütterungsmethoden und Haltungsformen, skizzieren deren Bedeutung für die Tiere in den Mastställen, und prüfen, wie weitgehend die Praxis in den vielen, mehrheitlich kleinen Bauernhöfen in der Bundesrepublik im Untersuchungszeitraum tatsächlich umgestaltet wurde. Zugleich wird untersucht, wie die neuen Produktionsverfahren das unternehmerische Schicksal der Landwirte prägten: Welcher Zusammenhang besteht zwischen dem dramatischen „Höfesterben", das die Bundesrepublik zwischen 1960 und 1990 erlebte, und der Modernisierung der agrarischen „Veredelung"? Warum scheiterten so viele Bauern bei dem Versuch, weiterhin mit der Tiermast Geld zu verdienen, obwohl der Fleischmarkt doch beständig expandierte?

Die Darstellung schließt mit einem genaueren Blick auf diverse agrarpolitische Modelle, die alle die Entstehung einer „Massentierhaltung" in der Bundesrepublik durch gesetzliche Maßnahmen verhindern wollten. Diese Vorstöße zum Schutz kleinerer Produzenten, die nur wenige Tiere besaßen, belegen ein auch schon seinerzeit weitverbreitetes Unbehagen an der Modernisierung der landwirtschaftlichen Produktion, die den Massenkonsum eines so hochwertigen Lebensmittels wie Fleisch überhaupt erst möglich machte. Da sie dennoch alle scheiterten, demonstriert ihr Schicksal zugleich jedoch auch, wie schwierig Agrarpolitik sein kann, wenn sie konkret werden muss. So erwies sich etwa die Einbindung der Bundesrepublik in den Staatenbund der Europäischen Gemeinschaft, in dem die Gemeinsame Agrarpolitik zu den zentralen politischen Konfliktfeldern gehörte, als ein großes Hindernis für alle Initiativen, große Tierbestände gesetzlich zu verbieten.

Die Schlussbetrachtung skizziert resümierend, welche Faktoren die Wandlungen auf dem bundesdeutschen Fleischmarkt und in den Praktiken der Landwirte, die Fleischtiere mästeten, besonders stark beeinflusst haben. Lassen sich in diesem Prozess Anstoß und Reaktion analytisch unterscheiden? Handelte es sich um unausweichliche Umwälzungen oder hätte es bei weniger tiefgreifenden Veränderungen bleiben können? Welche der vielen Akteure, die an diesem Markt teilnehmen, können für seine revolutionäre Umgestaltung verantwortlich gemacht werden?

Aus vielen Gründen stehen der Fleischmarkt und das System der Fleischproduktion gegenwärtig offensichtlich an einem Scheidepunkt: Ein „Weiter so", das auf den alten Pfaden bleibt, lässt sich immer schlechter rechtfertigen. Gerade in dieser Situation, in der Alternativen gesucht werden und neue Entwicklungen möglich sind, mag historisches Wissen über die Ursprünge der gegenwärtigen Situation bei der Aufgabe helfen, die Weichen für die Zukunft wirklich neu zu stellen.

I. Eine optimale Form der Fleischversorgung? Die Ordnung des deutschen Fleischmarktes vom Kaiserreich bis in die 1950er Jahre

1. Zwang und Kontrolle im Interesse der „Volksgesundheit": die öffentlichen Vieh- und Schlachthöfe als zentrale Instanzen des Fleischmarktes

Wer eine Revolution untersucht, der sollte zunächst das „ancien régime" beschreiben, das vor dem Umsturz existierte. Auch die Wandlungen, die den deutschen Fleischmarkt in den Jahren nach 1960 grundlegend veränderten, lassen sich ohne einen Blick auf die Vorgeschichte nur unzureichend verstehen: Sowohl das Gewicht der einzelnen Neuerungen als auch ihr Verhältnis zueinander können nur vor dem Hintergrund der früheren Verhältnisse wirklich deutlich werden. Die Geschichte dieser älteren Marktordnung begann in der zweiten Hälfte des 19. Jahrhunderts; in weitgehend entfalteter Form bestand sie seit den 1880er und 1890er Jahren in bemerkenswert stabiler Form. Wie sich denken lässt, kann und soll dieser weite Zeitraum hier im Folgenden nur im Überblick skizziert werden.[1]

Zumal der verwickelte und langwierige Prozess, in dem das ältere Vermarktungssystem als eine damals hochmoderne Struktur entstand, muss hier weitgehend außen vor bleiben. Einige Informationen darüber sind allerdings doch sinnvoll, weil dabei politische Entscheidungen, die alternative Entwicklungsmöglichkeiten blockierten oder doch zumindest behinderten, eine wichtige Rolle spielten. Im Kern ging es in diesem Prozess, der – nach etlichen Anstößen in einzelnen Kommunen – mit dem preußischen Schlachthofgesetz vom 3. März 1868 ernsthaft begann, zunächst ausschließlich um hygienische Motive: Im Interesse der „Volksgesundheit" erhielten die Gemeinden in Preußen und dann sukzessive auch in allen anderen deutschen Staaten durch einen parlamentarischen Beschluss oder auch durch eine Polizeiverordnung das Recht, einen „Schlachthofzwang" zu verfügen. Tiere durften

---

[1] Vgl. dazu auch: Helmut Lackner, Ein „blutiges Geschäft" – kommunale Vieh- und Schlachthöfe im Urbanisierungsprozess des 19. Jahrhunderts. Ein Beitrag zur Geschichte der technischen Infrastruktur, in: Technikgeschichte 71 (2004), S. 89–138; Christoph Nonn, Fleischvermarktung in Deutschland im 19. und frühen 20. Jahrhundert, in: Jahrbuch für Wirtschaftsgeschichte 1996/I, S. 53–75, insbes. S. 66–75; Ruth-E. Mohrmann, „Blutig wol ist Dein Amt, o Schlachter...". Zur Errichtung öffentlicher Schlachthäuser im 19. Jahrhundert, in: Siegfried Becker/Andreas C. Bimmer (Hrsg.), Mensch und Tier. Kulturwissenschaftliche Aspekte einer Sozialbeziehung, Marburg 1991, S. 101–118; Dieter Burgholz, Die wirtschaftliche Entwicklung von Märkten, Messen und Schlachthöfen (ab ca. 1850 bis zur Gegenwart), in: Hans Pohl (Hrsg.), Kommunale Unternehmen. Geschichte und Gegenwart. Referate und Diskussionsbeiträge des 9. Wissenschaftlichen Symposiums der Gesellschaft für Unternehmensgeschichte am 17./18. Januar 1985 in Köln, Stuttgart 1987, S. 88–115, hier vor allem: S. 108–115; H. Meyer, Entwicklungen im Schlachthofbau, in: FW 64 (1984), S. 240–245.

dann nur noch in einem „öffentlichen Schlachthaus" getötet werden, das die Kommune in der Regel eigens zu diesem Zweck baute und einrichtete. So sollte dem Übelstand begegnet werden, dass Mastvieh im Stadtgebiet von den Metzgern[2] und Wurstproduzenten an vielen verschiedenen Plätzen, oft in direkter Nachbarschaft zu Wohnhäusern und belebten Straßen, nahezu ohne jede amtliche Kontrolle geschlachtet und ausgenommen wurde. Die im frühen 19. Jahrhundert eingeführte Gewerbefreiheit hatte zu diesen Zuständen geführt. Nach dem Anstoß, den das preußische Gesetz gab, wurde dieses unhygienische Laisser-faire in den Städten seit den späten 1860er Jahren durch viele einzelne Entscheidungen von kommunalen Gremien wieder beseitigt, um sowohl das Schlachten der Tiere wie auch den Umgang mit dem gewonnenen Fleisch und all den verschiedenen Schlachtabfällen einer genauen Überwachung durch Veterinäre zu unterwerfen. Ergänzend (allerdings oft erst in einem zweiten späteren Schritt) erhielten die Gemeinden zudem ein vollständiges „Hygienemonopol" in Sachen Fleisch: Sie durften für ihr Territorium nun auch die Zufuhr und den Verkauf von getöteten Tieren und Fleischstücken verbieten, die nicht im städtischen Betrieb geschlachtet und zugeschnitten worden waren, und daher möglicherweise keinem Veterinär vorgelegen hatten.[3]

Aktuelle Forschungen von Medizinern und Biologen legitimierten dieses neuartige sanitäre Regiment: Dank moderner Untersuchungsmethoden bewiesen die Wissenschaftler seit den frühen 1860er Jahren zunehmend präzise und unwiderlegbar Zusammenhänge zwischen schweren Erkrankungen des Menschen (bis hin zum Tod) und dem Verzehr von verdorbenem Fleisch sowie von Fleisch, das von Parasiten befallen war, die zuvor unbekannt gewesen waren.[4]

Da das Schlachten von Masttieren mit dem „Schlachthofzwang" in den Städten räumlich vollständig konzentriert wurde, vollzog sich in einem zweiten Schritt die gleiche Entwicklung auch beim Handel mit gemästetem, schlachtreifem Vieh. Zwar half die Politik erneut, auch diese Veränderung anzuschieben – etwa durch das polizeiliche Verbot, Vieh auf städtischen Straßen zu treiben, das indirekt wie

---

[2] Im Interesse sprachlicher Varianz wird im Folgenden durchweg diese in Süddeutschland geläufige Bezeichnung benutzt, wenn „Fleischer" (die Selbstbezeichnung der Branche) und „Schlachter" (das norddeutsche Pendant zum „Metzger") als die traditionellen Einzelhändler für Fleisch und Wurstwaren gemeint sind. Zudem soll so auch die Sphäre der Schlachthäuser/Schlachthöfe als Segment des Fleischmarktes in der Darstellung deutlich vom Einzelhandel separiert werden.

[3] Burgholz, Entwicklung, S. 110 f. Zur Übernahme der Grundgedanken des preußischen Gesetzes in den anderen Staaten vgl. genauer die Angaben in: Max Matthias, Schlachthöfe (Rechtliches), in: Josef Brix u. a. (Hrsg.), Handwörterbuch der Kommunalwissenschaften, Bd. 3, Jena 1924, S. 606–614, hier: S. 607. In München etwa wurde vor Einführung des Schlachthofzwangs, der 1878 mit der Eröffnung des städtischen Schlachthofs wirksam wurde, an rund 800 verschiedenen Plätzen allein im Bereich der inneren Stadt geschlachtet. Vgl. dazu und zu den hygienischen Problemen etwa: Metzger wünschen Schlachthof langes Leben, in: SZ, 30. 10. 1978 (zum 100jährigen Jubiläum der Einrichtung).

[4] Vgl. dazu ausführlich: Felix Grüttner, Geschichte der Fleischversorgung in Deutschland. Ein Überblick über die geschichtlichen Grundlagen unserer heutigen Versorgung mit Fleisch, Braunschweig 1938, S. 198–203 u. S. 213–215.

ein Zwang wirkte, nun größere Transporte per Bahn (bzw. schon in den 1910er und 1920er Jahre zunehmend auch mit LKWs) zu organisieren, sowie auch durch Vorschriften, Schlachtvieh dürfe nur dann gehandelt werden, wenn zuvor ein öffentlich beauftragter Tierarzt dessen Gesundheit geprüft und bescheinigt hatte. Stärker noch aber wirkte hier die wirtschaftliche Logik, dass sich kostensparende Praktiken und Strukturen rasch ausbreiten: Der eine räumliche Konzentrationsprozess zog den anderen nach sich. So entstand neben dem kommunalen Schlachthof vielfach auch ein öffentlicher Viehhof. Teilweise schrumpften die traditionellen Viehmärkte in ländlichen Kleinstädten dadurch zu deutlich schwächer besuchten Veranstaltungen, auf denen Landwirte untereinander mit Nutztieren handelten. Teilweise verschwanden sie sogar vollständig, weil Anbieter und Kaufinteressenten ausblieben.[5]

Spätestens in den Jahren um die Wende vom 19. zum 20. Jahrhundert waren diese zwar zeitversetzt, aber doch parallel verlaufenden Entwicklungen weitgehend abgeschlossen: Rund 700 Kommunen im ganzen Deutschen Reich verfügten über einen öffentlichen Schlachthof. In den größeren Städten und zumal in den Metropolen gehörte dazu stets auch ein Viehmarkt, auf dem die schlachtreifen Tiere verkauft und gekauft wurden, bevor sie dann entweder sofort unters Messer kamen oder aber in andere, meist kleinere Städte und deren Schlachthöfe weitertransportiert wurden.[6]

Die Fleischversorgung der Bevölkerung gehörte damit in den Bereich der kommunalen „Daseinsvorsorge", der im Kaiserreich in Reaktion auf das enorme Wachstum der Städte und die damit verbundenen Probleme ja generell stark expandierte. Nicht nur in den Großstädten, sondern auch in vielen mittelgroßen Kommunen versorgten städtische Betriebe die Einwohner mit Strom, Gas und Wasser, sie sammelten und entsorgten den Müll, sie transportierten die Bürgerinnen und Bürger in Straßenbahnen und Bussen. Bei all den eben genannten Dienstleitungen

---

[5] Vgl. dazu: Stefanie Fischer, Ökonomisches Vertrauen und antisemitische Gewalt. Jüdische Viehhändler in Mittelfranken 1919–1939, Göttingen 2014, S. 171–175. Zur Entwicklung der LKW-Transporte vgl. am lokalen Beispiel: Hans Heinritz, Der Wettbewerb verschiedener Verkehrsmittel (Pferdefuhrwerk, Kraftwagen und Eisenbahn) mit Beispielen aus der Milch-, Fleisch- und Mehlversorgung Jenas, staatswiss. Diss. Universität Jena 1933, S. 94–112. Als Hintergrund vgl.: Richard Vahrenkamp, Logistik als Metasystem der Infrastruktur. Die Grenzen der Eisenbahn-Logistik und der Aufstieg der Lastwagen-Logistik 1900 bis 1938, in: Wiebke Porombka (Hrsg.), Versorgung und Entsorgung der Moderne. Logistiken und Infrastrukturen der 1920er und 1930er Jahre, Frankfurt/Main 2011, S. 123–152.

[6] Mohrmann, „Blutig", S. 102. Bis 1924 wuchs die Zahl der Kommunen mit einem städtischen Schlachthof auf fast 1.000 an. Hugo Heiss, Schlachthöfe (Technisches), in: Brix, Handwörterbuch, S. 599–606, hier: S. 600. Zu den Kommunen, in denen Schlachthof und Viehmarkt eine Einheit bildeten, vgl. genauer die Angaben für 1930 in: Statistisches Jahrbuch deutscher Städte 1932, Berlin 1933, S. 111–113. Grob gesagt, wurde der städtische Viehhof in Gemeinden mit 50.000 bis 100.000 Einwohnern eher selten (nur 16 von 46 deutschen Städten dieser Größe besaßen neben dem Schlachthof so eine Einrichtung). In noch kleineren Städten dürfte es ihn daher nur in Ausnahmefällen gegeben haben. Hingegen besaßen alle 26 Kommunen mit mehr als 200.000 Einwohnern auch einen städtischen Viehhof, in Städten mit 100.000 bis 200.000 Einwohnern waren es 14 der 22 Gemeinden.

und Gütern gewährte die Politik dem städtischen Betrieb Monopolrechte, d. h. der wirtschaftliche Wettbewerb wurde im System der kommunalen „Daseinsvorsorge" oft bewusst vollständig ausgeschaltet, um die „Wohlfahrt" aller Bürger zu fördern. Fachleute sprachen deshalb auch von „Munizipalsozialismus" – und das war keineswegs kritisch gemeint, denn dem System wurden allgemein segensreiche, sozial ausgleichende Wirkungen und große Erfolge bei der Förderung der „Volksgesundheit" zugeschrieben.[7]

Schlachthof und Viehmarkt waren allerdings kommunale Betriebe besonderer Art. Bei ihrer Einrichtung hatten die Gemeinden die wirtschaftlichen Interessen zweier Unternehmergruppen zu beachten, die beide auf eine ehrwürdige Vergangenheit zurückschauen konnten: Der kommunale Viehmarkt tangierte die Geschäfte der Viehhändler, die schon seit langem den Weg gemästeter Tiere vom Land in die Städte organisierten; der Schlachthof veränderte das Geschäft der lokalen Metzger, die zuvor durchweg in eigenen Räumen geschlachtet hatten. Zudem ging es um eine sehr spezielle, hoch empfindliche Ware, die sich lebend wie tot nur mit großer Erfahrung und ausgefeiltem Expertenwissen handeln ließ. Die Kommunalisierung bedeutete daher sowohl beim Schlachthof wie auch beim Viehmarkt etwas anderes als bei der Versorgung mit Strom, Gas und Wasser, bei der sich die Gemeinden jeweils selbst an die Stelle privater Betriebe setzten. Im wörtlichen wie auch im übertragenen Sinne waren beide Unternehmen lediglich ein Gehäuse, das die Kommune für die wirtschaftlichen Aktivitäten Anderer bereitstellte, oder noch etwas anders gesagt: eine von der Stadt geschaffene und instandgehaltene Infrastruktur, die jeweils gegen Gebühren von freien Gewerbetreibenden genutzt wurde (bzw. genutzt werden musste – man denke an den „Schlachthofzwang").

Die Kommunalisierung veränderte und modernisierte also die Arbeit der Viehhändler und Metzger; sie ersetzte sie aber nicht. Beschreibt man typisierend, wie der großstädtische Viehmarkt und der räumlich stets direkt damit verbundene kommunale Schlachthof funktionierten, kann man für die letzten anderthalb Jahrzehnte vor 1914, in denen das System vollständig entwickelt war, folgende zentral wichtige Abläufe benennen: Auf dem Viehmarkt agierten an den Handelstagen einerseits Viehhändler bzw. auch Kommissionäre und Agenten (nur sehr selten auch die Bauern selbst) als Verkäufer der gemästeten Tiere und andererseits die ortsansässigen Metzger sowie auch andere Viehhändler und Beauftragte großer Hotels und umsatzstarker gastronomischer Betriebe als deren Käufer. Gehandelt wurden die lebenden Tiere. Interessenten prüften sie per Augenschein und mit einer Reihe von traditionsreichen „Fleischgriffen", die helfen sollten, das Verhält-

---

[7] Als Überblick vgl. etwa: Richard H. Tilly, Städtewachstum, Kommunalfinanzen und Munizipalsozialismus in der deutschen Industrialisierung. Eine vergleichende Perspektive 1870–1913, in: Jürgen Reulecke (Hrsg.), Die Stadt als Dienstleistungszentrum. Beiträge zur Geschichte der „Sozialstadt" in Deutschland im 19. und frühen 20. Jahrhundert, St. Katharinen 1995, S. 125–152; Jürgen Reulecke, Geschichte der Urbanisierung in Deutschland, Frankfurt/Main 1985, S. 109–118.

nis von Muskelfleisch und Fett genauer zu bestimmen (und in der Praxis allerdings doch oft keine wirklich verlässlichen Informationen lieferten).[8]

Allen Beteiligten war klar, dass der Markt mit dem Ende der wenigen Handelsstunden fast vollständig geräumt sein musste. Ein Rücktransport eingelieferter Tiere in die ländlichen Produktionsgebiete durfte aus hygienischen Gründen selbst dann nicht stattfinden, wenn der Händler feststellte, dass die Angebote der potentiellen Käufer weit unter seinen Erwartungen lagen. Auch rechnete es sich für die Anbieter kaum, schlachtreifes Vieh in Erwartung potentiell besserer Preise bis zum nächsten Markttag auf dem Viehhof durchzufüttern (Ställe dafür standen allerdings durchaus bereit): Selbst bei bester Betreuung nahmen die vom Transport und von ihrer neuen Umgebung gestressten Tiere nach Ankunft in der Stadt oft tagelang kein Futter auf – und jeder Gewichtsverlust minderte den Ertrag des Händlers.[9]

Daher variierte der Verkaufsdruck mit der Zahl der insgesamt angebotenen Tiere. Informationen dazu gab die Marktverwaltung auf großen Tafeln deutlich sichtbar bekannt. Logischerweise führte ein starker „Auftrieb" von Vieh in den ersten Handelsstunden „zu einer mehr abwartenden Haltung" der Kaufinteressenten, weil sie auf deutlich sinkende Preisforderungen kurz vor Marktende hofften; bei einem überschaubaren Angebot zeigte sich hingegen „sofort allseitig eine rege Kauflust". Ein Handschlag besiegelte jede Transaktion zwischen Viehhändler und Metzger; gezahlt wurde bis in die 1930er Jahre hinein in der Regel allerdings erst deutlich später. Die Abrechnung galt stets für das Lebendgewicht des gekauften Tieres – auch dann, wenn das Schwein oder Rind seinen neuen Besitzer „am Haken" enttäuscht hatte, weil es mehr Fett und weniger Muskelfleisch bot als erwartet (was – wie gesagt – durchaus oft vorkam).[10]

Direkt nach dem Kauf, noch am gleichen Tag, tötete und zerlegte jeder der Metzger im Schlachthof die Tiere, die er eben erstanden hatte, um das essbare Fleisch dann über seinen Laden zu vermarkten. Auch die Wurstproduktion der

---

[8] Vgl. etwa die anschauliche Beschreibung in: Heinrich Gerlich, Die Preisbildung und Preisentwicklung für Vieh und Fleisch am Berliner Markt (für Schweine), Leipzig 1911, S. 46–49; zu den zahlreichen Problemen bei Anwendung der „Fleischgriffe" vgl.: Lothar Schön, Die Einschätzung des Schlachtwertes am lebenden Tier, in: FW 43 (1963), S. 302–304. Die FW, eine thematisch zentral wichtige Zeitschrift, nummerierte ihre Jahrgänge bis 1964 zunächst nur für die Jahre ab 1949; dann berücksichtigte sie in der Zählung auch die Jahrgänge einer 1944 eingestellten Zeitschrift gleichen Titels. Um Konfusion zu vermeiden, wird im Folgenden durchweg nur diese spätere Zählung benutzt (auch bei den vorangegangenen Nachkriegsausgaben 1949 bis 1963). Einen Hinweis auf Gastronomen als Käufer auf dem Viehmarkt vgl. für München in: Walther Klose, Die Fleischversorgung der Stadt München, München und Leipzig 1914, S. 86. Diese Käufer ließen die Tiere anschließend durch „Kopfschlachter" töten und ausnehmen. Zu diesen Dienstleistern siehe genauer unten S. 27. Zur räumlichen Struktur der beiden Betriebe vgl. etwa: Paul Friedrich Nieß, Der Idealplan eines deutschen Schlacht- und Viehhofes, in: DSVZ 54 (1954), S. 69–74.

[9] Vgl. dazu etwa: L. Schoenfelder, Die Schlacht- und Viehhöfe. Anlage, Bau und innere Einrichtung, Berlin 1921, S. 10 f.; Gerlich, Preisbildung, S. 47.

[10] Gerlich, Preisbildung, S. 46 f.

Metzger fand außerhalb der Schlachthöfe statt. Tiere, die von anderen Viehhändlern gekauft worden waren, verließen den Viehmarkt hingegen lebend, um per LKW oder auch per Bahn direkt in kleinere Städte und deren Schlachthöfe gebracht zu werden. Insbesondere die größten kommunalen Viehmärkte in Metropolen wie Berlin, Hamburg, Frankfurt am Main oder auch München sicherten daher keineswegs nur den Fleischkonsum der ortsansässigen Bevölkerung: Sie dienten auch als überregionale Verteilungsstellen. Das Handelsnetz reichte dabei erstaunlich weit. Schweine und Rinder, die Mitte der 1920er Jahre etwa auf dem Hamburger Viehmarkt gekauft wurden, kamen zu einem guten Teil erst im Ruhrgebiet oder auch in Thüringen und Sachsen unters Messer.[11]

Eigene ökonomische Interessen verfolgten die Gemeinden in beiden Betrieben nur insofern, als keine Defizite entstehen sollten, die einen Ausgleich durch Steuergelder erfordert hätten. Die von den Viehhändlern und Metzgern zu zahlenden Gebühren wurden entsprechend festgesetzt. Eine gewinnorientierte Geschäftsführung war den kommunalen Schlachthöfen und Viehmärkten hingegen ausdrücklich untersagt.[12]

Sowohl die räumliche und funktionale Einheit von Viehmarkt und Schlachthof direkt in den Großstädten sowie auch das besondere Wesen dieser öffentlichen Betriebe, die nur ihre eigenen Kosten decken durften, charakterisierten den deutschen Fleischmarkt in all den nachfolgenden Jahrzehnten bis ans Ende der 1950er Jahre. Da die nach 1960 dann neu entstehende Struktur vollständig anders aussah, lohnt es sich, dieses jeweils von einem kommunalen Betrieb gewährleistete Neben- und Ineinander zweier eigentlich sehr unterschiedlicher wirtschaftlicher Vorgänge etwas genauer zu betrachten.

Warum galt diese spezielle Marktordnung trotz vieler Widerstände und heftiger Auseinandersetzungen im Prozess ihrer Entstehung in Deutschland im öffentlichen Diskurs wenig später schon als „bahnbrechend" und als „vorbildlich" auch für andere Nationen?[13] Gab es auch Nachteile des Systems, die in längerer Per-

---

[11] Jahresbericht der Schlachthofdeputation Hamburg 1927, o. O. o. J., S. 3. Aus dem Hamburger Viehmarkt „exportiert" wurden 1927 rund 40 Prozent der gehandelten Rinder und 28,5 Prozent der Schweine. Berechnet nach: ebenda, S. 1–3.

[12] Vgl. dazu bereits § 5 des preußischen Schlachthofgesetzes von 1863 in: Gesetzessammlung für die Königlich Preußischen Staaten 1863, S. 278. Zur Vielzahl der zu zahlenden Gebühren (grundsätzlich musste jede Arbeit und jede Dienstleistung einzeln bezahlt werden) vgl. etwa die genauen Angaben in: Fleischenquete 1912/1913. Verhandlungen der Gesamtkommission und Zusammenstellung der Sachverständigen-Gutachten, Berlin 1913, S. 374.

[13] Heiss, Schlachthöfe, S. 606. Widerstände, die den Entstehungsprozess des System langwierig verzögerten, kamen vor allem von den Metzgern, die fürchteten, im städtischen Schlachthof gegängelt zu werden, und oft auch von den Stadtparlamenten, die im Kaiserreich wegen der höchst undemokratischen Kommunalwahlgesetze in allen deutschen Staaten fast vollständig vom Besitzbürgertum beherrscht wurden: Die Stadtverordneten betrachten neue öffentliche Unternehmen, die potentiell Verluste machen konnten, oft mehrheitlich zunächst mit großem Misstrauen. Vgl. dazu zusammenfassend: ebenda, S. 600 f., sowie genauer am lokalen Beispiel: Klaus Suchfort, Der Schlachthof in Gießen. Ein Beitrag zur Geschichte der Veterinärmedizin, veterinärmed. Diss. Universität Gießen 1997, S. 57–67 u. S. 82 f.

spektive helfen können, die um 1960 beginnende Neuordnung zu erklären? Und schließlich: Wie verhielt es sich vor dieser Umwälzung mit der jeweiligen Marktmacht der verschiedenen Akteure auf dem Fleischmarkt?

Wenn selbst noch in den 1950er Jahren kaum jemand in der Bundesrepublik lautstark nach einem anderen, neuen Vermarktungssystem für Fleisch rief, dann erklärt sich diese allgemeine Zufriedenheit zum einen aus dem hohen Stellenwert, der hygienischen Fragen bei der Fleischversorgung zugewiesen wurde. Insbesondere der Schlachthof sollte nach einem allgemein akzeptierten Verständnis ausschließlich „eine sanitäre Anlage" sein, in der privates Gewinnstreben, das die gesundheitlichen Aspekte bei der Fleischproduktion gefährden konnte, kontinuierlich durch öffentliche Kontrolle eingehegt wurde.[14]

Zwar stand das Argument, man brauche diese Ordnung des Marktes, um zu verhindern, dass gesundheitsgefährdendes Fleisch in den Handel kam, spätestens seit 1903 auf recht schwachen Beinen. In diesem Jahr trat ein Reichsgesetz in Kraft, mit dem die Vieh- und Fleischbeschau durch Veterinäre in ganz Deutschland obligatorisch wurde. Alles Fleisch, das dem menschlichen Verzehr diente, unterlag seitdem einer genau geregelten hygienischen Kontrolle, um auch die Bevölkerung außerhalb der Städte vor den gesundheitlichen Gefahren zu schützen, die verdorbenes oder von Parasiten und Krankheitserregern befallenes Fleisch verursachen konnte. De jure fiel damit das „Hygienemonopol" der Kommunen. De facto aber änderte sich wenig, denn die seit den späten 1860er Jahren entstandenen städtischen Schlachthöfe und Viehmärkte hatten sich zu diesem Zeitpunkt erfolgreich als die zentralen Instanzen auf dem deutschen Fleischmarkt etabliert. Die wieder eingeführte Freizügigkeit im Handel mit geschlachteten Tieren und mit frischem Fleisch blieb für den Markt daher weitgehend folgenlos.[15]

Zum anderen galt das im Kaiserreich entstandene Vermarktungssystem mit seiner engen Verbindung von Schlachthof und Viehmarkt auch deshalb so langwierig als äußerst gelungen, weil Politik und Landwirtschaft nach der Wende vom 19. zum 20. Jahrhundert entdeckten, wie sehr es den Interessen auch der Bauern dienen konnte. Mit den kommunalen Viehmärkten in den deutschen Großstädten, auf denen jährlich jeweils Hunderttausende von Tieren den Besitzer wechselten

---

[14] Heiss, Schlachthöfe, S. 601. Zur langanhaltenden Wirkung dieser Sicht vgl. etwa: Hönn, Über die Zulässigkeit von Zuschlägen zur Ausgleichsabgabe, in: SVZ 60 (1960), S. 253–254; Ewald Schaffranke, Die wirtschaftliche Betriebsführung von Schlachthof, Schlachtviehmarkt und Fleischmarkt. Aus der Praxis – für die Praxis, Dortmund 1962, S. 14; H. Wagemann, Aktuelle Probleme des Schlachthofwesens und des Fleischbeschaurechts, in: FW 44 (1964), S. 1004–1006, hier: S. 1004.
[15] Burgholz, Entwicklung, S. 111. Vgl. zur rechtlichen Seite auch: Henschel, Fleischbeschau, in: Brix, Handwörterbuch, Bd. 2, S. 17–22; Hans Eberhard, Zweck und Wesen der Fleischbeschau, Stuttgart 1903. Um die hygienische Prüfung auch in strukturschwachen ländlichen Gebieten sowie in den großstädtischen Schlachthöfen mit ihren hohen Schlachtzahlen problemlos möglich zu machen, konnte sie auch durch amtlich geprüfte und vereidigte „Laien-Fleischbeschauer" durchgeführt werden. In der Praxis nahmen diese wohl einen großen Teil der Prüfungen vor. Vgl. zur rechtlichen Seite genauer etwa: Albert Johne, Der Laien-Fleischbeschauer. Leitfaden für den Unterricht, 2. verb. Aufl., Berlin 1901.

(420.000 waren es 1911 etwa allein in Frankfurt am Main), gab es im Handel mit Vieh nämlich zum ersten Mal die Möglichkeit, eine Transparenz der Marktanforderungen und der Preise herbeizuführen, die diesem Wirtschaftsbereich bislang fast völlig gefehlt hatte.[16]

Da nur die wenigsten Bauern ihr Mastvieh selbst auf einen Markt brachten, um dort mit potentiellen Käufern zu verhandeln, hatten die Landwirte es beim Verkauf ihrer Tiere stets mit einem reisenden Händler zu tun, der weitaus besser als sie über die Absatzchancen und Preise in den Städten Bescheid wusste.[17] Um dieses Informationsgefälle zu beseitigen, verpflichtete der Reichstag die Großstädte mit den wichtigsten Viehmärkten im Jahr 1909, künftig fortlaufend exakte Angaben sowohl zur Zahl, zum Gewicht als auch zu den Preisen der Tiere zu ermitteln und zu veröffentlichen, die auf den städtischen Viehmärkten verkauft worden waren. Zwar hatte es solche Notierungen auch schon vorher gegeben. Sie erfolgten jedoch unkoordiniert nach unterschiedlichen Regeln und waren teilweise nicht sehr aussagekräftig bzw. auch offen für Manipulationen.[18] Als eine Art Börsennotiz für Landwirte wurden die Zahlen der neuen Statistik vor allem über Tageszeitungen und eine Fülle von Agrarzeitschriften (sowie seit den 1920er Jahren dann auch über das neue Massenmedium, den Rundfunk) weit verbreitet.[19]

Bauern, deren Vieh kurz vor der Schlachtreife stand, verfügten dank der Reform von 1909 nun über eine wirklich verlässliche Orientierung, wann sich die Vermarktung lohnte und wann sie mit Verlusten rechnen mussten. Für die Viehhändler bedeutete diese neue Markttransparenz fraglos zwar einen deutlichen Machtverlust.[20] Sie bot ihnen zugleich aber auch ganz neue Handlungsmöglichkeiten, weil sich nun genau sagen ließ, wo in Deutschland aktuell jeweils die besten Preise für Schlachtvieh gezahlt wurden. Dank des dichten Eisenbahnnetzes, das im Kaiserreich entstand, entwickelte sich der überregionale Handel mit lebenden Mast-

---

[16] Die Zahl für Frankfurt am Main aus: Wilfried Ehrlich, Von Metzgern, Viehhändlern und Schwanzkloppern, in: FAZ, 24. 8. 1984.

[17] Zwar entstanden bereits im Kaiserreich etliche „Viehverwertungsgenossenschaften" als Selbsthilfeorganisationen von Bauern, die das Viehangebot zusammenfassen sollten, um die Marktposition der Bauern zu stärken. Sie errangen jedoch keine nennenswerte Bedeutung, weil die meisten Landwirte am persönlichen Verkauf ihrer Tiere festhielten. Nonn, Fleischvermarktung, S. 69; Fischer, Vertrauen, S. 164–171.

[18] Nonn, Fleischvermarktung, S. 68. Als ein frühes Beispiel für eine solche lokale Preisstatistik vgl. für Berlin: O. Hausburg, Der Vieh- und Fleischhandel von Berlin. Reform-Vorschläge mit Bezugnahme auf die neuen städtischen Central-Viehmarkt- und Schlachthofanlagen, Berlin 1879, S. 111–119 (hiernach wurden auf dem Markt jeweils nur zwölf Händler befragt). Zu Manipulationsmöglichkeiten sowie zur Bedeutung der Reform von 1909 vgl. ausführlich: Gerlich, Preisbildung, S. 49–57.

[19] Fleischenquete, S. 349. Zur Preisstatistik als Teil des Rundfunkprogramms noch in den 1950er Jahren vgl.: Zwei Zentner Fleisch, in: FAZ, 13. 10. 1955. Verzeichnet wurden jeweils „von – bis"-Angaben für verschiedene Qualitätsgruppen.

[20] Vgl. dazu auch noch im Rückblick die Klage eines Vertreters der Viehhändler in: Fleischenquete, S. 349. Zu den Vorteilen für Landwirte vgl. für die 1950er Jahre etwa: Heinz Roth, Die Schweinepreise – Echte oder unechte Preisbildung?, in: SVZ 60 (1960), S. 412–417, hier: S. 414.

tieren bis 1914 daher ausgesprochen stürmisch. Wie stark die Bauern davon profitierten, ist allerdings eine andere Frage, denn solche Geschäfte über weite Entfernungen waren eindeutig nur eine Sache für finanzstarke Viehhändler.[21]

Auf recht verwickelte Weise, durch verschiedene politische Impulse und Entscheidungen, also entstand im wilhelminischen Kaiserreich ein Vermarktungssystem für Vieh und Fleisch, das fraglos große Vorteile besaß. Die umfassend erhobenen amtlichen Preisnotierungen für Schlachttiere etwa, die es europaweit nur in Deutschland gab, stärkten die Marktposition der Landwirte gegenüber den Viehhändlern, weil sie einen zuvor undurchschaubaren Markt transparenter machten. Zugleich förderten diese Daten den überregionalen Handel mit Schlachtvieh und damit den Marktausgleich zwischen den Zentren des Konsums und den Regionen, die agrarische Überschüsse produzierten.

Auch in gesundheitlicher Hinsicht ließ sich ein Erfolg vorweisen: Tödliche Vergiftungen durch verseuchtes Fleisch, die es in Deutschland bis in die 1860er Jahre hinein noch recht häufig gegeben hatte (wobei nach einer gemeinsamen Mahlzeit oft ganze Familien ausgelöscht wurden), kamen in dem Maße seltener vor, in dem das System der tierärztlichen Kontrolle perfektioniert wurde.[22]

In diesem Zusammenhang ist auch noch eine Besonderheit der kommunalen Schlachthöfe zu erwähnen, die heute weitgehend vergessen ist: die Freibank. Bis in die 1960er und 1970er Jahre gab es eine Einrichtung dieser Art in allen städtischen Schlachthöfen. Sie verkaufte zu sehr günstigen Preisen Fleisch, das zwar essbar, in seinem „Nahrungs- und Genusswert" aber doch „erheblich herabgesetzt" war.[23] Dabei handelte es sich vor allem um Fleisch aus Notschlachtungen von Tieren, die erkrankt oder mit Knochenbrüchen im Schlachthaus angekommen waren. Das gemeinnützige Wesen der kommunalen Schlachthöfe manifestierte sich gerade auch im Betrieb der Freibank: Die dort angebotene Ware unterlag besonders genauen hygienischen Untersuchungen; der Verkauf erfolgte in der Regel direkt durch die Gemeinde oder durch eine gemeinnützige Institution und war damit unabhängig von privaten Profitinteressen. Kunden kamen stets in großer Zahl, obwohl die Freibank erklärtermaßen ausschließlich minderwertiges Fleisch anbot, das aus hygienischen Gründen zudem meist nur gekocht und/oder gepökelt verkauft wurde. Wegen des starken Andrangs gab es teilweise Vorschriften, welche Mengen maximal pro Kopf gekauft werden durften; teilweise wurde der Kreis der „Einkaufsberechtigen" auf nachweislich notleidende Personen begrenzt. Wie gerade diese Regeln beweisen, leisteten die Freibänke einen wertvollen Beitrag dazu, dass auch minderbemittelte Haushalte, für die selbst die billigsten Fleischstücke

---

[21] Zum überregionalen Viehhandel vgl. genauer: Nonn, Fleischvermarktung, S. 59–62.
[22] Vgl. Grüttner, Geschichte, S. 212; Mohrmann, „Blutig", S. 104–107. Am gefährlichsten ist der Verzehr von Fleisch, das von Trichinen befallen ist. Die davon ausgelöste „Trichinose" verläuft unbehandelt vielfach tödlich.
[23] Neumann, Die Viehmarkt- und Schlachthofanlagen in Hamburg, in: Hygiene und soziale Hygiene in Hamburg. Zur 90. Versammlung der Deutschen Naturforscher und Ärzte in Hamburg im Jahre 1928 hrsg. v. der Gesundheitsbehörde Hamburg, Hamburg 1928, S. 528–531, hier: S. 530.

im Sortiment der Metzger zu teuer waren, Fleisch essen konnten, ohne gleich um ihre Gesundheit fürchten zu müssen.[24] Darüber hinaus verbesserte das Verschwinden der vielen nur unzureichend überwachten privaten Schlachtstätten durch den von der Stadt verfügten „Schlachthofzwang" selbstverständlich ganz allgemein die Hygiene im öffentlichen Raum.

Jeder der kommunalen Schlachthöfe stabilisierte zudem die Geschäfte der ortsansässigen Metzger, weil diese Gewerbetreibenden in den städtischen Anlagen moderne Apparate und Techniken benutzen konnten, deren Anschaffung für den einzelnen Meister viel zu kostspielig war. Typischerweise nämlich betrieben die Metzger kleine Geschäfte, die nur florierten, wenn sowohl die Ehefrau des Meisters als auch andere Angehörige konstant unbezahlt mitarbeiteten. Große Investitionen lagen außerhalb ihrer Möglichkeiten.[25]

Zwar klagten die Metzger fast konstant über die aus ihrer Sicht stets zu hohen Gebühren, die sie nach jeder Schlachtung eines Tieres an das öffentliche Unternehmen zahlen mussten. Das ändert aber nichts an der Tatsache, dass ihre Arbeit ohne den modern eingerichteten lokalen Schlachthof nicht nur ungleich schwieriger und körperlich anstrengender, sondern auch ineffizienter und kostenintensiver gewesen wäre.[26] Da Fleisch im Speiseplan fast aller Familien auch schon im Kaiserreich zu den am höchsten geschätzten Lebensmitteln gehörte und da die reibungslose Versorgung der städtischen Bevölkerung mit dieser wichtigen Ware in den meisten deutschen Städten allein von den Metzgern abhing, dienten die öffentlichen Investitionen für den Bau des Schlachthofes schließlich auch noch der Allgemeinheit.[27]

Lediglich in den größten Kommunen trat um die Jahrhundertwende eine gewisse Konkurrenz für die Metzger auf den Plan, weil dort sowohl einige Kaufhäuser als auch mitgliederstarke Konsumgenossenschaften begannen, nicht nur Wurstwaren, sondern auch Frischfleisch in eigenen Fleischereien anzubieten. Selbst in Berlin, der deutschen Stadt mit den prächtigsten Warenhäusern sowie auch mit

---

[24] Bezeichnenderweise war die Einrichtung einer „Freibank" in allen Gemeinden mit „Schlachthofzwang" obligatorisch vorgeschrieben. Hugo Heiss (Bearb.), Bau, Einrichtung und Betrieb öffentlicher Schlacht- und Viehhöfe. Handbuch der Schlachthofwissenschaft und Schlachthofpraxis, 5. vollst. neu bearb. Aufl., Berlin 1932, S. 205. Vgl. konkret auch am Beispiel von Gießen bzw. Karlsruhe: Suchfort, Schlachthof, S. 187–198; Bernhard Hofschulte. Die Geschichte des Schlacht- und Viehhofes der Stadt Karlsruhe bis zum Jahre 1927, Hannover 1983, S. 164–167. Erst seit Mitte der 1950er Jahre sanken die Kundenzahlen deutlich; immer größere Anteile der angebotenen Ware konnten nicht abgesetzt werden. Die meisten Kommunen gaben die Freibank deshalb im Laufe der 1960er Jahre auf. In Gießen etwa erfolgte das 1967. Ebenda, S. 197. Im Hintergrund stand der Wohlstandszuwachs in den Jahren des Wiederaufbau-Booms, durch den Fleisch zum Grundnahrungsmittel wurde. Siehe dazu genauer S. 41 ff. Zum Niedergang der Freibänke vgl. auch: Helmut Bartels, Die Bedeutung der Fleischforschung für die Praxis, in: FW 41 (1961), S. 529–532, hier: S. 530 f.

[25] Vgl. zusammenfassend: Fleischenquete, S. 386.

[26] Ebenda, S. 374 f.

[27] Zum Anstieg des Fleischkonsums in den Jahren des Kaiserreichs vgl. etwa: Grüttner, Geschichte, S. 186.

vielen Läden von Konsumgenossenschaften, entfielen dennoch kurz vor dem Ersten Weltkrieg immer noch rund 90 Prozent aller Umsätze mit Fleisch und Fleischwaren auf die traditionellen Handwerksbetriebe.[28]

Ungefähr zur gleichen Zeit kamen die örtlichen Konsumgenossenschaften in Leipzig auf einen Marktanteil von rund fünf Prozent; in Hamburg waren es drei Prozent. Nach mehrjährigen Erfahrungen mit der schwierigen Ware Fleisch zog die Leitung der hanseatischen Konsumentenvereine zudem das Fazit, der Handel damit könne wegen der hohen geschäftlichen Risiken den Genossenschaften „im allgemeinen [...] nicht empfohlen werden".[29] Vor diesem Hintergrund wirkte der Anspruch, die öffentlichen Investitionen in die Ausstattung des Schlachthofes, die den Metzgern dienten, seien vermittelt für alle sozialen Gruppen der Stadtbevölkerung von Vorteil, ohne Frage überzeugend.

Schließlich und endlich wirkten die kommunalen Schlachthöfe auch noch deshalb wirtschaftlich positiv, weil sich die Nutzung der Schlachtabfälle auf ihrem Gelände weitaus effizienter organisieren ließ, als dies zuvor in den einzelnen Metzgereien möglich gewesen war. Jedes getötete Masttier dient nur zum Teil dem menschlichen Verzehr, d. h. bei jeder Schlachtung bleiben verschiedene Teile des Tieres zurück, die für den Metzger und seine Kunden uninteressant sind. Vielfach – ja fast durchweg – lassen sich diese Reste aber anderweitig sehr sinnvoll verwenden. Die meisten Fleischkonsumenten verschwenden kaum einen Gedanken an diesen Teil der Fleischwirtschaft mit seinen zahlreichen hochgradig spezialisierten Segmenten, die gemeinschaftlich dafür sorgen, dass nach einer Schlachtung letztlich nur ganz geringe Anteile des Tierkörpers als echter Abfall entsorgt werden müssen. Mit der Entstehung der kommunalen Schlachthöfe modernisierten sich viele dieser oft traditionsreichen Gewerbe. Zumal in den stark frequentierten Schlachtanlagen der Großstädte fielen an jedem Markt- und Schlachttag verlässlich so viele brauchbare Partien von Tierkörpern an, dass eine Technisierung und Rationalisierung der jeweiligen Produktionsprozesse wirtschaftlich möglich wurde. Die räumliche Konzentration der Schlachtungen entfaltete daher Wirkungen, die weit über den Einzelhandel mit Fleisch durch die Metzger hinausgingen: Durch die Ansiedlung zahlreicher spezialisierter Verarbeitungs- und Zulieferungsfirmen sowie auch von Wurstproduzenten sowohl auf dem Gelände selbst wie auch im näheren Umfeld entwickelten sich große Schlachthöfe zu ökonomisch sehr produktiven Gewerbezentren, die mit ihren Steuerleistungen auch noch den Gemeindeetat stärkten.[30]

---

[28] Ebenda, S. 81 f. Siehe zu dieser Struktur selbst noch für die frühen 1950er Jahre unten S. 100.
[29] Zit. nach: Ulrich Teichmann, Die Politik der Agrarpreisstützung. Marktbeeinflussung als Teil des Agrarinterventionismus in Deutschland, Köln 1955, S. 593 (ebenda auch die angeführten Zahlen). Vgl. auch: Wilhelm Heckhausen, Der Strukturwandel im Fleischergewerbe, staatswissenschaftl. Diss. Universität Halle 1933, S. 91 f.
[30] Fleischenquete, S. 386 f. Zur technischen Seite vgl. etwa: Heiss, Bau, S. 154–180; Karl Gustav Türk, Schlachtblut- und Abfallstoff-Verwertung. Grundlagen, Verarbeitung und Verwertung, sowie die dafür erforderlichen Einrichtungen, Berlin 1928; Ludwig Weeber [sic!], Die Verwertung von Schlachtabfällen im Stuttgarter Vieh- und Schlachthof. Ein Beitrag zum Vierjahresplan, Stuttgart 1939.

In der Gesamtschau gab es mithin durchaus zahlreiche gute Gründe für die Ansicht, „daß eine bessere Form der Fleischversorgung" als die, die sich im Kaiserreich nach dem Erlass des Preußischen Schlachthofgesetzes von 1868 schrittweise herausgebildet hatte, „so leicht nicht gefunden werden kann".[31]

Da bekanntlich jede Medaille eine Rückseite aufweist, ließ sich gegen dieses Lob allerdings doch auch einiges einwenden. So brachte etwa allein schon der Standort von Viehmarkt und Schlachthof im Stadtraum auch große Nachteile mit sich. Zwar entstanden sie in der Regel eher in Außenregionen, die zum Zeitpunkt von Planung und Bau erst schwach entwickelt waren. Das Wachstum fast aller deutschen Kommunen bis zum Beginn des Ersten Weltkriegs aber führte dazu, dass die Anlagen insbesondere in den massiv expandierenden Großstädten recht rasch von neuen Wohngebieten umschlossen wurden. Das hohe Verkehrsaufkommen und der starke Lärm auf dem Viehhof an Markttagen belasteten nun viele Anwohner. Zudem war das Schlachten von Tieren eine im doppelten Sinne anrüchige Sache: Dabei entstanden zum einen starke Gerüche, die sich mit den seinerzeit verfügbaren Lüftungstechnologien kaum wirkungsvoll in geschlossenen Räumen halten ließen; zum anderen gruselten sich typischerweise selbst Fleischkonsumenten bei dem Gedanken an die Vorgänge innerhalb des Schlachthofs. Wer in der Nähe von Vieh- und Schlachthof lebte, der wohnte daher eindeutig in einem „schlechten" Viertel mit üblem Leumund. Diese Schattenseite des „Schlachthofzwangs" zeigte sich – um nur einige Beispiele zu nennen – etwa in Frankfurt in Sachsenhausen, in Hamburg im Schanzen- und Karolinenviertel direkt neben der Altstadt und in Berlin im Stadtteil Friedrichshain in der Thaerstraße.[32]

Darüber hinaus gerieten diese ohnehin benachteiligten Gegenden innerhalb der Stadt auch noch in eine Art Randlage, weil Viehmarkt und Schlachthof aus hygienischen Gründen vollständig von hohen Mauern umgeben waren, die jeden normalen Verkehr aussperrten. Zugang besaßen nur die Beschäftigten, die Viehhändler und die Metzger. Da es sich um große Areale handelte, die oft mehrere Hektar umfassten, brauchte es seine Zeit, um diesen strikt abgetrennten besonderen Bereich mitten in der Stadt zu umgehen, der für die direkten Nachbarn auf paradoxe Weise sowohl überaus präsent wie auch unzugänglich war.[33]

---

[31] Fleischenquete, S. 387.
[32] Zu den Geruchsbelästigungen vgl. im Rückblick anschaulich etwa für Frankfurt und Sachsenhausen: Wilfried Ehrlich, Von Metzgern, Viehhändlern und Schwanzkloppern, in: FAZ, 24. 8. 1984. Zum schlechten Image des Schlachthofviertels vgl. auch noch in den 1980er Jahren: Am Schlachthof hängt die Sanierung des ganzen Viertels, in: FAZ, 10. 12. 1981. Für das Schanzen- und Karolinenviertel in Hamburg (in dem auch noch ein städtisches Heizwerk stand) vgl.: Martin Folkerts (Hrsg.), Das Schlachthof-Viertel Hamburg Sternschanze, Hamburg 1977. Die Anlagen von Viehmarkt und Schlachthof umfassten etwa in Hamburg im Jahr 1927 insgesamt 16,4 Hektar. In München und Köln waren es 15,4 bzw. 10,8 Hektar. Berechnet nach: Statistisches Jahrbuch deutscher Städte 25 (1930), Berlin 1931, S. 72.
[33] Lediglich die Freibank war öffentlich zugänglich. Daher gehörte sie nicht zum „umfriedeten" Gelände. Vgl. etwa: Schaffranke, Betriebsführung, S. 21. Einen dezentralen Verkauf von Freibank-Fleisch an mehreren Stellen im Stadtraum gab es nur in einigen wenigen Großstädten. Dazu gehörten etwa Berlin, München und Stuttgart. Genaue Angaben vgl. in: Statistisches Jahrbuch deutscher Städte 24 (1929), Berlin 1931, S. 769 f.

Besaßen diese Probleme lediglich in den Großstädten und selbst dort nur für einen kleinen Teil der Bevölkerung als ein Element von räumlich fixierter sozialer Ungleichheit eine gewisse Bedeutung, so verhielt es sich mit einem anderen Nachteil des im Kaiserreich entstandenen Vermarktungssystems für Fleisch deutlich anders: Dabei ging es um einen grundlegenden Mangel an ökonomischer Effizienz – und dieses Manko tangierte letztlich die Interessen aller Bürger, die Fleisch kauften und verzehrten. Sowohl die Viehmärkte als auch die Schlachthöfe in den Metropolen, die das Zentrum des deutschen Fleischmarktes bildeten, lagen im Jahresverlauf nämlich sehr oft still, weil in ihnen keineswegs an jedem Werktag gehandelt und gearbeitet wurde. Drei Markt- und Schlachttage pro Woche konnten schon als intensive Nutzung gelten; vielfach waren es aber auch nur zwei Tage, von denen jeweils der erste (dies war fast immer ein Montag) besonders intensive Aktivitäten mit sich brachte, während der zweite Tag dann deutlich ruhiger ausfiel. Der Großviehmarkt für Rinder (sowie auch – in sehr viel kleinerer Zahl – für Pferde) fand ohnehin meist nur einmal wöchentlich statt.[34]

Wenn ein Fleischgroßhändler 1925 konstatierte, in Köln etwa werde „9/10 des ganzen Viehs am Montag abgeschlachtet", was dazu führe, dass die kommunalen Anlagen mit ihrer teuren Technik in der rheinischen Metropole dann den Rest der Woche „sozusagen brach liegen", übertrieb er zwar wohl etwas, in der Tendenz aber hatte er doch recht. Eine häufigere Nutzung war jedoch kaum möglich. Zum einen konnten die Metzger ihren eigenen Betrieb nicht öfter verlassen, um sich dem Einkauf zu widmen; zum anderen wäre der „Auftrieb" wohl vielfach zu klein ausgefallen, wenn jeder Wochentag ein Markttag gewesen wäre.[35]

Von einer kontinuierlichen Auslastung der bestehenden Kapazität konnte zudem auch deshalb keine Rede sein, weil das Angebot von Masttieren auf dem Viehmarkt ohnehin oft stark schwankte. Selbst an Betriebstagen war effizientes Arbeiten daher keineswegs gesichert. Mitte der 1920er Jahre konnten etwa auf dem Hamburger Zentralschlachthof von der Ausstattung her problemlos täglich 4.000 Schweine geschlachtet werden. Die Zahl der auf dem benachbarten Viehmarkt angebotenen Schweine sank an schlechten Tagen jedoch hinunter bis auf 1.800 Tiere (von denen dann etliche auch noch in andere Städte weitertransportiert wurden).[36]

Da die laufenden Kosten von Produktionsanlagen weitgehend unabhängig von ihrer Auslastung anfallen, die Gebühreneinnahmen der Stadt als Inhaberin der Betriebe aber weder laufend noch genau kalkulierbar in die Kasse kamen, mussten Viehmarkt und Schlachthof mithin selbst dann als betriebswirtschaftliche Prob-

---

34 Schoenfelder, Schlacht- und Viehhöfe, S. 10 f.
35 3. Verbandsversammlung des Reichsverbandes der Deutschen Großschlächter am 18. April 1925 in Dresden, o. O. 1925, S. 41.
36 Neumann, Viehmarkt, S. 528 f. 1927 wurden durchschnittlich rund 30 Prozent der in Hamburg gehandelten Schweine nicht vor Ort geschlachtet, sondern in andere Städte „exportiert". Vgl. für die Schwankungen beim „Auftrieb" detailliert auch für Dortmund: Schaffranke, Betriebsführung, S. 40–48.

lemfälle gelten, wenn man den Grundsatz akzeptierte, dass sie nicht gewinnorientiert arbeiten mussten. Ihr Ziel, wenigstens die Kosten zu decken, erreichten die Kommunen in der Regel nur dank der Viehmärkte: Sowohl die Amortisation der Investitionen wie auch die Kosten der technischen Abläufe fielen bei der Kalkulation der Gebühren dort finanziell nicht so stark ins Gewicht wie bei den Schlachthöfen mit ihren großen Kühlanlagen und den aufwändigen Einrichtungen etwa zur „Entnebelung" der Schlachträume (in denen beständig sehr viel Wasserdampf entstand). Selbst diese Rechnung aber brauchte einen starken „Auftrieb" an Mastvieh. Sank die Zahl der gehandelten Tiere über einen längeren Zeitraum, drohte rasch auch die interne Quersubvention zu scheitern, die den Schlachthof von seinen roten Zahlen befreite.[37]

Bei der Lösung dieser Probleme konnten Rationalisierungsexperten mit ihren Ratschlägen wenig helfen, denn die prekäre betriebswirtschaftliche Struktur von Viehmarkt und Schlachthof entstand, weil diese Anlagen – wie gesagt – als öffentliche Infrastruktur von freien Gewerbetreibenden genutzt wurden, deren Aktivitäten zudem vollständig von Zulieferungen der Landwirte abhingen. Über die Einheit der beiden Betriebe fesselte die Geschäftstätigkeit der Viehhändler die großstädtischen Schlachthöfe – und die Viehhändler wiederum reagierten mit ihrer Arbeit auf die Strukturen der landwirtschaftlichen Produktion. Da Großbetriebe, die sich auf die Tiermast spezialisierten, kaum existierten, mästeten sehr viele Bauern fast durchweg jeweils kleinere bis sehr kleine Viehbestände. Damit stand der Zwischenhandel bei Schlachtvieh vor enormen Herausforderungen: Oft genug brauchte es zahlreiche einzelne Käufe, um auch nur einen einzigen der Eisenbahnwaggons oder der LKWs zu füllen, in denen schlachtreife Tiere auf die großen Viehmärkte in den Metropolen gebracht wurden. Da die Verhandlungen auf den Höfen nicht funktionieren konnten, wenn die Landwirte dem Aufkäufer nicht grundsätzlich vertrauten, spielte die Person des Viehhändlers in diesem Metier eine überragend wichtige Rolle. Die Branche kannte daher so gut wie keine Großbetriebe: Wer mit Vieh handelte, der fuhr typischerweise stets selbst übers Land.[38]

So erklären sich die wenigen Arbeitsstunden der großstädtischen Viehmärkte und Schlachthöfe letztlich daraus, dass betriebswirtschaftliche Effizienz im gesamten System der deutschen Fleischproduktion bis in den 1950er Jahre hinein nur einen ganz geringen Stellenwert besaß. Gleichzeitig aber wuchs der Fleischhunger der Stadtbewohner mit dem Urbanisierungsprozess stark an. Daher traten die Defizite der vorgelagerten Produktionsebenen in den großstädtischen Viehmärkten und Schlachthöfen kumuliert immer deutlicher zu Tage: Als Anlagen, die ausschließlich im Stoßbetrieb arbeiteten, mussten sie sehr groß dimensioniert wer-

---

[37] Vgl. dazu: Fleischenquete, S. 376 u. S. 378 (am Beispiel von Hamburg für die Jahre von 1892 bis 1913). Zur großen Bedeutung der „Entnebelung" vgl. etwa: Heiss, Bau, S. 148–153; zu den Kühlanlagen vgl. im Überblick: Albert Dauser, 75 Jahre Kältetechnik im Dienste der Schlachthöfe, in: DSVZ 58 (1958), S. 262–267.

[38] Vgl. ausführlich: Fischer, Vertrauen, insbes. S. 100–120. Zur Dominanz der inhabergeführten Kleinbetriebe im Viehhandel vgl. auch: Nonn, Fleischvermarktung, S. 67–70.

den, um ihre Funktion im System der Fleischversorgung an den wenigen Markt- und Schlachttagen verlässlich erfüllen zu können – und mit der Größe wuchsen zwangsläufig die laufenden Kosten. Dieser ökonomischen Zwickmühle konnten die beiden Unternehmen aus eigener Kraft nicht entkommen.

In den vielen kommunalen Schlachthöfen in mittelgroßen Kommunen und Kleinstädten, die nicht mit einem Viehmarkt verbunden waren, stellte sich das Problem zwar etwas anders dar, denn sie öffneten ihre Türen in der Regel an jedem Werktag. Die Schlachtungen durch die ortsansässigen Metzger verteilten sich dennoch – oder vielleicht auch gerade deshalb – sehr ungleich auf die Betriebsstunden, d. h. selbst diese Betriebe erreichten keine konstante Auslastung ihrer Anlagen.[39]

Auch die städtischen Konsumenten zahlten – im wörtlichen Sinne – einen Preis: Von der segensreichen Degression der Stückkosten durch eine fortlaufende Großproduktion, wie sie es bei Industriewaren gab, konnten sie beim Fleisch nicht profitieren, weil die zu großen Teilen ungenutzt bleibenden Kapazitäten der Schlachthöfe über die kommunalen Gebühren jeden einzelnen Schlachtvorgang stark belasteten. Als Monopolbetriebe mit einem politisch abgesicherten Recht, die eigenen Einnahmen festzulegen, ließen sich diese Betriebe zwar grundsätzlich problemlos rentabel betreiben – wirtschaftlich aber arbeiteten sie damit noch lange nicht.[40]

Zwar entwickelten sich in den städtischen Anlagen bei der Schlachtung der Tiere recht rasch kostensparende arbeitsteilige Strukturen, die es im System der Fleischproduktion in Deutschland zuvor überhaupt nicht gegeben hatte. Zunächst galt dies nur in den größten Anlagen; bereits in den 1920er Jahren aber erfasste der Trend auch die kleineren Schlachthöfe jenseits der Metropolen. Zum einen boten sich nun vielfach sogenannte „Kopfschlachter" an, die dem Metzger die groben und besonders blutigen Arbeiten abnahmen, die unweigerlich stets zuerst anfallen, wenn ein Tier geschlachtet wird. Bezahlt wurden sie pro getötetem Tier – daher der Name. Gerade bei Rindern, die als Schlachttier ungleich mehr Mühe machen als Schweine, nahmen Metzger diese Hilfe gegen Geld zunehmend gern in Anspruch.[41]

Zum anderen definierten sich einzelne Metzger nun als „Großschlachter", d. h. sie verzichteten auf eigene Geschäfte mit den Endverbrauchern von Fleisch und handelten nur noch mit ihren traditionell weiterarbeitenden Berufskollegen sowie auch mit Fabrikanten von Wurstwaren. In beiden Fällen verkauften sie Schweinehälften und Rinderviertel, die von den Käufern dann lediglich noch für ihre Zwecke weiter zerlegt und zugeschnitten werden mussten. Damit war ein „en gros"-Einkauf von Mastvieh möglich, der günstigere Preise versprach; damit entstand

---

[39] Vgl. am lokalen Beispiel: Suchfort, Schlachthof, S. 84–87.
[40] Zu dieser Unterscheidung vgl. genauer: Emil Totzek, Sind kommunale Schlachthöfe nicht mehr rentabel zu betreiben?, in: DSVZ 56 (1956), S. 83–86, hier: S. 84.
[41] Vgl. etwa: Wolfgang Backhaus, Die Schlachtvieh- und Fleischversorgung der Stadt Düsseldorf. Ein Beitrag zur deutschen Ernährungswirtschaft, Bonn 1937, S. 50 f. u. S. 54 f.

auf den kommunalen Schlachthöfen ein Handel mit Teilen getöteter Tiere, den es dort zuvor nicht gegeben hatte. Kurz vor dem Ersten Weltkrieg existierten solche Zwischenhändler für geschlachtete Tiere, die meist angestellte Metzger und Gesellen für sich arbeiten ließen, erst in 40 deutschen Städten, die alle im Norden und im Osten des Reichs lagen. Bereits 1924 aber entstand ein „Reichsverband der Großschlächter", der wenige Jahre später bereits rund 1.500 Mitglieder in weiten Teilen Deutschlands zählte.[42]

Regionale Unterschiede bestanden allerdings immer noch, denn in süddeutschen Städten hielten die kleingewerblichen Metzger deutlich hartnäckiger als ihre Kollegen im Norden an der eigenhändigen Schlachtung fest. Dementsprechend blieb die Marktstellung der Großschlachter dort vergleichsweise schwach.[43]

Gegenüber den Anfängen der kommunalen Schlachthöfe bedeuteten diese neuen Formen der Arbeitsteilung zwar durchaus einen Fortschritt. Dennoch kann von einer umfassenden Rationalisierung des Schlachtens keine Rede sein. Technologisch blieben die deutschen Schlachthöfe im internationalen Vergleich weit zurück: Die weitgehende Mechanisierung fast aller Schritte, die es braucht, um ein Schwein oder auch ein Rind zu töten und weiterzuarbeiten, die in den USA schon seit den 1870er Jahren entwickelt wurde, blieb in Deutschland unbekannt. So gab es etwa keine Fließbänder, auf denen das gesamte Arbeitssystem der großen amerikanischen Schlachthäuser etwa in Chicago oder Cincinnati aufbaute.[44]

Dieser Rückstand entstand zum einen durch eine bewusste Entscheidung gegen die moderne Technologie sowohl durch die von der Kommune bestellten Leiter der Schlachthöfe wie auch durch die Mehrheit der Metzger: „Man glaubt besonders aus Tierschutzrücksichten, aus Gründen der Menschlichkeit, dem Tier gewissermaßen ein milderes Ende, ein maschinenloses, bereiten zu müssen." Zum anderen aber machte es in Betrieben, die ohnehin oft nur wenige Stunden pro Woche in Betrieb waren, ohnehin keinen Sinn, solche kostspieligen Anlagen anzuschaffen.[45]

Wer vor allem nach Effizienz und betrieblicher Rationalität fragte, der konnte die Ordnung des deutschen Fleischmarktes also durchaus sehr kritisch beurteilen. Da der Konkurrenzdruck unter den Marktakteuren generell schwach ausfiel, stan-

---

[42] Zum Stand vor 1914 vgl.: Fleischenquete, S. 385–392; zum Reichsverband vgl. als Überblick: Die Geschichte des Bundesfachverbandes Fleisch e. V. 1924–1999, in: 75 Jahre Bundesfachverband Fleisch e. V., Hamburg 1999, S. 14–21.

[43] Backhaus, Schlachtvieh- und Fleischversorgung, S. 52. Vgl. am Beispiel von München auch: Klose, Fleischversorgung, S. 86.

[44] Vgl. zu diesem technologischen Rückstand noch Mitte der 1950er Jahre: Karl Ludwig Schweisfurth, Wenn's um die Wurst geht. Mein Weg von der Fleischindustrie zur ökologischen Landwirtschaft, München 2001, S. 97–101. Vgl. auch: Vorsprung durch Rationalisierung, in: FAZ, 25. 10. 1950; Hans Meßner, Zur Entwicklung der Schlachtverfahren, in: FW 42 (1962), S. 273–277, hier: S. 273. Zu den amerikanischen Techniken vgl. etwa die klassische Darstellung: Sigfried [sic!] Giedion, Die Herrschaft der Mechanisierung. Ein Beitrag zur anonymen Geschichte, Frankfurt/Main 1982, S. 242–270 (im Englischen erstmals 1948).

[45] Schoenfelder, Schlacht- und Viehhöfe, S. 87. Wie die Formulierung andeutet, hielt der Autor diese Haltung für überzogen und antiquiert.

den diese kaum unter dem Druck, Rationalisierungspotentiale gezielt auszuschöpfen. Dies galt auch deshalb, weil die deutsche Agrarpolitik einen Faktor weitgehend ausschaltete, der einen solchen Zwang wirkungsvoll hätte fördern können: Einfuhren von lebendem und geschlachtetem Vieh aus dem Ausland behandelte das Kaiserreich seit 1894 sehr restriktiv, weil die konservativen Kräfte in der Reichsregierung und in den Ministerien großen Wert darauf legten, die deutschen Bauern vor den Erzeugnissen effektiver produzierender Landwirte jenseits der Grenzen zu schützen.

Die Details sind hier nicht wichtig. De facto nutzte der wilhelminische Staat sowohl Zölle als auch Veterinärvorschriften, um den deutschen Fleischmarkt weitgehend gegen den internationalen Handel mit Mastvieh und Fleisch abzuschotten.[46] Ein frühes Globalisierungsphänomen, das in anderen europäischen Ländern – in Großbritannien vor allem – für Produzenten und Konsumenten rasch wichtig wurde, entfaltete deshalb in Deutschland nur sehr begrenzte Wirkungen. Gemeint ist hier der Handel mit gefrorenem Rindfleisch aus Südamerika, der mit dem starken Aufschwung der Dampfschifffahrt nach 1870 über immer weitere Entfernungen erfolgte und in Deutschland dennoch stets nur dann in begrenzten Umfang zugelassen wurde, wenn die Fleischpreise gerade wieder einmal besonders hoch lagen. Als ein dauerhaft wirkender Faktor für das Marktgeschehen war diese vornehmlich aus Argentinien stammende und qualitativ oft besonders hochwertige Ware bei der deutschen Regierung hingegen ausdrücklich unerwünscht. Auch Importe von lebendem Mastvieh dienten im Wesentlichen nur dazu, temporäre Marktengpässe auszugleichen.[47]

Im politischen System des Kaiserreichs, in dem das Parlament keine Initiativrechte besaß, verfügten die Parteien, denen diese Missachtung des Konsumenteninteresses zu weit ging, kaum über Möglichkeiten, den agrarpolitischen Kurs der Reichsregierung zu ändern.[48] Dennoch wurde über die Höhe der Fleischpreise wiederholt heftig gestritten. Öffentliche Debatten über das Preisniveau kamen und gingen fast mit der gleichen Regelmäßigkeit, mit der das Schweineangebot zwischen Knappheit und Überangebot schwankte.[49]

Im Zentrum stand dabei allerdings primär der Verdacht, es gebe auf dem deutschen Fleischmarkt verdeckte Kartelle mit geheimen Preisabsprachen. Solche An-

---

[46] Vgl. als knappen Überblick: Teichmann, Politik, S. 598–601.
[47] Vgl. grundlegend zum Handel mit Gefrierfleisch: Boris Loheide, Agrarbusiness und Globalisierung. Die Entstehung des transatlantischen Rindfleischmarktes 1870–1914, wirtschafts- u. sozialwiss. Diss. Universität Köln 2008 (zur restriktiven deutschen Einfuhrpolitik S. 274–356). Zur Einfuhr von Lebendvieh vgl. genauer: Teichmann, Politik, S. 598 f. Zur Fortsetzung dieser Politik auch nach dem Kaiserreich vgl. etwa: Eduard Kallert, Fleisch einschließl. Geflügel und Wild, in: Rudolf Plank (Hrsg.), Handbuch der Kältetechnik. Bd. 10: Die Anwendung der Kälte in der Lebensmittelindustrie, Berlin etc. 1960, S. 127–207, hier: S. 130 f.
[48] Vgl. allgemein: Christoph Nonn, Verbraucherprotest und Parteiensystem im wilhelminischen Deutschland, Bonn 1996.
[49] Als Überblick vgl.: Teichmann, Politik, S. 573–575. Zum Phänomen des „Schweinezyklus" siehe genauer unten S. 365 ff.

schuldigungen zielten sowohl auf die städtischen Metzger wie auch – stärker noch – auf die Viehhändler, die das Mastvieh auf den Bauernhöfen kauften und in die Städte brachten. Da Juden aus historischen Gründen in dieser Berufsgruppe eine wichtige (entgegen populärer Klischees aber keineswegs dominante) Rolle spielten, trug diese Kritik mehr oder weniger offen immer auch antisemitische Züge.[50]

Wie wichtig diese Angelegenheit in Zeiten hoher Fleischpreise politisch sein konnte, zeigte sich exemplarisch 1912, als die Reichsregierung eigens eine groß angelegte „Enquete zur Untersuchung der Zustände im Vieh- und Fleischhandel" organisierte und finanzierte, in deren Rahmen zahlreiche Vertreter sowohl der Landwirtschaft wie auch aller anderen Segmente der Fleischwirtschaft vorgeladen wurden, um eventuellen Manipulationen bei der Preisbildung nachzuspüren. Diese aufwendigen und aufwendig dokumentierten Anhörungen führten letztlich allerdings zu einem „Freispruch" aller potentiell Verdächtigten: Preisabsprachen zum Nachteil der städtischen Konsumenten ließen sich auf keiner Ebene des Marktsystems nachweisen.[51]

Dennoch ergaben die Ermittlungen der Enquetekommission eindeutig, dass es mit dem Wettbewerb auf dem Fleischmarkt nicht zum Besten stand. Insbesondere im Einzelhandel fehlte er fast völlig: Jeder der städtischen Metzger besaß so etwas wie ein kleines Gebietsmonopol, weil seine Kunden fast ausschließlich in der näheren Nachbarschaft des Ladens wohnten und andere Geschäfte für sie nur mühsam zu erreichen waren. Daher bildeten die Metzgereien ihre Preise nicht so sehr im Wettbewerb mit anderen Metzgern, sondern vor allem, indem sie die gehandelten Qualitäten in ihrem Sortiment und damit auch die Preise geschickt an die Kaufkraft und die Bedürfnisse der Familien anpassten, die jeweils im Viertel lebten. Genauere Untersuchungen für Berlin und München bestätigten dieses Bild. „Eine gegenseitige Konkurrenz ist nicht zu fürchten", so hieß es 1911 für die Berliner Metzgereien, weil jeder dieser Betriebe vom „Kreis einer ständigen Kundschaft" lebe, „deren Vertrauen sich der Fleischer durch den persönlichen täglichen Verkehr zu sichern weiß".[52]

Allerdings galt dieser fehlende Preisdruck gerade auf der letzten Stufe des Vermarkungssystems für Fleisch weder den Regierungsvertretern und Ministerialbe-

---

[50] Grundlegend dazu: Fischer, Vertrauen. Wie die Autorin überzeugend nachweist, waren jüdische Viehhändler zudem vornehmlich im Handel mit Nutzvieh aktiv. Im Geschäft mit Mastvieh spielten sie nur eine geringe Rolle. Vgl.: ebenda, S. 159. Anschaulich zum komplizierten Verhältnis zwischen Bauern und Viehhändlern auch noch in der Weimarer Republik vgl. etwa: Ernst Stargardt, Stiefkind der Agrarpolitik, in: Vossische Zeitung, 25. 4. 1932.
[51] Vgl. zusammenfassend: Nonn, Fleischvermarktung, S. 70–72. Die Wortprotokolle der Sitzungen, aus denen oben zitiert wurde, füllen drei voluminöse Bände mit jeweils mehreren hundert Seiten.
[52] Gerlich, Preisbildung, S. 79 f. Für München vgl.: Klose, Fleischversorgung, S. 86. Zusammenfassend für die Enquete: Fleischenquete, S. 386 f. In Berlin gab es 1911 rund 900 Metzgereien (Gerlich, Preisbildung, S. 46). Die Zahl gilt für das ursprüngliche Stadtgebiet („Groß-Berlin" in seiner auch heute noch existierenden Gestalt entstand erst 1920 durch Eingemeindung der zuvor selbständigen Vororte und -städte).

amten, die in den Enquetekommission saßen, noch den Nationalökonomen, die sich forschend mit dem Fleischmarkt beschäftigten, als ein gravierendes Problem: Sieht man einmal von den Konsumgenossenschaften ab, die als eine Art Prototyp für Großstrukturen im Einzelhandel gelten können, beherrschte das Prinzip der nachbarschaftlichen Monopole ja selbst im späten Kaiserreich noch alle Märkte für Lebensmittel, weil die Konsumenten fast ausschließlich fußläufig einkauften und daher nur sehr geringe Wahlmöglichkeiten besaßen.

Gerade im Fleischhandel waren Alternativen seinerzeit auch kaum vorstellbar (zumal sich die in den Großstädten ansonsten doch so erfolgreichen Konsumgenossenschaften gerade bei dieser Ware offensichtlich schwertaten). Da die Kommission auch nicht über die schlechte Auslastung der kommunalen Schlachthöfe oder über agrarprotektionistisch instrumentalisierte Zölle und Vorschriften zur Fleischhygiene beraten hatte, überrascht es nicht, dass die oben schon einmal zitierten Worte, eine bessere Form der Fleischversorgung als das in Deutschland existierende System könne „so leicht nicht gefunden werden", ausgerechnet von dem Mann stammten, der als „Berichterstatter" deren Ermittlungsarbeiten offiziell zusammenzufassen hatte.[53]

2. Turbulenzen und Kontinuitäten: das deutsche Vermarktungssystem für Vieh und Fleisch vom Ersten Weltkrieg bis in die 1950er Jahre

Versucht man, die weitere Geschichte dieses stark politisch geprägten Marktsystems für die Phase zwischen 1914 und den späten 1950er Jahren möglichst knapp zusammenzufassen, so lassen sich zwei unterschiedliche Tendenzen benennen. Einerseits erwiesen sich die im Kaiserreich entstandenen Strukturen und zentralen Institutionen der Fleischvermarktung als überaus lebens- und regenerationskräftig. Sie überstanden schwere Krisen in den beiden Weltkriegen sowie in den Jahren der Großen Inflation von 1918 bis zum Herbst 1923 zumindest in der Form, dass sie anschließend jeweils rasch wieder auf alte Weise arbeitsfähig wurden. Auch der Agrarprotektionismus, der ausländische Waren diskriminierte, sowie die Monopolstellung der kleingewerblichen Metzger im Einzelhandel mit Fleisch existierten trotz der diversen historischen Brüche weiter.

Andererseits aber zeigten sich doch auch Trends, die der zentralen Stellung der öffentlichen Vieh- und Schlachthöfe auf dem deutschen Fleischmarkt entgegenwirkten und sie schwächten. Zum einen spielte der „Direkteinkauf" von Mastvieh, der die städtischen Viehmärkte umging, im Handel trotz der Existenz der großen Viehmärkte eine wichtige Rolle. Zum anderen traten Unternehmer auf den Plan, die Tiere außerhalb der Städte schlachteten, um dann lediglich das verwertbare Fleisch zu den städtischen Verbrauchern zu bringen.

---

[53] Fleischenquete, S. 387.

Beides war nach den geltenden Gesetzen und Verordnungen zulässig; beides versprach Kostenvorteile. Direkte Geschäftsverbindungen zwischen Bauern oder Viehhändlern auf dem Land einerseits und städtischen Fleischhändlern und -verarbeitern behaupteten sich insbesondere in den vielen mittelgroßen und kleinen Kommunen, in denen zwar ein Schlachthof, aber kein städtischer Viehmarkt existierte. Zudem konnten gerade die Großschlachter in den Metropolen ihre Geschäfte zügiger und rationeller gestalten, wenn sie Schlachttiere „direkt" einkauften. Auch sparten sie dann die Viehmarktgebühren.[54]

Tötete man Masttiere außerhalb der Städte, waren deren Wege von den Höfen in die Schlachthäuser kürzer, was deutlich weniger Ausfälle und geringere Gewichtsverluste bedeuten konnte. Darüber hinaus lagen die fixen Kosten pro geschlachtetem Tier niedriger, weil kleine, außerstädtische Anlagen (anders als die Schlachthöfe in den Großstädten, die mit einem Viehmarkt verbunden waren) keinen Stoßbetrieb an nur zwei Tagen pro Woche bewältigen mussten. Sowohl Metzger in Landgemeinden, die für ihren Betrieb ambitioniertere unternehmerische Pläne verfolgten und den städtischen Großschlachtern nacheiferten, wie auch von bäuerlichen Genossenschaften getragene Klein-Schlachthöfe, die ursprünglich nur die umliegende Region versorgen sollten, versuchten diese Vorteile für sich zu nutzen.[55]

Allerdings hemmte die rasche Verderblichkeit von Fleisch die „Totvermarktung" von Mastvieh. Die Gefriertechnik stand zwar – wie bereits erwähnt – schon nach 1870 durchaus zur Verfügung. Sie kam aus Kostengründen jedoch nur im internationalen Handel mit besonders hochwertigem Rindfleisch zum Einsatz. Bei Alltagsware und bei Transporten über kurze Entfernungen rechnete sich das Einfrieren von Fleisch hingegen nicht. Da auch Verfahren, mit denen sich verderbliche Waren in Transportfahrzeugen kühlen ließen, hohe Kosten verursachten, funktionierte der Versand von frisch geschlachteten Tierkörpern ausschließlich über geringe Distanzen.[56]

---

[54] Zur Bedeutung der Direkteinkäufe vgl. etwa: Trunz, Schlachtvieherzeugung und Schlachtviehverwertung, in: DSZ 31 (1931), S. 391–392. Grob gerechnet, ging lediglich ein Drittel aller Schlachttiere durch die großstädtischen Viehmärkte. Die Preisbildung orientierte sich dennoch an deren Statistiken, bzw. sogar nur an den Zahlen aus den fünf größten Viehmärkten (Berlin, Hamburg, Köln, Frankfurt/Main und München). In den 1950er Jahren hatte sich in der Bundesrepublik an diesen Verhältnissen kaum etwas geändert. Nur der Berliner Viehmarkt spielte bei der Preisbildung nun keine Rolle mehr. Vgl. zur Fortdauer dieser Verhältnisse: Heinz Roth, Die maßgebende Bedeutung der Großmärkte für das lebende Schlachtvieh, in: SVZ 61 (1961), S. 63–65; Hans Dansmann, Entwicklungstendenzen der künftigen Vermarktungsformen von Schlachttieren und Fleisch aus der Sicht der kommunalen Schlachthöfe und Viehmärkte, in: FW 43 (1963), S. 789–791, hier: S. 789.

[55] Vgl. zusammenfassend etwa: Gerhard Guckenberger, Entwicklungstendenzen in der Vermarktung von Schlachtvieh und Fleisch und ihre Auswirkungen auf die kommunalen Schlacht- und Viehhöfe, agrarwiss. Diss. TU München 1971, S. 19–21. Konkret am Beispiel der Hamburger Konsumgenossenschaft „Produktion" vgl. für die Zeit vor 1914 auch schon: Peter Togrund, Der Großbezug von Fleisch. Eine Darstellung der bisherigen Versuche genossenschaftlichen, kommunalen und privaten großbetrieblichen Fleischbezugs, Mönchen-Gladbach 1913, S. 56 f.

[56] Vgl. dazu: Fleischenquete, S. 82.

Trotz dieses Problems und trotz der starken Beharrungskraft, die langjährig eingespielte Marktstrukturen und Handelsbeziehungen im Wirtschaftsleben besitzen, hatten sich die beiden eben skizzierten alternativen Vermarkungsformen von Vieh und Fleisch bereits in den späten Jahren der Weimarer Republik so gut entwickelt, dass sie die kommunalen Vieh- und Schlachthöfe spürbar schädigten. Da gleichzeitig auch der Fleischkonsum nach dem Beginn der Weltwirtschaftskrise in Deutschland so deutlich zurückging, dass sich die Fleischwirtschaft des Landes spätestens 1932 „in tiefster, schwerster Not und Sorge" sah, entwickelten sich die hohen laufenden Kosten der öffentlichen Betriebe nun vollends zum gravierenden Problem: Defizite entstanden damit gerade in einer Zeit, in der die kommunalen Etats wegen der hohen Fürsorgekosten für die vielen Erwerbslosen, die keine Unterstützung von der Arbeitslosenversicherung erhielten, allesamt tief in die roten Zahlen rutschten.[57]

Der Verband der Groß-Schlachter rief in dieser Situation eindringlich nach niedrigeren Gebühren. Ohne deren Abbau werde das Schlachtgeschäft noch stärker aus den Städten in deren Umland abwandern, „dann ist es zu spät, dann werden aus den [kommunalen] Schlachthöfen von selbst Kirchhöfe". Die Gemeinden allerdings dachten und handelten trotz solcher Warnungen ausschließlich fiskalisch. Frustriert resümierte der eben zitierte Verband das Resultat seiner Bemühungen: „Die Antwort der Stadtverwaltungen ist regelmäßig dieselbe: ‚Wie sollten wir die Gebühren senken? Die Unkosten sind so hoch; wir haben kein Geld!'".[58]

Auf Drängen insbesondere der Großstädte, die ihre Investitionen in die Schlacht- und Viehhöfe in Gefahr sahen, griff der Staat in dieser Krise wenig später stabilisierend in die Entwicklung der Fleischvermarktung ein. Das frisch etablierte NS-Regime wählte dabei im Frühjahr 1933 einen sehr überraschenden Weg: Als diktatorisch agierender Gesetzgeber, der keine parlamentarische Zustimmung brauchte, verhängte das von Adolf Hitler geführte Kabinett am 5. Mai d. J. neue innerdeutsche Zölle für den Handel mit Mastvieh und Frischfleisch zwischen Stadt und Land. Zwar waren diese Zahlungen als Gebühren deklariert. De facto aber handelte es sich um nichts anderes als um Zolltarife, die – ungeplant, aber historisch gesehen doch höchst ironisch – fast auf den Tag genau einhundert Jahre nach der Gründung des Deutschen Zollvereins eingeführt wurden, mit dem die meisten deutschen Staaten 1833 Handelsschranken dieser Art innerhalb ihrer Territorien vollständig abgeschafft hatten. Kurz gesagt, dienten die neuen Abgaben dazu, die Kostenvorteile sowohl des Direkteinkaufs von Mastieren wie auch der „Totvermarktung" von Schlachtvieh vollständig oder doch möglichst weitgehend

---

[57] Das Zitat zur Krise der Fleischbranche aus: Reichsverband der Deutschen Groß-Schlächter und des Fleischgroßhandels, Jahrbuch 1932, Berlin 1933, S. 12. Zum Einbruch des Fleischkonsums in den Krisenjahren nach 1929 vgl. knapp zusammenfassend: Michael Schneider, Unterm Hakenkreuz. Arbeiter und Arbeiterbewegung 1933 bis 1939, Bonn 1999, S. 597.
[58] Reichsverband der Deutschen Groß-Schlächter und des Fleischgroßhandels, Jahrbuch 1932, Berlin 1933, S. 56.

wegzusteuern, um die bedrohte zentrale Stellung der kommunalen Vieh- und Schlachthöfe im System der deutschen Fleischvermarktung zu retten.[59]

Bei dieser ordnungspolitisch höchst überraschenden Maßnahme ging es den regierenden Nationalsozialisten sicher auch um die finanziellen Interessen der Kommunen, die dringend von ihren Defiziten befreit werden sollten.[60] Noch schützenswerter erschienen dem NS-Regime allerdings die großstädtischen Viehmärkte mit ihrem System der fortlaufenden öffentlichen Preisnotierungen. Wenn immer mehr Mastvieh an diesen Märkten vorbei gehandelt wurde, verloren zum einen die Landwirte, als deren Schutzmacht sich die NSDAP gerne inszenierte, ein Hilfsmittel, das ihnen bei den Preisverhandlungen auf den Höfen sehr nützlich sein konnte. So stärkte das Regime 1935 die Aussagekraft und Verlässlichkeit der Preisnotierungen noch zusätzlich, indem es die Viehhändler und Metzger verpflichtete, jeden Kauf von Schlachtvieh künftig schriftlich mit genauen Angaben zu Gewichten und Preisen in einem sogenannten „Schlußschein" zu dokumentieren. Damit wurde auch die sofortige Bezahlung der gekauften Tiere obligatorisch, die zuvor keineswegs allgemein üblich gewesen war.[61]

Zum anderen aber ließen sich die Großmärkte für Schlachtvieh perspektivisch auch als ein Instrument der staatlichen „Marktlenkung" nutzen, die nicht von der Nachfrage, sondern von dem vorhandenen Angebot an Agrarprodukten ausging, die der Staat nach seinen Kriterien verteilte – und genau solch eine anti-liberale Politik verfolgten die Nationalsozialisten im Bereich der Landwirtschaft.[62]

Die neuen Binnenzölle im Handel mit lebenden Tieren waren daher nur ein Element in einem ganzen Bündel von Maßnahmen, die alle dem Ziel dienten, die landwirtschaftliche Produktion gerade im Bereich der Viehwirtschaft und damit auch die Preisbildung in einem wichtigen Segment des Lebensmittelmarktes „nach den Notwendigkeiten der Gesamtwirtschaft" zu steuern.[63] Da allein die NSDAP

---

[59] RGBl 1933, T. I, S. 242 f. Zu entsprechenden Forderungen von kommunaler Seite vgl. etwa: Max Müller, Freizügigkeit und Freiverkäuflichkeit des Fleisches, in: DSV 31 (1931), S. 279–283. Die Entstehung dieses Gesetzes ist historiographisch noch nicht aufgearbeitet. Im Rahmen dieses Projektes ließ sich diese Lücke aus Zeitgründen nicht schließen. Kenntnisreich zur Vorgeschichte sowie zur ordnungspolitischen Einordnung vgl. vor allem: Benno Willers, Der Fleischzoll an der Stadtgrenze, in: FAZ, 27. 4. 1968. Rein referierend hingegen: Guckenberger, Entwicklungstendenzen, S. 16 f. u. S. 21 f.

[60] Grüttner, Geschichte, S. 308 f.

[61] Vgl. § 15 Abs. 1 der Verordnung zur Regelung des Verkehrs mit Schlachtvieh vom 27. 2. 1935, in: RGBl 1935, S. 301–307, hier: S. 303 f.

[62] Vgl. grundlegend: Gustavo Corni/Horst Giess, Brot – Butter – Kanonen. Die Ernährungswirtschaft in Deutschland unter der Diktatur Hitlers, Berlin 1997.

[63] Zu den Details vgl.: Grüttner, Geschichte, S. 297–307 (das Zitat ebenda, S. 297). Die Regelungen des Gesetzes vom 5. Mai 1933 belegen deutlich, dass es dem NS-Regime vor allem darum ging, die großen Viehmärkte zu schützen: So wurde auf „direkt" in Schlachthöfe gebrachtes Mastvieh ein „Ausgleichszuschlag" erhoben, der doppelt so hoch wie die normale Viehmarktgebühr sein musste. Dies galt unterschiedslos in allen Städten mit mehr als 100.000 Einwohnern, in denen es einen kommunalen Viehmarkt gab. Bei Frischfleisch-Einfuhren aus ländlichen Gebieten wurden hingegen die jeweils zuständigen obersten Landesbehörden ermächtigt, eine „Ausgleichsabgabe" einzuführen. Die Höhe der Abgabe blieb ungeregelt. Bei Frischfleisch gab es für die Behörden also Handlungsspielräume, die das Gesetz bei der „Um-

entschied, in welche Richtung sich Deutschland nach 1933 wirtschaftlich entwickelte und wer dabei wie stark profitierte, darf es auch nicht als ungewollt oder als ein politischer Schönheitsfehler gelten, dass die Beschlüsse vom Mai 1933 sinkende Fleischpreise verhinderten. Im Gegenteil: Die Diktatur strebte nicht nach einer Wirtschaftsbelebung durch eine zunehmende private Nachfrage, sondern nach militärischer Aufrüstung und damit nach einem stark ausgeweiteten Staatskonsum. In dieser „Ökonomie der Zerstörung" (Adam Tooze) besaßen die Interessen und Bedürfnisse der städtischen Konsumenten nur nachrangige Bedeutung.[64]

Die weitere Entwicklung des deutschen Fleischmarktes in den Jahren der NS-Herrschaft vollzog sich nach so speziellen politisch gesetzten Regeln, dass man von einer Epoche sui generis sprechen kann. Mit der Gründung des „Reichsnährstandes" als Einheitsorganisation aller Landwirte entstand im Herbst 1933 ein umfassendes System der Preis-Leistungs-Kontrollen. Ein freier Markt für Landwirtschaftsprodukte, den es zuvor trotz vieler staatlicher Interventionen im Kern durchaus noch gegeben hatte, existierte nun überhaupt nicht mehr. Die damit unweigerlich verbundenen Probleme und Streitigkeiten (gerade auch zwischen Bauern und NS-Regime) müssen hier nicht skizziert werden. Sie liegen ganz außerhalb unseres Themas, zumal das Streben der NSDAP nach möglichst weitgehender Unabhängigkeit von allen Auslandsimporten gerade bei Lebensmitteln und Rohstoffen das Marktgeschehen noch zusätzlich massiv belastete.[65]

Mit dem Ende des NS-Regimes im Frühjahr 1945 verschwand der „Reichsnährstand" mitsamt seinem ganzen Apparat. Die im Mai 1933 eingeführten Binnenzölle für Mastvieh und frisch geschlachtetes Fleisch zwischen den ländlichen Gebieten und den Städten allerdings galten unverändert weiter: Als der gewerbliche Handel mit landwirtschaftlichen Produkten nach der Währungsreform vom Juni 1948 wieder ernsthaft einsetzte, mochte niemand in den deutschen Landesregierungen und in den Administrationen der drei westlichen Besatzungsmächte auf deren stabilisierende Wirkung für die kommunalen Vieh- und Schlachthöfe verzichten. Die wenig später gegründete Bundesrepublik entschied dann genauso.[66]

---

gehung" des Viehmarktes nicht zuließ. RGBl 1933, T. I, S. 242 f. (§ 1, Abs. 8 u. 9). Vgl. zu diesem Unterschied genauer: G. Kirch, Um den Ausgleichszuschlag für Lebendvieh, in: DSVZ 57 (1957), S. 146–148.

[64] Vgl. umfassend: Adam Tooze, Ökonomie der Zerstörung. Die Geschichte der Wirtschaft im Nationalsozialismus, München 2007.

[65] Als knappe allgemeine Zusammenfassung vgl. Tooze, Ökonomie, S. 224–239. Anschaulich für die speziellen Probleme der Tiermast: Nils Cramer, Erbhof und Reichsnährstand. Landwirtschaft in Schleswig-Holstein 1933–1945, Husum 2013, S. 264–281. Speziell für den Fleischmarkt und die Schlachthöfe vgl.: Karl Christian Stoll, Das kommunale Schlacht- und Viehhofwesen in den letzten drei Jahrzehnten, in: SVZ 59 (1959), S. 241–243.

[66] Allerdings fiel diese Entscheidung eher im Verborgenen: Das bundesdeutsche Gesetz über den Verkehr mit Vieh und Fleisch vom 25. 4. 1951 (BGBl 1951, T. I, S. 272–276), das zahlreiche NS-Gesetze und -Verordnungen, die sich auf den Fleischmarkt bezogen, aufhob und ersetzte, erwähnte die Bestimmungen über die Ausgleichsabgaben und -zuschläge von 1933 nicht. Damit galten sie auch weiterhin.

In dem Maße, in dem in den Großstädten die oft starken Schäden beseitigt wurden, die viele der Betriebe durch Bombenangriffe im Krieg erlitten hatten, nahm das Vermarktungssystem für Vieh und Fleisch in Westdeutschland daher rasch wieder seine alten Züge an.[67] Springt man in das Jahr 1955, so entspricht das Bild auf den ersten Blick sogar weitgehend dem Zustand in der wirtschaftlich stabilen Phase der Weimarer Republik oder auch vor 1914: Viehhändler, Metzger und Großschlachter nutzten intensiv sowohl die öffentlichen Viehmärkte wie auch die städtischen Schlachthöfe, deren Wiederaufbau „im alten Stil mit weiträumigen Anlagen und traditionellen handwerklichen Schlachtsystemen" erfolgt war. Die Regeln des Geschäftes wie auch die Betriebsabläufe in beiden Betrieben hatten sich seit den Eingriffen des NS-Regimes in den Jahren 1933 und 1935 nicht entscheidend verändert. Dank kontinuierlich wachsender Auftriebs- und Benutzungszahlen stiegen die Gebühreneinnahmen. Viele Gemeinden planten und begannen Erweiterungsbauten und Modernisierungen der in ihrer Grundsubstanz mittlerweile ja recht betagten Anlagen.[68] Da finanzielle Rücklagen so kurz nach der Währungsreform und nach den Mühen des Wiederaufbaus nicht zur Verfügung standen, nahmen die Kommunen für diese Ausbauprogramme in der Regel hohe Bankkredite auf. Die Schuldenlast der Unternehmen stieg so deutlich an.[69]

Gleichzeitig hatte sich an der schlechten Auslastung der öffentlichen Anlagen nichts geändert: Nach einer international vergleichenden Studie über die Organisation der Fleischvermarktung nutzten kommunale Schlachtbetriebe in der Bundesrepublik, die mit einem Viehhof verbunden waren, in den späten 1950er Jahren bestenfalls rund 40 Prozent ihrer Schlachtkapazität. Teilweise sank dieser Wert sogar auf nur noch zehn Prozent. Diese Zahlen bewerteten die ausländischen Experten kühl als „very unsatisfactory".[70]

Lediglich in einer Großstadt verlief die Rekonstruktion alter Strukturen etwas anders: Für West-Berlin entstand nach 1949/50 aus politischen Gründen und mit intensiver öffentlicher Förderung eine besondere Form der Fleischversorgung. Die „Totvermarktung" von geschlachteten Tieren spielte hier eine ungleich größere Rolle als in allen anderen deutschen Metropolen. Diese Besonderheit ergab sich –

---

[67] Zu den starken Zerstörungen, die sich aus der zentralen innerstädtischen Lage der Betriebe erklären, und zum Wiederaufbau vgl. zusammenfassend: Helmut Bartels, Der Schlachthof – heute und morgen, in: FW 36 (1956), S. 305–306; H. Summa, Ein Beitrag zum Wiederaufbau und Neubau unserer Schlacht- und Viehhöfe, in: DSVZ 57 (1957), S. 16–20.

[68] Das Zitat zum Wiederaufbau aus: Guckenberger, Entwicklungstendenzen, S. 56. Zu den steigenden Gebühreneinnahmen vgl.: ebenda, Tabelle 35 (o. P.). Zu den Ausbauprogrammen vgl. beispielhaft etwa: Modernisierung des Schlacht- und Viehhofes, in: FAZ, 25. 7. 1956; Rudolf von Nida, Überlegungen zur Modernisierung eines Schlachthofes, in: DSVZ 58 (1958), S. 278–281; Hans Korkisch, Der Kühlhausneubau im Vieh- und Schlachthof Stuttgart, in: DSVZ 59 (1959), S. 381–383.

[69] Die Zahlen vgl. in: Guckenberger, Entwicklungstendenzen, S. 56–66.

[70] Slaughterhouse Facilities and Meat Distribution in O.E.E.C. Countries, Paris 1959 (O.E.E.C. Documentation Food & Agriculture, 1959 Series, No. 12), S. 19 u. S. 32 f. (die angeführten Zahlen); Farmers Marketing Organisations, Paris 1961 (O.E.E.C. Documentation Food & Agriculture, 1961 Series, No. 34), S. 102 (Zitat).

nicht überraschend – aus der Frontstellung zwischen „Ost" und „West" im Kalten Krieg und deren Folgen für das ja auch schon vor dem Mauerbau politisch geteilte Berlin. In den drei westlichen Sektoren der Stadt existierte nur ein kleinerer Schlachthof, den die seinerzeit noch eigenständige Kommune Spandau vor 1914 für ihren lokalen Bedarf errichtet hatte. Trotz rascher Erweiterungen war diese Anlage deutlich zu klein für die Bedürfnisse einer Großstadt. Sowohl der Berliner Viehmarkt wie auch der Zentralschlachthof lagen hingegen im sowjetischen Teil der Stadt. Von diesen Betrieben jenseits der Sektorengrenze sollten die Fleischlieferungen für die mehr als zwei Millionen West-Berliner aber nicht abhängen. Dank eines von der Bundesregierung bezahlten Programms, das nicht nur den Bahntransport von Masttieren aus der Bundesrepublik nach West-Berlin, sondern daneben auch noch spezielle „Berlin-Schlachtungen" besonders förderte, entwickelte sich daher zügig ein System, das eine Reihe von Schlachthöfen vor allem in Niedersachsen und Schleswig-Holstein einerseits und die West-Berliner Metzger sowie auch die dort ansässige Fleischwarenindustrie andererseits dauerhaft miteinander verband: Per LKW, in eigens dafür optimierten „Thermos-Wagen", wurden geschlachtete und ausgenommene Tierkörper seit 1950 in wachsender Zahl täglich in die Enklave der westlichen Demokratie an der Spree transportiert. Auf die eigentlich für solche Fleischlieferungen fällig werdenden „Ausgleichszuschläge" verzichtete die öffentliche Hand. Damit erlebte Deutschland erstmals einen „Durchbruch zu einem Fleischversand in großem Umfang". Mitte des Jahrzehnts kamen bereits 35 Prozent der mehr als 100.000 Tonnen an frischem Fleisch, die jährlich in West-Berlin verkauft und verzehrt wurden, auf diesem Weg in die Stadt.[71]

Der damit handfest geführte Beweis, dass „Versandschlachthöfe" selbst eine weit entfernte Großstadt verlässlich mit frisch geschlachtetem Fleisch versorgen konnten, erregte in der deutschen Fachwelt großes Interesse. Seine Bedeutung allerdings blieb strittig. Einige Experten betrachteten die „Berlin-Schlachtungen" und die Fleischtransporte in den „Thermos-Wagen" als Vorboten der Zukunft und damit als Warnung für alle kommunalen Schlachthöfe: Allgemein sei mit einer stark wachsenden Bedeutung der „Totvermarktung" zu rechnen, die viele Kostenvorteile biete und von weiteren Verbesserungen der Kühltechnik profitieren werde. Ohne höhere Effektivität durch umfassende Rationalisierungsmaßnahmen drohe den traditionsreichen städtischen Betrieben daher die „Verödung". So müsse etwa die „klassische Methode des Selbstschlachtens" durch die einzelnen Metzger, die insbesondere in Süddeutschland noch weit verbreitet war, vollständig verschwinden, weil sie „die

---

[71] Benno Willers, Der Fleischzoll an der Stadtgrenze, in: FAZ, 27. 4. 1968 (Zitat); die genannte Zahl aus: Karl Christian Stoll, Umsatzsteuer und Totversand, in: DSVZ 57 (1957), S. 159–161, hier: S. 160. Vgl. zu diesem Thema auch: Helmut Scheunemann, Die Versorgung Westberlins mit von Tieren stammenden Lebensmitteln, in: DSVZ 57 (1957), S. 111–112 (hier auch Informationen zu den „Thermos-Wagen"); W. Grunow, Die Versorgung West-Berlins mit Nahrungsgütern, in: BLW 35 (1957), S. 416–442, insbes. S. 432 f.

Betriebsabläufe besonders auf den größeren Schlachthöfen und an den Hauptschlachttagen viel zu sehr aufhält".[72]

Diese Forderungen stießen jedoch auch auf Widerspruch. Insbesondere führende Männer der öffentlichen Schlachthöfe waren keineswegs bereit, den „Einbruch des ökonomischen Prinzips" in die bislang vor allem von hygienischen Ansprüchen bestimmte Welt der öffentlichen Schlachthöfe zu akzeptieren: An dem Grundsatz, „das Primat jeder Schlachtstätte" sei die von finanziellen Interessen freie gesundheitliche Prüfung der getöteten Tiere, dürfe nicht gerüttelt werden.[73]

Zur Untermauerung ihrer Position konnten diese Traditionalisten auch auf die nach wie vor nur geringe Bedeutung der „Totvermarktung" abseits von West-Berlin mit seinen besonderen Verhältnissen und seinen speziellen Regeln verweisen, zu denen auch öffentliche Fördergelder gehörten. In den 35 größten Städten der Bundesrepublik stammten 1956 rund 92 Prozent der in diesen Kommunen insgesamt gehandelten Fleischmengen aus Schlachtungen, die „vor Ort" in den städtischen Schlachtbetrieben stattgefunden hatten. Nur acht Prozent kamen als „Importe" aus ländlichen Regionen zu den städtischen Verbrauchern. Offensichtlich taten die Strafzahlungen, die außerstädtische Schlachteinrichtungen seit 1933 trotz der formal geltenden „Freizügigkeit" von Fleisch gegenüber den kommunalen Unternehmen diskriminierten, immer noch ihre Wirkung.[74] Hinzu kamen die hohen Kosten für Anschaffung und Betrieb von Lastwagen mit Kühlsystemen, deren Technik seinerzeit noch längst nicht ausgereift war. Selbst ein Experte sah sich im Jahr 1961 nicht in der Lage, eine Prognose abzugeben, wie sich der Transport rasch verderblicher Waren als ein Element der Lebensmittelbranche in Zukunft entwickeln werde.[75]

Den Fleischversand dachte man sich auf Seiten der Traditionalisten daher nicht als Negation des bestehenden Vermarktungssystems, sondern als dessen Ergänzung. Durch die Arbeit der Großschlachter gab es auf den städtischen Schlachthöfen ja ohnehin schon einen Handel auch mit bereits getöteten Tieren. Dieser Bereich der Geschäftstätigkeit in den kommunalen Betrieben sollte nun noch weiter ausgebaut werden. Etliche Kommunalverwaltungen orientierten sich an dieser Sicht: Im Zuge ihrer Modernisierungsprogramme für den lokalen Schlachthof

---

[72] C. Freybe, Die Notwendigkeit einer Rationalisierung auf den Schlachthöfen und der Schlachtmethoden, in: DSVZ 56 (1956), S. 7–9, hier: S. 8. Vgl. ähnlich auch: O. Raseneck, Die Notwendigkeit einer Rationalisierung auf Schlachthöfen, in: ebenda, S. 36–38.

[73] In der Reihenfolge der Zitate: R. Isler, Wandlungen im Schlachthofwesen – eine grundsätzliche Betrachtung, in: DSVZ 57 (1957), S. 155–157, hier: S. 157; M. Struck, Rationalisierung der Schlachtvorgänge und Fleischuntersuchung, in: ebenda, S. 77–80, hier: S. 77. Vgl. ähnlich auch: Helmut Bartels, Moderne Gewinnung und Behandlung von Fleisch, in: FW 35 (1955), S. 707–708; Norbert Schroeder, Die gefahrumdrohten kommunalen Schlacht- und Viehhöfe, in: DSVZ 56 (1956), S. 208–210.

[74] Karl Christian Stoll, Umsatzsteuer und Totversand, in: DSVZ 57 (1957), S. 159–161, hier: S. 160.

[75] H. Bock, Gekühlte Lastwagen, in: Rudolf Plank (Hrsg.), Handbuch der Kältetechnik. Bd. 11: Der gekühlte Raum – der Transport gekühlter Lebensmittel und die Eiserzeugung, Berlin etc. 1962, S. 415–455, hier: S. 417 (zur Technik ausführlich: ebenda, S. 423–451).

planten und errichteten einige Städte seit Mitte der 1950er Jahre jeweils eine „Fleischgroßmarkt-Halle", um den besonderen Ansprüchen der Verkäufer und Käufer von Schweinehälften und Rindervierteln besser gerecht zu werden.[76] Solche Investitionen hatten auch den Vorteil, dass sich bei einer Zentralisierung des Fleischgroßhandels auf dem Gelände des städtischen Schlachthofs leichter kontrollieren ließ, ob die „Ausgleichszuschläge" auch tatsächlich gezahlt wurden.[77]

Ihre Kontrahenten hielten hingegen gerade diese Reaktion für grundsätzlich falsch. Statt weiter zu expandieren, sollten sich die kommunalen Betriebe nach Meinung der Fachleute, die für die „Totvermarktung" eintraten, besser darauf vorbereiten, dass ihr spezieller Schutz demnächst verschwinden werde. „Ausgleichsabgaben" und „Ausgleichszuschläge" seien als interventionistische staatliche Eingriffe überholt, wirtschaftlich dysfunktional und daher zügig zu beseitigen: Nötig sei „die Schaffung gleicher Startbedingungen für die Fleischvermarktung" neben dem traditionellen Transport von schlachtreifen lebenden Tieren in die Städte.[78]

In den späten 1950er Jahren war das deutsche Vermarktungssystem für Vieh und Fleisch also einerseits noch stark traditionell geprägt: Seine Grundstrukturen sahen nicht anders aus als im späten Kaiserreich oder auch in den wirtschaftlich stabilen Jahren der Weimarer Republik. Trotz dieser Kontinuität hatte der Markt jedoch eine bewegte Geschichte hinter sich. Wie die Debatte über die Zukunft der Viehmärkte und der „Totvermarktung" zeigte, deutete sich zudem auch aktuell ein Wandel an. Die weitere Entwicklung war jedoch offen – zumal es sich dabei ja keineswegs um einen rein wirtschaftlichen Prozess handelte.

1957 bestätigte das Bundesverwaltungsgericht nicht nur die Legitimität des „Schlachthofzwangs", der „zum Schutze der Volksgesundheit dringend erforderlich" sei. Wenig später bejahten die Richter in einer zweiten Entscheidung zudem auch die vom NS-Regime zum Schutz der kommunalen Vieh- und Schlachthöfe eingeführten Binnenzölle zwischen Land und Stadt für Vieh und geschlachtete Tiere: Die dahinterstehende Absicht, den Viehhandel sowie das Schlachten von

---

[76] Vgl. etwa: Modernisierung des Schlacht- und Viehhofes, in: FAZ, 25. 7. 1956; Otto Horn, Frankfurts neue Fleischgroßmarkthalle, in: DSVZ 58 (1958), S. 414–417; Eröffnung der Hamburger Fleischgroßmarkthalle, in: NSZ 42 (1960), Nr. 44, S. 1 u. S. 4. Als Überblick vgl. auch: Organisation of the Wholesale Meat Markets in Europe, Paris 1961 (O.E.E.C. Documentation Food & Agriculture, 1961 Series, No. 42), S. 22 f. Zu Vorstellungen, der Totversand werde langfristig nur ein Randphänomen bleiben, vgl. etwa: Schauser, Zur Frage des Totversands in Schleswig-Holstein, in: DSVZ 58 (1958), S. 100–102; Heinz Roth, Die maßgebende Bedeutung der Großmärkte für das lebende Schlachtvieh, in: SVZ 61 (1961), S. 63–65, hier: S. 63 f.; ders., Voreilige Folgerungen im Totversand, in: ebenda, S. 236–237; H. Summa, Zur vertikalen Integration in der Fleischwirtschaft, in: SVZ 62 (1962), S. 52–53.

[77] Dort, wo die Zuschläge erhoben wurden, waren Metzger und Fleischverarbeiter verpflichtet, Frischfleischkäufe, die sie außerhalb der Stadtgrenzen getätigt hatten, bei der Stadtverwaltung zu melden. Wurden bei Betriebskontrollen Verstöße gegen die Meldepflicht entdeckt, drohten Geldbußen. Vgl. beispielhaft zu einem solchen Verfahren gegen einen Frankfurter Metzger und „Wiederholungstäter": Ausgleichsabgabe für Fleischeinfuhren, in: FAZ, 30. 11. 1955.

[78] Roderich Plate, Lebendvieh- oder Fleischvermarktung aus marktfernen Gebieten?, in: FW 37 (1957), S. 487–492, hier: S. 492.

Tieren weitgehend auf öffentliche Betriebe zu konzentrieren, liege nach wie vor im Interesse der Allgemeinheit. Trotz seiner undemokratischen Entstehungsgeschichte könne das Gesetz von 1933 deshalb nicht als ein unzulässiger Verstoß gegen die Gewerbefreiheit gelten.[79]

Ebenfalls 1957 erklärte der Direktor des Hamburger Schlachthofes – gewiss stellvertretend für all seine Kollegen in den anderen Betrieben dieser Art – die Zukunft sei auch deshalb offen, weil die Leitungen der kommunalen Vieh- und Schlachthöfe nicht vorhätten, einem weiteren Wachstum ihrer ländlichen Konkurrenten „einfach zu[zu]sehen". Man werde „den Existenzkampf aufnehmen", um weiter die gesundheitlichen Interessen der städtischen Konsumenten in den Mittelpunkt der Fleischvermarktung stellen zu können: „Sinn der Versandschlachtereien auf dem Lande ist es, Gewinne zu erzielen, während dies öffentlichen Schlachthöfen der Städte nicht gestattet ist." In der offensichtlich anstehenden Auseinandersetzung, wie Schlachtvieh zum verkaufs- und verbrauchsfertigen Fleisch werde, gehe es vor allem um diesen Unterschied.[80]

Wie die weitere Darstellung zeigen wird, verband sich der Wandel der Schlachthofbranche in den nachfolgenden Jahren jedoch mit Veränderungen auch auf allen anderen Ebenen des bundesdeutschen Fleischmarktes. Diese Prozesse waren so tiefgreifender Art, dass die traditionsreiche Ordnung des Marktes umfassend zu erodieren begann.

---

[79] Schlachthofzwang widerspricht nicht dem Grundgesetz, in: FW 37 (1957), S. 46; Karl Hurst/ Alois Dahmen, Ausgleichsabgabe und die Rechtsprechung des Bundesverwaltungsgerichts, in: DSVZ 58 (1958), S. 88–91. Zu der zweiten Entscheidung vgl. rückblickend zusammenfassend auch: Hömm, Über die Zulässigkeit von Zuschlägen zur Ausgleichsabgabe, in: SVZ 60 (1960), S. 253–254.

[80] Karl Christian Stoll, Lebendvieh- oder Fleischvermarktung, das Problem des Totversandes, in: FW 37 (1957), S. 705–707, hier: S. 706. Vgl. diese Argumentation auch schon im Jahr 1932 in: Heiss, Bau, S. 208.

II. Fleisch essen

1. Von Rekord zu Rekord: die Entwicklung des Fleisch-Konsums in der jungen Bundesrepublik

Die Wiederaufbauphase der jungen Bundesrepublik endete in den späten 1950er Jahren, rund eine Dekade nach ihrer Gründung – zumindest wenn man den Fleischverbrauch pro Kopf der Bevölkerung als Maßstab benutzt. 1957/58 erreichte dieser von Statistikern berechnete Messwert, der viel über das Niveau der Lebensführung aussagt, annähernd wieder den Stand der letzten Jahre vor dem Zweiten Weltkrieg, die von den Deutschen als der positive, weil wirtschaftlich prosperierende Abschnitt in der Geschichte der NS-Diktatur erinnert wurden. Der zunächst schleichend beginnende und nach der militärischen Niederlage des „Dritten Reiches" im Mai 1945 dann dramatisch verschärfte Mangel bei einem der wichtigsten Nahrungsmittel, der die Deutschen insbesondere in den Hungerjahren 1946 bis 1948 gezwungen hatte, sich bei insgesamt nur noch sehr rudimentärer Versorgung vorwiegend vegetarisch zu ernähren, war damit vollständig überwunden. 1958/59 lag der Pro-Kopf-Verbrauch von Fleisch mit 53,3 kg dann erstmals sogar etwas höher als in der Friedensphase der NS-Herrschaft und damit zugleich auch höher als 1928, dem wirtschaftlich besten Jahr der Weimarer Republik unmittelbar vor Beginn der Weltwirtschaftskrise (die den Fleischkonsum der Deutschen ebenfalls deutlich nach unten gedrückt hatte).[1]

Konrad Adenauer, der nie um ein Selbstlob seiner Politik verlegene Kanzler der Bundesbürger, rief im Frühjahr 1957 mit Blick auf deren Ernährung daher bereits eine Art Schlaraffenland der Konsumenten aus: Im westlichen Teilstaat könne sich „jeder Städter, jeder Industriearbeiter [...] zu jeder Zeit mit Nahrungsmitteln aller Art nach eigenen Wünschen reichlich" versorgen. Kontrastierend verwies der CDU-Politiker auf die DDR (in seiner Sprache stets: die SBZ), in der wegen der kommunistischen Unfreiheit der Mangel herrsche. Dies gelte gerade bei „hochwertigen Erzeugnissen" der Landwirtschaft und vor allem bei Fleisch.[2]

Im gleichen Jahr publizierte Wirtschaftsminister Ludwig Erhard, ebenfalls CDU, sein Buch „Wohlstand für Alle", das sich in den nachfolgenden Jahren zum Bestseller entwickelte – und auch er hatte etwas zum Thema „Fleisch" zu sagen: In seiner Lieblingsrolle als beständiger Mahner zum „Maßhalten" bei Ansprüchen

---

[1] Die Zahlen (52,6 kg für 1957/58 bzw. 53,3 kg für 1958/59 gegenüber 52,8 kg sowohl für 1935/39 und für 1928) nach: StatJb BRD 1960, S. 530; StatJb DR 1930, S. 336 (für 1928). Zu den Ernährungsnöten in der Nachkriegszeit vgl. etwa: Rainer Gries, Die Rationen-Gesellschaft. Versorgungskampf und Vergleichsmentalität: Leipzig, München und Köln nach dem Kriege, Münster 1991.

[2] Rede auf der Kundgebung des Deutschen Bauern-Verbandes auf der „Grünen Woche" in West-Berlin, 2. 2. 1957. Der Text ist mit Hilfe des angegebenen Datums online abrufbar auf: www.konrad-adenauer.de/dokumente/reden.

und Lebensführung erinnerte Erhard die Bundesbürger daran, dass es im Leben auch noch auf mehr ankomme, "als die Zahl der konsumierten Beefsteaks und Koteletts weiter ansteigen zu lassen". Freude über das Erreichte und die Überwindung des materiellen Mangels sei völlig berechtigt; für die Zukunft wünschte sich der selbst wohlbeleibte Minister von den Deutschen aber doch „einen gehobenen Konsum mehr geistiger Art".[3]

Es sei hier dahingestellt, ob dieser Wunsch in der weiteren Entwicklung der westdeutschen Gesellschaft in Erfüllung gegangen ist. Von Beefsteaks und Koteletts bzw. von Fleisch generell konnten die Bundesbürger in den nachfolgenden Jahren hingegen eindeutig nicht genug bekommen. Der Pro-Kopf-Verbrauch von Fleisch (inklusive der Wurstwaren) stieg zwei Jahrzehnte lang, bis 1980, ebenso kontinuierlich wie massiv auf 100,5 kg an. Weder der von den Zeitgenossen als dramatisch empfundene Konjunktureinbruch 1966/67 noch die dauerhaft deutlich geringeren wirtschaftlichen Wachstumsraten in den Jahren nach 1973/74 drehten diesen Trend um. Auf dem 1980 erreichten hohen Niveau (gegenüber 1958/59 lag der Pro-Kopf-Konsum um fast 90 Prozent höher) verharrte der Verbrauch von Fleisch bei leichten Schwankungen dann für ein Jahrzehnt. Mit 100,4 kg wurde 1990 fast das gleiche Resultat verzeichnet wie zehn Jahre zuvor.[4]

Experten verschiedener Art hatten weder die eine noch die andere Entwicklung antizipiert. So warnte etwa der Rat der Landwirtschaftsminister im Europäischen Wirtschaftsrat 1960 die Landwirte ganz offiziell davor, ihre Viehbestände weiter zu vergrößern: Der Fleischabsatz werde nicht so stark steigen wie die Produktion, weil es sich um ein teures Produkt handle.[5] 1972 – der Pro-Kopf-Verbrauch lag mittlerweile bei rund 80 kg – wurden mehrfach Prognosen publiziert, damit sei eine „Sättigungsgrenze" erreicht: „Mehr Fleischwaren als heute können die meisten nicht essen."[6]

Als die Konsumenten mit ihren Einkaufsentscheidungen auch diese Prophezeiungen widerlegten, kam in den 1970er Jahren verständlicher Weise die Meinung auf, der Fleischhunger der Deutschen werde beständig weiterwachsen: Für 1985 galt nun ein Verbrauch von 120 kg pro Kopf als realistisch.[7] Ihre erneute Düpierung durch die Verbraucher, die sich ab 1980 dann unversehens doch „gesättigt"

---

[3] Ludwig Erhard, Wohlstand für Alle. Bearb. v. Wolfram Lange, Düsseldorf 1957, S. 240.
[4] Vgl. genauer; StatJb BRD 1991, S. 556.
[5] Ausgewählte Probleme der Agrarwirtschaft. 4. Bericht des Ministerausschusses für Landwirtschaft und Ernährung des Europäischen Wirtschaftsrates (OEEC). Bd. 1. Deutsche Übersetzung, Bonn 1961, S. 14 f.
[6] Klaus Broichhausen, Mehr Fleischwaren als heute können die meisten nicht essen, in: Blick durch die Wirtschaft, 28. 2. 1972.
[7] Ewald Böckenhoff/F. Heinrich, Long Term Trends of Beef Consumption and Conclusions regarding Beef Production, in: J. C. Bowman/P. Susmel (Hrsg.), The Future of Beef Production in the European Community, The Hague etc. 1979, S. 101–130, hier: S. 109. Ähnlich auch: Egon Wöhlken/Bernd Mönning, Entwicklungstendenzen der Nachfrage nach Nahrungsmitteln in der BRD und EWG, in: Günther Weinschenck (Hrsg.), Die künftige Entwicklung der europäischen Landwirtschaft. Prognosen und Denkmodelle, Bern und Wien 1973, S. 203–223, hier: S. 218.

zeigten, verarbeiteten die Fachleute und Marktbeteiligten nur widerwillig. Erst gegen Ende des Jahrzehnts schickten sich etwa die großen Handelsketten in der Bundesrepublik in die neue Situation: „Das Mengenwachstum [bei Fleisch] ist passé [...]." Zumindest damit lagen sie dann eindeutig richtig.[8]

Statistiken, zumal solche, die hochaggregierte Zahlen versammeln und lediglich Durchschnittswerte nennen, sind durchweg einerseits informativ und andererseits doch auch problematisch: Sie beschreiben Realität und konstruieren sie zugleich, so dass ein flüchtiger Blick auf die reinen Zahlen oft einen falschen Eindruck erweckt. Dies gilt gerade für den errechneten Pro-Kopf-Verbrauch an Fleisch, denn damit erfassen die Statistiker keineswegs nur die Mengen an Fleisch und Wurstwaren, die von Menschen verzehrt werden. Die Kilo-Angabe leitet sich vielmehr aus dem gesamten Gewicht der getöteten Tierkörper ab (ohne die Fische, die separat erfasst werden), die eine Volkswirtschaft sowohl produziert als auch importiert und bezieht dieses Gewicht dann auf die Bevölkerung, d.h. sie umfasst auch Fleischstücke und Bestandteile von Tieren, die entweder überhaupt nicht oder doch nur sehr vermittelt dem menschlichen Konsum dienen. Fleisch, das an Hunde und Katzen verfüttert wird, gehört daher ebenso dazu wie all die Anteile geschlachteter Tiere, die von vornherein nicht als Nahrungsmittel gelten bzw. auch wirklich nicht dazu taugen und deshalb anderweitig verwandt werden. Sogar der Abfall, der nach einer Schlachtung als absolut unbrauchbar entsorgt wird, ist Teil des statistischen „Pro-Kopf-Verbrauches" an Fleisch.[9]

Grob gerechnet, standen daher im Untersuchungszeitraum jeweils nur zwei Drittel der eben angeführten Kilos tatsächlich für die Münder und Mägen der Bundesbürger zur Verfügung. Ihr direkter Pro-Kopf-Verbrauch an Fleisch und Wurst lag in den 1980er Jahren also nicht bei rund 100 kg – vielmehr schwankte er (ebenfalls ohne klare Tendenz) um die 66 kg.[10] Auch der vorangegangene kontinuierliche Anstieg hatte sich mithin auf niedrigerem Niveau vollzogen. Dies ändert aber nichts an der Feststellung, dass die Deutschen ihren Fleischkonsum in den ersten drei Jahrzehnten nach dem Zweiten Weltkrieg massiv ausweiteten.

An ihrer Liebe zum Fleisch gibt es keinen Zweifel. Selbst in den späten 1980er Jahren, als der Verbrauch nun schon seit längerem stagnierte, erklärten 85 Prozent der Befragten in einer repräsentativen Meinungsumfrage, sie würden „gerne" bzw. „sehr gerne" Fleisch essen. 62 Prozent stimmten dem Statement zu, eine warme Mahlzeit sei nur mit einem Stück Fleisch wirklich komplett.[11] Die soziale Realität

---

[8] Handel beunruhigt über Einbrüche beim Fleischabsatz, in: LZ 41 (1989), Nr. 5, S. 4. Zahlen zum fallenden Pro-Kopf-Verbrauch seit 1990 vgl. etwa in: Christoph F. Königs, Internalisierung der Esskultur zwischen Mangel, Überfluss, Diversität und Innovationen am Beispiel der Bundesrepublik Deutschland, Aachen 2014, S. 434.
[9] Zu den äußerst vielfältigen Zwecken, denen geschlachtete Tierkörper dienen, und zu dem bemerkenswert geringen Anteil von Abfall siehe genauer unten S. 221–223.
[10] Hans-Wilhelm Windhorst, Entwicklung der Fleischproduktion und des Fleischverzehrs in Deutschland. Vortrag am 31. Mai 1997 auf dem 4. Fleischhygiene-Kolloquium an der Universität in Leipzig, Vechta 1997, S. 18. Vgl. auch: Bei Fleisch und Vieh sind die Preise im Keller, in: FAZ, 25. 7. 1987.
[11] Die Fleischmahlzeit steht hoch im Kurs, in: DGS 39 (1987), S. 513.

entsprach weitgehend diesen Ansprüchen: Etwas mehr als die Hälfte der erwachsenen Bundesbürger aß fünf- bis siebenmal pro Woche Fleisch und/oder Wurst. Definiert man eine Verzehrfrequenz von viermal pro Woche als intensiven Konsum, dann gehörten sogar 73 Prozent der Westdeutschen zu den Fleischessern mit besonders großem Appetit.[12]

Diese hohen Zahlen ergaben sich auch aus dem typischen Ablauf des Alltags in den deutschen Familien. Dabei spielte in den Haushalten mit Kindern sowohl das Schulsystem wie auch der völlig unterentwickelte Stand der Kleinkinderbetreuung eine entscheidend wichtige Rolle. Bis weit in die 1980er Jahre hinein gab es in der Bundesrepublik so gut wie keine Ganztagsschulen, in denen die Kinder mittags verköstigt wurden; Kindertagesstätten waren selbst in Großstädten rar gesät. Frauen, die nicht „voll" erwerbstätig waren, bereiteten daher in der Regel stets ein warmes Mittagessen für die Kinder und für sich selbst. Abends standen sie dann vielfach noch einmal am Herd, weil nun auch der Ehemann mit am Tisch saß. In beiden Fällen galt die oben angeführte soziale Regel von der „richtigen" Mahlzeit, die Fleisch brauchte. Wurde abends „kalt" gegessen, dann gehörten Wurstwaren typischerweise unabdingbar zu den aufgetischten Lebensmitteln.[13]

Da die gemeinsamen Zeiten am Esstisch in der Sicht fast aller Deutschen ein unverzichtbares Element des Familienlebens darstellten, verknüpfte sich der Verzehr von Fleisch durch seinen hohen Rang im täglichen Ritual des Essens eng mit der emotionalen Ebene des Familienlebens.[14] Geschmackspräferenzen entstehen in der Regel ja in der Kindheit und Jugend. Als Marktforscher die Bundesbürger im Jahr 1990 nach ihrem „Lieblingsessen" befragten, zeigten sich eindeutig die Resultate einer intensiven Erziehung zum Fleisch: Die ersten fünf Gerichte auf dieser Rangliste enthielten alle Fleisch als Hauptbestandteil; „Fleisch allgemein" stand auf dem dritten Rang. Unter den insgesamt zehn Nennungen fanden sich nicht weniger als sieben Fleischmahlzeiten.[15]

---

[12] Fisch- und Fleischkonserven. Zahlen – Daten – Trends, in: SB 25 (1981), Nr. 7/8, S. 10–14, hier: S. 11.

[13] 1973 etwa gab es in der BRD insgesamt 106 Ganztagsschulen – bei rund 19.000 Schulen insgesamt; der Anteil der dort angemeldeten Schüler lag unter einem Prozent. Ruth Werner, Die Einführung der Ganztagsschule und die Mahlzeitenversorgung der Schüler, in: HuW 21 (1973), S. 149–154, hier: S. 151. Zum Fortbestand der privat zubereiteten warmen Mahlzeit auch am Mittag vgl. etwa: Esskultur '82. Verhalten, Einstellungen und Trends in bundesdeutschen Haushalten beim Kochen, Essen und Trinken, Hamburg 1982, S. 93 u. S. 96. Siehe zu den Wurstwaren siehe unten S. 74.

[14] Vgl. etwa: Rosemarie von Schweitzer, Die Bedeutung der Haushaltsführung für die Sozialisationswirkung der Familie, in: HuW 21 (1973), S. 197–203, hier: S. 199–201; Thomas Kutsch, Haushalt und Ernährung, in: Ulrich Oltersdorf/Thomas Preuß (Hrsg.), Haushalte an der Schwelle zum nächsten Jahrtausend. Aspekte hauswirtschaftlicher Forschung – gestern, heute, morgen, Frankfurt/Main und New York 1996, S. 254–279, hier: S. 268–270.

[15] Iglo-Forum-Studie '91: Genussvoll Essen – bewusst Ernähren. Gemeinsamkeiten und Unterschiede am neuen deutschen Tisch. Berichts- und Tabellenband, Hamburg 1991, S. 58. Die Angaben beziehen sich nur auf die alten Bundesländer und entstanden durch eine statistisch repräsentative Befragung von rund 1.900 Personen. Ähnliche Resultate vgl. auch schon in: Esskultur '82, S. 109. Die fünf am häufigsten genannten Lieblingsgerichte waren danach: „Schnitzel, Rouladen, Sauerbraten, Schweinebraten, Eintopfgerichte".

Konsequent fleischlos ernährten sich offensichtlich nur sehr wenige Bundesbürger, obwohl der „Vegetarismus" gerade in Deutschland auf eine lange Tradition zurückschauen konnte. Genaue Zahlen besitzen wir allerdings nicht. In den in mehrjährigen Abständen wiederholten „Einkommens- und Verbrauchsstichproben" des Statistischen Bundesamtes, die jeweils bis zu 50.000 Haushalte erfassten, verzeichneten stets weniger als zwei Prozent der dafür buchführenden Familien keinerlei Ausgaben für Fleisch und Wurst.[16] Selbst Verfechter der fleischlosen Ernährung schätzten den Anteil der Vegetarier an der gesamten deutschen Bevölkerung auf diesen niedrigen Wert.[17] Wer zu dieser kleinen Minderheit gehörte, der erntete nach dem Zeugnis eines ihrer Wortführer stets „eine Mischung aus Empörung und Mokierung", wenn er/sie sich erstmals als fleischlos lebend „outete": Es gebe in der Bundesrepublik „keine andere Äußerung der Verschiedenheit, die Menschen so hochgehen läßt, wie ‚Ich esse kein Fleisch!'."[18]

In den hochaggregierten Zahlen der amtlichen Verbrauchsstatistik haben die Vegetarier keine eindeutig zu identifizierenden Spuren hinterlassen – und gleiches gilt auch für Migranten und ihre Familien. Diese Tatsache ist insofern bemerkenswert, als bereits in den 1970er Jahren mehr als fünf Millionen Ausländer dauerhaft in der Bundesrepublik lebten. Geschätzt mehr als eine Million von ihnen waren Menschen muslimischen Glaubens vor allem aus der Türkei. Durch Familienzusammenführungen und Geburten wuchs deren Zahl bis 1990 deutlich an.[19] Da der Islam den Verzehr von Schweinefleisch bekanntlich strikt untersagt, weil diese Tiere als unrein gelten, gab es in Westdeutschland damit eine kopfstarke Gruppe von Einwohnern, deren Fleischkonsum sich radikal von dem der alteingesessen Bevölkerung unterschied, denn selbst religiös wenig engagierte Muslime zeigten in der Fremde keinerlei Neugier auf das ihnen verbotene Tier und dessen Fleisch. Eher gilt das Gegenteil: Vielfach zeigten sie eine ausgesprochene „Angst vor Schweinefleisch".[20]

---

[16] Hertje Meyer, Fleischnachfrage in der Bundesrepublik Deutschland, in: AW 28 (1979), S. 261–269, hier: S. 264. Zur Entstehung des „Vegetarismus" als Teil der bildungsbürgerlichen „Lebensreform"-Bewegung schon im 19. Jahrhundert vgl. etwa: Eva Barlösius, Naturgemäße Lebensführung. Zur Geschichte der Lebensreform um die Jahrhundertwende, Frankfurt/Main 1997; Corinna Treitel, Eating Nature in Modern Germany. Food, Agriculture, and Environment, Cambridge 2017, S. 40–52 u. S. 91 f.

[17] Carmen Schröder, Vollwertkost für Genießer, in: FAZ, 23. 2. 1988.

[18] Volker Elis Pilgrim, Zehn Gründe, kein Fleisch mehr zu essen, Reinbek 1992, S. 9 f. Vgl. ähnlich auch noch: Hans-Werner Prahl/Monika Setzwein, Soziologie der Ernährung, Opladen 1999, S. 80 f. Ein anderes Bild bietet: Jutta Warnholtz, Vegetarieruntersuchung: Wie sehen sich die Vegetarier?, Diplomarbeit im Fach Psychologie, Universität Hamburg 1979. Bei der Befragung von 50 Nicht-Vegetariern (mehrheitlich jüngere, gebildetere Personen) entdeckte die Autorin kein negatives Bild der Vegetarier. Andere empirische Studien zu diesem Thema liegen nicht vor.

[19] 1997 wurde die Zahl der Muslime in der Bundesrepublik auf 2,8 Millionen geschätzt. Amtliche Angaben dazu gibt es nicht. Ursula Spuler-Stegemann, Muslime in Deutschland. Nebeneinander oder Miteinander?, Freiburg etc. 1998, S. 44.

[20] Halil Narman, Türkische Arbeiter in Münster. Ein Beitrag zum Problem der temporären Akkulturation, Münster 1978, S. 125. So verzichteten muslimische Familien vielfach sogar auf Gemüsekonserven deutscher Produktion, weil sie verborgene Schweineanteile fürchteten.

Neben Lamm- und Hammelfleisch aßen die in Deutschland lebenden Muslime auch noch Geflügel. Auf Rindfleisch verzichteten sie vielfach, um Geld zu sparen. Da sie vornehmlich aus den unterentwickelten ländlichen Regionen der Türkei stammten, zeigte die Ernährung dieser Zuwanderer und ihrer Familien die typischen Züge einer vorindustriellen Kultur der Armut: Getreide war der wichtigste Energielieferant; Fleisch wurde nur in geringen Mengen verzehrt. Daran änderte sich auch in der Bundesrepublik nur wenig.[21]

Die bundesrepublikanische Mehrheitsgesellschaft allerdings ignorierte diese Differenzen. Migrantenhaushalte fehlten wie selbstverständlich in all den aufwendigen Einkommens- und Verbrauchsstichproben des Statistischen Bundesamtes, die seit 1961 entstanden. Erst 1988 begann die Behörde darüber nachzudenken, ob sich ihre Berichtspflicht vielleicht nicht doch auch auf „Haushalte von Ausländern" erstrecken könne. Von einer noch weitergehenden amtlichen Aufmerksamkeit für aus dem Ausland stammende religiöse Minderheiten mit einem besonderen Konsumverhalten war hingegen nicht die Rede.[22]

Statistiken konstruieren soziale Wirklichkeit unter Umständen eben auch durch Ausblendung, d. h. die amtlichen Zahlen zum Fleischverbrauch in der Bundesrepublik in den Jahren zwischen 1960 und 1990 suggerieren eine Einheitlichkeit der deutschen Gesellschaft, die real bereits dahinschwand. Dies galt gerade für zahlreiche Großstädte, in denen die Gemeinschaft der muslimischen Familien groß genug war, um eine eigene Versorgungsstruktur für Fleisch und Fleischwaren aufzubauen und zu bewahren.[23]

Mit dieser Einschränkung lässt sich konstatieren: Der Fleischverbrauch der von der amtlichen Statistik erfassten Haushalte war beeindruckend bzw. in der Perspektive von Vegetariern wohl sogar erschreckend: Ende der 1970er Jahre konsumierte selbst der „Zwei-Personen-Haushalt von Rentnern und Sozialhilfeempfän-

---

Ebenda, S. 12. Vgl. auch die ebenfalls interviewbasierte Untersuchung: Jörg Köhli, Interkulturelle Unterschiede des Konsumentenverhaltens. Eine empirische Untersuchung unter besonderer Berücksichtigung der Einkaufsgewohnheiten von Türken und Deutschen in Kiel, Münster und Hamburg 1990, S. 207.

[21] Hanne Straube, Türkisches Leben in der Bundesrepublik, Frankfurt/Main und New York 1987, S. 174.

[22] Vgl. die Angaben zu einem Versuch in dieser Richtung bei der 1988 durchgeführten Stichprobe, deren Resultate jedoch nicht veröffentlicht wurden, in: Fachserie 15: Wirtschaftsrechnungen. Einkommens- und Verbrauchsstichprobe 1988, H. 3: Aufwendungen privater Haushalte für Nahrungs- und Genußmittel, Getränke, Tabakwaren, Mahlzeiten außer Haus, Stuttgart 1996, S. 6*. Bezeichnenderweise fehlen Hinweise auf den besonderen Fleischkonsum von Muslimen selbst in zeitgenössischen Publikationen, die den Anspruch erheben, über das Leben von Migranten zu informieren. Vgl. etwa: Klaus Kunkel, Die Deutschen halten uns für blöd... Was Gastarbeiterfamilien wünschen – wie sie leben, wohnen und arbeiten, wie sie einkaufen und wie sie informiert sein wollen. Darstellung und Interpretation einer psychologischen Situationsanalyse, Köln 1975; Paul Geiersbach, Bruder, muß zusammen Zwiebel und Wasser essen. Eine türkische Familie in Deutschland, Berlin und Bonn 1982; Kord Rautenberg, Konsumverhalten spanischer, italienischer und türkischer Gastarbeiter, in: Jahrbuch der Absatz- und Verbrauchsforschung 28 (1982), S. 289–310.

[23] Zu den „türkischen" Metzgereien in der Bundesrepublik siehe unten S. 109.

gern", den die amtlichen Statistiker untersuchten, um zu ermitteln, wie finanziell weniger gut gestellte Deutsche lebten, monatlich rund zehn Kilo Fleisch und Wurstwaren. Haushalte mit zwei Kindern und besserem Einkommen verzehrten in vier Wochen jeweils 15 bis 16 Kilo.[24]

Soziale Differenzen spielten beim Fleischverbrauch zu diesem Zeitpunkt nur noch eine geringe Rolle: Spätestens seit Ende der 1960er Jahre zählten Fleisch und Wurst in der Bundesrepublik zur Standarernährung, die sozial nur wenig variierte. Lediglich bei Rindfleisch und bei Schinken – beides hochpreisige Artikel – zeigte sich noch (in allerdings bereits abgeschwächter Form, nämlich nur in der Differenz zwischen „viel" und „sehr viel") noch die Einkommenselastizität der Einkäufe, die Waren des gehobenen Konsums von Grundnahrungsmitteln unterscheidet.[25]

1983 ermittelten die Statistiker dann eine wiederum ganz neue Situation. In 4-Personen-Arbeiterhaushalten wurde nun nicht nur insgesamt mehr Fleisch gegessen als in den gleichgroßen Familien von Angestellten oder Beamten, die im Durchschnitt höhere Einkommen erzielten. Vielmehr zeigte sich diese Differenz auch bei Rind- und Kalbfleisch. Lediglich bei Schinken lagen die verzehrten Mengen in den Arbeiterfamilien immer noch niedriger als in den Vergleichshaushalten aus anderen sozialen Schichten.[26]

Der in historischer Perspektive höchst überraschende Verbrauchsvorsprung der Arbeiterhaushalte ausgerechnet bei der teuersten Fleischsorte mag mit einem entweder kulinarisch oder auch sozial demonstrativ motivierten Nachholbedarf zu erklären sein. Zugleich aber verweist er doch auch auf einen neuen Trend, der sich schon seit den frühen 1970er Jahren zeigte: Offensichtlich begannen gerade gut verdienende Personen mit höherem Bildungsstand, ihren Fleischkonsum etwas einzuschränken. Mehr als ein Anfang, eine leichte Variation des Verbraucherverhaltens bei generell großen Konsummengen, aber war das zunächst nicht. Die aktuelle Situation, in der intensiver Fleisch-Verzehr sich immer stärker zum Unterschichtenphänomen entwickelt, während der bewusste Verzicht auf Fleisch oder doch zumindest die starke Zurückhaltung bei dessen Verzehr der sozialen Abgrenzung oberer Einkommens- und Bildungsgruppen „nach unten" dient, unterscheidet sich deutlich von dieser Struktur.[27]

---

[24] Fisch- und Fleischkonserven. Zahlen – Daten – Trends, in: SB 25 (1981), Nr. 7/8, S. 10–14, hier: S. 14.

[25] Meyer, Fleischnachfrage, S. 269; Wolfgang C. Fischer/Hubert Walter, Ernährung bei unterschiedlichem Einkommen, in: HuW 25 (1977), S. 152–160; M. Nourney u. a., Die Ausgaben privater Haushalte für Lebensmittel, in: Jahrbuch der Absatz- und Verbrauchsforschung 25 (1979), S. 45–71, hier: S. 56–59.

[26] Vgl. die Zahlen im Einzelnen in: Statistisches Bundesamt, Fachserie 15: Wirtschaftsrechnungen. Einkommens- und Verbrauchsstichprobe 1983. H. 3: Aufwendungen privater Haushalte für Nahrungs- und Genussmittel, Mahlzeiten außer Haus, Stuttgart 1989, S. 184–194.

[27] Meyer, Fleischnachfrage, S. 265; Iglo-Forum-Studie, S. 18. Zur aktuellen Situation vgl. etwa: Eva Barlösius, Soziologie des Essens. Eine sozial- und kulturgeschichtliche Einführung in die Ernährungsforschung, 3. durchges. Aufl., Weinheim und München 2016, S. 121 f. Der französische Soziologe Pierre Bourdieu registrierte in Frankreich hingegen schon 1972 die bewusste „Mäßigung" als „neue kulturelle Norm" der bessergestellten und gebildeteren Schichten. Pierre

Der Prozess, der tägliche Mahlzeiten mit Fleisch vom sozialen Privileg wohlhabender Familien zum allgemeinen Alltag werden ließ, war selbstverständlich ein Effekt des historisch ganz neuartigen Massenwohlstands in der jungen Bundesrepublik. Auf eindrucksvolle Weise verifizierte sich im Zeitablauf daher am deutschen Beispiel das berühmte „Engelsche Gesetz" der Sozialstatistiker, nach dem gutsituierte Menschen deutlich geringere Anteile ihres Einkommens für Lebensmittel ausgeben als arme Haushalte, obwohl sie sich doch weitaus besser verpflegen als diese: Die Ernährung der Haushalte in der Bundesrepublik gestaltete sich immer reichhaltiger; gleichzeitig wurde sie immer billiger. Gab die 4-Personen-Arbeitnehmer-Familie im Jahr 1950 noch 46 Prozent ihres gesamten verfügbaren Einkommens für Nahrungs- und Genussmittel aus, so betrug dieser Anteil 1989 nur noch 18,7 Prozent. Aktuell verzeichnet die Statistik noch geringere Zahlen.[28]

Mit dieser Entwicklung verloren auch die Ausgaben für Fleisch in den Familienetats stark an Bedeutung. Alle Fleischarten verteuerten sich im Untersuchungszeitraum durchgehend weniger stark als die gesamte Lebenshaltung, weil zum einen die Produktivität der Landwirte bei der „Veredelung" von Feldfrüchten und anderem Futter zu Fleisch stets noch rascher wuchs als die Nachfrage der Konsumenten und weil sich zum anderen die Lebensmittelhändler zum Vorteil der Konsumenten harte Preiskämpfe lieferten. Die Kaufkraft der Verbraucher stieg daher bei Fleisch – insbesondere bei Hähnchen und bei Schweinefleisch – ganz enorm. So konnte sich ein durchschnittlicher Industriearbeiter für den Nettolohn einer Arbeitsstunde 1982 fast 70 Prozent mehr Hähnchenfleisch und rund 50 Prozent mehr Koteletts leisten als 1970. Selbst bei dem deutlich teureren Rindfleisch betrug der Kaufkraftgewinn noch über 30 Prozent.[29]

Wie alle Durchschnittswerte verbargen allerdings auch die eben angeführten Kilo-Zahlen des gesamten Fleischkonsums für die verschiedenen Haushaltstypen eine Fülle von teilweise sehr unterschiedlichen Ernährungsweisen, die auf individuelle Vorlieben und Abneigungen zurückgingen. Dies galt für die Menge von

---

Bourdieu, Die feinen Unterschiede. Kritik der gesellschaftlichen Urteilskraft, Frankfurt/Main 1987, S. 292 f. Die zeitgenössischen deutschen Verbrauchsstatistiken widersprechen diesem Befund. Bei einem Fleischverbrauch (ohne Wurstwaren) von monatlich 5,7 kg bzw. 5,9 kg in den 4-Personen-Haushalten von Beamten und Angestellten im Jahr 1983 kann man wohl nur bedingt von „Mäßigung" sprechen, obwohl in gleichgroßen Arbeiterhaushalten 7,0 kg gegessen wurden. Zudem verzeichneten Selbständige und Freiberufler bei gleicher Haushaltsgröße einen Monatskonsum von 6,8 kg.

[28] Alfred Reckendrees, Konsummuster im Wandel. Haushaltsbudgets und privater Verbrauch in der Bundesrepublik 1952–98, in: Jahrbuch für Wirtschaftsgeschichte 2007/II, Bd. 2, S. 29–61, hier: S. 41 u. S. 44. Im Durchschnitt aller bundesdeutschen Haushalte lag der Ausgabenanteil für Ernährung im Jahr 2018 bei 13 Prozent. Angabe nach: www.destatis.de/DE/Presse/Pressemitteilungen/2020/02/PD20_064_632.html (Zugriff am 22. 1. 2021). Den regelhaften Zusammenhang zwischen verfügbarem Einkommen und den Anteilen der Nahrungsmittelausgaben hatte der Breslauer Statistiker Ernst Engel 1857 erstmals beschrieben.

[29] DBV: Erheblich mehr Lebensmittel für eine Arbeitsstunde, in: BBSH 133 (1983), S. 2199. Vgl. auch: Arend Oetker, Die Bedeutung der Ernährungsindustrie für die deutsche Landwirtschaft, in: Agrarmärkte und Agrarmarketing. Mit Beiträgen v. Paul Beck u. a. Hrsg. zum 60. Geburtstag v. Helmut Fahrnschon, Hamburg 1983, S. 45–51, hier: S. 49.

verzehrtem Fleisch; es galt noch stärker für deren Zusammensetzung. Bei Innereien etwa schieden sich die Geschmäcker auf fast schon radikale Weise (zumal im Vergleich von Nord- und Süddeutschland); auch auf Wild verzichteten viele Familien, die ansonsten intensiv Fleisch aßen.[30]

Verbrauchsangaben für ganze Haushalte und Familien verdeckten zudem selbstverständlich die geschlechtsspezifischen Differenzen beim Fleischverzehr, die auch in der westdeutschen Wohlstandsgesellschaft lange fortbestanden. Zwar wandelte sich das Rollenbild von Frauen seit den frühen 1960er Jahren in der Bundesrepublik wie in anderen westlich geprägten Industriegesellschaften durch die Entstehung einer neuen Frauenbewegung, die vehement für die weibliche Emanzipation kämpfte. Im Alltag aber vollzog sich der soziale Wandel zur Enttäuschung engagierter Feministinnen nur „auf Samtpfoten".[31] Traditionelle Verhaltensweisen lebten gerade innerhalb der Familien fast unverändert weiter. Immer noch war die Ehefrau und Mutter ganz selbstverständlich die Köchin für den ganzen Haushalt, die meist auch noch den Einkauf der Lebensmittel weitgehend allein zu bewältigen hatte. Selbst die zunehmende Erwerbstätigkeit verheirateter Frauen änderte nichts an dieser Rollenverteilung.[32]

Gleichzeitig existierte am privaten Esstisch typischerweise unverändert eine Nahrungshierarchie gerade bei hochwertigen Speisen, an deren Spitze der Ehemann und Vater stand. Frauen aßen deshalb in der Regel weniger Fleisch als Männer, obwohl es ohne sie doch meist gar nicht auf den Tisch des Hauses gekommen wäre.[33] Auch der Trend zur Demokratisierung des Konsums, mit dem der traditionell starke Zwang schwand, sparsam mit teuren Nahrungsmitteln umzugehen und deshalb den Hauptverdiener zu privilegieren, steigerte den weiblichen Appetit auf Fleisch nur sehr begrenzt. Noch 1987/88 ergab eine ernährungswissenschaftliche Studie, für die rund 2.000 Bundesbürger beider Geschlechter in allen Altersstufen

---

[30] Meyer, Fleischnachfrage, S. 264.
[31] Claudia Born/Helga Krüger/Dagmar Lorenz-Meyer, Der unentdeckte Wandel. Annäherung an das Verhältnis von Struktur und Norm im weiblichen Lebenslauf, Berlin 1996, S. 281.
[32] Vgl. etwa: Joachim G. Baum, Hauswirtschaft und Hausfrau. Ergebnisse und Erläuterungen einer Befragung, Köln 1968, S. 14; Hildegard Jahn-Schnelle/Klaus Wieken, Einkaufsgewohnheiten und Ladenöffnungszeiten. Bericht über eine Untersuchung im Auftrag der Arbeitsgemeinschaft der Verbraucherverbände, Gießen 1970, S. 84; A. C. Boelmans-Kleinjahn, Verhalten von Männern und Frauen auf dem Gebiet der Haushaltsführung und diesbezügliche Erwartungen, in: HuW 28 (1980), S. 242–246. Vgl. allgemein auch: Jennifer A. Loehlin, From Rugs to Riches: Housework, Consumption, and Modernity in Germany, Oxford und New York 1999, S. 105–111; Norbert F. Schneider, Familie und private Lebensführung in West- und Ostdeutschland. Eine vergleichende Analyse des Familienlebens 1970–1992, Stuttgart 1994, S. 242 f.
[33] Jana Filip/Egon Wöhlken (unter Mitarbeit v. Christel Trautmann), Nachfrage nach Lebensmitteln in privaten Haushalten. Eine Auswertung der Einkommens- und Verbrauchsstichprobe 1978, Bd. 1, Münster-Hiltrup 1984, S. 97–101; Hans Joachim Ulrich/Johannes Piekarski/Margot Imig, Verzehrmengen bei der Mittagsmahlzeit, in: HuW 34 (1986), S. 16–22, hier: S. 21. Trotz des Titels inhaltlich unbefriedigend zu diesem Thema: Marie Jelenko, Geschlechtsspezifische Ernährungspraktiken, in: Karl-Michael Brunner u. a., Ernährungsalltag im Wandel. Chancen für Nachhaltigkeit, Wien 2007, S. 83–96.

ab 18 Jahren jeweils eine Woche lang akribisch ihre Ernährung dokumentierten, dass Männer durchschnittlich „fast doppelt so viel Fleisch und Wurstwaren [aßen] wie Frauen". Bei keinem anderen der häufig verzehrten Nahrungsmittel gab es einen so starken geschlechtsspezifischen Unterschied.[34]

Mit den Gründen für diese Diskrepanz haben sich die Soziologen seinerzeit nicht beschäftigt. So können wir nur spekulieren, warum die beiden Geschlechter so auffällig anders auf Fleisch reagierten. War dessen Verzehr für Männer eine zentral wichtige Form von „doing gender", also eine Bestätigung ihrer sozialen Rolle als Mann?[35] Lässt sich eine Erklärung der abweichenden Konsummuster formulieren, die nicht zentral auf das Macht- und Prestigegefälle zwischen Männern und Frauen auch noch in modernen westlichen Gesellschaften sowie auf unterschiedliche Geschlechteridentitäten rekurriert, die zentral im Elternhaus gelernt werden?

Diese Fragen sprengen den Rahmen der vorgelegten historiographischen Untersuchung. Daher müssen sie hier offenbleiben – auch weil die Zeitgenossen keinerlei Material hinterlassen haben, das uns den Weg zu empirisch abgesicherten Antworten weisen könnte. In den drei Jahrzehnten zwischen 1960 und 1990 war der allgemein bekannte „gender gap" beim Fleischkonsum für keinen der vielen verschiedenen Akteure auf dem bundesdeutschen Fleischmarkt ein Thema. Dies ist insofern erstaunlich, als das vergleichsweise geringe Interesse von Frauen an Fleisch im Rahmen einer kapitalistischen Erwerbsgesellschaft jenseits aller Fragen von männlicher Dominanz und patriarchalischer Herrschaft ja eindeutig als ein ernsthaftes „Problem" gelten konnte: Diese Kluft begrenzte den Absatz des Produktes. Klagen über die geschlechtsspezifische Genügsamkeit von Frauen fehlten jedoch ebenso wie Versuche, den weiblichen Fleischverzehr gezielt etwa durch spezielle Werbekampagnen anzukurbeln. Auch neue, dezidiert für Frauen konzipierte Produkte wurden nicht entwickelt, obwohl es solche Angebote bei anderen, bislang eher männlich konnotierten Waren – etwa bei Zigaretten und Alkoholika – durchaus gab.

So blieb Fleisch in den bundesdeutschen Fachdebatten wie auch in der Reklame ein geschlechtsneutrales Produkt. Da männliche Nomina seinerzeit noch ganz selbstverständlich als gesellschaftlich umfassend galten, verwandelte sich auch die Hausfrau, die einkaufte und die Mahlzeiten zubereitete, im Diskurs der Zeit immer wieder unkommentiert in „den Verbraucher" oder „den Kunden". Diese kon-

---

[34] Helmut Heseker u. a., Lebensmittel- und Nährstoffaufnahme Erwachsener in der Bundesrepublik Deutschland, 2. überarb. Aufl., Niederkleen 1994, S. 71. Zum Fortbestand dieser Struktur (in abgeschwächter Form) bis in die Gegenwart vgl.: Achim Spiller/Birgit Schulze, Trends im Verbraucherverhalten: Ein Forschungsüberblick zum Fleischkonsum, in: dies. (Hrsg.), Zukunftsperspektiven der Fleischwirtschaft. Verbraucher, Märkte, Geschäftsbeziehungen, Göttingen 2008, S. 233–272, hier: S. 245 u. S. 262 f.

[35] Vgl. für diese Sicht etwa: Carol J. Adams, The Sexual Politics of Meat. A Feminist-Vegetarian Critical Theory, New York und London 2017 (erstmals: New York 1990); dies., Neither Man nor Beast. Feminism and the Defense of Animals, New York 1994; dies./Josephine Donovan (Hrsg.), Animals and Women. Feminist Theoretical Explorations, Durham 1995.

sequente Entweiblichung der Hausfrau fiel wohl auch deshalb nicht auf, weil es mit der Autonomie der Nahrungsmittel einkaufenden Frauen de facto nicht weit her war. Wie Umfragen bewiesen, nutzten Frauen ihre Entscheidungsfreiheit über den Haushaltsetat, die sie bei alltäglichen Ausgaben typischerweise fast uneingeschränkt besaßen, im Supermarkt und im Metzgerladen nur sehr bedingt nach eigenen Kriterien. Vielmehr orientierten sie sich sehr stark an den Wünschen und Bedürfnissen der anderen Familienmitglieder und kauften als „mater familias" daher routinemäßig auch Dinge und Waren, die sie selbst gar nicht schätzten.[36]

So wurde die paradoxe Stellung der Frauen auf dem Fleischmarkt als Einkäuferinnen und Köchinnen einerseits, ohne die der Absatz kaum funktionieren konnte, und als selbst eher zurückhaltende Verbraucherinnen andererseits von den Zeitgenossen nicht thematisiert, obwohl Metzger, Supermärkte, Fleischgroßhändler und auch die Bauern als die eigentlichen Produzenten von Fleisch doch viel hätten gewinnen können, wenn die weibliche Hälfte der bundesdeutschen Bevölkerung genauso fleischbegeistert gewesen wäre wie die Männer.

Gerade auf diese aber zielten die einzigen Werbekampagnen der Zeit für Fleisch, die nicht strikt geschlechtsneutral formuliert waren. Sie propagierten seit den frühen 1970er Jahren jeweils im späten Frühjahr das „Grillen" als eine für die meisten Deutschen damals noch neue Form der Fleischzubereitung. Initiator dieser Reklameaktionen war die per Gesetz 1969 gegründete „Centrale Marketing-Gesellschaft der deutschen Agrarwirtschaft" (CMA), die sich aus Zwangsbeiträgen aller Landwirte sowie der Firmen finanzierte, die verarbeitete Nahrungsmittel produzierten. Sie hatte die Aufgabe, bei den Verbrauchern für den Konsum der in Deutschland entstehenden Agrarprodukte zu werben.[37]

In Kooperation sowohl mit den Metzgern als auch mit den großen Supermarktketten startete die CMA 1971 mit Beginn des Sommers den ersten von vielen noch folgenden Reklamefeldzügen für „Grill-Partys" an den warmen Tagen, bei denen die Männer am Holzkohlenfeuer kurzgebratenes Fleisch zubereiten sollten. Erklärtermaßen ging es den Einzelhändlern darum, den bislang immer wieder verzeichneten sommerlichen Rückgang des Fleischkonsums zu dämpfen, wenn nicht sogar wettzumachen, denn die Praxis bewies, dass beim „Grillen" pro Kopf und Mahlzeit noch einmal deutlich mehr Fleisch gegessen wurde als normalerweise.[38]

Mit diesen Bemühungen war die Marketing-Gesellschaft, deren Tätigkeit ansonsten vielfach als ineffizient kritisiert wurde, sehr erfolgreich. 1985 konstatierte das wichtigste Fachblatt des bundesdeutschen Lebensmittelhandels, die „Lebensmittel-Zeitung", hoch zufrieden, das „Grillen" werde in vielen Familien bereits

---

[36] Esskultur '82, S. 69.
[37] Zur CMA vgl. etwa: Otto Strecker, Gemeinschaftsmarketing für Nahrungsmittel. Möglichkeiten und Grenzen der Arbeit von Absatzfonds und CMA, in: AW 20 (1971), S. 281–285. Ihre Gründung war Teil der politischen Bemühungen, die Marktposition der Landwirte zu stärken.
[38] Grill-Spezialitäten von Alster bis Isar, in: NFZ 53 (1971), Nr. 36, S. 25. Zu den saisonalen Schwankungen des Fleischkonsums siehe S. 122. 1972 erschien in der Bundesrepublik das erste Kochbuch, das nur Grillrezepte enthielt. Carolina Wick, Garten-Grill. Eine Anleitung für das Grillen im Garten, auf dem Balkon, beim Picknick oder Camping, München 1972.

„wie eine alte Tradition gepflegt". Zu diesem Zeitpunkt besaßen rund 50 Prozent aller bundesdeutschen Haushalte einen Metallgrill, der im Winter eingelagert wurde; zudem wurden jährlich auch noch mehr als 600.000 „Einmal-Grills" aus Aluminiumfolie verkauft.[39] Lediglich dauerhaft kühles und regnerisches Sommerwetter erwies sich noch als ein ernsthaftes Hindernis für diese neue Form der deutschen Esskultur.[40]

Der Mehrkonsum an Fleisch seit den späten 1950er Jahren hatte seinen Ort allerdings nicht nur in den Privathaushalten. Dank ihres wachsenden Wohlstands verzehrten die Deutschen zunehmend häufiger warme Mahlzeiten auch außer Haus – und bei vielen oft genutzten gastronomischen Angeboten stand Fleisch eindeutig im Zentrum, ja, die Wirte setzten im Untersuchungszeitraum sogar neue Gerichte auf ihre Karten, die kaum noch sättigende „Beilagen" nach der Tradition der herkömmlichen Gasthäuser und „gutbürgerlichen" Restaurants kannten und brauchten. Gleichzeitig entstanden auch ganz neue Formen der Gastronomie. Dieses Thema kann hier nur ganz knapp angerissen werden, weil es weit über die Geschichte des Fleischmarktes hinausgeht.

Von der steilen Karriere der Curry-Wurst in zahllosen Imbissbuden wäre hier ebenso zu reden wie vom Aufstieg der 1955 gegründeten „Wienerwald"-Kette von Schnellrestaurants mit Straßenverkauf, die vor allem Brathähnchen absetzten. In Deutschland war dieses Unternehmen das erste Beispiel einer neuartigen „Systemgastronomie" mit Filialbetrieben, standarisierter Karte und überall gleicher Einrichtung der einzelnen Niederlassungen – und es war enorm erfolgreich. Ende der 1960er Jahre zählte der Hähnchen-Brater in der Bundesrepublik 325 Niederlassungen, 7.000 Mitarbeiter und täglich 150.000 Gäste, die mehr als 93.000 „Brathendl" verzehrten.[41]

Ähnlich eindeutig fleischorientiert präsentierte sich das Speisenangebot in den verschiedenen „Steak-Häusern" wie etwa „Maredo" oder „Churrasco", die – ebenfalls als Filialbetriebe – seit den späten 1960er Jahren entstanden. Preislich gehörten sie in eine deutlich höhere Kategorie als der „Wienerwald", weil sie (wiederum fast ausschließlich) aus Übersee importiertes Rindfleisch gehobener Qualität anboten, das ungleich teurer als dessen Brathähnchen verkauft wurde.[42]

---

[39] Herbert Arthen, Mehr Kohle und Würze bietet kaum ein Markt, in: LZ 37 (1985), Nr. 19, S. 71–74, hier: S. 71. Zur Kritik an der CMA, deren Kampagnen vielfach als unfokussiert und nichtssagend galten, vgl. etwa: E. Klages, Das Marketing der CMA aus der Sicht von Unternehmen der Ernährungsindustrie, in: AW 20 (1971), S. 303–306.

[40] Vgl. dazu für den Sommer 1987: Verunsicherter Schweinemarkt, in: BBSH 137 (1987), S. 3343.

[41] Wienerwald sieht noch mehr Chancen in Amerika, in: FAZ, 4. 3. 1970. Die Keimzelle der Kette war ein Restaurant in München. Zur Firmengeschichte vgl. etwa: Aus dem Wienerwald, in: Der Spiegel 16 (1962), Nr. 28, S. 36–38; Abgestufte Kontrollen senken Inventarminus, in: LZ 27 (1975), Nr. 10, S. 60–61; Gerd Materne, Der Sturz des Hendl-Königs, in: FAZ, 19. 6. 1982.

[42] Vgl. etwa: Beginn einer Steak House-Kette, in: FAZ, 3. 4. 1971; Im Kranzler halten die Steakgriller Einzug, in: FAZ, 23. 10. 1985 (rückblickend für „Churrasco"); Maredo hat wieder kräftig zugelegt, in: FAZ, 4. 3. 1986. Zusammenfassend zum Aufschwung der gesamten Branche vgl. auch: Schnellgastronomie am Beginn einer stürmischen Expansion, in: HB, 11. 11. 1970.

1971 schließlich eröffnete der US-Konzern „McDonald's" seine erste Niederlassung in der Bundesrepublik. Nach zögerlichem Start etablierte sich dieser prototypische Vertreter der „Systemgastronomie" ab Mitte des Jahrzehnts dann zunehmend erfolgreich auf deutschem Boden; zudem verfolgten nun auch andere amerikanische „Burger"-Ketten einen transatlantischen Expansionskurs. Da gerade „McDonald's" mit seiner extrem ausgefeilten Geschäftsstrategie und sehr niedrigen Preisen gezielt darauf setzte, Kinder und Jugendliche anzusprechen, um auf Dauer deren „Essgewohnheiten zu verändern", begann in diesen Jahren eine Entwicklung, die das gastronomische Gewerbe und die Esskultur in Deutschland bis heute prägt, obwohl Kritiker den „Burger" doch schon früh als eine Form der „Mangelernährung" schmähten, „die schwere gesundheitliche Schädigungen nach sich ziehen kann".[43] Bereits 1985 vermerkte die „Lebensmittel-Zeitung", die vor allem aus Fleisch bestehenden „Burger" würden mittlerweile auch in vielen herkömmlichen Imbissbuden angeboten: Bei diesem gastronomischen Angebot sei die „Marktdurchdringung an der Basis schneller und gründlicher" verlaufen als von Fachleuten prognostiziert.[44]

Neue Fleischgerichte wurden zudem in der jungen Bundesrepublik auch abseits der Welt der Filialrestaurants vielfältig angeboten. Dabei spielten Lokale, die von unternehmerisch denkenden Migranten aus südlichen Ländern gegründet wurden, eine wichtige Rolle. Etliche dieser neuen Wirte setzten bei ihrem Schritt in die Selbständigkeit zunächst vor allem auf „Gastarbeiter" als Kunden, d. h. auf ihre ebenfalls in der Fremde lebenden Landsleute. Die alteingesessene Bevölkerung aber kam früher oder später ebenfalls, vor allem, wenn preislich günstige Mahlzeiten mit kurzgebratenem, stark gewürztem Fleisch angeboten wurden, die viele Bundesbürger mittlerweile auf Urlaubsreisen im Ausland schon einmal gegessen hatten. So etablierten sich Gerichte wie etwa das griechische „Souvlaki", das jugoslawische „Cevapcici", der eigens für deutsche Esser erfundene „Balkan-Grillteller" oder auch das „Zigeuner-Schnitzel" ebenso wie (zeitlich etwas später) der türkische „Döner" erfolgreich als populäre Bestandteile der deutschen Ernährung.[45]

---

[43] John F. Lowe, Die McDonald's Story. Anatomie eines Welterfolges, München 1988, S. 437 u. S. 436 (das Zitat über die Essgewohnheiten); Günter Wallraff, Ganz unten, Köln 1985, S. 35 (das kritische Urteil). Vgl. als zeitgenössische Stimmen auch: Das perfekte Hamburger System rollt jetzt an, in: LZ 27 (1975), Nr. 10, S. 64–65; Wolfram Runkel, Der „Hamburger" wieder in Hamburg, in: Die Zeit, 16. 4. 1976. Zur dominanten Marktstellung von McDonald's vgl. auch: Fast Food in Europe. Quick Service Catering in West Germany, United Kingdom, France, Italy, Spain, Netherlands and Belgium, London 1990, S. 39–46. Thematisch passend, aber inhaltlich unbefriedigend: Gerald Reckert, Zur Adaption neuer Speisen und Verzehrformen. Die Einführung von fast food in der Bundesrepublik Deutschland, ökotrophol. Diss. TU München 1986.

[44] Gretel Weiß, Es fehlen gute Manager, in: LZ 37 (1985), Nr. 15, S. F 30–F 31, hier: S. F 31. Für 1978 wurde die Zahl der Imbissbetriebe in der Bundesrepublik auf etwa 35.000 geschätzt. Bruno Tietz, Der Lebensmittelmarkt in der Bundesrepublik Deutschland. Bd. I: Konsument, Einzelhandel, Handwerk und Gastronomie, Hamburg und Saarbrücken 1978, S. 644.

[45] Vgl. dazu vor allem: Maren Möhring, Fremdes Essen. Die Geschichte der ausländischen Gastronomie in der Bundesrepublik Deutschland, München 2012.

Schließlich sind als Orte des auswärtigen Fleischkonsums auch noch die Betriebskantinen zu erwähnen, deren Zahl in der Bundesrepublik in den Jahren des großen Mangels an Arbeitskräften seit 1955 kräftig wuchs: Die Verpflegung mit warmen Mahlzeiten direkt „auf der Arbeit", die der Betrieb in der Regel auch noch kräftig subventionierte, gehörte zu den Mitteln, mit denen sich erfolgreich Personal anwerben und halten ließ. Nach den Ergebnissen der Verbrauchsstichprobe von 1969 ließ sich schätzen, dass zu diesem Zeitpunkt mindestens vier Millionen Bundesbürger regelmäßig in einer Kantine zu Mittag aßen. Eine weitere Million nutzte gelegentlich so ein Angebot.[46] 1973 war die Zahl der Stammgäste auf 4,8 Millionen gestiegen. Rechnete man die gelegentlichen Besucher dazu, aß jeder vierte Erwerbstätige in einer der Kantinen. Kulinarisch beschränkten sich diese speziellen Gaststätten strikt auf ein schmales Sample an allgemein akzeptierten Standardgerichten der deutschen Küche, d. h. ein Essen ohne Fleisch wurde von ihnen selten und stets nur alternativ zum Fleischgericht angeboten (wenn man vom Freitag als dem traditionellen „Fisch-Tag" einmal absieht.)[47]

An Möglichkeiten, rasch und oft auch preisgünstig außerhalb des Hauses Fleischgerichte zu verzehren, bestand in der Bundesrepublik im Untersuchungszeitraum daher kein Mangel. Umso bemerkenswerter ist die Tatsache, dass diese Form des Fleischkonsums auf traditionelle Weise deutlich stärker sozial variierte als der Verbrauch von Fleisch und Wurst am Familientisch. Zwar lässt sich auch in dieser Hinsicht durchaus von einer Demokratisierung des Konsums sprechen, denn der 4-Personen-Haushalt von Arbeitern (um bei diesem Beispiel zu bleiben) verzeichnete 1983 durchschnittlich achtmal im Monat Ausgaben für Restaurantbesuche. Die Familien von Beamten und Angestellten gingen auch nicht häufiger essen. Allerdings lagen deren Ausgaben für Restaurantbesuche drei bis dreieinhalb Mal höher, d. h. in Arbeiterhaushalten herrschte in dieser Beziehung noch eine Sparsamkeit, die beim Fleischkonsum im Privatbereich nicht mehr existierte. Man geht wohl nicht fehl, wenn man die häufigen, aber doch besonders preiswerten auswärtigen Mahlzeiten der Arbeiterfamilien mit den zahlreichen „fast food"-Angeboten identifiziert, die von der Gastronomie angeboten wurden. Die freie Wahl zwischen „besseren" Lokalen und „McDonald's" oder „Wienerwald" blieb hingegen ein Element der gehobenen Lebensführung und der sozialen Distinktion.[48]

---

[46] Willi Lehner, Das Essen außer Haus, ein neuer Markt für die Fleischwarenindustrie, in: FW 51 (1971), S. 1205–1210, hier: S. 1210. Vgl. als Überblick auch: Ulrike Thoms, Essen in der Arbeitswelt. Das betriebliche Kantinenwesen seit seiner Entstehung um 1850, in: Hans-Jürgen Teuteberg (Hrsg.), Revolution am Esstisch. Neue Studien zur Nahrungskultur im 19./20. Jahrhundert, Stuttgart 2004, S. 203–217.

[47] Vgl. etwa: Hans-Joachim Metzlaff, Sünden in der Werkskantine, in: FAZ, 11. 1. 1963. Die Zahlen für 1973 nach: Tietz, Lebensmittelmarkt, S. 652.

[48] Die Ausgaben für auswärtige Mahlzeiten summierten sich bei den Arbeiterhaushalten auf durchschnittlich 23,54 DM im Monat, während die Beamtenfamilien dafür 69,71 DM und die Angestelltenfamilien 81,75 DM ausgaben. Die monatlichen Ausgaben für privat verzehrtes Frischfleisch hingegen lagen mit 70,46 DM in den Arbeiterhaushalten höher als bei Beamten und Angestellten (61,45 DM und 65,04 DM). Zahlen aus: Statistisches Bundesamt, Fachserie 15: Wirtschaftsrechnungen. Einkommens- und Verbrauchsstichprobe 1983. H. 3: Aufwendungen privater Haushalte für Nahrungs- und Genussmittel, Mahlzeiten außer Haus, Stuttgart

1. Die Entwicklung des Fleisch-Konsums in der jungen Bundesrepublik

Unabhängig davon war Fleisch im bundesdeutschen Alltag in den hier untersuchten Jahrzehnten omnipräsent und sozial fast allgemein zugänglich. Wer sich an die Hungerjahre nach den Zweiten Weltkrieg erinnerte, der konnte sich wohl berechtigt in einem Schlaraffenland der Konsumenten sehen. Spiegelbildlich dazu verhielt sich das Urteil von Vegetariern. Der renommierte Schriftsteller und Übersetzer Hans Wollschläger etwa beklagte 1989 in einem Pamphlet für einen besseren Tierschutz empört die hemmungslose „Fraß-Süchtigkeit" seiner Landsleute bei Fleisch. Dabei sei Fleisch doch „eine direkte Giftquelle", weil die moderne Landwirtschaft alle Masttiere als „Stapellager von Toxika" missbrauche. Zudem wisse jeder Bescheid über „die Greuel der Massentierhaltung und -verwertung", die zu den „wohl stärksten Verbrechen" gezählt werden müssten, die „zurzeit auf Erden zu registrieren" seien.[49]

Formulierungen dieser Art waren in den späten 1980er Jahren schon seit längerem nichts Besonderes mehr. Bereits um 1970 begann in der Bundesrepublik eine kritische Debatte über die Methoden der modernen tierischen „Veredelung"; gleichzeitig machten Nachrichten über „Rückstände" im Fleisch die Runde, die gesundheitsschädlich seien. Damit begann ein kritischer Diskurs, der nicht mehr abriss. Mehrfach wurden in den 1970er und 1980er Jahren mit jeweils großem Medienecho „Fleischskandale" aufgedeckt, die viele Konsumenten erschreckten. Dabei ging es sowohl um verbotene oder doch zumindest stark umstrittene Produktionsverfahren der Landwirte als auch um unerwünschte Spurenelemente im Fleisch.[50] Gleichzeitig sorgten sich die Bundesbürger in wachsender Zahl ganz allgemein über den Zustand ihrer Umwelt; der „Naturschutz" avancierte zu einem wichtigen politischen Thema, mit dem sich Wahlkämpfe bestreiten und entscheiden ließen. Die moderne, hoch produktive Landwirtschaft stand mit im Fokus dieser neuen Debatte, galt sie ihren Kritikern doch vielfach geradezu als umweltfeindlich und -zerstörend.

Vor diesem Hintergrund ist die eben beschriebene Entwicklung des Fleischkonsums in der Bundesrepublik doch sehr bemerkenswert. Sowohl dessen ungebrochene Expansion in den 1970er Jahren als auch das hohe Niveau, auf dem der Pro-Kopf-Verbrauch ab 1980 stagnierte, wirken in dieser Perspektive überraschend, denn die zeitgleich immer lauter werdende Fleischkritik verhandelte ja keineswegs nur Naturschutzfragen, die in der Lebenswelt städtischer Konsumenten geringe Dringlichkeit besaßen. Vielmehr setzte sie gerade auf der persönlichen Ebene an: Sie warnte jede Verbraucherin/jeden Verbraucher eindringlich vor gesundheitlichen Gefahren, die das Nahrungsmittel Fleisch für sie selbst und ihre Angehörigen mit sich bringe. Die dennoch sehr begrenzte Wirkung der verschiedenen „Fleischskandale" verdient daher eine genauere Betrachtung.

1989, S. 184–194. Vier-Personenhaushalte von Selbständigen/Freiberuflern verzeichneten durchschnittlich sogar elf monatliche Restaurantbesuche, die 125,24 DM kosteten. Ebenda, S. 179.

[49] Hans Wollschläger, „Tiere sehen dich an" oder Das Potential Mengele. Essay, Zürich 1989, S. 8–10.

[50] Siehe dazu genauer unten S. 76–91.

2. Möglichst kein Fett: ein neues Konsummuster und seine Folgen für den Fleischmarkt

Bevor dies geschieht, soll hier allerdings erst noch gezeigt werden, welches Fleisch aus dem breiten Angebot der tierischen „Veredelung" die Bundesbürger in den Jahrzehnten ab 1950 verzehrten. Schaut man auf ihre Präferenzen und Abneigungen, dann verbargen sich hinter der starken Expansion, die der Fleischmarkt in dieser Zeit erlebte, nämlich sowohl ganz neue Wünsche und Vorlieben als auch traditionelle Konsummuster, die im Wachstum des Marktes erstaunlich stabil blieben.

Dieses Nebeneinander ergab sich zwar grundsätzlich aus den summierten Entscheidungen der Verbraucher, die im Überfluss jeden Tag neu frei wählen konnten. In mancher Hinsicht spielte allerdings auch Politik eine Rolle, unterlagen die Geschäfte der Fleischbranche doch in dem Maße, in dem die 1958 gegründete Europäische Gemeinschaft einheitliche Regeln für die Agrarmärkte entwickelte, zahlreichen neuen, politisch motivierten Vorschriften. Diese beeinflussten bei einzelnen Fleischarten (teilweise auf Dauer, teilweise nur für bestimmte Zeiträume) sowohl die Angebotsmenge als auch die Entwicklung der Preise.[51] Auf so stark politisch konstituierten Märkten kannte die Freiheit der Käuferinnen und Käufer daher unter Umständen durchaus Grenzen. Auch dieser Zusammenhang, der vor allem den Verbrauch von Rindfleisch beeinflusste, soll im Folgenden skizziert werden.

In den 1950er Jahren dominierte allerdings der politisch unbeeinflusste Geschmackswandel. Bereits in dieser Dekade, in der die kaufkräftige Nachfrage immer noch unter dem Niveau von 1938/39 und von 1928 lag, aßen die Bundesbürger zunehmend anderes Fleisch als in den vermeintlich guten oder sogar „goldenen" Vorkriegsjahren. Nur beim Blick auf den gesamten Pro-Kopf-Verbrauch kann man daher von einer Rekonstruktion der älteren Marktverhältnisse sprechen.

Die entscheidende Neuerung in der Wiederaufbauphase wird eindringlich deutlich, wenn man die jeweiligen Preise von zwei sehr unterschiedlichen Arten von Schweinefleisch, nämlich von Koteletts und fettem geräuchertem Bauchspeck, in den Jahren 1950 und 1962 vergleicht. Im ersten Jahr der Bundesrepublik kostete das kurz in der Pfanne zu bratende Fleischstück nach den Ermittlungen des Statistischen Bundesamtes durchschnittlich 4,28 DM pro Kilo, während die Hausfrau für die gleiche Menge an Speck 4,74 DM bezahlen musste. Dies entsprach den Preisstrukturen auch in den Jahren vor dem Zweiten Weltkrieg. Ganz anders sah das Verhältnis der beiden Preise hingegen 1962 aus: Ein Kilo Kotelett hatte sich auf 7,02 DM verteuert; für den Speck hingegen verlangten die Metzger nur noch 3,82 DM. Bedenkt man zusätzlich den durchschnittlichen Kaufkraftgewinn, hatte sich das fette Bauchstück enorm verbilligt.[52]

---

[51] Zu den Details siehe genauer unten S. 429–456.
[52] Wolfgang Wittig, Der westdeutsche Tier- und Fleischmarkt in Gegenwart und Zukunft der Europäischen Wirtschaftsgemeinschaft, in: FW 33 (1963), S. 1128–1133, hier: S. 1129. Vgl.

Diese höchst unterschiedliche Preisentwicklung ergab sich nach dem einhelligen Urteil aller Experten aus einem neuen Einkaufsverhalten der Kunden: Sie verlangten zunehmend nach sichtbar magerem Fleisch. Damit öffnete sich eine „Preisschere zwischen fettem und magerem Fleisch", die es bislang nicht gegeben hatte, weil viele Verbraucher vor dem Zweiten Weltkrieg gerade die fettreicheren Partien der Schlachttiere schätzten. Solche Freunde der kalorienreichen Ernährung wurden nun immer seltener. Nach den Regeln des Marktes reagierten die Einzelhändler, indem sie den Speck und anderes fettes Fleisch günstiger verkauften und für die verstärkt nachgefragten mageren Abschnitte wie etwa das Kotelett mehr Geld verlangten.[53]

Da gerade das Schwein von der Natur mit sehr viel Fett ausgestattet wurde, setzte diese Marktveränderung die Schweinemäster und -züchter massiv unter Anpassungsdruck.[54] Auch die Metzger, die seinerzeit beim Verkauf von Fleisch an die Verbraucher noch fast ein Monopol besaßen, reagierten trotz der steigenden Preise für mageres Fleisch missmutig auf das gewandelte Verhalten ihrer Kunden, brachte es doch ihre herkömmliche Betriebsführung durcheinander. Die Wurstproduktion, die in den 1950er Jahren noch weitgehend auf handwerkliche Weise in den einzelnen Metzgereien erfolgte, diente traditionellerweise dazu, gerade auch die Teile geschlachteter Tiere zu verwerten, die weniger häufig in den privaten Pfannen und Töpfen landeten. Dieses fein austarierte System funktionierte deutlich weniger gut, wenn allzu viel durchwachsenes und fetteres Fleisch nicht direkt an die Endverbraucher verkauft werden konnte. Reines Fett ließ sich im Einzelhandel zudem immer schwerer oder – beim Rindertalg – auch fast gar nicht mehr absetzen. Auch dies war wenige Jahre zuvor noch ganz anders gewesen.[55]

---

auch: Otto Bredt, Die Entwicklung der Fleischpreise, in: FW 32 (1962), S. 668–672, hier: S. 670 f.

[53] Ebenda, S. 1129. Vgl. auch: Ewald Böckenhoff, Marktstruktur und Preisbildung bei Schlachtvieh und Fleisch in der Bundesrepublik Deutschland. Als Manuskript vervielfältigt, Bonn 1966, S. 93; Roderich Plate, Agrarmarktpolitik. Bd. 2: Die Agrarmärkte Deutschlands und der EWG, München etc. 1970, S. 192.

[54] Bereits Anfang der 1960er Jahre unterschied sich die Mehrheit der geschlachteten Schweine deutlich von den Schlachttieren in den frühen 1950er Jahren, d. h. die Produzenten hatten zügig reagiert. Siehe dazu unten S. 315–327.

[55] Vgl. dazu: Otto Bredt, Die Entwicklung der Fleischpreise, in: FW 32 (1962), S. 668–672, hier: S. 671 f.; Helmut Bartels, Die Bedeutung der Fleischforschung für die Praxis, in: FW 31 (1961), S. 529–532, hier: S. 531; Wolfgang Wittich, Der westdeutsche Vieh- und Fleischmarkt in Gegenwart und Zukunft, in: Fragen der Fleischvermarktung. Vorträge der DLG-Herbsttagung, Hamburg 2. bis 4. September 1963, Frankfurt/Main 1964, S. 11–24, hier: S. 15. Zu den massiven Absatzproblemen bei reinen Fetten vgl. etwa: Egon Wöhlken, Die Differenzierungen der Teilstückpreise für Fleisch im Einzelhandel, in: AW 12 (1963), S. 143–146, hier: S. 146. Im Hintergrund stand die Tatsache, dass die Hausfrauen zum Kochen und Braten nun zunehmend pflanzliche Fette verwandten, die von der Lebensmittelindustrie preiswert und verwendungsfertig angeboten wurden. In der Folge entwickelten sich zahlreiche neue Verwendungen für tierische Fette abseits des menschlichen Konsums. Vgl. als Überblick: Gisela Semmler, Verwendung von Schlachtfetten im Non-Food-Bereich. Ökonomische, technologische und physiologische Aspekte, Frankfurt/Main 1974.

Die Frage, warum das Fleisch mit sichtbaren Fettanteilen bei den Bundesbürgern so unbeliebt wurde, lässt sich nur sehr pauschal beantworten. Zum einen handelte es sich offensichtlich um einen Wohlstandseffekt: Dank der auf breiter Front steigenden Einkommen mussten sich nun auch Normalverdiener nicht mehr zwingend so ernähren, dass die Mahlzeiten primär dazu dienten, den Energiebedarf des Körpers zu decken. Der „Genuss" wurde wichtiger. Analog ging daher auch der Konsum an anderen ausgesprochenen „Sattmachern" wie Kartoffeln und dunklem Brot deutlich zurück, während der Verbrauch „feinerer" Waren wie Weißbrot und Kuchen wuchs.[56]

Zum anderen wandelten sich die Schönheitsvorstellungen. Eine etwas fülligere oder sogar massige Figur galt – zumal bei Frauen – nun eindeutig als unattraktiv, während sie zuvor als Beweis von Wohlstand durchaus Renommee einbringen konnte. Damit war es nun vorbei: Nur wer schlank war, entsprach der ästhetischen Norm.[57] Zum großen Ärger der Fleischproduzenten und -verkäufer sahen viele Verbraucher gerade in tierischen Fetten eine Gefahr für die „schlanke Linie", die sie sich wünschten. Bereits 1961 klagte der Direktor der Bundesanstalt für Fleischforschung über die „völlig ungerechtfertigte Minderbewertung" von fettem Fleisch durch die Konsumenten wegen „einer übertriebenen Moderichtung". Verstärkte Aufklärung, wie wertvoll Fett sowohl als Geschmacksträger wie auch als Energielieferant sei, müsse hier für Wandel sorgen.[58]

Das körperästhetische und gesundheitliche Ideal der Schlankheit blieb in der Bundesrepublik (wie auch in allen anderen westlichen Ländern) seit den 1950er Jahren bis in die Gegenwart nicht einfach nur gesellschaftlich dominant. Eher stiegen die Ansprüche in dieser Beziehung sogar noch, weil sich das Wissen um die gezielte Formbarkeit des menschlichen Körpers – etwa durch ein entsprechendes Training und bewusste Ernährung – immer weiter vertiefte. Gleichzeitig aber wuchs beständig die Zahl der Menschen, die alles andere als schlank waren. Der oft alarmistisch getönte Diskurs über „Fettleibigkeit" und „Überernährung" als ein zentrales gesellschaftliches Problem, der uns gegenwärtig begleitet, hat seinen Ursprung daher bereits in den 1960er Jahren.

Schon 1965 meinten drei von fünf Bundesbürgern in einer repräsentativen Umfrage, sie seien „zu dick" und müssten dringend „ein paar Pfunde loswerden". 1969 gab es auf der „Grünen Woche" in West-Berlin, der größten bundesdeutschen Publikumsmesse für Nahrungs- und Genussmittel, ein „Schocking-Center für Verbraucher", in dem Fotos und Tabellen warnten, der moderne Mensch sei dabei,

---

[56] Vgl. dazu: Michael Wildt, Am Beginn der „Konsumgesellschaft". Mangelerfahrung, Lebenshaltung, Wohlstandshoffnung in Westdeutschland in den fünfziger Jahren, Hamburg 1994, S. 76–84. Die konsumierten Mengen (gerade bei dunklem Brot) blieben allerdings dennoch hoch.

[57] Vgl. dazu: ebenda, S. 250–253; Sabine Merta, Schlank! Ein Körperkult der Moderne, Stuttgart 2008; Ulrike Thoms, Der dicke Körper und sein Konsum im Visier von Wissenschaft und Politik in der DDR und BRD, in; Comparativ 21 (2011), H. 3, S. 97–113.

[58] Helmut Bartels, Die Bedeutung der Fleischforschung für die Praxis, in: FW 31 (1961), S. 529–532, hier: S. 531.

sich durch zu häufige und zu fette Mahlzeiten „mit Messer und Gabel [...] selbst[zu]morden". Ein Jahr später startete das Bundesgesundheitsministerium gemeinsam mit den Krankenkassen die erste „Trimm Dich"-Kampagne, die den Bundesbürgern die gesundheitlichen Segnungen regelmäßiger Bewegung bewusst machen sollte. Mit Hilfe zahlreicher Sportvereine wurde diese Aktion seitdem jährlich neu aufgelegt. 1971 gründeten die aus den USA kommenden „Weight Watchers" die ersten ihrer kostenpflichtigen Selbsthilfegruppen in der Bundesrepublik. Im gleichen Jahr waren „Schlankheits-Artikel und Schlankmacher" das beherrschende Thema auf der „Anuga", der wichtigsten Fachmesse der Nahrungsmittelindustrie. Auch fettreduzierte Wurstwaren gehörten zu diesem neuen Sortiment.[59]

Der Absatz solcher Artikel entwickelte sich trotz ihrer recht hohen Preise sehr positiv. Die Zahl der Schwergewichtigen aber stieg unverändert weiter an. 1973 bezeichnete eine internationale Gruppe von Ernährungswissenschaftlern die „Überernährung" in einer gemeinsamen öffentlichen Erklärung als eine ihrer zentralen Sorgen. Dies gelte gerade mit Blick auf die Zukunft, denn „Vielesser werden erzogen; viel essen ist in der Regel auch Gewohnheitssache".[60] Im gleichen Jahr kommentierte die FAZ die Meldung, 50 Prozent der deutschen Frauen und mehr als ein Drittel der Männer seien nach medizinischen Maßstäben deutlich „übergewichtig", mit den strengen Worten, aus „erzieherischen Gründen" solle man künftig nicht mehr von „Übergewicht" sprechen. „Fettsucht" sei der adäquate Begriff: „Wer dick ist, ist selber schuld".[61]

Moralisierende Urteile dieser Art scheinen in der Bundesrepublik weit verbreitet gewesen zu sein. So überzeugte das alte und in gewisser Weise ja sehr menschenfreundliche Klischee, massige Menschen seien besonders lebensfroh und daher auch besonders angenehm im persönlichen Umgang, 1979 in einer repräsentativen Meinungsumfrage nur noch neun Prozent der Interviewten. Zeigte man ihnen Bilder von dicken und schlanken Personen, konnten sich nur drei Prozent der Bundesbürger vorstellen, einer der Fetten könne ihr Freund werden. Angesichts dieser Zahlen ließ sich berechtigt das Fazit ziehen, die Dicken seien in der deutschen Gesellschaft „nun endgültig sozial diskriminiert".[62]

---

[59] In der Reihenfolge: Sybil Gräfin Schönfeldt, Das Kochbuch für die Frau vom dicken Mann, Reinbek 1965, S. 13; Ejal schocking [sic!], in: RR 22 (1970), S. 124; Ursula Heinzelmann, Was is(s)t Deutschland. Eine Kulturgeschichte über [sic!] deutsches Essen, Wiesbaden 2016, S. 354 (zur „Trimm Dich"-Kampagne); Weight Watchers Sortiment mit 36 Artikeln noch nicht komplett, in: LZ 40 (1988), Nr. 20, S. 10 (im Rückblick auf die Anfänge dieses Unternehmens); Von der „Freßmesse" [sic!] zum „Schlanken Markt", in: FAZ, 2. 10. 1971. Zu den neuen „Schlankheitsartikeln" vgl. auch: Wir essen zuviel Kalorien!, in: NFZ 53 (1971), Nr. 45, S. 23.

[60] L. Kotter u. a., Zur Bewertung der Fette in Fleischerzeugnissen, in: FW 53 (1973), S. 1381–1384, hier: S. 1381. Zur positiven Entwicklung des Marktes von „Schlankheitsartikeln" vgl. etwa: „Schlanke Linie" besonders teuer, in: FAZ, 12. 5. 1973; Unilever im Schlankheits-Markt, in: FAZ, 14. 4. 1973.

[61] Rainer Flöhl, Wer dick ist, ist selber schuld, in: FAZ, 7. 4. 1973. Vgl. auch: „Fett wird man vor allem durch Fett", in: FAZ, 22. 3. 1973.

[62] Die Deutschen und ihre Ernährung – Urteile und Vorurteile. Eine repräsentative Erhebung des Iglo-Forums, Hamburg 1989, S. 4.

Weil viele übergewichtig waren und niemand es sein wollte, existierten bereits in den 1970er Jahren zahlreiche Ernährungsratschläge und -pläne, die allesamt helfen sollten, „überflüssige Pfunde" zu verlieren.[63] Die „moderne Küche", so erfuhren es Hausfrauen und mitlesende Männer beständig in Illustrierten und auch in Kochbüchern, war „leicht" und „gesund".[64] Vor diesem Hintergrund verstärkte sich die Abneigung der Bundesbürger gegen Fleisch mit deutlich sichtbaren Fettanteilen noch weiter: Offensichtlich war diese Scheu nun so etwas wie der kleinste gemeinsame Nenner gesundheitsbewussten Verhaltens bei der Ernährung, mit dem sich die meisten Deutschen im Alltag ansonsten doch sehr schwer taten. Diese Haltung der Konsumenten prägte massiv den Fleischmarkt. Brathähnchen etwa ließen sich nur mit geringem Gewicht gut verkaufen – offensichtlich, weil die einkaufenden Hausfrauen schwereres Geflügel pauschal für fett hielten. Die Hühnerfleisch-Branche war daher bei der Gestaltung der Mast weitaus weniger frei, als es ihr lieb war, weil sie sich vom Verkauf gewichtigerer Tiere bessere Erlöse versprach.[65]

Bei Schweinen, den Lieblingstieren der deutschen Fleischesser, entwickelte sich die Fettfurcht der Verbraucher sogar noch sehr viel eindeutiger als bei den Hähnchen zu einem gravierenden Produktionsproblem. Ein Experte der Schweinezucht konstatierte 1971, der Markt sende über die Preise für Schweinehälften den Produzenten seit langem eindeutig das Signal: „möglichst gar kein Fett".[66]

Gleichzeitig zeigte sich jedoch, dass die Fleischqualität bei der in der Bundesrepublik am häufigsten gemästeten Schweine-„Rasse" zunehmend litt. Die Tiere lieferten zwar das fettarme Fleisch, das die Kundinnen und Kunden verlangten. Nach dem Braten oder Kochen erwies sich die zuvor so gut aussehende Ware jedoch oft als äußerst zäh. Zudem schrumpften die Fleischstücke stark zusammen, und ihre Farbe verlor sich, wenn sie erhitzt wurden, so dass sich der Qualitätsmangel gleich auf doppelte Weise auch optisch unübersehbar manifestierte. Die Fachwelt benutzte für solche Ware die aus den USA übernommene Bezeichnung „PSE-Fleisch".[67]

---

[63] Vgl. etwa: Otto Neuloh/Hans-Jürgen Teuteberg, Ernährungsfehlverhalten im Wohlstand. Ergebnisse einer empirisch-soziologischen Untersuchung in heutigen Familienhaushalten, Paderborn 1979, S. 211; B. Rogowski, Gesundheitliche Aspekte des Fleischverzehrs, in: FW 58 (1979), S. 1246–1252, hier: S. 1248.

[64] Vgl. exemplarisch etwa: Sybil Gräfin Schönfeldt, Das Kochbuch für Leute, die länger leben wollen, Reinbek 1969; Urich Klever, Alles, was schlank macht. Das Erfolgsbuch zum Abnehmen und Gesundbleiben, München 1970; Annette Wolter, Gesunde Küche für jeden Tag. Leichte Rezepte für Genießer. Mit Studioteil: Alles, was fit macht, Reinbek 1977; Helga Ganzow, Schnelle kluge Küche, Hamburg 1978; Arnold Zabert, Kochen. Die neue Küche: kulinarisch, leicht und gesund, Frankfurt/Main 1978.

[65] W. Gühne, Probleme der Fleischqualität auf dem Broilersektor, in: DGW 22 (1970), S. 1109–1110. Hiernach akzeptierten die deutschen Käuferinnen und Käufer fast nur Hühner von 1,0 bis maximal 1,2 kg. Bereits Tiere mit einem Verkaufsgewicht von 1,4 kg waren auf dem deutschen Markt kaum absetzbar. Zu diesem Thema siehe ausführlich auch unten S. 287–289.

[66] H. H. Messerschmidt, Welche Aufgaben sieht die Tierzucht für die weitere Anpassung der Fleischproduktion an die Bedürfnisse des Marktes?, in: FW 51 (1971), S. 1745–1749, hier: S. 1746.

[67] Das Akronym „PSE" steht für „pale, soft, exudative" (blass, weich, wässerig). Alle drei Merkmale beschreiben grob das rohe Fleisch, denn nach dem Erhitzen ist PSE-Fleisch – wie gesagt –

Züchter, Mäster und Schlachtbetriebe reagierten in den 1970er und 1980er Jahren mit aufwendigen Maßnahmen (insbesondere mit neuen Zuchtprogrammen, die nicht mehr so eindeutig wie zuvor auf möglichst mageres Fleisch zielten, sowie mit Veränderungen in den Schlachthäusern, die den Stress der Tiere vor der Schlachtung reduzieren sollten), denn „Zartheit" war das zentrale Qualitätskriterium der Konsumenten bei Fleisch.[68]

Diese komplexen Vorgänge, die weiter unten noch genauer beleuchtet werden, belegen, wie eindeutig die moderne Fleischwirtschaft für einen Käufermarkt arbeitete: Die Produzenten bemühten sich selbst dann noch, die Ansprüche der Verbraucher zu erfüllen, wenn diese fast einer biologischen Quadratur des Kreises entsprachen. In Punkto Fleischfett jedenfalls blieben die Deutschen mehrheitlich bei der starken Abneigung, die sie in den 1950er Jahren entwickelt hatten. Die nachwachsenden Generationen von Fleischessern kannten dann schon gar keine andere Haltung mehr. Zwar gab es mehrfach Werbekampagnen der CMA, der Metzger und auch verschiedener Einzelhandelsketten, die den Zusammenhang zwischen Fett, Fleischgeschmack und der „Zartheit" der Ware erläuterten. Bei diesen Bemühungen konnten sich die Marketingexperten und Händler auf Material der Bundesanstalt für Fleischforschung berufen, die in ihrer Arbeit seit Mitte der 1970er Jahre einige Mühe darauf verwandte, Argumente gegen die „Verteufelung von Fett und Fleisch" zu finden.[69]

Auch prominente Experten für gutes Essen engagierten sich in dieser Auseinandersetzung. Der Journalist Wolfram Siebeck etwa, der dank seiner meinungsstarken Kolumne zu Küchenfragen in der Wochenzeitung „Die Zeit" seit den 1970er Jahren im deutschen Bildungsbürgertum unangefochten als die höchste gastronomische Instanz des Landes galt, verzweifelte 1983 mit der ihm eigenen Inbrunst an den „mittelmäßigen bis schlechten Fleischqualitäten", die es selbst in den besten deutschen Metzgereien zu kaufen gebe. Das Fleisch von Schweinen wie Rindern sei einfach nur noch „fade", weil diese Tiere „auf Verlangen unwissender Konsumenten als Magerschweine bzw. -rinder gezüchtet werden!".[70] Trotz solcher Stimmen meinte der Chefeinkäufer für Fleisch eines größeren Supermarktunternehmens noch 1989, selbst „marmoriertes" Fleisch mit kleineren Fettanteilen im Muskel sei in der Bundesrepublik ausschließlich „Fleisch für den Kenner". Bei der

---

alles andere als „soft", weil es dabei so viel Wasser verliert. Zusammenfassend vgl. etwa: Josef Lütkemeyer, Im Brennpunkt: Die Fleischqualität, in: top agrar 9 (1980), Nr. 1, S. S 30–S 33.

[68] Zu diesem ganzen Komplex siehe ausführlich unten S. 327–342. Zur „Zartheit" als dem wichtigsten Wunsch der Verbraucher siehe auch unten S. 113.

[69] Fleisch: Ernährungsphysiologische Forschung ist ein Gebot der Stunde, in: FW 57 (1977), S. 1162–1165, hier: S. 1162.

[70] Wolfram Siebeck, Aller Anfang ist leicht. Ein Kochseminar nach der Serie im „Zeit"-Magazin, Hamburg 1983, S. 87. Vgl. ähnlich auch: ebenda, S. 9 f. Zu Siebecks Karriere vgl. die leicht idolatrische Würdigung in: Ferdinand Protzmann, Die Kritik, die aus der Küche kommt, in: Siebecks Sinne. Zwanzig Jahre Essen, Trinken und Kochen mit Wolfram Siebeck, Hamburg 1996 („Zeit"-Punkte 1996, Nr. 3), S. 6–7.

Mehrzahl seiner Kundinnen und Kunden entdeckte der Manager hingegen „eine panische Furcht vor den tierischen Fetten".[71]

Mit dem Wunsch der männlichen und weiblichen Verbraucher nach ausgesprochen magerem Fleisch stand auch die zweite große Veränderung in Verbindung, die sich auf dem Fleischmarkt in der jungen Bundesrepublik vollzog: Geflügelfleisch, das die Deutschen bislang nur selten und daher über das Jahr nur in sehr geringen Mengen gegessen hatten, entwickelte sich seit Mitte der 1950er Jahre zu einer populären, gern genutzten Alternative zu Schweinefleisch und Rindfleisch. Vor allem Masthähnchen fanden sowohl als verbrauchsfertiges ganzes Tier wie auch zerlegt zunehmend Abnehmer. Erst in zweiter Linie, auf erheblich geringerem Niveau und zeitlich später, wuchs auch der Konsum von Putenfleisch. Enten und Gänse schließlich blieben das, was sie immer schon gewesen waren: Festtagsbraten, die im Alltag kaum eine Rolle spielten und daher auch fetter sein durften als das regelmäßig verzehrte Fleisch. Gerade die Hähnchen aber wurden dezidiert als mageres, „leichtes" und damit „modernes" Nahrungsmittel beworben, das helfe, die allgemein so begehrte „schlanke Linie" zu erreichen oder zu bewahren. Ihr Markterfolg verdankte sich offensichtlich stark diesem Image, das die Produzenten und seit 1969 dann auch die CMA sorgfältig pflegten.[72]

Neben der Reklame für das neue Produkt der Landwirtschaft stand eine vertrauensbildende Maßnahme, auf die das Fleischgewerbe gegenüber den Endverbrauchern bei all ihren konkurrierenden Angeboten verzichtete: Auf Wunsch der Produzenten gab es in der Bundesrepublik seit Anfang 1966 drei amtlich definierte Handelsklassen für Geflügelfleisch nach dem Vorbild ähnlicher, bereits 1956 eingeführter Kennzeichnungen für die verschiedenen Qualitäten von Obst und Gemüse. Diese verpflichtend vorgeschriebene Warendeklaration sollte den Verbrauchern bei ihren Einkäufen als Orientierungshilfe dienen und Vertrauen stiften – insbesondere (so die Hoffnung) für deutsche Brathähnchen.[73]

---

[71] Richard Balling, Zweigleisig bei Rind und Schwein, in: LZ 41 (1989), Nr. 9, S. J 9–J 10, hier: S. J 9. Der Autor arbeitete für die vor allem in Nordrhein-Westfalen aktive Supermarktkette „AVA". Ähnlich vgl. auch: Josef Lütkemeyer, Die Kunst, bei der Schnitzeljagd nicht auf der Strecke zu bleiben, in: top agrar 12 (1983), Nr. 2, S. 3; Beratung über Fleisch vor Ort, in: LZ 37 (1985), Nr. 17, S. 26 (hier klagten Metzger, die „echte Qualität mit einem gewissen Fettanteil" sei „kaum noch zu verkaufen").

[72] Vgl. dazu etwa: Roderich Plate, Die westdeutsche Landwirtschaft am Vorabend des Gemeinsamen Europäischen Marktes. Derzeitiger Stand und voraussichtliche Entwicklung des Agrarmarktes, Frankfurt/Main 1959, S. 19. Zur unverändert traditionellen Funktion von Enten und Gänsen vgl. etwa: Egon Wöhlken/Bernd Mönning, Marktaussichten für Eier und Geflügelfleisch im nächsten Jahrfünft, in: AW 21 (1972), S. 313–322, hier: S. 313; Esskultur '82, S. 113. Der Marktanteil von Putenfleisch am gesamten Verbrauch von Geflügelfleisch in der Bundesrepublik lag auch 1970 nur bei sieben Prozent. Allerdings war dies ein Anstieg von nahezu Null noch Mitte der 1960er Jahre, weil Truthähne und -hennen in Deutschland seinerzeit nur in ganz kleiner Zahl gehalten wurden. Vgl. dazu etwa: Ernst G. Busch, Putenhaltung – auch in Deutschland?, in: MDLG 80 (1965), S. 1648–1650.

[73] Handelsklassen sollen Geflügelabsatz fördern, in: FAZ, 10. 9. 1965. Allerdings musste auch Importware entsprechend deklariert werden. Zu den Motiven für die Einführung der Handelsklassen vgl. rückblickend: Handelsklassen – ja oder nein?, in: DG 18 (1966), S. 735–736. Die drei Klassen sollten „garantierte Mindestqualitäten" voneinander abgrenzen. Die konkre-

Zwar wissen wir nicht, wie stark die Konsumenten diese Handelsklassen bei ihren Einkäufen tatsächlich beachtet haben. Möglicherweise mussten bzw. konnten sie das gar nicht, weil der Einzelhandel schon nach kurzer Zeit ohnehin nur noch Waren der höchsten Qualitätsstufe anbot. Bei Obst und Gemüse war genau dieser Effekt eingetreten.[74] Das Geschäft mit Geflügelfleisch jedenfalls entwickelte sich in der jungen Bundesrepublik sowohl vor der Neuerung von 1966 wie auch noch danach sehr günstig: Keine andere Fleischsorte verzeichnete so starke Zuwächse. 1950 stammten lediglich 3,5 Prozent des jährlichen Pro-Kopf-Verbrauchs in Westdeutschland von gefiederten Tieren; 1970 betrug dieser Anteil jedoch bereits 8,4 und 1990 dann sogar 12,4 Prozent. In absoluten Zahlen war das ein Anstieg von bescheidenen 1,2 Kilo pro Kopf der Bevölkerung (wie gesagt: im ganzen Jahr) auf 11,7 Kilo.[75]

Dieser erheblich vermehrte Konsum war der Erfolg eines recht kleinen Kreises innovativ handelnder Landwirte und Unternehmer, die gemeinsam ein Angebot schufen, für das es ursprünglich keine nennenswerte Nachfrage gegeben hatte. Anders als beim vermehrten Absatz der besonders mageren Teile vom Schwein und Rind waren es beim Aufschwung der Geflügelfleischwirtschaft also nicht die Verbraucher, sondern Produzenten und Händler, die den Takt vorgaben. Geflügelfleisch kannten und kauften die Deutschen nämlich selbst noch in der ersten Hälfte der 1950er Jahre vor allem als Suppenhuhn. Das zu bratende oder zu grillende Hähnchen war hingegen „ein Luxusartikel, der nicht für die breite Masse der Verbraucher bestimmt war". Angeboten wurde diese Ware meist nur kurzfristig im Frühjahr in Gestalt von „Stubenküken", deren schmackhafte Zubereitung nur erfahrenen Köchinnen oder Köchen gelang.[76]

---

ten Formulierungen der Verordnung war stark an US-amerikanische Vorbilder angelehnt (vgl. ebenda, S. 736). Sie waren eher vage gehalten: So mussten Hähnchen der obersten Klasse A etwa „gut entwickelt" und „vollfleischig" sein, während in Klasse B von „mindestens ebenmäßig entwickelt" und „fleischig, aber nicht fett" die Rede war. Zit. nach: Die neue Verordnung über „Gesetzliche Handelsklassen für geschlachtetes Geflügel und Geflügelteile", in: DG 17 (1965), S. 598–601, hier: S. 600. Vgl. auch die kritischen Anmerkungen zu der nur halbherzigen Berücksichtigung qualitativer Merkmale in der Verordnung in: Lothar Schön, Handelsklassen für Fleisch – gegenwärtiger Stand, offene Probleme, in: Marktübersicht auf dem Vieh- und Fleischmarkt. Vorträge auf der Arbeitstagung „Markt und Betrieb", 28. April 1967 in Kiel, Frankfurt/Main 1967, S. 38–57, hier: S. 43 u. S. 52 f.

[74] Entsprechende Hinweise vgl. in: Schön, Handelsklassen, S. 52 f. Der skizzierte Effekt, der die Wahlfreiheit der Verbraucher eher einschränkte als förderte, ist weitgehend unerforscht, obwohl er für die Produzenten von Obst und Gemüse massive Konsequenzen gehabt haben muss. Auch für die öffentliche Wahrnehmung der EG-Agrarpolitik war diese Ordnung des Marktes durch Qualitätsklassen höchst wichtig: Sie dienten (etwa anhand des berühmten Beispiels der Vorschriften zur Krümmung von Gurken) vielfach als „Beweis" für die Überbürokratisierung und Bürgerferne der EG.

[75] Berechnet nach: Gunter Mahlerwein, Grundzüge der Agrargeschichte. Bd. 3: Die Moderne (1880–2010). Hrsg. v. Clemens Zimmermann, Köln etc. 2016, S. 155.

[76] E. Bohle, Zehn Jahre Mästerorganisation in der Bundesrepublik, in: DGW 21 (1969), S. 1985–1987, hier: S. 1985 (Zitat). „Stuben-Küken" waren sechs bis sieben Wochen alte Hähne. Zum Hintergrund siehe genauer unten S. 224.

Zudem fehlte ein umfassend ausgebautes Vertriebssystem, denn Geflügelfleisch durfte nach den besonders strengen deutschen Hygienevorschriften nicht gemeinsam mit anderem Fleisch gelagert und gehandelt werden. Der typische Metzger oder Schlachter führte daher weder Hähnchen noch Suppenhühner. Verkauft wurden diese ausschließlich auf Wochenmärkten, direkt ab Hof oder in größeren Städten auch in Spezialgeschäften, die nur Geflügel (oft in Kombination mit Wildfleisch) führten. Auch fehlten große, effizient arbeitende Schlachtbetriebe.[77]

Wenn in der Bundesrepublik trotz solch umfassend ungünstiger Ausgangsbedingungen nach 1955 innerhalb weniger Jahre eine ganz neuartige, höchst rationell arbeitende Geflügelwirtschaft mit zwei nun vollständig separaten Produktionszweigen für Eier und für Fleisch entstand, dann verdankte sich das – wie gesagt – unternehmerischer Initiative. Weiter unten wird dieser Prozess, den schon die Zeitgenossen sowohl im positiven wie auch im negativen Sinne als symptomatisch für das Wesen der „modernen Landwirtschaft" verstanden, genauer beschrieben.[78]

Letztlich handelte es sich bei den Masthähnchen um ein neues landwirtschaftliches Produkt, hatten die traditionellen „Stubenküken" doch eher als eine leichte Vorspeise denn als Hauptgang gedient. Anders als bei Rindfleisch und Schweinefleisch handelte es sich daher um eine sozial gewissermaßen noch nicht geprägte Ware: Geschmackserfahrungen entstanden ganz neu; Qualitätsansprüche bildeten sich erst heraus. Wohl wegen dieser Neuartigkeit des Produktes akzeptierten die deutschen Konsumenten bei Brathähnchen und Hähnchenteilen nicht nur anfangs, sondern auch dauerhaft die Vermarktung in tiefgefrorener Form, von der sie bei anderem Fleisch wenig wissen wollten. Das bei einer echten Großproduktion ansonsten kaum lösbare Problem der fehlenden überregionalen Vertriebsketten, das sich aus den besonderen Hygienevorschriften für Geflügelfleisch ergab, erwies sich daher nicht als ein ernsthaftes Absatzhindernis, denn Tiefkühltruhen gehörten in der Bundesrepublik im Laufe der 1960er Jahre rasch zur Standardausstattung selbst kleinerer Einzelhandelsgeschäfte.[79] Typischerweise füllten gefrorene

---

[77] Vgl. dazu im Rückblick: Frischgeflügel darf bald auch in die Fleischtheken, in: LZ 40 (1988), Nr. 15, S. 20. Begründet wurde das Verbot des gemeinsamen Verkaufs mit den besonderen hygienischen Gefahren, die daraus entstehen konnten, dass Hühner typischerweise ausgenommen als ganzer Torso verkauft wurden: Bei unzureichender Kühlung fanden Bakterien in der Bauchhöhle besonders günstige Entwicklungsbedingungen. Vgl. etwa: Eduard Kallert, Fleisch einschließl. Geflügel und Wild, in: Rudolf Plank (Hrsg.), Handbuch der Kältetechnik. Bd. 10: Die Anwendung der Kälte in der Lebensmittelindustrie, Berlin etc. 1960, S. 127–207, hier: S. 135 f. Das Verbot verschwand in der Bundesrepublik erst 1988 nach einer Intervention der EG-Kommission, die darin ein Handelshindernis innerhalb der Gemeinschaft sah.
[78] Siehe dazu unten S. 243 ff.
[79] Vgl. etwa: Hans Ludwig von Cube, Die Kältetechnik heute und ihre Zukunftsaussichten, in: Firmenhandbuch der Kältetechnik. Warenkatalog der Kälte- und Zubehör-Industrie, 9. Aufl., Karlsruhe 1960, Textteil, S. 13–32, hier: S. 17 u. S. 29. Marktführer bei der Einführung von Tiefkühlwaren war „Edeka", die damit 1955 begann und schon 1960 insgesamt 17.000 „Edeka"-Geschäfte mit Tiefkühltruhen ausgestattet hatte. Dieter Graff, Edeka – älteste Einkaufsgenossenschaft des Lebensmitteleinzelhandels, Köln 1994, S. 46 f. Zur Abneigung der deutschen Verbraucher gegen anderes TK-Fleisch siehe genauer S. 114. Die Veränderung der Fleisch-

Hühner und Hühnerteile diese Truhen zu etwa 50 Prozent; auf der restlichen Fläche drängten sich alle anderen TK-Produkte.[80]

Wenn die Deutschen in diesem Jahrzehnt so positiv auf das neue Produkt des Brathähnchens reagierten, so lag das nicht nur an dessen Image als besonders „gesundes" Fleisch, sondern auch am Preis: Bezogen auf das Gewicht, war keine Fleischart so billig wie das gefrorene Huhn oder seine oft separat gekauften beliebtesten Teile, Brust und Flügel. Die „Stiftung Warentest", die im Auftrag der Bundesregierung für die Interessen der Verbraucher einzutreten hatte, empfahl 1966 wegen der niedrigen Preise quasi offiziell, die Hausfrauen zwischen Rhein und Elbe sollten dem Vorbild der Amerikanerinnen folgen und ebenfalls deutlich mehr Hähnchen- statt Schweinefleisch auf den Tisch bringen.[81] Wie oben schon gezeigt wurde, wuchs der Preisvorteil der Verbraucher beim Kauf von Hühnerfleisch in den nachfolgenden Jahren sogar noch weiter. Anders als Rind- und Schweinefleisch verbilligte sich das Brathähnchen nicht nur durch das Verhältnis zwischen vergleichsweise geringer Verteuerung der Ware und steigenden Einkommen, sondern sogar auch absolut.[82]

Verantwortlich dafür war ein beständiges Überangebot der allzu produktiven Mäster sowohl im Inland wie auch in den wichtigsten Importländern.[83] Dabei spielte auch die Politik eine Rolle, denn das ansonsten perfektionistisch ausgefeilte Interventionssystem der nach 1958 entwickelten EG-Agrarmarktpolitik zeigte zum Leidwesen der Geflügelmäster bei Hühnerfleisch eine seiner wenigen Lücken. Kurz gesagt, scheiterten die wirtschaftlich noch schwachen europäischen Hähnchenproduzenten in den Jahren um 1960, in denen die Agrarminister der Mitgliedsländer über die konkreten „Marktordnungen" der EG für die verschiedenen Agrarprodukte verhandelten, in Brüssel mit ihren Bemühungen, Regeln für Hühnerfleisch durchzusetzen, die den Mechanismus des freien Marktes auf ähnlich umfassende Weise aushebelten, wie dies etwa die Marktordnungen für Getreide, Butter, Milch oder auch Rindfleisch taten. Vor allem fehlten Bestimmungen, wann und wie die Gemeinschaft mit preisstabilisierenden Maßnahmen intervenieren musste, wenn zu viel Ware angeboten wurde. Bemühungen der Hersteller, den politisch nicht gedämpften Preisdruck der massiven Hähnchen-Überproduktion

---

farbe durch das Gefrieren spielte dabei eine wichtige Rolle. Bei weißem Fleisch fällt diese Veränderung gering aus.

[80] Deutsches Tiefkühlinstitut, Ertragsquelle Tiefkühlkost. Ungekürzte Ausgabe, Köln 1971, S. 5. Anderes Fleisch und Wild nahmen weniger als fünf Prozent der Fläche ein. Die anfänglich fast absolute Herrschaft der TK-Ware auf dem Hühnerfleischmarkt ging seit den frühen 1970er Jahren langsam zurück. Allerdings lag ihr Marktanteil auch 1985 noch bei rund 70 Prozent. Werner Böttcher, Die Märkte der deutschen Geflügelwirtschaft: Rück- und Ausblick, in: KF 68 (1985), S. 24–26, hier: S. 26.

[81] „Männer werden von Hühnern leicht verführt", in: FAZ, 18. 3. 1966.

[82] Vgl. etwa: Friedrich-Wilhelm Probst, Tierische Veredelung im Jahre 2000 – Entwicklungstendenzen in Europa, Braunschweig 1982, S. 14 f.

[83] Vgl. etwa: Hans Stamer, Ständiges Wachsen in der Produktionstechnik, in: BBSH 133 (1983), S. 1015.

durch einen „freiwilligen" Abbau der Mastzahlen abzufangen, erwiesen sich nur begrenzt als effektiv.[84]

Zur Enttäuschung der Branche blieb der Konsumzuwachs trotz der sinkenden Preise allerdings begrenzt. Seit Beginn der 1980er Jahre stagnierte sogar der Verbrauch in absoluten Zahlen ebenso wie der gesamte Pro-Kopf-Verbrauch von Fleisch (der prozentual weiter wachsende Anteil von Geflügelfleisch ergab sich im Wesentlichen durch den sinkenden Rindfleischkonsum). Auch neue Verzehrformen wie die von der Fast-Food-Kette „McDonald's" 1983 erfundenen und rasch auch in Westdeutschland eingeführten „Chicken McNuggets" änderten daran nichts, obwohl das Produkt von der Konkurrenz zügig vielfach kopiert wurde.[85] Im internationalen Vergleich aßen die Deutschen in diesem Jahrzehnt immer noch kaum ein Drittel der Menge an Geflügelfleisch, die pro Kopf in den USA verzehrt wurde. Selbst der Durchschnitt in allen EG-Ländern lag um fast 50 Prozent höher. Merklich verschnupft und auch recht ratlos fragte sich ein Sprecher der Geflügelwirtschaft im Jahr 1985: „Ist der Bundesbürger so wohlhabend, daß er es sich leisten kann, das preiswerteste Fleisch zu ignorieren?"[86]

Da die Endverbraucher im modernen Massenmarkt anonym agieren, gab es auf diese Frage keine klare Antwort. Wenn Meinungsforscher im Auftrag der Produzenten genauere Informationen ermittelt haben, dann ist nichts davon an die Öffentlichkeit gedrungen. Schaut man auf die Ergebnisse der amtlichen Verbrauchsstichproben, so zeigt sich im Verhalten der Konsumentinnen und Konsumenten gegenüber dem Geflügelfleisch vor allem eine Besonderheit: Der Anteil der Haushalte, die vollständig darauf verzichteten, lag in nahezu allen Einkommensgruppen und Schichten mit Zahlen zwischen 50 und 60 Prozent deutlich höher als beim Fleisch von Rindern und Schweinen, das jeweils von 90 Prozent und mehr aller buchführenden Familien gekauft und verzehrt wurde.[87]

Das Gesundheitsimage von weißem Fleisch hin, seine Preisgünstigkeit her – eine allgemein akzeptierte kulinarische Selbstverständlichkeit war das moderne Brathähnchen offensichtlich auch fast drei Jahrzehnte nach seiner Markteinführung immer noch nicht. Insofern erwies sich der Geschmack der deutschen Verbraucher bei Fleisch doch nur begrenzt als wandelbar.

---

[84] Vgl. als Abriss der Marktordnung: Werner von Hasselbach, Eier und Schlachtgeflügel in der EWG, in: TZ 14 (1962), S. 129. Zu den Versuchen, die Produktion zu regulieren, siehe unten S. 293 f.

[85] Vgl. dazu: Michael D. Wise, Meat, in: ders./Jennifer Jensen Wallach (Hrsg.), The Routledge History of American Foodways, New York etc. 2016, S. 97–112, hier: S. 107; zur Einführung in der BRD vgl.: Das Plus kommt aus neuen Sortimentsteilen, in: LZ 37 (1985), Nr. S. 12.

[86] Siegfried Scholtyssek, Schlachtkörperqualität von Broilern – eine Frage der Herkünfte, der Haltung oder des Futters?, in: KF 68 (1985), S. 180–182, hier: S. 180. Der Pro-Kopf-Verbrauch in den USA betrug 1983 29,9 kg gegenüber 14,7 kg im EG-Durchschnitt und 9,2 kg in der BRD. Vgl. eine ähnliche Klage auch schon in: Geflügel wird besonders gern im Sonderangebot gekauft, in: LMP 32 (1981), Nr. 8, S. 9.

[87] Filip/Wöhlken, Nachfrage, S. 117–119.

3. Hartnäckige Traditionen: die Vorliebe der Deutschen für Schweinefleisch und Wurstwaren

Die Geschäfte der Fleischbranche folgten daher trotz der skizzierten Veränderungen in den Jahren bis 1990 auch sehr traditionellen Bahnen. Vor allem zwei Charakteristika des deutschen Fleischmarktes sind hier zu nennen: zum einen die ungebrochene Dominanz von Schweinefleisch gegenüber allen anderen Fleischarten und zum anderen der starke Verbrauch von Wurstwaren.

Zumindest die andauernde Vorliebe der Käuferinnen und Käufer für Abschnitte vom Schwein überraschte viele Experten. Auch in dieser Hinsicht waren die Konsumenten nicht so berechenbar wie Marketingfachleute meinten. Sie erwarteten nämlich mehrheitlich, die Bundesbürger würden sich genauso verhalten wie die US-Amerikaner, die sich im wirtschaftlichen Boom nach dem Zweiten Weltkrieg (der in den Vereinigten Staaten ja deutlich früher eingesetzt hatte als in der BRD und sich dort zudem auch rascher entfaltete) vor allem dem Rindfleisch zuwandten.[88]

Nach einer fast allgemein akzeptierten Interpretation ergab sich diese Entwicklung aus der besonderen sozialen Bedeutung der teuren Ware: Der Rindfleisch-Verbrauch galt – so eine Formulierung der EG-Kommission von 1964 – als ein „Barometer des wirtschaftlichen Wohlergehens". In der optimistischen Stimmung der späten 1950er und frühen 1960er Jahre wurde mit dem für dauerhaft gehaltenen allgemeinen Aufschwung daher auch in den Mitgliedsstaaten der Wirtschaftsunion ein Boom beim Absatz von Rindfleisch prognostiziert.[89]

In der Bundesrepublik gab es jedoch keine vergleichbare Entwicklung wie in den USA. Zwar aßen auch die Westdeutschen nach 1950 deutlich mehr Rindfleisch als zuvor. Der Konsum von Schweinefleisch aber wuchs ebenso stark. In den 1970er Jahren standen weitere Zugewinne bei den Partien vom Schwein dann sogar neben einem bei rund 22 kg stagnierenden Pro-Kopf-Verzehr von Rindfleisch. Zugespitzt gesagt, schätzten die Deutschen – anders als die US-Amerika-

---

[88] Das Schwein mit all seinen Teilen, das vor 1945 auch in den USA den Fleischmarkt dominiert hatte, galt hingegen nun zunehmend als das Tier der armen Leute und trat daher in den Hintergrund. Vgl. hierzu etwa: Mark Essig, Lesser Beast. A Snout-to-Tail History of the humble Pig, New York 2015, S. 205; Robert E. Taylor, Beef Production and the Beef Industry: A Beef Producer's Perspective, Minneapolis 1984, S. 23; Hermann Thomsen, Supermarktorientierte Fleischwirtschaft in den USA, in: FW 47 (1967), S. 119–123, hier: S. 119.

[89] Die Grundtatsachen zur Gemeinsamen Marktordnung für Rindfleisch, Brüssel 1964, S. 5. Vorhersagen, der Rindfleischkonsum werde in der BRD künftig stark steigen, vgl. etwa in: Theodor Sonnemann, Die Genossenschaften im modernen Markt, in: FW 42 (1962), S. 751–753, hier: S. 752; J. H. Weniger/D. Steinhauf/H. Bode, Die Fleischqualität im Schlachtrinderangebot, in: FW 46 (1966), S. 263–266, hier: S. 263; Hans Stamer, Angebots- und Nachfrageentwicklung für Milch und Fleisch, in: Mehr Fleisch – weniger Milch. Vorträge auf der DLG-Herbsttagung, Münster/Westfalen 1969, Frankfurt/Main 1969, S. 5–13, hier: S. 8 f.; Otto Strecker, Vermarktung von Vieh und Fleisch heute und in Zukunft, in: Verhandlungsbericht der Mitgliederversammlung des Deutschen Raiffeisenverbandes vom 1. bis 3. Juni 1970 in Kiel, Bonn 1970, S. 118–135, hier: S. 119 u. S. 124.

ner – trotz stark gestiegener Kaufkraft das Kotelett nach wie vor deutlich mehr als das Steak. Seit 1978 ging der Konsum von Rindfleisch in der Bundesrepublik dann sogar langsam zurück. Im Jahr 1985 lag er pro Kopf der Bevölkerung wieder auf dem gleichen Stand wie 20 Jahre zuvor.[90]

Gründe dafür ließen sich – genau wie bei der parallel gelagerten Frage, warum so viele Deutsche kein Hühnerfleisch kauften – nicht eindeutig identifizieren.[91] In den Debatten der Lebensmittelbranche beliebt war der Hinweis auf den deutlichen Preisunterschied gegenüber Schweinefleisch. Im Durchschnitt der am häufigsten gekauften Teilstücke kostete ein Kilo Rindfleisch durchweg etwa 60 Prozent mehr als die gleiche Menge an Schweinefleisch.[92] Da Rinder selbst in der modernen Landwirtschaft erheblich langsamer heranwachsen als Schweine, die bereits nach drei Monaten in den Schlachthof geschickt werden können, ließ sich diese Diskrepanz auch nicht beseitigen. Sparsam und rechenhaft wie die meisten Bundesbürger nun einmal seien, wenn es um Lebensmittel ging, könne das Rind in Deutschland schon wegen dieser Preisdifferenz nicht zum wichtigsten Fleischlieferanten werden.[93]

Ein breit verankertes Wissen, dass Rindfleisch mit deutlich mehr Zeitaufwand „produziert" wurde als Schweine- und Hühnerfleisch, scheint es bei den Bundesbürgern jedenfalls spätestens in den 1970er Jahren nicht mehr gegeben zu haben. Insofern mussten die höheren Preise irritierend wirken. So konnte eine der populärsten Illustrierten des Landes, der in Hamburg erscheinende „Stern", 1973 ohne nachfolgenden massiven öffentlichen Tadel die angeblich skandalös hohen Rindfleischpreise mit einem Artikel anprangern, der die Leserinnen und Leser einleitend mit dem absurden Vergleich konfrontierte, ein Pfund Rinderfilet sei in den deutschen Geschäften aktuell viereinhalbmal teurer „als ein Pfund Auto beim VW-Händler".[94]

---

[90] Ewald Böckenhoff, Schlachtbullen nicht gefragt, in: MDLG 100 (1985), S. 1001. Vgl. genauer auch: Ewald Rosenberger, Die Stellung des Rindfleischmarktes zwischen Milch- und Schweinefleischmarkt, in: BLJ 61 (1984), S. 93–105, hier: S. 94–101. Kalbfleisch ist in diesen Angaben nicht enthalten. Es war und blieb auf dem deutschen Fleischmarkt im Untersuchungszeitraum ein Randprodukt, das nicht regelmäßig verzehrt wurde. Das gleiche galt für Lamm- und Hammelfleisch. Vgl. die Angaben zu den durchweg sehr geringen Verzehrmengen von meist weniger als 50 Gramm pro Monat in allen sozialen Gruppen in der Einkommensstichprobe von 1988. Allerdings erfasste diese Erhebung – wie gesagt – keine Migranten-Haushalte und damit auch keine muslimischen Familien, die Fleisch von Schafen bevorzugten.

[91] Vgl. exemplarisch die ohne ein klares Ergebnis bleibende Studie: Erich Schmidt, Quantitative Analyse der Nachfrage nach Rindfleisch in der Bundesrepublik Deutschland 1960–1974. Ein Beispiel zur Erfassung struktureller Verhaltensänderungen und zur Diskriminierung von Modellspezifikationen in empirischen Analysen, Braunschweig-Völkenrode 1975 (Landbauforschung Völkenrode, Sonderheft Nr. 30). Ähnlich ratlos bei der Erklärung der Konsumveränderungen in Frankreich: Rolf Jördens, Die langfristigen Entwicklungsmöglichkeiten des Milch- und Rindfleischangebotes in Frankreich, Hannover 1976, S. 37–40.

[92] Roderich Plate, Entwicklung der Verbraucherpreise und der Erzeugerpreise wichtiger Lebensmittel in der Bundesrepublik Deutschland seit Anfang der 50er Jahre, Münster 1976, S. 81–87.

[93] Vgl. etwa: Ewald Böckenhoff, Marktaussichten für Schlachtschweine und Schlachtrinder im nächsten Jahrfünft, in: AW 21 (1972), S. 305–312, hier: S. 306 f.

[94] Fritz Bauer, Der Metzger bittet zur Kasse, in: Stern 26 (1973), Nr. 37, S. 25–32, hier: S. 25.

Auch die besonders starke politische Prägung des Rindfleischmarktes beeinflusste das Preisniveau – und dieser Zusammenhang dürfte den meisten städtischen Konsumenten wohl ebenfalls nur vage bewusst gewesen sein. Für Rindfleisch nämlich galten in der EG – ganz anders als bei den Masthähnchen – fast modellhaft interventionistische Regeln. Die dauerhaft hohen Preise ergaben sich zu einem guten Teil aus diesen politisch motivierten Eingriffen. Dies gilt insbesondere für die Jahre nach 1974/75, in denen die Bauern in den Ländern der Gemeinschaft permanent erheblich mehr Rindfleisch produzierten, als innerhalb der EG verzehrt wurde. Bei einem freien Markt wären die Verbraucherpreise durch dieses Überangebot deutlich gesunken, was wiederum mit hoher Wahrscheinlichkeit den Absatz beflügelt hätte, weil Rindfleisch – anders als das Masthähnchen – ja kulinarisch bestens eingeführt war und von fast allen Verbrauchern verzehrt wurde.

Die „Marktordnung" der Europäischen Gemeinschaft aber verhinderte diese Entwicklung, weil dadurch – logischerweise – alle Landwirte ökonomisch unter Druck geraten wären, die Rinder hielten. Eine Probe aufs Exempel, ob die Verbraucher bei niedrigen Preisen tatsächlich mehr Rindfleisch gekauft hätten, fand in der EG daher nicht statt.[95] Gerade in den 1970er Jahren ergab sich der steigende Konsum von Schweinefleisch wohl auch aus diesen politischen Eingriffen, galt auf dem deutschen Fleischmarkt doch eindeutig die Regel: „Auf hohe Rindfleischpreise reagiert der Verbraucher mit Schweinekotelett."[96]

Ein nicht geprüftes Gedankenspiel blieb – wiederum aus politischen Gründen – auch noch ein anderer Weg, wie bei den städtischen Konsumenten vielleicht mehr Interesse für Rindfleisch zu wecken gewesen wäre. Zumindest einige Fachleute der Fleischbranche nämlich meinten, es sei ein gravierendes Problem dieses speziellen Marktes, dass der Begriff „Rindfleisch" in den deutschen Metzgereien und Supermärkten in der Regel ganz undifferenziert für sehr verschiedene Waren gebraucht wurde. So erfahre die Käuferin/der Käufer etwa nicht, ob auf dem Ladentisch das Fleisch einer älteren Kuh lag, die wegen nachlassender Milchleistung nach jahrelangem „Dienst" im Stall als Schlachtvieh verkauft worden war, oder aber das einer „Färse" (d. h. einer jungen Kuh, die noch nicht gekalbt hat und daher auch noch keine Milch liefert). Fleisch von (kastrierten) Ochsen und (unkastrierten) Bullen werde ebenfalls vielfach ohne genauere Kennzeichnung einfach als „Rindfleisch" verkauft, obwohl aus den besonders langsam heranwachsenden Ochsen qualitativ doch das beste Fleisch zu gewinnen sei. Die durchschnittliche deutsche Hausfrau, deren Kenntnisse in Sachen Fleisch allgemein als recht rudimentär galten, greife daher lieber zu Schweinefleisch, bei dem es keine solchen Unterschiede gibt.[97]

---

[95] Zu diesem Komplex siehe genauer unten S. 429 ff.
[96] Bullenmast nur als Ergänzungsbetriebszweig, in: top agrar 3 (1974), Nr. 2, S. R 9. Grob gerechnet, hätte Rindfleisch in den EG-Ländern in den 1980er Jahren ohne die preisstabilisierenden Eingriffe für die Verbraucher um mindestens 15 Prozent günstiger sein können. Effekte einer Deregulation der Importe sind dabei nicht berücksichtigt. Peter Michael Schmitz, Einfluss der Agrarmarktpolitik auf Lebensmittelmärkte und Ernährungsverhalten, in: Jahrbuch der Absatz- und Verbrauchsforschung 33 (1987), S. 353–378, hier: S. 375.
[97] Vgl. etwa: Karl Ludwig Schweisfurth, Um einen besseren Fleischabsatz, in: MDLG 84 (1969), S. 1589–1592, hier: S. 1591, B. Martin, Haben Fleischrinder eine Zukunft?, in: BBSH 129 (1979), S. 4466–4467, hier: S. 4466.

Wie Umfragen zeigten, meinten die Kundinnen der Metzger und Supermärkte in der Tat mehrheitlich, Stücke vom Rind seien schwieriger zuzubereiten als Schweinefleisch. Wer so dachte, hatte für Skepsis gegenüber Rindfleisch gute Gründe, schließlich war die als problematisch geltende Ware besonders teuer: Die Furcht, das hochpreisige Stück Fleisch durch falsche Zubereitung zu verderben, mag durchaus zahlreiche Hausfrauen vom Kauf abgehalten haben.[98]

Vorschläge, das Problem durch gesetzlich präzise definierte Handelsklassen für die sehr verschiedenen Varianten von Rindfleisch zu lösen, blieben jedoch ebenso ohne breite Resonanz wie Bemühungen, die Metzger und Supermärkte wenigstens darauf festzulegen, die Kunden über das Alter der geschlachteten Rinder zu informieren. Selbst die oben schon erwähnte Einführung der Handelsklassen für Geflügelfleisch im Jahr 1966 wirkte nicht als Anstoß, die Verbraucher nun auf ähnliche Weise auch über das angebotene Rindfleisch aufzuklären.[99]

Wenn Agrarpolitiker, Handel und Landwirte in dieser Sache im stillen Einverständnis passiv blieben, so erklärt sich ihre Untätigkeit daraus, dass die Handelsklassen beim Rindfleisch – anders als bei den Hähnchen – eher als Bedrohung für die bestehenden Marktverhältnisse denn als Chance für einen vermehrten Absatz galten. Im Kern fürchteten die entscheidenden Akteure in allen Segmenten der Fleischwirtschaft, eine differenzierte Kennzeichnung von Rindfleisch werde es deutlich schwieriger machen, das Fleisch gerade der Kühe abzusetzen. Diese aber stellten um 1980 rund 30 Prozent der in der Bundesrepublik geschlachteten Rinder. Seit 1950 war ihr Anteil an der gesamten Rindfleischproduktion um fast zehn Prozentpunkte gewachsen, weil die Bauern in der Bundesrepublik in diesem Zeitraum die Milchwirtschaft deutlich ausgebaut hatten.[100]

Die eher nebensächlich wirkende Frage, ob man den Endverbrauchern durch Handelsklassen für Rindfleisch in ihrer Unsicherheit gegenüber dem so variablen Produkt helfen solle oder nicht, rührte daher an grundlegend wichtige agrarökonomische Strukturen: Indirekt gefährdete eine solche Deklaration die Tradition des Rindes als „Zweinutzungstier", das den Landwirten doppelte Einkommensmöglichkeiten bot, weil es sowohl Milch als auch Fleisch lieferte. Die Möglichkeit, selbst ältere Milchkühe noch mit der Aussicht auf Gewinn zum Schlachthof schicken zu können, war für die Bauern fraglos sehr angenehm – und deshalb landete

---

[98] Richard Balling, Gesund und aromatisch, aber zäh, in: LZ 40 (1988), Nr. 23, S. F 14.
[99] Solche Vorschläge vgl. etwa in: Lothar Schön, Zum Problem von Handelsklassen in der Endverbraucherstufe, in: FW 43 (1963), S. 791–793; ders., Die 4. DLG-Schlachtviehschau Hamburg 1963 in Verbindung mit der DLG-Herbsttagung, in: ebenda, S. 910–918, hier: S. 910 f.; Ins eigene Fleisch, in: FAZ, 11. 9. 1963; Wolfgang Wittich, Der gemeinsame Markt für Vieh und Fleisch nach der Übergangszeit, in: Verhandlungsbericht der Mitgliederversammlung des Deutschen Raiffeisenverbandes am 22. und 23. Juni 1967 in Freiburg, Bonn 1967, S. 143–152, hier: S. 150; Klaus Peter Krause, Jungbulle oder ausgediente Milchkuh, in: FAZ, 15. 10. 1975.
[100] Vgl. etwa: H. Zucker, Moderne Tierproduktion und Fleischqualität, in: FW 62 (1982), S. 1050–1061, hier: S. 1055. Siehe genauer auch unten S. 418 ff.

der Vorschlag, Handelsklassen auch für Rindfleisch zu schaffen, in der Ablage für nicht realisierte agrarpolitische Experimente.[101]

Ob eine Reform nach dem Vorbild des Hähnchenmarktes den Absatz der teuersten Fleischsorte wirklich gravierend verändert hätte, lässt sich nicht sagen. Die aufmerksame Kundin/der aufmerksame Kunde musste jedenfalls auf Dauer mit dem irritierenden Zustand leben, dass die bundesdeutsche Fleischbranche intern Rinder und Rindfleisch zwar in sieben genau abgestuften Kategorien handelte, den Endabnehmer aber doch weitgehend im Dunkeln ließ, was genau im Laden angeboten wurde.[102]

Ohnehin sah die Fleischbranche in der zögerlichen Haltung der deutschen Konsumenten gegenüber dem Rindfleisch schon in den späten 1970er Jahren eine kaum noch zu beeinflussende Grundtatsache des Marktes. Ausgerechnet das Segment der „Veredelungswirtschaft", auf das man in den frühen 1960er Jahren mit Blick auf die Entwicklung in den USA besonders große Hoffnungen gesetzt hatte, galt nun als ein „Markt mit düsteren Aussichten". Den Maßstab für diese negative Bewertung lieferten die Schweine, denn ihr Absatz entwickelte sich in den ersten Jahrzehnten der bundesdeutschen Geschichte durchgehend prächtig. Bereits 1979 konstatierte ein Fachmann: „Die Märkte für Rindfleisch und Schweinefleisch entwickeln sich immer weiter auseinander."[103]

In der Tat florierte kein Segment des Fleischmarktes in der BRD so stark wie das Geschäft mit Schweinefleisch. Politische Einflüsse spielten bei dessen Absatz kaum eine Rolle. Zwar unterschied sich die spezielle EG-Marktordnung für Schweinefleisch nicht grundlegend von den Regeln, die für Rindfleisch galten, d. h. auch hier existierte ein ausgefeiltes Instrumentarium an interventionistischen Handlungsmöglichkeiten. Anders als bei der teuersten Fleischsorte kamen diese Instrumente im Untersuchungszeitraum jedoch nicht zum Einsatz. Im Handel mit Schweinefleisch galten – ähnlich wie beim Geflügel – innerhalb der EG damit weitgehend die Gesetze des freien Marktes, die nur insofern eingeschränkt wurden, als die Staatengemeinschaft Einfuhren aus „Drittländern" auch bei dieser Ware restriktiv begrenzte.[104]

Produktion und Preise entwickelten sich unter diesen Bedingungen so, wie Agrarökonomen und Praktiker es seit langem kannten: Der keineswegs nur sprichwörtliche, sondern tatsächlich real existierende „Schweinezyklus", d. h. der regelmäßige Wechsel zwischen einem Überangebot und einer nachfolgenden Verknappung (mit den entsprechenden Folgen für die Preisbildung), die dann wieder-

---

101 Zur anhaltenden Dominanz von „Zwei-Nutzungs-Rindern" gerade in der Bundesrepublik siehe genauer S. 419.
102 Zu den Abstufungen im internen Handel vgl. genauer: Klaus Peter Krause, Jungbulle oder ausgediente Milchkuh, in: FAZ, 15. 10. 1975.
103 Benno Willers, Fleischmärkte auf wackligen Beinen?, in: MDLG 94 (1979), S. 1356–1358, hier: S. 1356. Vgl. auch: Die Deutschen sind noch immer Weltmeister im Schweinefleischverzehr, in: FAZ, 8. 9. 1987.
104 Zu den Details siehe unten S. 369 f.

um von einer erneuten Angebotsschwemme abgelöst wird, existierte auch noch unter der agrarpolitischen Ägide der Europäischen Kommission.[105]

Für die Landwirte bedeutete das eine uneinheitliche Preisentwicklung. Bei den Endverbrauchern kamen die Ausschläge nach oben und unten hingegen nur in abgeschwächter Form an: Gerade bei der am häufigsten verzehrten Fleischsorte herrschte auf der Ebene des Einzelhandels ein besonders intensiver Wettbewerb um die Gunst der Kunden. Preiserhöhungen gaben die Supermärkte (und mit ihnen gezwungenermaßen auch die Metzger) daher nur stark verzögert und deutlich abgeschwächt weiter.[106] Berücksichtigt man die Inflation und die Entwicklung der Kaufkraft, dann gehörte Schweinefleisch zu den Produkten, die langfristig real deutlich billiger wurden. Insbesondere behielten die besonders stark nachgefragten Teile vom Schwein wie etwa das Kotelett selbst in Knappheitsphasen ihren Preisvorteil gegenüber vergleichbaren Zuschnitten vom Rind. Für den anhaltenden Markterfolg von Schweinefleisch in der Bundesrepublik war dieser Abstand offensichtlich entscheidend wichtig.[107]

Die Zahlen dazu sind eindrucksvoll: Von 1950 bis 1970 verdoppelte sich der Pro-Kopf-Verbrauch; in absoluten Zahlen wuchs er von 19,4 kg pro Jahr auf 38,6 kg. Damit errangen die Bundesbürger einen Rekord: In keinem anderen westeuropäischen Land verzehrte der statistisch vermessene und berechnete Durchschnittsbürger auch nur annähernd vergleichbar große Mengen an Schweinefleisch.[108] Der weitere Anstieg bis 1985 auf rund 60 kg überraschte dann selbst die Optimisten in der Branche. Erst damit war die Marktsättigung erreicht.[109]

Sucht man nach einem Beispiel, wie traditionsgebunden und damit unter Umständen sogar irrational die große Masse der Konsumentinnen und Konsumenten sich bei beim Einkauf und der Ernährung verhalten kann, dann taugt der bundesdeutsche Markt für Schweinefleisch als ein exzellentes Beispiel. Dies gilt insbesondere für die 1970er und 1980er Jahre, denn in diesen beiden Dekaden traten die oben schon einmal kurz erwähnten Probleme mit der oft mangelhaften Qualität von Schweinefleisch in Westdeutschland so häufig auf, dass die gesamte Fleischwirtschaft in helle Aufregung geriet. Nur die Kunden zeigten sich weitgehend unbeeindruckt: „Ein massierter Protest des Verbrauchers gegen dieses unansehnli-

---

[105] Siehe dazu und zu den Hintergründen der zyklischen Bewegung genauer unten S. 365 ff.
[106] Siehe genauer unten S. 125–131.
[107] Vgl. zusammenfassend etwa: Friedrich-Wilhelm Probst, Tierische Veredelung im Jahre 2000 – Entwicklungstendenzen in Europa, Braunschweig 1982, S. 14 f.; Ewald Rosenburger, Die Stellung des Rindfleischmarktes zwischen Milch- und Schweinefleischmarkt, in: BLJ 61 (1984), S. 93–105, hier: S. 94 f. u. S. 100 f.
[108] Vgl. zu diesen Unterschieden genauer: Ewald Böckenhoff, Marktaussichten für Schlachtschweine und Schlachtrinder im nächsten Jahrfünft, in: AW 21 (1972), S. 305–312, hier: S. 305 f. In Frankreich und in den Niederlanden betrug der Pro-Kopf-Verbrauch etwa nur 26 kg bzw. 20 kg. Vgl. auch die Zahlen in: Probst, Veredelung, Tabellenbd., Tab. 60 (o. P.).
[109] Vgl. etwa: Josef Lütkemeyer, Was ist los am Schweinemarkt?, in: top agrar 17 (1988), Nr. 6, S. 3. Die Zahlen nennen den statistisch errechneten Pro-Kopf-Verbrauch, nicht den niedrigeren Wert der tatsächlich gegessenen Fleischmenge.

che, zähe, beim Braten zusammenschrumpfende Schweinefleisch ist [...] über Jahre nicht bekannt geworden."[110]

Diese Tatsache ist schon sehr bemerkenswert, denn das Risiko, solche Ware zu erhalten, war offensichtlich groß. Bei einer Stichprobe auf dem Münchner Schlachthof lieferten im Frühjahr 1981 rund 40 Prozent von 546 genau untersuchten Schweinen Teilstücke, die sich in der Pfanne als minderwertig erwiesen. Die ansonsten vor allem mit Modethemen befasste Frauenzeitschrift „Brigitte" informierte ihre Leserinnen in großer Aufmachung über dieses Resultat und mahnte zu Konsequenzen: „Nur wenn genügend aufgeklärte Verbraucher [sic!] sich wehren, wird der Druck auf die Metzger so groß, daß sie ihn an die Schweinezüchter weitergeben müssen." Andere Publikumsmedien griffen die Meldung von den Münchner Resultaten bereitwillig auf.[111]

Nun wusste niemand, wie aussagekräftig diese Prüfaktion war. Da allein auf dem Schlachthof der bayerischen Landeshauptstadt seinerzeit jeweils mehr als 200.000 Schweine pro Jahr und in der ganzen Bundesrepublik sogar fast 37 Millionen Schweine ihr Leben ließen, besaß die Frage nach der Repräsentativität durchaus ihre Berechtigung. Allerdings bestritt unter den Experten der Branche niemand, dass von einer verlässlichen Qualität von Schweinefleisch nicht mehr die Rede sein konnte. Anfang 1980 publizierte etwa die Fachzeitschrift „top agrar" Stellungnahmen von Metzgern und anderen Fleischverarbeitern aus der ganzen Bundesrepublik, die unisono klagten, der „Genußwert" von Schweinefleisch sei vielfach stark „herabgesetzt".[112] Ein Jahr später empörte sich der Staatssekretär im Bundesgesundheitsministerium, das auch für den Verbraucherschutz zuständig war, öffentlich über das Phänomen der Fleischstücke, die sich erhitzt in eine zähe „Trockenmasse" verwandelten: Diese „Fehlentwicklung" müsse korrigiert werden.[113] 1983 berichtete auch das Fernsehen, das wirkungsmächtigste Massenmedium der Zeit, in einer Reportage ausführlich über die Qualitätskrise.[114]

Dennoch wuchsen die Absatzzahlen bis 1985 ungebrochen weiter. Da es keine wirklich verlässlichen äußerlichen Merkmale gab, die das schrumpfende und zäh

---

[110] M. Grätz, Fleischqualität und Fleischuntersuchung, in: FW 62 (1982), S. 543. Vgl. ähnlich auch noch: Heide Brinkmann, PSE-Fleisch. Problem, Meinungen, Lösungsvorschläge, Hamburg und Berlin 1986, S. 56 f.

[111] Annette Pfeifer/Heidrun Mitzlaff, Warum der Braten oft nicht schmeckt, in: Brigitte 28 (1981), Nr. 10, S. 90–95, hier: S. 93 u. S. 95. Zur Thematisierung der Untersuchung in anderen Zeitschriften und auch in Tageszeitungen vgl.: „Nehmen Sie Ihren Hut, Herr Professor...", in: top agrar 10 (1981), Nr. 11, S. 22–23.

[112] Josef Lütkemeyer, Im Brennpunkt: Die Fleischqualität, in: top agrar 9 (1980), Nr. 1, S. S 30–S 33, hier: S. S 32. Die Zahl der insgesamt gewerblich geschlachteten Schweine aus: StatJb BRD 1982, S. 160.

[113] Georges Fülgraff, Wie sicher sind unsere vom Tier stammenden Lebensmittel?, in: FW 61 (1981), S. 1645–1651, hier: S. 1651.

[114] Hans-Ulrich Spree, Darstellung landwirtschaftlicher Themen im Fernsehen, in: Landwirtschaft im Blickpunkt. Mit Beiträgen v. Kurt Eisenkrämer u. a., Göttingen 1984 (Schriftenreihe für ländliche Sozialfragen H. 91), S. 30–41, hier: S. 39–41 (mit dem Urteil, die Sendung sei wirkungslos geblieben).

werdende Fleisch von einwandfreier Ware unterschieden, und die Wahrheit sich immer erst in der Pfanne manifestierte, handelte die große Mehrheit der bundesdeutschen Fleischkäufer bei Stücken vom Schwein offensichtlich hartnäckig nach dem Prinzip Hoffnung. Oder anders gesagt: Ihr Wunsch, Schweinefleisch zu essen, litt selbst dann nicht, wenn die Ware sie wiederholt enttäuscht hatte. Status, Bildung und Einkommen machten dabei keinen Unterschied. In den Einkommensstichproben zeigte sich die starke Präferenz der Deutschen für Schweinefleisch vielmehr in allen Haushaltstypen, ganz unabhängig vom Verdienst und vom sozialen Stand. Diese Vorliebe ließ sich als eine für die deutsche Gesellschaft charakteristische soziale Selbstverständlichkeit bezeichnen, die von den Modernisierungsprozessen in den Nachkriegsjahrzehnten bis 1990 nicht tangiert wurde.[115]

Auch der Wurst blieben die Bundesbürger – wie gesagt – schichtenübergreifend und in allen Einkommensgruppen auf Dauer treu. Ihr starker Konsum von Schweinefleisch stand damit unmittelbar in Verbindung, denn Abschnitte vom Schwein stellten die Basis der Wurstproduktion dar. Das teure Rindfleisch spielte demgegenüber eine deutlich geringere Rolle.[116]

So verband sich die eine traditionelle Besonderheit des deutschen Fleischmarktes mit der anderen, denn in keinem anderen westeuropäischen Land wurde so viel Fleisch in verarbeiteter Form gekauft und verzehrt wie in der Bundesrepublik. Mit wachsendem Wohlstand wuchs dieser Anteil sogar noch weiter an. Seit den frühen 1960er Jahren wurden rund 60 Prozent der in Westdeutschland verzehrten Fleischmengen als Wurst und Aufschnitt gekauft; nur 40 Prozent gelangten als Frischfleisch zu den Verbrauchern. 1950 hatte es sich noch genau andersherum verhalten.[117]

Wenn diese spezielle Struktur seitdem cum grano salis erhalten blieb, dann verdankte sich dies wohl dem deutschen Abendbrot, das in vielen Haushalten dank der verstärkten Kaufkraft offensichtlich vor allem durch größere Mengen von Wurstwaren stark aufgewertet wurde. Da die zeitsparende Praxis, abends nicht zu kochen, sondern „kalt" zu essen, aus verschiedenen Gründen – man denke etwa an die zunehmende Berufstätigkeit verheirateter Frauen oder auch an das Fernsehen als neue häusliche Attraktion in den Abendstunden – hervorragend in modernisierte Lebensabläufe passte, boomte das Geschäft mit Wurst.[118]

Ausländer staunten über das umfangreiche Angebot, das Metzgereien und Supermärkte bereithielten. Insbesondere die zahlreichen Varianten von Wurstwaren,

---

[115] Vgl. die nach Einkommen gestaffelten Zahlen verschiedener sozialer Gruppen in: Fachserie 15: Wirtschaftsrechnungen. Einkommens- und Verbrauchsstichprobe 1988, H. 3: Aufwendungen privater Haushalte für Nahrungs- und Genußmittel, Getränke, Tabakwaren, Mahlzeiten außer Haus, Stuttgart 1996, S. 158–194. Allerdings ist an dieser Stelle noch einmal eindringlich daran zu erinnern, dass die amtliche Erhebung keine Migrantenhaushalte erfasste.
[116] Böckenhoff, Marktaussichten, S. 305.
[117] Johann Lükens, Verbraucher bestimmen das Erzeugerziel, in: DBK 13 (1960), S. 106–107.
[118] Ebenda, S. 106. Vgl. zur Fortdauer der Struktur: Betriebswirtschaftliche Beratung verbessert den Erfolg in der Fleisch- und Wurstabteilung, in: LMP 32 (1981), Nr. 18, S. 50–54, hier: S. 52.

die ohne Kühlung rasch verdarben, weil sie nicht durch starke Pökelung oder auch auf andere Weise dauerhaft haltbar gemacht worden waren, überraschten sie, denn solche Artikel gab es zumal in südeuropäischen Ländern nur in vergleichsweise geringer Zahl. In Deutschland dominierten sie hingegen den Wurstmarkt. Noch 1979 konstatierte ein britischer Beobachter: „Consumers [in der Bundesrepublik – K.C.F.] still insist on an enormously wide range of different types of sausages [...] and these very often have a highly localized demand".[119]

Neben den Metzgern, die zu diesem Zeitpunkt zumindest die vor Ort gängigsten Wurstarten vielfach noch selbst produzierten, operierte daher eine stark mittelständisch geprägte Fleischwarenindustrie, die viele Spezialitäten produzierte: Die rund 330 Unternehmen, die Ende der 1960er Jahre auf diesem Markt aktiv waren, setzten vielfach nicht auf die Massenfabrikation einiger weniger Standardartikel, sondern boten ihren Abnehmern durchschnittlich jeweils 200 bis 250 verschiedene Varianten von Wurst an.[120] Die Formulierung, die Deutschen seien die „Wurstweltmeister", hatte daher durchaus ihre Berechtigung.[121]

In der Gesamtschau erwiesen sich die bundesdeutschen Verbraucher in den Jahren zwischen 1960 und 1990, in denen der Fleischkonsum stark wuchs, also als recht traditionsverbunden. Lediglich die anhaltende Abkehr von fetterem Fleisch veränderte den Markt wirklich grundlegend. Ansonsten aber dominierten Kontinuitäten. So blieb der Erfolg von Brathähnchen und anderem Geflügelfleisch doch begrenzt, weil viele Haushalte nach wie vor vollständig darauf verzichteten. Auch ein Run auf Rindfleisch fand trotz stark vermehrter Kaufkraft nicht statt. Als ausgesprochene Institutionen der Beharrung erwiesen sich die deutschen Privatküchen und Esstische zudem sogar in der langanhaltenden Qualitätskrise beim Schweinefleisch: Die Konsumenten, die sich selbst für sehr anspruchsvoll und kritisch hielten, zeigten keine veränderten Essgewohnheiten, obwohl sie mit hoher Wahrscheinlichkeit geschmacklich doch vielfach stark enttäuscht wurden.

Dieses Bild von Kontinuität, ja Routine, gewinnt noch schärfere Züge, wenn man im Detail prüft, welche Teile der geschlachteten Tiere und welche Wurstsorten am häufigsten nachgefragt wurden. Das nachfolgende Kapitel „Fleisch verkaufen" wird darauf eingehen, weil die Berechenbarkeit der Kunden, die sich gerade auch in dieser Beziehung zeigte, für die Einzelhändler – anders als man denken könnte – bei ihren Geschäften eher ein Problem denn eine Hilfe darstellte.

---

[119] D. H. Pickard, Long-Term Changes in the Structure of Markets both Live and Dead, and the Factors which can be seen to affect Wholesale, Retail, and Consumer Interactions, in: Bowman/Susmel, Future, S. 131–148, hier: S. 135.
[120] G. Hilpe, Bedeutung, Produktionsstruktur und Absatzwege der deutschen Fleischwarenindustrie, in: FW 49 (1969), S. 1447–1451, hier: S. 1446. Als systematisierenden Überblick vgl.: Martin Lerche, Die deutschen Wursterzeugnisse. Eine Systematik der Wurstarten und Wurstsorten in der Bundesrepublik und in West-Berlin, Frankfurt/Main 1972.
[121] Peter Peter [sic!], Kulturgeschichte der deutschen Küche, München 2008, S. 93.

4. Antibiotika und andere „Rückstände":
Fleischskandale in der Bundesrepublik und ihre
Auswirkungen auf den Fleischkonsum

Fachtagungen von Tierärzten gehören eher nicht zu den Ereignissen, die in Tageszeitungen groß gewürdigt werden. Der ausführliche Artikel über ein Treffen solcher Mediziner in Garmisch-Partenkirchen, den die „Süddeutsche Zeitung" am 5. Oktober 1970 veröffentlichte, durfte daher als ungewöhnlich gelten, zumal die Redaktion der SZ die Beratungen des Kongresses auch noch in einem Kommentar auf der „Meinungs-Seite" thematisierte. Allerdings ging es dem angesehenen Münchner Blatt in seiner Berichterstattung gar nicht um die Veterinäre. Vielmehr verbreitete sie unter Hinweis auf die Referenten der Tagung eine Warnung: In der Bundesrepublik komme „mit Antibiotika verseuchtes Fleisch [...] praktisch unkontrolliert in den Handel". Dadurch sei „die Gesundheit der Bevölkerung [...] gefährdet", denn es entstünden sowohl resistente Krankheitserreger als auch „Allergien, unter denen immer mehr Menschen leiden". Verantwortlich für diese Bedrohung seien sowohl die Bauern als auch pflichtvergessene Tierärzte. Die Hauptschuld aber sah die SZ doch bei den Pharmaunternehmen, die es unterließen, den Absatz ihrer Produkte angemessen zu kontrollieren: „Hinter allem steht die Industrie, die das große Geschäft um jeden Preis macht."[122]

Diese Formulierungen trugen der „Süddeutschen" zwar umgehend scharfe Kritik ein. Ein hochrangiger Mitarbeiter des Bonner Landwirtschaftsministeriums, der selbst auf dem Kongress gesprochen hatte, protestierte gegenüber dem Chefredakteur gegen „das Maß an Fehl- und fahrlässiger Teilinformation, welches dem Leser zugemutet wird". Die Zeitung strebe mit ihrem Artikel bei einem sehr komplexen Thema „zu Lasten einer echten Information" nach einem „Maximum an Schlagzeilen [und] emotionaler Virulenz". Auch er selbst sei falsch zitiert worden. Von diesem Einspruch erfuhren die Leser der SZ allerdings nichts.[123]

Die Materie, um die es ging, war in der Tat anspruchsvoll. Ein knapper Exkurs in die damalige Praxis der landwirtschaftlichen Produktion soll helfen, die Verärgerung des Bonner Ministerialdirektors dennoch verständlich zu machen. Unbestritten recht hatte die „Süddeutsche" insofern, als in der Bundesrepublik (wie

---

[122] Martin Urban, Dunkle Geschäfte mit Tier-Medikamenten, in: SZ, 5. 10. 1970. Den Kommentar mit dem Titel „Alarm im Stall", der von einer „neuen Form von Kriminalität" spricht, vgl. ebenda. Als frühere Meldung in gleicher Sache vgl. schon: Arzneimittel-Mißbrauch durch Landwirtschaft, in: Münchner Merkur, 30. 9. 1970.
[123] MinDir W. Eckerskorn (BLM) an Hans Heigert, Chefredakteur der „Süddeutschen Zeitung", 8. 10. 1970, BArch Kbz, B 116/39845. Die Akte enthält kein Antwortschreiben von Heigert oder dem Autor des kritisierten Artikels. Wie Eckerskorns Formulierungen zeigen, kannte er Heigert offensichtlich persönlich. Vielleicht hat der Beamte deshalb auf die naheliegende Möglichkeit verzichtet, seinen Einspruch als Erklärung des Ministeriums öffentlich zu machen. In der Rubrik für Leserbriefe (die jeweils in der Wochenend-Ausgabe erschien) findet sich in den nachfolgenden drei Wochen kein Schreiben von Eckerskorn oder von einem anderen Mitarbeiter des Ministeriums.

auch in anderen westlichen Ländern) bei stichprobenartigen Kontrollen in Schlachthöfen in recht zahlreichen Fällen Fleisch frisch geschlachteter Tiere entdeckt worden war, das Rückstände von Antibiotika enthielt. Kalbfleisch fiel dabei besonders auf. Nach dem geltenden Lebensmittelrecht galten solche Partien als ungeeignet für den menschlichen Verzehr. Ebenso korrekt war die Feststellung, dass Untersuchungen dieser Art nicht zum Standardprocedere der amtlichen Fleischbeschau gehörten, sondern nur ausnahmsweise und ganz unsystematisch stattfanden. De facto fehlte also eine Kontrolle. Veterinäre sowie Lebensmittelhygieniker und Gesundheitspolitiker betrachteten diese Zustände in der Tat mit Sorge – der Kongress in der bayerischen Kleinstadt hatte das demonstriert.

Jenseits dieser einfach zu benennenden Tatsachen aber begann ein weites Feld, auf dem sich komplizierte Details und ungeklärte Fragen drängten. So benutzten Landwirte die segensreichen und seinerzeit immer noch recht neuen Antibiotika zu verschiedenen Zwecken in ganz verschiedenen Dosierungen. Einerseits dienten sie – genau wie bei menschlichen Patienten – auf ärztliche Anweisung hin der Behandlung von bakteriellen Infektionen wie u. a. etwa der TBC, die auch Rinder und Schweine bedroht. Andererseits aber erhielten auch kerngesunde Tiere Antibiotika, um bessere Mastresultate zu erreichen. Dabei genügten sehr kleine Mengen (konkret meist 1/30 bis 1/100 gegenüber einer medizinisch-therapeutischen Dosierung), die dem Futter beigemischt wurden, um die gewünschte Wirkung zu erreichen. Entstanden war diese Praxis in den frühen 1950er Jahren in den USA. Der Mechanismus, der erklärte, warum so gemästete Tiere deutlich weniger Futter brauchten, um zur Schlachtreife heranzuwachsen (was Kosten sparte), lag zwar im Dunkeln. Die eindeutigen Erfolge der ersten Versuche mit „nutritiv" eingesetzten Antibiotika sorgten dennoch für deren äußerst rasche weltweite Ausbreitung.[124]

Beide Verwendungsformen waren in der Bundesrepublik legal, im internationalen Vergleich (auch im Rahmen der EG-Länder) aber restriktiv geregelt. Eine Rezeptpflicht für alle tiermedizinisch eingesetzten Antibiotika gehörte ebenso dazu wie eine genaue Aufsicht über die für Mastzwecke eingesetzten Mittel. Nur sechs eigens dafür entwickelte Arzneien, die in der Humanmedizin keine Rolle spielten, hatten die westdeutschen Behörden als Fütterungszusatz zugelassen. Eine direkte Lieferung dieser Stoffe an Landwirte war der Pharmaindustrie untersagt; die Beimischung in der ebenfalls amtlich festgelegten, geringen „nutritiven" Dosis lag in der Verantwortung der Futtermittelproduzenten, die landwirtschaftliches Mischfutter herstellen. Ihre Rezepturen wurden von verschiedenen landwirtschaftlichen Einrichtungen fortlaufend kontrolliert.[125]

---

[124] Vgl. dazu etwa: H. Heigemer, Antibiotica [sic!] im internationalen Gespräch, in: KF 38 (1955), S. 121–125; G. Bährecke, Antibiotica-Verfütterung heute, in: MDLG 76 (1961), S. 1398–1402.

[125] Vgl. als Abriss: Gerd Bährecke, Rechtliche Aspekte der Verfütterung von Antibiotica, in: KF 50 (1967), S. 388–393; C. B. Planitz, Freiwillige Futtermittelkontrolle in Deutschland, in: MDLG 82 (1967), S. 1009–1012. In den USA etwa wurde zeitgleich noch heftig über die Einführung ähnlicher Regelungen gestritten, die von Verbraucherschützern propagiert wurden. Vgl. etwa: Harrison Wellford, Sowing the Wind. A Report from Ralph Nader's Center for Study of Responsive Law on Food Safety and the Chemical Harvest, New York 1972. Die

Allerdings existierte neben diesem geordneten Einsatz der Antibiotika in der deutschen Landwirtschaft (wie auch in der anderer Länder) ganz offensichtlich noch ein unbeobachteter Umgang mit den Medikamenten und Futterzusätzen. Zwar konnte niemand genaue Daten vorlegen, weil Schwarze Märkte, auf denen Gesetze nicht gelten, nun einmal im Verborgenen operieren. Dennoch rechneten alle Experten mit umfangreichen verbotenen Geschäften, bei denen Bauern direkt und völlig unkontrolliert beliefert wurden, sei es nun, weil diese ihre Tiere fortlaufend prophylaktisch gegen potentielle Infektionen behandelten oder weil sie, nach dem Motto „Viel hilft viel", den Antibiotika-Anteil im Futter erhöhten. Da kein Landwirt befürchten musste, durch Untersuchungen der Schlachthöfe entdeckt zu werden, gab es kaum Skrupel, bei dieser illegalen Praxis mitzumachen. Wie ein Pharmakologe berichtete, der seinerzeit versuchte, mit Interviews etwas Licht in den Schwarzen Markt zu bringen, zeigte sich im Gespräch mit Bauern oft „eine geradezu magische Anziehungskraft" der Antibiotika, von denen Wunderdinge erwartet wurden.[126]

Waren diese Hintergründe der Rückstandsfunde zwar verwickelt und sperrig, aber doch weitgehend unstrittig, so begann bei der Frage nach den Wirkungen, die Konsumenten fürchten mussten, wenn sie Fleisch mit solchen Spuren verzehrten, vollends der Bereich der Spekulationen und kontroversen Meinungen. Über die Entstehung von Allergien etwa konnte die Medizin nur rätseln. Auch lag die Vermutung nahe, das vermehrte Auftreten resistenter Bakterienstämme könne vielleicht doch sehr viel mehr mit dem oft genug bedenkenlosen Einsatz der Antibiotika in der Humanmedizin zu tun haben als mit der Praxis der Landwirtschaft, denn die dort verwendeten Medikamente erreichten den menschlichen Körper ja durchweg nur auf indirektem Weg in vergleichsweise minimalen Dosierungen. Zudem behauptete niemand, Fleisch sei generell und ausnahmslos belastet. Valide Studien, welche Folgen die fortlaufende Gabe schwach bemessener „nutritiver" Antibiotika für die Bakterien hatte, die Tiere befielen, lagen nicht vor.

Eindeutige Antworten jedenfalls fehlten bei diesem Thema. Führende deutsche Lebensmittelhygieniker hatten kurz vor dem Kongress in Garmisch-Partenkirchen auf einer anderen Fachveranstaltung daher vor allem stärkere Bemühungen in der „Rückstandsforschung" verlangt. Dabei müsse es insbesondere darum gehen, „Toleranzwerte" für gesundheitlich bedenkliche Stoffe im Fleisch und auch in anderen Lebensmitteln zu bestimmen, denn „absolute Rückstandsfreiheit" sei in der modernen Welt allein schon wegen der gravierenden Verschmutzung von Luft und Wasser eine Illusion. Gleichzeitig erklärten die Experten, von den „nutritiv" einge-

---

bundesdeutschen Vorschriften entstanden in den späten 1950er Jahren. Sie stützten sich – auch durch kreative Auslegung – auf das bereits 1926 erlassene Futtermittelgesetz. Siehe dazu genauer S. 264 f.

[126] Key [sic!] Ulrich, Gefährliche Medikamente im Kochtopf?, in: FAZ, 11. 1. 1971. Zu den Mutmaßungen über den Schwarzen Markt siehe ausführlicher auch unten S. 82 f.

setzten Antibiotika gehe nach ihrer Meinung „bei sachgerechter Abwendung" keine toxikologische Gefahr aus.[127]

Der Artikel der „Süddeutschen Zeitung" über „mit Antibiotika verseuchtes Fleisch" aber kannte keine solchen Differenzierungen oder offene Fragen, sondern nur den Alarm und die Forderung nach chemisch völlig unbelastetem Fleisch. Der Text steht damit prototypisch für ein kommunikatives Problem, das in den nachfolgenden Jahren immer wieder auftrat, wenn die Medien, die sich an das breite Publikum wandten, über Reststoffe in Fleischproben berichteten: Statt der komplexen Hintergründe und der Fragen zu den vielfach unklaren Wirkungsmechanismen, die den Fachleuten präsent waren, stand dabei immer wieder fast reflexartig die Furcht im Vordergrund, durch ein Nahrungsmittel akut vergiftet zu werden. Die „emotionale Virulenz", die der Bonner Beamte an der Berichterstattung der SZ kritisierte, erwies sich daher schon 1970 als sehr stark: In den Massenmedien nahm das Antibiotika-Problem rasch immer dramatischere Dimensionen an. Die Bundesrepublik erlebte damit ihren ersten großen „Fleisch-Skandal".

Auch das Fernsehen leistete dazu einen Beitrag. Im Oktober 1970 griff „Report", eines der politischen Magazine der ARD, das Thema auf. Der Bericht, der zur besten Sendezeit über die Bildschirme ging, setzte ganz auf Alarm: „Die Produktion von tierischen Nahrungsmitteln geschieht heute unter massivem Einsatz von gefährlichen Medikamenten. In erheblichem Maß werden sie nicht vom Arzt, sondern illegal und unsachgemäß angewandt. Das Risiko für den Verbraucher ist nicht kalkulierbar."[128] Die Hamburger Wochenzeitung „Die Zeit" verschärfte den Ton im Februar 1971 noch einmal ganz erheblich: Der Einsatz von Antibiotika bei Mastvieh galt dem angesehenen Blatt nun bereits als „Ermordung [der Fleischkonsumenten] in Raten".[129] Das „Hamburger Abendblatt", die auflagenstärkste Lokalzeitung der Republik, bezeichnete Schlachttiere einige Monate später pauschal als „Apotheken auf vier Beinen"; eine der kleineren bundesdeutschen Illustrierten sprach vom „Wahnsinnstreiben der Landwirte": Fleisch komme aktuell „vergiftet beim Verbraucher" an.[130]

„Die Zeit" setzte zudem noch einmal nach: Wer Fleisch esse, so warnte das Blatt im August 1971, müsse damit rechnen, dass „eine Halsentzündung, die ihn in ein paar Monaten befällt, mit dem vom Arzt verschriebenen Antibiotikum nicht mehr

---

[127] Rückstände in Lebensmitteln, in: Allgemeine Fleischer-Zeitung, 26. 9. 1970. Zitiert werden die Professoren H. Bartels (Vorsitzender des Arbeitsgebietes Lebensmittelhygiene in der Deutschen Veterinärmedizinischen Gesellschaft) und Dieter Großklaus (der leitende Direktor der Gesellschaft). Das gleiche Urteil vgl. auch in: U. Schmidt/W. Woltersdorf, Rückstände im Fleisch nach therapeutischer oder nutritiver Verabreichung von Antibiotika, in: Rückstände in Fleisch und Fleischerzeugnissen. Bericht über das Kolloquium von [sic!] Bioziden und Umweltchemikalien in Fleisch am 22. 3. 1974, Boppard 1975, S. 73–83.
[128] Abschrift der Sendung von „Report München" vom 19. 10. 1970, o. D., BArch Kbz, B 116/39845.
[129] Christian Wenger, Selbstmord in Raten, in: Die Zeit, 27. 2. 1971, Beilage „Zeit-Magazin", S. 2.
[130] In der Reihenfolge der Zitate: Alarm in Viehzucht-Betrieben, in: HAB, 1. 9. 1971; Peter Voss, Vergiftetes Fleisch frisch auf den Tisch, in: Neue Welt, 28. 8. 1971.

heilbar ist". Dabei war es weder dem Autor noch der Redaktion aufgefallen, dass gerade Halsentzündungen (wenn man vom Scharlach absieht) und auch andere Infektionen der Atemwege in der Regel von Viren, und nicht von Bakterien, ausgelöst werden. Eine Behandlung mit Antibiotika wäre daher in der Tat völlig unwirksam gewesen – mit dem Fleischverzehr aber hatte das nichts zu tun. Auch die SZ erneuerte noch einmal ihre Warnung vor einer grassierenden „Fleischvergiftung durch Antibiotika".[131]

Ein noch sehr viel breiteres Publikum als all die bislang angeführten Kritiker fand schließlich der Fernsehjournalist Horst Stern, der als Autor, Moderator und Namensgeber eine seinerzeit ungemein populäre Serie von Naturdokumentationen verantwortete. „Sterns Stunde", die in unregelmäßigen Abständen gesendet wurde, widmete sich Tierthemen, die beim TV-Publikum generell viel Aufmerksamkeit fanden. Zugleich aber bot Stern seinen Zuschauern etwas Besonderes: Er berichtete nicht über exotische Tiere in fernen Ländern (wie dies in anderen Tiersendungen meist geschah), sondern über Tiere und Natur in Deutschland. Zudem stand er für einen betont „gesellschaftskritischen" Journalismus, der für sich in Anspruch nahm, auch „Tabus" anzugehen (etwa mit einer Sendung über Tierquälerei im Reitsport). Spektakuläre Einschaltquoten von bis zu 57 Prozent aller Geräte, die selbst in der hochgradig regulierten und sehr überschaubaren damaligen Fernsehwelt selten waren, belohnten seine Arbeit.[132]

Im Mai 1971 beschäftigte sich Stern vor seinem Millionenpublikum, wiederum zur zuschauerstärksten Sendezeit (direkt nach der „Tagesschau" im ARD-Programm), mit dem domestizierten Schwein. Wie stets hatte auch dieser Report mit der „konventionellen, verniedlichenden und verharmlosenden Tierdarstellung", die ansonsten im Fernsehen dominierte, nichts gemein. Vielmehr präsentierte der Autor das moderne Mastschwein nicht nur als durch Antibiotika und andere Medikamente „stoffwechselvergiftet", sondern zugleich auch noch als „degeneriert, herzkrank und neurotisch". Mit einem in der deutschen Sprache recht naheliegenden Wortspiel resümierte Stern: „Der Mensch hat das Schwein zur Sau gemacht." Die Kritik an den Antibiotika-Rückständen im Fleisch hatte sich damit zur Anklage gegen die moderne Landwirtschaft insgesamt ausgeweitet.[133]

---

[131] In der Reihenfolge der Zitate: Thomas von Randow, Sie genießen... und bezahlen mit Ihrer Gesundheit!, in: Die Zeit, 27. 8. 1971, Beilage „Zeit-Magazin", S. 4–8, hier: S. 6; Martin Urban, Fleischvergiftung durch Antibiotika, in: SZ, 2. 11. 1971. Zusammenfassend zu den Medienberichten vgl.: H. Bartels, Umwelt-Vertrauenskrise zu Lasten des Fleischverzehrs, in: FW 51 (1971), S. 1599–1611.
[132] Bis 1984 waren in der Bundesrepublik ausschließlich öffentlich-rechtliche Fernseh- und Radioprogramme zugelassen. Zu Sterns Karriere vgl. etwa: Gegen den Strich, in: Der Spiegel 25 (1971), Nr. 52, S. 120. Zum Hintergrund vgl. auch: Jens Ivo Engels, Von der Sorge um die Tiere zur Sorge um die Umwelt. Tiersendungen als Umweltpolitik in Westdeutschland zwischen 1950 und 1980, in: AfS 43 (2003), S. 207–323.
[133] Gegen den Strich, in: Der Spiegel 25 (1971), Nr. 52, S. 120. Vgl. auch: Hasch für das Hausschwein, in: Hamburger Abendblatt, 11. 5. 1971; „Der Mensch hat das Schwein zur Sau gemacht", in: Der Spiegel 27 (1973), Nr. 53, S. 76–84.

Resümierend beschwerte sich der Verband der bundesdeutschen Landwirtschaftskammern im Herbst d. J. beim Bonner Agrarministerium, in Medienberichten über Agrarfragen entstehe nun schon seit längerer Zeit durchweg der Eindruck, alle Bauern hätten nur noch „gesundheitsschädliche oder sogar giftige Produkte" anzubieten.[134]

In dieser Krise agierte die Fleischwirtschaft vor allem nach dem Grundsatz „Augen zu und durch". Der Einwand etwa, es sei ungerecht, pauschal alle Bauern als Schwarzmarkt-Käufer von Antibiotika zu verdächtigen, und auch die Forderung, die angeblich nicht sehr zahlreichen wirklich Schuldigen streng zu bestrafen, dürften wohl als eher ungeschickte Verteidigungsversuche gelten, die kein neues Vertrauen stifteten.[135]

Der Verband der Geflügelmäster versuchte es mit anderen Argumenten – und erlitt damit recht kläglich Schiffbruch: Er trat mit dem Statement vor die Öffentlichkeit, die ganze Aufregung sei völlig unverständlich, denn eventuell tatsächlich vorhandene Antibiotika-Spuren im Fleisch würden bei der Zubereitung durch die Wärme doch „vollständig vernichtet". Daher bestehe überhaupt keine Gefahr: „Wer ißt denn schon Hähnchen roh?" Rind- und Schweinefleisch wurden als Beefsteak tartar oder als Mett allerdings durchaus roh verzehrt. Peinlicher noch: Der Verband musste sich vom Bundesgesundheitsministerium und auch von der Bundesanstalt für Fleischforschung belehren lassen, in Geflügel – wie auch in den anderen Fleischarten – blieben bei den üblichen Rezepten trotz der Hitze bis zu 60 Prozent der vorhandenen Antibiotika-Rückstände biologisch aktiv. Wer es darauf anlege, wirklich alle Spuren zu beseitigen, der müsse sein Steak schon „bis zur äußerlichen Verkohlung braten".[136]

Die CMA schließlich, die zentrale Werbeagentur der bundesdeutschen Landwirtschaft, entschloss sich, die Kritik schlicht zu ignorieren. Sie ließ 1972 ihren bislang wichtigsten Slogan „Schöner Essen" fallen, um in der PR-Strategie für Agrarprodukte fortan vor allem positive „gesundheitliche Aspekte" zu betonen. Für Fleisch erdachte die von ihr bezahlte Werbeagentur daher den Spruch „Fleisch ist ein Stück Lebenskraft". Seit 1973 wurde damit in regelmäßig wiederholten Kampagnen in allen Publikumsmedien sowie auch in Metzgereien und Supermärkten geworben. 1978 kannten 45 Prozent aller erwachsenen Bundesbürger diesen Satz. Bei solchen Umfragewerten sprachen die Werbefachleute von einer sehr erfolgreichen Aktion. Zudem war der Fleischverbrauch der Bundesbürger pro Kopf von 1973 auf 1978 um neun Prozent gewachsen.[137] Da die dramatischen Warnungen

---

[134] Verband der Landwirtschaftskammern an BLM, 1. 9. 1971, BArch Kbz, B 116/39845.
[135] Vgl. entsprechende Äußerungen etwa in: Wen es angeht, in: KF 55 (1972), S. 172; Karl L. Schweisfurth, Entwicklungstendenzen in der Fleischwarenindustrie, in: FW 52 (1972), S. 960.
[136] In der Reihenfolge der Zitate: „Wer ißt denn schon Hähnchen roh!", in: FAZ, 6. 6. 1972; U. Schmidt/H.-J. Mintzlaff, Rückstände im Fleisch: Antibiotika und Mykotoxine, in: FW 53 (1973), S. 1211–1212, hier: S. 1211.
[137] Schöner Braten und Schöner Essen, in: NFZ 54 (1972), Nr. 48, S. 1; „Fleisch ist ein Stück Lebenskraft", in: Blick durch die Wirtschaft, 11. 9. 1978 (im Rückblick).

der Presse vor „verseuchtem Fleisch" auch vor 1973 keine erkennbaren Spuren in den Absatzstatistiken hinterlassen hatten, konnte die Agrar- und Lebensmittelbranche den ersten großen „Fleisch-Skandal" beruhigt ad acta legen.

Sicherlich half es dabei, dass der Gesetzgeber aktiv geworden war, um das Vertrauen der Konsumenten zu sichern. Im März 1972 änderte das Gesundheitsministerium die Regeln der amtlichen Fleischbeschau, indem es einheitliche Regeln für Tests auf Antibiotika-Rückstände festlegte.[138] Darüber hinaus entstand bereits seit 1970 eine Neufassung des Arzneimittelgesetzes mit geänderten Bestimmungen zu den „nutritiv" eingesetzten Antibiotika. Diese Novelle, die der Bundestag nach langem Streit zwischen Gesundheits- und Landwirtschaftsministerium über die politische Federführung in dieser Sache schließlich im Juni 1974 verabschiedete, verlangte genau festgelegte Wartefristen zwischen der Schlachtung und der letzten Antibiotika-Behandlung oder auch -Verfütterung. So sollte der Stoffwechsel von Schwein, Rind oder auch Huhn jeweils ausreichend Zeit bekommen, um das nützliche Gift auf dem natürlichen Weg möglichst weitgehend wieder auszuscheiden und abzubauen. Die Bauern wurden verpflichtet, jeden Einsatz von Medikamenten auf ihrem Hof zu dokumentieren; die Schlachthöfe mussten regelmäßige Untersuchungen auf Antibiotika-Rückstände durchführen. Vergleichbare Vorschriften existierten seinerzeit in keinem anderen Land.[139]

In großangelegten Testserien, die seit 1975 durchgeführt wurden, entdeckten die Chemiker Spuren von Antibiotika nur noch in ganz vereinzelten Fällen. In Bayern etwa betraf das im Jahr 1975 lediglich 75 Tierkörper bei insgesamt 52.000 geprüften Rindern und Schweinen. Die Gesetzesreform von 1974 schien mithin ein voller Erfolg zu sein.[140]

Allerdings verdeckten die eben genannten Zahlen zwei Tatsachen, die mit hoher Wahrscheinlichkeit viele Verbraucher misstrauisch gemacht hätten, wenn sie bekannter gewesen wären. Zum einen handelte es sich bei den Tests, ob Fleisch mit Resten von Medikamenten belastet war, nur um kleine Stichproben. Das recht aufwändige Verfahren kam aus Kosten- und Zeitgründen nur bei zwei Prozent aller geschlachteten Kälber sowie bei 0,5 Prozent aller anderen Schlachttiere zum Einsatz.[141] Zum anderen bedeuteten die äußerst geringen Trefferquoten keineswegs,

---

[138] Keine Antibiotika mehr auf dem Teller, in: SZ, 1. 9. 1972.
[139] Vgl. als zusammenfassenden Rückblick: Arpad Somogyi, Rückstände von Tierarzneimitteln, in: Dieter Großklaus (Hrsg.), Rückstände in von Tieren stammenden Lebensmitteln. Unter Mitwirkung v. Alexander Kaul u. a., Berlin und Hamburg 1989, S. 52–74, hier: S. 56 f. Vgl. auch: Horst Hagenlocher, 5 Jahre Fütterungsarzneimittel, in: KF 63 (1980), S. 540–542. Zum Streit der beiden Ministerien siehe genauer: ebd., S. 540 f.
[140] Ärger an der „Medien-Front", in: DGS 28 (1976), S. 283. Vgl. auch: Fleischbeschau in Baden-Württemberg, in: DGS 29 (1977), S. 993 (hier waren es 15 von 26.000 getesteten Tierkörpern).
[141] Reiner Hamm, Fleisch und Fleischwaren im Kreuzfeuer der Kritik. Eine Stellungnahme, in: FW 60 (1980), S. 1630–1644, hier: S. 1634. Anschaulich zu den gravierenden praktischen Problemen der chemischen Tests und der Lebensmittelkontrolle allgemein vgl. die Diskussion von Fachleuten in: Wilhelm Groebel, Lebensmittelüberwachung. Anspruch und Wirklichkeit, Dortmund 1976, S. 9–40.

dass die Landwirte auf Antibiotika verzichteten. Das Gegenteil traf zu: In den zehn Jahren zwischen 1974 und 1984 verdoppelte sich der legale Absatz von Tiermedikamenten in der Bundesrepublik. Nur die gewachsene Zahl der Masttiere konnte diesen Anstieg nicht erklären. Auch ein Schwarzmarkt existierte offensichtlich immer noch.[142]

Allerdings – und damit wurde die Sache wieder kompliziert – bot die Pharmaindustrie mittlerweile andere, neue Antibiotika an. Besonders für Fütterungszwecke standen nun Mittel bereit, die nicht mehr im Darm der Tiere resorbiert wurden. Im Muskelfleisch konnten so selbst bei hoher Dosierung kaum noch Rückstände der Masthilfen entstehen.[143]

Sei es nun, weil diese Zusammenhänge und Fakten nicht auf eine einfache, emotional aufrüttelnde Formulierung zu bringen waren; sei es, weil die Aufmerksamkeit der Publikumsmedien von anderen Umwelt- und Gesundheitsfragen absorbiert wurde – eine erneute mediale Skandalisierung des Antibiotika-Einsatzes in der Landwirtschaft, die mit den Warnungen in den Jahren 1970/71 vergleichbar wäre, hat es jedenfalls nicht gegeben. Insofern war die Bahn für die CMA frei, um die Konsumentinnen und Konsumenten ohne störende Einreden aus der Medienwelt mit ihrem Slogan „Fleisch ist ein Stück Lebenskraft" vertraut zu machen.

Mit dem Image der deutschen Bauern stand es dennoch nach wie vor nicht zum Besten. Allein schon die anhaltende Debatte über den stark wachsenden Pestizideinsatz in der Feldwirtschaft und auch die scharfe Kritik von Tierschützern an der Käfighaltung von Legehühnern, die etwa Bernhard Grzimek, der populäre Nestor der Tierdokumentation im deutschen Fernsehen, als „grauenvolle Tierquälerei" bezeichnete, sorgten dafür, dass sich viele städtische Verbraucher weiterhin über die Produktionsmethoden der modernen Landwirtschaft aufregten und sorgten.[144] Hinzu kam das zunehmend auch einem breiteren Publikum bekannte Problem der Gülle-Düngung. Wegen der starken Expansion der Fleischproduktion fielen die flüssigen Reste aus Masttier-Ställen mittlerweile in so großen Mengen an, dass ihre Verteilung auf den Feldern negative Wirkungen entfaltete: Es drohten Überdüngung und Belastungen des Grundwassers.[145]

Erst im Herbst 1980 jedoch rückte Fleisch wieder ganz direkt ins Zentrum dieser öffentlichen Kritik, weil Veterinäre in Nordrhein-Westfalen mit neu entwickelten vereinfachten Nachweisverfahren Rückstände des Hormons Östrogen sowohl in Kalbfleisch als auch in industriell hergestellter Babynahrung mit Kalbfleischanteilen entdeckten. Ihre Enthüllung fand große öffentliche Aufmerksamkeit, weil dieser das Wachstum fördernde Stoff als krebserregend galt. Sein Einsatz in der

---

[142] Elisabeth Moosmann, Wer einmal auffällt, wird ständig kontrolliert, in: FAZ, 23 2.1984.
[143] Schmidt/Woltersdorf, Rückstände, S. 80.
[144] Zu Grzimeks Engagement gegen die Käfighaltung, bei dem er auch mit KZ-Vergleichen arbeitete, vgl.: Claudia Sewig, Der Mann, der die Tiere liebte. Bernhard Grzimek. Biografie, Bergisch Gladbach 2009, S. 373 u. S. 382 f. Zum Streit um die Käfighaltung von Legehennen siehe auch unten S. 282 f.
[145] Siehe dazu unten S. 403–417.

Tiermast war in der Bundesrepublik wie auch in allen anderen EG-Ländern verboten. Das Berliner Gesundheitsamt etwa warnte nach den Nachrichten aus Nordrhein-Westfalen insbesondere Frauen davor, weiterhin Kalbfleisch zu essen, weil sonst „danach geborene Kinder an Krebs erkranken [können], wenn sie heranwachsen".[146]

Ähnliche Untersuchungen in anderen Bundesländern bestätigten die Ergebnisse der nordrhein-westfälischen Kontrolleure. In Baden-Württemberg etwa entdeckten die Behörden den verbotenen Stoff im Oktober und November d. J. in 36 Prozent aller Kalbfleischproben.[147] Die mediale Aufmerksamkeit wuchs mit diesen Nachrichten noch weiter an. Ende Dezember 1980 wussten neun von zehn Bundesbürgern von dem Östrogen-Skandal; etwas mehr als 50 Prozent der Befragten erklärten, künftig weniger oder auch gar kein Kalbfleisch mehr essen zu wollen.[148]

Zwar gab es unter den Fachleuten auch Dissidenten, die meinten, die gesundheitliche Gefahr der Rückstände werde stark überschätzt, weil Östrogen von Natur aus etwa in Hülsenfrüchten oder auch in Sonnenblumenkernen anteilig in deutlich höheren Dosen vorkomme als in den skandalisierten Fleischproben. So sagte Hans-Georg Wolters, Staatssekretär im Bundesgesundheitsministerium, vor der Presse, er sehe die Gefahr, dass mit den öffentlichen Warnungen vor Kalbfleisch „unbegründete Angst" gestiftet werde. Seine Ministerin, die Sozialdemokratin Antje Huber, reagierte darauf denkbar eindeutig: Wolters (ein ehemaliger Berliner Gesundheitssenator und ebenfalls SPD-Mitglied) erhielt umgehend seine Entlassungsurkunde.[149]

Diese Episode belegt eindringlich, wie wichtig der Skandal um das illegal in der Tiermast eingesetzte Hormon im Herbst 1980 in der Bundesrepublik war. Behörden und Politik versuchten gleich auf verschiedene Weise, das Übel einzudämmen. So schwärmten die amtlichen Veterinäre erstmals in die Ställe aus, um (über einzelne Kotproben) Östrogen schon in noch lebenden Kälbern aufzuspüren. Dabei mussten es die Bauern dulden, dass der Staat stets zunächst einmal sämtliche Tiere im Stall beschlagnahmte, wenn auch nur bei einem der exemplarisch überprüften Kälber ein positives Testresultat vorlag. Für alle Tiere galt nun die Auflage, dass ihr

---

[146] Synthetik-Hormone in Kindernahrung, in: FAZ, 3. 10. 1980. Vgl. auch: Östrogen-Skandal zieht Kreise, in: LMP 31 (1980), Nr. 22, S. 73. Zusammenfassend vgl.: Uwe Spiekermann, Hormonskandale, in: Petra Rösgen (Hrsg.), Skandale in Deutschland nach 1945, Bielefeld 2007, S. 104–113.

[147] Schlachtvieh-Kontrolle schon im Stall, in: FAZ, 15. 11. 1980.

[148] Neun von zehn Bürgern kennen den Östrogen-Skandal, in: FAZ, 30. 12. 1980. Zum Medien-Echo vgl. auch: Angebliche „Stern"-Stunden, in: BBSH 130 (1980), S. 5714.

[149] Wolters wird entlassen, in: FAZ, 7. 11. 1980. Vgl. auch: Bäumers Windeier und Zeitungsenten, in: BBSH 131 (1981), S. 393. Nach den ersten Nachrichten über den Skandal hatte das Ministerium noch offiziell erklärt, bei gelegentlichem Verzehr von Kalbfleisch bestehe keine Gesundheitsgefahr. Vgl.: Gegen „Schwarzmarkt" in der Viehmast, in: FAZ, 13. 10. 1980. Zu den Östrogen-Anteilen in anderen Nahrungsmitteln vgl. etwa: Kaum Risiken durch Hormonfütterung, in: FAZ, 14. 1. 1982. Zu anderen entwarnenden Stellungnahmen vgl. auch: Östrogen-Skandal zieht Kreise, in: LMP 31 (1980), Nr. 22, S. 73.

Fleisch nach der Schlachtung auf Kosten des Landwirtes zwingend auf Östrogen-Rückstände überprüft werden musste. Wegen der knappen Margen im Fleischgeschäft bedeutete diese Verpflichtung erhebliche finanzielle Verluste selbst dann, wenn im Schlachthof keine weiteren Tiere ausgesondert wurden.[150]

Gegen Landwirte, die nachweislich Östrogen verfüttert oder gespritzt hatten, ergingen in einer Reihe von Prozessen Gefängnisstrafen (die allerdings meist zur Bewährung ausgesetzt wurden) und/oder Geldstrafen, die bis zu 15.000 DM reichten.[151] Die Gesundheitspolitiker in Bund und Ländern kündigten zudem an, man arbeite an neuen Vorschriften für Veterinäre, Fleischbeschauer und Pharmaproduzenten, um den Schwarzmarkt mit Mastförderungsmitteln und Tiermedikamenten endlich stillzulegen. Auch auf EG-Ebene begannen solche Beratungen.[152]

Gleichzeitig demonstrierten die Käuferinnen und Käufer von Fleisch in der Bundesrepublik erstmals ihre Macht als Abnehmer der Landwirtschaft: Nach den ersten Meldungen über den Skandal in den Medien Anfang Oktober 1980 brach der Absatz von Kalbfleisch in den Metzgereien und Supermärkten binnen kurzer Zeit um etwa 50 Prozent ein. Ein massiver Preisverfall für schlachtreife Kälber um ebenfalls fast 50 Prozent war die Folge. Auf das Misstrauen der Verbraucher reagierten auch die Hersteller von Babynahrung: Sie stoppten gemeinsam schon am 20. Oktober d. J. die Produktion von allen Artikeln, die Kalbfleisch enthielten, weil solche Ware kaum noch abzusetzen war. Selbst die Bemühungen der Behörden, belastetes Fleisch durch die neuen Untersuchungen in den Ställen und die nachfolgenden Vermarktungsvorschriften möglichst umfassend zu identifizieren, stifteten offensichtlich kurzfristig kein neues Vertrauen.[153]

In den anderen Ländern der Europäischen Gemeinschaft scheint es sich ganz ähnlich verhalten zu haben, beschloss der Rat der Agrarminister in Brüssel doch Anfang November 1980 die öffentlich finanzierte Einlagerung von Kalbfleisch, das keine Käufer fand, weil es heftige Preisveränderungen nach den Regeln der EG-Marktordnung für dieses landwirtschaftliche Produkt nicht geben durfte. Mit dem Kauf der ansonsten nicht nachgefragten Kälber verhinderte die Gemeinschaft einen noch tieferen Fall der Preise, die auf den Schlachthöfen für die Tiere gezahlt wurden. Allerdings beeinflusste sie damit auch die Einzelhandelspreise für deren Fleisch: Diese blieben mitten in einer massiven Absatzkrise fast unverändert auf dem hohen Level, das die Verbraucher kannten, weil Metzger und Supermärkte

---

[150] Vgl. die Schilderung eines solchen Falles in: Klaus Peter Krause, Für den Veterinär war der Fall einfach, in: FAZ, 9. 12. 1980.
[151] Vgl. etwa: Gegen „Schwarzmarkt" in der Viehmast, in: FAZ, 13. 10. 1980; Mehr Kontrollen in Kälber-Mastbetrieben, in: FAZ, 18. 12. 1980; Kälbermäster verurteilt, in: FAZ 12. 12. 1980.
[152] Zwei Firmen ziehen Kalbfleisch-Nahrung zurück, in: FAZ, 4. 10. 1980.
[153] Babynahrung nicht mit Kalbfleisch, in: FAZ, 20. 11. 1980; Kalbfleisch wird weniger gekauft, in: FAZ, 7. 11. 1980. Zu dem Absatz- und Preiseinbruch vgl. auch: Kann so etwas wieder passieren?, in: top agrar 10 (1981), S. 18. Die Produktion von Babynahrung mit Kalbfleisch wurde 1981 wieder aufgenommen. Die Hersteller versicherten, sie hätten nun „totale Kontrolle" über das verwendete Fleisch. Östrogen nicht in Babynahrung, in: FAZ, 13.1 1982.

den Vorteil, den die gesunkenen Einstandspreise für sie bedeuteten, vor allem nutzten, um ihre Verluste durch den geringeren Absatz auszugleichen.[154]

Politisch wurde diese Intervention in den Kalbfleischmarkt mit dem Argument legitimiert, die EG müsse die zahlreichen Mastbetriebe schützen, die kein Östrogen eingesetzt hatten und nun dennoch wegen der Panik der Verbraucher in finanzielle Probleme gerieten. Auf längere Sicht diene man zudem auch den Interessen der Konsumenten, die starke Preissteigerungen befürchten müssten, wenn die Zahl der Landwirte, die Kälber aufzogen, durch den Östrogen-Skandal massiv sinke.[155] Ob dieses Argument den Kundinnen und Kunden einleuchtete, ist wohl eine andere Frage. Im Herbst 1980 dürfte die Brüsseler Entscheidung die aufgeschreckten Bürger jedenfalls in ihrer Zurückhaltung gegenüber Kalbfleischangeboten eher bestärkt haben: Hohe Preise für ein Produkt, das ins Zwielicht geraten ist, taugen mit Sicherheit nicht als Kaufanreiz. Die akute Krise wurde so politisch wohl eher verlängert als abgekürzt.

Unabhängig davon stellt sich die Frage, warum sich die fleischessenden Haushalte 1980/81 so ganz anders verhielten als rund ein Jahrzehnt zuvor nach den Enthüllungen über Antibiotika-Rückstände im Fleisch. Hatte es seinerzeit trotz der dramatischen Warnungen der Medien keine erkennbare Reaktion der Konsumenten gegeben, handelten im Östrogen-Skandal nun offensichtlich viele von ihnen ganz anders. Hinter diesem Unterschied stand zum einen sicher die in der Zwischenzeit stark gewachsene Aufmerksamkeit für Umweltprobleme. Statistiker, die sich mit der Zufriedenheit der Bundesbürger befassten, verzeichneten in ihren Umfragen bei keinem anderen Thema so stark sinkende Werte wie beim Umweltschutz. Selbst die von den Terroristen der RAF bedrohte öffentliche Sicherheit sorgte die Deutschen nicht so stark wie der Zustand der Natur.[156]

Zum anderen aber hatte die heftige Reaktion der Verbraucher nach den Meldungen über die Östrogen-Spuren im Fleisch wohl ganz entscheidend mit dem Schreckenswort „Krebs" zu tun. Nüchtern betrachtet war die Gefahr, sich durch so belastetes Fleisch gesundheitlich zu schädigen, zwar noch weitaus diffuser und individuell noch unkalkulierbarer als die potentielle Bedrohung durch resistent gewordene Bakterienstämme, die im Zentrum der Aufregung über die Antibiotika-Funde in Fleischproben gestanden hatte. Wenn es um Krebs ging, fanden ratio-

---

[154] Das Kabinett berät über die Einlagerung von Kalbfleisch, in: FAZ, 12. 11. 1980; Kalbfleisch wird weniger gekauft, in: FAZ, 7. 11. 1980 (zu den weiterhin hohen Einzelhandelspreisen). EG-weit wurden 1980 rund 17.000 Tonnen Kalbfleisch tiefgefroren eingelagert. Geschäftsbericht der Bundesanstalt für landwirtschaftliche Marktordnung 1980, o. O. o. J., S. 9. Zu den ungleich größeren Mengen an eingelagertem Rindfleisch siehe unten S. 429 ff.

[155] So Agrarminister Josef Ertl in: Das Kabinett berät über die Einlagerung von Kalbfleisch, in: FAZ, 12. 11. 1980.

[156] Vgl. die genauen Zahlen der jährlich wiederholten Befragungen in: Wolfgang Zapf u. a., Individualisierung und Sicherheit. Untersuchungen zur Lebensqualität in der Bundesrepublik Deutschland, München 1987, S. 53. Zum Hintergrund vgl. etwa: Kai F. Hünemörder, Kassandra im modernen Gewand. Die umwelt-apokalyptischen Mahnrufe der frühen 1970er Jahre, in: Frank Uekötter/Jens Hohensee (Hrsg.), Wird Kassandra heiser? Die Geschichte falscher Ökoalarme, Stuttgart 2004, S. 78–97.

nal relativierende Argumente jedoch durchweg nur sehr schwer Gehör. Allein schon die große öffentliche Aufmerksamkeit, die verschiedene jeweils angeblich Wunder wirkende alternative Behandlungen immer wieder fanden, bewies das.[157]

Wenn so viele Bundesbürger im Winter 1980/81 schlagartig kein Kalbfleisch mehr aßen, dass der Absatz massiv einbrach, so taten sie das allerdings auch schlicht deshalb, weil ihnen dieser Verzicht nicht allzu schwer fiel, denn Kalbfleisch spielte bei ihrer Ernährung nur eine ganz untergeordnete Rolle. Pro Kopf und Jahr verzehrte der statistische Durchschnittsbürger in der Bundesrepublik kaum ein Zehntel so viel Kalbfleisch wie Rindfleisch; sein Anteil am gesamten Fleischverbrauch lag unter drei Prozent.[158] Bei einem so marginal bedeutsamen Lebensmittel brauchte es nicht viel Entschlusskraft, um sich selbst und der Familie gesundheitsbewusstes Verhalten zu demonstrieren. Insofern reagierten die Konsumenten nach den Antibiotika- und Östrogen-Skandalen wohl auch deshalb so unterschiedlich, weil 1970/71 – anders als ein Jahrzehnt später – pauschal vor allen Fleischarten gewarnt wurde. In dieser Situation hätte konsequentes Verhalten den Alltag wirklich gravierend verändert; wenn Kalbfleisch vom Speiseplan verschwand, machte das für die meisten Deutschen jedoch nur einen ganz geringen Unterschied.

So gesehen ergab sich aus dem Vergleich der beiden Fleisch-Skandale für die deutsche Agrar- und Lebensmittelwirtschaft eine beruhigende Botschaft: Sie konnte offensichtlich darauf vertrauen, dass die Käuferinnen und Käufer ihre Gewohnheiten nur dann radikal aufgaben, wenn der Verzicht, den sie dadurch leisten mussten, gering ausfiel. Wie sich 1981 auf mittlere Sicht zeigte, kam sogar noch ein weiterer Faktor dazu: Die Kunden kehrten rasch zurück, wenn die akute Gefahr gebannt schien. Der Absatz von Kalbfleisch erholte sich jedenfalls zügig, als weitere Meldungen über neue positive Östrogen-Tests ausblieben. Zwar erreichte der Pro-Kopf-Verbrauch im weiteren Verlauf des Jahrzehnts nicht mehr exakt den Stand vor dem scharfen Einbruch im Winter 1980/81 – aber dieser Schwund entsprach nur dem allgemeinen Trend in einem gesättigten Markt. Einmal mehr erwiesen sich die Kontinuitätslinien im Fleischgeschäft als äußerst stark.[159]

Politisch entfaltete der Hormon-Skandal allerdings durchaus langfristige Wirkungen. Im Oktober 1985 verabschiedete der EG-Rat der Agrarminister (nach den für die Gemeinschaft typischen äußerst langwierigen Verhandlungen) ein grundsätzliches Verbot, wachstumsfördernde Hormone in der Tiermast einzusetzen. Da einige spezielle Stoffe dieser Art in Großbritannien noch zugelassen waren, einigten sich die Politiker auf eine großzügig bemessene Übergangsfrist bis zum Beginn des Jahres 1988, in der das Verbot noch nicht einheitlich galt. Klagen nicht nur der britischen Landwirte, damit nehme ihnen die Politik wichtige Masthilfsmittel,

---

[157] Vgl. etwa: Joachim Pietzsch, Lesestoff Krebs. Die Darstellung der „Krankheit des Jahrhunderts" in ausgewählten Printmedien, Bochum 1991.
[158] Berechnet nach: Egon Wöhlken/H. Meyer, Neuberechnung des Index des Lebensmittelverbrauchs, in: BLW 55 (1977), S. 104–116, hier: S. 105.
[159] Weniger Fleisch gegessen, in: FAZ, 23. 4. 1983.

die bei professionellem Einsatz wegen der benutzten niedrigen Dosierungen keinerlei gesundheitliche Risiken für die Verbraucher mit sich brächten, blieben ebenso ungehört wie der Hinweis, in den USA erhebe selbst die staatliche Behörde für Verbraucherschutz keine Einwände gegen die dort nach wie vor legale Mast mit bestimmten Hormonen.[160]

Diese Debatte flammte noch einmal kurz auf, als der Beschluss von 1985 schließlich tatsächlich galt. Selbst amerikanische Landwirte und Agrarpolitiker meldeten sich nun zu Wort, weil das europäische Verbot auch Importwaren betraf. Gerade der pauschale Bann gegen alle Hormone, so die Argumentation der Amerikaner wie auch einiger weniger agrarpolitischer Dissidenten in den EG-Ländern, fördere in Europa den Schwarzhandel mit solchen Stoffen – und damit auch deren völlig unkontrollierten Einsatz. Im Amerika hingegen werde der Gebrauch der fünf zugelassenen Hormone „streng kontrolliert", was die Verbraucher wirkungsvoll schütze, während die europäische Bestimmung nur scheinbar Sicherheit schaffe.[161] Die 1985 festgelegten Bestimmungen traten dennoch zum 1. Januar 1988 in der ganzen Europäischen Gemeinschaft in Kraft.

Der Beweis, dass der Schwarze Markt in der Tat immer noch existierte und auch florierte, folgte nur wenig später: Anfang August 1988 entdeckten nordrhein-westfälische Veterinäre Spuren von illegalen Wachstumsförderern in Kalbfleisch-Proben. Daraufhin wiederholte sich im Winter 1988/89 der Kalbfleisch-Skandal vom Beginn des Jahrzehnts ohne große Veränderungen und Abweichungen mit all seinen kurzfristig heftigen Auswirkungen und den langfristig dann doch nur geringen Folgen. Zwar ging es nun um andere verbotene Stoffe (nämlich um Anabolika). Zwar griffen die Behörden nun noch schärfer durch als im Herbst 1980 (allein in Nordrhein-Westfalen wurde die Notschlachtung von fast 10.000 Kälbern angeordnet). Auch die Reaktion der Kalbfleisch-Konsumenten fiel heftiger aus: Dessen Absatz stürzte nach den ersten Nachrichten über die positiven Anabolika-Tests in Nordrhein-Westfalen im August 1988 in der ganzen Bundesrepublik „über Nacht auf Null".[162] Einige große Supermarkt-Ketten nahmen daraufhin Kalbfleisch vollständig aus dem Angebot.[163]

---

[160] Vgl. zusammenfassend: Josef Lütkemeyer, Anabolika in der Tiermast, in: top agrar 17 (1988), Nr. 9, S. 20–24.

[161] So die Stellungnahme der „US Meat Export Federation" in: Verbot traf Fleischexport, in: Handelsblatt, 18. 10. 1989. Vgl. auch: Hormonverbot wird kritisiert, in: LZ 40 (1988), Nr. 1, S. 20; Hormonstreit spitzt sich weiter zu, in: ebenda, Nr. 48, S. 23; US-Fleischexporteure gegen Hormonverbot, in: LMP 40 (1988), Nr. 24, S. 46; Der Streit um das Hormonverbot, in: Die Fleischerei 39 (1988), S. 1070–1071. Das Importverbot galt EG-weit erst ab dem 1. Januar 1989. Als kritische deutsche Stimme zum Verbot vgl. etwa: Hannelore Schmid, Die Zeche zahlt der Bauer, Frankfurt/Main 1988, S. 115–118.

[162] Südfleisch GmbH, Geschäftsbericht 1988, München o. J., S. 9. Vgl. zusammenfassend: Regina Bircher/Rudolf Gareis/Christoph Götz, Ökonomische, gesellschaftspolitische und ethische Aspekte des jüngsten „Hormonskandals" vom August 1988, in: BLJ 66 (1989), S. 27–45; Richard Bröcker, Die Hormonaffäre und ihre Folgen, in: DBK 41 (1988), S. 323–326; Wolf-Michael Eimler/Nina Kleinschmidt, Der Fleisch-Report, Hamburg 1990, S. 52–63.

[163] Neuer Hormonskandal bringt Kalbfleischmarkt zum Erliegen, in: LZ 40 (1988), Nr. 33, S. 10; Kalbfleisch-Lieferanten jetzt ohne Kunden im Einzelhandel, in: ebenda, Nr. 34, S. 21; Hor-

Erneut berichteten die Medien äußerst umfangreich. Einmal mehr nahmen gerade auflagenstarke Blätter die Affäre als Anlass, um das Bild einer Landwirtschaft zu zeichnen, die ihre Kunden bedenkenlos vergifte, um möglichst rasch möglichst viel zu produzieren. „Der Spiegel" etwa widmete der „Schweinerei mit dem Fleisch" eine Titelgeschichte und verglich die von den Deutschen verzehrten Fleischstücke darin pauschal mit „chemischen Keulen". In der „Zeit" wurden die fleischessenden Leserinnen und Leser über die Gefahr von „dramatischen Stoffwechselstörungen" und Krebs informiert, weil Fleisch generell zum „Zwischenlager für gesundheitsschädliche Chemikalien" geworden sei. Verantwortlich dafür sei „eine raffgierige Agrarindustrie". Der „Stern" schließlich meinte, auf dem Teller habe man mit einem Stück Fleisch gegenwärtig „Generalversammlungen von Schwermetallen, chlorierten Kohlenwasserstoffen und Arzneimitteln" vor sich. Auch in diesem Artikel waren die städtischen Konsumenten hilflose Opfer: „Der Schrei nach unbedenklichem Essen verhallt ungehört zwischen den Regalreihen des Supermarktes."[164] Der oben schon zitierte Schriftsteller Hans Wollschläger gehörte mit seiner Formulierung von den Masttieren als „Stapellager für Toxika" ebenfalls in diesen Chor kritischer Stimmen.

Aufgeschreckt bemühten sich die Landwirtschaft und die Lebensmittelbranche um Gegenpropaganda: Die CMA intensivierte 1989/90 ihre schon seit den frühen 1970er Jahren laufenden Werbekampagnen, die den positiven gesundheitlichen Wert von Fleisch für den Menschen betonten. Slogans wie „Isst Du kein Fleisch, dann fehlt Dir was", sollten der „Fleisch-Rehabilitierung" dienen. Neben Plakaten, Anzeigen in der Presse und Werbespots im Fernsehen gab es dabei erstmals auch Bemühungen, gezielt auf die bundesdeutschen Ärzte einzuwirken, denen die CMA-Experten in Gesundheitsfragen eine meinungsführende Rolle zuwiesen. Ihr üppiger Etat erlaubte der Institution den Einsatz modernster Technik: Auf 9.000 Videokassetten versandte sie einen Kurzfilm mit „ernährungsphysiologischen Informationen" an niedergelassene Allgemeinmediziner und Internisten.[165]

Ob dieser Aufwand wirklich nötig war, darf man bezweifeln. Wie gehabt, verringerte sich der gesamte Fleischkonsum jedenfalls auch durch diesen erneuten Hormonskandal nur geringfügig. Selbst der spezielle, kleine Kalbfleischmarkt in der Bundesrepublik präsentierte sich schon nach einigen Monaten fast unverändert wieder in seiner alten Gestalt. Auch auf breiter Front war kein anhaltender Konsumverzicht zu beobachten, obwohl viele der Medienberichte über die Entdeckungen der Veterinäre doch ausdrücklich vor dem Verzehr auch anderer Fleischsorten gewarnt hatten. Gleichzeitig aber sagten in Meinungsumfragen mehr als

---

monskandal sorgt für Unruhe im Fleischgeschäft, in: LMP 40 (1988), Nr. 16, S. 56; Kontrollen sollen weiter verschärft werden, in: ebenda, Nr. 17, S. 78; Polizeistreifen bewachen die Ställe, in: FAZ, 12.8.1988.

[164] In der Reihenfolge der Zitate: „Wir müssen erst Tote bringen", in: Der Spiegel 42 (1988), Nr. 33, S. 20–28, hier: S. 21; Reiner Klingholz, Schweinerei im Kälberstall, in: Die Zeit, 19.8.1988; Peter Sandmeyer, Gesegnete Mahlzeit, in: Stern 41 (1988), Nr. 35, S. 10–22 u. S. 206, hier: S. 20.

[165] 23 Mio. DM für Fleisch-Rehabilitierung, in: DGS 41 (1989), S. 991.

zwei Drittel aller einkaufenden Hausfrauen, sie orientierten sich bei ihren Besorgungen an dem Grundsatz: „Die Ernährung soll gesund sein."[166]

Wenn die Fleischesser auf die so dramatisch formulierten Warnungen der Journalisten dennoch durchweg nur kurzfristig und begrenzt reagierten, dann stand dahinter zum einen wohl eine große Bereitschaft, an die Wirkung staatlicher Verbote und Kontrollen zu glauben. Da die Behörden bei allen Fleischskandalen unmittelbar aktiv wurden, da neue Regeln sowohl für die Landwirte als auch für die Schlachthöfe entstanden, verschwand das manifest gewordene Misstrauen der Konsumentinnen und Konsumenten sowohl 1980/81 als auch 1988/89 recht zügig und weitgehend spurenlos. Zwar sank der Fleischverbrauch pro Kopf der Bevölkerung seit Beginn dieses Jahrzehnts. Dabei aber handelte es sich um einen langsam verlaufenden Schwund auf hohem Niveau.

Zum anderen vergaßen die Verbraucher alle Negativmeldungen über „verseuchtes" Fleisch wohl auch schlicht deshalb so rasch, weil der Kauf und Verzehr von Fleisch für sie unabdingbar zu ihrem Alltag gehörte: Ein warmes Essen wurde für die große Mehrheit der Bundesbürger ja erst durch Fleisch zu einer befriedigenden, „richtigen" Mahlzeit. Damit rückte das Produkt im Ensemble der Bedürfnisse und Wünsche in einen Bereich, in dem Kritik kaum etwas ausrichten konnte. So versagten nicht nur die vielen Tipps und Belehrungen, dass man sich mit weniger Fleisch und mehr Gemüse „gesünder" ernähre. Auch dringende Warnungen vor Gesundheitsgefahren bewirkten wenig: An der Vorstellung, zum „guten Leben" gehöre Fleisch, änderten selbst solche Botschaften nichts.[167] Daher hatte auch die wenig später folgende „BSE-Krise", von der die Deutschen bereits im Frühjahr 1990 zum ersten Mal in Meldungen aus Großbritannien erfuhren, für den deutschen Fleischmarkt wiederum nur begrenzte Folgen, obwohl dieser Skandal doch ungleich größere Dimensionen annahm und schließlich auch die deutsche Landwirtschaft direkt erfasste.[168]

Offensichtlich ändern sich die in einer Gesellschaft dominierenden Ernährungsgewohnheiten (zumal solche, die regeln, wie typischerweise ganze Mahlzeiten zusammengesetzt werden) nicht abrupt und kurzfristig, sondern nur zögerlich in längeren Zeiträumen, weil der Weg vom Vorsatz zum realen Verhalten im Alltag

---

[166] Lothar Müller-Hagedorn, Das Konsumentenverhalten. Grundlagen für die Marktforschung, Wiesbaden 1986, S. 82. Vgl. auch: Esskultur '82, S. 119. Ähnlich auch schon: Gesundheit das Wichtigste im Leben, in: NFZ 55 (1973), Nr. 6, S. 1.

[167] Vgl. etwa: Uwe Spiekermann, Warum scheitert die Ernährungskommunikation? Eine Antwort aus kulturwissenschaftlicher Perspektive, in: Eva Barlösius/Regine Rehaag (Hrsg.), Skandal oder Kontinuität. Annäherungen an eine öffentliche Ernährungskommunikation, Berlin 2006, S. 39–49, hier: S. 39.

[168] Vgl. als eine der ersten Meldungen: Gefahr für das „Roastbeef of England", in: FAZ, 22. 5. 1990. Zur BSE-Krise als Überblick vgl. etwa: Petra Egenolf, Ökonomische Konsequenzen von BSE: Stand der Forschung und empirische Analyse des Verbraucherverhaltens in der deutschen BSE-Krise, Gießen 2004; Anja Voerste, Lebensmittelsicherheit und Wettbewerb in der Distribution. Rahmenbedingungen, Marktprozesse und Gestaltungsansätze, dargestellt am Beispiel der BSE-Krise, Köln 2009.

vielen Essern gerade beim Fleisch Probleme bereitet.[169] Wie Umfragen in den frühen 1990er Jahren zeigten, fiel den meisten Konsumenten fast nur noch Negatives ein, wenn sie ihre spontanen Assoziationen zu dem Wort „Fleisch" nennen sollten. Mehrheitlich stimmten sie zudem der Aussage zu, die Qualität von Fleisch sei aktuell deutlich schlechter als in früheren Jahren. Bei keinem anderen Lebensmittel gab es ein vergleichbares Ergebnis. Für das Einkaufsverhalten hatte diese negative Sicht jedoch nur sehr geringe Folgen.[170]

5. Formen der Selbstversorgung: die Jagd auf Wildtiere und Hausschlachtungen von Schweinen

Wenn Fleisch gegessen wird, muss zuvor ein Tier getötet werden. In einer modernen Wohlstandsgesellschaft wie der Bundesrepublik können die Fleischesser diese Abfolge der Ereignisse problemlos ignorieren: Alle Schritte in der Fleischproduktion, die dem Einkauf der Konsumenten im Supermarkt oder in der Metzgerei vorausgehen, sind ihren Blicken vollständig entzogen. Dies gilt gerade für die Schlachtung von Tieren und für deren nachfolgende Bearbeitung, die einen postmortalen Körper in verbrauchsfertige Fleischstücke verwandelt. Von den Schlachthöfen, die dafür zuständig sind, wird weiter unten noch ausführlich die Rede sein.

Allerdings gab es im Untersuchungszeitraum doch gar nicht so wenige Bundesbürger, die weitaus direkter damit zu tun hatten, dass Tiere für den menschlichen Verzehr getötet wurden. Dieser Aspekt in der Geschichte des deutschen Fleischkonsums soll im Folgenden kurz skizziert werden, weil das Bild sonst allzu einseitig von den Verbrauchern beherrscht wird, die sich bei der Fleischversorgung bequemerweise ganz und gar auf die hoch entwickelte gesellschaftliche Arbeitsteilung verließen. Sowohl die Jäger als auch die Familien, die an der Tradition der Hausschlachtung von Masttieren festhielten, gehörten nicht zu dieser Mehrheit der Esser, denen der Zusammenhang zwischen Fleisch und dem Tod eines Tieres bestenfalls noch theoretisch präsent war. Ansonsten hatten die beiden Gruppen allerdings nichts miteinander gemein.

Sowohl aus weit zurückreichenden historischen Gründen wie auch wegen des stark von dieser Vergangenheit geprägten deutschen Jagdrechtes war die Jagd in

---

169 Vgl. dazu (gestützt auf nicht-repräsentative Umfragen aus den Jahren 1985 und 1989): Reimar von Alvensleben/Uwe Scheper, The Decline of the Meat Image in Germany, in: Reimar von Alvensleben u. a., Problems of Meat Marketing. Seven Essays, Kiel 1997, S. 1–7, hier: S. 2. Für die Jahre der BSE-Krise vgl.: Rainer Olbrich/Anja Voerste, Lernen aus der BSE-Krise. Empirische Befunde zum Konsumentenverhalten und ihre Bedeutung für Hersteller, Handel und Konsumentenschutz, in: BLW 83 (2005), S. 334–351.
170 Reimar von Alvensleben, Consumer Attitudes and Behaviour on the Meat Market in Germany, in: ders., Problems, S. 8–14, hier: S. 8 u. S. 10–13. Vgl. ähnlich auch: ders., Das Image von Fleisch. Eine Analyse und ihre Konsequenzen für das Marketing, in: FW 75 (1995), S. 356–360.

der Bundesrepublik eine sozial exklusive Angelegenheit, ein „Edelhobby", dem vorwiegend Männer aus den „höheren Kreisen" der Gesellschaft nachgingen, sei es nun aus Neigung, wegen der familiären Tradition, oder auch um ihre Zugehörigkeit zu eben diesen Zirkeln zu demonstrieren bzw. zu garantieren. In den 1970er und 1980er Jahren besaßen kontinuierlich rund 250.000 bis 260.000 Bundesbürger einen Jagdschein. Wer Wild erlegte, ohne dieses Papier vorweisen zu können, dessen Erwerb eine längere Ausbildung und diverse Prüfungen sowie auch einiges an Geld erforderte, machte sich als „Wilderer" strafbar. Zusätzlich lag das Jagdrecht durch Pachtverträge für die einzelnen „Reviere" fast vollständig in privaten Händen. Da es in der Bundesrepublik nur rund 35.000 jeweils recht groß bemessene Jagdgebiete gab, herrschte auf diesem Pachtmarkt starke Konkurrenz – was die Preise nach oben trieb. Eine Jagd des „kleinen Mannes", die etwa in Frankreich, Spanien oder Italien jeweils zu den ehrwürdigen kulturellen und sozialen Traditionen des Landes gehörte, gab es in der Bundesrepublik daher so gut wie gar nicht.[171]

Dennoch lebten die Tiere in Wald und Feld in Westdeutschland nur bedingt friedlicher als ihre Artgenossen in Südeuropa, denn auch die wenigen deutschen Jäger gingen häufig auf die Suche nach ihrem „Waidmannsheil". Zwar spielte die Gewinnung von Fleisch unter den Motiven für die Jagd nur eine nachgeordnete Rolle; trotzdem fielen große Mengen davon an, die grundsätzlich essbar waren. Allein in der Saison 1988/89 etwa blieben u. a. 755.000 Rehe, 691.000 Hasen, 423.000 Fasane, rund 105.000 Wildscheine sowie ca. 38.000 Stück Dam- und Rotwild im wörtlichen Sinne „auf der Strecke".[172]

Wir wissen nicht, welcher Anteil davon anschließend tatsächlich von Menschen verzehrt wurde. Kritiker der bundesdeutschen Jagdszene meinten, vielfach gehe es den Männern mit den Gewehren bei der Pirsch oder auf dem Ansitz von vornherein nur noch darum, „Trophäen" zu gewinnen.[173] Zudem erfassten die genannten Zahlen auch das sogenannte „Fallwild", d. h. Wildtiere, die in den immer dichter werdenden Autoverkehr geraten waren und deren Tod die Revierpächter oder Förster registriert und dem Deutschen Jagdverband (der die Statistik führte) gemeldet hatten. Deshalb lässt sich auch nicht entscheiden, ob die seit Beginn der 1960er Jahre gerade bei den Rehen stark ansteigenden Jahreszahlen nun auf eine verstärkte „Hege und Pflege" der Population und des Waldes zurückgingen (was einige ökologisch denkende Naturfreunde vehement forderten) oder ob schlicht immer mehr dieser dämmerungsaktiven Tiere unter den Rädern der deutschen

---

[171] Als Überblick vgl. vor allem: Wilhelm Bode/Elisabeth Emmert, Jagdwende. Vom Edelhobby zum ökologischen Handwerk, München 1998; Friedrich Karl von Eggeling, Vom Jagen in Deutschland. Über Wild und Jagd in der Industriegesellschaft, Hamburg und Berlin 1988 (hier die Angabe zu den Revieren: S. 80; zur Konkurrenz um die Reviere: S. 80–83). Zu den hohen Pachtpreisen vgl.: Dietrich Stahl/Hans Bibelriether, Jagd in Deutschland. Wild und Jäger im Industrieland, Hamburg und Berlin 1971, 79 f.
[172] StatJb BRD 1989, S. 169.
[173] Bode/Emmert, Jagdwende, S. 177–189. Vgl. auch: Bruno Hespeler, Jäger wohin? Eine kritische Betrachtung deutschen Waidwerks, München 1990, S. 305 f.

Autos endeten. Das Fleisch solcher zufällig von Menschen getöteten Wildtiere war nicht grundsätzlich vom Verzehr ausgeschlossen: Wenn der Zustand des Tierkörpers dies zuließ und wenn keine erkennbaren Krankheiten vorlagen, entstand auch durch solche Unfälle „Wildbret" für den privaten Konsum.[174]

Allein schon die reguläre Jagd aber sicherte einen steten Nachschub an Rehrücken und -keule oder auch an Wildschweingulasch und Fasanenbrust. Dank der Arbeit einiger spezialisierter Zwischenhändler, die vor allem Fachgeschäfte für Wildfleisch belieferten, konnte sich auch das breite städtische Publikum, das persönlich überhaupt nichts mit der Jagd zu tun hatte, bei Bedarf an deren Erträgen laben. Auf dem Speisezettel der durchschnittlichen bundesdeutschen Haushalte rangierte Wild allerdings weit unten: Typischerweise wurden im Jahr kaum zwei Kilo davon verzehrt.[175]

Für die Jäger warf der Verkauf erlegter Tiere keinerlei Gewinn ab, denn die damit zu erzielenden Einnahmen standen in keinem Verhältnis zu ihren Kosten. Nach einer überschlägigen Berechnung mussten die bundesdeutschen Jäger 1969/70 etwas mehr als 288 Millionen DM für die „Ausübung der Jagd" aufwenden (inklusive der Kosten für Waffen, Munition und für die Haltung von Jagdhunden). Der Ertrag aus dem Verkauf von Wildbret betrug hingegen nur 69,4 Millionen DM. Ökonomisch war die Jagd als eine Form der Fleischproduktion mithin geradezu widersinnig.[176]

Wie sehr es sich beim Fleisch von Wildtieren um ein Minderheitenprodukt handelte, wird vollends klar, wenn man die eben genannten Zahlen der geschossenen (und überfahrenen) Tiere mit den Statistiken der bundesdeutschen Schlachthöfe vergleicht: 1989 etwa wurden dort 35 Millionen Schweine und 4,6 Millionen Rinder getötet.[177] In dieser Perspektive schrumpft die auf den ersten Blick so lange „Strecke" der Jäger fast zur Marginalie.

Mit den „Hausschlachtungen" verhielt es sich zumindest in der ersten Dekade des hier untersuchten Zeitraums ganz anders: Für den Fleischmarkt waren sie ein wichtiger Faktor. Zwar galt dies nur bei Schweinen – aber die dominierten nun einmal den bundesdeutschen Fleischkonsum. Die Tötung von Mastvieh für den eigenen Tisch außerhalb der amtlich reglementierten und kontrollierten Schlachthöfe war nach dem deutschen Recht grundsätzlich zulässig. Allerdings unterlagen

---

[174] Von 1960/61 wuchs die „Strecke" an Rehen pro Jagdsaison von 540.000 kontinuierlich bis 1978/79 auf rund 717.000 an. StatJb BRD 1983, S. 162. Danach stieg die Zahl nur noch vergleichsweise geringfügig. Zu den Vorschriften für die Verwendung von „Fallwild" aus Unfällen vgl. die Artikel zu den Begriffen „Fallwild", „Fleischbeschau" und „Wildbretpflege" in: Gerhard Seilmeier/Karl-Ludwig Walz (Gesamtbearb.), Jagdlexikon, München etc 1983, S. 185, S. 206 u. S. 660. In freier Wildbahn tot aufgefundenes „Fallwild" durfte grundsätzlich nicht verzehrt werden.
[175] Vgl. etwa: Meyer, Fleischnachfrage, S. 264. 1980 gab es bundesweit im Einzelhandel 520 Fachgeschäfte für Wildfleisch. In der Regel verkauften sie gleichzeitig auch Geflügelfleisch. Wildfachgeschäfte mit hohen Quadratmeter-Umsätzen, in: LMP 31 (1980), Nr. 24, S. 54.
[176] Die genauen Zahlen vgl. in: Kurt Mauch, Jagd und Jäger in der Bundesrepublik, Hamburg 1971 (dpa-Hintergrund 2134), S. 16 f.
[177] StatJb BRD 1989, S. 168.

solche Schlachtungen in privaten Räumen strengen Vorschriften. Sowohl das Tierschutzgesetz als auch der Verbraucherschutz intervenierten. So durfte das Tier nur von einer fachlich ausgebildeten Person unter genauer Beachtung der auch sonst geltenden Regeln – etwa zu dessen Betäubung – getötet werden. In der Regel nahmen die Familien, bei denen eine Hausschlachtung stattfand, daher die Dienste eines dafür bestellten Metzgers oder Metzgergesellen in Anspruch, der das Messer führte und dann auch bei der Wurstproduktion half. Zudem musste ein Veterinär das Fleisch auf seine gesundheitliche Unbedenklichkeit prüfen; der Handel mit Fleisch und Wurst aus privat durchgeführten Schlachtungen war durchweg untersagt.[178]

Vor allem die letzte dieser Bestimmungen verortet die Hausschlachtung sozial und auch sozialhistorisch: Sie gehörte in den Bereich der marktunabhängigen Selbstversorgung und war damit Bestandteil einer Lebensführung, die versuchte, knappe Ressourcen möglichst optimal zu nutzen. Das Schwein, das sich einzeln auch noch auf sehr engem Raum halten lässt und das – ebenso wie der Mensch – zu den Allesfressern gehört, eignete sich für solche Bemühungen besonders gut: Es setzte auch dann noch verlässlich Fleisch an, wenn es vor allem mit Garten- und Küchenabfällen gefüttert wurde. Diese Praxis hatte ihren Ort – wie sich denken lässt – ausschließlich außerhalb der Städte, auf dem Land oder doch zumindest in den Randzonen der Kommunen, dort, wo Familien über ausreichend Gartenland verfügten, wo Nebengebäude als Stall genutzt werden konnten und wo auch kein Nachbar empört die Nase rümpfen konnte, wenn es nach Schweinemist roch.

Die Hausschlachtung einer Sau war jedoch nur zum Teil ein Überbleibsel aus der vorindustriellen agrarischen Vergangenheit Deutschlands, in der die Landwirtschaft immer auch der Selbstversorgung der Bauernfamilie gedient hatte. Gleichzeitig kann diese Form der Eigenwirtschaft auch als eine moderne Erscheinung gelten: Bürgerliche Sozialreformer propagierten sie im 19. und frühen 20. Jahrhundert, um die oft höchst magere Existenz von Arbeiterfamilien zu verbessern, die mit den in Industrie und Gewerbe gezahlten Löhnen vielfach nur „von der Hand in den Mund" leben konnten. Ein großer, intensiv genutzter Obst- und Gemüsegarten und ergänzend die Mast eines jeweils im Frühjahr gekauften Ferkels konnten die Lebenshaltung in der Tat deutlich verbessern, wenn denn die Familienmitglieder viel unbezahlte Arbeit investierten.[179] Die 1892 patentierte

---

[178] Vgl. zusammenfassend: Julius Büttner, Die Hausschlachtung auf dem Lande, Berlin und Frankfurt/Main 1948. Nur bei „Kleinvieh" wie Geflügel oder Kaninchen entfiel die tierärztliche „Beschau". Zur „ganz untergeordneten Rolle", die Hausschlachtungen bei Rindern spielten, vgl.: Die Agrarmärkte 1962 in der Bundesrepublik und im Ausland. Vieh und Fleisch. Hrsg. v. der Zentralen Markt- und Preisberichtstelle der Deutschen Landwirtschaft, o. O. 1963, S. VI.

[179] Vgl. zu diesen Konzepten: Clemens Zimmermann, Vom Nutzen und Schaden der Subsistenz. Fachdiskurse über „Arbeiterbauern" vom Kaiserreich zur Bundesrepublik, in: Westfälische Forschungen 61 (2011), S. 155–178; Michael Prinz, Der Sozialstaat hinter dem Haus. Wirtschaftliche Zukunftserwartungen, Selbstversorgung und regionale Vorbilder: Westfalen und Südwestdeutschland 1920–1960, Paderborn etc. 2012.

5. Formen der Selbstversorgung

Technik des sterilisierenden Einkochens, die der Fabrikant Johann Carl Weck im ersten Jahrzehnt des 20. Jahrhunderts dann in Deutschland rasch popularisierte, um seine „Weck-Gläser" zu verkaufen, erhöhte die Attraktivität der zumindest partiellen Selbstversorgung ganz entscheidend, weil es für die Hausfrau nun deutlich einfacher wurde, Ernteerträge langfristig zu sichern. Auch für die Konservierung von Fleisch eröffneten sich mit dem „Einkochen" zahlreiche neue Möglichkeiten jenseits des Räucherns und der ebenfalls sehr anspruchsvollen Wurstproduktion.[180]

Bezeichnenderweise wirkte das damit deutlich modernisierte Konzept, wie sich auch Nicht-Landwirte zu einem guten Teil vom Lebensmittelmarkt emanzipieren konnten, gerade durch die Massenarbeitslosigkeit in den Jahren der Weltwirtschaftskrise nach 1929 besonders einleuchtend.[181] Die veritable Hungersnot, die das besiegte Deutschland nach 1945 erlebte, kam dann noch einmal verstärkend hinzu.

So erklärt es sich, dass 1951 in der Bundesrepublik mehr Schweine privat geschlachtet wurden als 1936 im gesamten damaligen Deutschen Reich, das doch ungleich größer und auch weitaus stärker agrarisch geprägt gewesen war. Im westlichen Teilstaat kamen in diesem Jahr 4,38 Millionen Schweine außerhalb der Schlachthöfe „unters Messer". Gegenüber dem „Altreich" in den Grenzen von 1936 war das ein Plus von rund 100.000 Tieren. Die gewerblichen Schlachtungen summierten sich bei den Schweinen 1951 hingegen nur auf knapp acht Millionen.[182]

Auch ein Vergleich mit der Zahl der Mehrpersonenhaushalte zeigt die große Bedeutung der privaten Schweinehaltung und -schlachtung in der jungen Bundesrepublik. Geht man davon aus, dass Ein-Personenhaushalte wohl kaum zu den privaten Mästern gehört haben dürften und dass jede Familie nur eine Sau pro Jahr privat schlachten ließ, dann versorgte sich 1951 jeder vierte Haushalt, in dem mehrere Esser lebten, abseits der Lebensmittelmärkte mit Fleisch und Wurst vom Schwein. Da es in der Bundesrepublik seinerzeit rund zwei Millionen landwirtschaftliche Betriebe gab (ab einer Größe von 0,5 Hektar), waren es offensichtlich mehrheitlich nicht die Bauern, die sich zu diesem Zweck im Herbst oder Winter den Metzger ins Haus bestellten.[183]

---

[180] Vgl. als Überblick über entsprechende Ratgeber: Peter Nitsch, Das Einkochen von Fleisch- und Wurstwaren. Ein Literaturbericht, veterinärmed. Diss. Universität Leipzig 1993.
[181] Die Wohnungsbaupolitik des NS-Regimes wurde entscheidend von diesen Krisenerfahrungen geprägt: Sie setzte stark auf die sogenannte „Kleinsiedlung". Eine private Schweinemast war in dieser Sonderform des Wohnungsbaus fast durchweg programmatisch vorgesehen. Vgl. dazu etwa: Karl Christian Führer, Das NS-Regime und die „Idealform des deutschen Wohnungsbaues". Ein Beitrag zur nationalsozialistischen Gesellschaftspolitik, in: VSWG 89 (2002), S. 141–166.
[182] StatJb DR 1938, S. 125; StatJb BRD 1953, S. 150.
[183] Die Zahl der Mehrpersonenhaushalte betrug 12,559 Millionen. StatJb BRD 1953, S. 53. Vgl. ausführlicher auch: Egon Wöhlken, Die Bedeutung der Hausschlachtungen für die Elastizität der Nachfrage nach Schweinefleisch, in: AW 8 (1959), S. 1–13.

1960 sah es kaum anders aus: Zwar war die Zahl der Hausschlachtungen auf 3,8 Millionen gesunken, während die gewerbliche Fleischwirtschaft in den Schlachthöfen in zwölf Monaten nun schon 16 Millionen Schweine töten und zerlegen ließ. Schaut man auf das „Schlachtgewicht" (grob gesagt, das Gewicht der ausgenommenen Tiere ohne die Teile, die grundsätzlich nicht dem menschlichen Verzehr dienten), dann gehörten aber auch 1960 noch rund 22 Prozent des insgesamt in der Bundesrepublik produzierten Schweinefleisches in den Bereich der privaten Selbstversorgung.[184] 1965 lag dieser Anteil bei dann rund 18 Prozent. Der Rückgang seit Beginn des Jahrzehnts ergab sich jedoch fast nur rechnerisch, weil die Landwirte immer stärker marktorientiert arbeiteten und daher weitaus mehr Schweine mästeten und in die Schlachthöfe schickten. Sowohl die Zahl der Haushalte, in denen privat geschlachtet wurde, als auch die Menge an essbarem Fleisch, das dabei anfiel, hatten sich absolut hingegen nur wenig verändert.[185]

Diese Langlebigkeit der Eigenproduktion von Fleisch und Wurst beim Lieblingstier der Deutschen erklärt sich wohl auch durch eine weitere Modernisierung der Vorratshaltung seit Beginn der 1950er Jahre, die den Hausfrauen ihre Arbeit stark erleichterte: Die Tiefkühltechnik machte es erstmals möglich, Fleisch auch unbearbeitet über längere Zeit aufzubewahren. Zwar war in der jungen Bundesrepublik selbst ein einfacher Kühlschrank ohne Tiefkühlfach noch ein großer Luxus, den sich nur wenige Haushalte leisten konnten. Gerade in ländlichen Gemeinden stand die Gefriertechnologie dank staatlicher Initiative aber dennoch vielfach schon in den 1950er Jahren preisgünstig zur Verfügung: Insbesondere die Bundesländer Hessen und Niedersachsen investierten seit 1950 viel Geld in den Bau sogenannter „Dorfgemeinschaftshäuser", die das Leben auf dem Land attraktiver machen sollten. Typischerweise boten diese Bauten jeweils auch eine Gefrieranlage sowie große, privat gegen ein geringes Entgelt zu mietende Kühlfächer. Selbstversorger konnten so ganz anders wirtschaften als zuvor.[186]

Erst in den 1970er Jahren ging es mit der Tradition der Hausschlachtung dann doch merklich bergab. Die Zahl der Familien, die daran festhielten, sank nun stetig. 1975 war sie auf 2,6 Millionen gesunken. Dieser Trend setzte sich ungebrochen fort: 1989 verzeichnete die Statistik nur noch 1,18 Millionen Hausschlachtungen von Schweinen. Da die gewerbliche Fleischwirtschaft in der Zwischenzeit kontinu-

---

[184] Berechnet nach den Zahlen in: StatJb BRD 1963, S. 196. Das Schlachtgewicht bei den Hausschlachtungen wurde von den Statistikern geschätzt. Insofern ist auch der angegebene Prozentsatz eine Schätzung. Schweinefleischimporte (die vor allem in die gewerbliche Wurstproduktion und in die Gastronomie gingen) sind bei diesen Angaben nicht berücksichtigt. Die Zahl der landwirtschaftlichen Betriebe nach: StatJb BRD 1952, S. 98. Unter den rund zwei Millionen landwirtschaftlichen Betrieben gab es 1,58 Millionen, die Schweine hielten. 58 Prozent davon besaßen nur ein bis zwei Tiere, d. h. sie arbeiteten offensichtlich nicht marktorientiert. Ebenda, S. 108.
[185] Berechnet nach: StatJb BRD 1966, S. 195.
[186] Vgl. dazu etwa: Heinrich Fischer, Das hessische Dorfgemeinschaftshaus. Ein Weg zur Schaffung sozialer Einrichtungen in Landgemeinden, Frankfurt/Main 1954; Joachim Grube, Gemeinschaftseinrichtungen in ländlichen Gemeinden. Untersucht am Beispiel hessischer und niedersächsischer Gemeinschaftshäuser, Braunschweig 1972, insbes. S. 112–114.

ierlich massiv weiter gewachsen war, betrug der Anteil des durch Selbstversorgung entstandenen Schweinefleisches an der gesamten bundesdeutschen Produktion nun nur noch bescheidene 3,9 Prozent.[187]

Dieser Niedergang erklärt sich aus schwindendem Interesse der Konsumenten. Zwar stand die so überaus praktische Möglichkeit, Verderbliches einzufrieren, schon im Laufe der 1970er Jahre nicht mehr nur in „Dorfgemeinschaftshäusern", sondern auch in immer mehr Privathaushalten direkt zur Verfügung, weil selbst größere Kühltruhen nun deutlich erschwinglicher wurden.[188] Die zuvor weitverbreitete traditionelle Vorratswirtschaft bei Fleisch starb dennoch langsam, aber sicher aus.

Letztlich handelte es sich dabei vor allem um einen Wohlstandseffekt: Die Knappheitsökonomie mit ihren vielen durchweg sehr arbeitsaufwendigen Praktiken verlor im Massenwohlstand zunehmend ihren Sinn, weil die Versorgung über den Markt und die Händler für alle Haushalte finanziell immer leichter zu tragen war.[189] Darüber hinaus hatte eine Hausschlachtung ja immer den Zwang mit sich gebracht, das getötete Schwein, das typischerweise etwa 70 Kilo sehr unterschiedliches Fleisch bot, ganz unabhängig von den geschmacklichen Vorlieben oder Abneigungen der Familienmitglieder möglichst intensiv zu verwerten. Eine Fülle von ehrwürdigen und bewährten Rezepten machte das zwar möglich. Für Konsumenten, die zunehmend ganz selbstverständlich frei wählen konnten, was sie aßen, waren die ausgesprochen fetten Teile vom Schwein oder auch Speisen, die selbst noch das Blut des Tieres essbar machten, aber offensichtlich nur noch sehr begrenzt attraktiv.[190] Auch die Ausnahmesituation, dass Fleisch plötzlich im Überfluss zur Verfügung stand und deshalb auf dem „Schlachtfest" in großer Fülle gegessen wurde, erfreute nicht mehr wie zuvor, wenn Fleisch ohnehin jeden Tag auf den Tisch kam. Die enorme Arbeitsbelastung gerade der Hausfrau sowohl bei der Vorbereitung des Schlachttages sowie auch nach der Tötung des Tieres, wenn zahlreiche, sehr verschiedene Verwertungsverfahren gleichzeitig bewältigt werden mussten, wirkte in einer Gesellschaft, die ihren Wohlstand auch an kürzeren Arbeitszeiten und längeren Urlaubsansprüchen maß, zudem zunehmend archaisch.[191]

---

[187] Berechnet nach: StatJb BRD 1990, S. 168. Bei Rindern waren Hausschlachtungen sehr selten: 1989 wurden nur rund 90.000 Rinder privat geschlachtet. Ebenda.
[188] Vgl. etwa: Die Tiefkühltruhe steht heute im eigenen Keller, in: FAZ, 1. 3. 1980.
[189] Siehe oben die Angaben zum stark sinkenden Anteil der Ausgaben für Nahrungs- und Genussmittel an den Gesamtausgaben (S. 48).
[190] Zu den besonderen Rezepten, um das geschlachtete Tier möglichst umfassend zu verwerten, vgl. exemplarisch: Werner Flechsig, Mahlzeiten am Tage der Hausschlachtung in Ostfalen, in: Braunschweigische Heimat 70 (1984), S. 29–36.
[191] Eine genaue „to do"-Liste für die Hausfrau vgl. in: Margarete Gabriel, Einkochen und Einlagern ohne Verluste. Das praktische Nachschlagewerk der Siedlerfrau für die gesamte Vorratswirtschaft, Hamburg 1951, S. 90–93. Eine plastische Beschreibung, wie allein durch das Beispiel von Berufspendlern, die in Industriebetrieben arbeiten, die Ansprüche an die Lebensführung auch im Bereich Freizeit in einem Dorf enorm stiegen, vgl. schon in: Martin Egger, Dörfliche Industriearbeiter und ihr Einfluss auf die Sozialstruktur des Dorfes, in: Mensch und Arbeit 10 (1958), S. 52–54 (bezogen auf das Dorf Hüttenthal im Odenwald).

So wurde die Hausschlachtung in weiten Teilen der Bundesrepublik spätestens in den 1980er Jahren zur sozial- und kulturhistorischen Erinnerung: Heimatkunde-Museen begannen, die dabei benutzten Geräte in ihre Sammlungen aufzunehmen.[192] Damit verschwand auch eine traditionsreiche Form der ländlichen Geselligkeit, denn das „Schlachtfest" wurde stets gemeinsam mit Verwandten, Nachbarn und Freunden aus dem Dorf gefeiert.[193]

Wie regionale Zahlen zeigen, verhielt es sich nur in Bayern und Baden-Württemberg noch etwas anders: Ende der 1980er Jahre fanden mehr als 50 Prozent der in der Bundesrepublik registrierten Hausschlachtungen allein in diesen beiden Bundesländern statt. Gerade in den besonders produktiven Agrarregionen versorgten sich hingegen auch die Landwirte mit Schweinefleisch bereits wie ganz normale Konsumenten: Schleswig-Holstein etwa verzeichnete 1989 lediglich 1,2 Prozent der privaten Schlachtungen. Auch auf Niedersachsen entfielen nicht mehr als 14,4 Prozent, obwohl die bundesdeutsche Schweinemast gerade hier ihren Schwerpunkt hatte.[194]

Offensichtlich zählte die Selbstversorgung der Familie in der modernen Landwirtschaft zu den Traditionen, die immer schlechter in den Alltag eines Bauernhofes passten und daher zunehmend aufgegeben wurden. Zwar galt dies bei Obst und Gemüse vielfach nur bedingt (auch dank der Tiefkühltechnik). Wenn es um Fleisch ging, waren die Bundesbürger hingegen bereits in den 1970er Jahren fast vollständig ein einig Volk von Käufern, die sich im Einzelhandel versorgten und daher mit der blutigen Seite der Fleischproduktion direkt nichts mehr zu tun hatten.

---

[192] Vgl. für Hessen: Für Hausschlachtung komplett eingerichtet, in: FAZ, 6. 9. 1986; Blutschüssel und Schabeglocke, in: FAZ, 3. 11. 1988.
[193] Vgl. etwa: Helmut Koch, Remsfeld – Lebensverhältnisse in einem Dorf Nordhessens, in: Onno Poppinga (Hrsg.), Produktion und Lebensverhältnisse auf dem Land, Opladen 1979, S. 215–235, hier: S. 226 f.
[194] Berechnet nach: StatJb BRD 1990, S. 168. Zu den „Intensiv-Gebieten" bei der Schweinehaltung siehe S. 401–403.

III. Fleisch verkaufen

1. Ein Markt wird neu verteilt: die Entstehung der Supermärkte mit „Frischesortiment" und der Niedergang der Metzgereien

Die Entwicklung, die den deutschen Fleischmarkt und seine traditionellen Strukturen in noch nicht einmal zwei Dekaden (gemeinsam mit vielen parallel auftretenden Faktoren) grundlegend verwandelte, begann dezentral mit zunächst recht isoliert nebeneinander stehenden Impulsen in den späten 1950er Jahren. Verschiedene Akteure an verschiedenen Orten – zunächst geschah dies nur in Großstädten – trafen die gleiche Entscheidung: Die Inhaber oder Manager von größeren Lebensmittelgeschäften verkauften in ihren Geschäften erstmals auch Frischfleisch und frische Wurstwaren. In der Regel entstanden gleichzeitig auch noch Verkaufsabteilungen für unverarbeitetes Obst und Gemüse sowie für täglich neu gelieferte Backwaren. Mit dem Angebot solch bislang nicht geführter „Frischeartikel" konzipierten die unternehmerisch dafür Verantwortlichen ihre Läden nach amerikanischem Vorbild als Verkaufsstätte auf ganz neue Weise: Der „Supermarkt" entstand, der alle wichtigen Nahrungsmittel und zudem auch noch viele andere Dinge des täglichen Bedarfs anbot. Dieses Modell, auf das zunächst nur einige wenige Pioniere setzten, akzeptierte die gesamte Lebensmittelbranche bereits in den 1960er Jahren rasch als betriebliche Norm, die es möglichst flächendeckend zu realisieren galt.[1]

Zwar hatten die Bundesbürger das Wort „Supermarkt" teilweise auch schon zuvor benutzt, weil seit 1950 in vielen Orten verstärkt Lebensmittelgeschäfte entstanden, die es so bislang nur in einigen wenigen Metropolen gegeben hatte. In diesen Läden bedienten sich die Kunden an frei zugänglichen Regalen selbst mit dem, was sie kaufen wollten. Zudem boten sie deutlich umfangreichere Wahlmöglichkeiten als der traditionelle „Kaufmannsladen": Hielt dieser typischerweise etwa 400 bis maximal 600 verschiedene Artikel vorrätig, so legitimierte sich die vom Vorbild der US-amerikanischen „supermarkets" inspirierte Selbstbezeichnung der neuen Geschäfte nach den zeitgenössischen Standards durch ein mindestens doppelt so breites Sortiment.[2]

---

[1] Vgl. etwa: Der erste Supermarkt, in: FAZ, 5. 6. 1957; Ein Supermarkt in Köln, in: FAZ, 27. 9. 1957; Ilse Brune, Der Durchbruch zur Selbstbedienung, in: FAZ, 1. 8. 1959; Zwei neue Großmarktläden, in: FAZ, 25. 9. 1959; Auch Edeka errichtet Supermärkte, in: FAZ, 10. 6. 1960; Weitere Läden der Spar-Einzelhändler, in: FAZ, 9. 12. 1960. Vgl. als Überblick auch: Peter Lummel, Born-in-the-City: The Supermarket in Germany, in: Peter J. Atkins/Peter Lummel/Derek J. Oddy (Hrsg.), Food and the City in Europe since 1800, Farnham und Burlington 2007, S. 165–175.

[2] Vgl. bislang vor allem: Lydia Langer, Revolution im Einzelhandel. Einführung der Selbstbedienung in Lebensmittelgeschäften der Bundesrepublik Deutschland (1949–1973), Köln etc. 2013.

Die Art der verkauften Waren unterschied sich hingegen in den Anfängen der deutschen Supermarkt-Geschichte nicht von der in den herkömmlichen Geschäften, die nun – dank der neuen Konkurrenz – halb herablassend, halb liebevoll zunehmend als „Tante-Emma (oder auch: Tante Anna)-Läden" bezeichnet wurden: Hier wie dort beschränkte sich das Angebot fast ausschließlich auf gut lagerfähige, nicht verderbliche Artikel aus dem „Trockensortiment". Metzger, Bäcker und Konditoren sowie Obst- und Gemüsehändler als die traditionsreichen Spezialisten für frische Waren mussten den Supermarkt daher zunächst nicht fürchten.

Mit der Entstehung der ersten wirklich diesen Namen verdienenden Supermärkte, die auch „Frischeartikel" und damit ein „Vollsortiment" anboten, in den Jahren um 1960 begann sich die Welt des deutschen Einzelhandels nur kurze Zeit nach der Einführung der Selbstbedienung jedoch erneut und diesmal ganz grundlegend zu verändern. Die Zeitgenossen waren sich zunächst allerdings keineswegs sicher, wie es um die Zukunft der neuen Geschäfte bestellt sein werde. Besonders der Einstieg in den Handel mit Frischfleisch und -wurst galt als hoch riskant. Noch 1963 meinte ein Experte, der Fleischverkauf im Supermarkt befinde sich „noch im Stadium der Versuche"; ein hoher Beamter des Bonner Landwirtschaftsministeriums erklärte im gleichen Jahr, „die deutsche Hausfrau" werde Fleisch und Wurst wie bisher „durchaus weiterhin im Fachgeschäft kaufen".[3]

Der Markt, in den die Supermärkte mit einer „Frischeabteilung" für Fleisch und Wurst eindrangen, war in der Tat alles andere als leicht zu erobern. In allen deutschen Kommunen bis hinunter in die Kleinstädte und Dörfer existierte ein dichtes Netz von Metzgereien. Viele von diesen blickten auf eine lange Firmengeschichte zurück und durften auf eine oft über mehrere Generationen gewachsene Kundentreue rechnen. 1960 gab es in der Bundesrepublik rund 41.000 selbständige Metzger-Betriebe, die gemeinsam einen Jahresumsatz von 12,34 Milliarden DM erzielten. Fast der gesamte Absatz von Fleisch und Wurst erfolgte über diese Geschäfte.[4] Mehrheitlich handelte es sich – wie auch schon in der Vergangenheit – um proto-

---

[3] In der Reihenfolge der Zitate: W. H. Schuh, Die Auswirkungen der Nachfragekonzentration des Lebensmittelhandels auf die Bezugsformen von Frischwaren unter besonderer Berücksichtigung der Verhältnisse in Nordrhein-Westfalen, in: ders./O. Strecker, Frischwaren im Nahrungsmittelsortiment, Dortmund 1963, S. 7–20, hier: S. 15; Wolfgang Wittig, Der westdeutsche Tier- und Fleischmarkt in Gegenwart und Zukunft der Europäischen Wirtschaftsgemeinschaft, in: FW 43 (1963), S. 1128–1133, hier: S. 1129. Wittig war Ministerialrat im BML.

[4] Heinz-Ulrich Thimm, Die volkswirtschaftliche Verflechtung der deutschen Landwirtschaft, München etc. 1964, S. 103. Zur marktbeherrschenden Stellung der Metzger vgl. auch: C. Broicher, Die westdeutsche Fleischwirtschaft und ihre Stellung in der Volkswirtschaft, in: BLW 35 (1957), S. 887–900, hier: S. 896f. Lediglich einige der größeren Konsumgenossenschaften machten den Metzgern als Anbieter von Frischfleisch Konkurrenz: Sie hatten teilweise schon in den 1920er Jahren eigene Produktionsbetriebe für Fleisch und Wurst aufgebaut, um ihren Mitgliedern auch diese Waren anbieten zu können. Der Verkauf erfolgte allerdings in separaten Geschäften, d. h. in Metzgereien, die sich im genossenschaftlichen Besitz befanden. Das Paradebeispiel hierfür war die Hamburger „Produktion", eine der umsatzstärksten Konsumgenossenschaften. Noch in den 1970er Jahren betrieb sie in der Hansestadt zehn eigene „Schlachterläden" neben rund 200 SB-Lebensmittelgeschäften. Vgl. dazu: Discount und Supermarkt, in: LZ 27 (1975), Nr. 2, S. 11.

typische Familienunternehmen mit nur einem Laden, in dem der Meister und seine Frau die Arbeit weitgehend selbst erledigten. Filialbetriebe mit mehreren Niederlassungen und einer größeren Zahl von Angestellten waren selten.[5] Zwar verzichteten viele Metzgermeister mittlerweile darauf, eigenhändig zu schlachten, weil der Einkauf von Schweinehälften und Rindervierteln Zeit und Mühe sparte. Der Zuschnitt von Fleisch für die Kunden sowie die Produktion von Wurstwaren aber erfolgten immer noch auf handwerkliche Weise. In der Regel wurden nur wenige Arten von Aufschnitt von anderen Produzenten hinzugekauft. Die Konsumenten schätzten gerade diese persönliche „Verantwortlichkeit" des Betriebsinhabers für die höchst empfindlichen Waren, die er verkaufte.[6]

Zudem unterlag der Handel mit frischem Fleisch/Fleischwaren strengen Auflagen, was die Supermärkte als „newcomer" auf diesem Markt gleich vor diverse Probleme stellte. Nur ausgewiesene Meister mit der entsprechenden langjährigen Ausbildung durften Tierkörper oder größere Teile davon in verbrauchsfertige einzelne Stücke zerlegen. Hackfleisch, ohne das ein Fleischangebot in Deutschland nicht als komplett gelten konnte, musste ebenfalls von einem Meister persönlich oder doch zumindest unter dessen Aufsicht produziert werden. Wegen seiner besonders raschen Verderblichkeit galten für Hack zudem auch noch spezielle Vorschriften: Es durfte nur in kleinen Mengen in einem separaten Raum hergestellt und nicht über Nacht aufbewahrt werden. Alle bei der Produktion benutzten Maschinen waren zweimal täglich gründlich zu reinigen.[7]

Betriebswirtschaftlich noch erstaunlicher wird die Einführung einer „Frischeabteilung" für Fleisch und Wurstwaren in einem Supermarkt, wenn man bedenkt,

---

[5] Im Nahrungsmittelgewerbe behauptet sich der Familienbetrieb, in: NSZ 42 (1960), Nr. 40, S. 1–2. Noch 1980 besaßen 80 Prozent aller selbständigen Metzger nur einen Laden. In den vorangegangenen Jahrzehnten war dieser Anteil sogar noch größer gewesen. Filialisierung im Handwerk hält an, in: LMP 32 (1981), Nr. 4, S. 4.

[6] Helmut Bartels, Aktuelle Fragen des Verkehrs mit Fleisch und Fleischerzeugnissen, in: FW 44 (1964), S. 615–616, hier: S. 616. Geliefert wurden die geschlachteten Tiere in der Regel von einer der Einkaufsgenossenschaften der Metzger, die ihre Mitglieder bislang ausschließlich mit Maschinen und verschiedenen Hilfsmitteln für die Wurstproduktion versorgt hatten. Vgl. dazu: Der neue Typ der Metzgerei, in: FAZ, 25. 10. 1963. Der Verzicht auf die eigenhändige Schlachtung hatte in den Großstädten bereits im späten Kaiserreich begonnen. Vgl. dazu: Erich Biebel, Der Deutsche Fleischgroßhandel. Entwicklung und Aufgaben des Bundesverbandes der Großschlächter und Fleischgroßhändler e. V. Hrsg. im Auftrag des Bundesverbandes, Wiesbaden 1986, S. 118 f. 1960 machten die Metzger dennoch rund 82 Prozent ihrer Umsätze mit selbstproduzierten Waren. Thimm, Verflechtung, S. 103.

[7] Vgl. etwa: Mißbrauch der Handwerksordnung?, in: FAZ, 5. 9. 1956. Als Überblick über die amtlichen Vorschriften vgl.: Verkauf von Fleisch und Wurst. Hrsg. v. Institut für Selbstbedienung, Köln 1969, S. 11–15; Hygiene-Verordnung beim Fleisch- und Wurstverkauf beachten, in: LMP 31 (1980), Nr. 15, S. 44. Einen geharnischten Protest insbesondere gegen die „Hackfleisch-Verordnung" als „Mittelstandspolitik" zum Schutze der Metzger vgl. in: Karl Ludwig Schweisfurth, Die Be- und Verarbeitung von Fleisch in einem modernen Absatzsystem, in: Roderich Plate u. a., Rationalisierung der Vermarktung von Schlachtvieh und Fleisch. Vorträge und zusammengefaßte Diskussion in der Sitzung des Ausschusses Land- und Ernährungswirtschaft am 14. November 1961, Dortmund o. J., S. 31–38, hier: S. 36. Metzgermeister konnte nur der werden, der nach der dreijährigen Lehre mindestens fünf Jahre lang als Geselle in einer Metzgerei gearbeitet hatte.

dass diese in den Jahren um 1960 fast zwingend eine Bedienung der Kunden durch Verkaufspersonal erforderte. Zumal Fleisch ließ sich nicht als bereits fertig verpackter Selbstbedienungsartikel ordern wie die anderen Waren, die Supermärkte verkauften, denn in der Bundesrepublik fehlten für eine solche Vermarktung alle Voraussetzungen: Es gab keine Zulieferer, die den Laden und sein Personal von der Aufgabe befreit hätten, das Fleisch selbst zu portionieren und auszuzeichnen; die Verpackungsindustrie der Bundesrepublik besaß kaum Know-how, wie diese sehr spezielle Ware behandelt werden musste; geschlossene Kühlketten, die so ausgestattet und organisiert waren, dass frisches Fleisch auch über weitere Entfernungen transportiert werden konnte, ohne sofort zu verderben, waren noch aufzubauen.[8]

Zwar hatte der Wandel bereits begonnen. 1959 eröffnete der größte US-amerikanische Produzent von Verpackungsmaterial für Frischfleisch eine Verkaufsniederlassung in der Bundesrepublik; nur drei Jahre später baute die Firma in ihrem neuen Absatzgebiet schon eine eigene Fabrik. 1960 startete der größte bundesdeutsche Fabrikant von Wurstwaren ein umfangreiches Investitionsprogramm, um den Einzelhandel künftig mit portioniertem Frischfleisch versorgen zu können.[9] Die gleiche Firma, die in Westfalen produzierende „Schweisfurth GmbH", bot im nördlichen Ruhrgebiet zudem bereits Wurst und Aufschnitt in Selbstbedienungsverpackungen an.[10] Zweifel aber blieben: Würde die „deutsche Hausfrau" bei einem Produkt, bei dem es den Kunden vor allem um „Frische" ging, von anonymer Hand vorab verpackte Waren wirklich akzeptieren?

Allein schon wegen dieser offenen Frage erfolgte der Fleisch- und Wurstverkauf im Supermarkt in seinen Anfangsjahren in der Regel gewissermaßen in einer in den Supermarkt integrierten Metzgerei, d. h. durch Personal, das die individuellen Wünsche der Käuferinnen und Käufer auf deren Anweisung hin erfüllte. Bei Aufbau und Betrieb dieser speziellen Abteilung nutzten die Supermärkte einen Entwick-

---

[8] Vgl. im Rückblick: Mißtrauen gegen Fleisch in Selbstbedienung wird geringer, in: LZ 27 (1972), Nr. 6, S. 54. Supermärkte, die dennoch Fleisch als SB-Ware anboten, portionierten und verpackten das Fleisch daher in der Regel zunächst in Nebenräumen des jeweiligen Geschäftes. Vgl. etwa: Der erste Supermarkt, in: FAZ, 5 6.1957; Käthe Molsen, Vom Krämerladen zum Supermarkt. Die Entwicklung eines Familienbetriebes. 75 Jahre Johs. Schmidt 1887–1962, Hamburg 1962, S. 97 f. „Johs. Schmidt" war ein erfolgreiches regionales Lebensmittel-Filialunternehmen in Hamburg.

[9] Schweisfurth will 5 Millionen DM investieren, in: FAZ, 13. 9. 1960. Zu der Verpackungsfirma „Diamont International, NY" bzw. ihrer deutschen Tochter, der in Hamburg ansässigen „Omnia-Pac GmbH", vgl. im Rückblick: Mißtrauen gegen Fleisch in Selbstbedienung wird geringer, in: LZ 27 (1972), Nr. 6, S. 54.

[10] Vgl. genauer: Karl Ludwig Schweisfurth, „Herta – wenn's um die Wurst geht!", in: Werbung in einer freien Wirtschaft. Kongressbericht [vom 4. Kongress der Werbung, München, 1959]. Hrsg. v. Zentralausschuss der Werbewirtschaft, München 1960, S. 109–122, hier: S. 116 f. Die SB-Ware wurde über werkseigene Verkaufsstätten abgesetzt; die Firma benutzte dabei den Markennamen „Herta", mit dem sie auf lokaler Ebene bereits seit 1947/48 gearbeitet hatte. Intensivere Werbung für die Marke gab es erst seit 1957; die „Probierstuben" genannten Läden gehörten zu dieser Kampagne. 1960 existierten im Ruhrgebiet 60 solcher Geschäfte. Vgl.: ebenda u. S. 118 f.

lungsschub, der die deutsche Fleischwarenindustrie seit den frühen 1950 Jahren sehr viel leistungsfähiger als zuvor gemacht hatte: Erstmals wurden Wurstwaren und auch anderer Aufschnitt wie etwa die verschiedenen Formen von Schinken in der Bundesrepublik nun zeit- und kostensparend auch mit industriellen Methoden hergestellt und überregional vertrieben.[11] Dank dieser enorm gesteigerten Leistungsfähigkeit der Zulieferer konnte sich der Meister in einer Supermarkt-Metzgerei ganz auf den Zuschnitt von Frischfleisch konzentrieren, denn die Wursttheke ließ sich auch ohne Eigenproduktion attraktiv gestalten. Der Verkauf der von der Fleischwarenindustrie gelieferten Ware erfolgte dann allerdings auf traditionelle Weise durch individuellen Zuschnitt.[12]

Anders gesagt: Neben die zeit- und kostensparende Selbstbedienung, die bislang die zentrale organisatorische und betriebswirtschaftliche Besonderheit der neuen Verkaufsstätten dargestellt hatte, trat das sehr alte Prinzip der persönlichen Bedienung jedes einzelnen Kunden – und dieser unternehmerische Salto rückwärts erfolgte ausgerechnet, als Betriebe aller Art geradezu händeringend nach verfügbaren Arbeitskräften suchten. In den Jahren um 1960 herrschte auf dem Arbeitsmarkt der Bundesrepublik ein in Friedenszeiten historisch einmaliger Zustand der Überbeschäftigung. Die Industrie behalf sich in dieser Situation mit „Gastarbeitern" und „Gastarbeiterinnen", die man in großer Zahl gezielt vor allem in südlichen Ländern anwarb.[13] Dem Handel war dieser Ausweg jedoch versperrt, denn im Verkaufsgespräch mit einzelnen Kunden konnte niemand ohne differenzierte Deutschkenntnisse reüssieren.

Wenn die Supermarktbranche trotz all dieser gravierenden Probleme in den 1960er Jahren zunehmend auf Frischfleisch und -wurst als neues Angebot setzte, so tat sie das zum einen, weil die Verbraucher für diese Ware viel Geld ausgaben. Ende der 1950er Jahre entfielen nicht weniger als 25,5 Prozent aller Ausgaben, die ein 4-Personen-Arbeitnehmerhaushalt für Lebensmittel verwandte, auf Fleisch und Wurst. Keine andere Produktgruppe war für sich allein so bedeutsam.[14] Wenige Jahre später stabilisierte sich dieser Anteil dann dank des vermehrten Konsums gerade hochwertigerer Ware dauerhaft bei rund 30 Prozent.[15]

Die sprichwörtlichen „Fleischtöpfe", an denen es sich laut Volksmund gut leben lässt, lockten die neue Gruppe der Einzelhändler aber auch noch aus einem ande-

---

[11] Vgl. dazu im Rückblick: Karl Ludwig Schweisfurth, Wir sind herausgefordert, in: FW 49 (1969), S. 755–756. Zur Modernisierung der Produktion siehe genauer unten S. 229 ff.
[12] Den Wurstzuschnitt durften auch angelernte Kräfte – meist waren das Frauen – vornehmen. Hinter der Fleischtheke erwarteten gerade die Kundinnen hingegen selbst dann einen Mann, wenn sie bereits zugeschnittenes Fleisch kauften. Vgl. dazu: Bruno Groner, Sortimentsentwicklung der Selbstbedienungsgeschäfte 1957–1982, in: Dynamik im Handel 26 (1982), Nr. 3, S. 30–59, hier: S. 47.
[13] Vgl. etwa: Hedwig Richter/Ralf Richter, Die Gastarbeiter-Welt. Leben zwischen Palermo und Wolfsburg, Paderborn etc. 2012.
[14] Krieg oder Frieden um die Fleischerspanne, in: DBK 13 (1960), S. 44–45, hier: S. 44.
[15] Hertje Meyer, Fleischnachfrage in der Bundesrepublik Deutschland, in: AW 28 (1979), S. 261–269, hier: S. 261.

ren Grund: Fleisch, so zeigten es die empirisch arbeitenden Marktforscher, die seit 1950 auch in der Bundesrepublik ihre Dienste anboten, gehörte zu den wenigen Waren, die in sehr kurzen Abständen – vielfach sogar täglich – gekauft wurden. Frischfleisch war im Handel mit Lebensmitteln „ein Magnet", der die Kundinnen und Kunden sehr verlässlich in den Laden und an die Kassen lenkte.[16] Zudem belebte es auch noch die anderen Geschäftsbereiche: „Es hat sich gezeigt, das bei einem gepflegten Fleisch-Angebot der Umsatz des gesamten übrigen Sortiments steigt." Gerade dieser weitausgreifende Synergie-Effekt machte Frischfleisch für den Supermarkt zum betrieblichen „Zugpferd Nummer 1".[17]

Wie oben gezeigt wurde, steigerten die Bundesbürger ihren Fleischverbrauch seit 1950 ganz enorm. Mit dem neuen Massenwohlstand verstetigten sie den Konsum und damit gewann eine soziale Funktion, die Fleisch immer schon erfüllt hatte, für den Lebensmittelhandel enorm an Bedeutung: Fleisch war in Deutschland (wie in vielen anderen europäischen Gesellschaften auch) traditionellerweise der „Kristallisationspunkt bei der Planung und Gestaltung von Mahlzeiten". Nun, da es die Einkommen selbst weniger gut verdienenden Haushalten erlaubten, auch werktags regelmäßig Fleisch zu verzehren, beflügelte das alte „Leitprodukt" die Geschäfte der Lebensmittelbranche logischerweise weitaus intensiver als zuvor.[18]

Der Supermarkt als „Vollsortimenter" konnte davon stark profitieren – anders als der herkömmliche Metzger, denn der bot seinen Kunden außer Fleisch und Wurst in der Regel bestenfalls ein kleines Sortiment an Gewürzen und dazu vielleicht auch noch „Gurken, Sauerkraut und Senf". Schon aus Platzgründen konnten die meisten Inhaber dieser Geschäfte daran kaum etwas ändern.[19] Für die Kundinnen und Kunden war die Fleischabteilung im Supermarkt funktional daher deutlich mehr als einfach nur eine Metzgerei, die den Standort gewechselt hatte: Bei einem „Vollsortimenter" ließ sich in kurzer Zeit das beruhigende Gefühl gewinnen, alle wichtigen Einkäufe erledigt zu haben. Dies galt zumal für die große Zahl von Hausfrauen, die ihre Familie nicht planvoll bekochten, sondern relativ spontan erst im Laden entschieden, welches Gericht sie ‚für ihre Lieben' denn nun wieder ‚zaubern' wollten (so der zeitgenössische Duktus in vielen Texten über die Aufgaben einer Hausfrau und Mutter). Wie repräsentative Umfragen zeigten, verhielten sich fast 40 Prozent der bundesdeutschen ‚Versorgerinnen' auf diese Weise.[20] Hinzu kam der unverkennbare Drang vieler Kunden, „in immer kürzerer Zeit

---

[16] Hans Wirtz, Operating im Filialbereich, in: Robert Nieschlag/Dudo von Eckardstein (Hrsg.), Der Filialbetrieb als System: Das Cornelius-Stüssgen-Modell. Hrsg. im Auftrage der Cornelius Stüssgen AG anläßlich ihres 75jährigen Jubiläums, Köln 1972, S. 263–308, hier: S. 287.
[17] Preiserhöhungen trotz scharfer Wettbewerbslage, in: Industriekurier, 20. 9. 1969.
[18] Otto Strecker/Josef Reichert/Paul Pottenbaum, Marketing für Lebensmittel. Grundlagen und praktische Entscheidungshilfen, Frankfurt/Main 1983, S. 78.
[19] Strukturwandel im Fleischhandwerk, in: NFZ 53 (1971), Nr. 9, S. 1 u. S. 4, hier: S. 1. Vgl. auch: Kann der Tante-Emma-Laden noch überleben?, in: ebenda, Nr. 52, S. 15.
[20] Walter Renn, Runter von den hohen Aktions-Anteilen, in: LZ 31 (1979), Nr. 4, S. F 12–F 14, hier: S. F 12. Vgl. auch schon: Joachim G. Baum, Hauswirtschaft und Hausfrau. Ergebnisse und Erläuterungen einer Befragung, Köln 1968, S. 17.

immer mehr einzukaufen". In dieser Welt der „Einkaufsrationalisierung" gerade bei den Dingen des täglichen Bedarfs besaß der Supermarkt mit Frischeartikeln einen enormen Wettbewerbsvorteil gegenüber spezialisierten Geschäften, die nur eine Warengruppe anboten.[21]

Mit der Gesellschaft der Bundesrepublik wandelte sich in den hier untersuchten Jahren zwischen 1960 und 1990 auch die Welt des Einzelhandels ganz enorm. Bemerkenswert konstant blieb in diesen drei Jahrzehnten des Wandels hingegen die große Bedeutung, die der Verkauf von Frischfleisch und -wurst für die Branche der Supermärkte besaß. Weder die anteilig stark sinkende Bedeutung der Lebensmittelausgaben an den Etats der Bundesbürger noch das Ende der langen Phase, in denen der Fleischkonsum pro Kopf wie selbstverständlich beständig stieg, mit Beginn der 1980er Jahre haben daran etwas geändert. Auch die verschiedenen Skandale um „Rückstände" im Fleisch, die (wie gezeigt) von den zeitgenössischen Medien so breit dargestellt wurden, machten jeweils nur kurzfristig insbesondere bei Kalbfleisch einen Unterschied. Die Formulierung von Fleisch als „Zugpferd" für das gesamte Sortiment an Lebensmitteln galt unverändert. „Keine andere Warengruppe beeinflusst derart stark die Kundenfrequenzen", konstatierte ein Supermarktmanager 1979; zehn Jahre erklärte der Chefeinkäufer einer großen Filialkette: „In einen Markt zu stoßen, Marktanteile zu sichern und Kundenakzeptanz zu bekommen, dafür ist [sic!] Frischfleisch und Wurst eine der wesentlichen Warengruppen."[22]

Zwar wehrten sich die traditionsreichen Metzgereien bereits seit den späten 1950 Jahren nach Kräften gegen die neue Konkurrenz auf ihrem Absatzmarkt. Die Fachzeitschriften der Branche füllten sich mit eindringlichen Warnungen, jeder Metzger müsse unternehmerisch initiativ werden. So hieß es etwa 1960 in der „Norddeutschen Schlachter-Zeitung", die Supermärkte seien eine „Konkurrenz, die nicht ernst genug genommen werden kann". An anderer Stelle meinte das Blatt, man lebe als Lebensmittelhändler in der Bundesrepublik wegen des Trends zum „Vollsortimenter" in „einer revolutionären Zeit, die auch das Handwerk und mit ihm unser Fleischerhandwerk erfaßt" habe.[23]

Viele der mittelständischen Geschäftsinhaber reagierten mit umfangreichen betrieblichen Investitionen nicht nur in Maschinen für eine rationellere eigene Wurstproduktion, sondern gerade auch in neue, moderne Ladeneinrichtungen. Unter den Handwerksbetrieben wiesen die Metzgereien daher bereits in den späten 1950er Jahren eine ungewöhnlich hohe Investitionsquote auf.[24] Zahlreiche

---

[21] Karl Ludwig Schweisfurth, Um einen besseren Fleischabsatz, in: MDLG 84 (1969), S. 1589–1592, hier: S. 1590.

[22] In der Reihenfolge der Zitate: Bernd Cottmann, So machen wir es, in: LZ 31 (1979), Nr. 18, S. F 8; Fleisch bleibt ein „Strategie-Produkt", in: LZ 41 (1989), Nr. 9, S. J 4–J 8, hier: S. J 4. Vgl. ähnlich auch: Eduard Liebler, Fleisch- und Wurstwaren: Kundenmagnet Nr. 1 im Lebensmitteleinzelhandel, Köln 1990.

[23] In der Reihenfolge der Zitate: Edmund Helbig, Darum geht es!, in: NSZ 42 (1960), Nr. 18, S. 1; Schlachterhandwerk will kein „Naturschutzpark" sein, in: ebenda, Nr. 20, S. 2.

[24] Thimm, Verflechtung, S. 103.

Fleischereien veränderten sich in relativ kurzer Zeit massiv: Die „sterile OP-Atmosphäre", die sie bislang charakterisiert hatte, verschwand; oft ergänzten die Meister das Angebot im Laden durch einen „Mittagstisch" mit einfachen warmen Mahlzeiten. Logischerweise stand dabei Fleisch im Zentrum. Vielfach gehörte auch ein „Partyservice", der belegte Brötchen, „kalte Platten" und beliebte Bratenstücke wie etwa Roastbeef verzehrfertig auf Bestellung ins Haus lieferte, zu der Abwehrstrategie, mit der die Metzger um ihre dominante Stellung auf dem Fleisch- und Wurstmarkt kämpften.[25]

Die Anforderungen an eine wettbewerbsfähige Metzgerei allerdings wuchsen rasant in dem Maße, in dem sich die Supermärkte in den 1960er Jahren vergrößerten und aufwendiger präsentierten. So informierte das norddeutsche Fachblatt der Branche seine Leser im Jahr 1972 in einem Artikel, der die Erfahrungen zahlreicher Geschäftsinhaber resümierte, eine wirklich zeitgemäße Metzgerei brauche zwingend eine möglichst großflächig verglaste Ladenfront, um die Aufmerksamkeit von Passanten zu gewinnen. Schon von der Straße aus müsse ein potentieller Kunde das Geschäft „bis in den hintersten Winkel" übersehen können, um sofort das Gefühl zu vermitteln, es werde besonders hygienisch gearbeitet.[26] Stufen vor dem Eingang müssten in der modernen Welt des Einzelhandels (ebenso wie kleine Schaufenster) als ein unter Umständen tödliches Gift für die Kasse gelten; selbstöffnende Ladentüren wurden dringend empfohlen. Generell gehe es darum, den Besuch in der Metzgerei für die Kundinnen und Kunden so angenehm wie möglich oder sogar zum „Kauferlebnis" zu machen.[27]

Der konstruktiv aufmunternde Ton, in dem der das Blatt herausgebende Deutsche Fleischer-Verband seine Ratschläge formulierte, war allerdings wohl nichts anderes als das sprichwörtliche Pfeifen des besorgten Wanderers im Walde. 1972 verkauften bereits 30.000 der insgesamt 85.000 Lebensmittelgeschäfte mit gemischtem Sortiment in der Bundesrepublik auch Frischfleisch und -wurst. Die Zahl der selbständigen Metzgereien war hingegen von 41.000 im Jahr 1960 auf nur noch knapp über 34.000 gesunken. Grob geschätzt entfielen bereits 34 Prozent des gesamten Umsatzes mit Fleisch und Wurst auf die neuen Konkurrenten der

---

[25] Vgl. im Überblick etwa: Der neue Typ der Metzgerei, in: FAZ, 25. 10. 1963; Vom Metzgerladen zur Wurstboutique, in: FAZ, 3. 10. 1975. Zu den Imbissangeboten vgl. auch: Das Fleischer-Handwerk im Wettrennen mit den Fabriken, in: Blick durch die Wirtschaft, 6. 3. 1972; Mehr Imbiß-Abteilungen in Fleischerfachgeschäften, in: LMP 32 (1981), Nr. 20, S. 103; Günter Weitzel, Der Lebensmittelhandel in Bayern. Strukturbild und Entwicklungstrends. Gutachten im Auftrag des Bayerischen Staatsministeriums für Wirtschaft und Verkehr, München 1989, S. 113 f.

[26] Das Schaufenster nur mit Sonderaktionsware dekorieren, in: NFZ 54 (1972), Nr. 23, S. 1. Vgl. ähnlich auch: Carl Freybe, Verkauf im Laden, in: ders. u. a., Die Technik in der Fleischwirtschaft, 2. vollst. umgearb. u. erw. Aufl., Hannover 1966, S. 229–241, hier: S. 229.

[27] Der Einkauf muß zum Kauferlebnis werden, in: NFZ 54 (1972), Nr. 1, S. 1–3, hier: S. 1. Vgl. auch: Es gibt keine Oasen der ländlichen Ruhe mehr, in: ebenda, S. 5; Die Ware ist immer im Mittelpunkt, in: ebenda, Nr. 5, S. 1; „Äußere Visitenkarte" beeinflusst Kundenzuspruch, in: ebenda, Nr. 33, S. 13; Die Ladenfront ist die beste Visitenkarte, in: ebenda, Nr. 39, S. 13; Der erste Eindruck entscheidet, in: ebenda, Nr. 48, S. II.

traditionellen Fachgeschäfte, die wenig mehr als ein Jahrzehnt zuvor am Nullpunkt gestartet waren. Da das Marktvolumen seit 1960 stark zugenommen hatte, wog dieser Erfolg besonders schwer.[28]

In Süddeutschland, insbesondere in Bayern und Baden-Württemberg, sah die Lage zwar merklich anders aus, als diese Zahlen für den Gesamtmarkt es erkennen lassen, denn dort hielten viele Kundinnen und Kunden den Metzgern recht hartnäckig die Treue. In Norddeutschland – und dort insbesondere in den Großstädten – zeigten sich die Konsumenten hingegen weitaus innovationsfreudiger.[29]

Dementsprechend düster beurteilten die norddeutschen Geschäftsinhaber ihre Lage und ihre Zukunftsaussichten. Eine Umfrage im Jahr 1971 unter ihren Mitgliedern ließ etwa die Hamburger Fleischer-Innung „erschüttert" zurück: Mehr als ein Drittel der befragten Betriebe deklarierten Umsätze und Erträge, die der Vorstand der Innung als „unbefriedigend" beurteilte – und selbst dieses traurige Resultat kam nur deshalb zustande, weil die „Arbeitskraft der Ehefrau typischerweise in der Kalkulation in keiner Weise" eingesetzt wurde. Zudem sorgten sich sogar die erfolgreicher wirtschaftenden Betriebsinhaber über eine „Kostenexplosion", insbesondere bei den Löhnen des angestellten Verkaufspersonals und bei den Ladenmieten. Gute „Lagen" an Straßen mit viel Laufkundschaft konnten sich nur noch wenige Metzgermeister leisten. Die Ansiedlung in einem der modernen „Einkaufszentren", die der zeitgenössischen Stadtplanung als die Zukunft des Einzelhandels galten und die viel Publikum an sich zogen, kam für kaum einen von ihnen in Frage.[30] Selbst die Modernisierung eines vorhandenen Geschäftes verschlang wegen der hohen Anforderungen an die Ladeneinrichtung und die Präsentation der Waren viel Geld. Investitionssummen von rund 350.000 DM selbst

---

[28] Klaus Broichhausen, Das Fleischerhandwerk im Wettrennen mit den Fabriken, in: Blick durch die Wirtschaft, 6. 3. 1972; „f"-Geschäfte haben Zweidrittel-Marktanteil, in: NFZ 54 (1972), Nr. 39, S. 5–7. Den kleingeschriebenen Buchstaben „f" benutzten die selbständigen Metzger in ihrer Werbung seit 1963 als gemeinsames „Markenzeichen". Zu dessen Einführung vgl.: F wie Fleischer, in: FAZ, 6. 2. 1963. Die Zahl der nicht-spezialisierten Lebensmittelgeschäfte aus: Die Supermärkte wachsen weiter, in: FAZ, 11. 6. 1985.

[29] Vgl. dazu allgemein: W. Esselmann, Vermarktungswege und Vermarktungsformen in der Schweinemast, in: KF 54 (1971), S. 344–345; Unbekanntes über einen wenig transparenten Markt, in: LZ 40 (1988), Nr. 3, S. 86–88, hier: S. 88. Die Gründe für diesen Nord-Süd-Unterschied lassen sich (auch mangels zeitgenössischer Untersuchungen) nicht genau angeben. Vgl. dazu: Weitzel, Lebensmittelhandel, S. 106 f. Thesenhaft lässt sich der Unterschied wohl auf die geringere Bedeutung großstädtischer Ballungsräume, ein dichteres Netz an kleineren Schlachthöfen (die Metzger nutzen konnten), stabilere direkte Geschäftsbeziehungen zwischen Metzgern und einzelnen Landwirten, sowie auch auf lokale/regionale Ernährungsgewohnheiten in Süddeutschland zurückführen, in denen ganz bestimmte Wurstwaren eine größere Rolle als im Norden spielten. Vgl. als Regionalstudie für eine süddeutsche Region, die allerdings nur die Jahre ganz am Ende des hier untersuchten Zeitraums erfasst: Thomas Ladel, Analyse des Schlachtvieh- und Fleischabsatzes in Baden-Württemberg und Konsequenzen für die Strategie der Fleischerfachgeschäfte, Hamburg und Frankfurt/Main 1991.

[30] Der Betriebsvergleich vermittelt neue Einsichten, in: NFZ 53 (1971), Nr. 25, S. 3 u. S. 5, hier: S. 3; Weniger Fleischereien in Neubaugebieten, in: LMP 32 (1981), Nr. 8, S. 9.

für eine durchschnittlich große Metzgerei Mitte der 1970er Jahre machten die Branche „zu einem der kapitalintensivsten Handwerksbereiche überhaupt".[31]

Zwar gab sich der Fleischer-Verband ausgesprochen kämpferisch: „Wir denken nicht daran, zu kapitulieren!", rief dessen Vorsitzender im Herbst 1972 auf einer Verbandsveranstaltung.[32] Experten der Betriebswirtschaft hingegen urteilten sehr skeptisch über die Perspektiven der mittelständischen Metzger: Wer genauer hinschaue, der erkenne deutlich, dass die Umsatzzuwächse mit Fleisch und Wurst insbesondere in den Ballungsgebieten vor allem durch den vermehrten Absatz der Supermärkte entstünden. An den Kassen der Handwerker gingen sie hingegen weitgehend vorbei.[33]

Darüber hinaus fehlten den Metzgermeistern zunehmend auch noch die potentiellen Nachfolger. In den Jahren um 1970 blieb durchweg rund die Hälfte der angebotenen Ausbildungsplätze für den altehrwürdigen Beruf unbesetzt.[34] Eine grundlegende Reform der Lehre brachte 1972 zwar etwas Entlastung: Ein angehender Metzger musste nun nicht mehr zwingend auch das blutige Handwerk des Schlachtens erlernen, das kaum noch einen Jugendlichen reizte, obwohl es nach wie vor fast nur Männer waren, die sich für diesen Ausbildungsweg interessierten. Der Verzicht auf die eigene Schlachtung breitete sich damit zwangsläufig noch weiter aus; immer mehr Metzgereien wandelten sich so zu weiterverarbeitenden Betrieben, die auf Fleischlieferungen von anderer Seite angewiesen waren. Trotz der Neuerung in der Lehrordnung aber blieben die Zahlen der Auszubildenden dauerhaft zu niedrig. 1978 klagte ein Verbandsvertreter über das „Negativ-Image" des Berufs, das in einer saturierten Wohlstandsgesellschaft, die allen elementaren Lebensprozessen zunehmend fremd gegenüberstehe, kaum noch zu überwinden sei.[35]

Selbst neu gekürte Meister scheuten zudem oft den Schritt in die unternehmerische Selbständigkeit. Angesichts der Marktentwicklung bedeuteten die finanziellen Lasten, die bei der Übernahme oder der Neugründung einer Metzgerei entstanden,

---

[31] Fleischer-Erfolge, in: LZ 27 (1975), Nr. 13, S. 4.
[32] „Wir denken nicht daran, zu kapitulieren!", in: NFZ 54 (1972), Nr. 39, S. 3–5, hier: S. 3.
[33] Vgl. dazu ausführlich: Wilhelm Esselmann, Standorte der Fleischwarenindustrie. Am Beispiel Nordrhein-Westfalens, Stuttgart 1971, S. 123–133. Das gleiche Urteil vgl. auch schon in: Edmund Helbig, Darum geht es!, in: NSZ 42 (1960), Nr. 18, S. 1; Filialbetriebe und Supermärkte im Vordringen, in: ebenda, Nr. 42, S. 1–2.
[34] Nachwuchszahlen im Fleischerhandwerk reichen auch weiterhin nicht aus, in: NFZ 53 (1971), Nr. 3, S. 1.
[35] In der Bundesrepublik wächst ein neuer Schweineberg heran, in: Handelsblatt, 6. 6. 1978. Zur Reform der Ausbildungsverordnung vgl. rückblickend: Theo Wershoven, Der Fleischerberuf wird attraktiver, in: FW 64 (1984), S. 753. Sie unterschied seit der Reform eine „verkaufsorientierte" und eine „produktionsorientierte" Ausbildung. Das Schlachten wurde nur in der letzteren gelernt (und zwar erst im letzten Halbjahr der Lehre). Eine weitere Reform ließ es dann 1984 zu, selbst in der „produktionsorientierten" Ausbildung auf das Schlachten zu verzichten, weil die meisten Betriebe ohnehin nur noch geschlachtete Tiere ankauften. Zum Verzicht auf die eigene Schlachtung vgl. schon: Personalmangel führt zum Einkauf von geschlachteter Ware, in: NFZ 46 (1966), Nr. 47, S. 2; Brigitte Scherer, Jenseits von Kotelett und Rippchen, in: FAZ, 21. 8. 1971.

ein kaum noch sicher zu kalkulierendes existentielles Risiko. Demgegenüber versprach die Anstellung als Metzger in einem Supermarkt nicht nur geregelte Arbeitszeiten und einen Urlaubsanspruch, sondern perspektivisch auch noch eine vergleichsweise sichere Altersversorgung. Der Niedergang der selbständigen Metzgereien in der Bundesrepublik vollzog sich daher im Wesentlichen durch Betriebsschließungen mangels eines Nachfolgers, der an die Stelle des aus Altersgründen ausscheidenden Meisters treten wollte.[36]

Neugründungen verzeichnete das Gewerbe spätestens in den 1980er Jahren fast nur noch in spezieller Form und damit auch in sehr kleiner Zahl: Teilweise entstanden in Städten, in denen eine große Gemeinschaft von türkischen Familien lebte, einige wenige neue Metzgereien, die der alteingesessenen Bevölkerung als „türkische" Geschäfte galten, weil Inhaber und Personal zu den Migranten zählten und weil dort – in Anpassung an die Bedürfnisse ihrer vornehmlich muslimischen Kundinnen und Kunden – kein Schweinefleisch angeboten wurde. Nach dem Modell des Supermarktes mit vollem Sortiment verkauften zudem auch andere „türkische" Lebensmittelgeschäfte, die zuvor vor allem Obst und Gemüse geführt hatten, nun zunehmend Fleisch und Wurstwaren über eine eigens dafür eingerichtete Theke. Mehr als eine Nische im Markt stellte diese muslimisch geprägte Fleischwirtschaft jedoch nicht dar. Nach dem wenigen, was wir darüber wissen, hatten viele der zugewanderten türkischen Familien kein Problem damit, Fleisch und Wurst im „deutschen" Supermarkt einzukaufen, zumal die Ware dort – gerade bei Sonderangeboten – vielfach deutlich günstiger zu haben war als bei ihrem Landsmann.[37]

2. Die Konkurrenz verstärkt sich: „Discounter" als neue Wettbewerber auf dem Lebensmittelmarkt und Fleisch als SB-Artikel

Trotz ihres großen Erfolgs im Geschäft mit Fleisch gestaltete sich allerdings auch die Situation der Supermärkte keineswegs einfach. Zwar gewannen sie im Wettbewerb mit den Metzgern ohne Frage rasch eine starke Position; gleichzeitig aber

---

[36] Vgl. etwa: Karl Jetter, 12 000 Metzger zuviel?, in: FAZ, 24. 3. 1962; Wie hoch sind die Gründungskosten für Fleischereibetriebe?, in: NSZ 45 (1965), Nr. 11, S. 1; Ist Selbständigkeit für Fleischer wirklich zu teuer?, in: ebenda, Nr. 22, S. 5; Schrumpft sich das Fleischerhandwerk gesund?, in: NSZ 46 (1966), Nr. 6, S. 1; Verjüngung der selbständigen Meister dringend notwendig, in: NSZ 48 (1968), Nr. 14, S. 2. Zu dem parallelen Prozess bei den Landwirten siehe unten S. 379.
[37] Vgl. als eine wenigen empirisch fundierten Untersuchungen dazu: Arno Ruile, Ausländer in der Großstadt. Zum Problem der kommunalen Integration der türkischen Bevölkerung, Augsburg 1984, S. 164–166. Von den 133 türkischen Migranten, die der Autor befragte, kauften nur 53 Prozent ihr Fleisch ausschließlich in einem der 12 „türkischen" Lebensmittelgeschäfte, die es seinerzeit in Augsburg gab. 28 Prozent kauften es in „deutschen" Läden; 19 Prozent machten keine Angaben.

hatten sie selbst heftig mit Konkurrenz zu kämpfen. Sorgen bereitete ihnen vor allem der rasante Aufstieg der sogenannten „Discount-Läden" im Einzelhandel mit Lebensmitteln, der auf breiter Front bereits 1962 begann. So wie die Supermärkte mit der Einrichtung ihrer „Frischeabteilungen" ältere Formen und Praktiken der Handelsbranche für ihre geschäftlichen Bedürfnisse adaptierten, so belebten auch die „Discounter" eine Art, Lebensmittel und andere Waren des täglichen Bedarfs zu verkaufen, die gerade eben noch als überholt gegolten hatte. Im Grunde genommen, handelte es sich bei ihnen um eine moderne Form des „Tante-Emma-Ladens", denn sie führten durchweg nur ein sehr überschaubares Sortiment leicht zu lagernder und problemlos absetzbarer Grundnahrungsmittel, zu dem dann noch einige andere besonders „schnelldrehende" Waren wie etwa Toilettenpapier, Taschentücher und Kaffeefilter kamen. „Aldi" war selbstverständlich das Unternehmen, das diese bewusst genügsame, ja gewollt spartanische Sphäre des Einzelhandels am treffendsten repräsentierte und dementsprechend auch rasch kopiert wurde: Jede „Aldi"-Filiale bot in den 1960er Jahren nicht mehr als ca. 450 bis 600 verschiedene Waren aus dem sogenannten „Trockensortiment" an, die in denkbar primitiver Form (direkt aus aufgeschnittenen Kartons von im Laden stehenden Paletten) zu überall gleichen, sehr günstigen „Dauerpreisen" verkauft wurden.[38] Durch den äußerst raschen Warenumschlag entstanden bei den „Discountern" Umsatzzahlen pro Quadratmeter Verkaufsfläche, von denen der traditionelle Lebensmittelhandel nur träumen konnte.[39]

Mit den großen Supermärkten mit ihren verschiedenen „Frischeabteilungen" und ihrem umfangreichen Sortiment an bekannten Markenartikeln hatten solche „Billigläden" scheinbar gar nichts gemein. Frischfleisch, Obst und Gemüse oder auch andere rasch verderbliche Waren verkauften sie aus Kostengründen selbstverständlich nicht; bei Aldi fehlte lange Zeit sogar die im Lebensmittelhandel ansonsten bereits weitverbreitete Tiefkühltruhe.[40] Der enorme Erfolg, den die ersten

---

[38] Eine adäquate geschichtswissenschaftliche Untersuchung zur Entwicklung der Discounter und speziell zum Aufstieg von „Aldi" fehlt bislang. Als relativ gut fundierte Kurzabrisse der „Aldi"-Firmengeschichte vgl. einstweilen vor allem: Die Albrecht-Strategie, in: LZ 27 (1975), Nr. 36, S. 70–80; Michael Wortmann, Aldi and the German Model: Structural Change in German Grocery Retailing und die Success of Grocery Discounters, in: Competition and Change 8 (2004), S. 425–441. Nützliche Einzelinformationen vgl. auch in: Dieter Brandes, Konsequent einfach. Die Aldi-Erfolgsstory, Frankfurt/Main und New York 1998. Allgemein zu den Anfangsjahren der Discounter vgl.: J. Jürgen Jeske, Im Sog der Discounter-Welle, in: FAZ, 19. 9. 1974; ders., Die dritte Discountwelle hat ihren Höhepunkt erreicht, in: FAZ, 18. 8. 1976; eine treffende Beschreibung der kargen Verkaufsästhetik von „Aldi" in seinen Anfangsjahren vgl. in: Horst Krüger, Auf dem Laufsteg deutscher Einkaufsstrategen, in: FAZ, 4. 2. 1989.

[39] Vgl. etwa: Max Bruckhaus/Karlheinz Hagen, Verkaufen um jeden Preis. Das Diskontprinzip in Theorie und Praxis, Frankfurt/Main 1969, S. 61–72.

[40] Erst 1985 änderte sich dies. Vgl.: Tiefgekühlte Aldi-Preise, in: LZ 37 (1985), Nr. 6, S. 4. In der ersten Dekade ihrer Geschichte siedelten die beiden „Aldi"-Ketten ihre Filialen oft gezielt in der Nähe einer Metzgerei an, um den Nachteil des fehlenden Fleischangebots auszugleichen. Erst mit der wachsenden Größe der einzelnen Filiale und dem Trend, diese verkehrsgünstig in der städtischen Peripherie zu platzieren, endete diese spezielle Form der betrieblichen Nachbarschaft. Vgl. dazu etwa: Eberhard Fedtke, Aldi Geschichten. Ein Gesellschafter erinnert sich, Herne 2012, S. 138–140.

Geschäfte dieser Art dennoch bei Kundinnen und Kunden hatten, legte jedoch die Basis für eine äußerst dynamisch verlaufende Expansion der „Discount"-Ketten, und damit beeinflussten sie innerhalb weniger Jahre unweigerlich die Geschäfte und die Wirtschaftsrechnung der gesamten Lebensmittelbranche.

Im Basissortiment der besonders häufig gekauften Waren nämlich galten die Preise der beiden separat agierenden Regionalunternehmen „Aldi Nord" und „Aldi Süd" und ihrer diversen direkten Konkurrenten wie etwa „Penny", „Minimal", „Plus" oder „Comet" in kurzer Zeit als der Maßstab, den die Verbraucher allgemein anlegten. Die „Vollsortimenter" sahen sich zu Preissenkungen bei solchen „Schnelldrehern" gezwungen. Vielfach wurden dabei sogar eigene „Discount"-Marken eingeführt, die in der Aufmachung den „Aldi"-Produkten ähnelten. Durch diese „fast nur auf den Preis abgestellte Abwehr" verloren die Supermärkte betriebswirtschaftlich nützliche Verdienstmöglichkeiten in einem Kernbereich ihres Geschäftes, in dem sich die Renditen bisher relativ sicher hatten kalkulieren lassen.[41]

Zu den betroffenen Waren zählten auch Fleisch- und Wurstkonserven sowie billige Dauerwürste. „Aldi" als der führende „Discounter" verkaufte beides und erzielte in diesem überschaubaren, aber stets stabilen Segment des Fleischmarktes enorme Erfolge. Kombiniert man die Absatzzahlen von „Aldi Nord" und „Aldi Süd", dann lag deren Anteil etwa am Geschäft mit Fleischwaren in Dosen bundesweit wohl bereits in den 1970er Jahren bei rund 50 Prozent. Bei Dauerwurst landeten schätzungsweise 35 Prozent der Einnahmen in den „Aldi"-Kassen. So starke Wettbewerber, die ganz auf aggressiv niedrige Preise setzten, konnte niemand ignorieren, der im Handel mit Lebensmitteln Kunden binden und Umsatz machen wollte.[42]

Zusätzlich erschwerend wirkte eine Änderung des bundesdeutschen Kartellgesetzes, die 1974 in Kraft trat: Sie untersagte es den Herstellern von Markenartikeln, dem Einzelhandel bindend die Preise vorzuschreiben, die der Endverbraucher für die Ware zahlen musste. Dieses Ende der zuvor weitverbreiteten „vertikalen Preisbindung" und das neue System einer „unverbindlichen Preisempfehlung" des Herstellers eröffneten den Supermarkt-Managern einerseits vielfältige neue Möglichkeiten, mit Sonderangeboten zu werben. Andererseits aber intensivierte es den Wettbewerb im gesamten Einzelhandel noch einmal ganz erheblich, zumal sich

---

[41] Johann-Anton Pernice, Der deutsche Lebensmittelhandel: Leistungsfähiges Absatzinstrument im Dienste des Verbrauchers, in: Agrarmärkte und Agrarmarketing. Mit Beiträge v. Paul Beck u. a. Hrsg. zum 60. Geburtstag von Helmut Fahrnschon, Hamburg 1983, S. 53–69, hier: S. 59. Vgl. auch: Filialisten überprüfen ihre Kalkulationen, in: FAZ, 11. 1. 1967; Frischware verursacht doppelte Kosten in: LZ 27 (1975), Nr. 19, Sonderteil, S. II–VI, hier: S. II; Auch Rewe forciert die „weißen Marken", in: FAZ, 30. 4. 1982.

[42] Wichtig waren in diesem Marktsegment vor allem Dosenwürstchen. Alle anderen Fleischkonserven galten den bundesdeutschen Konsumenten eher als nebensächlich: Sie wurden vor allem als gut zu lagernde ‚Notration' gesehen. Vgl. zu den Besonderheiten dieses Marktsegments etwa: Preis bereitet Kopfschmerzen, in: LZ 27 (1975), Nr. 39, S. 58; Fritz Wirth, Wie steht es um die Fleischkonserve?, in: FW 59 (1979), S. 465. Zum „Aldi"-Marktanteil vgl.: Brandes, Konsequent, S. 40. Die Angabe zum Marktanteil bei Wurstwaren aus: Bernd Scherer, Gütezeichen im Marketing des Fleischhandwerks, agrarwiss. Diss. Universität Bonn 1988, S. 59.

viele „Discounter" bemühten, ihrer schier übermächtigen Konkurrenz, den beiden regional separaten „Aldi"-Ketten, die konsequent ausschließlich „Eigenmarken" verkauften, das Wasser abzugraben, indem sie einzelne, besonders populäre Markenartikel dauerhaft billig anboten.[43]

Unter dem Druck dieser neuen Verhältnisse richteten die „Vollsortimenter" ihre betriebswirtschaftlichen Hoffnungen fast zwangsläufig noch stärker als zuvor auf ihr Angebot an Frischwaren: Sie bemühten sich, dieses Warensegment weiter auszubauen und noch attraktiver zu präsentieren, um die Umsätze zu steigern und zugleich ihr Image als unverzichtbare Dienstleister für eine gehobene Lebensführung zu sichern. „Noch frischer dem Discounter kontern", dieses Motto, das die „Lebensmittel-Zeitung" als das führende Blatt der Branche 1985 ausgab, brachte diese Strategie knapp auf den Punkt.[44]

Zeitgleich mit dem Aufstieg der „Discount"-Ketten vollzog sich im deutschen Einzelhandel ebenfalls schon seit den frühen 1960er Jahren noch eine zweite Entwicklung, die den Konkurrenzkampf auf dem Fleisch- und Wurstmarkt zusätzlich verschärfte: Der Verkauf von bereits verpackter Frischware durch Selbstbedienung wandelte sich vom Experiment zur Selbstverständlichkeit. Allerdings brauchte es lange, bis dieser Zustand erreicht war, weil Kundinnen und Kunden sehr misstrauisch auf die neue Vermarkungsform reagierten.

Bei allen individuellen Vorlieben und Abneigungen verhielten sich die Käufer, wenn sie Fleisch auswählten, nämlich in einer Beziehung sehr einheitlich: Fleisch wurde vor allem nach seiner Farbe beurteilt und gekauft. Gewünscht war „eine appetitliche helle Röte" bei Schweinefleisch; Rindfleisch brauchte dunklere Färbungen. Nur Kalbfleisch, das fast weiß zu sein hatte, machte hier eine Ausnahme.[45] Zwar produzierte die Natur bei dem rötlichen Fleisch von Schweinen, Rindern

---

[43] Vgl. zu diesem Komplex etwa: Konrad Mellerowicz, Markenartikel. Die ökonomischen Gesetze ihrer Preisbildung und Preisbindung, München und Berlin 1963; Burckhardt Röper, Die vertikale Preisbindung bei Markenartikeln: Kritik und Wirklichkeit, in: Wirtschaft und Wettbewerb 21 (1971), S. 847–857; Werner Schultes, Preisbindung und Preisempfehlung im Rahmen der Kartellgesetznovelle, in: Wirtschaftsdienst 53 (1973), S. 534–540. Zu den Auswirkungen vgl. etwa: ders., Verbraucherpolitische Erfahrungen mit unverbindlichen Preisempfehlungen, in: Zeitschrift für Verbraucherpolitik 1 (1977), S. 339–351; Eberhard Kruschwitz/Werner Scheer (unter Mitarbeit v. Rainer Baller u. a.), Edeka – 75 Jahre immer in Aktion 1907–1982, Hamburg 1982, S. 57. Eine echte Eigenproduktion betrieb „Aldi" nur bei Kaffee; ansonsten wurden die „Marken" der Kette alle von ungenannten Industriebetrieben produziert. Deren „Enttarnung" war bei den Bundesbürgern ein beliebtes Gesprächsthema.

[44] Noch frischer dem Discounter kontern, in: LZ 37 (1985), Nr. 10, S. F 22. Vgl. auch schon: Viel Sorgfalt für Frischwaren, in: LMP 20 (1969), S. 536–537; Was werden sich die Discounter holen?, in: LZ 31 (1979), Nr. 41, S. F 30–F 31; C. Gröver, Anordnung von Bedienungsabteilungen im Supermarkt, in: SB 25 (1981), Nr. 1, S. 16–19, hier: S. 17 f.; Groner, Sortimentsentwicklung, S. 46; Spar: Obst und Gemüse noch frischer, in: FAZ, 9. 6. 1988, sowie im Überblick am Beispiel von „Edeka": Dieter Graff, Edeka – älteste Einkaufsgenossenschaft des Lebensmitteleinzelhandels, Köln 1994, S. 12.

[45] So die Formulierung in einer Anzeige der Verpackungsfirma "Cyrovac" in: FW 60 (1980), Nr. 6, o. P. (auf der Titelseite der Ausgabe). Vgl. auch: Fleischerzeugnisse zwischen Preis und Qualität, in: LMP 41 (1989), Nr. 1, S. 65.

und auch Schafen – anders als beim Geflügel – stets eine breite Palette verschiedener Tönungen. Selbst wissenschaftliche Koryphäen wussten nicht, wie diese differierenden Färbungen entstanden. Für entscheidend hielten sie komplexe Veränderungen in der Eiweißstruktur der Muskeln im Moment der Schlachtung und kurz nach dem Tod des Tieres. Was diesen Prozess beeinflusste, wie er genau ablief, ob man ihn steuern konnte – auf all diese Fragen aber gab es keine allgemein akzeptierten Antworten.[46]

Für die Fleischwirtschaft bedeutete das eine enorme Enttäuschung, weil die Kunden der Metzger und Supermärkte nicht bereit waren, die von Tier zu Tier natürlich auftretenden Schwankungen in der Fleischfarbe zu akzeptieren: Abweichungen von der jeweiligen Norm tolerierten sie nur in sehr geringem Maße. Insbesondere „zu dunkles" Rindfleisch und paradoxerweise auch „zu helles" Schweinefleisch ließ sich nur schwer verkaufen (beides fand seine Verwendung daher vor allem in der Wurstproduktion). Hinter diesem Verhalten der Endverbraucher stand die Erwartung, Fleisch dieser Art werde sich auf dem Teller als zäh erweisen – und fehlende „Zartheit" war für die Fleischesser ein Qualitätsmangel, der alle anderen Vorzüge von Fleisch zunichte machte. Zwar bestand nach Meinung der Experten kein nachweisbarer Zusammenhang zwischen der Farbe von unverarbeitetem Fleisch und dem späteren geschmacklichen Erlebnis des kauenden Konsumenten. Wie „zartes" Fleisch im Laden zu erkennen war, konnten sie aber auch nicht sagen, weil die biologisch-chemischen Veränderungen, die Fleisch beim Erhitzen entweder „zäh" oder „zart" machen, weitgehend im Dunkeln lagen. So blieb die vermeintlich „richtige" oder eben auch „falsche" Farbe – neben dem ebenfalls sehr kritisch beurteilten sichtbaren Fettanteil – das überragend wichtige Kriterium für die alltägliche Entscheidung der Käuferinnen und Käufer, welches Fleischstück sie kauften.[47]

Sicher hatte der Handel durchaus recht, wenn er dafür die „Hilflosigkeit" der Verbraucher gegenüber dem Produkt „Fleisch" verantwortlich machte. An deren Wahlfreiheit aber kam man dennoch nicht vorbei.[48] Paradoxerweise förderten zudem gerade die großen Supermarktketten die stereotype farbliche Fixierung ihrer

---

[46] Vgl. zusammenfassend: R. J. Elliot, Subjektive und objektive Farbmessungen am Schweinefleisch, in: FW 49 (1969), S. 212–215; Rainer Hamm, Die gegenwärtige Fleischforschung aus der Sicht des Chemikers, in: ebenda, S. 363–371, hier: S. 364 f.

[47] D. N. Rhodes, Meat Quality and the Consumer, in: J. C. Bowman/P. Samuel (Hrsg.), The Future of Beef Production in the European Community, The Hague etc. 1970, S. 79–89, insbes. S. 80–82. Zur großen Bedeutung der Fleischfarbe als Qualitätskriterium der Kunden vgl. auch: Elliot, Farbmessungen, S. 364; Gerfried Kiesow, Anforderungen der Praxis an ein System der Frischfleischverpackung, in: FW 65 (1985), S. 470–473, hier: S. 472; M. Bauschmid/H. Eichinger/F. Kromka, Rindfleischqualität im Urteil der Verbraucher, in: FW 62 (1982), S. 1411–1414, hier: S. 1412. Speziell zur Farbe von Kalbfleisch vgl.: Verkauf von Fleisch und Wurst. Hrsg. v. Institut für Selbstbedienung, Köln 1969, S. 35.

[48] Erfolgsformel = Frischtheke+SB-Regal, in: Lebensmittelhandel, 25. 5. 1974. Vgl. ähnlich auch: Fleisch und Wurst erfolgreich anbieten, in: LMP 31 (1980), Nr. 15, S. 43–44 (hier wird konstatiert, die Kriterien der meisten Kundinnen und Kunden beim Fleischeinkauf seien „alles andere als fachlich").

Kunden: In ihren Verkaufstheken installierten sie eigens dafür konstruierte Leuchtstoffröhren, die den rötlichen Teil des Farbenspektrum betonten. Auch Fleischstücke, die sie in ihrer Werbung abbildeten (was sie gerne taten), zeigten stets exakt das satte Rot, das von Natur aus keineswegs bei jedem aufgeschnittenen Tier sichtbar wird.[49]

Aus dieser eindeutigen optischen Präferenz der Verbraucher entstanden die Probleme bei den Versuchen, auch Fleisch in der Selbstbedienung zu verkaufen, denn eine Verpackung kann die Farbe von unbehandeltem Fleisch deutlich verändern. Dies galt gerade für die hygienisch sicherste Form der SB-Vermarktung, für die Vakuumverpackung. Die seinerzeit verfügbaren Techniken und Materialien führten dazu, dass sowohl Fleisch wie auch Wurst sich im Vakuum tief dunkelrot verfärbten. Daher erwies sich diese Form der Verpackung in der Praxis als nicht durchsetzbar: So angebotene Ware lag wie Blei in den Läden. Auch Aufklärungsversuche und Versprechungen, die gewünschte Farbe werde sich einstellen, wenn die Packung erst geöffnet sei, konnten den Konsumentenboykott nicht brechen.[50]

Tiefgefrorenes Fleisch fand ebenfalls nur wenige Käufer. Lediglich bei Hähnchen mit ihrem weißen Fleisch, das gefroren kaum anders aussieht als frisch, galt dies nicht. Bei dem roten Fleisch von Schwein und Rind aber fühlten sich die Kundinnen und Kunden unsicher, weil sie nicht darauf vertrauten, dass die Ware in der Gefriertruhe ihre „echte" Farbe zeige. Hoch gespannte Erwartungen, der Absatz von Gefrierfleisch werde sich in dem Tempo erweitern, in dem sich Kühlschränke und Gefriertruhen zu Alltagsgegenständen entwickelten, blieben daher unerfüllt.[51]

Eine Verpackung von Fleischstücken in Klarsichtfolien und auf Kunststoffschalen ohne ein Vakuum führte nicht zu vergleichbaren Problemen bei der Fleischfarbe. Daher setzte der Handel rasch ganz auf diese Absatzform, obwohl auch sie eine dauernde Kühlung der Ware erforderte und damit fortlaufend höhere Transportkosten mit sich brachte. Zusätzlich fielen die Anfangsinvestitionen für Kühltruhen in den Geschäften ins Gewicht. Allerdings war auch dieser Vermarktungsweg gerade in den Jahren seiner Entstehung um 1960 keineswegs unproblematisch. So verpacktes Fleisch konnte im Laden anfangs selbst dann bestenfalls 48 Stunden lang angeboten werden, wenn die Ware auf ihrem Weg zum Verbraucher keinen Temperaturschwankungen ausgesetzt war. Nicht portioniertes Frischfleisch blieb

---

[49] Zu den besonderen Beleuchtungstechniken vgl.: Rhodes, Meat Quality, S. 80 f. Zu den Farbveränderungen bei verpackten Fleischstücken vgl. etwa: Frischfleischverpackung. Auf das Rot kommt es an, in: Verpackungs-Rundschau 34 (1983), S. 340–352, hier: S. 340.

[50] Vgl. genauer: D. E. Hood, Technical Developments in Wholesaling and Retailing to meet Consumer Demands, in: Bowman/Samuel, Future, S. 90–100, hier: S. 95–97.

[51] So stellte die Schweisfurth AG als einer der größten bundesdeutschen Lieferanten von portioniertem Fleisch für den Einzelhandel mit Lebensmitteln 1971 die Produktion von TK-Fleisch ein, die sie seit 1961 aufgebaut hatte, weil der Absatz konstant unbefriedigend geblieben war. Vgl. dazu sowie insgesamt zur geringen Marktbedeutung von TK-Fleisch: Klaus Broichhausen, Mehr Fleisch als heute können die meisten nicht essen, in: Blick durch die Wirtschaft, 28. 2. 1972. Zur Bedeutung von TK-Ware bei Hühnerfleisch siehe S. 294.

bei korrekter Behandlung hingegen deutlich länger frisch. Der hohe Feuchtigkeitsgehalt von Fleisch führte zudem leicht zu „drip" in der Packung, d. h. zum unappetitlichen Austritt von Flüssigkeit.[52]

Die Frage, ob sich die hohen Investitionen für neue Kühltruhen und die geschlossene „Kühlkette" rechnen würden, beantwortete sich angesichts dieser unleugbar bestehenden Probleme keineswegs per se positiv. Das Marktsegment wuchs nur zögerlich: Noch 1971 entfielen lediglich sieben Prozent des gesamten Umsatzes mit Frischfleisch in der Bundesrepublik auf SB-Ware. Selbst bei Wurst, bei der sich die Verpackungsprobleme weitaus besser lösen ließen, sah es nicht viel anders aus. Enttäuscht klagte die Branche über das „ungemein konservative Verhalten" der Kundinnen und Kunden.[53] Von einer Änderung erhofften sich die Manager der Supermärkte viel, denn Umsatzsteigerungen mit Fleisch und Wurst in der Selbstbedienung ließen deutlich mehr Geld in den Kassen zurück als Verkaufserfolge an der Bedienungstheke, an denen die Personalkosten mit der Kundenfrequenz stiegen.[54]

Einen deutlichen Aufschwung nahm der Absatz von verpacktem Fleisch erst in den 1970er Jahren. Zum einen war mittlerweile eine neue Generation von Kundinnen und Kunden herangewachsen, die schon ihre ersten Einkaufserfahrungen in Selbstbedienungsläden gemacht hatten. Viele von ihnen schätzten die Anonymität solcher Geschäfte: „Sie wollen mit aller Ruhe und unbeobachtet die Waren auswählen, die ihnen gefallen." Bedienungstheken, an denen sie sich gezwungen sahen, mit dem Personal zu reden, galten Angehörigen dieser Alterskohorte daher vielfach geradezu als unangenehm.[55] Zum anderen erlaubten neu entwickelte Schichtfolien nun eine längere Lagerung in den Kühltruhen ohne beständige Kontrollen durch das Personal. Zugleich verschwand ein Problem, das bislang viel Misstrauen gestiftet hatte: Neu entwickelte Verkaufsschalen mit Gitterboden boten den Kunden nun erstmals die Möglichkeit, das verpackte Fleisch auch von unten zu begutachten.[56]

---

[52] Vgl. etwa: Karl Heinz Henksmeier, Welche Anforderungen stellt ein modernes Einzelhandelsvertriebssystem an die Belieferung mit Frischfleisch und Fleischwaren?, in: R. Platz u. a., Rationalisierung der Vermarktung von Schlachtvieh und Fleisch. Vorträge und zusammengefasste Diskussion der Sitzung des Ausschusses Land- und Ernährungswirtschaft am 14. November 1961, Dortmund 1961, S. 9–14, hier: S. 13. Vgl. auch: Felix Grüttner, Fleischwaren in Klarsichtpackung, in: DSVZ 58 (1958), S. 112–114; Erik Wallenberg, Erprobte Packstoffe für frische Lebensmittel, in: VR 14 (1963), S. 750–753, hier: S. 751 f.
[53] Blut, Kraft und Potenz, in: FAZ, 31. 1. 1972.
[54] Vgl. dazu: Die Selbstbedienung bei Fleisch und Wurst ist verkaufsförderungswürdig, in: LMP 23 (1972), S. 338–342, hier: S. 338. Ähnlich auch: Eduard Liebler, Personalkosten in der Fleischabteilung – ein unlösbares Problem?, in: LMP 31 (1980), Nr. 13, S. 56–57.
[55] Helmut Gallert, Vorverpackung + Selbstbedienung, in: Die Fleischerei 21 (1970), Nr. 11, S. 18–20, hier: S. 18. Vgl. auch: Heribert Gierl, Wer kauft bei Aldi?, in: MA 50 (1988), S. 547–554.
[56] Eine Überblick über die Technologie der Verpackungsfolien seit Anfang der 1960er Jahre vgl. in: K. Tändler, Interpack 73 – Messe des Entscheidens?, in: FW 53 (1973), S. 925–929, hier: S. 925 f. Zu den neuen Verkaufsschalen, die in den USA entstanden waren, vgl.: Erweiterte Kontrolle baut Misstrauen ab, in: LZ 27 (1975), Nr. 1, Sonderteil S. I–IV, hier: S. II. Vgl. zu den Verpackungsproblemen auch: Helmut Bartels/H.-J. Klare/P. Wöhner, Verlängerung des

Dank dieser Neuerungen konnte die Kühltruhe für Fleisch und Wurst im Supermarkt nun nicht nur als Ergänzung der Bedienungstheke (etwa für Sonderangebote besonders gängiger Fleischstücke), sondern als vollwertige Alternative für die personalintensive Betreuung jedes einzelnen Käufers gelten. 1971 ersetzte eine der mittelgroßen regionalen Supermarktketten, die vor allem in Niedersachsen und in Nordrhein-Westfalen starke „AVA", die Fleisch- und Wursttheke in ihren Geschäften durch Kühltruhen. Um die Kunden mit dieser Änderung zu versöhnen, adaptierte das Unternehmen das „Aldi"-Prinzip der einheitlichen „Dauerniedrigpreise" erstmals konsequent auch für Frischfleisch und -wurst.[57]

Einen etwas anderen Weg ging wenig später die „Edeka"-Regionalgesellschaft im südlichen Hessen: Sie stattete die kleineren der von ihr betreuten und belieferten Geschäfte, die bislang überhaupt kein Fleisch verkauft hatten, weil sie zu wenig Umsatz machten, um eine Bedienungstheke amortisieren zu können, nach und nach mit Kühltruhen aus. Vor allem der Absatz von Wurstwaren sollte so gesteigert werden; Fleisch durfte nur ein Viertel der verfügbaren Lagerfläche einnehmen.[58]

Dank solcher Initiativen, die jeweils mit intensiver Werbung einhergingen, und dank der technologischen Verbesserungen gewöhnte sich ein wachsender Teil der Käufer an die neue Vermarktungsform. Wie Umfragen zeigten, nutzten bei den Frauen insbesondere jüngere Kundinnen, die über einen höheren Haushaltsetat verfügen konnten, nun verstärkt den SB-Kauf. Da sie in der Regel auch schulisch und beruflich besser ausgebildet waren als die durchschnittliche bundesdeutsche Hausfrau, stellten verpacktes Fleisch und verpackte Wurst offensichtlich anfänglich vor allem ein Element in einer bewusst „modernen" Lebensführung dar. Praktische Motive wie vor allem die Zeitersparnis, die für berufstätige Frauen besonders wichtig war, kamen hinzu. Ältere Frauen vor allem aus weniger gut verdienenden Familien blieben hingegen hartnäckig skeptisch. Mit einem Anteil von etwa 16 Prozent am gesamten Fleischmarkt hatten SB-Waren dennoch 1980 deutliche Fortschritte gemacht.[59]

Frischezustandes beim Vertrieb portionierten Frischfleisches, in: FW 52 (1972), S. 816–818; Eduard Liebler, Frischfleischverpackung der zweiten Generation, in: FW 58 (1978), S. 1788–1789.

[57] Vgl. im Rückblick: Richard Balling, Zweigleisig bei Rind und Schwein, in: LZ 41 (1989), Nr. 9, S. J 9–J 10, hier: S. J 9.

[58] Im Schnellkurs alles Wichtige zur Selbstbedienung, in: LZ 27 (1975), Nr. 6, S. 56. Das Programm begann im Winter 1973/74.

[59] Vgl. zur sozialen Struktur der SB-Käuferinnen genauer: Selbstbedienung setzt Bildung voraus, in: FAZ, 9. 10. 1969; Verkauf von Fleisch und Wurst. Hrsg. v. Institut für Selbstbedienung, Köln 1969, S. 55; SB stößt an seine Grenzen, in: LZ 40 (1988), Nr. 20, S. 70–71. Bei Befragungen nannten die Hausfrauen, die SB-Fleisch kauften, vor allem die „Bequemlichkeit" des Einkaufs als Hauptattraktion. Vgl. dazu etwa schon: Steaks sind nicht zum Kochen da, in: LZ 27 (1975), Nr. 41, Sonderteil, S. III–XX, hier: S. IV. Die Angabe zum Marktanteil für 1980 aus: Jürgen Wolfskeil, Der Wurst-Markt ordnet sich neu, in: LZ 37 (1985), Nr. 9, S. F 18–F 20, hier: S. F 18.

Im gleichen Jahr konstatierte die „Fleischwirtschaft", das Fachblatt für alle Fragen der Fleischverarbeitung, in einem Artikel über weitere Verbesserungen der Verpackungsmaterialien für Frischfleisch und -wurst vollmundig: „Die Technologie der Packstoffe und des Verpackungsprozesses ist heute weitgehend gelöst."[60] Gegen Ende des Jahrzehnts garantierte einer der großen Produzenten von vorverpacktem Fleisch und abgepackter Wurst den Supermärkten bereits eine Haltbarkeit der Waren von mindestens zehn Tagen.[61]

Auch die Zahl der Geschäfte wuchs, die solche Artikel anboten. Mehrere der großen „Discounter-Ketten" setzten im Wettbewerb mit „Aldi" in den 1980er Jahren offensichtlich verstärkt auf frische Selbstbedienungsware, die der Marktführer ja nach wie vor nicht im Sortiment hatte. Die „Lebensmittel-Zeitung" vermerkte daher bereits 1985 eine „rasche Verschiebung von Marktanteilen" insbesondere beim Absatz von Frischwurst „hin zu den Billiganbietern" und SB-Artikeln. Es entstehe so eine „Spaltung des Marktes" zwischen den besonders preiswerten und den eher normal kalkulierten Waren, die den Wettbewerb sowohl unter den Produzenten von Wurst als auch unter den Händlern enorm verschärfe.[62]

Die positive Resonanz bei den Kunden bewog „Discounter" wie etwa „Penny" oder „Minimal" schließlich in der zweiten Hälfte des Jahrzehnts sogar dazu, in ihren Geschäften nun ergänzend auch ein breiteres Sortiment von vorverpacktem Fleisch anzubieten. 20 bis 30 verschiedene Artikel scheinen dabei üblich gewesen zu sein; auch hier galten „Dauerniedrigpreise". Zwar handelte es sich dabei zunächst nur um unternehmerische Experimente, die jeweils nicht flächendeckend im gesamten Filialsystem, sondern nur in einzelnen Regionen umgesetzt wurden. Dennoch begann hier ein Trend, der sich dauerhaft fortsetzte.[63]

Der Anteil der SB-Ware am gesamten bundesdeutschen Fleischmarkt betrug ohnehin bereits 1984 nicht weniger als 24 Prozent. Bis 1990 erwarteten Experten eine Ausweitung auf rund 30 Prozent.[64] Etwa 40 Prozent der Kundinnen und Kunden, die regelmäßig Fleisch und Frischwurst kauften, griffen im Supermarkt zumindest gelegentlich zu vorverpackter Ware.[65] Preisvorteile spielten dabei eine

---

[60] H.-J. Schmidt/F. Wirth/D. Großklaus, Fleischerzeugnisse in SB-Folienverpackungen, in: FW 60 (1980), S. 873. Einen genauen Überblick über die verschiedenen Verpackungsformen und -techniken vgl. in: Frischfleischverpackung. Auf das Rot kommt es an, in: Verpackungs-Rundschau 34 (1983), S. 340–352.
[61] Bernd Biehl, Vorteile und Vorurteile, in: LZ 40 (1988), Nr. 47, hier: S. F 18–F 19, hier: S. F 18.
[62] Wolfskeil, Wurst-Markt, S. F 18. Ähnlich vgl. auch: F. Kuhlmann, Schlusswort, in: Chancen in der Tierproduktion? Wettbewerbsfähigkeit – Produktionsentwicklung – Vermarktungswege, Frankfurt/Main 1984, S. 97–100, hier: S. 98 f.; Eduard Liebler, Fleischwarenindustrie 1990, in: FW 66 (1986), S. 178–182, hier: S. 178.
[63] Vgl. genauer: Bernd Biehl, Vorteile und Vorurteile, in: LZ 40 (1988), Nr. 47, S. F 18–F 19. Vgl. auch: Karsten Redlefsen, Strukturelle Anpassungen in der Fleischwarenindustrie, in: FW 66 (1986), S. 982–986, hier: S. 983.
[64] Wolfskeil, Wurst-Markt, S. F 18.
[65] Mehr Fleisch SB-verpackt, in: LZ 41 (1989), Nr. 10, S. 26. Regionale Unterschiede blieben allerdings bestehen: So lag der Absatzanteil von SB-verpackten Wurstwaren in Bayern 1985 immer noch unter 15 Prozent; in Norddeutschland wurde hingegen bereits ein Drittel aller

wichtige Rolle. Insbesondere Wurstwaren kosteten abgewogen und verkaufsfertig verpackt im Regal um bis zu 20 Prozent weniger als beim Zuschnitt am Tresen, weil die Kunden dabei höhere Personalkosten mitzutragen hatten.[66]

Sowohl für die „Vollsortimenter", die nicht auf umfassend niedrige Preise setzten, als auch für die mittelständischen Metzgereien bedeutete diese Entwicklung zusätzlichen Druck. Die Fachpresse kommentierte die Experimente der „Discounter", auch SB-Frischfleisch zu verkaufen, mit den Worten, die Branche stehe dadurch am „Beginn einer neuen Wettbewerbsphase", die „alle Anbieter zu einem Überdenken ihrer Angebots- und Preispolitik zwingen" werde.[67]

Um die Kunden an ihren Bedienungstheken zu halten, mussten die großen Supermärkte nun dort ein noch umfangreicheres Sortiment anbieten. Läden, die am Tresen kaum mehr Artikel präsentierten als die Discounter in ihren Kühltruhen, erhielten von befragten Hausfrauen schlechte Noten bei der „Leistungsbewertung". Das abschätzige Urteil galt dabei für den ganzen Laden und nicht nur für die Fleischabteilung. Einmal mehr zeigte sich hier die besondere Bedeutung von Fleisch in der Welt des Handels und des Konsums, denn im spiegelbildlichen Fall nahmen die Kundinnen sogar „Mißhelligkeiten" in anderen Abteilungen eines Geschäftes durchaus in Kauf, wenn ihnen dessen Leistungen bei Fleisch und Wurst zusagten.[68]

Ein Laden, der sich als ‚gutes' Geschäft für frische Waren profilieren wollte, brauchte daher in seiner Bedienungstheke ein sehr breites Sortiment. Experten des Einzelhandels empfahlen ein Angebot von etwa 50 bis 80 ständig verfügbaren Artikeln bei Frischfleisch und von mindestens 80 bis 100 verschiedenen Wurstwaren.[69] Noch höhere Zahlen waren nötig, um sich in der Auseinandersetzung mit den örtlichen Konkurrenten dezidiert als „Marktführer" zu präsentieren. Als der Kaufhaus-Konzern „Hertie" 1985 ein neues einheitliches Konzept für die Lebensmittelabteilungen in seinen kleineren Häusern entwickelte, das deren „Frischekompetenz" betonen sollte, entschied die Firmenleitung, das Angebot an Frischwurst auf 250 Sorten zu erweitern. Die Theken mussten dafür eigens von fünf auf sieben Meter verlängert werden.[70]

Wurstwaren so abgesetzt. Eduard Liebler, Der Markt der vorverpackten Fleischerzeugnisse. Ein Wachstumsmarkt für alle?, in: FW 65 (1985), S. 556–558, hier: S. 556.

[66] Liebler, Markt, S. 558.

[67] Jürgen Wolfskeil, Fleischgeschäft im Umbruch, in: LZ 39 (1987), Nr. 12, S. 2.

[68] Wolfskeil, Wurst-Markt, S. F 20. Zu dem Zwang, ein sehr breites Sortiment zu bieten, vgl. auch: Volker Dölle, Der Handel muß sich besser verkaufen, in: LZ 31 (1979), Nr. 45, S. F 2–F 6, hier: S. F 6; Fleisch- und Wurstwaren. Experten kommentieren: Jürgen Gralfs, in: Dynamik im Handel 26 (1982), Nr. 4, S. 38 (J. Grahls war Zentraleinkäufer für „Feinkost"-Waren bei der Handelskette „Selex").

[69] Profilierung des Supermarktes. Vorschläge des ISB-Arbeitskreises Struktur der Supermärkte, Köln 1979, S. 14. Das Kürzel ISB steht für „Institut für Selbstbedienung". Vgl. ähnlich auch schon: E. Liebherr, Veränderungen des Verbraucherverhaltens – Konsequenzen für Fleisch-Produktion und Distribution, in: FW 53 (1973), S. 1077–1079, hier: S. 1077. Ähnlich auch: Fleisch und Wurst erfolgreich anbieten, in: LMP 31 (1980), Nr. 15, S. 43–44.

[70] Roswitha Wesp, Ein New Look für die Provinz, in: LZ 37 (1985), Nr. 11, S. F 4–F 10, hier: S. F 10.

Kaum eine mittelständische Metzgerei konnte mit einer so breiten Auswahl aufwarten. Die traditionellen Geschäfte für Fleisch und Wurst hatten daher in den 1980er Jahren verstärkt an zwei Fronten zu kämpfen: Große Supermärkte übertrafen sie vielfach durch ein extrem breites Sortiment, das auch zahlreiche Spezialitäten umfasste; bei Standardwaren griffen die Konsumenten gleichzeitig immer bereitwilliger zu SB-Artikeln, die „Discounter" und kleinere Supermärkte anboten. Eine Metzgerei konnte es sich als Fachgeschäft aber kaum leisten, im großen Stil in den wachsenden Markt an verpacktem Fleisch einzusteigen, denn gerade in einem Laden dieser Art erwarteten die Kunden die individuelle Bedienung und Beratung.[71]

Sinkende Umsatzanteile verzeichneten die Metzger zudem auf einem speziellen Segment des Fleischmarktes, das mit dem wachsenden Wohlstand der Bundesbürger stark expandierte: Auch das Geschäft mit Haustierfutter verlagerte sich zunehmend in die Supermärkte, weil die Besitzer von Hunden und Katzen ihren tierischen Hausgenossen immer häufiger industriell erzeugte Markenprodukte aus Dosen oder Kartons servierten. Zur Überraschung selbst der Branchenexperten wuchs der Absatz dieser in der Bundesrepublik erstmals in den 1950er Jahren angebotenen, ganz neuartigen Produkte massiv, weil die versorgten Tiere für den Gefühlshaushalt ihrer Halter immer wichtiger wurden. Attraktiv verpackte Waren, die zudem nicht nur aus Fleisch bestanden und dem Tier dank ausgefeilter Rezepte angeblich besonders gut taten, bedienten diese emotionalen Bedürfnisse von „Herrchen" oder „Frauchen" offensichtlich besser als die traditionelle Fütterung lediglich mit Fleisch oder sogar nur mit den Resten vom eigenen Teller.[72]

Bequemlichkeit kam hinzu, denn Tiernahrung aus der Dose oder dem Karton war stets gebrauchsfertig und problemlos zu portionieren. Auch dank hoher Werbeetats und regelrechter Reklamefeldzüge der Hersteller entstand mit diesen Dosen- und Trockenwaren ein milliardenschwerer Markt, den die „Vollsortimenter" und „Discounter" fast vollständig für sich eroberten. 1980 gaben die Deutschen nicht weniger als 3,8 Milliarden DM für Haustiernahrung aus. 1,6 Milliarden DM davon entfielen auf den Verkauf von Fertignahrung; rund 80 Prozent dieser Summe wiederum flossen in die Kassen von Supermärkten. Erfreut kommentierte ein Fachblatt des Einzelhandels diese Zahlen mit den Worten: „Hätte jemand vor 15 Jahren diese Entwicklung vorausgesagt, wäre er sicherlich als Phantast bezeich-

---

[71] Vgl. etwa: Zum Grillen etwas Gutes, in: LZ 40 (1988), Nr. 43, S. F 12. Durchschnittlich boten die selbständigen Metzger in den frühen 1980er Jahren rund 45 verschiedene Wurstsorten an. Etwa 45 Wurstsorten im Fleischwarensortiment, in: LMP 32 (1981), Nr. 7, S. 58–59.

[72] Ruck nach vorn im Futter-Markt für die vierbeinigen Verbraucher, in: LMP 20 (1969), S. 234–236. Zur Bedeutung der Verpackungen als Kaufanreiz vgl. genauer: „Alles für die Katz...". Tiernahrungsmittel und ihre Verpackung, in: Verpackungs-Rundschau 34 (1983), S. 105–121. Welche große Bedeutung die Emotionen der Tierhalter für das Geschäft hatten, belegt eindringlich die erfolgreiche Einführung von sehr teuren „Super-Premium-Marken" für Tierfutter wie etwa „Sheba" (für Katzen) oder „Caesar" (für Hunde) in den späten 1980er Jahren. Vgl. dazu: „Für Trittbrettfahrer sehen wir keinen Marktnutzen!", in: LZ 39 (1987), Nr. 26, S. F 20.

net worden."[73] Eine breite Auswahl an Fertigfutter galt für Supermärkte schon in den 1970er Jahren als absolut unverzichtbar: Mindestens zwölf laufende Meter Regalfläche in einem Laden normaler Größe mussten es schon sein, um den Ansprüchen der wählerischen Kunden zu genügen. Mit weiteren Erfolgen dieser Warengruppe und weiter steigenden Umsätzen wurde fest gerechnet.[74]

Angesichts all dieser Entwicklungen, die den Metzgern das Wasser abgruben, sah der Fleischer-Verband für das traditionsreiche Gewerbe nur noch einen Weg: Die „einzige Chance des Fleischerhandwerks", sich eine betriebliche Zukunft zu sichern, so erklärte ein Verbandssprecher im Jahr 1985, sei der Verkauf „ausgesuchter Spitzenqualitäten", ergänzt durch „hohe Serviceleistung und intensive fachgerechte Beratung".[75] Leicht verklausuliert empfahl die Interessenvertretung den Metzgermeistern damit, ihre geschäftliche Energie nicht weiterhin im Kampf um den Standardkunden und den Massenmarkt zu vergeuden.

Auf den ersten Blick stand es um das Handwerk zwar gar nicht so schlecht. 1988 entfielen immerhin noch 51 Prozent des gesamten Umsatzes mit Fleisch und Wurst in der Bundesrepublik auf die 27.000 selbständigen Metzgereien (gegenüber 66 Prozent im Jahr 1972 bei 34.000 Betrieben).[76] Wenn der Fleischer-Verband den Meistern dennoch schon bei diesem Stand der Dinge empfahl, sich künftig auf Kunden mit gehobenen Ansprüchen zu konzentrieren, dann reagierte die Organisation zum einen selbstverständlich auf die Entwicklung der Zahlen seit 1960: Ein nun seit fast zwei Jahrzehnten stets negativ verlaufender Trend ließ wenig Hoffnung auf eine Wende.

Zum anderen existierte auch eine Statistik, die bewies, dass die Metzger im Wettbewerb mit den Supermärkten in der Tat schon Ende der 1980er Jahre nicht gut dastanden. Konzentrierte man sich nämlich auf das Geschäft mit Privatpersonen, dann beherrschten die „Vollsortimenter" und „Discounter" den Fleisch- und Wurstmarkt bereits zu dieser Zeit mit einem Einnahmeanteil von 71 Prozent. Nur noch 29 Prozent der Umsätze aus Einkäufen der Endverbraucher landeten in den Kassen des Fachhandels.[77]

Von der durchschnittlichen „deutschen Hausfrau" hatten die Metzger offensichtlich nicht mehr allzu viel zu erwarten, obwohl in Meinungsumfragen doch

---

[73] Tiernahrung im SB-Warenhaus, in: Dynamik im Handel 26 (1982), Nr. 6, S. 49–52, hier: S. 49. Zu den Produzenten siehe weiter unten S. 234. In absoluten Zahlen war der Einzelhandelsumsatz mit Haustierfutter in etwa so groß wie der mit Waschpulver und anderen Reinigungsmitteln. Vgl.: Henkel bringt Quaker-Tiernahrung jetzt national, in: LMP 32 (1981), Nr. 20, S. 105. Vgl. zu diesem speziellen Marktsegment auch: Premium-Tiernahrung auch bei Aldi, in: LZ 39 (1987), Nr. 51, S. 7; Vierbeiner tierisch verwöhnt, in: LZ 40 (1988), Nr. 26, S. F 8–F 9.

[74] Der Absatz wird sich kräftig ausweiten, in: LZ 27 (1975), Nr. 28, Sonderteil, S. II–XII, hier: S. VIII. Die Angabe bezieht sich auf einen Supermarkt mit 600 qm Verkaufsfläche. Vgl. auch: Das große Fressen, in: Food – Nonfood 10 (1978), Nr. 8, S. 23–27. Hier wurden 15 Meter „Kontaktstrecke" als optimal empfohlen.

[75] Carl-Heinz Jensen, Nur Qualität bewährt sich, in: BBSH 135 (1985), S. 1554–1556, hier: S. 1556.

[76] Die Betriebsrenditen sind weiter gesunken, in: Handelsblatt, 20. 9. 1989.

[77] Weitzel, Lebensmittelhandel, S. 117 f.

stets deutliche Mehrheiten der Befragten erklärten, beim Fachhändler für Fleisch und Wurst gebe es frischere Waren und kundigeres Personal als im Supermarkt. Dieses paradoxe Verhalten der Konsumenten, die ihre selbst postulierten Standards im Alltag rasch vergaßen, ließ sich berechtigt beklagen – Abhilfe aber war nicht in Sicht.[78]

Da lag es für den selbständigen Metzgermeister nahe, sich auf das Geschäft mit der kleinen Gruppe der anspruchsvolleren Verbraucher und gewerblichen Kunden wie Restaurants, Kantinen oder (bei Wurstwaren) auch mit Supermärkten zu konzentrieren. Allerdings stand das Gewerbe selbst mit dieser Strategie noch keineswegs auf sicherem Boden. Seine Rendite nämlich gab Anlass zu großer Sorge: Ausgerechnet die umsatzstarken Betriebe litten unter mageren bis unzureichenden Gewinnen. Scheinbar florierende Unternehmen blickten deshalb in eine ungewisse Zukunft.[79]

Dieses Problem entstand keineswegs durch unternehmerische Fehler der Metzgermeister. Fast alle Anbieter von Fleisch und Wurst hatten damit zu kämpfen: Wie im Folgenden gezeigt werden soll, war eine höchst mäßige Rendite vielmehr der Preis, den immer größere Teile der gesamten Branche seit den frühen 1960er Jahren für den raschen Erfolg der Supermärkte auf diesem Markt zahlten, weil wachsende Umsätze und Absatzanteile im Geschäftsleben keineswegs zwingend auch wachsende Erträge bedeuten. Dies galt gerade auf dem Fleischmarkt, denn die dort gehandelte Ware konnte – wie gleich gezeigt werden soll – wegen etlicher Besonderheiten als ein Produkt gelten, mit dem sich grundsätzlich nur recht schwer Geld verdienen ließ. Mit der Entstehung moderner Vermarktungsformen intensivierte sich dieses Problem dann sogar noch deutlich.

3. Schwierige Waren: Probleme beim Verkauf von Fleisch und Wurst

Das kontinuierliche Wachstum, das zunächst die „Vollsortimenter" und wenig später dann auch etliche der „Discounter" beim Absatz von Frischfleisch und -wurst erreichten, mag den Gedanken nahelegen, dieser Siegeszug auf Kosten der Metzger sei leicht zu erringen gewesen. Ein solches Urteil ginge jedoch völlig in die Irre. Branchenexperten waren sich vielmehr sicher, die „erfolgreiche Steuerung" des Fleisch- und Wurstverkaufs zähle „zu den schwierigsten Aufgaben im Lebensmittelhandel".[80] Selbst die starke Expansion des Fleischkonsums bis An-

---

[78] SB stößt an seine Grenzen, in: LZ 40 (1988), Nr. 20, S. 70–71. Zum paradoxen Verhalten der Konsumenten, die ihre Wertschätzung des Fachhandels im Alltag weitgehend vergaßen, vgl. auch schon: Steaks sind nicht zum Kochen da, in: LZ 27 (1975), Nr. 41, Sonderteil, S. III-XX, hier: S. IV; Eduard Liebler, Frischfleischverpackung der zweiten Generation, in: FW 58 (1978), S. 1788–1789, hier: S. 1789.
[79] Die Betriebsrenditen sind weiter gesunken, in: Handelsblatt, 20. 9. 1989.
[80] Bernd Cottmann, So machen wir es, in: LZ 31 (1979), Nr. 18, S. F 8.

fang der 1980er Jahren hat daran nichts geändert, denn trotz dieser konstanten Aufwärtsbewegung kannte der Verbrauch von Fleisch und Wurst spezielle Gesetze, die jeder Händler bedenken musste. Der wachsende Wohlstand der Bundesbürger, durch den die meisten Fleischsorten und Wurstwaren zu Grundnahrungsmitteln wurden, hat diese eigenen Regeln des Marktes abgeschwächt, aber nicht aufgehoben.

Wichtig waren zum einem die jahreszeitlichen Zyklen insbesondere beim Absatz von Fleisch. In den Sommermonaten sank der Verbrauch merklich (zumal an wirklich warmen Tagen). Auch die von der gesamten Branche seit den frühen 1970er Jahren stark beworbene neue „Grill"-Kultur hat diesen regelmäßigen Einbruch lediglich gemildert. Im Herbst zogen die Umsätze wieder an, um kurz vor den Weihnachtstagen dann ihren absoluten Höhepunkt im gesamten Jahresverlauf zu erreichen. Die Wochen nach Neujahr brachten hingegen eine erneute Abschwächung des Konsums, die erst mit dem Osterfest wirklich überwunden wurde.[81]

Die Feiertage allgemein hatten zudem für bestimmte Fleischsorten große Bedeutung. Die Weihnachtsgans ist ein Extrembeispiel für solche Saisonware. Auch Kalbfleisch gehörte dazu: Weil es als besonders hochwertig und fein galt, wurde es kurz vor hohen Festen zwei- bis dreimal so häufig gekauft wie vor normalen Sonntagen.[82]

Zum anderen schwankte der Fleischkonsum auch noch im Wochenrhythmus: Rund 60 Prozent aller Umsätze mit Fleisch und Wurst entfielen jeweils auf den Freitag und den Samstag. Dieser Schub entstand im Wesentlichen, weil vor dem Wochenende stets größere Mengen eingekauft wurden. Vor allem wählten die Käufer an diesen Tagen deutlich schwerere Fleischstücke. Am Montag herrschte hingegen stets eine deutlich spürbare Absatz-Flaute.[83]

Gerade wegen ihrer regelmäßigen Wiederkehr waren diese Konsumzyklen verschiedener Dauer für einen erfahrenen Einkäufer allerdings durchaus gut zu kalkulieren. Auch die Aufgabe, den Personaleinsatz an den Bedienungstheken möglichst genau an die im Verlauf des Tages und der Woche stark schwankende Kundenfrequenz anzupassen, bereitete erfahrenen Planern keine grundsätzlichen Probleme. Schwierigkeiten entstanden nur in den Supermärkten, in denen der Filialleiter keine Erfahrungen mit den besonderen Anforderungen des Fleischhandels hatte. Eine allzu vorsichtige Orderpolitik aus Angst, auf nicht verkaufter Ware sitzen bleiben, scheint ein typischer Fehler solcher Anfänger gewesen zu sein.[84]

---

[81] Vgl. zu diesen Zyklen etwa: „Schwein kann man nicht genug haben", in: BBSH 129 (1979), S. 815; Ferien beeinträchtigen das Geschäft mit Agrarprodukten, in: LZ 39 (1987), Nr. 26, S. 15. Zum „Grillen" als neuer Form des Fleischkonsums siehe schon oben S. 51 f.

[82] Verkauf von Fleisch und Wurst. Hrsg. v. Institut für Selbstbedienung, Köln 1969, S. 35.

[83] Vgl. dazu etwa: Institut für Selbstbedienung (Hrsg.), Fleischfleisch im SB-Laden, Köln o. J. [1965], S. 15; Gottfried Reichert, Warum arbeiten so viele SB-Fleischabteilungen so unbefriedigend?, in: LZ 27 (1975), Nr. 15, Sonderteil, S. II-V, hier: S. IV; Gisela Semmler, Ernährungsverhalten in der Freizeit, unter besonderer Berücksichtigung des Wochenendes, in: HuW 24 (1976), S. 158–163, hier: S. 160; Freitag ist Fleischtag, in: LZ 39 (1987), Nr. 19, S. 18.

[84] Reichert, Warum, S. IV.

3. Schwierige Waren: Probleme beim Verkauf von Fleisch und Wurst 123

Betriebswirtschaftlich erheblich größere Probleme für die erfolgreiche „Steuerung" einer Fleischabteilung verursachten die Verbraucher hingegen durch eine andere ihrer habitualisierten Verhaltensweisen: Zwar erwarteten sie in einem gut geführten Geschäft gerade bei Fleisch und Wurst eine sehr umfangreiche Auswahl; zugleich aber kauften sie in ihrer großen Mehrheit nach Betrachtung der vor allem in den Bedienungstheken so breit präsentierten Möglichkeiten dann doch immer das Gleiche. So entfielen fast 90 Prozent des Umsatzes mit Schweinefleisch auf lediglich fünf Teilstücke dieser Tiere.[85] Selbst bei den Wurstwaren, die in Deutschland so ungewöhnlich variantenreich angeboten wurden, präferierten die Käuferinnen und Käufer ganz einseitig nur einige wenige Sorten: Lediglich acht Formen von Frischwurst wurden wirklich regelmäßig gekauft: ca. 20 Artikel erbrachten 70 Prozent der Einnahmen.[86]

Die Fleischbranche und der Lebensmittelhandel kommentierten diese höchst einseitigen Strukturen mit Formulierungen, die oft hart an der Grenze zur Kundenbeschimpfung lagen. Besonders die Hausfrauen, die mit ihren Einkäufen für die ganze Familie den Fleisch- und Wurstmarkt dominierten, standen in der Kritik: Nach dem Urteil der Experten zeigten sie „mangelnde Kenntnisse", was sich aus Fleisch alles zubereiten ließ, und eine betrübliche „Hilflosigkeit" bei der Aufgabe, die Qualität der angebotenen Ware zu beurteilen. Vielfach würden sie „gar nicht mehr genügend vom Kochen [verstehen], um kompetent zu wählen".[87] Die „Deutsche Gesellschaft für Ernährung", die sich seit Mitte der 1970er Jahre bemühte, den Deutschen eine abwechslungsreichere, weniger fleischlastige Diät nahezubringen, sprach sogar von „Ernährungsdilettantismus". Die typische deutsche Hausfrau verantworte „eine erschreckende Monotonie in der wöchentlichen Speisefolge: Schweinebraten, Würstchen/Bratwurst, Gulasch und Hähnchen sowie Kartoffeln. Reis und Nudeln als Beilagen kommen immer wieder."[88]

---

[85] Im Schnellkurs alles Wichtige zur Selbstbedienung, in: LZ 27 (1975), Nr. 6, S. 56. Es handelte sich um: Kotelett, Bauch, Schulter, Keule/Schlegel und – bereits deutlich abgeschlagen – das „Eisbein". Vgl. auch: H. A. Ihle, Möglichkeiten und Grenzen eines übersichtlichen Fleischangebots, in: Rentabilitätssteigerung bei der tierischen Veredelung. Vorträge auf der DLG-Herbsttagung Köln 1967. Schlachttiere im Wettbewerb. DLG-Ausschlachtungsschau Köln 1967, Frankfurt/Main 1967, S. 117–120, hier: S. 119 f. Zur Fortdauer dieser Struktur vgl. etwa: Fleisch und Wurst erfolgreich anbieten, in: LMP 31 (1980), Nr. 15, S. 43–44; Bratenstücke werden am häufigsten gekauft, in: LMP 41 (1989), Nr. 7, S. 71.

[86] Spezialist für Stammsortimente, in: LZ 27 (1975), Nr. 14, S. 26–28, hier: S. 28. Es handelt sich hier um Angaben der Schweisfurth GmbH. Vgl. auch: Die Selbstbedienung bei Fleisch und Wurst ist verkaufsförderungswürdig, in: LMP 23 (1972), S. 338–342, hier: S. 340 f.

[87] In der Reihenfolge der Zitate: Steaks sind nicht zum Kochen da, in: LZ 27 (1975), Nr. 41, Sonderteil, S. III-XX, hier: S. III; Erfolgsformel = Frischtheke+SB-Regal, in: Lebensmittelhandel, 25.5.1974; Kunden vertrauen ihren Metzgern auch weiterhin, in: FAZ, 23.8.1988. Vgl. ähnlich auch: S. Scholtyssek, Mehr Aufklärung der Verbraucher!, in: DG 22 (1970), S. 534–535; Beratung über Fleisch vor Ort, in: LZ 37 (1985), Nr. 17, S. 26; Fritz Wirth, Für einen besseren Ruf des Fleisches, in: FW 65 (1985), S. 419.

[88] Ernährungsbericht 1976. Hrsg. v. der Deutschen Gesellschaft für Ernährung, Frankfurt/Main 1976, S. 428. Ähnlich auch: Otto Neuloh/Hans-Jürgen Teuteberg, Ernährungsfehlverhalten im Wohlstand. Ergebnisse einer empirisch-soziologischen Untersuchung in heutigen Familienhaushalten, Paderborn 1979, S. 209.

Zwar mangelte es nicht an Versuchen, die Kundinnen und Kunden umfassend über das Angebot zu informieren und damit auch neugieriger zu machen. So investierte die weiter oben schon erwähnte „Centrale Marketing-Gesellschaft der deutschen Agrarwirtschaft" (CMA), die trotz ihres Namens nicht von den Landwirten, sondern vom Lebensmittelhandel beherrscht wurde, einen guten Teil ihrer Etats in immer wieder neue Werbekampagnen, die den Absatz von Fleisch und Wurst auf ein deutlich breiteres Sortiment verteilen sollten. Dabei nutzte sie alle Möglichkeiten der modernen Reklame bis hin zu Hörfunk- und TV-Spots.[89]

Messbare Erfolge allerdings blieben aus – und das lag wohl nicht nur an den eher biederen Slogans der CMA-Texter, deren Kreativität sich in Formulierungen wie etwa „Von der Schnauze bis zum Wedel ist beim Schweine alles edel", „Deutsches Rind wie nie zuvor" oder auch „Die reiche Tafel deutscher Wurst – für sommerleichte Wurstgerichte" erschöpfte.[90] Selbst raffiniertere Kampagnen – so lässt sich vermuten – hätten wohl keinen Unterschied gemacht. „Ernährungsgewohnheiten gehören zu den stabilsten menschlichen Verhaltensweisen", konstatierte die „Deutsche Gesellschaft für Ernährung" bereits 1976 in dem gleichen Jahresbericht, in dem sie so beredt über die „Mahlzeitmonotonie" in deutschen Haushalten klagte.[91]

Zwar hatten die Bundesbürger in den 1950er Jahren, in denen sie ihre traditionelle Vorliebe für eher fettes Fleisch fast vollständig vergaßen, eindrucksvoll bewiesen, dass auch bei der Ernährung recht kurzfristige Veränderungen möglich waren, die nicht durch Engpässe oder staatliche Verbote entstanden. Eine vergleichbare Entwicklung bei den beliebten Gerichten und Fleischarten aber blieb aus. Kulinarisch experimentierfreudig zeigten sich die Deutschen lediglich als Kunden der Gastronomie, in der sie gern – wie oben schon gezeigt wurde – gerade Fleischgerichte verzehrten, deren Rezepturen aus dem Ausland stammten.[92]

Am eigenen Herd veränderte sich hingegen nur wenig – wenn man einmal von dem steigenden Konsum von Hähnchenfleisch und von der neuen Liebe der Deutschen für das „Grillen" absieht. Resigniert meinte Karl Ludwig Schweisfurth, der erfolgreichste deutsche Wurstfabrikant, im Jahr 1979, die durchschnittliche deutsche Hausfrau sei in Sachen Fleisch und Wurst weitgehend beratungsresistent.[93]

Marktforscher, die in den Jahren um 1980 durch ausführliche Interviews eine repräsentative „Hausfrauen-Typologie" erarbeiteten, hielten lediglich 17 Prozent

---

[89] Vgl. etwa die detaillierte Aufstellung der benutzten Werbemedien in: Arbeitsvorschau der CMA für die Zeit vom 1.4. bis 30. 6. 1975, 1. 4. 1975, BArch Kbz, B 116, 36804.

[90] In der Reihenfolge der Zitate: P. Amend/E. Höbermann, Das Marketing-Mix der CMA für Fleisch und Fleischwaren, in: AW 20 (1971), S. 300–303, hier: S. 301; Centrale Marketing-Gesellschaft der deutschen Agrarwirtschaft, Jahresbericht 1976, Bonn o. J., S. 13, dies., Jahresbericht 1980, Bonn o. J., S. 23.

[91] Ernährungsbericht 1976, S. 435.

[92] Siehe dazu S. 52 f. Zur Dominanz traditioneller „Standardgerichte" in den Privatküchen neben der Offenheit für „ausländische" Restaurants vgl.: Esskultur '82. Verhalten, Einstellungen und Trends in bundesdeutschen Haushalten beim Kochen, Essen und Trinken, Hamburg 1982, S. 93, S. 109–112 u. S. 114 f.

[93] Karl Ludwig Schweisfurth, Teilmärkte mit Chancen, in: LZ 31 (1979), Nr. 1, S. 5.

von ihnen für „flexibel und aufgeschlossen", wenn es um neue Produkte und Zubereitungen ging. Weitere sechs Prozent hatten sich nach den Maßstäben der Meinungsforscher die für den Handel sehr erfreuliche Einstufung als „Gourmettyp" verdient. Die deutliche Mehrheit der Frauen, die einen Familienhaushalt führten, erhielt hingegen ganz andere Noten: 28 Prozent von ihnen galten den Sozialempirikern als „traditionsorientiert, bequem und wenig flexibel"; weitere 14 Prozent erwiesen sich durch ihre Antworten als „am Essen uninteressiert". 23 Prozent schließlich sahen sich sogar mit der wenig schmeichelhaften Einstufung als „gleichgültige Hausfrau" konfrontiert, die ihre familiären Aufgaben durchweg mit minimalem Aufwand erfüllte.[94] Bei solchen Kundinnen war es für die „Vollsortimenter" unter den Supermärkten und auch für die Metzger zwingend äußerst schwierig, eine möglichst breite Auswahl an Fleisch und Wurst anzubieten, ohne zahlreiche Ladenhüter einzukaufen. Gerade bei teureren Artikeln, die nicht zum Standardsortiment gehörten, ließen sich erhebliche kalkulatorische Risiken kaum vermeiden.[95]

Gleichzeitig herrschte im Kerngeschäft mit den gängigen Fleisch- und Wurstartikeln ein äußerst harter Preiswettbewerb. Alle Supermarktketten verfolgten „eine systematische, langfristig geplante und budgetierte Sonderangebotspolitik als Nachweis der Preis-Leistungs-Fähigkeit". Dabei setzten sie vor allem auf eine kleine Gruppe sogenannter „Zeigerwaren", die den Kunden kontinuierlich zu attraktiven Preisen angeboten wurden.[96]

Insbesondere Fleisch gehörte für die „Vollsortimenter" von Anfang an zu diesen demonstrativ eingesetzten Produkten. Einmal mehr reagierte der Handel damit auf die große Bedeutung, die dem Fleischkonsum im Alltag fast aller deutschen Familien zukam. Wie die Marktforschung bewies, kannten die meisten Hausfrauen ‚aus dem Kopf' nur einige wenige Preise von Waren, die sie regelmäßig kauften. Die Einkaufsfrequenz aber lag – wie bereits gezeigt wurde – bei Fleisch besonders hoch. Anders als die ähnlich häufig gekaufte Milch prägte Fleisch zudem in der Wahrnehmung aller Familienmitglieder die gemeinsame Lebensführung.[97] Darüber hinaus bestand bei Fleisch kaum die Gefahr, die Kunden durch kontinuierliche „Aktionen" zu ermüden: Trotz der recht stereotypen Vorlieben der Konsumenten ließ sich bei dieser Ware leicht Abwechslung schaffen. Butter oder Kaffee (zwei

---

[94] Strecker/Reichert/Pottenbaum, Marketing, S. 77. Leicht abweichende Kategorien und Prozentzahlen anderer Studien vgl. in: Rosemarie von Schweitzer/Elisabeth Gröschner, Verbraucher stellen sich vor, in: HuW 23 (1975), S. 101–113; Hier biedere Hausmannskost – dort Filetsteak bevorzugt, in: LMP 32 (1981), Nr. 21, S. 62–63.
[95] Vgl. etwa: Das richtige Verhältnis ist wichtig, in: LZ 32 (1980), Nr. 9, S. F 22–F 23.
[96] Bruno Tietz, Die Tendenz im Lebensmitteleinzelhandel, Hamburg o. J. [1982], S. 122.
[97] Strecker/Reichert/Pottenbaum, Marketing, S. 263. Zu den begrenzten Preiskenntnissen vgl. ebenda, S. 261 f. Hierzu vgl. auch: Verkauf von Fleisch und Wurst. Hrsg. v. Institut für Selbstbedienung, Köln 1979, S. 46. Hiernach kannte die durchschnittliche deutsche Hausfrau die Preise von fünf verschiedenen Fleischstücken/Wurstwaren, aber nur ca. 20 Preise des gesamten übrigen Angebots an Lebensmitteln und Supermarktwaren.

weitere häufig eingesetzte „Zeigerwaren") boten dafür nur vergleichsweise geringe Möglichkeiten.[98]

Fleisch war damit für jeden expansiv denkenden Einzelhändler ein geradezu idealer Artikel, um als Sonderangebot zu dienen, das Kunden in den Laden lockte. Dabei zeigte sich früh, dass die Wirkung auf die Käuferinnen und Käufer umso stärker ausfiel, je „auffälliger" die kurzfristig reduzierte Forderung vor dem Hintergrund der allgemein bekannten Preise wirkte. Sonderangebote bei Fleisch kalkulierte der Handel daher nach dem Prinzip: „Nicht kleckern, sondern klotzen".[99]

Im Zentrum standen dabei – wie sich denken lässt – die ohnehin besonders stark nachgefragten Partien vom Schwein und vom Rind, d. h. „Kotelett, Schnitzel, Rouladen, Schmorbraten, Gulasch, Rollbraten". Auch Hackfleisch war oft Teil von „Sonderangebotsaktionen" der neuen Fleischanbieter.[100]

In den späten 1950er Jahren, in denen die ersten Supermärkte begannen, auch Frischfleisch zu verkaufen, waren solche Praktiken für die Fleischbranche noch ganz neu. Die Metzger, die den Fleischmarkt fast vollständig beherrschten, standen kaum untereinander im Wettbewerb. Typischerweise verteilten sich ihre Geschäfte in den Städten so, dass ein fast flächendeckendes Gefüge von kleinräumigen Gebietsmonopolen entstand, die sich allenfalls an ihren ‚Grenzen' überschnitten. Da die Mobilität der Kunden gering ausfiel und meist nur „fußläufig" eingekauft wurde, kamen die Metzgermeister sich geschäftlich untereinander kaum ins Gehege. Mit dem Aufstieg der „Vollsortimenter" geriet dieses System rasch in eine Krise. „Fleisch und Fleischerzeugnisse sind Schlager- und Werbeartikel geworden, um die Massen erst einmal in die großen Geschäfte zu bekommen", notierte die „Norddeutsche Schlachter-Zeitung" 1960 missvergnügt.[101]

Diese werbende Wirkung von Fleisch-Sonderangeboten hat sich in den hier untersuchten Jahrzehnten bis 1990 nicht abgeschwächt, obwohl die Bundesbürger zeitgleich ja im Durchschnitt deutlich wohlhabender wurden und damit ihre Ausgaben für Lebensmittel bei weitem nicht mehr so genau im Auge behalten mussten wie bislang. Billiges Fleisch blieb dennoch uneingeschränkt attraktiv: „Für eine Schinkenwurst für 29 Pfennig [pro 100 Gramm] verlässt keiner sein Haus, aber wegen eines Koteletts für 29 Pfennig kommen die Hausfrauen", konstatierte ein Manager der Supermarktkette „Lidl" im Frühjahr 1989. Da der Filialist über ein eigenes Fleischwerk verfügte, konnte das Unternehmen regelmäßig sehr niedrige Fleischpreise verlangen. Damit besaß es nach dem Urteil seines leitenden Mitarbeiters einen wichtigen Wettbewerbsvorteil: Lidl benutze Fleisch-Sonderangebote gezielt als ein „wesentliches Werbemedium".[102]

---

[98] Graff, Edeka, S. 41.
[99] Walter F. Lindacher, Lockvogel- und Sonderangebote. Grenzen selektiver Niedrigpreisstellung, Köln etc. 1979, S. 8.
[100] Eckart Meier, Tierische Veredelungserzeugnisse im Lebensmittelhandel, Hamburg und Berlin 1973, S. 98 f.
[101] Der Machtkampf in der Wirtschaft ist entbrannt, in: NSZ 42 (1960), Nr. 15, S. 1.
[102] Fleisch bleibt ein „Strategie-Produkt", in: LZ 41 (1989), Nr. 9, S. J 4–J 8, hier: S. J 4 u. J 8.

3. Schwierige Waren: Probleme beim Verkauf von Fleisch und Wurst

Die eben zitierte Klage der „Norddeutschen Schlachter-Zeitung" von 1960 bezeichnete mithin nur den Beginn einer Entwicklung, die den Fleischmarkt umso stärker prägte, je häufiger die Deutschen Fleisch und Wurst nicht beim Metzger, sondern im Supermarkt kauften, und je intensiver die verschiedenen Handelsketten miteinander konkurrierten. Paradoxerweise war Fleisch daher im Geschäft mit Lebensmitteln zwar ein zentral wichtiger „Kundenmagnet", zugleich aber auch ein betriebswirtschaftliches Problem. Im Rückblick auf das Jahr 1968 klagte etwa der vor allem im Gebiet um Köln stark vertretene Filialist „Stüssgen" öffentlich über den „Preiskrieg am Frischfleischmarkt": Viele Konkurrenzunternehmen verkauften Fleisch „zu Preisen […], die zumindest nach der Kalkulation von Stüssgen die Kosten nicht mehr decken konnten". Sinkende Gesamtumsätze hätten das Unternehmen dennoch im Herbst d. J. gezwungen, „mit eigenen, über das ganze Frischfleischsortiment reichenden Preissenkungen die Herausforderung anzunehmen".[103] Ein Jahr später vermerkte die GEG, die Produktions- und Liefergesellschaft der Konsumgenossenschaften, einen „ruinösen Preiskampf" bei Fleisch: Umsatzzuwächse in diesem Marktsegment seien nur durch „eine aktive, vielfach nicht die Vollkosten deckende Preispolitik erreicht worden". Sowohl 1970 als auch 1971 benutzte das Unternehmen in seinem Geschäftsbericht jeweils fast die gleichen Formulierungen.[104]

Zu diesem Zeitpunkt arbeiteten die Metzger ebenfalls seit längerem regelmäßig mit Sonderangeboten. Auf Initiative des Fleischer-Verbandes hatten sich zahlreiche der mittelständischen Betriebe zu rund 100 lokalen und regionalen „Werbegemeinschaften" zusammengeschlossen, die koordiniert wöchentlich wechselnde „Aktionen" mit niedrigen Preisen für bestimmte Fleischstücke und Wurstwaren durchführten, um der Kundenwerbung der Supermärkte etwas entgegenzusetzen.[105]

Niedrige Preise bestimmten die Entwicklung des Fleischmarktes in der Bundesrepublik auch in den 1970er und 1980er Jahren, obwohl die beständige „Aktionitis beim Verkauf von Frischfleisch" mittlerweile sogar selbst die Supermarktbranche unruhig machte. Eine Korrektur dieser Geschäftsstrategie aber blieb aus, weil sich niemand fand, der es wagte, bei den Preisen „den notwendigen ersten Schritt nach oben zu gehen".[106] Der deutliche Zuwachs an Kaufkraft gerade bei Fleisch, über

---

[103] Stüssgen schlägt im Preiskampf hart zurück, in: FAZ, 9. 1. 1969. Das Unternehmen betrieb zu diesem Zeitpunkt 74 Geschäfte, die fast alle in der Region der „Kölner Bucht" lagen. Damit war Stüssgen eine der regional starken Filialketten, die im bundesdeutschen Lebensmittelgeschäft zu diesem Zeitpunkt noch eine wichtige Rolle spielten. Siehe auch unten S. 145.
[104] GEG, Bericht über das Geschäftsjahr 1969, Hamburg o. J., S. 21 (Zitat); GEG, Bericht über das Geschäftsjahr 1970, Hamburg o. J., S. 20; GEG, Bericht über das Geschäftsjahr 1971, Hamburg o. J., S. 15. GEG stand für „Großeinkaufs-Gesellschaft Deutscher Konsumgenossenschaften". Zu dem bereits im Kaiserreich entstandenen Unternehmen gehörten trotz seines Namens auch zahlreiche Produktionsbetriebe. Ende der 1960er Jahre betrieb die GEG sechs Fleischwarenbetriebe (teilweise mit eigener Schlachtung).
[105] Im gegenseitigen Einverständnis, in: NFZ 53 (1971), Nr. 9, S. 1. Vgl. auch: Joachim Bartsch, Sonderangebote – wie werden sie geplant und kalkuliert?, in: NSZ 49 (1969), Nr. 39, S. 7.
[106] In der Reihenfolge der Zitate: Richard Balling, Zweigleisig bei Rind und Schwein, in: LZ 41 (1989), Nr. 9, S. J 9–J 10, hier: S. J 9; Spannen-Klemme im Fleischgeschäft, in: LZ 27 (1975),

den sich die Bundesbürger – wie gezeigt – in diesen Dekaden freuen durften, verdankte sich zu einem guten Teil diesem beständigen „Marktwiderstand". Zwar blieben die Preise nicht stabil. Sie folgten der allgemeinen Teuerung aber durchweg nur stark verzögert und unzureichend. Dies galt sogar in Phasen, in denen sowohl die allgemeinen Kosten wie auch die Preise für Schlachtvieh deutlich anzogen. Unterschiedliche Marktlagen, die sich beim Schwein, dem Lieblingstier der Deutschen regelmäßig einstellten, hatten für den Handel und die agrarischen Produzenten daher weitaus größere Bedeutung als für die Endverbraucher: Sie zahlten für ihr Kotelett selbst bei Knappheit nicht deutlich mehr als zuvor.[107]

Sonderangebote, die unter den Einkaufspreisen des Händlers über den Ladentisch gingen, spielten dabei eine wichtige Rolle.[108] 1988 urteilte die „Lebensmittel-Zeitung", der Handel habe sich durch diese Praktiken im Geschäft mit Frischfleisch in eine „Preisklemme" manövriert, aus der er sich nicht mehr herauswinden könne: „Zu weit sind die Preise verfallen." Durch das Trommelfeuer der Lockpreise im Wettbewerb der Supermarktketten seien die Konsumenten so ‚erzogen' worden, dass sie höhere Ausgaben für Fleisch nicht mehr akzeptierten.[109] Ein Vertreter der fleischverarbeitenden Industrie hatte schon einige Jahre zuvor erklärt, der durchschnittliche deutsche Verbraucher habe seit den frühen 1960er Jahren „ein Einkaufsverhalten entwickelt, wie es von einem Industrieeinkäufer erwartet wird": Möglichst niedrige Preise bestimmten zentral die Entscheidung, was und wo eingekauft werde.[110]

In der Tat griff die Mehrzahl der Kundinnen und Kunden bei besonders billigen Offerten gerne zu – und diese Begeisterung für günstiges Fleisch und billige Wurstwaren nahm in den ersten Dekaden der bundesdeutschen Geschichte eher noch zu, als dass sie sich abgeschwächt hätte. Bereits im Laufe der 1960er Jahre

---

Nr. 13, S. 1 u. S. 4, hier: S. 1. Vgl. auch: Profilierung des Supermarktes. Vorschläge des ISB-Arbeitskreises Struktur der Supermärkte, Köln 1979, S. 14.

[107] Vgl. hierzu: Redlefsen, Anpassungen, S. 982 (Zitat); Dirk Manegold, Handels- und Bearbeitungsspannen bei Rind- und Schweinefleisch, in: Rupprecht Zapf (Hrsg.), Entwicklungstendenzen in der Produktion und im Absatz tierischer Erzeugnisse, München etc. 1970, S. 305–324, hier: S. 323; G. van Dijk, Price Formation and Margin Behaviour of Meat in the Netherlands and the Federal Republic of Germany, Wageningen 1978, insbes. S. 72f. u. S. 85. Logischerweise nutzten die Handelsketten Zeiten niedriger Einkaufspreise, um temporär bessere Handelsspannen einzufahren: Die Preise für die Konsumenten sanken nicht so stark, wie es möglich gewesen wäre. Zur realen Verbilligung von Fleisch siehe oben S. 48; zum „Schweinezyklus" siehe unten S. 365 f.

[108] Vgl. etwa: Walter Renn, Runter von den hohen Aktions-Anteilen, in: LZ 31 (1979), Nr. 4, S. F 12–F 14, hier: S. F 12; „Schwein kann man nicht genug haben", in: BBSH 129 (1979), S. 815; Was war? Was kommt?, in: LZ 32 (1980), Nr. 8, S. F 26; Gemeinsame Werbung soll helfen, in: LZ 37 (1985), Nr. 12, S. 22 (mit einem empirischen Nachweis solcher Verkäufe in West-Berlin); Fleisch bleibt ein „Strategie-Produkt", in: LZ 41 (1989), Nr. 9, S. J 4–J 8.

[109] Walter Renn, Qualitäts-Fleisch – Ausweg aus der Preisklemme, in: LZ 40 (1988), Nr. 9, S. F 4–F 5, hier: S. F 4.

[110] Gotthard Hilse, Konzentrationsentwicklung in der Fleischwarenindustrie, in: Die Fleischerei 36 (1985), S. 571–574, hier: S. 574. Der Autor war Geschäftsführer des „Bundesverbandes der Deutschen Fleischwarenindustrie".

änderte sich das Einkaufsverhalten der Bundesbürger ganz grundlegend: Sie wurden mobil, weil immer mehr Familien über ein Auto verfügten. Traditionelle Kundenbindungen an die Geschäfte in der unmittelbaren Nachbarschaft, die vor allem durch den Wunsch nach möglichst kurzen Einkaufswegen entstanden waren, schwächten sich stark ab. Es entstand der „auto-mobile Verbraucher", der seine Einkäufe nicht mehr tragen musste und aktiv seinen finanziellen Vorteil suchte.[111]

Gerade die neu entstehenden Supermärkte profitierten von diesem Wandel, denn bei ihrer Planung spielte die Zahl der Parkplätze stets eine entscheidende Rolle. Bereits einer der ersten wirklich groß dimensionierten „Vollsortimenter" in der Bundesrepublik, ein im September 1957 in Köln-Ehrenberg eröffneter Laden, der „unter Mitwirkung eines amerikanischen Fachmannes" entstanden war, bot neben einer Verkaufsfläche von 2.000 qm nicht weniger als 6.000 qm Parkraum.[112]

Wie Umfragen zeigten, nutzten zumal in den Großstädten mit ihren zahlreichen Lebensmittelgeschäften fast zwei Drittel der Bürger gezielt Sonderangebote. Dabei nahmen sie für attraktive Waren auch Umwege in Kauf.[113] Die Frage, wie ökonomisch sinnvoll sie sich damit verhielten, beschäftigte die „Schnäppchen-Jäger" kaum: Mehrkosten, die durch weitere Autofahrten entstanden, sowie auch der Zeitaufwand spielten in ihrer privaten Kalkulation typischerweise überhaupt keine Rolle.[114] Dieser Typ von Konsumentinnen und Konsumenten setzte die Annehmlichkeiten des modernen Lebensmittelhandels zunehmend einfach voraus: Frische und hygienisch einwandfreie Waren, die ein zufriedenstellendes Qualitätsniveau nicht unterschritten, galten ihnen als selbstverständlich. Damit wurde „der Preis als Kriterium für die Kaufentscheidung" überragend wichtig.[115]

Wegen dieser Marktverhältnisse erzielten Supermärkte, die Frischfleisch und -wurst verkauften, mit diesen Waren typischerweise zwar hohe Umsätze, aber

---

[111] Karl Ludwig Schweisfurth, Um einen besseren Fleischabsatz, in: MDLG 84 (1969), S. 1589–1592, hier: S. 1590. Vgl. auch: Stammkunden gibt es nicht mehr, in: LZ 27 (1975), Nr. 44, S. 57. Zur Motorisierung allgemein vgl. etwa: Sina Fabian, Boom in der Krise. Konsum, Tourismus, Autofahren in Westdeutschland und Großbritannien 1970–1990, Göttingen 2016.

[112] Ein Supermarkt in Köln, in: FAZ, 27. 9. 1957. Vgl. auch: Langer, Revolution, S. 263 (hier wird eine Verkaufsfläche von 1.700 qm angegeben).

[113] Vgl. für Hamburg: Discount in Hamburg, in: LZ 27 (1975), Nr. 2, S. 10–14, hier: S. 12. Sehr ähnlich auch für Kiel in den späten 1980er Jahren: In Kiel liegt co op vorn, in: LZ 40 (1988), Nr. 21, S. 66–67. Vgl. auch die Zusammenfassung verschiedener Kundenbefragungen in: Bartho Treis/Rainer Lademann, Abgrenzung des sachlich relevanten Marktes im Lebensmitteleinzelhandel. Ergebnisse einer empirischen Untersuchung zur Zusammenschlußkontrolle im Handel, Göttingen 1986, S. 108–110.

[114] Vgl. etwa: Paul W. Meyer, Der Wettbewerb im Lebensmittelhandel und die Konsequenzen für Handel, Verbraucher, Lieferanten und Gesellschaft, in: Jahrbuch der Absatz- und Verbrauchsforschung 22 (1976), S. 201–228, hier: S. 215 f.

[115] E. Mulks, Was erwartet den Frischfleischmarkt im Lebensmittelhandel?, in: BBSH 137 (1987), S. 330–332, hier: S. 330. Der Autor war Mitarbeiter der Supermarktkette „co op". Vgl. ähnlich auch schon: Beim Lebensmittelkauf wird weiter auf den Preis gesehen, in: FAZ, 7. 6. 1974; Wie wichtig ist der Preis?, in: LZ 27 (1975), Nr. 37, Sonderteil, S. 1; Volker Dölle, Der Handel muß sich besser verkaufen, in: LZ 31 (1979), Nr. 45, S. F 2–F 6, hier: S. F 6; Stefan Müller/Werner Beeskow, Einkaufsstättenimage und Einkaufsstättenwahl, in: Jahrbuch der Absatz- und Verbrauchsforschung 28 (1982), S. 400–426, hier: S. 415 f.

kaum Gewinn. Bei „Vollsortimentern" entfielen meist 20 bis 25 Prozent der gesamten Einnahmen auf die Fleischabteilung. Obst und Gemüse steuerten hingegen nur ca. zehn Prozent Umsatz bei, Milchprodukte (einschließlich Käse) etwa 15 bis 17 Prozent, obwohl die Zahl der angebotenen Artikel in diesen beiden Segmenten in der Regel deutlich höher lag als bei Fleisch und Wurst.[116]

Wenn man die Kosten abrechnete, schrumpften die eindrucksvollen Zahlen der Fleischabteilung hingegen stark zusammen. Zwar fehlen uns exakte Angaben und detaillierte Bilanzen. Wiederholte Klagen von Fachleuten der Branche und von Supermarktmanagern aber zeichnen doch ein eindeutiges Bild: In der Fleischabteilung wurde „mit sehr niedrigen Gewinnprozenten gearbeitet. Nicht mehr als ein bis zwei Prozent [der Umsätze] bleiben im Durchschnitt unter dem Strich hängen."[117] Insbesondere bei Frischfleisch verzeichneten Supermärkte eine „Niedrig- oder Nullspanne"; die hohen Umsätze errangen sie nur „um den Preis einer nicht kostendeckenden Kalkulation".[118]

Neben den Personalkosten, die an den Bedienungstheken unweigerlich anfielen, sowie den Ausgaben für die Kühltechnik drückten vor allem die beständigen Sonderangebote gerade bei den am häufigsten gekauften Fleischsorten und -stücken auf den Ertrag. Auf Lockangebote entfielen offensichtlich häufig 50 Prozent und mehr der gesamten Einnahmen aus dem Verkauf von Frischfleisch. Sogar 70 bis 80 Prozent galten keineswegs als ungewöhnlich.[119] Mehr als die ein oder auch zwei Prozent Minimalrendite (vor Steuern wohlgemerkt) ließen sich nach der überschlägigen Rechnung einer regionalen Supermarktgruppe jedoch nur erwirtschaften, wenn deutlich mehr als die Hälfte aller Kasseneinnahmen auf Waren entfiel, die man mit den üblichen Handelsspannen kalkuliert hatte.[120]

---

[116] Vgl. die jeweils auf unterschiedlich breiter Basis erhobenen, aber stets nur leicht abweichenden Zahlen in: Strecker/Reichert/Pottenbaum, Marketing, S. 314; Zwei Systeme in einem Unternehmen, in: LZ 27 (1975), Nr. 6, S. 50–51; 55 Prozent über die Truhen, in: ebenda, S. 56; SB in Zahlen. Ausgabe 1977/78, Köln 1979, S. 234; co op Frische-Supermarkt, in: SB 24 (1980), Nr. 11, S. 11; Groner, Sortimentsentwicklung, S. 52; Noch frischer dem Discounter kontern, in: LZ 37 (1985), Nr. 10, S. F 22; SB in Zahlen. Ausgabe 1985, Köln 1985, S. 215 f.

[117] Verluste, in: LZ 31 (1979), Nr. 27, S. F 2.

[118] In der Reihenfolge der Zitate: Walter Renn, Runter von den hohen Aktionsanteilen, in: LZ 31 (1979), Nr. 4, S. F 12–F 14, hier: S. F 12; Bernd Cottmann, So machen wir es, in: ebenda, Nr. 18, S. F 8. Vgl. auch: Meier, Veredelungserzeugnisse, S. 100–103; Fleisch- und Wurstwaren. Experten kommentieren, in: Dynamik im Handel 26 (1982), Nr. 4, S. 38–43.

[119] Vgl. etwa: Walter Renn, Qualitäts-Fleisch – Ausweg aus der Preisklemme, in: LZ 40 (1988), Nr. 9, S. F 4–F 5, hier: S. F 4; Profilierung des Supermarktes. Vorschläge des ISB-Arbeitskreises Struktur der Supermärkte, Köln 1979, S. 14. Zu den Personalkosten vgl. genauer: Gerfried Kiesow, Anforderungen der Praxis an ein System der Frischfleischverpackung, in: FW 55 (1975), S. 470–473, hier: S. 473; Frischware verursacht doppelte Kosten, in: LZ 27 (1975), Nr. 19, Sonderteil, S. II–IV, hier: S. IV.

[120] Zwei Systeme in einem Unternehmen, in: LZ 27 (1975), Nr. 6, S. 50–51, hier: S. 51 (hier werden Berechnungen der „Edeka"-Regionalgruppe Hamburg präsentiert). Die Höhe der als normal geltenden Handelsspanne ergab sich entscheidend aus der Belastung des jeweiligen Produktes mit der Mehrwertsteuer: Sie kannte (und kennt) für „Grundnahrungsmittel" einen ermäßigten Steuersatz. Dieser betrug z. B. Mitte der 1970er Jahre 5,5 Prozent (gegenüber den elf Prozent, die auf alle anderen Waren erhoben wurden). Tierische Produkte galten (und gelten) durchweg als „Grundnahrungsmittel". Für sie berechnete der Lebensmittelhandel sei-

3. Schwierige Waren: Probleme beim Verkauf von Fleisch und Wurst 131

Wurde dieser Wert verfehlt, musste die Fleischtheke oder -truhe des „Vollsortimenters" aus anderen Segmenten des Sortiments subventioniert werden, etwa aus den Einnahmen der Abteilung für Wurstwaren oder auch aus dem Trockensortiment.[121] Zwar verfügten Supermärkte dank der Vielfalt der von ihnen gehandelten Waren über zahlreiche Möglichkeiten, solch einen internen Verlustausgleich vorzunehmen – anders als die Metzger, die nicht kostendeckende „Aktionen" mit Frischfleisch in der Regel nur durch höhere Wurstpreise wettmachen konnten, weil ihr sonstiges Sortiment zu klein ausfiel. Wie oben schon gezeigt wurde, schrumpfte dieser Wettbewerbsvorteil der Supermärkte jedoch bereits seit Mitte der 1960er Jahre. Zum einen drückten die „Discounter" die Preise und Renditen bei den am häufigsten gekauften Standardwaren. Zum anderen erschwerte der wachsende Anteil der SB-Verkäufe bei Wurstwaren die Taktik, entgangene Gewinne im Fleischverkauf „bei der Bedienwurst wieder hereinzuholen".[122]

Wegen dieser Probleme begannen einige Manager der Lebensmittelbranche in der zweiten Hälfte der 1980er Jahre, „ein Umdenken und eine Umkehr in der Fleischvermarktung" zu propagieren. Sowohl Hähnchen wie auch die besonders populären Teilstücke vom Schwein würden im Einzelhandel viel zu billig angeboten: Die „Massenvermarktung", die nur nach möglichst hohen Umsätzen strebe, führe die ganze deutsche Fleischwirtschaft „weiter in die Sackgasse" nicht kostendeckender Preise.[123] Frischfleisch sei in der Bundesrepublik ein „Schleuderprodukt" oder auch eine „Ramschware" geworden.[124]

Abhilfe sollte ein Geschäftsinstrument bringen, das die kapitalistische Wirtschaftswelt bereits seit dem späten 19. Jahrhundert immer stärker prägte, ja sie zunehmend sogar symbolisierte: die Marke. Beim Absatz von Frischfleisch spielten Marken hingegen bislang kaum eine Rolle. Lediglich Hähnchen (zumal wenn sie gefroren waren) machten hier eine Ausnahme, weil deren Produzenten schon seit Mitte der 1960er Jahren eine einheitliche Marke geschaffen hatten.[125] Zudem gab es einige bekannte Markenhersteller von Wurstwaren, die mit ihren Produkten das Segment der SB-Ware erfolgreich ausbauten. Der größte Teil der Wurst erreichte die Kunden dennoch nach wie vor in traditioneller Form gewissermaßen

---

nerzeit eine Handelsspanne von rund 21 Prozent auf den Einkaufspreis; für Waren mit höherer MWSt-Belastung galten Zuschläge von 16 Prozent (im Trockensortiment) bis zu 28 Prozent als normal. Vgl. dazu etwa: Frischware verursacht doppelte Kosten, in: LZ 27 (1975), Nr. 19, Sonderteil, S. II-IV, hier: S. IV.

[121] Vgl. etwa: Die Wurst bringt den Ausgleich, in: LZ 27 (1975), Nr. 37, Sonderteil, S. XXXVI.
[122] Wolfskeil, Wurst-Markt, S. F 20.
[123] Mulks, Frischfleischmarkt, S. 331. Vgl. auch: Qualitatives Wachstum außerhalb der klassischen Sortimente, in: LMP 40 (1988), Nr. 22, S. 52–62. Speziell für Hähnchen vgl. die gleiche Klage auch schon in: Geflügelkontor erreicht knapp das Vorjahresergebnis, in: LMP 32 (1981), Nr. 25, S. 14.
[124] In der Reihenfolge der Zitate: Renn, Qualitäts-Fleisch, S. F 4; Fleisch bleibt ein „Strategie-Produkt", in: LZ 41 (1989), Nr. 9, S. J 4-J 8, hier: S. J 4. Eine ähnliche Warnung vgl. auch schon in: Fleisch- und Wurstwaren. Experten kommentieren, in: Dynamik im Handel 26 (1982), Nr. 4, S. 38–43, hier: S. 40.
[125] Zur Handelsmarke „Wiesenhof" und ihren Besonderheiten siehe genauer unten S. 275 f.

„anonym". Selbst auf „Herta", die wichtigste Marke, entfielen Mitte der 1980er Jahre nur rund fünf Prozent des gesamten Umsatzes mit Wurstwaren in der Bundesrepublik.[126]

Vor diesem Hintergrund debattierte die Lebensmittelbranche in den späten 1980er Jahren intensiv über die Chancen und Probleme von Markenfleisch. Etlichen Fachleuten galt die Einführung von Markennamen auch für Fleisch als der einzige erfolgversprechende Weg, um sich aus der vom Handel selbst geschaffenen „Preisklemme" in diesem Warensegment herauszuwinden. Nur so lasse sich das zur „Ramschware" herabgewirtschaftete Lebensmittel, das die Deutschen nur noch möglichst billig einkaufen wollten, „insgesamt uptraden": Wer Fleisch teurer verkaufen wolle, der müsse den Kundinnen und Kunden glaubhaft einen „Wert- und Qualitätszuwachs" versprechen. Markennamen seien die richtigen Instrumente dafür.[127] Die damit verbundenen „Haftungsgarantien für Qualität" des Anbieters bzw. des Produzenten könnten die Konsumenten mit höheren Ausgaben für Fleisch versöhnen und so den „ruinösen Preiswettbewerb" zwischen den Supermärkten beenden.[128]

Diese Idee war keineswegs wirklich neu. Bereits 1964 hatte ein Marketing-Experte erklärt, der „Übergang vom anonymen Fleisch zum Markenfleisch mit standarisierter und vertrauter Qualität" sei wegen der Logik des kapitalistischen Wettbewerbs „nur eine Frage der Zeit".[129] Erste praktische Versuche ließen in der Tat nicht allzu lange auf sich warten. In den Jahren um 1970 entstanden in der Bundesrepublik gleich verschiedene neue Marken nicht nur für Wurstwaren, sondern eben gerade auch für Frischfleisch. Gemeinsam war ihnen jeweils der Anspruch, für qualitativ besonders gute Ware zu stehen, die dementsprechend auch zu höheren Preisen gehandelt wurde.

Der oben schon einmal kurz erwähnte rheinische Filialist „Stüssgen" etwa unternahm einen besonders aufwendig aufgezogenen „Vorstoß gegen die Anonymität" auf dem Fleischmarkt, indem er 1970 „nach jahrelanger Vorbereitung" eine eigene Marke für Frischfleisch einführte, die nur in den rund 80 Geschäften der Kette verkauft wurde. Das Unternehmen hatte Landwirte vertraglich gebunden, die bestimmte Auflagen für die Haltung und Fütterung von Schlachtvieh erfüllen mussten. Durch Importe von Jungtieren aus Schottland bemühte man sich sogar, eine „eigene Fleisch-Rind-Rasse" in Deutschland zu etablieren.[130]

---

[126] Bericht des Bundeskartellamtes über seine Tätigkeit in den Jahren 1985/86 sowie über die Lage und Entwicklung auf seinem Aufgabengebiet, in: BT Drucksache 11/554, S. 76 (online abrufbar unter: www.bundeskartellamt.de). 1970 hatte der Marktanteil knapp zwei Prozent betragen. Vgl.: Jede Woche 12 000 Schweinehälften, in: FAZ, 10. 4. 1971.

[127] Bernd Biehl, Welches Schwein'derl..., in: LZ 41 (1989), Nr. 9, S J 2.

[128] Manfred Hetzer, Ein Konzept gegen ruinösen Preiswettbewerb, in: top agrar 17 (1988), Nr. 10, S. 3.

[129] Fritz Trautmann, Versuch einer Marktvorhersage für die deutschen Fleischwarenindustrie unter Berücksichtigung der Auswirkungen der Errichtung des Gemeinsamen Marktes, in: FW 44 (1964), S. 201–209, hier: S. 203.

[130] Herbert Gross, Markenpolitik, in: Nieschlag/Eckardstein, Filialbetrieb, S. 211–230, hier: S. 218 f. Das Fleisch wurde unter dem Markennamen „Cornelia" verkauft, den Stüssgen auch

3. Schwierige Waren: Probleme beim Verkauf von Fleisch und Wurst

Fast alle diese hoffnungsvoll gestarteten Experimente, in der Bundesrepublik dauerhaft ein „gehobenes" Angebot von Frischfleisch zu etablieren, scheiterten jedoch innerhalb weniger Jahre. Der gerade nach 1970 noch einmal stark intensivierte Wettbewerb im Lebensmitteleinzelhandel, der vor allem mit Kampfpreisen ausgefochten wurde (und dem auch „Stüssgen" zum Opfer fiel), ließ ihnen nur geringe Chancen. Einige wenige Marken überlebten zwar; mehr als eine winzig kleine Nische in dem milliardenschweren Fleischmarkt aber konnten sie nicht erobern.[131]

In den späten 1980er Jahren starteten in einem zweiten Zyklus dann erneut fast zeitgleich verschiedene Fleischmarken. Sowohl Supermarktketten als auch Schlachtbetriebe und Zusammenschlüsse landwirtschaftlicher Produzenten setzten ihre Hoffnungen auf diese neuen Marken; teilweise kooperierten die drei Gruppen bei deren Einführung. 1988 zählte die „Lebensmittel-Zeitung" nach akribischen Recherchen in der Bundesrepublik zwanzig konkurrierende Markenprogramme, die allerdings nicht nur verschieden organisiert, sondern auch sehr unterschiedlich ambitioniert waren. Anders als bei den ersten, rasch gescheiterten Versuchen, Fleisch zum Markenartikel zu machen, beteiligten sich im zweiten Anlauf erstmals auch große Handelsunternehmen wie etwa einige der regionalen „Edeka"-Organisationen (mit dem einheitlich benutzten Markennamen „Gutfleisch") oder auch „Rewe" (Markenname: „Vitalis").[132]

Auch wegen dieser kapitalstarken neuen Mitspieler gingen die Hoffnungen auf ein rasches Ende der „Preisklemme" bei Frischfleisch teilweise ausgesprochen hoch. Waren nicht viele Verbraucher durch die verschiedenen „Fleischskandale", die seit 1970 die Produktionsmethoden der „konventionellen" Landwirtschaft ins Zwielicht gerückt hatten, stark verunsichert? Erklärten die Bundesbürger in Meinungsumfragen nicht immer wieder, wie wichtig der Schutz der Umwelt für sie sei? Die Chancen für eine Kehrtwende in der Fleischvermarktung, hin zu Qualitätsprodukten, die nicht zu möglichst niedrigen Preisen gehandelt wurden, schienen daher äußerst günstig zu sein. Hoffnungsfroh erklärte der Geschäftsführer

---

für andere Produkte und Waren einsetzte. Vgl. zu dem Konzept auch: Hans Wirtz, Operating im Filialbereich, in: ebenda, S. 262–308, hier: S. 287 f.; Stüssgen baut Rindfleisch-Spitzenklasse auf, in: LMP 22 (1971), S. 1062–1064; Stüssgen sagt Discountern den Kampf an, in: FAZ, 14. 9. 1971. Zur geringen Bedeutung von Rinder-„Rassen", die speziell für die Fleischproduktion gehalten wurden, in der Bundesrepublik siehe genauer unten S. 419.

[131] Vgl. etwa: Standardfleisch an der Spitze, in: LZ 27 (1975), Nr. 36, S. 11; Richard Balling, Volle Fahrt auf der Qualitätsschiene, in: LZ 40 (1988), Nr. 41, S. F 4–F 8, hier: S. F 4 (im Rückblick). Als Marke mit fortlaufender Tradition wird hier „Sus Agnatum" bei Schweinefleisch genannt (die in den 1970er Jahren noch als „TeVau-Schweinefleisch" gehandelt wurde). Für Haustierfutter galten andere Bedingungen: Auf diesem Marktsegment spielten Markenprodukte eine wichtige Rolle. Siehe dazu genauer unten S. 234 f.

[132] Einen genauen tabellarischen Vergleich vgl.: ebenda, S. F 4–F 8. Eine andere Aufstellung, die insgesamt 30 vor 1990 gestartete Markenprogramme nur für Schweinefleisch auflistet, vgl. in: Sonja Eggers, Struktur und Entwicklung des Wettbewerbs im deutschen Schweine- und Rindfleischsektor, Kiel 1998, S. 245–248. Als konkretes Beispiel für eines dieser Programme vgl. die Angaben in: Produktidee, in: LZ 39 (1987), Nr. 22, S. 88.

der „Lidl"-Fleischwerke 1989: „In drei bis fünf Jahren werden wir uns nicht mehr über Markenfleisch unterhalten müssen, dann haben wir nur noch Markenfleisch. Dann gibt es noch 10–20 Prozent Rest für die Industrie und rund 80 Prozent Markenfleisch."[133]

Andere Experten des Lebensmittelhandels konnten mit solchem Enthusiasmus nichts anfangen. Ende 1987 lag der Umsatzanteil der zu diesem Zeitpunkt existierenden zwanzig verschiedenen Markenfleisch-Programme am bundesdeutschen Gesamtmarkt großzügig geschätzt bei rund fünf Prozent. Da brauchte es schon enormen Optimismus, eine fast vollständige Umwälzung der Marktverhältnisse innerhalb weniger Jahre zu prophezeien.[134] So erklärte beispielsweise eines der größten bundesdeutschen Schlachtunternehmen, „Westfleisch", im Sommer 1988, man werde wegen der geringen Absatzerwartungen auf alle Versuche verzichten, eine Fleischmarke zu etablieren: Projekte dieser Art seien nur etwas für „Marktnischennutzer".[135]

Die Skeptiker verwiesen nicht nur auf die vielen ungelösten praktischen Fragen wie etwa die, ob denn die bundesdeutschen Landwirte tatsächlich fast vollständig bereit seien, genaue Vorschriften zu akzeptieren, wie sie die Tiere in ihrem Stall zu halten und zu füttern hatten. Ohne entsprechende Standards und deren genaue Kontrolle nicht nur bei den Bauern, sondern auch noch beim Transport und bei der Schlachtung der Masttiere aber war das verlässliche „Qualitätsversprechen", das eine Marke braucht, um sich erfolgreich zu etablieren, für den Handel undenkbar.[136] Die Frage, ob man bei Fleisch tatsächlich die „Markenartikelpersönlichkeiten" schaffen könne, die Kunden dauerhaft banden, musste daher als offen gelten.[137]

Hinzu kamen gewichtige Zweifel, ob das Konzept der Handelsmarken, das für industriell erzeugte Waren entwickelt worden war, wirklich dazu tauge, ein so spezielles Produkt wie Frischfleisch zu vermarkten. Von zentraler Bedeutung war dabei die „Kommunikationsseite" jeder erfolgreichen Marke: Sie ‚kommunizierte' mit den Verbrauchern ja vor allem über optische Signale, über ein prägnantes Markenzeichen und leicht wiedererkennbare Verpackungen, die sie von Konkurrenzprodukten unterschieden. Bei den Industriewaren, die für Endverbraucher hergestellt wurden, bemühte sich eine ganze Branche hochbezahlter Experten um nichts anderes als um die Optimierung dieser visuellen Reize.[138] Mit dem Sieges-

---

[133] Fleisch bleibt ein „Strategie-Produkt", in: LZ 41 (1989), Nr. 9, S. J 4–J 8, hier: S. J 6.
[134] Markenfleischprogramm gefragt, in: LWE 135 (1988), Nr. 1, S. 19.
[135] Fleischkonsum in der Bundesrepublik Deutschland wächst kaum noch, in: FAZ, 2. 8. 1988. Vgl. auch: Geschäftsbericht Westfleisch 1989, Münster o. J., S. 8.
[136] Vgl. dazu etwa: A. Goldenstern, Konsequenzen aus der Sicht der Vermarktung, in: BBSH 137 (1987), S. 336–337. Vgl. ähnlich auch schon den frühen Diskussionsbeitrag: Konrad Jahnke, Fleisch als Markenartikel?, in: Die Fleischerei 19 (1968), Nr. 3, S. 21–24, hier: S. 22.
[137] Wolfgang Ingold, Branchen im Aufbruch, in: FAZ, 29. 11. 1988.
[138] Vgl. dazu ausführlich: Peter Weinberg, Nonverbale Markenkommunikation, Heidelberg 1986. Zur Geschichte der Markenartikel allgemein vgl. etwa: Hans-Georg Böcher, Der Weg der Marke. Wie aus Produkten Marken werden, Frankfurt/Main 2011; Rainer Gries, Pro-

3. Schwierige Waren: Probleme beim Verkauf von Fleisch und Wurst

zug der Selbstbedienung gewannen Verpackungen gerade im Lebensmittelhandel noch einmal massiv an Bedeutung: Sie mussten nun stets „Werbeträger" und „Verkaufshelfer" zugleich sein.[139]

Frischfleisch aber wurde in der Bundesrepublik auch Ende der 1980er Jahre noch vornehmlich ohne einheitliche Verpackung oder Kennzeichnung an Bedienungstheken verkauft. Da sich unverpackte Ware aus Markenprogrammen optisch kaum eindeutig von Standardprodukten unterschied, erwies sich deren Verkauf am Tresen als sehr mühselig, zumal wenn beide Artikel direkt nebeneinander präsentiert wurden und das Personal jedem Kunden den nicht unerheblichen Preisunterschied neu erklären musste.[140] SB-verpacktes Fleisch aber gab es bislang vornehmlich bei den „Billigvermarktern" und zu besonders günstigen Preisen. Wie sollte sich der Wechsel zu einem „Qualitätskonzept" durch Einführung von Markenfleisch da den Kunden mitteilen?[141]

Da es auf diese Frage keine spontan überzeugende Antwort gab, handelte es sich beim „branding" von Frischfleisch offensichtlich um eine Zukunftsaufgabe, die von den Anbietern einen langen Atem verlangte – zumal auch unklar war, ob die Mehrheit der Konsumenten wirklich bereit sei, für Fleisch mehr Geld ausgeben, bloß weil ein Markenzeichen höhere Qualität versprach. Unter Rückgriff auf die oben erwähnte „Hausfrauen-Typologie" und andere Umfragen schien für „Premium-Ware" selbst ein potentieller Marktanteil von etwa 30 Prozent sehr großzügig geschätzt zu sein. So wie die Dinge lagen, musste der Handel auch Ende der 1980er Jahre weiterhin damit leben, dass die große Mehrheit der Kundinnen und Kunden vor allem „an preiswerter Standardqualität" interessiert war, mit der sich nur wenig Gewinn erwirtschaften ließ.[142]

---

duktkommunikation. Geschichte und Theorie, Wien 2008; Liz Moor, The Rise of Brands, Oxford etc. 2007.

[139] Hans-Carl Strohmayer, Einzelhandel und Verpackung, in: Verpackungs-Rundschau 11 (1960), S. 189–191.

[140] So die praktische Erfahrung bei dem bayerischen Markenprogramm „zart & saftig". S. Kögel, Markenfleisch im Angebot: Erfahrungen aus Bayern, in: DGS 39 (1989), S. 1564–1566, hier: S. 1564. Markenfleisch war im Durchschnitt 30 Prozent teurer als Standardware.

[141] Fleisch bleibt ein „Strategie-Produkt", in: LZ 41 (1989), Nr. 9, S. J 4–J 8, hier: S. J 6. Zur überragenden Bedeutung, die dem „Gesicht" einer Marke im Einzelhandel zukommt, vgl. auch: Klaus Ragotzky, Der Haushalt als Marktpartner, in: Ulrich Oltersdorf/Thomas Preuß (Hrsg.), Haushalte an der Schwelle zum nächsten Jahrtausend. Aspekte hauswirtschaftlicher Forschung – gestern, heute, morgen, Frankfurt/Main und New York 1996, S. 235–253, hier: S. 239.

[142] Wilhelm Wehland, Sind wir die Sündenböcke der Nation?, in: top agrar 18 (1989), Nr. 12, S. 24–30, hier: S. 30.

4. Wachsende „Nachfragemacht": Konzentrationsprozesse im Einzelhandel mit Lebensmitteln

Für eine Untersuchung wirtschaftlicher Konzentrationsprozesse bietet die Geschichte des deutschen Einzelhandels mit Lebensmitteln seit 1960 überaus reiches Anschauungsmaterial. Die Entwicklung der Branche vollzog sich in einer fast ununterbrochenen Reihe von betrieblichen Zusammenschlüssen, Kooperationen und Aufkäufen, die den Kreis der Wettbewerber immer weiter schrumpfen ließen. Der aktuelle bundesdeutsche Lebensmittelmarkt, der von einer kleinen Gruppe sehr großer, überregional agierender Unternehmen beherrscht wird, ist das Resultat dieser Entwicklung – und zugleich doch nur ein Zwischenstadium darin, denn der Prozess, der das Oligopol entstehen ließ, vollzieht sich unverändert weiterhin nach den gleichen Gesetzen. Historiker haben bislang noch keine Studien über diesen kontinuierlichen Verdrängungswettbewerb im Lebensmittelhandel und seine Gewinner wie Verlierer vorgelegt, obwohl er doch unbestreitbar an zentraler Stelle in die bundesdeutsche Wirtschafts- und Gesellschaftsgeschichte gehört. Diese Lücke kann hier nicht geschlossen werden.[143]

Dennoch soll der Konzentrationsprozess im Einzelhandel im Folgenden zumindest im Überblick thematisiert werden, denn die enorme Dynamik, mit der sich der deutsche Fleischmarkt in den Jahren zwischen 1960 und 1990 veränderte, kann ansonsten nicht adäquat erklärt werden. Dabei geht es um weitaus mehr als um ein Hintergrundphänomen. Der Antrieb hinter all diesen Fusionen und Übernahmen in der Lebensmittelbranche war nämlich – anders als man vielleicht denken könnte – erst in zweiter Linie der Kampf um die Kunden und deren Geldbeutel. Zentral ging (und geht) es den Handelsunternehmen, wenn sie sich mit Konkurrenten zusammenschließen oder diese aufkaufen, um größere „Einkaufsvolumnia", d. h. um eine bessere Position gegenüber den Produzenten und Liefe-

---

[143] Langer (Langer, Revolution) ignoriert den Konzentrationsprozess in ihrer ansonsten verdienstvollen Arbeit fast vollständig. Als Überblick einstweilen immer noch grundlegend: Rolf Banken, Schneller Strukturwandel trotz institutioneller Stabilität. Die Entwicklung des deutschen Einzelhandels 1949–2000, in: Jahrbuch für Wirtschaftsgeschichte 2007/II, S. 114–145. Vgl. auch: Erich Ehrlinger, Die Konzentration im Einzelhandel, ihre Ursachen und Auswirkungen, wirtschafts- u. sozialwiss. Diss., Universität Erlangen-Nürnberg 1962; Max Eli, Die Nachfragekonzentration im Nahrungsmittelhandel. Ausmaß, Organisation und Auswirkungen, Berlin und München 1968; Konzentration im Einzelhandel. Hrsg. v. Deutschen Industrie- und Handelstag, Bonn 1983; Rainer Lademann, Machtverteilung zwischen Industrie und Handel. Eine empirische Untersuchung der Marktstrukturen in der Ernährungswirtschaft, Göttingen 1988; Michael Breitenacher/Uwe Christian Täger, Ernährungsindustrie. Strukturwandlungen in Produktion und Absatz, Berlin und München 1990. Vgl. auch die Beiträge in: Helmut Gröner (Hrsg.), Wettbewerb, Konzentration und Nachfragemacht im Lebensmittelhandel, Berlin 1989. Zur Weiterentwicklung nach 1990 vgl. etwa: Rainer Lademann, Marktstrategien und Wettbewerb im Lebensmittelhandel. Wettbewerbsökonomische Analysen von Marktstrukturen, Marktverhalten und Marktergebnissen, Göttingen 2012.

ranten der Nahrungsmittel sowie auch all der anderen Waren, die sie an die Endverbraucher verkauften.[144]

Angetrieben wurde die Entwicklung dennoch von den Konsumenten: Ihr alltägliches Verhalten bestimmte die unternehmerischen Entscheidungen der Supermarkt-Manager. Wenn Landwirte, Schlachthofbetreiber und Metzgermeister klagten, der Handel bringe seit den späten 1950er Jahren als Störenfried gerade auch das traditionsreiche System der Fleischvermarktung durcheinander, griffen sie daher zu kurz. Ohne die immer wieder neue Abstimmung der Käuferinnen und Käufer, die bestimmte Läden bevorzugten, hätte es den Konzentrationsprozess im Lebensmittelhandel nicht gegeben.

Beim Einkauf nämlich schätzten die Deutschen ein möglichst breites Angebot an sofort verfügbaren Waren. Bereits die ersten Erfahrungen mit Geschäften, die ein volles Sortiment an Lebensmitteln und anderen Artikeln des täglichen Bedarfs führten, wiesen in diese Richtung: Je breiter die Wahlmöglichkeiten ausfielen, desto bereitwilliger kamen und kauften die Kunden. Lediglich bei den „Discountern" galt diese Regel nicht, weil die niedrigen Preise in der Wahrnehmung ihres Stammpublikums den Nachteil des stark eingeschränkten Angebots aufwogen.[145] Die Branche der Vollsortimenter bemühte sich daher kontinuierlich, die Warenpalette in den einzelnen Läden noch umfangreicher zu gestalten. Zwangsläufig wuchs damit auch die Verkaufsfläche.

Der Ausgangspunkt dieser Entwicklung, von der nur die „Discounter" lange Zeit ausgenommen blieben, war allerdings bescheiden genug: In den frühen 1960er Jahren galten in der Bundesrepublik selbst Lebensmittelgeschäfte von 100 bis 150 Quadratmetern schon als „groß".[146] Die Standards entwickelten sich jedoch äußerst dynamisch. 1969 beschloss etwa der Bund Deutscher Konsumgenossenschaften, neu eingerichtete SB-Läden mit vollem Sortiment künftig nur mit „mindestens 400 qm" Verkaufsfläche zu errichten. Bereits existierende Geschäfte der Gruppe, die weniger als 250 qm aufwiesen, sollten sukzessive geschlossen werden.[147] Knapp zehn Jahre später legte sich die Zentralorganisation von „Rewe" auf 1.000 qm als Norm für neue Standorte fest; 1985 bezifferte ein führender „co op"-Manager die Mindestanforderung für einen Supermarkt gehobener Art auf 1.200 qm, denn nur in so groß dimensionierten Läden könne „man vor allem Frische deutlich erlebbar machen".[148]

---

[144] Wolfgang Kartte, Konzentrationsprozess im Handel, in: Konzentration, S. 7–15, hier: S. 9.
[145] Eduard Liebler, Veränderungen des Verbraucherverhaltens – Konsequenzen für Fleisch-Produktion und Distribution, in: FW 53 (1973), S. 1077–1079, hier: S. 1077. Zur zentralen Bedeutung der „Preismotivation" für den Erfolg der „Discounter" vgl.: Andrea Gröppel, Die Dynamik der Betriebsformen des Handels. Ein Erklärungsversuch aus Konsumentensicht, in: Forschungsgruppe Konsum und Verhalten (Hrsg.), Konsumentenforschung. Gewidmet Werner Kroeber-Riel zum 60. Geburtstag, München 1994, S. 379–397, hier: S. 390.
[146] Langer, Revolution, S. 260 f.
[147] Konsumgenossenschaften wollen ihren Marktanteil ausweiten, in: NSZ 49 (1969), Nr. 2, S. 7.
[148] Die Rewe rückt immer näher an die Spitze, in: FAZ, 18. 6. 1977; Arnt Klöser, Ist unter 800 [qm] alles tot?, in: LZ 37 (1985), Nr. 18, S. F 26–F 28, hier: S. F 26.

Solche Flächen wurden gebraucht, um die von den Kunden geschätzte Warenfülle angemessen präsentieren zu können. Auch in dieser Hinsicht wuchsen die Ansprüche: Statt der typischerweise maximal 1.200 verschiedenen Artikel, die ein neu eingerichteter Supermarkt in den frühen 1960er Jahren führte, bot etwa das Filialunternehmen „Tengelmann" im Jahr 1975 in jedem seiner 550 Geschäfte bereits 5.000 bis 6.000 unterschiedliche Waren des täglichen Bedarfs. Ein weiterer Ausbau des Sortiments war geplant, um den Käuferinnen und Käufern „einen stärkeren Kontrast zu Discount-Filialen" zu bieten.[149] 1988 sprachen Fachleute der Branche auf einer Podiumsdiskussion dann sogar von 7.000 bis 10.000 Artikeln als Standard für einen „modernen Supermarkt".[150]

Die Kundinnen und Kunden präferierten eindeutig die Läden der jeweils neuesten Generation: 1980 entstanden 70 Prozent aller Umsätze im Einzelhandel mit Lebensmitteln in nur zehn Prozent aller Geschäfte. Sie zählten sämtlich zur Gruppe der großen Läden mit breitem Sortiment oder aber es handelte sich um „Discount"-Filialen mit ganz besonders raschem Warenumschlag.[151]

Dieser Trend zur Größe zumal bei „Vollsortimentern", der den Kapitalbedarf für den einzelnen Laden enorm in die Höhe trieb, veränderte die Binnenstruktur aller genossenschaftlichen Handelsorganisationen: Er stärkte deren zentrale Instanzen und schwächte den Einfluss der Genossen sowohl auf die Geschäfte der gesamten Gruppe wie auch auf das, was in den einzelnen Läden geschah. „Kein Kaufmann kann heute so etwas allein machen", konstatierte etwa Robert Pütthoff, der Präsident des Hauptverbandes des Lebensmittel-Einzelhandels, im Jahr 1981 mit Blick auf seinen eigenen, gerade erst eröffneten Supermarkt in Dortmund, der auf 1.100 Quadratmetern rund 6.000 verschiedene Waren bereithielt. Die örtliche „Edeka"-Organisation beteiligte sich daher (neben einem zweiten Privatmann) als Geldgeber an der eigens neu gegründeten GmbH, die den Laden errichtet hatte und betrieb; „Edeka" hatte auch die Planungsarbeiten für den Standort und den Neubau des Gebäudes übernommen. Das große Sortiment konnte nur deshalb verlässlich angeboten werden, weil der Einkauf weitgehend von der „Vorstufe" erledigt wurde. Zudem lieferte die Handelsorganisation kontinuierlich auch noch eine „Spannenauswertung" für 24 verschiedene Warengruppen, die den Absatz in Pütthoffs Laden und dessen Erträge genau analysierte. In einem Geschäft dieser

---

[149] Tengelmann beklagt Überkapazitäten im Lebensmittelhandel, in: FAZ, 23. 12. 1975. In seiner eigenen Discount-Kette „Plus" verkaufte Tengelmann rund 900 Artikel. Zum Wachsen der Sortimente vgl. auch schon: Wachsende Sortimente erfordern rationellen Warenfluss – Bleibt das Einkaufen ein Erlebnis?, in: LMP 20 (1969), S. 522–523; Die Wandlungen im Lebensmittelhandel bis zum Jahre 1980, in: ebenda, S. 1326–1330, hier: S. 1328 f.
[150] „Nicht alle können auf Erlebnis umstellen", in: LZ 40 (1988), Nr. 11, S. 70. Vgl. auch: Rewe-Läden wachsen weiter, in: FAZ, 28. 4. 1986.
[151] Helmut Stubbe, Perspektiven für den Edeka-Kaufmann im genossenschaftlichen Verbundsystem. Referat anlässlich der Edeka-Jahrestagung des 71. Edeka-Verbandstages 1978 in Düsseldorf, o. O. 1978, S. 14.

Art stieß die unternehmerische Freiheit des Eigentümers zwangsläufig an sehr eng gesetzte Grenzen.[152]

Hans Reischl, der Chef der Rewe-Zentrale, erklärte 1985, ein selbständiger Lebensmittelkaufmann könne gegenwärtig in der Welt des bundesdeutschen Einzelhandels nur noch dann überleben, wenn er „massive zentrale Unterstützung" erhalte: „Dies wiederum kann nur funktionieren über Sammlung von Gewinnen und Reservenbildung, so daß in den Markt investiert werden kann." Das traditionelle Verständnis der Genossenschaft als ein auf Gegenseitigkeit beruhendes Schutz- und Trutzbündnis ohne eigene Profitinteressen gehöre daher zwangsläufig der Vergangenheit an.[153]

Zudem errichteten die großen Handelsgenossenschaften zunehmend auch sogenannte „Regiebetriebe", d. h. Geschäfte, die vollständig von der Zentrale finanziert und geführt wurden. Zwar bemühte sich die „Edeka" darum, solche Läden, die oft entstanden, um in einer bestimmten Gegend neben oder auch statt der Konkurrenz präsent zu sein, nach ihrer erfolgreichen Etablierung doch noch zu privatisieren. Ohne groß bemessene Kredithilfen aber gelang dies kaum. Die schleichende Verwandlung der genossenschaftlichen Einkaufsbünde in Unternehmen, die ihren Wettbewerbern, den Filialketten, recht ähnlich sahen, setzte sich daher kaum gebremst fort.[154]

So konnten die Inhaber kleiner und unrentabler Geschäfte auch als Mitglied einer Genossenschaft nicht auf Hilfe hoffen: Erhaltungssubventionen, die erfolglose Genossen dauerhaft stützten, gab es weder bei „Edeka" noch bei „Rewe" und „Spar". „Darf das Ganze anhaltend [...] geschwächt werden durch ungesunde Teile?" – diese wohl kaum zufällig so rhetorisch formulierte Frage wurde etwa im „Rewe"-Geschäftsbericht für 1981 eindeutig negativ beantwortet. „Tante-Emma-Läden" hatten somit auch bei den Handelsgenossenschaften keine Zukunft.[155]

Aus der Perspektive der Käuferinnen und Käufer ließ sich der Trend, immer größere Supermärkte mit immer noch größerem Sortiment zu errichten, nicht

---

[152] Der Präsident ging auf tausend Quadratmeter, in: LMP 32 (1981), Nr. 19, S. 8–10. Zur wachsenden Abhängigkeit der Genossen gegenüber den zentralen Instanzen der jeweiligen Genossenschaft vgl. auch: Konzentration im Lebensmittelhandel, in: NFZ 55 (1973), Nr. 1, S. 2; Robert Nieschlag, Die Zukunft des Lebensmittelgroß- und -einzelhandels, in: Die Zukunft der Ernährungswirtschaft. Hrsg. v. d. Getreide-Import-Gesellschaft, Duisburg, zu ihrem 25jährigen Bestehen, Duisburg 1975, S. 57–68, hier: S. 64 f.; Rewe: Es gibt kein Sortimentsdiktat, in: FAZ, 14. 4. 1978; Zukauf außerhalb der Großhandlung, in: LZ 37 (1985), Nr. 13, S. 6.

[153] „Unsere Spitzenposition möchten wir verteidigen", in: LZ 37 (1985), Nr. 4, S. 66–68, hier: S. 68.

[154] Zu den „Regieläden" vgl. etwa: Arthur Burkel, Der Auftrag heißt Marktbehauptung, in: LZ 27 (1975), Nr. 40, Sonderteil, S. XXII–XXV, hier: S. XXIV; „Notwendig zum Überleben", in: LZ 32 (1980), Nr. 1, S. 6; Wettlauf um gute Standorte zwingt zur Expansion, in: FAZ, 22. 2. 1985; Im Südwesten bahnt sich ein Bruch im Rewe-Verbund an, in: Handelsblatt, 23./24. 6. 1989 (hiernach machte die „Rewe-Südwest" rund 80 Prozent ihrer Umsätze in Regiegeschäften).

[155] Rewe-Zentralorganisation, Bericht über das Geschäftsjahr 1981, Köln o. J., S. 9 f. Vgl. ähnlich auch schon: Die Rewe rückt immer näher an die Spitze, in: FAZ, 18. 6. 1977.

eindeutig beurteilen. Einerseits sank die Zahl der Lebensmittelgeschäfte kontinuierlich, weil kleinere Läden verschwanden; andererseits aber wuchs die gesamte Verkaufsfläche so stark, dass selbst die beteiligten Unternehmen von „Überkapazitäten" sprachen.[156] Die räumliche Verteilung der Läden veränderte sich stark. Bereits in den 1970er Jahren fehlte in kleineren Landgemeinden vielfach jede Einkaufsmöglichkeit, weil der traditionsreiche örtliche Kaufmannsladen wegen seiner kleinen Fläche und der geringen Umsätze geschlossen worden war.[157] Gleichzeitig drängten sich in den Ballungsräumen die Lebensmittelgeschäfte. Insbesondere in den „Einkaufszentren", die Stadtplaner seit den 1950er Jahren so liebten, weil sie als neue Orte des urbanen Lebens galten, saßen die Konkurrenten oft sehr dicht nebeneinander.[158]

Sowohl stadträumliche Strukturen dieser Art wie auch die zunehmende Mobilität motorisierter Kunden sorgten dafür, dass der Wettbewerb im Handel mit den Dingen des alltäglichen Lebens durch das Verschwinden der vielen kleineren Lebensmittelgeschäfte keinen Schaden nahm. Im Gegenteil verschärfte er sich eher, je überschaubarer die bundesdeutsche Einkaufslandschaft wurde. Wolfgang Kartte, als Chef des Bundeskartellamtes zuständig für sachlich fundierte Urteile dieser Art, konstatierte im Oktober 1983, trotz der „rasend fortschreitenden Konzentration" im bundesdeutschen Lebensmittelhandel gebe es keine Anzeichen für abgesprochene Preise und andere den Konsumenten benachteiligende Tricks der Anbieter. Kartte sah vielmehr Unternehmen am Werk, die „sich alle [dem Verbraucher] zu Füßen schmeißen".[159]

Gleichzeitig aber blickte der amtlich bestellte Hüter der bundesdeutschen Marktwirtschaft doch voller Sorge auf die Branche: In seiner Sicht führte der den Kunden so nützliche Konzentrationsprozess im Geschäft mit Lebensmitteln nämlich zu Zusammenballungen der „Nachfragemacht" des Handels, die wirtschafts- und ordnungspolitisch zunehmend bedenklich seien. Das Kartellamt werde die Entwicklung dieses Marktes daher künftig sorgfältig beobachten.[160]

Das Phänomen, das Kartte mit dieser Ankündigung nachdrücklich auf die offizielle wirtschaftspolitische Agenda setzte, beschäftigte die bundesdeutsche Le-

---

[156] Wortgleich in: Rewe Dortmund: Solidarität statt Gigantismus, in: FAZ, 24. 7. 1975; Tengelmann beklagt Überkapazitäten im Lebensmittelhandel, in: FAZ, 23. 12. 1975. Vgl. auch: Ruf nach „Ordnungspolitik", in: FAZ, 30. 12. 1975. Im Überblick vgl.: Banken, Strukturwandel, S. 122 f. u. S. 125 f.

[157] Vgl. für Schleswig-Holstein: Einkaufsprobleme auf dem Lande, in: BBSH 125 (1975), S. 1152; für Bayern: Anhaltende Entwicklung zu einem Discount-Staat, in: LZ 37 (1985), Nr. 13, S. 6.

[158] Vgl. als Beispiel etwa das 1975 eröffnete Einkaufszentrum in dem Hamburger Stadtteil Jenfeld: Direkt an der obligatorischen Fußgängerzone der Anlage lagen vier Supermärkte, drei weitere (darunter auch ein „Aldi"-Laden) fanden sich fußläufig in unmittelbarer Nähe. Meyer, Wettbewerb, S. 211 (vgl. hier auch genauere Angaben zu den Firmen und Ladengrößen). Jenfeld zählte keineswegs zu den Wohlstandsvierteln der Hansestadt. Als ein anderes Beispiel vgl. die Angaben zum Stadtteil Dortmund-Westerfilde in: Der Präsident ging auf tausend Quadratmeter, in: LMP 32 (1981), Nr. 19, S. 8–10.

[159] Rasende Konzentration der Nachfragemacht, in: FAZ, 10. 10. 1983.

[160] Ebenda.

bensmittelwirtschaft bereits seit längerem. In älteren Marktmodellen und Wettbewerbstheorien war es zwar überhaupt nicht vorgesehen, denn die konzentrierten sich auf das Verhältnis zwischen den Herstellern von Waren und den Endabnehmern, auf deren Interesse und Kaufkraft der jeweilige Produzent mit seinen Artikeln hoffte. „Zwischenhändler" hingegen galten den Wirtschaftswissenschaftlern als recht unwichtig, als ein vielfach zwar unentbehrliches, aber doch weitgehend unselbständiges Bindeglied zwischen dem Angebot der Produzenten und der Nachfrage der Endabnehmer, den letztlich bestimmenden Faktoren der Märkte.[161]

Allerdings entsprach die wirtschaftliche Realität in der zweiten Hälfte des 20. Jahrhundert in vielen westlichen Gesellschaften dieser Sicht immer weniger. Auf zahlreichen Märkten, auf denen Produkte für den Normalverbraucher vertrieben und verkauft wurden, entstanden neue Strukturen, die den Handel zu einem eigenständigen und starken Akteur im wirtschaftlichen Geschehen machten. Für die Bundesrepublik lässt sich dieser Prozess etwa in der Möbelbranche, im Verkauf von Schmuck und Uhren sowie von Kosmetika und anderen Drogerie-Waren oder auch auf dem Markt für Elektroartikel nachweisen.[162]

Dennoch blieb der Einzelhandel mit Lebensmitteln in der westdeutschen Wirtschaft das Paradebeispiel für den Abschied des Handels von seiner traditionellen Rolle als schwacher Mittler im Markt. Zum einen bot die Branche besonders günstige Voraussetzungen für diese Entwicklung. Zum anderen brauchten die Verkäufer von Nahrungs- und Genussmitteln ihre neue Position auch noch besonders dringend, denn nur dank des damit verbundenen ökonomischen Machtzuwachses konnten sie darauf hoffen, geschäftlich weiterhin zu florieren. Der Konzentrationsprozess, der „Nachfragemacht" bündelte, vollzog sich daher in der Bundesrepublik unter diesen Unternehmen rascher und konsequenter als in anderen Sparten.

Schaut man zuerst auf die Notwendigkeit, die den Lebensmittelhandel über mehrere Jahrzehnte hin immer wieder neu zu Zusammenschlüssen bewog, so ist von einer fast allgemeinen Ertragsschwäche der Branche zu sprechen: In Geschäften, die den Bürgern Lebensmittel verkauften, ließen sich selbst unter günstigen Voraussetzungen nur Minimalrenditen erwirtschaften, die Unternehmer in anderen Branchen – zumal die im produzierenden Gewerbe – höchst unzufrieden betrachtet hätten. Zahlen dazu besitzen wir vor allem aus den 1970er und 1980er Jahren. Der vornehmlich in Frankfurt am Main und in den umliegenden Regionen starke Filialbetrieb „Schade & Füllgrabe" etwa deklarierte für 1972 eine Umsatzrendite von 1,4 Prozent vor Steuern; „Tengelmann" nannte im gleichen Jahr den

---

[161] Vgl. beispielhaft zu den langen Debatten von Ökonomen, ob Händlergewinne volkswirtschaftlich legitim seien: Rudolf Gümbel, Handel, Markt und Ökonomik, Wiesbaden 1985, insbes. S. 77–144 u. S. 193–202.
[162] Vgl. als knappen Abriss: „Handelskooperationen beeinträchtigen den Wettbewerb nicht", in: FAZ, 9. 5. 1989; Banken, Strukturwandel, S. 135f. Ausführlicher vgl. etwa: Walter Marzen, Die Theorie von der „Dynamik der Betriebsformen des Handels" – aus heutiger Sicht, in: ders. (Hrsg.), Die Betriebswirtschaftslehre in der Welt von heute. Festschrift zum 60. Geburtstag von Rudolf Bratschitsch, Spardorf 1988, S. 123–148.

Wert von 2,5 Prozent.[163] Die große Hamburger Konsumgenossenschaft „Produktion" erklärte ein Jahr später, Gewinne von etwa zwei Prozent des gesamten Umsatzes (ebenfalls vor Begleichung der Steuern) müssten in der Lebensmittelbranche „auf absehbare Zeit" als befriedigend gelten.[164] 1974 verzeichnete „Tengelmann" mit 1,8 Prozent einen Wert, der dieser Größenordnung entsprach.[165]

Die Fachzeitschrift „Lebensmittel-Zeitung" meinte etwa zeitgleich, die Gewinne seien bei allen Lebensmittelhändlern trotz hoher Einnahmen „an Grenzen gestoßen", die kaum ein Betrieb noch überwinden könne: Der harte Preiswettkampf der großen Ketten sowie die fortlaufend hohen Kosten für das Personal, das sehr umfangreiche Sortiment der meisten Supermärkte und für die Logistik ließen keine besseren Erträge zu. In dieser Situation könnten selbst „Winzigkeiten" in der Gestaltung der Betriebsabläufe die Rendite entscheidend beeinflussen.[166] In die gleiche Richtung weist die Klage der „Rewe"-Zentrale, das „unternehmerische Risiko" im Geschäft mit Lebensmitteln sei gegenüber früheren Zeiten „in ganz erheblichem Maße" gestiegen.[167]

An diesen Verhältnissen und Herausforderungen hat sich offensichtlich auch in den nachfolgenden Jahren nichts Grundlegendes geändert. 1979 bezeichnete die „Rewe-Leibbrand"-Gruppe eine Umsatzrendite von einem Prozent als ihre „längerfristige Zielsetzung" – was den Gedanken nahelegt, dass die Resultate seinerzeit nicht nur vorübergehend eher noch niedriger lagen. Dabei war „Rewe-Leibbrand" mit 940 Filialen, 18.000 Mitarbeitern und einem Jahresumsatz von rund fünf Milliarden DM einer der stärksten bundesdeutschen Einzelhändler.[168]

Für 1983 gab der Hauptverband des Deutschen Lebensmittel-Einzelhandels den durchschnittlichen Ertrag der Branche mit 1,7 Prozent aller Einnahmen an.[169] Nach den Maßstäben einer umfassenden Betriebsbilanz, die (bei Unternehmen,

---

[163] Einzelhandel wehrt sich gegen Vorwürfe, in: FAZ, 8. 10. 1973 (für „Schade & Füllgrabe"); Chancen der Spezialgeschäfte, in: NFZ 55 (1973), Nr. 2, S. 5 (für „Tengelmann"). Nach Begleichung der Steuern schrumpfte bei der Gewinn bei „Schade & Füllgrabe" nach den Angaben der Firma auf 0,56 Prozent vom Umsatz. Vgl. als Hintergrund auch die Angaben zu den sinkenden Gewinnen in der gesamten Einzelhandelsbranche in: Banken, Strukturwandel, S. 126 f.
[164] Die „Pro" wird Aktiengesellschaft, in: FAZ, 22. 8. 1974.
[165] Tengelmann beklagt Überkapazitäten im Lebensmittelhandel, in: FAZ, 23. 12. 1975.
[166] Auf Winzigkeiten kommt es an, in: LZ 27 (1975), Nr. 1, S. 14.
[167] Die Rewe-Pleite, in: FAZ, 30. 5. 1975.
[168] Aufstieg von Filialriesen in knapp zwei Jahrzehnten, in: FAZ, 5. 7. 1979. Vgl. auch: Arnold Weissmann/Jörg Dehnen, Die handels- und wettbewerbspolitische Beurteilung der Einkaufsgenossenschaften des Lebensmittelhandels Edeka und Rewe, Nürnberg 1983, S. 29.
[169] Lebensmittelhandel für sauberen Wettbewerb, in: FAZ, 23. 5. 1985. Der Gedanke, die bislang angeführten Zahlen mit den Renditen industrieller Betriebe zu vergleichen, liegt nahe. Sinnvoll ist ein solcher Vergleich allerdings nicht, weil Produzenten und Handel auf unterschiedlichen Ebenen der Wertschöpfungskette agieren. So enthalten die Umsätze der Einzelhändler zwangsläufig alle Gewinne der vorgelagerten Wirtschaftsbereiche. Logischerweise verzeichnen sie daher höhere Umsätze als diese. Vgl. dazu ausführlicher: Ludwig Berekoven, Die Gewinne in Industrie und Einzelhandel, in: Jahrbuch der Absatz- und Verbrauchsforschung 26 (1980), S. 117–128.

die vom Eigentümer selbst geführt wurden) auch den „Unternehmerlohn" sowie eine Verzinsung des Eigenkapitals in der Höhe der aktuellen Kapitalmarktzinsen einbezog, operierten viele Supermarkt-Unternehmen damit am Rande oder auch ganz im Bereich der roten Zahlen.[170] So belief sich etwa der „Bilanzgewinn" der „Rewe"-Zentral AG im gleichen Jahr bei einem Umsatz von rund 11,75 Milliarden DM auf elf Millionen Mark – und deren Vorstandsvorsitzender bezeichnete dieses Resultat von 0,1 Prozent öffentlich auch noch als ein „ordentliches Betriebsergebnis", mit dem die Geschäftsleitung zufrieden sei.[171]

1988 schließlich meinte Klaus Wiegandt, der Generalbevollmächtigte von „Rewe-Leibbrand", bis auf eine Ausnahme erwirtschafteten alle großen Handelsketten in der Bundesrepublik maximal ein Prozent Umsatz-Rendite vor Steuern. Einzig „Aldi" erreiche wegen seiner höchst effizienten Betriebsorganisation und ungewöhnlich niedriger Kosten bessere Werte. Genaueres aber wusste wegen der strikten Verschwiegenheit der Eigentümerfamilie niemand.[172]

Die Quellen, die eine weitverbreitete Ertragsschwäche im Lebensmitteleinzelhandel dokumentieren, wurden oben recht ausführlich referiert, weil dieser Punkt für die Geschichte der Branche seit den 1960er Jahren von größter Bedeutung ist: Manager und Eigentümer mit sehr verschiedenen Hintergründen entschieden im untersuchten Zeitraum unternehmerisch so einheitlich, ihr Glück in der Expansion und im Aufkauf von Konkurrenten zu suchen, weil sie auf ein strukturelles Problem ihrer Branche reagierten. Kurz gesagt handelten die unternehmerisch Verantwortlichen der Supermärkte alle nach einem Grundsatz, den der Vorstandsvorsitzende der im Saarland und in Rheinland-Pfalz breit vertretenen „Asko"-Kette 1975 so formulierte: Wegen des harten Wettbewerbs um Kunden, der mit Sonderangeboten und „Dauerniedrigpreisen" ausgefochten wurde, sicherten nur „günstige Einkaufspreise" einem Lebensmittelhändler einen halbwegs die Zukunft sichernden Gewinn. Dazu aber brauche es „ein entsprechendes Einkaufspotential". Ein Manager von „Stüssgen" sagte es 1978 noch etwas prägnanter: „Im Einkauf liegt der Segen."[173]

Produzenten und Lieferanten sollten also den Preis bezahlen, den der Kampf der Lebensmittelgeschäfte um die Gunst der Endverbraucher kostete. Da in der Geschäftswelt vor allem derjenige auf Sonderkonditionen hoffen konnte, der regelmäßig große, einheitliche Mengen orderte, unterlag der Einzelhändler als Einkäufer einem Zwang zur Größe. Da traf es sich gut, dass die deutsche Lebensmit-

---

[170] Ursachen der Handelskonzentration, in: Konzentration, S. 17–24, hier: S. 18 (berechnet für 1981 bei einer durchschnittlichen Umsatzrendite von 1,9 Prozent vor Steuern).
[171] Wettlauf um gute Standorte zwingt zur Expansion, in: FAZ, 22. 2. 1985. Zum Verhältnis zwischen der „Rewe"-Zentral AG und „Rewe-Leibbrand" siehe unten S. 146 f.
[172] „Nicht alle können auf Erlebnis umstellen", in: LZ 40 (1988), Nr. 11, S. 70. Ein Ex-Manager von „Aldi" schätzt die Umsatzrendite des Unternehmens retrospektiv für die 1970/80er Jahre auf vier Prozent. Vgl.: Brandes, Konsequent, S. 33.
[173] In der Reihenfolge der Zitate: Eine expansive Einzelhandels-Gruppe, in: FAZ, 2. 9. 1975; Stüssgen will sich erst einmal konsolidieren, in: FAZ, 13. 1. 1978. Vgl. auch: Im Einkauf liegt der Gewinn, in: LZ 37 (1985), Nr. 9, S. F 12–F 14.

telbranche schon in den frühen 1950er Jahren, als der aggressive Wettbewerb um die Kunden mit der Entstehung der Supermärkte erst begann, aus historischen Gründen weitaus stärker entwickelte kollektive Strukturen kannte als andere Handelssparten.

Zugespitzt gesagt, verdankte sie dies der sozialistischen Arbeiterbewegung, die schon im 19. Jahrhundert in Deutschland entstanden war: Mit dem Aufstieg der SPD und der mit ihr eng verbundenen Gewerkschaften zu Massenorganisationen im Kaiserreich entstanden als Teil dieser sozialistischen Lebenswelt auch zahlreiche Konsumgenossenschaften, die ihren Mitgliedern Lebensmittel zu günstigen Preisen verkauften.[174] Der Erfolg dieser Läden, die in vieler Hinsicht als eine Art Modell für moderne Supermarktketten gelten können, veranlasste mittelständische Kaufleute, ihrerseits Organisationen zu gründen, die das Prinzip der genossenschaftlichen Solidarität für die Belange selbständiger Einzelhändler adaptieren. Die „Einkaufsgenossenschaft der Kolonialwarenhändler", die sich seit 1911 knapp „Edeka" nennt (das Gründungsdatum der Organisation lässt sich wahlweise auf 1898 oder 1907 datieren) und der „Revisionsverband der Westkaufgenossenschaft" mit seinem Akronym „Rewe" (1920 bzw. 1927 entstanden) sind unter der Vielzahl dieser Organisationen nur deshalb besonders bemerkenswert, weil sie – in stark veränderter Gestalt – auch heute noch florieren, während die meisten ihrer früher zahlreichen Konkurrenten mittlerweile verschwunden sind.[175]

Die wechselvolle Geschichte dieses Ensembles sehr unterschiedlicher Zusammenschlüsse von Einzelhändlern zwischen dem Kaiserreich und der zweiten Nachkriegszeit kann und soll hier nicht skizziert werden. Es muss die Feststellung genügen, dass Einkaufskooperativen in der Bundesrepublik im Lebensmittelhandel bereits Ende der 1950er Jahre eine dominante Rolle spielten: Nicht weniger als rund 110.000 der seinerzeit etwa 130.000 nicht-spezialisierten Geschäfte für Nahrungs- und Genussmittel bezogen ihre Waren zumindest teilweise von einer solchen Organisation. Aufmerksame Zeitgenossen sprachen schon damals von „Nachfrage-Teiloligopolen" und „neuen, großen Marktpartnern" im Geschäft für Lebensmittel.[176]

---

[174] Vgl. etwa: Gert-Joachim Glaeßner, Arbeiterbewegung und Genossenschaften. Entstehung und Entwicklung der Konsumgenossenschaften in Deutschland am Beispiel Berlins, Göttingen 1989; Claudius Torp, Konsum und Politik in der Weimarer Republik, Göttingen 2011, S. 99–121. Zur Vorbildfunktion der Konsumgenossenschaften im Lebensmittelhandel auch noch Anfang der 1960er Jahre vgl.: Adolf Scherer, Die Zeit ist reif zum Handeln. Der Umbruch am Markt und die Antwort der Bauern, Neuwied 1961, S. 46.

[175] Zur Entwicklung von „Edeka" vgl.: Paul König, Die Organisation des gemeinschaftlichen Verkaufes im deutschen Lebensmittel-Einzelhandel, dargestellt an der Edeka-Bewegung, Berlin 1932; Uwe Spiekermann, Die Edeka. Entstehung und Wandel eines Handelsriesen, in: Peter Lummel/Alexandra Deak (Hrsg.), Einkaufen! Eine Geschichte des täglichen Bedarfs, Berlin 2005, S. 93–102; für „Rewe" vgl. als knappen, aber doch informativen Überblick Die Rewe AG, in: FAZ, 25. 5. 1975.

[176] Franz Gerl, Die Konzentration der Nachfrage nach Nahrungsgütern, in: AW 12 (1963), S. 272–278, hier: S. 277. Vgl. auch schon: Eine Umsatzkonzentration notwendig, in: FAZ, 4. 9. 1956; Lebensmittel-Einzelhändler verbinden sich, in: FAZ, 8. 10. 1957.

Wie die weitere Entwicklung der Branche beweist, sind solche Einschätzungen allerdings stets zeitbedingt, weil sie ihre Bewertungsmaßstäbe aus früheren Marktstrukturen ableiten. Aus heutiger Sicht begann die Oligopol-Bildung im Nahrungsmittelhandel so richtig erst nach 1960. Bereits 1973 waren von den mehreren Hundert Einkaufsorganisationen und Filialbetrieben, die in der frühen Bundesrepublik existiert hatten, lediglich 140 Zusammenschlüsse und Handelsketten übriggeblieben. Ein Jahrzehnt später bestanden nur noch 40 Unternehmen und Organisationen des Handels, die dessen Nachfrage bündelten.[177] Grob gerechnet verantworteten allein die zehn größten davon Mitte der 1980er Jahre addiert ein jährliches Einkaufsvolumen von 85 Milliarden DM. Das entsprach rund 60 Prozent des gesamten Beschaffungsvolumens des bundesdeutschen Lebensmittelhandels.[178] 1988 lag der Anteil dieser Zehner-Gruppe dann bereits bei 79 Prozent.[179]

Angesichts solcher Zahlen handelte es sich bei dem Geschäft, den Deutschen ihre Nahrung zu verkaufen, eindeutig um einen Markt „mit hohen Zugangsschranken": Einen Zutritt neuer Wettbewerber gab es wegen der hohen Anfangsinvestitionen und der unkalkulierbaren Risiken von Neugründungen so gut wie gar nicht, d. h. es ließ sich damit rechnen, dass die Gruppe der leistungsstarken Konkurrenten noch weiter schrumpfen werde.[180]

Wie abgeschlossen der Markt war, zeigte sich eindringlich an der großen Zahl der „Aldi"-Konkurrenten, die seit der zweiten Hälfte der 1960er Jahre stark zur Expansion der „Discounter" im bundesdeutschen Lebensmittel-Einzelhandel beitrugen: „Penny", „Minimal", „Plus" und all die anderen neuen Ketten, die ebenfalls mit „Dauerniedrigpreisen" arbeiteten, entstanden jeweils als Gründungen bereits bestehender großer Handelsunternehmen, die lieber verdeckt auch sich selbst, d. h. ihren eigenen Läden mit vollem Sortiment, Konkurrenz machten, als „Aldi" das Geschäft mit den schnelldrehenden Waren ganz allein zu überlassen.[181]

Die oben skizzierte Entwicklung vollzog sich – wie bereits erwähnt – im Kern durch einen klassischen betriebswirtschaftlichen Ausleseprozess. Dieser umfasste den schleichenden Niedergang bislang erfolgreicher Unternehmen (wie etwa der Konsumgenossenschaften oder auch fast aller der bis in die frühen 1970er Jahre noch wachsenden regionalen Filialisten) ebenso wie spektakuläre Zusammenbrüche scheinbar starker Wettbewerber.[182]

---

[177] Rasende Konzentration der Nachfragemacht, in: FAZ, 10. 10. 1983.
[178] Breitennaher/Täger, Ernährungsindustrie, S. 180.
[179] Wolfgang Ingold, Branche im Aufbruch, in: FAZ, 29. 11. 1988.
[180] Jürgen Wolfskeil, Hohe Marktschranken, in: LZ 37 (1985), Nr. 17, S. 2; Kartellamt will mehr Wettbewerb in abgeschotteten Märkten, in: FAZ, 15. 4. 1987.
[181] Langer, Revolution, S. 305. Vgl. auch: „Produktion" mit weiterer Ladenkette, in: FAZ, 24. 7. 1974; Mehr Gewinn mit Discount, in: FAZ, 29. 7. 1975; Eine expansive Einzelhandels-Gruppe, in: FAZ, 2. 9. 1975; Edeka kämpft gegen die Kaufunlust, in: FAZ, 27. 9. 1975.
[182] Eine ausführliche Liste von Übernahmen für die Jahre 1980–1982 vgl. in: Konzentration, S. 53–74; eine Liste der Aufkäufe nur der großen Handelsketten für 1980–1986 vgl. in: Hanfried Wendland, Die Konzentration im Lebensmittelhandel in der Praxis des Bundeskartellamtes, in: Gröner, Wettbewerb, S. 35–59, hier: S 55. Die spektakulärste Pleite der bundesdeutschen Handelsgeschichte, der Zusammenbruch der „co op", der zentralen Organisation der Konsumgenossenschaften, im Jahr 1989 ist bislang noch nicht geschichtswissenschaftlich un-

Gleichzeitig aber wandelten sich auch bereits bestehende Einkaufsverbünde wie etwa „Edeka", „Rewe" oder auch „Spar", weil sie nun im eigenen Unternehmen danach strebten, die Bestellung ihrer Waren kontinuierlich noch weiter zu vereinheitlichen und zu bündeln. Dadurch verstärkte sich der ja ohnehin schon vorhandene Trend, dass die zentralen Instanzen für den Erfolg der Genossenschaft immer wichtiger wurden. Für die deutsche Handelsgeschichte seit den frühen 1960er Jahren ist diese Veränderung vielleicht sogar noch charakteristischer als die normale kapitalistische Selektion der Stärkeren, denn gerade sie beweist, wie umfassend die Branche der Lebensmittelhändler von der Notwendigkeit geprägt wurde, die jeweils eigene Position gegenüber Produzenten und Lieferanten zu stärken.

Erneut kann hier kein detailliertes Bild gezeichnet werden. Einige wenige Hinweise sollen die These jedoch zumindest etwas genauer illustrieren. Das Jahr 1972 etwa muss für die Verwandlung der traditionsreichen Einkaufsverbünde in konzernähnliche Unternehmen als besonders wichtig gelten: Innerhalb weniger Monate gründeten seinerzeit sowohl die Konsumgenossenschaften als auch „Rewe" und „Edeka" jeweils eine Aktiengesellschaft, die an die Stelle ihrer bisherigen Zentrale trat. Bei „Spar" geschah das Gleiche zumindest für Norddeutschland. Durchweg ging es dabei darum, das Warengeschäft zusammenzufassen, zuvor stark entwickelte regionale Strukturen zu straffen und unternehmerische Entscheidungen zu vereinfachen. Zudem hatten Aktiengesellschaften ungleich bessere Möglichkeiten, Gelder am Kapitalmarkt aufzunehmen als genossenschaftlich strukturierte Unternehmen.[183]

Dieser Machtzuwachs für unternehmerisch geführte Lenkungsinstanzen bei besonders wichtigen Wettbewerbern bestimmte die weitere Entwicklung der gesamten Branche. Sowohl betriebliche Rationalisierungen wie etwa die Zusammenlegung regionaler Einkaufszentralen als auch kreditfinanzierte Expansionsmaßnahmen ließen sich in den bislang nicht sonderlich dynamisch agierenden Einkaufsverbünden nun weitaus leichter umsetzen als zuvor. Damit verknüpften sich auch die beiden bislang eher getrennt verlaufenden Stränge des Konzentrationsprozesses, die interne Optimierung der Orderpolitik und die Übernahme schwächerer Konkurrenten. Die neue „Rewe"-Zentral AG etwa gründete bereits 1974 zusammen mit der bislang selbständigen „Leibbrand"-Filialkette eine ge-

---

tersucht worden. Vgl. einstweilen den knappen, sehr kritischen Abriss in: Michael Gaissmaier, Lehrstück für Marktanteils-Strategen, in: LZ 41 (1989), Nr. 15, S. 134–135. Zur langwierigen juristischen Aufarbeitung der Affäre, in der auch wirtschaftskriminelle Aktivitäten führender Manager eine Rolle spielten, vgl.: Werner Abelshauser, Nach dem Wirtschaftswunder. Der Gewerkschafter, Politiker und Unternehmer Hans Matthöfer, Bonn 2009, S. 643–654. Der Aufstieg zu einem der großen, bundesweit aktiven Filialbetriebe gelang unter den vielen regionalen Unternehmen dieser Art langfristig nur „Lidl". Noch 1980 war dieses Unternehmen ausschließlich in Südwestdeutschland aktiv. Vgl. als Überblick: Lidl & Schwarz: Im 50. Jahr der Sprung über die Umsatzmilliarde, in: LMP 31 (1980), Nr. 14, S. 12.

[183] Vgl. etwa: Die Rewe-AG, in: FAZ, 25. 5. 1972, Erste Rewe-Hauptversammlung, in: FAZ, 5. 5. 1973; Edeka-Gruppe gründet zwei Aktiengesellschaften, in: FAZ, 14. 6. 1972; Vor der Entscheidung über die Co op AG, in: FAZ, 2. 12. 1972; Spar-Großhändler gründen AG, in: FAZ, 22. 8. 1972.

meinsame Einkaufsorganisation. Ziel der ungleichen Partner war eine „leistungsstarke Großhandelsfunktion". Nach dem Genossenschaftsgesetz wäre diese partielle Fusion mit einem privatbetrieblichen Wettbewerber gar nicht möglich gewesen.[184] „Rewe-Leibbrand" wiederum kaufte in den nachfolgenden Jahren dann etliche mittelgroße regionale Filialbetriebe wie etwa „Latscha" in Frankfurt am Main, „Johs. Schmidt" in Hamburg oder auch die Kette der „DS-Supermärkte" im Ruhrgebiet; „Rewe" selbst erwarb in zwei Schritten „Stüssgen" im Rheinland.[185]

Gerade in den 1980er Jahren erlebte die Branche einen massiven Schub an betrieblicher Konzentration. 1985 etwa gründete auch die „Spar", der dritte der drei traditionellen großen Einkaufsverbünde selbständiger Kaufleute, die zentral lenkende Aktiengesellschaft, die sie bislang nicht gehabt hatte. Allein 1987 verlagerte sich auf dem Lebensmittelmarkt ein Einkaufsvolumen von fast 25 Milliarden DM durch Fusionen in auch zuvor schon starke Hände.[186] Selbst konservative Freunde der kapitalistischen Konkurrenzwirtschaft wie etwa Mathias Wissmann, der wirtschaftspolitische Sprecher der CDU/CSU-Bundestagsfraktion, sprachen angesichts dieser Prozesse von „vernichtungsähnlichen Formen des Wettbewerbs" im bundesdeutschen Handel mit Lebens- und Genussmitteln.[187]

Ein Jahr später legte „Edeka" im Zuge einer internen Umstrukturierung alle ihre norddeutschen Großhandlungen zu einem einzigen Betrieb zusammen, um so „zu einer höheren Umsatzkonzentration zu gelangen und damit bessere Konditionen" bei der Warenbestellung zu erreichen.[188] Da Apparate der elektronischen Datenverarbeitung, nach langwierig bescheidenen Anfängen, mittlerweile auch an der Basis des Handels, in den einzelnen Lebensmittelgeschäften, zunehmend zahlreicher vorhanden waren, eröffneten sich in den späten 1980er Jahren etwa durch Scanner-Kassen völlig neue Möglichkeiten, die Warenströme innerhalb einer Handelskette umfassend zu kontrollieren und punktgenau zu optimieren. Für solche EDV-gestützten „Warenwirtschaftssysteme" war ein zentraler Einkauf höchst nützlich.[189]

---

[184] Vgl. im Rückblick: Hans Reischl, Weiser Entschluss, in: LZ 37 (1985), Nr. 1, S. 2. Reischl war Vorstandsvorsitzender der „Rewe"-Zentral AG.

[185] Vgl. etwa: Latscha – ein Stück Frankfurter Tradition verschwindet, in: FAZ, 14. 12. 1976; J. Jürgen Jeschke, Entscheidung in der Kölner Bucht, in: FAZ, 1. 9. 1984 (anders als bei „Latscha" blieb der traditionsreiche Firmenname „Johs. Schmidt" in Hamburg zumindest für einige Läden erhalten); Rewe Leibbrand schließt Lücke, in: LZ 40 (1988), Nr. 20, S. 1; Stüssgen schließt sich Rewe an, in: FAZ, 10. 9. 1982; Die Rewe-Gruppe erwirbt Mehrheit an Stüssgen, in: FAZ, 31. 8. 1984.

[186] Zur „Spar" vgl. rückblickend: Zum Schwan fehlt noch ein Flügel, in: LZ 40 (1988), Nr. 20, S. F 4–F 5; die Angabe zu den Fusionen nach: Die Spitzenreiter im Wettbewerb der Systeme, in: LZ 40 (1988), Nr. 23, S. 4; Leibbrand und AVA sicherten sich 88 der größten Brocken, in: LZ 41 (1989), Nr. 1, S. 4.

[187] Wissmann für Änderung des Kartellrechts, in: FAZ, 22. 7. 1987.

[188] Edeka-Fusion im Norden hat sich noch nicht eingespielt, in: LZ 40 (1988), Nr. 25, S. 4.

[189] Vgl. etwa: Warenwirtschaftssysteme, Datenkassen, Scanner... Jobkiller im Handel?, Hamburg 1983; Heinz Alstede, Jetzt passt auch der Apfel in den Computer, in: LZ 37 (1985), Nr. 16, S. F 26–F 31; Heidrun Milde, Scanning – eine Herausforderung nicht nur an die Technik, in: Nielsen-Beobachter 1987, Nr. 1, S. 2–5; Gottfried Thiel, EAN, Strichcode, Scanning –

Es kann keinen Zweifel geben, dass die einkaufsstarken Handelsketten und -konzerne ihre Produzenten und Lieferanten zunehmend unter starken Druck setzten und besonders günstige Preise und Konditionen verlangten. Bereits 1980 beklagte die „Lebensmittel-Zeitung" irritiert einen „Sittenverfall im kaufmännischen Geschäftsverkehr" in der Lebensmittelbranche: Mit der Konzentration im Einzelhandel seien dessen Managern „vernünftige kaufmännische Wertvorstellungen" abhandengekommen.[190] Insider berichteten etwa von Forderungen insbesondere an die Hersteller bekannter Markenartikel, ihre Waren jeweils schon mit einer Preisauszeichnung auf jeder Verpackung nach den detaillierten Vorgaben des Bestellers zu liefern, von Zahlungsterminen lange nach der Lieferung, von Zuschüssen für Werbeaktionen der Einzelhändler oder auch von dem Ansinnen, für eine „gute" Platzierung der Artikel auf den Supermarktregalen direkt oder auch indirekt (etwa durch Sonderrabatte) zu bezahlen.[191] Insgesamt kannten die Akteure in diesem speziellen Segment der Geschäftswelt nicht weniger als 80 verschiedene Formen von „Geld- und Naturalrabatten" bzw. – in der Perspektive der Produzenten – eben 80 „Erlösschmälerungsarten".[192]

Bei Fachleuten geradezu legendär wurde eine Veranstaltung der Filialkette „Asko" im Frühjahr 1987, die kurz zuvor ihren Konkurrenten „Massa" übernommen hatte: Die Leitung des nunmehr stärker gewordenen Unternehmens lud Vertreter all ihrer Lieferanten in den Konferenzsaal eines Frankfurter Hotels und trieb die versammelten Herren dann unter Hinweis auf die nun größeren Ordermengen der „Asko" in einen Überbietungswettbewerb bei allen bereits vereinbaren Konditionen.[193] Der langgediente Chefredakteur der „Lebensmittel-Zeitung" sprach, nun vollends entrüstet, unter Hinweis auf solche Ereignisse von „Forderungen oder Zugeständnissen jenseits von Leistung und Fairness". Im Handel mit Lebensmitteln sei seit Beginn der 1980er Jahre „eine Wirtschaft entstanden, die wir so eigentlich nicht gewollt haben".[194]

---

was nun?, in: LZ 39 (1987), Nr. 11, S. 91–94. Zu den praktischen Problemen vgl. etwa: Aldis langer und mühsamer Weg ins Computerzeitalter, in: LZ 40 (1988), Nr. 48, S. 4.

[190] Heinrich Pröpper, Ein Blick zurück – ohne Zorn, in: LZ 32 (1980), Nr. 2, S. F 8–F 10, hier: S. F 8. Ohne die moralische Wertung, aber doch ähnlich vgl.: Berekoven, Gewinne, S. 127 f.

[191] Vgl. im Überblick etwa: Robert Nieschlag, Der Klein- und Mittelbetrieb im Handel. Schicksal und Chancen, Berlin 1976, S. 25 f.; Arne Behrens, Jahresgespräche und andere Formen der Interaktion: Eine Explorationsstudie, Duisburg 1992, S. 37–39 u. S. 57 f.

[192] Guido Sandler, Die Konzentration im Lebensmittelhandel aus der Sicht der Markenartikelindustrie, in: Gröner, Wettbewerb, S. 19–26, hier: S. 23.

[193] Vgl. etwa: „Damit verlassen Sie vollends den Boden des Rechts", in: FAZ, 19 2.1987. Nach öffentlichen Protesten der betroffenen Lieferanten und Produzenten intervenierte in diesem Fall das Kartellamt. Auf informellem Weg erreichte das Amt einen Rückzug von „Asko". Vgl.: Asko gibt nach, in: FAZ, 24. 2. 1987; Der Markenverband einigt sich mit Asko, in: FAZ, 25. 2. 1987. Wie die „Lebensmittel-Zeitung" berichtete, versuchte das Unternehmen allerdings im folgenden Jahr die zuvor zurückgenommenen Sonderkonditionen erneut durchzusetzen. Asko-Gruppe im Kreuzfeuer der Lieferanten-Kritik, in: LZ 40 (1988), Nr. 51, S. 4. Zum Zusammenschluss von „Asko" und „Massa" vgl. etwa: Asko drängt an die Spitze, in: FAZ, 30. 7. 1987.

[194] In der Reihenfolge der Zitate: Theo Werdin, Verlust von Identität, in: LZ 40 (1988), Nr. 48, S. 2; ders., Immer mehr – und was dann?, in: ebenda, Nr. 4, S. F 26–F 30, hier: S. F 26.

Auch einige Wirtschaftswissenschaftler urteilten ähnlich. Der renommierte Berliner Professor Helmut Arndt etwa meinte, die Produzenten und Lieferanten in der Nahrungsmittelbranche würden von den großen Handelsketten „ausgebeutet". Deren Gewinn an „Nachfragemacht" sei volkswirtschaftlich eine „verhängnisvolle Entwicklung" und ein „Zerstörungsprozess", der auf mittlere Sicht auch für die Endverbraucher negative Folgen haben werde.[195]

Eine überraschende Entscheidung, die Karl Ludwig Schweisfurth als Inhaber der größten und bekanntesten deutschen Firma für Wurstwaren 1984 traf, fügte sich nahtlos in dieses Bild: Der in der Branche hochangesehene Unternehmer entschloss sich in diesem Jahr, das von seinem Vater aufgebaute und von ihm selbst erfolgreich erheblich erweiterte Familienunternehmen zu verkaufen, weil er sich zunehmend nur noch als „Erfüllungsgehilfe des Handels" sah. Nach seinem Urteil fiel der beständige Preisdruck der Supermarktketten mittlerweile so scharf aus, dass er befürchtete, in Kürze zu Abstrichen bei seinen „Vorstellungen von Qualität" und auch bei den Sozialleistungen für seine Mitarbeiter gezwungen zu sein. Da er dazu nicht bereit war und ohnehin die gesamte moderne Landwirtschaft schon seit einiger Zeit sehr skeptisch beurteilte, zog er sich vollständig aus der industriellen Fleischverarbeitung zurück und verkaufte seinen Betrieb an den schweizerischen Großkonzern Nestlé.[196]

Allerdings gab es in der öffentlichen Debatte auch ganz andere Ansichten über die gewandelten Machtverhältnisse auf dem Lebensmittelmarkt. In dieser alternativen Sicht entstand die neue Rolle des Handels als Resultat des freien Wettbewerbs und damit durch einen ganz normalen wirtschaftlichen Entwicklungsprozess. Von einem Missbrauch von Marktmacht könne keine Rede sein, denn schließlich garantiere der stark konzentrierte Einzelhandel den Herstellern und Lieferanten ja einen höchst effektiven Absatz der Waren.[197] Wie sich denken lässt, erhielten solche Be-

---

[195] Helmut Arndt, Leistungswettbewerb und ruinöse Konkurrenz in ihrem Einfluss auf Wohlfahrt und Beschäftigung. Von der Gleichgewichts- zur Prozessanalyse, Berlin 1986, S. 116. Vgl. ähnlich auch: Hans-Joachim Matschuk/Reinhard Vieth, Die Konzentration im Lebensmitteleinzelhandel. Entwicklung, Ursachen und Folgen, in: Jahrbuch für Handelsforschung 4 (1989), S. 135–151.

[196] Karl Ludwig Schweisfurth, Wenn's um die Wurst geht. Mein Weg von der Fleischindustrie zur ökologischen Landwirtschaft, München 2001, S. 213 f. u. S. 221–224. Schweisfurth hatte bereits 1976 öffentlich geklagt, der Wettbewerb in der Fleischwarenindustrie verlagere sich zunehmend auf „das weite Feld der Nebenleistungen". Ders., Fleischwarenindustrie in der Zerreißprobe, in: FW 56 (1976), S. 1449–1453, hier: S. 1450.

[197] Vgl. als knappe Zusammenfassung dieser Sicht etwa: Klaus Peter Krause, Macht im Dienste des Verbrauchers, in: FAZ, 5. 10. 1987; ders. Der gemeinsame Einkauf, in: FAZ, 21. 1. 1989. Ausführlich vgl.: Hartmut Berg, Thesen des Bundeskartellamtes zur „Nachfragemacht" im Lebensmittelhandel. Eine kritische Analyse, in: Ordo 37 (1986), S. 183–200; Heinz-Otto Schenk, Konzentrationsprozess – Chancen des Einzelnen, in: Gottfried Theuer/Arnold Witte (Hrsg.), 25 Jahre FÜR SIE. Discount setzt sich durch, Köln 1987, S. 34–47; Volker Appel, Konzentration im Lebensmittelhandel und Wettbewerbspolitik, in: AW 37 (1988), S. 299–306.

wertungen jeweils sofort Beifall von den führenden Managern der Supermarktunternehmen.[198]

Noch nicht einmal den kritischen Hinweis auf die hohen Zugangsschranken im Lebensmittelhandel, die neue Anbieter fernhielten, ließen die Verfechter der alternativen Sicht gelten: „Niemand würde [...] auf den Gedanken verfallen, etwa im Automobilbereich die Wettbewerbsintensität als zu gering anzusehen, weil kleineren und mittleren Unternehmen der Marktzugang zur Massenproduktion versperrt ist."[199]

Politisch entschied in dieser Frage das Bundeswirtschaftsministerium. Zwar hatte das Ressort in den 1970er Jahren noch eher auf der Seite derjenigen gestanden, die in der „Nachfragemacht" der Einzelhändler ein Problem sahen. 1974 initiierte der damalige Inhaber der Amtes, der FDP-Politiker Hans Friedrichs, ein gemeinsames „Gelöbnis" von Handels- und Industrieverbänden, das bestimmte umstrittene Forderungen von Supermarktunternehmen (wie etwa die „Regalmiete") in einem „Sündenregister" zusammenfasste und damit verpönen sollte.[200] Die praktische Bedeutung dieser „Erklärung zur Sicherung des Leistungswettbewerbs" im Handel blieb allerdings gering, da es sich ausschließlich um eine Absichtserklärung handelte, die zudem noch nicht einmal von allen Interessenvertretungen des Handels unterzeichnet wurde.[201]

In den 1980er Jahren positionierte sich das Ministerium dann jedoch eindeutig bei den Freunden eines möglichst freien Wettbewerbs zwischen starken Handelsketten: Dieser nütze den Verbrauchern und müsse daher positiv gesehen werden.[202] Man geht wohl nicht fehl, wenn man diesen Kurswechsel auch dem Zeitgeist zuschreibt, denn mittlerweile hatten die aus den USA kommenden „neoliberalen" Thesen, der Staat habe sich aus dem Wirtschaftsleben möglichst ganz herauszuhalten, auch in der Bundesrepublik viele Anhänger gefunden. Ge-

---

[198] Vgl. etwa: „Das Problem Nachfragemacht eine Chimäre", in: FAZ, 25. 3. 1987; Rewe: „Kein Mißbrauch der Einkaufsmacht", in: FAZ, 6. 3. 1987. Ähnlich vgl. auch schon: Dietrich Heger/Gert Meier, Die Rewe-Gruppe. Auftrag der Gegenwart. Neu bearb.u.erw., Köln 1979, S. 77–97; Helmut Stubbe, Edeka zwischen Förderungsauftrag und Wettbewerb, in: Edeka zwischen Förderungsauftrag und Wettbewerb. Edeka zwischen Hersteller und Verbraucher, o. O. 1980, S. 9–12.

[199] Rainer Lademann, Eine These in drei Sätzen, in: LZ 40 (1988), Nr. 12, S. F 18–F 19, hier: S. F 19.

[200] Nieschlag, Klein- und Mittelbetrieb, S. 24–26.

[201] Vgl. dazu etwa: Rewe-Zentralorganisation, Bericht über das Geschäftsjahr 1984, Köln o. J., S. 21; Gemeinsame Werbung soll helfen, in: LZ 37 (1985), Nr. 12, S. 22; Erwin Dichtl, Die Problematik staatlicher Eingriffe in den Preiswettbewerb im Handel, in: Ehrendoktorwürde der wirtschaftswissenschaftlichen Fakultät [der Universität Münster] für Leonhard Glaske und Robert Nieschlag, Münster 1985, S. 66–77, hier: S. 76 f.

[202] Vgl. etwa: „Aggressiver Wettbewerb nützt dem Verbraucher", in: FAZ, 30. 10. 1985; Bangemann gegen generelle Fusionskontrolle im Handel, in: FAZ, 25. 6. 1987. Das gleiche Urteil vgl. etwa auch in: Richard Böger, Konditionenspreizung der Hersteller gegenüber dem Lebensmittelhandel, Göttingen 1990, S. 203 f.

rade die FDP, die im Bundeskabinett seit 1972 durchweg jeweils den Wirtschaftsminister stellte, griff die neue Lehre begierig auf.[203]

Zumindest in der akademischen Welt mangelte es dafür nicht an Unterstützung: Eine vom Ministerium ernannte „Monopolkommission", die mit sechs Ökonomieprofessoren besetzt war, veröffentlichte 1985 nach aufwendigen Ermittlungen und Anhörungen ein „Sondergutachten" über die Konzentration im Lebensmittelhandel, das den „Machtzuwachs" der Supermarktketten und Einkaufsorganisationen für ordnungspolitisch und volkswirtschaftlich unbedenklich erklärte.[204] Eine wiederum vom Ministerium in Auftrag gegebene Studie des Münchner Ifo-Instituts, das zu den führenden bundesdeutschen Forschungseinrichtungen der Wirtschaftswissenschaft gehörte, bestätigte diese Sicht 1989 ein weiteres mal.[205]

Das Bundeskartellamt als amtlich bestellter Hüter des Wettbewerbs war sich in seinem Urteil – wie bereits erwähnt – zwar weniger sicher. Versuche des Amtes, die Kette von Fusionen im Lebensmittelhandel zu unterbrechen, litten allerdings darunter, dass die Begriffe und Instrumentarien des 1973 entstandenen Verfahrens, mit dem Unternehmensfusionen kontrolliert und geregelt wurden, vor allem dazu dienen sollten, preistreibende Praktiken von Produzentenmonopolen und -oligopolen zu verhindern. Auf das Phänomen der „Nachfragemacht" von Handelskonzernen, die eingesetzt wurde, um Preise zu drücken, passten sie schlecht, zumal da sich der Konkurrenzkampf der Supermärkte bei den Verkäufen an Privathaushalte ja nicht abschwächte.[206]

Trotz verschiedener Prüfungsverfahren und einiger korrigierender Eingriffe hat das Amt den Konzentrationsprozess im bundesdeutschen Einzelhandel daher eher begleitet als gelenkt oder gar eingeschränkt. Endgültig weichenstellend wirkte 1987 eine Entscheidung des Berliner Kammergerichts gegen ein Fusionsverbot, mit dem die Kartellbehörde zuvor den Ankauf einer Lebensmittel-Großhandlung durch die „co op"-Handelskette untersagt hatte. In diesem Urteil fixierten die Richter als die verwaltungsrechtlichen Kontrolleure des Kartellamtes so hohe Anforderungen an den juristisch zentralen Nachweis einer unzulässigen „Marktbeherrschung" durch ein Handelsunternehmen, dass die Mitarbeiter der Behörde bei weiteren Fusionen fortan kaum noch eingreifen konnten. Öffentlich konstatierte Wolfgang Kartte als ihr Chef, mit seinem Votum habe das Berliner Gericht dem

---

[203] Vgl. zum Hintergrund etwa: Monica Prasad, The Politics of Free Markets. The Rise of Neoliberal Economic Policies in Britain, France, Germany, and the United States, Chicago und London 2006.

[204] Die Konzentration im Lebensmittelhandel. Sondergutachten der Monopolkommission gemäß § 24 b Abs. 5 Satz 4 GWB, Baden-Baden 1985, hier: S. 122. Als Zusammenfassung des Gutachten vgl.: Keine Marktbeherrschung im Lebensmittelhandel, in: FAZ, 13. 4. 1985.

[205] „Handelskooperationen beeinträchtigen den Wettbewerb nicht", in: FAZ, 9. 5. 1989.

[206] Vgl. dazu: Kartte, Konzentrationsprozess, S. 9–13; Lioba Jüttner-Kramny, Das Phänomen „Nachfragemacht", in: Wettbewerbsbedingungen zwischen Industrie und Handel. Referate des XV. FIW-Symposiums, Köln etc. 1982, S. 103–117; Jan Wilhelm, Der Fall „Selex und Tania" und die Kartellrechtsreform, in: Wirtschaft und Wettbewerb 37 (1987), S. 965–982; Rainer Lademann, Besonderheiten im Wettbewerb des Handels – Realität oder Ideologie?, Göttingen 1988.

Amt „die Waffe der Fusionskontrolle [für den Lebensmittelhandel] weitgehend aus der Hand geschlagen".[207]

Die ökonomische Logik hinter der zunehmenden Konzentration der Branche konnte daher ungebremst weiterwirken; wirksam dämpfende oder korrigierende Interventionen des Staates blieben aus.[208] Letztlich erklärt sich diese dauerhaft beibehaltene Laissez-faire-Haltung wohl aus fehlendem politischen Druck: Das immer weitere Wachstum der wenigen ohnehin schon großen Lebensmittelhändler galt den meisten deutschen Wählerinnen und Wählern überhaupt nicht als problematisch. Dies zeigte sich gerade auf lokaler Ebene.

Zwar gab es in etlichen mittelgroßen und kleineren Städten seit den 1970er Jahren durchaus einige Proteste gegen Planungen für neue, große Supermärkte, die nicht nur von den besorgt auf ihren Absatz schauenden ortsansässigen Einzelhändlern getragen wurden. Auch Bürger beteiligten sich an solchen Initiativen, etwa, weil sie den zusätzlichen Verkehr vor ihren Haustüren sowie ein drohendes „Ladensterben" in den traditionellen Einkaufsstraßen fürchteten. Dennoch nutzten nur sehr wenige Lokalpolitiker ihre durchaus bestehenden Möglichkeiten, den Bau neuer Supermärkte mit einem Raumordnungsverfahren oder auch mit speziellen Bauvorschriften zu verhindern.[209]

Diese Passivität entstand keineswegs nur, weil die Ansiedlung eines umsatzstarken Supermarktes der Gemeinde dauerhaft hohe Einnahmen aus der Gewerbesteuer versprach. Vielmehr ließ sich eine solche Entscheidung ja geradezu als eine soziale Tat für die Bürgerinnen und Bürger verstehen und präsentieren. Schlagend beweiskräftig war in dieser Hinsicht der fast durchweg enorme Erfolg der sehr großflächigen „SB-Warenhäuser", die als neuer Ladentyp nach US-amerikani-

---

[207] Kammergericht zerpflückte Theorien des Kartellamtes, in: LZ 39 (1987), Nr. 13, S. 28; Kartellamt will mehr Wettbewerb in abgeschotteten Märkten, in: FAZ, 15. 4. 1987 (Zitat). Zu den komplizierten juristischen Details vgl.: Ulrich Kirschner, Fusionskontrolle im Lebensmitteleinzelhandel. Anmerkungen zum Fall Coop-Wandmaker, in: Wirtschaft und Wettbewerb 37 (1987), S. 789–796. Vereinfacht gesagt, verlangte das Gericht den Nachweis der Marktbeherrschung jeweils auch für einzelne Produkte und kleine Gebiete, während das Bundeskartellamt mit dem gesamten Einkaufsetat des fusionierten Betriebes auf regionalen Beschaffungsmärkten sowie auch mit dessen Zugehörigkeit zu einem angeblichen Verbund großer Handelsunternehmen argumentiert hatte, in dem Einkaufskonditionen abgesprochen würden. Die Beweisführung gerade zu diesem zweiten Punkt überzeugte die Richter nicht. Vgl. hierzu auch: Gert Meier, Ein Requiem auf die Nachfragemacht, in: Theuer/Witte, 25 Jahre, S. 75–79, hier: S. 78 f.
[208] Jürgen Wolfskeil, Wieder am Ausgangspunkt, in: LZ 39 (1987), Nr. 16, S. 2. Vgl. dazu für den Zeitraum seit den 1990er Jahren auch: Gregor Wecker, Marktbeherrschung, gemeinsamer Einkauf und vertikale Beschränkungen als kartellrechtliche Probleme im deutschen Einzelhandel, Baden-Baden 2010.
[209] Vgl. beispielhaft etwa: Ein Verbrauchermarkt beunruhigt Händler und Jusos, in: FAZ, 4. 8. 1973; Das Ziel wurde selten erreicht, in: LZ 27 (1975), Nr. 30, S. 8–10; Die Kleinen werden auf der Strecke bleiben, in: ebenda, S. 10; Massa-Pläne für Neuwied schlagen hohe Wellen, in: LMP 32 (1981), Nr. 4, S. 6–8; Massive Proteste gegen Großfläche im Saarland, in: LZ 37 (1985), Nr. 7, S. 6; Tausende protestieren in Saarlouis gegen Großflächen, in: ebenda, Nr. 10, S. 4; Marktkauf sorgt für Aufregung, in: LZ 40 (1988), Nr. 35, S. 10. Zu den kommunalpolitischen Handlungsmöglichkeiten vgl.: Meyer, Wettbewerb, S. 222 f.

schem Vorbild seit den später 1960er Jahren „auf der grünen Wiese", d. h. verkehrsgünstig an Ausfallstraßen oder auch direkt an Autobahnen, in vielen dichter besiedelten Regionen der Bundesrepublik entstanden. Geschäfte dieser Art trieben das Prinzip der Wahlfreiheit der Kunden, das den deutschen Lebensmittelhandel beherrschte, auf die Spitze, denn sie boten neben einer sehr groß dimensionierten Lebensmittelabteilung stets auch noch eine fast unüberschaubar große Auswahl an „Non-Food"-Waren.[210]

Bei Nürnberg etwa eröffnete 1975 mit einem „SUMA-Supermagazin" ein wahrer Verkaufsgigant dieser Art: Auf 42.000 qm Verkaufsfläche fanden die Verbraucher hier nicht weniger als 60.000 verschiedene Waren. Hinzu kamen besonders günstige Preise: „Die Preispolitik ist aggressiv; die Lockartikel [...] werden unter den Einstandspreisen vergleichbarer Konkurrenten angeboten". Käuferinnen und Käufer kamen in so großer Zahl, dass sie mit ihren PKWs an den Haupteinkaufstagen Freitag und Samstag regelmäßig die beiden Autobahnabfahrten verstopften, die zu diesem Schlachtschiff des Wohlstandskonsums führten. Gleichzeitig sanken die Umsätze der Lebensmittelgeschäfte in Schwabach, der nächstgelegenen Kleinstadt, um bis zu 90 Prozent, und selbst noch im 25 Kilometer entfernten Nürnberg klagten die Kaufhäuser über geringere Einnahmen.[211]

Bei einer so eindeutigen Abstimmung der Konsumenten mit den Füßen – beziehungsweise: mit ihren Autos – zugunsten des starken Wettbewerbers, der sich ein Geschäft dieser Art mit solchen Preisen leisten konnte, mussten politische Entscheidungen gegen die Konzentration im Einzelhandel zwangsläufig wie eine Bevormundung der Bürger wirken. Dementsprechend zögerlich agierten Politiker auf allen Ebenen und aller Couleur in dieser Angelegenheit. Der Trend konnte sich daher nach seiner wirtschaftlichen Logik nahezu ungebremst weiter fortentwickeln.

---

[210] Als ein frühes Beispiel lässt sich etwa ein „Verbrauchermarkt" nennen, den die Supermarkt-Kette „Latscha" 1969 in der Nähe von Bad Kreuznach eröffnete: Das Gesamtsortiment umfasste 17.000 Artikel. Ähnlich groß dimensioniert waren auch die „Kaufparks", die das Filialunternehmen „Stüssgen" zeitgleich im Umland von Köln baute. Latscha-Verbrauchermarkt mit gehobenem Niveau, in: LMP 20 (1969), S. 474–478; Stüssgen eröffnet Kaufpark Alsdorf, in: LMP 21 (1970), S. 643–644. Anders als bei „Latscha" entstand die Warenfülle in den „Kaufparks" von Stüssgen allerdings auch durch die Integration von selbständigen Fachgeschäften, die auf eigene Rechnung arbeiteten. Vgl. allgemein: Banken, Strukturwandel, S. 133 f. u. S. 142 f.

[211] Meyer, Wettbewerb, S. 205. Vgl. auch: Eberhard Hamer, Gewinner ist immer der Große, in: LZ 39 (1987), Nr. 19, S. 16. Mitte der 1980er Jahre zählte eine Unternehmensberatung, die sich stark auf die Lebensmittelbranche konzentrierte, rund 400 solcher „SB-Warenhäuser" in der Bundesrepublik mit jeweils mehr als 5.000 qm Verkaufsfläche. Gemeinsam betrugen ihre Kasseneinnahmen 1985 rund 15 Milliarden DM. Ganze 0,5 Prozent der bundesdeutschen Einzelhandelsgeschäfte kamen damit auf einen Umsatzanteil von fast 13 Prozent an allen Konsumausgaben der Deutschen. Strukturen und Tendenzen der SB-Warenhäuser, in: Nielsen-Beobachter 1986, Nr. 1, S. 11–12.

5. Die Einkaufsmacht der Supermarktketten auf dem Fleischmarkt

Die Frage, was der starke Konzentrationsprozess im Lebensmittelhandel für das System des deutschen Fleischmarktes bedeutete, scheint auf den ersten Blick nicht sonderlich komplex zu sein: Wenn es den Handelsgruppen vor allem deshalb um größere Einkaufsmengen ging, weil sich bei umfangreichen Bestellungen niedrigere Preise und günstigere Konditionen durchsetzen ließen als beim Einkauf kleinerer Mengen, muss von der Ebene der Distribution zum einen ein wachsender Preisdruck auf alle vorgeordneten Marktpartner ausgegangen sein. Zum anderen müssen die Anforderungen an die Liefermengen enorm gewachsen sein, weil die Zahl der Besteller ja deutlich schrumpfte. Funktional wurde der Handel damit auf dem Weg der Ware von den Produzenten zu den Verbrauchern zum Nadelöhr oder auch zum Flaschenhals des Marktes. Zahlreiche aktuelle Studien zum „food regime" unserer Gegenwart in westlichen Gesellschaften haben diese Struktur, die dominante Stellung einiger weniger großer Handelskonzerne an einer zentralen Stelle im System des Marktes, als die entscheidende Veränderung gegenüber älteren Formen der Nahrungsmittelproduktion und -distribution bezeichnet.[212]

Insofern könnte man an dieser Stelle einfach nur knapp konstatieren, dass die Entwicklung in der Bundesrepublik exakt diesem Modell entspricht. Es finden sich sogar zeitgenössische Stimmen, die inhaltlich genau so argumentieren, obwohl der Begriff „food regime" seinerzeit noch gar nicht existierte. Bereits 1964 konfrontierte der Direktor der Landwirtschaftskammer Schleswig-Holstein bei einem öffentlichen Vortrag vor Landwirten seine Zuhörer mit den Namen der großen Supermarktketten von „A & O" und „Edeka" bis zu „Rewe" und „Vivo". Nach seinen Angaben beschäftigten diese Unternehmen in ihren Zentralen insgesamt rund 750 Angestellte, die den Einkauf erledigten: „Diese 750 sind es, die die Ernährung der 60 Millionen Deutschen managen" – und damit seien sie „unser Diktator". Auf Änderung zu hoffen, sei sinnlos: Alle Bauern hätten sich künftig „der Diktatur des großen modernen Marktes unterzuordnen", die von den Managern des Handels exekutiert und beständig ausgebaut werde.[213]

Sowohl die Formulierung von der „Diktatur" als auch die Vorstellung, der gesamte Lebensmittelmarkt werde von einer kleinen Gruppe von Großeinkäufern beherrscht, geisterten seitdem durch die öffentlichen Debatten über die Probleme

---

[212] Dies gilt für alle westlichen Gesellschaften. Als Überblick vgl. etwa: Michael Carolan, The Sociology of Food and Agriculture, 2. Aufl., London und New York 2016, S. 33–39 u. S. 49–51; Daniel Block, Food Systems, in: Amy Bentley (Hrsg.), A cultural History of Food. Bd. 6: A Cultural History of Food in the Modern Age, London und New York 2012, S. 47–67; David Burch/Geoffrey Lawrence (Hrsg.), Supermarkets and Agri-Food Supply-Chains. Transformations in the Production and Consumptions of Foods, Cheltenham etc. 2007.

[213] Heinz Dobert, Unser Hof und der große Markt, in: BLJ 41 (1964), Sonderh. Nr. 2, S. 32–47, hier: S. 33 f. u. S. 32. Vgl. auch: ders., Betriebsvereinfachung in der Landwirtschaft. Schlagwort oder Notwendigkeit?, Wiesbaden 1963, S. 8.

der Landwirte und die Entwicklung des Handels. Wie sich denken lässt, galt die Zahl von 750 Chefeinkäufern wegen der Fusions- und Rationalisierungswelle im Handel rasch als überholt. In den frühen 1980er Jahren sprachen Kritiker der bestehenden Strukturen bereits von nur noch 180 bis 200 leitenden Angestellten der Supermarktketten, die über rund 80 Prozent des gesamten Ordervolumens für Lebensmittel in der Bundesrepublik entscheiden würden.[214]

Im Folgenden soll kurz gezeigt werden, dass die Realität doch etwas komplizierter aussah, als sie mit Hilfe solcher Angaben dargestellt wurde. Die Idee, es gebe einen inneren Zirkel der Macht im Geschäft mit Lebensmitteln, in dem eine winzig kleine Gruppe grauer Eminenzen nach Gutdünken schaltete und waltete, war so stark zugespitzt, dass sie eine ertragreiche Diskussion über die Probleme der Nahrungsmittelbranche eher behinderte als förderte. Dies wird deutlich, wenn man darauf schaut, wie die Handelsketten ihre Waren tatsächlich orderten. Zugleich zeigt sich dabei eindringlich ein Aspekt, der in der stark von pauschalisierenden Argumenten geprägten Debatte über die „Nachfragemacht" der großen Handelsketten fast vollständig ignoriert wurde: Große Ordermengen bedeuteten nicht nur die Möglichkeit, günstige Sonderkonditionen aushandeln. Ein Unternehmen, das solche Bestellungen aufgeben wollte, stand vielmehr zugleich auch vor diversen Problemen, die seine Abhängigkeit von Lieferanten und Produzenten enorm verstärken konnten. Macht und Ohnmacht auf dem „großen modernen Markt" für Lebensmittel waren daher bei weitem nicht so eindeutig verteilt, wie die Formulierung von den Supermarkt-Managern als dem kollektiven „Diktator" der Branche es suggeriert.

Da interne Quellen von großen Handelsbetrieben für die hier vorgelegte Untersuchung unzugänglich blieben, kann die eben formulierte These nur an Hand einiger weniger Informationen ausgeführt werden, die im Untersuchungszeitraum den Weg in die Öffentlichkeit fanden. Zwar geht es dabei um andere Waren als Fleisch. Dennoch werden die dokumentierten Fälle hier kurz vorgestellt, weil sie selbst als grobe Skizze die besonderen Sorgen von Großbestellern gut illustrieren.

1980 berichtete der leitende Manager von „Rewe-Leibbrand" in einer Fachzeitschrift von der Aufgabe, in sämtlichen der seinerzeit rund 1.000 Geschäfte, die zu der Kette gehörten, ein zeitgleich abzusetzendes Sonderangebot von Tomaten zu organisieren: Allein die Zentrale der Supermarkt-Kette im hessischen Rosbach ordere dafür auf einen Schlag 15.000 Stiegen mit diesem Gemüse; weitere (nicht bezifferte) Bestellungen in regionalen Subzentren kamen noch hinzu. Bei solchen Mengen sei das Unternehmen „überhaupt nicht in der Lage, eine erstklassige Qualität zu garantieren. So viel Spitzenqualität gibt es auf dem Markt gar nicht." Man müsse also Kompromisse eingehen – und stehe dennoch zugleich in der Gefahr,

---

[214] Vgl. etwa: 200 Einkäufer bestellen 80 Prozent des Einzelhandels-Umsatzes, in: FAZ, 9. 9. 1982; Wilhelm Meyer, Die Rolle der Genossenschaften auf sich wandelnden Agrarmärkten, in: Michael Besch/Friedrich Kuhlmann/Günter Lorenzl (Hrsg.), Vermarktung und Beratung, Münster-Hiltrup 1983, S. 155–172, hier: S. 159.

mit der eigenen Großbestellung selbst bei den mittleren Qualitäten „unfreiwillig den Preis hochzutreiben".[215]

Sehr ähnlich, wenn auch noch deutlich extremer, sahen die Probleme aus, mit denen die beiden „Aldi"-Regionalunternehmen zu kämpfen hatten, als sie gemeinsam im Herbst 1984 eine Bestellung für geräucherte Lachsseiten aufgaben, die den „Aldi"-Kunden kurz vor Weihnachten als Luxusartikel zu einem ungewöhnlich günstigen Preis angeboten werden sollten. Diese Sonderaktion gehörte zu den damals noch recht neuen Bemühungen von „Aldi", sein Image im „Qualitätswettbewerb" des Lebensmittelhandels zu stärken, indem Waren angeboten wurden, die nicht zu dem typischen „Aldi"-Sortiment der Grundnahrungsmittel gehörten. Wie die „Lebensmittel-Zeitung" schätzte, ging es bei dieser Order um mindestens 400.000 einheitlich SB-verpackte Lachsseiten, die bundesweit am gleichen Tag in sämtlichen „Aldi"-Niederlassungen verfügbar sein mussten. In ganz Europa gab es nur in Dänemark einen Produzenten, der sich von dieser Aufgabe nicht restlos überfordert fühlte. Was unter solchen Bedingungen von der „Nachfragemacht" der Besteller übrig blieb, muss doch wohl zumindest als offene Frage gelten. Um ein Preisdiktat dürfte es sich jedenfalls nicht gehandelt haben.[216]

Wie diese beiden Fallbeispiele zeigen, sollte man die Besonderheiten der einzelnen Waren und der speziellen Warenmärkte nicht unterschätzen, wenn man über das Verhältnis von Handel einerseits und Lieferanten und Produzenten andererseits spricht. Dies galt (und gilt) wohl gerade für Lebensmittel, die gar nicht (wie die Tomaten) oder doch nur gering (wie die Lachsseite) industriell bearbeitet und verändert sind. Auch Fleisch gehört zu diesen Waren (für Wurst gilt das nicht). Informationen darüber, wie Supermärkte und Handelsketten das Fleisch einkauften, das sie ihren Kunden anboten, zeigen jedenfalls, dass der Konzentrationsprozess im Lebensmittelhandel die Bestellvorgänge auf diesem Markt weitaus weniger rasch und konsequent vereinheitlichte, als die weiter oben angeführten Daten zu den Einkaufsetats der großen Einzelhändler und die eben genannten Zahlen über den Kreis der zuständigen Manager es suggerieren.

Dankenswerter Weise hat ein Agrarwissenschaftler 1970 mit einer breit angelegten Umfrage unter den Fleisch-Einkäufern der bundesdeutschen Handelsorganisationen und -ketten genau ermittelt, was bei deren Bestellungen wichtig war. Die ungewöhnlich exakt durchgeführte und dokumentierte Studie zeigt zunächst, dass solche Entscheidungen vor allem in regionalen Subzentren des Einzelhandels getroffen wurden, die als Großeinkäufer und Lieferanten der einzelnen Läden in ihrem Umkreis fungierten. Der Autor ermittelte 186 solche Einrichtungen in der Bundesrepublik, von denen 102 auf seine Anfrage reagierten. Weniger auskunfts-

---

[215] Neue Probleme, neue Ideen, in: Food – Nonfood 12 (1980), Nr. 2, S. 19–26, hier: S. 22 f. Zitiert wird hier Klaus Wiegandt, Generalbevollmächtigter von „Rewe-Leibbrand".
[216] Aldi macht echten Lachs populär, in: LZ 37 (1985), Nr. 14, S. 7. Preislich unterschied sich das „Aldi"-Weihnachtsangebot nach den Angaben hier wohl nicht sehr von den Lachsseiten, die andere Supermärkte verkauften. Allerdings bot der „Discounter" bei ähnlichem Preis eine deutlich bessere Qualität.

freudig waren die Zentralen großer Filialisten: Nur sechs von 19 angeschriebenen überregionalen Handelsketten gaben Auskunft.[217]

Zwar ist die Untersuchung daher nicht wirklich umfassend. Als repräsentativ aber kann sie wohl dennoch gelten, zumal die Antworten der Manager in den inhaltlich entscheidenden Punkten weitgehend übereinstimmten. Hauptziel aller Einkäufer war danach eine möglichst optimale „Frische" von Fleisch: Sie bestellten diese Ware mehrheitlich täglich neu oder doch zumindest viermal pro Woche. Dabei nahmen sie lieber geringere Bestellmengen in Kauf, als Abstriche bei ihrem zentralen Qualitätsmerkmal zu machen. Der Autor führte dieses Verhalten auf den „starken Konkurrenzdruck" unter den Supermärkten „besonders in den Ballungsgebieten" zurück. Die Schlachthöfe und Fleischgroßhändler hätten hingegen gerne generell größere Einzellieferungen auf den Weg gebracht.[218]

Die zweite zentral wichtige Anforderung der Supermarktmanager war eine pünktliche Lieferung. Dieser Punkt war ihnen so wichtig, „daß lieber ein höherer Preis in Kauf genommen wurde als die Unsicherheit einer nicht fristgerechten Belieferung". Auch hier dürfte die Furcht, Kunden zu verärgern, ausschlaggebend gewesen sein. Längere geschäftliche Beziehungen mit den Lieferanten pflegten nur wenige Einkäufer: Lediglich 17 Prozent von ihnen hatten sich für mehr als drei Monate an einen bestimmten Schlachthof oder Großhändler gebunden. Weitere 24 Prozent schlossen solche Verträge jeweils für maximal ein Quartal ab; 69 Prozent hingegen entschieden bei jeder Bestellung wieder neu über ihren Geschäftspartner. Preise und Konditionen wurden deshalb fortlaufend bei möglichst vielen potentiellen Lieferanten angefragt.[219]

Vergleichbare präzise Informationen für die Jahre nach 1970 liegen uns leider nicht vor. „Frische" allerdings blieb das zentrale Qualitätskriterium der deutschen Verbraucher für Fleisch. Auch deuten zumindest einige Statements und Hinweise in der zeitgenössischen Fachpresse darauf hin, dass sich die Welt des Fleischeinkaufs durch den Einzelhandel in den beiden nachfolgenden Jahrzehnten in mancher Hinsicht doch recht treu blieb. Dies gilt etwa für die große Bedeutung regionaler Großhandelseinrichtungen. Zwar sank deren Zahl durch die oben beschriebenen unternehmerischen und innerbetrieblichen Konzentrationsprozesse gerade in den Einkaufsgenossenschaften. Konsequent zentralisierte Strukturen blieben jedoch die Ausnahme. Hans Reischl, der „Rewe"-Vorstandsvorsitzende, etwa betonte 1985, das von ihm geführte Unternehmen sei insofern kein „Konzern", als es keinen zentralen Einkauf gebe: Das „Rewe"-Einkaufsvolumen von rund zwölf Milliarden DM verteile sich auf mehr als ein Dutzend eigenständiger Subzentren; deren Zusammenlegung sei auch in der Zukunft nicht geplant, damit die „Rewe"-Genossen als selbständige Kaufleute „die Freiheit haben, sich im Markt angemessen zu bewegen".[220]

---

[217] Meier, Veredelungserzeugnisse, S. 50.
[218] Ebenda, S. 69 u. S. 73 (zur Bestellhäufigkeit).
[219] Ebenda, S. 75–77.
[220] „Unsere Spitzenposition müssen wir verteidigen", in: LZ 37 (1985), Nr. 4, S. 66–68, hier: S. 68.

Großeinkaufseinrichtungen dieser Art operierten als selbständige Unternehmen: Sie handelten „im eigenen Namen, für eigene Rechnung und auf eigenes Risiko"; Waren, die ihnen von den angeschlossenen Läden nicht abgenommen wurden, minderten ihren Ertrag.[221] Auch „Edeka" arbeitete mit solchen regionalen Großhandlungen, die „unabhängig voneinander" entschieden. Deshalb, so erklärte ihr Vorstandssprecher Helmut Stubbe, sei auch die Zahl von den 180 Chefeinkäufern falsch, die Kritiker der „Nachfragemacht" des Einzelhandels kolportierten: Allein bei den „Edeka"-Großhandlungen gebe es über 300 leitende Angestellte, die Einkaufsentscheidungen treffen könnten.[222]

Bei „Lidl", einem seinerzeit noch ausschließlich in Teilen Süddeutschlands operierenden Filialbetrieb und Familienunternehmen, galten zwar in vieler Hinsicht ganz andere Regeln als bei „Rewe" und „Edeka". Gerade bei Fleisch aber setzte auch „Lidl" noch 1989 auf regionale Bestell- und Lieferstrukturen: Nur so seien die Ansprüche an die „Frische" der Ware zu garantieren. Der für Fleisch zuständige leitende Angestellte des Unternehmens erklärte: „Eine nationale Distribution von Frischfleisch, insbesondere von Schweinefleisch, erscheint mir zumindest derzeitig noch sehr schwierig. [...] Im Moment ist Größe bei Frischfleisch eher von Nachteil."[223] Auch die geschäftlichen Verbindungen zwischen Einkäufern einerseits und Schlachthöfen und Fleischgroßhändlern andererseits wurden nach 1970 offensichtlich nicht enger und verbindlicher. Ein Wirtschaftsjournalist sprach im Frühjahr 1989 im „Handelsblatt" von einem „täglichen Einkaufspoker" auf dem Fleischmarkt, bei dem alle Anbieter immer wieder neu für sich werben müssten.[224]

Zumindest in Umrissen lässt sich an Hand dieser Zitate das Phänomen der „Nachfragemacht", die den großen Handelsorganisationen und Filialisten zur Verfügung stand, für den deutschen Fleischmarkt präziser fassen. Entscheidend scheint mir zum einen die regionale Organisation des Marktes zu sein: Kurze Wege waren im Geschäft mit Frischfleisch auch in den 1980er Jahren nach wie vor sehr wichtig, um die von den Kunden verlangte „Frische" der Ware zu sichern. Die Höhe der gesamten Einkaufsetats, die in der öffentlichen Debatte über die Entwicklung des deutschen Handels mit Lebensmitteln so oft kritisch kommentiert wurde, hatte für die Machtverteilung auf dem Fleischmarkt also weitaus weniger Bedeutung, als man denken sollte.

---

[221] Thorismund Weller, Genossenschaftliche Großhandlungen, in: FAZ, 13. 2. 1989.
[222] Edeka wehrt sich gegen offenen Brief, in: FAZ, 24. 9. 1982. Zu diesem Zeitpunkt gab es noch 35 „Edeka"-Großhandlungen. Anfang der 1960er Jahre waren es noch 220 gewesen. Gerl, Konzentration, S. 276.
[223] Fleisch bleibt ein „Strategie"-Produkt, in: LZ 41 (1989), Nr. 9, S. J 4–J 8, hier: S. J 8. Zitiert wird Richard Lohmiller, der Geschäftsführer der „Lidl"-Fleischwerke. Zur frühen Geschichte des sehr vorsichtig expandierenden Unternehmens vgl.: Voller Zuversicht in die nächsten Jahre, in: LZ 32 (1980), Nr. 24, S. 18.
[224] Heinz Schweer, Die Chefeinkäufer der Einzelhandelskonzerne spielen die Fleischvermarkter gegeneinander aus, in: HB, 19. 4. 1989.

5. Die Einkaufsmacht der Supermarktketten auf dem Fleischmarkt

Gleichzeitig aber sticht die extreme Kurzatmigkeit der Geschäftsbeziehungen zwischen Einkäufern und Anbietern hervor: Sie charakterisierte diesen Markt – und unterschied ihn massiv von den Märkten etwa für bekannte Markenartikel. Dort waren die Produzenten nicht austauschbar wie im Handel mit der besonders anonymen Ware „Fleisch"; dort wurden die wichtigsten Parameter der Lieferverträge deshalb jeweils in „Jahresgesprächen" für längere Zeiträume festgelegt, die beiden Seiten Sicherheit boten.[225]

Schlachthöfe und Fleischgroßhändler hingegen mussten unter ganz anderen, ungleich hektischeren Bedingungen agieren, weil die Einkäufer des Einzelhandels als die Interessenvertreter der Kunden es so wollten. Da Fleisch – wie gezeigt – in der kontinuierlich verfolgten Sonderangebots-Strategie der Supermärkte eine zentrale Rolle spielte, müssen Produzenten und Lieferanten auf dem Fleischmarkt beständig direkt dem Preisdruck ausgesetzt gewesen sein, der von dieser Verkaufspolitik der Einzelhändler ausging.

Den Bedürfnissen des „großen modernen Marktes" konnte das traditionelle Vermarktungssystem für Fleisch mit seinen Zentralinstanzen, dem städtischen Viehmarkt und dem kommunalen Schlachthof, nicht mehr gerecht werden: Wenn die Handelsorganisationen und -ketten täglich neue Fleischlieferungen verlangten, musste eine Marktordnung, die in der Regel lediglich zwei Handelstage für das lebende Vieh und damit auch nur zwei Schlachttage pro Woche kannte, rasch an ihre Leistungsgrenzen geraten. Das nachfolgende Kapitel untersucht genauer, wie sich daher auch das Geschäft des Schlachtens nach 1960 grundlegend veränderte.

---

[225] Vgl. ausführlich: Behrens, Jahresgespräche.

IV. Modernisierung der Schlachthöfe und der Wurstproduktion für mehr „Marktservice"

1. Neue Akteure: der Aufstieg der Versandschlachthöfe

Viele erfolgreiche Unternehmensgeschichten beginnen recht unscheinbar. Entscheidend für den Aufschwung des neu gegründeten Betriebs ist in solchen Fällen nicht so sehr das eingesetzte Kapital. Belohnt werden vielmehr die Geschäftsidee und deren geschickte Umsetzung genau zu dem Zeitpunkt, als sich auf dem Markt eine wachsende Nachfrage nach dem Produkt und/oder den Dienstleistungen zeigte, die das Unternehmen anbot. In der hier untersuchten Branche taugt die familiäre Kommanditgesellschaft, die der seinerzeit 45 Jahre alte Metzgermeister Heinz Annuss 1961 in der norddeutschen Kleinstadt Niebüll gründete, gut als Beispiel für solch einen Erfolg durch punktgenaue Marktpräsenz: Seine „Annuss Fleisch KG" schlachtete Mastschweine und vermarktete die Tiere dann anschließend überregional in Hälften, die für die Weiterverarbeitung durch den Käufer vorbereitet waren. In seinem ersten Geschäftsjahr beschäftigte das Unternehmen fünfzehn Mitarbeiter.[1]

Rund ein Jahrzehnt später war dieser klein gestartete Familienbetrieb, der auf einem abgelegenen Standort in der schleswig-holsteinischen Provinz produzierte, bereits stark genug für eine spektakuläre geschäftliche Transaktion: 1971 übernahm der nach wie vor persönlich haftende Annuss mit seinem Unternehmen den kommunalen Schlachthof von Kiel, einer Großstadt mit 270.000 Einwohnern. Dessen veraltete innerstädtische Anlagen, deren Erneuerung mit öffentlichen Geldern die Kieler Stadtverwaltung als zu teuer verworfen hatte, wurden geschlossen. Als Ersatz baute die „Annuss Fleisch KG" (mit großzügiger öffentlicher Förderung) einen hochmodernen kompakten Schlachthof vor den Toren der schleswig-holsteinischen Metropole, den sie für eigene Schlachtungen nutzte, während der Betrieb gleichzeitig auch noch „die Funktion eines öffentlichen Schlachthofes" wahrnahm. Die Anlage stand damit den Metzgern und Großschlachtern offen, die zuvor den alten städtischen Schlachthof benutzt hatten. Wenig später pachtete Annuss den städtischen Schlachthof in Flensburg, für den damit ähnliche Regeln galten wie in Kiel.[2]

---

[1] Vgl. im Rückblick: Die Annuss-Gruppe zerlegt jährlich 700 000 Schweine, in: FAZ, 8.2 1978. Einige Angaben zur Firmengeschichte vgl. in: Arbeitsbogen zum Antrag auf Gewährung von Investitionszuschüssen der Annuss Fleisch KG, o. D. [Oktober 1970], LA SH, Abt. 691, Nr. 15811.

[2] Ebenda. Zu den öffentlichen Zuschüssen für den Bau in Kiel-Wellsee, die rund ein Drittel der Baukosten ausmachten, vgl. detailliert: Aktenvermerk der Staatskanzlei SH, 31. 1. 1975, LA SH, Abt. 605, Nr. 2761. Schon vor der Übernahme des Kieler Schlachthofs hatte Annuss mit der dort ansässigen Firma Heinz Hardt einen Großschlachter übernommen, auf dessen Konto

Diese beiden Expansionsschritte konnten auch deshalb als sehr bemerkenswert gelten, weil die „Annuss Fleisch KG" seit der Gründung auf ihrem Geschäftsfeld mit starker Konkurrenz zu kämpfen hatte: Sie war weder das einzige noch das größte Unternehmen, das in den 1960er Jahren in Schleswig-Holstein erfolgreich Geld mit der „Totvermarktung" von Fleisch verdiente. Mitte des Jahrzehnts existierten in dem Bundesland zwischen Nord- und Ostsee 85 Betriebe dieser Art. Sechs davon erreichten hohe Schlachtzahlen bei Schweinen (auf die sich das Geschäft zu diesem Zeitpunkt generell noch stark konzentrierte): Addiert töteten und vermarkteten sie 1965 in zwölf Monaten rund 830.000 Schweine. Diese Jahresleistung lag um mehr als 200.000 Tiere höher als die Zahl der Schweineschlachtungen in den kommunalen Anlagen von Hamburg, dem traditionellen Zentrum der Mastviehvermarktung und Fleischproduktion im ganzen norddeutschen Raum. Seit 1959 war der Beitrag, den Versandschlachthöfe in Schleswig-Holstein leisteten, um sowohl die Bevölkerung im eigenen Bundesland und in Hamburg wie auch südlich der Elbe mit Schweinefleisch zu versorgen, um das Zehnfache gewachsen.[3]

Zum stärksten Anbieter auf diesem massiv expandierenden Geschäftsfeld der schleswig-holsteinischen Landwirtschaft entwickelte sich die im Sommer 1960 gegründete „Nordfleisch AG", die 1963 ihr erstes eigenes Schlachthaus eröffnete. Das Kapital dieser Aktiengesellschaft stammte einerseits von rund 300 Landwirten, die im Raum zwischen Flensburg und Schleswig jeweils größere Schweinebestände hielten. Mit ihrer Geldeinlage verpflichteten sich diese Bauern, Tiere, die in ihren Ställen Fleisch ansetzten, von der „Nordfleisch" schlachten und vermarkten zu lassen. Daneben stand als Hauptaktionär eine landwirtschaftliche Genossenschaft, die „Hauptviehverwertungsgenossenschaft Schleswig-Holstein", die damals schon auf eine lange Geschichte zurückschauen konnte. Wie zahlreiche andere Organisationen dieser Art war sie im 19. Jahrhundert entstanden, um Landwirten zu helfen, ihre Produktion gewinnbringender abzusetzen, indem sie deren ausgemästete Tiere einsammelte und dann gemeinsam verkaufte. Ihr altes Ziel verfolgte die Genossenschaft nun mit ganz neuen Mitteln auf dem Feld der Fleischvermarktung, indem sie sich an einer Aktiengesellschaft beteiligte, die in eigenen Betriebsanlagen auf eigene Rechnung und eigenes Risiko schlachtete. Auch andere landwirtschaftliche Organisationen fanden Gefallen am Konzept der „Nordfleisch AG": Bereits 1963 erwarb der schleswig-holsteinische Bauernverband ein Aktienpaket der Gesellschaft.[4] Im gleichen Jahr entstand durch Beschluss der „Nordfleisch"-Manager eine vom Schlachtbetrieb unabhängige Vertriebsge-

---

in der zweiten Hälfte der 1960er Jahre zwei Drittel der in Kiel durchgeführten Schlachtungen entfielen. Vgl. dazu: Ein Jubiläum im Kieler Schlachthof, in: BBSH 125 (1975), S. 20–21.

[3] Die Zahlen nach: Heinrich Wigger, Rationelle Fleischvermarktung, dargestellt am Beispiel Schleswig-Holsteins, Hamburg und Berlin 1972, S. 113 u. S. 94; für die Hamburger Schlachthöfe: StatJb HH 1965, S. 112.

[4] Eine genaue Aufstellung der Aktionäre und ihrer Anteile (Stand Anfang 1967) vgl. in: Nordfleisch AG an Wirtschaftsministerium Schleswig-Holstein, 27. 4. 1967, LA SH, Abt. 691, Nr. 36 781.

sellschaft, die das gesamte Vermarktungsgeschäft des Unternehmens übernahm, weil man hoffte, so noch flexibler auf Kundenwünsche reagieren zu können.[5]

Aus mehreren Gründen taugen sowohl die Firma des Niebüller Metzgers Heinz Wilhelm Annuss wie auch die „Nordfleisch AG" gut, um die neue Phase in der Geschichte des deutschen Schlachthofwesens zu illustrieren, die in den frühen 1960er Jahren nicht nur in Schleswig-Holstein, sondern in der ganzen Bundesrepublik begann. In beiden Fällen handelte es sich um Neugründungen von privatwirtschaftlicher Seite, die zunächst hauptsächlich oder sogar ausschließlich Schweine schlachteten und dann deren Hälften verkauften (Rinderschlachtungen kamen erst in einem zweiten Schritt dazu). Ihre Standorte wählten sie in der ersten Phase ihrer Unternehmensgeschichte stets abseits der Großstädte direkt in landwirtschaftlichen Produktionsgebieten, in denen viel Mastvieh gehalten wurde. Sie verzichteten auf einen Viehhof für den Handel mit lebenden Tieren und setzten stattdessen sowohl auf einen eigenen Einkauf von Schlachtvieh auf den Bauernhöfen, auf Zufuhren durch Viehhändler sowie auch auf eine neue direkte Geschäftsbeziehung zwischen Schlachthof und Mastbetrieb, bei der das eingelieferte Tier nicht mehr ganz und in unversehrter Gestalt auf den Viehmarkt, sondern erst „am Haken", d. h. tot und nach seiner „Ausschlachtung", bewertet und mit dem Mäster abgerechnet wurde. Geschlachtet wurde an jedem Werktag.[6]

Effizienz- und Kostenvorteile genossen diese neuen Schlachtbetriebe nicht nur, weil sie durch den täglichen Betrieb höhere Schlachtzahlen erreichten als die traditionellen städtischen Schlachthöfe und dabei auch noch die Viehmarktgebühren einsparten. Hinzu kamen die deutlich kürzeren Wege der ausgemästeten Tiere von den Bauernhöfen in die Schlachtanlage. Dieser Vorzug war zwar nicht neu. Da die Produktion von Mastschweinen sich schon in den 1950er Jahren erheblich verändert hatte, wog er betriebswirtschaftlich jedoch nun deutlich schwerer als zuvor. Kurz gesagt, entstand nach 1950 sehr zügig ein neuer Schweinetyp, weil die bundesdeutschen Fleischkonsumenten (wie oben gezeigt wurde) immer entschiedener nach möglichst magerem Fleisch verlangten. Diese mageren und auch deutlich

---

[5] 25 Jahre Nordfleisch AG 1960–1985. Jubiläumsveranstaltung anlässlich des 25jährigen Bestehens der Nordfleisch AG am 19. November 1985 in Kiel, Kiel 1985, S. 11 f. Standort des ersten „Nordfleisch"-Schlachthofs war Schleswig. Die Zahl der als Aktionäre direkt beteiligten Bauern stieg in den 1960er Jahren auf rund 1.000 an. Sie alle hielten sogenannte „vinkulierte Namensaktien", d. h. der Verkauf ihrer Anteile war durchweg nur mit Zustimmung der anderen Anteilseigner möglich. So sollte eine unmittelbare Verbindung der Gesellschaft zur schleswig-holsteinischen Viehwirtschaft auf Dauer gesichert werden. Vgl. dazu: Tradition ist nicht vergessen, in: IK, 19. 4. 1969. Die „Hauptviehverwertungsgenossenschaft" war ein 1925 gegründeter Zusammenschluss verschiedener regionaler Genossenschaften gleicher Art aus Schleswig-Holstein, die alle bereits im späten Kaiserreich entstanden waren. Zur insgesamt geringen Bedeutung der Viehverwertungsgenossenschaft auf dem deutschen Fleischmarkt im Kaiserreich siehe oben S. 26.

[6] Um ein einheitliches Vorgehen der Schlachtbetriebe zu gewährleisten, regelten amtliche Vorschriften für jede Tierart sehr genau, was jeweils zum „Schlachtgewicht" gehörte (und was nicht). Zu den Details vgl. genauer: Erhard Kallweit u. a., Qualität tierischer Nahrungsmittel. Fleisch – Eier – Milch, Stuttgart 1988, S. 33–39.

leichteren Schweine erwiesen sich als transportempfindlicher als die vielen Generationen ihrer Vorgänger: Eine stark gesteigerte Erregbarkeit, die noch weit über das hinausging, was bei Schweinen ohnehin von Natur aus gegeben ist, und ein schwaches Herz kamen bei diesen Tieren auf höchst ungute Weise zusammen. Kurze Transportwege als betriebswirtschaftlicher Vorzug gewannen in der Fleischproduktion damit eine ganz neue Bedeutung.[7]

Unternehmen wie die „Annuss Fleisch KG" und die „Nordfleisch AG" arbeiteten – anders als die zuvor entstandenen Versandschlachthöfe, die seit Anfang der 1950er Jahre West-Berlin versorgten – zudem nicht mehr auf traditionell handwerkliche Art und Weise. Sie nutzten konsequent die Mechanisierungsmöglichkeiten der modernen Technik (d. h. sie bauten in der Regel eigens ganz neue Anlagen) und setzten auf Arbeitsteilung. Metzger, Gesellen und angelernte Kräfte erledigten in kleinen Gruppen gemeinsam jeweils eine einzelne Etappe im Prozess der Schlachtung. Dann kam das Tier für den nächsten Arbeitsschritt in andere Hände. In der Regel wurden Akkordlöhne gezahlt; gerade die größeren Versandschlachthöfe beschäftigten ohnehin vor allem selbständige „Kopfschlachter", die rein nach Leistung bezahlt wurden. So erbrachten diese neuen Betriebe mit deutlich kleineren, aber kontinuierlich gut ausgelasteten Anlagen Leistungen, die sich selbst mit denen der größten städtischen Schlachthöfe vergleichen ließen. Ihre Stückkosten lagen daher deutlich niedriger. Pro Schwein arbeitete etwa die „Nordfleisch" um 40 Prozent günstiger als der Hamburger Zentralschlachthof.[8]

Lediglich die Fleischbeschau, d. h. die Prüfung, ob Menschen Schaden drohte, wenn sie das Fleisch der getöteten Tiere verzehrten, erfolgte entsprechend den gesetzlichen Bestimmungen in den Versandschlachthöfen genauso wie in den kommunalen Betrieben durch amtliche Veterinäre. Die oben angeführten Warnungen, in privaten Schlachtbetrieben könne in dieser Hinsicht weniger sorgfältig gearbeitet werden, um mehr Gewinn zu erwirtschaften, bewahrheiteten sich jedenfalls nicht.[9]

---

[7] Vgl. dazu: Karl-Heinz Brönstrup, Der Fleischversand als tierärztliches Anliegen, in: FW 44 (1964), S. 422–427, hier: S. 422; Josef Scheper, Lebend- und Fleischtransport beim Schwein, in: KF 50 (1967), S. 621–626; H. Reuter, Kritische Gedanken zur modernen Schweinezucht, in: MDLG 88 (1973), S. 386–388, hier: S. 386; A. Palitzsch, Schweinefleisch: Qualitätsansprüche aus der Sicht der Abnehmer, in: FW 54 (1974), S. 461–464; Einfluss des Vermarktungs- und Schlachtprozesses auf die Gewebebeschaffenheit von Schweinefleisch, in: FW 54 (1974), S. 544–549.

[8] Harald Steinert, Bauern konzentrieren Viehhaltung, in: HB, 25. 5. 1965. Vgl. zusammenfassend auch: Wigger, Fleischvermarktung, S. 112; 25 Jahre Nordfleisch, S. 7–9; Hans Kalis, Vermarktung von Fleisch – Entwicklung und gegenwärtige Organisationsformen, in: Marktübersicht auf dem Vieh- und Fleischmarkt. Vorträge auf der Arbeitstagung „Markt und Betrieb", 28. April 1967 in Kiel, Frankfurt/Main 1967, S. 23–37, hier: S. 27–29.

[9] Die Praxis der Fleischbeschau hatte sich seit dem Kaiserreich nicht verändert: Sie erfolgte stets direkt nach der Schlachtung an jedem einzelnen Tier. Veterinäre oder auch amtlich geprüfte „Fleischbeschauer", die keine akademische Ausbildung vorweisen mussten, begutachteten dabei durch Augenschein den frisch aufgeschnittenen Körper auf Anzeichen von Krankheiten und Parasitenbefall. Genauere bakteriologische Untersuchungen erfolgten sowohl in den öffentlichen wie auch in den privaten Betrieben nur stichprobenartig. Vgl. zusammenfassend: Martin Lerche, Das Fleischbeschaugesetz, Berlin und Hamburg 1960; Helmut Bartels, Wand-

1. Neue Akteure: der Aufstieg der Versandschlachthöfe   165

Als ein doppeltes Exempel können die beiden genannten Neugründungen auch deshalb dienen, weil sie die Unternehmenstypen repräsentieren, die den traditionsreichen kommunalen Vieh- und Schlachthöfen in der ganzen Bundesrepublik nach 1960 (metaphorisch gesprochen) zunehmend das Wasser abgruben: Diese neue Konkurrenz bestand zum einen aus inhabergeführten Privatbetrieben, die dank des Geschicks ihres Gründers (der oft aus dem Metzgergewerbe kam) rasch wuchsen, und zum anderen aus genossenschaftlichen Unternehmen. Große finanzstarke Konzerne interessierten sich hingegen nicht für das neue Geschäftsfeld. Auch internationales Kapital fehlte, obwohl führende multinationale Unternehmen der Lebensmittelbranche wie Unilever oder auch Nestlé die Möglichkeiten, die der bundesrepublikanische Markt bot, ansonsten doch schon intensiv nutzten.[10] Möglicherweise wirkte das bestehende deutsche Vermarktungssystem mit seinem engen Netz von kommunalen Schlachthöfen und Viehmärkten, das durch die Ausgleichsabgabe politisch zusätzlich gesichert wurde, für Branchenfremde abschreckend solide und leistungsstark. Die Chancen, die es ließ, sahen jedenfalls zunächst nur Insider der Fleischproduktion.

Konzentriert man sich auf die kleine Gruppe von Versandschlachtereien, die in der Bundesrepublik nach 1960 langfristig eine wichtige Rolle errangen, dann ist neben der „Annuss Fleisch KG" als ein weiteres Beispiel für die privatwirtschaftlichen Konkurrenten der kommunalen Betriebe noch die „Alexander Moksel Großschlächterei" zu nennen. Auch in diesem Fall entwickelte ein Metzger in einer Provinzstadt aus klein dimensionierten Anfängen in wenigen Jahren durch die überregionale „Totvermarktung" von Fleisch ein florierendes Großunternehmen. Allerdings geschah dies in Bayern (konkreter: Moksels Betrieb stand rund 40 Kilometer südwestlich von München am Rande des Allgäus) sowie in Anpassung an die Produktionsschwerpunkte der Landwirte gerade im Süden dieses Bundeslandes von Anfang an stärker durch Geschäfte mit Rindfleisch.[11]

---

lungen und Bedeutungen der Fleischhygiene im Zeichen der Bildung europaweiter Wirtschaftsräume, in: FW 43 (1963), S. 173–174.

[10] Vgl. etwa: Geoffrey Jones/Peter Miskell, European Integration and Corporate Restructuring: The Strategy of Unilever, c. 1957 – c. 1990, in: Economic History Review 58 (2005), S. 113–139. Zur starken, teilweise marktbeherrschenden Stellung von Unilever etwa auf den bundesdeutschen Märkten für Margarine, Eiskrem und Tiefkühlkost sowie von Nestlé bei Fertigsuppen, Babykost und verarbeiteten Kartoffelprodukten vgl. für die frühen 1970er Jahre die Angaben in: Bruno Tietz, Der Lebensmittelmarkt in der Bundesrepublik Deutschland von 1960 bis 1990. Bd. II: Großhandel, Kooperation, Industrieller Absatz und Landwirtschaftliche Vermarktung, Hamburg und Saarbrücken 1978, S. 984 f.

[11] Nützliche Informationen zur Firmengeschichte vgl. in: Fleischfirma Moksel will an die Börse, in: FAZ, 12. 8. 1987; Bernd Biehl, Wie Hans Dampf in allen Gassen, in: LZ 41 (1989), Nr. 17, S. J 4–J 7; A. Moksel AG, in: www.Company-Histories.com (Zugriff am 22. 11. 2018); Alexander Moksel ist tot, in: Augsburger Allgemeine, 22. 10. 2010. Aus der Perspektive der Gegenwart mag man an dieser Stelle den Familiennamen Tönnies vermissen. Dieses 1971 von Bernd Tönnies als Versand- und Zerlegebetrieb gegründete Unternehmen wuchs jedoch erst nach 1990 (auch durch die Übernahme von Schlachtbetrieben in der ehemaligen DDR) zu einem der größten deutschen Fleischverarbeiter heran. Zuvor spielte der Betrieb nur eine untergeordnete Rolle. Kritische Anmerkungen zur Firmengeschichte vgl. etwa in: Das Fleisch-Imperium des neuen Schalke-Präsidenten Bernd Tönnies, in: Wirtschaftswoche 48 (1994), Nr. 8,

Ansonsten aber dominieren in der Geschichte der Firmen von Alexander Moksel und Heinz Annuss die Ähnlichkeiten. Dies gilt sogar so weit, dass die beiden Metzgermeister keinen traditionsreichen Familienbetrieb besaßen, als sie anfingen, größere unternehmerische Ziele zu verfolgen. Annuss gehörte zu den vielen Flüchtlingen aus Ostdeutschland, die erst durch den Zweiten Weltkrieg in ihre neue Heimat im westlichen Teil des Landes kamen; Moksel war als einer der wenigen polnischen Juden, die den Holocaust dank glücklicher Umstände überlebt hatten, sogar noch sehr viel eindeutiger ein Fremder in der bundesdeutschen Nachkriegsgesellschaft als der aus Pommern stammende Annuss. In der Geschichte wirtschaftlicher Innovationen und Umbrüche finden sich viele Beispiele dafür, dass es eher die Außenseiter und „newcomer" in einer Branche als die Unternehmer mit langer Firmentradition sind, die neue Wege gehen. Annuss und Moksel passen in dieses Bild.[12]

Neben diesen beiden großen Privatunternehmen standen als dauerhaft wichtige Akteure in der Entwicklung der westdeutschen Schlachthofbranche abseits der traditionellen kommunalen Vieh- und Schlachthöfe zwischen 1960 und 1990 trotz vieler anderer Neugründungen neben der bereits vorgestellten „Nordfleisch AG" nur noch drei weitere genossenschaftliche Betriebe. Sie waren dem schleswig-holsteinischen Unternehmen sehr ähnlich, obwohl es sich bei ihnen nicht um Aktiengesellschaften handelte. Zwei davon – die in Nordrhein-Westfalen angesiedelte „Westfleisch Vieh- und Fleischzentrale" (eine Genossenschaft) und die in Bayern, Baden und der Pfalz aktive „Südfleisch-Süddeutsche Fleischverwertung GmbH" – machten die Verwandtschaft mit der „Nordfleisch" schon in ihrem Namen deutlich. Nur ihr niedersächsisches Pendant präsentierte sich als „Centralgenossenschaft Vieh und Fleisch" (CG) ohne regionalen Bezug.[13] Trotz unterschiedlicher

---

S. 57–62; Die undurchsichtigen Geschäfte des Schalke-Präsidenten und Koteletts-Kaisers Bernd Tönnies, in: ebenda, Nr. 22, S. 42–47.

[12] Schon in den klassischen Arbeiten von Joseph Schumpeter aus der ersten Hälfte des 20. Jahrhunderts zur Rolle und Persönlichkeit von erfolgreichen Unternehmern im Prozess der „kreativen Zerstörung", die den Kapitalismus vorantreibt, spielte diese Beobachtung eine zentrale Rolle. Vgl. aus der Fülle der Literatur als Biographie und Würdigung etwa: Thomas K. McCraw, Prophet of Innovation. Joseph Schumpeter and Creative Destruction, Cambridge/Mass. und London 2007.

[13] Da Genossenschaften bei der Aufnahme von Fremdkapital vor zahlreichen Problemen standen, betrieben sowohl die „Westfleisch" wie auch die CG ihre Versandschlachthöfe jeweils über eigens dafür gegründete GmbHs. Bei der CG firmierte die „Landwirtschaftliche Fleischzentrale GmbH" als Inhaberin der Versandschlachthöfe; die „Westfleisch" bediente sich mehrerer Gesellschaften, hinter denen als Holding die eigens dafür gegründete „Westfleisch Schlachtfinanz GmbH" stand. Zur Geschichte der genannten Unternehmen vgl. jeweils im Rückblick und zusammenfassend etwa: Westfleisch auf gutem Kurs, in: LZ 27 (1975), Nr. 17, S. 4; Moderne Zerlegungsbetriebe, in: LZ 27 (1975), Nr. 31, S. 32; Jährlich eine Million Schweineschlachtungen, in: LWE 134 (1987), Nr. 36, S. 25 (beide zur CG); Ernst-Ulrich Schulze, Vom Tier zum Fleisch. 75 Jahre CG, Hannover 1988, S. 64–75; Walter Meyerhöfer, Struktur und Wettbewerbsverhältnisse im Vieh- und Fleischhandel in Bayern, München 1984, S. 32–44 (zur „Südfleisch"). Die Probleme von Genossenschaften auf dem Kapitalmarkt ergaben sich schon daraus, dass ihr ohnehin eher geringes Eigenkapital nicht als stabil gelten konnte: Kündigten Genossen ihre Mitgliedschaft, erhielten diese ihren Geschäftsanteil zurück. Vgl. dazu ausführ-

Rechtsformen handelt es sich durchweg um Unternehmen, hinter denen sowohl verschiedene Viehverwertungsgenossenschaften mit ihren Mitgliedern wie auch andere landwirtschaftliche Organisation standen.[14]

Dieses starke Engagement von Bauern und bäuerlichen Vereinigungen auf einem Geschäftsfeld, mit dem Landwirte bislang kaum etwas zu tun gehabt hatten, gerade in den Jahren um 1960 ergab sich sowohl aus Hoffnungen auf bessere Erlöse für die Betriebe, die Schlachtvieh mästeten, sowie auch aus Furcht vor neuer Konkurrenz aus den Nachbarländern der Bundesrepublik.

Positive Erwartungen richteten sich insbesondere auf die eben erwähnte Möglichkeit, den Landwirt nicht mehr für das lebende Tier, sondern erst dann zu bezahlen, wenn das von ihm gelieferte Schwein, Rind oder auch Schaf bereits halbiert bzw. geviertelt tot am Haken hing. Der damit mögliche Blick in das Körperinnere erlaubte es, deutlich genauer als zuvor abzuschätzen, wie viel Muskelfleisch und wie viel Fett das Tier insgesamt tatsächlich liefern werde.[15] Die Bezahlung nach „Schlachtgewicht" versprach also, verlässlich jene Bauern zu belohnen, die besonders fleischreiches Vieh mästeten. Zwar gab es selbstverständlich auch beim Handel mit lebenden Tieren Qualitätsstandards und qualitativ gestaffelte Preise. Der Kauf nach Augenschein, der dann noch durch einige prüfende „Fleischgriffe" ergänzt wurde, führte jedoch vielfach zu Enttäuschungen, weil in der Praxis doch immer wieder zahlreiche Tiere „am Haken" nicht das hielten, was sich der Käufer versprochen hatte.[16] Zudem fiel – wie gezeigt – der „Auftrieb" auf den großen städtischen Viehmärkten an den einzelnen Markttagen sehr uneinheitlich aus. Vor

---

lich etwa: Jörg Hoffmann, Ansätze zur Lösung der Finanzierungsproblematik der Genossenschaften, wirtschaftswiss. Diss. Universität Hamburg 1973.

[14] Räumlich komplettiert wurde das Ensemble der vier großen genossenschaftlichen Schlachthofunternehmen durch die „Württembergische Viehverwertung AG". Auch bei ihr handelte es sich um eine Aktiengesellschaft, deren Anteile zum Teil direkt von Landwirten gehalten wurden. Vgl.: Bäuerliche AG zur Vieh- und Fleischverwertung, in: FAZ, 20. 3. 1963. Sie blieb jedoch stets deutlich kleiner als die vier oben genannten Unternehmen und wurde unter dem Namen „Fleischzentrale Südwest" Anfang der 1980er Jahre zudem von der „Nordfleisch" übernommen. Dazu siehe unten S. 214 f.

[15] Allerdings konnte auch der aufgeschnittene Tierkörper noch Überraschungen bergen, etwa wenn ein attraktiv großer Schweineschinken sich bei der weiteren Zerlegung als „voll von Fett und Knochen" erwies. Vgl. zu diesen Problemen genauer: Karl August Groskreutz, Bezahlung nach Fleischanteil, in: BBSH 121 (1971), S. 160–161 (Zitat: S. 160); Trotz EG-Handelsklassen Klassifizierung mit Unterschieden, in: BBSH 132 (1982), S. 2622; Peter Glodek, Schweinezucht mit neuen Vorzeichen, in: MDLG 100 (1985), S. 1348–1351, hier: S. 1348 f. Erst neue elektronische Messgeräte, die seit 1983 angeboten wurden, boten größere Sicherheit. Siehe dazu S. 211 f.

[16] Als empirischen Nachweis vgl. etwa: Joachim H. Weniger u. a., Untersuchungen über die Schlachtkörperqualitäten von Rindern und Schweinen in den Ländern der Europäischen Wirtschaftsgemeinschaft, Brüssel 1966, S. 70. Zwar stand seit 1963 auch in der Bundesrepublik eine aus den USA stammende neue Messtechnik bereit: Per Echolot ließ sich bei lebenden Schweinen relativ exakt ermitteln, wie dick die direkt unter der Haut liegende Fettschicht war. Vgl. dazu etwa: Tierzucht mit Echolot, in: FAZ, 7. 9. 1963. Allerdings ist unklar, wie häufig solche Geräte in den nachfolgenden Jahren auf Viehmärkten und Schlachthöfen eingesetzt wurden.

allem deshalb war eine konsequente „Qualitätsbezahlung" im älteren Marktsystem kaum möglich: „Geringe Auftriebsschwankungen führen zu erheblich stärkeren Preisdifferenzierungen als große Schwankungen in der angebotenen Qualität."[17]

Durch die regelmäßigen Schlachtungen in den neuen Anlagen und durch die „Totvermarktung" der Tiere, so erläuterte es das Management der „Südfleisch", könnten die Anforderungen der städtischen Fleischkonsumenten (konkret: deren neuer Wunsch nach möglichst magerer Ware) die Zucht und Mast von Schlachtvieh hingegen ganz direkt „transformieren: Wer das vom Markt Verlangte liefert, erhält mehr bezahlt, eine einfache Rechnung. [...] Das ist gut, denn das fördert den Qualitätsgedanken."[18]

Solch eine Bereitschaft, sich dem „Diktat des Marktes" zu unterwerfen (auch dies eine Formulierung aus dem eben zitierten Text der „Südfleisch"-Manager), mag bei Landwirten auf den ersten Blick überraschen. Seit dem Kaiserreich hatten Bauern und bäuerliche Vereinigungen ebenso vehement wie kontinuierlich dafür gekämpft, ihre Höfe und ihre Produktion vor den Anforderungen und Gefahren der freien Marktwirtschaft zu schützen. Die lange Tradition agrarprotektionistischer Maßnahmen, die letztlich alle die Lebenshaltung der städtischen Verbraucher verteuerten, bewies, wie erfolgreich sie dabei trotz der diversen Brüche in der politischen Geschichte Deutschlands gewesen waren. Eine massive Skepsis gegenüber der kapitalistischen Konkurrenzwirtschaft war auch unter den Landwirten in der jungen Bundesrepublik noch sehr lebendig.[19]

Die Gründung von Versandschlachthöfen, um bei Mastvieh eine konsequente „Qualitätsbezahlung" nach den Ansprüchen des Marktes einzuführen, scheint dazu überhaupt nicht zu passen. Der Widerspruch löst sich jedoch auf, wenn man sich klar macht, dass keineswegs die gesamte bundesdeutsche Landwirtschaft hinter den neuen genossenschaftlichen Schlacht- und Vermarktungsunternehmen stand. Zwar stieß das Konzept der modernen Genossenschaft seit seiner Entwicklung in den 1860er Jahren durch bürgerliche Sozialreformer wie etwa Friedrich

---

[17] Joachim H. Weniger/Peter Glodek/Hans-Joachim Langholz, Ist das Fleischschwein schon am Markt?, in: TZ 14 (1962), S. 9–12, hier: S. 11.

[18] Franz Thoma, Bäuerliche Selbsthilfe im Verkehr mit Vieh und Fleisch. 10 Jahre Südfleisch, München 1967, S. 19. Vgl. ähnlich auch: Heinz Dobert, Betriebsvereinfachung in der Landwirtschaft. Schlagwort oder Notwendigkeit?, Wiesbaden 1963, S. 21. Mit der Bezahlung erst nach der Ausschlachtung verschwand zudem eine offensichtlich zuvor übliche Praxis vieler Viehhändler: Im Interesse einer langfristigen Geschäftsbeziehung mit den Landwirten hatten sie beim Einkauf größerer Gruppen von schlachtreifen Schweinen mit einem Durchschnittspreis pro Tier gearbeitet, der erwartbar fettere Tiere zu positiv bewertete. Zumindest teilweise verminderten sie damit das Marktrisiko der Bauern. Vgl. hierzu: Just-Hinrich von Rümker, Qualitätsfragen am Schweinemarkt, in: DBK 14 (1961), S. 129–130.

[19] Vgl. als treffende Zusammenfassungen dieser Vorstellungen etwa: Heinz Krohn, Wetterzone Agrarpolitik, Hannover 1965, S. 152–168; Günther Pacyna, Edmund Rehwinkel. Ein Porträt, Freudenstadt 1969, S. 85–103. Zum Hintergrund vgl. etwa: Rolf G. Heinze, Verbandspolitik zwischen Partikularinteresse und Gemeinwohl. Der Deutsche Bauern-Verband, Gütersloh 1992; Rainer Sobowski, Der Bauernverband in der Krise. Ein Beitrag zur Neubestimmung gruppenkollektiven Verhaltens, Frankfurt/Main 1990.

Wilhelm Raiffeisen bei den deutschen Bauern auf starkes Interesse. Lediglich zehn Prozent der Landwirte in der Bundesrepublik waren in den 1960er Jahren überhaupt nicht genossenschaftlich organisiert. Allerdings gehörten die meisten dieser so überaus zahlreichen agrarischen Genossen zu einer Einkaufs- oder Kreditgenossenschaft, d. h. sie nutzten den Zusammenschluss mit anderen Bauern, um Produktionsmittel wie etwa Saatgut oder Tierfutter günstig einzukaufen und Kreditkosten zu senken.[20]

Der sehr viel weiterreichende Gedanke, auch als Anbieter landwirtschaftlicher Produkte gemeinschaftlich aufzutreten, überzeugte hingegen immer nur Teile der deutschen Landwirte. Wirklich stark waren Erfassungs- und Vermarktungsgenossenschaften nur auf den Märkten von Milch und Getreide. Schlachtvieh aber verkauften die meisten Mäster am liebsten auf eigene Faust und eigene Rechnung entweder direkt an Metzger und andere Fleischverwerter oder aber an die privaten Viehhändler, die von Hof zu Hof reisten. 1965 wurden deshalb nur rund 15 Prozent der schlachtreifen Masttiere in der Bundesrepublik über Genossenschaften auf den Markt gebracht.[21]

Nach dem wenigen, was wir darüber wissen, stützten sich die Viehverwertungsgenossenschaften vor allem auf Landwirte mit größeren Höfen. Nach den aus heutiger Sicht sehr bescheidenen damaligen bundesdeutschen Maßstäben meinte das Betriebe mit mehr als 20 ha landwirtschaftlicher Nutzfläche. Typischerweise arbeiteten solche Agrarproduzenten betriebswirtschaftlich deutlich rationaler als die große Mehrheit der stark traditionsverhafteten Bauern mit kleinerem Besitz, die Neuerungen (und zumal solchen, die ihre Autonomie einschränkten) in der Regel zunächst einmal sehr misstrauisch gegenüber standen.[22]

Die Aussicht, bei Schlachtvieh höherer Qualität exakt und verlässlich am Verkaufserlös beteiligt zu werden, verstanden solche unternehmerisch denkenden Landwirte wohl vor allem als persönliche Chance, weil sie sich zutrauten, genau die mageren, aber dennoch möglichst fleischreichen Tiere liefern zu können, die

---

[20] Friedrich-Bernhard Hausmann, Sind die Genossenschaften noch Selbsthilfeeinrichtungen der Landwirtschaft?, in: Ordo 23 (1971), S. 220–221.
[21] Kalis, Vermarktung, S. 26. Zum Marktanteil von Genossenschaften auf anderen Agrarmärkten vgl. etwa: Bernhard Menzel, Genossenschaftswesen. Eine Auswahl aktueller Fragen, Stuttgart 1966, S. 40; Werner Grosskopf, Marktstrukturpolitische Konsequenzen der Konzentration auf den Agrarmärkten, in: AW 27 (1978), S. 12–18, hier: S. 13.
[22] Vgl. dazu genauer: Hans Niehaus, Die Vermarktungswege für Schlachtvieh in der Bundesrepublik Deutschland, agrarwiss. Diss. Universität Gießen 1965, insbes. S. 82 f. (diese Arbeit stützt sich auf Angaben von 1.800 Betrieben, die zu einer Viehverwertungsgenossenschaft gehörten); Walter Wowra, Ausgewählte Fragen aus dem Bereich der genossenschaftlichen Viehverwertung, in: Thomas Neumaier/Werner Zimmermann (Hrsg.), Bericht über die AID-Tagung „Agrarmärkte im Wettbewerb – eine neue Beratungssituation" vom 25. bis 27. Oktober 1967 in Kassel, Bad Godesberg 1967, S. 106–116, hier: S. 116 (gestützt auf eine nicht genauer beschriebene Erhebung in Baden-Württemberg). Vgl. auch (am Beispiel einer einzelnen Genossenschaft): Franz Leiber, Erzeugergemeinschaften und Organisationsformen der vertikalen Integration der Schweinefleischproduktion, Hiltrup 1974, S. 29. Die Mitgliederzahl der Viehverwertungsgenossenschaften aus: StatJb BRD 1967, S. 197. Zur unternehmerischen Praxis von Landwirten siehe genauer auch unten S. 379 ff.

der Markt verlangte. Perspektivisch sicherten sie daher ihre eigene ökonomische Zukunft, wenn sie sich über die Verwertungsgenossenschaft (oder im Falle von „Nordfleisch" und „Württembergischer Viehverwertung" auch direkt als Aktionär) an der Gründung von Versandschlachthöfen beteiligten, die keinen Handel von lebenden Tieren mehr kannten und nach „Schlachtgewicht" abrechneten. Dafür verzichteten sie sogar auf das angenehme Gefühl, stets (wie bislang) sofort in bar bezahlt zu werden, wenn ausgemästetes Vieh den Hof verließ.[23]

Allerdings stand hinter dem neuen Engagement für die „Totvermarktung" von Fleisch, das Landwirte und landwirtschaftliche Organisationen in den Jahren um 1960 zeigten, durchaus auch Furcht. Gerade bewusst marktorientiert handelnde deutsche Bauern blickten in dieser Zeit äußerst sorgenvoll in die Zukunft. Angst machte ihnen der 1957 unterzeichnete Vertrag von Rom, die Gründungsakte der Europäischen Wirtschaftsgemeinschaft (EWG), in dem sich die Bundesrepublik und ihre fünf Vertragspartner auf eine gemeinsame Agrarpolitik festgelegten, die ganz auf freien Handel unter den EWG-Mitgliedern setzte. Dieses historisch völlig neuartige Projekt, das nach 1957 zügig durch konkrete Planungen für alle nur denkbaren Agrarprodukte und deren Markt Gestalt annahm, konfrontierte die deutschen Bauern in naher Zukunft mit einem scharfen Bruch in einem zentralen Segment der Agrarproduktion: Seit dem Kaiserreich hatten sie stets hinter hohen Zollschranken vor allem für Getreide gearbeitet. Wenn dieser Schutz gegenüber den anderen EWG-Staaten verschwand, standen in der Bundesrepublik deutlich sinkende Getreidepreise zu erwarten – und diese beeinflussten entscheidend viele Preise von Produkten der landwirtschaftlichen „Veredelung", da der größte Teil des geernteten Getreides als Tierfutter dient. Zwar ließ sich nicht genau sagen, wie stark der Rückgang ausfallen werde, weil die EWG-Landwirtschaftsminister den schwierigen, sachlich aber entscheidend wichtigen Punkt, einheitliche Getreidepreise festzulegen, in ihrer gemeinsamen Agrarpolitik bewusst offen ließen, um die Zusammenarbeit der wirtschaftlich sehr ungleichen Partner nicht schon zu gefährden, bevor der Gemeinsame Markt überhaupt startete.[24] Kritiker prophezeiten so oder so eine kommende „Gewaltkur" für die deutschen Bauern.[25]

Gerade auch wegen dieser Unsicherheit bestand bei den deutschen Landwirten und ihren Organisationen in den Jahren um 1960 ein besonders intensives Interesse an zukunftsweisenden ökonomischen Konzepten. Genossenschaftliche Ver-

---

[23] Zu diesen Hoffnungen vgl. etwa: Wolfgang Wittich, Der gemeinsame Markt für Vieh und Fleisch nach der Übergangszeit, in: Verhandlungsbericht der Mitgliederversammlung des Deutschen Raiffeisenverbandes am 22. und 23. Juni 1967 in Freiburg, Bonn 1967, S. 143–152, hier: S. 152. Bei Hof-Verkäufen war die Barbezahlung seinerzeit noch allgemein üblich, wenn nicht ausdrücklich auf Kommission gehandelt wurde. Niehaus, Vermarktungswege, S. 131.

[24] Aus der fast unüberschaubaren Fülle der Literatur vgl. als knappen Abriss etwa: Ann-Christina Lauring Knudsen, European Integration in the Image and the Shadow of Agriculture, in: Desmond Dinan (Hrsg.), Origins and Evolutions of the European Union, Oxford und New York 2006, S. 191–217, insbes. S. 197f.

[25] Ernst Freiberg, Die Grüne Hürde Europas. Deutsche Agrarpolitik und EWG, Köln und Opladen 1965, S. 64.

sandschlachthöfe, die „Qualitätsbezahlung" von Schlachtvieh und der davon ausgelöste Druck auf die Mäster, marktorientiert zu produzieren, standen dabei an vorderer Stelle. Die Zukunft der deutschen Bauern, so sagte es 1961 etwa einer der Gründer der „Südfleisch", liege in der „Erzeugung von hochwertigen Qualitäten" und deren möglichst rationeller Vermarktung gerade im Bereich der landwirtschaftlichen „Veredelung".[26] In der „Deutschen Bauern-Korrespondenz", dem Organ des Bauernverbandes, hatte ein Autor schon zwei Jahre zuvor gewarnt, die Bundesrepublik könne durch den Gemeinsamen Markt der EWG „leicht zu einem Tummelplatz des europäischen Vieh- und Fleischangebots werden. Die deutsche Erzeugung wird dieser Entwicklung nur dann gewachsen sein, wenn sie sich auf das Äußerste der Qualitätsfrage annimmt."[27]

Dieser Überblick über die Entstehung neuartiger Versandschlachthöfe in der Bundesrepublik wäre unvollständig, wenn nicht abschließend noch kurz die modernen Schlachtbetriebe für Masthühner erwähnt würden, deren Ursprünge ebenfalls in den Jahren um 1960 liegen. Sie bildeten ein ganz neues Segment in der Kette der marktbezogenen Fleischproduktion, weil die Deutschen – wie gezeigt – bis in die 1950er Jahre hinein nur so geringe Mengen von Hühnerfleisch verzehrten, dass für dieses Produkt kein umfassendes Vertriebs- und Vermarktungssystem existierte. Mit dem wachsenden Appetit der Bundesbürger auf möglichst mageres Fleisch änderte sich dies: In zügigen Schritten entstand eine groß dimensionierte Produktion von „Broilern".[28] Um deren effiziente Vermarktung möglich zu machen, brauchte es neue, leistungsfähige Schlachtanlagen speziell für Hühner. 1956 eröffnete in dem niedersächsischen Kleinstädtchen Stelle (direkt vor den Toren von Hamburg) die erste Anlage dieser Art auf westdeutschem Boden. Bundesweit wuchs ihre Zahl bis 1963 auf 35 an.[29]

In vieler Hinsicht ähnelten diese Betriebe den zeitgleich entstehenden neuen Schlachtbetrieben für Schweine: Auch bei ihnen handelte es sich durchweg um Versandschlachthöfe, die jeweils möglichst nah bei den Landwirten gebaut wur-

---

[26] Agri-Forum stellt vor, in: Agri-Forum 2 (1961), Nr. 1, S. 31–36, hier: S. 33 (hierbei handelt es sich um ein Interview mit Heinrich Hasselbach, dem Geschäftsführer der „Südfleisch").
[27] Just-Hinrich von Rümker, Ordnung und Ausbau der Fleischmärkte, in: DBK 12 (1959), S. 258–260, hier: S. 260. Vgl. ähnlich auch: ders., Zur Diskussion über den Geschlachtethandel, in: DBK 14 (1961), S. 86; Die aktuelle Forderung: Breite und stabile Qualitätszone, in: FW 42 (1962), S. 487–488; Thoma, Selbsthilfe, S. 53 f. Zur tatsächlichen Bedeutung von Fleischeinfuhren aus anderen EG-Ländern nach dem Beginn des Gemeinsames Marktes (bei Schweinefleisch und Rindfleisch wurde die Marktordnung beispielsweise 1967 bzw. 1968 wirksam) siehe genauer unten S. 328.
[28] Siehe dazu genauer unten S. 267–278.
[29] Strecker, Landwirtschaft, S. 93. Daneben existierten seinerzeit noch rund 340 kleinere Geflügelschlachtbetriebe, die vor allem leistungsschwache Legehennen schlachteten. Zur Anlage in Stelle vgl. genauer: Im Dienste der Geflügelwirtschaft, in: KF 39 (1956), S. 28–29. Zu den Methoden der automatisierten Schlachtung vgl. als Überblick: Dieter Großklaus/Gerhard Lessing, Hygiene-Probleme in Geflügelschlachtereien, in: FW 44 (1964), S. 1253–1255; Dieter Großklaus/R. Levetzow, Geflügel im Schlachtgeschehen, in: FW 50 (1970), S. 614–616; Günter Heinz, Entwicklungen und Problemlagen in der Geflügelschlachtung und -zerlegung, in: FW 65 (1985), S. 1319–1330.

den, die sie mit ausgemästeten Tieren belieferten. Sie schlachteten mit modernster Technik (d. h. weitgehend automatisiert), arbeiteten an jedem Werktag, und strebten nach möglichst gleichmäßiger Auslastung ihrer teuren Produktionslinien. Genossenschaftliche Gründungen konkurrierten mit Projekten, hinter denen einzelne private Investoren standen. Auch flossen öffentliche Gelder zur Förderung der neuen Anlagen, weil von deren Bau „mittelbar auch die bäuerliche Geflügelmast" profitiere, die den Agrarpolitikern aller Parteien sehr am Herzen lag.[30]

Da auf dem Markt für Hühnerfleisch – anders als beim Großvieh – keine traditionsreichen öffentlichen Schlachtbetriebe arbeiteten, denen der neue Fleischversand schaden konnte, flossen die staatlichen Subventionen für Geflügelschlachthöfe allerdings gleichermaßen an genossenschaftliche wie auch an rein private Projekte.[31] Ein weiterer Unterschied ist zu vermerken: Alle diese Anlagen produzierten zunächst ausschließlich und auch später noch ganz überwiegend Tiefkühlware, weil die „Broiler" den Einzelhandel und die Endverbraucher nur in dieser Form hygienisch einwandfrei erreichen konnten.[32] Dadurch stieg der Finanzbedarf der Investoren: Sie mussten nicht nur eine effiziente Schlachtung organisieren, sondern zusätzlich auch noch Anlagen errichten, in denen die verbrauchsfertigen Hühner „schockgefroren" und dann einzeln verpackt wurden.[33] Die Kosten für eine geschlossene „Kühlkette" bis zur Anlieferung der Ware in den Supermärkten kamen dann noch hinzu, denn dieser Transport galt als eine Serviceleistung, die von den Schlachthöfen organisiert und bezahlt werden musste.[34]

Letztlich entstand mit der modernen Hühnermast und den dazu gehörenden Verarbeitungsbetrieben seit den späten 1950er Jahren ein ganz neues Segment im bundesdeutschen Fleischmarkt, das trotz zahlreicher Ähnlichkeiten mit den Märkten für Schweinefleisch und Rindfleisch nach eigenen Regeln funktionierte. An dem heftigen Wettbewerb zwischen „Lebend"- und „Tot-Vermarktung", der bei Schweinen und Rindern noch bis in die 1970er Jahre hinein tobte, nahmen die Geflügelschlachthöfe etwa überhaupt nicht teil, da es keine Märkte für lebende Hühner gab. Auch deshalb gestaltete sich das Verhältnis dieser speziellen Schlachtbetriebe untereinander ganz anders als bei den Unternehmen, die Großvieh verar-

---

[30] So BLM Werner Schwarz im Bundestag am 14. 6. 1961 in: BT, Plenarprotokoll 3/162, S. 9349 f. (online abrufbar unter: https://dip.bundestag.de). Zu den zeitgenössischen agrarpolitischen Hoffnungen mit Bezug auf die bäuerliche Hühnermast siehe unten S. 259 ff.

[31] Zu den Details der öffentlichen Förderung, die als verlorener Zuschuss für bis zu 45 Prozent der Baukosten gezahlt wurde, vgl. etwa: Verhandlungsbericht Deutscher Raiffeisentag, 22. bis 24. Juni 1960 in Köln. Hrsg. v. Deutschen Raiffeisentag, Bonn 1960, S. 25.

[32] Siehe dazu schon oben S. 64 f.

[33] Zu dem enormen technischen Aufwand für das Einfrieren (das Temperaturen von minus 40 Grad erforderte) und die Verpackung vgl. genauer: Karl Hermann, Tiefgefrorene Lebensmittel, Berlin und Hamburg 1970, S. 89–91; Milan Ristić, Einflüsse der Schlachtmethodik auf die Qualität von Broiler-Schlachtkörpern, agrarwiss. Diss. Universität Hohenheim 1970, S. 35–76.

[34] Vgl. dazu detailliert: Gerhard Kissel, Physische Distribution von Geflügelfleisch aus der Sicht einer Geflügelschlachterei, nahrungs- u. haushaltswiss. Diss. Universität Gießen 1981, S. 134–150.

beiteten: Sie kooperierten schon sehr früh problemlos auch überregional miteinander. Aus diesen Gründen konzentriert sich die folgende Darstellung wieder auf die beiden traditionellen mittleren Segmente des deutschen Fleischmarktes. Von den Geflügelschlachthöfen und ihrer besonderen Bedeutung für die Geflügelfleisch-Branche wird ausführlicher erst weiter unten wieder die Rede sein, wenn in Kapitel V die Entstehung und Entwicklung der modernen Hühnermast in den Fokus der Untersuchung rückt.[35]

2. Neue Geschäftsfelder: das Streben der Versandschlachthöfe nach vertikaler Integration

Bei ihrem Projekt, die „Unabhängigkeit und damit Selbständigkeit der bäuerlichen Betriebe" durch genossenschaftliche Versandschlachthöfe zu sichern, dachten die Verfechter der „Totvermarktung" von vorn herein keineswegs nur an das Geschäft des Schlachtens. Schon 1958 erklärte einer der führenden Männer des „Deutschen Raiffeisen-Verbandes", der Dachorganisation aller landwirtschaftlichen Genossenschaften, man brauche Unternehmen, die umfassend in der Weiterverarbeitung landwirtschaftlicher Produkte aktiv seien, um stets sofort auf die „Marktbedürfnisse" reagieren zu können. Solche Betriebe würden sich umso eindeutiger „als die wirksamste Waffe in der Hand der Bauern" erweisen, je mehr der Gemeinsame Markt der EWG von der Idee zur Wirklichkeit werde: „Zum Scheitern verurteilt sind nur die Schwachen."[36]

Insbesondere die „Südfleisch" orientierte sich an diesen Gedanken. Schon seit 1960 verkaufte sie neben Schweinehälften und Rindervierteln auch „bereits abgepackte Fleischstücke" in größeren Partien, weil die neuen Supermärkte daran großes Interesse zeigten. Zudem werde von Kunden immer häufiger „der Wunsch nach importierter Ware geäußert". Wahrscheinlich galt dies insbesondere für Rindfleisch, das im Ausland oft in besserer Qualität erzeugt wurde als in Deutschland. Zwar habe man keine nennenswerten Erfahrungen mit solchen Geschäften: „Es wird sich jedoch nicht vermeiden lassen, daß wir mehr als bisher Ware einführen müssen." Der Schlachtbetrieb wurde so zum Käufer auf dem Fleischmarkt.[37]

Bereits 1961 folgte der nächste Schritt: Die GmbH kaufte eine bislang von ihrem Gründer geführte mittelständische Fleischwarenfabrik, um die Teile der Schlachtkörper ertragreicher verwerten zu können, die übrig blieben, wenn man die wertvollsten Partien der Tiere als bereits verpackte SB-Ware verkaufte. Bis 1965 folgten

---

[35] Siehe dazu unten S. 243 ff.
[36] Adolf Scherer, Die nächste Aufgabe. Der Konzentrationsprozess im gewerblichen Raum und seine Folgen für die Agrarwirtschaft, Neuwied 1958 (Raiffeisen-Hefte Nr. 5), S. 63–67. Vgl. ähnlich auch: Theodor Sonnemann, Die Genossenschaften im modernen Markt, in: FW 42 (1962), S. 751–753; Sonnemanns behutsamer Weg, in: Stuttgarter Zeitung, 20. 6. 1963 (Sonnemann war Präsident des Raiffeisen-Verbandes).
[37] Süddeutsche Fleischverwertung GmbH, Geschäftsbericht 1960, München o.J., S. 8 f. u. S. 12.

noch zwei weitere Akquisitionen dieser Art. Spätestens damit hatte sich die „Südfleisch" vom Schlachtbetrieb zu einem vertikal integrierten Konzern entwickelt, der den Fleischmarkt fast umfassend bedienen konnte.[38]

Das Bundeslandwirtschaftsministerium hielt expansive Entscheidungen dieser Art für vorbildlich: Landwirtschaftliche Genossenschaften sollten nach den Vorstellungen des Ressorts mit Blick auf den kommenden Gemeinsamen Markt der EWG „ebenso dynamisch, offensiv und risikofreudig" agieren wie Privatbetriebe. Dabei verdienten sie auch staatliche Unterstützung: „Jede Förderung einer stärkeren Beteiligung der landwirtschaftlichen Erzeuger an dem wachsenden Marktservice ist echte und konstruktive Agrarpolitik."[39]

Der Ankündigung folgten auch Taten. Wenn sie neue Betriebsanlagen errichteten, erhielten Versandschlachthöfe, deren Grundkapital zu mindestens 25 Prozent von Landwirten gehalten wurde, sowohl zinsverbilligte Kredite aus einem allgemeinen landwirtschaftlichen Förderprogramm des Bundes wie auch Gelder aus Brüssel, die helfen sollten, die Landwirtschaft gezielt durch den Aufbau rationeller Vermarktungsformen zukunftsfähig zu machen.[40] Für Standorte in strukturschwachen ländlichen Gebieten flossen zudem noch zusätzliche Mittel, teilweise auch aus Landeskassen. Bundesweit kamen bis 1967 die genossenschaftlichen Bauherren von insgesamt neun großdimensionierten Schlachtanlagen in den Genuss solcher Förderung; teilweise deckten die addierten Subventionen fast die Hälfte der gesamten Investitionskosten.[41]

Wie sich denken lässt, fanden diese Zuschüsse keineswegs allgemeinen Beifall. Nicht nur die Inhaber privater Versandschlachthöfe, sondern auch die großen Wurstproduzenten der Bundesrepublik protestierten, die einen, weil nur Unter-

---

[38] Vgl. dazu ausführlich: Thoma, Selbsthilfe, S. 35–44.
[39] Ernst Engel, Die moderne Vieh- und Fleischvermarktung und ihre Auswirkungen auf die genossenschaftliche Viehverwertung, in: Verhandlungsbericht der Mitgliedertagung des Deutschen Raiffeisenverbandes am 15. und 16. Juni 1961 in Neustadt a.d.W., Bonn 1961, S. 91–105, hier: S. 105. Der Autor war Ministerialrat im BML.
[40] Vgl. hierzu etwa: Fritz Trautmann, Versuch einer Marktvorhersage für die deutsche Fleischwarenindustrie unter Berücksichtigung der Auswirkungen der Errichtung eines Gemeinsamen Marktes, in: FW 44 (1964), S. 201–209, hier: S. 203 (zur Förderung mit Bundesmitteln nach dem „Grünen Plan"). Zu den EG-Subventionen vgl. im Überblick: Gerhard Guckenberger, Entwicklungstendenzen in der Vermarktung von Schlachtvieh und Fleisch und ihre Auswirkungen auf die kommunalen Schlacht- und Viehhöfe, agrarwiss. Diss. TU München 1972, S. 161–163.
[41] Vgl. etwa: Südfleisch will Vermarktung erleichtern, in: HB, 7. 11. 1967; Südfleisch in Cham, in: IK, 7. 11. 1967. Dieser Versandschlachthof der „Südfleisch" im Bayerischen Wald kostete 1,55 Millionen DM; 0,67 Millionen davon waren öffentliche Gelder. Detaillierte Anträge auf und Schriftstücke zur Berechnung der gewährten Fördermittel für Betriebe der „Nordfleisch" vgl. in: LA SH, Abt. 691, Nr. 4563 u. Nr. 15 649. Auf Gelder aus allgemeinen Programmen zur Förderung bestimmter Regionen oder auch zur „Mittelstandsförderung" konnten allerdings auch Schlachtunternehmen hoffen, bei denen es keine landwirtschaftlichen Anteilseigner gab. Vgl. etwa die Angaben für die „Annuss Fleisch KG" in: Arbeitsbogen zum Antrag auf Gewährung von Investitionszuschüssen der Annuss Fleisch KG, o. D. [Oktober 1970], LA SH, Abt. 691, Nr. 15 811. Die staatlichen Hilfen summierten sich bei diesem Unternehmen zwischen 1961 und 1970 auf rund 540.000 DM.

nehmen mit bäuerlicher Beteiligung so unterstützt wurden, die anderen, weil sie ihre Geschäfte bedroht sahen, wenn öffentlich geförderte Versandschlachthöfe auf dem Wege der vertikalen Integration zu Konkurrenten auf dem Markt für Wurst und Aufschnitt wurden. Auch Vertreter der kommunalen Schlachthöfe zeigten sich empört: Eine staatliche Förderung für neue Schlachtbetriebe außerhalb der Städte drohe, die Millionen öffentlicher Gelder zu entwerten, mit denen die Gemeinden nach 1950 die im Krieg beschädigten städtischen Vieh- und Schlachthöfe wiederaufgebaut und modernisiert hatten. Ähnlich argumentierten die Großschlachter, die sich in den kommunalen Schlachthöfen angesiedelt hatten.[42]

Gleichzeitig hielt die übergroße Mehrheit der deutschen Bauern weiterhin hartnäckig Distanz gegenüber der genossenschaftlichen Vermarktung von Masttieren, obwohl die Agrarverbände sie doch beständig ermahnten, die „Zeit des Einzelgängertums" sei auch in der Landwirtschaft „endgültig vorbei".[43] Mitunter klangen diese Warnungen ausgesprochen dramatisch: „Es kann uns nicht gleichgültig sein, ob uns in Zukunft Konzerne beherrschen und uns gegeneinander ausspielen oder ob wir Anteilseigner werden an Unternehmen, die uns gehören, mit deren Hilfe wir beim Verteilen der Märkte mit dabei sind."[44]

Dennoch beteiligten sich in den späten 1960er Jahren bundesweit nur rund 115.000 Landwirte an Viehverwertungsgenossenschaften. Bei einer Gesamtzahl von 1,7 Millionen hauptberuflich geführten Agrarbetrieben, die Schweine mästeten, war das kein beeindruckender Entwicklungsstand. Da sich zudem keineswegs alle dieser insgesamt 260 Genossenschaften auch an einer der neuen Schlachthof-Firmen beteiligten, partizipierten grob geschätzt noch nicht einmal zehn Prozent der deutschen Landwirte direkt an dem Aufbruch in die Zukunft der landwirtschaftlichen Fleischproduktion, den die Verfechter bäuerlicher Versandschlachthöfe und der „Qualitätsbezahlung" versprachen.[45]

---

[42] Vgl. hierzu etwa: Zweckmäßige Verwertung von Schlachttieren und Fleisch, in: FW 41 (1961), S. 181; Karl Schweisfurth, Die landwirtschaftlichen Integrationsbestrebungen im Spiegel der Fleischwirtschaft, in: FW 14 (1962), S. 388–389; Hans Dansmann, Entwicklungstendenzen der künftigen Vermarktungsformen von Schlachttieren und Fleisch aus der Sicht der kommunalen Schlachthöfe und Viehmärkte, in: FW 15 (1963), S. 789–791, hier: S. 791; Theodor Spannuth, Die Großschlächter und die Änderung im Marktgefüge, in: NFZ 48 (1966), Nr. 22, S. 11; Verstimmung auf der Fleischmarkt-Tagung, in: FAZ, 27. 6. 1967; Peter Rasch, Die Lage der deutschen Fleischwarenindustrie, in: FW 47 (1967), S. 818–822, hier: S. 820. Zu den kommunalen Modernisierungsinvestitionen, die in den Jahren 1962 bis 1965 ihren Höhepunkt erreichten, vgl. im Überblick: Guckenberger, Entwicklungstendenzen, S. 185–187.
[43] Adolf Scherer, Die Zeit ist reif zum Handeln. Der Umbruch am Markt und die Antwort des Bauern, Neuwied 1961, S. 106. Ähnlich vgl. auch: André von Hulle, Die Genossenschaftsidee in der ökonomischen Wirklichkeit von heute, in: ZGG 18 (1968), S. 263–273, hier: S. 268.
[44] Ernst Geprägs, Mehr Einfluss am Markt für die Landwirtschaft, in: Verhandlungsbericht der Mitgliedertagung des Deutschen Raiffeisenverbandes vom 1. bis 3. Juni 1970 in Kiel, Bonn 1970, S. 136–145, hier: S. 137 f.
[45] Die Mitgliederzahl aus: StatJb BRD 1970, S. 160. Zur geringen Wirkung der intensiven Genossenschaftswerbung vgl. auch: Hans Kalis, Vieh und Fleisch: Hoffnung auf Ordnung durch das Gesetz, in: RR 21 (1969), S. 164–165, hier: S. 164; 25 Jahre Nordfleisch, S. 54. Von 1960 bis 1970 sank die Zahl der schweinehaltenden Betriebe von 1,74 Millionen auf 1,03 Millionen.

Noch sehr viel seltener fanden sich Landwirte, die direkt als Anteilseigner Kapital in den Aufbau ländlicher Versandschlachthöfe investierten. Die „Nordfleisch AG" etwa zählte in den 1960er Jahren nie mehr als rund eintausend „natürliche Personen" aus der schleswig-holsteinischen Landwirtschaft unter ihren Aktionären. Rund 90 Prozent der Firma gehörten Genossenschaften und anderen agrarischen Institutionen. Ganz offensichtlich handelte es sich bei der „Totvermarktung" von Mastvieh über genossenschaftliche Schlachtbetriebe um ein Elitenprojekt, das in der großen Masse der Landwirte auch durch intensive Werbung nicht an Popularität gewann, weil der typische bundesdeutsche Bauer seine unternehmerische Autonomie höher schätzte als die Vorteile der Kooperation.[46]

Selbst der eindeutige geschäftliche Erfolg der neuen Absatzform änderte daran nichts. In weniger als einem Jahrzehnt stieg die Gesamtzahl der innerhalb von zwölf Monaten von Fleischversandfirmen getöteten Schweine von etwa 700.000 Tieren Mitte der 1950er Jahre (von denen seinerzeit viele nach West-Berlin gingen) auf schätzungsweise 4,7 Millionen im Jahr 1964 (die nun bundesweit abgesetzt wurden). Damit erledigten die privaten und genossenschaftlichen Unternehmen dieser Art bereits 20 Prozent aller gewerblichen Schweineschlachtungen in der Bundesrepublik statt lediglich fünf Prozent im Jahr 1955.[47]

Kapazitätserweiterungen stellten in der zweiten Hälfte der 1960er Jahre zudem die Weichen für ein noch rascheres Wachstum. So errichtete etwa die „Nordfleisch" 1967/68 mit einem Gesamtetat von zehn Millionen DM in Bad Bramstedt (bei Hamburg) den seinerzeit bundesweit größten Versandschlachthof. Dazu gehörte erstmals in der Geschichte des Unternehmens eine „Zerlegestation", die nun auch der „Nordfleisch" den „Einstieg in den Teilstücke-Versand" ermöglichte. Gleichzeitig baute die „Südfleisch" in Cham, nahe der tschechischen Grenze, eine ähnlich konzipierte Schlachtanlage mit integrierter Zerlegung, um gezielt die Viehmast und damit auch die Verdienstmöglichkeiten der Landwirte in der umliegenden „marktfernen" oberpfälzischen Region zu fördern und zu verbessern.[48]

Auf die Mitgliederzahlen der Viehverwertungsgenossenschaften wirkte sich dieser Rückgang jedoch nicht aus. Zum Schwund der Bauernhöfe siehe genauer unten S. 379.

[46] Die Zahl aus: Heinrich Thöns, Bernard Nolle hatte eine Idee, in: HAB, 24. 12. 1969. Zu den Gründen für diese Zurückhaltung siehe genauer unten S. 388 f.

[47] Ewald Böckenhoff, Marktstruktur und Preisbildung bei Schlachtvieh und Fleisch in der Bundesrepublik Deutschland. Als Manuskript vervielfältigt, Bonn 1966, S. 36. Die Zahl der gewerblichen Schweineschlachtungen (ohne die Hausschlachtungen) wuchs im eben genannten Zeitraum von 12,65 Millionen auf 23,49 Millionen. StatJb BRD 1957, S. 160; StatJb BRD 1967, S. 195. Die Geschäftsanteile der privaten und der genossenschaftlichen Versandschlachthöfe lassen sich mangels exakter Statistiken nur schätzen. Vgl. etwa: Brönstrup, Fleischversand, S. 422 (der ein Verhältnis von 60 zu 40 Prozent annimmt).

[48] Vgl. etwa: Nordfleisch investiert 16 Mill. DM, in: HB, 12. 7. 1967 (der Unterschied zu der oben genannten Zahl ergibt sich aus Erweiterungsinvestitionen in den beiden anderen „Nordfleisch"-Betrieben); Neues Versandschlachthaus für die Nordfleisch AG, in: HAB, 28. 10. 1967; Nordfleisch eröffnet den dritten Versandschlachthof, in: FAZ, 29. 8. 1968; Südfleisch in Cham, in: IK, 7. 11. 1967; Südfleisch will Vermarktung erleichtern, in: HB, 7. 11. 1967; Eine halbe Milliarde Umsatz 1968?, in: Blick durch die Wirtschaft, 25. 7. 1968.

Sowohl indirekt wie auch direkt ergab sich dieser Aufschwung der „Totvermarktung" seit den späten 1950er Jahren aus den oben beschriebenen Verschiebungen im Einzelhandel durch die erfolgreiche Expansion der Supermärkte, die „Frischwaren" und damit auch Fleisch und Wurst führten. Indirekt bestand hier insofern ein Zusammenhang, weil die gewerblichen Versender von geschlachteten Tieren ihre Kunden zum einen in der bundesdeutschen Fleischwarenindustrie fanden. Wie oben schon kurz erwähnt wurde, veränderte sich diese bislang immer noch stark handwerklich geprägte Branche schon seit den 1950er Jahren durch den Siegeszug stärker mechanisierter Fertigungsmethoden, die das Produktionstempo und die -menge deutlich steigerten. Anstoß und Motor dieses Wandels war die wachsende Nachfrage der „Vollsortimenter" unter den Lebensmittel-Einzelhändlern (sowie wenig später auch der „Discounter") nach fertig gelieferten Wurstwaren. Bei dieser Modernisierung durch effiziente Arbeitsformen verzichteten zahlreiche Firmen darauf, mit eigenen Beschäftigten in den eigenen Räumen zu schlachten: Zulieferungen von Versandschlachthöfen, die verlässlich an jedem Werktag arbeiteten und bereits ausgenommene Tierhälften oder -viertel lieferten, sparten Zeit und Kosten. Teilweise setzten die Wurstproduzenten sogar ganz auf eine Anlieferung „just in time", d. h. bei ihnen gab es keine größeren Kühlräume mehr, weil sie das Fleisch nun jeweils sofort „vom LKW herunter [...] in den Fabrikationsprozeß" schleusten.[49] Die geschäftlichen Möglichkeiten für Schlachtbetriebe, die sich damit boten, wurden allerdings auch von einigen Großbetrieben der Branche genutzt: Zumal die oben bereits erwähnte „Schweisfurth GmbH" entwickelte sich so seit den 1970er Jahren selbst zum erfolgreichen „Totvermarkter" von frisch geschlachtetem Mastvieh.[50]

Zum anderen verkauften die neuen Versandschlachthöfe ihre Produktion aber auch direkt an die expandierenden Einzelhandelsketten, die den traditionellen Metzgereien immer mehr Kunden abspenstig machten. Wie etwa die „Südfleisch" bereits 1960 konstatierte, war der rapide wachsende Fleischbedarf der „Großfilialen, Supermärkte und Warenhäuser" der entscheidende Faktor für ihren geschäftlichen Erfolg.[51] Bei den anderen genossenschaftlichen und privaten „Totvermarktern" sah es nicht anders aus. Die meisten vollzogen daher früher oder später ebenfalls den Schritt, auch in die „Zerlegung" von geschlachteten Tieren und in

---

[49] Wolfgang Schießl, Die Rolle der Versandschlachtereien am Gemeinsamen Markt, in: Neumaier/Zimmermann, Bericht, S. 51–55, hier: S. 53. Vgl. auch: Starker Wandlungsprozeß im Gange, in: NFZ 53 (1971), Nr. 7, S. 2; Dölling und die Kammer auf gleicher Wellenlänge, in: BBSH 130 (1980), S. 537–538 (rückblickend zur Aufgabe der eigenen Schlachtung bei diesem erfolgreichen Produzenten von Schinken und Mettwurst im Jahr 1969).

[50] Vgl. dazu: Jede Woche 12 000 Schweinehälften, in: FAZ, 10. 4. 1971; Herta will das Fleischangebot dem Vertriebsweg anpassen, in: FAZ, 22. 6. 1972; Markenfleisch von Herta, in: LZ 40 (1988), Nr. 40, S. 26. 1987 entfielen rund 50 Prozent der Inlandsumsätze der GmbH auf das Geschäft mit Frischfleisch. Einen Abriss der Firmengeschichte bis 1963 vgl. in: Otto Strecker u. a., Die Landwirtschaft und ihre Marktpartner. Neue Formen der Zusammenarbeit, Hiltrup 1963, S. 181–187.

[51] Süddeutsche Fleischverwertung GmbH München, Geschäftsbericht 1960, München o. J., S. 8 f.

den „Teilstücke-Versand" einzusteigen, den die „Südfleisch" als einer der Pioniere der Branche schon 1960 getan hatte. So erklärte etwa die niedersächsische „CG" im Jahr 1970, im Schlachtgeschäft gehöre die Zukunft „nur dem Vollsortimenter, der auch bearbeitete Fleischstücke anbietet".[52]

Gefördert wurde diese Entwicklung seit 1968 von einer Reform des deutschen Steuerrechts: Mit Beginn des Jahres 1968 erhob die Bundesrepublik Deutschland erstmals die sogenannte Mehrwertsteuer, die wir auch heute noch kennen. Die Einführung dieser Abgabe auf jede geschäftliche Transaktion zwischen natürlichen wie juristischen Personen ging mit erheblichen Veränderungen bei der Umsatzsteuer einher – und auf diesen Zusammenhang kommt es an, wenn man die Geschichte des deutschen Fleischmarktes beschreibt. Spart man sich die komplizierten Details, dann lässt sich Folgendes festhalten: Mit der Reform der Umsatzsteuer wurden Versandschlachthöfe und kommunale Schlachtbetriebe erstmals steuerlich gleichbehandelt. Bislang hatten sowohl der Eigenhandel der „Totvermarkter" wie auch die weitere Zerlegung von geschlachteten Tieren dazu geführt, dass diese Unternehmen die Umsatzsteuer gleich mehrfach zahlen mussten, wenn sie nicht ein bürokratisch aufwändiges Verfahren (den sogenannten „Nämlichkeitsnachweis") in Gang setzten, an dessen Ende der Fiskus auf seine Forderung verzichten konnte. Mit der Einführung der Mehrwertsteuer verschwand dieser Nachteil. Zwar zielte die Reform überhaupt nicht auf den Fleischmarkt – die „Totvermarkter" aber wurden von ihr dennoch ohne Frage zusätzlich beflügelt.[53]

Allerdings fiel die Entscheidung, in die Zerlegung von Schlachtkörpern einzusteigen, den Managern der Versandschlachthöfe nach wie vor keineswegs leicht: Wer den Supermärkten große Mengen nur jener Fleischstücke lieferte, die sich gut verkaufen ließen, der stand zwangsläufig vor dem Problem, die erheblichen Mengen von Fleisch und vor allem auch von Fett zu verwerten, die nach der Zerlegung der Tiere im Schlachthaus zurückblieben. Selbst die gezielt nach den Bedürfnissen der städtischen Konsumenten optimierten modernen Schweine, die in den 1950er Jahren gezüchtet worden waren, bestanden ja keineswegs nur aus Koteletts und Filet. Bei Rindern machten die weniger begehrten Abschnitte sogar noch größere Anteile aus als beim Schwein.[54] Eine Fleischwarenfabrik aufzukaufen und so selbst zum Wurstproduzenten zu werden, bot sich als Lösung an (auch dies hatte die

---

[52] 75 000 Schweinehälften in der Woche, in: FAZ, 22. 9. 1970 (Zitat). Vgl. als Übersicht auch: Kalis, Vermarktung, S. 36.

[53] Vgl. dazu: Elmar Meyer-Ibold/Ernst Bockholt, Die Mehrwertsteuer in der Ernährungs- und Landwirtschaft. Einführung in das System, Kommentierung des Gesetzes, Hannover 1967, S. 60.

[54] Der Anteil von Filet und „Roastbeef" etwa summiert sich beim Rind auf kaum fünf Prozent des Lebendgewichts. Vgl.: Edmund Reuter, Das Fleischhandwerk, in: Fisch und Fleisch im Blickfeld von Erzeuger und Verbraucher. Vorträge der 4. Arbeitstagung der Marktabteilung der DLG in Hamburg vom 12. bis 14. Mai 1953, Frankfurt/Main 1953, S. 35–37, hier: S. 37. Addiert machen alle Fleischteile vom Rind, die problemlos im Einzelhandel absetzbar sind, etwa ein Drittel des Schlachtgewichts aus. Thomas Ladel, Analyse des Schlachtvieh- und Fleischabsatzes in Baden-Württemberg und Konsequenzen für die Strategie der Fleischfachgeschäfte, Hamburg und Frankfurt/Main 1991, S. 131.

„Südfleisch" bereits 1962 vorgemacht). Daraus ergab sich dann jedoch die Gefahr, die etablierten Wursthersteller massiv zu verärgern, die zu den eigenen Kunden gehörten.[55]

Wie ernst die Branche diese Probleme nahm, zeigt sich daran, dass sie trotz starker interner Konkurrenz eine gemeinsame Lösung suchte: Nach jahrelangen Verhandlungen einigten sich mehrere der großen bundesdeutschen Fleischversender 1972 auf eine Standarisierung der Fleischzuschnitte bei ihren „Zerlegearbeiten". Damit wurden sowohl die „Teilstücke", die an die Einzelhandelsketten gingen, wie auch die zurückbleibenden Partien der Tierkörper genau definiert, um den Wurstproduzenten einen „standarisierten Rohstoff" anbieten zu können, „dessen Verarbeitung zu Wurst unter weit geringerem Einsatz an Fachpersonal erfolgen kann". Schockiert sprach der bei dieser Absprache außen vor gebliebene Fleischerverband von einer „Dreier-Koalition von landwirtschaftlichen Versandschlachtereien, Fleischwarenkonzernen und Lebensmittelhandel" und von einem Fleischhandel „à la Katalog". Damit würden für den Verkauf von Fleisch in Supermärkten, der die Metzgereien schädige, „die letzten rohstofftechnischen Tore geöffnet".[56]

Zumindest die Formulierung vom Fleischhandel nach Katalog beschrieb zu diesem Zeitpunkt eine in der Welt der Versandschlachthöfe wohl schon seit Längerem bestehende Realität. Bereits 1965 hatte die „Nordfleisch" berichtet, ihre Großabnehmer aus dem Lebensmittel-Einzelhandel verlangten „laufend geschlossene Partien jeweils einheitlicher Qualität" – und das Unternehmen hatte fast ausschließlich solche Käufer: 95 Prozent der gesamten „Nordfleisch"-Schlachtproduktion gingen an nur 50 Kunden. Sie alle saßen außerhalb von Schleswig-Holstein und hatten damit gar keine Gelegenheit, die bei „Nordfleisch" eingelieferten Masttiere lebend oder auch „am Haken" in Augenschein zu nehmen. 1969 erklärte die Gesellschaft noch etwas präziser, sie könne künftig nur noch dann weiterwachsen, wenn sie „am Telefon handelbare große Partien guter Fleischqualität in den Verbrauchszentren anbieten kann": Basis ihrer Geschäfte sei daher ein „Qualitäts-Image", auf das die Abnehmer sich sicher verlassen könnten.[57]

---

[55] Von den großen Versandbetrieben nahm die „Westfleisch" dieses Problem so ernst, dass sie lange selbst auf das Angebot von Teilstücken verzichtete, um sich so als der „ideale Partner für alle Verarbeitungsbetriebe" zu profilieren. Westfleisch auf gutem Kurs, in: LZ 27 (1975), Nr. 17, S. 4. Anfang der 1980er Jahre erfolgte jedoch eine Kursänderung, weil die Handelsketten dies forderten. Danach wurden die Zerlegekapazitäten auch bei „Westfleisch" rasch ausgebaut. Vgl. dazu: Haas, Westfleisch, S. 22. Auch die „Südfleisch" betonte 1967, sie plane nach dem Kauf von drei Produktionsbetrieben für Wurstwaren auf diesem Feld keine weitere Expansion. Südfleisch setzt Expansionslimit, in: IK, 25. 7. 1967.

[56] Friedhelm Hochstätter, Wettbewerb wird durch Standards verschärft, in: NFZ 54 (1972), Nr. 44, S. 1–2.

[57] In der Reihenfolge der Zitate: Harald Steinert, Bauern konzentrieren Viehschlachtung, in: HB, 25. 5. 1965; Heinrich Thöns, Bernard Nolle hatte eine Idee, in: HAB, 24. 12. 1969. Zur großen Bedeutung des Handels „über Telefon und Fernschreiber" bei der „Nordfleisch" vgl. auch schon: Nachrichten [des MLW SH] für den Dienstgebrauch Nr. 92, 18. 5. 1965, LA SH, Abt. 691, Nr. 38 944.

Um diese Sicherheit bieten zu können, erweiterte die „Nordfleisch" ihre Tätigkeit noch in den 1960er Jahren sowohl in den Bereich der Tiermast wie auch auf die noch grundlegendere Ebene der Zucht. Diese Strategie verhielt sich gewissermaßen spiegelbildlich zu dem Weg, den die „Südvieh" eingeschlagen hatte, als sie begann, Wurstwaren zu produzieren: Vertikal integriert wurde in Norddeutschland die landwirtschaftliche Urproduktion, während das süddeutsche Schlachtunternehmen in die Weiterverarbeitung von Fleisch einstieg. Allerdings wurde die „Nordfleisch" nicht selbst zum Tiermäster und -züchter, da sie als agrargenossenschaftlicher Betrieb schlecht ihrer eigenen Basis Konkurrenz machen konnte.

Sie etablierte vielmehr seit 1967 nach längerer Vorbereitung sowohl ein „Hybridzucht-Programm" für Schweine wie auch das „Nordferkelprogramm" als Instrumente einer dauerhaft angelegten „Qualitätsförderung" in der schleswig-holsteinischen Schweinemast. Dabei handelte es sich um ein System vertraglicher Abmachungen zwischen landwirtschaftlichen Betrieben, die Schweine züchteten, solchen, die Ferkel produzierten, und Höfen, die junge Schweine bis zur Schlachtreife mästeten. Am Ende dieser Vertragskette stand dann die „Nordfleisch" selbst. Den Kern des Programms bildeten „erhöhte Leistungsanforderungen" an die Sauen und Eber, deren Nachkommen im „Nordferkelprogramm" zum Schlachtvieh heranwuchsen. Ziel des Ganzen war – wie sich denken lässt – die Produktion besonders marktkonformer Schweine mit viel Muskelfleisch, aber wenig Fett. Auch Gewicht sowie Größe und Länge der Tiere sollten künftig möglichst einheitlich ausfallen, da sich der Schlachtprozess umso besser automatisieren und beschleunigen lässt, je weniger sich die einzelnen Tiere voneinander unterscheiden. Alle teilnehmenden Bauern wurden intensiv beraten sowie auch kontrolliert. Dafür winkten finanzielle Starthilfen, garantierte Mindestpreise (bei Erfüllung genau definierter Standards) sowie für die Mäster nach der Schlachtung eine exakt abgerechnete „Qualitätsbezahlung" je nach der Fleischfülle des einzelnen Tieres. All dies verband sich allerdings mit einer „Andienungspflicht" innerhalb der Kette, d. h. die beteiligten Landwirte durften ihre Produktion jeweils nur dann frei verkaufen, wenn die nachfolgende Stufe die Tiere nicht übernahm.[58]

Mit diesem Konzept eines umfassenden Vermarktungssystems mit einheitlichen Qualitätskriterien, das bei der Zucht begann und bis zum geschlachteten und bereits ausgenommenen Masttier reichte, ging die nur neun Jahre zuvor gegründete „Nordfleisch" denkbar weit über das hinaus, was Schlachtbetriebe in Deutschland bislang getan hatten. Mit den kommunalen Schlachthöfen, dieser vom Staat geschaffenen Infrastruktur für die Geschäfte der Metzger und anderer selbständi-

---

[58] Vgl. zusammenfassend: Volker Claus, Qualitätsferkel. Erzeugung, Vermarktung und Förderungsmaßnahmen, Hamburg und Berlin 1969, S. 112–117; 25 Jahre Nordfleisch, S. 14–18. Vgl. auch: Konzentriert anbieten und vermarkten, in: RR 22 (1970), S. 573; Schleswig-Holsteinische Viehzentrale baute geschlossene Produktionskette, in: HB, 10. 11. 1970; Bisher 1,85 Mill. Nordferkel produziert, in: BBSH 126 (1977), S. 1550. Zur Bedeutung der „Hybridzucht", die seit den späten 1960er Jahren als Reaktion auf die oben erwähnte Qualitätskrise bei Schweinefleisch forciert wurde, siehe genauer unten S. 327 ff.

ger Gewerbetreibender, hatte sie bereits zu diesem frühen Zeitpunkt ihrer Unternehmensgeschichte nicht mehr viel gemein (wenn man einmal davon absieht, dass die Masttiere im Schlachthof hier wie dort das gleiche Schicksal erwartete). Diese Experimentierfreudigkeit war der schleswig-holsteinischen Aktiengesellschaft keineswegs in die Wiege gelegt worden. Die Neuerungen, die sie verwirklichte, stellten vielmehr den Versuch dar, möglichst umfassend auf die Anforderungen des Marktes zu reagieren – und diese Anforderungen formulierten die Supermarktketten, die Hauptkunden der „Nordfleisch".

Wie oben gezeigt wurde, warnten Vertreter der öffentlichen Schlachthöfe in den späten 1950er Jahren vor einem drohenden „Einbruch des ökonomischen Prinzips" in die Fleischbranche und in die Praxis des Schlachtens. Konsequente Ökonomisierung ist wohl in der Tat die treffende Formulierung, um den Impuls zu beschreiben, der mit der Gründung der neuen Versandschlachthöfe zu jener Zeit in der deutschen Fleischbranche erstmals umfassend wirksam wurde. Die rasche vertikale Expansion der „Nordfleisch AG" demonstriert beispielhaft, wie weit „das ökonomische Prinzip" reichen konnte, wenn es erst einmal als zentrale betriebswirtschaftliche Maxime etabliert war. Die vertraglichen Bindungen, denen sich die Landwirte unterwerfen mussten, die nach 1967 am „Nordferkel"-Programm teilnahmen, hatte ein Jahrzehnt zuvor keiner der besorgten Kritiker der neuen Fleischversandhöfe auch nur ansatzweise antizipiert. Ein Schlachtbetrieb, der mit detaillierten Vorschriften die Tiere formte, die ihm zugeliefert wurden – das war in der Bundesrepublik in den 1950er Jahren noch ganz unvorstellbar gewesen.

Gerade deshalb blickten die führenden Männer der deutschen Agrargenossenschaften voller Stolz auf ein Unternehmen wie die „Nordfleisch AG": Die zeitgemäße Fortführung genossenschaftlicher Selbsthilfe könne wegen der starken Konzentrationsbewegungen, die sich in der Bundesrepublik wie auch in allen anderen westlichen Gesellschaften in der Ernährungswirtschaft und im Handel mit Lebensmitteln vollzogen, gerade im Bereich der Fleischproduktion gar nicht anders aussehen. Ihr Schreckbild der Zukunft fanden diese Verfechter dezidiert marktorientiert arbeitender Genossenschaften in den USA: Dort werde die Landwirtschaft mittlerweile so stark von einigen wenigen Großunternehmen der Dünge- und Futtermittelindustrie beherrscht, dass die meisten Landwirte als umfassend abhängige Zulieferer de facto auf einen „Lohnarbeiterstatus [...] heruntergedrückt" seien. Um dem Schicksal dieser „von der Industrie total integrierten Farmer" zu entgehen, müsse der deutsche Bauer den unvermeidlichen Prozess, Produktion, Vermarktung und Verarbeitung landwirtschaftlicher Erzeugnisse koordiniert zusammenzufassen, zügig selbst in die Hand nehmen.[59]

Diese Strategie der betrieblichen Optimierung und der vertikalen Integration auch in der Landwirtschaft und durch die Landwirtschaft fand in der Bundesrepublik seinerzeit keine Gegner. Mit Blick auf die späteren sehr kritischen Debatten

---

[59] Theodor Sonnemann, Zur Finanzierung landwirtschaftlicher Versorgungsunternehmen, in: ZGG 18 (1968), S. 121–134, hier: S. 129 u. S. 127 f. (zu den USA).

über die negativen Seiten und Konsequenzen der „intensiven Tierhaltung und -mast", die bereits in den 1970er Jahren begannen, ist an dieser Stelle zu betonen, wie wenig im vorangegangenen Jahrzehnt über die Weichenstellungen gestritten wurde, die agrarpolitisch und betrieblich in den Jahren um 1960 erfolgten.

Zwar gab es seinerzeit mit Sicherheit sehr viele Bauern, denen die ganze Sache nicht geheuer war.[60] Die Stimmen solcher Skeptiker und Zweifler blieben öffentlich jedoch ohne Wirkung und Widerhall. So unterblieb auch eine Debatte über die Frage, ob das Programm eines normierten und integrierten Systems der Schweineproduktion und -vermarktung, das die „Nordfleisch" in den späten 1960er Jahren entwickelte, wirklich als die defensive, strukturkonservative Form der Modernisierung gelten konnte, als die seine Verfechter es präsentierten. Die weitere Darstellung wird diese Frage aus der Perspektive der Landwirte prüfen, wenn sie sich der Ebene der Agrarproduktion zuwendet.

3. Beginnende Bedrängnis: die Entwicklung der städtischen Vieh- und Schlachthöfe in den 1960er Jahren und der Streit um eine Rückkehr zur „Freizügigkeit" für Fleisch

In der Geschäftswelt ist der Erfolg der Einen vielfach die Krise der Anderen. Für die neuen privatwirtschaftlichen Schlachtanlagen für Großvieh auf der einen und die traditionsreichen kommunalen Schlachthöfe auf der anderen Seite galt diese Regel in den 1960er Jahren allerdings nur bedingt. Gerade anfänglich verlief die Entwicklung der beiden miteinander konkurrierenden Gruppen keineswegs exakt spiegelbildlich, denn von einem allgemeinen Niedergang der städtischen Betriebe konnte in dieser Dekade noch keine Rede sein.

Zum einen vollzog sich der Aufschwung der „Totvermarktung" in einer Zeit, in der sowohl der Fleischhunger der städtischen Konsumenten wie auch die Leistungsfähigkeit der Tiermäster kontinuierlich stark wuchsen. Auf einem Markt, der so massiv expandierte, konnten Konkurrenten durchaus gleichzeitig wachsen.[61] Schaute man nur auf die Zuwachsraten beim Umsatz und bei den Schlachtzahlen, dann schnitten die Versandschlachthöfe zwar erheblich besser ab; von einer dominanten Stellung auf dem Fleischmarkt waren sie jedoch – zumal in Süddeutschland – noch sehr weit entfernt.[62]

---

[60] Siehe dazu genauer unten S. 353 ff.
[61] Vgl. etwa: Benno Willers, Fleischabsatz im Umbruch. Analyse der Vermarktungsstruktur in dicht besiedelten Regionen, dargestellt für Nordrhein-Westfalen, Hannover 1964, S. 288. Genaue Angaben zur steigenden Zahl der Schlachtungen siehe unten S. 201 ff.
[62] Zu den regionalen Unterschieden im Wachstum der Versandschlachthöfe vgl. etwa: Hans Dansmann, Die Wettbewerbsaussichten der kommunalen Schlachthöfe, in: FW 44 (1964), S. 849–850.

Zum anderen beteiligten die nach wie vor erhobenen Ausgleichsabgaben für Frischfleisch, das aus ländlichen Regionen in die Städte geliefert wurde, die kommunalen Schlachtbetriebe finanziell an den Erfolgen der neuen Fleischversender: Die Einnahmen aus diesem Binnenzoll wuchsen mit jedem Tier, das die Konkurrenten auf dem Lande zusätzlich schlachteten und dann zerlegt zu ihren städtischen Abnehmern brachten. In den nordrhein-westfälischen Kommunen mit einem eigenen Schlachthof etwa wuchs der abgabenpflichtige Fleisch-„Import" mengenmäßig von 1957 auf 1964 um 98 Prozent.[63] Etliche Gemeinden vermehrten das so entstehende Einnahmeplus noch zusätzlich durch kräftige Gebührenerhöhungen. Mitte der 1960er Jahre stammten daher in der Regel 25 bis 30 Prozent der gesamten Erlöse der städtischen Vieh- und Schlachthöfe aus der Ausgleichsabgabe (gegenüber nur 12 Prozent noch Anfang der 1950er Jahre).[64]

Einige der „Totvermarkter" stärkten die kommunalen Unternehmen zudem sogar ganz direkt: Sie verzichteten auf den kostspieligen Bau eigener Betriebsanlagen und schlachteten in der mit öffentlichen Geldern errichteten Infrastruktur. Von der Arbeit der oben schon erwähnten Groß-Schlachter unterschied sich dies lediglich insoweit, als die neuen Nutzer nur an den „marktfreien" Tagen aktiv wurden, an denen die städtischen Schlachthöfe zuvor stillgelegen hatten. Der Verzicht auf einen Markt für lebendes Vieh, den Versandschlachter wie etwa „Annuss", „Moksel" oder auch „Nordfleisch" und „Westfleisch" praktizierten, zog damit an bestimmten Wochentagen auch in die kommunalen Betriebe ein. Der Hamburger Schlachtbetrieb, der größte seiner Art in der Bundesrepublik und zugleich derjenige, der am dichtesten neben den gerade in Schleswig-Holstein sowie auch in Niedersachsen stark aufstrebenden neuen Versandunternehmen saß, lieferte 1960 das Vorbild für diese Abkehr von der Tradition: Durch eine Änderung der Betriebs- und Gebührenordnung öffnete der Senat der Hansestadt die kommunalen Anlagen für Schlachtungen aus „Direkteinfuhren" an den Tagen, an denen kein Viehmarkt stattfand. So konnten die Hanseaten nicht nur ihren neuen Konkurrenten im Norden das Leben schwer machen; auch das alte Problem, dass die städtischen Anlagen so schlecht ausgelastet waren, ließ sich auf diese Weise zumindest etwas lindern.[65]

In zahlreichen anderen Kommunen entstanden in den 1960er Jahren ähnliche Regelungen. Zwar gab es dagegen vielfach heftigen Widerstand sowohl von den ortsansässigen Metzgern und Großschlachtern wie auch von Kommunalpolitikern, die fürchteten, diese Kooperation könne auf längere Sicht die Eigenständigkeit des städtischen Unternehmens gefährden. Die Hoffnung auf bessere betriebs-

---

[63] Willers, Fleischabsatz, S. 288.
[64] Kalis, Vermarktung, S. 32. Vgl. am lokalen Beispiel auch: Wirtschaftlicher Situationsbericht des Städtischen Schlacht- und Viehhofes Hannover (Betriebsergebnisse 1954–1965), o. D., NLA HA, Nds. 120 Hannover, Acc. 27/85, Nr. 78.
[65] Vgl. dazu: Weber, Ein neuer Großmarkt, in: FW 41 (1961), S. 7–8; Hans Dansmann, Entwicklungstendenzen der künftigen Vermarktungsformen von Schlachttieren und Fleisch aus der Sicht der kommunalen Schlachthöfe und Viehmärkte, in: FW 43 (1963), S. 789–791, hier: S. 781; Kalis, Vermarktung, S. 35.

wirtschaftliche Daten aber wog in der Regel letztlich doch stärker. Mit dem in Hamburg erstmals verwirklichten Modell schien daher fast eine friedliche Koexistenz zwischen den neuen privaten „Totvermarktern" und den traditionsreichen kommunalen Schlachthöfen möglich zu werden.[66]

In Süddeutschland setzten die genossenschaftlichen Unternehmungen sogar ganz bewusst auf eine gemeinsame geschäftliche Entwicklung dieser Art. So entschied die „Südfleisch" schon kurz nach ihrer Gründung, es sei „bei näherem Nachdenken billiger, damit zweckmäßiger und auch effektvoller", das dichte Netz an kleineren und mittelgroßen städtischen Schlachthöfen zu nutzen, das im Kaiserreich sowohl in Bayern wie auch in den anderen süddeutschen Territorien entstanden war, als „mit riesigem Kapitalaufwand und unübersehbaren Risiken neue Schlachthäuser in die Erzeugergebiete hineinzusetzen".[67]

Diese vorsichtige Strategie entsprang auch dem oben erwähnten Wunsch der „Südfleisch"-Führung nach einer möglichst breiten „Verankerung" ihres Unternehmens in der großen Masse der Bauern: Der bewusst gering bemessene Geschäftsanteil für die Genossenschaften, die hinter der GmbH standen, wäre bei Großinvestitionen nicht zu halten gewesen.[68] Allerdings reagierten viele süddeutschen Gemeinden auf die geschäftlichen Avancen des genossenschaftlichen Vermarktungsunternehmens anfangs ablehnend oder zumindest doch sehr zögerlich. Fast in jedem Fall brauchte es „lange Verhandlungen", bis sich die Tore des städtischen Betriebes sowohl für Schlachtungen der „Südfleisch" wie auch für deren eigene Verkaufsstellen öffneten. Dort, wo es gar nicht voranging, behalf sich die GmbH, indem sie dank wahrscheinlich bewusst großzügig bemessener Offerten einen der vor Ort ansässigen Großschlachter aufkaufte, denn von dieser Seite kam typischerweise der stärkste Widerstand gegen die Reform.[69]

Erst 1965 entstand in Bayern so etwas wie eine Rahmenvereinbarung zwischen der „Südfleisch" und den Kommunen mit einem eigenen Schlachtbetrieb, die diesen mühsamen Prozess beschleunigte: Für die Zusage der Schlachthofgesellschaft, sich künftig finanziell an Modernisierungen der bestehenden städtischen Unternehmen zu beteiligen, und für ihr Versprechen, eigene Großschlachthöfe nur dort zu errichten, wo sie keinen Gemeindeschlachthof schädigten, revanchierten sich die Kommunen, indem sie ihre Anlagen an den marktfreien Tage generell für die

---

[66] Wowra, Fragen, S. 112. Vgl. auch noch: Koexistenz der Vermarktung von Fleisch lebend und geschlachtet, in: NSZ 46 (1966), Nr. 6, S. 1. Als ein extremes Beispiel vgl. die Entwicklung des städtischen Schlachthofes im niedersächsischen Nienburg: Diese kleine Anlage (knapp 16.000 Schweineschlachtungen im Jahr 1960) erlebte einen dramatischen Aufschwung, seitdem ein Hamburger Fleischgroßhändler (die „Reinhard Stücken GmbH") den Betrieb als Versandschlachthof nutzte. 1968 wurden in der Anlage bereit 226.000 Schweine geschlachtet. Vgl. hierzu genauer: Aktenvermerk Abt I/2a des ML Niedersachsen, 9. 5. 1969; NLA HA, Nds. 600, Acc. 2000/1, Nr. 70; Wilhelm Meyer, Regionale Agrarmarktstruktur. Dargestellt am Beispiel einer Region in Ostwestfalen/Südwestniedersachsen, wirtschaftswiss. Diss. Universität Münster 1974, S. 188–190.
[67] Thoma, Selbsthilfe, S. 23.
[68] Ebenda, S. 45.
[69] Einen genauen Überblick vgl.: ebenda, S. 25–34 (das Zitat: S. 25).

"Südfleisch" öffneten. Der oben schon erwähnte firmeneigene Schlachthof im oberbayerischen Cham, den die GmbH im Herbst 1967 eröffnete, entsprach dieser Abmachung, denn er entstand in einer strukturschwachen Region, in der es keine städtischen Schlachthöfe gab.[70]

Die Frage, wie zukunftsfähig ihre Vereinbarung mit den Kommunen sein werde, ließ die „Südfleisch" allerdings ausdrücklich offen. Anders als der ebenfalls in Bayern angesiedelte private Versandschlachter Alexander Moksel und anders auch als ihre genossenschaftlichen Pendants in Schleswig-Holstein, Nordrhein-Westfalen und Niedersachsen, die alle auf eigene, neue Betriebsanlagen setzten, verzichtete sie mit ihrer kostensparenden Strategie, quasi zum Untermieter der städtischen Schlachthöfe zu werden, zwangsläufig darauf, die Kostenvorteile voll auszuschöpfen, die eine Schlachtung an jedem Wochentag und mit moderner Technik bot. Zugleich wusste selbstverständlich auch die „Südfleisch" um die Zwänge, unter denen sie agierte: Da es in der Gegenwart „und sicher ebenso sehr in der Zukunft [...] längst nicht mehr ums Verteilen [von landwirtschaftlichen Produkten – K.C.F.], sondern ums harte Verkaufen" gehe, rücke das Streben nach der „rationellsten Vermarktung" in der Fleischproduktion „gleichrangig neben die Herstellung".[71] Die Absprache von 1965 besiegelte daher selbst für den Süden der Bundesrepublik keinen dauerhaften Frieden zwischen der genossenschaftlichen „Totversand" und den kommunalen Schlachthöfen. In den übrigen Regionen des Landes verlief die Entwicklung ohnehin grundsätzlich anders.

Zudem litt das traditionelle System der Fleischvermarktung zumindest in einer Hinsicht so oder so und ohne Ausnahme unter dem Aufschwung der Versandschlachthöfe. Weder die Einnahmen aus der Ausgleichsabgabe noch eventuelle Schlachtungen an marktfreien Tagen als zusätzliche Nutzung der kommunalen Betriebe änderten daran etwas. Die Schädigung entstand, weil all die Schweine (und seit den späten 1960er Jahren dann zunehmend auch die Rinder), die von den neuen Vermarktungsunternehmen getötet wurden, auf den städtischen Viehmärkten fehlten. Zwar hatte der Lebendvieh-Handel (wie oben gezeigt wurde) immer nur den kleineren Teil der gesamten Produktion von Masttieren erfasst. Dieser Anteil von bislang etwa einem Drittel aller geschlachteten Tiere ging jedoch in den 1960er Jahren kontinuierlich immer noch weiter zurück: Der Auftrieb an den Markttagen in den kombinierten Vieh- und Schlachthöfen in den Großstädten stagnierte entweder (in Süddeutschland) oder aber er verringerte sich deutlich (in Norddeutschland), obwohl die deutschen Landwirte gleichzeitig doch immer größere Mengen an Schlachtvieh produzierten.

Besonders eindringlich zeigte sich diese Veränderung in Hamburg: Dort sank die Zahl der an Ort und Stelle unmittelbar vor der Schlachtung lebend verkauften Schweine von 1958 auf 1969 um 35 Prozent; der Gesamtauftrieb (inklusive der

---

[70] Südfleisch einigt sich mit Kommunen, in: HB, 27. 4. 1965. Zu Cham als unternehmerische Ausnahme vgl. auch: Thoma, Selbsthilfe, S. 34; Bäuerliche Selbsthilfe gewinnt an Bedeutung, in: Blick durch die Wirtschaft, 10. 7. 1967.
[71] Thoma, Selbsthilfe, S. 54. Ähnlich auch: ebenda, S. 23.

Kälber und der Schafe) entwickelte sich kaum weniger negativ.[72] In anderen Städten fielen die Zahlen zwar nicht ganz so schlecht aus wie in der Hansestadt, deren Anlagen besonders stark unter der Konkurrenz der neuen genossenschaftlichen und privaten Versandschlachthöfe litten. Der Trend aber war überall der gleiche: Der „Auftrieb" von lebenden Masttieren in den Großstädten schrumpfte und damit löste sich die in den Zentren des Fleischkonsums bislang bestehende „Symbiose zwischen Schlachtviehmarkt und dem am gleichen Standort befindlichen Schlachthof".[73]

Im 19. Jahrhundert war diese Einheit entstanden, weil der Fleischmarkt so deutlich an Transparenz und Effizienz gewann. Auch in den 1960er Jahren galten die großstädtischen Viehmärkte noch als ein unverzichtbares Element in der Selbststeuerung des Marktes: Ohne sie fehle den Bauern jeder Anhaltspunkt, wann und wo sich ein Verkauf von schlachtreifen Tieren lohne. Die Haltung landwirtschaftlicher Interessenorganisationen wie DBV oder DLG zur „Totvermarktung" von Fleisch fiel daher widersprüchlich aus: Einerseits begrüßten und förderten sie die neuen genossenschaftlichen Schlachthöfe; andererseits sprachen sie mit Blick auf den negativen Trend im Lebendviehhandel doch von einer bedenklichen „Umgehung der Märkte" oder von „Marktmeidung".[74] Dieser Widerspruch ergab sich aus der – allerdings nicht offen ausgesprochenen – Tatsache, dass die große Masse der Bauern, die nicht als Genosse oder Aktionär an einem Versandschlachthof beteiligt waren, von der Veränderung der Vermarktungswege zur Anpassung gezwungen wurden, ohne an diesem Prozess selbst aktiv mitzuwirken oder direkt Vorteile daraus zu ziehen.

Als Bezugspunkt für den ganzen Handel mit Schlachtvieh wurden die Preisnotierungen der großstädtischen Viehmärkte in der Tat in den 1960er Jahren zunehmend problematisch. Wenn der Anteil der dort angebotenen und gekauften Tiere immer weiter sank, dann ließ sich berechtigt fragen, ob die gemeldeten Preise das Marktgeschehen noch adäquat abbildeten. Sorgen bereiteten dabei nicht nur die stark sinkenden Zahlen (der Anteil der preisnotierten Schlachtschweine halbierte sich allein zwischen 1963 und 1969 von rund 25 Prozent des gesamten Schlachtaufkommens auf nur noch zwölf Prozent). Zusätzlich irritierend wirkte der Verdacht, der verbliebene „Auftrieb" stelle eher eine Negativ- als eine Positivauslese aus der verfügbaren Masse von Mastvieh dar, weil die nach dem Augenschein besonders vielversprechend wirkenden Tiere in der entstehenden neuen Welt der

---

[72] Berechnet nach: StatJb HH 1958, S. 110: StatJb HH 1970/71, S. 144. In absoluten Zahlen waren 1958 rund 602.000 Schweine gehandelt wurden; der Gesamtauftrieb betrug 836.000 Tiere. 1969 lauteten diese Zahlen: 450.000 Schweine, Gesamtauftrieb: 639.000 Tiere. Vgl. für Frankfurt am Main auch: Vom Rindvieh zum Rindfleisch, in: FAZ, 28. 9. 1973.
[73] Willers, Fleischabsatz, S. 286 f.
[74] Die Agrarmärkte 1962 in der Bundesrepublik und im Ausland. Vieh und Fleisch. Hrsg. v. der Zentralen Markt- und Preisberichtsstelle der Deutschen Landwirtschaft, o.O. o.J., S. VI. Vgl. auch: Hans Dansmann, Lebendvieh- oder Fleischvermarktung?, in: FW 41 (1961), S. 935; Dietrich Hahlbrock, Die Wege zum Verbraucher wandeln sich, in: Verhandlungsbericht 1967, S. 124–142, hier: S. 130.

Fleischvermarktung bevorzugt an Großabnehmer gingen, die den Fleischbedarf der Supermarktketten deckten, indem sie Bauern durch „Vorbestellungen" von Tieren an sich banden und ihre Einkäufe dann direkt in einen Versandschlachthof brachten. Auch die neuen Schlachthofunternehmen begannen zunehmend, sich ihren Rohstoff in dieser Weise aktiv selbst zu sichern.[75]

Gleichzeitig aber benutzte die gesamte Branche (inklusive der „Vorbesteller") die Meldungen der großstädtischen Viehmärkte nach wie vor immer dann als Basis für ihre Preisverhandlungen, wenn der Landwirt nicht erst nach der „Ausschlachtung" bezahlt wurde.[76] Damit stand der Verdacht im Raum, die Bauern würden wegen der zunehmenden „Umgehung der Märkte" zu schlecht bezahlt, wenn sie Schlachtvieh auf traditionelle Weise direkt ab Hof verkauften: Gerade bei hochwertigen Tieren führe die nicht mehr repräsentative amtliche Preisstatistik zu inadäquaten Erlösen.[77]

Wie sich denken lässt, initiierten die skizzierten Veränderungen in den 1960er Jahren eine erneute Debatte über das System der Ausgleichsabgaben und -zuschläge, das die städtischen Vieh- und Schlachthöfe gegenüber Schlachtbetrieben in ländlichen Gebieten privilegierte. Die lenkende Funktion, die ihnen zugedacht war und die sie legitimierte, hatten diese Binnenzölle weitgehend verloren. Der Aufstieg der Versandschlachthöfe vollzog sich, obwohl die Zahlungen für Fleisch, das als „Import" in die Städte kam, vielfach ja deutlich erhöht wurden. Offensichtlich gelang es den neuen Schlachtbetrieben, selbst noch mit diesem Handicap kostengünstiger als die kommunalen Betriebe zu produzieren.[78]

Logischerweise mehrten sich daher die Stimmen, die eine Abschaffung der Abgabe verlangten. Sie hemme die volkswirtschaftlich wünschenswerte konsequente „Rationalisierung der Absatzwege" von Fleisch und verleite Stadtverwaltungen und Kommunalpolitiker dazu, immer noch mehr Geld für den absehbar letztlich

---

[75] Vgl. etwa: Otto Strecker, Preisbildung und Preisnotierung für Fleisch, in: Marktübersicht auf dem Vieh- und Fleischmarkt. Vorträge auf der Arbeitstagung „Markt und Betrieb", 28. April 1967 in Kiel, Frankfurt/Main 1967, S. 58–70, hier: S. 61 f.; Roderich Plate, Agrarmarktpolitik. Bd. 2: Die Agrarmärkte Deutschlands und der EWG, München etc. 1970, S. 211. Die Zahl für 1963 aus: Die Agrarmärkte 1963 in der Bundesrepublik und im Ausland. Vieh und Fleisch. Hrsg. v. der Zentralen Markt- und Preisberichtsstelle der Deutschen Landwirtschaft, o. O. o. J., S. VII. Bei Rindern betrug der Anteil der lebend auf den Viehmärkten gehandelten Tiere im gleichen Jahr rund 37 Prozent (gegenüber fast 40 Prozent noch 1960). Ebenda. Die Zahl für 1969 (nur für Schweine) aus: Wilhelm Esselmann, Vermarktungswege und Vermarktungsformen in der Schweinemast, in: KF 54 (1971), S. 344–345, hier: S. 345.
[76] Benno Willers, Orientierungspunkte bei der regionalen Preisgestaltung für Schlachtvieh, in: AW 17 (1968), S. 333–339 (das Resümee einer bundesweiten Umfrage aus dem Herbst 1967 bei rund 4000 Landwirten: deren Angebotsverhalten und ihre Preisvorstellungen orientierten sich danach an den Notierungen der acht größten Lebendviehmärkte in der Bundesrepublik; die Preisstatistiken der etwa 60 kleineren städtischen Viehmärkte blieben hingegen weitgehend unbeachtet).
[77] Vgl. etwa: Esselmann, Vermarktungswege, S. 344 f. Ähnlich auch schon: Strecker, Preisbildung, S. 62.
[78] Vgl. etwa: Ewald Böckenhoff, Fleischvermarktung rationeller als Lebendvermarktung, in: NSZ 42 (1960), Nr. 40, S. 1.

doch sinnlosen Versuch einzusetzen, die Marktstellung der städtischen Schlachtbetriebe durch Modernisierungen zu erhalten.[79]

Kritik an dieser Analyse kam – nicht überraschend – vor allem von den Kommunen. Sie betonten einmal mehr, wie unverzichtbar die öffentlichen Anlagen dafür seien, dass sich die Bundesbürger sicher sein konnten, nur gesundheitlich einwandfreies Fleisch zu verzehren. Zudem garantiere die Ausgleichsabgabe die Existenz der großstädtischen Lebendviehmärkte. Ohne deren Preismeldungen aber herrsche auf dem Fleischmarkt völlige Intransparenz – und die dadurch entstehenden Nachteile fielen volkswirtschaftlich schwerer ins Gewicht als alle von den Versandschlachthöfen erwirtschafteten Einsparungen.[80]

Um diesen Einwand zu entkräften, forderten Experten der Fleischbranche bereits seit den frühen 1960er Jahren, der Gesetzgeber solle die Versandschlachthöfe verpflichten, fortlaufend die Preise für die „ausgeschlachteten" Schweinehälften und Rinderviertel zu erfassen, die sie produzierten und verkauften. Die damit entstehende Preistransparenz bei der „Totvermarktung" werde es möglich machen, vollends auf die in ihrer Aussagekraft ja ohnehin immer fragwürdiger werdenden Zahlen der Viehmärkte zu verzichten.[81]

Allerdings blieb die Angelegenheit stark umstritten: Dem Bauern, der auf traditionelle Weise Mastvieh auf seinem Hof verkaufte, half es wenig, wenn er die Preise für „ausgeschlachtete" Tiere kannte, denn er verhandelte mit den potentiellen Abnehmern ja nun einmal über lebendes Vieh, dessen tatsächliche „Leistung am Haken" sich nicht sicher abschätzen ließ. Aus Sicht solcher Landwirte taugte die geforderte neue Statistik daher nur sehr bedingt als ein Ersatz für die seit 1909 erhobenen Preise schlachtreifer Masttiere.[82]

---

[79] Vgl. etwa: Die Totvermarktung im Vormarsch, in: TZ 13 (1961), S. 51; Ewald Böckenhoff, Neue Wege in der Schlachtviehvermarktung, in: MDLG 76 (1961), S. 1487–1490; Dr. Hahlbrock fordert Abbau der Ausgleichsabgabe in Hamburg, in: NSZ 45 (1965), Nr. 39, S. 2; Otto Strecker, Künftige Entwicklungstendenzen der Absatzgestaltung, in: Der Markt und die Veredelungswirtschaft. Eine Veröffentlichung der Vortragstagung der Landwirtschaftskammer Hannover 1968, Hannover 1968, S. 34–56, hier: S. 56; Benno Willers, Der Fleischzoll an der Stadtgrenze, in: FAZ, 27. 4. 1968; Der staatliche Einfluß auf die Gestaltung des Schlachtvieh- und Fleischabsatzes in der Bundesrepublik Deutschland, in: BLW 47 (1969), S. 59–72, hier: S. 70.

[80] Vgl. etwa: Herbert Gudehus, Möglichkeiten und Grenzen der Rationalisierung der öffentlichen Schlachthöfe, in: FW 41 (1961), S. 34–36, hier: S. 36. Ähnlich auch: Zweckmäßige Verwertung von Schlachttieren und Fleisch, in: ebenda, S. 181; Karl Schweisfurth, Die landwirtschaftlichen Integrationsbestrebungen im Spiegel der Fleischwirtschaft, in: FW 42 (1962), S. 388–389; Dietrich Hahlbrock, Neue Tendenzen in der Vermarktung von Vieh und Fleisch, in: Vorträge der Wintertagung [der DLG], Frankfurt/Main 1963, S. 40–54, hier: S. 51 f.; Der Städtetag gegen Fortfall der Ausgleichsabgabe, in: NSZ 45 (1965), Nr. 3, S. 1.

[81] Vgl. etwa: Wolfgang Wittig, Der westdeutsche Tier- und Fleischmarkt in Gegenwart und Zukunft der Europäischen Wirtschaftsgemeinschaft, in: FW 43 (1963), S. 1128–1139, hier: S. 1130; Otto Strecker/Benno Willers, Preisnotierungen für Fleisch?, in: AW 14 (1965), S. 357–364; Ewald Böckenhoff, Nochmals: Preisnotierung für Fleisch?, in: ebenda, S. 420–421; Kalis, Vermarktung, S. 74.

[82] Dansmann, Lebendvieh, S. 935. Zur Einführung der neuen Preisstatistik 1970/71 siehe unten S. 190.

Politisch war die Angelegenheit dennoch zumindest perspektivisch bereits zu Beginn der 1960er Jahre entschieden. Das Bundeslandwirtschaftsministerium, das große Hoffnungen hegte, mit genossenschaftlichen Versandschlachthöfen lasse sich die Marktposition der deutschen Bauern erheblich verbessern, legte sich in dieser Sache schon 1960 öffentlich fest: Die Forderungen, zu der seit 1933 nicht mehr bestehenden uneingeschränkten „Freizügigkeit" von Fleisch zurückzukehren, seien aus Sicht des Ressorts und der Bundesregierung „auf lange Sicht berechtigt".[83] Einen radikalen Schnitt lehnte das Ministerium allerdings ab, um die Interessen der Kommunen nicht allzu brüsk beiseite zu schieben. In Frage komme nur ein vorsichtiges Vorgehen, etwa durch einen verbindlich festgelegten Plan, wie die Ausgleichsabgabe schrittweise abzubauen sei.[84]

Daher bremste die Bundesregierung tatendurstige Bundestagsabgeordnete aus CDU und SPD, die das 1966 geschlossene Bündnis der beiden Parteien in der Großen Koalition nutzen wollten, um das Handelshemmnis zwischen Stadt und Land innerhalb von nur zwei Jahren zu beseitigen, um damit den über deutlich steigende Lebenshaltungskosten klagenden städtischen Verbrauchern etwas Gutes zu tun, obwohl die Parlamentarier in ihrem Antrag ordnungspolitisch sehr grundlegend argumentierten: „Im Rahmen der freien Marktwirtschaft ist für eine Marktlenkung kein Raum."[85] In einem recht verwickelten politischen Prozedere, an dem sich auch noch die Bundesländer retardierend beteiligten, entstand schließlich ein im Dezember 1969 vom Bundestag einstimmig verabschiedetes Gesetz, das die Abgabe über fünf Jahre hin in drei Stufen senkte und dann zum 1. Januar 1977 vollständig aufhob. Erneute Proteste von Seiten der Kommunen blieben wirkungslos.[86]

Das Bundeslandwirtschaftsministerium plädierte in dieser Auseinandersetzung nun auch deshalb dafür, auf den Binnenzoll für Fleisch zu verzichten, weil es durch die Totvermarktung möglich werde, den Bauern, die Tiere mästeten, eine echte „Qualitätsbezahlung" zu bieten. Dieser Vorteil sei für die Landwirte wichtiger als die Orientierungshilfe, die sie bislang in den Preisstatistiken der großstädtischen Viehmärkte gefunden hatten.[87]

---

[83] Engel, Vieh- und Fleischvermarktung, S. 104.
[84] Vgl. etwa: Minister Schwarz zur Frage der Lebend- oder Totvermarktung, in: FW 49 (1960), S. 761, sowie auch noch die inhaltlich fast identischen Erklärungen von BLM Hermann Höcherl im Bundestag am 16. 3. 1967 in: BT Plenarprotokoll 5/99, S. 4543 (online abrufbar unter https://dip.bundestag.de).
[85] BT Drucksachen 5/2957, S. 3 (online abrufbar unter https://dip.bundestag.de).
[86] Vgl. etwa: Landesarbeitsgemeinschaft für das Schlacht- und Viehhofwesen Nordrhein-Westfalen an BK Willy Brandt, 13. 11. 1969, BArch Kbz, B 136/8688 (hier auch anderes Material zur komplizierten Entstehungsgeschichte des Gesetzes, dessen Verabschiedung etwa durch den Wechsel von der Großen Koalition zur ersten Bundesregierung von SPD und FDP verzögert wurde). Das Gesetz legte erstmals auch Maximalsummen für die Höhe der Ausgleichsabgabe fest, die von den Kommunen nicht überschritten werden durften; der Ausgleichszuschlag (für Lebendvieh, das nicht auf dem Viehmarkt angeboten wurde) verschwand zudem gleich mit Inkrafttreten des Gesetzes. BGBl 1970, T. I, S. 177–178.
[87] BLM an BKA, 19. 3. 1969, BArch Kbz, B 136/8688.

Da die „Totvermarktung" damit offiziell eindeutig als erwünscht anerkannt wurde, entstand in den Jahren 1970/71 ergänzend die von Experten schon seit langem geforderte Meldepflicht für die Preise, die Abnehmer in den Schlachthöfen für ausgeschlachtete Schweinehälften und Rinderviertel zahlten. Auch Privatunternehmen mussten diese Daten fortlaufend erfassen und öffentlich bekanntgeben.[88]

Auf diese Weichenstellungen, mit der Politik und Staat den Versuch abbrachen, weiterhin zugunsten der städtischen Vieh- und Schlachthöfe in die Vermarktung von Fleisch einzugreifen, hatte der Stadtstaat Hamburg bereits vorausschauend reagiert: Anfang 1969 entschied der hanseatische Senat, den städtischen Viehmarkt (den größten seiner Art in der Bundesrepublik) stark zurückzubauen. Nicht weniger als acht Hektar innerstädtischer Fläche wurden so für andere Zwecke frei. Ein zweiter Beschluss der an der Elbe regierenden Sozialdemokraten wies allerdings in eine ganz andere Richtung: Der Senat beschloss zugleich den Bau einer neuen Schlachthalle, in der erstmals Schlachtungen am Fließband in großer Zahl möglich waren. Zudem sollte der 1960 eröffnete Hamburger Fleischgroßmarkt deutlich ausgebaut werden, denn dieser entwickle sich „in immer stärkerem Maße zum Mittelpunkt aller Arbeiten auf dem Schlachthof".[89]

Der städtische Schlachthof in Frankfurt am Main war zumindest bei den Schlachtungen am Fließband sogar schon einen Schritt weiter als die Hanseaten: Dort wurde im Mai 1969 eine spezielle Anlage dieser Art für Rinder in Betrieb genommen. Bei Großvieh wuchs die Schlachtkapazität des Frankfurter Unternehmens damit um 40 Prozent.[90]

Die oben zitierten Kritiker des traditionellen Vermarktungssystems, die weitere Investitionen in die öffentlichen Schlachthöfe für falsch hielten, dürften diese Meldungen aus Hamburg und Frankfurt mit Kopfschütteln quittiert haben. Der Kampf um Marktanteile zwischen den genossenschaftlichen und privaten „Totvermarktern" auf der einen und den kommunalen Betrieben auf der anderen Seite war mit dem Beschluss des Bundestags von 1970 jedenfalls noch keineswegs beendet – er trat allerdings in seine entscheidende Phase, denn zwei Gewinner konnte es in dem beginnenden Jahrzehnt nicht mehr geben. Dafür sorgte allein schon der schrittweise Abbau der Ausgleichsabgabe.

4. Umwälzung eines Marktes: der Siegeszug der „Totvermarktung" nach 1970

Allerdings standen die Manager kommunaler Vieh- und Schlachthöfe in den 1970er Jahren ohnehin vor einer kaum lösbaren Aufgabe: Sie sollten Betriebe posi-

---

[88] Für Schweinehälften galt diese Vorschrift ab dem 1. 6. 1970, bei Rindern ab den 1. 1. 1971. Vgl. dazu etwa: 75 Jahre Bundesfachverband Fleisch e.V., Hamburg 1999, S. 18.
[89] Zentrale Fleischversorgung wird neu geordnet, in: Die Welt, 15. 1. 1969.
[90] Am Fließband schlachtet sich's bequemer, in: FAZ, 21. 5. 1969. Dank des Fließbandes konnten wöchentlich nun 2.000 statt 1.200 Rinder geschlachtet werden. Die Investitionskosten beliefen sich auf 3,5 Millionen DM.

4. Umwälzung eines Marktes: der Siegeszug der „Totvermarktung" nach 1970   191

tiv weiterentwickeln, deren Kundschaft massiv dahinschwand. Dies galt zum einen und vor allem auf den Viehmärkten: Ihr Niedergang beschleunigte sich stark, zumal in Nord- und Westdeutschland. Bereits im Frühjahr 1976 meldete ein landwirtschaftliches Fachblatt, in beiden Regionen habe „die letzte Stunde der Lebendvermarktung" von Schlachtvieh begonnen, weil alle großen städtischen Viehmärkte (mit Hamburg als einziger Ausnahme) wegen geringer Benutzungszahlen und hoher Defizite bereits geschlossen waren oder kurz vor dem Betriebsende standen.[91]

In Bayern sowie auch in Baden-Württemberg gab es zwar noch mehrere Plätze mit einem bedeutsamen Auftrieb zumal von Rindern. München, Stuttgart, Nürnberg und Augsburg stachen dabei besonders hervor. Die fortdauernde Existenz dieser Viehmärkte verdankte sich jedoch stark dem Engagement der „Südvieh": Dieses Unternehmen süddeutscher Viehverwertungsgenossenschaften, das in den 1970er Jahren zunehmend von den geschäftlichen Erfolgen der mit ihr eng verbundenen „Südfleisch" profitierte, hielt den Verkauf von Lebendvieh wegen der damit verbundenen Preisstatistik für so wertvoll, dass es bewusst auch dauerhaft defizitäre Marktveranstaltungen stützte: Als ein „bäuerliches Unternehmen" könne man die „verheerenden Folgen für die Preisgestaltung nicht verantworten", die drohten, wenn die Lebendvermarktung vollständig verschwinde.[92] Wie weit diese finanzielle Leidensbereitschaft gehen würde, blieb jedoch abzuwarten. Der Trend bei den Handelszahlen zeigte jedenfalls auch in Süddeutschland eindeutig nach unten.[93]

Zum anderen sanken in den kommunalen Anlagen nun auch die Schlachtzahlen, obwohl der Fleischhunger der Bundesbürger doch gerade in der ersten Hälfte des Jahrzehnts deutlich wuchs. Dieser Schrumpfungsprozess mitten in einem Boom der Fleischbranche begann, je nach den lokalen und regionalen Gegebenheiten, von Stadt zu Stadt zu unterschiedlichen Zeitpunkten. Mitte der 1970er Jahre hatte er aber selbst die größten und leistungsstärksten der kommunalen Betriebe erfasst.[94] Mit der ohnehin durchweg unbefriedigenden Auslastung ihrer

---

[91] Winfried Peutz, Die Schlachtviehmärkte sollen durchsichtiger werden, in: top agrar 5 (1976), Nr. 9, S. 60–61, hier: S. 61; Schlachtviehgroßmärkte, in: Mitteilungen des Deutschen Städtetages 37 (1982), S. 325. 1987 wurden nur noch 0,5 Prozent der gewerblich geschlachteten Schweine auf einem Viehmarkt gekauft. Versandschlachthöfe verloren erstmals Marktanteile, in: DGS 40 (1988), S. 753.

[92] Eine „Korsettstange" für die Konkurrenz, in: Blick durch die Wirtschaft, 30. 5. 1972. Eine Verteidigung der Lebendvieh-Vermarktung vgl. auch noch in: Südvieh GmbH, Geschäftsbericht 1981, München o. J., S. 7.

[93] Vgl. dazu etwa: Friedrich Joachim Schuler, Struktur und Dynamik der Großhandelsbetriebe im Großraum Stuttgart, Marburg 1986, S. 108.

[94] Vgl. exemplarisch: Franz Lerner, Ein Jahrhundert Frankfurter Fleischversorgung, Frankfurt/Main 1985, S. 45–47; Friedhelm Meier/Karlheinz Tews, Hamburgs Vieh- und Fleischzentrum (VFZ). Entwicklung und Perspektiven, Hamburg 1986, S. 10; Schlachthof Stuttgart: Investieren oder privatisieren?, in: top agrar 14 (1985), Nr. 5, S. 124. Lediglich in München begann der Rückgang der Schlachtzahlen erst Mitte der 1980er Jahre und damit deutlich später. Genaue Zahlen vgl. in: StatJb München 1985/86, S. 170; StatJb München 1990, S. 159. Diesen Erfolg verdankte der Betrieb den expandierenden Aktivitäten der „Südfleisch", die 1972 eine

Anlagen ging es noch weiter bergab – es sei denn, es wurde viel Geld in innerbetriebliche Rationalisierungen gesteckt.[95]

Einzig der Fleischgroßhandel florierte nach wie vor. Oft stammte nun der größte Teil der in den öffentlichen Betrieben entstehenden Umsätze aus diesem Geschäft, während der Schlachtbetrieb wirtschaftlich zunehmend nebensächlich wurde. In Hamburg etwa entfielen bereits 1969 rund 65 Prozent des gesamten Umsatzes auf die Fleischgroßhändler, die sich auf dem Schlachthofgelände angesiedelt hatten. 1979 galt das bereits für 79 Prozent.[96]

Die städtischen Schlachthöfe verloren damit langsam, aber sicher ihren Status als Betriebe, in denen große Mengen an Fleisch produziert wurden. Sie wandelten sich zu Stätten der Distribution, die als vermittelnde Elemente in der Handelskette von Zulieferungen der Versandschlachthöfe abhingen. Durch diese Veränderung und durch den schrittweisen Abbau der Ausgleichsgabe für den „Import" von Fleisch aus den ländlichen Gebieten seit 1971 geriet der Etat der meisten kommunalen Unternehmen immer stärker in Schieflage.

Neue haushaltsrechtliche Vorschriften für alle Gemeindebetriebe verschärften dieses Problem: Seit 1974 durften diese Unternehmen ihre Bilanzen nicht mehr nach den simplen Regeln der traditionellen „kameralistischen Wirtschaftsrechnung" gestalten, die von der öffentlichen Verwaltung benutzt wurde, um ihre laufenden Kosten und Einnahmen zu kontrollieren. Die jetzt erstmals verpflichtend vorgeschriebene kaufmännische Buchführung hatte (wie bei Privatbetrieben) rechnerisch auch Abschreibungen und eine angemessene Eigenkapitalverzinsung zu berücksichtigen. Selbst Schlachthöfe, die zuvor stets einen ausgeglichenen Abschluss gemeldet hatten, rutschten damit oft dauerhaft in die roten Zahlen.[97]

Von den 69 öffentlichen Schlachthöfen in Nordrhein-Westfalen etwa erwirtschafteten im Jahr 1975 nicht weniger als 51 finanzielle Verluste, die (weil in der Regel kaum Rücklagen existierten) aus dem Gemeindeetat beglichen werden mussten. Addiert betrug dieses Minus zulasten der nordrhein-westfälischen Kommunen und ihrer Bürger im gleichen Jahr rund 20 Millionen DM – trotz gemein-

---

größere Fläche auf dem Schlachthofgelände für 30 Jahre pachtete. Vgl. dazu: Ein Kunde kauft sich im Schlachthof ein, in: SZ, 24. 1. 1972.

[95] Vgl. etwa die genauen Zahlen in: Schlachthöfe an Rhein und Ruhr arbeiten mit Verlust, in: LZ 27 (1975), Nr. 36, S. 12; Der städtische Schlachthof blutet aus, in: FAZ, 4. 12. 1982 (für Hanau). Als ein Beispiel für eine verbesserte Auslastung dank innerbetrieblicher Rationalisierung vgl. den West-Berliner Schlachthof: Otto Huter/Christoph Landerer, Die Berliner Eigenbetriebe als Instrument kommunaler Politik, Berlin 1984, S. 260 f. Für diese Maßnahmen wurden von 1972 bis 1982 rund 21 Millionen DM investiert. Seit 1972 schrieb das Unternehmen dennoch kontinuierlich rote Zahlen.

[96] Wilhelm Langbehn/Gerhard Schieffer, Zur Lage und Entwicklung der Fleischwirtschaft in der Freien und Hansestadt Hamburg. Erstellt für die Behörde für Wirtschaft, Verkehr und Landwirtschaft, unter Mitwirkung des Forschungsamtes der Freien und Hansestadt Hamburg, Kiel 1980, S. 13.

[97] Vgl. hierzu etwa: Guckenberger, Entwicklungstendenzen, S. 54 f.; Meyerhöfer, Struktur, S. 75.

samer Einnahmen von elf Millionen Mark aus der zu diesem Zeitpunkt ja immer noch erhobenen Ausgleichsabgabe.[98]

Selbst dort, wo es noch gelang, Kosten und Einnahmen einigermaßen im Gleichgewicht zu halten, sah es perspektivisch nicht gut aus. So stagnierte der Umsatz von Viehmarkt und Schlachthof in Hamburg seit 1973.[99] Fehlendes Wachstum aber bedeutete auf einem dynamisch expandierenden Markt nichts anderes als eine Form des Niedergangs. Der einfache Weg, höhere Benutzungsgebühren zu beschließen, verbot sich, denn damit hätte man vor allem die noch selbst schlachtenden Metzger getroffen, die ohnehin stark mit der Konkurrenz der Supermärkte kämpften. In Frankfurt etwa wäre eine Verdoppelung der 1971 erhobenen Schlachtgebühr nötig gewesen, um allein den Wegfall der Ausgleichsausgabe abzufangen. Gleichzeitig aber standen auch noch höhere Betriebskosten zu erwarten (etwa durch eine absehbare weitere Verteuerung von Strom und Wasser). Dazu kamen neue staatliche Auflagen zum Schutz der Umwelt, die es u. a. nötig machten, Abwässer und Abluft weitaus intensiver zu reinigen als zuvor.[100]

Die Versandschlachthäuser in den ländlichen Produktionsgebieten hingegen florierten auf geradezu spektakuläre Weise. Die niedersächsische „Centralgenossenschaft" etwa – um nur ein Beispiel zu nennen – steigerte die Zahl der von ihr geschlachteten Schweine von 1966 auf 1975 um mehr als das Doppelte auf jährlich 1,8 Millionen Tiere. Bei Rindern fiel der Zuwachs (da er bei absolut niedrigeren Zahlen begann) anteilig sogar noch deutlich größer aus. Auch der Gesamtumsatz der CG vermehrte sich im gleichen Zeitraum um den Faktor 2,25.[101] Wie zuvor profitierten die genossenschaftlichen Unternehmen teilweise erheblich von öffentlichen Geldern, wenn sie ihre Kapazitäten ausbauten, weil die Agrarpolitiker hofften, so die Marktposition der Landwirte zu verbessern.[102]

Auch dank solcher Subventionen verfügten die „Totvermarkter" Mitte der 1970er Jahre bereits über eine starke Stellung im System der deutschen Vieh- und Fleischvermarktung: 1975 erledigten sie 42 Prozent der gesamten gewerblichen

---

[98] Schlachthöfe an Rhein und Ruhr arbeiten mit Verlust, in: LZ 27 (1975), Nr. 36, S. 12. Zur Begleichung der Verluste durch die Stadt vgl. auch für West-Berlin: Huter/Landerer, Eigenbetriebe, S. 262.

[99] Langbehn/Schieffer, Lage, S. 13.

[100] Fleischverteiler für den süddeutschen Raum, in: FAZ, 5. 2. 1971. Zu den neuen Umweltschutzauflagen und ihren Folgen vgl. beispielhaft etwa: Lerner, Jahrhundert, S. 52; W. Koch, Auswirkungen der „TA Luft" auf die Schlachthöfe, in: Die Fleischerei 37 (1986), S. 1142–1146.

[101] Schulze, Tier, S. 103 u. S. 110.

[102] Vgl. als Beispiel den Schlachthof, den die „Südfleisch" 1972 in Pfarrkirchen eröffnete. Von den Gesamtinvestitionen von 15 Mill. DM stammten insgesamt fast sechs Millionen DM aus Förderprogrammen der EG, des Bundes und des Landes. Dazu kamen dann noch 1,2 Millionen DM aus Landesmitteln, die in den Bau einer neuen Kläranlage für die Stadt Pfarrkirchen flossen. Ohne diesen Neubau hätte der Schlachthof nicht in Betrieb gehen dürfen. Südfleisch wetzt das Messer, in: HB, 9. 11. 1972. Vgl. als kritische Stimmen zu solchen Subventionen auch: Strukturwandel auf den verschiedenen Wegen des Lebensmittels Fleisch, in: NFZ 53 (1971), Nr. 11, S. 6; Wie Samisdat, in: Der Spiegel 29 (1975), Nr. 3, S. 32–33.

194 IV. Modernisierung der Schlachthöfe und der Wurstproduktion

Schlachtungen von Schweinen in der Bundesrepublik und (obwohl sie in diesem Geschäft noch relativ neu waren) auch schon 28 Prozent der Rinderschlachtungen.[103] Alle Experten erwarteten, dieser Aufschwung werde sich weiter fortsetzen – zumal die vollständige Abschaffung der Ausgleichsabgabe ja nun kurz bevorstand.

Gleichzeitig intensivierten die großen Versandschlachter ihre Bemühungen, vertikal auch noch in andere Ebenen des Fleischmarktes auszugreifen. So wurde das oben beschriebene „Nordferkel-Programm" der schleswig-holsteinischen genossenschaftlichen Schlachthofgesellschaft nach 1970 sowohl von „Westfleisch" wie auch von der „Südfleisch" kopiert.[104] Die Zerlegung von Schweinehälften und Rindervierteln in kleinere Abschnitte bis hin zum konsumfertigen einzelnen Stück Fleisch und deren Verpackung nach den Bedürfnissen der Supermärkte rückte unter den geschäftlichen Aktivitäten der „Totvermarkter" kontinuierlich weiter vor.[105]

Auch andere Geschäfte mit verarbeitetem Fleisch, die bescheiden begannen, entwickelten sich sehr positiv: Die „Hamburger" beispielsweise, die das Fastfood-Unternehmen McDonald's den Bundesbürgern seit den frühen 1970er Jahren immer zahlreicher verkaufte, kamen vornehmlich aus eigens dafür errichteten und mehrfach erweiterten Produktionsanlagen der „Südfleisch" und der „Nordfleisch". Gegen Ende des Jahrzehnts schlachtete alleine das süddeutsche Genossenschaftsunternehmen jährlich rund 145.000 Kühe ausschließlich für diesen einen Kunden.[106] Über eine Tochtergesellschaft verkaufte die „Südfleisch" zudem erfolgreich tiefgekühlte Fleisch-„Convenience"-Produkte an große Gastronomiebetriebe und

---

[103] Fleischwirtschaft in Zahlen 1985. Bundesrepublik Deutschland und EG-Mitgliedsstaaten. Hrsg. v. Bundesministerium für Ernährung, Landwirtschaft und Forsten, Bonn 1985, S, 27.

[104] Vgl. etwa: Ein neuer Markenartikel: „Westferkel", in: RR 23 (1971), S. 395; Geschäftsbericht Westfleisch 1986, Münster o. J., S. 14 f. (im Rückblick). Das „Südferkel"-Programm, das 1972 startete, wurde unternehmerisch allerdings nicht direkt von der „Südfleisch", sondern von der mit ihr eng verflochtenen „Südvieh" verantwortet. Vgl. dazu etwa: Dietmar Stutzer, Zuchtsauen-Leasing hat sich bewährt, in: DGS 29 (1977), S. 213; Südvieh GmbH, Geschäftsbericht 1981, München o. J., S. 11–13; Südvieh GmbH, Geschäftsbericht 1986, München o. J., S. 13 f. (jeweils auch im Rückblick).

[105] Vgl. genauer: Moderne Zerlegungsbetriebe, in: LZ 27 (1975), Nr. 31, S. 32; Standardfleisch an der Spitze, in: ebenda, Nr. 36, S. 11 (beide mit Bezug auf die „CG"); Nordfleisch in starker Expansion, in: HB, 22. 7. 1970; Nordfleisch setzte mehr Fett an, in: FAZ, 6. 7. 1971; Spezialisierung des Sortiments geplant, in: IK, 8. 1. 1970 (für die „Südfleisch"); Südvieh-Südfleisch mit neuer Spitze, in: SZ, 21. 2. 1971.

[106] Vgl. dazu etwa: Klaus Wiborg, Der Schlachthof ist zur Fabrik geworden, in: FAZ, 27. 2. 1979 (für „Nordfleisch"); 25 Jahre Nordfleisch, S. 20; Südfleisch-Gruppe baute größte „Hamburger-Fabrik" in Europa, in: Die Welt, 28. 9. 1978; Bayerische Kühe für „Hamburger", in: Die Zeit, 27. 10. 1978; Bayerische Kühe für McDonald's Hamburger, in: FAZ, 3. 10. 1978; Täglich eine halbe Million „Hamburger" vom Band, in: HB, 13. 11. 1979. Die genannte Schlachtzahl bezieht sich auf die „Hamburger"-Produktionsanlage der „Südfleisch" in Günzburg, deren vollständiger Ausbau für 1980 geplant war. Dass für die „Hamburger" ausschließlich das Fleisch von Kühen (und nicht von Mastbullen) verwandt wurde, war eine Entscheidung von McDonald's: Die US-Amerikaner hielten das Fleisch der europäischen männlichen Jungrinder für weniger geschmackvoll.

Kantinen. Zu ihren Hauptkunden zählten die amerikanischen Streitkräfte in der Bundesrepublik.[107]

Schließlich und endlich gehörte auch der Im- und Export von „ausgeschlachteten" frischen oder auch tiefgefrorenen Tierkörpern zu den Geschäftsfeldern, in denen sich die großen bundesdeutschen „Totvermarkter" zunehmend engagierten. Vor allem die „Alexander Moksel Großschlachterei" stach dabei hervor: Sie entwickelte sich im Laufe der 1970er Jahre sehr zügig zu einem der großen Akteure im internationalen Fleischgeschäft insbesondere mit den staatssozialistischen Ländern im „Ostblock" Europas und verwandelte sich in diesem Prozess in ein verschachtelt konstruiertes Konglomerat von mehr als 30 verschiedenen Produktions-, Lagerungs- und Handelsgesellschaften.[108]

Von solchen Transaktionen mit oder in Ländern jenseits der EG-Außengrenzen hielten sich die genossenschaftlichen Schlachtbetriebe zwar eher fern. Sie betrachteten sie als zu riskant, da die Gewinnaussichten bei Verträgen dieser Art stark von der sehr volatilen Situation auf dem Weltmarkt für Fleisch, von den Währungskursen sowie auch von der Höhe der Exportsubventionen abhingen, die entweder in Brüssel oder auch in den devisenhungrigen „Ostblock"-Staaten beschlossen wurden.[109]

Innerhalb der Schutzmauern der Europäischen Wirtschaftsgemeinschaft aber betrieben auch sie Außenhandelsgeschäfte. Die „Südfleisch" etwa pachtete eigens einen Schlachthof in Bozen, um dort von der „Südvieh" gelieferte bayerische Käl-

---

[107] Südfleisch, Geschäftsbericht 1988, München o. J., S. 30. Der aus den USA stammende Begriff „Convenience Food" bezeichnet allgemein Lebensmittel, die in verschiedenen Stadien der Bearbeitung verkauft werden, um dem Abnehmer die Zubereitung einer Mahlzeit zu erleichtern. Vgl. zusammenfassend etwa: Convenience. Das schwierige Geschäft mit der Bequemlichkeit, Frankfurt/Main etc. 1996.

[108] Vgl. im Rückblick: Gewinn sinkt wegen Sonderabschreibungen, in: FAZ, 7. 4. 1988; Bernd Biehl, Wie Hans Dampf in Europas Gassen, in: LZ 41 (1989), Nr. 12, S. J 4–J 7. 1986 erwirtschaftete die „Moksel Gruppe" rund 52 Prozent ihrer gesamten Umsätze im Ausland. Fleischfirma Moksel will an die Börse, in: FAZ, 12. 8. 1987. Generell waren alle Handelsgeschäfte mit „Ostblock"-Ländern in diesen Zeiten des auslaufenden „Kalten Krieges" stark von politischen Beschlüssen abhängig. Vorwürfe, deshalb werde dabei mit Bestechungsgeldern operiert, wurden mehrfach auch gegen Moksel erhoben. Vgl. dazu im Überblick: Klaus Wittmann, Wohltäter im Zwielicht, in: Die Zeit, 26. 11. 1993; Friedrich Bräuninger/Manfred Hasenbeck, Die Abzocker. Selbstbedienung in Wirtschaft und Politik, Düsseldorf 1994, S. 195–214.

[109] Vgl. zu dieser Skepsis etwa: Geschäftsbericht Westfleisch 1986, Münster o. J., S. 17; Geschäftsbericht Westfleisch 1987, Münster o. J., S. 11. Verlustreiche Geschäfte der „CG" mit polnischen Partnern, die dazu führten, dass die eigens dafür gegründete Handelsgesellschaft 1982 vollständig liquidiert werden musste, haben in dieser Hinsicht wohl nachhaltig abschreckend gewirkt. Vgl. dazu: Der Ausflug nach Bayern kostete viel Geld, in: FAZ, 11. 9. 1982; Viehverwertung in tiefroten Zahlen, in: FAZ, 3. 9. 1983. Eine Ausnahme machte die „Nordfleisch": Sie gründete 1977 – gemeinsam mit einem britischen Partner – eine Handelsgesellschaft für den Import von neuseeländischem Lammfleisch. Vgl. dazu: Thos. Borthwick in Germany, in: The Times, 23. 6. 1977. 1985 hatte sich diese Tochtergesellschaft zum größten bundesdeutschen Fleischimporteur aus Übersee entwickelt. Vgl. dazu: 25 Jahre Nordfleisch, S. 20.

ber für die italienischen Konsumenten zu schlachten, weil die Italiener das Fleisch der sehr jungen Rinder weitaus mehr schätzten und auch teurer bezahlten als die bundesdeutschen Fleischesser. Zudem starben auch viele der in Bayern von der „Südvieh" geschlachteten Mastbullen und Kühe eigens für den stark wachsenden italienischen Markt, der sich bei Rindfleisch bei weitem nicht aus der heimischen Produktion versorgen konnte.[110]

An vergleichbare unternehmerische Entscheidungen war in der Gruppe der kommunalen Schlachthöfe kaum zu denken. Wegen ihrer Defizite entwickelten sie sich vielmehr immer stärker zu einem kommunalpolitischen Problem: Sollten die Gemeinden weiterhin an den traditionsreichen Betrieben festhalten, obwohl Verluste anfielen (oder doch zumindest akut drohten) und obwohl sich das Vermarktungssystem für Fleisch offensichtlich so grundlegend wandelte? Da die bundesdeutschen Kommunen seit den späten 1960er Jahren durch die Bank permanent wachsende Haushaltsdefizite verzeichneten, wuchs die Dringlichkeit dieser Frage.[111]

Zumindest Betriebswirtschaftler und andere Ökonomen meinten eindeutig zu wissen, wie in dieser Angelegenheit zu entscheiden sei: Sie forderten, die vielen kleinen und mittelgroßen städtischen Schlachtanlagen in der Bundesrepublik zügig zu schließen, um die Existenz einiger weniger wirklich leistungsfähiger öffentlicher Schlachthöfe als Konkurrenz für die genossenschaftliche und private „Totvermarktung" von Fleisch zu erhalten. In Süddeutschland mit seinem besonders dichten Schlachthofnetz sollte diese Bereinigung nicht weniger als 90 Prozent der kommunalen Betriebe treffen.[112]

Einen solchen Kahlschlag hat es jedoch weder in den 1970er noch in den 1980er Jahren gegeben. Entschieden wurde die Zukunft der kriselnden öffentlichen Un-

---

[110] Vgl. etwa: Fleischpreise werden nur wenig steigen, in: HB, 26. 2. 1975; Stürmische Expansion und verstärkte Exportbemühungen, in: HB, 27. 9. 1978; Weiterwachsender Fleischverzehr, in: LZ 31 (1979), Nr. 40, S. 5. Zu dem seit 1969 gepachteten und erweiterten Schlachthof bei Bozen vgl. schon: Auslandsengagement süddeutscher Bauern, in: Blick durch die Wirtschaft, 6. 5. 1969; Südfleisch erreichte das Ziel, in: Die Welt, 19. 10. 1970. Zur großen Bedeutung der Auslandsgeschäfte für den Gesamtumsatz der „Südfleisch" vgl. genauer: Erfolgreich Fleisch exportiert, in: Blick durch die Wirtschaft, 4. 3. 1975; Südvieh-Südfleisch verstärkt den Export, in SZ, 30. 9. 1978; Pfarrkirchen: Versandschlachthof mit Lieferverträgen, in: top agrar 14 (1985), Nr. 5, S. 126; Südfleisch, Geschäftsbericht 1988, München o. J., S. 18 f.

[111] Zu dieser neuen Defizitsituation vgl. zusammenfassend etwa: Hans Heuer, Die veränderte ökonomische Basis der Städte, in: Jürgen Friedrichs (Hrsg.), Die Städte in den 80er Jahren. Demographische, ökonomische und technologische Entwicklungen, Opladen 1980, S. 23–47.

[112] F. Aldinger/P. Uhlemann, Kostenstruktur und Kostenfunktionen eines öffentlichen Schlachtbetriebes und seiner wichtigsten Teilbereiche, in: BLW 57 (1979), S. 173–209, hier: S. 205. Vgl. auch schon: Otto Strecker, Künftige Entwicklungstendenzen der Absatzgestaltung, in: Der Markt und die Veredelungswirtschaft. Eine Veröffentlichung der Vortragstagung der Landwirtschaftskammer Hannover 1968, Hannover 1968, S. 34–56, hier: S. 44; Benno Willers, Schlachtanlagen unter erhöhtem Wettbewerb, in: Zukunftsaspekte aus agrarpolitischen Entscheidungen für den Milchmarkt sowie den Vieh- und Fleischabsatz in Nordrhein-Westfalen, Dortmund 1970, S. 19–30, hier: S. 22 u. S. 25 f.; „Viel zu viele kommunale Schlachthöfe", in: FAZ, 6. 9. 1975; Das letzte Gefecht, in: Der Spiegel 29 (1975), Nr. 44, S. 97–99, hier: S. 99.

ternehmen nämlich auf kommunaler Ebene und in kommunaler Perspektive. Übergeordnete strukturpolitische Argumente und allgemeine Überlegungen, wie der deutsche Fleischmarkt ökonomisch am effektivsten zu organisieren sei, zählten dabei wenig.

Trotz einiger Stilllegungen im Jahrzehnt zuvor existierten in Westdeutschland im Jahr 1970 immer noch 381 städtische Schlachthöfe.[113] Die große Mehrheit von ihnen verzeichnete mit einer Jahresproduktion von weniger als 10.000 Tonnen ausgeschlachtetem Fleisch nur geringe wirtschaftliche Aktivitäten. Rein ökonomisch betrachtet, hatten so schwach frequentierte Betriebe bereits zu diesem Zeitpunkt eindeutig die „Existenzberechtigung verloren", weil ihre Stückkosten im Vergleich mit den beständig arbeitenden Versandschlachthöfen viel zu hoch lagen.[114]

Schließungen erfolgten bis in die frühen 1980er Jahre jedoch fast ausschließlich bei Kleinstanlagen, die weniger als 5.000 Tonnen Fleisch pro Jahr produzierten.[115] Zwar standen seit 1973 unter bestimmten Voraussetzungen sogar staatliche Subventionen bereit, um den Abbau von Schlachtanlagen zu fördern. Sie wurden jedoch kaum in Anspruch genommen. Offensichtlich scheuten die wirtschaftlich und politisch Verantwortlichen in den Kommunen in ihrer großen Mehrheit das damit verbundene Eingeständnis, dass sie die zuvor in den Betrieb investierten öffentlichen Gelder weitgehend verloren gaben: Der Zuschuss deckte maximal 40 Prozent der Kosten und Verluste, die durch die Schließung entstanden.[116]

---

[113] Matthias Müller, Möglichkeiten zur Verbesserung der Schlachthofstruktur in der Bundesrepublik Deutschland, Stuttgart 1992, S. 43 f. Ein anderer Autor (Willers, Schlachtanlagen, S. 25) nennt für das gleiche Jahr die Zahl von 405 kommunalen Schlachthöfen. 1967 hatte der Deutsche Städtetag unter den insgesamt 328 bundesdeutschen Gemeinden mit mehr als 20.000 Einwohnern 211 Kommunen mit einem stadteigenen Schlachtbetrieb gezählt. Statistisches Jahrbuch Deutscher Gemeinden 56 (1969), S. 179. Weitere Angaben dieser Art hat die Organisation nicht mehr veröffentlicht. Die beiden oben genannten Zahlen müssen daher auch zahlreiche kreisfreie kleinere Kommunen sowie Anlagen von Kommunalverbänden umfassen. Das Statistische Bundesamt führte keine Statistik der Schlachtanlagen.

[114] Peter L. Hahn, Die Problematik der Umwandlung des kommunalen Schlachthofes in andere Rechts- und Organisationsformen, wirtschaftswiss. Diss. Universität Hohenheim 1977, S. 221 f. Im Jahr 1980 verzeichneten von den 104 öffentlichen Schlachthöfen in Baden-Württemberg 39 sogar eine Jahresproduktion von weniger als 1.000 [sic!] Tonnen. K. Bozenhardt, Die öffentlichen Schlachthöfe Baden-Württembergs, in: FW 62 (1982), S. 318–321, hier: S. 318.

[115] Helmut Grätz, Der Schlachthof im Wandel – Entwicklungen und Gefahren, in: FW 61 (1981), S. 24–26, hier: S. 25.

[116] Die Förderung erfolgte im Rahmen der umfassend konzipierten „Gemeinschaftsaufgabe" von Bund und Ländern, Maßnahmen zur „Verbesserung der Agrarstruktur" zu fördern, die seit dem Jahresbeginn 1973 umgesetzt wurde. Voraussetzung war ein „Strukturplan" des jeweiligen Bundeslandes für Schlachthöfe, der eine ökonomisch sinnvolle Verteilung der Schlachtkapazitäten in der betreffenden Region oder dem gesamten Bundesland beschrieb. Gleichzeitig wurden allerdings auch Investitionen in den Neubau und Umbau von Schlachtanlagen gefördert. Vgl. zu den Details genauer den ersten Bericht der Bundesregierung über die Umsetzung der Gemeinschaftsaufgabe in: BT Drucksache 7/1538, S. 80 f. u. S. 97 (online abrufbar unter https://dip.bundestag.de); zu den Strukturplänen der Bundesländer: Schlachthofstrukturverbesserung, in: Mitteilungen des Deutschen Städtetages 31 (1976), S. 420–421,

Auch die vielen planerischen Möglichkeiten, die sich ergaben, wenn der innerstädtische Schlachthof verschwand, haben erstaunlicherweise nur selten geholfen, entsprechende Beschlüsse im Stadtparlament durchzusetzen. Dabei ging es doch durchweg um große Flächen, die oft auch noch zentral lagen: Stadtplaner konnten sich kaum eine bessere Möglichkeit wünschen, um praktisch zu beweisen, wie positiv sich bislang benachteiligte Viertel dank öffentlicher Entscheidungen und öffentlicher Investitionen entwickeln konnten. Fantasien dieser Art existierten durchaus zahlreich. Entscheidungsleitend aber wirkten sie kaum. Offensichtlich unterlagen sie im kommunalpolitischen Meinungsstreit vielfach der Macht des Faktischen (d. h. dem Bestreben, an städtischem Besitz festzuhalten) und auch den Interessen der ortsansässigen Metzger.[117]

Weitaus häufiger als Schließungen waren jedenfalls Beschlüsse, den städtischen Schlachtbetrieb zu privatisieren. Kiel und Köln lieferten in den Jahren 1971/72 zwei leicht unterschiedliche Modelle für dieses Vorgehen. Das recht komplizierte Geschäft, das die schleswig-holsteinische Landeshauptstadt mit dem Versandschlachter Heinz Annuss vereinbarte, wurde oben schon beschrieben. Die Stadt befreite sich mit diesem Deal von ihrem veralteten und defizitären Eigenbetrieb; die von Annuss neu errichtete Anlage aber stand nach wie vor den Kieler Metzgermeistern offen, die noch selber schlachteten. Es entstand also ein öffentlicher Betrieb in privater Trägerschaft. Auch in Köln verhielt es sich so, denn dort beschlossen die örtlichen Politiker, den städtischen Schlachthof dauerhaft an eine GmbH zu verpachten, die rund 100 Kölner Metzger und einige der ebenfalls vor Ort ansässigen Fleischgroßhändler eigens dafür gründeten. In diesem Fall wachte die Kommune nicht nur über den freien Zugang zu den Schlachtanlagen für alle fachlich qualifizierten Interessenten; sie durfte sogar mitreden, wenn die Benutzungsgebühren festgelegt wurden.[118]

---

sowie als ein konkretes Beispiel: Schlachthofstrukturplan für Niedersachsen. Vorgelegt vom Niedersächsischen Ministerium für Ernährung, Landwirtschaft und Forsten. Bearbeiter: Alfred Wöltje/Otto Saenger, Hannover 1971.

[117] Vgl. exemplarisch etwa die ausführliche Debatte über das weitere Schicksal des Braunschweiger Schlacht- und Viehhofes (der schließlich reformiert, aber nicht geschlossen wurde) in: Protokoll ü. d. 6. Sitzung des Ausschusses für wirtschaftliche Einrichtungen der Stadt Braunschweig, 10. 12. 1974, NLA HA, Nds. 600, Acc. 2001/1, Nr. 77/1. Ähnlich aussagekräftig auch die kommunalpolitisch letztlich ergebnislose Diskussion in Frankfurt am Main in den frühen 1980er Jahren über eine Wohnbebauung der Schlachthof-Fläche in Sachsenhausen. Vgl. etwa: Auf dem Schlachthof ein Wohnviertel für dreitausend Menschen, in: FAZ, 16. 8. 1980; Der alte Schlachthof reist mit Defiziten ins Jahr 2000, in: FAZ, 22. 8. 1980; Der Schlachthof ist eine kleine Stadt für sich, in: FAZ, 16. 10. 1980; Am Schlachthof hängt die Sanierung des ganzen Viertels, in: FAZ, 10. 12. 1981; Der Schlachthof bleibt – keine Wohnungen am Deutschherrnufer, in: FAZ, 7. 5. 1982. Überlegungen zu alternativen Nutzungsmöglichkeiten der jeweiligen Schlachthofgelände für Braunschweig und Wolfsburg vgl. in: Fasterding, Ziele, S. 171–175.

[118] Zu Köln vgl. etwa die Dokumente in: Detlef Bischoff/Karl-Otto Nikusch (Hrsg.), Privatisierung öffentlicher Aufgaben. Ausweg aus der Finanzkrise des Staates?, Berlin 1977, S. 193–202, sowie ferner: Vieh ohne Profit, in: Die Zeit, 4. 2. 1972; Alois Dahmen, Zur Übernahme eines städtischen Schlachthofs durch eine private Trägergesellschaft, in: Der Städtetag 26 (1973), S. 678–680; Schlachthöfe: Aus den roten Zahlen in die schwarzen, in: FR,

Durch eine Privatisierung in diesem speziellen Sinne entgingen die politisch Verantwortlichen dem ansonsten drohenden Vorwurf, im wirtschaftlichen Konkurrenzkampf zwischen den Metzgern und den Supermärkten mit „Frischesortiment" einseitig die selbstständigen Handwerksbetriebe zu schädigen, die an der Tradition der eigenhändigen Schlachtung durch den Meister festhielten und bei ihren Kunden damit warben. Zwar verschwand der zuvor geltende „Schlachthofzwang" immer dann, wenn es vor Ort keinen öffentlich zugänglichen Schlachthof mehr gab. Auf Schlachtungen in eigenen Räumen, deren Verbot damit erlosch, aber waren die Metzger durch die Bank nicht mehr vorbereitet. Ohnehin machten die mittlerweile sehr strengen Hygiene- und Umweltschutzauflagen eine solche Rückkehr zu den Gepflogenheiten des frühen 19. Jahrhunderts weitgehend illusorisch.[119]

Gleichzeitig entsprach jeder Beschluss, den Schlachthof aus dem Ensemble der kommunalen Betriebe auszugliedern und in private Hände zu übergeben, dem politischen Zeitgeist: In den 1970er und 1980er Jahren gewannen die aus den USA und aus Großbritannien stammenden Lehren „neoliberaler" Ökonomen auch in der Bundesrepublik immer mehr Anhänger und Einfluss. Ihre Vorstellung, der Staat habe sich aus dem Wirtschaftsleben möglichst herauszuhalten und er dürfe schon gar nicht selbst unternehmerisch tätig werden, prägte zunehmend die öffentlichen Debatten. Damit geriet das deutsche System der weit ausgebauten städtischen „Daseinsvorsorge" durch nicht gewinnorientiert arbeitende kommunale Betriebe erstmals in seiner Geschichte massiv unter Legitimationsdruck.[120]

Gerade der Schlachthof eignete sich gut, um zu demonstrieren, dass auch Kommunalpolitiker die neoliberale Stimme der Zeit hörten: Proteste von Seiten der Bürger oder der Presse gegen eine Privatisierung waren bei diesem Unternehmen – anders als etwa beim Wasserwerk, der Müllabfuhr oder auch bei einem Kulturbetrieb wie dem Theater oder einem Museum – nicht zu erwarten. Selbst linke Sozialdemokraten, die ansonsten sehr viel von gemeinnützigen öffentlichen Unternehmen hielten, stellten den städtischen Schlachthof zur Disposition. So erklärte etwa Erhard Eppler, ein prominenter Vertreter des linken SPD-Flügels, 1980 sehr dezidiert, „er sehe nicht ein, warum das Töten von Schweinen zum Zwecke des Verzehrs eine öffentliche Aufgabe sein müsse".[121]

Da es in vielen Fällen durchaus Interessenten gab, die sich bereit zeigten, den defizitären öffentlichen Schlachthof zu übernehmen, erlebte die Bundesrepublik

---

11. 10. 1974; Privat aus der Misere, in: LZ 41 (1989), Nr. 20, S. J 12 (im Rückblick). Zu Mitspracherechten der Kommune nach der Privatisierung vgl. am Beispiel von Düsseldorf auch: Schlachthof ab Januar privatisiert, in: LZ 27 (1975), Nr. 51, S. 10.
[119] Vgl. hierzu genauer am lokalen Beispiel von Bad Homburg (bei Frankfurt/Main): Hausschlachtung und Hygiene, in: FAZ, 15. 12. 1972.
[120] Vgl. genauer: Karl Christian Führer, Gewerkschaftsmacht und ihre Grenzen. Die ÖTV und ihr Vorsitzender Heinz Kluncker 1964–1982, Bielefeld 2017, S. 481–519; Norbert Frei/Dietmar Süß (Hrsg.), Privatisierung. Idee und Praxis seit 1970, Göttingen 2012.
[121] „Privatisierung kann notwendige Leistungen unbezahlbar machen", in: FAZ, 9. 1. 1980.

bei diesen Betrieben schon in den 1970er Jahren eine „Privatisierungswelle".[122] Meist engagierten sich lokal ansässige Metzger und Großschlachter; aber auch genossenschaftliche und private „Totvermarkter" beteiligten sich in der Hoffnung, ihr betriebswirtschaftliches Know-how werde die Verluste des Unternehmens zumindest auf mittlere Sicht schon in Gewinne verwandeln. Wie stark die Gemeinden diese privaten Investoren mit verdeckten Subventionen und/oder bewusst niedrig angesetzten finanziellen Forderungen für die zu übernehmende Schlachtanlage lockten, lässt sich auf dem bisherigen Kenntnisstand nicht sagen. Entsprechende Vorwürfe wurden zwar schon nach der Verpachtung des Kölner Schlachthofs an die Betriebsgesellschaft der lokalen Metzger und Fleischgroßhändler erhoben. Ansonsten aber blieb diese Frage ungeprüft.[123]

Der öffentliche Charakter des privatisierten Schlachthofs (d. h. seine Zugänglichkeit auch für andere Gewerbetreibende neben den Pächtern oder Eigentümern und deren Beauftragten) bestand so oder so aber in der Regel fort: Kaum eine Gemeinde verzichtete auf entsprechende vertragliche Abmachungen mit den neuen Betreibern.[124]

In der Geschichte der deutschen Fleischvermarktung hatte die Privatisierung von städtischen Schlachthöfen daher retardierende Wirkungen. Zwar sank die Zahl der Gemeinden, die noch an dem traditionellen Modell festhielten, einen eigenen Dienstleistungsbetrieb für Schlachtungen von Mastvieh zu unterhalten, zwischen 1970 und 1989 von 381 auf nur noch 105. Daneben gab es in der Bundesrepublik aber immer noch weitere 160 Schlachthöfe, die trotz privater Eigentümer oder Pächter öffentlich benutzbar waren. Seit 1970 hatte sich diese spezielle Gruppe um das Zehnfache vermehrt. Zwar kennen wir die Hintergründe der Betriebe nicht im Einzelnen; die Vermutung, dass es sich weit überwiegend um ehemalige stadteigene Unternehmen handelte, wirkt jedoch sehr plausibel.[125]

---

[122] Einen Überblick vgl. in: Aldinger/Uhlemann, Kostenstruktur, S. 205 f.. Vgl. auch: Nicht schlachtreif, in: FAZ, 29. 4. 1978.

[123] Vgl. dazu: Hartmut Tofaute, Die Übertragung öffentlicher Leistungen und Funktionen auf Private (Privatisierung). Eine Darstellung politischer, ökonomischer, gesellschaftlicher und arbeitnehmerorientierter Gesichtspunkte, Stuttgart 1977, S. 75 f.; Bischoff/Nikusch, Privatisierung, S. 198–202; Meyerhöfer, Struktur, S. 125. Zu den vielen Möglichkeiten für solch eine indirekte Förderung durch die Gemeinde vgl. kritisch auch schon: Aldinger/Uhlemann, Kostenstruktur, S. 206 f. In der Tagespresse wurde die Kölner Privatisierung durchweg sehr positiv dargestellt: Sie beweise, wie unwirtschaftlich der öffentliche Schlachthof gearbeitet habe. Vgl. zu dieser einseitigen Darstellung: Alexander van der Bellen, Öffentliche Unternehmen zwischen Markt und Staat, Köln 1977, S. 100. Als ein konkretes Beispiel für eine offensichtlich bewusst niedrig angesetzte Pachtgebühr vgl. zu Recklinghausen im Jahr 1975 genauer: Otto Raseneck, Schlachthöfe im Umbruch: Auf dem Wege zur Entwicklung des modernen Schlachthofes, in: FW 55 (1975), S. 765–780, hier: S. 765.

[124] Vgl. für Nordrhein-Westfalen: Paul Ottmann, Der Wandel der Schlachtviehvermarktung in Nordrhein-Westfalen. Orientierungshilfen zur Verbesserung der Vermarktungsstruktur sowie des Notierungswesens unter besonderer Berücksichtigung der Verhältnisse im Bereich der Landwirtschaftskammer Rheinland, agrarwiss. Diss. Universität Bonn, 1976, S. 39 f.

[125] Müller, Möglichkeiten, S. 43. Vgl. speziell für Baden-Württemberg auch: Ladel, Analyse, S. 55–57. Ob die 106 Schlachthöfe, die 1989 im Vergleich zu 1970 in der bundesweiten Statistik der öffentlich zugänglichen Betriebe fehlten, sämtlich geschlossen worden waren, lässt

Anders gesagt: Offensichtlich half die Privatisierung des kommunalen Schlachthofes in vielen Fällen, die Geschichte des Schlachtens direkt in der Stadt, in unmittelbarer Nachbarschaft der Fleischkonsumenten, noch einmal zu verlängern, obwohl mit der „Totvermarktung" von Fleisch bereits ein anderes, wirtschaftlich deutlich effizienteres Procedere existierte.[126] Mehr als ein Rückzugsfecht aber war das nicht. Der Aufschwung der Versandschlachthöfe jedenfalls setzte sich nicht nur fort; er beschleunigte sich nach 1980 sogar noch deutlich. Schlachteten sie zu Beginn dieses Jahrzehnts rund 60 Prozent der Schweine und 47 Prozent der Rinder, so lagen diese Werte 1989 bereits bei 70 bzw. 68 Prozent.[127] Damit hatte sich das Verhältnis zwischen „Totvermarktung" und den Schlachtungen in den Städten seit 1975 fast exakt in ihr Gegenteil verkehrt.

Mit diesem Wandel veränderte sich das Geschäft der Fleischproduktion in der Bundesrepublik grundlegend: Die Schlachtung von Mastvieh konzentrierte sich zunehmend an vergleichsweise wenigen Standorten und in wenigen Unternehmen. Der nachfolgende Abschnitt beschäftigt sich genauer mit den Voraussetzungen, dem Ausmaß und auch mit den Konsequenzen dieses Konzentrationsprozesses.

5. Auf dem Weg zur Massenproduktion: Boom und Automatisierung des Schlachtens

Die bislang beschriebenen Veränderungen in der Branche der Schlachthöfe nach 1960 vollzogen sich auf einem Markt, der massiv expandierte. Konzentriert man sich auf Schweine und Rinder (inklusive der Kälber), d. h. auf die beiden Tierarten, deren Fleisch von den Westdeutschen mit weitem Abstand am häufigsten gegessen wurde, dann wuchs die Zahl der gewerblichen Schlachtungen in der Bundesrepublik von 22,48 Millionen im Jahr 1960 in nur zwei Dekaden fast um 20 Millionen weitere Tiere: 1980 kamen in den Schlachthäusern des Landes nicht weniger als 41,51 Millionen Schweine und Rinder unters Messer.[128]

---

sich auf dem gegenwärtigen Kenntnisstand nicht sagen, da auch strikte Privatisierungen vorkamen. Deren Zahl ist jedoch unbekannt. Die Gruppe der rein privaten Schlachthöfe wuchs von 1970 auf 1989 von 144 Betrieben auf 289 (Müller, Möglichkeiten, S. 43).
[126] Expressis verbis so formuliert wurde das etwa von den Stadtverordneten von Hanau, als sie 1983 die Verpachtung des defizitären städtischen Schlachthofes an eine privatwirtschaftliche Betreibergesellschaft beschlossen. Vgl.: Der Schlachthof bleibt, in: FAZ, 26. 4. 1983.
[127] Fleischwirtschaft in Zahlen 1988. Bundesrepublik Deutschland und EG-Mitgliedsstaaten, Bonn 1988, S. 29; Fleischwirtschaft in Zahlen 1992. Bundesrepublik Deutschland und EG-Mitgliedsstaaten, Bonn 1992, S. 53.
[128] Die Zahlen gelten für alle gewerblichen Schlachtungen (d. h. Hausschlachtungen sind nicht berücksichtigt), inklusive der Schlachtungen von lebend aus dem Ausland in die Bundesrepublik importierten Schweine und Rinder. Mit 475.000 Schafen und 76.200 Pferden im Jahr 1960 (1985: 731.000 Schafe und 23.400 Pferde) spielten selbst die beiden nächsten großen Gruppen in der Statistik nur eine untergeordnete Rolle. Geflügel ging in diese Statistik grundsätzlich nicht ein, weil für diese Tiere (wie oben schon gesagt) eigene Schlachtbetriebe entstanden. Zu deren Arbeit gibt es erst seit 1965 eine fortlaufend separat geführte Zahlenrei-

Anschließend verlangsamte sich der bislang stets rasant voranschreitende Zuwachs. Bei den Schweinen stagnierten die Zahlen in einzelnen Jahren sogar. Dennoch brachten 1986 und 1987 mit jeweils fast 44 Millionen geschlachteten Tieren neue Rekordergebnisse. Danach zeigte sich erstmals ein einheitlich negativer Trend, weil der Fleischkonsum nun nicht nur in der BRD, sondern auch in den meisten anderen EG-Ländern leicht sank. 1989 fehlten daher im Vergleich zu 1986 rund 3,3 Millionen Tiere in der Schlachtstatistik (das entsprach einem Minus von 7,5 Prozent). Auch im letzten Jahr der alten Bundesrepublik aber töteten die Schlachthöfe des Landes immer noch 40,28 Millionen Schweine und Rinder.[129]

Da die Deutschen das Fleisch der Schweine so liebten, bestand das Geschäft der Schlachthöfe zwischen Rhein und Elbe ganz überwiegend daraus, solchen Paarhufern das Leben zu nehmen: Auf Rinder (wie gesagt: inklusive der Kälber) entfielen seit den späten 1960er Jahren fortlaufend jeweils kaum 15 Prozent der eben bezifferten Schlachtungen.[130] Für die Entwicklung der Branche ist diese Tatsache keineswegs unbedeutend, denn Schweine machen deutlich weniger Mühe, wenn sie getötet und für die Weiterverarbeitung vorbereitet werden als die erheblich größeren horntragenden Nutztiere. Rationalisierungen des Schlachtprozesses waren in der Bundesrepublik daher sowohl einfacher durchzuführen wie auch wirtschaftlich unmittelbar lohnender als etwa in Frankreich oder in den südeuropäischen Ländern mit ihren ganz anderen Traditionen des Fleischkonsums.

Schon ein flüchtiger Blick auf die Gruppe der in Westdeutschland aktiven Schlachthöfe zeigt, wie bedeutsam solche Rationalisierungen im hier untersuchten Zeitraum gewesen sein müssen: Während sich die gewerblichen Schlachtungen von 1960 auf 1980 nahezu verdoppelten, sank die Zahl aller öffentlichen und privaten Schlachtbetriebe, in denen Großvieh und Schweine geschlachtet wurden, in

---

he, die nur das gesamte Schlachtgewicht in Tonnen verzeichnet. Siehe dazu unten S. 267. Alle oben genannten Zahlen aus und berechnet nach: StatJb BRD 1962, S. 184; StatJb BRD 1982, S. 156.

[129] Zahlen aus und berechnet nach: StatJB BRD 1990, S. 168; Fleischwirtschaft in Zahlen 1992, S. 33. Aus diesem Rückgang ergab sich auch ein kurzfristig etwas sinkender Marktanteil der Versandschlachthöfe bei Schweinen (von 70,2 Prozent 1986 auf 69,2 Prozent im Jahr darauf). Versandschlachtereien verloren erstmals Marktanteile, in: DGS 40 (1987), S. 753. Eine anhaltende Trendwende bedeutete dies jedoch nicht.

[130] 1960 hatte das noch etwas anders ausgesehen, weil die Zahl der Kälberschlachtungen seinerzeit mit mehr als zwei Millionen Tieren noch recht hoch gelegen hatte. Daher entfielen auf die Rinder in diesem Jahr noch rund 25 Prozent der oben genannten Schlachtzahl. Durch die starke Ausweitung der Milchviehhaltung wie auch durch den raschen Aufschwung der Bullenmast (siehe dazu genauer unten S. 426) halbierte sich die Zahl der Kälberschlachtungen bis 1970 und ging auch danach noch weiter zurück (1989: 485.000 Tiere). Dieser Rückgang wurde nur unzureichend durch Zuwächse bei den Schlachtungen ausgewachsener Rinder ausgeglichen. Der Anfall an Kalbfleisch wuchs dennoch, weil die Tiere deutlich schwerer als in den 1950er Jahren geschlachtet wurden. Zu diesen Wandlungen vgl. genauer schon: Roderich Plate/Gustav Neidlinger, Agrarmärkte und Landwirtschaft im Strukturwandel der siebziger Jahre. Analyse und Projektion für die Bundesrepublik Deutschland, Hiltrup 1971, S. 78–81.

der Bundesrepublik von 506 auf 480. Bis 1989 erfolgte dann ein weiterer, nun sogar noch beschleunigter Rückgang auf lediglich 394 solcher Firmen.[131]

Erst wenn man diese Angaben mit den eben genannten Zahlen zusammenführt, enthüllt sich der Aufschwung der Versandschlachthöfe und der „Totvermarktung" in seinen wahren betriebswirtschaftlichen und organisatorischen Dimensionen: Die dramatische Ausweitung der Produktion erfolgte, während gleichzeitig zahlreiche Schlachtunternehmen dauerhaft ihre Tore schlossen. Zudem gingen die Zahlen der geschlachteten Tiere seit 1974/75 in fast allen noch existierenden kommunalen Schlachthöfen kontinuierlich zurück. Dementsprechend intensivierte sich der Andrang der Tierlieferungen in den Betrieben, die frisch geschlachtetes Fleisch versandten, nun noch stärker als zuvor.

Wenn die Unternehmen diese Arbeitsflut dennoch bewältigten, so verdankte sich das zum einen wiederholten Kapazitätserweiterungen in bereits vorhandenen Standorten. Zum anderen aber benutzte die deutsche Schlachtbranche etwa seit Mitte der 1960er Jahre nun erstmals wirklich konsequent die Möglichkeiten der Automatisierung. Das zentrale Element dieser innerbetrieblichen Modernisierung, die Arbeitskräfte und – wichtiger noch – enorm viel Zeit bei jeder einzelnen Schlachtung sparte, war das sogenannte „Schlachtband" oder auch die „Schlachtlinie", ein kontinuierlich im gleichen Tempo laufendes Fließband, an dem all die verschiedenen Arbeitsschritte stattfinden, die zwischen der Betäubung eines lebenden Tieres (bzw. bei Rindern: deren Tod durch den Bolzenschuss und den durch die Wunde eingeführten „Rückenmarkzerstörer") als Beginn und der Bereitstellung von „ausgeschlachteten" Körperhälften oder -vierteln als Abschluss des Schlachtvorgangs liegen.[132] Wie oben gezeigt wurde, hatten sich technische Einrichtungen dieser Art in Deutschland zuvor nicht durchgesetzt, obwohl sie in den USA schon im 19. Jahrhundert entstanden.

Auch in den 1950er Jahren sah das noch kaum anders aus. Eine Ausnahme machten hier nur die neu entstehenden Geflügelschlachthöfe: Sie arbeiteten alle von vornherein „mit einer automatischen Einrichtung zur Verarbeitung des Geflügels vom Schlachten, Rupfen, Sengen bis zum Kühlen".[133] In den Anlagen für Großvieh gab es hingegen nur wenige Änderungen. Zwar schlachteten die großen kommunalen Betriebe in Westdeutschland seit ihrem Wiederaufbau nach dem Zweiten Weltkrieg in der Regel „hängend" statt (wie zuvor) „liegend". Diese Neuerung aber diente vor allem dazu, hygienische Gefahren zu verringern. Der Transport der Körper zwischen den einzelnen Stationen in der Schlachthalle erfolgte jedoch nach wie vor nicht automatisch; vielfach erforderte er ein zeitaufwändiges

---

[131] Müller, Möglichkeiten, S. 43. Gezählt wurden Betriebe, nicht Standorte. Schlachtanlagen für Geflügel sind in den genannten Zahlen nicht enthalten. Zu deren Zahl siehe S. 171 f.
[132] Vgl. als knappen Überblick etwa: Fortschritte in der Schlachttechnik: Rationell und hygienisch, in: Die Fleischerei 16 (1965), S. 34–37.
[133] So schon in der ersten speziellen Schlachtanlage für Geflügel, die 1956 in Stelle bei Hamburg eröffnet wurde. Im Dienste der Geflügelwirtschaft, in: KF 39 (1956), S. 28–29, hier: S. 29. Eine anschauliche Beschreibung des gesamten Schlachtprozesses vgl. in: Herrmann, Lebensmittel, S. 87–91.

Umhängen der Tiere zwischen verschiedenen Halterungssystemen. Gleichzeitig existierten etwa in Dänemark bereits zahlreiche Großbetriebe, die „eine mehr oder weniger vollkommen mechanisierte Schlachtlinie" für Schweine besaßen.[134]

Diese Anlagen, die zu einer straff organisierten genossenschaftlichen Marktordnung der landwirtschaftlichen „Veredelung" in Dänemark gehörten, dienten den ab 1960 neu entstehenden Versandschlachthöfen in der Bundesrepublik zumindest technisch als Modell, weil auch sie sich ja zunächst stark auf Schweine konzentrierten. Für die Schlachtung von Rindern lieferte ein Privatbetrieb, die „Karl Schweisfurth GmbH", die seit 1947 sehr erfolgreich Wurstwaren unter dem Markennamen „Herta" verkaufte, 1962 ein Vorbild, das in den nachfolgenden Jahren dann auch von kommunalen Schlachthöfen vielfach adaptiert wurde: Das Unternehmen nahm in diesem Jahr an seinem Stammsitz, in der westfälischen Kleinstadt Herten, die erste „vollständige Schlachtlinie" für Großvieh in Deutschland in Betrieb, an der das Rind nach dem tödlichen Bolzenschuss zu keinem Zeitpunkt mehr in eine liegende Position abgesenkt wurde.[135]

Da solche Anlagen schwere Gewichte tragen und transportieren müssen, erforderte ihre Einrichtung hohe Investitionen in eine bei Schlachthöfen bislang nicht notwendige statisch belastbare Dachkonstruktion und adäquat starke Mauern.[136] Dementsprechend setzte sich die „Schlachtstraße" für Rinder deutlich langsamer durch als deren Pendant für Schweine. Bereits Mitte der 1970er Jahre aber konstatierten Experten, die Fließbänder auch für die horntragenden Masttiere seien in den deutschen Schlachthöfen mittlerweile so zahlreich vertreten, dass sich der Prozess der Fleischgewinnung nun in einem weiteren Schritt tatsächlich „weitgehend industrialisieren" lasse: Zwar dürfe das Töten des Tieres, damit es „schnell und human" geschehe, weiterhin „nur durch geübte Menschenhand" erfolgen. Ansonsten aber sollten Maschinen die Arbeit übernehmen.[137]

---

[134] Vgl. etwa: Hans Meßner, Zur Entwicklung der Schlachtverfahren, in: FW 42 (1962), S. 273–277, hier: S. 273 f. Vgl. auch: Helmut Bartels, Die hygienische Bedeutung des Schlachtens im Hängen, in: ebenda, S. 645–648. Eine zeitgenössische Fotoserie einer solchen Anlage vgl. in: Schweineschlachtungen am Band, in: Die Fleischerei 21 (1970), Nr. 2, S. 20–24. Speziell zu den modernen Anlagen in Dänemark vgl. auch: Slaughterhouse Facilities and Meat Distribution in O.E.E.C. Countries, Paris 1959 (O.E.E.C. Documentation Food & Agriculture, 1959 Series, No. 12), S. 17–19.

[135] Vgl.: Meßner, Entwicklung, S. 277. Zwar besaß das städtische Hamburger Schlachthof-Unternehmen zu diesem Zeitpunkt bereits eine Anlage dieser Art: Sie befand sich jedoch in einem separaten Betrieb, dem „Seegrenz-Schlachthof", in dem wegen der strengen deutschen Hygieneregeln ausschließlich per Schiff in Hamburg angelieferte ausländische Rinder getötet wurden. Technisch galt sie eher als Versuchsanlage, die nur einmal pro Woche benutzt wurde. Vgl. dazu: ebenda, sowie die anschauliche rückblickende Beschreibung in: Burghard Marterer, Tagebuch eines Metzgers. Mein Weg durch die Hölle – aus dem Tagebuch eines Schlachters, online unter: www.swissveg.ch/node/523 verfügbar (anders als der Titel es suggeriert, handelt es sich hierbei nicht um ein Tagebuch, sondern um die Erinnerungen eines ehemaligen Kopfschlachters an seine Arbeit in Hamburg in den frühen 1960er Jahren).

[136] Otto Raseneck, Schlachthöfe im Umbruch: Auf dem Weg zur Entwicklung des modernen Schlachthofes, in: FW 55 (1975), S. 765–780, hier: S. 780.

[137] E. Amrogowicz, Schwerpunkte zur modernen Schlachttechnik, in: FW 54 (1974), S. 1415–1420, hier: S. 1417 u. S. 1420.

Bei dieser Automatisierung spielten hygienische Ziele eine wichtige Rolle: „Im gesamten Produktionsvorgang des Schlachtens und Vermarktens erscheint sehr oft der Mensch als Schwachstelle". Deshalb müsse in den Schlachthöfen konsequent jede Technik eingesetzt werden, „die Arbeitsvorgänge [...] frei macht von der menschlichen Hand, insbesondere von der kontaminösen Berührung des Fleisches".[138]

Auch wenn es für Außenstehende schwer vorstellbar war (und ist), so ließ sich dieses Ideal des mechanisierten Schlachtens dank der enormen Erfindungskraft sowohl der bundesdeutschen wie auch der internationalen Maschinenbauindustrie recht weitgehend realisieren. Allerdings musste dafür viel Geld aufgebracht werden, da man zahlreiche völlig verschiedene Apparaturen brauchte, die dann jeweils an einem bestimmten Punkt der Fließbandstrecke zum Einsatz kamen.[139] Die Palette der verfügbaren Modelle reichte etwa von einer Hautabzugsmaschine für Rinder und Kälber über die automatisch arbeitende Anlage, die solches Großvieh sekundenschnell in zwei Hälften trennte oder die „Entborstungsanlage" für Schweine bis hin zu Einrichtungen, die das Reinigen der Tierdärme übernahmen. Auch pneumatisch betriebene, geschlossene Systeme, die Schlachtabfälle selbständig weiterverarbeiteten, ließen sich bestellen. In hygienischer Hinsicht bedeuteten gerade die beiden letzteren Apparate im Vergleich zum bisherigen Alltag in den Schlachthöfen fraglos „eine wahre Revolution".[140]

Dort, wo alle diese technischen Möglichkeiten genutzt wurden, vollzog sich der Schlachtprozess in ganz neuartiger Effizienz und mit enormer Geschwindigkeit. Zwar hatte auch das traditionelle Vermarktungssystem durchweg rasch gearbeitet: Der Markttag der großen kommunalen Vieh- und Schlachthöfe war ja immer auch der Schlachttag. Dieses Tempo verdankte sich jedoch – wie gezeigt – vor allem der

---

[138] Helmut Grätz, Schlachten und Vermarkten in der Fleischwirtschaft, in: FW 61 (1981), S. 9.
[139] Vgl. beispielhaft etwa: K. Petri, Ein Rinderschlachtband mit einem neuentwickelten maschinellen Enthäuteverfahren, in: SVZ 70 (1970), S. 220–224; G. Runkel, Moderne Schweineschlachtanlagen, in: FW 55 (1975), S. 1675–1684; Oskar Prändl u. a., Fleisch. Technologie und Hygiene der Gewinnung und Verarbeitung, Stuttgart 1988, S. 71–81. Vgl. auch die beiden recht anschaulichen Beschreibungen der Schlachtungen an dem 1969 in Betrieb genommenen Rinder-Schlachtband im Frankfurter Schlachthof und den dabei eingesetzten Apparaturen in: Am Fließband schlachtet sich's bequemer, in: FAZ, 21. 5. 1969; Vom Rindvieh zum Rindfleisch, in: FAZ, 28. 9. 1973.
[140] Raseneck, Schlachthöfe, S. 779 f. Ein weiteres Beispiel für diese Modernisierung sind auch die Techniken, die in den 1970er Jahren das traditionelle, sehr aufwendige „Knochenputzen" per Hand ersetzten: Knochen mit Fleischresten wurden nun maschinell zerkleinert; in Zentrifugen entstand aus diesem Knochen-Fleischbrei anschließend „Separatorenfleisch", das in geringen Mengen bei der Produktion von qualitativ einfachen Koch- und Brühwürsten verwandt werden durfte. Vgl. dazu (mit kontroversen Urteilen über die Qualität des so gewonnenen Fleisches): Klaus Peter Krause, Abfallstoffe für die Brühwurst, in: FAZ, 13. 3. 1976; G. Pfeiffer, „Abfallstoffe für die Brühwurst"?, in: FW 56 (1976), S. 484; Stellungnahme der Bundesanstalt für Fleischforschung, Kulmbach, zum Separatorenfleisch: in: ebenda, S. 912; Michael Witt, Zur maschinellen Trennung von Fleisch und Knochen, in: FW 57 (1977), S. 1261–1274; Besser für Tierfutter als für Wurst, in: FAZ, 25. 10. 1979.

Praxis, räumliche, technische und personelle Überkapazitäten bewusst in Kauf zu nehmen.[141]

Voll ausgebaute moderne Versandschlachthöfe verwandelten die Stoßproduktion der städtischen Schlachtanlagen hingegen in ihren betrieblichen Alltag. Nach den akribischen Ermittlungen, die ein angehender Veterinär im Winter 1977/78 in einem großen genossenschaftlichen Betrieb anstellte, brauchte dieses Unternehmen durchschnittlich nur rund eine halbe Stunde, bis ein gerade eben erst betäubtes Schwein vollständig „ausgeschlachtet" in zwei Hälften am Haken hing, um nach den gesetzlichen Vorschriften abschließend tierärztlich begutachtet zu werden. Erstaunlicher noch: Auch bei Rindern dauerte der Schlachtprozess pro Tier nach dem einleitenden Bolzenschuss in der Regel kaum zwei Minuten länger. Im Zusammenspiel der Metzger, ohne die selbst solche Anlagen nicht funktionieren konnten, weil die entscheidenden Stiche oder Schnitte doch jeweils noch die Hand eines Fachmanns erforderten, der diversen Hilfsarbeiter, der Maschinen und des Fließbandes wurden in Anpassung an die Bedürfnisse der deutschen Fleischkonsumenten so stündlich 300 bis maximal 320 Schweine bzw. 60 ausgewachsene Großtiere geschlachtet. In diesem Rhythmus produzierte der Betrieb an jedem Werktag pro „Schlachtlinie" jeweils mindestens zehn bis zwölf Stunden lang.[142]

Wenn Fleisch – wie gezeigt – für die Bundesbürger in den Jahren zwischen 1960 und 1990 real fast beständig preiswerter wurde und damit seinen Status als ein Artikel des „gehobenen Bedarfs" weitgehend verlor, dann verdankte sich diese Entwicklung stark auch den Effizienzgewinnen, die solche Anlagen in den Versandschlachthöfen möglich machten.[143]

Wie pfleglich oder wie rücksichtslos das einzelne Tier vor seinem unausweichlichen Tod in diesem System der Massenproduktion behandelt wurde, ist eine offene Frage. Das 1972 neu gefasste Tierschutzgesetz verbot es zwar ebenso allgemein wie vage, Tieren „ohne vernünftigen Grund Schmerzen, Leid oder Schäden" zuzufügen. Zur Arbeit der Schlachthöfe fand sich darin aber ausschließlich

---

[141] Siehe genauer S. 25 f.
[142] Alfred Denis, Untersuchungen zu fleischhygienischen Vorschriften aus der Sicht der Schlachttechnik und der amtlichen Untersuchungstätigkeit, veterinärmed. Diss. Universität Gießen 1979, insbes. S. 83–91 (die genauen Daten zum Arbeitstempo) und S. 59 (zur Länge der Arbeitstage). Bei sehr zahlreichen Anlieferungen wurde an einzelnen Tagen jedoch auch noch länger gearbeitet. Begrenzt wurde der Umfang der Produktion allerdings zum Zeitpunkt der Recherchen dadurch, dass wegen fehlender Arbeitskräfte alternativ jeweils nur Schweine oder nur Rinder geschlachtet werden konnten. Allerdings vermerkte der Autor, mittlerweile nehme das Unternehmen auch „Simultanschlachtungen" an beiden „Schlachtlinien" vor. Die dabei vorgenommene Verlangsamung des Bandtempos ging offensichtlich auf einen nach wie vor nicht vollständig behobenen Mangel an Fachkräften zurück. Zu den Details vgl.: ebenda, S. 59. Der Betrieb lässt sich wegen der bewusst vage gehaltenen Angaben des Autors nicht identifizieren. Zu den Arbeitsbedingungen an solchen „Schlachtlinien" am Beispiel zweier Betriebe vgl. genauer: Peter Pautsch/Volker Schier/Siegfried Steininger, Betriebs- und mitarbeitergerechte Gestaltung der Arbeits- und Produktionsbedingungen in der Vieh- und Fleischwirtschaft, Bonn 1989, S. 70–72 u. S. 74–76. Negativ vermerkt wird hier sowohl die Belastung durch starken Lärm wie auch die hohe Luftfeuchtigkeit.
[143] Zur Preisentwicklung siehe S. 48.

die Bestimmung, Mastvieh dürfe „nur unter Betäubung" (bzw. bei religiös motivierten Schächtungen „unter Vermeidung von Schmerzen") getötet werden.[144]

Ob diese Regeln ausreichen, um das oben zitierte Postulat zu realisieren, im Schlachthof seien die Tiere stets „schnell und human" zu töten, darf bezweifelt werden. Wer im Schlachthof arbeitete, der gehörte wohl eher nicht zu den Menschen, die über die Befindlichkeit von Tieren nachdachten; die Mitglieder dieser reinen Männergesellschaft gaben sich äußerst robust bis rau.[145] Verteidiger der kommunalen Schlachthöfe meinten daher, der Siegeszug der Versandschlachthöfe bedeutete nichts Gutes für das Wohlbefinden der Masttiere kurz vor der Schlachtung: Dort hätten Metzger mit ihren Erfahrungen im Umgang mit Tieren, Fleisch und Verbrauchern nichts mehr zu sagen. Stattdessen entschieden Betriebswirte, „und für die gibt es nur eine Maxime: Rationalisierung".[146]

Diese Warnung klingt durchaus plausibel. Sie übersah allerdings eine Entwicklung, die vor allem die großen Versandschlachthöfe gegen Ende der 1980er Jahre dazu bewog, bewusst darauf zu achten, wie ihr Personal mit dem angelieferten Mastvieh umging. Angestoßen wurde dieser Wandel durch die oben bereits erwähnten massiven Probleme mit der Qualität vor allem von Schweinefleisch, die alle Segmente der Fleischbranche schon den frühen 1970er Jahren intensiv beschäftigten. Wie die Beobachtungen und Forschungen vieler Experten zeigten, trug Stress kurz vor der Schlachtung erheblich dazu bei, dass so viel Schweinefleisch den Konsumenten nicht mehr mundete, weil die einzelnen Stücke vom Leib der gezielt sehr mager gezüchteten Tiere beim Erhitzen stark Wasser ausdünsteten und zäh wurden.[147] Durch rüde Behandlung im Schlachthof konnten daher selbst sorgfältig aufgezogene und gemästete Tiere „in einer halben Stunde kaputtgeschlachtet werden".[148]

---

[144] BGBl 1972, T. I, S. 1277 f. Dieses Gesetz ersetzte das von den Nationalsozialisten erlassene erste deutsche Tierschutzgesetz vom April 1933, das zuvor nahezu unverändert weiter gültig gewesen war. Die zentrale Schutzbestimmung war in dem ersten Gesetz etwas anders formuliert: Verboten war es danach, „ein Tier unnötig zu quälen oder roh zu mißhandeln" (RGBl 1933, T. I, S. 987). Kritisch zur Entstehung der Neufassung von 1972 und ihren geringen Schutzwirkung (mit starker Betonung der dafür verantwortlich gemachten landwirtschaftlichen Interessen) vgl. genauer: Philipp von Gall, Tierschutz als Agrarpolitik. Wie das deutsche Tierschutzgesetz der industriellen Tierhaltung den Weg bereitete, Bielefeld 2016. Zu der speziellen Frage des „Schächtens" und deren Regelung vgl. etwa: Hans-Joachim Wormuth, Aspekte des rituellen Schlachtens (Schächten), in: Berliner und Münchener Tierärztliche Wochenschrift 94 (1982), S. 265–271.

[145] Vgl. anschaulich dazu etwa die Erinnerungen des ehemaligen Kopfschlachters Burghard Marterer an seine Ausbildung in Oberfranken und seine Berufstätigkeit auf dem Hamburger Schlachthof in: Marterer, Tagebuch, online unter: www.swissveg.ch/node/521-533.

[146] Josef Lütkemeyer, Im Brennpunkt: Die Fleischqualität, in: top agar 9 (1980), Nr. 1, S. S 30–S 33, hier: S. S 33.

[147] Vgl. zusammenfassend etwa: D. N. Rhodes, Meat Quality and the Consumer, in: J. C. Bowman/P. Samuel (Hrsg.), The Future of Beef Production in the European Community, The Hague etc. 1970, S. 79–89, hier: S. 87–89; R. L. Joseph, Recommended Methods for Assessment of Tenderness, in: ebenda, S. 596–606, hier: S. 596 f.

[148] Schlachthof für Qualitätsschweine, in: LZ 40 (1988), Nr. 32, S. 18.

An diesem Zusammenhang gab es im Laufe der 1980er Jahre kaum noch ernsthafte Zweifel. Damit entdeckten die Schlachthöfe, dass die Qualitätskrise gerade für sie unternehmerische Chancen bot. Wer Schlachtvieh gezielt vor Stress schützte, der durfte offensichtlich darauf rechnen, deutlich weniger „PSE"-Fleisch zu produzieren – was der Zufriedenheit der Großkunden, die den Schlachthöfen die Ware abnahmen, nur förderlich sein konnte. Auch Betriebswirte, die ausschließlich ökonomisch dachten, entdeckten unter diesen Bedingungen das Tierwohl als ein wichtiges unternehmerisches Ziel.[149]

Die Rolle des Vorreiters übernahm hierbei wohl nicht zufällig die „Westfleisch", d. h. gerade der genossenschaftliche Schlachtbetrieb, der besonders konsequent unternehmerisch geführt wurde. Nach einer längeren Planungs- und Vorbereitungsphase, in der die „Westfleisch" intensiv mit der staatlichen „Bundesanstalt für Fleischforschung" kooperiert hatte, realisierte sie 1988 ein Konzept, das den „Westfleisch"-Kunden – für einen höheren Preis – die Lieferung von PSE-freiem Fleisch versprach. Das bereits seit längerem laufende Zucht- und Vermehrungsprogramm für qualitativ besonders wertvolle „Westferkel" wurde dabei mit detaillierten Vorschriften sowohl zum Transport der ausgemästeten Tiere wie auch zu deren Schlachtung kombiniert. Im Kern ging es zum einen darum, den Weg zwischen Stall und Schlachthof möglichst kurz zu halten; zum anderen aber setzte das Unternehmen auf einen „schonenden Schlachtprozess". Dazu gehörte es etwa, die Zeit zwischen der Betäubung des Schweins und dem Stich in die Hauptschlagader auf wenige Sekunden zu begrenzen. Darüber hinaus kehrte das Unternehmen auch zur „liegenden Schlachtung" zurück, weil Messungen zeigten, dass dabei im Körper des sterbenden Tieres im Vergleich zu der in den 1950er Jahren eingeführten „hängenden Schlachtung" 80 Prozent weniger Stresshormone freigesetzt wurden.[150]

Ebenfalls 1988 präsentierte die „Schweisfurth GmbH", die seit den 1970er Jahren ja nicht nur Wurstwaren, sondern auch ausgeschlachtete Tiere und portioniertes Frischfleisch anbot, ein ganz ähnlich konzipiertes Programm. Wie das Unternehmen stolz mitteilte, waren dabei „selbst kleinste Details" wie etwa das maximal

---

[149] Chemische Tests, um PSE-Fleisch zu identifizieren, erbrachten nur dann verlässliche Resultate, wenn sie innerhalb von 60 Minuten direkt nach der Schlachtung stattfanden. Als Standard-Procedere waren sie im modernen Massenbetrieb daher nicht einsetzbar. Alle anderen Kriterien zur Identifizierung von potentiellem PSE-Fleisch waren recht vage, individuell auslegbar und damit unzuverlässig. Vgl. hierzu: Heide Brinkmann, PSE-Fleisch. Problem, Meinungen, Lösungsvorschläge, Hamburg und Berlin 1986, S. 16–21.

[150] Schnitzel braucht den Saft in sich, in: LZ 40 (1988), Nr. 40, S. 22 (das Zitat vom „schonenden Schlachtprozess"). Zu den Details des Programms vgl. auch: Aufwertung auf breiter Front, in: ebenda, Nr. 40, S. F 14; Heinz Schweer, Die Chefeinkäufer der Einzelhandelskonzerne spielen die Fleischvermarkter gegeneinander aus, in: HB, 19. 4. 1989; Johannes Trillhaas, Schweinefleischvermarktung unter der Dachmarke „Westfleisch", in: 2. Röttgener Marketing-Tage: Strategien zur Fleischvermarktung, Bonn 1990 (CMA-Materialien zum EG-Binnenmarkt 1990, H. 3), S. 26–34. Zum betont unternehmerischen Selbstverständnis der „Westfleisch"-Geschäftsführung vgl.: Logistik wird bei Westfleisch groß geschrieben, in: FAZ, 24. 9. 1986.

zulässige Tempo der Viehtransportfahrzeuge auf Landstraßen und Autobahnen oder auch der „Lärmpegel bei der Entladung" der Tiere im Schlachthof streng geregelt. Beide Konzepte gehörten zu den oben schon skizzierten Bemühungen der Fleischbranche, ihre Produkte als Markenartikel zu verkaufen, um die Fleischkonsumenten so an höhere Preise zu gewöhnen. Das unternehmerische Problem, das der „schonende Schlachtprozess" mit sich brachte, liegt jedoch auf der Hand: Er kostete Zeit und Geld. „Schweisfurth" etwa verlangte von seinen Abnehmern im Einzelhandel für sein so sorgfältig kontrolliertes „Qualitätsfleisch" je nach Artikel 10 bis 40 Prozent mehr Geld als für herkömmlich produzierte Ware.[151]

Wie viele Kunden bereit sein würden, solche Preise zu zahlen, war unklar. Kenner des Geschäftes allerdings urteilten sehr skeptisch, weil es der durchschnittliche Fleischesser vorziehe, gerade den letzten Abschnitt im Leben der Masttiere vollständig zu verdrängen: „Für eine verbesserte Schlachttechnologie werden wir den Verbraucher nicht begeistern können. Natürlich brauchen wir entsprechende Technologien und Hygieneauflagen, um die Qualität sicherzustellen; für die Art der Tötung werden wir aber keinen Pfennig mehr bekommen."[152] Da Markenfleisch – wie oben gezeigt wurde – seinerzeit eindeutig ein Nischenartikel blieb, entwickelte sich auch die bewusst „schonende Schlachtung" mit Sicherheit nicht zum betrieblichen Alltag der Schlachthofbranche. Die Verantwortung dafür lag allerdings nur bedingt bei den Betriebswirten, die in den neuartigen großen Versandschlachthöfen die Entscheidungen fällten, sondern eher bei der großen Mehrheit der städtischen Konsumenten, die Fleisch hartnäckig möglichst billig einkaufen wollten.

Am Ende des Fließbandes, das die „Totvermarkter" zwingend brauchten, um ihr Produktionstempo zu halten, stand in jedem Fall der kontrollierende Veterinär – und dem mussten nach den gesetzlichen Vorschriften für seine prüfenden Blicke pro Schwein mindestens zwei Minuten Zeit (bzw. sieben Minuten pro Rind) eingeräumt werden. Die amtliche Fleischbeschau wirkte daher wie eine Bremse für weitere Rationalisierungsmaßnahmen. Insbesondere behinderte sie Bemühungen, die Bänder noch schneller laufen zu lassen.[153]

Zwar scheint es durchaus Kritik der Schlachthofbetreiber an diesen starren Vorschriften gegeben zu haben. Auch die ebenfalls gesetzlich fixierte Pflicht, bei jedem einzelnen Tier neben dem ausgeschlachteten Rumpf immer auch noch den Kopf und die Innereien zu präsentieren, weil sich dessen Gesundheit so besser beurteilen ließ, erregte wegen der dadurch entstehenden Kosten einigen Unwillen. Das Vertrauen der Konsumenten aber galt in der gesamten Fleischbranche als ein hohes Gut. Da die oben beschriebenen Skandale um nicht entdeckte „Rückstände" im Fleisch von Masttieren sie ohnehin in ein ungünstiges Licht rückten, hätten

---

[151] Markenfleisch von Herta, in: LZ 40 (1988), Nr. 40, S. 26.
[152] Heinz Schweer, Kundenspezifisches Qualitätsfleischmarketing, in: Marketing-Tage, S. 41–55, hier: S. 44.
[153] Vgl. genauer etwa: Dieter Großklaus, Schlachttier- und Fleischuntersuchung. Gegenwärtige und zukünftige Entwicklungen und Probleme, in: FW 62 (1982), S. 6–9.

grundlegende Änderungen in der Praxis der Fleischbeschau dieses Vertrauen wohl ernsthaft erschüttert. Der finale Abschnitt im Schlachtprozess blieb daher weitgehend unverändert, obwohl dies für die Schlachthöfe „die Zurückstellung der letzten Rationalisierungsmöglichkeiten" bedeutete.[154]

Bremsend wirkte hier allerdings wohl auch noch ein anderes Problem: Seitdem an Fließbändern und täglich geschlachtet wurde, fanden sich immer weniger Veterinäre, die als amtliche Fleischbeschauer arbeiten mochten. Ein weiter verschärftes Schlachttempo hätte ihre ohnehin eintönige Arbeit mit Sicherheit noch unattraktiver gemacht.[155]

Last but not least half zudem auch die stark verbesserte Kühltechnik, das Produktionstempo in den Schlachthöfen in den 1960er und 1970er Jahren deutlich zu steigern – und dabei ging es nicht um Minuten, sondern um Stunden. Ließ man die „ausgeschlachteten" Körperteile zuvor einfach in normal temperierten Räumen zurück, bis sie von selbst ausgekühlt waren, so ermöglichten es nun speziell konstruierte Kältekammern, in denen sehr feuchte Luft bei Temperaturen nahe dem Gefrierpunkt beständig um die hängenden Körperteile bewegt wurde, den postmortalen Schwund der Körperkerntemperatur stark zu beschleunigen.[156]

Dank dieser Technik vergingen 1975 beispielsweise in einem neu eröffneten Betrieb der „Westfleisch" im münsterländischen Coesfeld nur noch fünf Stunden zwischen der Ankunft eines lebenden Schweines auf dem Gelände und der Auslieferung des Körpers, „sauber in Hälften zerlegt, veterinärärztlich untersucht und nach Güteklassen sortiert", an weiterverarbeitende Unternehmen der Fleischwarenindustrie oder auch an Supermarktketten und Metzger, die zwar nicht mehr selber schlachteten, aber doch die Zerlegung noch eigenhändig vornahmen.[157]

---

[154] Helmut Grätz, Schlachten und Vermarkten in der Fleischwirtschaft, in: FW 61 (1981), S. 9. Zur Debatte über den Wandel der Fleischbeschau durch den Übergang zu den Fließbandschlachtungen vgl. auch: E. H. Kampelmacher, Über die zukünftige Entwicklung der Fleischbeschau, in: FW 50 (1970), S. 39–41; Otto Raseneck, Das Schlachtgesehen in der Entwicklung, in: ebenda, S. 612–614, hier: S. 613; Helmut Bartels, Vorschläge für eine international einheitliche Entwicklung der amtlichen Fleischuntersuchung und Fleischhygiene, in: FW 51 (1971), S. 37–39; Klaus Wiborg, Der Schlachthof ist zur Fabrik geworden, in: FAZ, 27. 2. 1979; Aus deutschen Landen, in: SZ, 17. 9. 1979; Helmut Grätz, Fleischuntersuchung: Reform und Realität, in: FW 65 (1985), S. 233. Zu den aufwendigen Verfahren, die sicherstellen sollten, dass der Veterinär tatsächlich neben dem bereits ausgeschlachteten Körper auch den Kopf und die Innereien exakt des gleichen Tieres zu sehen bekam, das er gerade vor sich hatte, vgl. genauer: Denis, Untersuchungen, S. 60–66.

[155] Zum Problem der schwierig zu besetzenden Veterinärstellen in den Schlachthöfen vgl. etwa: Helmut Grätz, Der Schlachthof im Wandel – Entwicklungen und Gefahren, in: FW 61 (1981), S. 24–26, hier: S. 26.

[156] Vgl. als nützlichen Überblick über die in wichtigen Details durchaus abweichenden Verfahren und ihre Leistungen etwa: K. Paulus, Technologie des Abkühlens von Lebensmitteln vor dem Weiterverarbeiten, in: Günter Dinglinger u. a., Kältetechnologie in der Lebensmitteltechnik. Kühlkette – Gefrierkette – Gefriertrocknung. Vorträge eines Seminars, Hamburg 1972, S. 23–36; Denis, Untersuchungen, S. 46–58. Zur traditionellen „stillen Kühlung" vgl.: ebenda, S. 48.

[157] Westfleisch auf gutem Kurs, in: LZ 27 (1975), Nr. 17, S. 12. Zu dieser Anlage vgl. auch genauer: Neuer Versandschlachthof in Coesfeld, in: RR 23 (1971), S. 212; Neuer Versandschlachthof Coesfeld, in: RR 25 (1973), S. 34.

Ganz so zügig ließen sich geschlachtete Rinder zwar nicht wieder auf den Markt bringen, weil ihre Körpertemperatur selbst in der noch einmal beschleunigend wirkenden „Schockkühlung" frühestens nach einem halben Tag in dem gewünschten Bereich einer Kerntemperatur von drei bis sieben Grad lag.[158] Da Rindfleisch – anders als Schweinefleisch – aber ohnehin Zeit braucht, um „zu reifen", nahm die Fleischbranche diesen Unterschied in Kauf: Das „Abhängen", mit dem Rindfleisch für den menschlichen Gaumen „zarter" wird, kann sieben Tage oder auch noch länger dauern.[159]

Ganz am Ende des hier untersuchten Zeitraums erfasste die Technisierung und Automatisierung der Schlachthofarbeit schließlich auch noch die Bewertung der eingelieferten Tiere, bei der festgelegt wurde, wie viel Geld deren Produzenten oder die Viehhändler (wenn sie denn mitgewirkt hatten) erhielten. Bis in die 1980er Jahre hinein entschieden – ähnlich wie bei der Fleischbeschau – speziell dafür zuständige Experten, wie ein ausgeschlachtetes Tier „am Haken" qualitativ und preislich eingestuft wurde: Per Augenschein beurteilten sie, wie fleischreich die vor ihnen hängende Schweinehälfte bzw. das Rinderviertel insgesamt wohl sein werde. Ohne Typisierungen und große Erfahrung konnte diese Beurteilung (die selbstverständlich ebenfalls möglichst rasch erfolgen musste) nicht funktionieren, denn sichtbar waren ja stets nur die Schnittflächen.[160]

Seit 1983 revolutionierte eine neue Technologie diese von Pauschalisierungen und Fehlern noch keineswegs freie Form der „Qualitätsbezahlung" durch die Versandschlachthöfe: Eigens dafür entwickelte elektronische Messgeräte, die mit mehreren Sonden arbeiteten, ermöglichten es nun, die zu erwartende Fleischmenge bei jedem einzelnen Tier sehr viel exakter zu bestimmen, als dies bislang möglich gewesen sein war.[161] Nach dem Urteil der „Nordfleisch", die rasch auf solche Geräte setzte, begann erst mit ihnen „die Vergütung der Schweine nach ihrem wirklichen Wert": Erstmals in der Geschichte der Tiermast und der Fleischproduktion sei nun eine

---

[158] Vgl. dazu etwa: Stefan Schröder, Der Tod kommt minütlich, in: FAZ, 29. 8. 1989. Zur Technik der „Schockkühlung", die Mitte der 1970er Jahre aufkam (hierbei werden frisch geschlachtete Tierhälften oder -viertel zeitlich befristet deutlichen Minusgraden ausgesetzt, bevor sie dann in einen „normal" temperierten Kühlraum kommen), vgl. genauer etwa: W. Tamm, Schockkühlung?, in: FW 55 (1975), S. 890–896; G. Heinz, Kühlen und Gefrieren aus neuer Sicht, in: FW 57 (1977), S. 21–30.
[159] Vgl. hierzu genauer: Rhodes, Meat Quality, S. 85–89.
[160] Vgl. dazu etwa: W. Lampe, Qualitätserzeugung – Qualitätsbezahlung von Schlachtschweinen, in: KF 58 (1975), S. 262–264; Trotz EG-Handelsklassen Klassifizierung mit Unterschieden, in: BBSH 132 (1982), S. 2622; W. Schmid, Ökonomische Gesichtspunkte einer auf eine hohe Schlachtleistung ausgerichteten Schweineproduktion, in: BLJ 61 (1984), S. 512–528, hier: S. 512 u. S. 519; Ludwig Pahmeyer/Thomas Rechmann, Schweineabrechnungen unter die Lupe genommen, in: top agrar 13 (1984), Nr. 2, S. 26–28.
[161] E. Ernst, Apparative Klassifizierung von Schlachtschweinen, in: BBSH 133 (1983), S. 454–456. Zur Technologie vgl. genauer: Wolfgang Theophile, Neue Schweineklassifizierung, in: KF 66 (1983), S. 261–264; Peter Glodek, Schweinezucht mit neuen Vorzeichen, in: MDLG 100 (1985), S. 1348–1351; Geräteklassifizierung in der Diskussion, in: BBSH 136 (1986), S. 3349–3350.

„gleitende, stufenlose Bezahlung" der Bauern für die tatsächlich gelieferte Qualität möglich.[162]

In der Tat begann mit der Einführung dieser „Geräteklassifizierung" der geschlachteten Tiere in der Geschichte des Fleischmarktes wiederum eine neue Epoche, weil die Anforderungen des Marktes nun über die Zahlungen der „Totvermarkter" noch sehr viel differenzierter und genauer an die Landwirte übermittelt wurden als zuvor. In den wenigen Jahren bis zu den historischen Umbrüchen von 1989/90 konnte die elektronische Messtechnik ihre Wirkungen allerdings noch nicht vollständig entfalten. Verschiedene Verfahren, die unterschiedliche Ergebnisse lieferten, konkurrierten miteinander, was bei den Landwirten großes Misstrauen auslöste. Zudem erwiesen sich die Geräte im Alltag als wenig ausgereift. Auch deshalb verzögerte sich ihre offizielle Zulassung durch das Bundeslandwirtschaftsministerium bis 1987. Noch 1989 beurteilte ein Fachmann die neue Technologie für die Bundesrepublik in der Gesamtschau daher doch eher als „Realität von morgen".[163]

Unabhängig von dieser schleppenden Einführung der „Geräteklassifizierung" konnte die genossenschaftliche „Westfleisch" unter den großen Fleischversendern im hier untersuchten Zeitraum als das Unternehmen gelten, das die innerbetriebliche Rationalisierung und Beschleunigung besonders konsequent betrieb. Sie erledigte ihre Schlachtungen in nur vier Anlagen, die alle recht dicht beieinander im nördlichen, stark agrarisch geprägten Teil von Nordrhein-Westfalen lagen. In diesen wenigen Betriebsstätten tötete und verarbeitete das Unternehmen im Jahr 1987 insgesamt 3,17 Millionen Schweine und 223.000 Rinder.[164]

Ein Vergleich mit der niedersächsischen „Centralgenossenschaft" zeigt, wie überaus effektiv die „Westfleisch" arbeitete. Zwar kam die „CG" bei Schweinen mit rund 3,5 Millionen Schlachtungen sogar auf noch höhere Zahlen als ihr westfälisches Pendant (bei den Rindern entsprachen sich die Ziffern weitgehend). Diese Schlachtungen aber verteilten sich auf 30 verschiedene Standorte in ganz Niedersachsen, von denen etliche keine sonderlich großen Produktionsmengen erreichten.[165]

---

[162] Nordfleisch geht neue Wege, in: BBSH 135 (1985), S. 3943.
[163] A. Oster, Fleischbeschaffenheitsbeurteilung am Schlachtband als Realität von morgen, in: DGS 41 (1989), S. 1038–1040 u. S. 1067–1070, hier: S. 1038. Vgl. zu diesen Problemen und Auseinandersetzungen auch: Josef Lütkemeyer, Geräteklassifizierung: Da gibt es noch einiges zu verbessern, in: top agrar 14 (1985), Nr. 6, S. 4–5; ders., Geräteklassifizierung: Jetzt geht's um die Wurst!, in: ebenda, Nr. 12, S. 3; Heinz Schweer, Die Mäster fordern endlich Taten!, in: ebenda 16 (1987), Nr. 6, S. 3; Der Vergleich hinkt, in: MDLG 102 (1987), S. 18–19; Geänderte Bezahlungssysteme bei Schweinen – kein Ende in Sicht, in: BBSH 138 (1988), S. 734–735; Kallweit, Qualität, S. 48–52.
[164] Fleischkonsum in der Bundesrepublik Deutschland wächst kaum noch, in: FAZ, 2. 8. 1988.
[165] Schulze, Tier, S. 103; die Zahl der „CG"-Schlachtanlagen aus: Umfangreiches Sanierungskonzept für die CG Vieh und Fleisch, in: FAZ, 5. 5. 1989. In absoluten Zahlen schlachtete die „CG" im Jahr 1986 rund 220.000 Rinder. Die Zahlen für die „Westfleisch" aus: Geschäftsbericht Westfleisch 1987, S. 9.

„Nordfleisch" und „Südfleisch" schlachteten beide kaum halb so viele Schweine. Da die genossenschaftlichen Unternehmen ihre Aktivitäten jeweils auf bestimmte Räume beschränkten, prägten die unterschiedlichen landwirtschaftlichen Produktionsstrukturen in den verschiedenen Regionen der Bundesrepublik auch das Ensemble der großen Schlachthoffirmen, denn nur „CG" und „Westfleisch" agierten in den Zentren der deutschen Schweinemast. Dementsprechend vermarkteten „Nordfleisch" und „Südfleisch" sehr viel mehr Rinder (407.000 bzw. sogar 614.000 waren es etwa im Jahr 1987) als ihre unternehmerischen Pendants mit ebenfalls landwirtschaftlichem Hintergrund in Niedersachsen und Nordrhein-Westfalen. Mit jährlich rund 1,4 Millionen bzw. 1,2 Millionen Schweineschlachtungen konnten allerdings auch „Nordfleisch" und „Südfleisch" noch eindrucksvolle Betriebsleistungen bei den kleineren Paarhufern vorweisen.[166]

Wenn es um Effizienz im Produktionsablauf ging, durfte sich die schleswig-holsteinische Aktiengesellschaft trotz geringerer Schlachtzahlen zudem mit der „Westfleisch" vergleichen: Auch sie stützte sich auf nur vier Niederlassungen und operierte innerbetrieblich damit ähnlich stringent wie das nordrhein-westfälische Schlachtunternehmen. Die „Südfleisch" hingegen verfolgte – genau wie die „CG" – keine konsequente Zentralisierungsstrategie: Wie oben gezeigt wurde, nutzte sie als eine Art gewerblicher Untermieter vielmehr ganz bewusst zahlreiche kommunale Schlachthöfe, sowohl um Investitionen zu sparen wie auch in der Absicht, ihren geografisch ungewöhnlich weit ausgreifenden Tätigkeitsraum möglichst flächendeckend durch schnell erreichbare Produktionsstätten zu erschließen.[167]

Bei ihren Umsätzen lagen die vier großen Schlachthof-Genossenschaften trotz dieser zahlreichen Unterschiede stets recht dicht beieinander. Rindfleisch bringt pro Schlachtung deutlich mehr Geld in die Kasse als Schweinefleisch – daher hatten die großen Differenzen bei den gesamten Schlachtzahlen nicht die Bedeutung, die man erwarten könnte. Zudem erwirtschafteten die kleineren Unternehmen „Nordfleisch" und „Südfleisch" höhere Erträge aus Import- und Exportgeschäften als „CG" und „Westfleisch". Jede der Genossenschaften erreichte so in den späten 1980er Jahren einen Umsatz zwischen anderthalb und etwa zwei Milliarden DM pro Jahr.

Lediglich das Firmen-Konglomerat von Alexander Moksel und die „Annuss Fleisch KG" konnten als die Nummern Fünf und Sechs in der Liste der leistungs- und umsatzstärksten bundesdeutschen Schlachthof-Betreiber mit den vier großen Genossenschaften noch halbwegs mithalten – danach folgten dann nur noch deutlich kleinere Unternehmen.[168] Wenn Experten der Fleischwirtschaft seinerzeit von

---

[166] Südfleisch, Geschäftsbericht 1988, München o. J., S. 2; Fleischkonzerne bald unter einem Dach, in: HB, 2. 5. 1989 (für „Nordfleisch").

[167] Zu den vier Standorten der „Nordfleisch" vgl.: 25 Jahre Nordfleisch, S. 64 f.; zur Strategie der „Südfleisch" siehe oben S. 184 f.

[168] Die „Moksel Gruppe" verzeichnete 1988 einen Gesamtumsatz von 1,55 Milliarden DM. Vgl.: Moksel muß an neuer Marke noch feilen, in: FAZ, 20. 6. 1989. Als Beispiel für mittelgroße Privatbetriebe, die im Schatten von „Annuss" und „Moksel" operierten, mag hier die vor allem in Norddeutschland aktive „Reinhard Stücken Fleisch Union GmbH" stehen. 1959 gegründet, war sie 1981 an insgesamt neun Schlachthöfen beteiligt und verzeichnete einen Ge-

einer „Bundesliga der Schlachtbetriebe" sprachen, dann meinten sie vor allem diese sehr kleine Gruppe von sechs Betrieben.[169]

6. Gefährdete „Giganten": die Marktmacht der großen Versandschlachthöfe

Die exponierte Stellung dieser Marktführer, die schon in den frühen 1970er Jahren existierte und sich danach immer noch klarer herausbildete, führte zu Monopolvorwürfen. Vor allem die vier genossenschaftlichen Unternehmen, deren Investitionen ja intensiv öffentlich gefördert wurden, standen dabei im Fokus. Bereits 1971 warnte ein Vertreter der kommunalen Schlachthöfe in Nordrhein-Westfalen mit Blick auf die „Westfleisch" vor einem „totalen Genossenschaftsmonopol" bei den Schlachtungen von Mastvieh; Heinz Annuss entdeckte vier Jahre später „sozialistische Monopole weniger Genossenschaften", die dank staatlicher Unterstützung im Wettbewerb mit einem Privatunternehmer wie ihm ungerechte Vorteile genössen.[170] Im Herbst 1979 klagte ein Verein bayerischer Viehhändler, die „Südvieh" sei mittlerweile ein wirtschaftlicher „Gigant", der mit seinen Bestrebungen zur „nahezu kompletten vertikalen Durchorganisation der Vermarktung vom Erzeuger bis zum Verbraucher" nicht anderes versuche, als bei Fleisch „Marktbeherrschung zu erreichen".[171]

Diese Kritik verschärfte sich noch, als die „Nordfleisch" im Frühjahr 1982 mit der „Fleischzentrale Südwest" eine bislang eigenständige mittelgroße genossenschaftliche Schlachthofgesellschaft in Württemberg übernahm.[172] Dadurch entstand erstmals ein großes bundesdeutsches Schlachtunternehmen, das sich nicht mehr eindeutig an eine bestimmte Region band, denn auch „Moksel" und „Annuss" arbeiteten selbst noch in den 1980er Jahren keineswegs bundesweit, sondern entsprechend ihrem unterschiedlichen Ursprung jeweils ausschließlich in Süd-

---

samtumsatz von 830 Millionen DM. Genauere Angaben vgl. in: Geschäftsbericht der Reinhard Stücken Fleisch Union GmbH 1979-1981, 18. 1. 1982, NLA HA, Nds. 600, Acc. 20 001/1, Nr. 72.

[169] Fleisch bleibt ein „Strategie-Produkt", in: LZ 41 (1989), Nr. 9, S. J 4-J 8, hier: S. J 8.

[170] In der Reihenfolge der Zitate: H. Niederehe, Schlachthofstrukturveränderungen doch anders?, in: FW 51 (1971), S. 775-778, hier: S. 777 (der Autor war Veterinärdirektor der Stadt Witten); Wie Samisdat, in: Der Spiegel 29 (1975), Nr. 3, S. 32-33, hier: S. 33. Mehrere Protestschreiben an schleswig-holsteinische Behörden in dieser Sache aus den Jahren 1972-75 vgl. in: LA SH, Abt. 605, 5999.

[171] Viehhändler beklagen Expansion der Südvieh-Gruppe, in: SZ, 12. 9. 1979.

[172] Hinter der Übernahme standen Verluste der „Fleischzentrale" durch riskante Auslandsgeschäfte, andere Managementfehler sowie auch durch Betrug leitender Mitarbeiter. Vgl. etwa: Und keiner hat den Braten gerochen, in: FAZ, 24. 5. 1982; Interfleisch beantragt Konkurs, in: FAZ, 1. 7. 1982. Zu den Interessen der „Nordfleisch", die 4,5 Millionen DM für 80 Prozent der Geschäftsanteile der „Fleischzentrale" zahlte, vgl.: 25 Jahre Nordfleisch, S. 20 u. S. 57 f. Hiernach diente das Engagement im Süden der Republik vor allem dazu, den „Nordfleisch"-Kunden eine breitere Palette von Rindfleisch-Qualitäten anbieten zu können.

6. Gefährdete „Giganten": die Marktmacht der großen Versandschlachthöfe 215

bzw. in Norddeutschland. Zudem brachte das neue Management der „Fleischzentrale" schon kurz nach der Fusion mit ihrem starken schleswig-holsteinischen Partner die nach wie vor kleinteilige Schlachthoflandschaft in Baden-Württemberg durch offensichtlich recht aggressive Expansionsentscheidungen gehörig durcheinander (etwa indem sie als Investor zuvor kommunale Betriebe zu eigenen Niederlassungen machte). Metzger und Viehhändler im Südwesten der Republik sahen die Gefahr einer „Monopolisierung" und warnten vor einem drohenden „Preisdiktat", wenn ausgemästetes Vieh nur noch bei einem Vermarkter abgesetzt werden könne.[173] 1986 schließlich empörte sich der „Bundesverband der Großschlächter und Fleischgroßhändler" über die „Südfleisch" und ihren Milliardenumsatz, den sie unter „äußerst aggressiver Ausnutzung ihrer marktbeherrschenden Stellung im bayerischen Raum" erwirtschafte: Mit einer „Genossenschaft früherer Prägung" habe dieser Großbetrieb nichts mehr gemein.[174]

Unternehmen, die öffentlich als Monopolisten an den Pranger gestellt werden, reagieren auf solche Vorwürfe in der Regel, indem sie sich selbst klein reden. Auch die vier großen genossenschaftlichen „Totvermarkter" hielten es so. Der Vorstandsvorsitzende der „CG" etwa erklärte, die Marktanteile der von ihm geführten Firma seien „nicht mit Marktmacht und Markteinfluss im herkömmlichen Sinne gleichzusetzen [...]. Die Genossenschaften in ihrer Gesamtheit betreiben weder eine zentralgesteuerte Unternehmenspolitik noch eine einheitliche Preispolitik. Sie sind vielmehr Garanten eines fairen Wettbewerbs."[175]

Auch die „Nordfleisch" beteuerte, man betreibe „den Wettbewerb unter sich genauso, wie es die anderen Wirtschaftsbereiche auch tun". Deshalb sei es ganz falsch, den genossenschaftlichen Schlachtbetrieben „das Streben nach einem Monopol" zu unterstellen. Zudem bestehe für Landwirte, die ausgemästetes Vieh vermarkten wollten, überhaupt kein Mangel an „Absatzalternativen."[176] Die Südfleisch" schließlich verwahrte sich gegen jeden Zweifel an ihrem genossenschaftlichen Wesen: Sie habe stets die Interessen der Bauern im Auge und arbeite daher „nicht primär gewinnorientiert".[177] Wenn sie expansiv unternehmerisch plane und handle, dann ergebe sich dies aus den Zwängen des Marktes. Eine Viehverwertungsgenossen-

---

[173] Gerhard Schepper, „...dann dürfen wir unser Schlachtvieh nur noch abliefern", in: top agrar 14 (1985), Nr. 5, S. 122–129, hier: S. 123. 1988 schlachtete die wirtschaftlich recht zügig wieder stabilisierte „Fleischzentrale Südwest" rund 500.000 Schweine und 220.000 Rinder (Ladel, Analyse, S. 103).

[174] Erich Biebel, Der Deutsche Fleischgroßhandel. Entwicklung und Aufgabe des Bundesverbandes der Großschlächter und Fleischgroßhändler, Wiesbaden 1986, S. 96. Einen ähnlichen Vorwurf, die „Südfleisch" könne nicht mehr als genossenschaftliches Unternehmen gelten, vgl. auch schon in: Sorge wegen Südfleisch, in: HB, 25. 9. 1979.

[175] Wilhelm Knigge, Die Bedeutung der genossenschaftlichen Vieh- und Fleischwirtschaft in der Bundesrepublik Deutschland, in: 1. Fachtagung der genossenschaftlichen Vieh- und Fleischwirtschaft, 29. Juni 1976, München, Bonn 1976, S. 7–16, hier: S. 15.

[176] Wolfgang Fischer, Die genossenschaftliche Vieh- und Fleischwirtschaft in den 80er Jahren, Kiel 1980, S. 43.

[177] Südvieh-Südfleisch expandiert, in: SZ, 25. 1. 1980. Zitiert wird hier der „Südfleisch"-Finanzchef Reindl.

schaft der traditionellen Art könne bei dem harten Wettbewerb auf dem Fleischmarkt auf Dauer nicht mehr florieren: „weg von der defensiven Viehverwertung und hin zur aktiven Vermarktung von qualitativ hochwertigem Schlachtvieh", so müsse ihr genossenschaftlicher Auftrag unter den gegebenen Umständen lauten.[178]

Nimmt man den gesamten Fleischmarkt in den Blick, dann war der Einfluss der vier großen Schlachtunternehmen mit landwirtschaftlichem Hintergrund in der Tat auch in der zweiten Hälfte der 1980er Jahre begrenzt. Großzügig gerechnet, schlachteten sie gemeinsam seinerzeit rund zehn Millionen der jährlich 37 Millionen in der Bundesrepublik gewerblich geschlachteten Schweine sowie annähernd 1,5 Millionen der etwas mehr als fünf Millionen Rinder, die pro Jahr unters Messer kamen.[179] Im Vergleich mit dem älteren Vermarktungssystem, in dem es keine auch nur annähernd so großen Schlachtbetriebe gegeben hatte, konnten die addierten Marktanteile der vier Unternehmen von 27 bzw. 29 Prozent bei den Schlachtungen der beiden wichtigsten Masttiere zwar als sehr bemerkenswert gelten. Ein Monopol oder Oligopol sieht jedoch anders aus, zumal die führenden Schlachthofgenossenschaften in der Tat nicht miteinander kooperierten. Auch in ihren jeweiligen Regionalgebieten erreichten sie keine deutlich größeren Marktanteile. Dieses Fazit verändert sich selbst dann nicht, wenn man die „Moksel-Gruppe" und die „Annuss KG" als weitere Großbetriebe mit einbezieht.[180]

Die vielen Schlachthöfe mit mittleren Produktionskapazitäten, die – metaphorisch gesprochen – die Zweite Liga der Branche hinter den sechs Großen bildeten, spielten in der Fleischversorgung der Bundesbürger keineswegs eine untergeordnete Rolle. Zwar vollzog sich in den 1980er Jahren in der Bundesrepublik bei der Vermarktung von Mastvieh fraglos ein deutlicher Konzentrationsprozess: 1985 produzierten 102 der insgesamt etwa 400 Schlachthoffirmen in der Bundesrepublik rund 70 Prozent der in diesem Jahr in Westdeutschland verbrauchten Fleischmengen. Auch damit aber war die Gruppe leistungsstarker Anbieter immer noch recht groß – zumal im Vergleich mit der Zahl der Abnehmer, denn zur gleichen Zeit dominierten nur zehn Großunternehmen den Lebensmittel-Einzelhandel der Bundesrepublik.[181]

---

[178] Südfleisch, Geschäftsbericht 1988, München o. J., S. 25.
[179] Dabei sind die Schlachtungen der „Fleischzentrale Südwest" der „Nordfleisch" zugerechnet.
[180] Deren Schlachtzahlen in den späten 1980er Jahren kennen wir nicht. Großzügig geschätzt, dürften beide Unternehmen wohl jeweils maximal eine Million Schweine pro Jahr vermarktet haben. Bezieht man die oben angeführten Schlachtzahlen für die Jahre 1986/87 auf die Schlachtstatistiken der Bundesländer Schleswig-Holstein, Niedersachsen und Nordrhein-Westfalen, dann erreichte die „CG" in Niedersachsen mit Marktanteilen von 33 Prozent bei den Schweineschlachtungen bzw. 34 Prozent bei den Rindern regional noch die stärkste Stellung. Bei „Nordfleisch" und „Westfleisch" lagen die Zahlen nahe den bundesweiten Marktanteilen; für die „Südfleisch" ist so eine Berechnung nicht möglich, da ihr Aktionsgebiet nicht nur Bayern und das Saarland, sondern auch noch Teile anderer Bundesländer umfasste. Die Schlachtzahlen für die einzelnen Bundesländer, auf denen diese Berechnungen beruhen, vgl. in: StatJb BRD 1990, S. 168.
[181] Josef Chaumet, Zum Konzept des künftigen Fleischhygienerechts, in: FW 66 (1986), S. 42–48, hier: S. 46. Diese 102 Firmen unterhielten 154 Betriebsstätten. Zum Konzentrationsprozess im Lebensmittel-Einzelhandel siehe oben S. 136 ff.

6. Gefährdete „Giganten": die Marktmacht der großen Versandschlachthöfe

Die oben zitierten Beschwerden über die angebliche Monopolmacht der großen Schlachthoffirmen dürfen daher wohl vor allem als Klagen über einen stark verschärften Wettbewerb bei der Erfassung von schlachtreifem Mastvieh verstanden werden. Versandschlachthöfe – zumal solche mit stark automatisierter Technik – nämlich brauchten einen konstanten Nachschub von Tieren: Ihr Geschäft basierte vor allem auf dem Kostenvorteil, den sie bei jeder einzelnen Schlachtung erreichten. Eine gute Auslastung der Anlagen war daher unerlässlich.[182] In der Praxis wurden Nutzungswerte von 60 bis 70 Prozent des technisch Möglichen angestrebt.[183]

Dementsprechend wünschten sich die Schlachthofmanager durch die Bank „Mengensicherheit" bei der Zulieferung von ausgemästetem Vieh – zumal bei Schweinen.[184] Sie bemühten sich daher, Landwirte jeweils schon beim Beginn eines neuen Mastzyklus' vertraglich an sich zu binden. So dienten die oben erwähnten speziellen Zucht- und Vermehrungsprogramme der großen genossenschaftlichen Schlachthofunternehmen keineswegs nur dem Ziel, qualitativ besonders fleischreiche Schweine zu produzieren. Die „Andienungspflicht" der Mäster, die Teil dieser Programme war, sicherte vielmehr auch den Nachschub der Schlachthöfe. Aber auch Bauern, die anders erzeugte Ferkel aufzogen, schlossen solche Verträge. Als Lohn winkten in der Regel kostenlose Fachberatungen durch Mitarbeiter des Vermarktungsunternehmens, wie sich die Mast optimieren lasse, sowie garantierte Mindestpreise oder auch Prämien bei Vertragserfüllung.[185]

Im Frühjahr 1989 bestanden bei der „Westfleisch" 598 solcher Abmachungen, die im laufenden Geschäftsjahr die Lieferung von rund 550.000 Schweinen sicherten. Da das Unternehmen seinerzeit mehr als drei Millionen Schweine jährlich brauchte, um seine vier Betriebsstätten optimal auszulasten, war damit noch nicht

[182] Vgl. zu diesen Zwängen schon: Westfleisch auf gutem Kurs, in: LZ 27 (1975), Nr. 17, S. 12. Vgl. auch: Weiteres Wachstum der Nordfleisch AG, in: BBSH 129 (1979), S. 3021–3022; „Es wird jämmerlich verdient", in: FAZ, 4. 9. 1981; Die Mär vom Schweinepreis-Diktat der Mäster, in: top agrar 12 (1983), Nr. 2, S. 118–121, hier: S. 119. Auf die Zeit nach 2000 bezogen, als Analyse aber auch retrospektiv anwendbar: Maren Lüth/Achim Spiller, Markenführung in der Fleischwirtschaft – zum Markentransferpotential der Marke Wiesenhof, in: AW 55 (2006), S. 142–151, hier: S. 149.
[183] Bei noch höheren Zahlen stiegen die Anforderungen an die konstante Belieferung enorm; zudem wuchsen die Personalkosten. Vgl. hierzu genauer: Christian Boyens, Die Kosten der Schlachtschweinevermarktung in der Bundesrepublik Deutschland, Bonn 1970, S. 155–159. Die „Nordfleisch" etwa erreichte 1970 in ihren Betrieben eine durchschnittliche Auslastung von 72,8 Prozent. Förderungsantrag der Nordfleisch AG an die Staatskanzlei SH, 19. 2. 1971, LA SH, Abt. 605, Nr. 2761.
[184] Südvieh-Südfleisch GmbH, Bericht über das Geschäftsjahr 1989, München o. J., S. 5. Vgl. ähnlich auch: Geschäftsbericht Westfleisch 1988, Münster o. J., S. 10.
[185] Vgl. exemplarisch für die „CG" die Angaben in: Landwirtschaftliche Fleischzentrale, Hauptverwaltung Hannover, an den Präsidenten des Verwaltungsbezirks Oldenburg, 4. 4. 1974, NLA OL, Best. 226, Nr. 49; für die „Südvieh" vgl.: Südfleisch, Geschäftsbericht 1984, München o. J., S. 24; Pfarrkirchen: Versandschlachthof mit Lieferverträgen, in: top agrar 14 (1985), Nr. 5, S. 126; Südfleisch Geschäftsbericht 1988, München o. J., S. 27; für die „Nordfleisch" vgl.: Johannes Rabe, Zum Schweineberatungstag „Qualitätsfleisch", in: BBSH 138 (1988), S. 1264.

viel gewonnen.[186] Besser verhielt es sich bei der „Nordfleisch", weil sie immerhin 1.869 Landwirte an sich gebunden hatte und auch weniger große Verarbeitungskapazitäten aufgebaut hatte: So entsprachen die rund 530.000 Tiere, die das Unternehmen im Jahr 1989 durch die „Anbietungspflicht" ihrer bäuerlichen Vertragspartner gewann, fast 58 Prozent seiner gesamten Schweineschlachtungen.[187] Erhebliche Zukäufe waren allerdings auch bei der „Nordfleisch" nötig.

Im Interesse einer konstanten Produktion betrieben die „Totvermarkter" daher zunehmend auch noch eine andere Form der „Direkterfassung" von Vieh: Per Telefon bestellten sie Tiere, die kurz vor der Schlachtreife standen, unter Ausschaltung aller Zwischenhändler und Vermittler unmittelbar beim Bauern. Zumal Schweine kamen schon in den 1970er Jahren in großer Zahl „blind" geordert in die Schlachthöfe.[188] Im nachfolgenden Jahrzehnt scheint der Telefonhandel dann rasch zur Regel geworden zu sein. Gerade in den Zentren der bundesdeutschen Schweinemast, in Niedersachsen und in Nordrhein-Westfalen, wurde so „um jedes Schwein erbittert gerungen", weil die früher einmal engen persönlichen Bindungen zwischen Landwirten und Viehhändlern nun vollends erodierten. Die hohen Schlachtzahlen etwa der niedersächsischen „CG" ergaben sich daher eben gerade nicht aus einer Monopolstellung des Unternehmens, sondern ganz im Gegenteil aus dem „unvorstellbar harten Wettbewerb zahlreicher genossenschaftlicher und privater Vermarktungsunternehmen", die alle nach sicheren Zulieferungen strebten.[189] Ein landwirtschaftliches Fachblatt sprach 1989 von einem „Hauen und Stechen um den Rohstoff Schwein", an dem sich notgedrungen alle Schlachthofunternehmen beteiligten, weil „die Rohstoffsicherung das Hauptanliegen" der Betriebsführungen geworden sei. Ohne diese Konkurrenz der großen Schlachtunternehmen wären die Preise für ausgemästete Schweine in den Krisenjahren des bundesdeutschen Schweinemarkte seit Mitte des Jahrzehnts mit Sicherheit noch tiefer gefallen.[190]

Da sie in der Produktion vor allem darauf setzten, durch hohe Schlachtzahlen die „Kostenführerschaft" innerhalb ihrer Branche zu erreichen, brauchten die „Totvermarkter" auch starke Abnehmer. „Wir wollen Tonnen ausfahren, keine Ki-

---

[186] Geschäftsbericht Westfleisch 1989, Münster o. J., S. 10.
[187] Geschäftsbericht Norddeutscher Genossenschaftsverband Schleswig-Holstein und Hamburg (Raiffeisen – Schulze-Delitzsch) 1989, Kiel und Hamburg 1990, S. 54.
[188] Vgl. etwa: Mehr Schlachtvieh übers Telefon, in: DGS 29 (1977), S. 212. Der nicht genannte Autor dieses Artikels schätzte den Anteil der Telefonbestellungen bei Schweinen auf etwas mehr als 50 Prozent. Vgl. auch: Der Kampf um den Rohstoff Fleisch wird härter, in: LZ 27 (1975), Nr. 44, S. 12.
[189] Die Mär vom Schweinepreis-Diktat der Mäster, in: top agrar 12 (1983), Nr. 2, S. 118–121, hier: S. 120. Einen „erpresserischen Wettbewerb um jedes Stück Schlachtvieh" beklagte 1985 Reinhard Stücken, der Alleininhaber der oben kurz erwähnten „Fleisch Union". Pressemitteilung der Reinhard Stücken Fleisch Union GmbH. 12. 6. 1985, NLA HA, Nds. 600, Acc. 2000/1, Nr. 70.
[190] Josef Lütkemeyer, Schweinepreise: War's das schon?, in: top agrar 18 (1989), Nr. 10, S. 3. Eine ähnliche Klage von der „Nordfleisch" vgl. auch schon in: Der Kampf um den Rohstoff Fleisch wird härter, in: LZ 27 (1975), Nr. 44, S. 12.

logramm" – dieses Motto, unter dem die „CG" bereits 1975 antrat, galt auch für alle ihre Konkurrenten unter den Versandschlachthöfen.[191] Bestellungen, die nicht mindestens einen der seinerzeit üblichen Kühllastwagen vollständig füllten, bereiteten ihnen nicht unbeträchtliche ökonomische Probleme, weil sich die Auslieferung dann nicht optimal organisieren ließ. Daraus ergab sich in den 1970er Jahren für den direkten Einkauf im Versandschlachthof eine gewünschte Mindestbestellmenge von 15 Tonnen ausgeschlachtetem Fleisch. Bei den damals üblichen Gewichten schlachtreifer Schweine und Rinder entsprach dies in etwa 180 Schweinen oder auch 55 Rindern. Allerdings akzeptierten die „Totvermarkter" notgedrungen auch deutlich kleinere Aufträge, um die Kunden an sich zu binden.[192]

Dank der rasch voranschreitenden Konzentration im Einzelhandel mit Lebensmitteln in der Bundesrepublik gab es zwar etliche Abnehmer, die regelmäßig sogar noch umfangreichere Lieferungen brauchten. Dennoch entstand in diesem Prozess einer fortlaufenden Ko-Evolution von Großlieferanten und Großbestellern, die Fleisch an die Endverbraucher verkauften, kein Verhältnis auf Augenhöhe zwischen den „Totvermarktern" von Mastvieh und ihren wichtigsten Kunden, den Handelsketten. Eher muss von einer Übermacht der Abnehmer gesprochen werden, die im Laufe der drei Jahrzehnte zwischen 1960 und 1990 immer stärker hervortrat. Dieses Ungleichgewicht zu Lasten der Fleischversender entstand im Wesentlichen, weil das Geschäft mit frisch geschlachteten Masttieren so extrem kurzatmig verlief: Wie oben gezeigt wurde, bestellten die Einkäufer des Einzelhandels Fleisch in der Regel jeden Tag neu; beständige Preisanfragen und Preisverhandlungen waren allgemein üblich. Feste Lieferverträge, die es den Schlachthöfen ermöglichten, auf längere Sicht zu kalkulieren, gab es nur selten.[193]

Gerade die Anbieter großer Fleischmengen mussten in diesem hektischen Geschehen äußerst flexibel agieren. Ihre Abhängigkeit von einigen wenigen Kunden scheint in den 1970er und 1980er Jahren noch deutlich gewachsen zu sein. So machte die niedersächsischen „CG" 1986 fast zwei Drittel ihrer Umsätze mit nur acht Abnehmern – und die zeigten sich sehr anspruchsvoll: Ihre „Ansprüche an Qualität und Sortimentsbreite" wurden „ständig höhergeschraubt".[194]

Ähnlich eindeutig dominierte das Geschäft mit wenigen Großkunden, die „immer mehr Wert darauf [legten], schon weitgehend verarbeitete Ware aus einer Hand beziehen zu können", auch bei der „Westfleisch". Gleichzeitig klagte das Unternehmen über „die restriktive Preispolitik der Lebensmittelgeschäfte" bei Fleisch, die sie auf ihre Lieferanten abwälzten: „Durch die Konzentration auf der

---

[191] Standardfleisch an der Spitze, in: LZ 27 (1975), Nr. 36, S. 11. Zum Begriff der „Kostenführerschaft" vgl. genauer: Lüth/Spiller, Markenführung, S. 142 u. S. 149.
[192] Vgl.: Eckart Meier, Tierische Veredelungserzeugnisse im Lebensmittelhandel, Hamburg und Berlin 1973, S. 69 f. Typischerweise betrug das Schlachtgewicht bei Schweinen seinerzeit ca. 85 kg, bei Rindern 270 kg. Zu den umfangreichen Investitionen in die Auslieferung durch Aufbau eines eigenen Fuhrparks vgl. am Beispiel der „Westfleisch" genauer: Logistik wird bei Westfleisch groß geschrieben, in: FAZ, 24. 9. 1986.
[193] Siehe unten S. 157.
[194] Jährlich eine Million Schweineschlachtungen, in: LWE 134 (1987), Nr. 36, S. 25 (Zitat).

Kundenseite [...] haben sich unsere Marktpartner eine starke Marktposition verschafft".[195] Behaupten könnten sich im Wettbewerb nur Unternehmen, die „dem Handel und den Weiterverarbeitern ein komplettes marktgerechtes Sortiment jederzeit termingerecht anbieten können".[196] Auch die „Südfleisch" notierte, mit der wachsenden Größe der Handelskonzerne und -ketten wüchsen deren „Anforderungen an die Standarisierung der Waren und die Vertriebslogistik überproportional".[197]

Ein namentlich nicht genannter Insider der Schlachthofbranche erläuterte dem „Handelsblatt" wenig später, was diese spröden Worte genau meinten: „Die Lieferanten können so gut wie täglich ausgetauscht werden." In diesem immer wieder neuen „Einkaufspoker" der Großabnehmer seien die Lieferanten zur Anpassung gezwungen. Alle Fleischversender hätten daher massive Probleme, gewinnbringend zu produzieren; das Gewerbe stecke „tief in der Krise. Viele Vermarktungsunternehmen stehen kurz vor dem Zusammenbruch."[198]

Zwar ergaben sich diese akuten Schwierigkeiten aus den nach 1986/87 deutlich sinkenden Schlachtzahlen, mit denen die Branche auf den zurückgehenden Fleischkonsum reagierte. Dennoch enthüllte dieser Einbruch nur ein ökonomisches Grundproblem der Schlachthofunternehmen in dem seit 1960 entstandenen neuen Vermarktungssystem für Fleisch: Als mittlere Instanz zwischen den landwirtschaftlichen Produzenten und den Handelsketten, die das Fleisch an die Endverbraucher verkauften, befanden sie sich permanent in einer höchst unbequemen Position der doppelten Abhängigkeit.

Einerseits mussten sie ihre hochtechnisierten Anlagen fortlaufend maximal auslasten. Dieser Zwang zur kontinuierlichen Produktion bei einem Rohstoff, der mit vielen Unwägbarkeiten auf natürlichem Wege entstand und bei vielen kleineren bis kleinsten Lieferanten eingekauft werden musste, machte es äußerst schwierig, konsequent niedrige Einstandspreise durchzusetzen.[199] Auf der anderen Seite hatten es die Schlachtbetriebe mit Abnehmern zu tun, die es gewohnt waren, bei Großbestellungen für sich selbst besondere Vergünstigungen durchzusetzen, und die dies auch tun mussten, weil sie ihre Gewinne nur im Einkauf sichern konnten. Bei einer Ware, die schon nach kurzer Zeit massiv an Qualität verlor und sich kaum lagern ließ, bis bessere Erlöse winkten, fiel die Verhandlungsmacht der Geschäftspartner so zwangsläufig sehr ungleich aus.

Auch schon vor der massiven Krise in den Jahren 1988/89 litt die Schlachthofbranche daher unter geringer Rentabilität: Sie arbeitete mit den gleichen mageren Gewinnspannen, mit denen auch fast alle der großen Einzelhandelsketten zu

---

[195] In der Reihenfolge der Zitate: Die Deutschen sind immer noch Weltmeister im Schweinefleischverzehr, in: FAZ, 8. 9. 1987; Geschäftsbericht Westfleisch 1987, Münster o. J., S. 10.
[196] Logistik wird bei Westfleisch groß geschrieben, in: FAZ, 24. 9. 1986.
[197] Südfleisch GmbH, Geschäftsbericht 1987, München o. J., S. 19.
[198] Heinz Schweer, Die Chefeinkäufer der Einzelhandelskonzerne spielen die Fleischvermarkter gegeneinander aus, in: HB, 19. 4. 1989.
[199] Zur geringen Zahl echter Großbetriebe in der bundesdeutschen Tiermast auch noch in den 1980er Jahren siehe genauer unten S. 398 f.

kämpfen hatten. So verzeichnete etwa die „Nordfleisch" im Geschäftsjahr 1972 eine Umsatzrendite von lediglich 0,33 Prozent. Immerhin auf rund ein Prozent kam 1977 die „Südfleisch" – und dieser Wert galt „in der Branche als beachtlich". 1980 erwirtschaftete die „CG" bei einem Gesamtumsatz von 2,2 Milliarden DM nur einen Gewinn (vor Steuern) von 1,3 Millionen DM.[200] Eines der mittelgroßen privaten Schlachthofunternehmen in der Bundesrepublik, die „Reinhard Stücken Fleisch Union" schließlich meldete für 1981 einen realen Gewinn von 0,15 Prozent des Umsatzes. Gegenüber den Vorjahren sei dies ein Rückgang, habe man doch zuvor meist 0,2 Prozent erreicht.[201]

Wie schwierig das Geschäft mit ausgeschlachteten Masttieren war, weil die großen Abnehmer dabei ihre Konditionen so einseitig durchsetzen konnten, zeigte sich vollends daran, dass diese bescheidenen Erträge noch nicht einmal mit dem Hauptprodukt der Schlachthöfe entstanden. Wenn die Unternehmen vor der Krise in den Jahren 1988/89 keine roten Zahlen schrieben, so verdankten sie dies in der Regel vielmehr den sogenannten „Nebenprodukten", die aus all den Bestandteilen der geschlachteten Tiere hergestellt wurden, an denen der durchschnittliche deutsche Fleischkonsument kein Interesse hatte.

Die Liste solcher verschmähten Abschnitte war lang: Sie reichte von grundsätzlich essbaren Körperpartien wie etwa der Schnauze, den Augen oder Ohren über die Mehrheit der Innereien von Rind wie Schwein bis hin zu unverdaulichen Dingen wie Sehnen, Knorpeln und Knochen oder auch den Zähnen und Hufen der Tiere. In der langen Geschichte des menschlichen Fleischkonsums war ein breites Wissen entstanden, wie sich auch diese nichtgegessenen Abschnitte geschlachteter Tiere sinnvoll nutzen ließen. Manche dieser Verwendungen wirken recht naheliegend: Man denke etwa an die Schweineborsten, die gebündelt und fixiert als Bürste dienen oder an die in dauerhaft haltbares Leder verwandelte Rinderhaut. Andere aber dokumentieren eine erstaunliche Erfindungskraft der nach Optimierung ihres Nutzens strebenden Menschen. Schon der Gedanke, die besonders dünnwandigen Därme von Schweinen, Kälbern oder Schafen – gereinigt, gewendet und getrocknet – als Wursthülle zu verwenden, darf wohl als sehr kreativ gelten. Die Idee, das gleiche Ausgangsmaterial tauge auch, um daraus Saiten für Violinen und andere Streichinstrumente herzustellen, wirkt jedoch noch deutlich überraschender.[202]

---

[200] Fritz Bauer, Die Metzger bitten zur Kasse, in: Der Stern 26 (1973), Nr. 37, S. 25–32, hier: S. 30; Südfleisch-Gruppe baut größte „Hamburger-Fabrik" in Europa, in: Die Welt, 28. 9. 1978; „Es wird jämmerlich verdient", in: FAZ, 4. 9. 1981.
[201] Geschäftsbericht der Reinhard Stücken Fleisch Union GmbH 1979–1981, 18. 1. 1982, NLA HA, Nds. 600, Acc. 20 001/1, Nr. 72.
[202] Als hilfreichen knappen Überblick über die breite Palette der „Nebenprodukte" vgl. etwa: Die andere Hälfte des Tieres, in: FW 56 (1976), S. 474–475; ausführlich vgl.: Claudia Große Frie, Absatz- und Verwertungsmöglichkeiten für Schlachtnebenprodukte und Schlachtabfälle in der Bundesrepublik Deutschland, wirtschaftswiss. Diss. Universität Bonn 1984. Darmsaiten waren im Laufe des 20. Jahrhunderts zwar fast vollständig von länger haltbaren und lauter klingenden Metallsaiten verdrängt worden. Die in den 1950er Jahre beginnende „Originalklang"-Welle, die sich an älteren Praktiken des Musizierens orientierte, brachte dem fast

IV. Modernisierung der Schlachthöfe und der Wurstproduktion

Im älteren Marktsystem, vor dem beginnenden Aufstieg der Versandschlachthöfe, hatten sich zahlreiche Spezialfirmen mit der Produktion dieser Nebenprodukte beschäftigt, die in der Regel direkt auf oder auch neben dem Gelände der städtischen Schlachthöfe angesiedelt waren. Noch in den frühen 1960er Jahren sahen Verteidiger des Status quo in ihrer Existenz ein gutes Argument gegen den einsetzenden Wandel der Handelswege, da die neuen „Totvermarkter" anfänglich weder über die Techniken noch über das Know-how verfügten, um diesen besonderen Strang der Fleischwirtschaft fortzusetzen.[203]

Befürchtungen, die neue Marktordnung werde deshalb auf Dauer wirtschaftlich weniger effektiv arbeiten als das tradierte System der öffentlichen Schlachthöfe, erwiesen sich jedoch als völlig unberechtigt. Tatsächlich nämlich integrierten zumindest die großen gewerblichen Fleischversender den gesamten Bereich der Nebenprodukte sehr zügig in ihre Geschäfte. Da in ihrem Dauerbetrieb ungleich größere Mengen an Rohstoffen zur Weiterverarbeitung anfielen als in den stets nur stoßweise genutzten kommunalen Schlachtstätten, wandelten sich die Fleischversender bereits auf mittlere Sicht zu den unangefochtenen Marktführern bei der Nutzung von Schlachtabfällen. Nützlich war ihnen hierbei auch das massive Wachstum des Wissens im Bereich der Biochemie seit den 1950er Jahren: Die enorm vertieften Kenntnisse der Wissenschaftler, wie Enzyme oder Hormone wirkten, beispielsweise ebneten den Weg für zahlreiche neue Verfahren, wie sich die Überreste von Schlachtungen nutzen ließen, um Medikamente oder Kosmetika herzustellen. So konnte etwa selbst Darmschleim noch zu einem wertvollen Rohstoff werden, mit dem sich Geld verdienen ließ.[204]

In den Wirtschaftsrechnungen der großen Fleischversender spielte dieses spezielle Geschäft, von dem die fleischessenden Konsumenten kaum etwas wussten und oft auch gar nichts wissen sollten, eine gewichtige Rolle. So erklärte etwa die „Nordfleisch" im Jahr 1979, ihre Gewinne entstünden zum einen „durch die konsequente Weiterentwicklung der Verwertung ungenießbarer Schlachtabfälle" so-

---

vergessenen Produkt im Bereich der professionellen Musiker jedoch einen neuen Aufschwung. Zum Hintergrund dieses überraschenden Wandels vgl. etwa: John Butt, Playing with History. The historical Approach to musical Performance, Cambridge 2002.

[203] Vgl. etwa: Hans Dansmann, Die Hamburger Fleischgroßmarkthalle im Lichte sich wandelnder Vermarktungsformen, in: FW 13 (1961), S. 10–12, hier: S. 11; Zweckmäßige Verwertung von Schlachttieren und Fleisch, in: ebenda, S. 181; Theodor Spannuth, Ein kurzes Wort zum Jahreswechsel, in: NSZ 46 (1966), Nr. 1, S. 1.

[204] Vgl. zusammenfassend etwa: Klaus Wiborg, Der Schlachthof ist zur Fabrik geworden, in: FAZ, 27. 2. 1979. Kleinere Fleischversandhöfe wurden in der Verwertung der Schlachtabfälle allerdings offensichtlich nicht aktiv. Darauf deutet der starke Anstieg der Einlieferungen von Abfällen in den vornehmlich öffentlich betriebenen „Tierkörperverwertungsanstalten". Vgl. dazu genauer: Große Frie, Absatz- und Verwertungsmöglichkeiten, S. 22 f. (der mögliche Zusammenhang mit der veränderten Schlachthof-Szene wird hier nicht diskutiert). Zwar gab es auch in diesen Betrieben eine Weiterverarbeitung der Schlachtabfälle. Allerdings durften dabei nach den gesetzlichen Vorschriften grundsätzlich keine Produkte entstehen, die für den menschlichen Konsum gedacht waren, weil die Unternehmen ja auch die Körper kranker Tiere verarbeiteten. In der Regel entstand in den Verwertungsanstalten Tier- und Knochenmehl (ebenda, S. 18 f.).

wie zum anderen „nur durch ständige Rationalisierungsmaßnahmen" und „nicht zuletzt durch die hohen Schlachtzahlen". Nur ein Jahr später hieß es, die „Nordfleisch" strebe strategisch noch stärker nach „Diversifikation auf dem Sektor der Schlachtnebenprodukte"; 1985 bezeichnete die Unternehmensführung die Erträge, die sie mit der Verwertung der Abfälle erwirtschaftete, sogar als ökonomisch „unentbehrlich".[205]

Da es sich bei den anderen Unternehmen, die zur „Bundesliga" der bundesdeutschen Schlachtbetriebe gehörten, wohl nicht anders verhielt, brachten die deutlich zurückgehenden Schlachtzahlen in den späten 1980er Jahren gerade die vermeintlich „starken" Unternehmen der Branche in ernsthafte Schwierigkeiten. Ein Preisverfall bei den wichtigsten Nebenprodukten (etwa bei Knochenmehl) durch „Billig-Angebote aus Drittländern", die dank des niedrigen Dollarkurses noch preiswerter wurden, kam erschwerend hinzu.[206] Die „Südfleisch" sprach wegen dieser doppelten Krise schon für 1987 vom „schwierigsten Jahr der Nachkriegsepoche" – und suchte ihr Heil in der betrieblichen Expansion: 1988 übernahm das Unternehmen mit der „Südvieh" das traditionsreiche genossenschaftliche Unternehmen, das 1957 die Gründung der Schlachthof-GmbH angestoßen und mitfinanziert hatte. Durch die Fusion wollte der „Totvermarkter" Kosten insbesondere beim Einkauf von schlachtreifen Tieren sparen, um auf Dauer „in einem schwieriger werdenden Markt [...] bestehen" zu können: Bei der neuen „Südfleisch" lägen „Erfassung, Schlachtung und Verkauf" der Masttiere nun wirklich in einer Hand.[207]

Diese optimistischen Worte überzeugten einige Fachleute allerdings überhaupt nicht: Sie meinten, die finanzielle Lage der „Südfleisch" müsse wohl noch deutlich

---

[205] In der Reihenfolge der Zitate: Weiteres Wachstum der Nordfleisch AG, in: BBSH 129 (1979), S. 3021–3022, hier: S. 3022; Fischer, Vieh-und Fleischwirtschaft, S. 19; 25 Jahre Nordfleisch, S. 57. Bereits 1969 hatte die AG die zuvor landeseigene zentrale „Tierkörperverwertungsanlage" für Schleswig-Holstein in Jagel (bei Schleswig) gekauft, um ihre Aktivitäten im Bereich der Schlachtnebenprodukte zu erweitern und sie komplettieren. Vgl. dazu etwa: 25 Jahre Nordfleisch, S. 14 u. S. 56 f. Zur wirtschaftlichen Bedeutung der Nebenprodukte für die Gewinne der Schlachthofunternehmen vgl. auch: Hans Kalis, Schlachthofstrukturen in Niedersachsen reformbedürftig, in: LWE 133 (1986), Nr. 2, S. 10–11.

[206] Vgl. etwa: Geschäftsbericht Westfleisch 1986, Münster o. J., S. 17 f.; Südfleisch GmbH, Geschäftsbericht 1986, München 1986, S. 18; Trotz angespannter Marktlage befriedigende Geschäftsentwicklung, in: BBSH 136 (1986), S. 3229–3230 (für die „Nordfleisch").

[207] In der Reihenfolge der Zitate: Ende der Tiefpreisperiode, in: HB, 26. 7. 1988; Gerhard Schepper, Folgt jetzt die Elefantenhochzeit im Süden?, in: top agrar 18 (1989), Nr. 6, S. 156–158, hier: S. 156. Eine Klage über den geschäftlichen Einbruch von 1987 vgl. auch schon in: Bei Fleisch und Vieh sind die Preise im Keller, in: FAZ, 25. 7. 1987. Die Fusion der beiden Unternehmen, die seit 1980 jeweils eigenständige Leitungen und Kontrollgremien besaßen, erfolgte 1989. Zu den Details vgl.: Fusion im Süden beschlossen, in: LZ 41 (1989), Nr. 26, S. 20; Südvieh-Südfleisch GmbH, Bericht über das Geschäftsjahr 1989, München o. J., S. 4 f. Bis 1980 waren die beiden Unternehmen stets in Personalunion geführt worden. Diese Regelung verschwand durch Emanzipation der „Südfleisch", weil deren Genossen mehrheitlich eine eigenständige Leitung forderten. Anstoß dafür war ein Streit um die finanziell verlustbringende Übernahme einer bayerischen Fleischgroßhandels-Firma durch das bis 1980 amtierende Management. Vgl. dazu etwa: Atlas-Übernahme ist Südvieh/Südfleisch schlecht bekommen, in: SZ, 25. 10. 1980; Südvieh/Südfleisch sollen sich trennen, in: SZ, 20. 12. 1980; Bayerische Bauern wollen das Vieh vom Fleisch trennen, in: FAZ, 29. 12. 1980.

ungünstiger ausfallen, als es das Unternehmen selbst öffentlich darstellte. Nur deshalb verweise das Management so stolz auf die vergleichsweise bescheidenen Synergie-Effekte, die sich aus der Zusammenlegung der beiden Firmen ergeben könnten.[208]

Gleichzeitig befand sich die niedersächsische „Centralgenossenschaft" in einer so schweren Krise, dass sie von vorherein auf taktisch motivierte Lücken in der Selbstdarstellung (die es bei der „Südfleisch" wohl tatsächlich gab) verzichtete. Allein im Geschäftsjahr 1988 schrieb das Unternehmen Verluste, die seine höchst bescheidene Eigenkapitalbasis von lediglich 40 Millionen DM (bei einem Umsatz von 1,8 Milliarden DM) um fast 50 Prozent schmälerten. Für das nachfolgende Jahr war ein noch größeres Minus zu erwarten. Betriebswirte verwiesen auf die ungünstigen Produktionsstrukturen der „CG", die viel zu viele kleine Schlachthöfe betreibe, und bezifferten den Investitionsbedarf für die unerlässliche grundlegende Sanierung des Unternehmens auf mindestens 100 Millionen DM.[209]

Diese desaströse Schieflage eines der größten bundesdeutschen Fleischversenders führte im letzten Jahr der alten Bundesrepublik zu einer weiteren Neuordnung in der „Bundesliga" der Schlachthofunternehmen, die noch eindeutiger als die Fusion von „Südvieh" und „Südfleisch" Weichen für die Zukunft stellte: Die „CG", die dringend einen finanzstarken Partner brauchte, flüchtete unter die Fittiche der schleswig-holsteinischen „Nordfleisch". Dank großzügig gewährter Kredite verschiedener Genossenschaftsbanken entstand so als neues Unternehmen die „Norddeutsche Fleischzentrale" (NFZ), die sowohl nach den Schlachtzahlen als auch vom Umsatz her auf der Rangliste der Fleischvermarkter nun eindeutig den ersten Platz einnahm. De facto lag das Kommando in dieser GmbH ausschließlich bei der Führung der alten „Nordfleisch": Sie schloss 1990 schon in einem ersten Sanierungsschritt jeden dritten der „CG"-Schlachthöfe in Niedersachsen; für die nachfolgenden Jahre wurden weitere Rationalisierungsmaßnahmen angekündigt.[210]

Diese zweite Großfusion innerhalb kurzer Zeit versetzte die Schlachthofbranche vollends in helle Aufregung. In hektischem Tempo folgten weitere Konzentrationsschritte. Noch in der ersten Hälfte des Jahres 1990 übernahm die „Annuss Fleisch KG" ihren größten privatbetrieblichen Konkurrenten in Norddeutschland, die bislang ebenfalls inhabergeführte „Reinhard Stücken Fleisch-Union", der zu diesem Zeitpunkt noch vier mittelgroße Versandschlachthöfe in Schleswig-Hol-

---

[208] Gerhard Schepper, Sind die Verdächtigungen nur Verleumdungen?, in: top agrar 18 (1989), Nr. 9, S. 108–110; ders./Wilhelm Wehland, Südvieh-Südfleisch: Hohe Verluste in Italien?, in: ebenda, Nr. 11, S. 152–153.

[209] Wilhelm Wehland, CG Hannover: Nach der Elefantenhochzeit nun die Sanierung, in: top agrar 18 (1989), Nr. 5, S. 126–130, hier: S. 126 u. S. 128.

[210] Vgl. etwa: Fleischkonzerne bald unter einem Dach, in: HB, 2. 5. 1989; Genossen und Banken werden zur Kasse gebeten, in: HB, 5. 5. 1989; Umfangreiches Sanierungskonzept für die CG Vieh und Fleisch, in: FAZ, 5. 5. 1989; CG Vieh ringt weiter mit Schwierigkeiten, in: FAZ, 30. 8. 1989; Zusammenschluss zur Norddeutschen Fleischzentrale, in: FAZ, 27. 6. 1990.

stein und Niedersachsen gehörten.[211] Nur wenig später erwarb die vor allem in Bayern aktive „Moksel Gruppe" die „Fleischzentrale Südwest", die württembergische Tochtergesellschaft der mittlerweile zur NFZ mutierten „Nordfleisch". Damit war beiden Seiten gedient: Das bayerische Privatunternehmen verbesserte seine ohnehin schon starke Marktposition in Süddeutschland; die frisch fusionierte NFZ gewann Kapital, das sie für die Sanierung der maroden „CG" gut gebrauchen konnte, und sie befreite sich zugleich von der schwierigen Aufgabe, bei regional nach wie vor recht unterschiedlichen Marktbedingungen einen Verbund von Schlachtunternehmen in Nord- und Süddeutschland zu steuern.[212]

Mit all diesen Zusammenschlüssen antworteten die beteiligten Firmen ad hoc auf die sinkenden Schlachtzahlen. Im Hintergrund stand allerdings ein zweiter Anstoß, der mit dieser akuten Krise nichts zu tun hatte und doch als noch wichtiger gelten durfte: Die Schlachthofunternehmen ordneten sich neu, weil sie auf den Konzentrationsschub im Lebensmittel-Einzelhandel reagierten, der dessen Einkaufsmacht seit 1985 noch deutlich stärker als zuvor in wenigen Händen bündelte. So rechtfertigte etwa Willi Croll, der Präsident des Deutschen Raiffeisen-Verbandes, die Fusion von „Nordfleisch" und „CG" mit den Worten: „Das genossenschaftliche Angebot solle für eine starke Abnehmerschaft im Handel unentbehrlich werden."[213]

Das landwirtschaftliche Fachblatt „top agrar" wagte einen Blick in die Zukunft und prognostizierte: „Überleben werden am Ende die Versandschlachthöfe, die einen eigenen Zugriff auf die Fleischerfassung haben und zudem kapitalkräftig genug sind, um einen Systemvertrieb aufzubauen." Vermarktungsunternehmen, die neben einem optimal organisierten Schlachtgeschäft nicht auch noch „Logistik, Zerlegung und Verpackung" gleichwertig behandelten, würden hingegen schon im kommenden Jahrzehnt zügig dem weiter verschärften Wettbewerb zum Opfer fallen. So wie die Fleischbranche arbeite und mit Sicherheit auch weiterhin arbeiten werde, gäben „Pfennigbeträge im Kampf ums Überleben in der Vieh- und Fleischbranche inzwischen den Ausschlag": Die Bedingungen des Marktes zwängen unerbittlich dazu, die Kosten für jedes einzelne geschlachtete Tier möglichst tief nach unten zu drücken.[214]

In der Tat kann dieser Druck, durch große Produktionsmengen eine degressive Entwicklung der Aufwendungen zu erreichen, als der entscheidende Unterschied gelten, der das nach 1960 neu entstandene Vermarktungssystem für Masttiere und deren Fleisch von der älteren Marktordnung unterschied. Verursacht wurde die Veränderung sowohl vom stark wachsenden Fleischhunger der Konsumenten wie auch von den Konkurrenzkämpfen in der Gruppe der großen Einzelhandelsketten,

---

211 Annuss übernimmt Fleisch-Union, in: FAZ, 26. 5. 1990.
212 Fleischzentrale Südwest verkauft, in: FAZ, 1. 8. 1990.
213 Die Raiffeisen-Genossenschaften müssen an zwei Fronten kämpfen, in: FAZ, 4. 4. 1990.
214 Wilhelm Wehland, CG Hannover: Nach der Elefantenhochzeit nun die Sanierung, in: top agrar 18 (1989), Nr. 5, S. 126–130, hier: S. 128. Vgl. ähnlich auch die Analyse in: Fleischvermarkter im Norden wollen eng zusammenrücken, in: LZ 41 (1989), Nr. 21, S. 22.

die alle bevorzugt preisgünstige Fleisch- und Wurstangebote nutzten, um Kunden zu gewinnen und an sich zu binden.

Da alle Ebenen eines Marktes systemisch zusammenhängen, reichten die Schlachthöfe als vermittelnde Instanz in der Handelskette den Produktions- und Kostendruck, dem sie selbst ausgesetzt waren, weiter an ihre eigenen Zulieferer, an die Bauern, die Vieh mästeten. Schon in den frühen Jahren der „Totvermarktung" forderten die Versandschlachthöfe von den Landwirten vor allem große Liefermengen möglichst gleichartiger Tiere, weil Abweichungen in Größe und Gewicht das Schlachten in Serie erschwerten. Gewünscht war expressiv verbis eine „Standardproduktion von gleichbleibend hoher Qualität", die „Schaffung eines konzentrierten Angebots gleichmäßiger Ware" oder auch – noch eindeutiger formuliert – die „Serienanfertigung großer Partien".[215]

Bei Bedarf ließen sich diese Wünsche auch noch spezifizieren. Karl Schweisfurth, der Inhaber des umsatzstärksten bundesdeutschen Produktionsbetriebes für Wurstwaren (und zugleich auch ein erfolgreicher Fleischversender), konfrontierte die agrarischen Produzenten 1964 beispielsweise mit dieser detaillierten Beschreibung eines gelungenen Schweines: Das Tier sollte etwa einen Meter lang sein, lebend rund 100 Kilo wiegen, und auf dem Rücken eine Muskelfläche von 36 bis 38 Quadratzentimetern aufweisen. Der Rückenspeck durfte maximal vier Zentimeter dick sein; der Bauchspeck wurde „gut durchwachsen" und „möglichst mager" gewünscht. Insgesamt sollten Muskeln und Fett im Körper des Tieres im Verhältnis von 1 zu 0,8 zueinander stehen; „größere intramuskuläre Fetteinlagerungen" waren unerwünscht. Auch auf die Farbe kam es an: Verlangt wurde ein „kräftiges Rot" der Muskeln; helles Fleisch galt hingegen als problematisch. Nur in dieser Gestalt, so Schweisfurth, hätten die Schlachtbetriebe und die Hersteller von Fleisch- und Wurstwaren einen „vollwertigen, den Käuferwünschen entsprechenden Rohstoff". Von den Landwirten erwartete er dessen Lieferung in möglichst geringer „Variationsbreite".[216]

1974 erneuerte ein anderer Sprecher der fleischverarbeitenden Industrie diese Anforderungen: Die Standarisierung des lebenden Rohstoffs der Fleischwirtschaft durch die „Aufzucht möglichst gleichgewachsener Tiere" sei eine zentrale Voraussetzung „zur weiteren Mechanisierung und Rationalisierung des Schlachtvorgangs".[217]

Durch die Bezahlung „am Haken" besaßen die Versandschlachthöfe die Möglichkeit, ihre Qualitätsansprüche konsequent in den Preisen zum Ausdruck zu bringen, die sie zahlten: Bauern, die nicht das lieferten, was die mittlere Vermark-

---

[215] In der Reihenfolge der Zitate: Theodor Sonnemann, Die Genossenschaften im modernen Markt, in: FW 14 (1962), S. 751–753, hier: S. 752; Karl Schweisfurth, Höhere Markterlöse durch marktgerechtere Schlachttierproduktion, in: ebenda, S. 754–757, hier: S. 756; Dobert, Betriebsvereinfachung, S. 21.

[216] Karl Schweisfurth, Das Fleisch verarbeitende Gewerbe als Vermittler der Verbraucherwünsche, in: FW 16 (1964), S. 14–18, hier: S. 14–16.

[217] E. Amrogowicz, Schwerpunkte der modernen Schlachttechnik, in: FW 54 (1974), S. 1415–1420, hier: S. 1420.

tungsinstanz verlangte, hatten unmittelbar das Nachsehen, wenn die Masttiere erst nach der „Ausschlachtung" bewertet wurde. Das nachfolgende Kapitel wird daher untersuchen, wie sich Tierzucht und Tiermast unter diesen neuen Bedingungen veränderten. Dabei soll es sowohl um die Landwirte als Unternehmer und Produzenten wie auch um die Bedingungen gehen, unter denen die für den modernen Fleischmarkt aufgezogenen Tiere gehalten wurden.

7. Fleischverarbeitende Betriebe und ihre Stellung im neuen Marktsystem

Bevor sich die Darstellung der Ebene der Urproduktion zuwendet, wendet sich der Blick abschließend jedoch noch kurz auf die Betriebe, die geschlachtetes Vieh zu Wurst, zu Fleischaufschnitt oder auch zu anderen Waren wie etwa Haustierfutter weiterverarbeiteten. Da die deutschen Konsumenten Wurstwaren aller Art und auch aufgeschnittenes verarbeitetes Fleisch (wie etwa die verschiedenen Arten von Schinken) so stark schätzten, ging ein nicht unerheblicher Teil der in den bundesdeutschen Schlachthöfen getöteten Masttiere an die Unternehmen dieser Branche. Wie die eben zitierten Worte von Karl Schweisfurth eindringlich belegen, traten sie als wichtige Abnehmer sowohl gegenüber den Schlachthöfen wie auch gegenüber den Landwirten selbstbewusst fordernd auf.

Die grundlegenden Veränderungen im System der Fleischvermarktung, die sich in der Bundesrepublik zwischen 1960 und 1990 vollzogen, zwangen auch diese Branche zur Anpassung – und zugleich gehörte ihr Wandel durchaus an wichtiger Stelle in den Prozess der Ko-Evolution von Großbestellern und Großanbietern, der das traditionelle Metzgergewerbe zunehmend an den Rand des Marktes drängte.

Fleischverarbeitende Betriebe, die sich dauerhaft auf die Produktion von Wurstwaren konzentrierten, entstanden in Deutschland in größerer Zahl spätestens in der zweiten Hälfte des 19. Jahrhunderts. Von einer Industrie lässt sich dennoch nicht sprechen. Die Branche bestand vielmehr aus Kleinbetrieben, die bis auf wenige Ausnahmen jeweils nur regional oder lokal operierten. Sie fungierten als Zulieferer für „Feinkostläden", die ihren Kunden neben anderen Lebensmitteln ergänzend einige lagerfähige Wurstwaren anboten, und auch für Metzgermeister gerade in den größeren Städten, die ihr selbst hergestelltes Sortiment an Wurstwaren und Aufschnitt erweitern wollten.[218]

Zwar kannte das Gewerbe durchaus schon moderne Elemente der kapitalistischen Wirtschaft wie etwa eingetragene Warenzeichen und Markennamen. Besonders hochwertige Artikel – vor allem ganze Schinken oder Schinkenkonserven – wurden auch überregional abgesetzt, ja teilweise sogar ins Ausland exportiert. In der Gesamtschau blieben solche Geschäfte jedoch das Privileg einiger weniger Un-

---

[218] Vgl. etwa: Bodo Rebettge, Die Entwicklung und Bedeutung der deutschen Fleischwarenindustrie, rechts- u. staatswiss. Diss. Universität Halle-Wittenberg 1932, S. 74 f.

ternehmen, die sich stark spezialisierten. Zudem produzierten selbst diese Pioniere ihre Ware auf traditionell handwerkliche Weise und damit technologisch kaum anders als die selbständigen Metzgermeister mit ihren kleinen Ladengeschäften, die den größten Teil der von den Deutschen verzehrten Wurst produzierten.[219] Diese Strukturen bestanden weitgehend unverändert auch noch in der jungen Bundesrepublik.[220]

Wie in allen Sparten der Fleischwirtschaft begann der Wandel jedoch einmal mehr Mitte der 1950er Jahre. Ab 1960 beschleunigte er sich rasant – angetrieben sowohl von dem stark steigenden Fleischhunger der Bundesbürger wie auch von der Entstehung der Supermärkte mit „Vollsortiment", die als neue Kunden der Wurstfabrikanten auftraten. Da die Deutschen – wie gezeigt – auch im Wohlstand an ihrer traditionellen Liebe für Würste und Wurstwaren festhielten, expandierten die Geschäfte der fleischverarbeitenden Betriebe massiv. Allein von 1960 auf 1975 wuchs der Gesamtumsatz der Branche, die nur rund 350 Unternehmen umfasste, um mehr als das Dreifache (von 2,25 Milliarden auf 8,12 Mrd. DM). Danach verlief die Entwicklung zwar deutlich weniger rasant. Der weitere Anstieg auf 11,55 Mrd. DM im Jahr 1989 (plus 42 Prozent) konnte sich dennoch durchaus sehen lassen, da der Fleischkonsum pro Kopf der Bevölkerung in den 1980er Jahren ja stagnierte. Auch die Statistik der in der Bundesrepublik jährlich insgesamt produzierten Menge von Wurstwaren, Fleischaufschnitt und Fleischkonserven belegt einen anhaltenden Boom der Branche: Von 1975 auf 1989 wuchs sie von 516.000 auf 1,401 Millionen Tonnen. Ausfuhren ins Ausland spielten bei diesem Aufschwung durchweg nur eine marginale Rolle.[221]

Konkurrenz durch Importe musste die Branche zudem kaum fürchten. Zwar wuchsen die Einfuhren von verarbeitetem Fleisch seit den späten 1950er Jahren mengen- und wertmäßig massiv an. Diese Expansion begann aber auf so niedri-

---

[219] Vgl. jeweils im Rückblick: Karl Ludwig Schweisfurth, Wir sind herausgefordert, in: FW 49 (1969), S. 755–756; ders., Wenn's um die Wurst geht. Mein Weg von der Fleischindustrie zur ökologischen Landwirtschaft, München 2001, S. 106–108. Ein Beispiel für frühe moderne Marketingstrategien ist etwa die 1907 in Elmshorn (bei Hamburg) gegründete „Claus Dölling Schlachterei": Sie spezialisierte sich auf die Herstellung von Schinken, Schinkenwurst und Mettwurst. Ihre Produkte (mit firmeneigenem Logo) vertrieb sie unter Markennamen wie „Deichgraf" schon in den 1920er und 1930er Jahren in weiten Teilen von Norddeutschland. Vgl. den Abriss der Firmengeschichte in: Dölling und die Kammer auf gleicher Wellenlänge, in: BBSH 130 (1980). S. 537–538.

[220] Vgl. etwa: Arend Moje, Fleischwaren-Industrie und Einzelhandel, in: FW 35 (1955), S. 704–705; C. Broicher, Die westdeutsche Fleischwirtschaft und ihre Stellung in der Volkswirtschaft, in: BLW 35 (1957), S. 887–900.

[221] Zahlen aus: Entwicklung der Betriebe der Fleisch verarbeitenden Industrie in der Bundesrepublik Deutschland, in: FW 49 (1969), S. 1058 (für 1960); Geschäftsbericht 1975 Bundesverband der Deutschen Fleischwarenindustrie, Bonn o. J., S. 22; Geschäftsbericht 1989 Bundesverband der Deutschen Fleischwarenindustrie, Bonn o. J., S. 23 f. Der Exportanteil am Gesamtumsatz lag 1989 bei 2,5 Prozent; 1960 hatte er bei 1,9 Prozent betragen. In den Angaben oben sind auch die Frischfleischlieferungen an den Einzelhandel enthalten, die einige Großbetriebe der Branche wie etwa „Schweisfurth" seit den frühen 1960er Jahren ja ebenfalls anboten.

gem Niveau, dass ausländische Produzenten auf dem bundesdeutschen Wurstmarkt auch noch 1989 lediglich eine marginale Rolle spielten: Sie lieferten nur etwas mehr als fünf Prozent all der Wurstwaren und auch der Schinken, die von den Bundesbürgern verzehrt wurden.[222]

Wie der eindrucksvolle mengenmäßige Zuwachs der inländischen Produktion ab Mitte der 1970er Jahre beweist, profitierten die fleischverarbeitenden Unternehmen offensichtlich stark vom Niedergang des traditionellen Metzgergewerbes, dessen eigene Warenproduktion zeitgleich deutlich schrumpfte. Auf dem insgesamt nicht mehr wachsenden deutschen Fleischmarkt gewann die Branche damit zunehmend an Bedeutung. Die Zahl der miteinander konkurrierenden Firmen ging hingegen leicht zurück (auf 275 im Jahr 1988); auch der addierte Personalbestand schrumpfte. In den späten 1980er Jahren beschäftigte die Branche rund 40.000 Personen und damit etwa 3.000 Köpfe weniger als noch 1975.[223]

Die dennoch stark vermehrte Produktionsmenge verdankte sich zum einen einer zunehmenden Technisierung und Mechanisierung der Wurstproduktion. Zum anderen entstand seit den 1950er Jahren ein ganz neuartiges Wissen über die komplexen biologisch-chemischen Prozesse, die sich vollziehen, wenn der so rasch verderbliche Rohstoff Fleisch durch die Verarbeitung zur Wurst teilweise für lange Zeit lagerfähig gemacht wird. Diese Verwissenschaftlichung eines Handwerks, das sich zuvor weitgehend auf praktische Erfahrungen gestützt hatte, ermöglichte die Einführung vollständig neuer Herstellungsverfahren. Gemeinsam bewirkten diese beiden Veränderungen eine starke Beschleunigung der Produktion.

Der biologisch-chemische Wissenszuwachs, ohne den die Mechanisierung der Branche nur recht begrenzte Wirkungen entfaltet hätte, verdankte sich der Arbeit vieler verschiedener Akteure. In zahlreichen Ländern beschäftigten sich staatlich finanzierte spezielle Forschungsinstitute mit Fragen der Fleischproduktion und -verarbeitung; auch an Universitäten wurde dazu intensiv gearbeitet. Vor allem in den USA besaßen die großen, vertikal integrierten Agrar- und Lebensmittelkonzerne zudem eigene Forschungsabteilungen.[224] Gemeinsam bildeten diese Wissenschaftler eine international bemerkenswert eng vernetzte Community. Eine Fülle von Fachzeitschriften und regelmäßig stattfindende Kongresse garantierten einen beständigen Austausch neuer Fragen, Methoden und Ergebnisse. Auch Kol-

---

[222] Geschäftsbericht 1989 Bundesverband der Deutschen Fleischwarenindustrie, Bonn o. J., S. 16 u. S. 23. Bei einer Produktionsleistung der deutschen Firmen von insgesamt 1,401 Millionen t, von denen rund 54.000 t exportiert wurden, betrug die Importmenge knapp 93.000 t. Der Nettoimport betrug also nur 39.000 t. 1962 hatte die Selbstversorgungsquote bei verarbeitetem Fleisch noch bei 98 Prozent gelegen. Trautmann, Versuch, S. 204.

[223] Von 1960 auf 1975 war die Zahl der Beschäftigten hingegen noch von rund 25.000 auf 43.000 gestiegen. Zahlen nach: ebenda.

[224] Vgl. etwa: Helmut Bartels, Die Bedeutung der Fleischforschung für die Praxis, in: FW 41 (1961), S. 529–532; Reiner Hamm, Fleischforschung in den Vereinigten Staaten von Nordamerika, in: ebenda, S. 312–315.

leginnen und Kollegen aus dem „Ostblock" nahmen daran wie selbstverständlich teil – selbst in den 1960er Jahren, mitten im „Kalten Krieg".[225]

In der Bundesrepublik durfte die 1950 gegründete „Bundesanstalt für Fleischforschung" als das Zentrum dieser speziellen Wissenschaftswelt gelten.[226] Privat finanzierte Forschungsarbeit blieb in Westdeutschland hingegen lange Zeit eher selten, weil die große Mehrheit der fleischverarbeitenden Betriebe deren Kosten nicht tragen konnte. Auch gemeinsam angegangene Projekte kamen nicht zustande.[227]

So bemühte sich nur der nationale Marktführer, die „Schweisfurth GmbH" aus dem westfälischen Herten, kontinuierlich um neues Wissen, das helfen konnte, die Wurstproduktion zu modernisieren. 1969 gründete das Unternehmen sogar ein firmeneigenes Forschungsinstitut, das sich vor allem mit der „Weiter- und Neuentwicklung praxisnaher technologischer Verfahren" beschäftigten sollte. Karl Ludwig Schweisfurth, der Erbe und Alleininhaber der Firma, erklärte bei der Eröffnung des Instituts überraschend offen: „Bei den Bemühungen um eine großtechnisch standarisierte Rohwurst-Technologie zeigen sich immer wieder unerklärliche Phänomene", weil die chemischen Veränderungen in „post-mortalem Fleisch" nach wie vor nicht richtig verstanden würden. Lösbar sei dieses gravierende Problem der fleischverarbeitenden Betriebe nur im „permanenten Dialog mit der Wissenschaft".[228]

Wie diese Worte eines Praktikers belegen, war der Weg vom Handwerk zur Industrie in der Fleischwirtschaft keineswegs einfach zu gehen. Auf mittlere Sicht entwickelten sich dennoch funktionale neue Herstellungspraktiken, die in den

---

[225] Vgl. dazu beispielhaft: K. Coretti, 7. Internationale Tagung der Europäischen Fleischforscher, in: FW 42 (1962), S. 212–216 u. S. 415–417 (neben Vertretern aus fast allen europäischen Ländern inklusive der UdSSR waren an dieser Tagung auch Forscher aus den USA und Australien beteiligt); K. Gerigk, VIII. Europäischer Kongreß der Fleischforschungsinstitute vom 20. bis 27. 8. 1962 in Moskau, in: ebenda, S. 1075–1811 (beteiligt waren Wissenschaftler aus allen „Ostblock"-Staaten, aus Frankreich, Großbritannien, Schweden, Kanada, Japan sowie auch aus „Ost- und Westdeutschland").

[226] Vgl. als rückblickende Selbstdarstellung: 60 Jahre Bundesanstalt – Eine Erfolgsgeschichte in Sachen Fleischforschung, in: FW 78 (1998), S. 390–391. Die Institution feierte 1998 ihr 60. Jubiläum, weil sie die Jahre 1938 bis 1947 einrechnete, in denen es eine „Reichsforschungsanstalt für Fleischwirtschaft" gegeben hatte. Personell bestand zwischen den beiden Institutionen in der Tat eine bruchlose Kontinuität, da die Reichsanstalt mit allen Beschäftigten 1944 aus dem bombengefährdeten Berlin in die oberbayerische Kleinstadt Kulmbach verlegt wurde. Dort änderte sich dann 1950 nur der Name der Einrichtung. Zu dieser Vorgeschichte vgl. genauer: Martin Lerche, Fünf Jahrzehnte fleischwissenschaftlicher Forschung, in: FW 50 (1970), S. 597–598.

[227] Vgl. die kritischen Anmerkungen zu diesem Stand der Dinge in: Carl Freybe u. a., Die Technik in der Fleischwirtschaft, 2. vollst. umgearb. u. erw. Aufl., Hannover 1966, S. 6.

[228] Karl Ludwig Schweisfurth, Wir sind herausgefordert, in: FW 49 (1969), S. 755–756, hier: S. 756. Als „Rohwürste" gelten in der Fleischwirtschaft – unabhängig vom Prozess der Herstellung und vom Endzustand beim Verkauf – alle Wurstwaren, für die rohes Fleisch verwandt wird. Genaue Informationen zum Fachvokabular der Branche vgl. in: Martin Lerche, Die deutschen Wursterzeugnisse. Eine Systematik der Wurstarten und Wurstsorten in der Bundesrepublik und in West-Berlin, Frankfurt/Main 1972.

7. Fleischverarbeitende Betriebe und ihre Stellung im neuen Marktsystem 231

1970er Jahren dann zunehmend auf wirklich breiter Front angewandt wurden. Beispielhaft zu nennen ist hier etwa die sogenannte „Schnellreifung" von Rohwürsten: „Starterkulturen aus bestimmten nitratreduzierenden Mikrokokken und gewissen Laktobazillen", die bei speziellen Zulieferbetrieben gekauft werden konnten, bewirkten, dass die so behandelten Würste weitaus rascher fest und lagerfähig wurden, als bei der traditionellen Produktion.[229] Ein weiterer Vorteil für die Produzenten kam hinzu: Im Prozess ihrer „Reifung" verlor die Wurst nun deutlich weniger Gewicht, weil sie nicht mehr so stark austrocknete wie zuvor. Chemisch geschah im Inneren der Wurst zwar jeweils weitgehend das Gleiche. Die Zeitersparnis aber war enorm. Dauerwürste konnten nun bereits nach wenigen Tagen in den Verkauf gehen; zuvor hatte ihre Herstellung drei bis sechs Wochen gedauert. Mit anderen „Starter-Kulturen" ließ sich zudem auch noch die äußere Schimmelbildung stark beschleunigen, die etwa bei der Salami zusätzlich konservierend wirkt. Ob der Konsument bei so hergestellten Fleischwaren eine vergleichbare Qualität erwarten durfte, war allerdings umstritten: Zumindest einige Fachleute meinten, Geschmack und Aroma der Rohwurst würden sich ohne die „Naturreifung", bei der die der Fermentierung und Konservierung nützlichen Mikrolebewesen unter kontrollierten Bedingungen langsam heranwachsen, nicht richtig entwickeln.[230]

Beschleunigt wurde die Produktion auch durch zahlreiche neu entwickelte Maschinen. Der dafür verantwortliche spezielle Bereich der Maschinenbauindustrie blickte Mitte des 20. Jahrhunderts zwar bereits auf eine jahrzehntelange Geschichte zurück. Mit der in allen Industrienationen steigenden Nachfrage nach Fleisch und Wurst entwickelten sich sowohl die Geschäfte der Branche wie auch ihre Investitionsbereitschaft nach 1950 jedoch zunehmend „stürmisch". Da der Maschinenbau zu den traditionellen Stärken der deutschen Wirtschaft zählte, galt dies gerade in der Bundesrepublik. Die Hamburger Firma „Mittelhäuser & Walter" rechnete sich mit Stolz sogar zu den Weltmarktführern auf diesem technologischen Feld. Besonders intensiv beschäftigte sie sich mit Möglichkeiten, den Vorgang des Räucherns zu beschleunigen.[231]

Da andere Firmen vergleichbar innovativ über das Pökeln, die dritte Hauptform der Konservierung in der Wurstproduktion, nachdachten, stand für die Produzenten von Wurstwaren spätestens Mitte/Ende der 1960er Jahre ein ganzes Arsenal

---

[229] Neue Herstellungsverfahren, in: Die Fleischerei 21 (1970), Nr. 11, S. 22–26, hier: S. 23. Die Unterscheidung zwischen „Mikrokokken" und Bakterien im Zitat entspricht dem damals noch üblichen Sprachgebrauch. Tatsächlich gehören jedoch auch Mikrokokken zu den Bakterien. Zur Funktion und Wirkung der „Starter-Kulturen" vgl. auch: K. Coretti, Rohwurst mit Starterkulturen, in: ebenda, Nr. 5, S. 26–28; Hans Karow, Rohwürste von heute und morgen, in: Die Fleischerei 20 (1969), Nr. 5, S. 26–30.

[230] Helmut Gallert, Schnellverfahren unter der Lupe, in: Die Fleischerei 19 (1968), Nr. 5, S. 26–28, hier: S. 26.

[231] 75 Jahre Arbeit und Fortschritt in der Fleisch- und Wurstwarentechnik: Mittelhäuser & Walter 1883–1958, Hamburg 1958, S. 16 (ebenda, S. 13–25, ein Überblick über die vielfach patentierten Erfindungen der Firma).

an neuen Verfahrenstechniken bereit, die allesamt massive Zeiteinsparungen mit sich brachten. Pökellake etwa konnte nun mit „Vielnadel-Injektoren" direkt in das zu konservierende Fleischstück injiziert werden.[232] Beim „Schnellräuchern" in eigens dafür konstruierten „Klimakammern" hingegen gelang es, den geschmacksbildenden und konservierenden Rauch – anders als unter natürlichen Bedingungen – auch noch bei Temperaturen von mehreren hundert Grad zu erzeugen. Die Räucherzeit verkürzte sich damit um bis zu 90 Prozent.[233] Teilweise – etwa beim Kochschinken – entstand die den Kunden bekannte Ware durch Kombination verschiedener Techniken und Apparaturen, „durch spezielle Tumbler und Massierverfahren, [...] andere Kochzeiten und Kerntemperaturen" auf so andere Weise, dass eigentlich „ein völlig neues Produkt" entstand.[234]

Darüber hinaus verschwand in den späten 1950er Jahren auch noch ein bislang nicht zu umgehender „Engpass in der Fabrikation aller Wurstfabriken", weil nun erstmals Maschinen angeboten wurden, die den zubereiteten „Brät" (die Wurstmasse) vollautomatisch abfüllten. Wer dabei künstlich hergestellte „Därme" aus Kollagen oder auch aus nicht-essbarem Plastik statt der herkömmlich verwendeten Naturdärme einsetzte, gewann zusätzlich Zeit, weil die Kunstprodukte in exakt standarisierten Maßen zur Verfügung standen. Zudem waren sie auch noch preiswerter. Schließlich und endlich gehörte der oben schon erwähnte Verzicht auf hauseigene Schlachtungen und die damit verbundene Entscheidung, zum Kunden der neuen Versandschlachthöfe zu werden, ebenfalls in den Bereich einer grundlegenden betriebstechnischen Rationalisierung der Fleischverarbeitung.[235]

Von allen diesen Wandelungen erfuhren die Endverbraucher wenig bis gar nichts. Wenn sie Qualitätsverschlechterungen wahrnahmen, so manifestierte sich das nicht in den Absatzstatistiken. Im Gegenteil: Gerade die großen Hersteller, die bei der Technisierung und Beschleunigung der Wurstproduktion die Vorreiter

---

[232] Qualitätssteigernd und rationell pökeln, in: Die Fleischerei 16 (1965), Nr. 11, S. 6–8, hier: S. 8. Vgl. auch: Was ist Schnellpökelung?, in: Die Fleischerei 17 (1966), Nr. 9, S. 57–58.

[233] Helmut Gallert, Modern arbeiten!, in: Die Fleischerei 16 (1965), Nr. 11, S. 10–12; Hans Reuters, Neue Verfahren und ihre Vorteile, in: Die Fleischerei 19 (1968), Nr. 6, S. 6–10.

[234] Klaus F. Rund, Probleme und Erfahrungen bei der Weiterverarbeitung standarisierten Fleisches in Großmischanlagen in Europa, in: FW 56 (1976), S. 656–600, hier: S. 656. Vgl. auch: Helmut Gallert, Rationelle Herstellung von Schinken, in: Die Fleischerei 16 (1965), Nr. 3, S. 20–23; Wilhelm Kasper, Ist die konventionelle Kochschinkenherstellung durch das moderne Tumblern, Poltern bzw. Massieren überholt?, in: Die Fleischerei 25 (1974), S. 21–22.

[235] 75 Jahre Arbeit, S. 29. Vgl. im Überblick auch: Helmut Gallert, Rationalisierung bei der Wurstherstellung, in: Die Fleischerei 22 (1972), Nr. 11, S. 27–28; U. Hoede, Rationalisierung der Wurstproduktion, in: Die Fleischerei 24 (1973), Nr. 8, S. 17–18. Zur Aufgabe der eigenen Schlachtungen vgl. am Beispiel der niedersächsischen Wurstwarenindustrie genauer: Bernd Reibenstein, Hauptabnehmer im Inland, in: LZ 27 (1975), Nr. 31, Sonderteil, S. 33. Hiernach stammten in Niedersachsen seinerzeit nur noch maximal 20 Prozent des zur Wurst verarbeiteten Schweinefleisches bzw. maximal 30 Prozent des Rindfleisches aus Eigenschlachtungen der verarbeitenden Betriebe. Mit 79 Betrieben, rund 9.000 Beschäftigten und einem Anteil von etwa 20 Prozent am gesamten Inlandsumsatz der Branche bildeten die niedersächsischen Fleischwarenfabriken nach Nordrhein-Westfalen die zweitgrößte Landesgruppe innerhalb der Branche.

spielten, wuchsen in den 1960er und 1970er Jahren teilweise auf geradezu spektakuläre Weise. Die „Schweisfurth GmbH" etwa konnte ihren Absatz allein im Jahr 1969, in dem sie mehrere neue Produktionsanlagen in Betrieb nahm, um sage und schreibe 40 Prozent steigern.[236]

Wer die neuen technologischen Möglichkeiten in der Wurstherstellung konsequent nutzen wollte, der brauchte – wie sich denken lässt – viel Kapital. Zumal vollautomatisierte „Wurststraßen" verschlangen viel Geld, bevor sie eingesetzt werden konnten. So investierte einer der größten bundesdeutschen Anbieter von Frankfurter Würstchen, die tatsächlich bei Frankfurt am Main residierende „Hans Wirth KG", 1973/74 rund fünf Millionen DM in den Bau einer solchen Anlage für die nun vollständig von Computern überwachte Produktion ihrer wichtigsten Ware.[237]

Experten erwarteten daher Anfang der 1960er Jahre, die bislang stark mittelständisch geprägte fleischverarbeitende Industrie in der Bundesrepublik werde sich durch den Zwang, erheblich mehr Kapital einzusetzen, grundlegend wandeln. Noch überzeugender wirkte diese Prognose wegen des großen Interesses der neu entstehenden Supermärkte, Wurst auch portioniert und verkaufsfertig verpackt als Selbstbedienungs-Artikel anbieten zu können: Nur Großbetriebe konnten sich die speziellen Maschinen leisten, die für den technisch komplizierten automatisierten Zuschnitt, das Auswiegen, das Verpacken und die Auszeichnung der Ware nötig waren.[238] Als „Unilever", einer der größten international agierenden Nahrungsmittelkonzerne, 1960 die traditionsreiche bayerische „Fleisch- und Wurstwarenfabrik Emil Schafft" kaufte, galt diese Transaktion daher vielfach als eine Art Startschuss: Hier beginne ein Konzentrationsprozess, der unaufhaltsam weiter voranschreiten werde.[239]

Tatsächlich entwickelte sich das Gewerbe bis Ende der 1980er Jahre dann allerdings doch etwas anders. Zwar gab es durchaus weitere Übernahmen bislang ei-

---

[236] Liebliche Wurst kommt besser an, in: FAZ, 2. 4. 1970. Zeitgleich wuchs der Umsatz „nur" um knapp 30 Prozent. Die Diskrepanz entstand durch die „aktive Preispolitik" der Firma. Vgl. als ein anderes Beispiel die „Hans Höll KG Fleischwarenfabrik" aus dem Saarland, die vor allem Brühwürste als Markenartikel herstellte. Sie steigerte ihren Umsatz von 1960 auf 1975 um 275 Prozent (von 20 auf 70 Millionen DM). Vgl. dazu: Frischwurst als Markenartikel, in: FAZ, 4. 3. 1976.
[237] „Frankfurter" kommen aus Neu-Isenburg, in: FAZ, 13. 9. 1975.
[238] Vgl. zu den Startproblemen bei der Produktion von SB-fertigen Wurstwaren etwa: Das Haus an der Feldhege. Blätter aus der Chronik einer Familie und ihres Werkes, überreicht von der Schweisfurth GmbH, Fleischwaren- und Konservenfabrik, 3. ergänzte Aufl., Herten 1957, S. 35 f. Zum Kapitalbedarf als Hemmnis für die Entwicklung mittelständischer Fleischverarbeiter vgl. etwa: Gotthard Hilse, Bedeutung, Produktionsstruktur und Absatzwege der deutschen Fleischwarenindustrie, in: FW 49 (1969), S. 1447–1451, hier: S. 1446 f.; Starker Wandlungsprozess im Gange, in: NFZ 53 (1971), Nr. 7, S. 2.
[239] Vgl. etwa: Adolf Scherer, Die Zeit ist reif zum Handeln. Der Umbruch am Markt und die Antwort des Bauern, Neuwied 1961, S. 47; Walter Wowra, Ausgewählte Fragen aus dem Bereich der genossenschaftlichen Viehverwertung, in: Verhandlungsbericht der Mitgliederversammlung des Deutschen Raiffeisenverbandes am 15. und 16. Juni 1961 in Neustadt a. d. W., Bonn 1961, S. 106–116, hier: S. 113; Kurt Pritzkoleit, Monopole in der Nahrungsmittelindustrie, in: Agri-Forum 5 (1964), Nr. 2, S. 28–31 u. Nr. 3, S. 27–30, hier: Nr. 3, S. 27.

genständiger Unternehmen; zwar beteiligten sich auch noch einige andere ausländische Großunternehmen der Nahrungsmittelindustrie auf diese Weise an der deutschen Wurstherstellung.[240] Dabei handelte es sich jedoch eher um Ausnahmen. Insbesondere der Einfluss internationaler Konzerne blieb recht gering. So verzichtete etwa „Unilever" nach dem frühen Kauf des bayerischen Unternehmens auf weitere Akquisitionen dieser Art.[241]

Ähnlich wie im Bereich der Schlachthöfe wirkte der deutsche Markt mit seinen spezifischen Strukturen und Traditionen auf ausländische Investoren offensichtlich nicht sehr einladend. Anders verhielt es sich bezeichnenderweise in dem einzigen Segment der fleischverarbeitenden Branche, das nach dem Zweiten Weltkrieg ganz neu entstand. Gemeint ist hier die industrielle Produktion von Fertigfutter für die fleischfressenden Haustiere Hunde und Katzen. Wie oben schon gezeigt wurde, fanden Produkte dieser Art, die es zuvor nicht gegeben hatte, in der jungen Bundesrepublik rasch viele Käuferinnen und Käufer. Dank kontinuierlich stolzer Zuwachsraten entstanden so in kurzer Zeit zwei neue umsatzstarke Märkte, auf denen jeweils eine kleine Gruppe intensiv beworbener Markenartikel dominierte.[242]

Es belegt die Traditionsgebundenheit der deutschen Fleischverarbeiter, dass sie an dieser unternehmerischen Erfolgsgeschichte kaum teilhatten. So wie das Produkt, so kamen auch dessen Hersteller Ende der 1950er Jahre neu nach Deutschland – und dort konnte sich gerade der erste dieser Pioniere frei entfalten. Bei den heftigen Werbeaktionen und Preisschlachten, die in den deutschen Supermärkten zwischen den führenden Marken immer wieder neu geschlagen wurden, handelte es sich daher größtenteils um Schaukämpfe: In den 1980er Jahren gingen in der Bundesrepublik fast 90 Prozent aller Umsätze mit fertigem Katzenfutter und immerhin auch noch 60 Prozent bei den Angeboten für Hunde an eine einzige US-amerikanische Firma, die ihre verborgene Herrschaft über eine ganze Palette vermeintlich konkurrierender Produkte geschickt nutzte, um sich echte Wettbewerber vom Hals zu halten.[243]

---

[240] Beispielhaft zu nennen sind hier etwa die Mehrheitsbeteiligung des kanadischen „Canada-Packers"-Konzerns an der Kölner „Fleischwarenfabrik Walter KG" im Jahr 1969 sowie die Übernahme des Würstchen-Produzenten „Böklunder GmbH" durch den dänischen Konzern „Plumrose" im Jahr 1971. Konzentrationsvorgänge in der Fleischwaren-Industrie, in: FAZ, 28. 2. 1972.

[241] Diese Zurückhaltung ist insofern besonders bemerkenswert, weil das Unternehmen schon in den frühen 1960er Jahren die fleischverarbeitende Branche in den Niederlanden weitgehend beherrschte. Vgl. dazu: Fritz Trautmann, Versuch einer Marktvorhersage für die deutsche Fleischwarenindustrie unter Berücksichtigung der Auswirkungen der Errichtung des Gemeinsamen Marktes, in: FW 16 (1964), S. 201–209, hier: 208.

[242] Siehe unten S. 119 f.

[243] Vgl. hierzu ausführlich: „Alles für die Katz…". Tiernahrungsmittel, in: Verpackungs-Rundschau 34 (1983), S. 105–121; Effem peilt eine Milliarde Umsatz mit Tierfutter an, in: FAZ, 30. 8. 1983; Vierbeiner tierisch verwöhnt, in: LZ 40 (1988), Nr. 26, S. F 8–F 9. Dieser übermächtige Anbieter war die 1959 gegründete bundesdeutsche Niederlassung der international agierenden „Effem", einer Tochter des US-amerikanischen Familienkonzerns „Mars Inc.", der sein Geld vor allem mit der Produktion von Süßigkeiten verdiente. Die „Effem" hielt die

7. Fleischverarbeitende Betriebe und ihre Stellung im neuen Marktsystem

Diese Vormachtstellung hatte für die gesamte fleischverarbeitende Branche in Westdeutschland jedoch nur begrenzte Bedeutung. Die Fertigfutterproduzenten bildeten in diesem Ensemble eine bemerkenswert separate Sphäre; Versuche, die beiden Bereiche unternehmerisch zusammenzuführen, blieben aus. Offensichtlich versprach sich niemand davon Vorteile. Da die Tierfutterindustrie mit anderen Techniken und Maschinen arbeitete, ließ sich kaum auf Synergie-Effekte hoffen, wenn man diese beiden Formen der Fleischverarbeitung gleichzeitig betrieb. Auch Imagefragen waren zu beachten: Wie menschliche Esser auf einen Hersteller von Wurstwaren reagiert hätten, der im großen Stil auch Hunde- und Katzenfutter produzierte, ließ sich nicht abschätzen.[244] Deshalb gingen in der Bundesrepublik Mitte der 1980er Jahre immerhin rund 13 Prozent des gesamten Jahresumsatzes mit verarbeitetem Fleisch an die kleine Gruppe von Spezialfirmen, die Hunde- und Katzenfutter als Markenartikel anboten.[245]

Abseits dieser fast monopolistisch beherrschten Enklave, im Hauptsegment des Marktes, behaupteten sich die Traditionen der fleischverarbeitenden Branche jedoch recht hartnäckig. Verantwortlich dafür waren diejenigen unter den deutschen Konsumenten, die nicht auf ihre gewohnten Wurstwaren verzichten wollten. Insbesondere südlich des Mains blieben regionale und lokale Rezepturen populär.[246] Der Aufschwung der Supermärkte und die Entstehung der großen Handels-

---

Markenrechte an den Hundefutter-Marken „Chappi", „Pal", „Brekkies", „Frolic" und „Caesar" sowie an „Whiskas", „Kitekat" und „Sheba" bei Katzenfutter. Zur Geschichte der „Mars Inc." vgl. bislang ausschließlich die eher anekdotische Darstellung in: Jan Pottker, Crisis in Candyland. Melting the Chocolate Shell of the Mars Family Empire, Bethseda 1995 (zur Rolle des Unternehmens in der Tierfutterbranche S. 159–161). Zu den ebenfalls aus den USA stammenden Hauptkonkurrenten der „Effem" auf dem westdeutschen Markt vgl. etwa: Carnation-Gruppe am deutschen Tierfuttermarkt, in: FAZ, 21. 1. 1969; Der Tierfuttermarkt wächst und wächst, in: FAZ, 10. 8. 1978 (zu „Quaker Oats Inc.").

[244] Fertigfutter für Hunde und Katzen bestand zu großen Teilen aus Innereien, aus Schwarten, Knorpeln sowie aus qualitativ geringerwertigen Abschnitten der Skelettmuskulatur. Stücke aus der glatten Muskulatur der Schlachttiere, die problemlos auch für den menschlichen Konsum geeignet gewesen wären, waren selten oder fehlten ganz (auch wenn die Werbung anderes suggerierte). Vgl. hierzu: Was Hunde kaufen würden, in: Test 11 (1976), Nr. 3, S. 18–21; D. Detzel, Die Möglichkeiten der Verwertung von Schlachtnebenprodukten in der Heimtierernährungsindustrie, in: SVZ 78 (1978), S. 169. Erst 1988/89 versuchte sich Nestlé (einer der großen internationalen Nahrungsmittelkonzerne) in der Bundesrepublik als Produzent und Anbieter von Hundefutter zu etablieren (Markenname „Buffet"). Vgl. dazu: Christoph Murmann, Mit Tiernahrung und Cerealien geht Nestlé in neue Märkte, in: LZ 40 (1988), Nr. 43, S. 12; Nestlé bietet ein „Premium-Futter" für Hunde an, in: FAZ, 31. 1. 1989.

[245] Tierfertignahrung: Favorit für Wachstum und Rendite, in: Dynamik im Handel 27 (1983), Nr. 11, S. 18–26, hier: S. 18.

[246] Vgl. etwa: Fleischwarenunternehmen fusionieren, in: FAZ, 26. 10. 1972 (über eine Fusion zwischen einem nord- und einem süddeutschen Unternehmen, bei dem die beiden Sortimente jeweils unverändert weitergeführt wurden, weil eine Vereinheitlichung als kontraproduktiv galt); Ein Spezialitäten-Verbund rund um Stockmeyer, in: FAZ, 18. 8. 1973. Die lokalen Namen einiger dieser Spezialitäten genossen einen Status, der dem einer eingetragenen Marke ähnelte, weil sie als „geschützte Herkunftsbezeichnung" galten: Nur Hersteller, die tatsächlich „vor Ort" produzierten, durften die Bezeichnung verwenden. Vgl. als ein kurioses Beispiel die „Rügenwalder Teewurst", die ursprünglich aus einer Kleinstadt in Westpommern kam. Von dort stammende Unternehmer, die mittlerweile in der Bundesrepublik neue Be-

konzerne führten daher keineswegs zu einer Vereinheitlichung des Angebotes an Wurst und Fleischaufschnitt. Oben wurde schon gezeigt, wie ungemein breit das Sortiment an Artikeln dieser Art ausfiel, das viele Supermärkte bereit hielten, weil ihre Kunden es so erwarteten.[247]

Das Ensemble der fleischverarbeitenden Betriebe in der Bundesrepublik, die nicht zur Ernährung von Haustieren beitrugen, wandelte sich daher ab 1960 vor allem durch die Entstehung einer neuartigen Dualität: Neben einem Markt für den Grundbedarf der Konsumenten, auf dem es vor allem um große Liefermengen (gerade auch von SB-verpackter Ware) und möglichst niedrige Preise ging, existierten dauerhaft zahlreiche kleinere Märkte für bestimmte Besonderheiten. „Nischenanbieter" konnten sich daher durchaus erfolgreich behaupten.[248] Die „Massenware" entstand hingegen zunehmend in einigen wenigen Großbetrieben.[249] Mitte der 1980er Jahre charakterisierte ein Fachmann der Branche diese führenden Produzenten als „Industrie-Unternehmen ohne Schnörkel", weil sie ganz unabhängig von den handwerklichen Traditionen der Wurstherstellung „stringent industriell unter jedem Teilaspekt" arbeiteten.[250]

Da die Supermarkt-Kunden die „Massenware" bereitwillig kauften, entfielen 1989 bereits 48 Prozent des Gesamtumsatzes der fleischverarbeitenden Branche auf nur 21 Unternehmen (bei 275 eigenständigen Firmen insgesamt). Rechnete man noch eine weitere Gruppe mittelgroßer Produzenten hinzu, dann generierten 56 Unternehmen (20 Prozent aller Betriebe) etwas mehr als 70 Prozent der Umsätze. Von einem Niedergang der kleinen Wettbewerber kann dennoch nicht pauschal gesprochen werden, da der Absatz von Wurst und Schinken seit 1960 ja massiv gewachsen war: Alle Betriebe, die den Prozess der wettbewerblichen Auslese überlebten, partizipierten an diesem Aufschwung. Der „Bundesverband der Deutschen Fleischwarenindustrie" sah die Zukunft der Kleinbetriebe deshalb auch 1989 durchaus noch positiv: Durch „weitere Spezialisierung" und eine „noch regi-

---

triebe aufgebaut hatten, erstritten 1965 vor dem Bundesgerichtshof ein Urteil, das es allein ihnen gestattete, so bezeichnete Würste zu verkaufen. Vgl. dazu im Rückblick: Nur wenige sind Rügenwalder, in: LZ 39 (1987), Nr. 22, S. F 43.

[247] Siehe oben S. 118.

[248] Vgl. am konkreten Beispiel: Erfolgreich in einem winzigen Marktsegment, in: LZ 39 (1987), Nr. 22, S. F 42. Das hier vorgestellte Unternehmen, die „Müller Hausmacher Wurstwaren GmbH" aus Niedersachsen, konzentrierte sich ganz auf die Produktion von Wurstwaren, die in Einmachgläsern verkauft wurden, und damit „wie hausgemacht" wirken sollten (was hohe Verkaufspreise legitimierte).

[249] Rainer P. Lademann, Vorläufe zu Europa-Rennen, in: LZ 41 (1989), Nr. 6, S. J 4–J 10, hier: S. J 10. Ähnlich vgl. auch schon: F. Kuhlmann, Schlusswort, in: Chancen in der Tierproduktion? Wettbewerbsfähigkeit – Produktionsentwicklung – Vermarktungswege, Frankfurt/Main 1984, S. 97–100, hier: S. 98 f.; „Geheimtips" – heute en gros, in: LZ 39 (1987), Nr. 12, S. F 41.

[250] Eduard Liebler, Fleischwarenindustrie 1990, in: FW 66 (1986), S. 178–182, hier: S. 182. Einige Unternehmen boten allerdings sowohl gehobene Waren wie auch Massenprodukte an. Vgl. als ein Beispiel den Schinken-Produzenten „Gebr. Abraham", der in dem einen seiner zwei Betriebe traditionell hergestellte ganze Knochenschinken erzeugte, während sich der andere Standort auf „die industrielle Produktion" und „das discountfähige Programm" konzentrierte. Schinken Abraham expandiert stark, in: LZ 39 (1987), Nr. 19, S. 16.

onalere Ausrichtung" könnten sie in den selbst gesetzten Grenzen auch weiterhin florieren. Die Konzentration der Umsätze auf Großproduzenten werde sich aber dennoch fortsetzen.[251]

Mit den Produktionsmengen und dem -tempo wuchs zwangsläufig die Bedeutung der industriell arbeitenden Marktführer für den Absatz von Schlachtvieh und verarbeitungsfähigem Fleisch. Dies galt insbesondere bei Schweinefleisch: Der stete Zuwachs im Pro-Kopf-Verzehr der Bundesbürger bis Mitte der 1980er Jahre verdankte sich zu einem guten Teil den anhaltenden Absatzerfolgen der Wurstproduzenten.[252]

Es überrascht daher nicht, dass sich die großen Fleischverarbeiter in den 1970er und 1980er Jahren besonders lautstark zu Wort meldeten, als die Qualität von Schweinefleisch zunehmend mangelhaft ausfiel. Das oben schon erwähnte „PSE"-Fleisch, das immer mehr Schweine lieferten, verursachte in der Wurstproduktion nämlich ganz erhebliche Probleme – und die manifestierten sich in der fertiggestellten Ware optisch so deutlich, dass Kunden verschreckt werden konnten. Nach den Wünschen der Verbraucher sollte etwa das Fleisch in Rohwürsten neben den möglichst weißen Fettanteilen kräftig rot leuchten. „PSE"-Ware aber lieferte selbst im günstigsten Fall deutlich hellere Farben.[253] Teilweise präsentierten sich die Fleischpartikel in der aufgeschnittenen Wurst sogar in einem unansehnlichen Grau. Große Fleischstücke wie Schinken zeigten stark uneinheitliche Färbungen. Auf einem Markt, auf dem die Kundinnen und Kunden Fleisch vor allem nach seiner Farbe beurteilten, ließ sich mit solcher Ware kein Geld verdienen. Da es das deutsche Lebensmittelrecht grundsätzlich verbot, Farbstoffe bei der Produktion von Wurst und Schinken einzusetzen, gab es aus diesen Schwierigkeiten keinen bequemen Ausweg. Zudem ließ sich „PSE"-Fleisch nur schlecht salzen. Würste, für deren Herstellung Schweinefleisch „gekuttert" (d. h. unter Zusatz von Eis und Salz stark zerkleinert und mit anderen Inhaltsstoffen vermischt) wurde, schimmelten daher rascher als Ware aus einwandfreien Abschnitten.[254]

---

[251] Geschäftsbericht 1989 Bundesverband der Deutschen Fleischwarenindustrie, Bonn o. J., S. 22 f. Ähnliche Zahlen bereits für 1983 vgl. in: Gerhard Schmitz, Fleischwarenindustrie: Umsatzentwicklung und Umsatzstruktur in der ersten Hälfte der achtziger Jahre, in: FW 66 (1986), S. 1475–1484, hier: S. 1475. Zur Richtigkeit der oben zitierten Prognose bis in die jüngere Vergangenheit vgl. etwa: Sven Anders, Industrieökonomische Marktmachtanalyse der Fleischwirtschaft. Theorie und empirische Tests, agrarwiss. Diss. Universität Gießen 2005, S. 108. Der Autor konstatiert für die deutsche fleischverarbeitende Industrie eine „ausgedehnte Nischenbesetzung mittelständischer Unternehmen" neben einem „oligopolistischen Kern".

[252] Vgl. dazu bereits: E. Böckenförde, Marktaussichten für Schlachtschweine und Schlachtrinder im nächsten Jahrfünft, in: AW 21 (1972), S. 305–312, hier: S. 305 f.

[253] Zu diesem Problem vgl. schon die Ausführungen von Max Witt in: Gesunde Landwirtschaft – morgen. Bauernkongress der CDU am 4. und 5. März 1965 in Oldenburg, Bonn 1965, S. 125. Witt war Direktor des Max-Planck-Instituts für Tierzucht- und Tierernährung.

[254] Vgl. etwa: A. Palitzsch, Schweinefleisch: Qualitätsansprüche aus der Sicht der Abnehmer, in: FW 54 (1974), S. 461–464; J. Scheper, Die Fleisch- und Fettqualität des Rohstoffes Schwein, in: Die Fleischerei 26 (1975), Nr. 6, S. 33–36; H. Großmann, Preisfragen der Fleischqualität, in: FW 60 (1980), S. 1563; Grätz, Fleischqualität und Fleischuntersuchung, in: FW 62 (1982), S. 543; Dietrich Hahlbrock, Wie soll das Fleisch der Zukunft aussehen?, in: BBSH 134 (1984),

Wenn sich die Schweinezüchter, die Mäster und auch die Schlachthöfe seit den späten 1960er Jahren intensiv bemühten, das PSE-Problem sowohl grundsätzlich zu lösen wie auch kurzfristig etwa durch Prüfverfahren, neue Regeln für den Tiertransport und andere Schlachtmethoden besser zu beherrschen, so verdankten sich diese parallel laufenden Reaktionen stark den Protesten der Fleischverarbeiter. Wie gezeigt, hielten die Käuferinnen und Käufer von Filet, Koteletts und anderen Stücken vom Schwein ja trotz häufiger Enttäuschungen am Esstisch eisern an ihrer Vorliebe für Schweinefleisch fest.[255] Die Signale, der Rohstoff Schweinefleisch müsse wieder in verlässlicherer Qualität produziert werden, kamen deshalb sehr viel dringlicher aus dem Bereich der industriellen Herstellung von Wurstwaren als aus dem Marktsegment, in dem Endverbraucher Frischfleisch kauften.

Dieser Unterschied entstand zum einen ohne Frage schon deshalb, weil der Augenschein bei rohen Fleischstücken selbst Experten keine treffsichere Prognose erlaubte, ob es sich um „PSE"-Ware oder völlig unbedenkliche Partien handele.[256] Solch eine trügerische Optik, die den Kunden zum Vorteil des Verkäufers in die Irre führte, gab es bei Wurst und Schinken nicht. Zum anderen aber forderte die fleischverarbeitende Branche auch deshalb so massiv Abhilfe, weil die PSE-Krise ein strukturelles Problem enthüllte, das ihr trotz der seit 1960 kontinuierlich steigenden Umsätze zu schaffen machte: Sie erwirtschaftete nur geringe Renditen. Typischerweise verzeichneten fleischverarbeitende Betriebe in den hier untersuchten Jahrzehnten Gewinne zwischen einem und maximal zwei Prozent des Umsatzes. Waren die Steuern gezahlt, blieben durchschnittlich Erträge von 0,6 bis 0,8 Prozent.[257] Unter diesen Bedingungen konnten die finanziellen Verluste, die das PSE-Problem verursachte, einen Betrieb rasch in die roten Zahlen bringen.[258]

Erinnert man sich an die obenstehenden Ausführungen über die Rentabilitätsprobleme der großen Einzelhandelsketten und der Versandschlachthöfe, dann kann es nicht überraschen, dass auch bei den Fleischverarbeitern stets nur sehr bescheidene Zahlen genannt werden konnten, wenn von einer erfolgreichen Firma die Rede war. Der Aufschwung der Branche in den ersten Jahrzehnten der Bundesrepublik entstand durch ihre Zusammenarbeit mit den Supermärkten: Ab 1960 arbeiteten gerade die Großproduzenten zunehmend für diese neuen Verkaufsstätten von Wurstwaren. Der Konzentrationsprozess im Einzelhandel, mit dem sich

---

      S. 3176–3177; Karsten Redlefsen, Strukturelle Anpassungen in der Fleischwarenindustrie, in: FW 66 (1986), S. 982–986, hier: S. 983; E. Luther, Was erwartet die Fleischwarenindustrie?, in: BBSH 137 (1987), S. 332–335, hier: S. 334 f.

[255] Siehe oben S. 73 f.
[256] Zu den Problemen von Tests nach der Schlachtung siehe S. 208.
[257] Vgl. etwa: Karsten Redlefsen, Fleischwarenindustrie 1980, in: FW 60 (1980), S. 1293–1299, hier: S. 1293; ders., Fleischwarenindustrie vor neuen Anpassungsproblemen, in: FW 65 (1985), S. 794–795; Hilse, Konzentrationsentwicklung, S. 573.
[258] Mit geschätzt rund 40 Millionen DM zusätzlichen Kosten durch PSE-Fleisch (für 1986) bei einem Gesamtumsatz von etwa 11 Milliarden DM hatte die Krise für sich allein überschaubare Folgen. Die Zahlen aus: E. Luther, Was erwartet die Fleischwarenindustrie?, in: BBSH 137 (1987), S. 332–335, hier: S. 335.

7. Fleischverarbeitende Betriebe und ihre Stellung im neuen Marktsystem 239

der Preiswettbewerb bei Lebensmitteln beständig verschärfte, bestimmte daher nicht nur das Geschäft der Versandschlachthöfe, die Frischfleisch lieferten, sondern auch das der Wursthersteller.²⁵⁹

Wie die kleine und schrittweise immer noch weiter schrumpfende Gruppe von Großabnehmern ihre Nachfragemacht gegenüber Produzenten und Lieferanten nutzte, wurde oben schon genauer beschrieben. Ihr Druck, nicht nur möglichst niedrige Preise, sondern auch noch zahlreiche geldwerte Zusatzleistungen zu bieten, lastete sogar besonders stark auf den Fleischverarbeitern, weil etliche der großen Handelsketten ihre eigenen Wurstwaren herstellten. „Edeka" etwa besaß in den 1970er Jahren bundesweit nicht weniger als 25 Fabrikationsanlagen für Wurst und Fleischaufschnitt. Sie dienten vor allem dazu, Artikel aus dem Standardsortiment zu produzieren, die dann als SB-Ware unter eigenen Markennamen in den „Edeka"-Läden verkauft wurden.²⁶⁰

Anbieter von „Massenware", die dennoch von „Edeka" dauerhaft „gelistet" werden wollten, mussten sich daher gleich doppelt im Wettbewerb bewähren: Sie konkurrierten nicht nur mit anderen Firmen, sondern auch noch mit der Eigenproduktion des Handelsunternehmens. Gerade die großen Firmen der fleischverarbeitenden Industrie hatten es deshalb besonders stark mit der Macht der Einzelhandelsketten zu tun.²⁶¹

Zwangsläufig ließen sich Preiserhöhungen für Wurstwaren abseits des Spezialitätensortiments auf dem bundesdeutschen Markt nur schwer durchsetzen.²⁶² Schon in den 1970er Jahren entwickelten sich die Preise, die „Discount"-Supermärkte für Wurst und Schinken verlangten, zu Referenzpunkten für den gesamten Lebensmittelhandel – und damit auch für die fleischverarbeitende Industrie: Der „preisaggressive Verkauf" dominierte zunehmend das Geschäft mit Wurstwaren. Zugleich zeigten die großen Abnehmer – ebenso wie beim Frischfleisch – eine „hohe Beweglichkeit" bei ihren Ordern.²⁶³ Da Würste, die im Supermarkt erst an

---

²⁵⁹ Vgl. dazu grundlegend: Gotthard Hilse/R. Winter, Wirtschaftsentwicklung in der Fleischwarenindustrie, in: Die Fleischerei 37 (1986), S. 756–758.

²⁶⁰ Zu den „Edeka"-Betrieben vgl. etwa: Meyer, Agrarmarktstruktur, S. 207; Klaus Broichhausen, Magere Zeiten für Fleischverarbeiter, in: FAZ, 24. 8. 1973. Zu anderen eigenen Produktionsstätten von Handelsketten und -konzernen vgl. die Angaben in: Acht Unternehmen jenseits der Umsatzgrenze von 100 Millionen DM, in: Blick durch die Wirtschaft, 13. 3. 1972.

²⁶¹ Hilse/Winter, Wirtschaftsentwicklung, S. 756 f.

²⁶² Vgl. dazu etwa: Karl Ludwig Schweisfurth, Die Fleischwarenindustrie in der Wettbewerbswirtschaft der Gegenwart, in: FW 50 (1970), S. 1057–1059, hier: S. 1057; Klaus Broichhausen, Magere Zeiten für Fleischverarbeiter, in: FAZ, 24. 8. 1973; Preis bereitet Kopfschmerzen, in: LZ 27 (1975), Nr. 39, S. 58; Karl Ludwig Schweisfurth, Fleischwarenindustrie in der Zerreißprobe, in: FW 56 (1976), S. 1449–1453, hier: S. 1450; Gerhard Schmitz, Kostenentwicklung in der Fleischwarenindustrie, in: FW 59 (1979), S. 186–190; Karsten Redlefsen, Fleischwarenindustrie 1980, in: FW 60 (1980), S. 1293–1299, hier: S. 1293 f.; G. Schmelz, Reaktion der Fleischwarenindustrie auf veränderte Marktbedingungen, in: FW 63 (1983), S. 1295–1297; Karsten Redlefsen, Strukturelle Anpassungen in der Fleischwarenindustrie, in: FW 66 (1986), S. 982–986, hier: S. 982; Kurt Hoffmann, Grenzenloses Wurstvergnügen, in: LZ 41 (1989), Nr. 9, S. J 12–J 13.

²⁶³ Gotthard Hilse, Konzentrationsentwicklung in der Fleischwarenindustrie, in: Die Fleischerei 36 (1985), S. 571–574, hier: S. 572 f.

der Bedienungstheke aufgeschnitten werden, zu den anonymen Waren gehören, deren Herkunft für Käuferinnen und Käufer nicht erkennbar ist, boten sich den Einkäufern der Supermarktketten auch in diesem Segment des Fleischmarktes viele Möglichkeiten, Produzenten gegeneinander auszuspielen.[264]

Gleichzeitig sicherte das strenge deutsche Lebensmittelrecht ein recht hohes Qualitätsniveau. Es untersagte nicht nur Farbstoffe, sondern verbot es beispielsweise auch, Geschmacksverstärker einzusetzen oder Würste „zu strecken", etwa indem Fleischanteile durch Zusätze aus pflanzlichem Eiweiß oder durch Milcheiweiß ersetzt wurden.[265] Darüber hinaus reglementierte die Branche ihren Wettbewerb auf Druck der Metzger seit 1956 ergänzend auch noch durch recht präzise „Qualitätsrichtlinien" für die wichtigsten Wurstsorten, die von den Bundesländern anschließend jeweils per Erlass zu amtlichen Vorschriften erhoben wurden.[266]

Wer als Großproduzent von Wurstwaren unter diesen Bedingungen und angesichts kontinuierlich steigender Lohnkosten dennoch Geld verdienen wollte, der musste zum einen beständig nach betrieblichen Rationalisierungen streben. Die kapitalintensive Technisierung der Branche ergab sich insofern direkt aus dem harten Wettbewerb im Lebensmittelhandel. Spätestens in den 1980er Jahren entstanden durch diesen Rationalisierungsprozess erhebliche Überkapazitäten, die der Branche zusätzlich zu schaffen machten.[267] Der oben schon einmal kurz erwähnte Verkauf der „Schweisfurth"-Gruppe an den Schweizer Nestlé-Konzern im

---

[264] An dieser Anonymität änderte sich auch nichts, als in Anpassung an eine EG-Richtlinie verpackte Wurstwaren seit Anfang 1982 stets mit Angaben zum Hersteller, zu den Zutaten (und damit auch zum Fettanteil) sowie zum „Mindesthaltbarkeitsdatum" versehen werden mussten. Für „Tresenware" galten diese Vorschriften nicht. Proteste der Fleischwarenindustrie gegen diese Ungleichbehandlung, die offensichtlich auf Druck der Metzger und der Supermarktketten zustande kam, vgl. etwa in: J. Kern, Deutsches Kennzeichnungsrecht geändert, in: FW 62 (1982), S. 425; Gotthard Hilse, LMKV – ein teurer Spaß, in: FW 64 (1984), S. 7.

[265] Hilse, Konzentrationsentwicklung, S. 574. Bis 1989 gelang es den bundesdeutschen Produzenten dank starker politischer Unterstützung, sogar den Import anders hergestellter Waren aus dem Ausland zu verhindern. Diese Handelssperre fiel 1989 erst durch ein Urteil des Europäischen Gerichtshofs. Vgl. dazu: Kurt Hoffmann, Grenzenloses Wurstvergnügen, in: LZ 41 (1989), Nr. 9, S. J 12–J 13. In der Bundesrepublik war lediglich in bestimmten Brühwürsten eine geringe Beimischung von Milcheiweiß zulässig; Soja-Eiweiß war ganz verboten. Zur Verteidigung dieses „Reinheitsgebots" durch hochrangige bundesdeutsche Politiker (wie etwa den bayerischen Ministerpräsidenten Franz-Josef Strauß) gegen Forderungen der EG-Kommission vgl. etwa: Schulterschluss für deutsche Wurst, in: LZ 39 (1987), Nr. 25, S. F 4–F 7.

[266] Vgl. dazu etwa: Schinkenwurst – ohne Schinken, in: Die Fleischerei 13 (1962), Nr. 4, S. 26–27; Klarheit bei den Richtlinien, in: Die Fleischerei 15 (1964), Nr. 11, S. 30–31; Hilse, Konzentrationsentwicklung, S. 572.

[267] Hilse/Winter, Wirtschaftsentwicklung, S. 756 f.; Branche in Patt-Stellung, in: LZ 39 (1987), Nr. 22, S. F 40. Nach den Angaben von Karsten Redlefsen, dem Vorsitzenden des Branchenverbandes, bestanden 1987 in der Bundesrepublik Produktionskapazitäten für die Versorgung von rund 100 Millionen Konsumenten (bei dem gegebenen Pro-Kopf-Verbrauch von Wurstwaren). Das Land zählte seinerzeit rund 61 Millionen Einwohner. Diese Angaben vgl. in: „Fleisch ist das beste Wurst-Gewürz", in: LZ 39 (1987), Nr. 22, S. 21. Zur Entwicklung der Lohnkosten vgl.: Gerhard Schmitz, Kostenentwicklung in der Fleischwarenindustrie, in: FW 59 (1979), S. 186–190, hier: S. 190.

Jahr 1984 signalisierte exemplarisch den krisenhaften Stand der Dinge: Karl Ludwig Schweisfurth zog sich aus dem Geschäft zurück, das seinen Vater und auch ihn selbst reich gemacht hatte, weil er als Unternehmer unter den gegebenen Bedingungen nicht mehr sein könne als ein „Erfüllungsgehilfe des Handels". Zudem schrieb seine Firma offensichtlich Verluste, obwohl sie mit einem Jahresumsatz von mehr als 600 Millionen DM und fast 3.500 Beschäftigten doch die Liste der Großproduzenten unangefochten anführte.[268]

Zum anderen aber gaben die Fleischverarbeiter den scharfen ökonomischen Druck, unter dem sie standen, selbstverständlich an ihre Zulieferer weiter: „Die oft zitierte These, daß im Einkauf der Gewinn liege, trifft […] für die Fleischwarenindustrie im besonderen Maße zu."[269] Da auf das Fleisch als dem wichtigsten Rohstoff – je nach Sorte – in der Wurstproduktion 60 bis 80 Prozent der gesamten Kosten des Herstellers entfielen, gehörte somit auch die fleischverarbeitende Industrie zu den Akteuren auf dem Fleischmarkt, die von den Landwirten kontinuierlich eine möglichst preiswerte Urproduktion verlangten.[270]

Berechtigterweise betonte der „Bundesverband der Deutschen Fleischwarenindustrie", die Betriebe der Branche seien für diese Struktur nicht verantwortlich. Ebenso wie die Handelsketten und die Schlachthöfe würden die Wursthersteller lediglich „auf den Wertewandel des Verbrauchers" reagieren: Erst die Vorliebe der Kundinnen und Kunden für große Supermärkte und möglichst preisgünstige Angebote habe die „derzeitige Marktkonstellation" mit ihren starken Abhängigkeitsverhältnissen und den geringen Verdienstmargen geschaffen.[271]

---

[268] Schweisfurth, Wurst, S. 213. Die Zahlen aus: Susanne Berndt, Neuere Entwicklungstendenzen in der Nahrungsmittelproduktion der Bundesrepublik Deutschland und ihre Auswirkungen auf Landwirtschaft und Konsumenten, Aachen 1987, S. 108. Das Bundeskartellamt hatte keine Einwände gegen den Aufkauf, weil Nestlé auf dem deutschen Fleischmarkt zuvor „praktisch nicht tätig" war. Den Marktanteil der Schweisfurth-Gruppe in der Bundesrepublik schätzte das Kartellamt auf ca. 5 Prozent. Bericht des Bundeskartellamtes über seine Tätigkeit in den Jahren 1985/86, in: BT Drucksache 11/554 (online abrufbar unter: www.bundeskartellamt.de bzw. auch unter: https://dip.bundestag.de). Zu den Ertragsproblemen der Gruppe, auf die Nestlé 1988 mit einem drastischen Abbau des Sortiments der hergestellten Wurstsorten um fast 50 Prozent reagierte, vgl.: Strategie, in: LZ 40 (1988), Nr. 38, S. 2; Neue Struktur soll Herta auf Erfolgskurs bringen, in: ebenda, Nr. 39, S. 20.
[269] Schmitz, Kostenentwicklung, S. 188.
[270] Gert Lorenz, Ausgewählte ökonomische Aspekte der Fleischwirtschaft, in: AW 37 (1988), S. 267–273, hier: S. 271.
[271] Hilse, Konzentrationsentwicklung, S. 572 f. Der Autor war zu diesem Zeitpunkt Geschäftsführer des „Bundesverbandes".

V. Tiere und Landwirte im neuen Marktsystem

1. Hühner als Fleischlieferanten und die moderne Geflügelwirtschaft

1.1. Eine neue Form der Landwirtschaft und ihre Voraussetzungen

Der Betrieb, den die Fachzeitschrift „Agri-Forum" ihren Lesern im Frühjahr 1961 in einer Reportage detailreich vorstellte, hatte mit einem traditionellen Bauernhof kaum noch etwas gemein. Zwar erzeugte er landwirtschaftliche Produkte. Die Methoden, die dabei angewandt wurden, unterschieden sich jedoch radikal von denen, mit denen die übergroße Mehrheit der Bauern seinerzeit noch ganz selbstverständlich arbeitete. Zum einen hatte sich der Betrieb stark spezialisiert: Er mästete Hühner. Um diese Schwerpunktsetzung möglich zu machen, hatte der Bauer sowohl die Milchwirtschaft wie auch den Anbau von Feldfrüchten vollständig aufgegeben. Lediglich eine klein dimensionierte Rindermast auf Weideland wurde als zweiter Betriebszweig noch fortgeführt.

Zum anderen blieb bei der Bewirtschaftung des Hofes nichts dem Zufall überlassen. Im Zentrum des Betriebes standen – wörtlich wie auch im übertragenen Sinne – drei enorm große Ställe von je 80 bis 100 Metern Länge und zwölf Metern Breite. Zwei dienten der Mast: In jedem davon wuchsen etwa 18.000 Hühner innerhalb von acht Wochen bis zur Schlachtreife heran. „Aufgestallt" wurden die Tiere als frisch geschlüpfte Küken, die aus dem dritten Stall kamen. Dort lebte eine Elterngeneration von rund 1.500 Hennen und etwa 150 Hähnen, deren Nachkommen ein besonders mageres und sehr weißes Fleisch lieferten. Eine ausgefeilte Planung und zahlreiche Brutmaschinen machten es möglich, dass die beiden Mastställe immer wieder neu mit exakt gleichaltrigen Jungtieren gefüllt werden konnten, wenn ihre Vorgänger das gewünschte Gewicht von maximal 1,5 kg erreicht hatten und deshalb im Schlachthof landeten. Zwischen den Mastphasen lag jeweils nur eine sehr gründliche Desinfizierung des Stalls, an die sich dann noch eine „Ruhepause" von etwa einer Woche anschloss, die den positiven hygienischen Effekt der Säuberungsarbeiten verstärkte. Mit dieser Gruppenmast in der „Rein-Raus-Methode" produzierte der Betrieb jährlich rund 200.000 schlachtreife Fleischhühner.

Das rasante Wachstum und die gleichmäßige Entwicklung dieser riesigen Hühnerscharen innerhalb ihres nur 57 Tage umfassenden Lebens ergaben sich zentral aus den sehr speziellen Bedingungen, die in den Mastställen herrschten. Die fensterlosen Räume wurden in den ersten drei Wochen der Mastzeit rund um die Uhr beleuchtet, weil Hühner, die schlafen, nun einmal kein Futter aufnehmen – was ihr Wachstum verlangsamt. Erst ab der vierten Woche gönnte der Bauer seinen

Tieren so etwas wie eine Nachtruhe: Rotes und blaues Licht (das die Nacht anzeigte) wechselten sich nun ab. Die Ruhephasen dauerten dabei jeweils anderthalb Stunden; der „Tag" endete hingegen stets schon nach 30 Minuten. Diese Lichtsteuerung diente einem doppelten Ziel: Zum einen entwickelten sich die Muskeln der Tiere nun kräftiger, was sie schwerer und fleischreicher machte. Zum anderen verhielten sie sich friedlicher – und damit gab es weniger „Ausfälle". Eine Verlustrate von fünf Prozent der jeweils neu „aufgestallten" Tiere war betriebswirtschaftlich allerdings von vornherein einkalkuliert.

Auch die Temperatur im Stall folgte genauen Regeln: Von heißen 30 Grad in der ersten Phase der Mast sank sie mit dem Wachstum der Tiere schrittweise ab. Die vollständig automatisierte Versorgung mit einem speziellen, besonders energiereichen Mischfutter und mit Trinkwasser berücksichtigte jeweils die Bedingungen im Stall und das Alter der Tiere. Wegen dieser starken Mechanisierung erreichte der Betrieb seine beeindruckende Jahresleistung mit weniger als drei vollen Arbeitskräften: Der junge und unverheiratete Bauer betreute die Mast gemeinsam mit einem Helfer, der nur an drei Tagen in der Woche auf den Hof kam; der Vater des Bauern kümmerte sich um den Vermehrungsstall. Lediglich das Einfangen der schlachtreifen Hühner unmittelbar vor ihrem Abtransport erforderte jeweils für einige Stunden noch zusätzliche Hände.[1]

All dies hatte mit der Art und Weise, wie Landwirte bislang Hühner gehalten hatten, nichts mehr zu tun. Sogar die Tatsache, dass es in der Produktion ausschließlich um das Fleisch der Tiere ging, war etwas ganz Neues. Traditionellerweise dienten Hühner vor allem dazu, Eier zu legen; ihr Fleisch blieb ein Nebenprodukt. Ein Huhn kam typischerweise immer erst dann unter das Messer, wenn es altersbedingt nicht mehr so viele Eier legte wie zuvor: Es endete dann in der Regel als Suppenhuhn.

Jeweils im Frühjahr lieferten für kurze Zeit auch noch junge Hähne Fleisch für den menschlichen Konsum. Wenn die Höfe ihre Bestände an Hühnern verjüngten und deshalb entweder neue Küken kauften oder auch einige Hennen ihre Eier tatsächlich einmal ausbrüten ließen, endeten die männlichen Jungtiere stets bis auf ganz wenige Ausnahmen als etwa sechs Wochen alte „Stuben-Küken" auf den menschlichen Esstischen. Dabei handelte es sich um knochige und magere Tiere, weil sie in ihrem kurzen Leben nicht auf Fleischertrag und Gewicht gemästet wurden. Die Bauernfamilie zog sie vielmehr gewissermaßen nur unter Vorbehalt und daher mit möglichst geringem Kapitaleinsatz auf, weil kaum jemand frisch geschlüpfte Küken sicher nach dem Geschlecht sortieren konnte. Diese Gnadenfrist endete in dem Moment, in dem sich die Männlichkeit der jungen Hähne problemlos an ihrem Federkleid erkennen ließ, denn wirtschaftlichen Wert besaßen nur die Hennen.[2] Für städtische Konsumenten, die Hühnerfleisch schätzten, aber kein

---

[1] W. F. Gerhardt, 200.000 Schlachtküken jährlich produziert ein Bauer in Brabant, in: AF 2 (1961), Nr. 2, S. 20–25.

[2] Vgl. dazu rückblickend: H. Schlütter, Geflügelwirtschaft – Beitrag zur Welternährung, in: KF 60 (1977), S. 312–314, hier: S. 312. Auch ihre Bezeichnung verweist darauf, wie kostensparend die „Stuben-Küken" aufgezogen wurden: Sie hießen so, weil sie oft nicht im Stall, sondern

Suppenhuhn kaufen wollten, gab es daher kein kontinuierlich verfügbares Angebot von verlässlicher Qualität.[3]

Da dem Fleisch von Hühnern nur eine so begrenzte Bedeutung zukam, fehlte auch ein Verarbeitungs- und Vermarktungssystem für dieses Nahrungsmittel: Größere Schlachtanlagen für Federvieh existierten in Deutschland ebenso wenig wie allgemeine Regeln für dessen tierärztliche „Beschau". Technisch waren die kommunalen Schlachthöfe, in denen Fleisch vor der Vermarktung nach gesetzlich fixierten Regeln auf seine hygienische Unbedenklichkeit geprüft wurde, ausschließlich dafür konzipiert, Schweine, Rinder und Schafe (sowie bei Bedarf gelegentlich auch Pferde) zu töten und zu verarbeiten. „Kleinvieh" akzeptierten sie grundsätzlich nicht. Geflügelfleisch ließ sich daher jeweils nur in kleinen Mengen auf sehr kurzen Wegen über direkte Verbindungen zwischen Stadt und Land vermarkten.[4]

An diesem speziellen Zuschnitt der Geflügelhaltung hatte sich in der Bundesrepublik auch in den frühen 1950er Jahren noch kaum etwas geändert: Höfe, die ihr Geld vor allem mit Hühnern verdienten, waren äußerst selten. Zwar hielten die meisten Landwirte Hennen (und in der Regel wohl auch mindestens einen Hahn); kaum einer aber besaß größere Bestände.[5] In der Regel kümmerte sich allein die Bauersfrau um die überschaubare Gruppe der Hühner und den Verkauf der Eier. Mehr als ein Nebeneinkommen, das ihren Haushaltsetat bescheiden, aber doch verlässlich aufbesserte, sollte und konnte sie damit gar nicht erwirtschaften.[6]

Ausgerechnet dieser unterentwickelte und ökonomisch recht nachrangige agrarische Produktionsbereich entwickelte sich nach dem Zweiten Weltkrieg innerhalb kurzer Zeit zum modernsten Segment der landwirtschaftlichen „Veredelung". Insbesondere bei der Fleischproduktion fiel der Wandel frappierend aus: Forderungen von Handelsfirmen, fleischliefernde Tiere verlässlich möglichst kostengünstig in großen Zahlen und möglichst gleichförmig heranzuziehen, konnten Geflügel-

---

wegen ihrer Wärmebedürftigkeit in den wenigen Zimmern des Bauernhofes heranwuchsen, die geheizt wurden. Zum Verschwinden der „Stuben-Küken" in der modernisierten Geflügelwirtschaft siehe unten S. 63.

[3] Vgl. etwa: Im Dienste der Geflügelwirtschaft, in: KF 39 (1956), S. 28–29, hier: S. 28.

[4] Zu den fehlenden Schlachthöfen vgl. im Rückblick etwa: Friedrich Hülsemeyer, Die Erzeugung und Vermarktung von Eiern und Geflügelfleisch in der Bundesrepublik Deutschland. Entwicklungstendenzen und Rationalisierungsmöglichkeiten, Hamburg und Berlin 1966, S. 122 f.; W. Klunker, Absatzwege der deutschen Geflügelwirtschaft, in: DGS 29 (1977), S. 434. Zur fehlenden Fleischbeschau vgl.: E. Raschke, Grundlagen für die Einrichtung einer Untersuchung von Schlachtgeflügel, in: FW 41 (1961), S. 42–43. Zu den begrenzten Einkaufsmöglichkeiten städtischer Konsumenten siehe oben S. 64.

[5] Vgl. die genauen Angaben der Landwirtschaftszählung von 1949 in: StatJB BRD 1952, S. 98. Von den 1,75 Millionen Agrarbetrieben, die Hühner hielten (bei 2,01 Mill. Höfen mit mehr als 0,5 ha Fläche insgesamt), besaßen nur 0,1 Prozent mehr als 100 Tiere. Vgl. auch: Survey on the Organisation of Marketing Poultry Meat with special Emphasis on Broilers, Paris 1961 (O.E. C. D. Documentation in Food and Agriculture, 1961 Series, No. 58), S. 118–125.

[6] R. Fangauf, Wandlungen in der Geflügelhaltung auf dem Bauernhof, in: Futter und Fütterung 8 (1957), S. 73–78, insbes. S. 74 f. Zur Rolle der Bäuerinnen vgl.: Settele, Revolution, S. 145–150.

mäster wie der eben beispielhaft vorgestellte Betrieb schon zu einem Zeitpunkt auf geradezu mustergültige Weise erfüllen, als die Revolution im Vermarktungssystem für Fleisch, die in den ersten Abschnitten dieses Buches beschrieben wurde, noch ganz in ihren Anfängen steckte.

Einigen Zeitgenossen galt die neue Geflügelhaltung deshalb geradezu als ein Vorbild, wie eine moderne, konsequent marktorientiert arbeitende Landwirtschaft insgesamt auszusehen habe. Recht schnell meldeten sich allerdings auch scharfe Kritiker: Sie sprachen von einer industrialisierten Agrarproduktion, die den landwirtschaftlichen Familienbetrieben die Zukunft raube, und (mit Blick auf die Lebensbedingungen der Hühner) von skandalöser Tierquälerei. Zwar entbrannte dieser Streit in fast allen westlichen Gesellschaften. In der Bundesrepublik nahm er jedoch besonders scharfe Formen an: Die moderne Geflügelwirtschaft diente hier nicht nur als Modell, sondern auch als Schreckbild.

Damit beeinflusste ihre Entwicklung auch die Wahrnehmung und die Debatten über zeitlich parallele, aber sehr viel zögerlicher verlaufende Veränderungen in den beiden anderen (und ökonomisch ungleich wichtigeren) Bereichen der Fleischproduktion, bei den Schweinen und den Rindern. Agrargeschichtlich ist der radikale Wandel der Hühnerhaltung deshalb gerade auch in Deutschland weitaus wichtiger, als man es angesichts der – im Vergleich – stets begrenzten wirtschaftlichen Bedeutung der Branche für das Wohl oder Wehe der Bauern denken könnte. Deshalb richtet die hier beginnende Untersuchung, wie die Landwirte nach 1960 mit den sich verändernden Anforderungen von Konsumenten, Handel und Schlachtbetrieben umging, ihren Blick zunächst auf die kleinste Gruppe unter den Mästern von Fleischtieren.

Wie sich dabei zeigen wird, arbeitete die Hühnerfleischbranche unter recht speziellen Bedingungen. Dies galt u. a. für das Verhältnis zwischen Mastbetrieben und den neu entstehenden Schlachthöfen für Geflügel. Auch von diesen wird daher im Folgenden noch einmal die Rede sein.[7] Ganz unabhängig von der Frage, ob die neuartige Hühnermast nun ein Vorbild für die Landwirtschaft insgesamt oder aber ein agrarpolitisches Negativbeispiel darstellte, war sie zunächst einmal vor allem ein Sonderfall.

So konnte sich die Hühnerhaltung zum einen wohl gerade deshalb so massiv verändern, weil sie auf den Bauernhöfen bislang so unwichtig gewesen war. Im Grunde handelte es sich bei der modernen Geflügelmast um ein vollständig neues Segment der Landwirtschaft, das unabhängig von traditionellem Wissen und bereits existierenden Strukturen entstand. Eine Tabula rasa aber bietet Innovationen weitaus freiere Entfaltungsmöglichkeiten als Branchen und Produktionsbereiche, deren Akteure zahlreiche nach ihrem Urteil seit langem bewährte Praktiken kennen.[8]

---

[7] Im vorangegangenen Kapitel wurde dieses Vorgehen bereits angekündigt. Siehe oben S. 171–173 (dort auch ein knapper Überblick über diese Schlachtanlagen).
[8] Vgl. zu dieser Besonderheit etwa: Roderich Plate, Prognose der Nachfrage nach Mischfuttermitteln, dargestellt am Beispiel der Bundesrepublik Deutschland. Vortrag, gehalten im Sympo-

1. Hühner als Fleischlieferanten und die moderne Geflügelwirtschaft   247

Zum anderen ließen sich spätestens seit Mitte der 1950er Jahre problemlos detaillierte praxiserprobte Informationen gewinnen, was man als Landwirt tun musste, um mit der Hühnermast Geld zu verdienen. Fördergelder und auch praktische Starthilfen standen zur Verfügung. Letzteres galt international: Ein intensiver grenzüberschreitender Austausch von Know-how, Apparaturen und neu gezüchteten Tieren sorgte dafür, dass sich die Geflügelhaltung mit nur leichten zeitlichen Verzögerungen in vielen Ländern grundlegend wandelte.[9] Für unternehmerisch besonders engagierte Betriebsinhaber gab es sogar organisierte Informationsreisen in die USA, das gelobte Land der modernen Landwirtschaft.[10] Auch die eingangs zitierte Reportage gehörte zu diesem Transfer: Sie informierte deutsche Leser über einen Betrieb in den Niederlanden; das Produktionswissen, das der porträtierte holländische Landwirt anwandte, stammte zu erheblichen Teilen wiederum aus den USA. Erst 1958 hatte er – gemeinsam mit anderen niederländischen Bauern – mit dessen praktischer Umsetzung begonnen.[11]

Die Conditio sine qua non, das überragend wichtige Element, in diesem Neuanfang waren durchweg Hühner, die es so bislang noch nicht gegeben hatte. „Gallus gallus domesticus", das Haushuhn, hatte Mitte des 20. Jahrhunderts zwar bereits mehrere tausend Jahre einer zunehmend gezielten Züchtung durch den Menschen hinter sich. Aus seiner Urform, die aus Südost-Asien stammt, entwickelte sich so im Laufe der Zeit eine fast unüberschaubar große Zahl sehr verschiedenartiger „Rassen".[12] Ihre Größe variierte stark; etliche zeigten ein ganz besonderes Federkleid. Bei anderen war vor allem die Aggressivität der Hähne wichtig (weil Hah-

---

sium der europäischen Futtermittelindustrie, Basel/Schweiz, Oktober 1969, Basel 1970, S. 8 u. S. 15–19.
[9] Dabei spielte sogar die Systemgrenze zwischen „Ost" und „West" keine Rolle. Vgl. dazu am Beispiel der DDR: Patrice G. Poutrus, Die Erfindung des Goldbroilers. Über den Zusammenhang zwischen Herrschaftssicherung und Konsumentwicklung in der DDR, Köln etc. 2002. Als internationale Übersicht vgl.: Hans-Wilhelm Windhorst/Anna Wilke, Analysen zur Globalisierung in der Eier- und Fleischerzeugung, Dinklage 2013 (Beiträge zur Geflügelwirtschaft Nr. 1).
[10] Die Bedeutung solcher von verschiedenen westdeutschen Landwirtschaftsverbänden organisierten Gruppenreisen für die Ausbreitung moderner Formen der Agrarwirtschaft ist unerforscht. Als Hinweis auf Touren dieser Art vgl. etwa die Nachricht über einen Flugzeugabsturz in Irland im September 1961, bei dem 66 bundesdeutsche Landwirte ums Leben kamen, die als Gruppe auf dem Weg in die USA waren in: Ein schwerer Verlust für die Landwirtschaft, in: DBK 14 (1961), S. 218.
[11] Der beschriebene Betrieb des Bauern G. Goossens lag in Nordbrabant nahe der Kleinstadt Ommel und damit dicht an der Grenze zur Bundesrepublik. Er produzierte wohl vor allem für den westdeutschen Markt: Niederländisches Hühnerfleisch wurde seinerzeit zu 84 Prozent in die Bundesrepublik exportiert. Gerhardt, Schlachtküken, S. 21.
[12] In der Humanbiologie ist der Begriff „Rasse" aus historischen Gründen (die auf der Hand liegen) in Deutschland mittlerweile völlig verpönt. Anders bei Nutztieren: Die verschiedenen Formen einer Art werden hier nach wie vor auch im biologischen Fachdiskurs als „Rassen" bezeichnet. Dieser Sprachgebrauch lässt sich rechtfertigen: Durch selektive Zucht ist die genetische Varianz innerhalb der verschiedenen Nutztier-„Rassen" extrem gering. Als Historiker nehme ich mir dennoch die Freiheit, den Begriff wegen seiner starken ideologischen Belastung ausschließlich in distanzierenden Anführungszeichen zu verwenden.

nenkämpfe in vielen menschlichen Gemeinschaften sowohl der Unterhaltung wie auch – durch Wetten der Zuschauer – dem Gelderwerb dienten). Die doppelte Funktion der Hühner als Lieferanten von Eiern sowie auch von Fleisch hatten die Züchter letztlich jedoch immer im Auge behalten.[13]

Ein ganz anderes Ziel, nämlich die Entstehung von zwei hochspezialisierten „Gallus gallus"-Arten, die jeweils nur einem Verwendungszweck dienen sollten, verfolgten Landwirte und Wissenschaftler intensiv und konsequent erstmals seit den 1930er Jahren in den USA. In verschiedenen Anläufen, durch zahlreiche miteinander konkurrierende Initiativen, in denen Futtermittelproduzenten eine wichtige Rolle spielten, entstanden so letztlich zwei neuartige Nutztiere: Hennen, die 250 bis 300 Eier im Jahr legen konnten (statt 150 bis 180 bei den meisten hochentwickelten „Zweinutzungs-Rassen") einerseits, und äußerst rasch heranwachsende, besonders muskulöse und damit fleischreiche Hühner andererseits, auf deren Legeleistung es überhaupt nicht ankam.[14]

Diese Forschungsarbeiten fanden keineswegs zufällig in Nordamerika statt. International existierten im Zeitraum zwischen 1930 und 1950 ausschließlich dort die Voraussetzungen für groß angelegte Zuchtprogramme, in denen Leistungsfortschritte der Tiere durch Kreuzungen vieler verschiedener „Rassen" im Generationenvergleich exakt erfasst und bewertet wurden. Im Umfeld der größten Städte mit ihrem enormen Bedarf an Lebensmitteln gab es bereits Landwirte, die sich entweder auf die Eierproduktion oder auf die Mast von „Broilern" spezialisiert hatten; kapitalstarke agrarwirtschaftliche Unternehmen, die den Farmern Futtermittel, Maschinen und Jungtiere verkauften, strebten im eigenen Interesse danach, die Geflügelhaltung massiv auszuweiten. Zusätzlich förderte der Staat – zumal nach dem Eintritt der USA in den Zweiten Weltkrieg – Testreihen für neue, produktivere Hühner sowie auch Forschungen zu deren optimaler Haltung und Fütterung: Rasch wachsende Fleischhühner sollten helfen, die Soldaten der U. S. Army satt zu machen.[15]

All diesen Bemühungen kam auch noch die Natur zur Hilfe. Da Hühner (bei guter Fütterung) schon im Alter von rund fünf Monaten fortpflanzungsfähig sind, verlaufen Züchtungsversuche bei diesen Tieren ungleich zügiger als bei Schweinen und Rindern. Gerade bei der Hybridzucht, die durch Kreuzung neu entstandene

---

[13] Vgl. dazu etwa zur Einführung: Mario Mensch/Anna Olschewsky, Planet der Hühner. Über die Nutzung des Huhns durch den Menschen, Frankfurt/Main 2017; zu den wichtigsten moderneren „Rassen" vgl. genauer: Horst Schmidt, Handbuch der Nutz- und Rassehühner, Melsungen 1985. Hennen von „Kampfhuhn"-Züchtungen zeigen daher ebenso gute Legeleistungen wie etwa „Nackthalshühner" oder „Wyandotten", bei denen man auf den ersten Blick vermuten könnte, sie seien vor allem wegen ihrer besonderen Optik gezüchtet wurden.

[14] Vgl. etwa: Donald D. Stull/Michael J. Broadway, Slaughterhouse Blues. The Meat and Poultry Industry in North America, Belmont/CA 2004, S. 38–41.

[15] Vgl. neben der Arbeit von Stull/Broadway auch: Ewell P. Roy, The Broiler Chicken Industry, in: John R. Moore/Richard G. Walsh (Hrsg.), Market Structure of the Agricultural Industries, Ames/Iowa 1966, S. 68–100; Monika R. Gisolfi, The Takeover. Chicken Farms and the Roots of American Agribusiness, Athens/Georgia 2017, S. 38–48.

1. Hühner als Fleischlieferanten und die moderne Geflügelwirtschaft 249

Tiere in mehreren Stufen wieder miteinander kreuzt, ist ein so kurzes „Generationsintervall" sehr vorteilhaft.[16] Ihr geringer Platzbedarf erleichtert es zudem, Versuche mit großen Populationen durchzuführen. In Zeiten, in denen eine Genom-Analyse noch nicht einmal als Zukunftsvision vorstellbar war und selbst die weltweit führenden Experten der Biologie noch grundlegend darüber rätselten, was denn eigentlich genau geschehe, wenn zwei Lebewesen Nachwuchs bekommen, brauchte es solche standarisierten Gruppentests, um genetisch bedingte Veränderungen halbwegs sicher von phänotypischen Varianten zu unterscheiden.[17]

Zahlreiche Faktoren also führten dazu, dass sich die menschliche Nutzung von Hühnern in den USA schon grundlegend veränderte, als die Landwirtschaft in anderen Nationen – gerade auch in Europa – noch gravierend unter den Zerstörungen und Nachwirkungen des Zweiten Weltkriegs litt. Bereits um 1950 war die angestrebte funktionale Trennung zwischen Hühnern, die vor allem Eier legen sollen, und solchen, die ausschließlich deshalb gehalten werden, weil sie Fleisch ansetzen, in Nordamerika nicht einfach nur biologisch realisiert – sie prägte vielmehr auch schon die Praxis vieler Farmer.[18]

Bei den hoch leistungsfähigen Hühnern, die nun in immer mehr amerikanische Ställe kamen, handelte es sich durchweg um Hybriden, d. h. um Tiere, die ihre exzeptionell positiven Eigenschaften selbst nicht sicher vererben können. Für die Landwirte, die mit ihnen Geld verdienen wollten, bedeutete dies eine ganz neuartige dauerhafte Abhängigkeit von der vorgelagerten Produktionsstufe, auf der die Züchtungsarbeit stattgefunden hatte: Nur regelmäßige Zulieferungen weiterer Generationen der modernen Super-Hühner sicherten einen homogenen Tierbestand, denn der komplexe mehrstufige Vererbungsprozess, der diese Geschöpfe hervorbrachte, ließ sich auf den Höfen nicht reproduzieren.[19]

---

[16] Einführend zu den verschiedenen Züchtungsverfahren bis hin zur Hybridzucht vgl. etwa: Ludwig Schmidt, Schweineproduktion. Markt und Wirtschaftlichkeit, Zucht, Fütterung, Stallbau, Hygiene und Gesunderhaltung, 2. erw. u. verb. Aufl., Frankfurt/Main etc. 1980, S. 38–42.

[17] Vgl. etwa: Helmut von Bockelmann, In der Heimat der amerikanischen Eierfabriken, in: MDLG 76 (1961), S. 1016–1018; Neuere Entwicklung auf dem Gebiete der Geflügelzüchtung, in: MDLG 78 (1963), S. 1016–1018, hier: S. 1016. Bei Schweinen beträgt das Generationsintervall etwa zweieinhalb Jahre und bei Rindern sogar fünf Jahre. Vgl. dazu sowie grundlegend zu den Problemen der Hybridzucht bei bereits hochentwickelten Nutztieren etwa: Dietrich Fewson, Rentable Veredelungswirtschaft – tierzüchterische Möglichkeiten, in: Rentabilitätssteigerung bei der tierischen Veredelung. Vorträge auf der DLG-Herbsttagung Köln 1967, Frankfurt/Main 1967, S. 41–72, hier: S. 70 f.; Hans Otto Gravert, Leistungsentwicklung in der tierischen Produktion, in: Günther Weinschenck (Hrsg.), Die künftige Entwicklung der Europäischen Landwirtschaft. Prognosen und Denkmodelle, München 1973, S. 23–36, hier: S. 24–29. Grundlegend zu den Verfahren der „Populationsgenetik" (die mit größeren Gruppen statt mit einzelnen Tieren arbeitet) sowie allgemein zur Entwicklung des Wissens über Vererbungsprozesse vgl.: Franz Pircher, Populationsgenetik in der Tierzucht. Eine Einführung in die theoretischen Grundlagen, Hamburg 1964; Hans-Jörg Rheinberger/Staffan [sic!] Müller-Wille, Vererbung. Geschichte und Kultur eines biologischen Konzepts, Frankfurt/Main 2009, insbes. S. 209–240 (für die Zeit nach 1950, in der die Molekularbiologie entstand).

[18] Stall/Broadway, Slaughterhouse Blues, S. 39 f.

[19] Ebenda, S. 41. Diese Abhängigkeit gab es etwas abgewandelt auch bei hühnerhaltenden Betrieben, die – wie der oben erwähnte niederländische Geflügelmäster – eine eigene Vermehrungs-

Offensichtlich veränderte die Abkehr vom „Zweinutzungs-Huhn" in der Landwirtschaft keineswegs nur die Produktivität von Hühnern. Aufmerksamkeit aber erregte das zunächst nicht. In den entscheidenden Anfangsjahren, in denen sich das neue System der Geflügelwirtschaft etablierte, gab es weder in Nordamerika noch in anderen Ländern eine abwägende ergebnisoffene Debatte über deren Vor- und Nachteile. So initiierte der enorme Entwicklungsvorsprung der USA in diesem speziellen Segment der Agrarproduktion innerhalb weniger Jahre einen weltweiten Wandel der Hühnerhaltung. Spätestens seit 1955 gelangten Tiere der beiden neuen Hochleistungs-Zuchtlinien per Export in zahlreiche Länder, deren Bauern ansonsten noch ganz traditionell wirtschafteten.[20]

Ein Geschäft dieser Art stand auch in der Bundesrepublik am Anfang der neuen Nutzung von Hühnern: 1956 kaufte ein norddeutscher Futtermittelhändler in den USA 50.000 Küken einer neuen fleischliefernden „Einzweck-Rasse" als Grundstock für einen eigens für diese Tiere eingerichteten Vermehrungsbetrieb. Dank der hohen Fortpflanzungsrate des Huhns schlüpften aus den Eiern dieser Elterngeneration bereits 1957 nicht weniger als eine Million Küken, die unter den Markennamen „Goldhähnchen" an Mastbetriebe verkauft wurden.[21]

So ein rasches Wachstum des Bestandes war auch deshalb möglich, weil die Hühnermast den einzigen Bereich der Geflügelnutzung darstellt, in dem Hähne und Hennen wirtschaftlich gleich wertvoll sind. Zwar lernten die Westdeutschen das Fleischhuhn in den 1950er und 1960er Jahren fast ausschließlich als „Masthähnchen" und damit als männlich kennen – das eben erwähnte „Goldhähnchen" machte da nur den Anfang.[22] De facto wurden (und werden) aber auch Hennen

---

abteilung besaßen: Die Elterngeneration, aus deren Eiern die Hybrid-Masttiere schlüpften, konnten sie nicht selbst verjüngen oder erweitern. Grundlegend zu diesen Abhängigkeiten vgl. etwa: Mensch/Olschewsky, Planet, S. 56–61.

[20] Zwar gab es seit den 1950er Jahren in etlichen Ländern öffentlich geförderte nationale Züchtungsprogramme, um die übermächtige Position der amerikanischen Anbieter auf den Markt für Küken durch neue Zuchtlinien anzugreifen. Viel Erfolg war ihnen jedoch nicht beschieden: Sie starteten wohl schlicht einfach zu spät. In der Bundesrepublik kam eine Zersplitterung der Fördergelder auf 80 verschiedene Projekte hinzu. Vgl. hierzu die negative Bilanz des seit 1958 laufenden Förderprogramms von Bund und Ländern in: BayLM Hans Eisenmann an MinDir Pielsen (BLM), 4. 10. 1972, BArch Kbz B 116/38 806. Nach Eisenmanns rückblickenden Worten sollte das Programm „dem Ziele dienen, die deutsche Geflügelwirtschaft nicht in vollem Umfange ausländischer Willkür auszusetzen". Zur zeitgleichen Dominanz gerade US-amerikanischer Firmen in der Hybridzucht vgl.: Günther Thiede, Technologische Fortschritte und Erzeugungsnachwuchs, in: AW 21 (1972), S. 152–164, hier: S. 159; in aktueller Perspektive vgl.: Mensch/Olschewsky, Planet, S. 56 f. (der Markt wird von vier multinationalen Konzernen beherrscht).

[21] Christian Diederich Hahn, Die Grüne Großmacht. Das Ärgernis mit den Bauern, Stuttgart 1962, S. 258 f. Genauere Angaben zur „Heinz Lohmann & Co KG", die den Import tätigte, siehe unten S. 272.

[22] Warum die entstehende westdeutsche Mastbranche den amerikanischen Begriff „Broiler" für Masthühner nicht aufgriff (und ihn damit der staatlich gelenkten DDR-Geflügelwirtschaft überließ), ist unklar. Das Marketing der BRD-Branche, das sich seit Mitte der 1960er Jahre stark intensivierte, vermied den Begriff jedenfalls konsequent (sicher auch, weil er mittlerweile Teil der DDR-Alltagskultur geworden war). Siehe dazu unten S. 275 f.

gemästet: Entsprechend dem Geschlechterverhältnis unter Neugeborenen, das die Natur bei allen Arten vorsieht, die sich durch die Verschmelzung weiblicher und männlicher Eizellen fortpflanzen, stellen sie rund die Hälfte aller „Masthähnchen". Sie wachsen zwar nicht ganz so rasch wie Hähne. Zudem bleibt ihre Muskulatur etwas schlanker und sie setzen stärker Fett an. Bei den hochgezüchteten Fleisch-„Rassen" wiegen diese Differenzen aber doch deutlich geringer als der betriebswirtschaftliche Vorteil, alle geschlüpften Küken aufziehen und vermarkten zu können.[23]

Nur neue Tiere hätten allerdings nicht ausgereicht, um die moderne Geflügelmast international innerhalb kurzer Zeit zum landwirtschaftlichen Alltag werden zu lassen. Die Küken, die den Mästern geliefert wurden, besaßen zwar enorme Leistungspotentiale. Wie vollständig oder unzureichend sie ihre ererbten speziellen Anlagen realisierten, entschied sich jedoch jeweils auf dem einzelnen Hof, im einzelnen Stall. Hochgezüchtet und hoch empfindlich wie diese Tiere waren, mussten sie sowohl optimal gefüttert wie auch ansonsten planvoll betreut und unter genau kontrollierten Bedingungen gehalten werden, um wirklich so viele Eier zu legen bzw. auch tatsächlich so rasch bis zur Schlachtreife heranzuwachsen, wie die Züchter es versprachen.[24]

Hühnerhalter brauchten daher nun ein neuartiges, ganz spezielles Know-how: In der Welt der „Einzweck-Hühnerrassen" entstanden (und entstehen) Fleisch und Eier in zwei getrennten Produktionssträngen. Zwar landen auch die modernen Legehennen selbstverständlich jeweils dann im Schlachthof, wenn ihre Leistungskraft sinkt. Diese Fleischproduktion ist für die Halter der Hennen jedoch nur von nachrangiger Bedeutung.[25] So lange die Hühner am Leben sind, gibt es keine Berührungspunkte zwischen den beiden Bereichen der modernen Geflügelwirt-

---

[23] Vgl. dazu etwa: K. Flock/D. L. Simon, Broiler und Legehennen an der Leistungsgrenze?, in: KF 58 (1975), S. 206–210, hier: S. 208; H. Zucker, Moderne Tierproduktion und Fleischqualität, in: KF 62 (1982), S. 1050–1061, hier: S. 1057; E. Fuhrken, Trend: Kürzere Mastdauer – gleiches Endgewicht, in: BBSH 137 (1987), S. 710–711. Im zweiten Strang der modernen Geflügelbranche, bei der Eierproduktion, führt der Weg der frisch ausgebrüteten Hähne hingegen sofort in den Tod: Sie wurden (und werden) gar nicht erst „aufgestallt", sondern von speziell dafür geschulten Fachkräften noch am ersten Lebenstag aussortiert und dann getötet. Das traditionelle Angebot von „Stuben-Küken" verschwand damit vollständig vom Markt. Über diese jahrzehntealte Praxis der Geschlechtsselektion mit anschließender Tötung der männlichen Küken wird in der Bundesrepublik erst seit einiger Zeit heftig gestritten. Vgl. dazu etwa: Lydia Rosenfelder, Wie ich kein Hahn wurde, in: FAZ, 13. 5. 2018; Kein Herz für Küken, in: FAZ, 23. 5. 2019; Küken-Töten soll 2020 enden, in: FAZ, 14. 6. 2019; Gesetz gegen Kükentöten, in: SZ, 15. 7. 2020.

[24] Vgl. etwa: Geflügelmast als Rassen- und Fütterungsproblem, in: KF 39 (1956), S. 261–262.

[25] Die Lebensdauer von modernen Hochleistungs-Legehennen liegt typischerweise bei knapp einem Jahr. Da sie deutlich größer sind als Masthühner, werden sie in speziellen Schlachtlinien bzw. Schlachtbetrieben getötet. Neben der traditionellen Nutzung als Suppenhuhn wird ihr Fleisch vielfach auch verarbeitet, sei es nun in „Convenience"-Produkten für den menschlichen Konsum (wie verzehrfertigen Hühnersuppen) oder in Haustier-Futter. Vgl. dazu: Albert Kariger, Die Entwicklung der Mischfutterindustrie in Deutschland, Stuttgart 1963, S. 142; Mensch/Olschewsky, Planet, S. 76 u. S. 96.

schaft. Fachwissen zur Fütterung und Haltung von Legehennen hilft daher dem Landwirt mit Masthühnern nicht weiter. Bereits 1957 konstatierte ein Agrarexperte: „Qualitätshähnchen lassen sich genau wie Qualitätsobst nur von Spezialbauern mit Spezialkenntnissen erzeugen."[26]

Allein schon die Fütterung von Mastgeflügel konnte als Wissenschaft eigener Art gelten. Selbstverständlich musste ein Geschöpf, dessen Gewicht von etwa 20 Gramm unmittelbar nach dem Schlüpfen innerhalb von acht Wochen (nach dem Leistungsstand der 1950er und 1960er Jahre) auf 1,3 bis 1,5 Kilo – d. h. um mehr als den Faktor 60 – wachsen sollte, in seinem kurzen Leben auf ganz besondere Weise ernährt werden. Zusätzlich anspruchsvoll wurde die Aufgabe der Mäster, weil es ja nicht einfach nur um mehr Gewicht ging: Vor allem die Muskeln des Huhns sollten wachsen, nicht die Fettdepots oder das intramuskuläre Fett. Um diese Ziele zu erreichen, brauchte es vertiefte ernährungswissenschaftliche Kenntnisse. Die erheblichen Fortschritte, die der Biochemie gerade auf diesem Feld in den 1950er Jahren gelangen, zählen deshalb ebenso zu den Grundvoraussetzungen der neuen Hühnerhaltung wie die Züchtung der Hochleistungs-„Rassen".

Kurz gesagt, entstand nach dem Zweiten Weltkrieg durch die Arbeiten zahlreicher Forscher ein ganz neues Wissen, wie Aminosäuren, Proteine, Vitamine, tierisches und pflanzliches Eiweiß sowie Fettsäuren zusammenwirken, wenn Lebewesen wachsen. Details müssen hier einmal mehr entfallen.[27] Konkret für das Huhn führten diese Forschungen zu der Erkenntnis, dass ein optimales Futter für rasch wachsendes Mastgeflügel nicht weniger als 30 verschiedene essentielle Inhaltsstoffe brauchte. Idealerweise musste sich deren Mischung zudem im Laufe der Mastperiode auch noch verändern. „Fettsäuren mit mehr als zwei Doppelbindungen" etwa waren – um nur ein Beispiel zu nennen – in der zweiten Hälfte der Mast zunehmend geringer zu dosieren, weil die Tiere sonst zu viel Fett ansetzten. Parallel dazu brauchte es modifizierte Anteile der Aminosäure Lysin, die für die Muskelbildung von entscheidender Bedeutung ist.[28] Generell nicht verzichten konnte der Mäster auf biologisch hochwertiges tierisches Eiweiß, weil das Huhn – wie das Schwein oder auch der Mensch – zu den Allesfressern gehört, deren Körpergröße gefördert wird, wenn dieser Stoff in der Wachstumsphase reichlich zur Verfügung

---

[26] R. Fangauf, Wandlungen in der Geflügelhaltung auf dem Bauernhof, in: Futter und Fütterung 8 (1957), S. 73–78, hier: S. 77. Anschaulich zu den Unterschieden aktuell: Mensch/Olschewsky, Planet, S. 63–87.

[27] Detailliert zum Wissensstand der frühen 1960er Jahre vgl.: Wilhelm Liebscher, Die Wirkstoffe in der Ernährung der landwirtschaftlichen Nutztiere. Ein Vademekum über Vitamine, Mineralstoffe einschließlich Spurenelemente, Antibiotika, Antioxydantien, Kokzidiostatika, 4. rev. u. erw. Aufl., Wien 1963. Als knappen Überblick vgl. etwa: Johannes Brüggemann/H. Zucker, Moderne Fragen des Nutztierernährung, in: KF 38 (1955), S. 222–224; W. Wöhlbier, Die Bedeutung der Mineralstoffe für die Ernährung der Tiere, in: MDLG 76 (1961), S, 1348–1350. Zum deutschen Beitrag zu diesen Forschungen vgl. ausführlich: Heiko Stoff, Wirkstoffe. Eine Wissensgeschichte der Hormone, Vitamine und Enzyme, 1920–1970, Stuttgart 2012.

[28] Heinz Splittgerber, 25 Jahre praktische Geflügelfütterung, in KF 61 (1978), S. 360–362, Zitat: S. 362; zum Lysin-Anteil vgl. genauer: R. Tüller, Wie kann man ein zu starkes Fettwachstum bei Masthähnchen vermeiden?, in: DGS 29 (1977), S. 856–857.

steht. Auch Vitamin D in hoher Dosierung gehörte zwingend kontinuierlich in das Futter, denn ohne diesen Zusatz bildeten die in den Mastställen nur bei künstlichem Licht gehaltenen Tiere weder ein normal dichtes Federkleid noch stabile Knochen.[29]

Mit der Aufgabe, dieses differenzierte Know-how auf dem eigenen Hof praktisch umzusetzen, wären allerdings wohl selbst erfahrene und engagierte Landwirte hoffnungslos überfordert gewesen. Ohne ein Angebot an vorgefertigtem Mischfutter, dessen Zusammensetzung die neuen wissenschaftlichen Erkenntnisse berücksichtigte, konnte kein Geflügelmäster erfolgversprechend arbeiten. Die Existenz einer Industrie, die solche Produkte herstellte, bildete daher die dritte unabdingbare Voraussetzung für die revolutionäre Veränderung der Hühnernutzung in der Mitte des 20. Jahrhunderts.

Die Praxis, Nutztiere gezielt mit verschiedenen und verschieden bemessenen Futterkomponenten so zu ernähren, dass sie die Leistungen, die der Mensch von ihnen erwartete, auch sicher erbrachten, hat ihren Ursprung in der zweiten Hälfte des 19. Jahrhunderts. Sie gehört an zentraler Stelle in die zunehmende Verwissenschaftlichung der Agrarproduktion, die auf das rasante Bevölkerungswachstum in den westlichen Gesellschaften reagierte und es zugleich dauerhaft absicherte.[30] So entstanden zunächst Anweisungen, wie ein optimiertes Futter – jeweils für verschiedene Tiere und verschiedene Produktionsziele – zusammenzustellen sei. Zügig entwickelte sich daraus jedoch auch eine gewerbliche Herstellung gebrauchsfertiger Mischungen, die der Landwirt seinen Tieren nur noch in den Trog schütten musste.[31]

Das speziell angemischte Kraftfutter, das die moderne Geflügelmast benutzte (und benutzt), stand daher einerseits in einer längeren agrarischen Tradition. Andererseits aber stellten diese Mischungen doch auch ein Novum dar, wurden (und werden) die heranwachsenden Fleischhühner doch ausschließlich damit ernährt. In allen anderen Bereichen der tierischen „Veredelung" (sogar bei den Legehennen) ergänzte Mischfutter hingegen nur ein pflanzliches „Grundfutter", das der einzelne Landwirt selbst angebaut und geerntet hatte. Lediglich der Geflügelmäster musste das Futter für seine Tiere zwingend vollständig extern einkaufen, weil jede Abweichung von der optimierten Zusammenstellung der verschiedenen Komponenten das rasante Wachstum der Broiler beeinträchtigte: Bei einem Ge-

---

[29] W. Kohler, Vitaminzusätze für Geflügelfutter, in: DG 21 (1969), S. 880–882. Tageslicht in Hühner-Mastställen ist in der EU erst seit 2002 zwingend vorgeschrieben. Mensch/Olschewsky, S. 73.
[30] Vgl. grundlegend dazu etwa: Sarah Jansen, „Schädlinge". Geschichte eines wissenschaftlichen und politischen Konstrukts 1840–1920, Frankfurt/Main etc. 2003; Frank Uekötter, Die Wahrheit ist auf dem Feld. Eine Wissensgeschichte der deutschen Landwirtschaft, Göttingen 2010, S. 43–181 (am Beispiel der Düngung).
[31] Vgl. dazu ausführlich: Kariger, Entwicklung; im knappen Überblick vgl. etwa: R. Beckmann, Die Fütterungspraxis war der Lehrmeister, in: KF 39 (1956), S. 128–132; 1870–1918–1988: Fast 120 Jahre Mischfutterproduktion in Deutschland, in: KF 71 (1988), S. 334–336.

schöpf, das maximal zwei Monate leben durfte, ließen sich einmal gemachte „Fütterungsfehler" kaum noch korrigieren.[32]

Da in der leistungsorientierten Haltung von fleischliefernden Tieren grob gerechnet durchweg mindestens 60 Prozent der gesamten Aufwendungen und mehr allein auf deren Ernährung bis zur Schlachtreife entfallen, besaß der Geflügelmäster gerade auf das größte Segment in seiner Kostenrechnung nur ganz geringen Einfluss.[33] Neben der Notwendigkeit, regelmäßige neue Küken der zu mästenden Hochleistungs-„Rasse" kaufen zu müssen, existierte also noch eine zweite nicht auflösbare Verflechtung aller Betriebe, die Hühner mästeten, mit vorgelagerten Produktionsbereichen.

Die bundesdeutschen (wie generell die europäischen) Geflügelmastunternehmen waren damit zwingend auf ein Produkt angewiesen, dessen Preis stark von Rohstoffen abhing, die weitgehend aus Übersee stammten. Das hochwertige Eiweiß, das Kraftfutter bieten musste, lieferten importierte Pflanzen wie Soja; dazu kamen Elemente wie Ölkuchen (aus der Produktion von pflanzlichen Ölen) bzw. auch Fischmehl, die ebenfalls vornehmlich aus weit entfernten „Drittländern" eingeführt wurden.[34] Damit entwickelten sich die Unwägbarkeiten des internationalen Handels, der von politischen Einflüssen und durch die Instabilität von Wechselkursen sowie auch durch Missernten in anderen Weltteilen stark tangiert

---

[32] Helmut von Bockelmann, Wird der Futtertrog zur Apotheke?, in: MDLG 75 (1960), S. 1289–1290. Vgl. auch: I. Gylstorff, Gesundes Geflügel durch richtige Fütterung, in: KF 41 (1958), S. 248–252; Otto Strecker, Agrarpolitische Gegenwartsfragen der getreideveredelnden Nutztierhaltung im Weser-Ems-Gebiet, Bonn 1960, S. 17; Kurt Burckhardt, Spürt die deutsche Mischfutterindustrie die Geldknappheit der Landwirtschaft?, in: MDLG 86 (1971), S. 802–803; Richard Bröcker, Geflügelwirtschaft – eine Branche mit erhöhtem Risiko?, in: KF 56 (1973), S. 222–224, hier: S. 224. Zwar bot die Kraftfutterindustrie seit den 1960er Jahren zunehmend „Alleinfutter"-Mischungen auch für Schweine und Rinder an. Die Nutzung dieser Produkte blieb in der Bundesrepublik jedoch begrenzt. Siehe dazu unten S. 383 ff.

[33] Vgl. zusammenfassend dazu etwa: Karl Corberg, Ansprache, in: Futterqualität – Erfolgsfaktor bei der tierischen Veredelung. Vorträge auf der DLG-Herbsttagung Heilbronn 1968, Frankfurt/Main 1968, S. 5–7, hier: S. 6. Zu Details vgl. ausführlich etwa die verschiedenen Beiträge in: Preiswürdigkeit der Futtermittel. Wissenschaftliche Arbeitstagung am 30. 8. 1961 im Max-Planck-Institut für Tierzucht und Tierernährung Mariensee, Mariensee 1961. Eine Angabe, in der Hühnermast entfielen durchschnittlich 80 Prozent der Kosten auf die Fütterung, vgl. in: Kariger, Entwicklung, S. 143.

[34] Fischmehl etwa stammte vor allem aus Peru. Anders als zuvor entstand dieses Produkt seit den 1950er Jahren zunehmend nicht mehr aus den Abfällen der dort ansässigen Fischkonservenindustrie. Da die weltweite Expansion der Hühnerhaltung den Bedarf massiv steigerte, entstanden nun eigene Fangflotten und Produktionsstätten; schon in den 1960er Jahren kam es zur Überfischung. Vgl. dazu etwa: Gregory T. Cushman, Guano and the Opening of the Pacific World, Cambridge 2013, S. 304–316. Weiter verfeinerte wissenschaftliche Arbeiten über die Wirkungen von Aminosäuren machten es seit den späten 1970er Jahren möglich, das Fischmehl (wie tierisches Eiweiß generell) im Kraftfutter durch pflanzliche Proteine zu ersetzen, die mit Vitaminen und Mineralstoffen ergänzt wurden. Vgl. dazu: H. Zucker, Abfallverwertung aus der Sicht des Physiologen, in: KF 60 (1977), S. 10–18, hier: S 18; ders., Moderne Tierproduktion und Fleischqualität, in: FW 62 (1982), S. 1050–1061, hier: S. 1055. Hinter diesem Wandel stand auch der Preisanstieg für Fischmehl, den die Überfischung ausgelöst hatte.

werden kann, zu wichtigen Faktoren in der Wirtschaftsrechnung nicht nur der bundesdeutschen Hühnermäster.[35]

Eine weitere Abhängigkeit der Hühnerfleischproduzenten von Zulieferern kam noch hinzu: Die moderne Geflügelmast brauchte zwingend wirkungskräftige Medikamente, die fortlaufend dem Futter zugesetzt werden mussten. Dabei ging es um Mittel, die ausschließlich Fachleuten bekannt waren. Veterinäre bezeichneten sie mit dem für Laien fast zungenbrecherischen Namen „Kokzidiostatika": Damit wurden (und werden) Darmparasiten behandelt, die zwar verschiedene Tierarten (etwa auch Wiederkäuer) befallen, aber doch gerade kleinwüchsige Geschöpfe wie etwa Hühner schwer schädigen und sogar töten können. Infizierte Tiere leiden unter Darmblutungen, die zu Vernarbungen führen und ihren Verdauungstrakt dauerhaft schädigen. In der traditionellen Hühnerhaltung, die Hennen und Hahn in der Regel einen (wie knapp auch immer bemessenen) Auslauf unter freiem Himmel gewährte, verursachten diese einzelligen Schädlinge meist keine massiven Probleme: Die Gefahr, dass sich alle Tiere gleichzeitig stark infizierten, war gering. So konnten individuelle Resistenzen entstehen. Wurden die Hühner von der Bäuerin einigermaßen aufmerksam beobachtet, ließen sich wirtschaftliche Schäden durch die Parasiten daher recht leicht begrenzen.[36]

Ganz anders verhielt es sich damit hingegen in Großställen, in denen Hunderte oder sogar Tausende von exakt gleich alten (oder besser gesagt: gleich jungen) Masthähnchen und -hennen beständig durcheinander wuselten. Schon in den Anfängen der modernen Geflügelhaltung entwickelten sich aus betriebswirtschaftlichen Gründen zwei völlig unterschiedliche Haltungsformen für Masthühner und eierlegende Hennen: Wurden die letzteren typischerweise in kleinen Gruppen in enge Käfige gesperrt, in denen es kaum Bewegungsfreiheit gab, weil man so die Eier problemlos einsammeln konnte, hielt der spezialisierte Geflügelmäster seine Hühner stets alle gemeinsam auf einer nicht unterteilten großen Fläche, auf der die Tiere frei herumliefen.[37]

Diese „Bodenhaltung" von überaus kopfstarken Herden im „Laufstall" förderte die Muskelbildung, machte es aber völlig unmöglich, Tiere zu identifizieren, die

---

[35] Dies galt insbesondere in den frühen 1970er Jahren: Sowohl der Zusammenbruch des internationalen Systems der festen Wechselkurse, die Verteuerung des Fischmehls durch sinkende Produktionserträge wie auch ein Exportverbot für Soja und Sojaprodukte, das die US-Regierung 1973 für mehrere Monate verhängte, führten zu einer deutlichen Verteuerung von Kraftfuttermischungen. Vgl. etwa: V. Koch, Ein heißes Jahr in der Mischfutterindustrie, in: KF 56 (1973), S. 349–350; Kurt Burckhardt, Tierische Veredelung und Mischfutterindustrie in gemeinsamer Verantwortung, in: KF 57 (1974), S. 463–466. Auch danach bereitete allein schon der deutlich schwankende Dollar-Kurs der Kraftfutterindustrie und ihren Abnehmern wiederholt Sorgen. Vgl. hierzu im Überblick: Max Schlohfeldt, Preisschwankungen am Futtermittelmarkt, in: BBSH 127 (1977), S. 5223–5224; Tierernährung und -erzeugung. Neue technische und wirtschaftliche Entwicklungen, Münster-Hiltrup 1981 (Agrarpolitische Berichte der OECD, Reihe C, Nr. 11), S. 7–24 u. S. 46.

[36] Vgl. etwa: Horst Francke, Neuzeitliche Tierzucht. Zucht, Haltung und Fütterung landwirtschaftlicher Nutztiere, Frankfurt/Main 1965, S. 500.

[37] Vgl. dazu: Erich Fuhrken, Die Technik in der Geflügelproduktion, in: BBSH 133 (1983), S. 2986–2992, hier: S. 2990 f.

keine Nahrung mehr aufnahmen (was auf einen Befall mit den Darmparasiten hinweist). Da die Übertragung der Schädlinge von Huhn zu Huhn vor allem über aufgepickte Kot- und Erdpartikel erfolgt, boten die Großställe die allerbesten Voraussetzungen für regelrechte Epidemien, die viele Tiere schwächen und dahinraffen konnten: Wegen der sehr kurzen Lebenszeit, die dem Mastgeflügel blieb, war auf resistente Hühner nicht zu hoffen. Die Verfügbarkeit großer Mengen von Kokzidiostatika, die kontinuierlich prophylaktisch unter das Futter gemischt wurden, gehörte daher zu „den wesentlichsten Voraussetzungen für die Entstehung der modernen Massengeflügelhaltung".[38]

Hierbei handelte es sich sogar um eine besonders starke Form der Abhängigkeit von der Erfindungskraft der Pharma- und Chemieindustrie. Wie auch andere biologisch vermeintlich „primitive" Lebensformen (Viren und Bakterien z. B.) erwiesen sich nämlich die den Hühnerdarm befallenden Geißeltierchen als überaus anpassungsfähig: Die Dauermedikation in den Mastställen führte erst in den USA und dann auch weltweit rasch dazu, dass sie in neuartigen Varianten auftraten, die nicht mehr auf das bislang verfütterte Präparat reagierten. Resistenzbildung erzwang den Einsatz neuer Mittel – und damit begann der Zyklus wieder von vorn. Dieses Problem existierte zwar auch in anderen Bereichen der modernen Medizin. Bei den Kokzidiostatika besaß es aber besondere Dringlichkeit: In ihrem beständigen Kampf gegen die Parasiten brauchten die Geflügelmäster schon in den 1970er Jahren regelmäßig zusätzliche therapeutische Möglichkeiten.[39]

Anderen Krankheitserregern boten die neuen Hühnerställe allerdings trotz dieser Prophylaxe beste Entwicklungsmöglichkeiten. Branchenexperten schreckte diese Gefahr jedoch nicht. Man verfüge, so erklärte einer von ihnen 1965 öffentlich, über ausreichende veterinärmedizinische Behandlungsmöglichkeiten, um die Gesundheit der Masthühner sicherzustellen – „zumindest für den Zeitraum bis zu sechs oder höchstens neun Wochen, die ausreichen, daß ein Huhn ‚tischreif' wird".[40]

Die Pharmaindustrie und die modernen „Einzweck"-Hühner gehörten zudem auch noch deshalb eng zusammen, weil „nutritiv" eingesetzte Antibiotika gerade in der Geflügelmast betriebswirtschaftlich besonders wichtig waren.[41] Wenn Broi-

---

[38] K. Schaich, Kokzidiostatika im Mischfutter für Junggeflügel, in: DG 21 (1969) S. 878–879, hier: S. 878. Vgl. auch schon: H. Behrens, Bekämpfung wichtiger Tierkrankheiten in den USA, in: KF 42 (1959), S. 202–205, hier: S. 205.
[39] Vgl. dazu: H. Faller, Kokzidiostatika im Geflügelfutter unentbehrlich, in: DGS 29 (1977), S. 707–708; Gerhard Behm, Nachdenkliches über Zusatzstoffe, in: KF 67 (1984), S. 112–113.
[40] Zit. nach: Geflügelzucht als Industrie, in: FAZ, 6. 5. 1965.
[41] Die Rolle der Chemie- und Pharmaindustrie in der Entwicklung der modernen Tierhaltung und Fleischmast ist weitgehend unerforscht. Spezialstudien fehlen; die vorliegenden Gesamtdarstellungen zur Geschichte der beiden Branchen erwähnen veterinärmedizinische Mittel und andere Zusatzstoffe entweder gar nicht oder nur ganz am Rande. Vgl. etwa: Erik Verg (unter Mitarbeit v. Werner Plumpe u. Heinz Schultheis), Meilensteine. 125 Jahre Bayer 1863–1988, Leverkusen 1988 (hier eine allgemeine Geschichte der Antibiotika S. 506–513); Werner Teltschick, Geschichte der deutschen Großchemie. Entwicklung und Einfluss in Staat und Gesellschaft, Weinheim 1992 (mit einigen knappen Ausführungen zu Fütterungsvitaminen S. 226 f.); Alfred D. Chandler Jr., Shaping the Industrial Century. The Remarkable Story of

1. Hühner als Fleischlieferanten und die moderne Geflügelwirtschaft 257

ler heranwuchsen, entfiel die deutliche Mehrheit aller Kosten, die bis zu ihrer Schlachtung entstanden, wie gesagt auf das Futter. Der direkteste und vielversprechendste Weg zu betrieblichen Gewinnen führte daher über eine optimierte „Futterverwertung": Jeder Halter musste danach streben, die Tiere in seinem Stall mit möglichst wenig Futter aufzuziehen. Genau dabei halfen die schwach dosierten Antibiotika, die keine akuten Krankheiten bekämpften. Im Vergleich mit ebenso lang lebenden und ansonsten gleich gefütterten Artgenossen benötigten Masthühner, die Antibiotika erhielten, zehn bis fünfzehn Prozent weniger Futter, um das von den Konsumenten, dem Einzelhandel, den Schlachthöfen und damit auch vom Mäster gesetzte Wachstumsziel von maximal 1,5 Kilogramm Lebendgewicht zu erreichen.[42]

Mit dem Zwang, Futter möglichst effizient einzusetzen, kämpften zwar alle landwirtschaftlichen Betriebe, die in der „Veredelung" aktiv waren. Die Geflügelmäster traf dieser Druck jedoch besonders stark, weil sie – anders als Bauern, die Schweine oder Rinder aufzogen – ja nicht darauf setzen konnten, ihre Kosten durch ein besonders günstig selbst angebautes „Grundfutter" zu senken.[43]

Zudem produzierten sie ohnehin schon vergleichsweise teuer: Wenn sie wirklich „modern" arbeiten wollten, brauchte ihr Stall zwingend sowohl einen Stromanschluss und zahlreiche starke Lampen (für die künstliche Beleuchtung), Einrichtungen für die automatische Versorgung der Tiere mit Futter und Wasser, sowie auch noch eine Heizungs- und Belüftungsanlage, die sich sehr fein steuern ließ. Die Energiekosten kamen dann noch dazu – und die fielen laufend an, denn Raumtemperaturen zwischen 30 und 25 Grad (die frisch geschlüpfte mutterlose Küken in den ersten Wochen ihres Lebens rund um die Uhr brauchen) sind in einem ungeheizten Stall unter den klimatischen Bedingungen der Bundesrepublik selbst im Sommer nicht sicher zu garantieren. Auch die Luftfeuchtigkeit musste kontinuierlich kontrolliert und gesteuert werden. Nur in dem schmalen Radius zwischen mindestens 60 Prozent und maximal 70 Prozent drohten keine Probleme

---

the Evolution of the Modern Chemical and Pharmaceutical Industries, Cambridge/Ms. und London 2005; Mario König, Besichtigung einer Weltindustrie – 1859–2016, Basel 2016 (Chemie und Pharma in Basel Bd. 1) (mit knappen Hinweisen auf gemeinsame Forschungsanstrengungen von vier großen Schweizer Unternehmen im Bereich der Biochemie zwischen 1954 und 1965, S. 215 f.)

[42] Vgl. etwa: K. Strunz, Antibiotika als Produktionsfaktoren in der Geflügelwirtschaft, in: DGS 21 (1969), S. 877–878. Siehe zu den Antibiotika im Tierfutter und zu den im internationalen Vergleich recht strengen Vorschriften für deren Einsatz in der Bundesrepublik auch schon oben S. 77.

[43] Vgl.: Gerhard Behm, Fütterungspraxis und -forschung, in: KF 41 (1958), S. 365–368, hier: S. 368; Strunz, Antibiotika, S. 878; Mehr Fleisch trotz weniger Futter, in: FAZ, 11. 9. 1969; Gottfried Wolff, Wirkstoffe – Schlüssel zum Erfolg in der modernen Veredelungsproduktion, in: KF 54 (1971), S. 106–110, hier: S. 108. Zu den erst langsam entstehenden Zweifeln an den Fütterungs-Antibiotika siehe genauer S. 79 ff. Halter von Legehennen durften in der Bundesrepublik weder Antibiotika noch Kokzidiostatika verfüttern, weil diese Stoffe sich in Eiern anreichern können. Lediglich bei der Aufzucht der jungen Legehennen (bis zur ersten Eiablage) galt diese Regel nicht. Vgl. hierzu etwa die Antwort des BLM vom 13. 9. 1966 auf eine Kleine Anfrage in: BT Drucksache 5/907, S. 16 (online abrufbar unter: https://dip.bundestag.de).

und Gewinneinbußen, denn das moderne Hochleistungshuhn reagierte auch auf „Haltungsfehler" sehr empfindlich.[44]

Ökonomisch gab es für die Landwirte also gleich mehrere gute Gründe, im Hühnermaststall täglich schwach dosierte Antibiotika zu verfüttern. Die Gefahr, damit auf Dauer resistente Krankheitserreger zu züchten, war für die Bauern hingegen irrelevant – zumal der Einsatz dieser Mittel ja völlig legal war und zahlreiche Veterinäre geradezu dafür warben.[45]

Schließlich und endlich herrschte in der modernen Geflügelmast auch deshalb ein besonders starker Kostendruck, weil das ausgemästete Tier nur in neu errichteten und eigens dafür geplanten Betrieben geschlachtet werden konnte. Die Tatsache, dass in Deutschland bereits seit dem späten 19. Jahrhundert ein sehr dichtes Netz an öffentlichen Schlachthäusern existierte, nützte einem angehenden Hühnermäster in den 1950er Jahren überhaupt nichts, weil in diesen Anlagen kein Geflügel geschlachtet wurde. Auch die neu entstehenden Versandschlachthöfe außerhalb der Städte konzentrierten sich ganz auf das Geschäft mit Großvieh. Sollte sich die Hühnermast zu einem eigenständigen Segment der landwirtschaftlichen Produktion entwickeln, mussten daher zwingend zeitlich parallel zahlreiche modern ausgestattete, spezielle Schlachtanlagen für Geflügel gebaut werden.[46]

Dieses Projekt warf diverse offene Fragen auf. Wer sollte etwa das Kapital dafür aufbringen? Sollte man die kommunalen öffentlichen Schlachthöfe als Vorbild für die künftigen Geflügelschlachtbetriebe verstehen und diese ebenfalls als gemeinnützige Betriebe konzipieren? Eindeutig klar war in diesem Zusammenhang lediglich eines: Die Idee, die Extrakosten in der Produktionskette für Hühnerfleisch, die durch den Aufbau einer neuen Vermarktungsinfrastruktur entstanden, durch höhere Verkaufspreise bei den Endverbrauchern eintreiben zu können, führte ganz offensichtlich in die Irre.

Anders als die Landwirte, die Schweine oder Rinder schlachtreif fütterten, wollten die Geflügelmäster ja ein Produkt verkaufen, für das noch intensiv geworben werden musste. Wie oben gezeigt wurde, lag der Pro-Kopf-Verbrauch von Hühnerfleisch in der Bundesrepublik auch noch in den 1950er Jahren sehr niedrig.[47] Wer hier auf Änderung hoffte, der musste sich an den Erfahrungen orientieren, die Farmer und Lebensmittelkonzerne in den USA gemacht hatten, als sie den Broiler erfolgreich in eine Massenware verwandelten. Ein Schweizer Agrarökonom brachte diese Lehren 1959 knapp und präzise auf den Punkt: Die Produktion

---

[44] Vgl. dazu: Hubert Reuter, Optimale Umweltgestaltung – Voraussetzung rentabler Geflügelhaltung, in: MDLG 80 (1965), S. 1638–1644.
[45] Als Beispiele für solche Anpreisungen durch Veterinäre vgl. etwa: Mehr Fleisch trotz weniger Futter, in: FAZ, 11. 9. 1969; Gottfried Wolff, Wirkstoffe – Schlüssel zum Erfolg in der modernen Veredelungsproduktion, in: KF 54 (1971), S. 106–110, hier: 108. Dissidente Urteile von Veterinären vgl. hingegen in: D. Weiss, Probleme der Massentierhaltung, in: DG 21 (1969), S. 792–793; Gerhard Behm, Nachdenkliches über Zusatzstoffe, in: KF 67 (1984), S. 112–113.
[46] Otto Strecker u. a., Die Landwirtschaft und ihre Marktpartner. Neue Formen der Zusammenarbeit, Hiltrup 1963, S. 88–91.
[47] Siehe oben S. 63.

von Masthühnern habe in Europa nur dann eine Zukunft, „wenn Geflügelfleisch billiger als Rinds- oder Schweinefleisch auf den Markt kommt".[48]

Das amerikanische Vorbild lieferte zudem auch noch eine weitere Handlungsanweisung für Bauern, die über Investitionen in dieses neue Segment der agrarischen „Veredelung" nachdachten: Da „der Gewinn pro Tier" in der Geflügelmast gering ausfalle und auch klein bleiben werde, sei dringend „für die Mast in großem Stil zu plädieren".[49]

Der niederländische Landwirt, über dessen Betrieb das „Agri-Forum" 1961 so detailreich berichtete, konnte diesen Rat sogar noch präziser fassen: Wer pro Jahr nicht wenigstens 20.000 schlachtreif gemästete Hühner anbiete, der konnte nach seinen Erfahrungen bei den Preisen, die Schlachtbetriebe und die Konsumenten pro Huhn zahlten, kaum in die Gewinnzone vorstoßen. Erst jenseits dieser Zahl entstand dank des ökonomischen Gesetzes, dass in der Großproduktion die Stückkosten sinken, die Möglichkeit, Profite zu erwirtschaften. Wenn nur ein Stall vorhanden war, bedeutete dieser Rat des Praktikers nach dem damals möglichen Produktionstempo den Zwang, bei jedem neuen Mast-„Durchgang" mindestens 3.500 Tiere „aufzustallen".[50] Ohne den Willen der Bauern, betrieblich bei der Tierhaltung in ganz neuen Größenordnungen zu denken, war die moderne Geflügelmast daher schon in ihren Anfängen nicht realisierbar.

1.2. Hoffnung auf einen Sonderweg: die westdeutsche Kritik am amerikanischen Produktionssystem für Hühnerfleisch

Für den Aufbau eines konsequent rationalisierten Systems der Geflügelfleischproduktion stellten die USA das weltweit genau beobachtete Modell. Der amerikanische Entwicklungsvorsprung fiel allerdings so groß aus, dass an der dort entstandenen Produktionskette schon in den 1950er Jahren immer deutlicher Züge hervortraten, die außerhalb der Vereinigten Staaten vielfach agrarpolitisch negativ bewertet wurden. Wie gesagt, verdankte sich der rasche Aufschwung der neuen „Veredelungs"-Praxis in den USA sehr stark den unternehmerischen Entscheidungen einer kleinen Gruppe von großen Futtermittelproduzenten, die zunehmend ihre Rolle als reine Zulieferer der Landwirtschaft verließen. Durch eigene Aktivitäten in der Zucht und bei der Vermehrung der neuen hochproduktiven „Rassen", in der Weiterentwicklung der Stalltechnologie sowie im Bau und Betrieb von Schlachthäusern sowie schließlich auch noch in der Vermarktung gebrauchs-

---

[48] Jean Rossi, Neue Erkenntnisse in der Geflügelfütterung, in: KF 42 (1959), S. 297–298, hier: S. 298.
[49] Absatzfragen beim Mastgeflügel, in: KF 39 (1956), S. 260–261, hier: S. 261.
[50] Gerhardt, Schlachtküken, S. 25. Eine ganz ähnliche Rechnung vgl. auch noch in: Friedrich Hülsemeyer, Die Erzeugung und Vermarktung von Eiern und Geflügelfleisch in der Bundesrepublik Deutschland. Entwicklungstendenzen und Rationalisierungsmöglichkeiten, Hamburg und Berlin 1966, S. 121 f.

fertiger Masthühner (bis hin zur Erfindung eigener „Marken" für Geflügelfleisch) entwickelten sie sich rasch zu sehr energisch vorgehenden wirtschaftlichen „integrators", die der neuen Branche den Takt vorgaben.[51]

Von der traditionell starken betrieblichen Autonomie des Bauern, der nur recht locker und vielfach auch nur indirekt über verschiedene von ihm selbst ausgehandelte Handels- und Geschäftsbeziehungen mit dem Markt verbunden war, ließ dieser Integrationsprozess wenig bis gar nichts übrig. Es entstand ein System des „contract farming", in dem die „integrators" schrittweise sämtliche Entscheidungen über die Produktion und die Vermarktung von Geflügelfleisch monopolisierten. Die Hühner mästenden Landwirte erhielten letztlich so etwas wie einen garantierten Mindeststücklohn pro Huhn, der nur dann stieg, wenn sie besonders effektiv gefüttert hatten. Die teure technische Ausstattung der Ställe mussten sie bei ihrem Vertragspartner kaufen, obwohl der keine Garantien abgab, die Geschäftsbeziehung für längere Zeit fortzusetzen.[52]

Zwar erregte die starke ökonomische Abhängigkeit, in die amerikanische Hühnermäster durch Abmachungen dieser Art gerieten, auch in den Vereinigten Staaten seit Mitte der 1950er Jahre durchaus öffentliche Aufmerksamkeit und Kritik. Anfang des nachfolgenden Jahrzehnts beschäftigte sich sogar ein Untersuchungsausschuss im US-Kongress ausführlich mit der Frage, ob Risiken und Vorteile in der „broiler industry" des Landes gerecht verteilt seien.[53] Politische Folgen hatte das jedoch nicht. So konnten sich die „productions contracts" (bzw. noch genauer benannt: die „food conversion contracts"), die Rechte und Pflichten der beiden Vertragspartner konsequent ungleich festlegten, weiter ausbreiten, bis es kaum noch einen Geflügelmastbetrieb in den USA gab, der nicht solchen Regelungen unterstand.[54]

Diese Entwicklung mit ihren verschiedenen Stadien wurde in der Bundesrepublik vom Deutschen Bauernverband (DBV) und anderen Interessenvertretern der Landwirtschaft sehr aufmerksam verfolgt und diskutiert. In einem Punkt herrschte dabei Einigkeit: Vertragliche Abmachungen, die den Landwirt de facto zum stücklohnabhängigen Akkordarbeiter machten, galten als „Verirrungen", als indiskutable Gefährdung der bäuerlichen Selbständigkeit. Das Postulat „Der Bauer muß ein freier Unternehmer bleiben!" brachte diese Sicht auf den Punkt. Wenn auf einem Bauernhof „nicht mehr auf Risiko und Rechnung eines Landwirtes" gearbeitet werde, dann entspreche dies „nicht dem Bild unserer Agrarpolitik", so hieß es argumentativ etwas breiter ausgeführt 1968 auf einer öffentlichen Veranstaltung der Landwirtschaftskammer Hannover.[55]

---

[51] Vgl. etwa: Stull/Broadway, Slaughterhouse Blues, S. 40–47.
[52] Vgl. dazu ausführlich: Gisolfi, Takeover, S. 42–62.
[53] Ebenda, S. 49.
[54] In den 1980er Jahren existierten in den USA knapp 40 Firmen, die als „integrator" für die Broilermast agierten. Ihre Verträge regelten die Entstehung von 95 Prozent aller Broiler. Stull/Broadway, Slaughterhouse Blues, S. 41.
[55] In der Reihenfolge der Zitate: G. Cosack, Es geht um die Freiheit!, in: MDLG 72 (1962), S. 885–886, hier: S. 886; Walter Pflaumbaum, Der Bauer muß ein freier Unternehmer bleiben!, in: MDLG 80 (1965), S. 1673–1674 u. S. 1694–1699, hier: S. 1673; Otto Strecker, Künftige Ent-

1. Hühner als Fleischlieferanten und die moderne Geflügelwirtschaft 261

Mit der Ablehnung der amerikanischen „production contracts" verband sich vielfach ein negativer Blick auf Großbestände, die den Bauern zur betrieblichen Spezialisierung zwangen. Zwar hatte das eine nicht zwingend etwas mit dem anderen zu tun. In den Vereinigten Staaten zeigte sich jedoch früh, dass die überaus enge vertragliche Bindung der Landwirte an jeweils nur einen Abnehmer und die ungleiche Verteilung der ökonomischen Risiken die betriebliche Konzentration der Geflügelmast stark förderten. Auf einer USA-Reise entdeckte ein westdeutscher Landwirt im Jahr 1965 in vielen ländlichen Regionen „Trümmer der Gründerjahre der [amerikanischen] Geflügelindustrie", die in seiner Sicht bewiesen, dass die vertikale Integration in diesem Segment der Agrarproduktion jenseits des Atlantiks wegen der Vorherrschaft einiger weniger Konzerne „wahre Orgien" gefeiert habe: „Verlassene, leerstehende Farmen, verfallene Ställe usw. zeugen von den am Wege liegengebliebenen Opfern." Eine Entwicklung dieser Art, die nur die größten Produktionsbetriebe übriglasse, dürfe es in der Bundesrepublik nicht geben.[56]

Im Diskurs bundesdeutscher Agrarvertreter war diese Forderung in den frühen 1960er Jahren sehr populär. In der „Bauern-Korrespondenz", dem Verbandsorgan des DBV, berichtete ein Autor bereits 1961, in der modernen Geflügelhaltung komme es zu einer „fast fließbandmäßigen Aufstallung" der Tiere. Deren Produktionsmethoden wirkten insgesamt „revolutionierend". Sie bedeuteten nichts anderes als die „Umwälzung der Grundlage des Veredelungsbetriebes": Es bestehe die Gefahr, dass die Mast von Fleischtieren künftig nur noch in einer kleinen Gruppe von Großbetrieben stattfinde. Daher stehe die Bundesrepublik vor einer agrarpolitisch grundlegend wichtigen Weichenstellung: „In erster Linie steht zur Entscheidung: ‚Agrarfabrik' oder landwirtschaftlicher Betrieb?"[57]

Das Bonner Landwirtschaftsministerium und die Agrarpolitiker in allen Bundestagsfraktionen teilten diese Sicht, sowohl grundsätzlich wie auch konkret mit Blick auf die Hühnerhaltung. Bundeslandwirtschaftsminister Werner Schwarz (CDU) etwa erklärte 1963, seine Partei und auch er selbst als der zuständige Ressortchef seien „nicht bereit, unser Bauerntum in eine industrialisierte Landwirtschaft einmünden zu lassen. Besser seien zehn Betriebe mit 500 Hühnern als nur einer mit 5000."[58]

---

wicklungstendenzen der Absatzgestaltung, in: Der Markt und die Veredelungswirtschaft. Eine Veröffentlichung der Vortragstagung der Landwirtschaftskammer Hannover von 1968, Hannover 1968, S. 34–56, hier: S. 34. Vgl. sehr ähnlich auch noch: Johannes Hummel, Schicksalsfragen der deutschen Landwirtschaft, in: DBK 14 (1961), S. 99–100; Theodor Sonnemann, Zur Finanzierung landwirtschaftlicher Vermarktungsunternehmen, in: Zeitschrift für das gesamte Genossenschaftswesen 18 (1968), S. 121–134, hier: S. 127 f.

[56] H. Graf Hardenberg, Gleichberechtigung auf dem europäischen Geflügelmarkt, in: MDLG 80 (1965), S. 1721–1722, hier: S. 1721. Vgl. ähnlich auch schon: B. Engel, Die Broilerproduktion in den USA, in: BLW 40 (1962), S. 875–889; Stefan Birnbeck, Brauchen wir überhaupt noch Bauern?, in: MDLG 78 (1963), S. 549–550.

[57] Walter Kalkhoff, Veredelungswirtschaft auf neuen Wegen, in: DBK 14 (1961), S. 87–88, hier: S. 87.

[58] Schwarz gegen höhere Agrar-Importe aus Amerika, in: FAZ, 25. 3. 1963. Vgl. ähnlich auch den FDP-Bundestagsabgeordneten Felix Logemann, den agrarpolitischen Sprecher der FDP-

Winfried Hasselmann, der niedersächsische Agrarminister, der ebenfalls der CDU angehörte, formulierte den gleichen Gedanken nur einige Jahre später noch etwas schärfer. „Der große Widersacher unserer althergebrachten Höfeordnung, unseres familienbetrieblichen Leitbildes", so schrieb er 1968, sei keineswegs „das Kollektivsystem kommunistischer Prägung", das in der DDR und im gesamten „Ostblock" propagiert wurde. Weitaus größere Gefahren bringe vielmehr eine „Kapitalisierung" der Agrarproduktion mit sich, wie es sie etwa in der amerikanischen Hühnerhaltung gebe. Eine vergleichbare „Umwandlung der Landwirtschaft in einen gewinnorientierten Industriezweig" müsse deshalb in der Bundesrepublik unbedingt verhindert werden.[59]

Paradoxerweise setzten die westdeutschen Kritiker des amerikanischen Systems der Broiler-Produktion zugleich aber auch große Hoffnungen auf die moderne Geflügelhaltung: Sie sahen in ihr eine Chance gerade für Kleinbauern, die nur über wenig Boden verfügten. Da ein selbst angebautes „Grundfutter" – wie gezeigt – in der modernen Hühnermast keine Rolle spielte (und da sich auch Legehennen ausschließlich mit zugekauftem Mischfutter halten ließen), verwandelte sich diese revolutionär neue Form der tierischen „Veredelung" unversehens in ein Instrument, das – richtig eingesetzt – strukturkonservativen Zielen dienen sollte: „In der Geflügelhaltung ist die Erzeugung völlig flächenunabhängig. […] Gerade in der Bundesrepublik leidet die überwiegende Mehrzahl aller landwirtschaftlichen Betriebe darunter, dass sie zu klein sind. Der Futterzukauf bietet jedem Betrieb die Möglichkeit, sich in angemessener Weise zu vergrößern."[60]

Fachleute nannten diese Ausweitung der Hofproduktion ohne den Kauf oder die Pacht von zusätzlichen Anbauflächen „innere Aufstockung" – und genau dafür sei die moderne Geflügelhaltung ideal: Wenn es der Agrarpolitik gelinge, in der Bundesrepublik die Konzentration der Hühnermast in Großbeständen und in einigen wenigen Betrieben zu verhindern, dann könnten zehntausende von Kleinbauern „ihr Einkommen aus der Geflügelmast decken und damit in der Landwirtschaft bleiben". Hierbei handle es sich um eine „einzigartige Möglichkeit […] im Sinne der Erhaltung kleinbäuerlicher Betriebe".[61]

Fraktion, im Bundestag am 14. 5. 1965 in: BT Protokolle, 4/183, S. 9173 f. (online abrufbar unter: https://dip.bundestag.de).
[59] Winfried Hasselmann, Zur Einführung, in: Ernst Andreas Friedrich, Kornlingen. Ein Modell moderner Landwirtschaft, Hildesheim 1968, S. 7–14, hier: S. 10.
[60] Hermann Feaux de Lacroix, Futtermittelzukauf als Mittel zur Betriebsvergrößerung, in: MDLG 80 (1965), S. 1948–1952, hier: S. 1952.
[61] G. Blohm, Die Geflügelmast als bäuerlicher Betriebszweig, in: MDLG 76 (1961), S. 469–472, hier: S. 470 u. S. 472. Vgl. ähnlich auch: W. Wolff, Marschroute für die Beratung in der Geflügelwirtschaft, in: KF 44 (1961), S. 28–29; Loeffler, Gedanken zur gegenwärtigen Situation der tierischen Veredelung, in: ebenda, S. 668–670, hier: S. 668 f.; Alfred Mehner, Geflügelzucht in Deutschland zwischen Nachfrage und Konkurrenz, in: TZ 13 (1961), S. 265–267, hier: S. 266; Hans Kautz, Vordringliche Maßnahmen der deutschen Geflügelwirtschaft im Hinblick auf die Konkurrenz innerhalb der EWG, in: ebenda, S. 20–21; ders., Gedanken zur Situation unserer Geflügelwirtschaft, in: KF 48 (1965), S. 7–8, hier: S. 8.

1. Hühner als Fleischlieferanten und die moderne Geflügelwirtschaft 263

Die Agrarpolitiker in Bund und Ländern stellen Gelder bereit, damit diese Chance genutzt werden konnte. Allein in der dritten Legislaturperiode (d. h. in den Jahren 1957 bis 1961) reservierte das Bonner Agrarministerium in seinem Etat 4,8 Millionen DM ausdrücklich für „die Förderung der bäuerlichen Geflügelmast". Landesmittel von addiert 3,2 Millionen DM kamen noch dazu.[62]

Forderungen von CDU/CSU und FDP, den damaligen Regierungsparteien im Bundestag, den Erfolg dieser Subventionen noch zusätzlich dadurch abzusichern, dass man Großbestände von Hühnern (und auch von Schweinen) schlicht per Gesetz untersagte, blieben wegen verfassungsrechtlicher Bedenken zwar erfolglos.[63] Dennoch wirkten die Hoffnungen auf einen deutschen Sonderweg in der modernen Geflügelwirtschaft seinerzeit aus zwei Gründen keineswegs von vornherein illusorisch. Zum einen kannte das Steuersystem der Bundesrepublik einen Unterschied zwischen „landwirtschaftlicher" und „gewerblicher" Tierhaltung, der in anderen Ländern – und gerade in den USA – nicht existierte. Kurz gesagt, konnten die Finanzämter größere Tierbestände aufgrund dieser Vorschriften als die Produktionsmittel eines Gewerbebetriebes definieren. Damit verlor der Tierhalter alle Steuervorteile, die Bauern ansonsten gegenüber anderen Unternehmern genossen. Zentral war hier die Befreiung von der Umsatzsteuer und auch von der Gewerbesteuer.[64]

Die Frage, bei welchen Tierzahlen die fiskalische Grenze zwischen den beiden Betriebsformen verlief, entschied sich anhand komplizierter Vorschriften jeweils unterschiedlich für die verschiedenen Tierarten, die für die agrarische „Veredelung" wichtig waren. Auch die Hoffläche spielte eine wichtige Rolle.[65] Die Details, auf die es hier entscheidend ankam, regelten die bundesdeutschen Behörden bezeichnenderweise nach langem Zögern erstmals 1964, d. h. der steuerliche Nachteil für „gewerbliche" Tierhalter kann in seiner konkreten Gestaltung durchaus als eine Reaktion auf die oben skizzierte Debatte über die negativen Seiten der US-amerikanischen Geflügelmast gelten.[66]

---

[62] Die Zahlen nach den Angaben von BLM Werner Schwarz im Bundestag am 14. 6. 1961 in: BT, Plenarprotokoll 3/162, S. 9349 f. (online aufrufbar unter: https://dip.bundestag.de). Eine Definition der „bäuerlichen Geflügelmast", die Großbetriebe von der Förderung ausgeschlossen hätte, gab es nicht. Ein Gesetzentwurf der Regierungsparteien im Bundestag, der dafür einen Vorschlag machte, scheiterte, weil ihn der Bundesrat blockierte. Vgl. dazu genauer: Settele, Revolution, S. 184. Beispielhaft für eines der Landesprogramme vgl. etwa die Angaben zur Förderung in Hessen in: Der Hühnerhof hat eine Zukunft, in: FAZ, 5. 1. 1961.
[63] Zu dieser Debatte in den Jahren ab 1964 siehe unten S. 457 ff.
[64] Vgl. zusammenfassend etwa: Strecker, Gegenwartsfragen, S. 33–49; P. Rieke, Die Tierhaltung und das Finanzamt, in: DGS 30 (1978), S. 1072–1074. In den frühen 1960er Jahren existierten vergleichbare Regelungen in West- und Südeuropa nur in Frankreich. Vgl. dazu ausführlich: Strecker, Gegenwartsfragen, S. 54–63.
[65] Siehe für die Geflügelhaltung genauer unten S. 310 f.
[66] Der Grundgedanke stammt allerdings bereits aus der NS-Zeit: Das 1934 erlassene „Reichsbewertungsgesetz", das festlegte, wie Besitz und Vermögen für Steuerzwecke zu bewerten seien, enthielt an versteckter Stelle die Regel, „Viehmästereien" und „Tierzuchtbetriebe" dürften nur dann als (steuerlich begünstigte) landwirtschaftliche Betriebe gelten, wenn sie für die Haltung der Tiere „überwiegend" Erzeugnisse verwandten, „die im eigenen landwirtschaftlichen Betrieb gewonnen sind" (§ 29, Abs. 3, RGBl. 1934, T. I, S. 1039). Die Vorschrift entsprang ersicht-

Wie sehr man auf eine lenkende Wirkung dieser Regelungen vertrauen konnte, war Mitte der 1960er Jahre noch völlig unklar: Weil die westdeutsche Landwirtschaft von kleinen bis mittelgroßen Betrieben dominiert wurde, die fast alle noch auf sehr traditionelle Weise „veredelten", gab es in der Bundesrepublik kaum Tierbestände, die nicht als „landwirtschaftlich" galten. Die Hoffnung, die Vorschriften könnten ihre bislang vorwiegend symbolische Funktion verlieren und nun tatsächlich die Entstehung von „Agrarfabriken" behindern oder vielleicht sogar vereiteln, klang wohl gerade deshalb durchaus noch überzeugend.[67]

Zum anderen fehlten in der Bundesrepublik finanzstarke Agrarunternehmen, die für die Rolle des „integrators" in der noch aufzubauenden westdeutschen Geflügelwirtschaft prädestiniert gewesen wären. Dafür war nicht einfach nur der allgemeine Kapitalmangel verantwortlich, der in Deutschland nach dem verlorenen Krieg und der Teilung des Landes herrschte. Zugleich präsentierte sich die deutsche Futtermittelindustrie, die an einem Aufschwung der agrarischen „Veredelung" besonders stark interessiert sein musste, auch noch in vollständig anderer Gestalt als ihr US-amerikanisches Pendant: Hatte dort schon im 19. Jahrhundert durch Konzentrationsprozesse eine starke Konzernbildung begonnen, so blieb es zwischen Schleswig-Holstein und Bayern dauerhaft bei einem Nebeneinander sehr vieler Hersteller. Um 1960 tummelten sich auf dem westdeutschen Mischfuttermarkt etwas mehr als 1.800 eigenständige Unternehmen; „überwiegend [waren dies] handwerkliche Betriebe, mit kleiner Maschinenausstattung, die nur geringe Mengen für den örtlichen Bedarf herstellen". Lediglich 143 Firmen zählten jeweils mehr als zehn Mitarbeiter; nur 30 konnten mit mehr als einhundert Beschäftigten als Großbetriebe gelten. Landesweit agierende Marktführer gab es nicht.[68]

Diese starke Zersplitterung der Branche hatte auch einen traditionsreichen agrarpolitischen Hintergrund: Seit 1926 stand sie nach den Bestimmungen eines

---

lich dem Ziel der NSDAP, die Landwirtschaft als einen eigenen, separaten Wirtschaftsbereich zu konstituieren, in dem die Regeln der kapitalistischen Konkurrenzökonomie nicht gelten sollten und „Fremdkapital" ausgesperrt blieb. Da sie ohne Ausführungsbestimmungen blieb, handelte es sich in diesem Fall allerdings um Symbolpolitik. Eine 1955 verabschiedete Neufassung des Gesetzes (nun als „Bewertungsgesetz") übernahm die Regel (nun in: § 51, Abs. 1), blieb aber ebenfalls ohne Durchführungsbestimmungen. Zwar kritisierte der Bundesfinanzhof diese Lücke noch im gleichen Jahr in einem seiner Urteile; dennoch blieb eine Reaktion der Exekutive aus. Erst 1964 legte ein gemeinsamer Erlass der Bundesländer einheitliche Regeln fest, wie die „gewerbliche Tierhaltung" zu definieren sei. Bis dahin hatten die Finanzämter offensichtlich von Fall zu Fall entschieden. Vgl. zu dieser Vorgeschichte zusammenfassend: Elmar Engel, Landwirtschaft oder Gewerbe. Die steuerliche Abgrenzung, St. Augustin 1998, S. 85–90.

[67] Vgl. etwa: Blohm, Geflügelmast, S. 470 f. Zur „verschwindend" geringen Bedeutung der „gewerblichen Tierhaltung" Ende der 1950er Jahre vgl. genauer: Strecker, Gegenwartsfragen, S. 32.

[68] Kariger, Entwicklung, S. 144. Zwar reduzierte sich diese Zahl in den nachfolgenden Jahren deutlich (auf 790 Betriebe Mitte der 1980er Jahre); das oben gezogene Fazit aber galt dennoch weiter. Zum Konzentrationsprozess nach 1960 vgl. genauer: H. Arends, Strukturelle Entwicklungen der Mischfutterindustrie in der Bundesrepublik Deutschland, in: KF 75 (1992), S. 104–110.

1. Hühner als Fleischlieferanten und die moderne Geflügelwirtschaft 265

Reichsgesetzes unter strenger öffentlicher Aufsicht. Neue Stoffe, die Mischfutter beigemischt werden sollten, bedurften seitdem einer amtlichen Genehmigung. Wichtiger noch: Das Gesetz zwang alle Hersteller von Kraftfutter, die einzelnen Komponenten ihres Produktes und deren jeweilige Dosierung auf jeder einzelnen Packung ganz genau anzugeben. Diese „offene Deklaration" machte besondere Rezepturen, die als Betriebsgeheimnis gehütet wurden, unmöglich. In der deutschen Futtermittelindustrie herrschte vielmehr weitestgehende Transparenz – und damit eine intensive Konkurrenz, in der kein Wettbewerber dank qualitativ besserer Produkte die Oberhand gewinnen konnte.[69] Die zentralen Bestimmungen des Gesetzes galten unverändert auch noch in den 1950er und 1960er Jahren. Der Bauernverband betrachtete sie als agrarpolitisch absolut unverzichtbar, weil damit die betriebliche Unabhängigkeit der Landwirte gestärkt werde.[70]

Aus diesem Stand der Dinge ergab sich einerseits ein Problem: Da keine kapitalkräftigen Futtermittel-Großkonzerne existierten, die – wie in den USA – ein besonders starkes Interesse an einem raschen Aufschwung der flächenunabhängigen Hühnermast hatten, konnten westdeutsche Geflügelmäster in spe das Startkapital für ihre Produktion bei weitem nicht so einfach einwerben wie ihre amerikanischen Kollegen. Andererseits aber ließ sich doch annehmen, gerade die besondere Struktur der bundesdeutschen Futtermittelindustrie könne helfen, in Westdeutschland die „uferlose Rationalisierung" und die betriebliche Konzentration der Geflügelmast zu vermeiden, die sich in den USA durchgesetzt hatte.[71] Bäuerliche Genossenschaften spielten in der bundesdeutschen Futterbranche eine wichtige Rolle.[72] Das Gleiche galt für den Geschäftsbereich des Agrarkredits. Betriebliche Investitionen von Bauern ließen sich daher recht einfach finanzieren, ohne an Privatbanken oder andere gewinnorientierte Geldgeber heranzutreten.[73]

---

[69] Zum Gesetz vgl. genauer etwa: Claus Fischer, Die Betriebe der Futtermittelhersteller im Weser-Ems-Gebiet. Eine wirtschaftsgeographische Strukturanalyse, wirtschaftswiss. Diss. Universität Göttingen 1978, S. 42–45; Kariger, Entwicklung, S. 58–61 u. S. 145. Das Gesetz sollte zum einen das Misstrauen vieler Landwirte überwinden, sie würden von den Futtermittelproduzenten mit minderwertigen Produkten übers Ohr gehauen. Zugleich schützte es die zahlreichen bäuerlichen Einkaufsgenossenschaften für Kraftfutter, die im Kaiserreich entstanden waren, davor, von großen privaten Produktionsfirmen ins Abseits gedrängt zu werden. Zum ersten Aspekt vgl. anschaulich im Rückblick: Hermann Féaux de Lacroix, 50 Jahre Mischfutterfabrikant – Gedanken und Erinnerungen, in: KF 51 (1968), S. 130–140.

[70] Ein entschiedenes Bekenntnis des damaligen DBV-Präsidenten zur „offenen Formel" vgl. in: Bernhard Bauknecht, Das Kraftfutter im bäuerlichen Betrieb, in: KF 41 (1959), S. 58–59.

[71] Mehner, Geflügelzucht, S. 266 f. Vgl. ähnlich (neben den in Anm. 69 genannten Autoren) auch: R. Fangauf, Schleswig-Holsteins Geflügelwirtschaftler reformieren, in: KF 48 (1965), S. 80.

[72] Neben den traditionsreichen Handel mit Kraftfutter durch Einkaufsgenossenschaften trat seit den 1950er Jahren eine eigene Kraftfutterproduktion genossenschaftlicher Betriebe. Sie entwickelte sich sehr dynamisch (Kariger, Entwicklung, S. 131 f.). Anfang der 1970er Jahre gab es in der BRD 27 größere und 350 kleinere genossenschaftliche Kraftfutterwerke. Hans-Jürgen Wick, Der Strukturwandel der ländlichen Warengenossenschaften und ihre Aufgabe im internationalen Warenaustausch, in: RR 24 (1972), S. 457–461, hier: S. 458. Ihr Marktanteil lässt sich allerdings nicht beziffern.

[73] Vgl. dazu etwa: C. Jonas/F. Paasch, Kredite an die Landwirtschaft, o. O. 1976 (Mitteilungen über Landwirtschaft 1976, Nr. 2). Hiernach stammten rund 85 Prozent des gesamten Ende

Diese starke Stellung von genossenschaftlichen Unternehmen innerhalb der geschäftlichen Welt der deutschen Landwirte nährte die Hoffnung, die Geflügelmast könne sich in der Bundesrepublik zu einem einträglichen agrarischen Betriebszweig entwickeln, der die Existenz vieler ansonsten ökonomisch bedrohter Bauernhöfe sichern werde.

Zweifel allerdings blieben. Wer etwas genauer hinschaute, der konnte etwa berechtigt fragen, ob die steuerlichen Nachteile für die „gewerblichen" Tierhalter in diesem Kontext wirklich hilfreich sein würden. Wann ein Tierbestand als ‚zu groß' galt, das entschieden die Steuerbehörden nämlich nicht einfach anhand der jeweils vorhandenen Zahl von Tieren. Vielmehr prüften sie das Verhältnis zwischen der landwirtschaftlichen Nutzfläche des Hofes und der Menge der insgesamt gehaltenen Tiere. Den steuerlich günstigen Status als „landwirtschaftlicher Betrieb" erhielten alle Höfe, die über so viel Boden verfügten, dass sie das eigene Vieh „überwiegend" mit selbsterzeugtem Futter versorgen konnten (ob die Feldwirtschaft tatsächlich auch diesem Ziel diente, wurde dabei nicht geprüft). Mussten hingegen wegen fehlender Anbauflächen zwingend große Mengen an Futter hinzugekauft werden, dann handelte es sich steuerlich um eine „gewerbliche Tierhaltung". Bauern mit viel Boden konnten ihren Viehbestand also deutlich stärker ausweiten als Kleinlandwirte, d. h. die Steuervorschrift bestrafte unter Umständen gerade die „innere Aufstockung" flächenarmer Betriebe, in der die Freunde einer bäuerlichen Geflügelmast eine „einzigartige Möglichkeit" für deren Rettung sahen.[74]

Zudem sprach auch die ökonomische Logik keineswegs für die Idee, kleinbäuerliche Betriebe könnten ausgerechnet durch die Hühnermast wirtschaftlich gesunden. Der gleiche Autor, der 1965 über die „Orgien" der betrieblichen Rationalisierung in der US-amerikanischen Hühnermast klagte, notierte nüchtern einige unangenehme Wahrheiten: „1. Kaum ein landwirtschaftliches Erzeugnis [...] eignet sich so gut für die Anwendung industrieller Verfahren wie das Huhn. [...] 2. Kein tierisches Veredelungsprodukt erfordert zur Erreichung optimaler Größenordnungen so hohen Kapitaleinsatz. 3. Kein anderes Fleischerzeugnis ist so starken Preisschwankungen unterworfen wie Geflügel."[75]

Da die Hoffnung bekanntlich auch unter widrigen Bedingungen erstaunlich lebensfähig sein kann, glaubten die Freunde der bäuerlichen Geflügelhaltung dennoch fest, es könne gelingen, in der Bundesrepublik „Mammutbetriebe" der Hühnermast nach amerikanischem Vorbild zu vermeiden. Sie setzten dabei auf bäuerliche genossenschaftliche Solidarität, auf schützende agrarpolitische Vorschriften (wie etwa die steuerlichen Vorschriften zur „gewerblichen Tierhaltung",

---

1974 vorhandenen Agrarkreditvolumens von Kreditgenossenschaften, öffentlichen Sparkassen sowie staatlichen Geldinstituten mit einem speziellen Förderauftrag (S. 116).

[74] Strecker, Gegenwartsfragen, S. 33–35. Von „gewerblicher Tierhaltung" sprachen die Steuerbehörden immer dann, wenn „der Marktwert der Futtermittel aus eigener Erzeugung vom Wert der zugekauften Futtermittel" übertroffen wurde. Jeder Beschluss in dieser Sache erforderte eine Einzelfallprüfung, die zahlreiche Ermessensentscheidungen der Steuerbeamten einschloss. Ebenda, S. 33–49.

[75] Hardenberg, Gleichberechtigung, S. 1721.

die bei Bedarf noch genauer formuliert sowie auch durch andere Maßnahmen ergänzt werden sollten) und auf die „Marktnähe" kleinerer Betriebe, die es erlaube, genauer und flexibler auf Kundenwünsche zu reagieren.[76]

1.3. Eine Erfolgsbilanz der bundesdeutschen Hühnermast

Schaut man auf die Produktionsergebnisse, dann schrieben die bundesdeutschen Landwirte (genau wie ihre Kollegen in anderen Ländern) eine höchst eindrucksvolle Erfolgsgeschichte, als sie in den späten 1950er Jahren mit der modernen Hühnermast begannen: Zwischen 1960 und 1976 wuchs die Menge der in der Bundesrepublik erzeugten und geschlachteten Broiler – gemessen am Gesamtgewicht der ausgeschlachteten Tiere – von bescheidenen 17.000 Tonnen auf 204.000 Tonnen.[77] Zwar folgte auf diese dramatische Expansion um das Zwölffache in nur 15 Jahren eine Phase erheblich geringerer Wachstumsraten, weil der Absatz von Geflügelfleisch nun nur noch geringfügig zulegte. 1988 wurde mit 231.000 Tonnen landesweiter Produktion dennoch ein wiederum besseres Ergebnis verzeichnet.[78]

Diese Steigerungen entstanden seit den frühen 1970er Jahren nicht mehr durch eine Vermehrung der Stallplätze. Vielmehr verkürzte sich die „Umtriebszeit": Dank weiter verbesserter „Rassen" und noch gezielterer Fütterung erreichte das einzelne Masthuhn sein geplantes Gewicht von maximal 1,2 Kilo (ausgeschlachtet und gebrauchsfertig) nun immer schneller. Mitte der 1970er Jahre landeten die Tiere teilweise schon nach 38 bis 40 Lebenstagen im Schlachthof (statt nach 57 Tagen noch um 1960); dennoch brachten auch sie das erforderliche Lebendgewicht von rund 1,5 Kilo auf die Waage. Die Mäster produzierten so deutlich mehr Hühner, obwohl die Zahl der Stallplätze sank. Zudem brauchten die einmal mehr „optimierten" Tiere auch noch weniger Futter als die Vorgängergenerationen.[79]

Vertreter der Branche blickten voller Stolz auf diese Zahlen. Sie sprachen von einem „Höchstmaß an Leistungen"; von landwirtschaftlicher Arbeit „auf einem

---

[76] Strecker, Gegenwartsfragen, S. 67 f. Vgl. auch: Blohm, Geflügelmast, S. 472; Loeffler, Gedanken, S. 669.
[77] Die Zahlen aus: W. Kluncker, Absatzwege der deutschen Geflügelwirtschaft, in: FW 57 (1977), S. 1798–1800, hier: S. 1798. Die Angaben beziehen sich nur auf Masthühner, d. h. das Gewicht der geschlachteten Legehennen, deren Fleisch verwertet wurde, ist nicht berücksichtigt. Die amtliche Schlachtstatistik verzeichnet für „Suppenhühner" für 1976 ein Gesamtgewicht von 47.200 t und für 1988 von 33.800 t. StatJb BRD 1977, S. 153; StatJb BRD 1989, S. 156. Von der gesamten bundesdeutschen Hühnerfleisch-Produktion stammten in diesen beiden Jahren also 19 bzw. 13 Prozent von „ausgemerzten" Legehennen (so der Sprachgebrauch der Branche).
[78] Nach dem Tiefpunkt von 1988 höhere Preise in Sicht, in: Handelsblatt, 9./10. 6. 1989.
[79] Vgl. etwa: F. Burkhardt, Zur Entwicklung der Geflügelwirtschaft, in: MDLG 85 (1970), S. 1377–1378 u. S. 1382; Siegfried Scholtyssek, Geflügelfleisch in Menge und Qualität, in: DGS 29 (1977), S. 1046–1048, hier: S. 1047. Vgl. auch: 40 Broilermast-Betriebe, in: BBSH 132 (1982), S. 3232–3233 (hier ist von 38 Tagen die Rede). Zum Abbau der Mastplätze vgl. etwa: Geflügelwirtschaft vor einer neuen Herausforderung, in: LWE 134 (1987), Nr. 25, S. 26–30, hier: S. 26. Hiernach sank die Zahl der Mastplätze in der BRD allein von 1984 bis Ende 1986 um elf Prozent (von 22,24 Millionen auf 19,71 Millionen).

kaum noch zu übertreffenden technischen Niveau" oder auch von einem „bis aufs äußerste ausgefeilten Produktionssystem".[80] Zu diesem Selbstlob fühlten sich die westdeutschen Geflügelmäster umso mehr berechtigt, als sie die Broiler-Herstellung unter sehr schwierigen Rahmenbedingungen aufgenommen hatten. Ausländische Konkurrenten ließ ihnen anfangs nämlich nur wenig Platz auf dem Markt.

Dieses Problem entstand durch eine agrarpolitische Lücke: Geflügelfleisch gehörte zu den wenigen landwirtschaftlichen Produkten, die frei in die Bundesrepublik eingeführt werden konnten. Dieser Verzicht auf Zölle, die ansonsten umfassend (zum finanziellen Nachteil der deutschen Konsumenten) eingesetzt wurden, um die deutschen Bauern vor der internationalen Konkurrenz zu schützen, datierte von 1950 und erklärt sich wohl daraus, dass diese Fleischsorte seinerzeit ökonomisch als ganz unwichtig galt. Jährlich verzehrten die Westdeutschen pro Kopf damals nur 1,2 Kilo davon (bei einem Fleischkonsum von rund 39 Kilo insgesamt) – eine Abgabe, die das Hähnchen teurer machte, hätte den Konsum wohl noch weiter eingeschränkt, ohne den einheimischen Landwirten groß zu helfen. So herrschte auf diesem Teilmarkt weitgehende Handelsfreiheit.[81]

Bis 1955/56 hat sich daran kaum jemand gestört. Dann aber zeigten die Bundesbürger zunehmend Appetit auf Hühnerfleisch. Der Pro-Kopf-Verbrauch wuchs nun nicht mehr nur gemeinsam mit dem Konsum anderer Fleischarten, sondern ganz besonders stark. 1958 verzehrte statistisch gesehen jeder Westdeutsche schon 3,1 Kilo Geflügelfleisch und 1961/62 sogar schon 5,3 Kilo.[82]

Eine nennenswerte inländische Produktion gab es jedoch nur in einigen wenigen eng begrenzten Regionen in Norddeutschland; im größten Teil des Landes existierten nach wie vor keine modernen Hühnermast-Betriebe. Importunternehmen nutzten diese Versorgungslücke und die Möglichkeit zum freien Handel, indem sie tiefgekühlte Broiler in großer Zahl im Ausland bestellten. Zudem entdeckte die umsatzhungrige US-amerikanische „broiler industry" Westdeutschland als neuen Markt. Innerhalb von kaum fünf Jahren entwickelte sich die Bundesrepublik so zum wichtigsten Einfuhrland für Geflügelfleisch: Von der 1962 weltweit insgesamt grenzüberschreitend gehandelten Menge von 275.000 Tonnen gingen nicht weniger als 173.000 Tonnen (63 Prozent) nach Westdeutschland. Hauptlieferanten waren die USA (mit deutlichem Vorsprung) und die Niederlande. Fast zwei Drittel

---

[80] In der Reihenfolge der Zitate: H. Schlüter, Die Geflügelwirtschaft und ihre Probleme, in: DGS 25 (1973), S. 611–615, hier: S. 611; Richard Bröcker, Geflügelwirtschaft – ein Betriebszweig mit Zukunftschancen?, in: DGS 29 (1977), S. 705–706; Hans-Jürgen Langholz, Tierhaltung und Fleischwirtschaft, in: W. Henrichsmeyer u. a. (Hrsg.), Existenzsicherung in der Landwirtschaft, München etc. 1985, S. 90–108, hier: S. 93.

[81] Vgl. dazu im Rückblick: Kautz, Maßnahmen, S. 20–21. Die Verbrauchszahlen (für 1951/52) aus: StatJb BRD 1960, S. 530.

[82] StatJb BRD 1960, S. 530; StatJb BRD 1963, S. 516. Die Zahlen bezeichnen den Verbrauch von Geflügelfleisch insgesamt (d. h. inkl. Gänse- und Entenfleisch). Eine genauere Aufgliederung ist nicht möglich. Der Anteil von Hühnerfleisch betrug jedoch mit Sicherheit mehr als 90 Prozent der genannten Mengen.

1. Hühner als Fleischlieferanten und die moderne Geflügelwirtschaft 269

der von den Bundesbürgern verzehrten Masthühner stammten aus dem Ausland.[83]

In dieser Situation riefen die schon aktiv gewordenen deutschen Mäster dringend nach staatlicher Hilfe: Ohne „Schutz vor übermächtiger Konkurrenz" jenseits der Landesgrenzen habe eine inländische Broiler-Produktion keine Chance.[84] Schwach wie sie waren, fanden sie damit bei der Politik jedoch kaum Gehör: Mitten im „Kalten Krieg" scheuten Bundesregierung und Regierungsparteien Handelskonflikte mit den Vereinigten Staaten, der wichtigsten Schutzmacht des Landes. Eine seit dem Herbst 1961 erhobene spezielle Abgabe auf US-Broiler fiel daher viel zu gering aus, um die Importflut zu stoppen.[85]

Zudem interessierten sich – ganz anders als in unserer Gegenwart – auch die Konsumenten seinerzeit kaum für die besonderen Produktionsmethoden der amerikanischen Geflügelmäster, obwohl diese 1962 doch etwas mehr als 40 Prozent der in der Bundesrepublik verzehrten Brathühner lieferten. Dabei durften die US-Farmer auch seinerzeit schon Hilfsmittel und Verfahren einsetzen, die in der BRD und auch in den meisten anderen europäischen Staaten verboten waren. Informationen darüber standen in der Bundesrepublik durchaus zur Verfügung; zudem beklagten sich die deutschen Erzeuger über die Wettbewerbsverzerrung durch die unterschiedlichen Vorschriften. Die Publikumsmedien und auch die Verbraucher schenkten dem Thema jedoch keine Aufmerksamkeit. Offizielle Erklärungen des Bonner Landwirtschaftsministeriums, die US-Einfuhren seien völlig einwandfrei, legitimierten dieses weitverbreitete Desinteresse.[86]

---

[83] Georg Blohm, Die Neuorientierung der Landwirtschaft. Ihre betriebswirtschaftliche Anpassung an die veränderten ökonomischen Voraussetzungen, Stuttgart 1963, S. 126. Von den insgesamt in die BRD importierten 173.000 t stammten 73.000 t aus den USA. Noch 1958 waren es nur 3.000 t gewesen. Vgl. auch: Albert Seyler, Hähnchen trotzen der Marktordnung, in: FAZ, 20. 4. 1963. Zur Selbstversorgungsquote vgl.: E. Wöhlken/B. Mönning, Marktaussichten für Eier und Geflügelfleisch im nächsten Jahrfünft, in: AW 21 (1972), S. 313–322, hier: S. 314.

[84] Kautz, Maßnahmen, S. 20. Vgl. auch: ders., Härte und Konkurrenz, in: KF 45 (1962), S. 447; F. C. Rustemeyer, Die Einfuhr von landwirtschaftlichen Erzeugnissen aus den Niederlanden und Dänemark in die Bundesrepublik Deutschland 1950–1960, in: AW 12 (1963), S. 70–81, hier: S. 76.

[85] Vgl. dazu: Settele, Revolution, S. 159 f.

[86] Vgl. etwa die Ausführungen von BLM Werner Schwarz im BT am 28. 6. 1961 in: BT Plenarprotokoll 3/146, S. 9556 f., sowie am 29. 4. 1963 in: BT Plenarprotokoll 4/72, S. 3315 f. (online aufrufbar unter: https://dip.bundestag.de). Klagen über die besonderen US-Praktiken vgl. etwa in: L. Schön, Die 4. DLG-Schlachtviehschau Hamburg 1963 in Verbindung mit der DLG-Herbsttagung, in: FW 43 (1963), S. 910–918, hier: S. 911; Albert Seyler, Chemie im Hühnerfutter, in: FAZ, 29. 4. 1963; Hans Joachim Metzlaff, Hähnchen-Schicksal am seidenen Faden, in: FAZ, 8. 5. 1963. So war der Einsatz des Hormons Östrogen als Hilfsmittel bei der Mast in den USA erlaubt; auch Tranquilizer durften im Futter enthalten sein. Allerdings galten für diese Mittel „Absetzfristen", d. h. sie durften in bestimmten Zeiträumen vor der Schlachtung nicht mehr eingesetzt werden. In der jüngsten Vergangenheit spielten US-amerikanische „Chlorhühnchen" in der deutschen Debatte über den Entwurf eines Freihandelsabkommens zwischen den USA und der EU eine große Rolle. Der Begriff bezog sich auf eine in den USA legale und breit angewandte Praxis, verzehrfertiges Hühnerfleisch zu sterilisieren. Zu dieser stark polemisch geführten Diskussion vgl. etwa: Winand v. Petersdorf, Bei uns gibt's heute

Die Hilfe, die das Bundeskabinett den inländischen Mästern verweigerte, kam wenig später von anderer Seite: Das ab dem Sommer 1962 auf dem Markt für Geflügelfleisch schrittweise einsetzende Zoll- und Einfuhrregime der Europäischen Gemeinschaft erwies sich schon in seinen ersten Phasen als eine sehr wirkungsvolle Barriere für Waren dieser Art aus „Drittländern". Zwar drohten die davon vor allem betroffenen USA mit einem „Zoll-Krieg"; für aus den EG-Ländern importierte LKWs (die fast ausschließlich aus der Bundesrepublik stammten) verlangen sie seit 1964 sogar tatsächlich deutlich höhere Einfuhrabgaben. Trotz solch ökonomischer Vergeltungsmaßnahmen blieb die Gemeinschaft in diesem Streit jedoch hartnäckig bei ihrer Linie, verteidigte sie damit doch das Grundprinzip ihrer Wirtschaftspolitik, den in Europa zu schaffenden „Gemeinsamen Markt" gerade bei Agrarprodukten stark vor Konkurrenz aus der restlichen Welt abzuschirmen. Die US-Hühnermäster mussten sich mithin neue internationale Abnehmer suchen (die sie dann vor allem in Asien und Lateinamerika fanden).[87]

Seit Mitte der 1960er Jahre kamen die immer noch zahlreich nach Deutschland importierten Hähnchen daher kaum noch aus den USA, sondern vor allem aus den Niederlanden.[88] Auch diese Konkurrenz war der bundesdeutschen Geflügelbranche höchst unangenehm. Sie klagte über einen ungleichen Wettbewerb, weil die niederländischen Mäster ihre Ställe etwa mit staatlich verbilligtem Erdgas heizen könnten und die Produzenten dort zudem fast perfekt kartellartig organisiert seien.[89] Der ansonsten bemerkenswert durchsetzungsstarken Agrarlobby im Bundestag gelang es jedoch nicht, die Bundesregierung zu einer Intervention in dieser Sache zu bewegen. Trotz der staatlichen Förderung für den Schlachthofbau und anderer finanzieller Hilfen betrachtete sich die Hühnerwirtschaft der BRD deshalb nicht ganz unberechtigt als „ein Stiefkind" der nationalen Agrarpolitik.[90]

Chlorhuhn, in: FAZ, 16. 8. 2014; Vera Engel, Lebensmittelsicherheit und Freihandel unter besonderer Berücksichtigung von CETA und TTIP, Hamburg 2019, S. 79 f.

[87] Zu diesem „Hähnchen-Krieg" vgl. genauer: Settele, Revolution, S. 165–172; R. B. Talbot, The Chicken War. An International Trade Conflict between the United States and the European Community, 1961–1964, Ames 1978.

[88] Vgl. genauer:.Lutz Kersten, Anbieterverhalten und Preisbildung am Geflügelmarkt. Untersuchungen für die Bundesrepublik Deutschland unter Berücksichtigung der Niederlande, Braunschweig 1978, S. 76 f.

[89] Vgl. entsprechende Klagen etwa in: Wohin mit den Hähnchen?, in: DG 23 (1971), S. 219; F. B. Hausmann, Erfüllen die EWG-Marktordnungen noch ihre Aufgaben?, in: ebenda, S. 495; Wir sind umstellt von Schweinen, in: FAZ, 22. 6. 1979; Mit Eiern und Geflügel ist kaum Geld zu verdienen, in: FAZ, 4. 12. 1982. Eine Klage über die billigen Gaslieferungen an Hühnermäster in den Niederlanden vgl. auch in: LM Bayern an BLM, 13. 2. 1974, BArch Kbz, B 116/ 38 806. Das BLM erklärte in seinem Antwortschreiben, es sehe darin keine unzulässige Subvention, weil der Erdgaspreis in den Niederlanden dank nationaler „Standortvorteile" generell niedrig liege. BLM an LM Bayern, 24. 4. 1974, ebenda. Eine Selbstdarstellung des in der Tat stark kartellartigen holländischen Wirtschaftsverbandes für Geflügel vgl. in: H. Garrelds, Vom Wirken der Produktschap, in: DG 23 (1971), S. 407. Vgl. dazu auch: Cline J. Warren, The Netherlands Poultry Meat Industry, Washington D.C. 1972, S. 10.

[90] Manfred Köhne, Voraussichtliche Entwicklung der Produktion auf verschiedenen Standorten, in: Chancen in der Tierproduktion? Wettbewerbsfähigkeit – Produktionsentwicklung – Ver-

1. Hühner als Fleischlieferanten und die moderne Geflügelwirtschaft

So griff die Branche auf Initiative der großen Geflügelschlachthöfe zur Selbsthilfe: Seit 1964 entstanden gleich mehrere Einrichtungen, die den Verkauf bundesdeutscher Masthühner förderten, indem sie deren Vermarktung zentral lenkten und organisierten. Solche Marketing- und Clearinggesellschaften, die nichts herstellten oder lagerten, ja teilweise noch nicht einmal selbst Verträge aushandelten, halfen im Wettbewerb mit den holländischen Konkurrenten vor allem dadurch, dass sie den entstehenden deutschen Supermarktketten leichter Zugang zum inländischen Broiler-Angebot verschafften. Allein über das „Geflügel-Kontor" (GK), das größte dieser Vermittlungsunternehmen, lief schon um 1970 ein erheblicher Teil des gesamten Handels mit westdeutschen Masthühnern.[91]

Damit nahm die wirtschaftliche Entwicklung der Geflügelfleisch-Branche in der Bundesrepublik früh eine spezielle Gestalt an, die sich deutlich vom US-amerikanischen Modell unterschied: Vergleichbare Vermarktungsinstanzen, die von Geflügelschlachthöfen gegründet und genutzt wurden, um den Absatz ihrer Produkte zu fördern, gab es in Nordamerika nicht.[92] Die Frage, was diese Entwicklung für das Ziel bedeutete, durch die Geflügelmast gerade flächenarme landwirtschaftliche Betriebe zu stärken, wird weiter unten untersucht. Hier soll es zunächst um die Bedeutung des „Geflügel-Kontors" und der vergleichbaren Gesellschaften dieser Art für den enormen Aufschwung gehen, den die Hühnermast in Westdeutschland seit Mitte der 1960er Jahre erlebte.

Bei dem GK, das als Modell für alle seine später gegründeten Konkurrenzbetriebe diente, handelte es sich um eine in Frankfurt am Main ansässige GmbH, die im Frühjahr 1964 von zunächst fünf bundesdeutschen Großschlachthöfen für Mastgeflügel gegründet wurde. Als einziger Teilhaber, der nichts mit dem Schlachten von Hühnern zu tun hatte, beteiligte sich zusätzlich eine Frankfurter „Maklerfirma", weil die verbündeten Verarbeitungsbetriebe vor allem eine Zusammenarbeit mit solchen „Fachleuten des Vertriebs" anstrebten. Ziel der Gründung war es, „maßgebliche Teile der deutschen Geflügelproduktion zu einem schlagkräftigen Angebot zusammenzufassen", um so der ausländischen Konkurrenz besser Paroli bieten zu können.[93] Dieser Gedanke leuchtete offensichtlich rasch auch zahlrei-

---

marktungswege, Frankfurt/Main 1984, S. 37–52, hier: S. 48; Christof Schwab, Geflügelwirtschaft – Stiefkind der Agrarpolitik, in: KF 69 (1986), S. 124–126.

[91] Siehe dazu gleich genauere Informationen.

[92] Im Unterschied dazu verlief die Entwicklung der Geflügelfleischbranche in den Niederlanden exakt nach dem US-Modell: Hier wurde die Produktion schon Ende der 1960er Jahre fast vollständig von sechs großen Futtermittelunternehmen beherrscht. Vgl. dazu: Warren, Netherlands, S. 10.

[93] Vertriebsorganisation für deutsches Geflügel, in: FAZ, 1. 4. 1964. Vgl. hier auch eine Liste aller Gründungsmitglieder. Die erwähnte „Maklerfirma" saß in Frankfurt am Main und trug den Namen „Hans Spitta & Co". Über sie konnte im Rahmen dieses Projektes nichts Weiteres ermittelt werden. Nach dem zitierten Artikel wurde sie „auf Grund ihrer langjährigen Marktkenntnis" beteiligt. Zwei der fünf beteiligten Schlachtunternehmen waren genossenschaftliche Betriebe aus Nordrhein-Westfalen. Vgl. zu ihnen die Angaben in: Im Dienste der Landwirtschaft. Aus der Arbeit der Landwirtschaftskammer Rheinland 1965–1966. Bd. 1: Bericht der Zentrale, o. O. o. J., S. 120 f.

chen anderen Akteuren der Branche ein: Im April 1967 zählte das GK bereits 19 westdeutsche Geflügelschlachtbetriebe zu seinen Gesellschaftern.[94]

Unter ihnen stachen von vornherein zwei Firmen hervor. Besonders unter scheinbar Gleichen war hier zum einen das Hamburger Unternehmen „Heinz Lohmann & Co K.G.". Dieser ursprünglich kleine Futtermittelproduzent und -händler (seine wichtigste Ware vor und nach dem Zweiten Weltkrieg war Fischmehl) hatte sich seit 1953 dank der Findigkeit seines Gründers und Inhabers überaus rasch zahlreiche neue Geschäftsfelder erschlossen, die fast alle etwas mit der Geflügelhaltung zu tun hatten. US-amerikanische Lizenzen spielten dabei eine wichtige Rolle. Nach dem Urteil eines zeitgenössischen Experten stand der rapide Aufschwung seines Unternehmens im Bereich der Nahrungsmittelwirtschaft „in der EWG in Umfang und Tempo einzig da".[95] In der zweiten Hälfte der 1950er Jahre produzierte Lohmann nicht nur eines der weltweit absatzstärksten nutritiven Antibiotika exklusiv für den bundesdeutschen Markt; er hatte auch eine „vollständige Mastgeflügelkette" aufgebaut, die von der Zucht über Vermehrungsbetriebe und Brütereien bis hin zu Schlachtbetrieben reichte.[96]

Nur aus der auf eigene Rechnung und in eigenen Ställen betriebenen Mast zog sich das Unternehmen bereits 1958 wieder zurück, weil Lohmann nun die offizielle agrarpolitische Prämisse akzeptierte, diese Arbeit sei „Sache der Landwirte".[97] Umso intensiver kümmerte sich die Kommanditgesellschaft (die de facto mittlerweile ein verschachteltes Ensemble weitgehend eigenständig arbeitender Teilbereiche darstellte) seitdem um die Zucht und die Küken-Produktion für Mastbetriebe und auch für Bauernhöfe, die sich auf die Haltung von Legehennen spezialisierten, sowie um ihre Beteiligungen an insgesamt zehn Geflügelschlachthöfen. Darüber hinaus verkaufte Lohmann auch noch schlüsselfertige Stallbauten für die moderne Hühnerhaltung mit all den dazu gehörenden technischen Installationen. Sogar ganze Schlachtanlagen plus Beratung für deren Betrieb konnten geordert werden.[98]

---

[94] Fünfzigtausend Tonnen Hähnchen abgesetzt, in: FAZ, 25. 4. 1967.

[95] J. Le Bihan, Organisation der Erzeugung und des Vertriebs von Fleischhühnern in den EWG-Staaten, Brüssel 1965 (Hausmitteilungen über Landwirtschaft der EWG-Kommission, Generaldirektion Landwirtschaft, Direktion Wirtschaft und Agrarrecht, Abteilung Bilanzen, Studien, Information Nr. 4), S. 14 f.

[96] Als informative Abrisse der Firmengeschichte vgl.: Geflügelkette von der Nordsee bis zu den Alpen, in: FAZ, 26. 10. 1963; An der Wiege der Hähnchen-Produktion, in: FAZ, 12. 7. 1967. Zu den frühen Jahren des Unternehmens vgl. auch: Aus dem Wienerwald, in: Der Spiegel 16 (1962), Nr. 28, S. 36–38. Zu der amerikanischen Lizenz für das Fütterungs-Antibiotikum „Aurofac" vgl. etwa die Angaben in der Anzeige des Unternehmens „10 Jahre Aurofac" in: MDLG 75 (1960), Nr. 50, Anzeigen-Teil, o. P. Die Aktivitäten des Unternehmens in der Küken-Vermehrung und in der Zucht beruhten auf Lizenzen des amerikanischen Konzerns „Nichols Poultry Farm Inc." Vgl. dazu die Anzeigen des Unternehmens in: TZ 13 (1961), S. 523 u. S. 617.

[97] Lohmann sieht sich nach neuen Märkten um, in: FAZ, 17. 1. 1968. Zur Aufgabe der Mast vgl. auch: Klaus Wiborg, Die benachteiligte Großfarm, in: FAZ, 17. 3. 1962.

[98] Als weiteren Abriss der Firmengeschichte neben den schon genannten Artikeln vgl. auch: Lohmann-Cuxhaven wird AG, in: FAZ, 22. 1. 1971. Der Verkauf ganzer Betriebsanlagen erfolgte offensichtlich schon Anfang der 1960er Jahre auch international, vor allem nach Afrika und in den Nahen und Mittleren Osten. Vgl. dazu rückblickend: Integrierte Geflügelproduktion in heißen Klimazonen, in: DGS 28 (1976), S. 101–103.

Zum anderen gebührte auch noch der „Wesjohann u. Co GmbH" ein besonderer Rang unter den GK-Gesellschaftern. Wie die „Lohmann KG", so blickte auch dieser Betrieb (dessen Zentrale in einem Dorf im niedersächsischen Landkreis Vechta stand) auf eine recht bescheidene Vorkriegsgeschichte zurück, die nach dem Krieg zunächst ebenso unspektakulär mit einer kleinen Brutanlage für Legehennen fortgesetzt wurde. Auch Paul Wesjohann als Gründer und Geschäftsführer der GmbH nutzte geschickt und gezielt fast alle der Chancen, die sich aus dem starken Aufschwung der Geflügelbranche und dem allgemeinen Boom der Wiederaufbaujahre ergaben. Auch dieses Unternehmen engagierte sich daher bereits in den frühen 1960er Jahren in mehreren Rollen (als Produzent, Zulieferer, Auftraggeber und Abnehmer von bäuerlichen Mastbetrieben sowie auch als Verarbeiter) auf allen Stufen der Produktionskette, die von der Zucht zum gebrauchsfertigen, ausgeschlachteten Brathuhn führt.[99]

Die Beteiligung dieser beiden breit aufgestellten und dynamisch expandierenden Unternehmen schuf wohl von Anfang ein Ungleichgewicht unter den Gesellschaftern des „Geflügel-Kontors" – zumal Heinz Lohmann und die beiden Söhne von Paul Wesjohann (die in der Leitung der Familienfirma mittlerweile an die Stelle ihres Vaters getreten waren) seit 1965 unternehmerisch auch noch direkt miteinander kooperierten: Sie gründeten mit gleichgroßen Geschäftsanteilen sowohl eine gemeinsam geführte neue Mastküken-Brüterei wie auch ein Mischfutterwerk, das vor allem Hühnerkraftfutter herstellte.[100] Zwar blieb die Unabhängigkeit der beiden Muttergesellschaften davon unberührt; dennoch ließ sich diese Zusammenarbeit als Beginn einer Konzernbildung verstehen.

Unter den anderen beteiligten Schlachthöfen befanden sich genossenschaftliche Unternehmen ebenso wie weitere Privatbetriebe. Da in der Bundesrepublik in der zweiten Hälfte der 1960er Jahre 34 ökonomisch eigenständige große Schlachtanlagen für Geflügel existierten, repräsentierten die GK-Gesellschafter zwar keineswegs die gesamte Branche der Hühnerschlachter. Offensichtlich umfasste der Kreis der vertretenen Schlachthöfe aber vor allem die besonders leistungsstarken Betriebe.[101]

---

[99] Informationen zur Firmengeschichte vgl. auch in: Die Wesjohanns sind die Größten auf dem Geflügelmarkt, in: FAZ, 1. 12. 1987; Hans-Wilhelm Windhorst, Agrarindustrielle Unternehmen – Entstehungsbedingungen, Strukturen, räumliche Organisation, in: ders. (Hrsg.), Industrialisierte Landwirtschaft und Agrarindustrie. Entwicklungen, Strukturen und Probleme, Vechta 1989, S. 89–103, hier: S. 98–101. Spätestens seit 1965 wurde das Unternehmen von den Söhnen des Firmengründers Paul-Heinz und Erich Wesjohann geführt. Es gehörte 1964 nicht zu den Gründungsmitgliedern des GK. Wann es sich der Vermarktungsgesellschaft anschloss, konnte im Rahmen dieser Untersuchung nicht ermittelt werden. Das Unternehmen existiert auch heute noch, firmiert allerdings als „PHW-Gruppe". Das Kürzel steht für Paul-Heinz Wesjohann.

[100] Details dazu vgl. in: Die Wesjohanns sind die Größten auf dem Geflügelmarkt, in: FAZ, 1. 12. 1987.

[101] Vgl. die Angaben zu den Schlachtleistungen in: Thomas Schmidt, Organisatorische Gestaltung von Logistikprozessen in kooperativen Verbundsystemen der Ernährungswirtschaft. Geflügel-Kontor und Edeka-Handelsgruppe als Fallbeispiele, agrarwiss. Diss. Universität Gießen 1982, S. 50. Zur Beteiligung genossenschaftlicher Unternehmen vgl. auch: Verhand-

Wenn sich gerade diese Unternehmen über ihre Beteiligung am „Geflügel-Kontor" miteinander verbündeten, so deshalb, weil sie alle in der niederländischen Konkurrenz einen gemeinsamen Gegner sahen. Es gehört zu den von der Geschichtsschreibung bislang kaum beachteten Aspekten der Wirtschafts- und Mentalitätsgeschichte des EU-Projektes, wie stark die Gründung des „Gemeinsamen Marktes" in den beteiligten Ländern bei Produzenten und Lobbyisten, die offene Grenzen fürchten mussten, nationalistische Denkweisen und Emotionen weckte. Die ansonsten hoch seriöse „Deutsche Landwirtschaftsgesellschaft" (DLG) scheute sich 1969 jedenfalls nicht, die Gründung des GK rückblickend als eine längst überfällige „Aufrüstung" der bundesdeutschen Mastbetriebe und Schlachthöfe zu feiern: „Die Schlachten der nächsten Jahre um die Stellungen am westdeutschen, am europäischen Markt wurden von starken deutschen Kräften geschlagen, und Zug um Zug wurden verlorene Stellungen, verlorene Marktanteile zurückerobert [...]."[102]

Nüchtern betrachtet, tat das „Geflügel-Kontor" vor allem zwei Dinge. Zum einen half es seinen Gesellschaftern, Verträge mit Handelsfirmen zu schließen, die tiefgekühlte Broiler kaufen wollten, um diese dann in den Lebensmitteleinzelhandel zu bringen. Dabei handelte es sich um reine Maklerarbeiten, um „informationelle Dienstleistungen", die Angebot und Nachfrage rasch und effektiv in Verbindung brachten: Potentielle Käufer wandten sich mit ihren Anfragen nicht an die einzelnen Schlachtbetriebe, sondern an die regionalen Büros des GK, die laufend über das aktuelle Angebot informiert wurden. Zusätzlich organisierten zwei „Verkaufsleitungen", die das Geschäft der einzelnen Büros koordinierten, bei Bedarf auch noch bundesweite Kontakte. Das Kontor etablierte damit erstmals so etwas wie einen echten „Markt" für Geflügelfleisch, auf dem eine informationsbasierte Preisbildung stattfinden konnte. Angebot und Nachfrage dafür waren sich – anders als bei Schweinefleisch und Rindfleisch – zuvor ja stets ohne genaues Wissen darüber begegnet, wie es denn eigentlich aktuell um den Markt stand.[103]

lungsbericht Deutscher Raiffeisentag, 21. – 23. Juni 1966 in Hannover. Hrg. v. Deutschen Raiffeisentag, Neuwied o. J., S. 30. 1971 existierten in der BRD sechs genossenschaftliche Geflügelschlachtbetriebe. Diese Zahl nach: F. B. Hausmann, Sind die Genossenschaften noch Selbsthilfeeinrichtungen der Landwirtschaft?, in: DG 23 (1971), S. 220–221, hier: S. 220. Ob sie alle dem GK angeschlossen waren, ist unbekannt.

[102] Hähnchen Export-Modell, in: MDLG 84 (1969), S. 411. Ähnlich militaristische Formulierungen zum „Angriff der holländischen Hähnchen" und die „zu einer einheitlichen Front formierten deutschen Mastgeflügelerzeuger" vgl. auch in: Klaus Broichhausen, Küken, die nie ein Nest kannten, in: FAZ, 25. 3. 1967. Zu der 1884 gegründeten DLG als Forschungs- und Beratungseinrichtung vgl. etwa: Volker Klemm, Agrarwissenschaften in Deutschland. Geschichte – Tradition. Von den Anfängen bis 1945, St. Katharinen 1992, S. 219 f.

[103] Vgl.: Kersten, Anbieterverhalten, S. 21. Erst 1969 entstand eine zweite, noch breiter angelegte Marktübersicht. Bei der IHK Köln entstand eine „Notierungskommission für Geflügel" (paritätisch besetzt mit Vertretern der Geflügelproduktion und des Lebensmittelhandels), die geforderte und gezahlte Preise sammelte und veröffentlichte: Sie sollten der Branche als „Anhaltspunkte für Verkaufsgespräche" dienen. Wie stark sie in der Praxis beachtet wurden, ist unbekannt. Zu Details vgl.: Heinz Alstede, Langfristige Abschlüsse mit kurzfristigen Preisen, in: LZ 31 (1979), Nr. 6, S. 16. Auch das GK war in der Notierungskommission vertreten.

1. Hühner als Fleischlieferanten und die moderne Geflügelwirtschaft 275

Die Unternehmen, die das GK trugen und es im Wesentlichen über Provisionen für vermittelte Kaufverträge finanzierten, entschieden allerdings selbst, ob und in welchem Umfang sie den Service des Kontors in Anspruch nehmen wollten. Eine „Andienungspflicht" für ihre Produktion gab es nicht. Unsicherheiten bei der Preisbildung blieben daher zwar durchaus noch bestehen; der Markt aber gewann dennoch deutlich an Transparenz.[104]

Zum anderen strebte das GK nach einem verstärkten Absatz der Hähnchen, deren Verkauf es organisierte. Dafür wählte die GmbH einen bemerkenswert originellen Weg: Sie begann zügig, das Nebeneinander der vielen verschiedenen Markennamen zu lichten, unter denen die angeschlossenen Unternehmen die von ihnen geschlachteten Tiere auf den Markt brachten, weil diese kleinteilige Struktur ihrem Ziel widersprach, das Angebot an deutschen Masthühnern möglichst stark zu bündeln. Daher entstanden gemeinsam von verschiedenen Produzenten genutzte Handelsmarken. Bereits im Herbst 1970 vertrieben die Gesellschafter des „Geflügel-Kontors" ihre Ware nur noch unter drei überregionalen Markennamen.[105]

Auch damit war dieser Prozess noch keineswegs beendet. In der zweiten Hälfte der 1970er Jahre scheint es dem GK gelungen zu sein, alle zuliefernden Betriebe vollends auf einen einheitlichen „Markenauftritt" festzulegen: „Wiesenhof" wurde die einzige bundesweit noch benutzte Handelsmarke des Kontors. Zugleich organisierte und überwachte die makelnde Zentralinstanz eine gemeinsame Werbung für diese Marke und das dazu gehörende Markenzeichen, die an keiner Stelle erkennen ließ, dass hinter „Wiesenhof" mehr als ein Dutzend selbständig produzierender Betriebe standen, die sich über das gesamte Bundesgebiet verteilten.[106] Wie das GK dafür sorgte, dass sowohl die Schlachtbetriebe wie auch die mit diesen verbundenen Mäster verlässlich die gleichbleibende Qualität lieferten, ohne die sich kein Markenprodukt im Wettbewerb mit der Konkurrenz dauerhaft erfolgreich behaupten kann, wissen wir mangels interner Informationen nicht. Ohne einheitliche Standards, vertragliche Abmachungen und auch Kontrollen kann das komplexe System eigentlich nicht funktioniert haben.[107]

---

[104] Schmidt, Gestaltung, S. 40.
[105] Dazu kamen dann noch vier „regionale Marken". 20 Prozent Mehrumsatz mit Hähnchen, in: FAZ, 4. 11. 1970. Frühe kritische Anmerkungen zu diesem Prozess, echte „Herstellermarken" durch „Handelsmarken" zu ersetzen, vgl. in: Hülsemeyer, Erzeugung, S. 124.
[106] Das deutsche Register eingetragener Marken und Markenzeichen verzeichnet die erste Anmeldung der Marke „Wiesenhof" unter dem Datum 25. Januar 1964; Rechteinhaber war das „Geflügel-Kontor" (Register-Nr. 80 6617). Das auch heute noch fast unverändert verwendete Logo der Marke wurde am 9. 4. 1969 angemeldet (Register-Nr. 86 3279). Zwar zeigte auch das erste Warenzeichen schon ein traditionelles Bauernhaus in stilisiert dargestellter ländlicher Umgebung; es war optisch aber etwas anders gestaltet. Die Eintragungen sind online abrufbar unter: //register/dpma.de. Bis in den Herbst 1987 war „Wiesenhof" ausschließlich eine Marke für tiefgekühlte Ware. Vgl. dazu: Frischprodukte unter der Marke „Wiesenhof", in: HB, 18. 6. 1987.
[107] Die Arbeit von Schmidt (der die Gesellschafter des Kontors per Fragebogen interviewt hat), bleibt in dieser Hinsicht leider vage, weil er die von ihm untersuchten „Logistikprozesse" eng als Verfahren der physischen Distribution der bereits geschlachteten Hühner definiert. Vgl.

Zwar gab es in der Bundesrepublik in den 1970er und 1980er Jahren selbstverständlich auch noch andere Marken für tiefgekühlte Masthühner. Für keine davon jedoch floss so viel Geld in Werbung wie bei „Wiesenhof"; kein anderes Produkt dieser Art erreichte eine vergleichbare Präsenz in den Gefriertruhen der Supermärkte.[108] Das Konzept, auf dem Markt durch Bündelung einzelner Angebote sichtbarer zu werden, das hinter der Gründung des GK stand, wurde so in sehr moderner Form auf doppelte Weise umgesetzt, weil das Kontor stets auch die Endverbraucher im Blick hatte.[109]

Trotz offener Grenzen im Raum der EWG und trotz hoch effizient und entschieden exportorientiert arbeitender Konkurrenten in direkt angrenzenden Nachbarländern entwickelte sich die Marktposition der inländischen Produzenten nach der Eindämmung der US-Importe daher auch ohne den verlangten zusätzlichen Schutz seit 1963 sehr positiv. Bereits um 1970 wurde etwas mehr als die Hälfte der pro Jahr in der Bundesrepublik verzehrten Broiler im Land selbst aufgezogen. Auch in der Zeit des nur noch gebremsten Wachstums in den 1980er Jahren eroberten die deutschen Hersteller weiteres Terrain: Die nationale Selbstversorgungsquote wuchs bis auf 65 Prozent an.[110]

Zwar lagen die Marktanteile, die deutsche Mäster bei Schweinen und Rindern erreichten, noch höher. Bei Schweinefleisch brauchte es lange Zeit sogar nur minimale Importe, um den Appetit der Deutschen zu befriedigen. Angesichts der ungünstigen Ausgangslage bezeichnete der eben für Geflügel genannte Wert dennoch einen großen Erfolg: Die Dominanz der Importware war seit den frühen 1960er Jahren kontinuierlich geschwunden. Im Zuge dieser Entwicklung entstand eine Art Zweiteilung des Marktes: Im Geschäft mit den Privathaushalten dominierte einheimische Ware in Gestalt verschiedener Markenartikel; Großküchen, viele Fast-Food-Ketten und auch die sonstige Gastronomie sowie die Hersteller von Fertigmahlzeiten bedienten sich hingegen gerne bei der ausländischen Konkurrenz, die offensichtlich günstiger liefern konnte.[111]

Zu diesen Absatzgewinnen der deutschen Mäster hat die Arbeit des GK stark beigetragen, eroberte es doch rasch eine zentrale Position im Geschehen auf dem bundesdeutschen Markt für Geflügelfleisch. Die angeschlossenen Unternehmen nutzten sowohl seine Vermittlungstätigkeit wie später auch die Gemeinschaftsmarke „Wiesenhof" sehr intensiv: In der zweiten Hälfte der 1970er Jahren ver-

---

zusammenfassend dazu S. 107–110. Einen Hinweis auf eine „weitgehend vereinheitlichte Erzeugung" (ohne nähere Informationen) bei den GK-Gesellschaftern vgl. schon sehr früh in: H. J. Wick, Die Lage auf dem Geflügelmarkt, in: MDLG 80 (1965), S. 1601–1604, hier: S. 1604.

[108] Schmidt, Gestaltung, S. 101. Hiernach war „Wiesenhof" im Jahr 1979 in 94 Prozent aller bundesdeutschen Supermärkte mit TK-Angebot vorhanden.

[109] Ebenda, S. 40 f.

[110] Die Zahlen aus: Wöhlken/Mönning, Marktaussichten, S. 314; Richard Bröcker, Stand und Entwicklungstendenzen der Geflügelwirtschaft in der Europäischen Gemeinschaft, in: KF 64 (1981), S. 294–302, hier: S. 294; Nach dem Tiefpunkt von 1988 höhere Preise in Sicht, in: Handelsblatt, 9./10. 6. 1989.

[111] Mengenmäßig fielen die Geflügelfleischimporte mit einem Gesamtgewicht von jährlich 200.000 t und mehr immer noch gewichtig aus. Vgl. dazu genauer: Kersten, Anbieterverhal-

1. Hühner als Fleischlieferanten und die moderne Geflügelwirtschaft 277

markteten sie rund 85 Prozent ihrer gesamten Produktion unter Einschaltung des Kontors. Da es sich – wie gesagt – um eine Gruppe besonders leistungsstarker Anbieter handelte, stellten „Wiesenhof"-Masthühner fast die Hälfte aller Broiler, die in der Bundesrepublik erzeugt und geschlachtet wurden. Ihr Anteil am gesamten Absatz (inklusive der Importware) lag damit bei rund 30 Prozent.[112] Ende der 1980er Jahre gaben in repräsentativen Umfragen vier von fünf befragten Konsumentinnen und Konsumenten an, Marke und Logo zu kennen. Keine andere Fleisch-Marke dieser Zeit erreichte auch nur annähernd vergleichbar hohe Bekanntheitswerte.[113]

Auch indirekt hatte die Gründung des GK positive Wirkungen für die Entwicklung der bundesdeutschen Geflügelmast. Ihr Beispiel machte nämlich – wie gesagt – rasch Schule. Selbst die „Außenseiter", die sich dem Kontor nicht anschließen mochten, fochten daher auf dem Markt in der Mehrzahl keineswegs allein und nur für sich selbst.[114] Vielmehr bildeten sie mehrere eigene Verkaufsorganisationen, die im kleineren Maßstab ähnlich wie das GK arbeiteten. Die wichtigste von ihnen, die sich den Supermarktketten wie auch den Verbrauchern unter der Abkürzung „GBV" präsentierte und für die von ihr geschlachteten und gehandelten Hühner Markennamen wie „Guts-Gold" oder auch „Stargold" benutzte, erreichte Anfang der 1980er Jahre beim Absatz der bundesdeutschen Broiler-Produktion einen Marktanteil von rund 20 Prozent. Ihre jährliche Schlachtleistung lag bei 40 Millionen Hühnern.[115]

Über die weiteren Konkurrenten des „Geflügel-Kontors" wissen wir nur sehr wenig. Die in der Weser-Ems-Region aktive „Schlachtgeflügelgemeinschaft Twist" belegt immerhin, dass die Vorstellung, es müsse um sich bei ihnen zwangsläufig um schwache und lockere Zusammenschlüsse gehandelt haben, in die Irre geht. Dieses Bündnis eines Schlachthofes mit 27 Mastbetrieben, die sich (anders als beim GK) auf eine „zwingende Andienung" ihrer gesamten Produktion festlegen mussten, vermarktete jährlich nicht weniger als 18 Millionen Masthühner. Alle

---

ten, S. 80 f.; Fleischwirtschaft in Zahlen 1988. Bundesrepublik Deutschland und EG-Mitgliedsstaaten, Bonn 1988, S. 20 u. S. 25. Zur Zweiteilung des Marktes vgl. etwa: Dem Hähnchen das Imbißbuden-Image abgestreift, in: FAZ, 11. 10. 1988.

[112] Vgl.: Schmidt, Gestaltung, S. 40 f.; Das Plus kommt aus neuen Sortimentsteilen, in: LZ 37 (1985), Nr. 2, S. 12; Windhorst, Unternehmen, S. 101. Noch höhere Marktanteile für die 1960er Jahre werden genannt in: H. Gocht, Gegenwartsprobleme auf den Märkten für Eier und Geflügelfleisch und Möglichkeiten zu ihrer Lösung, in: AW 16 (1967), S. 212–217, hier: S. 214; Geflügel verkaufen ist schwerer als erzeugen, in: DG 21 (1969), S. 284.

[113] Wesjohann-Gruppe stellt sich neuen Herausforderungen, in: LZ 40 (1988), Nr. 11, S. 22.

[114] Den Begriff der „Außenseiter" vgl. etwa in: Geflügel erzeugen ist schwerer als erzeugen, in: DG 21 (1969), S. 284. Vgl. hier auch Klagen über deren angebliche Strategie, dem Kontor „ständig […] durch niedrigere Angebotspreise" Konkurrenz zu machen.

[115] Die Abkürzung stand für „Geflügelzucht- und Verwertungs GmbH & Co KG Bentheim". Nähere Angaben zu dem Unternehmen vgl. in: Schmidt, Gestaltung, S. 67 f.; Hähnchen „aus deutschen Landen...", in: FAZ, 29. 8. 1986; Johannes Stallkamp, „Alle Hähnchenmäster sind Landwirte", in: LWE 135 (1988), Nr. 45, S. 3–5, hier: S. 5.

Details ihrer Haltung und Fütterung waren vertraglich genau fixiert; der Einkauf der Küken erfolgte zentral.[116]

Gerade diese Organisation, die im Schatten des „Geflügel-Kontors" und der GBV arbeitete, belegt exemplarisch, wie weitgehend die bundesdeutsche Geflügelfleischbranche von den Prinzipien geprägt wurde, die Produktion zu standarisieren und das Angebot an gebrauchsfertigem Fleisch möglichst stark zu bündeln. Eine solch umfassende betriebsübergreifende Selbstorganisation der Verarbeiter und der mit ihnen verbundenen Produzenten existierte in keinem anderen Bereich der landwirtschaftlichen „Veredelung". Selbst im zweiten Segment der modernen Hühnerwirtschaft, bei den Legehennen und ihren Eiern, waren keine vergleichbaren Strukturen und Organisationen entstanden.[117]

Der oben schon erwähnte Stolz der bundesdeutschen Broiler-Anbieter auf ihre Leistungen nährte sich gerade auch aus dieser Besonderheit. Die anfänglich offensichtlich sehr wichtigen, stark nationalistisch klingenden Begründungen für ihre Selbstorganisation verloren hierbei in dem Maße an Bedeutung, in dem der Marktanteil der Importware sank. Weitaus stärker betonte die Geflügelfleischbranche vielmehr nun das Argument, sie sei im Rahmen der deutschen Agrarproduktion „sowohl technologisch wie auch ökonomisch beispielhaft", weil ihre Arbeitsweisen und Strukturen exakt den Verhältnissen im Konsumbereich entsprächen: Die Handelsketten, die den von starker Konzentration geprägten Lebensmittelmarkt beherrschten, verlangten „ein großes, geschlossenes und kontinuierlich verfügbares Angebot" – und diesen Anforderungen werde die bundesdeutsche Geflügelmast und -verarbeitung „hinsichtlich der Quantität und Qualität voll gerecht".[118]

1.4. Kritik und Selbstzweifel: Streitigkeiten über die negativen Seiten der modernen Geflügelwirtschaft

Eigenlob findet allerdings nicht unbedingt ein positives Echo außerhalb des Kreises derjenigen, die von ihren Erfolgen sprechen. Auch die bundesdeutschen Geflügelwirtschaft musste diese Erfahrung machen: Schon in den 1960er Jahren sah sie sich mit scharfer Kritik konfrontiert. Weitere Anfeindungen begleiteten die Entwicklung der ganzen Branche. Zentraler Angriffspunkt war dabei stets die ganz auf maximale betriebswirtschaftliche Effizienz abgestellte Behandlung der Hühner, die alle landwirtschaftlichen Traditionen hinter sich ließ; gestritten wurde, ob dieser Umgang mit den Tieren als völlig unbedenklich und wirtschaftlich sinnvoll, als problematisch, aber letztlich doch noch tolerabel, oder aber eindeutig als brutale Tierquälerei zu werten und damit zu verwerfen sei.

---

[116] Größte Schlachtgeflügelgemeinschaft in Twist, in: DGS 26 (1974), S. 93.
[117] Siehe genauer unten S. 306 f.
[118] Karl Behrens, „Die aus der Kälte kommen", in: LZ 27 (1975), Nr. 31, Sonderteil, S. 40.

1. Hühner als Fleischlieferanten und die moderne Geflügelwirtschaft 279

Die öffentliche Debatte über diese verschiedenen inkompatiblen Deutungen begann in der Bundesrepublik bereits im Jahr 1965 mit der Veröffentlichung eines Textes, der nur ein Jahr zuvor in Großbritannien publiziert worden war und dort viel Aufmerksamkeit erregt hatte: Das Buch „Animal Machines" der englischen Landwirtin und Tierschutz-Aktivistin Ruth Harrison erschien in diesem Jahr auf Deutsch unter dem Titel „Tiermaschinen. Die neuen landwirtschaftlichen Fabrikbetriebe". In dieser scharfen Attacke auf verschiedene Haltungs- und Fütterungstechniken in Großbeständen der tierischen „Veredelung" sowie auf die Techniken der weitgehend automatisierten Schlachthäuser beschäftigte sich die Autorin auch mit der modernen Hühnerhaltung und -schlachtung. Die „Deutsche Landwirtschafts-Gesellschaft" resümierte diese Passagen, inhaltlich korrekt, wenn auch ironisierend im Tonfall, wie folgt: „Riesige Herden werden in engen Ställen zusammengepfercht. Die armen Tiere leben unter scheußlichen Umweltbedingungen, so daß es die erste und wichtigste Sorge [...] der Hähnchenmäster ist, die Vögel so lange am Leben zu erhalten, bis sie schlachtreif sind. [...] Dennoch gelangen die jungen Masttiere mehr oder weniger angeschlagen und in ihrem Organismus wegen der völlig unnatürlichen Lebensweise mehr oder weniger geschädigt an des Schlächters Messer, wo neue, entsetzliche Erlebnisse ihrer harren. Arme, gequälte Kreatur!"[119]

Harrison setzte in ihrer Darstellung in der Tat durchaus auf Emotionen. Erklärtermaßen wollte sie ihren Leserinnen und Lesern am britischen Beispiel zeigen, dass Tiere in der modernen Landwirtschaft generell „auf entsetzliche Weise erniedrigt" und gezwungen würden „ein kümmerliches Dasein zu fristen". Allerdings argumentierte sie keineswegs nur aus der Perspektive einer engagierten Tierschützerin, die im Tierwohl einen Wert an sich sah. Der stark gewachsene Fleischverbrauch in den Industrieländern, den die intensive „Veredelung" möglich mache, galt ihr auch deshalb als unmoralisch, weil in anderen Teilen der Welt noch gravierender Hunger herrsche: Der gehobene Konsum westlicher Gesellschaften verhindere ein besseres Leben für notleidende Menschen in der „Dritten Welt". Aus doppeltem Grunde müsse deshalb der Gesetzgeber einschreiten und strenge Vorschriften gegen eine Tierhaltung erlassen, die nur nach maximaler Effizienz strebe.[120]

Andere Akzente setzte die amerikanische Biologin Rachel Carson in einem Vorwort, das auch in der deutschen Ausgabe enthalten war. Carson, die mit „The Silent Spring", ihrer 1962 erstmals erschienenen Schilderung der dramatischen ökologischen Schäden durch Pestizide wie etwa DDT, international berühmt ge-

---

[119] Oh, verlorene Romantik!, in: MDLG 80 (1965), S. 1599.
[120] Ruth Harrison, Tiermaschinen. Die neuen landwirtschaftlichen Fabrikbetriebe, München 1965, S. 9 u. S. 224–229. Die Formulierung, Tiere würden in der modernen Landwirtschaft wie „Maschinen" behandelt, stammt nicht von Harrison. Der Publizist und selbsternannte „Zukunftsforscher" Robert Jungk benutzte sie bereits 1952 (allerdings ohne moralische Bewertung) in einer Reportage aus den USA. Robert Jungk, Die Zukunft hat schon begonnen. Amerikas Allmacht und Ohnmacht, Stuttgart 1952, S. 179–193.

worden war, erklärte in dieser Einleitung, sie hoffe, Harrisons Buch werde „unter den Verbrauchern einen Aufruhr von solchem Ausmaß entfesseln, daß die riesige neue landwirtschaftliche Industrie gezwungen sein wird, sich eines Besseres zu besinnen." Solche Proteste könnten dazu beitragen, ganz allgemein „Geschwindigkeit und Quantität" als die wichtigsten „Götter" der modernen Gesellschaften zu entthronen.[121]

Diesen Aufruhr hat es nicht gegeben. Zwar setzte Harrison in Großbritannien zumindest auf der politischen Ebene einiges in Bewegung: Ihre Publikation initiierte längere Ermittlungen einer „Royal Commission" zur landwirtschaftlichen Praxis und Parlamentsdebatten, die dazu führten, dass etwa der Einsatz nutritiver Antibiotika in britischen Ställen Ende der 1960er Jahre deutlich restriktiver geregelt wurde als zuvor.[122] In der Bundesrepublik blieben vergleichbare Wirkungen jedoch aus. Dabei fehlte es in der BRD keineswegs an Öffentlichkeit für die Autorin und ihr Buch: „Tiermaschinen" wurde in vielen Tageszeitungen besprochen; 1968 erschien es (zeitgleich mit Carsons „Der stumme Frühling") noch einmal in einer preiswerten Taschenbuchausgabe.[123]

Auch gab es durchaus öffentliche Reaktionen der von Harrison so scharf angegriffenen Agrarwirtschaft. Eine detaillierte Auseinandersetzung mit Harrisons Kritik suchte man in diesen Stellungnahmen allerdings vergebens. Zum einen – so hieß es stattdessen sehr allgemein – beweise das rasche Wachstum der Hühner in den modernen Ställen schlagend, dass alle Behauptungen, diese Tiere würden „erniedrigt", völlig falsch seien: Wie jeder Bauer bestätigen könne, zeigten landwirtschaftliche Nutztiere, die sich unwohl fühlten, stets sofort unbefriedigende Leistungen. Die spektakulären Produktionsergebnisse der Gegenwart gäbe es daher ganz im Gegenteil nur deshalb, weil in den neuen Mastställen die „Schaffung optimaler Bedingungen" für heranwachsende Hühner weitgehend gelungen sei.[124]

Zum anderen verwandelten die landwirtschaftlichen Interessenvertreter Harrisons Hinweis auf den massiven Hunger in der „Dritten Welt" in ein Argument

---

[121] Ebenda, S. VII.
[122] Vgl. dazu etwa: Gegen Antibiotika-Verfütterung, in: FAZ, 25. 11. 1969; K. Strunz, Administrative Konsequenzen aus dem Swann-Report in Großbritannien, in: KF 54 (1971), S. 484–485. Im Bundeslandwirtschaftsministerium galten diese parlamentarischen Recherchen in Großbritannien zwar immerhin als so wichtig, dass es den umfangreichen ersten dieser Berichte (den sogenannten Brambell-Report) eigens übersetzen ließ (BML Abt. II C 4 an Referat I A 1, 23. 12. 1965, BArch Kbz B 116/50 124). Ermittlungen über die Verhältnisse auch in der bundesdeutschen Nutztierhaltung hat das Ministerium jedoch nicht initiiert. Es begnügte sich damit, die Übersetzung mit einem betont neutral gehaltenen Anschreiben an die Bundesländer zu verschicken (Rundschreiben des BML, 11. 8. 1966, ebenda). Reaktionen von Länderseite auf das Dokument enthält die entsprechende Akte nicht.
[123] Die Taschenbuchausgabe erschien bei „dtb", einem der wichtigsten bundesdeutschen Verlage für Taschenbücher (München 1968). Zu den Rezensionen im Jahr 1965 vgl.: Settele, Revolution, S. 203.
[124] Siegfried Scholtyssek, Die Geflügelproduktion als Beispiel für die Verwirklichung moderner Erkenntnisse auf dem Gebiet der Zucht und Fütterung, in: KF 49 (1966), S. 618–620, hier: S. 618.

gegen ihre Reformforderungen: „Eine beängstigend, unheimlich rasch wachsende Weltbevölkerung muß vor dem Hunger bewahrt werden, und immer mehr Menschen wollen immer besser verpflegt, immer vollwertiger ernährt werden." Mit den ineffizienten Methoden der traditionellen Landwirtschaft und auch „mit den Mistkratzern aus der sogenannten guten alten Zeit des Hühnerdaseins" könne dieser „ideelle Auftrag an alle Bauern unserer Erde" keinesfalls realisiert werden.[125]

Das relativ geringe Echo sowohl in der allgemeinen Öffentlichkeit sowie auch bei den Agrarpolitikern, das Harrison in der Bundesrepublik fand, hat mit diesen Gegenargumenten landwirtschaftlicher Lobbyisten allerdings wohl nur wenig zu tun. Zum einen kam die britische Autorin mit ihren Anklagen für Westdeutschland gewissermaßen einfach zu früh: 1965 gab es zwischen Schleswig-Holstein und Bayern – abseits der Geflügelhaltung – noch kaum einen Bauernhof, der die Bezeichnung als „landwirtschaftlicher Fabrikbetrieb" wirklich verdient hätte. Zum anderen ging ihre Darstellung auch insofern an der deutschen Situation vorbei, als der Einsatz der nutritiven Antibiotika in der Bundesrepublik ohnehin vergleichsweise restriktiv geregelt war. Die Kälbermast, mit deren Methoden Harrison besonders hart ins Gericht ging, spielte zudem in der deutschen Landwirtschaft nur eine marginale Rolle.[126]

Darüber hinaus: Der Appell der britischen Autorin, zum Wohle der Tiere und auch aus Solidarität mit den Menschen in den Entwicklungsländern weniger Fleisch zu essen, berührte den persönlichen Konsum fast aller Konsumentinnen und Konsumenten. Im Vergleich dazu vermittelte Rachel Carson mit ihrer Warnung, ohne intensiveren Umweltschutz werde die Vogelwelt verschwinden, eine emotional ungleich einfacher zu bejahende Botschaft: Ein DDT-Verbot tangierte die Lebenshaltung der städtischen Bevölkerung ja bestenfalls ganz indirekt. Wohl auch deshalb entwickelte sich die Publikation der amerikanischen Biologin in der Bundesrepublik und anderen westlichen Nationen zu einem „longseller", der für die Entwicklung der neuen Ökologiebewegung und auch für die staatliche Umweltpolitik wichtig blieb. „Tiermaschinen" hingegen verlängerte zumindest in Westdeutschland letztlich nur die äußerst umfangreiche Liste der rasch vergessenen Bücher.[127]

Schaut man ausschließlich auf den Bereich der breiten Öffentlichkeit, dann mussten die bundesdeutschen Geflügelmäster nach der kurzen Aufregung um

---

[125] Oh, verlorene Romantik!, in: MDLG 80 (1965), S. 1599. Vgl. ähnlich auch: Heinrich Satter, Tiermaschinen – Tierfabriken, in: FAZ, 17. 11. 1965; Die Hungerbombe, in: MDLG 82 (1967), S. 1291.
[126] Zur stark sinkenden Zahl der geschlachteten Kälber im Untersuchungszeitraum siehe oben S. 426.
[127] 1987 erschien eine Ausgabe des Buches, in der dessen bis dahin erreichte „deutsche Gesamtauflage" mit 108.000 Exemplaren angegeben wird (München 1987). Mit der Neuausgabe stieg diese Zahl auf 115.000 Exemplare. „Tiermaschinen" hat hingegen nach 1968 offensichtlich keine neuen Auflagen mehr erlebt. Unter den vielen Würdigungen Carsons vgl. als nur ein Beispiel etwa: Dieter Steiner, Rachel Carson: Pionierin der Ökologiebewegung. Eine Biographie, München 2014.

Harrisons Buch Mitte der 1960er Jahre ihr Geschäft bis 1990 zu keinem Zeitpunkt erneut gegen vergleichbar scharfe Attacken verteidigen. Dies ist insofern erstaunlich, als doch gerade das direkt benachbarte Segment der agrarischen „Veredelung", die Haltung von Legehennen, in dieser Zeit von Tierschützern und Medien dauerhaft scharf kritisiert wurde.

Wie oben schon einmal kurz erwähnt wurde, erregte Ende November 1973 eine Fernsehsendung von Bernhard Grzimek, Biologe, Zoodirektor und ein höchst populärer TV-Star, große Betroffenheit bei den Zuschauern. Grzimek zeigte darin Bilder aus modernen Legeställen und bewertete die Haltung der Hennen in ihren engen Käfigen als „grauenvolle Tierquälerei". Damit begann vor großem Publikum ein langwieriger, exemplarisch geführter Streit um die Bedeutung, die dem Tierschutz in der landwirtschaftlichen Nutztierhaltung zustehe. Veronika Settele hat diese Debatte kürzlich ausführlich dargestellt. Deshalb kann sich die hier vorgelegte Untersuchung dazu kurzfassen.[128]

Die erstaunlich kontinuierliche Präsenz des Themas auch in der breiteren westdeutschen Öffentlichkeit hatte mehrere Gründe. So protestierten kleine, aber sehr aktive Gruppen von Tierschützern regelmäßig gegen die „Käfighaltung"; die Medien berichteten wiederholt mit emotional eindringlich wirkenden Bildern von äußerst elend aussehenden Legehennen.[129] Zudem blieb die Politik – zur Empörung der Aktivisten – untätig, weil auf der Ebene der EG in dieser Sache nichts voranging, sie nationale Sonderregelungen aber vermeiden wollte, und weil selbst Experten der Verhaltensbiologie sich trotz schier endloser Diskussion nicht auf Mindeststandards einigen konnten, die aus Tierschutzgründen in allen Legeställen gelten müssten.[130]

---

[128] Vgl.: Settele, Revolution, S. 208–220.
[129] Vgl. hierzu etwa: Klaus Peter Krause, Wenn man die Hühner fragen könnte, in: 8. 9. 1979; Hühner in Käfigen bringen Gemüter in Wallung, in: FAZ, 11. 2. 1980. Das hohe Erregungspotential des Themas zeigte sich einmal mehr etwa im September 1981, als die ARD ihm erneut eine eigene Sendung widmete. Eine mehrere hundert Schreiben umfassende Sammlung von teilweise sehr emotional formulierten Protestbriefen, die Zuschauerinnen und Zuschauer nach der Sendung an das BLM richteten, vgl. in: BArch Kbz, B 142/5134. Die Sendung trug den Titel „Wie Käfighühner Europa gefährden" und wurde am 23. 9. 1981 erstmals ausgestrahlt. Einen Protest gegen den angeblich manipulativen Charakter der Sendung vgl. in: Zurechtgeschnitten, in: DGS 40 (1981), S. 1151.
[130] Ergänzend zur Darstellung von Settele vgl. dazu auch: Rose-Marie Wegner, Intensivhaltung ist keine Tierquälerei, in: DG 23 (1971), S. 245–246; G. Wennrich, Huhn, in: Hans Hinrich Sambraus (Hrsg.), Nutztierethologie. Das Verhalten landwirtschaftlicher Nutztiere. Eine angewandte Verhaltenskunde für die Praxis, Berlin und Hamburg 1978, S. 249–274; Reinhard Wandtner, Den Käfighühnern in der Legebatterie mangelt es nicht nur an Komfort, in: FAZ, 23. 7. 1986; Massengesellschaft ohne Massentierhaltung nicht möglich, in: DGS 39 (1987), S. 971–974. – Erst 1987 erließ das BLM nach langem Zögern eine „Legehennen-Verordnung", die jedoch die Existenz der Hennen kaum verbesserte. Sie enthielt etwa die Vorschrift, jeder Käfig müsse pro Tier mindestens 450 cm² Grundfläche bieten. Das entspricht ca. 75 Prozent einer DINA-4-Seite und damit nur knapp dem Platz, den ein ausgewachsenes Huhn ohnehin einnimmt, ohne stark zusammengedrückt zu werden. Settele, Revolution, S. 219.

1. Hühner als Fleischlieferanten und die moderne Geflügelwirtschaft   283

Für die hier darzustellende Geschichte der Fleischproduktion und des Fleischmarktes ist dieser Konflikt um die Haltung von eierlegenden Hühnern als Hintergrund durchaus wichtig. Zum einen absorbierte der Dauerskandal um die engen Käfige so viel öffentliche Aufmerksamkeit, dass Fragen der Geflügelmast und der dabei benutzten Haltungsformen trotz der engen Verwandtschaft dieser beiden landwirtschaftlichen Produktionsbereiche fast völlig unbeachtet blieben. In jeder modernen Mediengesellschaft sind das Interesse und die Erregung eines breiteren Publikums extrem flüchtig und hart umkämpft. Welches Thema hier „Potential" besitzt, entscheidet sich anhand verschiedener Kriterien. Entscheidend wichtig ist etwa die Frage, wie überzeugend sich ein Missstand visuell darstellen lässt. Da in Käfigen gehaltene Legehennen sich vielfach selbst verletzen und oft auch gegenseitig bis aufs Blut attackieren, fiel es nicht schwer, in solchen Ställen schockierende Bilder zu machen.[131]

In der Hühnermast hingegen gab es keine Käfige; die Tiere bewegten sich frei; ihr Federkleid sah in der Regel normal aus. Allein schon diese Unterschiede ersparten den Broiler-Produzenten kritische Fragen der Publikumsmedien. Informationen, die einen genaueren Blick auch auf die Hühnermast hätten rechtfertigen können, standen zwar durchaus öffentlich zur Verfügung. So starben in den Großställen etwa ungewöhnlich viele der ja durchweg sehr jungen Tiere an „plötzlichem Herztod", was eher nicht dafür sprach, dass ihr Leben stressfrei verlief.[132] Auch zeigten Untersuchungen eine massive Konzentration von Krankheitserregern (insbesondere von Keimen, die das Atemsystem befallen) in der Luft von Mastställen. Von außen kommende Besucher litten deshalb schon nach einer nur kurzen Besichtigung wenig später auffallend häufig an Erkältungen sowie auch an „Luftröhrenentzündungen" und „Bronchialkatarrh".[133]

Lebensmittelkontrolleure entdeckten bei Reihentests an ausgeschlachteten Masthühnern zudem eine fast epidemische Verbreitung von Salmonellen. Selbst die Tiefkühlung tötete diese Bakterien, die beim Menschen Fieber und schweren Durchfall verursachen können, nicht ab.[134] Gemeinsam verwiesen diese beiden

---

[131] Vgl. hierzu etwa: Beatrice Flad-Schnorrenberg, Pickverletzungen, Federfressen, Kannibalismus, in: FAZ, 13. 1. 1976.

[132] M. Grashorn, Hohes Leistungsniveau auf Kosten der Widerstandsfähigkeit, in: DGS 39 (1987), S. 714–718, hier: S. 718. Hiernach lag die Verlustrate durchschnittlich bei sieben bis neun Prozent der „aufgestallten" Tiere; jeweils die Hälfte dieser Todesfälle ging auf Herzversagen zurück.

[133] Vgl. dazu etwa: D. Weiss, Probleme der Massentierhaltung, in: DG 21 (1969), S. 792–793, hier: S. 793 (Zitat); W. Müller, Wie groß ist die Umweltbelastung durch Geflügelintensivhaltungen?, in: DG 23 (1971), S. 1123–1124; Mensch, Produkt und Tier in der Geflügelhaltung heute, in: DGS 28 (1976), S. 534–535, hier: S. 535 (hiernach war die Keimbelastung pro Liter Luft in den Mastställen im Durchschnitt zehn- bis fünfzehnmal so intensiv wie in den Ställen von Legehennen).

[134] Vgl. dazu etwa: Key [!] Ulrich, „Geschönt" sind Hühner verkäuflich, in: FAZ, 8. 6. 1971; P. Dorn, Hygiene-Probleme in der Geflügelproduktion, in: BBSH 128 (1978), S. 5724–5726; Tiefkühlhähnchen salmonellenverseucht, in: FAZ, 22. 8. 1980; L. Leistner, Bemerkungen zur hygienischen Qualität des Fleisches, in: FW 60 (1980), S. 1439. Bei einer Erhitzung auf über 70 Grad sterben die Keime allerdings sicher ab. Die Branche nutzte diese Tatsache, um das

Tatsachen zwar deutlich auf ernsthafte hygienische Probleme sowohl in den Mastställen wie auch in den fast vollständig automatisiert arbeitenden Schlachtanlagen für Geflügel. Eine Debatte außerhalb der Expertenkreise lösten sie dennoch nicht aus.[135]

Zum anderen hilft uns der Streit um die Käfighaltung von Legehennen auch noch, genauer abzuschätzen, wie bedeutsam der Tierschutz für die große Masse der Bundesbürger jenseits kurzfristig aufflackernder Emotionen tatsächlich war. Der Lebensmittelmarkt nämlich bot im Laufe der 1970er Jahre zunehmend Alternativen für Eier von Hennen, die ihr Leben in äußerst engen Käfigen fristeten: Etliche Produzenten und Vermarkter garantierten ihren Kunden, dass sie sowohl Eier aus „Bodenhaltung" sowie auch „Bio-Eier" anboten, die laut Werbung durchweg von „glücklichen Hühnern" stammten. Sie ließen sich deutlich teurer verkaufen als die Standardware und erbrachten deshalb pro Stück für Landwirte und Händler trotz höherer Kosten bessere Erlöse.[136]

Die damit gebotenen Wahlmöglichkeiten nutzte jedoch nur eine kleine Minderheit der Konsumenten. 1985 lag der Marktanteil von Eiern aus „Bodenhaltung" am gesamten Absatz in der Bundesrepublik bei mageren zehn Prozent.[137] Dafür waren keineswegs nur Unkenntnis oder Sparsamkeit verantwortlich. Bei einer repräsentativen Meinungsumfrage erklärten im gleichen Jahr 78 Prozent der interviewten Frauen und Männer, sie hätten keine Einwände gegen Käfige für Legehennen; lediglich 22 Prozent lehnten diese Haltungsform entschieden ab.[138]

Zwar wissen wir nicht, wie diese Erhebung genau durchgeführt wurde. Bilder dürften den Befragten während des Interviews wohl kaum gezeigt worden sein. Auch wenn ein anderes Procedere daher wahrscheinlich andere Zahlen erbracht hätte, taugen die angeführten Ergebnisse m. E. doch als ein recht starkes Indiz für die dominante Stimmung in der Bevölkerung: Offensichtlich arbeitete die moderne, hoch intensive Landwirtschaft im hier untersuchten Zeitraum selbst dann

---

Problem der Salmonellen-Kontamination zu bagatellisieren. Vgl. etwa: „Wer ißt denn schon Hähnchen roh!", in: FAZ, 6. 6. 1972.

[135] Über die Verbesserung der Schlachthygiene wurden unter den Fachleuten der Geflügelbranche allerdings sehr intensiv diskutiert. Dabei richteten sie ihr Augenmerk insbesondere auf die Verfahren, die Tiere kurz nach ihrem Tod bei etwa 60 Grad zu brühen (was das Rupfen erleichterte), sowie auf den Prozess des Gefrierens ganz am Ende des Schlachtbandes. Zusammenfassend vgl. dazu etwa: Milan Ristić, Einflüsse der Schlachtmethodik auf die Qualität von Broiler-Schlachtkörpern, agrarwiss. Diss. Universität Hohenheim 1970, insbes. S. 35–76; Günter Heinz, Entwicklungen und Problemlösungen in der Geflügelschlachtung und -zerlegung, in: FW 65 (1985), S. 1319–1330; Neues Kühlverfahren hebt Hähnchenfleisch-Qualität, in: LZ 40 (1988), Nr. 48, S. 20.

[136] Vgl. zu diesem Angebot etwa: Zu Ostern nur Eier von „glücklichen Hühnern", in: FAZ, 27. 3. 1986.

[137] Josef Harris, Eier aus Boden- oder Käfighaltung – eine Verbraucherbefragung, in: HuW 34 (1986), S. 150–158, hier: S. 150 f. Durch die Integration der untergegangenen DDR und ihrer stark von der intensiven Tierhaltung geprägten Landwirtschaft in den bundesdeutschen Markt ging dieser Anteil in den 1990er Jahren auf Werte um fünf Prozent zurück. Vgl. etwa: Funke prüft Folgen des Legehennen-Urteils, in: FAZ, 7. 7. 1999.

[138] Verständnis für Intensiv-Tierhaltung bei Hühnern, in: BBSH 135 (1985), S. 2306.

noch mit der Zustimmung der meisten Bundesbürger, wenn Informationen über das Leben der Tiere in den neuen Ställen und anklagende Bilder dazu breit verfügbar waren.

Eine kritische Debatte über die modernen landwirtschaftlichen Produktionsmethoden gab es allerdings auch im Bereich der Geflügelmast – nur handelte es sich dabei ausschließlich um eine interne Diskussion unter Fachleuten. Gerade deshalb aber ist sie für die hier vorgelegte Darstellung von großem Interesse: Sie beweist, dass nicht nur Tierschutzaktivisten, kritische Journalisten oder auch Politiker den Impuls geben konnten, über die neuen, hocheffizienten Haltungsformen und Praktiken der „Veredelung" nachzudenken. Auch das Marktgeschehen konnte solche Reflexionen anstoßen.

Der Absatz von Geflügelfleisch nämlich wuchs in der Bundesrepublik schon seit den frühen 1970er Jahren deutlich langsamer als in den zwei vorangegangenen Jahrzehnten (und auch deutlich weniger stark als der Konsum von Schweinefleisch). Zwar intensivierte die Branche daraufhin ihre Werbeanstrengungen; zudem begann die oben schon einmal kurz erwähnte CMA in ihrer Rolle als eine Art zentraler PR-Agentur für landwirtschaftliche Produkte „aus deutschen Landen" 1973 mit einer seitdem kontinuierlich fortgeführten Werbekampagne für „Deutsches Markengeflügel".[139] Erkennbare positive Effekte blieben jedoch aus: Seit Beginn der 1980er Jahre stagnierte der westdeutsche Pro-Kopf-Verbrauch von Hühnerfleisch auf dem – im internationalen Vergleich – niedrigen Niveau von jährlich etwa zwölf Kilo.[140]

Mit anderen Worten: Bei Geflügelfleisch signalisierte „der Markt" Produzenten, Verarbeitern und Verkäufern unmissverständlich, dass sie guten Grund hatten, sich selbstkritische Fragen zu stellen. In der damit eingeleiteten Diskussion, wie der Absatz wieder beflügelt werden könne, vertraten einige Experten schon früh die Ansicht, die Branche sei mit ihrem Streben nach größtmöglicher Effizienz und höchstem Produktionstempo zu weit gegangen. Bei einer Mastdauer von maximal acht Wochen kämen die Tiere viel zu jung und mit zu geringem Gewicht in die Schlachthöfe, zumal es sich bei ihnen ja um Hühner besonders mager gezüchteter „Rassen" handelte: Ihr Fleisch müsse im Mund des Konsumenten zwangsläufig trocken und fad sein, weil den Tieren das geschmacklich entscheidende intramuskuläre Fett fehle. In dieser Sicht führte nur eine Abkehr vom strengen Zeitdiktat der modernen Mastpläne zu besserem Fleisch – und damit auch zu höherer Nachfrage.[141]

---

[139] Gütezeichen für deutsches Markengeflügel, in: DGS 25 (1973), S. 1121. Diese Kampagne bestand u. a. aus regelmäßig stattfindenden „Wochen des deutschen Markengeflügels" in Supermärkten; Anzeigen und andere Texte betonten stets dessen „hervorragende Qualität". Erkennbar dienten diese Aktionen – wie alle CMA-Aktivitäten – auch der Abwehr der ausländischen Konkurrenz. „Aus deutschen Landen frisch auf den Tisch" war der zentrale Slogan der CMA.

[140] Siehe dazu genauer schon S. 42.

[141] Vgl. zusammenfassend etwa: W. Gühne, Probleme der Fleischqualität auf dem Broilersektor, in: DG 22 (1970), S. 1109–1110; Milan Ristić, Tendenzen der Fleischqualität von Broilern 1970 bis 1979, in: DGS 32 (1980), S. 800–802.

Wie oben gezeigt wurde, verkürzten sich die Mastphasen dennoch in den 1970er und 1980er Jahren bis auf 38 Tage. Damit verschärfte sich auch die brancheninterne Kritik an der Qualität des durchschnittlichen bundesdeutschen Broilers. Es handele sich um nichts anderes als um „Gummiadler" von höchst zweifelhaftem kulinarischem Wert: „Zumindest wird man, was den Geschmack anbelangt, vergeblich nach dem typischen Geflügelgeschmack suchen."[142] Zwangsläufig seien Brathühner daher nur noch ein „Billigprodukt, das die Sonderangebotstische der Supermärkte füllt". Wer dies ändern wolle, der müsse endlich die Signale des Marktes beachten und damit beginnen, sich von dem „bis auf äußerste ausgefeilten Produktionssystem [der Geflügelmast] mit seinen strikten Terminvorgaben" zu verabschieden.[143] Konkret wurden Mastperioden von 56 bis 70 Tagen empfohlen, um geschmacklich wirklich hochwertiges Geflügelfleisch zu erzeugen.[144]

Von dieser Kehrtwende konnten Vermarkter und Produzenten nach der Argumentation der reformbereiten Fachleute nur profitieren. Dabei versprachen sie nicht einfach nur höhere Preise für bessere Qualität. Bei den Hühnermästern erwarteten sie zudem auch noch deshalb ein besseres Verhältnis zwischen Aufwendungen und Einnahmen pro Tier, weil das Gros der Futterkosten stets auf die ersten Phasen der Mast entfiel. Das „Ausmästen" in der letzten Etappe des Hühnerlebens, in der das Fleisch „reifte", erfolgte hingegen mit reduzierten und weniger energiereichen Rationen. Signifikant längere Mastzeiten erforderten daher keineswegs proportional steigende Kosten. Zudem sank die Zahl der „Durchgänge" pro Jahr – d. h. die Tiere mussten weniger oft durch eigens dafür angefordertes Personal eingefangen und versandfertig gemacht werden. Darüber hinaus verkürzte sich auch noch die Leerstandszeit (aus hygienischen Gründen konnte in der „Rein-und-Raus"-Mast auf diese oben schon erwähnte regelmäßige Betriebspause keinesfalls verzichtet werden), in der die Ställe mitsamt der teuren Technik ungenutzt herumstanden.[145]

---

[142] In der Reihenfolge der Zitate: H. Zucker, Moderne Tierproduktion und Fleischqualität, in: FW 62 (1982), S. 1050–1061, hier: S. 1057; Siegfried Scholtyssek, Schlachtkörperqualität von Broilern – eine Folge der Herkünfte, der Haltung oder der Fütterung?, in: KF 68 (1985), S. 180–182, hier: S. 180. Die Formulierung vom „Gummiadler" vgl. auch in: F. Kuhlmann, Schlußwort, in: Chancen, S. 97–100, hier: S. 99.

[143] In der Reihenfolge der Zitate: Das „Neue Hähnchen": Fleischfülle und Qualität, in: KF 66 (1983), S. 304; Langholz, Tierhaltung, S. 93. Vgl. ähnlich auch: Richard Bröcker, Stand und Entwicklungstendenzen der Geflügelhaltung in der Europäischen Gemeinschaft, in: KF 64 (1981), S. 294–302, hier: S. 295. Kritisch zur Funktion von Fleischhühnern als billige „Lockartikel" der Supermarktketten vgl. auch schon: Die GEKON-Idee, in: LMP 20 (1969), S. 1102.

[144] Vgl. etwa: Siegfried Scholtyssek, Untersuchungen zur verlängerten Mast von Broilern, in: KF 66 (1983), S. 246–248, hier: S. 248. Kritisch zu den kurzen Mastperioden vgl. auch schon: Produktion und Vermarktung von Schlachtgeflügel, in: DGS 30 (1978), S. 1975–1977, hier: S. 1976.

[145] Vgl. dazu zusammenfassend: Scholtyssek, Untersuchungen, S. 246–248. Das Einfangen der schlachtreifen Hühner war als Kostenfaktor immerhin so wichtig, dass die Maschinenbauindustrie dem Fachpublikum 1971 den Prototyp eines „Hähnchen-Staubsaugers" vorstellte, der den Vorgang mechanisieren sollte. Solche Geräte scheinen sich aber nicht durchgesetzt zu

Hinzu kam sogar noch ein weiterer Vorteil. Bei kleinen und sehr mageren Broilern lohnte es sich kaum, die Tiere zu zerlegen, um den Verbrauchern statt des ganzen Huhns nur die Teile anzubieten, die besonders gern gegessen wurden: Brust und Schenkel lieferten separat zu wenig Fleisch, um für die Konsumentinnen und Konsumenten attraktiv zu sein. Schwerere Masthühner boten demgegenüber die Möglichkeit, große Bruststücke einzeln zu verkaufen. Da Abschnitte dieser Art sich in der Küche zudem sehr viel leichter verarbeiten ließen als der nicht zerlegte Körper, ließ sich auf einen verstärkten Absatz hoffen.[146]

Die ökonomische Logik drängte in der Hühnermast also keineswegs per se auf ein immer noch höheres Tempo der Produktion. Eher war sogar das Gegenteil der Fall. Zwar spielten Tierschutzfragen in der brancheninternen Diskussion über die Probleme der Kurzmast und die mangelnde Qualität von Hühnerfleisch keine Rolle. Dennoch kannte der Prozess der „Kommodifizierung" des Huhns und seiner „Körperprozesse" in der modernen Landwirtschaft (Veronika Settele) doch offensichtlich Grenzen, die nicht von außen gesetzt wurden: Gerade das Streben nach besserer Kapitalverwertung konnte dazu raten, einen bereits erreichten Stand der betrieblichen Rationalisierung wieder aufzugeben.[147]

Wegen des stagnierenden Pro-Kopf-Verbrauchs von Hühnerfleisch scheint sich diese Sicht im Laufe der 1980er Jahre in der bundesdeutschen Geflügelbranche zunehmend durchgesetzt zu haben. Allerdings empfanden sich die Hühnermäster und die Vermarkter von Geflügelfleisch in dieser Angelegenheit keineswegs als autonome Gestalter und Entscheider. Sie zögerten vielmehr: „Die Frage ist, wer macht in Richtung Qualitätserzeugung den Anfang [...]?"[148]

In der längeren Mast nämlich entstanden zwangsläufig schwerere Tiere, da sich Hühner auch nach 56 bis 70 Tagen noch in ihrer Wachstumsphase befinden. Genau hier lag das Problem: Die Branche war sich nicht sicher, ob die bundesdeutschen Konsumenten solche Brathühner akzeptieren würden, hatte man ihnen doch seit der flächendeckenden Markteinführung der Broiler ausschließlich „das

---

haben. Vgl. dazu: Friedrich Bernhard Hausmann, Dortmunder Geflügel-Fachschau zwischen Glanz und Krise, in: RR 23 (1971), S. 349–350.

[146] Vgl. hierzu detailliert: Siegfried Scholtyssek, Geflügelfleisch in Menge und Qualität, in: DGS 29 (1977), S. 1046–1048. Allerdings stellte sich bei dieser Vermarktungsform das Problem, dass der Schlachthof eine Verwendung für die Teile des Schlachtkörpers finden musste, die sich nicht separat verkaufen ließen. Die Verarbeitung zu Wurstwaren, die bei Schwein und Rind gang und gäbe war, musste bei Hühnerfleisch zum einen technologisch neu entwickelt werden, zum anderen gehörte Geflügelwurst nicht zu den traditionellen Wurstwaren. Zu diesen Schwierigkeiten vgl. etwa: H. Reuter u. a., Möglichkeiten zur Verbesserung der Geflügelfleischvermarktung, in: FW 53 (1973), S. 620–624.

[147] Dieser Aspekt bleibt m. E. in der Darstellung der Autorin unterbelichtet. Zur „Kommodifizierung" des Huhns zum „Bioreaktor" vgl. pointiert etwa: Settele, Revolution, S. 220.

[148] Erich Fuhrken, Dem Wettbewerb voll ausgesetzt, in: BBSH 132 (1982), S. 3228–3232, hier: S. 3230. Ähnlich auch: Werner Böttcher, Die Märkte der deutschen Geflügelwirtschaft: Rück- und Ausblick 1984/85, in: KF 68 (1985), S. 24–26, hier: S. 26.

sogenannte Wienerwaldmodell" verkauft, das ausgeschlachtet etwa 1,0 bis maximal 1,2 Kilo wog.[149]

Offensichtlich weckte der Anblick gewichtigerer Hühner bei potentiellen Käuferinnen und Käufern daher nun primär die Furcht vor Fett.[150] Wie oben schon gezeigt wurde, beherrschte diese Abneigung den gesamten Fleischmarkt. Gerade für die Hühnerfleisch-Produzenten war das eherne Gesetz, dass fettes Fleisch kaum zu vermarkten war, besonders bedeutsam: Da auch in den 1980er Jahren noch rund zwei Drittel des gesamten Absatzes von Hühnerfleisch in der Bundesrepublik auf ganze, nicht zerlegte Tiere entfielen, gab es an der Tiefkühl-Truhe oder am Verkaufstresen keinen optischen Eindruck, der die Angst der Verbraucher hätte besänftigen können.[151]

Angesichts dieser Gegebenheiten griff eine kleine Gruppe von Mästern Anfang der 1980er Jahre zu der wohl einzigen Strategie, die auf einem reinen Käufermarkt wie dem bundesdeutschen Fleischmarkt als einigermaßen erfolgversprechend gelten konnte: Sie präsentierten das etwas ältere und schwerere Masthuhn als ein Markenprodukt, das den Konsumenten als eine ganz besondere Ware angeboten wurde. „Roaster" war der dabei benutzte Name; sowohl die Idee wie auch das bis in Details hinein genau festgelegte Aufzuchtkonzept und die dazu gehörenden Tiere stammten – einmal mehr – aus den USA. Die Mastzeit betrug sieben Wochen für Hennen (sie kamen mit einem Gewicht von rund zwei Kilo in die Schlachthäuser und wurden als „Miniroaster" vermarktet) und zehn Wochen für Hähne (die dann stolze 3,5 kg auf die Waage brachten). Um die Fleischqualität zu fördern, gönnten die Mäster ihren Hühnern sogar täglich jeweils zwölf Stunden Ruhe, während in den modernen Mastställen – wie gezeigt – ja ansonsten ein fast endloser Tag herrschte.[152]

Brauchte man einen Beleg, wie schwierig es sein kann, Gewohnheiten und Abneigungen der Konsumenten aufzubrechen, dann taugt die Einführung dieser speziellen Masthühner in Westdeutschland als ein gutes Beispiel. Sie gelang nur dank eines Kunden, der den anfänglich stark schwächelnden Absatz der „Roaster" mit Großaufträgen stabilisierte und dann – dank seines eigenen Wachstums – auch

---

[149] Langholz, Tierhaltung, S. 93. Zur fast-food-Kette „Wienerwald", deren rascher Aufstieg seit Mitte der 1950er Jahre die Popularität von Brathähnchen in der Bundesrepublik stark gefördert hat, siehe schon S. 52.

[150] Nach dem Tiefpunkt von 1988 höhere Preise in Sicht, in: HB, 9./10. 6. 1989.

[151] Zur Absatzstruktur vgl. die Angaben in: Verkauf von Frischgeflügel in Bedienung und Selbstbedienung, in: Selbstbedienung 25 (1981), S. 35–39, hier: S. 36; Böttcher, Märkte, S. 26; Langholz, Tierhaltung, S. 94.

[152] Detailreich dazu: Immer mehr Bauern mästen den Roaster, in: LWE 134 (1987), Nr. 25, S. 30–32; Karl Behrens, Mamsell's Roaster schafft den Durchbruch, in: DGS 41 (1989), S. 1030. In den Ställen der „Roaster" folgte auf zwei Stunden Licht jeweils eine genauso lange Ruhezeit. Nach den Angaben im ersten dieser beiden Texte beteiligten sich 1987 bundesweit rund 100 Mastbetriebe an dem Programm. Da eine besonders fleischreiche „Rasse" gemästet wurde, kamen alle Küken aus einem eigens dafür errichteten „Basiszuchtbetrieb". In den späten 1980er Jahren galt eine siebenwöchige Mast schon wieder als „lang", obwohl die moderne Hühnerhaltung (wie gezeigt) anfangs generell nach diesem Zeitplan gearbeitet hatte.

noch deutlich beflügelte: Ohne den deutschen Teil der Fast-Food-Kette „McDonalds" und dessen Bestellungen für „Brust- und Oberkeulenfleisch" der schweren Hühner wäre das Experiment, dem „Wienerwaldmodell" des Broilers Konkurrenz zu machen, wohl rasch an der Zurückhaltung der bundesdeutschen Endverbraucher gescheitert.[153]

In der zweiten Hälfte der 1980er Jahre hatte sich der „Roaster" hingegen offensichtlich auch in den Supermärkten dann doch so weitgehend etabliert, dass die Konkurrenz folgte. Der größte westdeutsche Vermarkter von Geflügelfleisch, das „Geflügel-Kontor", bot nun einen 65 Tage lang gemästeten „Sonntags-Hahn" an, der (ausgeschlachtet) mit einem Gewicht von rund zwei Kilo laut Werbung „die ganze Familie" satt machen sollte.[154] Ende des Jahrzehnts setzte „Wiesenhof" dann sogar noch eindeutiger auf „gehobene Qualität" und damit auf eine Abkehr von den Praktiken einer radikal effizient gestalteten Mast. Die 1989 neu eingeführten „Landkorn-Hähnchen" genossen nicht nur 30 Prozent mehr Platz in ihren Ställen. Sie erhielten auch ein ausschließlich pflanzliches Futter „unter striktem Verzicht auf Wachstumsförderer" (d. h. ein Futter ohne Fischmehl sowie auch ohne Antibiotika). Zudem kündigte das Unternehmen an, es werde in Kürze daneben sogar noch ein „Freiland-Hähnchen" anbieten.[155]

Nicht nur bei Hühnereiern, sondern auch bei Hühnerfleisch bot der Markt den westdeutschen Konsumenten also durchaus Produkte aus der landwirtschaftlichen „Veredelung", bei deren Herstellung das doppelte Diktat von „Geschwindigkeit und Quantität" doch eine merklich geringere Rolle spielte als bei Haltungsformen, die den Stand des biologischen Wissens und die vorhandenen technologischen Möglichkeiten voll ausschöpften. Diese alternativen Angebote entstanden nicht, um den Tierschutz zu verbessern. Vielmehr hofften die Anbieter, mit den neuen Produkten höhere Preise durchsetzen zu können.

Dennoch belegen die vorgestellten Initiativen der Geflügelbranche für eine veränderte Mast, dass weitere Umstellungen und Reformen auch zum Wohle der Tiere jederzeit möglich gewesen wären – wenn die Konsumentinnen und Konsumenten sie bei ihren alltäglichen Kaufentscheidungen deutlich eingefordert hätten. So wie die Dinge lagen, mussten stattdessen jedoch die Produzenten nach Käufern für ihr nicht ganz so hektisch erzeugtes Fleisch suchen. Gewitzt wohl durch die Erfahrungen beim Absatz von Eiern „aus Bodenhaltung", erwartete das GK für sein „Landkorn-Hähnchen" selbst in längerer Perspektive nur einen bundesweiten Marktanteil von fünf bis maximal zehn Prozent, obwohl der finanziell gut ausge-

---

[153] So rückblickend formuliert in: Immer mehr Bauern mästen den Roaster, in: LWE 134 (1987), Nr. 25, S. 30–32, hier: S. 30. McDonalds bestellte die Ware, weil die genannten Partien bei den „Roastern" deutlich größer und schwerer ausfielen als bei Standard-Masthühnern.
[154] Das Plus kommt aus den neuen Sortimentsteilen, in: LZ 37 (1985), Nr. 2, S. 12; Die schweren Hähnchen werden beim Verbraucher beliebter, in: FAZ, 13. 6. 1989.
[155] Auch Wiesenhof kommt mit kontrollierter Aufzucht, in: LMP 41 (1989), Nr. 11, S. 56; Geflügelmäster setzt auf Qualitätsschiene, in: NWZ, 16. 12. 1989 (hier die Ankündigung des „Freiland-Hähnchens").

stattete „Wiesenhof"-Werbeetat gezielt eingesetzt wurde, um das neue Produkt breit bekannt zu machen.[156]

„Tiermaschinen" gab es mithin auch deshalb, weil die große Masse der Verbraucher den Standardprodukten der Hochleistungs-Landwirtschaft dauerhaft treu blieb – sei es nun aus Unkenntnis, aus Gleichgültigkeit oder auch aus Sparsamkeit. Alternativangebote eroberten nur kleine Nischen. Eine Geschichte der modernen Agrarproduktion, die diesen Zusammenhang nicht deutlich herausarbeitet, verfehlt die Realität des Marktgeschehens.

1.5. Überangebot, Preiskrisen und Prozesse der Konzernbildung: Grundprobleme der Geflügelfleisch-Branche und die unternehmerische Entwicklung der Verarbeitungsbetriebe nach 1960

Untersucht man die Unternehmensgeschichte der Geflügelschlachthöfe und Geflügelfleischvermarkter in der Bundesrepublik in den Jahren nach 1960, so ist zunächst von zwei Grundbedingungen zu sprechen, auf die im hier untersuchten Zeitraum alle Akteure reagieren mussten, die zu der mehrgliedrigen Produktionskette von Hühnerfleisch gehörten. Zum einen herrschte sowohl im Gebiet der Europäischen Gemeinschaft wie auch weltweit bereits seit den späten 1950er Jahren fast beständig ein erhebliches Überangebot an Broilern, weil die Leistungskraft der Branche durchweg rascher zunahm als der Appetit der Konsumentinnen und Konsumenten auf noch mehr Geflügelfleisch. Dem dadurch entstehenden Preisdruck waren Produzenten, Verarbeiter und Vermarkter zum anderen auch in den EG-Ländern permanent stark ausgesetzt, weil die Gemeinschaft bei Geflügelfleisch ungewöhnlicher Weise keine Regeln und Mechanismen kannte, die in die freie Preisbildung eingriffen.

Die erste dieser beiden Rahmenbedingungen muss in ihrer Entstehung nicht umständlich erklärt werden. Die hohe Fortpflanzungsrate von Hühnern, ihr geringer Platzbedarf, das Tempo, mit dem die Tiere schlachtreif gemästet wurden, die Möglichkeit, selbst enorm große Bestände ausschließlich mit zugekauftem Mischfutter zu ernähren, eine unkoordiniert parallellaufende staatliche Förderung dieser neuen Form der landwirtschaftlichen „Veredelung" sowohl innerhalb wie auch außerhalb der Europäischen Gemeinschaft – all dies begünstigte massiv ansteigende Produktionsergebnisse. Gleichzeitig wandelten sich die Ernährungsgewohnheiten gerade in den Ländern, in deren Küche Hühnerfleisch bislang eher eine Nebenrolle gespielt hatte, bei weitem nicht so schnell, wie die Geflügelmäster es sich erhofften. Diese Kluft belastete den Markt in allen entwickelten Nationen.[157]

Überraschender ist die agrarpolitische Lücke der fehlenden Marktintervention bei einem Überangebot an Broilern, standen Maßnahmen gegen stark sinkende

---

[156] Wiesenhof zielt auf anspruchsvollere Geflügel-Verbraucher, in: FAZ, 5. 4. 1989.
[157] Vgl. etwa: Mensch/Olschewsky, Planet, S. 45–47.

Preise doch ansonsten im Zentrum der EG-Agrarpolitik. Fast alle der „Marktordnungen", die nach 1957/58 zur Vorbereitung des „Gemeinsamen Marktes" für Agrarprodukte in Brüssel ausgehandelt wurden, kreisten gerade um diesen Punkt: Sie fixierten Mindestpreise, die innerhalb der EG auf jeden Fall gezahlt wurden, um den Bauern die Furcht vor dem Wegfall der schützenden nationalen Zölle zu nehmen und um ihre Produktivität zu fördern. Diesen Preisgarantien blieb die EG auch noch treu, als sich bei einigen wichtigen Agrarprodukten (etwa bei Milch und Butter) schon in den späten 1960er Jahren zeigte, dass sie dadurch nicht nur vorübergehend zu milliardenschweren „Interventionskäufen" und zu ebenso teuren Einlagerungen der nicht abzusetzenden Waren gezwungen wurde.[158]

Allerdings gab es eben auch Ausnahmen und damit landwirtschaftliche Teilmärkte, auf denen das freie Spiel von Angebot und Nachfrage zumindest innerhalb des durch Zollschranken geschützten „Gemeinsamen Marktes" nicht politisch eingeschränkt wurde. Geflügelfleisch (und auch Hühnereier) gehörten zu diesen Ausnahmen.[159]

Die Frage, warum die EG die Hühnerhalter im Rahmen ihrer Marktpolitik so ungewöhnlich stiefmütterlich behandelte, kann hier nicht eindeutig beantwortet werden. Wahrscheinlich steckte die Branche in den Jahren um 1960, in denen die Marktordnungen entstanden, noch so sehr in den Anfängen, dass ihr lobbyistischer Druck schwach ausfiel. Zudem antizipierten die an den Brüsseler Verhandlungen direkt beteiligten Agrarpolitiker wohl nicht, wie überaus rasch und wir-

---

[158] Die Literatur dazu ist unüberschaubar umfangreich. Die Interventionsregeln für Agrarprodukte bilden einen zentralen Punkt der gesamten kritischen Literatur zur Geschichte der EU. Als nur ein pointiertes Beispiel vgl. etwa: John R. Gillingham, The EU. An Obituary, London und New York 2016, S. 56 f. u. S. 147 f. Ausführlicher und ausgewogener: Anna-Christina Lauring Knudsen, European Integration in the Image and Shadow of Agriculture, in: Desmond Dinan (Hrsg.), Origins and Evolution of the European Union, Oxford und New York 2006, S. 191–217; Rudolf Schnieders, Das neue Zeitalter der Agrarpolitik. Vom Landwirtschaftsgesetz zur europäischen Agrarreform, in: Henning Brand-Saßen u. a., Landwirtschaft im Umbruch. Agrarpolitik, Markt, Strukturen und Finanzierung seit den siebziger Jahren, Stuttgart 2008, S. 9–68. Wichtig zur konkreten Handhabung der Marktinterventionen und deren Folgen für die Landwirte (beides wird vielfach pauschal dargestellt): Onno Poppinga, Gebrauchsanleitung zum Agrarbericht, in: ders. (Hrsg.), Produktion und Lebensverhältnisse auf dem Land, Opladen 1979, S. 72–111, hier: S. 99–109.

[159] Vgl. als Überblick: Wolfgang von Trotha/Alfred Schuh, Die gemeinsame Agrarpolitik. Auswirkungen und Folgeerscheinungen, München 1968, S. 35–37. Der „Außenschutz" der EG durch Einfuhrquoten und Zölle gerade bei Agrarprodukten schränkte die Preisbildung allerdings dennoch ein, weil die in der Regel deutlich preiswerteren Angebote aus „Drittländern" ausgesperrt bzw. verteuert wurden. Das ordnungspolitische Pendant zu den Mindestpreisen in den „Marktordnungen" waren Höchstpreise, bei deren Erreichen die Gemeinschaft ebenfalls aktiv werden musste, entweder durch den Verkauf öffentlicher Vorräte oder aber durch Erleichterungen für Einfuhren aus „Drittländern". Es sollten also sowohl Knappheits- wie auch Überflusspreise verhindert werden. De facto hatten die Höchstpreise allerdings kaum Bedeutung – dafür waren die Landwirte innerhalb der Gemeinschaft viel zu produktiv. Zu den Regelungen und Auswirkungen einer stark interventionistisch angelegten Marktordnung siehe unten die Ausführungen über den Rindfleischmarkt S. 429 ff.

kungsvoll die Landwirte die Produktion von Broilern und Eiern ankurbeln konnten.[160]

Alle Geflügelmäster und -vermarkter innerhalb der Europäischen Gemeinschaft (sowie daneben auch die Landwirte, die Legehennen hielten, und deren Zwischenhändler), erlebten daher fast ungeschützt die Nachteile, die Anbietern auf freien Märkten drohen, wenn dauerhaft ein Überfluss an Waren besteht. 1969 erklärte das „Geflügel-Kontor" im Rückblick auf das vorangegangene Jahrzehnt: „Der häufige Druck von Überangeboten hat den Markt selten zur Ruhe kommen lassen."[161] Zehn Jahre später konstatierten zwei Wirtschaftswissenschaftler, die Geflügelfleisch-Branche habe in ihrer Entwicklung kontinuierlich mit einem „ruinösen Wettbewerb und einer außerordentlichen Preisinstabilität" zu kämpfen gehabt.[162]

1982 meldete die FAZ, mit Fleischhühnern sei in der Bundesrepublik „kaum Geld zu verdienen", weil einmal mehr „ein großes Überangebot" den Markt belaste: In den Geflügelschlachthöfen gebe es deshalb „Produktionspausen und Kurzarbeit". Zwei Jahre später berichtete die landwirtschaftliche Presse von einer „katastrophalen Preisentwicklung am Hähnchensektor".[163] Nach Ermittlungen der Landwirtschaftskammer Schleswig-Holstein verzeichneten die 40 von ihr beratenen Broiler-Mäster zu dieser Zeit überhaupt keine Gewinne mehr: Pro Tier erhielten sie von den Schlachtbetrieben nur exakt die Summe, die den aufgelaufenen Kosten entsprach.[164] 1987 schließlich beschrieb die Fachpresse die Marktlage mit der Überschrift „Hähnchenpreise im Keller". Das bekannte Problem der Überproduktion verschärfte sich nun noch durch einen „Verfall der Schweinefleischprei-

---

[160] So gab es selbst in den 1970er Jahren noch keinen EG-weiten Branchenverband, der in den Brüsseler Behörden und Gremien für die Interessen der Geflügelhalter hätte streiten können. Vgl. zu dieser Lücke: Neuigkeiten aus Brüssel?, in: DGS 28 (1976), S. 220.

[161] Die GEKON-Idee, in: LMP 20 (1969), S. 1102. Vgl. ähnlich auch: Friedrich Bernhard Hausmann, In der deutschen Geflügelwirtschaft stehen die Zeichen auf Sturm, in: RR 22 (1970), S. 27–28.

[162] R. Wolfram/H. Hantelmann, Effizienzbeurteilung des Mastgeflügelstabilisierungsfonds, in: AW 28 (1979), S. 312–318, hier: S. 312. Vgl. ähnlich auch: Richard Bröcker, Überproduktion im Agrarbereich – Schicksal oder Fehlentwicklung?, in: DGS 25 (1973), S. 671–674, hier: S. 674; Schlachtgeflügelmäster sehen sich in Gefahr, in: SZ, 18. 3. 1974; Hähnchenmäster protestieren, in: DGS 28 (1976), S. 258. Die Tatsache, dass die Marktordnung für die Geflügelbranche dennoch nicht revidiert wurde, erklärt sich wohl politisch: Die Probleme der existierenden Interventionen und deren Kosten erregten so heftige öffentliche Kritik, dass es niemand wagte, eine Ausweitung dieser Mechanismen auf eine Branche zu fordern, die bereits Überschüsse produzierte. Vgl. als nur ein Beispiel für solche Stellungnahmen zu den Interventionen etwa: G. Schmitt, Planung, Durchführung und Kontrolle koordinierter Makro-, Struktur- und Mikrosteuerung in der Landwirtschaft, in: AW 22 (1973), S. 95–107.

[163] In der Reihenfolge der Zitate: Mit Eiern und Hähnchen ist kaum Geld zu verdienen, in: FAZ, 4. 12. 1982; Hähnchenmarkt: Krise noch nicht überwunden, in: BBSH 134 (1984), S. 143.

[164] J. Lamp, Über 15 Jahre Wirtschaftlichkeitskontrolle, in: DGS 36 (1984), S. 1109–1110. Ähnlich düster auch die Beschreibung der Lage in: Huhn und Schwein – eine Herausforderung, in: BBSH 129 (1979), S. 3101; S. Kögel, Geflügelmast in welchen Bestandsgrößen?, in: Chancen, S. 62–70, hier: S. 62.

se": Wenn die beliebteste Fleischart der Bundesbürger kaum noch teurer war als Hühnerfleisch, mussten die Anbieter des immer noch recht neuen Konsumangebots zwangsläufig noch härter um den Absatz kämpfen.[165]

Zwar bemühte sich die Branche im Interesse halbwegs stabiler Preise schon früh in ihrer Geschichte um Selbstregulation. Bereits 1971 vereinbarten die nationalen Fachverbände der Geflügelmäster in der Bundesrepublik und in den Niederlanden ein grenzüberschreitendes Programm zur Drosselung der Broiler-Produktion in beiden Ländern.[166] Zeitgleich gründeten einige der großen Zucht- und Vermehrungsunternehmen in Westdeutschland gemeinsam mit leistungsstarken Mastbetrieben auch noch einen „Mastgeflügel-Stabilisierungsfonds", der Gelder ansammelte, um Firmen auf allen Ebenen der Branche bei Selbstverpflichtungen dieser Art künftig zumindest partiell zu entschädigen.[167]

Wirkungen verzeichneten diese Bemühungen nur in dem Sinne, dass sie den Preisdruck etwas minderten. Um ihn vollends abzufangen, hätte die Menge der gemästeten Hühner jedoch noch sehr viel stärker zurückgehen müssen. Allein im Jahr 1970 etwa war die Zahl der geschlachteten Broiler in der Bundesrepublik um 23 Prozent und in den Niederlanden um 18 Prozent gestiegen, während der Absatz in beiden Ländern um weniger als zehn Prozentpunkte zulegte. Der gemeinsame Beschluss der Fachverbände, im Frühjahr 1971 jeweils eine dreiwöchige Mastpause einzulegen, bewirkte daher nicht allzu viel. Zudem verfügte der deutsche Verband (anders als sein holländisches Pendant) über keine Möglichkeiten, widerstrebende Betriebe zu zwingen, die Abmachung auch wirklich einzuhalten. Allein schon dieses Ungleichgewicht der Handlungsmöglichkeiten erklärt wohl zur Genüge, warum weitere ‚bilaterale' Vereinbarungen dieser Art nicht zustande kamen.[168]

---

[165] In der Reihenfolge der Zitate: Hähnchenpreise im Keller, in: LZ 39 (1987), Nr. 25, S. 22; Geflügel, in: ebenda, Nr. 22, S. F 44.

[166] Vgl. zu den Details: Wohin mit den Hähnchen?, in: DG 23 (1971), S. 219; Was die Vernunft gebietet, in: ebenda, S. 961.

[167] Wolfram/Hantelmann, Effizienzbeurteilung, S. 312 f. Schlachtbetriebe durften sich aus kartellrechtlichen Gründen nicht an dem Fonds beteiligen. Ausführlich zur Konstruktion und Arbeit des Fonds vgl.: Friedrich Hülsemeyer, Möglichkeiten und Grenzen koordinierten Anbieterverhaltens im Bereich der Geflügelwirtschaft der Bundesrepublik Deutschland, in: Günther Weinschenck (Hrsg.), Die künftige Entwicklung der europäischen Landwirtschaft. Prognose und Denkmodell, München etc. 1973, S. 273–278. Das BLM förderte die Gründung des Fonds durch ein Darlehen in Höhe von 7,5 Millionen DM. Ohne dieses Geld wäre er finanziell schon kurz nach seiner Gründung zahlungsunfähig geworden. Wolfram/Hantelmann, Effizienzbeurteilung, S. 316. 1983 wurde das Darlehen rückwirkend in einen verlorenen Zuschuss umgewandelt, was exemplarisch die anhaltende Krise der Branche und der Institution belegt. Vgl. hierzu die knappen Angaben im Agrarbericht 1983 in: BT Drucksache 9/2402, S. 62 (online abrufbar unter: https://dip.bundestag.de).

[168] Wohin mit den Hähnchen?, in: DG 23 (1971), S. 219. Die niederländische „Produktschap" für die Branche hatte hingegen dank gesetzlicher Regelungen bei Bedarf die Möglichkeit, einzelnen Betrieben „zu befehlen". Vgl. dazu genauer: H. Garrelds, Vom Wirken der Produktschap, in: ebenda, S. 407. Einen Hinweis (ohne weitere Erläuterungen) auf grenzüberschreitende Absprachen zur „Marktanpassung" auf regionaler Ebene zwischen niederländischen und westfälischen Produzenten im Jahr 1988 vgl. allerdings in: Johannes Stellkamp, „Alle Hähnchenmäster sind Landwirte", in: LWE 135 (1988), Nr. 45, S. 3–5, hier: S. 3.

Der westdeutsche „Stabilisierungsfonds" schließlich band nur rund 40 Prozent der gesamten bundesweit vorhandenen Kapazitäten bei der Kükenvermehrung und der Hühnermast an sich. Eine Branche, in der es so viele „Außenseiter" gab, hatte nur geringe Chancen, die Produktion selbstorganisiert an den vergleichsweise langsam wachsenden Absatz anzupassen. Da Einfuhren von verbrauchsfertigen Fleischhühnern aus dem EG-Raum ja zudem keinen Beschränkungen unterlagen, präsentierte sich die Geschichte des bundesdeutschen Geschäftes mit dieser Ware nach 1960 aus der Sicht der Vermarkter und der direkt beteiligten Landwirte trotz der Absatzerfolge, die sie im Wettbewerb mit den ausländischen Konkurrenten errangen, als eine Kette von Preiskrisen, die nur von kurzen Phasen nicht ganz so schwieriger Marktlagen unterbrochen wurde.[169]

Bei einem Produkt, das für so wenig Geld verkauft wird wie ein Huhn, standen kleine Betriebe daher vor besonders schweren Herausforderungen. Auf der Ebene der Preise pro Kilo Fleisch kalkulierte die Geflügelbranche Gewinne selbst bei gut laufendem Absatz buchstäblich im Bereich von einigen wenigen Pfennigen: Nur durch hohe Stückzahlen und große Mengen ließen sich mit Fleischhühnern Summen einnehmen, die wirtschaftlichen Wert besaßen. Laufende genaueste Kontrollen aller Aufwendungen und die optimale Auslastung der Betriebsanlagen blieben dennoch unerlässlich, um Gewinne zu generieren. Einer der führenden deutschen Fachleute des Metiers beschrieb diese Zwänge 1977 knapp mit der Feststellung, im Umgang mit Hühnern erarbeite sich ein Betrieb durch besondere Sorgfalt und fehlerfreie Leistungen keineswegs Zusatzgewinne, die ‚durchschnittlich' agierenden Mitbewerbern entgingen: Das beständige Streben nach Perfektion in allen Belangen der Produktion sei vielmehr die „Mindestbedingung" für ökonomisches Überleben.[170]

Die Abnehmerstruktur verschärfte dieses Problem noch zusätzlich. Geflügelfleisch kam im hier untersuchten Zeitraum in der Bundesrepublik vor allem in tiefgekühlter Form in den Einzelhandel; der Absatz über Supermärkte – und zwar gerade über die großen Geschäfte dieser Art – war weitaus wichtiger als alle anderen Wege zu den Endverbrauchern. Ende der 1970er Jahre entstanden etwas mehr als 60 Prozent aller Umsätze mit konsumfertigem Hühnerfleisch in der Bundesrepublik in lediglich sieben Prozent der Einzelhandelsgeschäfte. Ganz offensichtlich spielte das TK-Huhn als „Lockartikel" umsatzstarker Handelsketten auf dem Markt tatsächlich eine große Rolle.[171]

---

[169] Die genannte Zahl nach: Wolfram/Hantelmann, Effizienzbeurteilung, S. 312; das skeptische Fazit nach: Richard Bröcker, Stand und Entwicklungstendenzen der Geflügelwirtschaft in der Europäischen Gemeinschaft, in: KF 64 (1981), S. 294–302, hier: S. 296.

[170] Vgl. zusammenfassend: Richard Bröcker, Geflügelwirtschaft – ein Betriebszweig mit Zukunftschancen?, in: DGS 29 (1977), S. 705–706; F. Burkhardt, Zur Entwicklung der Geflügelwirtschaft, in: MDLG 85 (1970), S. 1377–1378 u. S. 1382, hier S. 1378.

[171] Ingrid Sauerland, Der Lebensmittelhandel als Absatzkanal für Hähnchen, in: DGS 32 (1980), S. 973–974. Anders als durch besondere Preisvorteile in den großen Supermärkten (sowie vielleicht auch noch durch Bequemlichkeit) kann diese auffällige Absatzstruktur bei einem qualitativ weitgehend standardisierten Artikel wie dem TK-Huhn wohl kaum erklärt werden.

Daher verkauften die Geflügelschlachthöfe als das Bindeglied zwischen den Mästern und den Lebensmittelgeschäften ihre Produktion ganz überwiegend an den kleinen Kreis der Großabnehmer, die das Geschäft mit dem alltäglichen Bedarf der Konsumenten in der Bundesrepublik seit den 1960er Jahren zunehmend beherrschten. Mit dem Konzentrationsprozess, der – wie gezeigt – die Entwicklung des Lebensmitteleinzelhandels prägte, ging die Zahl dieser Kunden immer noch weiter zurück: 1979 stammten zwei Drittel des gesamten Geldes, das die Hühnerschlachtbetriebe einnahmen, von nur zehn Handelsunternehmen.[172]

Es liegt auf der Hand, welche Seite in den Vertragsverhandlungen für diese Einkäufe dominierte. So wie sich der Markt darstellte, wurde jeder Schlachtbetrieb zwangsläufig zum „Preisempfänger des Handels": Angesichts des EU-weiten Überangebots, der exzellenten Transportfähigkeit tiefgefrorener Broiler über weite Entfernungen, sowie auch angesichts der Tatsache, dass die meisten Verbraucher Geflügelfleisch keineswegs als unverzichtbaren Bestandteil ihrer täglichen Speisepläne betrachteten und beim Huhn daher besonders preissensibel reagierten, konnten die Schlachthof-Betreiber vor potentiellen Kunden kaum wirklich selbstbewusst auftreten.[173]

Feste, vertraglich geregelte Beziehungen zwischen Lieferanten und Abnehmern existierten nur in Ausnahmefällen. Wie in den anderen Segmenten des Fleischmarktes, so bestand auch der Handel mit Hühnerfleisch aus einer endlosen Reihe von täglich (oder sogar noch öfter) erneuerten Preisanfragen, -angeboten und Einzelverträgen, in der sich die Anbieter immer wieder neu flexibel zeigen mussten.[174]

Logischerweise herrschte daher in der gesamten Produktionskette für Hühnerfleisch ein massiver Zwang zur Größe. Dieser Druck traf nicht nur die Landwirte, sondern auch die Schlachthöfe.[175] Zwar gab es unter ihnen (anders als bei den

---

[172] Ebenda. Frühere vergleichbare Zahlen liegen nicht vor. Die Autorin referiert hier Ergebnisse einer Marktanalyse, die im Auftrag der CMA entstanden war.

[173] Hans-Wilhelm Windhorst, Entwicklung der Fleischproduktion und des Fleischverzehrs in Deutschland. Vortrag am 31. Mai 1997 auf dem 4. Fleischhygiene-Kolloquium an der Universität in Leipzig, Vechta 1997, S. 25. Vgl. ähnlich auch schon: Ansichten: Nachfrage nach Hähnchenfleisch, in: DG 23 (1971), S. 967; Willi Kampmann, Die Strukturentwicklung in der Geflügelwirtschaft, in: DBK 38 (1985), S. 262–263 u. S. 328–330, hier: S. 328 f.

[174] Vgl. die genauen Angaben für die Geschäfte eines einzelnen (ungenannten) Schlachthofs in: Gerhard Kissel, Physische Distribution von Geflügelfleisch aus der Sicht einer Geflügelschlachterei, nahrungs- u. hauswiss. Diss. Universität Gießen 1981, S. 125 f. Hiernach rechnete das Unternehmen in nur einem Monat 518 verschiedene Bestellungen ab; allein auf einen einzigen Besteller entfielen in diesem Zeitraum 69 Kaufverträge. Im Untersuchungsjahr (1978) verkaufte der Betrieb insgesamt 14,2 Millionen t Hühnerfleisch; 87 Prozent davon wurden unzerlegt als ganze Tiere abgesetzt (S. 111).

[175] Die ersten beiden Ebenen der Produktionskette – die Vermehrung der Hochleistungs-Rassen und das Ausbrüten der so entstandenen Eier – waren von Anfang an hoch konzentriert, weil die US-amerikanischen Lizenzgeber auf genauen Kontrollen bestanden. 1966 lieferten lediglich fünf Zuchtunternehmen und 30 Brütereien daher fast alle in der Bundesrepublik gemästeten Hühner an die Mastbetriebe. Die Zahlen nach: Klaus Broichhausen, Küken, die nie ein Nest kannten, in: FAZ, 25. 3. 1967.

kommunalen Betrieben dieser Art für Großvieh) keine älteren Unternehmen mit Anlagen, die nicht dem Stand der modernen Technik entsprachen. Zwar half das System der Vertragsvermittlung und der Verkaufsförderung durch das „Geflügel-Kontor" allen angeschlossenen Firmen gleicher Maßen. Dennoch förderte die Entwicklung des Marktes auch in diesem Segment der Schlachtung und Fleischverarbeitung die ohnehin schon Leistungsstarken auf Kosten der kleineren Anbieter. Wegen der spärlichen Informationen, die dazu im Rahmen dieses Projektes ermittelt werden konnten, sind hier keine detaillierten Angaben zu diesem Prozess möglich. Der Trend lässt sich allerdings dennoch eindeutig nachzeichnen.

Bereits Mitte der 1970er Jahre existierte in der Bundesrepublik eine kleine Gruppe von Geflügelschlachthöfen, die das Prinzip der Stückkostendegression durch Massenherstellung weitaus konsequenter verfolgten als ihre Konkurrenten. Zwei Unternehmen im niedersächsischen Landkreis Vechta etwa erreichten jeweils jährliche Schlachtzahlen von 12 bis 14 Millionen Hühnern; zwei weitere Betriebe im benachbarten Landkreis Bentheim kamen sogar auf je 20 Millionen Tiere. Allein diese beiden Anlagen (die unternehmerisch zusammengehörten) schlachteten und verarbeiteten täglich 175.000 Broiler. Auch diese Größe und Leistungskraft schützte sie jedoch keineswegs vor dem Wettbewerb: Wie einer der führenden Manager erklärte, müsse man wegen des scharfen Preisdrucks bei Hühnerfleisch und mit Blick auf die ausländischen Produzenten sogar in solch einem Unternehmen „beständig rationalisieren".[176]

Zehn Jahre später fanden rund 90 Prozent aller Geflügelschlachtungen in der Bundesrepublik in lediglich vierzehn Betrieben statt; 1989 verarbeiteten dreizehn Schlachthöfe 93 Prozent der in Westdeutschland gemästeten Fleischhühner.[177] Allerdings beschreiben selbst diese Zahlen den wirtschaftlichen Verlauf noch nicht wirklich treffend, denn keineswegs alle dieser Unternehmen konnten als wirtschaftlich unabhängig gelten. Wer nach den tatsächlich unabhängigen Akteuren fragte, der entdeckte gerade im Verlauf der 1980er Jahre vor allem die oben schon kurz vorgestellten Firmengruppen um Heinz Lohmann einerseits sowie um die Brüder Wesjohann andererseits.

Von diesen beiden Familienunternehmen präsentierte sich nur „Lohmann" selbst vor den Augen der Öffentlichkeit. Der Firmengründer scheint mediale Aufmerksamkeit durchaus geschätzt zu haben; zudem verwandelte er das Unternehmen im Jahr 1971 in eine Aktiengesellschaft, weil Betriebe dieser Art auf dem Kapitalmarkt größere Beweglichkeit genossen als Kommanditgesellschaften. Mehr als 90 Prozent der Anteile blieben zwar im Familienbesitz. Die Publizitätspflicht für Aktiengesellschaften galt seitdem aber auch für die „Lohmann & Co AG". Wie

---

[176] Karl Behrens, Zukunftsorientierte Hähnchenmast in Weser-Ems, in: DGS 28 (1976), S. 1095–1096. Modellrechnungen zur ökonomischen Bedeutung der Stückkostendegression durch hohe Schlachtzahlen speziell bei Broilern vgl. in: Reimar v. Alvensleben, Standorte der Junghühnermast in der EWG. Bestimmungsgründe und Auswirkungen des interregionalen Wettbewerbs, Stuttgart 1970, S. 61–66.

[177] Die Zahlen aus: Wieder mehr Hähnchen auf dem Teller, in: FAZ, 31. 7. 1985; Die schweren Hähnchen werden beim Verbraucher beliebter, in: FAZ, 13. 6. 1989.

diese regelmäßigen Berichte zeigen, blieb das Unternehmen auf seinem Expansionskurs. In der zweiten Hälfte der 1970er Jahre kam es auf Jahresumsätze von 450 Millionen DM und mehr (was gegenüber den Jahren um 1970 einer Verdoppelung entsprach); zu seinen Aktivitäten zählten mittlerweile auch noch die Produktion von Humanmedikamenten (etwa im Bereich der Urologie) sowie der Bau von Klimaanlagen. Gerade dieses sehr breite Portfolio sicherte – trotz der Krisen auf dem Geflügelmarkt – gute Erträge und damit das weitere Wachstum des Unternehmens. Da Lohmann zu diesem Zeitpunkt vorwiegend durch Mehrheitsbeteiligungen zehn verschiedene Geflügelschlachthöfe in der Bundesrepublik lenkte, dürfte er de facto wohl auch im „Geflügel-Kontor" das Heft in der Hand gehalten haben.[178]

Wie viele andere florierende Familienbetriebe, war und blieb „Wesjohann" hingegen in der breiten Öffentlichkeit unbekannt. Selbst in den zahlreichen bundesdeutschen Wirtschaftszeitungen und -zeitschriften fand die Firma keine Beachtung. Dabei wuchs auch sie massiv und kontinuierlich. Die beiden eben erwähnten Schlachthöfe im Landkreis Vechta mit ihrer Verarbeitungskapazität von zusammen 24 bis 28 Millionen Hühnern etwa gehörten den Brüdern Wesjohann. Selbst völligen Laien dürfte es einleuchten, dass ein enormer finanzieller, technischer und logistischer Aufwand betrieben werden muss, wenn so viele Tiere an nur zwei Betriebsstandorten geschlachtet, gerupft, ausgenommen, tiefgekühlt, verpackt und ausgeliefert werden.

Insofern führte der Begriff „Familienbetrieb" bei den Wesjohanns spätestens seit Mitte der 1970er Jahre in die Irre. Dennoch wissen wir wenig über das Unternehmen. Offensichtlich blieb es enger bei seinen sprichwörtlichen gewerblichen Leisten (d. h. strikter im Bereich der Geflügelbranche) als die „Lohmann AG", die auch auf ganz anderen Geschäftsfeldern aktiv wurde. Dieser Strategie entsprach auch eine betriebliche Erweiterung, die wohl seit 1980 vorbereitet und dann 1985 umgesetzt wurde: In aufwendigen und kostspieligen Forschungsarbeiten entwickelte „Wesjohann" ein Verfahren, wie sich der Hühnerkot, der in Legebatterien und Mastställen anfiel, so aufbereiten ließ, dass man darauf Champignons züchten konnte. Wenige Jahre später war das Unternehmen über eine Tochtergesellschaft bereits der bundesweit größte Produzent dieser Pilze. Sie wurden als Frischware unter einem eigenen Markennamen verkauft.[179]

---

[178] Vgl. etwa: Lohmann-Cuxhaven wird AG, in: FAZ, 22. 1. 1971; Lohmann legt sein bestes Ergebnis vor, in: FAZ, 31. 12. 1976; Geschäftsbericht von Lohmann–Cuxhaven, in: DGS 28 (1976), S. 282; Lohmann mit gedämpften Erwartungen, in: FAZ, 14. 12. 1978 (hiernach zahlte die AG etwa für das Geschäftsjahr 1977/78 eine zwölfprozentige Dividende; auch der Umsatz war in diesem Jahr um zwölf Prozent gewachsen).

[179] Vgl. dazu: Hans-Wilhelm Windhorst, Champignonkulturen auf der Basis von Geflügeltrockenkot, in: DGS 38 (1986), S. 1061–1064; Neben Geflügel auch Champignons, in: LZ 39 (1987), Nr. 22, S. F 44; Die Wesjohanns sind die Größten auf dem Geflügelmarkt, in FAZ, 31. 12. 1987; Wesjohann-Gruppe stellt sich neuen Herausforderungen, in: LZ 40 (1988), Nr. 11, S. 22. Die Anlaufinvestitionen für die Pilzproduktion beliefen sich auf insgesamt 23 Millionen DM; 1988 lag die Jahresproduktion bei 4.500 t. Diese Angaben nach: Wesjohann: Lohmann-Sanierung erfolgreich, in: FAZ, 27. 9. 1989.

Auch Millionenumsätze schützen allerdings nicht sicher vor ökonomischen Krisen. Diese vielfach bestätigte Grundregel des Wirtschaftslebens bewahrheitete sich in den Jahren 1984/85 einmal mehr am Beispiel der „Lohmann AG". In ihrem beständigen Drang nach unternehmerischem Wachstum vernachlässigte die Firmenleitung offensichtlich die Aufgabe, in den bestehenden Geflügelschlachthöfen kontinuierlich technisch und betriebswirtschaftlich zu rationalisieren. Die Preiskrise auf den Markt für Geflügelfleisch Mitte des Jahrzehnts bescherte Heinz Lohmann daher 1985 einen Verlust von rund zehn Millionen DM allein in diesem Teil seiner Firmengruppe. Fast gleichzeitig platzten auch noch mehrere bereits weitgehend realisierte Großaufträge für den Bau integrierter Mast- und Schlachtanlagen für Hühner, die das Unternehmen im Irak übernommen hatte. Rund 60 Millionen DM waren abzuschreiben – und damit verwandelte sich die „Lohmann & Co AG" binnen Jahresfrist in einem Sanierungsfall. Im Zuge dieser Krise mussten Heinz Lohmann und seine Angehörigen ihre Anteile an der AG vollständig verkaufen; nur der Name der Firma blieb zunächst unverändert.[180]

Am Ende stand im April 1987 eine Übernahme von 51 Prozent aller „Lohmann"-Aktien durch die Brüder Wesjohann, die damit erstmals „aus der Kulisse [...] ins Rampenlicht" der breiten Öffentlichkeit traten. Recht erstaunt berichtete die bundesdeutsche Presse von der Gründung eines agrar-industriellen Unternehmens mit 3.000 Beschäftigten und einem Jahresumsatz von etwas mehr als einer Milliarde DM, das sein Geld zwar nicht nur, aber doch zu erheblichen Teilen mit Masthühnern und Geflügelfleisch verdiente.[181]

Finanziell bedeutete diese Transaktion für die Familien-GmbH wohl ein kalkulierbares Risiko, weil Paul-Heinz und Erich Wesjohann ihre unternehmerische Expansion stets sehr konservativ „nur mit hohem Eigenfinanzierungsanteil" betrieben hatten. Dennoch handelte es sich im Kern um ein unfreiwillig eingegangenes Abenteuer: Die Angliederung der „Lohmann"-Gruppe erfolgte vor allem, um zu verhindern, dass ausländische Konkurrenten mit deren Geschäftsanteilen auch über das „Geflügel-Kontor" – und damit über die Handelsmarke „Wiesenhof" – entscheiden konnten. Dieser Gefahr wollten die Brüder Wesjohann „unbedingt begegnen", weil sie den größten Teil ihrer Broiler-Produktion unter diesem Logo verkauften.[182]

Einerseits bezeichneten diese Ereignisse in der Entwicklung der bundesdeutschen Hühnerfleisch-Branche fraglos einen gravierenden Einschnitt. Die beiden wichtigsten Anbieter verschmolzen; das GK, das als eine Gemeinschaftseinrichtung zur besseren Vermarktung bundesdeutscher Masthühner entstanden war und seine Dienste daher potentiell allen Schlachthöfen im Land angeboten hatte,

---

[180] Vgl. im Rückblick etwa: Lohmann & Co AG: 60 Prozent des Umsatzes mit Geflügel, in: HB, 19. 12. 1986.
[181] Die Wesjohanns sind die Größten auf dem Geflügelmarkt, in: FAZ, 31. 12. 1987 (Zitat); Lohmann & CO AG: DG Bank steigt aus – P. Wesjohann & Co GmbH übernimmt die Mehrheit, in: HB, 14. 4. 1987.
[182] Die Wesjohanns sind die Größten auf dem Geflügelmarkt, in: FAZ, 31. 12. 1987.

1. Hühner als Fleischlieferanten und die moderne Geflügelwirtschaft 299

verwandelte sich in die Vertriebsorganisation eines einzigen Unternehmens.[183] Zwangsläufig verlor damit auch das Logo „Wiesenhof" als die bekannteste westdeutsche Fleischmarke seinen Charakter als eine Handelsmarke, hinter der verschiedene miteinander kooperierende Produzenten standen. Ein eindringlicheres Ende wirtschaftlicher Konzentrationsprozesse ist eigentlich kaum vorstellbar.

Andererseits verfügte auch die neue „Wesjohann/Lohmann-Gruppe" keineswegs über monopolistische Macht. Die Sanierung des übernommenen Wettbewerbers verschlang viel Geld. Dabei schrumpfte die Sparte „Anlagenbau", die mit ihren risikoreichen Exportgeschäften für das Gros der finanziellen Verluste verantwortlich war, sehr stark. Einer der defizitär arbeitenden „Lohmann"-Schlachthöfe wurde weitgehend geschlossen; andere wurden verpachtet oder verkauft.[184] Gegen Ende des Jahrzehnts, nach mehrjähriger „Straffung und Konsolidierung" beider Unternehmensteile, präsentierte sich der größte Anbieter von Hühnerfleisch in der Bundesrepublik mit einer Produktionsleistung von jährlich 115.000 t, die aus nur noch sechs hochmodernen Schlachtanlagen stammten. Rechnete man die Tonnen-Angabe in einzelne Tiere um, dann ergab sich die kaum noch vorstellbare Menge von 115 Millionen Hühnern. Selbst damit aber blieb der Einfluss von „Wesjohann" begrenzt: Der Marktanteil der Firma am Gesamtverbrauch von Broilern in der Bundesrepublik lag bei rund 30 Prozent. Das war ohne Frage eine starke Stellung (denn auf den anderen Fleischmärkten existierte kein vergleichbar wichtiger einzelner Anbieter), aber doch weit entfernt von Herrschaft über die Konkurrenz.[185]

Begrenzend wirkte vor allem der rege Import. Die ausländischen Wettbewerber fühlten sich zudem durch die Entstehung des neuen bundesdeutschen Großanbieters offensichtlich eher herausgefordert als eingeschüchtert. So folgte auf den einen Konzentrationssprung zügig ein zweiter: 1988 ging die Aktienmehrheit an der „GBV", des größten inländischen Konkurrenten der „Wesjohann/Lohmann-Gruppe", an einen französischen Konzern, der in seinem Heimatland an sechs Standorten täglich eine Million Hühner verarbeitete und sich daher stolz als „die größte europäische Hähnchenschlachterei" bezeichnete. Im Bereich der Fleischwirtschaft war solch eine grenzüberschreitende Konzernbildung für die Bundesrepublik seinerzeit etwas völlig Neues.[186]

---

[183] Bereits 1988 firmierte das GK in der Presse als „die Verkaufsorganisation der norddeutschen Unternehmensgruppe Wesjohann-Lohmann" sowie als „Wiesenhof Geflügel-Kontor GmbH". Der Wiesenhof will weiter wachsen, in: FAZ, 27. 9. 1988.

[184] Zu den Details vgl.: Lohmann-Cuxhaven erwirtschaftet wieder Gewinn, in: FAZ, 17. 12. 1988; Lohmann & Co AG: Konzernumsatz ging zurück, in: HB, 20. 12. 1988. Stark verkleinert wurde der Schlachthof in Cuxhaven, die älteste, aber auch die größte Anlage der „Lohmann AG": Hier wurden nun nur noch Legehennen geschlachtet, die als Suppenhühner vermarktet wurden. Gleichzeitig erweiterte „Wesjohann" die Kapazität seines Schlachtbetriebs in Lohne bei Vechta von 90.000 auf 140.000 Hühner täglich. Die Schlachtungen erfolgten dort nun erstmals in zwei Betriebsschichten. Vgl. dazu: Wesjohann: Auftrag für Abholzaktion nicht gegeben, in: NWZ, 14. 1. 1989.

[185] Wiesenhof zielt auf anspruchsvollere Geflügel-Verbraucher, in: FAZ, 5. 4. 1989.

[186] Franzosen kaufen sich in deutschen Geflügelmarkt ein, in: LZ 40 (1988), Nr. 40, S. 22. Es handelte sich hier um die „Doux"-Gruppe, die ihre Produkte seinerzeit zwar bereits seit

Die Leitung von „Wesjohann/Lohmann" reagierte mit einer Entscheidung, die aus einem Lehrbuch für Manager stammen könnte: Für 1989 steigerte sie den Investitionsetat der Unternehmensgruppe gegenüber dem Vorjahr sprunghaft von 35 Millionen DM auf 49 Millionen. Annähernd die Hälfte dieser Gelder floss in die Bereiche „Forschung und Entwicklung"; ansonsten ging es um weitere Rationalisierungsmaßnahmen in den Schlachtbetrieben.[187]

Das Bild, das sich hier bot, entsprach den Entwicklungen, die sich – wie oben gezeigt – bei den Schlachthöfen für Großvieh in den Jahren 1988 bis 1990 vollzogen. Auch diese Branche formierte sich seinerzeit durch unternehmerische Zusammenschlüsse sehr rasch neu; hier wie dort intensivierte die Fusionswelle den Wettbewerb eher noch, als dass sie ihn eingeschränkt hätte. Identisch waren auch die Anlässe der Wandlung. Den konkreten Anstoß gaben jeweils finanzielle Krisen einzelner Anbieter, die wegen der mageren Renditen, die das Schlachtgeschäft abwarf, für den betroffenen Betrieb trotz seiner Größe rasch bedrohliche Ausmaße erreichten. Hinter dieser Ebene einzelner unternehmerischer Fehlentscheidungen und Versäumnisse stand zudem in beiden Branchen das gleiche strukturelle Problem. Der Konzentrationsprozess, der die Nachfragemacht großer Einzelhandelsketten seit Mitte der 1980er Jahre immer noch weiter stärkte, wirkte sowohl bei den Verarbeitern und Anbietern von Rind- und Schweinefleisch wie auch bei den Herstellern von Broilern wie ein Hebel, der vergleichbare Fusionen bei den Lieferanten in Gang setzte.

Nur ein gradueller Unterschied ist auszumachen: In der deutlich kleineren und erst seit den späten 1950er Jahren neu entstandenen Gruppe der Geflügelschlachthöfe verschoben sich die Gewichte sehr viel rascher und eindeutiger zu Gunsten der ohnehin schon starken Wettbewerber als in der ungleich traditionsreicheren Branche der anderen Schlachtbetriebe. Ende der 1980er Jahren entfielen rund 50 Prozent des gesamten Absatzes von Hühnerfleisch in der Bundesrepublik nur auf „Wesjohann/Lohmann" und die „GBV". Auch wenn die zweite Hälfte des Angebots durch den starken Import von sehr viel mehr Anbietern stammte – der Ansatz zur Bildung eines Oligopols war auf diesem speziellen Lebensmittelmarkt dennoch bereits gemacht.[188]

---

5 Jahren (unter dem als Markenbezeichnung benutzten Firmen-Namen) auch in der Bundesrepublik vertrieb, nun aber direkten Einfluss gewinnen wollte. Hinweise auf vergleichbare Planungen anderer französischer Großproduzenten von Geflügelfleisch, die im Untersuchungszeitraum aber wohl noch nicht verwirklicht wurden, vgl. in: Know-how und Kapazitäten, in: ebenda, Nr. 40, S. 76–77.

[187] „Wir können jeden in unsere Ställe schauen lassen", in: FAZ, 18. 12. 1989.

[188] Knappe Angaben zur aktuellen Situation (in der vier Großunternehmen den Markt für Geflügelfleisch in der EG beherrschen) vgl. in: Fleischatlas 2021. Daten und Fakten über Tiere als Nahrungsmittel, Bonn 2021, S. 18 f.

1.6. Vertragsbindungen und betriebliche Konzentration in der Hühnermast

Was bedeuteten diese eben skizzierten Entwicklungen bei den Geflügelschlachthöfen für die bundesdeutschen Landwirte, die Fleischhühner mästeten? Erfüllte sich die in den Jahren um 1960 so oft geäußerte Hoffnung von Agrarpolitikern und landwirtschaftlichen Interessenvertretern, gerade die Geflügelmast könne zum ökonomischen Rettungsanker kleinbäuerlicher Höfe werden, weil in Westdeutschland für die landwirtschaftliche „Veredelung" besondere Bedingungen galten? Und: Wie verlief gleichzeitig der Prozess der „vertikalen Integration", der Bauern, Verarbeiter und Vermarkter direkt miteinander verknüpfte? Gerieten die Hühnermäster – wie in den USA – durch die Entstehung von starken Unternehmen wie „Wesjohann/Lohmann" und der „GBV" auch zwischen Schleswig-Holstein und Bayern in die Position weisungsgebundener und ökonomisch fast unselbständiger Zulieferer übermächtiger „integrators"?

Wie oben gezeigt wurde, verbündeten sich in der Bundesrepublik seit Mitte der 1960er Jahre die großen Geflügelschlachthöfe, um ihrer Produktion im Wettbewerb mit importierter Ware eine bessere Position zu verschaffen. Gleichzeitig banden sie viele Mastbetriebe durch Lieferverträge eng an sich. Auch in dieser Hinsicht standen daher Verarbeitungsbetriebe (und nicht die Futtermittelproduzenten) im Zentrum der westdeutschen Broiler-Herstellung: Von ihnen stammte der Anstoß zur vertikalen Integration der Branche.

Die Schlachthöfe übernahmen diese Rolle vor allem, um sich davor zu schützen, dass ihre teuren, umfassend automatisierten technischen Anlagen nicht vollständig ausgelastet liefen oder womöglich sogar für einige Zeit stilllagen, weil der Nachschub an schlachtreifen Hühnern stockte. Das Motiv, mehr Mischfutter zu verkaufen, spielte demgegenüber nur eine recht geringe Rolle, weil keineswegs alle Schlachtbetriebe auch selbstproduziertes Futter an Mastbetriebe lieferten.[189]

Im Kapitel über die „Totvermarktung" von Schweinen und Rindern wurde oben schon erwähnt, welch große ökonomische Bedeutung eine konstant hohe Auslastung für die Versandschlachthöfe besaß, die seit den 1950er Jahren neu entstanden. Dennoch gehörte es zu den Besonderheiten der Geflügelfleisch-Branche, dass sichere Zulieferungen für deren Verarbeitungsbetriebe von Anfang an besonders wichtig waren. Es fehlten Händler für ausgemästete Hühner, die als Bindeglied zwischen Landwirt und Schlachthof arbeiteten; zudem gab es schlicht sehr viel weniger Mastbetriebe als für Schweine und Rinder, da dieser Zweig der tierischen „Veredelung" ja ganz neu entstand. Direkte, vertraglich fixierte Geschäftsbeziehungen zur Sicherung des Nachschubs entwickelten sich daher – anders als beim Großvieh – nicht erst zögerlich und schrittweise mit dem Wachstum der neuen Schlachthöfe: Sie bildeten vielmehr von vornherein ein unverzichtbares Element

---

[189] Vgl. hierzu die rückblickende Darstellung in: Tierernährung und -erzeugung. Neuere technische und wirtschaftliche Entwicklungen, Münster 1981 (Agrarpolitische Berichte der OECD, Reihe C, Nr. 11), S. 74.

in der Produktionskette für Hühnerfleisch. Gerade Großbetriebe konnten kaum anders arbeiten: Ihr ganzes Geschäftsmodell beruhte auf „planbaren Mengen in Markenartikel-Qualität".[190]

Bereits 1964 wurden deshalb wahrscheinlich rund 70 Prozent der bundesweit gehaltenen Broiler „im Rahmen von Integrationsketten" aufgezogen. 1970 hieß es in einem Überblick über die westdeutsche Branche etwas vage, für „fast die gesamte Produktion" (die mittlerweile erheblich gewachsen war) gebe es „aufgrund schriftlicher oder mündlicher Abmachungen zwischen Mästern und Schlachtereien" schon bei der „Aufstallung" der frisch geschlüpften Küken jeweils einen festen Abnehmer.[191] Amtlich erhobene, exakte Angaben fehlen. Kenner der bundesdeutschen Verhältnisse bezifferten den Anteil der „Vertragsmast" an der gesamten Produktion für die 1970er und 1980er Jahre auf Werte zwischen 75 und 80 Prozent.[192]

Kann man wegen der offensichtlich großen Bedeutung solcher Bindungen in der westdeutschen Hühner-Haltung von Verhältnissen sprechen, die sich bestenfalls graduell (nämlich in der unternehmerischen Identität der „integrators") von den ungleichen Strukturen in der nordamerikanischen „broiler industry" unterschieden? Diese Frage lässt sich keineswegs so einfach und eindeutig beantworten, wie es auf den ersten Blick scheinen mag. Zwar verzichtet ein Produzent, der sich vertraglich verpflichtet, Waren zu einem bestimmten Termin an einen bestimmten Abnehmer zu verkaufen, selbst dann auf einen erheblichen Teil seiner wirtschaftlichen Handlungsmöglichkeiten, wenn kein fester Preise vereinbart wird: Von gleicher Verhandlungsmacht kann unter solchen Bedingungen nicht mehr gesprochen werden.[193]

Jenseits dieser Feststellung beginnen jedoch die Unsicherheiten, denn über die Details der Lieferverträge sind wir schlecht informiert. Auf sie aber käme es an, um zu beurteilen, wie weitgehend die Mastbetriebe von ihrem jeweiligen Vertragspartner tatsächlich ökonomisch abhängig waren: Nicht jede Abmachung über eine Terminlieferung ist automatisch auch ein ungerecht gestalteter Knebelvertrag.

---

[190] Vgl. dazu etwa: Die Wesjohanns sind die Größten auf dem Geflügelmarkt, in: FAZ, 31. 12. 1987 (Zitat); Geflügelkette von der Nordsee bis zu den Alpen, in: FAZ, 26. 10. 1963; Klaus Broichhausen, Küken, die nie ein Nest kannten, in: FAZ, 25. 3. 1967; E. Johannlükens, Schweine, Eier, Geflügel: Ein Jahr gemeinsamer EWG-Markt, in: KF 51 (1968), S. 434–436, hier: S. 436; Karl Behrens, Geflügelmast bleibt interessant, in: KF 61 (1978), S. 550–556, hier: S. 556.

[191] In der Reihenfolge der Zitate: W. Schoppen, Erscheinungsformen und Bedeutung überbetrieblicher Zusammenarbeit in der Vermarktung landwirtschaftlicher Erzeugnisse, in: AW 15 (1966), S. 291–302, hier: S. 298; E. Bohle, Aufgaben der Erzeugergemeinschaften in der deutschen Schlachtgeflügelwirtschaft, in: DG 22 (1970), S. 1274–1276, hier: S. 1276.

[192] Vgl. etwa: Friedrich Hülsemeyer, Formen, Möglichkeiten und Grenzen der Kooperation im Agrarbereich, in: AW 19 (1970), S. 297–302, hier: S. 302, Lutz Kersten, Die Strukturen der Geflügelfleischerzeugung in der Bundesrepublik Deutschland, Braunschweig 1975, S. 28; Tierernährung, S. 77.

[193] Richard Bröcker, Geflügelwirtschaft – ein Betriebszweig mit Zukunftschancen?, in: DGS 29 (1977), S. 705–706, hier: S. 706; Produktion und Vermarktung von Schlachtgeflügel, in: DGS 30 (1978), S. 1975–1977, hier: S. 1976.

Schon die Zeitgenossen tappten bei diesen Details weitgehend im Dunkeln. Man verfüge nicht über „genügend Unterlagen", so hieß es etwa in einer internen Besprechung hochrangiger Mitarbeiter des Bundeslandwirtschaftsministeriums im Sommer 1971, um „die jetzt verstärkt sichtbar werdenden Lohnmastverträge [...] beurteilen zu können".[194]

Auch später scheint man in Bonn in dieser Sache nicht schlauer geworden zu sein.[195] Gerhard Glup, der Landwirtschaftsminister von Niedersachsen, bescheinigte der westdeutschen Broiler-Branche hingegen 1978, sie habe zu einer „vernünftigen Arbeitsteilung zwischen Mastbetrieben und Schlachtereien" gefunden. Ein wichtiger Mitarbeiter seines Ressorts sprach im gleichen Zusammenhang sogar von „echter Partnerschaft".[196] Lob für die bestehenden Lohnmastverträge kam auch von einigen Agrarökonomen: Diese Abmachungen befreiten die Landwirte von dem bei Hühnerfleisch wegen der Überproduktion ungewöhnlich hohen „Preisrisiko", böten ihnen Absatzsicherheit sowie fachliche Beratung und seien deshalb „im gegenseitigen Interesse" der Vertragspartner.[197]

Da im hier untersuchten Zeitraum in der Bundesrepublik offensichtlich verschiedene Formen von Mastverträgen für Fleischhühner existierten, mag es zwar auch Gegenbeispiele gegeben haben. Über die oben erwähnten „mündlichen Abmachungen" etwa wissen wir überhaupt nichts Näheres. Als ein konkretes Beispiel für tatsächlich eher partnerschaftliche Geschäftsbeziehungen zwischen Geflügelschlachthöfen und Hühnermast-Betrieben taugen hingegen die Abschlüsse mit einigen der sogenannten „Mastgemeinschaften", in denen sich Landwirte um eine intensive „übertriebliche und zwischenbetriebliche Zusammenarbeit" bemühten. Sechs solcher Kooperativen mit zusammen 300 Mitgliedern produzierten Mitte der 1970er Jahre etwa im Weser-Ems-Gebiet: Neben einem gemeinsamen Einkauf

---

[194] Vermerk über die Besprechung zu Fragen der Massentierhaltung bei StS Logemann, 12. 8. 1971, BArch Kbz, B 116/50 124. Für einen frühen Zeitpunkt vgl. die additive Darstellung in: Wilhelm Schopen, Die vertikale Integration in der Landwirtschaft. Erscheinungsformen und Entwicklungstendenzen mehrstufiger Zusammenarbeit, Hiltrup 1966, S. 132–144. Wie der Autor angibt, fußen seine Angaben auf mündlich eingeholten Auskünften bei 47 Geflügelschlachthöfen (S. 135).

[195] In den für dieses Projekt durchgesehenen Akten des BLM fanden sich für den gesamten Untersuchungszeitraum keinerlei Hinweise auf Initiativen, das Informationsdefizit zu beheben. Kritik an dem äußerst geringen Wissensstand über die Realität der „Lohnmast" vgl. auch in: Regina Birner/Rudolf Gareis/Christoph Götz, Ökonomische, gesellschaftspolitische und ethische Aspekte des jüngsten „Hormonskandals" vom August 1988, in: BLJ 66 (1989), S. 27–45, hier: S. 35–37.

[196] Zit. nach: Karl Behrens, Geflügelmast bleibt interessant, in: KF 61 (1978), S. 550–556, hier: S. 555 f. Das zweite Zitat stammt von dem damaligen niedersächsischen Landwirtschaftsdirektor Fritz Dwehus.

[197] In der Reihenfolge der Zitate: H. Stamer, Künftige Betriebsgröße in der Geflügelwirtschaft, in: DGS 25 (1973), S. 615; E. Bohle, Aufgaben für Erzeugergemeinschaften in der deutschen Geflügelwirtschaft, in: DG 22 (1970), S. 1274–1276, hier: S. 1276. Ähnlich vgl. auch: Johannes Stellkamp, „Alle Hähnchenmäster sind Landwirte", in: LWE 135 (1988), Nr. 45, S. 3–5, hier: S. 4; Hans-Wilhelm Windhorst, Mit Zulieferern und Veredlern Rückgrat der Region, in: HB, 3. 5. 1988.

von Küken und Futter, einheitlichen Standards für die Ställe und Kontrollen gab es in jeder dieser Gruppen auch gemeinsame „Preisverhandlungen mit den Schlachtereien". So entstandene Lieferverträge bedeuteten wohl in der Tat keineswegs die Preisgabe jeder unternehmerischen Freiheit durch die koordiniert agierenden Hühnermäster.[198]

Die „Wesjohann/Lohmann"-Gruppe als das größte westdeutsche Verarbeitungsunternehmen schließlich bezeichnete sich Ende der 1980er Jahre öffentlich gerne als Rettungsanker für „selbständige bäuerliche Familienbetriebe": Die vertraglich an die sechs Schlachthöfe der Gruppe gebundenen Landwirte orderten Küken und Futter bei ihrem Geschäftspartner; die schlachtreifen Broiler kaufte „Wesjohann" dann zurück. Wie erfolgreich dieses System arbeite, erkenne man – so argumentierte der Konzern – schon daran, dass die Hühnerfleisch-Branche in der Bundesrepublik und mit ihr auch die beteiligten Landwirte ungewöhnlicher Weise ganz „ohne öffentliche Subventionen" auskamen, während Steuergelder in der EG doch ansonsten das Lebenselixier der Landwirtschaft darstellten. Kritik an den vertraglichen Abmachungen innerhalb der Produktionskette sei deshalb völlig unangebracht.[199]

Da wir nicht wissen, wie die Ankaufs- und Abnahmepreise für „Wiesenhof"-Fleischhühner genau festgelegt wurden, lassen sich die Gewinnchancen der mit „Wesjohann" verbündeten Mastbetriebe zwar nicht sicher beurteilen. Ein symbiotisches Verhältnis aber bestand hier offensichtlich schon: Der von konstanten Zulieferungen abhängige Verarbeiter konnte kein Interesse daran haben, sich selbst das metaphorische Wasser abzugraben. Dies galt sogar in einem eng definierten räumlichen Sinne. Genau wie die vergleichbar hochgezüchteten modernen Magerschweine, so vertrugen auch die neuartigen Hybridhühner keine Transporte über weite Strecken. Entfernungen von mehr als 100 km zwischen Maststall und Schlachthof – so zeigte die Erfahrung – führten zu signifikant höheren Verlusten von schlachtreifen Tieren. Jeder große Verarbeitungsbetrieb brauchte ‚seine' Lieferanten daher möglichst in der näheren Umgebung.[200]

---

[198] Karl Behrens, Zukunftsorientierte Hähnchenmast in Weser-Ems, in: DGS 28 (1976), S. 1095–1096, hier: S. 1095. In den frühen 1970er Jahren existierten bundesweit rund 40 solcher Mastgemeinschaften für Fleischhühner. Ob sie alle ein so intensiv entwickeltes Innenleben (und damit auch gemeinsame Preisverhandlungen) entwickelt hatten wie die sechs erwähnten niedersächsischen Kooperativen ist unbekannt. Die genannte Zahl aus: Klaus Peter Krause, Gefahr für deutsche Hähnchenmäster, in: FAZ, 14. 7. 1972.

[199] Die Wesjohanns sind die Größten auf dem Geflügelmarkt, in: FAZ, 31. 12. 1987. Vgl. ähnlich auch: Wesjohann/Lohmann suchen Mastbetriebe, in: FAZ, 1. 3. 1988; Geflügelschlachtereien suchen Familienbetriebe als Mäster, in: LWE 134 (1987), Nr. 46, S. 25.

[200] Vgl. dazu: Reimar von Alvensleben, Die Chancen der Junggeflügelmast in Nordrhein-Westfalen, in: Die künftige Wettbewerbssituation von Erzeugung und Vermarktung aus der Landwirtschaft Nordrhein-Westfalens. Niederschriften von Arbeitstagungen des Landesausschusses [für landwirtschaftliche Forschung, Erziehung und Beratung], Düsseldorf 1969, S. 35–51, hier: S. 50 f.; Manfred Köhne, Voraussichtliche Entwicklung der Produktion auf verschiedenen Standorten, in: Chancen, S. 37–52, hier: S. 48; S. Kögel, Geflügelmast in welchen Bestandsgrößen?, in: ebenda, S. 62–70, hier: S. 68.

Gerade finanzstarke Verarbeitungsunternehmen wie „Wesjohann" und „Lohmann" werden ihre landwirtschaftlichen Vertragspartner deshalb in den diversen Preiskrisen, die der Markt für Hühnerfleisch erlebte, jeweils gestützt haben, während sie die Landwirte bei knapperem Angebot dann wohl nicht so gut bezahlten, wie sie es bei einem freien Wettbewerb unter den potentiellen Käufern ansonsten getan hätten. Der Vertragsmäster erhielt somit „zwar ein schmaleres, aber gleichzeitig gesichertes und errechenbares Einkommen".[201]

Einerseits hatte solch eine Geschäftsbeziehung kaum noch etwas mit der Art und Weise zu tun, wie Agrarproduzenten ansonsten mit dem stets veränderlichen Markt verbunden waren. Andererseits aber half ein Slogan wie „Der Bauer muß ein freier Unternehmer bleiben" offensichtlich angesichts der Bedingungen, die in der westdeutschen Broiler-Produktion entstanden waren, auch nicht weiter. Der Unwille, mit dem Vertreter der Branche auf von außen kommende Kritik an den Mastverträgen reagierten, wirkt daher durchaus verständlich – zumal es so einseitig zum Nachteil der Landwirte formulierte „food conversion contracts" wie in Nordamerika in der Bundesrepublik wohl tatsächlich nicht gegeben hat.

Als die „Lohmann & Co AG" 1984/85 in ihre existenzbedrohende Krise geriet, waren es bezeichnender Weise zwei stark im Bereich der Landwirtschaft aktive genossenschaftliche Banken, die das kurz vor der Zahlungsunfähigkeit stehende Unternehmen finanziell über Wasser hielten. Sie wollten so die Mastbetriebe schützen, die vertraglich mit den von Lohmann durch seine Mehrheitsbeteiligungen gelenkten Geflügelschlachthöfen verbunden waren.[202]

Diese Tatsache sowie das eben zitierte Selbstlob der „Wesjohann"-Gruppe über ihre positive Rolle bei der ökonomischen Sicherung bäuerlicher Familienbetriebe führt zu der eingangs gestellten Frage zurück, was aus dem agrarpolitisch strukturkonservativen Vorhaben wurde, in der Bundesrepublik eine Konzentration der Geflügelmast in einigen wenigen Großbetrieben zu vermeiden. Auch wenn das angeführte Wesjohann-Zitat anderes suggeriert: Der Wunsch nach einem westdeutschen Sonderweg in der betrieblichen Entwicklung der Broiler-Produktion blieb unerfüllt.

So zeigte sich schon in den 1960er Jahren, dass die Vorstellung, gerade flächenarme Kleinbauer könnten diese neue Form der landwirtschaftlichen „Veredelung" nutzen, um ihren Hof in eine bessere Zukunft zu führen, völlig an den Realitäten vorbei ging. Zwar entsandten zumindest einige der Landwirtschaftskammern in

---

[201] Karl Behrens, Wettbewerbsstellung und Schwierigkeiten der Geflügelhaltung in der Bundesrepublik Deutschland, in: KF 65 (1985), S. 156–158, hier: S. 157f.

[202] Ein Eigeninteresse der Banken darf unterstellt werden: Sehr wahrscheinlich hatten sie als Kreditgeber Geld in Mastbetriebe investiert. Vgl. im Rückblick zu diesem Engagement der „Deutschen Genossenschafts-Bank" und der „Landwirtschaftlichen Rentenbank" etwa: Lohmann & Co: 60 Prozent des Umsatzes mit Geflügel, in: HB, 19. 12. 1986. Diese Rettungsaktion war offensichtlich von vornherein als befristete Maßnahme geplant, bis ein starker Investor für die dauerhafte Leitung der AG gefunden war. Vgl. dazu: DG-Bank steigt aus, in: HB, 14. 4. 1987. Die beiden Banken hielten auch nach 1987 weiterhin 49 Prozent des Aktienkapitals. Vgl. dazu: Windhorst, Unternehmen, S. 100.

diesem Jahrzehnt „ein ganzes Heer von Fachkräften" zu den Bauern, die allgemein für die moderne Geflügelhaltung und speziell für die Hühnermast warben. Die Beratung in dieser Sache sei, so meldete etwa die LWK Schleswig-Holstein 1965 stolz, „so intensiv wie wohl auf kaum einem anderen Gebiet".[203]

Zu ihrer Enttäuschung stießen die Werber bei den Landwirten jedoch vor allem auf Skepsis. Zum einen schreckten die Investitionskosten für Stallbauten und Technik: Sie sprengten schon in den frühen Jahren der Broiler-Haltung keineswegs nur den finanziellen Horizont von landarmen Kleinbauern. So sind für die Mitte der 1960er Jahre Summen von 300.000 bis 400.000 DM für vollklimatisierte und -automatisierte Stallgebäude mit Platz für 10.000 bis 15.000 Hühner dokumentiert.[204] Kredite für Landwirte standen seinerzeit zwar großzügig bereit. Die Vorstellung, sich so hoch zu verschulden, wirkte wohl dennoch für viele Bauern keineswegs einladend.[205]

Zum anderen reagierten Bauern auch wegen der Neuartigkeit von Produkt und Produktionstechnik mit Abwehr. Bereits 1961 berichtete einer der Berater frustriert, in Gesprächen über einen Ausbau der Hühnerhaltung zeige sich vielfach „das erstaunliche Beharrungsvermögen in der Landwirtschaft"; ein anderer erinnerte sich rückblickend an weitverbreitete Zweifel, ob „Hähnchenmästen eine Tätigkeit für den Landwirt sei". Ganz offensichtlich stand die Tradition der Hühnerhaltung als eine Nebentätigkeit der Bauersfrau ihrer Modernisierung in vielen Fällen doch ernsthaft entgegen.[206]

Allerdings folgten die Landwirte durchaus auch einem ökonomischen Kalkül, wenn sie so verhalten auf gutgemeinte Ratschläge reagierten, in die Broiler-Produktion zu investieren. Eine stark vermehrte Haltung von Legehennen nämlich fanden viele der beratenen Bauern durchaus interessant. Dieser Bereich der modernen Geflügelwirtschaft etablierte sich in der Bundesrepublik daher weitaus rascher und auch sehr viel breiter als die Hühnermast, obwohl auch der Einstieg in die großangelegte Eierproduktion hohe Anfangsinvestitionen erforderte.[207]

---

[203] R. Fangauf, Schleswig-Holsteins Geflügelwirtschaftler reformieren, in: KF 48 (1965), S. 80.
[204] Vgl. etwa: Strecker, Entwicklungstendenzen, S. 35; Stenographisches Protokoll der Experten-Befragung im Rechtsausschuss des BT, 2. 2. 1967, BArch Kbz B 136/8647 (zit. werden die Angaben von Prof. Franz Gerl, Universität Bonn).
[205] Bei hoher Risikobereitschaft war es in den 1960er Jahren allerdings auch ökonomisch benachteiligten Landwirten möglich, in die Broiler-Mast einzusteigen. Vgl. als ein Beispiel dafür die Angaben zur Entwicklung eines einzelnen Hofes in: K. A. Fischenich, Hat ein Grenzbetrieb Aussichten im Wettbewerb?, in: MDLG 85 (1970), S. 49–50. Der hier vorgestellte Hof im Emsland mit sehr armen Böden begann 1961 mit der Hühnermast. In mehreren Schritten wurde die Jahresproduktion von 36.000 auf 126.000 Tiere erweitert. Wie der Autor betont, fußte diese Expansion allerdings auf einer „bemerkenswerten kaufmännischen Einstellung" des Bauern sowie auf „sparsamster Betriebs- und Haushaltungsführung" bei „höchsten persönlichen Anforderungen". Über die weitere Entwicklung des Betriebs (der nicht genau identifizierbar ist) ab 1970 lässt sich nichts sagen.
[206] In der Reihenfolge der Zitate: Klaus Mehner, Geflügelzucht in Deutschland zwischen Nachfrage und Konkurrenz, in: TZ 13 (1961), S. 265–267, hier: S. 265; H. Missler, Hähnchenmäster sind Landwirte geblieben, in: DGS 31 (1979), S. 1114.
[207] Stenographisches Protokoll der Experten-Befragung im Rechtsausschuss des BT, 2. 2. 1967, BArch Kbz B 136/8647 (hier werden 150.000 bis 200.000 DM für den Aufbau eines Stalls für 10.000 Legehennen genannt).

Der Unterschied erklärt sich durch die Möglichkeit, Eier „direkt" zu vermarkten, etwa indem man die Ware auf Wochenmärkten oder auf dem Hof selbst verkaufte. Auch Lieferungen auf eigene Rechnung an städtische Lebensmittelgeschäfte, die dann den weiteren Absatz übernahmen, scheint es vielfach gegeben zu haben. Gute Einnahmen winkten in jedem Fall, denn solch eine Ausschaltung der Zwischenhändler sicherte dem landwirtschaftlichen Produzenten höhere Anteile am Verkaufserlös. Wer Broiler aufzog, konnte hingegen keinen dieser Absatzkanäle nutzen.[208]

Auch deshalb blieb die moderne Hühnermast in der Bundesrepublik selbst in der Phase ihrer starken Expansion in den 1960er und frühen 1970er Jahren eine Sache einiger weniger Landwirte, die unkonventionelle unternehmerische Entscheidungen und meist wohl auch hohe Schulden nicht scheuten. Bundesweit existierten 1972 lediglich 1.500 Agrarbetriebe, die dank der von ihnen benutzten neuartigen Techniken so viele Broiler erzeugten, wie sich die Schlachthöfe mit ihren vollautomatisierten Anlagen das wünschten. Da es zwischen Schleswig-Holstein und Bayern seinerzeit rund eine Million Bauernhöfe gab, entsprach dies einem Anteil von 0,15 Prozent aller landwirtschaftlichen Produzenten. Diese winzig kleine Gruppe lieferte rund 90 Prozent der knapp 170 Millionen Fleischhühner, die seinerzeit pro Jahr in der Bundesrepublik gemästet und geschlachtet wurden.[209]

Trotz noch deutlich wachsender Produktion schrumpfte der ohnehin kleine Kreis dieser leistungsstarken Mastbetriebe in den nachfolgenden Jahren schrittweise immer noch weiter: 1988 kamen 93 Prozent der bundesdeutschen Jahresleistung von nun 231 Millionen schlachtreifen Hühnern aus nur noch 1.000 Betrieben.[210] Wahre Meister der Großproduktion waren offensichtlich insbesondere die Landwirte, die Broiler der Marke „Wiesenhof" aufzogen: Die rund 115 Millionen Hennen und Hähne, die seinerzeit jährlich in den Schlachthöfen der „Wesjohann/Lohmann"-Gruppe starben, stammten aus nur 400 Bauernhöfen. Jeder davon lieferte in zwölf Monaten durchschnittlich also 285.000 bis 290.000 ausgemästete Broiler; pro „Durchgang" muss jeder Betrieb mithin 48.000 bis 58.000 Hühner

---

[208] Vgl. zu diesem Unterschied und seiner ökonomischen Bedeutung etwa: Heinz Splittgerber, Die Lehr- und Versuchsanstalt in der bäuerlichen Geflügelhaltung, in: KF 45 (1962), S. 446–447, hier: S. 446; Kersten, Struktur, S. 6. Zwar entstanden auch im Bereich der Eierproduktion nach 1960 rasch große bis sehr große Ställe. Vielfach wurden sie von Unternehmen gebaut, die von Kapitalanlegern neu gegründet wurden. Vgl. dazu etwa: Settele, Revolution, S. 185 f.; Protest gegen Eierfabrik, in: FAZ, 28. 3. 1980. Dennoch behaupteten sich dank der Direktvermarktung auch kleinere, selbständige Betriebe, weil viele Konsumenten bei Eiern auf „Frische" besonderen Wert legten. Noch Mitte der 1980er Jahre wurden daher rund 40 Prozent der in der Bundesrepublik erzeugten Eier direkt von Landwirten an Endverbraucher verkauft. Solch einen hohen Anteil der Selbstvermarktung gab es bei keinem anderen landwirtschaftlichen Produkt. Vgl. dazu: Karl Magnus Graf Leutrum von Ertingen, Zur Situation der deutschen Geflügelwirtschaft innerhalb der EG, in: KF 68 (1985), S. 152–154, hier: S. 154.
[209] Klaus Peter Krause, Gefahr für deutsche Hähnchenmäster, in: FAZ, 14. 7. 1972. Zahlen über die Kreditlasten der Hühnermast-Betriebe und Angaben zu ihren Geldgebern liegen nicht vor.
[210] Die schweren Hähnchen werden beim Verbraucher beliebter, in: FAZ, 13. 6. 1989.

gleichzeitig betreut und gefüttert haben.[211] Das agrarpolitische Vorhaben, möglichst viele landwirtschaftliche Betriebe durch eine im Einzelfall begrenzte „innere Aufstockung" in Gestalt der Broiler-Mast zu sichern, war ohne Frage komplett gescheitert.

Zudem verteilten sich diese wenigen Mastunternehmen innerhalb der Bundesrepublik auch noch äußerst ungleich. In weiten landwirtschaftlich sehr produktiven Regionen spielte die Haltung von Fleischhühnern fast überhaupt keine Rolle; in einigen wenigen, eng begrenzten Gebieten drängten sich die Mäster hingegen dicht beieinander. Solche Produktions-Cluster entstanden vor allem in der Weser-Ems-Region im nordwestlichen Niedersachsen; dazu kamen dann auch noch ähnliche, aber doch nicht ganz so auffällige Konglomerationen in Teilen von Nordrhein-Westfalen, Schleswig-Holstein und im nördlichen Bayern. Das eindeutige Zentrum der bundesdeutschen Hühnermast aber lag in den niedersächsischen Landkreisen zwischen der holländischen Grenze, der Nordsee und der Weser: Bereits Mitte der 1970er Jahre befanden sich hier rund 40 Prozent aller westdeutschen Mastplätze für Fleischhühner.[212] Selbst in den 1980er Jahren, in denen die Zahl der Mastplätze bundesweit sank, wuchsen die Produktionskapazitäten in dieser Region noch weiter an. Allein der Landkreis Vechta etwa gewann innerhalb von nur zwei Jahren, von 1984 auf 1986, nicht weniger als 855.000 neue Mastplätze für Fleischhühner, weil die dort bestehenden ohnehin schon großen Betriebe ihre Ställe ausbauten.[213]

Die „bodenunabhängige Veredelung", als deren Paradebeispiel die moderne Broiler-Produktion gelten konnte, erwies sich damit als bemerkenswert standortgebunden, zeigte die Praxis doch, dass „regionale Dichte" gerade in der Hühnerfleisch-Branche „der entscheidende Erfolgsfaktor" war.[214] So musste etwa schon der Weg zwischen Brutanlage und Maststall möglichst rasch zurückgelegt werden, durften zwischen dem Schlüpfen der Küken und ihrer ersten Fütterung doch maximal nur fünf Stunden Zeit vergehen. Eine zweimalige „Aufstallung" aber war völlig unwirtschaftlich. In die gleiche Richtung wirkten auch Kostenvorteile bei der Belieferung der Höfe mit Kraftfutter sowie die bereits erwähnte Notwendigkeit, die Zahl von Tierverlusten durch kurze Entfernungen zu den Schlachthöfen zu minimieren.[215] Ohne ein dichtes Netz von Bekanntschaften, das räumliche

---

[211] An Geflügelschlachterei Weilheim beteiligt, in: FAZ, 6. 4. 1988. Die Stallkapazität wurde alternativ für fünf und sechs „Durchgänge" pro Jahr berechnet.

[212] Karl Behrens, Zukunftsorientierte Hähnchenmast in Weser-Ems, in: DGS 28 (1976), S. 1095–1096.

[213] Die genannte Zahl der neuen Mastplätze entsprach einem Zuwachs von 65 Prozent. In absoluten Zahlen wuchs deren Zahl im Landkreis in diesen beiden Jahren von 1,307 auf 2,162 Millionen. Sie verteilten sich auf 58 bzw. auf 61 Betriebe. Im gleichen Zeitraum sank die Zahl der Mastplätze in ganz Niedersachsen um rund vier Prozent; im Bundesgebiet betrug der Schwund sogar elf Prozent. Alle Angaben nach: Geflügelwirtschaft vor neuen Herausforderungen, in: LWE 134 (1987), Nr. 25, S. 26–30, hier: S. 26.

[214] Köhne, Entwicklung, S. 48.

[215] Die Kosten der Transporte von zugekauften Futtermitteln, die in der ersten Hälfte des 20. Jahrhunderts noch gewichtig gewesen waren, verloren durch die zunehmende Motorisierung und den Aufschwung der LKW-Transporte nach 1950 betriebswirtschaftlich allerdings

1. Hühner als Fleischlieferanten und die moderne Geflügelwirtschaft

Nähe voraussetzte, konnten „Mastgemeinschaften" selbständiger Landwirte, die in der Entwicklung dieses neuen agrarischen Produktionsbereiches eine wichtige Rolle spielten, zudem nur schlecht funktionieren. All dies setzte insbesondere in der Weser-Ems-Region eine sich selbst verstärkende Spirale der wirtschaftlichen Entwicklung in Gang, die Mast- und Verarbeitungsbetriebe gemeinsam wachsen ließ.[216]

Die bundesdeutsche Agrarpolitik reagierte widersprüchlich auf diese beiden eng miteinander verflochtenen Konzentrationsprozesse. Dort, wo die neuartigen Hühner-Hochburgen entstanden, löste der Vorgang bei Regional- und Landespolitikern typischerweise eher erstaunte Freude als Sorge und Bedenken aus. Zwar hatte niemand die Entwicklung bewusst herbeigeführt oder auch nur antizipiert. Die öffentlichen Subventionen für den Bau der Geflügelschlachthöfe sowie auch allgemeine Förderprogramme für besonders strukturschwache ländliche Räume wie etwa das Emsland schufen jedoch zumindest die Voraussetzungen für die Cluster-Bildung.[217]

Politiker, die für die Landwirtschaft zuständig waren, lobten sich daher indirekt selbst, wenn sie positiv über die hochproduktiven „Intensiv-Gebiete" urteilten: Erfolgsmeldungen aus agrarischen Regionen gab es ansonsten ja nur selten zu verkünden. Zudem entstanden keine massiven neuartigen Umweltprobleme, wenn in eng begrenzten Gebieten sehr viele Masthühner gehalten wurden. Bei einem vergleichbaren räumlichen Konzentrationsprozess im Bereich der Schweinehaltung, der sich seit den 1960er Jahren auch in der Bundesrepublik vollzog, galt dies nicht – hier entstand rasch ein heftiger Streit, wie mit der in modernen Ställen anfallenden „Gülle" (dem verflüssigten Kot der Tiere) umzugehen sei.[218]

---

deutlich an Bedeutung. Zu diesem Trend vgl. ausführlich: Dieter Tewes, Der Einfluss der Gütertarifpolitik auf die Futtermittelmärkte der Bundesrepublik Deutschland, Münster-Hiltrup 1965 (zusammenfassend: S. 119 f.).

[216] Vgl. zusammenfassend neben Köhne, Entwicklung, auch noch: Günter Müller, Standortprobleme von landwirtschaftlichen Erzeugnissen und Vermarktungseinrichtungen, in: Verhandlungsbericht der Mitgliedertagung des Deutschen Raiffeisenverbandes am 20. und 21. Juni 1963 in Bonn, Bonn 1963, S. 125–140, hier: S. 137 f; H. J. Nordmann, Emsland – ein Schwerpunkt der Junggeflügelmast, in: DGS 22 (1970), S. 1058; Hans-Wilhelm Windhorst, Das agrarische Intensivgebiet Südoldenburg, in: Zeitschrift für Agrargeographie 4 (1986), S. 345–366.

[217] Insbesondere der bereits 1950 gestartete „Emsland-Plan", der vom Bund, von Niedersachsen und den Landkreisen im Emsland finanziert wurde, darf wohl zumindest insofern als Hintergrund für den Aufschwung der Geflügelbranche in dieser Region gelten, als das Programm die dortige Infrastruktur stark verbesserte. Vgl. hierzu etwa: Heinz Weyl, Zur Geschichte der Landes- und Regionalplanung in Niedersachsen, in: Zur geschichtlichen Entwicklung der Raumordnung, Landes- und Regionalplanung in der Bundesrepublik, Hannover 1991, S. 197–251, hier: S. 221–233. Zu den Anfängen einer intensiven Hühnerhaltung in der Region, die zeitgleich mit der Errichtung von Schlachthöfen erfolgte, ab Mitte der 1960er Jahre vgl. Behrens, Hähnchenmast, S. 1095; Nordmann, Emsland, S. 1058.

[218] Zwar ist Gülle im Prinzip ein wertvoller Dünger. In den enormen Mengen, in denen der Stoff in „Intensiv-Gebieten" beständig produziert wurde, verursachte er jedoch gleich eine ganze Reihe von ökologischen Problemen, auf die auch die Politik reagieren musste. Siehe dazu S. 403 ff. Auch der Abfall von Legehennen kann ökologische Probleme bereiten. Auf dieses spezielle Problem kann hier nicht eingegangen werden.

Fleischhühner hinterließen hingegen selbst in sehr großen Ställen nicht nur deutlich weniger Exkremente als Schweine. Ihr Abfall ließ sich zudem auch dann sinnvoll als Dünger verwenden, wenn er nicht – wie bei „Wesjohann" – zur Basis der Champignonzucht wurde.[219] So erklärte etwa der eben schon einmal erwähnte niedersächsische Landwirtschaftsminister Gerhard Glup 1978, lange vor der Erfindung dieses pfiffigen Verfahrens, er strebe selbstverständlich danach, „den Vorsprung, den Niedersachsen in der Geflügelfleischproduktion hat, zu halten".[220]

Ging es nicht um räumliche, sondern um betriebliche Konzentration in der Hühnermast, dann reagierten jedoch fast alle Agrarpolitiker unverändert negativ: Sie hielten dauerhaft an der oben skizzierten Position fest, Großbestände für die tierische „Veredelung" in einigen wenigen Höfen seien als „Agrarfabriken" abzulehnen. Landwirtschaftliche Interessenverbände wie etwa der DBV oder auch regionale Organisationen der Bauern teilten diese Sicht.[221] So blieben die Vorschriften zur steuerlichen Benachteiligung der „gewerblichen Tierhaltung" bestehen, obwohl die bundesdeutschen Geflügelhalter zunehmend klagten, der Fiskus mache sie damit zu „Landwirten zweiter Klasse". Die Regelung sei willkürlich, antiquiert und ordnungspolitisch grundsätzlich falsch, denn sie bestrafe Rationalisierungserfolge und besondere Leistungsfähigkeit – also gerade das, was Unternehmern in allen anderen wirtschaftlichen Bereichen Anerkennung einbringe. Zudem gehe es keineswegs um Profitmaximierung: Wenn ein Hühnermäster „aufstocke", folge er nur den Zwängen, die das Vermarktungssystem für Broiler ihm auferlege.[222]

Die geflügelhaltenden Landwirte engagierten sich in dieser Sache auch deshalb so stark, weil die geltenden Regelungen gerade für sie besonders scharf ausfielen: Selbst ein für bundesdeutsche Verhältnisse schon recht großer Hof mit einer Anbaufläche von 20 ha durfte – überschlägig berechnet – maximal 20.000 Broiler-

---

[219] Mitte der 1980er Jahre stammten nur drei Prozent der in der Bundesrepublik jährlich anfallenden Menge von Tierexkrementen von Hühnern. Da der Nitratgehalt von Hühnerkot zudem deutlich geringer ausfällt als der der Gülle, besteht kaum die Gefahr der Überdüngung und „Auswaschung" des Stoffes in das Grundwasser. Vgl. hierzu und zu den vielfältigen Verwendungsmöglichkeiten von Hühnerkot als Düngemittel: Umweltprobleme der Landwirtschaft. Sondergutachten des Rates von Sachverständigen für Umweltfragen vom März 1985, in: BT Drucksache 10/3613, S. 153 u. S. 155 f. (online abrufbar unter: https://dip.bundestag.de).

[220] Produktion und Vermarktung von Schlachtgeflügel, in: DGS 30 (1978), S. 1975–1977, hier: S. 1976. Eine positive Sicht auf räumliche Konzentrationsprozesse in der tierischen „Veredelung" vgl. schon in: Verhandlungsbericht der Mitgliederversammlung des Deutschen Raiffeisenverbandes am 15. und 16. Juni 1961 in Neustadt a. d. W. Hrsg. v. Deutschen Raiffeisenverband, Bonn 1961, S. 38 f.

[221] Vgl. hierzu etwa: Birner/Gareis/Götz, Aspekte, S. 32–36; Klaus Peter Krause, Agrarfabriken ärgern die Bauern, in: FAZ, 1. 8. 1981.

[222] Vgl. etwa: Klaus Peter Krause, Gefahr für deutsche Hähnchenmäster, in: FAZ, 14. 7. 1972 (Zitat); H. Jungehülsing, Geflügel- und Schweineproduktion künftig in Tierfabriken?, in: DGS 27 (1975), S. 571; Karl Behrens, Wettbewerbsstellung und Schwierigkeiten der Geflügelhaltung in der Bundesrepublik Deutschland, in: KF 68 (1985), S. 156–158, hier: S. 158; Ludwig Pahmeyer, Volle Auslastung oder gebremste Kraft?, in: MDLG 102 (1987), S. 4–6; Johannes Stellkamp, „Alle Hähnchenmäster sind Landwirte", in: LWE 135 (1988), Nr. 45, S. 3–5, hier: S. 4.

Mastplätze einrichten, wenn er seine steuerlichen Privilegien nicht verlieren wollte.[223] Wie das Beispiel des Eingangs vorgestellten holländischen Betriebs belegt, war das schon in den frühen Entwicklungsstadien der modernen Geflügelhaltung keine unternehmerisch optimale Stallgröße. Mit den Fortschritten von Zucht und Haltungstechnik intensivierte sich das Problem.[224]

Diese Klagen und Argumente blieben in der agrarpolitischen Debatte jedoch wirkungslos. Der Gesetzgeber griff sogar noch zu einem zweiten Mittel, um den Trend zu wachsenden Bestandsgrößen zu behindern: Seit 1971 unterlagen größere Stall-Neubauten grundsätzlich einer speziellen Genehmigungspflicht. Bei Broilern etwa galt dies für alle Anlagen mit mehr 30.000 Mastplätzen. Die lokalen Gewerbeaufsichtsämter konnten ihre Zustimmung an spezielle Bedingungen – etwa für die Lüftungsanlagen, für die Be- und Entwässerung oder auch für den Abstand zu den nächsten Wohngebäuden – knüpfen bzw. die Genehmigung auch ganz verweigern, wenn sie dies im Interesse der betroffenen Anwohner für nötig hielten. Um Tierschutz ging es hingegen nicht.[225]

Dieser Versuch, Agrarstrukturpolitik nun ergänzend auch noch mit Hilfe ökologisch begründeter Gebote und Verbote zu betreiben, wirkte allerdings wohl eher kontraproduktiv: Er zwang expansionswillige Hühnermäster immer dann, wenn deren Projekt nicht vollständig untersagt wurde, noch stärker auf das Sinken der Stückkosten in der Massenproduktion zu setzen, als sie das ohnehin schon taten. Wie ein Agrarökonom 1980 aufwendig errechnete, konnte ein Investor behördlich

---

[223] Berechnet nach den Zahlen in: Engel, Landwirtschaft, S. 86 f. Betriebe mit weniger als 20 ha verloren ihr Steuerprivileg bereits durch kleinere Ställe (wenn sie nicht Boden dazu kauften oder pachteten). Da es sich um deutsches Steuerrecht handelt, war die Angelegenheit überaus kompliziert. Grob gesagt, entstand das besondere Problem der Hühnermäster dadurch, dass die Abgrenzung zwischen „gewerblicher" und bäuerlicher Tierhaltung auf einer Umrechnung von Hühnern und Schweinen in Großvieh-Einheiten (konkret: in ein ausgewachsenes Rind) aufbaute, um die unterschiedlichen Sparten der „Veredelung" gleich zu behandeln. Diese Umrechnung, die dann auf die vorhandene Anbaufläche des Betriebs bezogen wurde, fußte auf einem durchschnittlichen Futterbedarf pro einzelnem Tier, der 1962/63 ermittelt wurde und wohl schon damals mit Blick auf die Hühner nicht zeitgemäß (d. h. deutlich zu hoch) festgesetzt war. Vgl. auch: Behrens, Wettbewerbsstellung, S. 158. Die genauen Zahlen des Umrechnungsschlüssels vgl. etwa in: Manfred Köhne/Rüdiger Wesche, Die Besteuerung der Landwirtschaft, Stuttgart 1982, S. 47 f.

[224] Forderungen nach einem angepassten „Vieheinheitenschlüssel" waren dennoch erfolglos: Die Vorschriften blieben nach ihrer Inkraftsetzung 1964 im hier untersuchten Zeitraum unverändert. Vgl. etwa: Der Schlüssel hat nie gepasst, in: DGS 29 (1977), S. 561; S. Nüssel, Die tierische Veredelungswirtschaft in der bayerischen Agrarpolitik, in: DGS 34 (1982), S. 531–536, hier: S. 536. Auch Schweinemäster wurden von dem antiquierten Umrechnungsschlüssel zunehmend benachteiligt. Eine Reform unterblieb, weil sie das komplexe Problem der „Einheitsbewertung" insgesamt berührte. Vgl. zu diesen beiden Punkten die Feststellungen des Bayerischen Landwirtschaftsministeriums in seiner Antwort auf eine Schriftliche Anfrage vom 15. 10. 1987 in: Drucksachen des Bayerischen Landtags, Drucksache 11/3321, S. 1.

[225] Vgl. als Überblick: Stefan Schirz, Die Probleme des Umweltschutzes in der modernen Tierhaltung, in: DG 24 (1972), S. 371–375. 1974 wurde diese Genehmigungspflicht mit dem „Bundes-Immissionsschutz-Gesetz" auf rechtlich neue Grundlagen gestellt. Vgl. zusammenfassend: Hans-Joachim Hötzel, Immissionsschutzrechtliche Probleme der Massentierhaltung, in: Agrarrecht 8 (1978), S. 57–62.

erzwungene zusätzliche Aufwendungen für den Umweltschutz in seiner Stückkostenrechnung am einfachsten dadurch ausgleichen, dass er das Projekt noch größer anlegte. Je nachdem, wie streng die speziellen Vorschriften für den Neubau ausfielen, konnte diese zusätzliche „Aufstockung" bis zu 80 Prozent der ursprünglich geplanten Stallkapazität ausmachen. So wie die ökonomischen Rahmenbedingungen der Geflügelfleisch-Branche aussahen, dürfte diese Option für den betroffenen Unternehmer wohl vielfach wie ein Imperativ gewirkt haben.[226]

Als wirkungslos erwies sich auch die steuerliche Diskriminierung der „gewerblichen Tierhaltung". Der Kostennachteil, der sich ergab, wenn ein Hühnermast-Betrieb so eingestuft wurde, fiel offensichtlich zu gering aus, um betriebliche Erweiterungen zu verhindern. Wahrscheinlich wirkte er sogar auf ähnliche Weise wie die Auflagen für den Umweltschutz: War das Steuerprivileg verloren, boten weitere Bestandsvergrößerungen die Möglichkeit, den Wettbewerbsnachteil zu minimieren. 1988 galten jedenfalls 95 Prozent der etwa 1.000 großen Broiler-Halter in der Bundesrepublik nicht mehr als landwirtschaftliche Unternehmen. Ihren Geschäften hat das jedoch nicht geschadet.[227]

Auch mit der Selbstwahrnehmung der Betriebseigentümer hatte die steuerliche Einstufung wohl nichts zu tun. So wehrte sich der „Geflügelwirtschaftsverband Weser-Ems" mit seinen 450 Mitgliedern 1988 mit dem Slogan „Alle Hähnchenmäster sind Landwirte" öffentlich gegen den Eindruck, in Broiler-Ställen gebe so etwas wie eine industrielle Produktion.[228] Bereits sehr viel früher, im Jahr 1970, hatte sich der Hofbesitzer Hinrich Meyerholz aus einem Dörfchen im Landkreis

---

[226] Franz-H. Schlüter-Craes, Ökonomische Auswirkungen von Umweltschutzauflagen in Betrieben mit Schweine- und Geflügelhaltung, agrarwiss. Diss. Universität Bonn 1980, S. 181–199, zusammenfassend: S. 208. Zum Zusammenhang zwischen Umweltschutzauflagen und weiterer Bestandsvergrößerung in der Geflügelhaltung vgl. auch: G. Steffen, Die Kosten von Umweltschutzmaßnahmen für die tierische Produktion und ihr Einfluss auf die betriebliche Entwicklung, in: KF 59 (1976), S. 444–449, hier: S. 448 f.

[227] Horst Dohm, In Reih und Glied für die Rentabilität, in: FAZ, 1. 10. 1988. 1972 waren es – bei damals rund 1.500 Großbetrieben – nur (oder auch: schon) ca. 50 Prozent gewesen. Klaus Peter Krause, Gefahr für deutsche Hähnchenmäster, in: FAZ, 14. 7. 1972. Bis 1971 hatte diese Wirkungslosigkeit auch einen steuerpolitischen Hintergrund: Der deutsche Gesetzgeber förderte nämlich in einem bestimmten Segment des Steuerrechts bis Ende d. J. die „gewerbliche Tierhaltung", die er mit seinen anderen Steuervorschriften bekämpfte. Dieser Widerspruch entstand durch die Regelungen für Sonderabschreibungen bei der Berechnung der Einkommensteuer. Kurz gesagt, ermöglichte es dieser § 7 EStG wohlhabenden Bundesbürgern ihre Steuerschuld zu mindern, indem sie sich an bestimmten gewerblichen Investitionen beteiligten. Dieser „Verlustausgleich" war auch bei Investitionen in die Tierhaltung möglich. Trotz früh laut werdender Kritik verschwand die Möglichkeit dazu erst 1971. Siehe dazu genauer unten S. 396. Welche Bedeutung der Paragraph bis dahin für die Entwicklung der Geflügelmast hatte, ist unklar. Er scheint eher bei der Entstehung großer Ställe für Legehennen wichtig gewesen zu sein, weil deren Lebensdauer von etwa einem Jahr mit der Abschreibungsperiode übereinstimmte. Vgl. dazu: Können Legehennen sofort abgeschrieben werden?, in: FAZ, 6. 8. 1970.

[228] Johannes Stallkamp, „Alle Hähnchenmäster sind Landwirte", in: LWE 135 (1988), Nr. 45, S. 3–5, hier: S. 3. Vgl. ähnlich auch schon: H. Missler, Hähnchenmäster sind Landwirte geblieben, in: DGS 31 (1979), S. 1114.

1. Hühner als Fleischlieferanten und die moderne Geflügelwirtschaft   313

Oldenburg ganz ähnlich geäußert. In einem der raren Dokumente, die tatsächlich die Worte eines Bauern überliefern, verwahrte er sich gegen den Vorwurf, die beiden von ihm (in finanzieller Kooperation mit zwei anderen Landwirten) geplanten Mastställe mit einer Kapazität von jeweils 80.000 bis 90.000 Broilern seien keine landwirtschaftlichen Betriebe: „Mit industriellen Unternehmungen wolle er grundsätzlich nichts zu tun haben"; sowohl das Konzept wie auch die Durchführung des Projektes lägen in bäuerlicher Hand.[229]

Das Urteil der allgemeinen Öffentlichkeit wie auch der Agrarpolitiker aller Parteien fiel jedoch ganz anders aus. „In der Geflügelproduktion gibt es heute keine Bauern mehr", konstatierte ein Bundestagsabgeordneter der FDP 1984 unwidersprochen in einer der agrarpolitischen Debatten des Hauses. Seine Fraktion beklage diese Entwicklung: „Wir Liberalen wollen keine Agrarindustrie und keine Tierfabriken."[230]

Wenn selbst der Vertreter einer Partei, die ansonsten stets für den freien Wettbewerb stritt, nicht bereit war, die ökonomische Logik hinter dem Größenwachstum der Mastbetriebe zu würdigen, dann konnten die Geflügelhalter wohl generell kaum auf Verständnis oder gar auf Fürsprache hoffen. In der Tat dürfen die beiden eben zitierten Statements des FDP-Politikers als typisch für den bundesdeutschen Blick auf die Broiler-Branche in den 1970er und 1980er Jahren gelten – da mochte die „Wesjohann"-Gruppe noch so häufig beteuern, alle „Wiesenhof"-Hühner kämen aus „bäuerlichen Familienbetrieben". In der gleichen Bundestagsdebatte trat denn auch kein Redner, keine Rednerin, an das Pult, ohne nicht ebenso entschieden gegen die „Agrarindustrie" und gegen „Tierfabriken" zu polemisieren wie der liberale Abgeordnete. Beide Termini blieben dabei durchweg undefiniert.[231]

Auch von den Bedingungen in den anderen Teilen der Produktionskette, die schlachtreife Fleischhühner in gebrauchsfertige Broiler verwandelte und sie tiefgekühlt oder auch in einzelnen Abschnitten frisch verkaufte, war in der Debatte bestenfalls ganz am Rande die Rede. Gerade an diesen Lücken, an dieser Verengung der kritischen Perspektive nur auf die Bauern, zeigt sich, warum die Entwicklung der Broiler-Mast trotz ihrer wirtschaftlich nur begrenzten Bedeutung für eine Geschichte der modernen Landwirtschaft zentral wichtig ist: An ihrem Beispiel demonstrierte die bundesdeutsche Gesellschaft schon früh und sehr eindringlich, wie wenig sie bereit war, eine „economy of scale" im Bereich der Landwirtschaft gutzuheißen. In allen anderen produzierenden Branchen galt dieser ökonomische Zwang zur betrieblichen Größe als unvermeidlich und letztlich auch als sozial positiv, weil er den gesellschaftlichen Reichtum förderte und das hohe Konsumniveau der Bundesbürger sicherte. Zwar existierten Vorschriften, die Monopole und

---

[229] LWK Weser-Ems an RegDir. Riemersberger (BLM), 14. 9. 1970, BArch Kbz, B 116/38 800. Holzkamp hatte mit seinen Kompagnons die „Geflügelmastgesellschaft Ganderkesee" gegründet.
[230] MdB Günther Bredehorn in: BT Plenarprotokoll 10/61, S. 4363 (online abrufbar unter: https://dip.bundestag.de).
[231] Ebenda, S. 4340–4388.

Kartellbildungen verhindern sollten. Sie zielten jedoch nur darauf, Auswüchse zu vermeiden. Allein bei den Landwirten sollten grundsätzlich andere Regeln gelten – sei es nun wegen des Tierschutzes, aus ökologischen Gründen, weil ein breites Bauerntum erhalten werden müsse, wegen normativer Vorstellungen davon, wie ein Bauernhof auszusehen habe, oder auch wegen einer Melange all dieser Motive.

Die breite Ablehnung von „Tierfabriken" in der bundesdeutschen agrarpolitischen Debatte warf nicht nur eine Reihe von grundlegend wichtigen, aber dennoch unbeantworteten Fragen auf. Welche Bedingungen etwa braucht ein solcher wirtschaftlicher Separatbereich, um langfristig zu existieren? Oder auch: Wo genau verlief die Grenze zwischen Landwirtschaft und „Agrarindustrie"? Darüber hinaus muss diese Kritik an Großbeständen auch noch als schizophren gelten. Spätestens seit den Beschlüssen zur Gründung der EWG wurden die Bauern von fast allen Agrarpolitikern und auch von ihren eigenen Interessenverbänden beständig ermahnt, sie dürften nicht mehr so weiter wirtschaften wie bisher. Jeder Landwirt, so hieß es etwa 1964 im „Bayerischen Landwirtschaftlichen Jahrbuch", das als halboffizielles Organ des bayerischen Fachressorts gelten konnte, müsse „in Zukunft ausnahmslos Unternehmer sein" und sich „vom reinen Produktdenken [...] dem Markt-Denken zuwenden": Die Frage, „was der Markt von der Produktion und dem Absatz verlangt", sei nun dauerhaft der wichtigste Punkt in betrieblichen Entscheidungen auf dem Bauernhof.[232]

Landwirte wie etwa der eben erwähnte Hinrich Meyerholz waren diesen Ratschlägen konsequent gefolgt. 1979 äußerte sich ein hoher Beamter des gleichen Landesministeriums dennoch gerade mit Blick auf die Hühnermast vollständig anders über Bauern, die strikt unternehmerisch handelten: Indem sie auf Bestandsvergrößerungen und „Massenproduktion" setzten, förderten sie nach seinen Worten „die Industrialisierung" der agrarischen Welt. Deshalb müssten sie sich darüber „klar sein, [...] dass sie den moralischen Anspruch aufgeben, Bauern zu sein".[233] Angesichts solch moralisierender Kritik durften sich Hofeigentümer, die den neuen Produktionsbereich für Hühnerfleisch mit aufgebaut hatten, wohl berechtigt gleich doppelt getäuscht fühlen: Aus ihrer Perspektive hatte die Politik sie nicht nur mit Ratschlägen und Fördermitteln auf einen Weg gelenkt, der nun unversehens als fatal galt – darüber hinaus wurden sie auch noch persönlich quasi als Verräter des eigenen Berufsstandes attackiert.[234]

Selbst im agrarwissenschaftlichen Fachdiskurs spielte diese Sicht der Produzenten jedoch keine Rolle. Auch hier dominierten negative Urteile über die Struktu-

---

[232] Josef Goldschalt, Produktion und Absatz vom Blickpunkt großer Vertriebsformen des Handels, in: BLJ 41 (1964), Sonderheft Nr. 2, S. 124–139, hier: S. 139. Siehe zu solchen Ermahnungen auch schon unten S. 170 f.

[233] Alfred Schuh, Gedanken über die Zukunft der bäuerlichen Landwirtschaft, in: BLJ 56 (1979), S. 131–137, hier: S. 136. Der Autor war einer der Ministerialdirektoren im bayerischen Landwirtschaftsministerium.

[234] Für einen hessischen Landwirt, der in die Haltung von Legehennen investiert hatte, wird dieser Gedanke dokumentiert in: Klaus Peter Krause, Hühner, Hühner, in: FAZ, 24. 11. 1979.

ren in der Geflügelwirtschaft. Die Branche galt als „ein warnendes Beispiel [...], wohin eine Industrialisierung der tierischen Erzeugung führt", als „Betriebsunfall der Agrarpolitik" oder auch als „ein schlechtes [...] Beispiel" für landwirtschaftliche Modernisierung.[235] Sogar der Staatssekretär des Bundeslandwirtschaftsministeriums erklärte 1981 vor einem Fachpublikum, in der Geflügelmast sei „der agrarpolitisch noch vertretbare Konzentrationsgrad bereits überschritten"; ein anderer Experte beschwor 1984 „das Gespenst der industrialisierten Hühnerhaltung", um vor vergleichbaren Entwicklungen in anderen Bereichen der agrarischen „Veredelung" zu warnen.[236]

All diese Kassandras hatten einen ganz bestimmten Teil der landwirtschaftlichen Produktion im Blick, den sie vor ähnlicher Konzentration bewahrt sehen wollten. „In der Schweineproduktion schickt sich die Agrarindustrie an, auch hier die bäuerlichen Betriebe an den Rand zu drängen", so formulierte es 1984 beispielsweise der eben schon einmal zitierte Bundestagsabgeordnete der FDP.[237]

Alarmmeldungen dieser Art hatte es schon in den 1970er Jahren gegeben; im nachfolgenden Jahrzehnt mehrten sie sich jedoch zusehends. Da die Schweinemast in der deutschen Landwirtschaft ökonomisch ungleich wichtiger war als die Hühnerhaltung, besaß diese Angelegenheit agrarpolitisch enorme Bedeutung. Das folgende Kapitel wird untersuchen, wie berechtigt die Warnungen waren.

2. Schweine und Schweinehalter in Zeiten des Massenkonsums

2.1. Der Weg zum „Deutschen Fleischschwein"

Die meisten deutschen Bauern setzten wirtschaftlich auf Schweine. Unabhängig von der Größe des Betriebes und unabhängig auch davon, was der Landwirt auf seinen Flurstücken anbaute – auf einem deutschen Bauernhof gab es in der ersten Hälfte des 20. Jahrhunderts neben der Feldwirtschaft und Kühen fast immer auch Mastschweine.[238] Diese Generalisierung besaß auch nach 1950 noch ihre Berech-

---

[235] In der Reihenfolge der Zitate: Kurt Burckhardt, Gesunde Nahrungsmittel aus tierischer Erzeugung durch verantwortungsbewusste Fütterung, in: DGS 25 (1973), S. 507–509, hier: S. 507; Willi Kampmann, Die Strukturentwicklung in der Geflügelhaltung, in: DBK 38 (1985), S. 262–263 u. S. 328–330, hier: S. 262; Richard Bröcker, Stand und Entwicklung der Geflügelwirtschaft in der Europäischen Gemeinschaft, in: KF 64 (1981), S. 294–302, hier: S. 301.
[236] In der Reihenfolge der Zitate: Hans-Jürgen Rohr, Gute Chancen für die Landwirte im europäischen Wettbewerb?, in: Landwirtschaft in der Europäischen Gemeinschaft. Fragen zur Situation unserer Partner. Erweiterte Fassung der Vorträge der DLG-Wintertagung am 15. 1. 1981 in Wiesbaden, Frankfurt/Main 1981, S. 164–174, hier: S. 170; Josef Lütkemeyer, Vom Schweinezyklus und anderen Realitäten, in: top agrar 13 (1984), Nr. 4, S. 3.
[237] BT Plenarprotokoll 10/61, S. 4363 (online abrufbar unter: https://dip.bundestag.de).
[238] Vgl. genauer etwa: Hermann Weber, Schweinezucht und -haltung und Schweinehandel. Eine landwirtschaftlich-nationalökonomische Studie, Berlin 1909; August Crone-Münzebrock,

tigung. Zwar waren die Bestände von „Sus scrofa" im Krieg und in den dann folgenden Notjahren stark geschrumpft. Zudem verkauften die Bauern ihre Schweine in dieser Krisenzeit, in der alle Nicht-Landwirte hungerten, kaum noch auf traditionelle Weise. Das Fleisch landete entweder auf dem Schwarzmarkt (dafür mussten die Tiere auch „schwarz" geschlachtet werden) oder aber es diente der Ernährung der eigenen Familie.[239] Mit der Währungsreform von 1948 begann jedoch ein rascher Wiederaufschwung der normalen marktbezogenen Produktion. Bereits im Winter 1950 summierte sich die Zahl der in Westdeutschland lebenden Schweine am Stichtag der allgemeinen Viehzählung auf fast 12 Millionen Tiere. Dies entsprach fast dem Stand von 1938 (auf dem gleichen Territorium). Rund 80 Prozent der etwa zwei Millionen Bauern in der Bundesrepublik hielten zu diesem Zeitpunkt auf ihrem Hof Schweine.[240]

1960 umfasste der Bestand dann sogar annähernd 16 Millionen Tiere. Durch zahlreiche Betriebsschließungen (auch wegen der starken Abwanderung von Arbeitskräften in die boomende Industrie) war die Zahl der insgesamt vorhandenen Höfe auf 1,76 Millionen gesunken. Immer noch aber betätigten sich 74 Prozent der westdeutschen Landwirte auch als Schweinemäster.[241]

Auf diesen rund 1,3 Millionen schweinehaltenden Bauernhöfen wurden fast ausnahmslos jeweils nur kleinere Gruppen von Ferkeln schlachtreif gefüttert. Es handelte sich um Familienbetriebe, die Boden bestellten und gleichzeitig auch Kühe hielten: Unternehmen dieser Größenordnung konnten neben der Feldarbeit und neben der arbeitsaufwändigen Milchwirtschaft (die täglich Geld einbrachte und damit das ökonomische Rückgrat des Betriebs darstellte) nur überschaubare Schweineherden betreuen.[242] Daher besaßen 80 Prozent der schweinehaltenden

---

Die Entwicklung der Schweinezucht in Deutschland. Unter besonderer Berücksichtigung der wirtschaftlichen Fragen, Hannover 1908.

[239] Vgl. dazu im Rückblick etwa: G. Dutschke, Die deutsche Schweinezucht, in: FW 10 (1958), S. 628–633 u. S. 709–714, hier: S. 711.

[240] StatJb BRD 1952, S. 98 (Zahl der Betriebe insgesamt), S. 108 (Betriebe mit Schweinehaltung) u. S. 145 (Zahl der Schweine). Gleichzeitig wurden 11,9 Millionen Rinder gehalten. 1938 hatten die Bauern im Gebiet der späteren Bundesrepublik rund 12,5 Millionen Schweine gehalten (S. 146). Die Zahlen beziehen sich durchweg auf alle Betriebe mit mehr als 0,5 ha landwirtschaftlicher Nutzfläche. Noch im Frühjahr 1948 hatte es auf dem Gebiet der späteren Bundesrepublik wegen der Nachwirkungen der Kriegsjahre lediglich 4,3 Millionen Schweine gegeben. StatJb BRD 1953, S. 183.

[241] Zahlen aus und berechnet nach: StatJb BRD 1964, S. 159 (Zahl aller Betriebe) u. S. 163. In absoluten Zahlen gab es 1960 1.291.100 Betriebe, die Schweine hielten. Die Zahl der Schweine (15,7 Millionen im Dezember 1960) nach: StatJb BRD 1962, S. 181.

[242] Vgl. zu diesem Zusammenhang und zur besonderen Bedeutung der täglichen Einnahmen aus dem Milchverkauf genauer: Jürgen Halle, Diktatur des Rindviehs. Möglichkeiten und Grenzen der Neuorganisation landwirtschaftlicher Betriebe, insbesondere auch nach der Flurbereinigung, Hünfeld 1958, S. 14 f.; Emil Woermann, Entwicklungstendenzen, Kosten und Leistungen in der Veredelungswirtschaft, in: BLJ 37 (1960), Sonderheft Nr. 1, S. 23–54, hier: S. 37 f.; R. Bade/Michael Holla/Hans-Joachim Roos (Bearb.), Gesamtwirtschaftliche Entwicklungsmöglichkeiten in landwirtschaftlichen Problemgebieten, dargestellt an Teilen des Landkreises Cloppenburg, Göttingen 1978 (Agrarsoziale Gesellschaft Materialsammlung Bd. 139), S. 163.

Landwirtschaftsbetriebe in der jungen Bundesrepublik maximal zehn dieser Paarhufer. Lediglich rund ein Prozent hielten Herden von mehr als 50 Schweinen.[243]

Dennoch sicherte die große Zahl der schweinehaltenden Betriebe der bundesdeutschen Landwirtschaft innerhalb der noch jungen EWG eine unangefochtene Sonderstellung: Gemeinsam produzierten die westdeutschen Landwirte in den 1960er Jahren mehr Schweinefleisch als alle Agrarproduzenten in den fünf anderen Gründungsstaaten der Wirtschaftsunion zusammen.[244] Daher sicherte das Borstenvieh den Bauern zwischen Schleswig-Holstein und Bayern auch ungewöhnlich hohe Teile ihres Einkommens. Fast 30 Prozent der gesamten Erlöse der bundesdeutschen Agrarwirtschaft entstanden allein durch den Verkauf von Schweinen. Ökonomisch noch wichtiger war mit einem Einnahmeanteil von knapp 40 Prozent nur noch das Rind als „Zweinutzungs-Tier" (wobei das Geld hier in erster Linie mit der Milch gemacht wurde).[245]

In Anpassung an die nationalen kulinarischen Bedürfnisse und Ernährungsgewohnheiten lieferten die seinerzeit gehaltenen Schweine Fleisch sehr verschiedener Art. Ihre Mast diente keineswegs nur dem Ziel, die mageren und damit „edlen" Abschnitte der geschlachteten Tiere wie Filet, Schinken oder auch Kotelett zu vermarkten. Vielmehr schätzten die Deutschen gerade auch „durchwachsene" bis sehr fettreiche Partien vom Schwein wie etwa den Rückenspeck sowie selbst noch das schiere Fett der Tiere (das „Flomen", die Fettschicht am Bauch): In einer Gesellschaft, in der sich nur wenige Haushalte Nahrungsluxus leisten konnten, galten energiereiche Speisen und Lebensmittel als besonders wertvoll. Daher mästeten die deutschen Bauern in der ersten Hälfte des 20. Jahrhunderts und auch noch nach dem Zweiten Weltkrieg vornehmlich Schweine einer „Rasse", die verlässlich beides – Muskelfleisch und Fett – bot: Mit der „Deutschen Landrasse" hielten sie ganz bewusst ein „Mehrzweckschwein", das als noch junges Tier bei klug dosierter Fütterung recht „fleischreich", bei längerer Mast und kalorienreicher Nahrung aber auch sehr fett werden konnte.[246]

---

[243] Günther Steffen/H.-O. Hamann, Ertrags- und Aufwandsbeziehungen in der Arbeits- und Futterwirtschaft der Schweinehaltung, in: AW 13 (1964), S. 113–127, hier: S. 124 f. Die Zahlen gelten für das Jahr 1960.

[244] Günther Tiede, Standorte der EWG-Agrarerzeugung. Schwerpunkte und Entwicklungstendenzen, Hamburg und Berlin 1971, S. 72. Hiernach betrug die bundesdeutsche Produktion (in t) im Durchschnitt der Jahre 1966–1968 rund 2,55 Millionen gegenüber insgesamt 2,45 Millionen in den übrigen EWG-Ländern. Zweitgrößtes Produktionsland waren die Niederlande mit einer jährlichen Leistung von rund 630.000 t.

[245] Kurt Padberg/Adolf Nieschulz, Produktion, Verkaufserlöse und Betriebsausgaben der Landwirtschaft im Bundesgebiet (ohne Saarland), in: AW 9 (1960), S. 33–54, hier: S. 43 f. Auf Produkte aus der landwirtschaftlichen „Veredelung" entfielen Ende der 1950er Jahre insgesamt 72 Prozent aller Einnahmen der Agrarbetriebe; nur der Rest stammte aus der Vermarktung der Feldfrüchte. Wegen der steigenden Preise vor allem von Fleisch war der Anteil der „Veredelung" im Vergleich zu den letzten Jahren vor dem Zweiten Weltkrieg um vier Prozentpunkte gestiegen.

[246] Ludwig Schmidt, Zuchtziel- und Haltungsfragen aus der Schweinezucht, in: BLJ 37 (1960), S. 49–68, hier: S. 52 f. Zur „Landrasse" vgl. auch: ders. u. a., Schweineproduktion. Markt und Wirtschaftlichkeit, Zucht, Fütterung, Stallbau, Hygiene und Gesunderhaltung, 2. erw. u.

Betont muskulöse und damit eher magere „Rassen" standen zwar ebenso zur Verfügung wie Zuchtlinien, die geschmacklich besonders gutes Fleisch lieferten, dafür aber nicht so schwer wurden. Solche mageren Schweinetypen stammten jedoch bezeichnender Weise vornehmlich aus dem Ausland; Tiere dieser Art besaßen auf deutschen Höfen den Status von Exoten.[247]

Mit den bei Bedarf problemlos auch zum „Fettschwein" zu mästenden Tieren der „Landrasse" wirtschafteten die deutschen Bauern über Jahrzehnte hin zu ihrer Zufriedenheit, zumal diese Schweine sich auch noch als unempfindlich in der Haltung sowie als „frohwüchsig", genügsam und fruchtbar erwiesen.[248] Gerade der bislang so wertvolle „Mehrzweck"-Charakter dieser „Rasse" verwandelte sich im Laufe der 1950er Jahre jedoch unversehens in ein gravierendes Problem.

Wie oben schon gezeigt wurde, veränderten die bundesdeutschen Konsumentinnen und Konsumenten den Markt für Schweinefleisch im Laufe dieses Jahrzehnts auf ganz neuartige Weise: Sie bevorzugten nun zunehmend möglichst mageres Fleisch. Teilstücke mit sichtbaren Fettanteilen akzeptierten sie nur noch, wenn solche Ware besonders preiswert angeboten wurde; pures tierisches Fett entwickelte sich sogar zum Ladenhüter. Dadurch entstanden starke Preisunterschiede zwischen den mageren und fetten Partien des Schweins, die es so bislang nicht gegeben hatte.[249] Nach der Logik der Märkte ergaben sich daraus in kurzer Zeit auch deutlich veränderte Preisrelationen auf den Märkten für schlachtreife Schweine: Tiere, die wegen ihres hohen Gewichtes oder vom Aussehen her als fettreich eingestuft wurden, brachten immer weniger Geld in die Kassen der Viehhändler und der Bauern.[250]

---

    verb. Aufl., Frankfurt/Main etc. 1980, S. 33–36; Peter Glodek, Schweinezucht zwischen damals und heute, in: MDLG 100 (1985), S. 1268–1273, hier: S. 1268–1270.

[247] Die bekannteste „Fleischrasse" war das aus Belgien stammende „Piétrain-Schwein" (vgl. hierzu etwa: Schmidt, Schweineproduktion, S. 35 f.). Zur starken Dominanz von Tieren der „Landrasse" im gesamten Angebot von schlachtreifen Schweinen in der Bundesrepublik auch noch in den 1950er Jahren vgl. im Rückblick etwa: Peter Glodek, Rückläufige Sauenfruchtbarkeit: Wie kann der Trend umgekehrt werden?, in: MDLG 101 (1986), S. 1146–1149, hier: S. 1148. Detailliert zu ihren Vorzügen vgl. etwa: G. Biedermann, Untersuchungen über die Erblichkeitsverhältnisse wichtiger Leistungseigenschaften bei der Deutschen Landrasse, in: BLJ 48 (1971), S. 781–836.

[248] Gerade in der NS-Zeit erwies sich die Formbarkeit der „Landrasse" für die Bauern als großer Vorteil. Um Devisen für den Import von pflanzlichem Eiweiß für die Margarineherstellung zu sparen und im Interesse der wirtschaftlichen Autarkie (die ihnen auch im Hinblick auf den geplanten Krieg wichtig war) förderten die Nationalsozialisten nämlich die Produktion von „Fettschweinen" durch besondere Preisanreize: „Der Erfolg war durchgreifend." Felix Grüttner, Geschichte der Fleischversorgung in Deutschland. Ein Überblick über die geschichtlichen Grundlagen unserer heutigen Versorgung mit Fleisch, Braunschweig 1938, S. 298. Absurderweise wurde dem pflanzlichen Produkt Margarine damit ein tierischer Anteil verordnet. Im Hintergrund stand das von Militärstrategen und Agrarpolitikern intensiv diskutierte Problem der deutschen „Fettlücke", die das Land von Agrarimporten abhängig machte. Vgl. hierzu: Tiago Saraiva, Fascist Pigs. Technoscientific Organisms and the History of Fascism, London 2016, S. 120–135 (der Zusammenhang mit der Margarineproduktion bleibt hier allerdings unberücksichtigt).

[249] Siehe oben S. 56 f.

[250] Vgl. etwa: Ludwig Schmidt, Zuchtziel- und Haltungsfragen bei der Schweinezucht, in: BLJ 39 (1960), S. 49–68, hier: S. 51; Fleischerzeugung im Zeichen des Wirtschaftswunders!, in:

Auf diese Preissignale reagierte die stark „schweine-basierte" deutsche Landwirtschaft sehr sensibel. Um das Muskelwachstum der gemästeten Ferkel besonders zu fördern, nutzten Schweinehalter in den 1950er Jahren neben dem selbst erzeugten „Grundfutter" verstärkt ergänzende eiweißreiche und vitaminhaltige Kraftfuttermischungen, die von der Futtermittelindustrie vermehrt angeboten wurden. Mit dem Kauf solcher Produkte partizipierten die Bauern an dem neuartigen Wissen, wie der Stoffwechsel der Nutztiere funktionierte, das oben im Abschnitt über die Hühnerhaltung schon skizziert wurde. Besonders bedeutsam war in diesem Zusammenhang die oben bereits erwähnte Entdeckung der Aminosäure Lysin, deren Dosierung zentral darüber entscheidet, wie stark sich die Muskeln im Wachstumsprozess entwickeln.[251]

Vielfach wurden die Schweine auch generell zurückhaltender gefüttert und zudem bereits im jüngeren Alter mit deutlich geringerem Gewicht auf den Markt gebracht als in der Zeit vor dem Zweiten Weltkrieg, da sich hoffen ließ, dass leichte Tiere mit einem Lebendgewicht zwischen 80 und maximal 120 Kilo dem neuen Imperativ des Marktes „Viel Fleisch und wenig Fett!" besser entsprechen würden als voll ausgemästete „Sus scrofa"-Exemplare. Die Lebenszeit eines für die Fleischproduktion aufgezogenen Schweines bis zur Schlachtung, die vor dem Zweiten Weltkrieg in der Regel 200 bis 220 Tage betragen hatte (bei ausgesprochen fetten Tieren konnten es auch 250 Tage sein), verkürzte sich damit auf nur noch 160 bis 180 Tage.[252]

All diese Anpassungsleistungen stießen allerdings an eine unüberwindbare Grenze: Wie sich nach der Tötung und Halbierung der Schweine in den Schlachthöfen immer wieder zeigte, genügten die Tiere der „Deutschen Landrasse" auch jung und leicht sehr häufig nicht den neuen Anforderungen der Fleischkonsumenten. Nach eigenen Recherchen in verschiedenen Schlachtbetrieben im ganzen Bundesgebiet kamen drei Experten der Tierzucht 1962 zu einem fast schon vernichtenden Urteil über diese „Rasse": Viel zu oft, so ihr Fazit, habe man „am Ha-

---

MDLG 76 (1961), S. 1137–1138; L. Schön, Bericht über die DLG-Schlachtviehschau Stuttgart 1961, in: FW 13 (1961), S. 808.

[251] Vgl. etwa: Gerd Berneike, Wirkstoffe in der Schweinemast, in: MDLG 76 (1961), S. 1324–1325. Der Einsatz von „nutritiven" Antibiotika hatte mit dem Fett-Problem hingegen direkt nichts zu tun. Futtermischungen mit solchen Zusätzen wurden den Schweinemästern vielmehr wegen der deutlich besseren „Wirkstoffverwertung" der so ernährten Ferkel allgemein empfohlen. Da sich so Futterkosten sparen ließen, gehörte die Schweinemast mit Antibiotika-Zusätzen offensichtlich bereits seit den späten 1950er Jahren zum Alltag auf den westdeutschen Bauernhöfen. Vgl. hierzu etwa: Gerd Berneike, Wirkstoffe in der Schweinemast, in: MDLG 76 (1961), S. 1324–1325, hier: S. 1325.

[252] Das Zitat aus: Fleischerzeugung im Zeichen des Wirtschaftswunders!, in: MDLG 76 (1961), S. 1137–1138, hier: S. 1137. Zur Mastdauer vgl. etwa: Schmidt, Schweineproduktion, S. 167 f. Bei diesem Stand ist es im Untersuchungszeitraum weitgehend geblieben. Zwar gab es Versuche, mit anderen Fütterungsmethoden eine noch sehr viel stärkere Verkürzung der Mastzeit zu erreichen. Allerdings entstanden dabei deutlich höhere Futterkosten; zudem gab es gesundheitliche Probleme, weil sich Herz und Skelett der Tiere bei Mastzeiten von 100 bis 120 Tagen nicht ausreichend entwickelten. Vgl. dazu: Josef Lütkemeyer, Auf dem Weg zum 100-Tage-Schwein, in: top agrar 9 (1980), Nr. 3, S. S 30–S 33.

ken" ein Tier gesehen, dessen „Knochen- und Schwartenanteil zu hoch liegt", das trotz seines geringen Schlachtgewichts „muskelarm, besonders im Schinken, erscheint und im allgemeinen zu fett" sei.[253]

Andere Fachleute sahen das genauso. So mehrten sich in der Expertendiskussion die Rufe nach neuen Schweinen: „Fleisch kann man nicht erfüttern, es muß erzüchtet werden!" Ähnlich wie bei den Hühnern, bei denen Tiere aus ganz neu aufgebauten Zuchtlinien die alten, nicht mehr zeitgemäßen „Rassen" verdrängten, so müsse nun auch beim Borstenvieh ein „Deutsches Fleischschwein" an die Stelle der „Deutschen Landrasse" treten.[254]

In dieser Debatte erwies sich der Begriff „Fleisch" rasch als viel zu pauschal. Gewünscht wurden vielmehr ausdrücklich Schweine mit einem „möglichst hohen Anteil wertvoller Fleischpartien". Dies waren vor allem „die Teilstücke Kotelett, Kamm und Schinken", die von den deutschen Konsumenten besonders geschätzt wurden.[255] Dementsprechend brauchte das ideale Schwein der 1950er und 1960er Jahre einen möglichst langen und dazu auch noch sehr breiten Rückenmuskel. Als zweites Zuchtziel folgte der „runde, volle Schinken", der sich nur dann entwickeln konnte, wenn die Hüftknochen der Tiere weiter als bisher voneinander entfernt standen.[256] Der schiere, nicht von Muskeln durchzogene Rückenspeck, der bei Tieren der „Landrasse" problemlos fünf bis sechs Zentimeter dick werden konnte, sollte hingegen möglichst stark schrumpfen.[257]

Zweifel, ob man langjährig bewährte Nutztier-„Rassen" so entschlossen nach den gerade aktuellen Bedürfnissen der Verbraucher verändern dürfe, wurden in der zeitgenössischen Diskussion nicht laut. „Wir müssen das auf den Markt bringen, was begehrt wird" – dieses Motto, das einer der Referenten auf einer DLG-Tagung über „Fragen der Fleischvermarktung" im Herbst 1963 formulierte, fand vielmehr allgemeinen Beifall.[258]

Wichtige Voraussetzungen, die es brauchte, um den Auftrag zu erfüllen, besonders muskulöse und magere Schweine zu schaffen, waren in der Bundesrepublik

---

[253] Joachim-Hans Weniger/Peter Glodek/Hans-Joachim Langholz, Ist das Fleischschwein schon am Markt?, in: TZ 14 (1962), S. 9–12, hier: S. 10. Vgl. ähnlich auch schon: Joachim von Rümker, Qualitätswünsche bei Vieh und Fleisch, in: DBK 12 (1959), S. 247–248.

[254] Fritz Haring, Die marktgerechte Erzeugung von Schweinefleisch, in: KF 42 (1959), S. 280–283, hier: S. 282. Vgl. ähnlich auch: ders., Wege zum deutschen Fleischschwein, in: TZ 13 (1961), S. 278–282, hier: S. 278 f.; Horst Kräusslich, Ein Jahr Erzeugerringe in Bayern, in: BLJ 41 (1964), Sonderheft Nr. 2, S. 104–118, hier: S. 116.

[255] Ludwig Schmidt, Zucht- und Haltungsfragen bei der Schweinezucht, in: BLJ 37 (1960), S. 49–68, hier: S. 50.

[256] Theodor Pfeuffer, Gegenwartsprobleme der bayerischen Schweinezucht, in: BLJ 37 (1960), Sonderheft Nr. 1, S. 83–94, hier: S. 90.

[257] Fritz Haring, Die Züchtung von Fleischschweinen und die Folgeerscheinungen, die sich insbesondere in Hinblick auf die Qualität von Fleisch und Fett ergeben, in: FW 15 (1963), S. 5–13, hier: S. 6.

[258] Karl Lorberg, Begrüßungsansprache, in: Fragen der Fleischvermarktung. Vorträge der Herbsttagung der DLG, Hamburg, 2. bis 4. September 1963, Frankfurt/Main 1964, S. 5–10, hier: S. 8.

durchaus gegeben. Da die Deutschen so gerne Schweinefleisch aßen, besaß die gezielte Anpassung dieser Nutztiere an die menschlichen Bedürfnisse eine lange nationale Tradition. Die Zucht war zudem breit in der Landwirtschaft verankert und doch strikt organisiert. Das Gros der Experten in dieser Sache stellten Bauern, die sich selbst in einer ganzen Reihe von meist regional gegliederten Vereinen organisierten und ihre Arbeit fortlaufend koordinierten.[259]

Diese Landwirte hatten sich darauf spezialisiert, durch genau kontrollierte Paarungen besonders leistungsstarke Eber und Sauen aufzuziehen. Sie benutzten dabei die Methoden der sogenannten „Herdbuchzucht", d. h. sie paarten nur Tiere, deren Abstammung sich genau verfolgen ließ, und verzeichneten auch die im eigenen Betrieb geborenen Schweine akribisch in den nach einheitlichen Regeln geführten „Herdbüchern". Vergleichende Bewertungen der Tiere durch fachlich kompetente Juroren und auch praktische „Leistungsprüfungen" lieferten weitere Informationen, um gezielt die jeweils besten Exemplare einer Generation zu selektieren. Die Mitglieder der Vereine teilten ihre Erfahrungen miteinander und sie tauschten auch Eber und Säue, um unerwünschte Inzucht-Effekte innerhalb der gehegten „Rasse" und ihrer Herden möglichst zu minimieren. Finanziert wurde diese Arbeit durch den Verkauf der Tiere, die nicht der Weiterzucht innerhalb der Gemeinschaft dienten. Dies geschah meist auf speziellen Auktionen, zu denen Interessenten auch von weither anreisten. Als Käufer betätigten sich hier Schweinemäster, die ihre eigenen Bestände qualitativ verbessern und/oder erweitern wollten.[260]

Durch diese professionalisierte und gemeinschaftlich organisierte Züchtungsarbeit von Bauern, die in Deutschland in den 1870er/1880er Jahren begann, entstand u. a. auch die „Deutsche Landrasse". Indem die „Herdbuch"-Verbände kontinuierlich nur die als besonders gut bewerteten Tiere für die Weiterzucht einsetzten, sicherten sie zudem weitere Leistungssteigerungen der jeweils im Verbund gestal-

---

[259] Als Überblick vgl. etwa: Karl August Groskreutz, Vollfleisch-Schweine. Ein Leitfaden für die Vermarktung und Erzeugung von Schweinen voll von Fleisch, Hildesheim 1973, S. 47 f. Zwar gab es selbstverständlich auch akademisch ausgebildete Biologen an Universitäten und staatlich finanzierten Forschungseinrichtungen, die sich mit der Schweinezucht beschäftigten. Ihre Zahl blieb jedoch gering; große Etats für praktische Versuche standen ihnen nicht zur Verfügung. Vgl. zu diesen Defiziten genauer: H. H. Messerschmidt, Welche Aufgaben sieht die Tierzucht für die weitere Anpassung der Fleischproduktion an die Bedürfnisse des Marktes?, in: FW 51 (1971), S. 1745–1749, hier: S. 1748; Kräuslich, Erzeugerringe, S. 88.

[260] Versteigert wurden sowohl Eber wie auch trächtige Sauen. Die wichtigste dieser Marktveranstaltungen fand etwa 15- bis 20mal pro Jahr in Neumünster statt. Zur ihrer 1908 beginnenden Geschichte vgl. etwa: 70 000 Zuchteber zur Verfügung gestellt, in: BBSH 125 (1975), S. 180. Als Überblick vgl. auch: Schmidt, Schweineproduktion, S. 57–59. Zusammenfassend zur Geschichte der „Herdbuchzucht" in Deutschland vgl.: Peter Glodek, Schweinezucht damals und heute, in: MDLG 100 (1985), S. 1268–1273. Zwar gab es auch andere Zuchtgemeinschaften als solche für die „Deutsche Landrasse". Selbst auf die beiden größten Konkurrenzverbände, die das „Deutsche Edelschwein" bzw. das „Schwäbisch-Hallische Schwein" züchteten, entfielen Mitte der 1950er Jahre jedoch nur zehn Prozent der Bestände in den bundesdeutschen Zuchtbetrieben. Die genauen Zahlen vgl. in: G. Dutschke, Die deutsche Schweinezucht, in: FW 10 (1958), S. 628–633 u. S. 709–714, hier: S. 711.

teten „Rasse". Um 1960 gab es in der Bundesrepublik zwischen 4.500 und 5.000 Bauern, die sich an dieser „Hochzucht" beteiligten. Bei Fragen, die mit Schweinen zu tun hatten, mangelte es diesem „kleinen Kreis passionierter Landwirte" mit Sicherheit nicht an Know-how und praktischen Erfahrungen.[261]

Allerdings stützten sich die bundesdeutschen Schweinezucht-Verbände auf ein Wissen, das schon in den 1950er Jahren zunehmend als überholt gelten konnte. Sie arbeiteten mit Einzeltieren und selektierten in jeder neuen Generation bislang de facto vor allem nach Aussehen, d. h. sie wählten die Tiere zur Weiterzucht, die optisch am stärksten dem charakteristischen Erscheinungsbild der jeweiligen „Rasse" entsprachen. Umfassende „Leistungsprüfungen", bei denen die Tiere letztlich auch geschlachtet wurden, blieben aus Kostengründen eher selten.[262] Von der modernen „Populationsgenetik", die in den USA die neuartigen „Einzweck"-Hühner geschaffen hatte, wusste der typische deutsche Schweinezüchter in der ersten Dekade der Bundesrepublik wohl wenig bis gar nichts. Zuchtversuche mit größeren Herden und konsequenten Leistungsprüfungen (inklusive Schlachtung) konnten sie auf ihren Höfen wegen fehlender Stallplätze und mangels ausreichender Finanzmittel ohnehin nicht durchführen.[263]

Bemühungen, das gewünschte „Deutsche Fleischschwein" durch groß angelegte Zuchtprogramme zu schaffen, die sich an der Praxis der US-amerikanischen Hühnerzucht orientierten und mehrere unterschiedliche Ausgangs-„Rassen" für vergleichende Testreihen nutzten, hat es daher in der jungen Bundesrepublik nicht gegeben. Die Zuchtvereine wählten vielmehr ein vergleichsweise bescheiden dimensioniertes Verfahren: Sie hielten an der bewährten „Landrasse" fest, versuchten zugleich aber, diese Tiere nun auch noch mit Erbfaktoren auszustatten, die Muskelreichtum und Fettarmut garantierten. Die praktische Arbeit an dieser punktuellen „Verbesserung" einer ansonsten unveränderten „Rasse" durch Einkreuzung begann schon bemerkenswert früh. Bereits 1951/52 kauften schleswig-holsteinische und niedersächsische Zuchtverbände jeweils Eber einer bislang vor allem in Dänemark und in den Niederlanden gehaltenen Zuchtlinie, die als besonders fleischreich galt, um diese Tiere versuchsweise mit Säuen der „Landrasse" zu paaren. Vereine in anderen Regionen folgten wenig später.[264]

---

[261] Heinz Erich Wandhoff, Die Schweinezüchter und die bundesdeutsche Hybridzucht, in: DGS 28 (1976), S. 222 u. S. 228, hier: S. 228 (Zitat). Die genannten Zahlen aus: E. Fiedler, Bundesrepublik Deutschland, in: Zur agrarpolitischen Diskussion. Internationale Grüne Woche, Berlin 1972, West-Berlin 1972, S. 163–177, hier: S. 167. Als detailreiche Porträts einzelner Zuchtbetriebe vgl. etwa: Vorbildlicher Schweinezuchtbetrieb in Rheinland-Pfalz, in: TZ 14 (1962), S. 121–122; G. Heer, Schweinezucht mit Erfolg im spezialisierten Familienbetrieb, in: DGS 29 (1977), S. 966.

[262] Zur geringen praktischen Bedeutung der Leistungsprüfungen vgl. für den Zeitraum bis 1945: Volker Klemm, Agrarwissenschaft im „Dritten Reich". Aufstieg oder Sturz? (1933–1945), Berlin 1994, S. 91.

[263] Kritisch dazu vgl. etwa: Dutschke, Schweinezucht, S. 709 u. S. 712; Kräusslich, Erzeugerringe, S. 88; W. Kirsch, Züchterische Maßnahmen zur Anpassung der tierischen Erzeugung an die Erfordernisse des Marktes, in: KF 44 (1961), S. 206.

[264] Vgl. im Rückblick etwa: Haring, Züchtung, S. 6. Die fleischreichen dänischen Schweine waren das Ergebnis einer frühen internationalen Arbeitsteilung: Dänische Landwirte hatten be-

Der Vorgang mag banal erscheinen. Tatsächlich aber markierte er einen Bruch in der Geschichte der deutschen Schweinezucht, denn die beruhte innerhalb der organisierten und kollektiv kontrollierten „Hochzucht" spätestens seit dem frühen 20. Jahrhundert auf der Lehre und den Praktiken der „Reinzucht". Einmal geschaffene Zuchtlinien konnten sich nach diesem Konzept nur dann positiv weiter entwickeln, wenn konsequent ausschließlich leistungsstarke Tiere exakt der gleichen „Rasse" gepaart wurden. Die eben erwähnte Selektion nach der optischen Erscheinung der Tiere diente diesem Ziel, die Abstammungslinie möglichst frei von „fremdem" Erbgut zu halten.[265]

Für Landwirte, die auf dem eigenen Hof geborene Schweine für den Verkauf mästeten, besaß die „Reinzucht" einen wichtigen praktischen Vorzug: Kopierten sie deren Regeln für die Paarung von Eber und Sau, dann gewannen sie mit großer Sicherheit fast identisch aussehende Ferkel, die sich – korrekt gehalten und gut gefüttert – auch weitgehend gleich entwickelten. Homogene Gruppen ausgemästeter Schweine aber ließen sich weitaus besser vermarkten als Tiere aus Mastherden, in denen ein uneinheitliches Erbgut zu deutlich unterschiedlichen Körpergrößen und Hautfärbungen führte.[266]

Da umfassend angelegte historisch-kritische Untersuchungen über die Geschichte der Nutztier-Zucht im 19. und frühen 20. Jahrhundert fehlen, ist unklar, wie stark sich praktische landwirtschaftliche Erfahrungen und ideologisch-rassistische Interpretationen der seinerzeit ja noch recht jungen Vererbungslehre in der Entwicklung der agrarischen „Reinzucht" mischten.[267] Ihre Denkweise und ihr Vokabular berühren sich ganz offensichtlich selbst dann eng mit dem zeitgleich stark aufblühenden und zunehmend pseudo-wissenschaftlich fundierten Diskurs über die angeblich existierenden menschlichen „Rassen" und deren „Blut", wenn man berücksichtigt, dass die tierischen „Rassen" nüchterner nach ihrer jeweils kontextabhängigen Funktionalität bewertet wurden.[268]

---

reits im 19. Jahrhundert begonnen, gezielt Schweine zu züchten und zu mästen, die besonders geeignet waren, um den in Großbritannien hochgeschätzten „bacon" zu liefern. Schon in der ersten Hälfte des 20. Jahrhunderts stammte das von den Briten verzehrte Produkt zu erheblichen Teilen aus Dänemark, da die stark kooperativ arbeitenden dänischen Landwirte große Mengen in guter Qualität liefern konnten. Vgl. dazu etwa: D. Hill, Die dänische Landwirtschaft als neuer Partner in der EWG, in: AW 11 (1962), S. 294–299, hier: S. 296. Zur Konkurrenz verschiedener regionaler Zuchtverbände bei der Züchtung der neuen „Fleischschweine" vgl. genauer: Peter Glodek, Die Züchtung des Deutschen Fleischschweines unter dem Einfluss Holländischer Veredelter Landschweine (Nederlands Landvarken), agrarwiss. Diss. Universität Göttingen 1962, S. 17–29.

[265] In der Fachliteratur wird das Ziel der „Reinzucht" daher bezeichnenderweise auch als „Vereinheitlichung des Rassenbildes" bezeichnet. Ludwig Schmidt, Zuchtziel- und Haltungsfragen aus der Schweinezucht, in: BLJ 37 (1960), S. 49–68, hier: S. 52 f. Vgl. zusammenfassend auch: Werner Kirsch, Reinzucht und Kreuzung als Methoden der landwirtschaftlichen Tierzucht, Kiel 1950.

[266] Schmidt, Schweineproduktion, S. 38.

[267] Allenfalls als Ausgangspunkt und als Quelle für Einzelinformationen brauchbar: Gustav Comberg, Die deutsche Tierzucht im 19. und 20. Jahrhundert, Stuttgart 1984.

[268] Dies zeigt sich besonders deutlich beim Thema der Hautfarbe. Bei Schweinen wurde die dunkle Haut nur als eine nützliche Eigenschaft für die Feldmast in Gegenden mit stärkerer

Wenn es innerhalb der bundesdeutschen Zuchtverbände in den 1950er Jahren grundlegende Debatten über die neuen Kreuzungsversuche und die damit vollzogene Abkehr von der jahrzehntelang strikt betriebenen „Reinzucht" gab, dann ist davon kaum etwas an die Öffentlichkeit geraten.[269] Möglicherweise siegte hier schlicht der Pragmatismus. Überzeugte Anhänger der im Wortsinne reinen Lehre (die es mit Sicherheit gab) schwiegen möglicherweise aber auch nur deshalb, weil es sich bei der nun begonnenen „dänisch-holländischen Bluteinmischung" ja lediglich um Versuche zur „Anpaarung" einer nah verwandten „Rasse" und nicht um ein Programm zur Züchtung ganz neuer Hybrid-Tiere handelte. Selbst eingefleischte Traditionalisten mögen dieses Vorgehen als lässliche Sünde gewertet haben – zumal die Kreuzungen ja unter kontrollierten Bedingungen von erfahrenen Landwirten vorgenommen wurden.[270]

Nach dem Start dieser Experimente brauchten die Züchter erst einmal vor allem Geduld. Sind die ersten Tiere einer experimentell kreierten Zuchtlinie geboren, vergehen bei Schweinen zweieinhalb Jahre, bis diese Vertreter einer potentiell neuen „Rasse" selbst Nachkommen produzieren. Zuchtversuche bei hochentwickelten Tieren sollten zudem über mindestens drei dieser „Generationsintervalle" laufen, um erblich bedingte Leistungsveränderungen wirklich sicher als stabil nachweisen zu können. Darüber hinaus kämpfen Züchter grundsätzlich mit dem Problem, dass sich neben positiven selbstverständlich auch negativ bewertete Eigenschaften vererben. Die Korrelation der verschiedenen Parameter ist schwer zu prognostizieren; Überraschungen sind häufig und meist selbst eher negativ.[271]

Trotz dieser vielfältigen Schwierigkeiten präsentierten die bundesdeutschen Zuchtverbände seit 1958/59 ziemlich exakt das, was die Schlachthöfe, der Einzelhandel und die Konsumenten mittlerweile noch weitaus entschiedener verlangten als noch zu Beginn des Jahrzehnts: ein Schwein, das deutlich muskulöser und zu-

---

Sonneneinstrahlung verstanden. Hierarchische Abwertungen gegenüber „Rassen" mit heller Haut verbanden sich damit nicht. Einige Bemerkungen zur ideologischen Prägung der Schweinezucht in der NS-Zeit vgl. in: Saraiva, Pigs, S. 101–120. Vgl. allerdings auch den Hinweis, zumindest unter den akademischen Züchtungsexperten sei in Deutschland in den Jahren nach 1939 zunehmend offen über eine Abkehr von der „Reinzucht" diskutiert worden, weil die Praxis zeigte, dass mit Kreuzungen größere Leistungssteigerungen zu erreichen waren, in: Klemm, Agrarwissenschaften, S. 92 f.

[269] Eine (argumentativ nicht untermauerte) Ablehnung der Kreuzungsversuche vgl. allerdings in: Ludwig Schmidt, Zucht- und Haltungsfragen bei der Schweinezucht, in: BLJ 37 (1960), S. 49–68, hier: 54.

[270] Diese Begriffe und Wertungen aus: Der Durchbruch zum Fleischschwein, in: TZ 12 (1960), S. 423. Vgl. ähnlich auch: L. Schmidt, Erfahrungen mit Holländerschweinen, in: TZ 14 (1962), S. 774–776.

[271] So zeigt sich bei Tieren aus Zuchtlinien, in denen sehr stark auf einzelne, ganz bestimmte Leistungen oder Faktoren selektiert wurde, vielfach eine deutlich verringerte Fruchtbarkeit. Allein dieses Problem kann die Möglichkeiten, eine „Rasse" ökonomisch zu nutzen, stark verringern. Als Überblick über praktische Probleme der Zucht nützlich: Hans Otto Gravert, Leistungsentwicklung in der tierischen Produktion, in: Günther Weinschenck (Hrsg.), Die künftige Entwicklung der europäischen Landwirtschaft. Prognosen und Denkmodelle, München etc. 1973, S. 23–36, insbes. S. 24–28.

gleich fettärmer war als die bislang üblichen Tiere der „Landrasse". Durchaus berechtigt lobten sich die Züchter selbst, diese Verbesserung der wichtigsten deutschen Schweine-Zuchtlinie sei ihnen „in Rekordzeit" gelungen.[272]

Ausgemästete Exemplare des neuen Typs waren mit einer Körperlänge von etwas mehr als einem Meter durchschnittlich um zehn Zentimeter länger als Tiere aus der alten „Reinzucht". Erstaunlicherweise besaßen sie dank der „Anpaarung" einer anderen „Rasse" nun 16 (statt nur 14) Rippen und damit auch zwei Koteletts mehr. Ihr Rückenspeck hingegen wuchs nur noch auf drei bis vier Zentimeter an.[273]

In den späten 1960er Jahren (nach weiterer Zuchtarbeit) zeigten Tiere dieser Art bei vergleichenden Ausschlachtungen einen Muskelanteil am Gesamtgewicht, der statt maximal 45 Prozent (wie bei der ursprünglichen „Landrasse") nun bei 53 bis 63 Prozent lag. Auch intramuskuläres Fett gab es nur noch in bescheidenen Mengen. Pro Kilo Muskelfleisch war der Anteil dieses fein verteilten Fetts innerhalb der von den Konsumenten besonders geschätzten Fleischpartien im Durchschnitt um fast 40 Prozent gesunken. Bei „Spitzentieren", die dem Imperativ vom möglichst mageren Schwein besonders stark entsprachen, betrug der Schwund in der „Marmorierung" von Kotelett oder Filet sogar bis zu 60 Prozent.[274] Tiere der neuen Zuchtlinie waren zwar anspruchsvoller und empfindlicher als die der alten „Landrasse", was Fütterung und Stallklima anging. Bei Fertilität und „Vitalität" lagen die „Leistungsdaten" aber doch noch eng beieinander.[275]

Das Projekt, ein „Deutsches Fleischschwein" zu schaffen, war – so schien es – zur Zufriedenheit aller Marktteilnehmer erstaunlich zielstrebig und effizient realisiert worden. Die Züchter hatten die Veränderungen der Konsumentenwünsche, die das alte „Fettschwein" zunehmend obsolet machten, früh bemerkt und so rasch reagiert, dass ihr Paarungsprogramm den Wandlungen auf dem Fleischmarkt nicht hinterherhinkte. In den 1960er Jahren wurde dieses bemerkenswert marktorientierte Handeln reich belohnt: Der stark zunehmende Schweinefleischkonsum der Bundesbürger in diesem Jahrzehnt der fast ununterbrochenen Prosperität und der stark vermehrten Massenkaufkraft verdankte sich ganz offensichtlich zentral auch der Tatsache, dass sich „Sus scrofa" durch die Findigkeit bäuerlicher Experten erheblich verändert hatte.[276]

Mit dem Absatz wuchs die Zahl der in Westdeutschland gehaltenen Schweine: Sie stieg auf nahezu 21 Millionen Tiere im Jahr 1975.[277] Durch eine auf Hochtou-

---

[272] So auch noch im Rückblick: Peter Glodek, Rückläufige Sauenfruchtbarkeit: Wie kann der Trend umgekehrt werden?, in: MDLG 101 (1986), S. 1146–1149, hier: S. 1148.
[273] Die Zahlen nennen Durchschnittswerte aus „Mastleistungsprüfungen". Karl Christian Stoll, Wie muß das Schlachtvieh beschaffen sein, das der Markt verlangt?, in: FW 12 (1960), S. 255–258, hier: S. 258.
[274] Messerschmidt, Aufgaben, S. 1747.
[275] Schmidt, Schweineproduktion, S. 34 f.
[276] Zur Konsumentwicklung siehe oben S. 67 f.
[277] StatJb BRD 1977, S. 223. Zur gleichzeitigen Konzentration der Bestände wie auch zur weiteren Entwicklung der Gesamtzahl siehe unten S. 398 f.

ren laufende Ferkelproduktion scheint die neue Variante der „Landrasse" rasch den größten Teil dieses riesigen Bestandes gestellt zu haben.[278] Investitionen in die neuen Tiere lohnten sich zumal für die Landwirte, die ihre schlachtreifen Schweine in einen der ebenfalls neuen Versandschlachthöfe schickten: Die Abrechnung „am Haken", die dort vorgenommen wurde, belohnte eine marktkonforme Produktion weitaus konsequenter als der traditionelle Verkauf der lebenden Tiere.[279]

Zusätzliche Anreize, besonders fleischreiche, aber magere Schweine zu mästen, entstanden durch eine Neufassung der amtlich definierten Handelsklassen für Schweinehälften, die im Februar 1972 in Kraft trat. Hatten die alten, 1965 formulierten Kriterien, wie eine qualitativ hochwertige und damit teuer zu bezahlende Schweinehälfte beschaffen sein müsse (sowie auch deren dann folgende Abstufungen bis hinunter zu den besonders billigen Klassen „III" und „IV") das Gesamtgewicht stark berücksichtigt, so entschied nun fast ausschließlich der sichtbare Muskelfleischanteil. Nur Werte über 50 Prozent sicherten einen Verkauf in einer der beiden lukrativen Qualitätsstufen „I" oder „E" (diese blieb Tieren mit mehr als 55 Prozent Muskelanteil vorbehalten).[280]

Im voll entwickelten System der „Totvermarktung", das kaum noch einen Handel mit lebendem Mastvieh kannte, verwandelte sich die zunächst ja noch ganz neue Möglichkeit der Landwirte, besser zu verdienen, indem sie ihre Tiere in einen Versandschlachthof schickten, logischerweise zusehends in einen scharfen Druck, Schweine mit möglichst viel Muskelfleisch zu liefern. „Wenn die Klassen nicht stimmen, bin ich weg vom Fenster", klagte stellvertretend für wohl alle Schweinemäster 1986 etwa der Landwirt Martin Harbeck aus dem niederbayerischen Rottal, der sein Vieh als Mitglied einer bäuerlichen „Erzeugergemeinschaft" aufzog. Die Messlatte für den betrieblichen Erfolg lag für ihn dabei sehr hoch: Sollte der Anteil der Tierkörper, die in die beiden oberen Handelsklassen eingestuft wurden, bei den von ihm gelieferten Schweinen im Schlachthof „nur 50 Prozent" betragen, dann – so Harbeck – werde der Geschäftsführer seiner Genossenschaft „morgen

---

[278] Vgl. im Rückblick: Fiedler, Bundesrepublik, S. 170; 70 000 Zuchteber zur Verfügung gestellt, in: BBSH 125 (1975), S. 180; H. Kräuslich, Zukunftsperspektiven der Tierzüchtung für die Tierernährung, in: BLJ 65 (1988), S. 469–480, hier: S. 469; H. M. Blendel u. a., 30 Jahre Mast- und Schlachtleistungsprüfung beim Schwein in Gub, in: BLJ 63 (1986), S. 683–710, hier: S. 690 f. In Schleswig-Holstein war diese Verdrängung offensichtlich sogar schon in den frühen 1960er Jahren weitgehend abgeschlossen. Haring, Züchtung, S. 7. Umfangreiche Einfuhren von jungen Sauen aus Dänemark haben wohl stark bei der raschen Ausbreitung der Neuzüchtung geholfen: Allein 1960 importierten bundesdeutsche Landwirte 190.000 Sauen aus dem nördlichen Nachbarland. Damit gingen in diesem Jahr mehr als zwei Drittel der aus Dänemark lebend ausgeführten Sauen nach Westdeutschland (Hill, Landwirtschaft, S. 296).

[279] Siehe dazu unten S. 167 f.

[280] Zu den Unterschieden vgl. etwa: L. Schön, Schweinefleischqualität und industrielle Fleischverarbeitung in der BRD, in: DGS 25 (1973), S. 840–842; W. Schmid, Ökonomische Gesichtspunkte einer auf eine hohe Schlachtleistung ausgerichteten Schweineproduktion, in: BLJ 61 (1984), S. 512–528, hier: S. 514 u. S. 519. Zur genauen Abgrenzung der Klassen vgl: Schmidt, Schweineproduktion, S. 28 f.

persönlich am Telefon hängen" und ihn mit der Mahnung „zur Ordnung rufen", künftig fleischreichere Schweine zu produzieren. Der Geschäftsführer des ebenfalls in Niederbayern gelegenen Schlachthofs Pfarrkirchen bestätigte diese Zustandsbeschreibung mit der Feststellung, im Geschäft mit Schweinen gehe es ausschließlich um maximal muskulöse Tiere: „Wenn ich bessere Erlöse erzielen kann, dann nur für mehr Fleisch."[281] Die Handelsketten und die Wurstfabrikanten als Kunden der Schlachthöfe verlangten „vollfleischige Schweine", so hieß es kurz zuvor schon in einem Bericht aus Schleswig-Holstein – und diese dann auch noch in „einheitlicher Qualität in großen Partien".[282]

Quantität ist bekanntlich jedoch nicht zwingend identisch mit Qualität. Mitunter geht beides sogar nur schwer zusammen. In der Schweinefleischproduktion bestand nach der Meinung vieler Experten seit den frühen 1960er Jahren exakt solch ein negativer Zusammenhang zwischen den erzeugten Mengen und der Güte einer Ware. Die neuen „Fleischschweine" bescherten der Branche daher zwar einerseits Absatzerfolge, andererseits aber doch zunehmend auch Sorgen.

2.2. Mangelnde Fleischqualität und die Hybridzucht

An Warnungen hatte es schon früh keineswegs gefehlt. Bereits 1963, als die gezielt mager gezüchtete Variante der „Landrasse" auf den deutschen Bauernhöfen noch recht selten war, bemerkte ein Experte der Nutztier-Haltung öffentlich, ein Zuchtprogramm, das so einseitig auf Fettarmut setze, riskiere erhebliche „Mängel in der Fleischqualität". Einer seiner Kollegen monierte ganz unverblümt, die neuen Tiere lieferten vielfach „wässeriges Fleisch".[283] Karl Schweisfurth, Seniorchef der größten bundesdeutschen Fleischwarenfabrik, diagnostizierte im gleichen Jahr „Degenerationserscheinungen" bei den besonders muskelstarken Schweinen: Ihr Fleisch sei vielfach „zu hell, zu wässerig" und weise so stark von der Norm abweichende PH-Werte auf, „dass es nicht für alle Produkte [der Firma – K.C.F.] in gleich guter Weise verwendbar ist". Sein Anspruch, unter dem Markennamen „Herta" nur Waren zu verkaufen, deren Zutaten „absolut einwandfrei" seien, lasse sich daher immer schwieriger realisieren.[284]

Landwirte schließlich berichteten, Tiere aus den neuen Zuchtlinien zeigten deutlicher häufiger „Störungen oder pathologische Defekte" als Schweine der älte-

---

[281] Josef Lütkemeyer, Der Markt entscheidet, nur der allein, in: top agrar 15 (1986), Nr. 4, S. 32–36, hier: S. 33.
[282] Alexander Goldenstern/Peter Wiegner, Wir brauchen vollfleischige Schweine, in: BBSH 135 (1985), S. 1551.
[283] In der Reihenfolge der Zitate: Haring, Züchtung, S. 6; J. Wismer-Pedersen, Neuere Fortschritte in der Interpretation der Qualität von Schweinefleisch, in: FW 15 (1963), S. 409–415, hier: S. 410.
[284] Karl Schweisfurth, Das fleischverarbeitende Gewerbe als Vermittler der Verbraucherwünsche, in: Fragen der Fleischvermarktung. Vorträge der Herbsttagung, Hamburg, 2. bis 4. September 1963, Frankfurt/Main 1964, S. 25–39, hier: S. 32.

ren „Rassen". Gelenkentzündungen etwa traten vermehrt auf; die Tiere konnten sich vielfach nur unter Schmerzen bewegen und daher „keine langen Wege mehr zurücklegen". Zudem waren sie „meist viel nervöser, erregbarer und auch kampfeslustiger als die fettwüchsigen Typen, wie sie früher in Deutschland gezüchtet wurden".[285]

Dem Siegeszug des neuartigen „Deutschen Fleischschweins" taten diese Defizite und Probleme jedoch keinen Abbruch. Vielfach scheinen Landwirte einfach Beruhigungsmittel verfüttert zu haben, um die Tiere ruhig zu stellen. Zwar war diese Praxis illegal. Da ein großer Schwarzmarkt für Tiermedikamente existierte und die amtliche Fleischbeschau routinemäßig ausschließlich durch Augenschein erfolgte, mussten Übeltäter allerdings kaum damit rechnen, entdeckt zu werden.[286] Andere Schweinemäster behalfen sich kostengünstiger, indem sie „immer einen Eimer kalten Wassers" bereithielten, dessen Inhalt zum Einsatz kam, wenn im Stall Aufruhr entstand: „Das hilft am besten."[287]

Die bundesdeutschen Konsumenten aßen zudem kontinuierlich mehr Schweinefleisch. Einen manifesten Protest der Verbraucher gegen dessen vielfach mindere Qualität hat es in den 1960er und 1970er Jahren nicht gegeben. Vielmehr boomte der Absatz so stark, dass der Markt sogar immer mehr Platz für Schweinefleisch bot, das aus anderen EG-Ländern importiert wurde. Die „Selbstversorgungsquote" der Bundesrepublik bei der beliebtesten Fleischsorte, die in den 1950er Jahren noch fast bei 100 Prozent gelegen hatte, ging daher zurück – aber dies war lediglich ein statistischer Effekt, der kontinuierliche reale Umsatzerfolge verbarg.[288]

Aus Sicht der Landwirte gab es daher eigentlich keinen unmittelbar drängenden Grund, um mit den Tieren der züchterisch veränderten „Landrasse" unzufrieden zu sein. Mit ihren Defiziten war sie auch keineswegs ein Sonderfall. Wie der Blick ins Ausland zeigte, trat das Problem des „wässerigen" Fleisches vielmehr auch in allen anderen Industrienationen auf, in denen die neue Furcht der Käuferinnen und Käufer vor Fett den Fleischmarkt so stark verändert hatte, dass die Agrarproduzenten genetisch veränderte Zuchtlinien für besonders muskulöse Schweine entwickelten. Dies galt sogar für den damaligen „Ostblock" der staatssozialistischen Länder. Der allgemein auftretende Mangel erhielt bereits in den 1960er Jahren eine international verwandte Bezeichnung: Das in den USA entstandene Kür-

---

[285] Haring, Züchtung, S. 9.
[286] Einen Hinweis auf die Verfütterung von Beruhigungsmitteln insbesondere vor dem Transport in den Schlachthof und einen Schwarzmarkt für diese Stoffe vgl. schon bei Haring, Züchtung, S. 11. Vgl. auch: Klaus Peter Krause, Jetzt auch das liebe Vieh: Stress im Stall, in: FAZ, 10. 6. 1972. Zu den Defiziten der amtlichen Fleischbeschau siehe schon S. 82 f.
[287] Haas/Josef Lütkemeyer, Vollfleischschweine durch Anpassung nach Typ, in: top agrar 5 (1976), Nr. 11, S. S 20–S 23, hier: S. S 23. Zum Medikamenteneinsatz vgl. auch: Eva Kapfelsperger/Udo Pollmer, Iss und stirb. Chemie in unserer Nahrung. Mit Ratschlägen für den Verbraucher, München 1983, S. 46–49.
[288] Zum Absatzboom siehe genauer S. 67 f. Stammten um 1960 noch 96 Prozent des Schweinefleischverbrauchs in der BRD aus dem Land selbst, so ging dieser Anteil bis 1986 auf 86 Prozent zurück. Vgl. dazu genauer: Statusbericht über Bereiche der Tierproduktion, Münster 1986; S. 24. Hauptimportländer waren die Niederlande und Dänemark.

zel „PSE" fand in der Fachdiskussion über die Qualität von Schweinefleisch recht rasch weltweit Verwendung.[289]

Allerdings führten intensive Forschungen von vielen verschiedenen Akteuren und Institutionen, die alle Analyseinstrumente der modernen Bio-Chemie nutzten und ihre Ergebnisse international bemerkenswert bereitwillig offenlegten, zumindest in einem Punkt zügig zu einer allgemein akzeptierten Arbeitshypothese: Das PSE-Problem sei im Wesentlichen genetisch bedingt. Durch eine extrem einseitige Selektion auf rasches Wachstum und möglichst großen Muskelreichtum hätten die Züchter Tiere kreiert, deren Fleisch unerwünscht hohe Anteile an „auspressbarem Wasser" enthalte. Bei der Zubereitung in der Pfanne oder auch im Kochtopf müsse solche Ware zwangsläufig stark schrumpfen und zäh werden.[290] Rückblickend galten die Tiere der veränderten „Deutschen Landrasse" daher nun als „nichtkonsolidierte Zuchtprodukte", deren Vermarktung viel zu früh begonnen habe.[291]

Wer nicht dauerhaft auf die Duldsamkeit der Konsumentinnen und Konsumenten setzen wollte, für den ergab sich aus dieser Analyse der eindeutige Auftrag, das moderne „Fleischschwein" noch einmal neu zu züchten. Gerade in der Bundesrepublik entstand Druck in dieser Sache. Dafür sorgte die ungewöhnlich starke Stellung der Wurstwaren-Branche als Abnehmer auf dem nationalen Fleischmarkt, denn die war mit den sehr mager gewordenen Tieren der genetisch veränderten „Deutschen Landrasse" ohnehin nicht glücklich: Betont fettarmes Fleisch ließ sich in der Wurstproduktion schlechter verarbeiten als „marmorierte" Abschnitte. Für viele der traditionellen deutschen Rezepte brauchte der Wursthersteller zudem auch größere Mengen schieres Schweinefett. Der deutlich geschrumpfte Rückenspeck der neuen Schweine galt den Wurstproduzenten daher nicht als Vorzug.[292] Mit dem PSE-Fleisch wurde das Geschäft – wie gezeigt – zudem sogar noch schwieriger.[293]

---

[289] Das Kürzel wurde bereits oben erläutert. Siehe S. 60. Als frühe Dokumente der internationalen Debatte vgl. etwa: J. R. Bendall/R. H. Lawrie, Wässeriges Schweinefleisch, in: FW 16 (1964), S. 411–415; W. Eeckhout/M. Casteels, Variations qualitatives de viande porcines, in: Revue de l'agriculture 19 (1966), S. 1305–1317. Im deutschsprachigen Raum tauchte der Begriff im Titel einer Monographie erstmals in einer Publikation auf, die in der DDR erschien. Dabei handelte es sich um eine Dissertation, die 1972 an der Ost-Berliner Humboldt-Universität angenommen wurde (Hans-Henning Wesemeier, Elektronenmikroskopische Untersuchungen an der Skelettmuskulatur von unbelasteten sowie experimentell belasteten Fleischschweinen. Ein Beitrag zur Ätiologie und Pathogenese des blassen, wässerigen Schweinefleisches (PSE-Fleisch), agrarwiss. Diss. Humboldt-Universität Berlin 1972).

[290] Vgl. zusammenfassend: Max Witt, Qualitätserzeugung von Rindfleisch und Schweinefleisch, in: MDLG 85 (1970), S. 254–258 (Zitat: S. 257). Der Autor war Direktor des Max-Planck-Instituts für Tierzucht und Tierernährung.

[291] Fiedler, Bundesrepublik, S. 170. Vgl. auch: Hans Eichinger, Wässeriges, blasses Schweinefleisch – ein wirtschaftliches Problem, in: MDLG 85 (1980), S. 1523–1525.

[292] Als frühen Hinweis auf diese besonderen Ansprüche vgl. etwa: R. Winnigstedt, Gedanken des Tierzüchters an der Jahreswende, in: FW 7 (1955), S. 705–706. Vgl. ferner: Haring, Züchtung, S, 5.

[293] Siehe unten S. 237.

Ihren Versuch, in einem neuen Anlauf weniger problembeladene muskulöse Tiere der Gattung „Sus scrofa" zu kreieren, konzipierten die deutschen Schweinezüchter ganz anders als in den 1950er Jahren. Hatten die vorwiegend regional gegliederten verschiedenen Zuchtverbände seinerzeit jeweils eigene, bescheiden dimensionierte Programme gestartet, die eine existierende Zuchtlinie durch „Anpaarung" nur einer anderen „Rasse" verbessern sollten, so entwickelten sie seit Mitte der 1960er Jahre den Plan, nun im großen Stil in die Hybridzucht nach dem Vorbild der US-amerikanischen Hühnerzucht einzusteigen. Wegen der zu erwartenden hohen Kosten mussten sie dabei zwingend zusammenarbeiten. Nach wahrscheinlich längeren Debatten (über die wir jedoch nichts wissen) gründeten die 24 Verbände von Schweinezüchtern, die seinerzeit in Westdeutschland existierten, 1968 gemeinsam die „Züchtungszentrale Deutsches Hybridschwein GmbH". Damit überwand die deutsche Schweinezucht erstmals den „atomistischen Wettbewerb der Zuchtverbände und Einzelzüchter", der sie bislang charakterisiert hatte.[294]

Die neue Gesellschaft erfreute sich von Anfang an intensiver staatlicher Förderung. So spendierte das Bundeslandwirtschaftsministerium der GmbH fast 17 Millionen DM als Anschubfinanzierung; die Kosten für ihren laufenden Betrieb, die jährlich 2,0 bis 2,5 Millionen DM betrugen, wurden zu mehr als 80 Prozent durch Beiträge der Bundesländer gedeckt. Diese Subventionen flossen bis Ende 1977. Sie finanzierten mithin die gesamte Startphase der GmbH, in der das Unternehmen noch kein marktfähiges Produkt besaß. Insgesamt summierten sich die in die Schweinezucht investierten Steuergelder auf rund 30 Millionen DM. Das Projekt, das die „Züchtungszentrale" beschäftigte, erhielt daher ganz offiziell und völlig zu Recht den Namen „Bundeshybridzuchtprogramm".[295]

Offensichtlich handelte es bei den zu schaffenden neuen Schweinen um eine Angelegenheit von nationaler Bedeutung. Wie wichtig die Sache war, zeigte sich auch daran, dass die Parteien im Bundestag einvernehmlich eigens für die „Züchtungszentrale" eine Ausnahmeregel in das Kartellgesetz einfügten. Der fehlende Wettbewerb zwischen den deutschen Zucht-Verbänden, der Preisabsprachen bei der Vermarktung der neuen, besseren „Rasse" erwarten ließ, wurde damit ordnungspolitisch gleichsam nobilitiert.[296]

---

[294] Fiedler, Bundesrepublik, S. 168. Zur Gründung der Zentrale vgl. genauer im Rückblick: Christian Zeeck, Bundeshybridzuchtprogramm und bäuerliche Schweinehaltung, in: MDLG 91 (1975), S. 626–629, hier: S. 626f.; Ekkehard Ernst, Das Bundeshybridzuchtprogramm, in: BBSH 126 (1976), S. 4804–4808, hier: S. 4804f.

[295] Zu den Finanzierungsmodalitäten vgl. etwa: Bericht der Vereinigten Treuhand-Gesellschaft über die Prüfung der Züchtungszentrale Deutsches Hybridschwein GmbH im Haushaltsjahr 1974, BArch Kbz B 116/38 804; Welchen volkswirtschaftlichen Nutzen hat das BHZP für Schweine?, in: DGS 29 (1977), S. 918. Das Unternehmen existiert auch heute noch. Vgl. seine Selbstdarstellung in: www.bhzp.de (Zugriff am 23. 3. 2021).

[296] Kartell-Ausnahmen für das Schweine-Hybridprogramm, in: VDL-Nachrichten 26 (1976), S. 112. Erleichtert wurde dieser Beschluss dadurch, dass für die Saatgutzüchtung bereits eine ähnliche Ausnahmebestimmung galt.

Offiziell dienten all diese politischen Maßnahmen dem Ziel, auf mittlere Sicht die „Wettbewerbsfähigkeit" und die Erträge der bundesdeutschen Schweinemäster zu verbessern.[297] Tatsächlich aber handelte es sich eher um den Versuch, ausländische Einflüsse auf das wirtschaftlich wichtigste Segment der bäuerlichen Fleischproduktion im Land abzuwehren. Da die PSE-Krise international auftrat, begannen in den 1960er Jahren auch in anderen Nationen Hybridzuchtprogramme für Schweine. Dies weckte die durchaus berechtigte Furcht, finanzstarke ausländische Agrarkonzerne könnten zügig neue „Rassen" entwickeln und diese dann auch in die Bundesrepublik bringen. Die westdeutsche Geflügelfleisch-Branche arbeitete – wie gezeigt – ausschließlich mit solchen importierten, lizenzpflichtigen Zuchtlinien.[298]

Eine ähnliche Abhängigkeit in der ökonomisch ungleich wichtigeren Schweinehaltung wollten die Agrarpolitiker aller Parteien und die bundesdeutschen Landwirtschaftsverbände jedoch unbedingt verhindern. Stammten die mit Blick auf die Fleischqualität dringend benötigten Hybrid-Schweine aus dem Ausland, so warnte etwa ein Mitarbeiter des Bayerischen Landwirtschaftsministeriums, dann hätten international agierende Zuchtunternehmen „ein Mittel in der Hand, den Landwirt durch Verträge vollends von sich abhängig zu machen, und es sei ihnen in unserem Wirtschaftssystem nicht einmal zu verdenken, wenn sie sich [dann] ihre Entwicklungskosten über vertraglich gesicherte Gewinnmargen wieder hereinholen".[299]

Gelinge es hingegen, durch die Zusammenarbeit der bäuerlichen deutschen Zuchtverbände und durch die staatlichen Finanzhilfen ein im Inland gezüchtetes Schwein der Zukunft zu schaffen, dann – so die allgemein geteilte Hoffnung – werde „eine starke Interessenvertretung der bäuerlichen Schweinehalter in allen Produktionsstufen entstehen. Damit ist eine wichtige Voraussetzung für die Erhaltung der Unabhängigkeit dieser Betriebe geschaffen." Im Kern handelte es sich beim „Bundeshybridzuchtprogramm" (BHZP) also um ein agrarpolitisch eindeutig strukturkonservatives Projekt.[300]

Da so viel auf dem Spiel stand und die öffentlichen Gelder so reichlich flossen, musste sich das BHZP international keineswegs verstecken. Es war denkbar breit angelegt und nutzte das gesamte Arsenal an modernem Know-how. Elf sehr unterschiedliche Schweine-„Rassen" bildeten in der einleitenden Versuchsphase des

---

[297] Rahmenplan der Gemeinschaftsaufgabe „Verbesserung der Agrarstruktur und des Küstenschutzes" für den Zeitraum 1973 bis 1976. Unterrichtung durch die Bundesregierung, 15. 1. 1973, BT Drucksache 7/61, S. 25 (online abrufbar unter: https://dip.bundestag.de).
[298] Siehe dazu S. 248–250.
[299] E. Thier, Moderne Schweineproduktion – eine aggressive [sic!] Zwischenbilanz auf der DLG-Herbsttagung in Gießen, in: KF 56 (1973), S. 470–474, hier: S. 470. Der Autor zitiert einen Redebeitrag von Oberregierungsrat Georg Perreiter vom BayML. Weniger scharf formuliert vgl. auch: Georg Perreiter, Gewitterwolken über dem Schweinemarkt!, in: MDLG 88 (1973), S. 362–366, hier: S. 362 f.
[300] Zeeck, Bundeshybridzuchtprogramm, S. 628. Vgl. ähnlich auch: Ernst, Bundeshybridzuchtprogramm, S. 4805.

Projektes die Basis von systematischen Kreuzungen. Die so erzeugten Nachkommen wurden dann wiederum in mehreren Generationen erneut über Kreuz miteinander gepaart. Für Sauen und Eber galten dabei jeweils unterschiedliche Zuchtziele, d. h. es gab im Rahmen des Programms durchweg zwei nebeneinander laufende, aber strikt separat gehaltene Linien. In diesem aufwändigen Verfahren entstanden in mehrjähriger Arbeit nicht weniger als 27 verschiedene, grundsätzlich als brauchbar beurteilte „Endproduktkombinationen", die dann jeweils sehr genau auf ihre Vorzüge und auch auf ihre Schwachstellen untersucht wurden. Anschließend folgten weitere Experimente mit den Tieren der am besten bewerteten Zuchtlinien. Genau geprüft und vergleichend neutral bewertet wurden ab 1974 insgesamt fast 23.000 Ferkel aus der zweiten und dritten BHZP-Generation.[301]

Diese ohnehin schon sehr komplexe Arbeit, die eine Fülle einzelner Leistungsmerkmale gleichzeitig im Auge behalten musste, litt zusätzlich daran, dass es ganz offensichtlich keine einzelne Gensequenz gab, die bei Schweinen für „Fleischqualität" sorgte. Der so einfach zu formulierende Auftrag, das PSE-Problem zu lösen, übersetzte sich daher keineswegs stringent in positive Zuchtziele. Eigenschaften wie „Zartheit" und „Saftigkeit", die den menschlichen Konsumenten sensorisch befriedigen, sind bei Fleisch ebenfalls ganz offensichtlich von vielen verschiedenen Einflüssen abhängig, die keineswegs alle etwas mit den Erbanlagen des Tieres zu tun haben. Wie diese multiplen Faktoren genau zusammenwirkten, konnte niemand sagen.[302]

Eindeutigere Aufgaben für die Schweinezüchter ergaben sich erst aus neuen wissenschaftlichen Erkenntnissen, die in der zweiten Hälfte der 1970er Jahre publiziert wurden. Sie beruhen auf genauesten Analysen zahlloser Fleischproben und zeigten, wie sich PSE-Fleisch chemisch von „normalem" Fleisch unterschied. Diese Untersuchungen legten den Gedanken nahe, die besonders starke Erregbarkeit der modernen Mager-Schweine könne der entscheidende Faktor sein, der ihr

---

[301] Vgl. detailliert: Peter Glodek/Gottfried Averdunk, Abschlußbericht über die Versuchsphase des Bundeshybridzuchtprogramms (1969–1974), o. D., BArch Kbz B 116/38 804; die Zahl der geprüften Ferkel aus: Zeeck, Bundeshybridzuchtprogramm, S. 626. Zusammenfassend vgl. auch: Dietrich Fewson, Hybridschweinezüchtung und ihre Auswirkungen auf die Schweineproduktion, in: Spezialisierte Schweinehaltung – eine Zwischenbilanz. Vorträge auf der DLG-Herbsttagung 1973 in Gießen, Frankfurt/Main 1973, S. 13–32, hier: S. 16–18. Anders als man denken könnte, spielte die künstliche Befruchtung (mit der sich die Ausbreitung von Zuchtfortschritten stark beschleunigen lässt) bis Ende der 1970er Jahre in der Schweinezucht nur eine untergeordnete Rolle. Bei der Rinderzucht (insbes. bei der Zucht von Milchkühen) sah das im gleichen Zeitraum ganz anders aus. Kurz gesagt, zeigte die Praxis, dass die Injektion von Samen die Fertilität der Sauen deutlich negativ beeinflusste. Erst in den 1980er Jahren begann hier ein Wandel, weil die Tiefkühlung des Samens nun zunehmend besser gelang. Vgl. dazu genauer: Ernst Kalm, Schweinezucht: Es ist höchste Zeit, in: BBSH 137 (1987), S. 558–561, hier: S. 559; Schmidt, Schweineproduktion, S. 253. Zur Modernisierung der Rinderzucht siehe S. 419 f.

[302] Vgl. als Überblick etwa: K. Coretti, Einfluss der Fütterung auf die Qualität von Fleisch und Fleischerzeugnissen von Rind und Schwein, in: FW 13 (1961), S. 1012–1025, hier: S. 1017–1021; L. Schön/ J. Scheper, Untersuchungen über die Fleischschweinezucht in der Bundesrepublik, in: FW 49 (1969), S. 911–915, hier: S. 911.

Fleisch so oft geschmacklich minderwertig machte. Vereinfacht gesagt, entstand das Problem durch enormen Stress kurz vor der Schlachtung, denn diese Angst führte zu einer „Stoffwechselentgleisung" im Körper des einzelnen Tieres. Damit begann gerade in den besonders stark ausgebildeten Muskeln der Schweine eine komplexe chemische Kettenreaktion, die sich beim Ausbluten und auch noch danach unumkehrbar fortsetzte.[303]

Obwohl diese Analysen seinerzeit keineswegs unumstritten waren, gewannen die Züchter durch sie doch ein vergleichsweise konkretes Zuchtziel: Es galt gezielt möglichst stress-resistente Schweine zu kreieren. Die vom Markt verlangten zentralen Charakteristika der neueren „Fleischschweine" – ihre Armut an deutlich sichtbaren Fettanteilen und ihr Muskelreichtum – sollten dabei jedoch selbstverständlich erhalten bleiben.[304] Lediglich die „Marmorierung" der großen Fleischabschnitte, also der Anteil an fein verteiltem, intramuskulärem Fett – sollte wieder verbessert werden. Solches Fleisch von Schweinen, die nicht mehr so extrem nervös und ängstlich seien, werde beim Erhitzen – so die Hoffnung – mit Sicherheit deutlich seltener zäh und hart werden als die Abschnitte von Tieren der mager gezüchteten „Landrasse".[305]

Im Rahmen des BHZP erzwang dieser revidierte Auftrag offenbar eine Neubewertung der bereits entstandenen Zuchtlinien sowie weitere Kreuzungsversuche. Eine entscheidende Rolle spielte dabei ein seit 1983 allgemein verfügbares Testverfahren, das es – auf umständliche und keineswegs tierfreundliche Weise – erlaubte, das Erregungspotential lebender Ferkel zu bestimmen. Die Resultate gestatteten erstmals eine wirklich gezielte Selektion bei diesem Merkmal. Sie erfolgte vor allem bei den heranwachsenden Sauen, da die Praxis rasch zeigte, dass ihr Erbgut für die Erzeugung vergleichsweise gelassener Nachkommen weitaus wichtiger war als die Gene der Eber.[306]

---

[303] So zusammenfassend: Wolfgang Fischer, Die genossenschaftliche Vieh- und Fleischwirtschaft in den 80er Jahren, Kiel 1980, S. 22 f. Ausführlich vgl. etwa: Wincenty Pezacki, Aktuelle technologische Probleme der Schweinefleischverarbeitung, in: FW 60 (1980), S. 1284–1290; C. Augustini, Ursachen unerwünschter Fleischbeschaffenheit beim Schwein, in: FW 63 (1983), S. 297–307.

[304] Vgl. etwa: Jürgen Unshelm/Erhard Kallweit, Halothan-Reaktion und LK-Test: Wege zum widerstandsfähigen Schwein?, in: MDLG 94 (1979), S. 666–668; Bärbel Bischoff/K. Große Lembeck, „Marktferne Schweinefleischerzeugung unter Kostendruck", in: BBSH 132 (1982), S. 2424–2427, hier: S. 2427; K. Fischer, Verfahren zur Vorhersage der Fleischbeschaffenheit am lebenden Tier, in: FW 63 (1983), S. 310–319; Peter Glodek, Einige züchterische Konsequenzen aus dem nationalen Wettbewerb in der Schweinezucht, in: LWE 133 (1986), Nr. 21, S. 14–15. Skepsis gegenüber der Stress-These wegen ihrer Simplizität vgl. in: Reiner Hamm, Bringt Forschung Fortschritt?, in: FW 60 (1980), S. 555.

[305] Vgl. hierzu etwa: Dieter Großklaus, Quo vadis Fleischqualität?, in: FW 61 (1981), S. 657; Horst Kräusslich, Zukunftsperspektiven der Tierzüchtung für die Tierernährung, in: BLJ 65 (1988), S. 469–480, hier: S. 472; Wolfgang Branscheid, Qualitätsschweinefleisch: Nur ein Marketingproblem oder eine Aufgabe der Tierernährung?, in: KF 72 (1989), S. 410–412, hier: S. 411 f.

[306] Peter Glodek, Schweinezucht zwischen damals und heute, in: MDLG 100 (1985), S. 1268–1973, hier: S. 1271–1273. Zu diesem „Halothan-Test" vgl. genauer: Unshelm/Kallweit, Halothan-Reaktion, S. 666 f.; Heide Brinkmann, PSE-Fleisch. Problem, Meinungen, Lösungsvor-

Als diese Arbeiten begannen, konnten die westdeutschen Landwirte schon seit mehreren Jahren Ferkel kaufen, die aus dem BHZP stammten. Konkurrenzangebote standen bereits sogar seit fast einer Dekade zur Verfügung. Im Herbst 1976 verkündeten die Leiter des staatlich geförderten bundesdeutschen Gemeinschaftsprojektes offiziell, die Vermarktung ihrer besten Zuchtlinie beginne im nachfolgenden Jahr: Man habe fünf „Basis-Zuchtbetriebe" aufgebaut, um größere Mengen von Hybrid-Sauen zu erzeugen. Allein für die kommenden zwei Jahren sei die Geburt von 40.000 Muttertieren geplant, die dann an Ferkelerzeugungsbetriebe gehen könnten. [307]

Die ausländische Agrarindustrie schließlich war ihrem Ruf, besonders rasch und effizient zu arbeiten, durchaus gerecht geworden: Bereits 1973 gründete die britische „Pig Improvement Company", ein Unternehmen, das sich seit den frühen 1960er Jahren ausschließlich mit der Schweinezucht beschäftigte, eigens eine deutsche Tochter-Gesellschaft, um von ihr entwickelte Hybrid-Zuchtlinien (die auf britischen Schweine-„Rassen" aufbauten) auch in der Bundesrepublik zu vermehren und zu verkaufen. Aus diesem zunächst noch recht unscheinbaren Firmen-Nukleus entstand innerhalb von zehn Jahren eine komplette Produktionskette für Jung-Sauen und auch für Eber, die drei „Kernherden" an verschiedenen Standorten, 21 „Sauenvermehrungsbetriebe" und zehn „Aufzuchtbetriebe" miteinander verband.[308]

Weitere Konkurrenz erwuchs dem BHZP durch das Auftreten inländischer Wettbewerber. Dazu gehörte etwa das große genossenschaftliche Schlachthof-Unternehmen „Nordfleisch", das – wie oben schon erwähnt – im Rahmen seines Strebens nach vertikaler Expansion seit 1969 auch in die Hybrid-Zucht investierte.[309] Bezieht man die drei bislang genannten Programme mit ein, liefen in der Bundesrepublik Ende der 1970er Jahre wohl mindestens zehn verschiedene solcher Projekte. Die meisten davon waren insofern bei weitem nicht so ambitioniert wie das öffentlich geförderte Gemeinschaftsvorhaben der bundesdeutschen Zuchtverbände, als sie im Interesse geringerer Kosten nur mit drei oder maximal auch vier Ausgangs-„Rassen" arbeiteten. Insgesamt sieben Anbieter hatten 1979 bereits mit

---

schläge, Hamburg und Berlin 1986, S. 10–15. Kurz gesagt, wurde den Ferkeln dabei eine Atemmaske übergestülpt (was sie begreiflicherweise in Panik versetzte). Dann wurden sie betäubt, um vergleichend den Grad ihrer Muskelverkrampfung zu bewerten. Bluttests, die über chemische Indikatoren Hinweise auf die Erregbarkeit der Tiere geben konnten, befanden sich seinerzeit noch in der Entwicklung und Erprobung. Zu solchen Test vgl. genauer: Brinkmann, PSE-Fleisch, S. 15 f.

[307] H. Eschebrenner, 1976 – Wendemarke in der Schweinezucht?, in: MDLG 91 (1976), S. 1154.
[308] Deutsche PIG wurde zehn Jahre alt, in: BBSH 133 (1983), S. 5525. Zur Firmengeschichte vgl. auch: Klaus Troy, Ein Vermehrungsbetrieb für 250 Hybridsauen, in: BBSH 127 (1977), S. 117–121; Helfried Giesen/Gerhard Heveling, Die Deutsche PIG – ein Hybridzuchtunternehmen im Blickwinkel, in: KF 70 (1987), S. 284–288. Mutter- und Tochtergesellschaft existieren (als Teil eines großen, weltweit agierenden Agrarkonzerns) auch heute noch.
[309] Siehe S. 180 f. sowie genauer auch die Angaben in: Fewson, Hybridschweinezüchtung, S. 16–24.

der Vermehrung und Vermarktung der von ihnen geschaffenen Zuchtlinie begonnen (bzw. sie standen kurz davor).[310]

Für ein Hybridzucht-Unternehmen bedeutete dieser Schritt das Ende der langen Jahre, in denen ausschließlich kostspielige Versuche, Analysen und Leistungsprüfungen stattfanden. Nun ließ sich mit dem entwickelten „Produkt" erstmals Geld erwirtschaften. Der organisatorische und finanzielle Aufwand, den eine „Großvermehrung" erforderte, war allerdings noch einmal enorm. Durchweg galt es, die drei am Beispiel der „Deutschen PIG" bereits erwähnten Stufen der Produktion miteinander zu verknüpfen. Strikte hygienische Regeln verteuerten den Betrieb in den „Basiszuchtbetrieben" und auch in den Anlagen zur Sauenvermehrung. Da es darum ging, möglichst rasch möglichst viele der besonders leistungsstarken Ferkel anbieten zu können, standen die weiblichen Tiere in den Vermehrungsbetrieben unter einem sehr strengen Regime. Selbst Agrarfachleute, die einer konsequent auf betriebswirtschaftliche Effizienz getrimmten Landwirtschaft keineswegs grundsätzlich kritisch gegenüberstanden, sprachen von einer „äußerst harten Haltung": Um Raum, Personal und Arbeitskosten zu sparen, wurden die Sauen in der Regel einzeln in sehr engen „Buchten" gehalten und zusätzlich noch fixiert, wenn sie „geferkelt" hatten. Sie standen auf Gitterböden, wurden völlig strohlos gehalten, und schon nach drei Wochen von ihren dann noch saugenden Nachkommen getrennt, weil sie durch dieses „Frühabsetzen" (bei zügigem Kontakt mit einem Eber) schneller wieder paarungsbereit werden konnten.[311]

Die in solchen Produktionsketten erzeugten Jungtiere wurden – wie sich denken lässt – von ihren Anbietern stark beworben und hochgelobt. Die leitenden Manager des BHZP etwa erklärten bereits 1975, die im Rahmen des Programms kreierten Schweine seien keineswegs nur deshalb so empfehlenswert, weil ihre schlachtreifen Körper ein besonders marktkonformes Fleisch-Fett-Verhältnis zeigten. Vielmehr liefere jede der im Rahmen des Programms entstandenen 27 „Endproduktkombinationen" bei fast allen Anforderungen deutlich bessere Leistungen als die Schweine der problematischen „Landrasse". Für Mastbetriebe besonders wertvoll sei der geringere Futterbedarf. Auch noch ein zweiter Erfolg machte die Züchter stolz: Während sich bei vielen anderen tierischen Hybrid-Linien (nicht nur bei Schweinen) deutlich verschlechterte „Vitalitäts"-Werte zeigten, erwiesen sich die BHZP-Schweine sogar als robuster als Tiere aus der „Reinzucht". Betriebswirtschaftlich war dies ein wichtiger Faktor: Geringere Verluste an neu

---

[310] Einige recht rudimentäre Angaben in tabellarischer Form für insgesamt sieben Programme vgl. in: Für Transparenz auf dem Hybridschweine-Markt, in: MDLG 94 (1979), S. 657–665 u. S. 725. Genauer die Angaben für 13 mittlerweile am Markt vertretene Anbieter in: Friedrich-Wilhelm Hottelmann/Heinrich Bußmann, top-agrar-Marktübersicht Hybridschweine, in: top agrar 16 (1987), Nr. 6, S. 116–123.
[311] Anschaulich dazu am Beispiel der „Deutschen PIG": Troy, Vermehrungsbetrieb, S. 117–121 (Zitat: S. 117); Giesen/Heveling, Deutsche PIG, S. 298–288. Für andere Zuchtprogramme vgl.: Zeeck, Bundeshybridzuchtprogramm, S. 628; Karl August Groskreutz, Zuchtsau und Zuchtkoordination, in: BBSH 129 (1979), S. 2132–2136. Zu den Problemen einer strohlosen Haltung von Schweinen siehe genauer S. 356.

„aufgestallten" Ferkeln während der Mast konnten die Erlöse des Landwirts merklich steigern.[312] Der Anbieter einer anderen Züchtung versprach, sein Produkt sei „führend in Fleischfülle und Schlachtausbeute": Wer diese Tiere mäste, könne damit rechnen, 80 Prozent seiner Schweine in den beiden oberen Handelsklassen E und I zu verkaufen.[313]

In den Jahren, in denen diese fabelhaften neuen Züchtungen entstanden, veränderte sich die bundesdeutsche Landwirtschaft ganz erheblich: Sie durchlief einen unaufhaltsamen Prozess betrieblicher Konzentration. Damit schrumpfte auch die Heerschar der Schweinemäster, die es noch in den ersten beiden Dekaden der Nachkriegszeit gegeben hatte. Bereits 1974 zählten die Statistiker in ganz Westdeutschland nur noch etwas mehr als eine Million aktive Bauern; rund 680.000 von ihnen besaßen Schweine. In den späten 1980er Jahren war die Zahl aller Bauernhöfe dann auf 665.000 gesunken; lediglich 309.000 Landwirte betätigten sich zu diesem Zeitpunkt noch als Schweinehalter. Die Zahl der Schweine allerdings lag höher als je zuvor: 1988 standen in der Bundesrepublik fast 24 Millionen Tiere der Gattung „Sus scrofa" in den Ställen.[314]

Trotz der starken Konzentrationsbewegung mangelte es den Hybridzucht-Unternehmen also keineswegs an Absatzchancen. Eher – so ließe sich vermuten – sollte der Trend, dass immer mehr Bauern auf die Schweinehaltung verzichteten, ihr Geschäft sogar noch beflügelt haben: Eine kleinere Gruppe von potentiellen Abnehmern ließ sich leichter umwerben. Die scharfe wirtschaftliche Auslese unter den Agrarproduzenten dürfte zudem gerade die professionell agierenden und unternehmerisch denkenden Landwirte verschont haben, die für betriebliche Neuerungen offen waren.

Einen Run auf die neuen Züchtungen hat es aber dennoch nicht gegeben. Ganz anders als bei der mager gewordenen Variante der alten „Landrasse" in den 1960er Jahren reagierten die westdeutschen Bauern bis 1989/90 nur recht verhalten auf die ihnen angebotenen Hybrid-Schweine. Dies galt sowohl für die Tiere aus dem BHZP-Programm wie auch für die „Produkte" anderer Zuchtunternehmen.

Ferkelproduzenten und Schweinemäster hatten in dieser Sache ja insofern eine ganz freie Wahl, als es auch die Möglichkeit gab, bei Tieren aus einer der älteren „Rassen" zu bleiben. Separat setzten die im Bundesprogramm zusammengeschlos-

---

[312] Peter Glodek/G. Averdunk, Abschlußbericht über die Versuchsphase des Bundeshybridzuchtprogramms (1969–1974), o. D., BArch Kbz B 116/38 804. Gegen „Abgänge" im Stall konnte sich ein Landwirt nicht versichern: Die von vielen Mastbetrieben abgeschlossenen Versicherungen gegen Tierverluste bezogen sich ausschließlich auf das Risiko, schlachtreife Tiere beim Transport in den Schlachthof zu verlieren. Vgl. dazu: Schmidt, Schweineproduktion, S. 276 f.

[313] So die Anzeige der „Proco-Tierzucht GmbH" für ihr Hybridschwein „Procolite" in: Karl August Groskreutz/Eike Roth, Schweinepraxis heute. Ein Leitfaden für wirtschaftliche Schweinefleischerzeugung, Rheinbach 1978, S. 1.

[314] StatJb BRD 1977, S. 200; StatJb BRD 1991, S. 160 (Zahl der Betriebe); StatJb BRD 1990, S. 153 (Zahl der Tiere). Zu den wirtschaftlichen Hintergrund dieser Entwicklung siehe genauer unten S. 379 ff.

senen Zuchtverbände nämlich ihre traditionsreiche „Reinzucht" unverändert fort. Der Nachschub an Ebern, Sauen und Ferkeln dieser Zuchtlinien war gesichert.[315] Zudem wuchs sogar noch die Auswahl, gab es seit Mitte der 1970er Jahre doch erstmals auch in der Bundesrepublik einen wirklich produktiven Zusammenschluss von Landwirten, die sich der Vermehrung des aus Belgien stammenden „Piétrain-Schweins" (einer besonders fleischreichen „Rasse") verschrieben hatten.[316]

Diese Entscheidungsfreiheit nutzten die Bauern. Offensichtlich zweifelten viele von ihnen, ob sich der Umstieg auf die Hybrid-Züchtungen für sie finanziell lohnen würde. Ferkel der neuen Zuchtlinien waren selbstverständlich deutlich teurer als Jungtiere der „Reinzucht-Rassen"; wer Sauen für eine eigene Vermehrung der Hybrid-Tiere halten wollte, musste sogar laufende Lizenzgebühren zahlen.[317]

Zudem gaben selbst die Zuchtunternehmen zu, dass Hybrid-Schweine besonders gut gefüttert werden mussten, wenn sie ihr genetisches Potential voll entfalten sollten. „Gut" bedeutete in diesem Zusammenhang (genau wie bei den Hybrid-Hühnern): reich an hochwertigem Eiweiß und versehen mit den im Mastprozess zeitlich variabel jeweils richtig zu bemessenen Anteilen von Vitaminen, Mineralien, Enzymen und Hormonen. Sie wies etwa die „Deutsche PIG" die Mäster der von ihr verkauften Ferkel darauf hin, sie hätten auf „eine ausgeglichene Aminosäureversorgung aus Komponenten mit hohen Verdaulichkeitswerten" zu achten. Ebenso unerlässlich sei ein Lysin-Anteil von 1,1 Prozent an der gesamten Futtermenge in der ersten Mastphase; Vitamin D^3 müsse hingegen kontinuierlich hoch dosiert werden.[318]

Ohne regelmäßigen Zukauf von gebrauchsfertigem Mischfutter ließen sich solche Handlungsanweisungen im bäuerlichen Alltag kaum befolgen. Der Futterbedarf der Tiere war groß: Hybridschweine – so zeigte sich in der Praxis – „fressen

---

[315] Vgl. genauer etwa: Otto-Werner Marquardt, Selektionskriterien für die niedersächsische Herdbuch-Schweinezucht, agrarwiss. Diss. Universität Göttingen 1974.
[316] Heinz Erich Wandhoff, Die Schweinezüchter und die bundesdeutsche Hybridzucht, in: DGS 28 (1976), S. 222 u. S. 228; Piétrain-Zucht 1975 unter einem gutem Stern, in: BBSH 126 (1976), S. 1588–1589. Vermehrt wurde in diesem Zuchtverband eine „verbesserte" Version des Piétrain-Schweins: Durch „konsequente Selektion" sei es gelungen, die starke „Stressanfälligkeit" der Tiere (die ihr Fleisch PSE-verdächtig machte) und ihre mangelhafte Fruchtbarkeit zu beheben (Zitate: S. 1588). Für Einfachkreuzungen mit der „Deutschen Landrasse" war diese Version der belgischen „Rasse" gut geeignet, d. h. die betriebseigene Ferkelproduktion blieb bei ihrem Zukauf weiterhin möglich. Die Verbreitung der in Deutschland zuvor seltenen Tiere wurde dadurch offensichtlich sehr gefördert. Vgl. hierzu etwa den Bericht eines an der Vermehrung der „Rasse" beteiligten Ferkelproduzenten aus Baden-Württemberg in: Josef Lütkemeyer, „... denn Rabes gibt es viele unter uns, in: top agrar 10 (1981), S. S 24–S 28, hier: S. S 24.
[317] Vgl. dazu etwa: Ludwig Pahmeyer/H. Streyl, Was darf die Hybridsau kosten?, in: MDLG 91 (1975), S. 256–258, hier: S. 258; Eschebrenner, Wendemarke, S. 1154.
[318] Giesen/Heveling, Deutsche PIG, S. 298. Vgl. auch: H.-H. Freese, DLG-Gütezeichenmischfutter in der Schweinefütterung, in: MDLG 85 (1970), S. 387–389. Zur besonderen Bedeutung von Lysin vgl. genauer: F. van Dicken, Mit Lysin anreichern, in: BBSH 135 (1985), 5968–5970.

mehr, sind immer hungrig".[319] Der Landwirt, der die speziellen Ansprüche der hochgezüchteten Ferkel nicht konsequent beachtete, erhielt spätestens am Ende der Mast die Quittung: Ausgeschlachtet erbrachten seine teuer eingekauften Tiere oft kaum bessere Erlöse als „Durchschnittsschweine".[320]

Zudem konnte der Bauer mit den durch Mehrfach-Kreuzungen entstandenen neuen Schweinen auf dem eigenen Hof keine gleich leistungsstarke neue Generation mehr gewinnen. Bestandsergänzungen und -erneuerungen erforderten jeweils den Kauf weiterer Jungtiere, die aus der dreigliedrigen Kette von „Kernherde", „Sauenvermehrung" und Ferkelerzeugungsbetrieb hervorgingen. Für die meisten Schweinemastbetriebe bedeutete dieser Zwang eine ganz neue Abhängigkeit: Bislang hielten sie eigene Sauen und zogen ausschließlich deren Nachkommen auf.[321] Um nicht ins Blaue hinein zu produzieren, legten sich darüber hinaus etliche der Hybridzucht-Unternehmen offensichtlich auch noch darauf fest, Mastbetriebe jeweils mit Abnahmeverpflichtungen an sich zu binden, die für mehrere Jahre galten. Ein probeweiser Abschied von den Schweinen der älteren „Rassen" war damit kaum möglich.[322]

Auch am Ende der Mast hatte der Hofinhaber unter Umständen nur noch eingeschränkte Handlungsmöglichkeiten. So verkaufte etwa die „Nordfleisch" ihre Hybrid-Ferkel grundsätzlich nur an Betriebe, die sich vertraglich verpflichteten, alle ausgemästeten Tiere ohne Ausnahme zunächst einem der Schlachthöfe des genossenschaftlichen Unternehmens anzubieten. Einen Absatz auf dem freien Markt ließen diese Abmachungen nur zu, wenn die „Nordfleisch" ihre Kaufoption nicht nutzte.[323]

Wie Umfragen unter westdeutschen Landwirten immer wieder zeigten, schätzte die große Mehrheit von ihnen die Existenz als Bauer vor allem, weil sie „selbstbestimmt" und unabhängig sei. Bindungen, die ihre Freiheit im Arbeitsprozess und als Unternehmer einschränkten, betrachteten die meisten Hofinhaber selbst dann mit großer Skepsis, wenn deren Befürworter ihnen ökonomische Vorteile verspra-

---

[319] Wenn die Schweine Schweine sind..., in: top agrar 16 (1986), Nr. 5, S. 18–22, hier: S. 20.
[320] Haas/Josef Lütkemeyer, Vollfleischschweine durch Anpassung nach Typ, in: top agrar 5 (1976), Nr. 11, S. S 20–S 23, hier: S. S 20. Vgl. auch: Helmut Claus/Jens Ingerversen, Das Wichtigste: Bestes Management, in: BBSH 135 (1985), S. 172.
[321] Schmidt, Schweineproduktion, S. 252. Vgl. genauer am lokalen Beispiel für Ost-Holstein: Karl August Groskreutz/Eike Roth, Erst Qualität, dann mehr Tiere, in: BBSH 125 (1975), S. 2386–2389, hier: S. 2388. Hiernach ergänzten in dieser Region 90 Prozent der Betriebe, die Sauen hielten, ihren Mastbestand nur aus der eigenen Herde. Zur Skepsis vieler Bauern gegenüber einer vollständigen Abhängigkeit von Ferkelzukäufen vgl. auch: Mit dem Züchter – für den Züchter?, in: DGS 27 (1975), S. 1064; K. Knaack, Management in der Vormast, in: BBSH 134 (1984), S. 277–278. Spezialisierte Ferkelproduzenten für die „Reinzucht-Rassen", die keine eigene Mast betrieben, sondern ihre Ferkel an Mastbetriebe verkauften, wenn die Tiere den Aufzuchtstall verließen, gab es in der Bundesrepublik überhaupt erst seit Mitte der 1960er Jahre. Schmidt, Schweineproduktion, S. 255.
[322] Ernst, Bundeshybridzuchtprogramm, S. 4808; Schmidt, Schweineproduktion, S. 41 f.
[323] Siehe unten S. 180.

chen.[324] Dieses starke Autonomiestreben wirkte bei der Ausbreitung der Hybridzucht-Ferkel ohne Frage wie eine zusätzliche Hürde.

Hohe Erlöse für ausgemästete Tiere der neuen „Rassen" hätten die Wirkung dieser verschiedenen Negativ-Faktoren allerdings wohl rasch begrenzt. Solche Extra-Einnahmen scheint es jedoch keineswegs sicher gegeben zu haben. Im Schlachthof, „am Haken", wurden die neuen Hybrid-Schweine nach den gleichen Kriterien in das Schema der Handelsklassen eingeordnet, die auch für Tiere aus der „Reinzucht" oder aus Einfach-Kreuzungen galten. Dabei erwies sich das Plus an Muskelfleisch, das die Zuchtunternehmen versprachen, offensichtlich vielfach als nicht groß genug, um die höheren Kosten des Mästers zu rechtfertigen.[325]

Zudem bezahlte der Handel nach wie vor das magerste Schweinefleisch am besten, weil die bundesdeutschen Konsumentinnen und Konsumenten solche Abschnitte immer noch eindeutig bevorzugten. Gerade die Schweine, bei denen das PSE-Problem besonders häufig auftrat, erbrachten im Schlachthof daher die besten Erlöse. Auch die in den 1980er Jahren einsetzende öffentliche Aufmerksamkeit für die Qualitätskrise beim liebsten Fleisch der Deutschen änderte daran nichts. Freunde der Hybridzucht konstatierten angesichts dieser Tatsachen ernüchtert, die zusätzlichen Aufwendungen der Landwirte, die Ferkel der neuen „Rassen" mästeten, würden „vom Markt noch nicht honoriert". Verantwortlich dafür seien letztlich vor allem die schlecht informierten und stets so überaus sparsamen städtischen Konsumenten: „Auch die Hausfrau im Laden zeigt bisher kaum Bereitschaft, für das bessere, jedoch geringfügig fettere Schweinefleisch etwas mehr zu bezahlen."[326]

Die verschiedenen, oben bereits vorgestellten Programme, mit denen Schlachtbetriebe und Supermarkt-Ketten Schweinefleisch in der zweiten Hälfte der 1980er

---

[324] Vgl. übereinstimmend etwa: Willy Heidtmann, Strukturverbesserung und Sozialverhalten in ländlichen Gebieten. Ergebnisse einer Untersuchung über die Auswirkungen öffentlicher Förderungsmaßnahmen auf das Leben in ländlichen Gemeinden, Münster-Hiltrup 1970, S. 46; W. Hesse, Die Verbreitung einer Neuerung in der Landwirtschaft, in: AW 20 (1971), S. 133–138, hier: S. 137; Josef Hesselbach/Willi Horlebein, Ziele und Verhaltensweisen von Landwirten, in: Cay Langbehn/Hans Stamer (Hrsg.), Agrarwirtschaft und wirtschaftliche Instabilität, München etc. 1976, S. 447–460, hier: S. 456; Wolf-Eckart Meyhoeffer, Struktureller Wandel und gesellschaftliches Bewusstsein in zehn ehemals kleinbäuerlichen Dörfern der Bundesrepublik Deutschland. Als Manuskript vervielfältigt, Bonn 1976, S. 111 f. Alle diese Studien fußen auf Interviews mit Landwirten. Die Sample der Befragten waren dabei unterschiedlich groß.

[325] Vgl. etwa: Brauchen wir eine neue Hybridzucht?, in: BBSH 129 (1979), S. 2130–2132, hier: S. 2130 f.; W. Schmid, Ökonomische Gesichtspunkte einer auf eine hohe Schlachtleistung ausgerichteten Schweineproduktion, in: BLJ 61 (1984), S. 512–528, hier: S. 512; Peter Glodek, Schweinezucht unter neuen Vorzeichen, in: MDLG 100 (1985), S. 1348–1351, hier: S. 1350 f.; Pahmeyer/Streyl, Hybridsau, S. 256.

[326] B. Neupert, Hohes Leistungsvermögen – nicht ohne Probleme, in: BBSH 132 (1982), S. 720–724, hier: S. 722. Vgl. auch: Josef Lütkemeyer, Die Kunst, bei der Schnitzeljagd nicht auf der Strecke zu bleiben, in: top agrar 12 (1983), Nr. 2, S. 3; Bericht des Präsidenten auf der 6. Kammerversammlung der Landwirtschaftskammer Weser-Ems, 15. 12. 1983, NLA OL, Best. 266, Nr. 1193. Zur Thematisierung des PSE-Problems in den bundesdeutschen Medien siehe S. 73; zur Abneigung der Konsumenten gegenüber sichtbar „marmoriertem" Fleisch siehe S. 61 f.

Jahre in einen Markenartikel verwandeln wollten, entstanden auch in der Absicht, dieses geringe Qualitätsbewusstsein der Käuferinnen und Käufer zu verbessern. In der Regel setzten Konzepte dieser Art auf Hybrid-Tiere – zumal dann, wenn die neu eingeführte Markenware als garantiert „PSE-frei" angepriesen wurde.[327]

Umfassende statistische Angaben über den Absatz von Hybridschweinen liegen nicht vor. Etliche Indizien sprechen jedoch für eine langanhaltende skeptische Haltung vieler Landwirte gegenüber den Neu-Züchtungen. So konstatierte ein bayerischer Fachmann 1983, ihnen sei „der Durchbruch auf dem Markt noch nicht gelungen". Für 1986 schätzten Experten, dass nur 15 Prozent der rund 1,1 Millionen Jung-Sauen, die deutsche Landwirte in diesem Jahr neu für ihre Höfe kauften, zu einer der Hybrid-„Rassen" gehörten.[328]

Zwar wissen wir damit noch nicht, wie viele Hybrid-Ferkel an Mastbetriebe gingen, die keine eigenen Sauen hielten. Solche Käufe scheinen in Norddeutschland häufiger gewesen zu sein als im Westen und Süden der Republik. Zahlen dazu beziehen sich allerdings nur auf die begrenzte Zahl der Höfe, die zu einer der „Erzeugergemeinschaften" für Schlachtschweine gehörten. Diese Betriebe wurden fachlich besonders intensiv beraten; ihre Eigentümer agierten wirtschaftlich wohl deutlich dynamischer als der bundesdeutsche Durchschnittsbauer. Dennoch gehörten Mitte der 1980er Jahre ganze 2,3 Prozent der in den bayerischen Organisationen dieser Art gehaltenen Ferkel zu den Hybrid-Rassen. In Niedersachsen und im Münsterland waren es zur gleichen Zeit hingegen bereits 42 Prozent.[329]

Nun produzierten die beiden zuletzt genannten Regionen ungleich mehr schlachtreife Schweine als die bayerischen Bauern.[330] Dennoch taugt weder die eine noch die andere Angabe als Indiz, um den Anteil der Hybrid-„Rassen" am gesamten bundesdeutschen Schweinefleisch-Markt zu schätzen: Bundesweit überwog der Anteil der ganz eigenständig wirtschaftenden Mastbetriebe eindeutig den Beitrag der miteinander kooperierenden Höfe. Zudem eroberten die in den 1980er Jahre entstehenden Markenprogramme, die im Interesse der Fleischqualität auf die neuen Züchtungen setzten, wegen der Zurückhaltung der Konsumenten lediglich eine Nische im Milliardengeschäft mit Schweinefleisch.[331]

---

[327] Das entsprechende Programm der „Westfleisch" wurde schon vorgestellt (S. 208). Als ein anderes, kleiner dimensioniertes Programm gleicher Art, das ebenfalls PSE-freies Fleisch versprach, vgl.: Mit Milch und Verstand, in: LZ 41 (1989), Nr. 4, S. J 10–J 12. Hier geht es um die Marke „Meisterfleisch" der in Hessen ansässigen „Hochwald-Gruppe", die nur regional vertrieben wurde.

[328] Ludwig Schmidt, Die bayerische Schweinezucht im Wandel der Zeit, in: BLJ 60 (1983), S. 795–842, hier: S. 841 (Zitat); Giesen/Heveling, Deutsche PIG, S. 284 (Zahlen). Rund ein Drittel der abgesetzten Hybridsauen stammten hiernach von der „Deutschen PIG" (ebenda). Zahlen für die anderen Zuchtunternehmen liegen nicht vor.

[329] Glodek, Konsequenzen, S. 15. Zur Situation in Schleswig-Holstein vgl. genauer auch: B. Neupert, Kreuzungsprodukte auf dem Vormarsch, in: BBSH 135 (1985), S. 5950–5951. Zur geringen Bedeutung der Hybrid-Schweine in Bayern vgl. auch: Wolfgang Schmid, Zur Vermehrung von Schlachtschweinen – Ausschlachtung und Einflußgrößen, in: BJL 64 (1987), Sonderheft Nr. 1, S. 161–174, hier: S. 165.

[330] Zu diesen regionalen Ungleichgewichten siehe unten S. 401–403.

[331] Der Marktanteil von „Mastringen", „Erzeugergemeinschaften" und anderen genossenschaftlichen Zusammenschlüssen von Bauern an allen Verkäufen von schlachtreifem Großvieh lag

Zusammenfassend lässt sich daher wohl eindeutig feststellen: Die durch Mehrfachkreuzungen entstandenen „Rassen", die in den 1970er und 1980er Jahren in die „Großvermehrung" gingen, veränderten die bundesdeutsche Schweinehaltung bei weitem nicht so grundlegend, wie die Hybrid-Züchter es sich erhofften. Der selbst sehr traditionsreiche Vorwurf der Innovationsscheu, mit dem die Bauern vielfach pauschal belegt wurden, führt allerdings in die Irre, wenn man versucht, diesen nur begrenzten Erfolg zu erklären. Die Schweinemäster, die an den älteren „Rassen" festhielten, handelten vielmehr ökonomisch durchaus rational, da der Markt die Investitionen für die neuen Tiere und die Bindungen, die deren Mäster eingehen mussten, nur unzureichend belohnte.

Einmal mehr steuerte das Verhalten der Konsumenten indirekt, aber dennoch sehr wirksam, das Geschehen auf den Bauernhöfen. Ohne die bemerkenswerte Gleichgültigkeit der bundesdeutschen Fleischesser gegenüber dem PSE-Fleisch, das bei der Zubereitung zäh wurde, hätte es die starke „Rassen"-Kontinuität in den Schweine-Mastställen des Landes mit Sicherheit nicht gegeben, denn dieses Problem verlor in den 1980er Jahren keineswegs an Bedeutung. Bei größer angelegten Testreihen entdeckten Forscher die chemischen Veränderungen, die dem Mangel zugrunde lagen, in 50 bis 70 Prozent aller untersuchten Fleischproben. Besonders häufig betroffen war das Kotelett und damit ausgerechnet der Abschnitt vom Schwein, den die Westdeutschen am allerliebsten aßen. Für den Absatz hatte das – wie gezeigt – jedoch keine Konsequenzen.[332]

Somit erwies sich auch die Furcht, die deutsche Landwirtschaft könne durch neu gezüchtete Schweine von großen, international agierenden Agrarkonzernen abhängig und damit strukturell deutlich verändert werden, zumindest im hier untersuchten Zeitraum als unberechtigt. Diese Bewahrung des Status quo verdankte sich allerdings keineswegs dem so intensiv staatlich geförderten „Bundeshybridzuchtprogramm", das ein modernes Hochleistungs-Schwein mit bäuerlichem Hintergrund erzeugen sollte. Vielmehr handelte es sich schlicht um ein Resultat von Marktprozessen, die agrarpolitisch nur gering beeinflusst wurden.

Blickt man vergleichend noch einmal auf die Hühnerfleisch-Branche und deren Entwicklung zurück, so zeigt sich am Beispiel der Schweinemast, dass die Geschichte der landwirtschaftlichen Modernisierung in der zweiten Hälfte des 20. Jahrhunderts in den verschiedenen Segmenten der Agrarproduktion wegen jeweils unterschiedlicher Ausgangslagen und Rahmenbedingungen sehr unterschiedlich verlaufen konnte: Einen einheitlichen Weg von der traditionell geprägten Landwirtschaft hin zum „Agri-Business" oder zur „Agrarindustrie" hat es nicht gegeben.

---

seit Beginn der 1970er Jahre bei rund 25 Prozent. Seitdem wuchs er nur noch geringfügig. Werner Grosskopf, Marktstrukturpolitische Konsequenzen der Konzentration auf den Agrarmärkten, in: AW 27 (1987), S. 12–18, hier: S. 13. Zum Marktanteil der Markenprogramme siehe S. 134.

[332] Zu den Tests und ihren Resultaten vgl. genauer: Glodek, Schweinezucht, S. 1270 f.; Bischoff/ Große Lembeck, Schweinefleischerzeugung, S. 2425 f. Zur Entwicklung des Pro-Kopfverbrauchs von Schweinefleisch siehe oben S. 72.

2.3. Weniger Arbeit, höhere Produktivität: Konzepte einer modernisierten Schweinehaltung

Werbeanzeigen und PR-Artikel für ein neues Produkt, die wahre Wunderdinge versprechen, sind in der Geschichte der freien Marktwirtschaft im 20. Jahrhundert keine Seltenheit. Auch in der bundesdeutschen Agrarpresse gab es sie seit 1950 in Hülle und Fülle, zumal dann, wenn Futtermittel oder Tiermedikamente angepriesen wurden. Selbst im Kontext von solch routiniertem Eigenlob nahm die in Hamburg ansässige Firma „Farmservice GmbH" im Jahr 1969 den Mund allerdings doch ungewöhnlich voll: Sie warb für einen von ihr entwickelten, schlüsselfertig lieferbaren Schweinestall und bot Kunden mit diesen Gebäuden nach ihrer Selbstdarstellung nichts anderes als „Schweinebraten-Fabriken", die das gesamte Procedere der Fleischproduktion revolutionär veränderten: „Die Schweinemast tritt hiermit in die Phase der industriellen tierischen Produktion. [...] Der Schweinebraten der Zukunft ist massenerzeugt. Wie das Hähnchen. Besser. Rationeller. Billiger."[333]

Wer es genauer wissen wollte, der erfuhr, dass es sich bei den als „Bacon Bins" bezeichneten Gebäuden um runde, fensterlose Metallkonstruktionen handelte, die nach nur vier Wochen Bauzeit auf zwei Stockwerken insgesamt 46 separate Boxen für je acht Mastschweine enthielten. Innerhalb des Gebäudes seien die wichtigen Betriebsabläufe wie etwa Fütterung, Lüftung, Temperaturregelung, „Lichtführung" sowie auch die Entsorgung der Exkremente vollständig automatisiert. Setze man viele der Türme dicht nebeneinander (was problemlos möglich sei und wegen der Rundform nur wenig Platz brauche), reiche deshalb eine einzige Vollzeit-Arbeitskraft aus, um 3.600 Ferkel bis zur Schlachtreife zu betreuen.[334]

Landwirte, die Schweine hielten, mögen zwar über Details in der Ausgestaltung dieser „Bacon Bins" gestaunt haben. Vorschläge, wie der Umgang mit dem Tier zu verändern sei, dessen Fleisch die Bundesbürger besonders gerne verzehrten, aber kannten sie seinerzeit bereits zu Genüge. Die Annoncen der „Farmservice GmbH"

---

[333] Die Zitate aus einer Anzeige der Firma im nicht paginierten Annoncenteil vor dem redaktionellen Teil der Zeitschrift in: FW 49 (1969), Nr. 12. Jeweils vier „Bins" wurden von einer „genormten Futterbedienungs-Anlage" versorgt. Wie erfolgreich die Firma ihr Produkt verkaufte, ist unbekannt. Einen isoliert dastehenden Bericht über einen Betrieb bei Bad Segeberg (nahe bei Hamburg), der in acht „Bacon Bins" pro Mast-„Durchgang" rund 3.000 Schweine hielt, vgl. in: Massenviehhaltung und Kooperation, in: BBSH 121 (1971), S. 2137–2138, hier: S. 2137. Standort des Betriebes war das Dorf Fehrenbötel. Pro Jahr sollte die Anlage rund 10.000 schlachtreife Schweine liefern.

[334] Riccardo J. Eggenhofer, Moderne Schweinehaltung, in: FW 49 (1969), S. 1585–1587. Dieser Artikel erschien zwar im redaktionellen Teil der Zeitschrift, wirkt aber dennoch eindeutig wie ein PR-Produkt. Dass der englische Begriff „bin" umgangssprachlich sowohl „Behälter" wie auch „Abfalleimer" bedeutet, scheint den Betriebsleitern von „Farmservice" nicht aufgefallen zu sein. Nähere Informationen über die Firma konnten im Rahmen dieses Projektes nicht gewonnen werden. Sie residierte in Hamburg an einer ausgesprochen teuren Adresse, direkt an der Außenalster. Weitere Angaben zu dem Konzept vgl. in: Walter Rüprich, Was ist dran am Rundstall?, in: MDLG 91 (1977), S. 1325–1328. Hiernach handelte es sich um die Entwicklung einer in Liechtenstein ansässigen Firma (S. 1326).

für die von ihr konzipierten Mast-Türme waren nur ein einzelnes Segment in einer Fülle ähnlicher Angebote und Ratschläge: Deren Boom begann schon in den frühen 1950er Jahren; auch nach 1969 kamen sie unverändert zahlreich auf den Markt. Teilweise ging es dabei um einzelne Apparaturen, teilweise um bauliche Veränderungen im Stall, teilweise aber auch um ganze Haltungskonzepte, die – wenn sie realisiert wurden – die Arbeit auf dem Bauernhof tiefgreifend veränderten.

Dazu kamen ungezählte nicht-kommerzielle Tipps von Praktikern, Nutztier-Biologen und anderen Agrarwissenschaftlern. Vollends unübersichtlich wurde die Materie, weil viele dieser Ratschläge hochgradig speziell ausfielen. Sie bezogen sich etwa auf den Umgang nur mit Ebern oder nur mit „leeren" oder trächtigen Sauen, mit Sauen, die frisch „geferkelt" hatten, bzw. auch mit vorzeitig „abgesetzten" Ferkeln, die weit vor dem Ende der natürlichen Stillzeit vom Muttertier getrennt wurden. Kaum ein Aspekt in der komplexen Produktionskette, die von der Zucht neuer „Rassen" bis zum schlachtreifen einzelnen Schwein reicht, blieb ausgespart. Expertendiskurse entwickelten sich u. a. an Fragen wie der, welche Vorzüge oder auch Nachteile flüssiges Futter gegenüber fester Nahrung jeweils für die Versorgung von Sauen, von jungen Ferkeln sowie von bereits „aufgestallten" Mastschweinen hatte, oder auch an dem Problem, wie man die von Natur aus in der zweiten Jahreshälfte nachlassende Paarungsbereitschaft und Fruchtbarkeit der Sauen durch eine gezielte „Lichtführung" im Stall verbessern könne.[335] Seit den späten 1970er Jahre entdeckten die Verfechter moderner Haltungsformen zudem auch noch die elektronische Datenverarbeitung als ein weiteres Hilfsmittel. So entstanden nun u. a. etwa vollständig computergesteuerte Stall-Modelle und Fütterungsanlagen, die jedem einzelnen Tier individuell bemessene Portionen zuteilen konnten.[336]

Anschub und Motor dieser sehr ausgefeilten Debatten waren zwei soziale Veränderungen, die mit dem Wirtschaftsboom der Wiederaufbaujahre begannen. In gewisser Weise durchaus überraschend setzten sie sich auch noch fort, als die Phase des rasanten ökonomischen Wachstums Mitte der 1970er Jahre zu Ende ging.

Zum einen schrumpfte kontinuierlich das Reservoir an Arbeitskräften für die Landwirtschaft. Spätestens seit Mitte der 1950er Jahre herrschte in der Bundesrepublik in der Industrie ein starker Arbeitskräftemangel. Zudem wuchs auch der „tertiäre" Bereich der Volkswirtschaft, der Büroarbeiten und alle Dienstleistungen

---

[335] Vgl. ausführlich (aber dennoch keineswegs erschöpfend) zu diesen Debatten: Settele, Revolution, S. 225–314. Als einen knappen Einblick in die Komplexität der Materie vgl. etwa nur den Überblick über die verschiedenen Möglichkeiten, die Haltung von „leeren" und trächtigen Sauen zu gestalten, in: Schmidt, Schweineproduktion, S. 143–151. Zu dem speziellen Problem der „Lichtführung" für Sauen vgl.: R. Claus, Im Sauenstall gehen die Uhren anders, in: MDLG 102 (1987), S. 418 u. S. 427–428.

[336] Vgl. etwa: Elektronik auch im Schweinestall, in: BBSH 129 (1979), S. 2393–2394; Auch im Schweinestall zieht die Elektronik ein, in: FAZ, 22. 6. 1983; R. Artmann, Elektronik auf dem Vormarsch, in: MDLG 100 (1985), S. 780–784; Jochen Ohrtmann, Sauenplaner unter der Lupe, in: MDLG 102 (1987), S. 418 u. S. 427–428; W. Zähres, Elektronikeinsatz in der Schweinehaltung, in: DGS 41 (1989), S. 232–234.

umfasst, ganz enorm. Löhne und Gehälter stiegen real deutlich an, da Firmen aktiv um Beschäftigte warben. In diesem Wettbewerb, der zunehmend auch mit ergänzenden sozialen Leistungen wie etwa dem bezahlten Urlaub oder dem arbeitsfreien Samstag ausgetragen wurde, hatten die Landwirte ausgesprochen schlechte Karten: Sie konnten für unattraktive Arbeitsbedingungen nur vergleichsweise wenig Geld bieten.[337]

In den hier untersuchten Jahrzehnten gab es daher eine stetige Abwanderung aus landwirtschaftlicher Arbeit. Historisch gesehen war dieser Schwund zwar nicht neu. Schon seit dem Beginn der Industrialisierung in der zweiten Hälfte des 19. Jahrhunderts klagten Bauern und Gutsbesitzer beständig über „Leutenot", weil ihr Personal in den Fabriken besser bezahlte Beschäftigung fand. Nun aber trat der Prozess in seine finale Phase: Das ländliche Proletariat der abhängig beschäftigten Knechte, Mägde, Tagelöhner und Hilfskräfte, das in den 1920er und 1930er Jahren noch rund zwanzig Prozent aller Arbeitnehmer gestellt hatte, schrumpfte schneller und massiver als je zuvor. In den letzten Jahren der „alten" Bundesrepublik, vor dem Einschnitt von 1989/90, war diese soziale Gruppe fast vollständig verschwunden. Auch die von den Zeitgenossen viel beredete „Rückkehr der Massenarbeitslosigkeit" wegen der nur noch gedämpften wirtschaftlichen Zuwachsraten in den Jahren nach 1975 machte die Landarbeit nicht wieder attraktiv. So registrierte die Berufszählung von 1987 in ganz Westdeutschland nur noch 28.800 lohnabhängige Beschäftigte in den land- und forstwirtschaftlichen Betrieben des Landes – 1950 waren es noch fast 1,13 Millionen gewesen.[338]

Auch die Zahl der „mithelfenden Familienangehörigen" auf den Bauernhöfen fiel in den späten 1980er Jahren im Vergleich mit der ersten Dekade der Republik äußerst gering aus. Die Statistiker erfassten nun 119.000 dieser speziellen Arbeitskräfte, deren Entlohnung rein familiär geregelt wurde, während es 1950 in der Landwirtschaft noch 2,73 Millionen solcher Mitarbeiter gegeben hatte, die für die Bauern mehrheitlich wohl äußerst billig gewesen waren.[339]

---

[337] Vgl. ausführlich am regionalen Beispiel schon: Wilhelm Jäger, Struktur- und Anpassungsprobleme der Landwirtschaft im Rahmen der allgemeinen wirtschaftlichen Entwicklung, dargestellt an Gebieten des Kern- und Ostmünsterlandes, wirtschaftswiss. Diss. Universität Münster 1959, S. 141–177. Zum Lohnabstand zwischen Industrie- und Landarbeitern vgl. genauer: Willi Lojewski, Hoffnung auf Raten – Landarbeiter und Agrarpolitik, in: Dreißig Jahre Agrarpolitik in der Bundesrepublik Deutschland, Hamburg und Berlin 1979 (Berichte über Landwirtschaft Sonderh. Nr. 196), S. 85–92, hier: S. 91.

[338] Berechnet nach: StatJb BRD 1990, S. 104 f.; StatJb BRD 1957, S. 111. Die genannten Zahlen schließen auch die (jeweils sehr kleinen) Gruppen von Angestellten und Beamten in Agrarbetrieben mit ein. Zu der skizzierten sozialen Veränderung gehört bezeichnenderweise auch eine Umkehrung der Geschlechterstruktur: 1987 waren mehr als zwei Drittel der verbliebenen abhängig Beschäftigten in der Landwirtschaft weiblich. 1950 hatte diese Gruppe noch zu zwei Dritteln aus Männern bestanden.

[339] Ebenfalls berechnet nach: StatJb BRD 1990, S. 104 f.; StatJb BRD 1957, S. 111. Damit verschwand in den Dörfern und ländlichen Regionen auch die jahrhundertealte gemeinsame Orientierung der Bevölkerung auf die landwirtschaftliche Produktion. Anschaulich an konkreten Beispielen zu den sozialen Konsequenzen dieser „Tertiarisierung" der Dorfgemeinschaften vgl. etwa: Heinrich Becker, Dörfer heute. Ländliche Lebensverhältnisse im Wandel. 1952, 1972 und 1993/95, Bonn 1997.

Die Antwort der Landwirte auf diese dramatischen Verluste an verfügbaren Arbeitskräften bestand – auch dank der Erfindungskraft der sehr rührigen Maschinenbauindustrie – in der möglichst weitgehenden Mechanisierung aller anfallenden Arbeiten: Sie sollten so leichter und deutlich rascher zu erledigen sein. Zwar gestaltete sich dies bei der Viehhaltung schwieriger als bei der Bestellung des Bodens und der Ernte auf den Feldern. Daher ging es hier weniger stark um Maschinen, sondern auch oder oft sogar vornehmlich um veränderte Formen der Tierhaltung und -betreuung. Das Ziel, auf dem Hof möglichst nur noch mit der Arbeitskraft der bäuerlichen Kernfamilie auszukommen, galt aber auch im Segment der agrarischen „Veredelung". Entlohntes Personal sollte in der Landwirtschaft in der Regel nur noch zeitlich befristet beschäftigt werden, in den Erntemonaten etwa bzw. – noch punktueller – lediglich dann, wenn ungewöhnlich personalintensive Aufgaben anstanden.[340]

Um dies möglich zu machen, begannen viele Bauern auch damit, ihren Betrieb stärker zu spezialisieren: Der traditionelle Bauernhof, der viele verschiedene Produkte in kleinen Mengen erzeugte, verwandelte sich so häufig in ein Unternehmen mit einigen wenigen, klar bestimmten Produktionsschwerpunkten.[341]

Zum anderen aber wuchsen die Absatzchancen der Landwirtschaft auf spektakuläre Weise. Der Pro-Kopf-Verbrauch von Fleisch, dessen Entwicklung oben bereits skizziert wurde, ist dafür ein treffliches Beispiel. Die Nachfrage nach Schweinefleisch entwickelte sich – wie gezeigt – in der Bundesrepublik sogar nach dem Ende des Wiederaufbaubooms durch den sogenannten ökonomischen „Strukturbruch" in den 1970er Jahren noch sehr positiv. Erst in den 1980er Jahren stabilisierte sich der Verbrauch auf hohem Niveau. An unternehmerischen Möglichkeiten in diesem speziellen Segment der agrarischen „Veredelung" mangelte es also nicht.[342]

Größere Produktionsmengen erforderten allerdings grundsätzlich innerbetriebliche Rationalisierungen, da zusätzliches Personal ja nicht zur Verfügung stand. Landwirte, die auf ihrem Hof nicht konsequent nach verbesserter Effizienz strebten, gerieten unter diesen Bedingungen wirtschaftlich rasch ins Abseits – zu-

---

[340] Walter Schaefer-Kehnert, Entwicklungslinien der Mechanisierung in der westdeutschen Landwirtschaft, in: Landtechnik 16 (1961), S. 78–86, hier: S. 80. Vgl. ähnlich auch: Günther Steffen, Betrachtungen zur landtechnischen Entwicklung, in: Landtechnik 14 (1959), S. 703–706, hier: S. 706; H. J. Richnow, Die Investitionstätigkeit der Landwirtschaft, in: AW 10 (1961), S. 11–18, hier: S. 16. Das oben erwähnte Einfangen der schlachtreifen Masthühner ist ein gutes Beispiel für die Arbeiten, bei denen auch auf stark mechanisierten Höfen zusätzliche Arbeitskräfte benötigt wurden. Siehe S. 244.

[341] Vgl. hierzu (auch konkret für einzelne Höfe mit Angaben zu den aufgewandten Arbeitszeiten vor und nach der Betriebsvereinfachung): Heinz Dobert, Betriebsvereinfachung in der Landwirtschaft. Schlagwort oder Notwendigkeit?, Wiesbaden 1963 (die Beispiele: S. 25–29). Vollständige Spezialisierungen auf nur ein Produkt, nur ein Produktionssegment, blieben im Untersuchungszeitraum allerdings nach wie vor selten. Vgl. am Beispiel der „Veredelung" hierzu genauer: V. Koch/R. Porwall, Entwicklung von „Großbeständen" in der Viehhaltung in der Bundesrepublik Deutschland, in: KF 64 (1981), S. 428–430.

[342] Siehe S. 72.

mal der intensive Wettbewerb im Einzelhandel mit Lebensmitteln und der dadurch entstehende Preisdruck ja bis zu den agrarischen Erzeugern durchschlug. Winfried Hasselmann, der oben schon einmal zitierte niedersächsische Agrarminister, der selbst zu den Landwirten gehörte, konstatierte daher 1968, ohne „ständige Steigerung der Arbeitsproduktivität und Senkung der Produktionskosten" könne schon seit längerem kein Bauernhof in der Bundesrepublik mehr dauerhaft überleben.[343]

In den Debatten, in denen Wissenschaftler, Praktiker der Landwirtschaft und Unternehmer zuliefernder Branchen seit 1950 so intensiv diskutierten, wie die Haltung von Schweinen weniger arbeitsaufwendig zu gestalten sei, vermengte sich das defensive Ziel, die Folgen der Personalabwanderung zu bewältigen, mithin auf kaum aufzulösende Weise mit expansiven Absichten. Gerade diese doppelte Motivation aber machte die Angelegenheit für alle schweinehaltenden Betriebe so wichtig – ganz unabhängig von der Zahl der jeweils im Stall stehenden Tiere.

Hoffnungen auf höhere Produktivität motivierten etwa den oben am Beispiel der „Deutschen PIG" schon kurz erwähnten neuen Umgang mit Sauen und mit Ferkeln. Sowohl die Fixierung der Muttertiere wie auch die „Frühentwöhnung" ihrer Nachkommen, die dabei oft schon nach drei Wochen von der Sau getrennt wurden, sollten helfen, die Zahl der Schweine in die Höhe zu treiben, die westdeutsche Landwirte an die Schlachthöfe lieferten: Konnte sich die Sau nicht mehr frei bewegen, gab es im Aufzugstall deutlich weniger von der Mutter unabsichtlich erdrückte Ferkel; hatte sie nur relativ kurz Kontakt mit ihrem Wurf, war sie früher wieder paarungsbereit. Beide Maßnahmen konnten – zumal dann, wenn man sie kombinierte – die Menge der pro Sau erzeugten Mastschweine deutlich positiv beeinflussen.[344]

Um Arbeitseinsparung und -erleichterung ging es hingegen bei allen Konzepten, die den Boden des Schweinestalls verändern wollten, um die Bauern so von dem Zwang zu befreien, immer wieder neu eigenhändig die Exkremente der Tiere entsorgen zu müssen. Dies geschah in der traditionellen Schweinehaltung durch das „Entmisten" des Stalls: Die Tiere standen auf einer „Einstreu" aus Getreidestroh, die wirkungsvoll Urin und Kot band, aber regelmäßig erneuert werden

---

[343] Winfried Hasselmann, Zur Einführung, in: Ernst Andreas Friedrich, Kornlingen. Ein Modell moderner Landwirtschaft, Hildesheim 1968, S. 7–14, hier: S. 11. Zum Preisdruck in der Schweinehaltung siehe genauer S. 379 ff.

[344] Die Fixierung der Sau bot den Ferkeln (auch den schwächeren Tieren) zudem besseren Zugang zu den Zitzen. Auch dies förderte die Überlebensrate. Vgl. genauer: Settele, Revolution, S. 242–245. Zugleich entwickelten sich die Ferkel so deutlich gleichmäßiger. Eine „Aufstallung" weitgehend gleich schwerer Ferkel erleichterte dann wiederum die Mast. Vgl. hierzu etwa: Edmund Sprenger, Zur Lage der westdeutschen Ferkelerzeugung, in: MDLG 84 (1969), S. 1465–1466 u. S. 1484–1485, hier: S. 1466; Karl August Groskreutz, Neuzeitliche Sauenhaltung, in: BBSH 127 (1977), S. 4375–4378, hier: S. 4375. Speziell zum „Frühabsetzen" vgl. etwa: H. Bogner/H. Puff, Das Frühabsetzen von Ferkeln, in: BLJ 55 (1978), S. 522–530; J.-P. Ratschow, Sind neue Haltungssysteme für Schweine Voraussetzung zum Erfolg?, in: DGS 39 (1987), S. 1531–1534. Beide Autoren empfahlen das „Absetzen" in der dritten Lebenswoche der Ferkel.

musste, um Gerüche und Gesundheitsgefahren gering zu halten. Auf vielen Bauernhöfen geschah dies in der Regel wohl einmal pro Tag. Fachberater plädierten aus hygienischen Gründen allerdings eher für eine täglich zweimalige Reinigung.[345]

Bei vielen Unterschieden in Details entwickelten Experten seit 1950 Vorschläge, diese anstrengende und schmutzige Arbeit, die auch Hilfsmittel wie „Schubstangen" oder spezielle Seilzüge nur unwesentlich erleichterten, durch einen Umbau oder Neubau des Stalls überflüssig zu machen. Die Schweine sollten auf einem Spalten- oder auch Gitterboden stehen, unter dem sich ein ausreichend großer Raum befand, um den nun direkt nach unten laufenden Urin sowie auch den Kot aufzunehmen, den die Tiere selbst durch ihre Bewegungen im Stall nach und nach durch den Rost traten. Die „Einstreu" verschwand – und musste auch zwingend verschwinden, weil das Stroh die Spalten verstopft hätte.[346]

Ohne Frage machte die Schweinemast durch diese Änderung sehr viel weniger Arbeit als zuvor: Unterhalb der durchlässigen Böden vermischten sich die Exkremente der Schweine zur flüssigen „Gülle", die vergleichsweise einfach abgepumpt werden konnte; allein ein scharfer Wasserstrahl reichte nun aus, um den Stall für den Alltag sauber zu halten. Bei gleicher Herdengröße reduzierte sich der Zeitaufwand für dessen Reinigung innerhalb einer vollständigen Mastperiode durch einen Spaltenboden um stolze 80 Prozent. Mit den neuen Ställen wurden daher Bestandsvergrößerungen denkbar, die bislang schon an der Frage gescheitert waren, wer denn das regelmäßige „Ausmisten" übernehmen solle.[347]

Informationen über solche Ideen und Pläne standen breit zur Verfügung. Die gesamte landwirtschaftliche Publizistik berichtete intensiv und druckte selbstverständlich auch Annoncen von Firmen wie etwa der oben erwähnten „Farmservice GmbH". Der Bauernverband, die DLG, regionale Agrarorganisationen und staatliche Forschungsinstitute propagierten viele der neuen Konzepte in Broschüren und

---

[345] Vgl. etwa: Hinrich Bielenberg, Der Einfluss des Stalles auf die Schweinemast, ingenieurwiss. Diss. TH Braunschweig 1963, S. 138 f. Wenn Rinder im Stall standen, fielen selbstverständlich die gleichen Arbeiten an.

[346] Detailreich dazu: Settele, Revolution, S. 254–264. Der Spaltenboden war keine Neuerfindung der Nachkriegszeit: Im Alpenraum gab es ihn schon zuvor, weil in dieser bodenarmen landwirtschaftlichen Region zu wenig Stroh produziert wurde, um die „Einstreu" möglich zu machen. Vgl. dazu: Frank Uekötter, Die Wahrheit ist auf dem Feld. Eine Wissensgeschichte der deutschen Landwirtschaft, Göttingen 2010, S. 349 f.

[347] Klaus Trog/Ernst Günter Haalck, Schweinemast mit Gewinn, Frankfurt/Main 1968, S. 27. War zuvor rein durch Handarbeit gesäubert worden, betrug die Zeitersparnis sogar 97 Prozent. Berechnet nach: J. L. Höges, Moderne Schweinehaltung und Tierschutz, in: DGS 32 (1980), S. 1242–1243. Etwas andere Angaben (Einsparungen um rund 70 Prozent) für die Arbeiten im Rinderstall vgl. in: G. Sommerkamp, Erfahrungen mit der Schwemmentmistung, in: MDLG 78 (1963), S. 302–304. Alle Angaben beziehen sich auf einen „Vollspaltenboden", der die gesamte Stallfläche umfasst. Zu den Möglichkeiten, nur Teile des Stallboden mit Spalten zu versehen (sowie zu den Vor- und Nachteilen solcher Kompromisse) vgl. genauer: Anton J. Abshoff, Wirtschaftliche Stallsysteme für die Schweinemast, in: Stallbau heute. Möglichkeiten und Grenzen. Vorträge auf der DLG-Herbsttagung am 14. und 15. September 1977 in Mainz, Frankfurt/Main 1978, S. 81–87, hier: S. 85–87.

auf Ausstellungen, die zugleich auch in- und ausländischen gewerblichen Anbietern eine Plattform für ihre Selbstdarstellung boten. Gerade solche handfesten Präsentationen stießen bei den westdeutschen Bauern auf großes Interesse. Die „Internationale Landwirtschaftsschau" der DLG etwa, die im September 1974 in Frankfurt am Main stattfand (und u. a. auch moderne Schweineställe zeigte), zog nicht weniger als 300.000 zahlende Besucher auf das Messegelände der Stadt. Nur zehn Prozent davon arbeiteten nicht als Landwirte. Auch Ausstellungen, die sich speziell an die Halter von Schweinen und Hühnern richteten, wurden intensiv besucht.[348]

Für die Frage, was das veränderte Stall-Regime für die Schweine bedeutete, haben sich die Verfechter der neuen Haltungsformen nur in Einzelfällen interessiert. Ein Münchner Professor für „angewandte landwirtschaftliche Betriebslehre" konstatierte zwar bereits im Jahr 1964 unter Hinweis etwa auf die „Frühentwöhnung" von Ferkeln: „Es besteht kein Zweifel, daß die Fortschritte der Produktionstechnik in der tierischen Produktion der Natur der Tiere zunehmend Gewalt antun." Nüchtern oder vielleicht auch nur resigniert fügte der Ordinarius jedoch an, solange dieser Zwang „wirtschaftliche Fortschritte" mit sich bringe, werde ihn „niemand aufhalten können".[349] Bereits zitiert wurden die doch recht erschrocken klingenden Worte eines anderen Agrarexperten über die „äußerst harte Haltung" der Sauen in den Ställen der Hybridzucht-Unternehmen.[350]

Aus der Sicht von Biologen gab es eine Fülle von Argumenten gegen fast alle Elemente der modernisierten Schweinehaltung. So zwang beispielsweise die Fixierung der Sau nach dem Abferkeln das Tier dazu, entweder zu liegen oder aber bewegungslos zu stehen. Schweine aber stehen nicht: Sie ruhen lange (deshalb verbindet der deutsche Volksmund sie klischeehaft mit der Faulheit), sind ansonsten aber in Bewegung und können dabei auch sehr schnell laufen. Dieser Teil ihres natürlichen Verhaltens wurde in den neuen „Abferkelbuchten" radikal unterdrückt. Gibt es kein Stroh, kann das Tier zudem kein wärmendes Nest für seine Nachkommen bauen – auch dies aber gehört zu den ererbten, hormonell gesteuerten Aktionen weiblicher Schweine.[351]

---

[348] „Bullenschau" mit düsteren Tönen eröffnet, in: FAZ, 16. 9. 1974. Zu der von der DLG seit 1975 regelmäßig durchgeführten Messe „Huhn & Schwein" vgl.: Settele, Revolution, S. 242. 1985 hatte diese Messe in Hannover 56.000 Besucher. Hermann-Adolf Ihle, Hat die Veredelung Konjunktur?, in: MDLG 100 (1985), S. 723.

[349] Erwin Reisch, Voraussetzungen und Möglichkeiten der Schwergewichtsbildung [sic!] in der tierischen Erzeugung, in: BLJ 41 (1964), Sonderheft Nr. 2, S. 44–99, hier: S. 91. Der Autor war Professor an der TH München und leitete deren Institut für das oben genannte akademische Fach.

[350] Siehe S. 335.

[351] Vgl. etwa: Karl August Groskreutz, Marktferne Schweinefleischerzeugung unter Kostendruck, in: BBSH 132 (1982), S. 3658–3661, hier: S. 3659; J. Müller (unter Mitarbeit v. Andreas Nabholz u. a.), Tierschutzbestimmungen für die Schweinehaltung, in: Gottfried Martin Teutsch u. a., Intensivhaltung von Nutztieren in ethischer, rechtlicher und ethologischer Sicht, Basel etc. 1979, S. 123–194, hier: S. 135 u. S. 180–183.

Ferkel, die nicht sieben bis acht Wochen lang engen körperlichen Kontakt zu ihrer Mutter haben, neigen zu „Unruhe und Nervosität"; vielfach ist ihr natürliches Erkundungsverhalten „deutlich gestört".[352] Die Mast in einem Stall ohne „Einstreu" schließlich verurteilt Schweine dazu, in einer „übersimplifizierten Umwelt" zu leben – zumal wenn sie grundsätzlich nicht mehr auf die Weide geführt werden. Ihr starker Drang, nach Futter zu suchen und danach zu wühlen, kann nicht ausgelebt werden: Sie langweilen sich und werden (bei Einzelhaltung) deshalb entweder völlig lethargisch oder (in der Gruppe) unruhig und aggressiv gegenüber den anderen Schweinen in ihrer Bucht. Bissverletzungen kommen häufig vor.[353]

Zumindest sporadisch erfuhr auch die breite Öffentlichkeit von diesen diversen Problemen. So beschäftigte sich der Journalist Horst Stern im Mai 1971 in seiner überaus populären Fernseh-Sendereihe „Sterns Stunde" mit dem domestizierten Schwein und seiner Haltung in modernen Ställen. Seine rundum kritische Darstellung schloss er mit den Worten: „Der Mensch hat das Schwein zur Sau gemacht."[354]

Trotz dieses rhetorischen Paukenschlags vor einem Millionenpublikum rückte das Thema in den bundesdeutschen Tierschutzdebatten jedoch rasch wieder in den Hintergrund. Eine 1975 vom Bundeslandwirtschaftsministerium erlassene Verordnung zur Haltung von Schweinen, deren Bestimmungen bis 1978 schrittweise in Kraft traten, beschäftigte sich ausschließlich mit Fragen der Stallhygiene in sehr großen Beständen. Sie regelte detailliert die Desinfektion der Gebäude sowie auch den Zugang in den Stall, schwieg aber zu allen anderen Aspekten der Aufzucht und Mast. Zudem hatte die Verordnung für die erdrückende Mehrheit der bundesdeutschen Schweinemäster ohnehin keine Bedeutung. Ihre Vorschrif-

---

[352] In der Reihenfolge der Zitate: Schmidt, Schweineproduktion, S. 166; G. v. Putten, Schwein, in: Hans Hinrich Sambraus (Hrsg.), Nutztierethologie. Das Verhalten landwirtschaftlicher Nutztiere. Eine angewandte Verhaltenskunde für die Praxis, Berlin und Hamburg 1978, S. 168–213, hier: S. 191 f.

[353] Putten, Schwein, S. 209–212 (Zitat: S. 212). J. Müller monierte an den modernen strohlosen Ställen „eine kaum zu überbietende Reizarmut und Künstlichkeit" (Müller, Tierschutzbestimmungen, S. 182). Vgl. als anschauliche Schilderungen auch: Anton Grauvogel, Alles muß seine Ordnung haben, in: DGS 3 (1974), Nr. 7, S. 14 u. S. 25; ders., Reizverarmung: Nicht auf die leichte Schulter nehmen!, in: MDLG 101 (1986), S. 1206–1207. Da die Tiere sich oft gegenseitig in den Schwanz bissen, entstand die Praxis, diesen Körperteil schon bei jungen Ferkeln präventiv zu „kupieren". Bis zum Alter von vier Tage durfte diese Operation ohne Narkose erfolgen. Vgl. etwa: Groskreutz/Roth, Schweinepraxis, S. 217 f. Im Vergleich zu der routinemäßig durchgeführten Kastration aller männlichen Ferkel (die ebenfalls ohne Betäubung stattfand) handelte es sich allerdings um einen deutlich weniger gravierenden Eingriff. Die reine Stallhaltung wurde – schon aus hygienischen Gründen – in allen modernen Konzepten für die Schweinemast empfohlen. Vgl. zusammenfassend etwa: Damon V. Catron, Die Ernährung der landwirtschaftlichen Nutztiere, in: KF 44 (1961), S. 130–134, hier: S. 132. Bei „leeren" und trächtigen Sauen verhielt es sich hingegen anders: Für sie galt ein täglicher Aufenthalt an der frischen Luft noch als positiv. Vgl. hierzu: A. Reepmeyer, Viele Möglichkeiten stehen offen, in: KF 45 (1962), S. 116–119, hier: S. 116 f.

[354] Gegen den Strich, in: Der Spiegel 25 (1971), Nr. 52, S. 120.

ten galten ausschließlich für Betriebe, die mehr als 1.250 Schweine hielten. Zu dieser Gruppe gehörten seinerzeit noch nicht einmal 0,1 Prozent aller westdeutschen Mastbetriebe.[355]

Die Medien nahmen von dieser auffällig lückenhaften und bestenfalls symbolisch wichtigen Verordnung keine Notiz; kritische Kommentare blieben aus. Auch CDU und CSU, mittlerweile die Oppositionsparteien im Bundestag, sahen keinen Anlass, für eine andere, tierfreundlichere Haltung der Schweine zu streiten. Die enorme wirtschaftliche Bedeutung der Mast von „Sus scrofa" für die bundesdeutsche Landwirtschaft reicht wohl aus, um diese einheitlich nicht-interventionistische Haltung von Fachressort, Regierung und Opposition zu erklären: Wer für Auflagen stritt, die in die Wirtschaftsrechnung der Schweinehalter eingriffen, musste mit starkem Widerstand der Bauern rechnen.[356]

Bei diesem Desinteresse der bundesdeutschen Agrarpolitiker am Tierschutz im Schweinestall ist es bis in die späten 1980er Jahre geblieben. Medial tauchte das Thema nur noch sporadisch auf. 1981 berichtete beispielsweise die „FAZ" über die Kritik von Nutztierbiologen an der strohlosen Haltung. Die selbst gestellte Frage „Können Tiere psychisch leiden?" beantwortete das Blatt dabei eindeutig positiv.[357] 1985 publizierte das Hamburger Nachrichtenmagazin „Der Spiegel" in einer verlagseigenen Taschenbuchreihe einen Band mit dem Titel „Mehr Recht für Tiere", in dem auch die modernen Schweineställe scharf kritisiert wurden: In ihnen gebe es nichts, „was einem Schwein Freude bereiten könnte". Dieser spezielle Stress stehe hinter dem weitverbreiteten „Kannibalismus" der Tiere, die sich etwa gegenseitig den Schwanz abfraßen.[358]

Völlige Untätigkeit beim Tierschutz ließ sich politisch allerdings doch zunehmend nur noch schlecht rechtfertigen. Allein schon durch die Wahlerfolge der „Grünen", die 1983 erstmals in den Bundestag einzogen und seit 1985 Minister in der hessischen Landesregierung stellten, veränderte sich die Lage. Begleitet von Warnungen aller landwirtschaftlichen Organisationen vor einer drohenden wirtschaftlichen Schädigung der westdeutschen Bauern durch restriktive Regeln, entstand daher seit 1986 in langwierigen Verhandlungen zwischen Bund, Ländern, Agrarverbänden und Biologen eine „Verordnung zum Schutz von Schweinen bei Stallhaltung", die schließlich im Mai 1988 in Kraft trat. Sie enthielt u. a. erstmals Vorschriften, wie viel Platz pro Schwein eine Gruppenbucht bieten müsse, verbot zumindest die „Halsanbindung" von Sauen, die deren Bewegungsradius besonders

---

[355] Zu den Bestimmungen vgl. genauer: Settele, Revolution, S. 279–281. 1979 gab es in der Bundesrepublik lediglich 490 landwirtschaftliche Betriebe, die jeweils mehr als 1.000 Schweine hielten. V. Koch/R. Porwall, Entwicklung von „Großbeständen" in der Viehhaltung in der Bundesrepublik Deutschland, in: KF 64 (1981), S. 428–430, hier: S. 428. Zur geringen Konzentration in der bundesdeutschen Schweinehaltung siehe genauer unten S. 398 f.

[356] Vgl. exemplarisch die scharfe Kritik an der eben vorgestellten Verordnung in: F. Hottelmann, Wenn Veterinäre die Produktion überwachen, in: top agrar 4 (1975), Nr. 7, S. S 21–S 22.

[357] Können Tiere psychisch leiden?, in: FAZ, 4. 2. 1981.

[358] Niklaus Hablützel, Keimfrei wie die Intensivstation. Moderne Schweinemast, in: Klaus Franke (Hrsg.), Mehr Recht für Tiere, Reinbek 1985, S. 82–105, hier: S. 105.

massiv einschränkte, und verpflichtete die Landwirte, dafür zu sorgen, dass jedes Schwein sich täglich „mehr als eine Stunde" lang „mit Stroh, Raufutter oder anderen geeigneten Gegenständen beschäftigen" könne. Auch die unter Praktikern und Biologen stark umstrittene Frage, wie breit die Spalten sein durften, auf denen die Schweine im strohlosen Stall standen, wurde durch eine einheitlich geltende Regel geklärt. Selbst an „frühentwöhnte" Ferkel hatte der Gesetzgeber gedacht: In ihrem Liegebereich sollte die Lufttemperatur in den ersten zehn Tagen nach der Trennung vom Muttertier künftig nicht unter 30 Grad sinken. Diese detaillierten Bestimmungen galten jeweils erst nach unterschiedlich bemessenen Übergangsfristen. Teilweise ging es dabei um lange Zeiträume: Ein 1988 bereits vorhandener Schweinestall etwa, dessen Bodenspalten breiter waren als die nun eigentlich maximal zulässigen 1,7 Zentimeter (was die schmalen Hufe der Schweine schädigen konnte), durfte noch sechs Jahre lang weiter benutzt werden. Erst ab dem 1. Januar 1995 drohte Bauern, die nicht umgebaut hatten, ein Bußgeld.[359]

Diese Regeln gingen einerseits zwar deutlich über das hinaus, was Schweinehalter in den anderen Staaten der Europäischen Gemeinschaft beachten mussten. Andererseits aber ließen sie aus der Sicht von Tierschützern doch nicht nur wegen der großzügig bemessenen Übergangsfristen erhebliche Lücken.

So schwieg die Verordnung etwa zu der in allen schweinehaltenden Betrieben üblichen Praxis, junge männliche Ferkel, die für die Mast vorgesehen waren, ohne Betäubung zu kastrieren. Dieser Verzicht auf eine Narkose bei einem nun wirklich gravierenden chirurgischen Eingriff diente ausschließlich der Einsparung von Kosten, denn Betäubungen von Tieren durften nach dem Tierschutzgesetz nur durch einen Veterinär erfolgen. Die schmerzhafte Operation selbst erfolgte (und erfolgt) gewissermaßen präventiv: Der starke Geruch, den die männlichen Sexualhormone beim Schwein auslösen, kann selbst nach der Schlachtung und Zerlegung der Eber noch an ihrem Fleisch haften. Sogar bei jung getöteten Tieren kann er vorhanden sein. Da ein größerer Teil der Endverbraucher den Geruch als unangenehm empfindet, wurden (und werden) männliche Schweine in Deutschland grundsätzlich nur kastriert zur Mast „aufgestallt".[360] Eine allgemeine Betäubungspflicht für die Operation (die nicht mit einer Sterilisierung verwechselt werden

---

[359] BGBl 1988, T. I, S. 673–675 (Zitate: S. 675). „Raufutter" meint rohfaserreiches Futter, das die Tiere lange kauen müssen. Zu den landwirtschaftlichen Forderungen (sie richteten sich gegen alle Detailvorschriften) im Beratungsprozess vgl. etwa: Hermann-Josef Nienhoff, Unnötige Reglementierung vermeiden!, in: DBK 40 (1987), S. 184–185; Wolfgang Schmid, Ökonomische Wertung verschiedener Verfahren der Sauenhaltung, in: BLJ 64 (1987), Sonderheft Nr. 1, S. 149–159, hier: S. 158. Zum Streit über die Detailregeln vgl. genauer etwa: Horst Eichhorn, Stallbau – leistungsorientiert und tiergerecht, in: MDLG 101 (1986), S. 1235; „Schweine sind soziale Wesen", in: FAZ, 6. 1. 1986; Neues, erdacht und erprobt, in: MDLG 102 (1987), S. 687–689, hier: S. 687 f.

[360] Nach den seinerzeit geltenden Tierschutzbestimmungen durfte die Operation bis zum Ende der achten Lebenswoche ohne Betäubung erfolgen. Vgl. hierzu genauer: Schmidt, Schweineproduktion, S. 160 f.; Groskreutz/Roth, Schweinepraxis, S. 215–217. Ein (resonanzlos gebliebenes) Plädoyer für den Verzicht auf die Kastration vgl. in: Ch. Ring, Jungeber ante portas?, in: FW 64 (1984), S. 143.

sollte) fehlte also gerade deshalb, weil sie millionenfach durchgeführt wurde: Ein Narkosezwang hätte entweder das Produkt „Schweinefleisch" verteuert oder aber die Landwirte wirtschaftlich belastet.[361]

CDU/CSU und FDP, die nunmehr wieder die Bundesregierung stellten, behaupteten denn auch keineswegs, die Verordnung von 1988 sei tierschützerisch perfekt. Es handele sich aber doch um einen gelungenen „Ausgleich zwischen Tierschutz, Hygiene, Wirtschaftlichkeit und nicht zuletzt den Wettbewerbsbedingungen innerhalb der Europäischen Gemeinschaft". Schärfere Bestimmungen seien schlicht nicht möglich: „Man kann doch nicht von heute auf morgen die Landwirtschaft umkrempeln. Dies würde die Tierhalter in den wirtschaftlichen Ruin treiben." Auch die mittlerweile zur Opposition gewordene SPD sah das – trotz einiger Detailkritik – letztlich genauso.[362]

Lediglich die „Grünen" als der parlamentarische Arm der bundesdeutschen Umweltbewegung distanzierten sich scharf von dieser ganz großen agrarpolitischen Koalition. Sie erklärten, der Erlass sei völlig unzureichend: Mit ihm „perfektioniert die Bundesregierung [...] lediglich das tierquälerische System der industriellen Massentierhaltung".[363] Interessenverbände von Schweinehaltern hingegen klagten, Regierung und Parlament kreierten mit der Verordnung „krasse Wettbewerbsverzerrungen" innerhalb des Gemeinsamen Marktes der EG. Durch den nationalen Alleingang drohe „in der Schweinehaltung [...] eine vollständige Abkoppelung der deutschen von den europäischen Rahmenregeln".[364]

So konträre Bewertungen ein- und derselben Sache sind in der Politik keineswegs selten. Ungewöhnlicherweise wussten seinerzeit allerdings weder die sehr vorsichtig agierenden Tierschützer in den etablierten Bundestagsparteien noch ihre forschen Kritiker von den „Grünen", wie bedeutsam die neuen Vorschriften in der Realität eigentlich sein würden. Umfassende Informationen, wie die westdeutschen Landwirte ihre Sauen, Ferkel und Mastschweine behandelten, lagen ebenso wenig vor wie Angaben, auf was für Böden die Tiere standen. Klar war eigentlich nur, dass mit Einheitlichkeit in dieser Angelegenheit realistischer Weise keinesfalls gerechnet werden konnte.

---

[361] Über die Frage, ob der Gesetzgeber die Narkose trotz der dann entstehenden Kosten verpflichtend vorschreiben soll, wurde noch sehr lange gestritten. Seit 2006 darf die Kastration nach den deutschen Vorschriften nur noch in den ersten sieben Lebenstagen ohne Betäubung erfolgen; mit dem Beginn des Jahres 2021 soll generell eine Betäubung erfolgen. Vgl. zu diesen Debatten etwa: Christina Hucklenbroich, Der Schmerz der Schweine, in: SZ, 17. 5. 2010; Bundestag erlaubt betäubungslose Ferkelkastration noch bis Ende 2020, in: BT, 30. 11. 2018.

[362] In der Reihenfolge der Zitate: BT Plenarprotokoll 11/131, S. 9684 (MdB Meinhold Michels, CDU), S. 9687 (MdB Günther Bredehorn, FDP). Sowohl Michels wie auch Bredehorn waren Besitzer eines Bauernhofs. Zur Haltung der SPD vgl. S. 9680 f. (MdB Brigitte Adler). Das Protokoll ist online abrufbar unter: https://dip.bundestag.de.

[363] Ebenda, S. 9685 (MdB Charlotte Garbe, Die Grünen).

[364] In der Reihenfolge der Zitate: Ein erfolgreiches Jahr – die ISN zog Bilanz, in: DGS 41 (1989), S. 359–360, hier: S. 359 (die Abkürzung ISN steht für „Interessengemeinschaft der Schweinehalter Niedersachsens"); Wettbewerbskraft der deutschen Veredelungswirtschaft stärken, in: BBSH 138 (1988), S. 2311–2312, hier: S. 2311.

Um 1960 hatte es in der Bundesrepublik – wie gesagt – fast 1,3 Millionen Agrarbetriebe gegeben, deren Eigentümer Schweine hielten, um den Fleischmarkt zu beliefern. 1989 war diese Zahl zwar dramatisch auf nur noch 309.000 gesunken.[365] Beide Angaben aber bezogen sich auf selbständige Unternehmen an sehr verschiedenen Standorten, mit stark unterschiedlicher Geschichte sowie sehr verschiedener Ausstattung an Boden, Betriebsgebäuden, Arbeitskräften, Maschinen und Kapital. Ob nun mit oder ohne fachliche Beratung, ob nach Gesprächen mit anderen Bauern, der Ehefrau oder auch ganz selbstherrlich, ob um 1960 oder in den 1980er Jahren: Jeder dieser Landwirte entschied autonom, was auf dem Hof verändert wurde und was so blieb, wie es war. Alle Konzepte und Tipps für eine effizientere Haltung, alle Anzeigen für Spaltenböden, Sauen- und Ferkelkäfige, „Bacon Bins" oder auch vollständig computergesteuerte Ställe mit automatischer Fütterung und programmierter „Lichtführung" schreiben daher noch keine umfassende Geschichte der modernen Landwirtschaft in der Bundesrepublik.

Es gilt vielmehr, auch die unternehmerische Freiheit der westdeutschen Landwirte zu berücksichtigen – die neben dem Recht, überhaupt nichts zu tun, selbstverständlich auch die Freiheit einschloss, viel zu forsch und unüberlegt zu entscheiden. Allein schon wegen der enorm großen Zahlen der handelnden Akteure (auch noch in den späten 1980er Jahren) bei stark divergierenden Ausgangsbedingungen ist anzunehmen, dass die betriebliche Entwicklung von Hof zu Hof stark unterschiedlich verlief.

Zudem: Schaut man etwas genauer hin, dann sprach die ökonomische Logik im hier untersuchten Zeitraum keineswegs so eindeutig für eine umfassende Modernisierung der Schweinehaltung, wie es auf den ersten Blick scheinen mag. Zweifel, wie tragfähig und wertvoll die neuen Ideen in der Praxis für den einzelnen Bauernhof tatsächlich sein würden, waren vielmehr völlig legitim – und offensichtlich auch weitverbreitet.

2.4. „Nie würde ich ohne Einstreu arbeiten": betriebswirtschaftliche Argumente für die traditionellen Haltungsformen

Mit Schweinen kannte sich der schwäbische Landwirt Xaver Rabe bestens aus. Gemeinsam mit seiner Frau und seiner Mutter betrieb er in einem Dorf zwischen Augsburg und Ingolstadt einen Hof, dessen Einnahmen schon seit den 1950er Jahren vornehmlich durch die Schweinehaltung entstanden. 1966 spezialisierte er den Betrieb zudem noch stärker: Er hielt seitdem ausschließlich einige Eber und mehr als zwanzig Sauen, deren Nachkommen er an andere Landwirte verkaufte, wenn die Ferkel schwer genug waren, um für die Mast „aufgestallt" zu werden. Die

---

[365] Die Zahl von 1989 entsprach 51 Prozent aller noch bestehenden landwirtschaftlichen Betriebe. StatJb BRD 1991, S. 160 f. Zum wirtschaftlichen Hintergrund dieses Rückgangs siehe unten S. 379 ff.

17 Hektar Land, die er besaß, dienten im Wesentlichen nur noch dazu, das „Grundfutter" für die Muttertiere und die Eber zu erzeugen. Wirtschaftlich war er mit dieser Ferkelproduktion sehr erfolgreich. 1976 konnte Rabe seinen Stall umbauen und so erweitern, dass die Sauenherde nun 70 Köpfe zählte. Im Rahmen der bundesdeutschen Landwirtschaft gehörte sein Hof damit schon zu den großen Vermehrungsbetrieben.[366]

In seinem Fachgebiet war Rabe auch ein Mann fester Überzeugungen. So hielt er etwa überhaupt nichts von den modernen Formen der Schweinehaltung: „Nie würde ich ohne Einstreu arbeiten", so erklärte er 1981 einem Besucher. Sein Erfolg als spezialisierter Landwirt beruhe gerade darauf, dass er fast alle Ratschläge für einen möglichst effizienten Umgang mit Sauen und Ferkeln ignorierte: Nach seinen Worten entstanden die exzellenten Aufzuchtergebnisse, die er vorzeigen konnte, vor allem durch „Behaglichkeit für Sauen und Ferkel und gesunde Luft". Stroh sei für solch eine Haltung unerlässlich. So wurde in Rabes Stall ganz traditionell nach wie vor zweimal täglich „entmistet". Zudem habe man die Tiere permanent sehr genau im Blick, um sofort eingreifen zu können, wenn Probleme auftraten. Wer die Ferkelzahl pro Sau optimieren wolle, könne auf diese Sorgfalt nicht verzichten.[367]

Mit diesen Ansichten stand der schwäbische Ferkelproduzent keineswegs allein. 1972 meldete ein baden-württembergischer Betriebsberater, die besten Ergebnisse bei der Vermehrung von Schweinen gebe es dort, „wo Passion und vorhandene Arbeitszeit (ohne Stoppuhr)" eingesetzt würden. Rezepte aus der Geflügelfleischbranche, wie man die Aufzucht und Mast von Nutztieren möglichst effizient und arbeitssparend gestalten könne, seien für die Schweinehalter schlicht nicht hilfreich, weil „das Schwein kein Huhn ist", dessen Geburt sich mit moderner Technik perfekt planen lasse.[368]

Einige Jahre später berichtete ein schleswig-holsteinischer Fachmann, in der Praxis gebe es in Betrieben, die Sauen auf moderne Weise „arbeitsextensiv" hielten, immer wieder Probleme mit „schlecht laufenden Würfen". Zusätzliche Schwierigkeiten verursache die „Frühentwöhnung" der Ferkel. Es bestehe etwa die Gefahr des „Überfressens", was zu Ödemen im Darm der Jungtiere führen könne: „Viele krepieren."[369] In einem 1978 publizierten Handbuch für „wirtschaftliche Schweine-

---

[366] Die Angaben zum Betrieb nach: Josef Lütkemeyer, „... denn Rabes gibt es viele unter uns", in: top agrar 10 (1981), Nr. 11, S. S 24–S 28. Der Hof lag in Pressenburgheim im Regierungsbezirk Schwaben; angebaut wurde vor allem Gerste. Zu den geringen Bestandsgrößen bei spezialisierten Ferkelproduzenten vgl. genauer: V. Koch/R. Porwoll, Entwicklung von „Großbeständen" in der Viehhaltung in der Bundesrepublik Deutschland, in: KF 64 (1981), S. 428–430, hier: S. 428.

[367] Lütkemeyer, Rabes, S. S 25. Auf das „Frühabsetzen" der Ferkel scheint allerdings auch Rabe nicht verzichtet zu haben. Anders sind die im Text nur nebenbei erwähnten „Zwischenwurfzeiten" von durchschnittlich 160 Tagen nicht erklärbar.

[368] H. Zink, Ist die Schweinemast für den bäuerlichen Betrieb in Zukunft noch interessant?, in: KF 55 (1972), S. 170–172, hier: S. 170 u. S. 172.

[369] Karl August Groskreutz, Neuzeitliche Sauenhaltung, in: BBSH 127 (1977), S. 4375–4378, hier: S. 4376 u. S. 4378.

fleischerzeugung" wiederum hieß es, ein Landwirt müsse die „Belegung" von Sauen „mit Hingabe" überwachen: „Tempo, Tempo bringt uns hier nichts ein."[370]

Ein Landwirt aus Franken, der ausschließlich Ferkel mästete, die auf seinem eigenen Hof geboren wurden, sekundierte seinem Berufskollegen Xaver Rabe 1981 mit den Worten, bei der Arbeit mit Sauen sei der enge und zeitaufwendige Kontakt mit den Tieren unerlässlich, um wirklich gute Leistungen zu erreichen. So liefere etwa die „Daumenprobe" des Bauern in der Scheide der brünstigen Sau immer noch die besten Informationen, wann der optimale Zeitpunkt für die Befruchtung innerhalb der etwa 70 Stunden ihrer „Rausche" gekommen sei.[371] Noch 1986 schließlich erklärte ein anderer Bauer, der im niederbayerischen Rottal ebenfalls im „geschlossenen System" arbeitete, sein Vermehrungsstall für 20 Sauen werde selbstverständlich auch weiterhin eingestreut, denn „Stroh ist die halbe Medizin".[372]

Wie schon diese wenigen Stimmen belegen, blieb die intensive Werbung für eine konsequente Reform der Schweinehaltung im hier untersuchten Zeitraum in der Bundesrepublik keineswegs ohne Widerspruch. Sie wurde vielmehr permanent von Einwänden und kritischen Anmerkungen begleitet, die gerade Männer der Praxis formulierten.[373]

Diesen Skeptikern und Verteidigern der Tradition ging es nicht – das ist zu betonen – um Tierschutz in dem Sinne, dass sie den Schweinen eigene Interessen und Rechte zugebilligt hätten. Für das Wohlbefinden der Tiere interessierten sie sich aber doch zumindest insofern, als sie darin einen wichtigen Faktor für gute Produktionsergebnisse sahen. Dieses rein instrumentelle Verständnis des Tierwohls kannte scharf abgesteckte Grenzen. So war es etwa im Stall von Xaver Rabe mit der „Behaglichkeit" für die Sau schlagartig vorbei, wenn ein Tier nach dem „Frühabsetzen" nicht zügig wieder trächtig wurde: „Leere Altsauen" duldete er nicht auf seinem Hof.[374]

Im Kern entfalteten die damaligen Kritiker der modernen „arbeitsextensiven" Schweinehaltung daher ausschließlich einen alternativen betriebswirtschaftlichen Diskurs. Sie nahmen auch die Kosten und Probleme in den Blick, die sich aus der veränderten Haltung der Tiere ergaben, und kamen nach dieser Prüfung zu dem

---

[370] Groskreutz/Roth, Schweinepraxis, S. 176.
[371] Fritz Wittemann, Meine Erfahrungen mit der Schweinebesamung, in: top agrar 10 (1981), Nr. 5, S. S 7–S 11, hier: S. S 9. Vgl. ähnlich auch: Karl August Groskreutz, Marktferne Schweinefleischerzeugung unter Kostendruck, in: BBSH 132 (1982), S. 3658–3661, hier: S. 3658; Franz-Josef Budde, Einkommenschancen – aber nur für Könner!, in: DGS 36 (1984), S. 209–211, hier: S. 210 f.
[372] B. Achler, „Wachsen und besser produzieren...", in: top agrar 15 (1986), Nr. 4, S. 43–44. Zitiert wird hier der Landwirt Michael Wimmer aus Bad Griesbach bei Passau, der 30 ha bewirtschaftete sowie Ställe mit 20 Sauen- und 480 Mastplätzen besaß. Die Mast erfolgte bei ihm hingegen auf Teilspalten- und Vollspaltenboden.
[373] Frauen spielten in diesen Debatten in der Bundesrepublik keine Rolle, obwohl ein bäuerlicher Betrieb ohne deren Arbeit auch im Stall nicht funktionieren konnte. Vgl. hierzu auch: Settele, Revolution, S. 276 f.
[374] Lütkemeyer, Rabes, S. S 27.

Ergebnis, mit den neuen Methoden fahre der Landwirt vielfach ökonomisch keineswegs per se besser.

Die Frage, ob Schweine mit oder ohne Stroh zu halten seien, eignet sich besonders gut, um die Logik dieser speziellen Argumentation wenigstens exemplarisch genauer nachzuzeichnen. Wie sich in den Ställen zeigte, in denen sie fehlte, hatte eine regelmäßig erneuerte „Einstreu" im Schweinestall nämlich keineswegs nur hygienische Funktionen. Sie wärmte die Tiere, förderte deren Verdauung, weil Teile des Strohs als Ballaststoff gefressen wurden, und befriedigte ihr Bedürfnis, nach Futter zu wühlen, was wiederum die Gefahr von Verletzungen durch „Kannibalismus" verringerte. Bei Ferkeln stärkte die Haltung auf Stroh das Immunsystem: Auch sie fraßen schon rasch nach ihrer Geburt Stroh und nahmen dabei in kleinen Mengen Exkremente ihrer Mutter auf. Dadurch entstand rasch eine Herden-Immunität, die das Aufzuchtergebnis verbesserte. In der Gesamtschau war das Stroh daher für den Landwirt weit mehr als nur ein kostengünstiger Bodenbelag, der unangenehme Gerüche band. Es handelte sich vielmehr um nichts anderes als um einen sehr nützlichen „Sicherheitsfaktor", der half, „Mängel in der Stallklimatisierung und in der Tierbetreuung abzupuffern". Erst die „Einstreu", so ließe sich leicht zugespitzt sagen, machte die Schweinehaltung für die vielen stark beschäftigten Bauern alltagstauglich, die auf ihrem Hof in mehreren ganz verschiedenen landwirtschaftlichen Produktionsbereichen tätig waren.[375]

Der strohlose Stall mit Spalten- oder auch Gitterboden sparte mithin zwar enorm viel Arbeit; er setzte den Landwirt aber auch enorm unter Druck. „Bau- und Klimafehler" hatten nun weitaus gravierendere Konsequenzen als zuvor; wirtschaftlicher Erfolg ohne „sehr gutes produktionstechnisches Management" wurde zunehmend unwahrscheinlich.[376]

Darüber hinaus kostete die bauliche Veränderung selbstverständlich viel Geld. Ein erfolgreich wirtschaftender Landwirt im niedersächsischen Nienburg etwa, der 1973 einen bereits vorhandenen älteren Stall für 200 moderne Mastplätze herrichten ließ, musste Baukosten von 85.000 DM tragen, obwohl die vierköpfige Familie aus Vater und 18-jährigem Sohn plus Ehefrau und Schwiegermutter in dem Gebäude gemeinsam Eigenarbeiten im Wert von rund 10.000 DM erbrachte. Finanziell halbwegs kalkulierbar waren die Risiken dieser Betriebserweiterung nur,

---

[375] H. Horst, Gegenwart und Zukunft der Schweineproduktion, in: DGS 25 (1973), S. 678–681, hier: S. 679 f. Zum Stallklima als Problem auch der traditionellen Haltung auf Stroh vgl. etwa: Wilhelm Zorn, Stallverbesserung und Stallneubau, Stuttgart 1957, S. 9 f. u. S. 55 f. Speziell zu den Problemen, die entstanden, wenn das Kotfressen (das ihr Immunsystem stärkt und zum natürlichen Verhalten von Schweinen gehört) nicht mehr möglich war, vgl.: Hans-Hermann Freese, Schweine- und Geflügelfütterung nach Norm, in: MDLG 88 (1973), S. 516–518, hier: S. 516.

[376] Schmidt, Schweineproduktion, S. 171. Mit den neuen, mageren „Rassen" verschärfte sich das Problem: Gerade sie stellten „an das Stallklima höchste Anforderungen" (Trog/Haalck, Schweinemast, S. 86). Vgl. dazu auch: Groskreutz/Roth, Schweinepraxis, S. 156; H. Paschertz, Gesundheitsfragen bei Schweinegroßbeständen, in: MDLG 91 (1971), S. 11–12; Innere Aufstockung durch Schweinemast, in: BBSH 127 (1977), S. 5328–5330, hier: S. 5330.

2. Schweine und Schweinehalter in Zeiten des Massenkonsums

weil der Eigentümer auch noch die ungewöhnlich hohe Summe von 50.000 DM Eigenkapital aufbringen konnte.[377]

Entstand ein ganz neuer Bau, der mit einer modernen Heizung sowie automatischen Fütterungs- und Lüftungsanlagen ausgestattet war, kostete ein etwa gleich großer Stall in den 1970er und frühen 1980er Jahren rasch 150.000 Mark und mehr. Wer (nach den damals in der bundesdeutschen Landwirtschaft geltenden Maßstäben) wirklich „groß" in die Schweinemast einsteigen wollte und einen neuen Stall mit 400 bis 500 Mastplätzen plante, musste mit Summen im mittleren sechsstelligen Bereich rechnen.[378]

Da Banken für Kredite seinerzeit selbst bei guten Sicherheiten acht Prozent Zins und mehr verlangten und da die Erlöse aus der Schweinehaltung über die Jahre hin erfahrungsgemäß immer wieder stark schwankten, warnten Ökonomen vor Projekten, die zu mehr als 60 Prozent mit Fremdkapital finanziert wurden. Der Bau von Großställen erforderte also entweder hohe Rücklagen oder großen Wagemut.[379]

Ging es um einen Stall für maximal 400 Schweine, konnten Bauern zwar zinsverbilligte öffentliche Kredite in Anspruch nehmen. Sie deckten aber stets nur Teile der Kosten und waren zudem mit etlichen Auflagen verbunden. So hatte der investitionswillige Landwirt etwa schon dann, wenn er seinen Antrag auf Förderung stellte, einen genauen Wirtschaftsplan für das gesamte Projekt und dessen geplante Amortisation vorzulegen, der auf seine Plausibilität geprüft wurde. In der Praxis bedeutete allein schon diese Anforderung eine hohe Hürde, denn rund 80 Prozent aller westdeutschen Bauern verzichteten in ihrem Betrieb auf eine regelgerechte Buchführung. Sie dürften daher Probleme gehabt haben, eine geplante Innovation nun unversehens mit konkreten Zahlen zu untermauern.[380]

Sowohl offene wie verdeckte Kosten entstanden zudem auch dann, wenn der Bauer Sauen strikt fixierte und Ferkel „frühentwöhnte", um die Produktivität sei-

---

[377] Wilkens/Wehlers, Wenn zwei Familien von 24 ha leben wollen..., in: top agrar 2 (1973), Nr. 8, S. 12–14. Pro Mastplatz entstanden also Baukosten von 475 DM. Rechnete man die Kosten für die neuen Tiere sowie auch noch das durch die Betriebserweiterung notwendig werdende zusätzliche Umlaufkapital hinzu, betrug der Investitionsbedarf insgesamt 125.000 DM (pro Mastplatz 625 DM).

[378] Vgl. konkrete Zahlen etwa in: Ein Zuchtsauenstall mit 230 Plätzen, in: MDLG 92 (1977), S. 680–682 (hier werden 950 DM Gesamtkosten pro Sauenplatz genannt, obwohl auch dieser Landwirt mit seiner Familie viel Eigenarbeit leistete); Arnold Große-Ruse, Wer kann sich noch einen neuen Schweinestall leisten?, in: top agrar 11 (1982), Nr. 8, S. 24–27, hier: S. 24 (hier ist von ca. 650 DM reinen Baukosten und 900 DM Gesamtkosten pro Mastplatz die Rede); H. H. Hildebrandt, Wirtschaftlichkeit und Finanzierung der Schweinemast, in: BBSH 132 (1982), S. 4820–4821 (hier werden Baukosten von 660 DM je Mastplatz angegeben).

[379] Zu den Zinssätzen vgl. etwa: T. Göbbel, Der Spielraum für neue Investitionen ist eng!, in: DGS 31 (1979), S. 930. Ebenfalls üblich waren Tilgungsraten von zwei Prozent jährlich. Eine Warnung vor einer Fremdkapitalquote von über 60 Prozent vgl. etwa in: Große-Ruse, Schweinestall, S. 25. Zum zyklischen Schwanken der Preise für schlachtreife Schweine als Problem der Produzenten siehe unten S. 365 ff.

[380] Nur 17 Prozent führen Bücher, in: RR 23 (1971), S. 344. Siehe zu dieser Missachtung der Buchhaltung und ihren Problemen genauer auch S. 388. Zu den Modalitäten der verbilligten staatlichen Kredite vgl. genauer: Große-Ruse, Schweinestall, S. 26.

ner Schweinehaltung zu verbessern. Muttertiere, die sich über Wochen hin kaum bewegen konnten und in kurzen Abständen neu „belegt" wurden, erwiesen sich als weniger vital und in längerer Perspektive auch als deutlich weniger fruchtbar als traditionell gehaltenen Sauen. Ließ man der Natur ihren Lauf, dann konnte ein weibliches Schwein bei guter Betreuung bis zu zehn kopfstarke „Würfe" auf die Welt bringen; oft lag die Zahl der lebend geborenen Ferkel erst ab der vierten Geburt verlässlich in dem gewünschten Bereich jenseits der einstelligen Zahlen. Bei „harter Haltung" verkürzte sich ihre produktive Phase (im Fachjargon: ihre „Nutzungsdauer") hingegen auf bestenfalls fünf Geburten; die Tiere mussten sehr viel häufiger ersetzt werden.[381] Ferkel schließlich, die nicht sieben bis acht Wochen lang Kontakt mit ihrer Mutter hatten, mussten aufwendig warm gehalten und mit einem speziellen „Starterfutter" ernährt werden, während die Milch der Sau ja kostenlos zur Verfügung stand. Die Gefahr des „Überfressens" wurde schon erwähnt.[382]

Wirtschaftliche Vorzüge und Nachteile standen sich bei der Modernisierung der Schweinehaltung mithin durchaus ergebnisoffen gegenüber. Wie Pro und Contra gewichtet wurden, entschied sich offensichtlich je nach den Gegebenheiten und auch nach den Rentabilitätsvorstellungen des einzelnen Landwirtes von Hof zu Hof sehr unterschiedlich. Da keine umfassenden statistischen Erhebungen vorliegen, die uns sagen, auf welche Haltungsformen die westdeutschen Bauern in der Schweinevermehrung und Schweinemast setzten, lässt sich die Realität in den Betrieben nur anhand einiger stichprobenartiger Untersuchungen beschreiben. Von 661 schweinehaltenden schleswig-holsteinischen Bauern etwa, die 1973/74 an einer besonders gründlichen Wirtschaftlichkeitsprüfung der LWK Schleswig-Holstein teilnahmen, fixierten lediglich zwei Prozent ihre Säue nach dem „Abferkeln". 94 Prozent benutzten im Maststall immer noch Stroh; nur 14 Prozent hielten ihre Schweine ganzjährig im Stall. Sehr modern war das nicht – dabei handelte es sich doch durchweg um Betriebe, die einem Beratungsring und/oder einer Erzeugungsgemeinschaft angehörten.[383]

Auch eine fast zeitgleich erstellte Studie für 195 ebenfalls in Schleswig-Holstein gelegene Höfe, die alle 300 Mastplätze und mehr besaßen (damit gehörten sie in der Bundesrepublik seinerzeit zu den großen Produzenten von Schweinefleisch),

---

[381] Vgl. zu diesen Problemen etwa: Schmidt, Schweineproduktion, S. 256–258 (Zitat: S. 256); Müller, Tierschutzbestimmungen, S. 167; Karl August Groskreutz, Zuchtsau und Zuchtkondition, in: BBSH 129 (1977), S. 2132–2136; Heinrich Eschenbrenner, Kostensenkungen im Visier, in: MDLG 102 (1987), S. 578–581, hier: S. 580.

[382] Vgl. etwa: Karl August Groskreutz, Neuzeitliche Sauenhaltung, in: BBSH 127 (1977), S. 4377–4378, hier: S. 4376–4378; Einstreulose Ferkelhaltung, in: BBSH 128 (1978), S. 5928–5931; A. Weiß, Frühabsetzen – ja oder nein?, in: DGS 34 (1982), S. 103–104.

[383] Gerd Lentföhr, Mehr Ferkel machen Schweinehaltung wirtschaftlich, in: BBSH 125 (1975), S. 424–426, hier: S. 426. Ein ähnliches Resultat vgl. auch in: vgl.: Einstreulose Ferkelaufzucht nur in wenigen Betrieben, in: DGS 31 (1979), S. 328–329. Hiernach hielten von bundesweit 2.794 befragten Betrieben, die sich auf die Ferkelproduktion spezialisiert hatten, nur drei Prozent die jungen Tiere strohlos, 23 Prozent wählten die Haltungsform „wenig Einstreu bei nur fester Liegefläche". 75 Prozent der Betriebe hielten die Tiere auf traditionelle Weise. Alle befragten Landwirte waren Mitglied einer Erzeugergemeinschaft.

2. Schweine und Schweinehalter in Zeiten des Massenkonsums

belegte eine unvollständige Modernisierung: Selbst in diesen stark spezialisierten Betrieben stand seinerzeit rund die Hälfte der Tiere nach wie vor in Ställen mit „Einstreu"; 54 Prozent der erfassten Landwirte fütterten ohne Maschineneinsatz auf herkömmliche Weise per Hand und im Trog. Schaute man auf die Verlustrate sowie auf die tägliche Gewichtszunahme der Tiere, erzielten gerade diese traditionell arbeitenden Bauern die besten Resultate.[384] Überraschend gering verbreitet war in dieser ungewöhnlich genau untersuchten Gruppe von norddeutschen Betrieben auch die „Frühentwöhnung" der Ferkel. 1975 benutzten knapp 20 Prozent von ihnen dieses Verfahren, das die erneute „Belegung" der Sau beschleunigte; 1977/78 lag der Anteil dann bei 27 Prozent.[385]

Bedeutsam sind diese Zahlen vor allem, weil Schleswig-Holstein zu den bundesdeutschen Agrargebieten gehörte, in denen überdurchschnittlich viele Schweine standen. So zählte das Bundesland etwa zu den Regionen, die sowohl Schweinefleisch wie auch junge Sauen in andere Bundesländer „exportierten". Zudem gab es zwischen Nord- und Ostsee deutlich weniger flächenarme landwirtschaftliche Betriebe als im Bundesdurchschnitt, die als gering marktorientiert und besonders finanzschwach gelten konnten.[386] Wenn die Modernisierung der Schweinehaltung selbst in diesem Gebiet in den 1970er Jahren noch nicht sehr weit fortgeschritten war, so dürfte sich die Mehrheit der Landwirte jenseits der Elbe gegenüber Veränderungen im Schweinestall wohl sogar noch zögerlicher verhalten haben.

Lediglich in der Weser-Ems-Region in Niedersachsen sowie in einigen direkt angrenzenden Landkreisen in Nordrhein-Westfalen verhielt es sich offensichtlich anders. Dort entstand – noch eindeutiger als in Schleswig-Holstein – seit den 1960er Jahren ein „Intensiv-Gebiet" der Schweinehaltung; dort wuchsen die Herden von Tieren der Gattung „Sus scrofa" besonders stark. Ohne die modernen Methoden, die betriebliche Produktivität zu verbessern und den Arbeitsaufwand zu minimieren, hätte es diesen Aufschwung mit Sicherheit nicht gegeben. Zumindest die Haltung auf Spaltenböden muss sich hier also deutlich zügiger und konsequenter durchgesetzt haben als im übrigen Bundesgebiet.[387]

---

[384] Gerd Lentföhr, Auch bei Mastschweinen: Die Kammerberatung zahlt sich aus, in: BBSH 125 (1975), S. 616–618, hier: S. 617. Zu den guten Produktionsergebnissen bei traditioneller Haltung vgl. auch: Albrecht Gaschler, Die Aufstallung als Leistungsfaktor in der Schweinemast, in: MDLG 89 (1974), S. 784–787; H. Schulz/Gerd Lentföhr, Perforierte Böden in der Schweinehaltung, in: BBSH 129 (1979), S. 5755–5758, hier: S. 5755.

[385] Gerd Lentföhr, Frühabsetzen von Ferkeln – was ist daraus geworden?, in: BBSH 129 (1979), S. 3250–3252, hier: S. 3251. Einen ähnlichen Wert – 33 Prozent – ergab eine 1973/74 durchgeführte Erhebung für 213 spezialisierte Ferkelvermehrungs-Betriebe in Hessen. L. Burckhardt, Wie kamen und kommen die Ferkelerzeuger über die Runde?, in: DGS 27 (1975), S. 38–40, hier: S. 38. Allerdings praktizierten lediglich 3 Prozent der hier erfassten Landwirte das Absetzen im Alter von 3 bis 4 Wochen, das die „Zwischenwurfzeit" signifikant verkürzte.

[386] Vgl. genauer: Klaus Trog, Schweineproduktion in Schleswig-Holstein, in: DG 24 (1972), S. 526–527. Zum „Export" von Schweinefleisch und Sauen in andere Bundesländer vgl. etwa: Hans-Dieter Drechsler, Die Vermarktung von Schlachtvieh und ihre Bedeutung für Schleswig-Holstein, Hamburg und Berlin, Hamburg und Berlin 1966, S. 153; Beste Zuchtschweine auch behalten!, in: BBSH 125 (1975), S. 2954–2956.

[387] Siehe zu den Besonderheiten dieser Region auch bei der Schweinehaltung genauer S. 401 f.

In der Gesamtschau ergab sich mithin ein widersprüchliches Bild. Einerseits arbeiteten in den beiden letzten Dekaden vor dem politischen Umbruch von 1989/90 keineswegs nur in Norddeutschland, sondern auch in den anderen Regionen der Bundesrepublik zahlreiche Landwirte, die ihre Schweinehaltung strikt effizient gestaltet hatten; ja, es existierten sogar einige echte Großbetriebe, die sich grundlegend von einem herkömmlichen, familiär bewirtschafteten Bauernhof unterschieden.[388]

Andererseits blieben die älteren Haltungsformen für Schweine doch erstaunlich präsent – und sie galten auch keineswegs durchweg als antiquiert und unökonomisch. Zahlreiche Experten empfahlen vielmehr zumindest für „tragende" und säugende Sauen sowie auch für Ferkel nach wie vor die „Einstreu" als das Verfahren, das die besten Produktionsergebnisse garantiere.[389] Steigende Energiepreise nach den „Ölkrisen" der 1970er Jahre lieferten zudem sogar noch ein neues Argument gegen die strohlose Haltung in der Mast.[390]

Allerdings verbanden sich alle Ratschläge dieser Art stillschweigend mit der Aufforderung an den Bauern und seine mitarbeitenden Angehörigen, im Schweinestall auch weiterhin nicht auf die Uhr zu schauen. Zwar entsprach dies landwirtschaftlichen Traditionen: Auf einem familiär bewirtschafteten Bauernhof gab es generell nur Arbeiten, die getan werden mussten, aber keinen Anspruch auf einen zeitlich verlässlich fixierten Feierabend, auf ein freies Wochenende oder auf Urlaub. Wer als Schweinehalter an der „Einstreu" festhielt, verurteilte entweder sich selbst oder aber andere Familienmitglieder dazu, exakt auf diese Weise weiterzuarbeiten – und dabei ging es um eine körperlich anstrengende und besonders schmutzige Aufgabe. Der Landwirt Paul Dürr etwa konnte den Sauen in seinem Stall letztlich nur deshalb so viel „Behaglichkeit" bieten, weil seine offensichtlich sehr rüstige Mutter das „Entmisten" ganz allein erledigte.[391]

Solch ein Umgang mit der Arbeit trug in der bundesdeutschen Wohlstandsgesellschaft jedoch unweigerlich zusehends archaische Züge. Dies gilt gerade in den 1980er Jahren, in denen für die Beschäftigten von Industrie und Dienstleistungsgewerbe zahlreiche Programme für weitere Arbeitszeitverkürzungen jenseits der 40-Stunden-Woche und/oder einen „Vorruhestand" (mit staatlicher Förderung)

---

[388] Siehe zu diesen Großproduzenten unten S. 398 f.
[389] Vgl. etwa: Anton Grauvogel, Jugendfreundschaften, Rangordnungskämpfe, Brutverteidigungsinstinkte, in: top agrar 3 (1974), Nr. 3, S. S 3–S 5, hier: S. S 4; Schweinemast und -zucht – welche Haltungsform ist richtig?, in: BBSH 126 (1976), S. 4810–4811; Karl August Groskreutz, Neuzeitliche Sauenhaltung, in: BBSH 127 (1977), S. 4375–4378, hier: S. 4378; ders., Marktferne Schweinefleischerzeugung unter Kostendruck, in: ebenda 132 (1982), S. 3658–3661, hier: S. 3360 f.; Groskreutz/Roth, Schweinepraxis, S. 158 f.; C. Brodersen, Schweinezucht und -mast – alles ist noch im Fluß, in: DGS 32 (1980), S. 44–45; B. Achler, „Wachsen und besser produzieren…", in: top agrar 15 (1986), Nr. 4, S. 43–44, hier: S. 43.
[390] Vgl. etwa: Ekkehard Fiedler, Zurück zum Stroh?, in: MDLG 96 (1981), S. 422–426, hier: S. 424; Hermann van den Weghe, 15 Thesen zur Mastschweinehaltung, in: MDLG 96 (1981), S. 434–436, S. 607 u. S. 661–662, hier: S. 607. Nach dem zweiten dieser Texte musste die Lufttemperatur im strohlosen Maststall um zwei bis drei Grad höher liegen als im Stall mit Einstreu, wenn gleiche Leistungen erreicht werden sollten.
[391] Lütkemeyer, Rabes, S. S 27.

entwickelt wurden. Rund 3.000 Landwirte, die zu Beginn des Jahrzehnts in Interviews über ihre Lebenssituation sprachen, bezifferten ihre tägliche Arbeitszeit hingegen auf durchschnittlich 14 Stunden.[392]

Die besseren Leistungen pro Einzeltier bei einer Haltung auf Stroh waren für den Landwirt und seine Familie daher immer nur ein Argument in einer komplexen Abwägung sehr verschiedener Interessen. Wie man ganz anders leben und arbeiten konnte, erfuhren die Bauern ja keineswegs nur aus den Medien. Sie erlebten es vielmehr auch direkt vor Ort: Selbst auf dem Land wurden die aktiv in der Agrarproduktion tätigen Menschen nach 1960 schrittweise zur Minderheit in der ortsansässigen Bevölkerung. Zeitlich fast unbegrenzte körperliche Arbeit auf dem Feld und im Stall verlor damit erheblich an Selbstverständlichkeit. Auch das damit bislang verbundene soziale Renommee innerhalb der Dorfgemeinschaft wirkte zwangsläufig weniger wertvoll, wenn Nachbarn und Familienmitglieder ein ganz anderes Arbeitsethos entwickelten.[393]

Unabhängig von diesen Fragen und Abwägungen dürften die meisten Bauern in der Bundesrepublik im Schweinestall allerdings allein schon deshalb lange konservativ gewirtschaftet haben, weil sie vor den Kosten zurückschreckten, die eine neue Bodenkonstruktion (von einem Neubau ganz zu schweigen) verursachte. „Der Umstellungsprozeß [auf den Spaltenboden – K.C.F.] braucht Jahrzehnte", meinte ein Kenner der bundesdeutschen Verhältnisse noch im Jahr 1980.[394] Ein anderer praxisnaher Fachmann kritisierte, die existierenden kommerziellen Angebote für technisierte Schweineställe seien alle viel zu perfektionistisch konzipiert. Was fehle, seien „unkomplizierte, haltbare Anlagen" für bäuerliche Familienbetriebe, die 200 bis 400 Mastplätze bezahlen und betreuen könnten.[395]

---

[392] Edmund Mrohs, Landwirte in der Gesellschaft. Soziale Schichten im Vergleich, Bonn 1983, S. 39. Befragt wurden 2.851 Betriebsinhaber aus der ganzen Bundesrepublik. Zur Arbeitszeitverkürzung und zum Vorruhestand außerhalb der Landwirtschaft vgl. zusammenfassend etwa: Edgar Wolfrum, Die geglückte Demokratie. Geschichte der Bundesrepublik Deutschland von ihren Anfängen bis zur Gegenwart, Stuttgart 2006, S. 358 f.

[393] Sehr anschaulich zu den Anfängen dieser Prozesse schon in den 1950er Jahren vgl.: Martin Egger, Einflüsse moderner Zivilisation im Dorfe. Dargestellt am Dorfe Hüttenthal im Odenwald. Als Manuskript gedruckt, Bonn 1957. Hüttenthal liegt bei Heidelberg; das Dorf mit 343 Einwohnern veränderte sich allein schon dadurch, dass 32 junge Männer und Frauen seit Anfang der 1950er Jahre auf industrielle Arbeitsplätze pendelten. Ähnlich angelegt und mit ähnlichen Resultaten: Helmut Koch, Remsfeld – Lebensverhältnisse in einem Dorf Nordhessens, in: Onno Poppinga (Hrsg.), Produktion und Lebensverhältnisse auf dem Land, Opladen 1979, S. 215–235.

[394] J. L. Höges, Moderne Schweinehaltung und Tierschutz, in: DGS 32 (1980), S. 1242–1243, hier: S. 1243.

[395] Ekkehard Fiedler, Auf dem Wege zu Schweine-Großbetrieben?, in: MDLG 91 (1977), S. 787. Der Autor war Mitarbeiter der bayerischen „Landesanstalt für Schweinezucht" in Forchheim. Vgl. ähnlich auch: Oh, diese Schweine, in: MDLG 88 (1973), S. 68–73, hier: S. 68; Der technische Fortschritt ist für alle da, in: MDLG 102 (1987), S. 574–575. Sehr anschaulich zur Unbrauchbarkeit perfekt technisierter Stallbauten für den durchschnittlichen bundesdeutschen Milchviehbetrieb vgl. schon Max Witt in: Gesunde Landwirtschaft – morgen. Bauernkongress der CDU am 4. und 5. März 1965 in Oldenburg, Bonn 1965, S. 119 f. Witt war Direktor des Max-Planck-Instituts für Tierzucht- und Tierernährung.

Dort, wo der Stall verändert wurde, scheinen Eigenarbeit und Improvisation eine große Rolle gespielt zu haben. So wählte etwa der Landwirt Paul Dürr aus einem Dorf bei Ulm, der in den frühen 1960er Jahren sein Milchvieh aufgab, um künftig im Bereich der agrarischen „Veredelung" nur noch Schweine zu mästen, beim Umbau des Stalls ganz bewusst „nicht die modernste Form" solcher Gebäude, um die Kosten möglichst gering zu halten. Er blieb u. a. auch deshalb bei der „Einstreu", weil der Betrieb relativ neue Maschinen besaß, die halfen, Mist auf den Feldern zu verteilen. Die Spezialisierung auf die Schweine vollzog Dürr nur zum Teil, weil er hoffte, den wachsenden Fleischhunger der Bundesbürger für sich zu nutzen. Sie war zugleich auch unumgänglich, weil der Bauer, der 35 Hektar stark parzelliertes Ackerland bestellte, nach 1960 alle Hilfskräfte verlor, die bislang auf seinem Hof gearbeitet hatten: Sie wechselten „in andere Berufe". Da er nur auf Frau und Sohn als „mithelfende Familienangehörige" rechnen konnte, ließen sich arbeitseinsparende Veränderungen nicht vermeiden.[396]

Ein anderes Beispiel für individuell bedingte Kompromisse bei der Modernisierung der Schweinehaltung ist der namentlich nicht genau zu benennende Landwirt K., der mit seiner vierköpfigen Familie einen 30 ha großen Hof in der Nähe von Soest bewirtschaftete und dort schon seit 1968 neben der Feldwirtschaft nur noch Schweine und auch einige Bullen mästete. In der Hoffnung auf bessere Erträge plante er in der zweiten Hälfte der 1970er Jahre eine weitere Spezialisierung: Die Haltung von 50 Sauen ausschließlich für die Ferkelvermehrung sollte an die Stelle der Schweinemast treten. Geringes Eigenkapital machte jedoch den Bau eines modernen Stalls unmöglich. Neben der laufenden Arbeit auf dem Hof investierte K. daher zwei Jahre lang enorm viel Zeit und Kraft in den eigenhändigen Umbau eines vorhandenen Gebäudes. Dabei entstand ein Beton-Spaltenboden, obwohl das Material Beton, das Wärme nur schlecht speichert, im Schweinestall als problematisch galt. Auch die automatische Fütterungsanlage, die K. einbaute, hatte mit dem zeitgenössischen „state of the art" nicht viel zu tun. Er kaufte vielmehr die Apparaturen eines bankrott gegangenen Putenmast-Betriebes und sorgte dann selbst für die notwendigen Anpassungen. Technische Perfektion spielte dabei keine Rolle: So wurden etwa nicht benötigte Futterzuführungen in die einzelnen Buchten schlicht, aber beeindruckend pragmatisch mit leeren Blumentöpfen verschlossen.[397]

---

[396] Paul Dürr, Zucht oder Mast von Schweinen – das war unsere Frage..., in: MDLG 85 (1970), S. 862–864, Zitate: S. 862. Die Ackerfläche des Hofes verteilte sich auf 30 verschiedene Parzellen. Eine Flurbereinigung, die Felder zusammenlegen sollte, war zwar bereits seit längerem geplant, verzögerte sich aber wegen umstrittener Verkehrsplanungen. In den 1950er Jahren hatte Dürr noch drei Hilfskräfte in Vollzeit sowie zwei Saisonarbeiter in Teilzeit beschäftigt.

[397] Alle Angaben nach: Mechthild Rodenfeld, Spezialisierung im flächenarmen Betrieb, in: DGS 36 (1984), S. 85–87. Zu den Problemen von Beton-Stallböden vgl. etwa: Zorn, Stallverbesserung, S. 55 f. Eine Warnung vor dem Eigenbau von Spaltenböden, weil laienhafte Konstruktionen häufig zu Schäden an den empfindlichen Füßen der Schweine führten, vgl. in: Heinrich Eschenbrenner, Kostensenkungen im Visier, in: MDLG 102 (1987), S. 578–581, hier: S. 578.

Wiederum sehr ähnlich verlief die Erweiterung und Modernisierung der Aufzucht- und Mastställe, die ein Landwirt mit einem 37 Hektar großen Hof in Walsrode im nördlichen Niedersachsen von 1985 bis 1987 vornahm. Ein bewusster „Verzicht auf den letzten Schrei" der Stalltechnologie und die Entscheidung, Altbauten weiter zu nutzen, standen auch in diesem Fall im Zentrum des Projektes. Dennoch mussten umfangreiche Eigenarbeiten, die über drei Jahre gestreckt wurden, um den laufenden Betrieb nicht zu stark zu tangieren, die Kosten senken.[398]

Diese Firmengeschichten liefern wohl gerade deshalb wertvolle Informationen über die Modernisierung der Schweinehaltung in der Bundesrepublik, weil Paul Dürr, Herr K. und auch ihr namenloser Berufskollege aus der Heide eher untypische westdeutsche Landwirte waren: Mit Anbauflächen von 30 bis 37 ha gehörten ihre Höfe bereits zu der kleinen Gruppe ungewöhnlich großer landwirtschaftlicher Betriebe.[399]

Dennoch kämpften alle drei bei dem Versuch, durch Spezialisierung und arbeitssparende Techniken produktiver zu werden, mit erheblichen Problemen: Sie steckten in einer unangenehmen Zwickmühle zwischen Kapitalmangel und der letztlich trotz großer Einsatzbereitschaft begrenzten Leistungskraft ihrer Familie (inklusive der eigenen Person) einerseits und dem Zwang, auf die Abwanderung oder das Fehlen von Arbeitskräften reagieren zu müssen andererseits. Aus dieser Situation gab es keinen Ausweg, der nicht mit betriebswirtschaftlichen Problemen belastet war. Gleichzeitig wuchs der Druck, Veränderungen vorzunehmen. Den Aufschwung der „Totvermarktung" von Schweinen seit den frühen 1960er Jahren und den damit verbundenen Trend zur „Qualitätsbezahlung" der Mäster, der nicht marktkonforme Tierkörper ökonomisch bestrafte, konnten Landwirte, die Schweine hielten, auf die Dauer nur auf eigene Kosten ignorieren. Das Gleiche galt für das zunehmende Interesse der Schlachthöfe an fest terminierten Lieferungen möglichst gleichartiger Schlachttiere. Dieses komplexe Dilemma muss die große Masse der westdeutschen Bauern, die deutlich kleinere Höfe als die drei eben vorgestellten Betriebsinhaber besaßen, daher noch weitaus stärker belastet haben.

Wir wissen nicht, wie ihre Anpassungsversuche aussahen. Zahlen aus Schleswig-Holstein für die 1980er Jahre legen allerdings den Gedanken nahe, ein erstaunlich hoher Anteil der Schweinemäster habe selbst zu diesem Zeitpunkt, nach der vorangegangenen scharfen Auslese unter den Wettbewerbern, immer noch nicht besonders planvoll und modern gewirtschaftet: Mit ihrem „produktionstechnischen Management" war es nicht weit her. So berechnete die dortige Landwirtschaftskammer 1985 nach einer Auswertung ihrer Beratungsgespräche, dass

---

[398] Die Organisation eines 50-Sauen-Betriebes mit anschließender Mast, in: LWE 134 (1987), Nr. 1, S. 15–16. Genaue Angaben zu den Haltungsformen und der Stallarchitektur fehlen in diesem Text. Der Betrieb wurde durch die Baumaßnahmen von 210 auf 400 Mastplätze erweitert.

[399] 1970 bewirtschafteten lediglich 14,2 Prozent aller Agrarbetriebe in der BRD mehr als 20 Hektar landwirtschaftlicher Nutzfläche; der Anteil der Höfe mit mehr als 50 ha betrug sogar nur 1,6 Prozent. Berechnet nach: StatJb BRD 1972, S. 143. Der Bezugspunkt der Berechnung sind alle Agrarbetriebe mit mehr als 0,5 ha Fläche.

wohl rund 70 Prozent der jungen Sauen, die in diesem Jahr in den Mastbetrieben zwischen Nord- und Ostsee neu für die Ferkelproduktion eingesetzt wurden, weder aus der Herdbuchzucht noch aus der Hybridzucht stammten. Nach der Meinung der LWK-Experten war dieser Zustand absolut unhaltbar: Mit „Sauen vagabundierender Herkunft" sei keine echte Qualitätsproduktion möglich. Die Mahnung an die schleswig-holsteinischen Schweinehalter lautete daher: „Keine unkontrollierten Sauen mehr!"[400]

Ähnlich unprofessionell verhielten sich zur gleichen Zeit auch viele Inhaber der schleswig-holsteinischen Betriebe, die auf anderen Höfen geborene Ferkel bis zur Schlachtreife mästeten: Ziemlich exakt die Hälfte von ihnen kaufte „erstaunlicher und erschreckender Weise" Ferkel „gemischter Herkunft", obwohl gravierende hygienische Risiken drohten, wenn Jungtiere aus verschiedenen Ställen für die Mast unter einem Dach zusammengeführt wurden. Darüber hinaus handelte es sich vielfach sogar um „Handelsferkel unbekannter Herkunft", deren Leistungspotential im Dunkeln lag, weil keine Informationen über ihre Abstammung vorlagen. Ebenso enttäuscht wie streng urteilten die Vertreter der LWK: „In zu vielen Betrieben Schleswig-Holsteins ist dieses Tiermaterial für äußerst unbefriedigende Ergebnisse verantwortlich."[401]

Ob nun fahrlässig oder wegen fachlicher Überforderung: Viele der Bauern, die mit Schweinen Geld verdienen wollten, verhielten sich produktionstechnisch offensichtlich auch noch in den 1980er Jahren alles andere als optimal. Die Wahrscheinlichkeit, dass die angeführten schleswig-holsteinischen Zahlen ganz untypisch waren, darf jedenfalls wohl als äußerst gering gelten.[402]

Diese zögerliche Haltung vieler Bauern gegenüber Neuerungen im Schweinestall mag paradoxerweise auch damit zu erklären sein, dass der Markt, für den sie arbeiteten, die Urproduzenten ohnehin beständig zur Anpassung zwang: Die

---

[400] In der Reihenfolge der Zitate: Peter Otzen, Die Zukunft der schleswig-holsteinischen Schweineproduktion aus der Sicht der Landwirtschaftskammer, in: BBSH 137 (1987), S. 2960–2962, hier: S. 2962; Gerd Lentföhr, Konsequenzen für die Beratung, in: ebenda, S. 561–563, hier: S. 563.

[401] Halvor Jochimsen/B. Neupert, Schweine für den Markt von morgen, in: BBSH 136 (1986), S. 6250–6254, hier: S. 6253 f. Ein vergleichbares Resultat für niedersächsische Betriebe vgl. in: Volker van Diecken, Berichte aus Verden: Was Schweinemäster daraus lernen können, in: LWE 133 (1986), Nr. 25, S. 7–12, hier: S. 11 (hiernach bezogen 38 Prozent von rund 2.500 befragten Mastbetrieben ihre Ferkel von verschiedenen Höfen). In der künstlichen Umwelt des Aufzuchtstalls entwickeln Ferkelgruppen in verschiedenen Ställen jeweils unterschiedliche Immunsysteme. Bringt man sie zusammen, können sich Infektionskrankheiten stark ausbreiten. Zudem entstehen Rangkämpfe, bis sich eine neue Herdenhierarchie etabliert hat. Vgl. hierzu etwa: Manfred Köhne, Was bestimmt den Erfolg in der Schweineproduktion?, in: DGS 35 (1983), S. 735–738, hier: S. 738; K. Knaack, Management in der Vormast, in: BBSH 134 (1984), S. 277–278.

[402] Als zumindest einen Hinweis für eine andere Region vgl. die Angaben zur Praxis des Ferkelzukaufs in 2.241 Mastbetrieben in Niedersachsen für das Jahr 1985: 38 Prozent davon bezogen Ferkel von verschiedenen Anbietern. Volker van Diecken, Berichte aus Verden: Was Schweinemäster daraus lernen können, in: LWE 133 (1986), Nr. 25, S. 7–12, hier: S. 11 (auch hier mit Kritik an diesem Verhalten).

Rahmenbedingungen, mit denen sie es in diesem Segment der agrarischen „Veredelung" zu tun hatten, machten wirtschaftlichen Erfolg generell enorm schwierig. Die psychologischen Hürden vor Entscheidungen, auf dem eigenen Hof grundlegend anders als bislang zu arbeiten, mögen daher besonders hoch gewesen sein.

Instabile Preise trugen zu diesen schwierigen Rahmenbedingungen ebenso bei wie die spezielle Marktordnung, die innerhalb der Europäischen Wirtschaftsgemeinschaft für Geschäfte mit Schweinefleisch galt. Diese Probleme, die im Folgenden skizziert werden, beschäftigten viele Landwirte wohl deutlich intensiver als die Fragen, welche „Rasse" sie mästeten und welche Haltungsform sie wählten.

2.5. Schweinezyklen und eine Marktordnung eigener Art: die Instabilität von Angebot und Preisen

Wechseln sich Überangebot und Knappheit bei einer Ware regelmäßig ab, dann sprechen etliche Wirtschaftswissenschaftler von einem „Schweinezyklus". Gerade deutsche Ökonomen benutzen den Begriff sogar für wiederkehrende Ungleichgewichte auf „Märkten" sehr spezieller Art. So finden sich in der Literatur Texte über einen „Schweinezyklus" etwa bei den Aspiranten auf Professorenstellen für Jura oder auch bei Studierenden, die nach ihrer akademischen Ausbildung in den Schuldienst eintreten wollen.[403]

Die Frage, ob solche metaphorischen Verwendungen des Begriffs sinnvoll sind, soll hier nicht diskutiert werden. Bei Schweinen jedenfalls gab und gibt es eine zyklische Abfolge von Zeiten mit starken Produktionszahlen und Phasen, in denen die Landwirte deutlich weniger schlachtreife Tiere anbieten. Nach der Logik freier Märkte schwanken mit diesem Wechsel auch die Preise, die Schlachthöfe und Handelsunternehmen für ausgemästete Schweine zahlen. Wie empirisch vielfach bestätigt wurde, braucht es jeweils anderthalb bis zwei Jahre, bis die eine Periode in die andere übergeht. Spätestens nach vier Jahren beginnt jeweils ein neuer Zyklus.[404]

In Gang gesetzt wird dieses Geschehen offensichtlich von den Gewinnerwartungen der Landwirte: Steigende Preise bewegen sie dazu, mehr Schweine zu mästen, um individuell von der günstigen Marktlage zu profitieren – und damit legen sie gemeinschaftlich die Basis für ein Überangebot und den darauf reagierenden

---

[403] Vgl. etwa: Christoph Engel/Hanjo Hamann, The Hog-Cycle of Law Professors. Reprints of the Max Planck Institute for Research on Collective Goods, Bonn 2018/8 (online unter: hdl.handle.net/10419/85015, Zugriff: 10. 6. 2020); Manfred Füllsack, Von Schweinen, Geisteswissenschaftlern und Arbeitsämtern, in: Zeitschrift für Gemeinwirtschaft 38 (2000/2001), Nr. 3/4, S. 77–87. Im angelsächsischen Sprachraum ist der Begriff weniger bekannt. Hier werden für das gleiche Phänomen eher die Termini „cobweb theorem" oder „cobweb model" verwandt. Zum Zusammenhang der Begriffe vgl. etwa: Reiner Clement, Mikroökonomie. Grundlagen der Wissenschaft von Märkten und Institutionen wirtschaftlichen Handelns, Berlin 2012, S. 116–119.

[404] Philipp S. Parker/John S. Shonkwiler, On the Centenary of the German Hog Cycle: New Findings, in: European Review of Agricultural Economics 41 (2014), S. 47–61, hier: S. 54–56.

Rückgang der Preise. Hat dieser negative Trend begonnen, verläuft der Prozess exakt spiegelbildlich: Nun bleiben zunehmend Mastplätze in den Ställen frei, bis das Angebot schließlich so stark geschrumpft ist, dass die aktiv gebliebenen Mastbetriebe wieder mehr Geld einnehmen – was dann erneut die Zahl der „aufgestallten" Ferkel in die Höhe treibt. Vereinfacht gesagt, steht hinter dem Schweinezyklus also die ökonomische Rationalität von wirtschaftlichen Akteuren, die nicht in längerer Perspektive und mit Blick auf den gesamten Markt, sondern kurzfristig und solipsistisch denken.[405]

Nun war und ist solch ein Handeln mit Sicherheit keine Besonderheit schweinehaltender Bauern. Auf dem Markt für Schlachtschweine zeigten sich dessen Effekte jedoch schon seit dem späten 19. Jahrhundert gerade in Deutschland besonders deutlich: Kein anderer Bereich der finanziell einträglichen landwirtschaftlichen „Veredelung" ließ sich auf einem durchschnittlichen Bauernhof so leicht erweitern wie die Schweinehaltung; bei Mastperioden, die 180 bis 200 Tage währten, lockten die zusätzlichen Gewinne zudem jeweils in naher Zukunft. Zudem förderte die Zersplitterung der Produktion auf viele kleine Anbieter, die in Deutschland besonders stark ausfiel, das zyklische Auf und Ab. Zugleich konnte der deutsche Markt für Schlachtvieh auch noch als ungewöhnlich transparent gelten: Die Statistiken der seit den 1880er Jahren entstehenden kommunalen Viehmärkte lieferten den Bauern die exakten Zahlen, die sie brauchten, um auf die oben beschriebene Weise individuell ökonomisch rational zu handeln. Es war daher kein Zufall, dass der Schweinezyklus im frühen 20. Jahrhundert erstmals von deutschen Ökonomen beschrieben und untersucht wurde: Das Phänomen, das sie entdeckten, fiel hier besonders stark ins Auge.[406]

Allerdings konnten sowohl die Politik wie auch besondere Konjunkturlagen die rhythmisch wiederkehrenden Schwankungen beim Angebot und bei den Preisen unterbrechen. Die strikt staatlich gegängelte Landwirtschaft in den Jahren der nationalsozialistischen Herrschaft etwa kannte selbstverständlich keinen Schweinezyklus. Auch nach der Währungsreform und nach der Gründung der Bundesrepublik trat das Phänomen zunächst nicht mehr auf, weil die seit 1950 deutlich wachsende Kaufkraft und der kulinarische Nachholbedarf der Bevölkerung sinkende Preise für schlachtreife Schweine verhinderten. Diese konstant positive Entwicklung des Marktes für Schlachtschweine fand jedoch schon in den späten 1950er Jahren ihr Ende: Erstmals mussten die Mastbetriebe nun wieder auf zurückgehende Erlöse reagieren. Da die Mehrheit der Bauern – genau wie vor 1933 – seitdem wieder prozyklisch agierte, begann der Kreislauf des Angebotes und der

---

[405] Vgl. zusammenfassend: Roderich Plate/Ewald Böckenhoff, Möglichkeiten zur Stabilisierung des Schlachtschweinemarktes in der EWG. Gutachten für die Generalkommission Landwirtschaft der EWG-Kommission, Braunschweig 1959, insbes. S. 11–14; Otto Strecker/Wilhelm Esselmann, Analyse des Ferkelmarktes in Hinblick auf eine Stabilisierung des Schweinemarktes, Brüssel 1973 (Hausmitteilungen über Landwirtschaft, Nr. 115), S. 104–111.

[406] Dies gilt auch in dem Sinne, dass die amtlichen Preisstatistiken, die es in dieser Form nur in Deutschland gab, den Ökonomen das Material lieferten, um das Phänomen erstmals wirklich exakt zu beschreiben. Vgl. als Abriss: Parker/Shonkwiler, Centenary, S. 47 f.

Preise erneut. Prüft man zunächst nur die Dekaden bis 1980, dann herrschte in der Bundesrepublik in diesem Zeitraum nach der ersten Überproduktionskrise von 1957/58 insgesamt noch fünfmal wieder ein so deutliches Überangebot an ausgemästeten Schweinen, dass die Schlachthöfe für das einzelne Tier nur noch wenig Geld zahlten. Aus der Sicht der Schweinehalter bezeichneten jeweils die Jahre 1963/64, 1967, 1970/71, 1974 und 1978/79 einen der nun wieder regelmäßig auftretenden Tiefpunkte in der Entwicklung des Marktes.[407]

Logischerweise muss es zwischen diesen Talsohlen aber ebenso häufig Zeiten gegeben haben, in denen jedes schlachtreife Schwein den Mästern, die Tiere liefern konnten, gutes Geld einbrachte – in der landwirtschaftlichen Presse ist von solchen Einnahmen jedoch sehr viel weniger die Rede.[408] Es wäre daher verkehrt, die Entwicklung des Schweinemarktes in den ersten drei Jahrzehnten der Bundesrepublik ausschließlich als Krisengeschichte zu beschreiben. Darüber hinaus vollzog sich das zyklische Auf und Ab ja auf einem expandierenden Markt: Da der Hunger der Westdeutschen auf Schweinefleisch in diesem Zeitraum kontinuierlich wuchs, bedeutete ein preistreibender Mangel an ausgemästeten Tieren in den späten 1970er Jahren in absoluten Zahlen etwas ganz anderes als um 1960.[409]

Begleitet wurden diese Wechsel der Marktlagen von ungezählten Ermahnungen durch die Landwirtschaftsverbände und Agrarökonomen, die bundesdeutschen Bauern müssten endlich ein wirklich langfristig angelegtes „marktkonformes Verhalten" zeigen: Eine „übertriebene Ausweitung der Produktion" in den Phasen steigender Preise dürfe es nicht mehr geben.[410] Gerade die kleinen Produzenten aber erwiesen sich als unbelehrbar. Mehrheitlich agierten sie nach wie vor als

---

[407] Vgl. im Überblick bis 1975: Ernst Kühl, Schweineglück und Schweinesorgen, in: BBSH 128 (1978), S. 3271–3273, hier: S. 3272 f.; für den erneuten Tiefpunkt 1978 vgl. etwa: Ludwig J. Maus, Rentabilität der Schweinemast steigt vorerst nicht weiter, in: DGS 31 (1979), S. 1198–1199.

[408] Vgl. exemplarisch für die Phase zwischen den Preistiefs von 1970/71 und 1974: Erwin Reisch, Einkommen der Landwirtsfamilie: Woher stammt es?, in: Einkommen im Spannungsfeld von Betrieb und Familie. Entstehung, Verwendung, Zukunftsplanung. Vorträge der DLG-Wintertagung am 19. und 20. Januar 1977 in Wiesbaden, Frankfurt/Main 1977, S. 19–51, hier: S. 45. Der Autor vermerkt „beachtliche Einkommen" für schweinehaltende Betriebe.

[409] Wie oben schon ausgeführt wurde, tangierte der Schweinezyklus die Endverbraucher in den hier untersuchten Jahrzehnten kaum, da der Einzelhandel die Preisschwankungen nur stark abgeschwächt weitergab. Dieser ausgleichende Effekt wuchs mit der Marktmacht der großen Supermarktketten. Siehe S. 127 f. Vgl. auch die graphische Darstellung der Veränderungen bei den Verbraucher- und Erzeugerpreisen bei Schweinefleisch für 1985 bis 1995 in: Guido Nischwitz, Die Veredlungswirtschaft in Südoldenburg unter dem Einfluss sich wandelnder sozioökonomischer und politischer Rahmenbedingungen. Eine politisch-geographische Untersuchung, Vechta 1996, S. 44.

[410] Albert Fleischmann/Wolfgang von Trotha/Alfred Schuh, Marktwirtschaft, in: Richard Kükelhaus/Johann Dörfler (Hrsg.), Die Landwirtschaft. Bd. 4, Teil A: Agrarpolitik – Marktwirtschaft, 3. überarb. Aufl. für Nord- und Westdeutschland, Münster 1975, S. 122–216, hier: S. 202. Vgl. auch: Walter Pflaumbaum, Der vielgeschmähte Schweinezyklus, in: MDLG 81 (1966), S. 65–66 u. S. 72–73, hier: S. 73; Werner von Hasselbach, Angebots-Begrenzung gegen den Schweineberg?, in: MDLG 85 (1970), S. 1548–1550; Ewald Böckenhoff, Forcierte Schweinemast schmälert die Erlöse, in: BBSH 128 (1978), S. 2508–2509.

"Konjunkturritter", die mit ihren Entscheidungen Markttrends verstärkten. Wie die Erfahrung zeigte, reichten auch nur geringfügig verbesserte Zahlungen der Schlachthöfe aus, um in vielen bundesdeutschen Schweineställen jeweils eine weitere Welle kurzfristiger betrieblicher Expansionen anzuschieben.[411]

Ein anderer Teil der schweinehaltenden Kleinbauern verhielt sich hingegen genau andersherum. Sie belegten ihre Mastplätze jahrein, jahraus stets im gleichen Umfang, weil sie Berufskollegen, die auf den Stand der Preise achteten, für "Spekulanten" hielten: "Ein solches Verhalten läßt sich ihrer Meinung nach nicht mit einer ordnungsgemäßen Wirtschaftsführung in Einklang bringen." Hinter dem Schweinezyklus standen also zwei sehr unterschiedliche Formen von nicht-marktbezogenen ökonomischen Entscheidungen.[412]

Die Frage, wie diese neuen Preisschwankungen im historischen Vergleich mit den Jahren vor 1933 zu bewerten seien, beantworteten Fachleute sehr unterschiedlich. Entdeckten die Einen in den Statistiken doch Anzeichen für ein langsam nachlassendes "preiselastisches" Verhalten der Bauern, meinten Andere, der Zyklus kenne mittlerweile stärkere Ausschläge, weil der Gemeinsame Markt der EWG das regelmäßige Auf und Ab der Schweineproduktion in den Mitgliedsstaaten der Wirtschaftsunion zeitlich vereinheitlicht habe.[413] In einer Wohlstandsgesellschaft seien die Märkte für Nahrungsmittel zudem weitgehend "gesättigt": Selbst bei sinkenden Preisen wachse der Konsum der Endverbraucher nur noch geringfügig. Auch bei Schweinefleisch fehle mittlerweile ein marktstabilisierender Mehrverbrauch in Zeiten starker Produktion und deshalb führe nun "bereits ein minimales Überangebot" an ausgemästeten Tieren "zu einem starken Preiseinbruch".[414]

Für den einzelnen Landwirt hatten solche historischen Perspektiven allerdings wohl keine Bedeutung. Ihn haben mit Sicherheit nur die aktuell auftretenden Marktprobleme interessiert – und die konnten in der Tat gravierende Ausmaße annehmen. Bei herkömmlicher Vermarktung (lebend, ab Hof) erhielt etwa ein Landwirt in der Weser-Ems-Region für ein schlachtreifes Schwein, das in die niedrige, aber stark besetzte Handelsklasse II eingruppiert wurde, im Sommer 1978, d. h. auf einem der Tiefpunkte der Marktentwicklung, pro Kilo Lebendgewicht nur

---

[411] Schweinezyklus, in: BBSH 128 (1978), S. 2507. Vgl. ähnlich auch: J. Weidtmann, Kaum Spielraum für neue Investitionen in der Schweinehaltung, in: DBK 33 (1980), S. 179–181, hier: S. 179; Durchhalten in der Schweineproduktion derzeit schwierig, in: LWE 134 (1987), Nr. 48, S. 18–19.

[412] R. Wendt, Entscheidungsstrategien in der Schweinemast und ihre Einführung in die Wirtschaftsberatung, in: BLW 57 (1979), S. 621–656, hier: S. 652 f.

[413] Vgl. exemplarisch für die erste Position: Vom Schweineberg zum Schweinehügel?, in: TZ 14 (1962), S. 111; Wer nutzt die Chancen in der Schweinefleischproduktion?, in: DGS 25 (1973), S. 621–622; B. Küpper, Die Entwicklung der Deckungsbeiträge in der Mastschweinehaltung, in: AW 24 (1975), S. 101–107, hier: S. 106 f.; für die andere Sicht vgl. etwa: Geschäftsbericht Süddeutsche Fleischverwertung GmbH 1968, München o. J., S. 16 f.; Karl Ludwig Schweisfurth, Die Fleischwirtschaft in den siebziger Jahren, in: FW 50 (1970), S. 599–600; K. Ludolff, Unzulängliche Schweinemarktordnung, in: BBSH 121 (1971), S. 401–402, hier: S. 401.

[414] Josef Lütkemeyer, Was ist los am Schweinemarkt?, in: top agrar 17 (1988), Nr. 6, S. 3.

knapp ein Drittel der Summe, die er für ein qualitativ exakt vergleichbares Tier noch im Jahr 1975 erhalten hatte.[415]

Zwar handelt es sich hierbei wohl insofern um einen extremen Fall, als bei der mittlerweile eher selten gewordenen Lebendvermarktung ein Risikoabschlag den Preis drückte, der umso größer ausfiel, je problematischer die Marktlage war. Auch Statistiken, die einen Durchschnittspreis für alle Absatzwege und alle Handelsklassen nennen, verzeichneten aber Schwankungen um bis zu 30 Prozent (in den 1970er Jahren) oder sogar fast 40 Prozent (zwischen 1980 und 1989).[416]

Zu Einbrüchen in solchen Dimensionen konnte es auch deshalb kommen, weil die Europäische Gemeinschaft den Preisen weitgehend freien Lauf ließ. Sieht man von dem auch in diesem Fall stark entwickelten „Außenschutz" der Staatengemeinschaft ab, der Importe aus billiger produzierenden „Drittländern" massiv behinderte, dann trug das EG-Regelwerk für den Handel mit Schweinen und Schweinefleisch nur gering entwickelte interventionistische Züge. Die Bestimmungen ähnelten damit der oben schon vorgestellten Marktordnung für Geflügelfleisch. Weil die Schweinebranche wirtschaftlich ungleich größere Bedeutung besaß als die Hühnermast, gab es auf dem Papier zwar durchaus einige Unterschiede. So kannte die Marktordnung für „Sus scrofa"-Tiere zwar all die Instrumentarien, die den Landwirten in anderen Produktionsbereichen – vor allem bei Getreide, Milch und Milchprodukten sowie Rindfleisch – selbst dann garantierte Mindestpreise sicherten, wenn der Gemeinsame Markt die Menge an neuer Ware gar nicht mehr aufnehmen konnte.[417]

De facto waren diese Vorschriften bei den Schweinen jedoch weitgehend bedeutungslos. Der durch politische Entscheidungen als Untergrenze der noch akzeptablen landwirtschaftlichen Erlöse festgelegte „Grundpreis" der Marktordnung lag für schlachtreife Schweine (pro 100 kg Lebendgewicht) auf einem so „außerordentlich niedrigen Niveau", dass mit Interventionen der Gemeinschaft im Interesse der Schweinehalter realistischerweise nicht zu rechnen war. Preisstabilisierende Maßnahmen durften grundsätzlich nur dann stattfinden, wenn die real am Markt für ein bestimmtes Agrarprodukt gezahlten Summen den dafür geltenden „Grundpreis" für längere Zeit unterschritten. Bei den Schweinen hätte es wohl nicht weniger als einen gleichzeitigen radikalen Einbruch beim Konsum von Schinken, Filet und Kotelett in allen Ländern der EWG gebraucht, um Interventionsmaßnahmen auszulösen.[418]

---

[415] Ludwig J. Maus, Rentabilität der Schweinemast steigt vorerst nicht weiter, in: DGS 31 (1979), S. 1198–1199, hier: S. 1199.
[416] Berechnet nach: Zeitreihen zur Landwirtschaft in Nordrhein-Westfalen 1960 bis 2014, Münster 2015, S. 63. Die Zahlenreihe verzeichnet Preise aus dem Rheinland. Vgl. auch: Reisch, Einkommen, S. 40 f.
[417] Vgl. als Überblick: Wolfgang von Trotha/Alfred Schuh (Bearb.), Die Gemeinsame Agrarpolitik. Auswirkungen und Folgen, München 1968, S. 32–35.
[418] Ebenda, S. 35. Anders als andere Marktordnungen kannte das Regelwerk für Schweine und Schweinefleisch auch keine automatische Intervention, d. h. für deren Beginn hätte es selbst dann noch eigens einen Beschluss der EG-Agrarminister gebraucht, wenn der „Grundpreis" unterschritten worden wäre.

Wie diese Regelung bei der Gründung der EWG in den Verhandlungen zwischen der agrarpolitisch sehr engagierten Europäischen Kommission und den sechs beitretenden Staaten im Einzelnen entstanden ist, müssen andere Untersuchungen klären. Die Absicht, die hinter den Regelungen stand, lässt sich jedoch auch ohne einen Blick hinter die Kulissen recht präzise beschreiben: Zu dem 1957 eingeleiteten Projekt, einen Gemeinsamen Markt für Agrarprodukte und auch eine gemeinsame Agrarpolitik zu schaffen, gehörte (wie schon einmal erwähnt) an zentraler Stelle eine Vereinheitlichung der Getreidepreise, die bislang von Land zu Land sehr unterschiedlich ausfielen. In der Bundesrepublik lagen sie wegen starker nationaler Schutzmaßnahmen besonders hoch. Deren Senkung ließ sich kaum vermeiden, wenn die EWG nicht mit dem Makel starten sollte, in der Mehrheit der Mitgliedsstaaten deutlich steigende Lebensmittelpreise mit sich zu bringen.[419]

Unter den gegebenen Bedingungen war zu erwarten, dass viele der betroffenen westdeutschen Landwirte auf niedrigere Einnahmen aus ihrer Feldwirtschaft mit einer erweiterten „Veredelung" und insbesondere mit einer stark „aufgestockten" Schweinemast reagieren würden. Ein hoch angesetzter Garantiepreis für schlachtreife Schweine hätte diesen Effekt noch erheblich verstärkt – deshalb stand in der Marktordnung eine bewusst niedrig bemessene Zahl.[420]

Darüber hinaus betrieb zumindest die Europäische Kommission mit dieser Entscheidung auch aktiv Agrarstrukturpolitik. Da die Preisrisiken auf dem Schweinemarkt innerhalb der Europäischen Gemeinschaft kaum interventionistisch eingehegt wurden, zwang die Marktordnung alle Bauern, die Schweine hielten, indirekt „zu rationellsten Produktionsmethoden". Effizienzsteigerungen in der Landwirtschaft aber lagen den Brüsseler Gremien und Beamten besonders am Herzen. Unausgesprochen, aber dennoch recht offensichtlich zielte das EWG-Regelwerk, das im Sommer 1967 nach einer fünfjährigen Vorbereitungs- und Übergangsphase vollständig in Kraft trat, also auf eine darwinistische Auslese unter den vielen kleinen Schweinemästern (deren Zahl wiederum in der Bundesrepublik besonders hoch lag).[421]

Bei diesen Bestimmungen ist es bis 1990 im Kern geblieben. Auch Neufassungen der Marktordnung, die auf den Aufstieg der „Totvermarktung" von Schlachtschweinen reagierten, brachten keine verbesserte Preissicherung. Die Schweine-

---

[419] Siehe dazu schon oben S. 170.
[420] Vgl. etwa: H. Bremer, Die Märkte für Vieh und Fleisch nach dem 1.7.67, in: Thomas Neumaier/Werner Zimmermann (Bearb.), Bericht über die AID-Tagung „Agrarmärkte im Wettbewerb – eine neue Beratungssituation" vom 25. bis 27. Oktober 1967 in Kassel, Bad Godesberg 1967, S. 36–50, hier: S. 38 f.
[421] Trotha/Schuh, Agrarpolitik, S. 35. Zu der vorbereitenden Version, die seit dem 1. August 1962 galt, vgl. genauer: Bremer, Märkte, S. 36 f. Zu den agrarpolitischen Zielen der ersten EWG-Kommissionen und ihrem Streben nach einer effizienteren „Struktur" der Landwirtschaft vgl. als Selbstdarstellung: Walter Hallstein, Der unvollendete Bundesstaat. Europäische Erfahrungen und Erkenntnisse. Unter Mitarbeit v. Hans Herbert Götz/Karl-Heinz Narjes, Düsseldorf und Wien 1969, S. 147–154.

mäster gehörten daher nicht zu den Landwirten, die beständig Hilfe aus Brüssel erfuhren: Weniger als ein Prozent der rasch auf Milliardensummen anschwellenden Agrarausgaben der EG entstanden durch Leistungen für Schweinehalter. Selbst sehr kleine und exotische Produktionsbereiche wie etwa die Zucht von Seidenraupen verursachten höhere Kosten.[422]

Zwar gab es Versuche, den Markt kollektiv selbst zu regulieren. So organisierten und finanzierten Landwirtschaftsverbände und auch einige Mastgemeinschaften in Zeiten der Überproduktion eine Einlagerung von Schweinehälften in Kühlhäusern. Auch Selbstverpflichtungen, die Produktion künftig antizyklisch zu steuern, wurden ausgesprochen. Die stabilisierenden Effekte solcher Maßnahmen blieben jedoch gering – zumal das tiefgefrorene Fleisch nur recht begrenzt lagerfähig war, wenn es keine massiven Qualitätseinbußen geben sollte. Die scheinbar so vielversprechende Idee, durch Vorratshaltung ein Gleichgewicht am Markt zu schaffen, hatte daher ihre Tücken.[423]

Freunde der freien Marktwirtschaft sahen all dies mit Vergnügen. In ihren Augen war das Geschäft mit Schlachtschweinen und Schweinefleisch eine „Oase unternehmerischer Freiheiten" innerhalb der ansonsten so stark reglementierten EG-Agrarwirtschaft. Sicher bereite der Schweinezyklus vielen Landwirten immer wieder ernsthafte Probleme. Diese Schwierigkeiten aber seien nichts anderes als der Beweis, dass man bei den Schweinen „einen funktionierenden Markt" vor sich habe.[424]

So wie die Landwirtschaft innerhalb der Europäischen Gemeinschaft arbeitete, gab es in dieser Oase (um die Metapher kurz aufzugreifen) allerdings keineswegs nur den Wechsel zwischen fetten und mageren Jahren, wie er sich ja auf vielen

---

[422] Benno Willers, Schweine hui – Rinder pfui?, in: top agrar 15 (1986), Nr. 6, S. 22–23. Die Angaben gelten für das Jahr 1984. Die EG-Zahlungen für Schweineproduzenten bestanden vornehmlich aus Fördermitteln für Zucht- und Mastgemeinschaften sowie aus Subventionen für die Erweiterung und Modernisierung einzelner Betriebe. Auch der Bau von Schlachthöfen sowie die gleich noch vorgestellten, von der Branche selbst organisierten Einlagerungen von Schweinehälften wurden bezuschusst. Da der Agrarhaushalt der Gemeinschaft so enorm groß war, entsprach der oben genannte marginale Anteil der Ausgaben für die Schweinehalter in absoluten Zahlen im Jahr 1984 allerdings der erstaunlichen Summe von 389 Millionen DM. Ebenda, S. 22.

[423] Konkret zeigte sich dies etwa im Sommer 1988, als in der Bundesrepublik rund 200.000 t eingelagertes Schweinefleisch (dies entsprach dem Fleisch von 2,4 Millionen Tieren) in recht kurzer Zeit auf den Markt gebracht wurden. Da sich gefrorenes Fleisch nur zu reduzierten Preisen verkaufen ließ, setzte diese Lagerräumung die Preise für Frischfleisch deutlich unter Druck. Vgl. hierzu: Josef Lütkemeyer, Was ist los am Schweinemarkt?, in: top agrar 17 (1988), Nr. 6, S. 3. Abschließend urteilte der Autor: „Schweinehalter haben von der privaten Lagerhaltung unter dem Strich nichts, nur Lagerhausbesitzer." Zum Aufschwung dieser Branche dank der EG-Einlagerungen vgl.: G. Kissel, Gewerbliche Kühlhäuser in der Bundesrepublik Deutschland, in: AW 31 (1982), S. 22–26.

[424] In der Reihenfolge der Zitate: Karl-Heinz Kappelmann, Eine reelle Chance, in: MDLG 101 (1986), S. 595; Josef Lütkemeyer, Vom Schweinezyklus und anderen Realitäten, in: top agrar 13 (1984), Nr. 4, S. 3. Vgl. ähnlich auch: Hans Stamer, Es wird immer Schweineberge geben, in: BBSH 128 (1978), S. 2509–2510; Richard Bröcker, Gemeinsame Marktorganisation für Schweinefleisch: Noch zeitgemäß?, in: DBK 41 (1988), S. 441–442.

freien Märkten zeigt. Seit den frühen 1970er Jahren mussten die Schweinehalter vielmehr auch noch auf etliche „Stürme" reagieren, die sie unter normalen Bedingungen gar nicht oder doch zumindest nicht so überraschend und unvorbereitet getroffen hätten.

Solch zusätzliche Störungen entstanden, weil die EG versuchte, auf das Problem zu reagieren, dass einige ihrer Marktordnungen wegen hoch angesetzter Garantiepreise und wegen stark interventionistischer Regeln eine beständige Überproduktion förderten: Weitere dirigistische Eingriffe sollten das dauerhaft aus dem Gleichgewicht geratene Verhältnis von Angebot und Nachfrage bei der betreffenden Ware wieder ausgleichen. Dabei nahmen die Verantwortlichen auch Auswirkungen auf benachbarte Lebensmittelmärkte in Kauf, die mit dem zu lösenden Problem zunächst einmal gar nichts zu tun hatten. Da solche administrativ herbeigeführten krisenhaften Situationen, hinter denen letztlich das Nebeneinander verschiedener Interventionsregeln für verschiedene Agrarprodukte stand, als charakteristisch für die Gemeinsame Agrarpolitik der EG gelten können, lohnt sich ein genauerer Blick auf diese eben nur thesenhaft beschriebenen Zusammenhänge.

Konkret entstanden die zusätzlichen Probleme im Geschäft mit den Schweinen durch Maßnahmen, die auf den Milchmarkt zielten. Dieses Segment der landwirtschaftlichen Produktion war fast von der ersten Stunde an „das Problemkind" der Brüsseler Agrarbürokratie: Schon seit den frühen 1960er Jahren produzierten die Landwirte in den Ländern des Bündnisses enorme Mengen an Milch, für die sich keine Abnehmer fanden, weil der Bedarf der Endverbraucher und der verarbeitenden Firmen gesättigt war und gesättigt blieb.[425]

Nach den Regeln, die sie sich selbst gegeben hatte, begrenzte die Gemeinschaft den durch das Überangebot ausgelösten Preisrückgang, indem sie an die Stelle der Lebensmittelindustrie, der Einzelhändler und der Konsumenten trat: Sie schuf zusätzliche Nachfrage und kaufte überschüssige Milch bei den Molkereien zu dem „Interventionspreis", den die Marktordnung nannte. Anschließend ließ sie daraus Butter und Milchpulver herstellen, um lagerfähige Produkte zu erhalten, und zahlte dann auch noch für deren Aufbewahrung in Kühl- und Lagerhäusern.[426]

Anders als die Väter der EG-Agrarpolitik gedacht hatten, ließen sich diese Aktionen, die den überfüllten Markt eigentlich nur für kurze Zeit entlasten und stabilisieren sollten, jedoch nicht rasch wieder beenden. Die Überproduktion von Milch verschwand nicht; ja, sie intensivierte sich sogar noch. Da die Gemeinschaft die im freien Handel zu erzielenden Preise stützte, indem sie für bestimmte Milchmengen den höheren „Interventionspreis" zahlte, strebten zahlreiche Bauern weiterhin nach maximal umfangreicher Produktion.[427]

---

[425] Zitat: Finn Olav Gundelach, Die Gemeinsame Agrarpolitik aus der Sicht der Kommission, Brüssel 1977 (Mitteilungen zur Gemeinsamen Agrarpolitik 1977, Nr. 2), S. 2.
[426] Als Überblick vgl. etwa: Ernst-August Nuppenau, Milchkontingentierung – Ausweg aus der Krise?, in: Kontingentierung – Ausweg aus der Krise? Zur Situation der europäischen Landwirtschaft im Jahre 1985, Kiel 1985, S. 28–42.
[427] Ausführlich vgl. dazu schon die frühe, aber prophetisch treffende Darstellung: Willi Albers/ Sönke Traulsen/Enno Wilms, Das Dilemma des EWG-Milchmarktes. Vorschläge für eine Preis- und Strukturpolitik auf kurze und lange Sicht, Hamburg und Berlin 1970.

Die betriebswirtschaftliche Rationalität dieses Verhaltens hatten die Erfinder der Gemeinsamen Agrarpolitik ebenso wenig bedacht wie die enormen Leistungssteigerungen der Kühe durch Neuzüchtungen und verbesserte Fütterungsmethoden, die den Überschuss an Milch noch zusätzlich mehrten. Das traditionsreiche Sprachbild vom Fass ohne Boden wirkte daher schon in den späten 1960er Jahren überaus treffend, wenn es darum ging, die Interventionsmaßnahmen der EG auf dem Milchmarkt zu beschreiben: De facto war die Haltung von Kühen dank der gemeinschaftlichen Marktordnung zu erheblichen Teilen zu einer „Produktion für die öffentliche Lagerhaltung" geworden. Sowohl die Aufwendungen der Gemeinschaft für die Interventionskäufe als auch die Kosten der sich daraus ergebenden Verarbeitungsschritte und der Vorratswirtschaft stiegen von Jahr zu Jahr.[428]

Da die Butter- und Milchpulver-Bestände sich immer höher auftürmten, wurde die Intervention zudem auch noch in anderer Hinsicht immer teurer: Um überquellende Lager zu räumen, initiierte die EG-Agrarbürokratie wiederholt Notverkäufe. Größere Teile der Vorräte wurden dann zu massiv subventionierten Preisen in kurzer Zeit entweder innerhalb der EG oder auch in „Drittländern" auf den Markt geworfen.[429]

Forderungen von Ökonomen, die Stützungskäufe einzustellen, damit sich die Milchproduktion wieder selbst regulieren könne, blieben jedoch unbeachtet, weil Hunderttausende von Bauern in allen EG-Ländern binnen kurzer Zeit in schwere wirtschaftliche Nöte gestürzt wären, wenn man sie umgesetzt hätte. Selbst Änderungen an den Preisregeln der Marktordnung ließen sich in Brüssel im komplizierten Geflecht der verschiedenen nationalen Interessen nicht durchsetzen.[430]

Da allein die Milch auf einem durchschnittlichen Bauernhof für größere tägliche Betriebseinnahmen sorgte, waren Korrekturen an diesem Garantiepreis agrar-

---

[428] Gundelach, Agrarpolitik, S. 2. Als strenge ordnungspolitische Kritiken vgl. auch schon: Horst Rodemer/Hugo Dicke, Zur Milchmarktpolitik der EWG, in: AW 17 (1968), S. 201–207; In Europa wird die Milch sauer, in: Monatsblätter für freiheitliche Wirtschaftspolitik 14 (1968), S. 226–231; Klaus Peter Krause, Agrarpolitik – ein hoffnungsloser Fall?, in: FAZ, 1. 2. 1969. Zu den Kosten vgl. etwa: Richard Bröcker, Überproduktion im Agrarbereich – Schicksal oder Fehlentwicklung, in: DGS 25 (1973), S. 671–674, hier: S. 671 f.; Hohe Preisverluste bei der Intervention, in: FAZ, 23. 7. 1985. Zur Steigerung der Milchleistung pro Kuh durch Züchtungsarbeit seit 1960 vgl. zusammenfassend: Karl Eckart/Hans-Friedrich Wollkopf u. a., Landwirtschaft in Deutschland. Veränderungen der regionalen Agrarstruktur in Deutschland zwischen 1960 und 1992, Leipzig 1994, S. 166.

[429] Vgl. zu den destabilisierenden Effekten solcher „Ramsch"-Verkäufe auf den Weltmärkten für Butter und Milchpulver und damit auch auf die Agrarproduktion in „Drittländern": Nuppenau, Milchkontingentierung, S. 29–31.

[430] Als Beispiel für solche Forderungen und Vorschläge vgl. etwa: Dirk Manegold, Agrarwirtschaftliche Entwicklungen in der EWG, in: AW 17 (1968), S. 377–383, hier: S. 378 f.; Roderich Plate, Das „Professorengutachten" von 1962 aus heutiger Sicht, in: AW 17 (1968), S. 193–201; Heinrich Niehaus, Sorgenkind Landwirtschaft: Umwandlung oder Ende der Bauern?, in: Richard Löwenthal/Hans-Peter Schwarz (Hrsg.), Die zweite Republik. 25 Jahre Bundesrepublik Deutschland – eine Bilanz, Stuttgart 1974, S. 728–761, hier: S. 742; Hartmut Gaese, Die Agrarintegration im europäischen Integrationsprozess, in: BLW 53 (1975), S. 433–454, insbes. S. 444–449.

politisch ganz besonders heikel. Als das System der Marktordnungen entstand, hatten die Landwirtschaftsminister den Bauern bei der Milch zudem Mindesteinnahmen in einer Höhe zugesichert, die nach dem Urteil des Bundeskanzleramtes „deutlich aus dem allgemeinen Agrarpreisgefüge" herausragten.[431] Die Fachpolitiker benutzten die Interventionsregeln für dieses Produkt durchaus bewusst als ein Instrument, um das Einkommen der Bauern zu sichern. Zwangsläufig betrachteten die Begünstigten die Regelung rasch als ihren sozialen Besitzstand, der nicht angetastet werden dürfe.[432]

Allerdings erzwangen die aus dem Ruder laufenden Kosten und zunehmend kritische Medienberichte über den EG-eigenen „Butterberg" dennoch eine politische Reaktion auf die beständige massive Überproduktion von Milch. So entstand eine Kette von dirigistischen Maßnahmen, die ordnend auf den Milchmarkt einwirken sollten – und ungewollt doch auch die Landwirte trafen, die Schweine hielten.

So verschärfte die Brüsseler Agrarpolitik sowohl im Jahr 1970 wie auch noch einmal 1973/74 eine der zyklisch auftretenden Preiskrisen auf dem Schweinemarkt, weil sie zeitlich fast exakt parallel „Abschlachtprämien" für Milchkühe zahlte. Durch diese Aktionen wuchs das Angebot an Rindfleisch schubartig – mit deutlich spürbaren negativen Folgen für den Absatz von Schweinefleisch, weil die Konsumentinnen und Konsumenten nun zumindest vorübergehend größere Mengen des unversehens deutlich verbilligten Rindfleischs verzehrten.[433]

1976 folgte ein Eingriff anderer Art: In diesem Jahr zwang die Gemeinschaft alle Futtermittelproduzenten in den Mitgliedsstaaten, Milchpulver unter ihr Kraftfutter zu mischen. Sie schuf so Platz für weitere Einlagerungen der verarbeiteten Milch, weil die als agrarpolitischer Befreiungsschlag gedachten „Abschlachtprämien" den Milchüberschuss innerhalb der EG keineswegs beseitigt hatten.[434] Da das von der EG produzierte Milchpulver trotz stark subventionierter Preise teurer war als andere eiweißreiche Futterstoffe, die aus „Drittländern" importiert wur-

---

[431] Aktenvermerk der Abt. III A 1 des BKA über die Neuordnung der Agrarfinanzierung. Verhandlungskonzept für den Ministerrat der EWG im Oktober 1968, 27. 8. 1968, BArch Kbz B 136/3564. Politisch – so das Urteil der Abteilung in diesem Papier – sei der hohe Milchpreis allerdings nicht mehr zu verhindern. Zu dem Ungleichgewicht zwischen den Interventionspreisen vgl. auch: Rodemer/Dicke, Milchmarktpolitik, S. 206 f.

[432] Vgl. etwa: Carl Dobler, Die Landwirtschaft in einer veränderten Umwelt, in: Bauernverband Württemberg-Baden [sic!] (Hrsg.), Die Landwirtschaft in einer veränderten Welt, Stuttgart 1978, S. 3–10, hier: S. 9; Rudolf Schnieders, Taktik oder Strategie?, in: DBK 36 (1983), S. 40–41. Zu den sozialen Motiven hinter der Milchmarktordnung vgl. genauer: Kurt Eisenkrämer, Aktuelle Probleme der Agrarpolitik, in: Landwirtschaft im Blickpunkt, Göttingen 1984, S. 7–20, hier: S. 11–15. Der Autor war Ministerialdirektor im BLM.

[433] Siehe dazu genauer unten S. 432 f. Die Prämie wurde nur gezahlt, wenn sich der Landwirt verpflichtete, das geschlachtete Tier fünf Jahre lang nicht zu ersetzen. Zusätzlich zahlte die EG Milchbauern im Rahmen der beiden Aktionen auch noch eine „Nichtvermarktungsprämie" für bereits vorhandene Milch, d. h. sie subventionierte die Vernichtung von Milch.

[434] Vgl. etwa: G. Trautmann, Von der Abschlachtprämie zur Milchrente, in: AW 34 (1985), S. 116–120; Willi Kampmann, 20 Jahre EG-Milchmarktordnung, in: DBK 41 (1988), S. 327–330.

den, führte die Vorschrift zu steigenden Kosten in der Tiermast. Gerade die Schweinemäster, deren Erlöse sich nach dem Tief von 1973/74 zuvor wieder positiv entwickelt hatten, empfanden dies als wirtschaftlich sehr belastend.[435]

Seit 1977 gab es dann weitere Zahlungen an Bauern, die Kühe vorzeitig in den Schlachthof schickten oder deren Milch gleich auf dem Hof vernichteten. Dieses mehrfach bis 1981 verlängerte und finanziell verbesserte Programm brachte zwar EG-weit insgesamt fast 1,7 Millionen Kühen den vorzeitigen Tod – der Überschuss an Milch aber verschwand auch dadurch nicht. Zudem zeigten sich erneut negative Effekte auf den Märkten sowohl für Rindfleisch wie auch für Schweinefleisch.[436]

Gravierender noch als diese jeweils zeitlich befristeten Maßnahmen wirkte ab 1984 die Einführung einer „Milchquote" für jeden landwirtschaftlichen Betrieb, der Kühe hielt: Die seitdem geltenden einzelbetrieblichen Kontingente für die Milchwirtschaft, die „Aufstockungen" in diesem Bereich der landwirtschaftlichen „Veredelung" massiv behinderten, stoppten zwar wirkungsvoll den Trend, dass die Bauern gezielt immer mehr Milch für die Interventionskäufe der EG produzierten. Gerade deshalb aber war der Brüsseler Beschluss nach dem Urteil britischer Experten für Landwirte in allen Mitgliedsstaaten der Gemeinschaft „a traumatic event": Die neuen Vorschriften sandten „shock waves" durch die ganze europäische Landwirtschaft.[437]

Dies galt gerade auch in der Bundesrepublik, die zu den größten Milchproduzenten innerhalb der EG zählte. Wegen der Kontingentierungen, die zusätzlich noch mit einem Abbau der einzelbetrieblichen Produktionsmenge (gegenüber 1983) verbunden waren, funktionierten schlagartig die Gewinnrechnungen vieler Bauern nicht mehr. Wie der DBV berichtete, gerieten gerade kleinere Höfe „in

---

[435] In der Aktion ging es darum, die Kraftfutterindustrie zur Verarbeitung von 400 000 t von insgesamt 1,2 Millionen t eingelagertem Milchpulver zu zwingen. Da der Zwang nicht direkt ausgesprochen, sondern durch eine Koppelung mit den Importen von Futtermitteln aus „Drittländern" aufwendig verbrämt wurde, handelte es sich um eine überaus komplizierte und enorm verwaltungsaufwändige Angelegenheit. Zu den Details vgl. etwa: Eiweiß-Kautionsregelung: abenteuerlich und bürokratisch, in: KF 59 (1976), S. 188; H. Grote, Fragen und Antworten zur Kautionsregelung, in: ebenda, S. 283–284. Zu den Auswirkungen auf die Kraftfutterindustrie und die Landwirte vgl.: Milchkapazitätspolitik des DBV bietet Lösungen an, in: BBSH 126 (1976), S. 1322; Vermerk des BML über die Auswirkungen der Kautionsregelung für Magermilchpulver auf die betroffenen Wirtschaftskreise, o. D. [Jan. 1977], BArch Kbz, B 152/106; Jürgen Kündisch, Grenzen für den europäischen Agrarprotektionismus, in: KF 60 (1977), S. 440–441.

[436] Trautmann, Abschlachtprämie, S. 118 f.

[437] D. R. Harvey, Milk Quotas: Freedom or Serfdom?, Reading und London 1985, S. 9 u. S. 5 (das zweite Zitat aus dem Vorwort zu dieser Publikation von J. S. Marsh). „Aufstockungen" bei den Milchkühen und eine größere Milchproduktion machten für Landwirte seit der Einführung der Quote betriebswirtschaftlich keinen Sinn mehr, weil die Interventionsregeln für so mehrerzeugte Mengen nicht mehr galten. Produktionserweiterungen lohnten sich seitdem nur noch, wenn ein Betrieb die Produktionsrechte eines anderen Landwirtes kaufte oder pachtete. Zu diesen speziellen Geschäften vgl. etwa: Ewald Böckenhoff, Sind wir auf dem Weg in die zentral gelenkte Landwirtschaft?, in: AW 38 (1989), S. 33–34.

ernsthafte Existenznot". Ertragseinbußen von 20 bis 30 Prozent waren die Regel.[438]

Die Folgewirkungen trafen einmal mehr gerade den Schweinemarkt, denn Stallkapazitäten und Anbauflächen, die bisher der Milchproduktion gedient hatten, ließen sich für viele Landwirte am sinnvollsten weiternutzen, wenn sie nun intensiver als zuvor oder auch sogar ganz neu in das Geschäft mit Schweinen einstiegen. Damit verschärfte sich die Konkurrenz unter den Ferkelproduzenten und Mastbetrieben – gerade in der Bundesrepublik, in der es so viele kleine und mittelgroße landwirtschaftliche Betriebe gab: „Durch die Quotenregelung ist die Tendenz zur Überproduktion von der Milch teilweise auf den Schweinemarkt übertragen worden." Der Schweinezyklus mit seinem regelmäßigen Auf und Ab schien an sein Ende zu kommen; die Aussichten der Mäster galten nun dauerhaft als düster.[439]

Darüber hinaus setzte die Brüsseler Agrarpolitik sogar noch Anreize, die Getreidebauern bewegen konnten, in die Schweinemast zu expandieren. Da die Regeln der Gemeinschaft bei diesen Feldfrüchten ebenfalls zu einer permanenten Überproduktion geführt hatten, bemühte sich der Rat der Agrarminister schon seit 1983/84 auch auf den Getreidemärkten um Schadensbegrenzung. Die Wirkungen blieben jedoch begrenzt. Seit 1987 galten daher neue Regeln, die den Marktmechanismen weitaus mehr Freiraum boten als zuvor. Der Gedanke, die überschüssigen Teile der Getreideernte auf dem eigenen Hof für die „Veredelung" zu nutzen, lag seitdem gerade für Großproduzenten sehr nah. Betriebswirtschaftlich war die Schweinemast für solch ein Vorhaben besonders gut geeignet.[440]

Diese Einwirkungen der dirigistischen EG-Agrarpolitik auf die Märkte für Schweine und Schweinefleisch sind aus zwei Gründen historisch wichtig. Zum

---

[438] „Raus aus den bürokratischen Schlingen", in: FAZ, 8. 9. 1984. Zu den Details der Quotenregelung und zum Abbau der Produktion vgl. im Überblick: Hans-Jürgen Rohr, Vor einer Fortentwicklung der Agrarmarktordnungen?, in: Agrarrecht 14 (1984), S. 293–297. In der Bundesrepublik schwankte die erzwungene Kürzung der Milchmenge zwischen zwei Prozent für Kleinbetriebe und 12,5 Prozent für Großproduzenten. Ebenda, S. 295. Die bestehende Überproduktion von Milch wurde durch die Quoten übrigens keineswegs beseitigt. Die vergebenen Produktionsrechte summierten sich auf 99 Millionen Tonnen; der Gesamtverbrauch im EG-Raum belief sich hingegen nur auf 85 Millionen. Die Zahlen nach: Frans Andriessen, Die EG-Agrarpolitik ist besser als ihr Ruf, in: Berichte und Informationen der Kommission der Europäischen Gemeinschaften 1985, Nr. 8, S. 1–16, hier: S. 4.

[439] Ewald Böckenhoff, Der Schlachtschweinemarkt – Vergangenheit, Gegenwart und Zukunft, in: 12. Hülsenberger Gespräche 1988: Schweinefleischproduktion, Hamburg 1988, S. 13–19, hier: S. 16. Vgl. ähnlich auch; Hermann-Adolf Ihle, Hat die Veredelung Konjunktur?, in: MDLG 100 (1985), S. 723; H. Schepper, Die Milchkühe abschaffen und mit Sauen existenzfähig bleiben, in: top agrar 15 (1986), Nr. 4, S. 45; Franz-Josef Budde/Johann Lampe, Funktioniert der Schweinezyklus nicht mehr?, in: top agrar 16 (1987), Nr. 2, S. 52–54; Ulrich Koester/Ernst-August Nuppenau, Wie die Milchquoten die Schweinepreise beeinflussen, in: top agrar 17 (1988), Nr. 8, S. 24–26. Zyklische Schwankungen der Produktion ließen sich allerdings auch noch nach 1990 nachweisen. Vgl.: Parker/Shonkwiler, Centenary, S. 54.

[440] Zu diesen Zusammenhängen vgl. etwa: Richard Bröcker, Schlachtschweineproduktion und -vermarktung unter neuen Rahmenbedingungen, in: DGS 39 (1987), S. 1031–1032; Wolfgang Schmid, Sinkende Getreidepreise: Konsequenzen für Schweinehalter, in: KF 16 (1987), Nr. 8, S. 28–32.

einen helfen sie uns zu erklären, warum so viele Landwirte ambivalent bis sogar eindeutig negativ über das komplexe System von Regelungen urteilten, das bei der Gründung der Gemeinschaft erklärtermaßen doch zu ihrem Schutz und zu ihrem Vorteil erdacht worden war.

Selbstverständlich speisten sich Ressentiments der Bauern gegen „Brüssel" aus verschiedenen Quellen. Enttäuschung gehörte dazu, weil die EG – trotz aller Hilfen – ja keine Bestandsgarantie für jeden einzelnen Bauernhof gewährte. Viele Hofinhaber aber wünschten sich vor allem diese Sicherheit, weil der familiäre Betrieb für sie einen emotionalen Wert besaß, der mit Ökonomie nichts zu tun hatte. Zudem entwickelte sich das Regelwerk der Marktordnungen unaufhaltsam mit jedem Jahr immer stärker zu einem undurchdringlichen bürokratischen Gestrüpp, das selbst Gutwillige überforderte und frustrierte. Für den einzelnen Landwirt konnte sich der Schutz durch die Europäische Gemeinschaft daher leicht wie ein enorm belastendes Drangsal anfühlen.[441]

Agrarpolitische Querschläge, wie sie etwa die Ferkelproduzenten und Schweinemäster trafen, nährten diese ohnehin schon vorhandene Unzufriedenheit dann noch zusätzlich. Alle Schweinehalter durften das oben skizzierte Geschehen ja mit guten Gründen als höchst irritierend empfinden. Der Markt, auf dem sie agierten, gehörte zu den wenigen großen und ökonomisch wichtigen landwirtschaftlichen Produktionsbereichen, die sich innerhalb der EG relativ frei entwickeln durften. Diese Freiheit bedeutete weitaus größere Preisrisiken, als es sie etwa bei der Milch oder auch beim Anbau von Zuckerrüben, Getreide oder Tabak gab – dennoch machten kurzfristig gefasste Brüsseler Beschlüsse, die das Problem der Milchüberschüsse lösen sollten, das Geschäft mit Schweinen mehrfach sogar noch schwieriger. Die Milchquoten schließlich verschärften die Marktsituation sogar dauerhaft. Klagen von Landwirten, die EG-Agrarpolitik entpuppe sich immer mehr als eine moderne Variante von „Gewitter und Hagelschlag" (den unberechenbaren meteorologischen Feinden des Bauern, die ganze Ernten vernichten konnten), wirken vor diesem Hintergrund durchaus verständlich.[442]

Nun waren die landwirtschaftlichen Produktionsbereiche allerdings gerade in der Bundesrepublik eng miteinander verflochten. Auch noch in den 1980er Jahren hatten sich nur wenige Landwirte so stark spezialisiert, dass sie auf ihrem Hof lediglich eine Form der Landwirtschaft betrieben. Zumal beim Vieh dominierte

---

[441] Als frühe Kritik an der Komplexität der Vorschriften aus landwirtschaftlicher Perspektive vgl. schon: Albert Seyler, Im Gestrüpp der elenden Marktordnungen, in: FAZ, 15. 6. 1963; H. H. Götz, Wer versteht Brüssel eigentlich noch?, in: FAZ, 2. 4. 1966. Untersuchungen über die Einstellungen von Landwirten zur EG und ihrer Agrarpolitik sowie zu deren Veränderung seit Gründung der Gemeinschaft liegen nicht vor. Hinweise auf EG-kritische Positionen finden sich etwa in: Andreas Leitolf, Das Einwirken der Interessenverbände auf die Agrarmarktorganisation der EWG, Baden-Baden 1971, S. 124–128. Vgl. auch: Vorbehalte und Verbitterung, in: MDLG 102 (1987), S. 130. Die DBV-Verbandsführung verfolgte nach anfänglichem Widerstand einen grundsätzlich EG-freundlichen Kurs. Vgl. hierzu: Kiran Klaus Patel, Der Deutsche Bauernverband 1945 bis 1990, in: VfZ 58 (2010), S. 161–179, hier: S. 172–178.

[442] Halvor Jochimsen, Denn sie wissen nicht, was sie tun!, in: top agrar 17 (1988), Nr. 11, S. 3.

ein Nebeneinander mehrerer Tierarten; die Bodennutzung gestaltete sich ohnehin je nach den Gegebenheiten höchst individuell.[443]

Typischerweise blieb das Verhältnis der Bauern zum Agrardirigismus der EG daher diffus negativ: Vor- und Nachteile der Marktordnungen vermengten sich für den einzelnen Landwirt so stark, dass keine profilierte Opposition entstehen konnte, die politischen Druck entfaltet hätte.[444] Auch eine grenzüberschreitende Kooperation der Schweinehalter, um ihren spezifischen Interessen Gehör zu verschaffen, blieb aus. Im Gegenteil: Da die einzelnen Mitgliedsstaaten der Union ihren Bauern mit nationalen Programmen unterschiedlich stark halfen, kämpften die Agrarproduzenten auf dem Gemeinsamen Markt der EG in Krisenzeiten eher gegen- als miteinander. So protestierten bundesdeutsche Schweinehalter 1987 mehrfach gegen die Einfuhr von geschlachteten Schweinen aus den Niederlanden, weil – so ihr Vorwurf – der holländische Staat die Schweinemast massiv fördere und so den Wettbewerb verzerre. An einem Tag im Januar d. J. blockierten sie in einer koordinierten Aktion mit Traktoren über Stunden hin mehrere der deutsch-holländischen Grenzübergänge. Solange solche nationale Missgunst herrschte, gab es innerhalb der europäischen Schweinefleisch-Branche keine Basis für gemeinsame Proteste gegen die Zumutungen aus „Brüssel".[445]

Zum anderen erklären die beschriebenen zusätzlichen Störungen des Marktes durch die EG-Agrarpolitik auch, warum die Geschichte der Schweinehaltung spätestens seit 1970 eben doch als die Geschichte einer sich zuspitzenden Krise geschrieben werden kann: Sie belasteten ein Geschäft, das Landwirte ohnehin nur schwer mit Gewinn betreiben konnten. Der folgende Abschnitt beschäftigt sich mit diesem Problem und seiner Bedeutung für den dramatischen Rückgang bei den Zahlen schweinehaltender Betriebe in der Bundesrepublik gerade in den 1970er und 1980er Jahren.

---

[443] Betriebe mit einer landwirtschaftlichen Nutzfläche von 10 bis 20 ha etwa hielten im Jahr 1983 durchschnittlich sechs verschiedene Nutztierarten; selbst auf ganz kleinen Höfen (bis zwei ha) gab es im Durchschnitt zwei bis drei Tierarten. Weitere Angaben (Anteile der verschiedenen Tierarten, Größenordnungen etc.) bietet die Statistik nicht. Die Zahlen aus: Gerhart Friese, Viehhaltung in den landwirtschaftlichen Betrieben, in: WuS 1985, S. 445–454, hier: S. 453. Vgl. auch (mit Zahlen für 1988): Rainer Stuhler, Kombinationen der Viehhaltung, in: WuS 1990, S. 550–555.

[444] So stabilisierte die Milchquote auf mittlere Sicht die Betriebe, die ihr Geld vor allem mit der Milch verdienten. Daher gab es durchaus landwirtschaftliche Interessenvertreter, die einzelbetriebliche Quotierungen auch für andere Agrarprodukte forderten. Vgl. etwa: Helmut Born, Wege aus der Agrarkrise, in: Landwirtschaft 1987, Kiel 1987, S. 13–24, hier: S. 20 f. Der Autor war Generalsekretär des DBV.

[445] Vgl. hierzu: Schweinemäster werden unruhig, in: FAZ, 17. 1. 1987; 3000 Bauern protestieren gegen Schweinefleisch-Einfuhr, in: FAZ, 20. 1. 1987; Josef Lütkemeyer, Warum die deutschen Bauern auf die Straße gehen, in: top agrar 16 (1987), Nr. 2, S. 3; „Es geht jetzt um Sein oder Nichtsein", in: BBSH 137 (1987), S. 414- 416, hier: S. 414. Beispiele für EG-feindliche Parolen und Transparente auf einer Bauerndemonstration in Hannover mit 12.000 Teilnehmern vgl. in: „Die EG ist großer Mist, wenn Du deutscher Bauer bist", in: LWE 134 (1987), Nr. 10, S. 3–4.

2.6. Die Kunst, als Schweinehalter dauerhaft erfolgreich zu wirtschaften

Die Zahlen sprechen eine eindeutige Sprache: Hatten sich um 1960 noch rund 1,3 Millionen westdeutsche Landwirte als Produzenten für den Schweinefleisch-Markt betätigt, so kamen die im Inland erzeugten Schlachtschweine 1989 aus nur noch 309.000 Betrieben. Die Schwundquote in der Gruppe der Produzenten betrug mithin fast 80 Prozent. Ganz offensichtlich handelte es sich bei der Schweinehaltung in diesen drei Jahrzehnten um ein Geschäft, das sehr viele Verlierer und nur recht wenige Gewinner kannte.

Allerdings galt dies für die Agrarproduktion insgesamt. Im gleichen Zeitraum sank die Zahl der landwirtschaftlichen Betriebe in der Bundesrepublik ja von 1,76 Millionen auf 607.000. Das wirtschaftliche Scheitern so vieler Schweinehalter war mithin keine isolierte Entwicklung. Die strenge Auslese unter ihnen gehörte vielmehr zu dem sehr viel größeren Prozess, der die traditionelle Landwirtschaft mit ihren vielen kleinen Höfen schrittweise, aber unaufhaltsam verschwinden ließ. Von daher könnte man an dieser Stelle den Begriff „Strukturwandel" bemühen und eine scharfe Konkurrenz konstatieren, der – nach den Gesetzen freier Märkte – eben die weniger produktiven Betriebe zum Opfer fielen.

Schon zeitgenössische Wirtschaftswissenschaftler beschrieben den Prozess in dieser Weise. Unter den Schweinehaltern, so konstatierte kühl ein Agrarökonom 1973, vollziehe sich die gleiche Auslese wie bei den Herstellern von „Autos oder Waschmaschinen" und anderen Konsumgütern: „Unser System honoriert automatisch denjenigen, welcher zuerst die beste Ware zum günstigsten Preis in größter Menge laufend anbieten kann." In dieser Sicht dokumentierten die genannten Zahlen einen ganz normalen marktwirtschaftlichen Vorgang.[446]

Ohne Frage gibt es gute Gründe, den Wandel der westdeutschen Landwirtschaft nach 1960 so zu beschreiben. Allerdings erfolgt diese Analyse von so hoher Warte, dass sie doch recht pauschal und daher unbefriedigend wirkt. Im Interesse größerer Anschaulichkeit sollen im Folgenden zumindest überblicksartig einige der zentral wichtigen praktischen Probleme skizziert werden, mit denen die Schweinehalter im wirtschaftlichen Wettbewerb zu kämpfen hatten. Dabei wird sich u. a. zeigen, dass bei der Haltung von Schweinen doch deutlich andere Anforderungen galten als bei der Herstellung von technischen Gütern wie Autos oder Waschmaschinen.

Bemüht man sich um solch einen genaueren Blick auf die Ökonomie der Schweinehaltung, dann zeigt sich überraschender Weise, dass dieses Geschäftsfeld im hier untersuchten Zeitraum zumindest in einer Hinsicht stark der Hühnermast ähnelte. Ein schlachtreifes Fleischhuhn und ein „ausgemästetes" Schwein haben zwar wenig miteinander gemein. Sie werden nicht nur in verschiedenen Verarbei-

---

[446] Georg Perreiter, Unternehmerische Organisation der spezialisierten Schweineerzeugung, in: Spezialisierte Schweineerzeugung – eine Zwischenbilanz. Vorträge auf der DLG-Herbsttagung 1973 in Gießen, Frankfurt/Main 1973, S. 41–55, hier: S. 46.

tungsbetrieben geschlachtet; auch ihr Alter sowie – stärker noch – ihr Gewicht und damit auch der jeweils zu erlösende Preis unterscheiden sich massiv. In betriebswirtschaftlicher Hinsicht, aus der Perspektive des Landwirtes, der das Tier gefüttert und gehegt hat, sind sich das nur 1,5 Kilo schwere Huhn und das Schwein, das unmittelbar vor seinem Tod typischerweise 100 bis 120 Kilo wiegt, allerdings dann doch wieder sehr ähnlich. Mit einer Formulierung, die Zeitgenossen fast wortgleich auch schon für die Haltung von Fleischhühnern benutzt hatten, beschrieb ein Agrarökonom die Schweinemast im Jahr 1983 als ein „Pfenniggeschäft": Aufwendungen und Erlöse lägen selbst in den Zeiten, in denen die Schlachthöfe gute Preise für ein marktkonformes Exemplar der Gattung „Sus scrofa" zahlten, so eng beieinander, dass die Gewinnmarge pro Tier klein bleibe. In Zeiten der Überproduktion entstünden daher rasch massive Verluste.[447]

Andere Fachleute urteilten ganz ähnlich. Die Schweinehaltung sei wegen durchgehend hoher Kosten „hinsichtlich ihrer Rentabilität außerordentlich preisempfindlich", erklärte etwa der Bonner Ordinarius Franz Gerl schon 1967. Zehn Jahr später beantwortete Manfred Köhne, Professor für Agrarökonomie an der Universität Göttingen, die selbst gestellte Frage „Welchen Gewinn bringt die Schweineproduktion?" mit der Feststellung, deren Erträge seien „vielfach [...] unbefriedigend". Um dauerhaft im Geschäft zu bleiben, reiche es für einen Landwirt keineswegs aus, über „gute produktionstechnische und kaufmännische Kenntnisse" zu verfügen. Vielmehr müsse er auch noch „mit voller Unternehmerinitiative" immer wieder neu nach den jeweils lukrativsten Absatzmöglichkeiten für seine Tiere suchen und diese dann auch nutzen.[448]

Landwirtschaftliche Betriebsberater, die beruflich engen Kontakt mit Bauern hielten, stellten sogar noch schärfere Anforderungen an die Kenntnisse der Schweinehalter und an ihre Geschicklichkeit mit Umgang mit den Tieren als der eben zitierte Agrarökonom. Ein lohnender Kapitaleinsatz, so schrieb einer dieser praxisnahen Experten 1982, ergebe sich nach seiner Erfahrung „nur bei überdurchschnittlichen Leistungen". Ein anderer Berater vermerkte zeitgleich, der Alltag auf den Bauernhöfen zeige, dass bei der Produktion von Schweinefleisch „selbst zum mäßigen Erfolg noch ein beachtliches Leistungsniveau gehört", das keineswegs problemlos zu erreichen sei. Auch der führende Fachmann der LWK Schleswig-Holstein für Fragen der Schweinehaltung erklärte wenig später, mit Schweinen könne ein Landwirt nur dann verlässlich Geld verdienen, wenn „alle Leistungsreserven im biologischen Bereich ausgenutzt werden".[449]

---

[447] Ludwig Pahmeyer, Mastschweineproduktion auch in Zukunft wirtschaftlich?, in: BBSH 133 (1983), S. 2510–2513, hier: S. 2510.

[448] In der Reihenfolge der Zitate: Stenographisches Protokoll der 31. Sitzung des Rechtsausschusses des BT, 2. 2. 1967, BArch Kbz, B 136/8647; Manfred Köhne, Welchen Gewinn bringt die Schweineproduktion?, in: KF 60 (1977), S. 86–91, hier: S. 90. Ähnlich vgl. auch: H. M. Blendl/Heribert Michael, Kostenstruktur der Produktionstechnik in der Schweinemast, in: MDLG 85 (1970), S. 802–804, hier: S. 804; Manfred Köhne, Was bestimmt den Erfolg in der Schweineproduktion?, in: DGS 35 (1983), S. 735–738, hier: S. 735.

[449] In der Reihenfolge der Zitate: H. H. Hildebrandt, Wirtschaftlichkeit und Finanzierung der Schweinemast, in: BBSH 132 (1982), S. 4820–4821; Arnold Große-Ruse, Wer kann sich noch

Was Formulierungen dieser Art für die Landwirte und für die von ihnen gehaltenen Schweine konkret bedeuteten, soll hier am Beispiel der Ferkelproduktion kurz präzisiert werden. Die sehr reichhaltige und praxisnahe zeitgenössische Fachliteratur lässt solche Detailgenauigkeit problemlos zu. So hieß es 1975 etwa im „Bauernblatt für Schleswig-Holstein", ein spezialisierter Ferkelproduzent, der seine Tiere an Mäster verkaufte, erfülle die „Mindestanforderung" für einen Unternehmensgewinn angesichts der aktuellen Kosten und Preise erst dann, wenn der Betrieb pro Sau und Jahr 18 Ferkel absetzen könne. Bei geringeren Zahlen ergebe sich wegen zu hoher Produktionskosten pro verkauftem Tier kein Profit. Die Herde seiner Muttertiere müsse dem Landwirt daher innerhalb von zwölf Monaten durchschnittlich 2,2 bis 2,4 „Würfe" pro Sau liefern. Dazu wiederum sei es nötig, die Ferkel möglichst früh von ihrer Mutter zu trennen, um so deren „Zwischenwurfzeit" zu minimieren.[450] Im gleichen Jahr bezeichnete ein Betriebsberater aus Hessen 17 verkaufte Ferkel pro Sau und Jahr als die „unterste Grenze für eine befriedigende Rente".[451]

Die gleichen Zahlen finden sich auch in Artikeln aus den frühen 1980er Jahren. Bereits eine jährliche Durchschnittsleistung von 16 erfolgreich aufgezogenen Ferkeln je Sau sei nicht mehr ausreichend, um Preiseinbrüche, die es auf dem Schweinemarkt nun einmal regelmäßig gebe, „ohne einen existenzgefährdenden Rentabilitätsschwund zu überstehen".[452] Gegen Ende dieses Jahrzehnts fiel der Leistungsdruck dann offensichtlich sogar noch schärfer als zuvor. Fachleute meinten in den Jahren 1986/87, angesichts der von Überkapazitäten, verschärfter Konkurrenz, stagnierenden Absatzzahlen und fallenden Preisen gekennzeichneten schwierigen Situation auf dem Schweinefleisch-Markt brauche ein Ferkelproduzent mittlerweile „20 und mehr Ferkel pro Sau und Jahr", um Gewinne erwirtschaften zu können.[453]

---

einen neuen Schweinestall leisten?, in: top agrar 11 (1982), Nr. 8, S. 24–27, hier: S. 25; Gerd Lentföhr, Ohne hohe Leistungen geht es nicht, in: BBSH 133 (1983), S. 6234–6238, hier: S. 6234. Lentföhr wurde von Kollegen anerkennend als „Schweinepast" bezeichnet. So die Formulierung in: „Duros" heißt ein neues Schweinefütterungssystem, in: LWE 134 (1987), Nr. 14, S. 37–38, hier: S. 38.

[450] Gerd Lentföhr, Mehr Ferkel machen Sauenhaltung wirtschaftlich, in: BBSH 125 (1975), S. 424–426, hier: S. 424 f.

[451] L. Burckhardt, Wie kamen und kommen die Ferkelerzeuger über die Runden?, in: DGS 27 (1975), S. 38–40, hier: S. 39.

[452] Gerd Lentföhr, Leistungsanforderung: 18 Ferkel, in: BBSH 131 (1981), S. 5400–5402, hier: S. 5401.Vgl. auch: Hans-Hermann Petersen, Viehhaltungsbetriebe unter Kostendruck, in: ebenda, S. 534–537, hier: S. 536; Ernst Kalm, Die Ferkel früh absetzen?, in: MDLG 95 (1980), S. 198–201, hier: S. 201; Wilhelm Acker, 12 Jahre Wirtschaftlichkeitskontrolle der Ferkelerzeugung von 1967/68 bis 1978/79, in: KF 63 (1980), S. 382–384, hier: S. 384; H. H. Hildebrandt, Wirtschaftlichkeit und Finanzierung der Schweinemast, in: BBSH 132 (1982), S. 4820–4821.

[453] Jens-Peter Ratschow, Sind neue Haltungssysteme für Schweine Voraussetzung zum Erfolg?, in: DGS 39 (1987), S. 1531–1534, hier: S. 1531. Vgl. auch: Horst Wagner, Deckungsbeiträge von 42 DM (Mast) und 830 DM (Sau) sind notwendig, in: LWE 133 (1986), Nr. 12, S. 5–9, hier: S. 5; Theo Reimann, Die Misere der Ferkelerzeuger, in: top agrar 16 (1987), Nr. 10, S. 3; Ernst Kalm, Mit System produzieren, in: BBSH 137 (1987), S. 3290–3292, hier: S. 3290.

Nun gehört das Schwein von Natur aus zwar zu den Tieren mit einer hohen Reproduktionsrate: Geburten mit zehn Ferkeln und mehr sind bei gesunden und gut ernährten Sauen keineswegs selten. Die domestizierte Form von „Sus scrofa" kann sich dank der menschlichen Züchtungsarbeit und Hege zudem – anders als das Wildschwein – grundsätzlich zu jeder Jahreszeit fortpflanzen. Dennoch waren die eben genannten Zahlen keineswegs leicht erreichbar. Wie fast stets in der Natur ging üppige Fruchtbarkeit auch bei den Schweinen mit hohen Sterblichkeitsraten einher. Selbst in der geschützten Umwelt der „Abferkelbucht" und des „Aufzuchtstalls" galten Todesraten um 15 Prozent der Jungtiere in den ersten Tagen und Wochen nach der Geburt als durchaus normal.[454]

Zusätzlich erwies sich die Paarungsbereitschaft von Sauen nach dem „Frühabsetzen" der Ferkel in der Praxis vielfach als weitaus weniger plan- und steuerbar, als die Handbücher einer strikt rationalisierten Schweinehaltung es versprachen. Solche Probleme traten umso häufiger auf, je kürzer die Säugezeit ausfiel.[455] Schon aus diesem Grund waren Konzepte, wie sich die „Produktionszeit" von Ferkeln (bis zum Zeitpunkt ihrer „Aufstallung" für die Mast) konsequent auf 24 Wochen begrenzen lasse, damit dann „in weiteren 24 Wochen wieder ein Wurf [...] fertig ist", für den Bauern mit hohen Risiken verbunden.[456]

Zudem konnte die vorzeitige Trennung der Jungtiere von ihrer Mutter – wie gezeigt – vertrackter Weise sowohl die Lebenskraft wie auch das Wachstum der Ferkel negativ beeinflussen. Allein eine rasche Abfolge der Geburten sicherte dem Landwirt mithin noch keineswegs das Ziel, jährlich pro Sau mindestens 17 oder 18 möglichst gleichmäßig entwickelte, kräftige Jungschweine verkaufen zu können. Unter Umständen wirkte es vielmehr sogar kontraproduktiv, wenn der Bauer durch das „Frühabsetzen" der Ferkel stark in den natürlichen Lauf der Dinge eingriff.[457]

Das betriebswirtschaftliche Optimum ließ sich für den auf die Vermehrung von Ferkeln spezialisierten Betrieb mithin zwar recht einfach beziffern. Um es auf dem eigenen Hof zu realisieren, musste der Betriebsinhaber jedoch verschiedene Einzelziele, die teilweise direkt miteinander konkurrierten, gegeneinander abwägen, und gleichzeitig im Umgang mit den Sauen und ihren Nachkommen auch noch „sehr viele Details beherrschen, die bei Nichtbeachtung Geld kosten".[458] Gesunde

---

[454] Vgl. etwa: L. Schmidt, Zuchtziel- und Haltungsfragen aus der Schweinezucht, in: BLJ 37 (1960), S. 49–68, hier: S. 62; Gerd Lentföhr, Mehr Ferkel machen Sauenhaltung wirtschaftlich, in: BBSH 125 (1975), S. 424–426, hier: S. 424; Josef Lorenz, Leasing eine Alternative?, in: BBSH 137 (1987), S. 3293.

[455] Vgl. dazu ausführlich: Wolfgang Schmid, Der Einfluss produktionstechnischer und betriebsorganisatorischer Faktoren auf die Ökonomik der Ferkelerzeugung – eine Untersuchung in bayerischen Ferkelerzeugerbetrieben, München 1971 (BLJ 48, 1971, Sonderh. 2), S. 29–33.

[456] Josef Lorenz/Friedrich Berkner, Programmierte Ferkelproduktion, in: top agrar 14 (1985), Nr. 6, S. 114–122, hier: S. 114. Die 24 Wochen sollten sich folgender Maßen verteilen: ein bis zwei Wochen für die erneute „Belegung" der Sau, 16 bis 17 Wochen Tragzeit sowie vier bis fünf Wochen Säugezeit.

[457] Siehe dazu S. 354 f.

[458] Ludwig Pahmeyer, Mastschweineproduktion auch in Zukunft wirtschaftlich?, in: BBSH 133 (1983), S. 2510–2513, hier: S. 2512. Beeindruckend ausführlich zur ökonomischen Komple-

Ferkel „in großen Serien" aufzuziehen, war eine äußerst komplexe Aufgabe, ging es dabei doch um Lebewesen, die beständig von Schwäche, Krankheit und Tod bedroht wurden. Verständlicher Weise wirkten die genannten Zahlen daher auf viele Landwirte nicht als Ansporn, sondern vor allem „erschreckend".[459]

Vergleichbar hohe Anforderungen für eine gewinnbringende Produktion existierten auch bei der Schweinemast. Zentral bedeutsam war in diesem Segment der Schweinehaltung zum einen die tägliche Gewichtszunahme der Tiere (als Durchschnittswert berechnet für den gesamten Zeitraum der Mast) sowie zum anderen die Messzahl für ihre Futterverwertung (sie bezifferte das Verhältnis zwischen dem erreichten Gewicht unmittelbar vor der Schlachtung und der gesamten Futtermenge, die das Tier erhalten hatte). Auch eine geringe Verlustquote sowie eine möglichst gleichmäßige Entwicklung der gemeinsam gemästeten Tiere besaßen größere ökonomische Bedeutung. Hinzu kam der Druck, Schweine mit starker Muskulatur und wenig Fett zu liefern, um von den Vorteilen der „Qualitätsbezahlung" zu profitieren.[460]

Bei den Kosten musste der Schweinemäster (genau wie der Produzent von Fleischhühnern) vor allem beim Futter genau kalkulieren: Allein dieser Posten verschlang 50 bis 60 Prozent der gesamten Aufwendungen innerhalb einer Mastperiode. Anders als Hühner erhielten die jungen Schweine allerdings nicht nur Kraftfutter (das der Landwirt in der Regel fertig gemischt kaufte), sondern fast immer auch ein selbsterzeugtes „Grundfutter". Die hungrigen Tiere, die ja ganz andere Mengen an Futter vertilgen als das Federvieh, ließen sich so kostengünstiger aufziehen.[461]

Ursprünglich hatten schweinehaltende Betriebe in Deutschland in der Mast vor allem Getreide oder (insbesondere in Norddeutschland) auch Kartoffeln verfüttert. Neu gezüchtete Sorten machten es seit den 1960er Jahren jedoch möglich, den von Natur aus Wärme liebenden Mais auch im kühleren mitteleuropäischen

---

xität einer profitablen Ferkelproduktion vgl. die empirisch untermauerte Darstellung von Schmid, Einfluss, insbes. S. 21–81.

[459] So schon für die Zahl von 16 Ferkeln pro Sau und Jahr: Heinz Dobert, Nicht am Markt vorbeiberaten!, in: KF 48 (1965), S. 392–394, hier: S. 394.

[460] Kurz gesagt sollte der tägliche Gewichtszuwachs durchschnittlich 600 Gramm und mehr betragen; bei der Futterverwertung war ein Verhältnis anzustreben, das unter 1 : 3,5 liegen sollte. Für die Verlustquote galten Werte bis zwei Prozent als gutes Ergebnis; bei der Abrechnung mit dem Schlachthof sollten die Handelsklassen E und I dominieren. Vgl. etwa: Hans-Hermann Petersen, Viehhaltungsbetriebe unter Kostendruck, in: BBSH 131 (1981), S. 534–537; Arnold Große-Ruse, Wer kann sich noch einen neuen Schweinestall leisten?, in: top agrar 11 (1982), Nr. 8, S. 24–27, hier: S. 25; Die Organisation eines 50-Sauen-Betriebes mit anschließender Mast, in: LWE 133 (1986), Nr. 1, S. 15–16; Durchhalten in der Schweineproduktion derzeit schwierig, in: LWE 134 (1987), Nr. 48, S. 18–19; Ernst Kalm, Mit System produzieren, in: BBSH 137 (1987), S. 3290–3292, hier: S. 3290; „Alarmstufe 1" in der Schweineproduktion, in: BBSH 137 (1987), S. 6130–6135, hier: S. 6135.

[461] Eine Mast nur mit Kraftfuttermischungen war zwar problemlos möglich. In der Praxis spielte sie aus Kostengründen jedoch kaum eine Rolle. Vgl. dazu etwa: Im Dienste der Landwirtschaft. Aus der Arbeit der Landwirtschaftskammer Rheinland 1967–1968. Bd. 1: Bericht der Zentrale, o. O. o. J., S. 124.

Klima erfolgreich anzubauen. Diese Pflanze, die in der deutschen Landwirtschaft bislang kaum eine Rolle gespielt hatte, breitete sich seitdem massiv aus.[462] Schon in den späten 1970er Jahren lieferte sie vielen Bauernhöfen den größten Teil des „Grundfutters" für die gemästeten Schweine. Zumal in verflüssigter Form (als „Silage") leistete sie als Tierfutter exzellente Dienste. Darüber hinaus gedieh sie gerade auf Böden, die stark mit den nährstoffreichen Exkrementen der Mastschweine gedüngt wurden.[463]

Unabhängig von der Frage, was er jeweils anbaute: Ein Schweinemäster musste in jedem Fall auch beim Anbau von Feldfrüchten erfolgreich sein. Sowohl die Menge wie auch der Nährstoffreichtum des selbst erzeugten „Grundfutters" waren und blieben entscheidend wichtige Faktoren in der Wirtschaftsrechnung aller Betriebe, die Tiere der Gattung „Sus scrofa" mästeten.[464]

Gleichzeitig standen jedoch auch die Schweinemäster unter dem Druck, planvoll und genau dosiert biologisch besonders wertvolle Stoffe wie hochwertiges Eiweiß, Aminosäuren und Vitamine unter das Futter zu mischen, um die Leistungspotentiale der mit so viel Sorgfalt gezüchteten Tiere auch auszuschöpfen. Ohne den Einsatz von Kraftfutter, dessen Mischung gezielt die neuen und immer detaillierteren Erkenntnisse der Nutztierbiologen berücksichtigte, ließen sich selbst unter ansonsten optimalen Bedingungen bestenfalls „Durchschnittsschweine" aufziehen. Produktion und Verbrauch spezieller Futtermischungen für Schweine expandierten daher seit 1960 ganz enorm: Bis 1980 versechsfachte sich die in der Bundesrepublik hergestellte Menge solcher Hilfsmittel für die Mast.[465] Deren Preise konnten ambitionierte Hofinhaber selbst dann nicht aus den Augen lassen, wenn ihre Felder besonders gutes Futter lieferten: „Je mehr das Leistungsniveau der Tiere angehoben wird, desto wichtiger wird es für den Praktiker, den wirtschaftlich besten Kompromiss im Futtereinsatz zu finden."[466]

---

[462] Vgl. hierzu am Beispiel der Landkreise Vechta und Cloppenburg für den Zeitraum seit 1950: Werner Klohn/Andreas Voth, Das Oldenburger Münsterland. Entwicklung und Strukturen einer Agrar-Kompetenzregion, Vechta 2008, S. 25. Bis 1960 verzeichnet die Zahlenreihe für jeden der beiden Landkreise Zahlen von bestenfalls fünf Hektar. 1979 waren es dann fast 11.000 ha (LK Vechta) bzw. rund 8.000 ha (LK Cloppenburg).

[463] Vgl. hierzu etwa: Erwin Reisch, Betriebswirtschaftliche Überlegungen zum Maisanbau, in: MDLG 87 (1972), S. 176–179; Walter Neugebauer, Im Weser-Ems-Gebiet steigen die Maiserträge laufend, in: top agrar 3 (1974), Nr. 4, S. 29–30; Hermann Stiewe, Entwicklung und Situation der tierischen Veredelung in Westfalen-Lippe, in: KF 68 (1985), S. 135–137. Zum Zusammenhang zwischen Maisanbau und Gülle-Düngung siehe auch unten S. 403 f.

[464] Vgl. etwa: Ludwig Pahmeyer, Was wann am Schwein hängen bleibt, in: top agrar 3 (1974), Nr. 12, S. 12–14; Gerd Lentföhr, Mastschweine-Fütterung entscheidet über Gewinn und Verlust, in: BBSH 128 (1978), S. 3078–3082; W. Lüppig, Der Schlüssel zum Erfolg, in: MDLG 102 (1987), S. 80–83.

[465] Genaue Angaben vgl. in: Guido Nischwitz, Sozioökonomische, ökologische und rechtliche Rahmenbedingungen für die Veredlungswirtschaft in den neunziger Jahren, Vechta 1994, S. 39. Anschaulich zu den verminderten Leistungen von Schweinen bei unzureichender Fütterung am Beispiel der DDR-Landwirtschaft vgl.: Thomas Fleischman, Communist Pigs. An Animal History of East Germany's Rise and Fall, Seattle 2020, S. 67–91.

[466] Erich Wulf, Weitere Bestandsaufstockungen sind möglich, in: BBSH 126 (1976), S. 4700–4701, hier: S. 4700. Die Selbstmischung von Kraftfutter auf dem Hof war selbstverständlich

Verteuerungen, die bei den stark von überseeischen Importen abhängigen Kraftfuttermischungen schon durch die Unwägbarkeiten des internationalen Handels wiederholt entstanden, konnten daher das Geschäft der Schweinemäster empfindlich schädigen. Auch politische Interventionen wie die oben beschriebenen Milchpulver-Aktionen der EG störten ihr Geschäft, obwohl die Urproduzenten der Schweinefleisch-Branche das Kraftfutter doch immer nur ergänzend einsetzten.[467] Zwar ergaben sich mehrfach auch wirtschaftliche Entlastungen, wenn Wechselkursänderungen und/oder Rekordernten außerhalb Europas die Preise importierter Futtermittel für längere Zeit so deutlich nach unten drückten, dass die Kraftfutterproduzenten ihre Produkte verbilligten.[468] Dennoch empfahlen Betriebsberater dringend, die eigene Bodenproduktion nicht aufzugeben: „Wer nur oder in großem Umfang mit Fertigfutter mästet, gerät bei schlechten Schweine- oder hohen Futtermittelpreisen sehr schnell und kräftig in die Verlustzone."[469]

Nicht nur die Ferkelproduzenten, sondern auch die Schweinemäster arbeiteten mithin – metaphorisch gesprochen – wie Jongleure, die sehr viel Bälle gleichzeitig in der Luft zu halten hatten. Wie bei dieser artistischen Übung, so konnte auch im Schweinestall ein kleiner Fehler die gesamte zuvor aufgewandte Mühe entwerten. Alle Veränderungen in der Schweinehaltung, die sich in der Bundesrepublik innerhalb der hier untersuchten Jahrzehnte vollzogen, ergaben sich aus dieser sehr realen Gefahr. Es ging bei den Bemühungen, die Schweinehaltung rationeller und kostengünstiger zu gestalten, also keineswegs um höhere Renditen für den einzelnen Landwirt, sondern vielmehr um den Versuch, die betriebliche Wettbewerbsfähigkeit und damit auch die Zukunftsaussichten des Hofes zu sichern.

Wenn so viele Bauern bei diesem Versuch scheiterten, so lag dies an den von Hof zu Hof stark unterschiedlichen Leistungen. Gravierende Divergenzen bei den entscheidend wichtigen Produktivitätsparametern zeigten sich sogar dann, wenn man auf gleich große Betriebe schaute, die ihre Tiere identisch behandelten. Bei siebzehn schleswig-holsteinischen Schweinemästern etwa, die alle einen Stall mit

---

möglich (alle Komponenten ließen sich einzeln kaufen); Kostenvorteile entstanden dabei aber nur für Betriebe, die mehr als 300 Tiere gleichzeitig fütterten. Vgl. hierzu genauer: Johannes Diercks, Schweinefütterung, in: MDLG 84 (1969), S. 1598.

[467] Vgl. etwa: R. Stratmann, Mischfutter in der Kostenklemme, in: top agrar 11 (1982), Nr. 4, S. 3. Hiernach steigerte die seinerzeit auftretende Verteuerung von Soja, Sojaschrot und Tapioka die Futterkosten der Schweinemäster um durchschnittlich drei bis sechs Prozent. Zu den EG-Vorschriften für die Beimischung von Milchpulver siehe S. 374 f.

[468] Futtermittel konnten frei und unbegrenzt in den EG-Raum eingeführt werden. In Zeiten niedriger Preise klagten die Getreideproduzenten innerhalb der Gemeinschaft wiederholt über diese „Lücke" im Marktordnungssystem: Sie gefährde ihre Geschäfte mit den Mischfutterproduzenten. Vgl. zu dieser Debatte etwa: F. D. Gundelach, Verteuerung der „Nichtgetreide-Futtermittel" falsche Antwort auf Agrarprobleme!, in: KF 61 (1978), S. 221; Klaus Peter Krause, Neuer Unfug am Agrarmarkt, in: FAZ, 14. 7. 1982; Aktenvermerk des Referats 711 im BML über die Einfuhr von Futtermitteln in die EG und das Problem der Substitute, 27. 7. 1983, BArch Kbz, B 116/70 656.

[469] Ludwig Pahmeyer, Was wann am Schwein hängen bleibt, in: top agrar 3 (1974), Nr. 12, S. 12–14, hier: S. 12.

„Vollspaltenboden" besaßen und ähnlich fütterten, schwankte die tägliche Gewichtszunahme der Tiere im Wirtschaftsjahr 1979/80 zwischen 558 und 714 Gramm pro Tag. Der Anteil der „ausgemästeten" Schweine, die im Schlachthof den beiden oberen, gut bezahlten Handelsklassen zugeordnet wurden, variierte bei diesen Betrieben zwischen 19 und 52 Prozent; pro verkauftem Tier erlöste der erfolgreichste der Bauern mehr als viermal so viel Geld wie das Schlusslicht der Gruppe.[470]

Deutlich voneinander abweichende wirtschaftliche Resultate trotz vergleichbarer Ausgangsbedingungen sind auch für spezialisierte Ferkelproduzenten dokumentiert. So ermittelte ein detaillierter Vergleich zwischen rund 50 genossenschaftlich miteinander verbündeten Betrieben dieser Art aus Hessen für 1978/79, dass knapp die Hälfte von ihnen innerhalb von zwölf Monaten lediglich 14 bis 17 Ferkel pro Sau verkauft hatte. 17 Betriebe kamen auf 18 bis 20 abgesetzte Jungschweine; sechs Landwirte verzeichneten mit 21 oder 22 Tieren sogar noch bessere Ergebnisse. Auch die „Wurfhäufigkeit" differierte: Sie schwankte zwischen 1,9 und 2,2 Geburten je Muttertier und fiel damit nach dem Urteil der Rechnungsprüfer „sehr unterschiedlich" aus.[471]

Im Gesamtergebnis verzeichnete ein Drittel der erfassten Unternehmen mit der Ferkelvermehrung in dem untersuchten Jahr nur Verluste. Dort, wo Gewinne entstanden, fielen sie gering aus, lagen die Erlöse pro Tier im zeitlichen Vergleich doch kaum höher als neun Jahre zuvor. Die Kosten der Landwirte hatten sich im gleichen Zeitraum hingegen deutlich vermehrt.[472]

Die Aussagekraft dieser beiden Erhebungen mag zunächst einmal fragwürdig erscheinen. Sie erfassten jeweils nur eine kleine Gruppe von Betrieben, die insofern als ungewöhnlich gelten konnten, weil sie durchweg über moderne Ställe verfügten und/oder im Rahmen einer Erzeugergemeinschaft intensiv betreut und beraten wurden. Gerade diese Feststellung aber verleiht den referierten Ergebnissen historische Signifikanz: In der großen Masse der schweinehaltenden Bauernhöfe, für die beides nicht galt, so darf man schlussfolgern, müssen sich die Erfolgsdaten der einzelnen Betriebe noch weitaus massiver unterschieden haben, wenn das Pro-

---

[470] Josef Lütkemeyer, 17x gleiche Umwelt – 17x verschiedene Betriebsleiter, in: top agrar 10 (1981), Nr. 5, S. S 26–S 32, hier: S. S 26. In absoluten Zahlen schwankte der Anteil der Tiere in den Handelsklassen E und I zwischen 19 und 52 Prozent; die Einnahmen pro Tier (in der Fachsprache: der „Deckungsbeitrag") variierten zwischen 14 und 60 DM. Angaben zur Rentabilität der Produktion insgesamt fehlen in diesem Text. Ein vergleichbares Bild (mit weniger präzisen Angaben zu den Betriebsergebnissen) zeichnen auch: H. H. Hildebrandt/ J. Ohrtmann, Schweinehaltung im Wirtschaftlichkeitsvergleich, in: BBSH 125 (1975), S. 4219–4220.
[471] Wilhelm Acker, 12 Jahre Wirtschaftlichkeitskontrolle der Ferkelerzeugung von 1967/68 bis 1978/79, in: KF 63 (1980), S. 382–384, hier: S. 382 f.
[472] Ebenda, S. 384 (Verluste) u. S. 382 (zum Preisstand). Angaben zu ähnlichen Erhebungen bei Ferkelproduzenten mit ähnlich stark divergierenden Resultaten vgl. in: Schmid, Einfluss, S. 25–28; Karl August Groskreutz, Neuzeitliche Sauenhaltung, in: BBSH 127 (1977), S. 4375–4378, hier: S. 4375; Gerd Lentföhr, Ohne hohe Leistungen geht es nicht, in: BBSH 133 (1983), S. 6234–6238, hier: S. 6234 f.

duktivitätssoll, das der Markt vorgab, selbst auf Bauernhöfen vielfach verfehlt wurde, die unter ungewöhnlich guten Voraussetzungen starteten.

Wirklich umfassende Zahlen zur Bandbreite der Betriebsergebnisse liegen zwar nicht vor. Wenn die großen Schlachthöfe noch im Jahr 1987 klagten, die bei ihnen eingelieferten Schweine unterschieden sich beim Gewicht, bei der Größe und – noch wichtiger – auch bei der „Fleischfülle" so stark, dass man von der gewünschten „standarisierten Produktion" in der bundesdeutschen Schweinemast leider immer „noch weit entfernt" sei, dann lieferten sie jedoch zumindest einen Hinweis auf das Ausmaß dieser Probleme.[473]

Denkt man an die oben vorgestellten Beispiele zurück, wie Landwirte betriebliche Erweiterungen und Modernisierungen planten und realisierten, und berücksichtigt man, wie zögerlich offensichtlich viele von ihnen neue Haltungsformen übernahmen, dann kann diese Uneinheitlichkeit der Produktionsergebnisse nicht überraschen. Improvisationen und Kompromisse verschiedenster Art prägten das Handeln der meisten Hofinhaber – sei es nun aus finanziellen Gründen, wegen unzureichender Informationen, fehlender Arbeitskräfte und unterschiedlicher Gewichtung einzelner betrieblicher Ziele oder auch aus Traditionsverbundenheit.

Darüber hinaus war die Arbeit mit lebenden Tieren offensichtlich ganz grundsätzlich mit weitaus größeren betrieblichen Risiken verbunden als industrielle Produktionsprozesse, die bei guter, genau umgesetzter Planung nur geringe Unterschiede zwischen Theorie und Praxis kennen. Auf dem Bauernhof sicherte hingegen selbst enorme Professionalität noch keineswegs die Verwirklichung der Planungsziele. Die oben zitierte Analogie zwischen dem Wettbewerb unter den Herstellern von „Autos oder Waschmaschinen" und der Konkurrenz unter den Schweinehaltern ignoriert diese Besonderheit der Landwirtschaft, deren wirtschaftshistorische Bedeutung wohl gerade im Bereich der agrarischen „Veredelung" hoch anzusetzen ist.

Durch die oben beschriebene Entstehung der großen Supermarkt-Ketten und durch den Übergang zur „Totvermarktung" von Schlachtvieh sowie zur „Qualitätsbezahlung" entwickelte sich diese agrarische Welt der Kompromisse und der hohen Risiken ja immer stärker zum Zulieferer eines Marktes, den einige wenige große Abnehmer mit ihren hohen Qualitätsstandards und ihren enormen Mengenanforderungen beherrschten. In diesem Wandlungsprozess, der sich innerhalb von nur drei Jahrzehnten vollzog, war die Ebene der Urproduktion angesichts der

---

[473] Wolfgang Schmid, Zur Vermarktung von Schlachtschweinen – Ausschlachtung und Einflussgrößen, in: BLJ 64 (1987), Sonderh. 1, S. 161–175, hier: S. 161. Dieses Fazit fußte auf einer genauen Auswertung der Ausschlachtungs-Ergebnisse von 55.000 Schweinen. Ähnliche Urteile über die Disparität der Produktion vgl. auch in: H. Horst, Gegenwart und Zukunft der Schweineproduktion, in: DGS 25 (1973), S. 678–681, hier: S. 681; C. Brodersen, Brauchen wir eine neue Hybridzucht?, in: DGS 31 (1979), S. 703–705, hier: S. 704; Gerd Lentföhr, Haltungsverfahren in der Schweinemast, in: BBSH 132 (1982), S. 4812–4814, hier: S. 4812; Hans-Wilhelm Windhorst, Ist die Schweinehaltung in der Bundesrepublik Deutschland in einem europäischen Binnenmarkt konkurrenzfähig? Eine Strukturanalyse, Bonn-Bad Godesberg 1990, S. 21.

enormen Ausgangszahl an Höfen, die unter höchst unterschiedlichen Bedingungen arbeiteten, gegenüber den neuen Marktteilnehmern von vornherein massiv benachteiligt.

Viele Bauern verschärften dieses grundlegende Problem, indem sie – vorsichtig gesagt – bemerkenswert planlos wirtschafteten. So wunderten sich die landwirtschaftlichen Betriebsberater immer wieder darüber, dass die übergroße Mehrheit der bundesdeutschen Bauern darauf verzichtete, ihre Ausgaben und Einnahmen nach den Regeln der betrieblichen Buchführung genau zu dokumentieren und zu kontrollieren. Selbst noch in den späten 1980er Jahren verzeichneten mehr als 70 Prozent von ihnen das wirtschaftliche Geschehen auf ihrem Hof entweder gar nicht oder nur in sehr rudimentärer Form. Dies galt auch bei den Schweinehaltern.[474] Eine genaue Buchhaltung hätte jedoch fraglos gerade einem „Pfenniggeschäft" wie der Ferkelvermehrung und der Schweinemast sehr gut getan.[475]

Die meisten bundesdeutschen Landwirte hielten sich zudem von Erzeugergemeinschaften, „Beratungsringen" und vergleichbaren genossenschaftlichen Zusammenschlüssen fern, obwohl die Agrarpolitiker aller Parteien und auch die Agrarverbände doch intensiv für diese kooperativen Formen der Produktion und der Vermarktung warben. Solch eine Zusammenarbeit sei für die Bauern „lebensnotwendig", erklärte etwa das bayerische Landwirtschaftsministerium im Jahr 1971 in fast schon beschwörendem Ton: Nur so entstehe bei den Agrarprodukten „ein wirksames Gegengewicht zur Konzentration der Nachfrage"; nur so gelinge es, die „Konkurrenz zwischen den einzelnen [Bauern] auszuschalten, und das Risiko, das die Spezialisierung mit sich bringt, zu vermindern".[476]

Trotz dieser Versprechungen und trotz öffentlicher Fördergelder für die Beratungsarbeit der Genossenschaften blieben deren Mitgliederzahlen jedoch gering. 1985 gehörten lediglich 20 Prozent aller bundesdeutschen Agrarbetriebe zu einer der Viehverwertungsgenossenschaften, die den Verkauf schlachtreifer Tiere gemeinschaftlich organisierten und daher in der Regel bessere Preise durchsetzen

---

[474] Berechnet nach: Statistisches Bundesamt, Land- und Forstwirtschaft, Fischerei. Fachserie 3, Reihe 2.1.5: Sozialökonomische Verhältnisse 1989 (Ergebnisse der Agrarberichterstattung), Stuttgart 1990, S. 72 f. Hiernach arbeiteten 72,4 Prozent aller Agrarbetriebe ohne Buchführung; bei den schweinehaltenden Betrieben waren es 73,5 Prozent. 1971 hatte der Anteil der Betriebe ohne Buchführung (alle Betriebe) sogar noch bei 92 Prozent gelegen. Berechnet nach: Allgemeine Landwirtschaftszählung 1970/71. Endgültige Ergebnisse für die ursprünglichen Mitgliedsstaaten der Europäischen Gemeinschaft, Brüssel 1977, S. 23.

[475] Vgl. etwa: Klaus-Detlev Pieritz, Schweineproduktion im Jahr 2000, in: DGS 26 (1974), S. 602–603; Karl August Groskreutz/Eike Roth, Erfolgs-Schweinehaltung, in: BBSH 125 (1975), S. 2953–2954.

[476] Wolfgang von Trotha/Alfred Schuh (Bearb.), Der bayerische Weg: Moderne Landwirtschaft. Jedem eine Chance. Hrsg. v. Bayerischen Ministerium für Ernährung, Landwirtschaft und Forsten, München 1971, S. 25. Vgl. ähnlich auch: Gerhard Drolig, Ist der bäuerliche Familienbetrieb überholt?, in: DBK 32 (1979), S. 76–77; Friedrich Golter, Überbetriebliche Zusammenarbeit im Bereich der Arbeitserledigung in landwirtschaftlichen Betrieben, in: BLW 63 (1985), S. 273–289, hier: S. 288 f.

konnten als ein einzelner Anbieter.[477] Noch einmal geringere Partizipationsraten erreichten intensivere Formen der Zusammenarbeit, bei denen der Hofinhaber genaue Vorschriften für den Produktionsprozess einhalten musste.[478]

Wie diese Fakten eindringlich bewiesen, passte kooperatives betriebliches Handeln offensichtlich nicht zum Selbstverständnis der meisten bundesdeutschen Bauern: Sie sahen sich als autonome Eigentümer und betrachteten jede Einschränkung ihrer unternehmerischen Entscheidungsfreiheit mit großem Misstrauen.[479] Diese Eigensinnigkeit war wohl vielfach auch stark politisch geprägt: Der badische Landwirt, der in einem Interview im Jahr 1969 polemisch fragte, ob man für den Begriff der Kooperation nicht besser „das andere Fremdwort ‚Kolchose' oder die deutsche Abkürzung ‚L.P.G.' verwenden" solle, stand mit Sicherheit nicht allein.[480]

Paradoxerweise verhielten sich viele dieser Einzelkämpfer unternehmerisch allerdings immer dann geradezu handzahm, wenn sie ihre Tiere verkauften. Mehrheitlich zeigten sie bei diesem ökonomisch zentral wichtigen Schritt ein „passives Marktverhalten": Sie suchten nicht nach „Absatzalternativen", sondern nutzten ausschließlich Kontakte zu ihnen bereits bekannten Abnehmern, mit denen sie dann auch noch „keine echten Verkaufsverhandlungen führten". Meist geschah dies, weil der Bauer die oft schon seit langen Jahren bestehende Geschäftsbeziehung nicht gefährden wollte. Etliche Landwirte aber hatten „noch nicht einmal die für eine Verkaufsverhandlung notwendigen Preisinformationen zur Kenntnis genommen".[481] Die Risiken dieser Verhaltensweisen liegen auf der Hand: Be-

---

[477] Berechnet nach den Angaben in: StatJb BRD 1987, S. 142; Jahreskalender für genossenschaftliche Vieh- und Fleischwirtschaft 1988, Wiesbaden 1988, o. P. [S. 2 nach dem Kalendarium]. In absoluten Zahlen existierten nach dieser Quelle 1985 insgesamt 240 Viehverwertungsgenossenschaften, denen 144.862 Betriebe angeschlossen waren. 1960 hatte es zwar 272 solcher Genossenschaften, aber nur 96.653 Mitglieder gegeben.

[478] Vgl. beispielhaft etwa die Angaben zum Erfolg des „Nordferkel"-Programms von „Nordfleisch", das die finanzstarke Schlachthof-AG intensiv bewarb (siehe dazu S. 180 f.). 1977, zehn Jahre nach dessen Start, beteiligten sich daran 1.300 schleswig-holsteinische Mastbetriebe. Das entsprach 6,6 Prozent aller schweinehaltenden Bauernhöfe in Schleswig-Holstein. Zahlen aus und berechnet nach: Bisher 1,85 Mill. Nordferkel produziert, in: BBSH 126 (1977), S. 1550; Mut zur Ferkelproduktion in Schleswig-Holstein, in: ebenda, S. 2329.

[479] Vgl. hierzu etwa: Warum nicht mehr Erzeugergemeinschaften?, in: DGS 25 (1973), S. 227; Josef Hesselbach/Willi Horlebein, Ziele und Verhaltensweisen von Landwirten, in: Cay Langbehn/Hans Stamer (Hrsg.), Agrarwirtschaft und wirtschaftliche Instabilität, München etc. 1976, S. 447–460, hier: S. 456; Herbert Funk, Vermarktungsbedingungen für Schlachtvieh und Fleisch in hessischen Erzeugergebieten mit unterschiedlicher Nähe zu den Verbrauchszentren, Gießen 1986, S. 100 f. Anders verhielt es sich – wie oben schon gezeigt – mit einem gemeinschaftlichen Einkauf von Produktionsmitteln: Solche Genossenschaften besaßen eine breite bäuerliche Basis. Siehe oben S. 168 f.

[480] Fünf Fragen an die Praxis, in: MDLG 84 (1969), S. 35–41. Zur Existenz dieser Sicht auch noch in den späten 1970er Jahren vgl.: Eckart Bohm, Wirtschaftsstruktureller Wandel und gesellschaftliche Orientierung. Eine empirische Studie über den ländlichen sozio-ökonomischen Wandel und seine Reflexion im Bewusstsein und Verhalten von Bauern und Arbeiterbauern, Stuttgart 1980, S. 191. Diese Arbeit fußt auf Interviews mit 418 süddeutschen Landwirten.

[481] Hermann Gabele, Die Marktstellung der Schlachtvieherzeuger in Süddeutschland, in: AW 37 (1988), S. 349–355, hier: S. 354. Der Autor stützte diese Aussagen auf Interviews mit 669 Be-

triebsinhaber, die ihre Kosten nicht fortlaufend prüften und sich gleichzeitig nur höchst unzulänglich darum bemühten, die Einnahmen zu optimieren, konnten die Ertragslage ihres Hofes nur sehr grob steuern.

Von den vielen Möglichkeiten, sich in betrieblichen Fragen intensiv fachlich beraten zu lassen, ohne gleich einer Genossenschaft beizutreten, schließlich machten – wie die Erfahrungen zeigten – fast nur Landwirte Gebrauch, die ohnehin schon zu den erfolgreicheren Produzenten gehörten. Vor allem Bauern, die weit unterdurchschnittlich wirtschafteten, dachten überhaupt nicht daran, solche Angebote der Landwirtschaftskammern und anderer Agrarorganisationen zu nutzen – sei es nun aus Scham oder Ignoranz. Ökonomisch bedrohten Betrieben konnte die Fachberatung daher kaum helfen. Eher vertiefte sie die ohnehin schon vorhandene Disparität zwischen den Produktivitätsergebnissen der Höfe, weil sie den starken Anbietern Hinweise gab, wie man es noch etwas besser machen konnte.[482]

Rund 38 Prozent der westdeutschen Landwirte ignorierten zudem alle der so zahlreich erscheinenden landwirtschaftlichen Fachzeitschriften; lediglich 40 Prozent gehörten zu den regelmäßigen Lesern dieser mehrheitlich sehr informativen Periodika.[483]

Versäumnisse und Unzulänglichkeiten der Bauern müssen mithin als ein wichtiges Element in der Wirtschaftsgeschichte der bundesdeutschen Schweinehaltung – wie auch der Landwirtschaft insgesamt – zwischen 1960 und 1990 gelten: Viele der Hofinhaber haben mit ihrem eigenen Verhalten erheblich dazu beigetragen, dass sich der wirtschaftliche Ausleseprozess unter ihnen selbst noch in den Zeiten fortsetzte, in denen schlachtreife Tiere knapp waren und daher von den Abnehmern gut bezahlt wurden. Auch in diesen zyklisch auftretenden Phasen hoher Preise scheiterten offensichtlich zahlreiche Schweinehalter mit den ihnen gegebenen Möglichkeiten an der Aufgabe, den Markt so zu bedienen, dass sich die Produktion finanziell lohnte.

So kannte der Schwund bei der Zahl der schweinehaltenden Betriebe in den hier genauer untersuchten Jahrzehnten keine Pausen (geschweige denn einen ge-

---

triebsleitern, die Schweine und/oder Rinder mästeten. Nach seinen Angaben handelte es sich dabei um ein Sample, das die Agrarstruktur in Bayern und Baden-Württemberg repräsentativ abbildete. Eine vergleichbare empirisch fundierte Studie für Norddeutschland liegt nicht vor.

[482] Vgl. etwa: Peter Otzen, Konsequenzen für die Wirtschaftsberatung, in: Kontingentierung – Weg aus der Krise? Zur Situation der europäischen Landwirtschaft im Jahre 1985. Akademietagung in Verbindung mit dem Presse- und Informationsbüro der Europäischen Gemeinschaft, Bonn, vom 17. bis 20. Februar 1985 in Husum, Kiel 1985, S. 65–71, hier: S. 67. Zur Scheu der Inhaber unproduktiver Betriebe vor Beratungsangeboten vgl. auch: Norbert Blum, Spezialberatungsdienste – die Feuerwehr für gefährdete Betriebe, in: MDLG 102 (1987), S. 1035–1037. Hiernach begann die Beratung solcher Betriebe in der Regel erst, wenn ökonomisch nichts mehr zu retten war.

[483] Wilhelm Wehland, Die Kommunikationsstrukturen im Prozess der agrarpolitischen Entscheidungen, in: Hans-Günther Schlotter (Hrsg.), Die Willensbildung in der Agrarpolitik, München etc. 1971, S. 91–123, hier: S. 107.

genläufigen Trend), sondern nur ein unterschiedliches Tempo. In Zeiten der Überproduktion beschleunigte er sich enorm. Dies galt gerade in den Jahren nach 1984, in denen der Schweinefleisch-Markt wegen der indirekten Wirkungen der „Milchquoten" und der Preissenkungen für Getreide besonders stark unter Druck stand. 1986/87 lagen die Preise für schlachtreife Schweine wegen dieser Überlagerung verschiedener Krisen auf dem Niveau der 1950er Jahre. Selbst gut geführte Betriebe erlebten eine „Talfahrt der Erlöse".[484] Im Herbst 1987 waren auf vielen Höfen „die Reserven verbraucht. Die laufenden Betriebs- und Privatausgaben müssen mit Fremdmitteln finanziert werden. [...] Überleben wird nur der, der mit geringsten Kosten produziert."[485]

Dieser noch einmal massiv verschärfte Wettbewerb zwang von 1985 auf 1989 fast 100.000 bundesdeutsche Landwirte dazu, die Schweinehaltung aufzugeben. Innerhalb von nur vier Jahren schieden damit fast 25 Prozent der Produzenten aus dem ohnehin ja schon stark bereinigten Kreis der Wettbewerber aus.[486]

Über die individuellen Betriebsgeschichten, die hinter diesen Zahlen standen, wissen wir nichts. Es gibt keine Unternehmensgeschichte der Landwirtschaft, die uns einzelne Höfe und einzelne Landwirte vorstellt – weder für die eben angesprochen Jahre kurz vor dem Einschnitt von 1989/90 noch für die vorangegangenen Etappen der agrarischen Entwicklung seit 1950. So lässt sich hier nur konstatieren, dass der dramatische Schwund bei der Zahl der Produzenten mit Sicherheit auf höchst unterschiedliche ökonomische Entscheidungen und Entwicklungen zurückging. Den nüchtern kalkulierten Verzicht auf einen Betriebszweig, der sich unter den Bedingungen vor Ort nicht mehr rechnete, zugunsten einer erweiterten Produktion in anderen, einträglicheren Bereichen wird es ebenso gegeben haben wie unternehmerische Dramen, die trotz enormer Bemühungen des Bauern und seiner Familie nicht nur mit dem unfreiwilligen Abschied von der Schweinemast, sondern sogar mit der Stilllegung des ganzen Hofes endeten. Ängstliches Nichtstun oder auch das stolze Festhalten an gewohnten Abläufen mag vielfach dazu geführt haben, dass Betriebe im Wettbewerb scheiterten. Es wird aber auch zahlreiche allzu optimistische und schlecht überlegte Investitionen gegeben haben, die zur Überschuldung führten.

---

[484] Der Strukturwandel setzt sich fort, in: MDLG 102 (1987), S. 1062. Die DLG sprach von einem Preisverfall, der „alles bisher Dagewesene" in den Schatten stelle. Ludwig Pahmeyer, Volle Auslastung oder gebremste Kraft?, in: MDLG 102 (1987), S. 4–6, hier: S. 4.
[485] Theo Reimann, Die Misere der Ferkelerzeuger, in: top agrar 16 (1987), Nr. 10, S. 3. Vgl. ähnlich auch: „Alarmstufe 1" in der Schweineproduktion, in: BBSH 137 (1987), S. 6130–6135; Schweineproduktion von Preiseinbrüchen hart betroffen, in: DBK 40 (1987), S. 443; Georg Rex, Hat die Schweineproduktion noch Zukunft?, in: MDLG 102 (1987), S. 571; In der deutschen Veredelungswirtschaft gärt es, in: LWE 134 (1987), Nr. 5, S. 3–4.
[486] Berechnet nach den Angaben in: StatJb BRD 1986, S. 142; StatJb BRD 1992, S. 162. Da die Milchquoten und der sinkende Getreidepreis offensichtlich – wie gezeigt – betroffene Landwirte bewogen, neu in die Schweinehaltung einzusteigen, ergab sich die oben genannte Schwundquote in der Verrechnung zweier gegenläufiger Bewegungen. Die Zahl der ausscheidenden Betriebe wird daher noch größer gewesen sein.

Wer will, der kann all diese Entwicklungen durchaus mit Recht als „Strukturwandel" bezeichnen. Der Begriff ist jedoch – das sollte erkennbar geworden sein – insofern nichtssagend, als er den widersprüchlichen Charakter des Prozesses nicht deutlich macht: Einerseits stellte die Entstehung des modernen Fleischmarktes, der zunehmend von einigen wenigen großen Abnehmern beherrscht wurde, die Landwirte vor enorme Anforderungen, die selbst bei besten Voraussetzungen und großer Sorgfalt schwer zu erfüllen waren. Die Messlatte für den unternehmerischen Erfolg lag bei der Schweinehaltung ganz besonders hoch. Klagen von Produzenten über einen besonders harten Wettbewerb wirken für diese Sparte der landwirtschaftlichen „Veredelung" durchaus berechtigt.

Andererseits aber wirtschafteten viele Bauern nach wie vor in einer Weise, die aus Zeiten stammte, in denen Nahrungsmittel so knapp gewesen waren, dass kein Hof den Wettbewerb ernsthaft fürchten musste. Das Tempo, mit dem sich die Marktbedingungen nach 1960 änderten, scheint die große Mehrheit der bundesdeutschen Agrarproduzenten überfordert zu haben: Der zunehmend schwierige Markt zwang zu strikter ökonomischer Rationalität; sie aber missachteten dauerhaft selbst simple Regeln einer geordneten Betriebsführung.

Wenn ein Unternehmen wirtschaftlich scheitert, ist der Misserfolg zwar mit Sicherheit immer zu einem guten Teil selbstverschuldet. Bei vielen der Bauern, die sich in Westdeutschland in den ersten Jahrzehnten nach dem Zweiten Weltkrieg von der Schweinehaltung verabschieden mussten, darf dieser Eigenanteil aber doch wohl besonders hoch angesetzt werden.

2.7. Auf der Seite der Gewinner: betriebliche und räumliche Konzentrationsprozesse in der Schweinehaltung

Während die Gruppe der schweinehaltenden Agrarbetriebe in der Bundesrepublik kontinuierlich kleiner wurde, wuchsen sowohl die Zahl der Mastplätze wie auch die Menge der jeweils in einem Jahr erfolgreich aufgezogenen Schweine ganz erheblich. Hatten die westdeutschen Bauern 1960 insgesamt 15,4 Millionen schlachtreife Tiere dieser Gattung auf die Viehmärkte und in die Schlachthöfe geschickt, so umfasste die inländische Produktion in den zwölf Monaten des Jahres 1980 nicht weniger als 33,4 Millionen ausgewachsene Schweine. Da die Zahl der Mastplätze im gleichen Zeitraum deutlich weniger stark gestiegen war, dokumentiert dieser enorme Zuwachs eindrucksvoll, wie effektiv die modernisierte Landwirtschaft arbeitete: Sie steigerte erfolgreich die Zahl und auch die Größe der „Würfe" pro Sau, erreichte das Mastziel in kürzerer Zeit und verlor dennoch weniger Tiere. Die Betriebe, die den Wettbewerb überlebten, produzierten daher immer mehr Schweine.[487]

---

[487] Berechnet nach: StatJb BRD 1962, S. 181; StatJb BRD 1982, S. 150. Die genannten Zahlen bezeichnen die Menge an geschlachteten Schweinen aus inländischer Produktion (d. h. die der Selbstversorgung dienenden Hausschlachtungen sind nicht berücksichtigt). Eine Statistik dieser Art lässt sich nur bis 1983 fortführen, weil das Statistische Bundesamt danach die Zahl

Im Folgenden soll dieser gegenläufige Prozess genauer betrachtet werden. Dabei stellen sich gleich mehrere agrargeschichtlich wichtige Fragen. Lassen sich bei den Betrieben, die im Geschäft blieben, Gemeinsamkeiten ausmachen, die ihren Erfolg erklären? Welche Bedeutung hatten Faktoren wie die Größe von Hof und Stall – oder um es noch etwas genauer zu formulieren: Waren Landwirte mit geringerer Nutzfläche und kleineren Schweinebeständen gegenüber besser ausgestatteten Konkurrenten von vornherein strukturell so deutlich benachteiligt, dass nur die jeweils größeren Anbieter florierten? Ergab sich in den hier untersuchten Jahrzehnten – wie in der Hühnerfleisch-Branche – auch bei den Schweinen eine so starke Konzentration der Bestände, dass die Zeitgenossen erneut kritisch von „Agrarfabriken" sprachen? Finden sich vergleichbare Strukturen einer vertikalen Integration, etwa durch die Vertragsmast? Und schließlich: Warum entwickelten sich – genau wie bei den Hühnern – einige wenige Regionen in der Bundesrepublik zu „Intensivgebieten" der Schweinehaltung, während es in anderen Gebieten nur geringe Zuwächse oder sogar sinkende Zahlen gab?

Konzentriert man sich zunächst auf die Faktoren, die Betrieben halfen, dauerhaft im Geschäft zu bleiben, dann lässt sich einerseits zeigen, dass unternehmerische Größe im Konkurrenzkampf eindeutig vorteilhaft war. Andererseits aber galt dies doch keineswegs uneingeschränkt. Die Vorstellung, der ökonomische Ausleseprozess unter den Schweinehaltern sei strikt nach der Regel „Wachsen oder weichen" verlaufen, wird der Realität daher nicht gerecht.

Die „deutlichen Größeneffekte", die sich bei der Urproduktion von Schweinefleisch zeigten, entstanden vor allem durch Einsparungen bei den Futterkosten. Höfe mit größeren Feldern konnten nicht nur mehr „Grundfutter" erzeugen (und damit größere Schweineherden halten) als flächenärmere Betriebe. Ökonomische Vorteile errangen sie auch beim Einkauf von Kraftfutter, denn dessen Preis pro Einheit sank umso stärker, je mehr der Landwirt davon bestellte.[488] Mehr Mast-

---

der lebend importierten Schweine, die in der Bundesrepublik geschlachtet wurden, in der Schlachtstatistik nicht mehr eigens auswies. Die Außenhandelsstatistik nennt keine Kopfzahlen, sondern erfasst nur die Menge von importiertem Schweinefleisch in Tonnen und taugt daher nicht, um die Lücke zu schließen. Eine amtliche Statistik der Mastplätze gibt es nicht. Nach den Stichtags-Viehzählungen hielten die westdeutschen Bauern im Dezember 1960 rund 15,7 Millionen Schweine; im Dezember 1980 waren es 22,5 Millionen Tiere. Dies entspricht einem Zuwachs von 43,3 Prozent; die Jahresproduktion war hingegen um 116 Prozent gewachsen. Da keineswegs alle Mastplätze stets belegt wurden, bezeichnet der Vergleich der Zahlen den Unterschied zwischen den beiden Entwicklungen allerdings nur ungenau. Die genannten Zahlen aus und berechnet nach: StatJb BRD 1962, S. 181; StatJb BRD 1982, S. 157.

[488] Vgl. hierzu etwa: Reisch, Einkommen, S. 50 (Zitat); Helmut Henkel, Schweinefütterung unter besonderer Berücksichtigung des Futterwertes und der Futterkosten, in: Spezialisierte Schweineerzeugung – eine Zwischenbilanz. Vorträge auf der DLG-Herbsttagung 1973 in Gießen, Frankfurt/Main 1973, S. 67–75; Gerd Lentföhr/Johannes Thomsen, Schweinemast-Kontrolle 1977/78 in Schleswig-Holstein, in: BBSH 128 (1978), S. 5932–5939, hier: S. 5934 f.; Johannes Becker, Kostenrechnung als Instrument der Schwachstellenanalyse im landwirtschaftlichen Betrieb, Frankfurt/Main 1986, S. 100–115. Der Begriff „Feldfläche" ist hier zu betonen: Landwirte, die vor allem Wiesenland besaßen, konnten auch bei großen Flächen keine ertragreiche Schweinehaltung aufbauen, weil ihr „Grundfutter" nicht nährstoffreich genug war. Vgl. dazu etwa: Werner Hensche, Bullenmast statt Milcherzeugung?, in: MDLG 86

plätze aber bedeuteten bessere Möglichkeiten, die Stückkostendegression voranzutreiben, die über den wirtschaftlichen Erfolg oder Misserfolg des Schweinehalters entscheiden konnte. Investitionen in die Stalltechnik etwa oder auch in das Gebäude amortisierten sich bei umfangreicherer Produktion besser. Zudem belohnte das entstehende neue System der Schlachtung und Verarbeitung Betriebe, die größere Mengen liefern konnten, mit höheren Preisen.[489]

Dennoch waren kleinere Produzenten keineswegs per se nicht konkurrenzfähig. Wie der stark unterschiedliche Ertrag ansonsten vergleichbarer Höfe bewies, ergab sich das wirtschaftliche Gedeihen eines Unternehmens auch in der Landwirtschaft – ebenso wie in der Industrie und im Handwerk – stark aus der „Unternehmerleistung". Die objektiven Daten, die einen Bauernhof charakterisierten, so formulierte es ein Agrarökonom Ende der 1960er Jahre, beschrieben lediglich „Einkommenspotenziale". Wie umfassend diese Möglichkeiten tatsächlich realisiert wurden, hänge entscheidend von den Fähigkeiten des Betriebsleiters ab – und die hätten mit der Größe des Unternehmens wenig bis gar nichts zu tun.[490]

Eine umfangreiche Produktion brachte zudem keineswegs nur Vorteile. Sie machte den Hof vielmehr auch verwundbar. So zeigte sich in der Praxis, „dass die Betriebe in der Regel gegenüber Preisschwankungen am Markt umso anfälliger werden, je größer die Bestände sind". Zumal Landwirte, die sich mit vielen Stallplätzen auf die Schweinehaltung spezialisiert hatten, litten in den regelmäßig auftretenden Phasen niedriger Preise im „Schweinezyklus" stärker als breiter aufgestellte kleinere Produzenten.[491]

Darüber hinaus wuchsen die hygienischen Risiken mit der Zahl der gleichzeitig gehaltenen Schweine. Unter den vielen Infektionskrankheiten, die Tiere der Gattung „Sus scrofa" bedrohen, fürchteten die Landwirte insbesondere die Schweinepest, die – einmal ausgebrochen – stets eine strenge Quarantäne und den behördlich verordneten Zwang mit sich brachte, sofort alle Schweine (auch die noch nicht infizierten) auf dem Hof „zu keulen", um eine weitere Ausbreitung der Seuche zu verhindern. Waren die Bestände sehr kopfstark, entstanden dadurch logischer Weise besonders große wirtschaftliche Schäden. Dies galt insbesondere dann, wenn Tiere einer der neuen und teuren Hybrid-Zuchtlinien gehalten wurden. In der Regel reichten die Zahlungen der „Tierseuchenkasse", in die alle Halter von

---

(1971), S. 532–524; Josef Angele, Entwicklungstendenzen im Familienbetrieb mit viel Grünland, in: ebenda, S. 631–632.

[489] Ausführlich dazu vgl. Wolfgang Schmid, Rentable Schweinemast nur bei ausreichenden Bestandsgrößen, in: MDLG 82 (1967), S. 1291–1293; Peter Hinrichs, Zur Wettbewerbsfähigkeit der Schweineproduktion in unterschiedlichen Bestandsgrößen, in: Landbauforschung Völkenrode 33 (1983), S. 138–150.

[490] Johannes Becker, Zur Lage der Landwirtschaft, in: MDLG 84 (1969), S. 441–442, hier: S. 442. Ähnlich vgl. auch: Rolf Kloeppel, Erfolgsbetriebe III. Sonderdruck, Kiel 1973 (Kartei für Rationalisierung [des Rationalisierungskuratoriums für Landwirtschaft]. Dritte Lieferung, S. 403–478), S. 468 f.; Manfred Köhne, Was bestimmt den Erfolg in der Schweineproduktion?, in: DGS 35 (1983), S. 735–738.

[491] Konzentration in der Schweinehaltung schreitet fort, in: BBSH 131 (1981), S. 2063.

Nutztieren einzahlen mussten, in solchen Fällen keineswegs aus, um die Verluste des betroffenen Unternehmens auszugleichen.[492]

Mehrfach scheiterten daher gerade Betriebe, die in ungewöhnlich großen Ställen ganz besonders modern und strikt rationell produzierten, an wirtschaftlichen Schäden durch die Schweinepest oder auch durch andere Tierkrankheiten. Fälle dieser Art erschreckten potentielle Geldgeber und erschwerten daher ohne Frage die Entstehung weiterer solcher Anlagen.[493]

Einen ungebremsten Trend zu Großbeständen in der Schweinehaltung gab es in der Bundesrepublik schließlich auch deshalb nicht, weil sich Planungen für Ställe mit Hunderten von Plätzen für Sauen oder Mastschweine alles andere als einfach verwirklichen ließen. Vielfach stießen sie vor Ort auf heftigen Widerstand der alteingesessenen Landwirte, die fürchteten, ein übermächtiger Konkurrent werde ihr Geschäft zerstören; oft stellten sich daraufhin Kommunalpolitiker auf die Seite der Bauern. Einer dieser Konflikte schlug in den Jahren 1969 bis 1971 so hohe Wellen, dass er auch die Bundespolitik beschäftigte.

In diesem Streit ging es um das Vorhaben einer Kommanditgesellschaft, im westlichen Niedersachsen, nahe der holländischen Grenze, mit einer Investitionssumme von rund zehn Millionen DM eine Großanlage mit 3.000 Mastplätzen zu errichten. Bereits exakt geplante Kapazitätserweiterungen sollten es schon in der nahen Zukunft möglich machen, sogar bis zu 50.000 Schweine gleichzeitig zu mästen. Das Geld für die erste Bauphase stammte im wesentlichen von „außerlandwirtschaftlichen Kapitalgebern", die lediglich ihr Geld „arbeiten" lassen wollten; auch der weitere Ausbau der Anlage sollte so finanziert werden. In diesem Projekt ging es also eindeutig und ganz bewusst um eine „gewerbliche Tierhaltung". Die steuerlichen Nachteile, die sich daraus ergaben, nahmen die Planer des Unternehmens in Kauf: Sie hofften, die Massenproduktion werde sich so gut rentieren, dass man auf die Steuerprivilegien, die für die „landwirtschaftliche Tierhaltung" galten, getrost verzichten könne.[494]

---

[492] Zahlungen in die „Tierseuchenkasse" waren für die Halter von Nutztieren zwar obligatorisch. Die individuelle Höhe des Beitrags ergab sich aus den Zahlen der gehaltenen Tiere, die der Hofbesitzer für die amtliche Viehstatistik meldete. Um Geld zu sparen, gaben offensichtlich viele Landwirte und Betriebe dabei routinemäßig zu niedrige Zahlen an. Zu dieser Praxis (die sie im Schadensfall selber schädigte) vgl. etwa: Jürgen Kesten, Bekämpfung der Schweinepest. Nutzen-Kosten-Untersuchung der Bekämpfung der Schweinepest, Münster-Hiltrup 1979, S. 204.

[493] Angaben zu konkreten Fällen vgl. etwa in: Massenviehhaltung und Kooperation, in: BBSH 121 (1971), S. 2137–2138, hier: S. 2137; Teure Schweinerei, in: Der Spiegel 28 (1974), Nr. 36, S. 55–57, hier: S. 56; Die industrialisierte Landwirtschaft, in: BBSH 128 (1978), S. 1468–1471, hier: S. 1470 f.; Schweinepest befiel Großbetrieb, in: BBSH 135 (1985), S. 987. Der oben benutzte Begriff „Scheitern" meint bei den angeführten Beispielen sowohl gravierende Verluste und die Enttäuschung von Gewinnerwartungen wie auch den Konkurs.

[494] „Schweine-Großfarm" nicht auf Eis, in: FAZ, 21. 8. 1970. Zur Unterscheidung zwischen „gewerblicher" und „bäuerlicher" Tierhaltung im deutschen Steuerrecht siehe oben S. 263. Genauere Angaben zu der umstrittenen Anlage, die in Emlichheim im Emsland entstehen sollte (und mit einiger Verzögerung dort auch tatsächlich realisiert wurde), vgl. in: MdB Burckhard Ritz an BML Josef Ertl, 4. 9. 1969; BArch Kbz, B 116/23 303; Besitzerbriefe für Schweinefarmen?, in: FAZ, 25. 10. 1970; Aktenvermerk des Leiters der Abteilung II für den StS BML,

Bei den bundesdeutschen Schweinemästern stiftete dieses Bauvorhaben große Unruhe. Bauern mit durchschnittlich großen Schweineherden warnten empört vor einem Einbruch „rücksichtsloser, gewinnsüchtiger Elemente" in die Agrarproduktion und einer damit drohenden „sozialen Verelendung" der bäuerlichen Familien. Auch der niedersächsische Bauernverband schlug Alarm: Kapitalkräftige Privatinvestoren, die mit der Landwirtschaft gar nichts zu tun hätten, wollten mit Projekten dieser Art das selbstständige Bauerntum „zerstören", damit ihnen „der Markt allein gehört".[495]

Da Großställe für Masthühner zu diesem Zeitpunkt bereits recht zahlreich existierten und in Norddeutschland an mehreren Standorten offensichtlich in der Tat weitere vergleichbare Anlagen für Schweine geplant wurden, reagierte die bundesdeutsche Agrarpolitik ungewöhnlich rasch und auch recht effektiv. Sie hatte sich den Schutz der bäuerlichen Familienbetriebe auf die Fahnen geschrieben und betrachtete „Agrarfabriken" als ein Übel – das im Rahmen der bundesdeutschen Verhältnisse spektakuläre Projekt im Emsland, dessen Initiatoren die in der deutschen Landwirtschaft ökonomisch so wichtige Schweinehaltung grundlegend verändern wollten, zwang sie daher geradezu zur Aktion. So beseitigten Bundesregierung und Bundestag noch 1971 im parteiübergreifenden Konsens zum einen die speziellen steuerlichen Vorschriften, die es Personen mit hohem Einkommen erlaubten, finanzielle Beteiligungen an der agrarischen „Veredelung" mit ihrer Steuerschuld zu verrechnen. Damit sollte expressis verbis „das Vordringen der gewerblichen Massentierhaltung verhindert werden".[496]

Zum anderen entstand im gleichen Jahr – nun im Einvernehmen von Bundespolitik und Bundesländern – eine Genehmigungspflicht für neue Großställe, die mit dem Schutz der Umwelt begründet wurde. Kommunale Behörden konnten entsprechende Bauanträge seitdem durch spezielle Auflagen – etwa für die Lüftungsanla-

---

5. 8. 1971, BArch Kbz, B 116/38 800; Klaus Peter Krause, Wo Mist und Jauche nicht mehr meilenweit stinken, in: FAZ, 15. 7. 1971.

[495] In der Reihenfolge der Zitate: Schweine-Kontrollring Gießen-Grünberg an den BK, das BML und die BT-Fraktionen, 25. 6. 1971, BArch Kbz, B 116/38 800; Eine Schlacht ging verloren, in: Deutsche Bauern-Zeitung, 19. 6. 1971.

[496] Abt. IV A 3 des BML an Abt. II A 4, 14. 4. 1971, BArch Kbz, B 116/38 800. Es ging hierbei – wie oben schon einmal erwähnt – um Änderungen am § 7 EStG: Sie beseitigten die Möglichkeit, hohe steuermindernde „Sonderabschreibungen" für finanzielle Beteiligungen an der gewerblichen Tiermast geltend zu machen. Vgl. zu den Details etwa: Wider die „Agrarfabriken", in: HB, 3. 5. 1971; Ein Schlag gegen Agrarfabriken, in: FAZ, 23. 6. 1971. Diese Steuervorteile hatten in der Werbung für solche Kapitalinvestitionen bislang eine große Rolle gespielt. Vgl. als ein Beispiel die Werbebroschüre „Konkurrenzlose Kapitalanlage in der Ferkelerzeugung", o. D. [Sommer 1970], BArch Kbz, B 116/38 800. Dieser Text, der „Verlustzuweisungen" von bis zu 400 Prozent auf das eingebrachte Eigenkapital verspricht, wirbt für eine groß dimensionierte kombinierte Ferkel- und Mastschweineproduktion in Witzhave östlich von Hamburg („Gut Heinrichshof"). Verschiedene (unspezifizische) Hinweise auf mehrere Großprojekte dieser Art in der Schweinehaltung vgl. in: Niederschrift über die Sitzung der Vieh- und Fleischreferenten der Länder am 25./26. 5. 1970, 16. 6. 1970, BArch Kbz B 116/25 575; konkret zu dem Investitionsvorhaben in Witzhave: Wenn die Sau im Jahr dreimal ferkelt, in: FAZ, 7. 9. 1971.

gen, für die Be- und Entwässerung oder auch für den Abstand zu den nächsten Wohngebäuden – verändern bzw. deren Genehmigung auch ganz verweigern, wenn sie dies im Interesse direkt betroffener Anwohner für nötig hielten.[497] 1974 wurden diese Vorschriften im neu erlassenen „Bundes-Immissionsschutzgesetz" noch einmal ausdrücklich bestätigt und in Durchführungsverordnungen weiter präzisiert. Schweineställe mit Spaltenboden unterlagen seitdem immer dann einer solchen detaillierten Umweltprüfung, wenn sie mehr als 700 Mastplätze (bzw. 280 Sauenplätze) bieten sollten.[498]

Für das oben erwähnte Projekt im Emsland kamen diese politischen Interventionen zwar zu spät. Es wurde – zumindest in seiner ersten, 3.000 Plätze umfassenden Ausbaustufe – nach einem längeren Rechtsstreit tatsächlich gebaut.[499] Planungen für andere vergleichbar groß dimensionierte Schweineställe wurden durch die skizzierten neuen Regeln jedoch durchaus wirkungsvoll behindert. Zumal der Wegfall der steuersparenden „Sonderabschreibungen" sorgte dafür, dass die meisten der gutverdienenden Bundesbürger, für die solche Investitionsmodelle interessant waren, ihr Geld nach 1971 eher in anderen Wirtschaftsbereichen (wie etwa in der Immobilienbranche) als in der Landwirtschaft investierten.[500]

Dort, wo dennoch ein genehmigungspflichtiger Bauantrag gestellt wurde, gab es meist heftigen kommunalpolitischen Streit und vielfach auch juristische Auseinandersetzungen, weil die ortsansässigen Bauern sowie auch nicht-landwirtschaftliche Anwohner alle Einspruch- und Klagemöglichkeiten ausschöpften. Einige Projekte wurden so ganz verhindert; andere durften nur verkleinert realisiert werden.[501]

---

[497] Vgl. als Überblick: Jagd auf die Agrarfabrik, in: FAZ, 4. 5. 1971; Stefan Schirz, Die Probleme des Umweltschutzes in der modernen Tierhaltung, in: DG 24 (1972), S. 371–375.
[498] Vgl. zusammenfassend: Hans-Joachim Hötzel, Immissionsschutzrechtliche Probleme der Massentierhaltung, in: Agrarrecht 8 (1978), S. 57–62; Settele, Revolution, S. 297–299.
[499] Streit um Schweinemastfabrik beigelegt, in: FAZ, 27. 5. 1971.
[500] Vgl. hierzu etwa: Erwin Reisch, Aussichten der tierischen Veredelungswirtschaft im nächsten Jahrfünft, in: AW 21 (1972), S. 322–333, hier: S. 330 f.; Albrecht Gaschler, Problembereiche der Massentierhaltung auf wirtschaftlichem und gesundheitlichem Gebiet, in: MDLG 89 (1974), S. 420–424, hier: S. 422 f.; H. Doll, Strukturelle Entwicklungstendenzen in der Schweinehaltung in der Bundesrepublik Deutschland, in: KF 61 (1978), S. 222–228, hier: S. 228. Typischerweise stellten „Ärzte, Zahnärzte, Apotheker, Anwälte und Unternehmer" die große Mehrheit der Geldgeber in Steuersparmodellen. So die Feststellung in: Wenn die Sau im Jahr dreimal ferkelt, in: FAZ, 7. 9. 1971.
[501] Angaben zu konkreten Fällen vgl. etwa in: Klaus Peter Krause, Agrarfabriken ärgern die Bauern, in: FAZ, 1. 8. 1981; Heftige Proteste gegen Schweinemast-Großanlage, in: BBSH 132 (1982), S. 2809; Walter Blumberger, Agrarfabriken – Die Pläne des Horst Kathmann, in: top agrar 13 (1984), Nr. 5, S. 32–35; Gallus: Bäuerliche Veredelungswirtschaft schützen, in: BBSH 134 (1984), S. 505; „Schweinefabrik" darf nicht gebaut werden, in: DGS 36 (1984), S. 674. Allerdings gab es auch Projekte, die sich mit Argumenten des Umweltschutzes nicht behindern ließen. So entstand in der Nähe von Oldenburg in den 1970er Jahren ein auf die Ferkelproduktion spezialisierter Betrieb, der an nur einem Standort 1.600 Sauen in zwölf Ställen hielt. Er lag räumlich „isoliert" und entging vielleicht deshalb einschränkenden Auflagen. Ein Betriebsporträt dieser „Fleischerzeugung Visbek GmbH" vgl. in: Höges, Schweinezucht in Großauflage, in: DGS 30 (1978), S. 698–699 (Zitat: S. 698).

Während Größe in der Schweinehaltung also aus verschiedenen Gründen keineswegs pauschal als vorteilhaft gelten konnte, erwiesen sich viele der bestenfalls durchschnittlich oder auch eher schlecht arbeitenden kleinen Familienbetriebe zumindest insofern als erstaunlich lebensfähig, als sie trotz laufender Verluste über Jahre hin weiter aktiv blieben. Mit ökonomischer Rationalität hatte dies nichts zu tun. Wie Soziologen durch Interviews belegten, herrschte in bäuerlichen Familien eine bemerkenswert große „Bereitschaft zum Konsumverzicht", wenn der bescheidene Lebensstil nur den Fortbestand des Hofes zu sichern versprach. Grob im Ton, aber treffend beschrieb der Direktor der Landwirtschaftskammer in Münster dieses Verhalten mit den Worten: „Viele halten um's Verrecken durch."[502]

Da die Familie in solchen Fällen trotz höchster Sparsamkeit von der Substanz des Betriebes lebte, täuschte ihre Hoffnung zwar längerfristig in fast allen Fällen. Die offensichtlich recht weit verbreitete Illusion, es werde in der Zukunft irgendwie schon wieder besser gehen, trug aber doch erheblich dazu bei, dass sich das Ausscheiden der kleineren Schweinehalter aus der Produktion weitaus langsamer vollzog, als es die Zahlen zu ihrer Produktivität und Rentabilität nahelegten.[503]

Die landwirtschaftliche Betriebs- und Bestandsstatistik zeigt im Bereich der Schweineproduktion daher einen recht widersprüchlichen Verlauf. Ende der 1980er Jahre entfielen auf jeden der damals noch existierenden schweinehaltenden Betriebe in der Bundesrepublik im statistischen Mittel 16,5 Tiere. Gegenüber den ersten Nachkriegsjahrzehnten bedeutete diese Zahl zwar eine massive Steigerung von weit über 100 Prozent – im internationalen Vergleich aber war sie nach wie vor niedrig. Die Niederlande etwa verzeichneten einen fast fünfmal höheren Wert. Großunternehmen wie die Mastanlage im Emsland, die 3.000 Tiere gleichzeitig aufzog, blieben in der Bundesrepublik zudem extrem selten: Noch 1989 lebten lediglich drei Prozent der in Westdeutschland gehaltenen Schweine in Ställen mit mehr als 1.000 Plätzen. Von einer Konzentration der Schweinehaltung „in gewerb-

---

[502] In der Reihenfolge der Zitate: Botho Engel/Klaus-Dieter Hesse, Fakten und Meinungen zur Entwicklung kleinerer landwirtschaftlicher Haupterwerbsbetriebe. Ergebnisse einer Befragung in Hohenlohe und Oberschwaben, Stuttgart 1981, S. 53; Kritische Auseinandersetzung mit anstehenden Problemen, in: DGS 39 (1987), S. 423–428, hier: S. 427.

[503] Das entscheidende Indiz hierfür ist die Tatsache, dass Konkurse von landwirtschaftlichen Betrieben und Vergleichsverfahren stets sehr selten waren. Im Zeitraum 1985 bis 1989 etwa verzeichnete die amtliche Statistik 788 Fälle dieser Art im Bereich „Landwirtschaft, Forstwirtschaft, Fischerei". Das waren weniger als zwei Prozent aller Konkurse und Vergleichsverfahren. Im gleichen Zeitraum sank die Zahl der Agrarbetriebe um fast 56.000. Zahlen aus und berechnet nach: StatJb BRD 1987, S. 137; StatJb BRD 1990, S. 137. Die Agrarproduktion wurde in defizitär arbeitenden landwirtschaftlichen Betrieben typischerweise immer erst dann aufgegeben, wenn die Übergabe des Hofes an die nächste Generation anstand. Vgl. hierzu etwa: Heinrich Hüffmeier, Können unsere Betriebe noch wachsen? Aus der Sicht der Beratung, in: MDLG 96 (1981), S. 920–922, hier: S. 922. Ausführlich vgl.: Edmund Mrohs, Landaufgabe in der Bundesrepublik Deutschland. Formen und Gründe der Aufgabe landwirtschaftlicher Betriebe. Ergebnisse einer Befragung ehemaliger Landbewirtschafter, Bonn 1976.

2. Schweine und Schweinehalter in Zeiten des Massenkonsums   399

lichen und agrarindustriellen Großbestandshaltungen" konnte daher keine Rede sein.⁵⁰⁴

Da auch die Vertragsmast in der Schweinefleisch-Produktion nur eine untergeordnete Rolle spielte, schien sich dieses Segment der landwirtschaftlichen „Veredelung" auch noch am Ende der hier untersuchten Jahrzehnte ganz anders zu präsentieren als die Geflügelmast.⁵⁰⁵ Die dort zu findende dominante Stellung einer kleinen Gruppe von enorm großen Betrieben, die – wie gezeigt – in den 1980er Jahren allen bundesdeutschen Agrarpolitikern als Fehlentwicklung galt, hatte offensichtlich nicht auf die Schweinehaltung übergegriffen.

Ein zweiter Blick enthüllte dann allerdings doch ein etwas anderes Bild. Schaute man genauer auf die Unternehmen, die weniger als 1.000 Mastplätze aufwiesen, dann zeigte sich dort nämlich ein erhebliches Ungleichgewicht. Rund 21 Prozent der Mastschweine wurden in den späten 1980er Jahren auf Höfen gemästet, die 400 bis maximal 1.000 Tiere gleichzeitig halten konnten. Weitere 46 Prozent standen in Ställen, die Platz für 100 bis 400 Schweine boten. Gerade der erste Anteil war in den vorangegangenen Jahren stark gewachsen.⁵⁰⁶

Rechnete man nun alle Unternehmen zusammen, die solche in einem sehr weiten Sinne großen Schweinebestände aufzogen, dann ergab sich (inklusive der ca. 150 Mastanlagen mit jeweils mehr als 1.000 Stallplätzen) die überraschend kleine Zahl von rund 28.000 Höfen. Ganze neun Prozent der westdeutschen Agrarbetriebe mit einem Schweinestall hielten mithin gemeinsam 70 Prozent aller Mastschweine. Die meisten der übrigen Bauernhöfe, die an der Produktion von Schweinefleisch teilnahmen, mussten dagegen als quantité négligeable gelten: Zwei Drittel von ihnen besaßen addiert lediglich 6,4 Prozent aller Mastplätze.⁵⁰⁷

Zog man diese Zahlen heran, dann ließ sich wohl mit Fug und Recht von einem bereits weit fortgeschrittenen Konzentrationsprozess in der bundesdeutschen Schweinehaltung sprechen. Die oben genannte Ziffer von durchschnittlich 16,5 Tieren je Betrieb war statistisch zwar korrekt und doch auch enorm irreführend, entstand sie doch nur, weil so viele Klein- und Kleinstbetriebe die nach öko-

---

⁵⁰⁴ Werner Klohn/Hans-Wilhelm Windhorst, Die zukünftige Organisation der Schweineproduktion in Nordwest-Niedersachsen, Vechta 1990, S. 9 (Zitat) u. S. 23. Die durchschnittliche Bestandsgröße in den Niederlanden betrug 76,7 Tiere.

⁵⁰⁵ Amtliche Zahlen dazu liegen nicht vor. Ein Kenner der Branche schätzte 1978, weniger als fünf Prozent aller Mastplätze befänden sich in Betrieben, die mit Lohnmastverträgen arbeiteten. Fritz Dwehus, Erzeugergemeinschaften setzten sich durch, in: MDLG 93 (1978), S. 1084. Wie in der Hühnermast, so gab es auch bei den Schweinehaltern offensichtlich sehr verschiedene Formen der Lohnmast. Positive Wirkungen der Abmachung für den Landwirt waren – je nach den Konditionen – durchaus möglich. Vgl. dazu genauer: R. Röder, Lohnmastverträge – kritisch betrachtet, in: KF 54 (1971), S. 710–712.

⁵⁰⁶ Kohn/Windhorst, Organisation, S. 27. Statistisch korrekt bezeichnet handelte es sich selbstverständlich um Betriebe mit 400 bis 999 bzw. mit 100 bis 399 Mastplätzen. Zu den besonders großen Wachstumsraten der Bestände in der ersten dieser beiden Gruppen vgl. genauer: Eckhardt Neander, Sicherung der Tierhaltung in bäuerlicher Hand. Aus der Sicht eines Wissenschaftlers, in: Sicherung der Tierhaltung in bäuerlicher Hand, Göttingen 1985 (Schriftenreihe für ländliche Sozialfragen Nr. 94), S. 17–30, hier: S. 21.

⁵⁰⁷ Kohn/Windhorst, Organisation, S. 23 u. S. 28.

nomisch rationalen Kriterien wohl vielfach längst überfällige Einstellung der Produktion hartnäckig hinauszögerten.

Dieser Stand der Dinge konfrontierte strukturkonservativ denkende Agrarpolitiker, die den bäuerlichen Familienbetrieb für die beste Form der Landwirtschaft hielten, nicht nur mit einer unangenehmen Perspektive, sondern auch noch mit einer unbequemen Wahrheit. Angesichts der schweren Preiskrise der Jahre 1986/87, die selbst hochprofessionell geführte Höfe in Verluste stürzte, war zu erwarten, dass sich die statistisch fundierte Chimäre, die deutsche Schweinefleisch-Produktion habe eine breite bäuerliche Basis, von nun an rasch verflüchtigen werde. Nur Betriebe, die über mindestens 300 Mastplätze verfügten, besäßen eine „Basis zur Weiterentwicklung" der Schweinehaltung und damit zumindest eine Chance, im Wettbewerb der kommenden Jahre zu bestehen, so prognostizierte es 1986 ein bayerischer Agrarökonom. Ganze drei Prozent der seinerzeit in Bayern an der Schweinefleisch-Produktion beteiligten Bauernhöfe erfüllten diese Anforderung.[508]

Die unangenehme Wahrheit schließlich bestand darin, dass sich ganz offensichtlich keine klare Grenze zwischen der (agrarpolitisch stets positiv bewerteten) „bäuerlichen Tierhaltung" und den (stark verpönten) „Agrarfabriken" ziehen ließ. Wie die Entwicklung der Schweinehaltung in der Bundesrepublik nach 1960 bewies, brauchte es keine nicht-landwirtschaftlichen Investoren und auch keine von ihnen bezahlte Neugründungen spektakulär großer Mastanlagen mit Tausenden von Plätzen, um landwirtschaftliche Betriebe entstehen zu lassen, die mit einem traditionellen Bauernhof nicht mehr viel gemein hatten. „Aufstockungen" des Bestandes in der recht kleinen Gruppe der wirklich erfolgreich wirtschaftenden Landwirte führten – langsam, aber doch sehr sicher – zu dem gleichen Ergebnis.

Bei kluger Nutzung der zeitgenössischen Technik konnten ein Landwirt und seine mitarbeitende Ehefrau in den 1980er Jahren pro Mast-„Durchgang" jeweils bis zu 600 Schweine ganz allein versorgen. Standen Hilfskräfte für die Zeiten bereit, in denen besonders viel Arbeit anfiel, war ein noch größerer Bestand möglich.[509] Für die nahe Zukunft erwarteten Experten der Schweinehaltung bei konsequent effizienzorientierter Haltung der Tiere und Investitionen in neue Stallgebäude in „bäuerlichen Familienbetrieben mit mittlerer Größe" sogar Bestände von bis zu 1.500 Schweinen.[510]

Einen Betrieb mit so vielen Tieren hätten die meisten Zeitgenossen sicherlich spontan als „Agrarfabrik" bezeichnet.[511] Dieser pejorative Begriff verstellte jedoch

---

[508] Wolfgang Schmid, Bayern braucht dringend drei moderne Schlachthöfe, in: top agrar 15 (1986), Nr. 4, S. 30–31, hier: S. 31.

[509] Neander, Sicherung, S. 19.

[510] W. Peters/F. Wimmers, Spezialisierung und Konzentration in der Viehhaltung, in: LWE 133 (1986), Nr. 44, S. 5–8, hier: S. 6.

[511] Zumindest einen Hinweis, dass diese These nicht völlig in die Irre geht, liefern die Ergebnisse einer nicht-repräsentativen Umfrage in Hannover aus dem Oktober 1988: Hiernach meinten 40 Prozent der 442 Befragten, schon bei mehr als 100 Schweinen müsse man von „Massentierhaltung" sprechen. Reimar von Alvensleben/Martina Steffens, „Massentierhaltung" und Hormoneinsatz aus der Sicht des Verbrauchers, in: Land, Agrarwirtschaft und Gesellschaft 5 (1988), S. 373–384, hier: S. 374.

2. Schweine und Schweinehalter in Zeiten des Massenkonsums

den Blick auf den Prozess, der zur Entstehung der großen Herde geführt hatte. Hinter den „Aufstockungen" standen die Wandlungen des Fleischmarktes, auf die alle schweinehaltenden Bauern reagieren mussten: Die „Agrarfabrik" war in der Bundesrepublik in den meisten Fällen daher nichts anderes als der Bauernhof, der die scharfe Konkurrenz auf den neu entstehenden Markt des Massenkonsums überlebt hatte.

Reflexionen über diesen Zusammenhang sucht man in den zeitgenössischen Medien und in der allgemeinen Öffentlichkeit vergeblich. Zumindest einige der Fachpolitiker aber hatten das Problem durchaus im Blick. Sie suchten nach Mitteln, das offensichtlich bestehende Kontinuum zwischen „bäuerlicher Tierhaltung" und den verpönten Großställen zu unterbrechen. Dabei verfielen sie auf die Idee, die Betriebskapazitäten zu begrenzen: Per Gesetz wollten sie genau festlegen, wie viele Tiere ein Landwirt maximal halten dürfe. Da es dabei nicht nur um Schweine, sondern um alle Nutztiere ging, wird diese Auseinandersetzung weiter unten in einem eigenen Abschnitt der Darstellung genauer betrachtet. Sie blieb zwar ohne praktische Auswirkungen, belegt aber doch sehr treffend die Widersprüchlichkeit und die Versäumnisse der bundesdeutschen Agrarpolitik in der Reaktion auf den scharfen ökonomischen Ausleseprozess unter den landwirtschaftlichen Produzenten.[512]

An dieser Stelle ist abschließend noch das starke regionale Ungleichgewicht in der Schweinehaltung zu erwähnen, dass sich in den drei Jahrzehnten nach 1960 entwickelte. Genau wie die Hühnermäster, so arbeiteten auch die meisten der Landwirte, die große Schweineställe besaßen, in Westdeutschland räumlich eng beieinander, d. h. auch in der Produktion von Schweinefleisch entstanden einige wenige territorial recht kleine „Intensivgebiete", in denen jeweils sehr viele Schweine lebten, während im größeren Teil des Bundesgebietes nur geringe Bestandszahlen verzeichnet wurden.

Diese Prozesse eines regional sehr uneinheitlichen Wachstums verliefen auch insofern bemerkenswert parallel, als die Schwerpunktbildung in der Geflügelbranche und in der Schweinehaltung weitgehend in den gleichen Regionen erfolgte. Hochburgen der Schweinehaltung entstanden dort, wo zeitgleich die Zahlen der Masthühner massiv wuchsen, nämlich in der Weser-Ems-Region in Niedersachsen sowie auch in den nordrhein-westfälischen Regierungsbezirken Münster und Detmold. Schaute man noch etwas genauer hin, dann erwies sich der Landkreis Vechta auch bei den Schweinen als ganz besonders dicht besetzt. Pro Hektar landwirtschaftlicher Nutzfläche gab es hier schon in den frühen 1970er Jahren siebenmal so viele Tiere der Gattung „Sus scrofa" wie im Bundesdurchschnitt.[513] Obwohl

---

[512] Siehe unten S. 457 ff.
[513] Vgl. etwa: Eckhardt Neander, Die Situation der Veredelungsproduktion in der Bundesrepublik Deutschland im Vergleich zu den wichtigsten EG-Partnerländern, in: Chancen in der Tierproduktion? Wettbewerbsfähigkeit – Produktionsentwicklung – Vermarktungswege, Frankfurt/Main 1984, S. 7–36, hier: S. 32 f. Eine Karte des Bundesgebiets mit den Bestandsdichten in allen Landkreisen für 1978 vgl. in: Eckart/Wollkopf, Landwirtschaft, S. 182.

EG, Bund und Länder viel Geld investierten, um ausgleichend gezielt die Schweinemast in anderen Regionen zu fördern, ist es bei diesem Ungleichgewicht geblieben. 1984 wurden in den drei niedersächsischen Landkreisen Vechta, Cloppenburg und Oldenburg fünfmal so viele Tiere der Gattung „Sus scrofa" bis zur Schlachtreife gefüttert wie in ganz Bayern.[514]

Ebenso wie bei der Hühnermast, so ergab sich diese regionale Schwerpunktbildung auch bei den Schweinen aus verschiedenen Faktoren. Kostenvorteile bei der Belieferung der Höfe mit Kraftfutter spielten sicher wiederum eine Rolle: Die von überseeischen Importen abhängige, kleinteilig strukturierte bundesdeutsche Futterindustrie konnte in küstennahen Standorten günstiger produzieren und berechnete norddeutschen Kunden daher niedrige Preise als die Firmen südlich des Mains.[515]

Noch wichtiger für die Entstehung der starken Diskrepanzen waren allerdings wohl andere, „weichere" Faktoren wie etwa landwirtschaftliche Traditionen, eingespielte Absatzsysteme in bevölkerungsreiche Regionen, die durch die neu entstehenden Versandschlachthöfe gestärkt wurden, sowie – vor allem – Netzwerke der Produzenten. „Der Nachbar, der auch Schweine produziert, ist meistens nicht als Konkurrent anzusehen, sondern er dient der gemeinsamen Stärkung der Wettbewerbsfähigkeit des Gebietes", so formulierte es 1983 einer der betrieblichen Fachberater für die Schweinehaltung.[516] Die noch relativ bescheidenen regionalen Unterschiede, die es auch schon in den 1950er Jahren und zuvor gegeben hatte, vertieften sich daher ab 1960 ganz enorm, weil die Gebiete, in denen die Landwirte über größere Erfahrungen mit Schweinen verfügten, ihren Produktionsvorsprung mit großer Dynamik ausbauten.[517]

Dieser Aufschwung vollzog sich in kleinen Räumen. So vermehrte sich zwar die Zahl der pro Jahr insgesamt gemästeten Schweine im Gebiet der Landwirtschaftskammer Westfalen-Lippe von 1973 auf 1977 um rund 700.000 Tiere (und damit

---

[514] Heinrich Becker/Folkhard Isermeyer, Bestandsobergrenzen in der Schweinehaltung, in: BLW 62 (1984), S. 523–551, hier: S. 524. Vgl. auch die Angaben in: Die Landwirtschaftskammern in der Bundesrepublik Deutschland, Bonn-Bad Godesberg 1979, S. 19–20.

[515] Stark betont wird dieser Aspekt der Entwicklung in: Otto Bammel, Regionale Wettbewerbsbedingungen der Schweinehaltung in der Bundesrepublik Deutschland, Hannover 1965, S. 226 f. Eher als ein Faktor unter anderen erscheinen die Futterkosten hingegen in: Erwin Reisch, Aussichten der tierischen Veredelungswirtschaft im nächsten Jahrfünft, in: AW 21 (1972), S. 322–333, hier: S. 330. Ähnlich auch: Landwirtschaftskammern, S. 19.

[516] Manfred Köhne, Was bestimmt den Erfolg in der Schweineproduktion?, in: DGS 35 (1983), S. 735–738, hier: S. 735.

[517] Für diese Sicht vgl. ausführlicher auch schon: ders., Tendenzen und Interdependenzen im Angebot tierischer Erzeugnisse, in: Rupprecht Zapf (Hrsg.), Entwicklungstendenzen in der Produktion und im Absatz tierischer Erzeugnisse, München etc. 1970, S. 419–455, hier: S. 437–444. Ähnlich vgl. auch: Gunther Avenriep, Entwicklung der Schweinehaltung – Westfalen-Lippe als Beispiel, in: Bernd Andrae/Cay Langbehn (Hrsg.), Zukunftsfragen der westdeutschen Landwirtschaft. Zum 80. Geburtstag v. Georg Blohm, Hamburg und Berlin 1976, S. 71–82, hier: S. 72 f. u. S. 81. Zu den regional unterschiedlichen Ausgangslagen vgl.: Günther Steffen/H.-O. Hamann, Ertrags- und Aufwandsbeziehungen in der Arbeits- und Futterwirtschaft der Schweinehaltung, in: AW 13 (1964), S. 113–127, hier: S. 124 f.

um rund 19 Prozent). Mehr als zwei Drittel dieses Zugewinns aber entfielen auf nur drei der insgesamt 19 Landkreise, aus denen sich das Territorium der LWK zusammensetzte.[518]

Das Ungleichgewicht, das so entstand, geriet sehr viel stärker in den Fokus der Agrarpolitik als die parallele Entstehung der „Intensivgebiete" in der Hühnermast. Verantwortlich dafür war ein spezielles Problem der modernen Schweinehaltung: Dort, wo sie sich regional ballte, zeigten sich Umweltschäden durch die Exkremente der Tiere, die es so zuvor nicht gegeben hatte. Bereits 1972 vermerkte ein Autor für den Landkreis Vechta „erhebliche umwelthygienische Schwierigkeiten".[519] Davon ist im folgenden Abschnitt genauer die Rede. Auch die Versuche der Agrarpolitiker, dem neuen Übel abzuhelfen, werden dargestellt. Sie wirkten – wie sich zeigen wird – nur sehr begrenzt und schädigten zumindest indirekt zudem gerade die kleineren bäuerlichen Familienbetriebe, um deren ökonomische Zukunft es ohnehin schon so schlecht stand.

2.8. Das Gülle-Problem und seine Bedeutung für die Entwicklung der bundesdeutschen Schweinehaltung

Mit seinen Erfolgen als Landwirt hielt Ewald Kronlage nicht hinterm Berg: Einem Reporter der landwirtschaftlichen Fachzeitschrift „top agrar" berichtete er 1974 stolz, die Erträge, die er auf seinem Hof bei Vechta in Niedersachsen sowohl durch die Tierhaltung wie auch durch die Feldbestellung erwirtschafte, würden „von Jahr zu Jahr besser". Dieser Aufschwung verdankte sich zentral einer unternehmerischen Spezialisierung, die Kronlage 1966 realisiert hatte: Er konzentrierte sich seitdem auf die Schweinemast und auf den Anbau von Mais, der nach der Ernte als „Grundfutter" für die heranwachsenden Tiere diente. Nach den damals in der bundesdeutschen Landwirtschaft geltenden Maßstäben betrieb Kronlage beide Produktionsbereiche in großem Stil: Sein Stall umfasste 800 Mastplätze; von den 80 Hektar Land, die er insgesamt besaß, benutze er nicht weniger als 60 ha, um Mais auszusäen.[520]

Mit dieser Hofgröße zählte der Niedersachse zwar eindeutig zur kleinen Gruppe der landreichen westdeutschen Bauern. Dennoch hatte er bis zu der Betriebsumstellung von 1966 nicht sonderlich ertragreich gewirtschaftet, weil es auf allen seinen Feldern nur ausgesprochen sandige, leichte Böden gab, die lediglich magere

---

[518] Dabei handelte es sich um die Landkreise Borken, Coesfeld und Steinfurt an der Grenze zu Holland. Westfalens Landwirtschaft im Wandel 1973–1977. Ergebnisse der sozialökonomischen Betriebserhebung 1977 in Nordrhein-Westfalen für den Bereich der Landwirtschaftskammer Westfalen-Lippe, Münster 1978, S. 55.
[519] Reisch, Aussichten, S. 330.
[520] Alle Angaben nach: Walter Neugebauer, Im Weser-Ems-Gebiet steigen die Maiserträge laufend, in: top agrar 3 (1974), Nr. 4, S. 29–30. Kronlages Hof befand sich in Nellinghof, einem Ortsteil der Gemeinde Neuenkirchen-Vörden. Neben dem Schweinestall gab es auf dem Hof auch noch eine Batterie für Legehühner. Mit 360 Plätzen fiel sie allerdings klein aus.

Getreideernte zuließen. Dieses erhebliche Manko, das sich zuvor auch durch großzügige Gaben von Stickstoffdünger nicht wirklich beheben ließ, hatte Kronlage nach seinem Bericht mittlerweile jedoch durch die Kombination von Schweinemast und Maisanbau weitgehend überwunden. Statt mit Kunstdünger (den er in großen Mengen teuer zukaufen musste) förderte er die Fruchtbarkeit seiner Anbauflächen nun mit dem flüssigen Kot der Schweine, die in seinem modernen Stall auf Spaltenböden standen. Die dort anfallende Gülle benutze er mit großem Erfolg als „Meliorationsdünger": Mit jedem Jahr, in dem er die Flüssigkeit ausbringe, erlebe er reichere Maisernten. Auf Kunstdünger könne er mittlerweile ganz verzichten; zudem verbessere sich ja auch noch die Ertragskraft der Schweinemast, wenn mehr kostengünstiges „Grundfutter" bereitstehe.

Mit dem Stoff aus dem Schweinestall, der gleich doppelt positiv wirkte, ging Kronlage denn auch großzügig um. Als Ratschlag für Berufskollegen mit vergleichbar mageren Böden teilte er mit, zwischen Ende Oktober und Anfang März fahre er drei- bis viermal Gülle auf seine Felder. Es folgten dann noch zwei weitere dieser Flüssigdüngungen, eine kurz vor und eine recht bald nach dem Auflaufen der Saatkörner. Seien diese Arbeiten erledigt, müsse er nur noch regelmäßig verschiedene chemische Unkrautbekämpfer wie „Atrazin, Gesaprim und Gesatop" ausbringen, um im Herbst verlässlich große Mengen an Futtermais zu ernten.[521]

Die Fachzeitschrift „top agrar", die sich nach ihrer Selbstbeschreibung gezielt an den „unternehmerisch denkenden Landwirt" wandte und zu diesem Zeitpunkt mit jeder ihrer Ausgaben bundesweit rund 18.000 Agrarproduzenten erreichte, konkretisierte diese Tipps für ihre Leser noch weiter: Sie ergänzte den Bericht über Kronlages Hof durch den Text eines Experten der landwirtschaftlichen Düngung. Darin hieß es, beim Maisanbau auf mageren Böden sei es möglich, pro Hektar jährlich bis zu 400 qm³ Gülle (das entspricht 400.000 Litern) auszubringen, ohne die Pflanzen durch „Überdüngung" zu schädigen. Zwar werde selbst der „starkzehrende" Mais dieses überaus reiche Nährstoffangebot nicht vollständig verwerten, weshalb es im „Sickerwasser des Bodens" zu einer Anreicherung von Stickstoff komme. Darin sah der Fachmann aber nur einen betriebswirtschaftlichen Nachteil des Landwirts, der die Gülle ausfuhr: Er erleide „Nährstoffverluste" und damit in gewisser Weise einen ökonomischen Verlust.[522]

Diese beiden Texte aus dem Jahr 1974 führen uns mitten hinein in die frühe Phase eines Umweltproblems, das die Agrarpolitiker bis heute intensiv beschäftigt: Wenn auf stark gedüngten Feldern nicht abgebaute Nährstoffe versickern, sinkt

---

[521] Ebenda, S. 29.
[522] Hubert Hoffmann, Mais verwertet Gülle gut, in: top agrar 3 (1974), Nr. 4, S. 31. Ähnlich vgl. auch noch: ders., Gülle düngen, nicht verschwenden, in: MDLG 101 (1986), S. 68–71. Genaue Zahlen für die Verbreitung der Zeitschrift im ersten Quartal 1974 vgl. in: IVW-Auflagenliste 1974, Nr. 1, Bonn-Bad Godesberg 1974, S. 91 (online abrufbar unter: //ivw.de); die Selbstbeschreibung der Redaktion vgl. in: Ein Dank an unsere 90.000 top agrar-Abonnenten!, in: top agrar 16 (1987), Nr. 1, S. 3.

die Wasserqualität durch hohe Stickstofflasten. Dieser Effekt – und nicht der Verlust an Nährstoffen für die Bauern – ist das wahre Problem der Gülle-Düngung. Er gehört zu den wichtigsten negativen ökologischen Auswirkungen der modernen Landwirtschaft.[523]

Verantwortlich für die problematisch hohen Nitratwerte im Wasser sind (nicht ausschließlich, aber doch zu einem guten Teil) die Bauern, die den sehr nährstoffreichen Flüssigkot, der in modernen Ställen bei der Schweinemast sowie auch bei der Milchwirtschaft anfällt, regelmäßig auf ihren Anbauflächen verteilen. Sowohl der Praktiker Ewald Kronlage wie auch der zitierte Experte blendeten diesen Zusammenhang bei ihren lobenden Worten über die Gülle vollständig aus – dabei hätten sie beide es auch schon 1974 problemlos besser wissen können.

Bereits seit den späten 1960er Jahren klagte die bundesdeutsche Wasserwirtschaft öffentlich, die neue Form der Düngung mindere die Qualität des Wassers, die ohnehin auch schon durch andere Substanzen (wie etwa durch Phosphate, die aus Waschmitteln stammten) massiv bedroht wurde. Abhilfe sei nötig. Bleibe sie aus, werde die Aufbereitung des „Rohwassers" (Oberflächen- und Grundwasser) zu Trinkwasser technisch immer aufwendiger und damit teurer. Medizinische Experten sowie Aktivisten der neuen Umweltbewegung sprachen sogar von einer „Verseuchung" des Wassers durch die Landwirte, die nicht nur die Pflanzen und Tiere in Flüssen und Seen schädige, sondern darüber hinaus auch noch die menschliche Gesundheit gefährde.[524]

Hinter diesen Forderungen und Warnungen standen zunehmend differenziert ausgearbeitete wissenschaftliche Erkenntnisse über komplexe biologische und chemische Prozesse in Wasser und Boden. Verkürzt gesagt, können zum einen die ohnehin schon durch menschliche Eingriffe schwer geschädigten ökologischen Systeme in Gewässern vollständig kollabieren, wenn die beständige Überdüngung von Feldern den Nährstoffgehalt des Wassers massiv nach oben treibt. Zum anderen verwandeln Bakterien das von den Landwirten so überreich ausgebrachte Nitrat im Boden wie auch im Wasser in Stoffe, die – bei höherer Dosierung – giftig sind und als krebserregend gelten.[525]

---

[523] Vgl. in aktueller Perspektive etwa: Franz Martin/Kim Philip Schumacher, Risiko Gülle – ein Abfallprodukt gefährdet das globale Produktionsnetzwerk der intensiven Landwirtschaft, in: Nina Baur u. a. (Hrsg.), Waren – Wissen – Raum. Interdependenzen von Produktion, Markt und Konsum in Lebensmittelwarenketten, Wiesbaden 2020, S. 187–215.

[524] Vgl. etwa: Risikoreiche Flüssigdüngung, in: FAZ, 29. 1. 1969 (Zitat); Der Bodensee ist in Gefahr, in: FAZ, 12. 3. 1969; Helmut Uebbing, Wohin mit dem Abfall aus den Tierfabriken?, in: FAZ, 2. 9. 1970; Peter Schmidsberger, Ist der Bodensee noch zu retten?, in: So rotten wir uns selber aus, München 1971, S. 55–61, hier: S. 60; Sorgen über Gift im Trinkwasser, in: FAZ, 19. 9. 1971; Gerhard Olschowy, Bilanz der Wasserverschmutzung, in: ders. (Hrsg.), Belastete Landschaft – Gefährdete Umwelt, München 1971, S. 22–34, hier: S. 23 f.; Eric Vester, Das Überlebensprogramm. Unter Mitarbeit v. Michael Doman, München 1972, S. 77 f.; Uwe Zündorf, Untergang in Raten? Umweltverseuchung in der Bundesrepublik, Düsseldorf 1972, S. 121–123.

[525] Vgl. ausführlich zu beiden Zusammenhängen etwa: Nitrat – Nitrit – Nitrosamine in Gewässern, Weinheim 1982; Nitrat – ein Problem für unsere Trinkwasserversorgung, Frankfurt/Main 1983; Helmut Nieder (Hrsg.), Nitrat im Grundwasser. Herkunft, Wirkungen, Vermei-

Zwar können diese negativen Effekte und Folgewirkungen auch entstehen, wenn Bauern ihre Felder auf traditionelle Weise mit Stallmist düngen. Der flüssige Schweinekot aber enthält nicht nur deutliche höhere Nährstoffanteile als der mit Stroh durchsetzte Festmist. Er gibt sie auch noch weitaus rascher frei – und damit wächst die Gefahr der „Überdüngung", was wiederum das Problem verschärft, dass nicht abgebaute Nährstoffe in Flüsse und Seen gelangen oder auch ins Grundwasser sickern. Gülle ist für Boden und Wasser also keineswegs grundsätzlich schädlich; gerade auf mageren Böden kann sie reichere Ernten garantieren. Der altehrwürdige Lehrsatz, die Dosis mache das Gift, gilt für diesen Stoff jedoch noch sehr viel stärker als für andere landwirtschaftliche Düngemittel. Zudem ist das Ausmaß der Risiken auch noch stark davon abhängig, zu welchem Zeitpunkt die Gülle ausgebracht wird: Düngungen in den vegetationslosen Wintermonaten etwa erhöhen massiv die Gefahr, dass Nitrat „ausgewaschen" wird.[526]

Spätestens in den 1980er Jahren gehörten diese ökologischen Probleme, die anfangs nur von Experten diskutiert wurden, dank zahlreicher Medienberichte zumindest in stark vereinfachter Form bereits zum Allgemeinwissen gut informierter Zeitgenossen. Zumal der Vorwurf, die Bauern seien für „Gift im Trinkwasser" verantwortlich, sicherte selbst Detailfragen der landwirtschaftlichen Düngung zum Leidwesen der Agrarverbände eine politische und öffentliche Aufmerksamkeit, die „vor 10 oder 15 Jahren noch niemand für möglich gehalten" hätte.[527]

Solch ein Gewicht gewann das Gülle-Problem auch deshalb, weil der Flüssigkot der Schweine zu allem Überfluss auch noch sehr stark riecht, wenn er mit Sauerstoff in Kontakt kommt – was bei der flächigen Verteilung auf den Feldern unweigerlich geschieht. Im Vergleich handelt es sich bei diesem Gestank zwar nur um eine ökologische Petitesse. Er verfliegt in wenigen Stunden – das in organischem Dünger gebundene Nitrat verbleibt hingegen teilweise jahrzehntelang im Boden. Früher oder später gelangt es mit Sicherheit ins Grundwasser. Ökologisch wirkt dieser Stoff daher wie eine „Zeitbombe".[528]

---

dung, Weinheim 1985; Heinz Vetter/Albert Klasink/Günter Steffens, Mist- und Gülledüngung nach Maß, Darmstadt 1989. Hinweise auf mehrere Fälle, bei denen die Überdüngung umliegender Felder auf bundesdeutschen Seen in den 1970er und 1980er Jahren zu einem Massensterben von Wasservögeln führte, vgl. in: Josef H. Reichholf, Mein Leben für die Natur. Auf den Spuren von Evolution und Ökologie, Frankfurt/Main 2015, S. 564.

[526] Zu den Unterschieden zwischen Festmist und Gülle vgl. genauer: Dieter Bardtke/Gunnar Jeserich, Einfluss von Abfällen und Ausscheidungen der tierischen Produktion auf Wasser und Gewässer, in: BLW 50 (1972), S. 666–674, hier: S. 666–671; Norbert Knauer, Umweltbelastungen durch Fehlentscheidungen im landwirtschaftlichen Betrieb und Möglichkeiten zur Vermeidung, in: BLW 58 (1980), S. 248–263, hier: S. 256 f.; Rasmus Thamsen, Im Frühjahr mit Gülle düngen, in: MDLG 100 (1985), S. 76–80; Heinrich Hüffmeier, Gülle zwischen Gut und Böse, in: MDLG 101 (1986), S. 55.

[527] Bericht des Präsidenten der LWK Weser-Ems in der LWK-Versammlung, 19. 12. 1985, NLA OL, Best. 266, Nr. 1194.

[528] Bert Hauser, Erste Schäden an der Quelle allen Lebens, in: FAZ, 14. 11. 1983. Vgl. ähnlich auch: Gabriele Kutschke, Umweltprobleme der Landwirtschaft. Eine Analyse des Sondergutachtens des Rates von Sachverständigen für Umweltfragen (März 1985), Vechta 1986, S. 12.

Die umweltpolitische Debatte wäre dennoch mit Sicherheit anders verlaufen, wenn Gülle nicht stinken würde. Der komplexe Zusammenhang zwischen Nitrat, Nitrit, Nitrosaminen und der Krebsgefahr musste erst umständlich erklärt werden – der höchst unangenehme Geruch des flüssigen Düngers aber taugte hervorragend, um Laien in der Überzeugung zu stärken, die moderne Agrarproduktion nehme grundsätzlich keine Rücksicht auf Natur und Umwelt. Da in allen bundesdeutschen Dörfern der Anteil der Bewohner wuchs, die nicht mehr in der Landwirtschaft arbeiteten, führte die Geruchsbelästigung durch ausgefahrene Gülle, für die Bauern wie der oben vorgestellte Ewald Kronlage verantwortlich waren, selbst in ländlichen Regionen mehr und mehr zu Konflikten.[529]

Indirekt, aber doch zwangsläufig, tangierte jede Debatte über das Gülle-Problem auch die moderne Schweinehaltung: Erst die arbeitseffiziente „Aufstallung" der Tiere auf Spaltenböden verwandelte den bislang anfallenden Mist in Flüssigkot. Je mehr Bauern auf diese neue Haltungsform umstellten und je mehr Schweine dann ganzjährig in solchen Ställen gemästet wurden, desto mehr Gülle musste anfallen. Damit wiederum wuchs der Anteil der Felder, auf denen Mais angebaut wurde. Da diese Pflanze in Reihen gesät wird, die recht weit auseinander liegen müssen, ergab sich – zusätzlich zu den bereits erwähnten ökologischen Risiken – auch noch eine erhöhte Erosionsgefahr.[530]

Das in der Gesamtschau recht zögerliche Tempo, mit dem die westdeutschen Landwirte in Spaltenböden investierten, entschärfte den Streit über die Gülle daher nur unwesentlich. Ganz offensichtlich handelte es sich um ein Problem, dessen Dimension mit hoher Wahrscheinlichkeit weiterwachsen würde, obwohl es zunächst nur regional, in einigen wenigen landwirtschaftlich besonders intensiv genutzten Regionen in Norddeutschland, tatsächlich akut auftrat. Politisches Handeln in dieser Sache war offensichtlich dringend geboten.[531]

Agrarverbände, Umweltschützer, Bundes- und Landesministerien sowie die Parteien stritten daher schon seit den frühen 1970er Jahren über Regeln für die Gülle-Düngung. Dieser Konflikt gehört zwingend zur Geschichte der Fleischproduktion in der jungen Bundesrepublik – zumal zumindest einige Agrarpolitiker rasch entdeckten, dass sich staatliche Vorschriften, wie viele Nährstoffe ein Land-

---

[529] Als paradigmatisch für Darstellungen, die den Geruch der Gülle als wirkungsvollen „Aufhänger" nutzten, kann etwa die TV-Dokumentation „Und ewig stinken die Felder" (Autoren: Nina Kleinschmidt/Wolf-Michael Eimler) gelten, die im März 1984 erstmals im Abendprogramm der ARD ausgestrahlt wurde (zur besten Sendezeit). Sie beschäftigte sich mit der Intensiv-Landwirtschaft in Südoldenburg und wurde 1985 mit dem renommierten Adolf-Grimme-Preis ausgezeichnet. Vgl. hierzu: Settele, Revolution, S. 305. Zu Konflikten um den Gülle-Geruch selbst innerhalb ländlicher Gemeinden im Untersuchungszeitraum vgl. etwa: Die Schweine verlassen das Dorf, in: FAZ, 20. 2. 1975; Der geplante Maststall erregte den Zorn der Bürger, in: MDLG 92 (1977), S. 738–740; Becker, Dörfer, S. 176 f.

[530] Vgl. zusammenfassend zu dem Zusammenhang zwischen intensiver Schweinemast und dem Anbau von Mais: Guido Nischwitz, Sozioökonomische, ökologische und rechtliche Rahmenbedingungen für die Veredlungswirtschaft in den neunziger Jahren, Vechta 1994, S. 56–59, speziell zur Erosionsgefahr: S. 57.

[531] Zu dieser Regionalität siehe genauer S. 401–403.

wirt auf seinen Feldern pro Jahr maximal ausbringen dürfe, nutzen ließen, um versteckt auch die Tierhaltung auf jedem einzelnen Bauernhof zu regulieren. Maßnahmen gegen die „Überdüngung", die das Grundwasser gefährdete, taugten zumindest potentiell ganz offensichtlich als ein zusätzliches Mittel im Kampf gegen „Agrarfabriken" und gegen die „Massentierhaltung", dem sich in den 1970er und 1980er Jahren nach ihrer Selbstdarstellung ja alle bundesdeutschen Parteien verschrieben hatten.

Eine konsequente indirekte Regulierung der Schweinehaltung durch staatliche Gülle-Vorschriften blieb jedoch aus. Zwar gab es etliche Vorschläge für solche Regeln. Die Landwirtschaft aber wehrte sich erfolgreich gegen wirklich wirkungsvolle Bestimmungen. Dabei nutzte sie geschickt die Komplexität der Materie zu ihrem Vorteil. Schaut man auf die Details, dann lässt sich die Frage, wann eine Düngung nützlich und wann sie ökologisch bedenklich ist, nämlich keineswegs leicht beantworten. Auch deshalb fanden die Bauern in ihrem Kampf gegen restriktive Vorschriften agrarpolitisch einflussreiche Verbündete, die dafür sorgten, dass der Staat seine umfangreichen Handlungsmöglichkeiten in dieser Sache nicht nutzte.

Gesetzgeber und Exekutive besaßen in der Bundesrepublik schon seit 1973 grundsätzlich das Recht, bis in Details hinein mitzureden, wenn Felder und Wiesen mit tierischen Exkrementen gedüngt wurden. Diese Option, die weit über ältere wasserrechtliche Bestimmungen hinausging, verdankte sich dem „Abfallbeseitigungsgesetz", das zu Beginn d. J. in Kraft trat. Das Paragraphenwerk, dem in der Geschichte der bundesdeutschen Umweltpolitik zentrale Bedeutung zukommt, beschäftigte sich u. a. auch mit „Jauche, Gülle und Stallmist". Alle drei Stoffe galten fortan immer dann als eine Form von „Abfall", der amtlicher Überwachung unterlag und auf Kosten des Verursachers umweltfreundlich gelagert sowie entsorgt werden musste, wenn „das übliche Maß der landwirtschaftlichen Düngung überschritten wird". Um dieses „übliche Maß" zu sichern, erhielt das für Gesundheitsfragen zuständige Bundesinnenministerium „zur Wahrung des Wohles der Allgemeinheit" das Recht, mit Vorschriften zu regeln, wie die drei nahe verwandten Düngemittel, die alle aus der Nutztierhaltung stammen, ausgebracht werden durften. Ausdrücklich konnte es deren Einsatz durch Landwirte auch „beschränken oder verbieten".[532]

Wie diese Generalvollmacht für das Innenressort (und nicht für das Landwirtschaftsministerium) belegt, besaßen die Risiken, die sich aus hohen Nitratwerten in Boden und Wasser ergaben, gesundheits- und umweltpolitisch auch schon in den frühen 1970er Jahren großes Gewicht. Allerdings wirkte die hochgradig vage Formulierung, das „übliche Maß" der Düngung mit Tierkot dürfe nicht eingeschränkt werden, doch wie ein starker Riegel vor raschen Schritten gegen Landwirte wie Ewald Kronlage, die häufig Gülle ausfuhren. Ließ sich ein einheitlicher

---

[532] Zit. nach: Claudia Netzer, Kommt die Gülle-Bürokratie?, in: Agrarrecht 6 (1976), S. 37–40, hier: S. 37 f. Die Düngung mit Kunstdünger blieb mithin ungeregelt, da diese Stoffe nicht als „Abfall" definiert werden konnten.

Maßstab formulieren, wie viel von dem Flüssigkot pro Hektar unproblematisch seien, obwohl die Beschaffenheit und Fruchtbarkeit von Böden doch extrem stark variiert? Ohne eine klare Unterscheidung zwischen „üblicher" und „unüblicher" Düngung, mit der auch untere Behörden arbeiten konnten, war die Verordnungsmacht des Innenministeriums in Sachen Gülle daher offensichtlich weitgehend wertlos.[533]

Nach dem Inkrafttreten des Abfallgesetzes gingen die Beamten des Ressorts recht zügig daran, solch eine Definition zu erarbeiten. Dieses Engagement in einer Angelegenheit, die ganz neu zu den Aufgaben des Ministeriums gehörte, verdankte sich offensichtlich stark scharf formulierten Warnungen, die ein Agrarwissenschaftler in einer Arbeitsgruppe der Bonner Behörde vortrug: Professor Heinz Vetter, der für eine Forschungseinrichtung der LWK Weser-Ems tätig war und zudem auch selbst zu den Landwirten gehörte, berichtete bei einem solchen Termin im Herbst 1974 (offensichtlich aus eigener Anschauung im Gebiet um Oldenburg) von Feldern, auf denen Bauern „die Gülle im Herbst bis zu 70 mm hoch" aufspülten, bis die stinkende Flüssigkeit großflächige Tümpel bildete. Um ökologisch unhaltbare Zustände dieser Art zu verhindern, forderte Vetter eine „lückenlose und feste Kontrolle der Verteilung von Flüssigmist". Nach seiner Erfahrung gingen fast alle Schweinemäster mit dem Kot ihrer Tiere bedenkenlos und viel zu großzügig um, weil sie ihn – anders als Handelsdünger – ja nicht eigens bezahlen mussten.[534]

Die Sachdarstellungen und auch die politischen Schlussfolgerungen dieses Fachmannes prägten die Position des Innenministeriums in den Verhandlungen über eine bundesweit geltende „Überdüngungs-Verordnung", die sich nach dem Sommer 1975 intensivierten, weil das Bonner Ressort nun erstmals einen ausformulierten Entwurf für solch ein Regelwerk vorlegte. Wie die zuständigen Beamten argumentierten, brauchte die Bundesrepublik dringend einheitliche Vorschriften dieser Art: Sie dienten dem Umwelt- und Gesundheitsschutz, würden vom Parlament als Konkretisierung des Abfallbeseitigungsgesetzes erwartet, und seien zudem geeignet, landwirtschaftliche „Intensivbetriebe" mit großen Tierbeständen dauerhaft unter eine amtliche „Überwachung" zu stellen.[535]

---

[533] Im ersten Entwurf des Gesetzes hatte es die Formulierung vom „üblichen Maß" bezeichnender Weise noch nicht gegeben. Sie wurde bei den Beratungen im Bundestag im Einvernehmen aller Parteien in den Entwurf eingefügt, um die Interessen der Landwirte zu schützen, weil es eine „sachgemäße Düngung" mit Tierkot gebe, die „das Wohl der Allgemeinheit nicht gefährdet". Vgl. hierzu den Gesetzentwurf vom 5. 7. 1971 (§ 12) sowie den Bericht des Innenausschusses vom 17. 2. 1972 in: BT Drucksachen 6/2401, S. 4 f.; BT Drucksachen 6/3154, S. 5 (beide online abrufbar unter: https://dip.bundestag.de). Zur Entstehung des Gesetzes allgemein (ohne Bezug auf das spezielle Problem der Gülle) vgl.: Roman Köster, Hausmüll. Abfall und Gesellschaft in Westdeutschland 1945–1990, Göttingen 2017, S 211–223.

[534] Niederschrift ü. d. Sitzung der Arbeitsgruppen 3, 4 und 5 zu den Problemen der Flüssigmistausbringung, 1. 10. 1974, BArch Kbz, B 116/46 564. Vetter arbeitete an der „Untersuchungs- und Forschungsanstalt der LWK Weser-Ems".

[535] Entwurf des BMI einer Verordnung über das übermäßige Ausbringen von Jauche, Gülle und Stallmist, 15. 7. 1975, BArch Kbz, B 116/46 564. Zu Vetters „maßgeblicher Beteiligung" an der Gülle-Politik des BIM vgl. auch: Netzer, Gülle-Bürokratie, S. 38.

Mit welchen Verwaltungsvorschriften das Innenministerium das „übliche Maß" der Düngung zu sichern versuchte, wird weiter unten skizziert. Hier soll es zunächst um den agrarpolitischen Kern der geplanten Verordnung gehen. Ähnlich wie die oben beschriebenen steuerlichen Regeln, die zwischen „gewerblicher" und „bäuerlicher" Tierhaltung unterschieden, sollte auch die Gülle-Verordnung dazu dienen, in der Bundesrepublik eine „flächenunabhängige" Tierhaltung zu verhindern. So wie die Steuerbehörden von den Landwirten einen Nachweis verlangen konnten, dass der Betrieb genügend Futter für die Tiere im Stall produzieren konnte, so wollte das Innenressort die staatlich kontrollierte Verbindung zwischen Tierzahl und Hofgröße nun ergänzend auch noch auf andere Weise absichern: Künftig sollten die Bauern zusätzlich belegen, dass sie die auf dem Hof anfallende Gülle auf selbst bewirtschafteten Flächen ausbringen konnten, ohne das „übliche Maß" der Düngung zu überschreiten.[536]

Wer viele Schweine mästete, der brauchte nach dieser Regel also große Felder und viele Wiesen. Anderenfalls musste er die unschädliche Entsorgung der überschüssigen Gülle nachweisen. Diese Alternative existierte jedoch nur auf dem Papier: Kein Schweinehalter konnte sich solche zusätzlichen Kosten leisten.[537] Wie kritisch eingestellte Juristen monierten, nutzte das Ministerium Bestimmungen, die Umwelt und Gesundheit schützen sollten, damit durchaus bewusst, um eine ganz bestimmte, strukturkonservative „agrarpolitische Tendenz" zu verfolgen. Es sei jedoch zumindest zweifelhaft, ob das Abfallbeseitigungsgesetz so umfassend gemeint gewesen sei – zumal sich die Ministerialbeamten bei ihren Überlegungen ja nur auf einen so „unbestimmten Rechtsbegriff" wie den vom „üblichen Maß" stützen konnten.[538]

Die Interessenvertreter der Landwirte reagierten auf den Verordnungsentwurf des Innenressorts einheitlich bestürzt, ja oft sogar empört. Die zunehmend intensiveren umweltpolitischen Debatten in der bundesdeutschen Gesellschaft und die ersten Bemühungen der Politiker, den Umweltschutz zu stärken, erlebten die meisten Bauern zwischen Schleswig-Holstein und Bayern ohnehin als eine „von außen" an sie herangetragene Zumutung, als eine Kette von restriktiven Eingriffen, hinter denen Menschen standen, „die sich sonst nicht für agrarische Themen interessierten".[539] Der Plan des Ministeriums, ihnen nun auch noch en detail vorzuschrei-

---

[536] Zur steuerlichen Benachteiligung der „gewerblichen" Tierhaltung siehe oben S. 263 f.
[537] Zwar konnte Gülle – wie andere Dünger – selbstverständlich auch gehandelt werden. Solch eine Abgabe der Flüssigkeit an Landwirte mit Düngerbedarf rechnete sich aber nur bei kurzen Entfernungen. Schon bei Transportstrecken von mehr als 20 Kilometern konnte Gülle mit den Preisen der üblichen Handelsdünger nicht konkurrieren. Gerade in den Zentren der Intensivtierhaltung, wo besonders viel Gülle anfiel, konnte der Verkauf also keinen Beitrag zur Lösung des Problems leisten. Vgl. hierzu etwa: Hermann Van den Weghe, Wird die Luft jetzt abgeschnürt?, in: MDLG 102 (1987), S. 8–11, hier: S. 9; Conrad, Umweltprobleme, S. 113.
[538] Netzer, Gülle-Bürokratie, S. 38 f. Vgl. ähnlich auch: Heinrich Hüffmeier, Im Würgegriff der Paragraphen?, in: MDLG 100 (1985), S. 616–619.
[539] Frank Uekötter, Deutschland in Grün. Eine zwiespältige Erfolgsgeschichte, Göttingen 2015, S. 158. Als Überblick über die Gesamtheit der Mitte der 1980er Jahre geltenden Umweltvorschriften vgl. die fast 470 Seiten umfassende referierende Darstellung: Hans-Joachim Hötzel, Umweltvorschriften für die Landwirtschaft, Stuttgart 1986. Polemisch aus landwirtschaftli-

ben, wann und wie intensiv sie ihren Boden düngen durften, schien diese Fremdbestimmung durch Nicht-Landwirte vollends auf die Spitze zu treiben.

Zur Abwehr setzten die Agrarverbände auf verschiedene Strategien und Einwände. Es gab Stellungnahmen, die das Problem der Überdüngung schlichtweg leugneten: Nur der einzelne Bauer könne und dürfe entscheiden, wie viel Dünger sein Boden brauche, um fruchtbar zu bleiben. Zudem werde keiner von ihnen so dumm sein, einen landwirtschaftlich wertvollen Stoff wie den Flüssigkot der Schweine sinnlos zu verschwenden. Daneben standen Warnungen vor einem nationalen Alleingang: Wenn nur die Bundesrepublik die Ausbringung der Gülle einschränke, schädige dies die Schweinemäster im Inland im Wettbewerb mit ihren leistungsstarken Konkurrenten in den Niederlanden und in Dänemark.[540]

Argumentativ besonders ausgefeilt schließlich war der Hinweis, die geplante „Überdüngungs-Verordnung" tauge keineswegs dazu, die „Massentierhaltung" einzudämmen. Sie werde im Gegenteil sogar die bäuerlichen Familienbetriebe schädigen, um deren Schutz es doch angeblich ging. So wie die Strukturen der bundesdeutschen Landwirtschaft nun einmal seien, könnten die vielen Bauern mit kleineren bis mittelgroßen Höfen wirtschaftlich am besten wachsen, wenn sie stärker auf die agrarische „Veredelung" setzten und mehr Nutztiere hielten. Nach den Regeln des Innenministeriums würden bei weiteren „Aufstockungen" jedoch gerade solche Agrarproduzenten gezwungen, ihre Hoffläche zu erweitern. Da selbst florierende Familienbetriebe größere Bodenkäufe nicht finanzieren könnten, bleibe realistischerweise nur die Pacht. Auf mittlere Sicht werde das Vorhaben der Bundesregierung daher die Pachtpreise für Felder und Wiesen in den Regionen mit stärkerer Viehhaltung „in astronomische Höhen" treiben: „Nicht mehr die Ertragsfähigkeit der Pachtfläche spielt eine Rolle, sondern vielmehr der Nutzen, den die gepachtete Fläche in Zusammenhang mit der Gülleverordnung bietet." In solch einem Preiswettbewerb liege der Vorteil logischerweise immer bei Großbetrieben. Die Verwaltungsvorschrift, wie viel Gülle ein Bauer auf seinen Flächen maximal ausbringen dürfe, sei daher nichts anderes als ein Instrument, „die Kleinen klein zu kriegen".[541]

---

cher Sicht zu dieser Regelungsdichte vgl. etwa: Franz Kromka/Joachim Ziche, Zukunft in der Vergangenheit?, in: AW 32 (1983), S. 325–330.

[540] Vgl. etwa: LWK Oldenburg an Verband der LWK, Abschrift, o. D. [April 1975], BArch Kbz, B 116/46 564; Zentralverband der Deutschen Geflügelwirtschaft an BMI, 21. 5. 1976, BArch Kbz, B 116/46 566 (beide mit der ersteren Argumentation); Verband der LWK an BMI, 5. 5. 1976, ebenda (mit dem Wettbewerbsargument).

[541] Gülleverordnung: So sind die Kleinen klein zu kriegen, in: LWE 124 (1977), Nr. 41, S. 11–12, hier: S. 12. Im EG-Vergleich lagen die Pachtpreise in der Bundesrepublik im Verhältnis zum Ertragswert des Bodens ohnehin schon recht hoch. Verantwortlich dafür waren etwa die geringe Besteuerung von Grundbesitz (die Bodenhortung begünstigte) und der starke Bodenbedarf der Nicht-Landwirtschaft. Vgl. hierzu als Abriss: Wilhelm Brandes, Zur Konzentration der Agrarproduktion in der Bundesrepublik Deutschland aus betriebswirtschaftlicher Sicht, in: AW 27 (1978), S. 1–12, hier: S. 11 f.; Klaus Peter Krause, Der große Landhunger, in: FAZ, 15. 12. 1981.

Eine inhaltlich adäquate Diskussion über diesen strukturpolitisch gewichtigen Einwand hat es in den Debatten über den Verordnungsentwurf nicht gegeben. Das Vorhaben des Innenressorts scheiterte zwar nicht zügig, aber dennoch recht kläglich vielmehr schon am Widerspruch der landwirtschaftlich wichtigen Länder, die vereint erklärten, bundesweit einheitliche Regeln für die Gülle-Düngung seien allein schon wegen der regional und lokal höchst unterschiedlichen Bodenqualität sachlich völlig unmöglich. Auch das Bundesagrarministerium, das den Plan der tatendurstigen Gesundheits- und Umweltschützer im Innenministerium ohnehin nur widerwillig mitgetragen hatte, stützte schließlich diese Position. Warnend verwies es zudem im Sommer 1976 „auf den bevorstehenden Wahltermin": Die Gefahr, landwirtschaftliche Wähler zu verschrecken, sei so real, dass weitere Beratungen über den Entwurf „nicht opportun" seien. Da an der Spitze des Innen- und des Agrarministeriums seinerzeit jeweils ein FDP-Politiker stand, entfaltete dieser Hinweis offensichtlich unmittelbar Wirkung. Die geplante „Überdüngungs-Verordnung" landete nun rasch in der Ablage für gescheiterte ministerielle Projekte. Erneute Versuche des Innenressorts, das Thema zu einer bundespolitischen Angelegenheit zu machen, gab es nicht.[542]

Das Problem hoher Nitratwerte im Wasser verschwand jedoch keineswegs. Gerade in Agrarregionen, in denen die Bauern viele Schweine mästeten, wurden bei Messungen immer öfter Werte entdeckt, die weit über dem wasserrechtlich zulässigen Anteil lagen. Vor allem sogenannte „Hausbrunnen" (privat betriebene Pumpanlagen, die Haushalte ohne Anschluss an das öffentliche Leitungsnetz mit fließendem Wasser versorgten) fielen bei solchen Tests negativ auf, weil sie in der Regel nicht sehr tief reichten. Daher förderten sie viel versickertes Nitrat wieder an die Oberfläche, das auf seinem Weg in die Tiefe noch nicht allzu weit gekommen war.[543]

Nach dem Scheitern einer bundesweit einheitlich geltenden Regelung verlagerte sich der Streit um die Gülle daher nur auf andere politische Bühnen. Nach 1980 entwickelte sich die Überdüngung immer stärker zu einem Thema, das Landes- und Regionalpolitiker anging. Lokale Umwelt-Initiativen sowie Landesverbände

---

[542] BML an BMI, 24. 6. 1976, BArch Kbz, B 116/46 566. Das Innenministerium wurde zu diesem Zeitpunkt von Hans-Dietrich Genscher geleitet; Agrarminister war sein Parteigenosse Josef Ertl. Vgl. zum Scheitern des Entwurfs zusammenfassend im Rückblick auch: Aktenvermerk der Abt. V II 5 für den Staatssekretär im BMI, 6. 4. 1978, BArch Kbz, B 295/33 573. Zur Position der Länder vgl. genauer etwa: LM Niedersachsen an BML, 26. 1. 1977, BArch Kbz, B 116/46 566; LM Bayern an BMI, 16. 1. 1976, ebenda.

[543] Vgl. etwa: Stillgelegte Privatbrunnen mit „Rekord"-Nitratgehalt bis 618 mg/l, in: Oldenburgische Volkszeitung, 16. 6. 1984; Trinkwasser im Landkreis weiterhin schlecht, in: ebenda, 20. 10. 1984; Noch viele Jahre ein zentrales Thema: Belastung des Grundwassers mit Nitrat, in: Nordwest-Zeitung, 10. 10. 1984; Egmont R. Koch, Die Lage der Nation 85/86. Umweltatlas der Bundesrepublik. Daten, Analysen, Konsequenzen, Trends, Hamburg 1985, S. 54. Der zulässige Nitrat-Höchstwert betrug 90 mg pro Liter. Etliche Mediziner hielten diesen Wert, der seit 1976 galt, für viel zu hoch: Er biete keinen ausreichenden Schutz vor gesundheitlichen Schäden. Vgl. dazu ausführlich: Ulrich Rohmann/Heinrich Sontheimer, Nitrat im Grundwasser. Ursachen – Bedeutung – Lösungswege, Karlsruhe 1985, S. 251–267.

und Ortsgruppen der 1980 gegründeten „Grünen" beschäftigten sich intensiv mit Fragen der Wasserqualität; die örtlichen Zeitungen berichteten regelmäßig.[544] Zusätzlicher Druck entstand durch neue Vorschriften der EG, die 1980 erlassen wurden und nach einer fünfjährigen Übergangszeit in allen Ländern der Gemeinschaft gelten sollten: Im Interesse eines verbesserten Gesundheitsschutzes musste die Bundesrepublik den zulässigen Grenzwert für den Nitratgehalt in Trinkwasser um 45 Prozent senken.[545]

Gerade die Länder Schleswig-Holstein, Niedersachsen und Nordrhein-Westfalen, die wenige Jahre zuvor das Projekt des Bonner Innenministeriums mit vereinten Kräften zu Fall gebracht hatten, um die stark entwickelte Schweinemast innerhalb ihrer Grenzen zu schützen, mussten nun dringend handeln: Nur in einigen Regionen in diesen drei norddeutschen Ländern verursachte die Gülle seinerzeit tatsächlich großflächigere akute Probleme bei der Wasserqualität.[546]

1983/84 entstanden daher drei Landesverordnungen, die künftig Überdüngungen durch Gülle verhindern sollten. Ihre komplizierten Detailregelungen, die allesamt aus dem Entwurf von 1975 stammten und daher ebenfalls darauf setzten, den Tierbestand an die Hoffläche zu binden, müssen hier nicht dargestellt werden. Praktisch bedeutsam waren sie nämlich nur in einer Hinsicht: Zumindest auf mittlere Sicht beendeten sie wirkungsvoll das Ausfahren von Gülle in den Wintermonaten, das – wie gesagt – besondere große Umweltrisiken mit sich brachte. Da der Flüssigkot wegen dieser Restriktion nun jeweils für längere Zeit gar nicht mehr verteilt werden durfte, mussten Schweinemastbetriebe größere Güllemengen auf dem Hof lagern als zuvor. Für den Bau solcher Silos und Speicher gewährten die drei Landesregierungen großzügig bemessene Fördergelder.[547]

---

[544] Vgl. etwa: Sorgen um das Grundwasser, in: FAZ, 3. 3. 1982; Wasser als wichtigstes Lebensmittel, in: FAZ, 5. 7. 1982; Umweltverband kritisiert hohen Nitratgehalt im Wasser, in: FAZ, 9. 7. 1982. Für die Lokalpresse vgl. beispielhaft die umfangreiche Pressedokumentation für den Raum um Oldenburg für die Jahre 1982–85 in: Parto Teherani-Krönner, Nitratpolitik vor Ort. Wohin mit den Gülle-Überschüssen aus Vechta?, West-Berlin 1988, unpag. Anhang.

[545] 50 mg pro Liter Grundwasser lautete der neue Wert. Er ist auch aktuell noch gültig. Vgl. genauer: Jobst Conrad, Options and Restrictions of Environmental Policy in Agriculture, Baden-Baden 1991, S. 45–47.

[546] Auf Landkreisebene galt dies für die LK Vechta, Cloppenburg, Osnabrück und Grafschaft Bentheim in Niedersachsen sowie die LK Borken und Coesfeld in Nordrhein-Westfalen. In Schleswig-Holstein handelte es sich eher um ein lokal auftretendes Problem. Vgl. genauer für die Jahre um 1990: Karl Ravert, Gülleaufbereitungsverfahren – Wirtschaftlichkeit und Auswirkungen auf die regionale Konzentration der Veredelungsproduktion, Frankfurt/Main 1995, S. 115 f.; Vetter/Klasink/Steffens, Mist- und Gülledüngung, S. 8.

[547] Conrad, Umweltprobleme, S. 110 u. S. 114. Auch andere Bundesländer (in denen es keine zeitlichen Ausbringungsverbote gab) förderten Bauten, in denen Gülle gelagert werden konnte. Vgl. für Bayern etwa: Freiwilliges Gülleprogramm hat sich bewährt, in: DGS 38 (1986), S. 349. Eine landeseigene Gülle-Verordnung lehnte die Bayerische Staatsregierung ab: Sie werde den „verschiedenartigen standörtlichen und witterungsbedingten Gegebenheiten" nicht gerecht. So die Antwort des Landwirtschaftsministeriums in seiner Antwort auf eine Schriftliche Anfrage der CSU-Fraktion vom 5. 1. 1988 in: Drucksachen des Bayerischen Landtags, Drucksache 11/4483, S. 3.

Ansonsten aber handelte es in allen drei Fällen doch stark um „Symbolpolitik". So nannten die Verordnungen nicht nur „recht großzügige mengenmäßige [...] Ausbringungsbeschränkungen". Deren Einhaltung im laufenden Betrieb ließ sich zudem de facto kaum kontrollieren. Alle Angaben, die bei einer Überprüfung wichtig waren, stammten von den Landwirten und konnten auch nur von ihnen kommen. Zahlreiche Möglichkeiten, behördliche Ausnahmen zu genehmigen, komplettierten dieses umfassende „Vollzugs- und Überwachungsdefizit".[548]

Darüber hinaus entstand durch das Ausbringungsverbot in der Winterzeit ein neues Problem. Ende der 1980er Jahre beschrieb ein Beobachter die – recht besehen – sehr erwartbare Reaktion der Bauern auf das Ende der Sperrfrist jeweils im zeitigen Frühjahr mit diesen Worten: „Am 15. 2. [ab diesem Datum war das Ausfahren von Gülle nach der nordrhein-westfälischen Regelung wieder zulässig – K.C.F.] rasen alle los – dann stinkt ganz Westfalen nach Gülle."[549]

Wie sich schon an diesem Phänomen zeigt, erwiesen sich die drei Erlasse einerseits durchaus als effektiv und andererseits doch auch als nur sehr begrenzt wirksam. Sie zwangen zwar Landwirte wie den eingangs vorgestellten Ewald Kronlage dazu, ihre bisherige Düngepraxis zu verändern und verhinderten wohl auch Exzesse wie das Fluten der Felder mit Gülle, die Zeitgenossen in den 1970er Jahren in der Region um Oldenburg erlebt hatten.

Ein wirklich gezielter, präzise dosierter Einsatz der Gülle durch die Bauern, der den Nährstoffreichtum der Flüssigkeit nutzte, ohne die Umwelt zu schädigen, ließ

---

[548] In der Reihenfolge der Zitate: Conrad, Umweltprobleme, S. 108, S. 114 u. S. 113. Zentral für das Überwachungsdefizit war der Begriff der „Düngergroßvieheinheit", der darüber entschied, ob ein Landwirt auf seinem Hof das „übliche Maß" der Gülledüngung einhalten konnte oder ob Überdüngung drohte. Wie schon der Begriff zeigt, orientierte sich die Regelung an der „Großvieheinheit", mit der die Steuerbehörden arbeiteten (siehe dazu S. 311). Auch die „Düngergroßvieheinheit" beruhte auf der Umrechnung der einzelnen Nutztierformen in eine Recheneinheit; nur wurde dabei die Kotproduktion der Tiere zugrunde gelegt. Für jeden Hof sollte so eine problemlos vergleichbare Zahl für den Tierbestand errechnet werden, die dann auf die Hoffläche bezogen werden konnte. Nach der NRW-Verordnung etwa galt das „übliche Maß" der Düngung als garantiert, wenn pro Hektar landwirtschaftlicher Nutzfläche nicht mehr als drei „Düngergroßvieheinheiten" gehalten wurden. Problematisch daran war zum einen der Umrechnungsschlüssel, über den sich selbst Experten stritten. Zum anderen wusste nur der Landwirt, wie sich der Viehbestand auf seinem Hof zusammensetzte. Ohne korrekte Angaben dazu von seiner Seite lief die Verordnung ins Leere; behördliches Personal, das Kontrollen hätte durchführen können, gab es nicht. Vgl. zu diesen Problemen schon: LM NRW an BML, 29. 4. 1976, BArch Kbz, B 116/46 565; Verband der LWK an BMI, 5. 5. 1976, BArch Kbz, B 116/46 566; BMJ an BMI, 17. 1. 1978, BArch Kbz B 116/46 567. Kritisch zur Umrechnungsformel vgl.: Umweltprobleme der Landwirtschaft. Sondergutachten des Rates von Sachverständigen für Umweltfragen, März 1985, Stuttgart und Mainz 1985, S. 157.

[549] Zit. nach: Umweltprobleme und umweltorientierte Landbewirtschaftung, Münster 1989 (Bonner Wissenschaftliche Berichte, Reihe B, Nr. 39), S. 164. Das Ausbringungsverbot galt jeweils seit Mitte November. Eine ähnliche Feststellung für den Landkreis Cloppenburg vgl. auch schon in: Kühling: „Es wird überall gegüllt", in: Nordwest Zeitung. Ausgabe: Der Münsterländer, 19. 2. 1985. Der hier zitierte Karl-Heinz Kühling war ein Abgeordneter der „Grünen" im dortigen Kreistag.

sich durch die amtlichen Vorschriften jedoch nicht herbeiführen. Dafür waren ihre Regeln viel zu grob und die Spielräume, die sie den Landwirten ließen, viel zu groß. Wie Befragungen zeigten, düngten fast alle westdeutschen Bauern ihre Felder und Wiesen, ohne Genaueres über die bereits vorhandenen Nährstoffe im Boden zu wissen. „Die Unkenntnis über die Nährstoffversorgung der Betriebsflächen ist fast sträflich" – so urteilte einer der Betriebsberater der LWK Schleswig-Holstein über die Praxis der Landwirte. Zu allem Überfluss arbeiteten die Maschinen, die beim Versprühen der Gülle eingesetzt wurden, in der Regel auch noch sehr ungenau. Wo die problematische Flüssigkeit so unkontrolliert eingesetzt wurde, blieb die Überdüngung zwangsläufig eine stete Gefahr.[550]

In längerer Perspektive bezeichnen die Verordnungen der drei Bundesländer daher nur den Beginn der bis in unsere Gegenwart reichenden politischen Bemühungen, das Gülle-Problem zu lösen, ohne die Bestände der Mastschweine (und auch anderer Stalltiere) selbst zu regulieren. Wie die aktuelle Kritik der EG-Kommission an überhöhten Nitratwerten im Grundwasser in zahlreichen bundesdeutschen Regionen zeigt, war und bleibt diese Agrarpolitik, die nicht auf der Ebene der agrarischen „Veredelung" ansetzt, dauerhaft nur insofern erfolgreich, als sie eine unkontrollierte Entwicklung der Gülle-Ausbringung verhinderte.[551]

Der Stoffkreislauf zwischen Tierhaltung und Feldwirtschaft durch gezielte Düngung des Bodens mit Tierkot, dessen Entwicklung und Nutzung als eine der wichtigsten zivilisatorischen Errungenschaften des Menschen gelten kann, ist dennoch nach wie vor massiv gestört, weil die Landwirte in den Ställen beständig enorme Mengen an Dünger gewinnen, für den es keine umweltverträgliche und ökonomisch sinnvolle Verwendung gibt.[552] Hinter diesem historisch neuen Ungleichgewicht, das seit seiner Entstehung in den 1960er Jahren eher größer als kleiner geworden ist, standen und stehen sowohl der enorme Fleischhunger der Bevölkerung in den hochentwickelten Ländern wie auch die arbeitseffizienten Haltungs-

---

[550] So einheitlich das Urteil in: Hans-Hermann Petersen, Von der Güllevernichtung zur Gülleverwertung, in: BBSH 131 (1981), S. 2088; W. Cramer, Praktische Erfahrungen auf dem Grünland, in: ebenda, S. 2034–2035; Probleme bei der intensiven Tierhaltung, in: Konfliktfeld „Moderne Agrarproduktion". Beiträge zum Ausgleich ökologischer und landwirtschaftlicher Interessen, Frankfurt/Main 1982 (Archiv der DLG, Nr. 69), S. 86; Umweltprobleme, S. 157; Parto Teherani-Krönner, Implementierung der Gülleverordnung in Nordrhein-Westfalen, West-Berlin 1987, S. 4 f. Zum Problem der höchst ungenauen Dosierung der ausgebrachten Gülle selbst durch speziell dafür konstruierte Fahrzeuge vgl. genauer: Heinz Vetter/Günter Steffens/H. H. Kowalewsky, Kostbare Gülle wird verschleudert, in: MDLG 96 (1981), S. 534–536. Der Text berichtet von Tests an 14 verschiedenen Modellen; keines davon arbeitete verlässlich.
[551] Vgl. hierzu etwa: So ein Mist, in: FAZ, 23. 1. 2020.
[552] Die Weiterverarbeitung von Gülle etwa durch Trocknung oder durch Vermengung mit Stroh oder anderen organischen Abfällen ist zwar möglich, aber wegen hoher Kosten unökonomisch. Das Gleiche gilt für Transporte über weitere Strecken in Regionen ohne intensive Tierhaltung. Vgl. hierzu etwa schon: B. Oberbacher/W. Oesterle/W. Schönborn, Studie über Verwertungsmöglichkeiten von Gülle aus Massentierhaltungen, in: BLW 52 (1974), S. 172–179; Hans-Friedrich Finck/Katharina Haase, Nitratbelastung des Grundwassers, Münster 1987, S. 145–153; Ravert, Gülleaufbereitungsverfahren, S. 116–118.

formen der modernen Tierhaltung, ohne die es die niedrigen Preise nicht gäbe, die den Fleischkonsum beflügeln.

Diese Feststellungen enthalten implizit auch schon das Urteil über die Frage, wie erfolgreich die ersten westdeutschen Gülle-Verordnungen das weitere Wachstum der Schweinebestände in der Bundesrepublik gedämpft haben. Durch die vorgeschriebene Verbindung zwischen Tierbestand und Hoffläche sollten sie ja gerade in diesem Sinne wirken und eine „bodenunabhängige" Schweinemast verhindern. Schaut man nur auf dieses Ziel, dann kann man die Verordnungen (die das Vorbild für weitere ähnliche Regelungen auf Länder- und Bundesebene abgaben) als wirkungsvolle Agrarpolitik bewerten: Landwirtschaftliche Betriebe, die nur Tiere hielten und keine Bodenwirtschaft betrieben, blieben im Untersuchungszeitraum extrem selten.[553]

Für die Struktur der Landwirtschaft war damit allerdings kaum etwas gewonnen. Sowohl kurzfristig wie auch in längerer Perspektive haben die westdeutschen Regeln gegen die Überdüngung von Feldern und Wiesen selbst dort, wo sie schon in den 1980er Jahren galten, weder das weitere Anwachsen der Schweineherden in den Mastställen verhindert, noch haben sie die bäuerlichen Familienbetriebe so wirkungsvoll vor der Konkurrenz durch „Agrarfabriken" bewahrt, wie die politisch Verantwortlichen es sich erhofften.

Zwar standen Landwirte, die ihre Schweinehaltung erweitern wollten, in Nordrhein-Westfalen sowie in Niedersachsen und Schleswig-Holstein seit 1983/84 durchaus vor einem Problem: Handelte es sich nicht um ausgesprochen große Höfe oder um Unternehmen, die zuvor nur sehr wenige oder auch gar keine Schweine besessen hatten, dann erhielten sie eine Baugenehmigung für den neuen Stall oder einen Umbau vorhandener Gebäude vielfach nur dann, wenn sie nachwiesen, dass auf dem Hof trotz der neuen Tiere nach wie vor nicht mehr organischer Dünger erzeugt wurde, als es dem „üblichen Maß" der Düngung entsprach. Ein bäuerlicher Familienbetrieb mit 15 ha Nutzfläche, der ausschließlich Schweine mästete, etwa durfte nach den nordrhein-westfälischen Regeln maximal 267 Mastplätze einrichten. Sollten dennoch mehr Schweine produziert werden, musste der Hof erweitert werden, um weitere „Ausbringungsflächen" für die nun zusätzlich anfallende Gülle zu gewinnen.[554]

Dieses Junktim zwischen agrarischer „Aufstockung" und Vergrößerung der Felder und Wiesen, das sich dank des strengen deutschen Baurechtes relativ konsequent durchsetzen ließ, hatte genau den Effekt, vor dem einige Agrarexperten bereits in den 1970er Jahren, bei den Beratungen über die schließlich gescheiterte bundesweit einheitliche Überdüngungs-Verordnung, gewarnt hatten: Durch den Erweiterungszwang entstand ein scharfer Wettbewerb um zusätzlichen Boden

---

[553] Vgl. genaue Zahlen in: Umweltprobleme der Landwirtschaft. Sondergutachten 1985, in: BT Drucksachen 10/3613, S. 90 (online abrufbar unter: https://dip.bundestag.de).

[554] Die genannte Zahl nach: Hermann van den Weghe, Wird die Luft jetzt abgeschnürt?, in: MDLG 102 (1987), S. 8–11, hier: S. 10. Bei gleichzeitiger Haltung von Milchvieh oder Mastrindern ergab sich eine noch deutlich niedrigere Zahl.

zwischen expansionswilligen größeren und kleineren Mastbetrieben, bei dem die Schwächeren in der Regel an die Seite gedrängt wurden. Das Interesse an einer „Aufstockung" gerade bei den Schweinen aber war fast allgemein: Dafür sorgten – wie gezeigt – allein schon die 1984 eingeführten Milchquoten.[555]

Entrüstet klagten Bauern, die in den norddeutschen Zentren der Schweinehaltung kleine bis mittelgroße Höfe besaßen, wegen der Gülle-Vorschriften sei es für sie „praktisch unmöglich", ihre Schweineställe noch weiter auszubauen. Pachtland stehe entweder gar nicht zur Verfügung oder aber es sei durch die verstärkte Nachfrage so teuer geworden, dass die zusätzlichen Kosten die Rentabilität des Betriebs gefährdeten: „Nur die wettbewerbsstärksten Betriebe werden auch mit diesen neuen Belastungen fertig werden."[556]

Als Instrument, um die Schweineherden auf den einzelnen Bauernhöfen klein zu halten, wirkten die Gülle-Regeln also eindeutig kontraproduktiv: Sie hemmten die Expansionsfähigkeit kleinerer Produzenten weitaus stärker als die von Großbetrieben.[557] Der Schwund bei der Zahl der schweinehaltenden Höfe und der damit verbundene Trend zu größeren Beständen setzten sich daher in der zweiten Hälfte der 1980er Jahre in den drei Bundesländern, die Vorschriften dieser Art erlassen hatten, ebenso fort wie im Rest der Republik.

Auch deshalb meinte der Begriff „bäuerliche Schweinehaltung" schon in der letzten Dekade vor dem Epochenbruch von 1989/90 in der wirtschaftlich nach wie vor stark von den Schweinen abhängigen westdeutschen Landwirtschaft etwas ganz anderes als noch zwei Jahrzehnte zuvor. Strukturell wie auch agrarpolitisch waren zudem alle Weichen so gestellt, dass sich diese Veränderung ungebrochen weiter fortsetzen musste.[558]

---

[555] Siehe oben S. 375 f.
[556] Heinrich Hüffmeier, Im Würgegriff der Paragraphen?, in: MDLG 100 (1985), S. 616–619, hier: S. 618 f. Vgl. ähnlich auch: Statusbericht über Bereiche der Tierproduktion, Münster 1986, S. 21 f.; Horst Wagner, Deckungsbeiträge von 42 DM (Mast) und 830 DM (Sau) sind notwendig, in: LWE 133 (1986), Nr. 12, S. 5–9, hier: S. 5; Der Pachtflächenanteil wächst weiter, in: LWE 133 (1986), Nr. 31, S. 3; Teherani-Krönner, Implementation, S. 180 f. u. S. 193; Heinrich Hüffmeier, Auswirkungen von Umweltauflagen auf die Schweineproduktion, in: 12. Hülsenberger Gespräche 1988: Schweinefleischproduktion, Hamburg 1988, S. 181–188, hier: S. 186 f.
[557] Familiäre Beziehungen konnten allerdings auch kapitalschwächeren Landwirten den Zugriff auf Pachtflächen sichern. Da die hinzugewonnenen Flächen nicht allzu weit entfernt liegen durften, um wirtschaftlich genutzt werden zu können, spielten solche nicht-ökonomischen Faktoren im Pachtgeschäft eine wichtige Rolle. Vgl. dazu empirisch fundiert: Rudolf Bunzel, Eindrücke von einer Agrarkultur in der industriellen Wachstumsgesellschaft. Eine Fallstudie aus Hohenlohe/Württemberg, in: Bernhard Glaeser (Hrsg.), Die Krise der Landwirtschaft. Zur Renaissance von Agrarkulturen, Frankfurt/Main und New York 1986, S. 31–46, hier: S. 34.
[558] Vgl. etwa: Analysen zu Strukturen und Entwicklungen in der Schweine- und Sauenhaltung in Deutschland, Vechta, 2011.

3. Die Haltung von Rindern und die Rindfleischproduktion

3.1. Ein „Komplementär-Betriebszweig" expandiert: die Rindermast in der Bundesrepublik

Die hier beginnende Untersuchung, wie sich die Rinderhaltung in der Bundesrepublik nach 1950 veränderte, soll deutlich kürzer ausfallen als die vorangegangenen Abschnitte der Darstellung, die sich mit der Produktion von Hühnerfleisch sowie von Schweinefleisch beschäftigten. So lassen sich inhaltliche Wiederholungen vermeiden, die bei vergleichbarer Ausführlichkeit unweigerlich entstünden. Die starke Expansion des Wissens etwa, wie man tierische Leistungen durch eine gezielte Fütterung positiv beeinflussen kann, und der Zwang, möglichst arbeitseffiziente Haltungsformen zu entwickeln, die Einschränkungen und Schädigungen, die das Leben in modernen Ställen für die Tiere mit sich brachte, sowie auch die Schwierigkeiten vieler Bauern, im Alltag so modern zu wirtschaften, wie Agrarökonomen und Betriebsberater es empfahlen – all dies wäre ansonsten erneut zu behandeln, ohne dass dem bislang entworfenen Bild wirklich neue Aspekte hinzugefügt würden.

Auch der Prozess der betrieblichen Konzentration verlief bei den Rinder-Beständen kaum anders als bei der Schweinehaltung. Nicht weniger als 70 Prozent der 1,24 Millionen Höfe, die noch 1960 den westdeutschen Markt für Rindfleisch beliefert hatten, schieden bis 1989 aus dem Wettbewerb aus. Die auf den ersten Blick dennoch recht große Zahl der überlebenden Betriebe von rund 380.000 verbarg zudem auch in diesem Fall eine sehr ungleiche Verteilung der Herden: Bereits Mitte der 1980er Jahre besaßen lediglich drei Prozent der Rindfleischproduzenten rund 58 Prozent aller Tiere, die in der Bundesrepublik gehalten wurden. Das Bild einer immer noch recht breiten landwirtschaftlichen Basis, das die Statistik vermittelte, war in der Rindfleischproduktion daher kaum weniger trügerisch als bei den Schweinen; auch in diesem Segment der agrarischen „Veredelung" verlief der Trend ebenso eindeutig wie unumkehrbar zuungunsten der vielen Höfe mit nur wenigen Tieren.[559]

Neben diesen zahlreichen parallelen und identischen Entwicklungen wies die Geschichte der Rinderhaltung in Westdeutschland in der zweiten Hälfte des 20. Jahrhunderts jedoch auch einige Besonderheiten auf. Sie sollen im Zentrum der folgenden Ausführungen stehen, sorgten sie gemeinsam doch dafür, dass die

---

[559] Alle Zahlen aus und berechnet nach: StatJB BRD 1964, S. 163; StatJB BRD 1992, S. 162. Die Angaben zur Konzentration der Bestände aus und berechnet nach: Umweltprobleme der Landwirtschaft. Sondergutachten 1985, in: BT Drucksachen 10/3613, S. 88 f. (online abrufbar unter: https://dip.bundestag.de). Regionale Ungleichgewichte existierten zwar; sie fielen aber weniger gravierend aus als in der Schweineproduktion. Genaue Angaben vgl. in: Karl Eckart/Hans-Friedrich Wollkopf u. a., Landwirtschaft in Deutschland. Veränderungen der regionalen Agrarstruktur in Deutschland zwischen 1960 und 1992, Leipzig 1994, S. 158–162.

Landwirte in diesem Segment der agrarischen „Veredelung" auch noch in den späten 1980er Jahren deutlich stärker auf traditionelle landwirtschaftliche Praktiken setzten als bei der Produktion von Hühner- und Schweinefleisch. Im Vergleich lässt sich sogar von einer unvollständigen Modernisierung sprechen – und dies galt keineswegs nur in dem Sinne, dass die Praxis auf vielen Bauernhöfen (wie bereits bei den Schweinen) auch beim Umgang mit den Mastrindern noch recht lange nicht sehr modern ausfiel.

Rindfleisch nämlich lieferten in der Bundesrepublik in den hier untersuchten Jahrzehnten durchweg Tiere der „Rassen", die deutsche Bauern auch schon vor 1950 gezüchtet, vermehrt und genutzt hatten. Dabei handelte es sich um ein kleines Ensemble von Zuchtlinien für einen „milchbetonten Zweinutzungstyp [...], der in erster Linie auf die Milchproduktion ausgerichtet ist und Rindfleisch als Koppelprodukt liefert".[560]

Zwar existierten spätestens seit dem 19. Jahrhundert etliche Rinder-„Rassen", die vor allem für die Mast genutzt wurden und nach der Meinung aller Experten qualitativ besonders hochwertiges Fleisch lieferten. Sie stammten durchweg aus dem Ausland, gelangten aber rasch auch nach Deutschland. Tiere dieser Art, die deutlich größer und schwerer wurden als Exemplare der „milchbetonten Rassen", blieben in der deutschen Landwirtschaft jedoch Exoten: Ihr Anteil am Gesamtbestand lag dauerhaft wohl bei unter einem Prozent.[561]

An der Dominanz von Zuchtlinien, die den Haltern vor allem eine möglichst hohe Milchleistung der Kühe garantierten, hat sich in der Bundesrepublik auch unter den Bedingungen des modernen Lebensmittelmarktes nichts geändert. Eine vermehrte Mast der bereits älteren ausländischen „Fleischrinder" blieb ebenso aus wie die Einführung ganz neuer „Rassen", die ebenfalls auf mehr Muskelmasse setzten. Auch Hybridzucht-Programme, die viele verschiedene Zuchtlinien miteinander kombinierten und die Bauern an einer eigenen „Nachzucht" hinderten, wurden nicht aufgelegt.[562]

Der Kontrast zur Entwicklung bei den Hühnern und auch bei den Schweinen, der sich aus dieser Konstanz ergab, ist umso bemerkenswerter, als sich die Methoden der Rinderzucht und der Rindervermehrung im gleichen Zeitraum dramatisch veränderten. Moderne Verfahren wie die künstliche Befruchtung und der

---

[560] Friedrich-Wilhelm Probst, Tierische Veredelung im Jahre 2000 – Entwicklungstendenzen in Europa, Braunschweig 1982, S. 26.

[561] Vgl. hierzu genauer etwa den historischen Abriss: Hans Otto Gravert, Von der Vielfalt zu wenigen leistungsbetonten Rinderrassen, in: MDLG 100 (1985), S. 1274–1277. Zu den bekanntesten „Fleischrassen" zählen etwa die aus Frankreich stammenden Charolais-Rinder sowie die vornehmlich in Großbritannien und Irland gehaltenen Aberdeen-Angus-Rinder. Vgl. hierzu exemplarisch etwa: E. Reer, Charolais – das noch zu unbekannte Fleischrind, in: BBSH 127 (1977), S. 542–544. Zur geringen Verbreitung der „Fleischrassen" in der Bundesrepublik vgl. auch: Fritz Haring, Möglichkeiten zur Verbesserung der Rindfleischerzeugung, in: MDLG 86 (1971), S. 734–735.

[562] Vgl. zusammenfassend: Benno Willers, Fleischmärkte auf wackeligen Beinen?, in: MDLG 94 (1979), S. 1356–1358, hier: S. 1357.

Einsatz von tiefgekühltem Sperma, das von besonders leistungsstarken Bullen stammte und dank der Kühlung über weite Entfernungen transportiert werden konnte, waren in der bundesdeutschen Rinderhaltung bereits in der zweiten Hälfte der 1960er Jahre selbst auf kleineren Höfen nichts Besonderes mehr.[563]

Im Laufe der nachfolgenden Dekade entwickelten Biologen dann auch noch Techniken für die Teilung befruchteter Eizellen und den Transfer bereits ausgebildeter Embryonen. Nutzte man dieses hochspezialisierte medizinische Know-how wirklich konsequent, dann konnte ein einziger „Elitebulle" sein Erbgut an bis zu 150.000 Nachkommen weitergeben.[564] EDV-Programme, die fortlaufend die Milchleistungen von hunderttausenden Kühen sowie auch noch weitere ökonomisch wichtige Daten verzeichnen konnten, stellten die Selektion der jeweils besten Tiere zudem auf eine ganz neue Basis von Massendaten.[565]

Im Zentrum dieser sehr intensiven züchterischen Bemühungen stand jedoch eindeutig und dauerhaft eine noch weiter verbesserte „Laktation" der weiblichen Tiere: Jede von ihnen sollte täglich noch mehr Milch geben. Auch ein höherer Fettgehalt der nährenden Flüssigkeit war erwünscht, weil sich die Milch dann besser zu Butter, Sahne oder auch Käse „veredeln" ließ. Mehr Muskeln und damit auch mehr Rindfleisch für den menschlichen Konsum nach der Schlachtung rangierten auf der Wunschliste der westdeutschen Landwirte hingegen recht weit hinten: Solche Leistungssteigerungen mussten mit einem höheren Milchertrag pro Kuh einhergehen. Ein eigenständiger, von der Milchleistung ganz unabhängiger Wert aber wurde ihnen nicht zugebilligt.[566]

---

[563] Vgl. exemplarisch: Im Dienste der Landwirtschaft. Aus der Arbeit der Landwirtschaftskammer Rheinland 1967–1968. Bd. 1: Bericht der Zentrale, o. O. o. J., S. 133. Hiernach wurden im Gebiet der LWK bereits 1967/68 rund 195.000 Kühe künstlich befruchtet (das entsprach fast 61 Prozent aller „deckfähigen" Tiere) künstlich befruchtet. Zum Einsatz kam dabei das Sperma von nur 263 Bullen. Vgl. auch: Rinderbesamung – Fortschritt für die Rinderzucht, in: BBSH 126 (1976), S. 3207–3210. Ende der 1980er Jahren nutzten 93 Prozent aller rinderhaltenden Betriebe in der Bundesrepublik die Angebote von Besamungsstationen. Günther Thiede, Landwirt im Jahre 2000. So sieht die Zukunft aus, Frankfurt/Main 1988, S. 30. Zur geringen Bedeutung der künstlichen Befruchtung bei der Schweinevermehrung siehe oben S. 332.

[564] Günther Thiede, Die Elite-Kuh der Zukunft ist wahrscheinlich ein Serienprodukt, in: FAZ, 14. 8. 1984. Vgl. auch: J. C. Plat/J.-P. Renard, Embryonentransfer auf dem Vormarsch, in: MDLG 97 (1982), S. 31–32; Joachim Baltzer, Embryonen-Transfer in der Rinderzucht, in: BBSH 134 (1984), S. 2857–2859; E. Freese, Züchtung und Embryonen-Transfer, in: BBSH 138 (1988), S. 492–495.

[565] Vgl. konkret an einem Beispiel aus Schleswig-Holstein: Günther Thiede, Europas Grüne Zukunft, Düsseldorf und Wien 1975, S. 45. Hier wurden in einem mehrstufigen Verfahren die fünf besten Bullen aus einer Ausgangspopulation von rund 250.000 Tieren ausgewählt.

[566] Vgl. hierzu etwa: Robert Winnigstedt, Die Bewährung unserer Zweinutzungsrassen beim Rind, in: TZ 13 (1961), S. 477–478; O. A. Sommer, Wohin steuert die Fleischerzeugung aus der Rindviehhaltung?, in: MDLG 78 (1963), S. 748–752, hier: S. 750 f.; Hans-Joachim Langholz, Möglichkeiten und Grenzen der züchterischen Verbesserung des Tiermaterials für die Rindermast, in: Wirtschaftliche Rindfleischerzeugung. Hochschultagung 1977, Hannover 1977, S. 23–51, hier: S. 26. In den 1970er Jahren erfolgten dann weitere „Einkreuzungen" ausländischer Zuchtlinien auch in der Absicht, Kühe zu erhalten, die besser an die Bedingungen in modernen Ställen angepasst waren. Dabei ging es um stärkere Beine und Klauen (wegen der Spaltenböden) sowie um einen höher sitzenden Euter (um die Arbeit mit der Melk-

Damit blieb die Rindfleischerzeugung in der bundesdeutschen Landwirtschaft ein „Komplementär-Betriebszweig" bzw. – etwas anders gesagt – ein „nebenherlaufendes Verfahren" der Agrarproduktion. Zum Mastvieh wurden auf den Bauernhöfen typischerweise jeweils nur dort geborene Jungtiere, die man nicht brauchte, um den eigenen Bestand an weiblichen Tieren zu erneuern. Zudem schickten die Betriebsinhaber jeweils auch noch Kühe in den Schlachthof, deren Leistungen als nicht mehr ausreichend galten. In einem doppelten Sinne war Rindfleisch in der westdeutschen Landwirtschaft also lediglich ein „Nebenprodukt der Milchviehhaltung".[567]

Nur wenige Landwirte kauften auf anderen Höfen erzeugte Kälber, um sie gezielt für die Vermarktung als Schlachtvieh zu füttern. Ganz anders als bei den Schweinen entwickelte sich bei den Rindern deshalb auch keine spezialisierte Produktion von Jungtieren, die dann anderenorts in wiederum spezialisierten Betrieben für die Mast „aufgestallt" wurden.[568]

Zumindest die Unternehmen der Fleischwarenindustrie und auch die Metzger, die gezielt auf besonders hochwertige Waren setzten, hielten diese Zustände für äußerst unerquicklich. Karl Ludwig Schweisfurth etwa, der Inhaber der größten bundesdeutschen Firma für Wurstwaren, klagte 1972, das von den bundesdeutschen Landwirten erzeugte Angebot an Rindfleisch sei „völlig unbefriedigend": Es gebe im Inland bei weitem nicht genügend große Mengen von „qualitativ hochwertigem Ladenrindfleisch". Ein Mitarbeiter seines Unternehmens untermauerte diese Beschwerde im gleichen Jahr mit der gewollt despektierlichen Bemerkung, von einer „professionellen Rindermast" sei in der westdeutschen Landwirtschaft bislang „so gut wie nichts zu sehen".[569]

Ein Fachmann mit internationalen Erfahrungen schließlich präsentierte die USA als Vorbild, wie man es besser machen könne: Nach seinen Angaben stammte Rindfleisch dort zum gleichen Zeitpunkt bereits zu fast 90 Prozent von Tieren,

---

maschine zu erleichtern). Vgl. hierzu genauer: Warum Einkreuzung mit Holstein-Frisian?, in: BBSH 133 (1983), S. 2221–2222.

[567] In der Reihenfolge der drei Zitate: Bullenmast nur als Ergänzungsbetriebszweig, in: top agrar 3 (1974), Nr. 2, S. R 9; H. Dumstorf, Betriebswirtschaftliche Voraussetzungen für verschiedene Verfahren der Rindermast, in: Rindfleischerzeugung, S. 1–23, hier: S. 22; Heiner Wiechmann, Wird zuviel wiedergekaut?, in: KF 54 (1971), S. 551–552, hier: S. 551. Vgl. ähnlich auch noch: R. Preisinger, Gebrauchskreuzung – eine zukünftige Produktionsalternative, in: BBSH 136 (1986), S. 5865–5869, hier: S. 5865.

[568] Vgl. zu dieser Lücke genauer: Reinhard Adelhelm, Ökonomik der Rindfleischproduktion ohne Milcherzeugung, in: Rupprecht Zapf (Hrsg.), Entwicklungstendenzen in der Produktion und im Absatz tierischer Erzeugnisse, München etc. 1970, S. 135–151, hier: S. 149 f.; Lüpping, Spezialisierte Rindermast, in: BBSH 137 (1987), S. 1496–1497.

[569] In der Reihenfolge der Zitate: Karl Ludwig Schweisfurth, Entwicklungstendenzen in der Fleischwarenindustrie, in: FW 52 (1972), S. 969; E. Liebler, Ist der Fleischmarkt ein kranker Riese?, in: FW 52 (1972), S. 1275–1276, hier: S. 1275. Vgl. ähnlich kritisch auch: Karl Ludwig Schweisfurth, Um einen besseren Fleischabsatz, in: MDLG 84 (1969), S. 1589–1592, hier: S. 1591; ders., Die Fleischwarenindustrie in der Wettbewerbswirtschaft der Gegenwart, in: FW 50 (1970), S. 1057–1059, hier: S. 1059; Markensteaks aus deutschen Landen, in: NFZ 54 (1972), Nr. 43, S. 1; Die Suche nach einem besseren Steak, in: NFZ 55 (1973), Nr. 32, S. 1.

die zu den „Fleischrassen" gehörten. Im Interesse besserer Fleischqualitäten und größerer Effizienz seien die Milch- und die Fleischproduktion auf der anderen Seite des Atlantiks damit betrieblich weitgehend entkoppelt.[570]

Wenn eine vergleichbare Entwicklung in der Bundesrepublik ausblieb, so lag dies nicht an konservativen Einstellungen der Bauern. Vielmehr ließen allein schon die kleinteiligen Strukturen der westdeutschen Landwirtschaft keine Übernahme des amerikanischen Modells zu: Auf ihren überschaubaren Feldern und Wiesen konnten die bodenarmen Höfe, die das Gros der Agrarbetriebe zwischen Schleswig-Holstein und Bayern stellten, nicht genügend selbsterzeugtes (und damit kostengünstiges) „Grundfutter" produzieren, um im größeren Stil in eine Rindermast einzusteigen, die nicht mehr auf der Milchviehhaltung aufbaute.[571]

Zwar verbesserte die Einführung der neuen Futtermais-Sorten, die auch im kühlen Europa gut gediehen, die betrieblichen Handlungsmöglichkeiten, taugte die Mais-Silage doch ebenso gut als „Grundfutter" für Rinder wie für Schweine.[572] Unternehmen mit einer Anbaufläche von weniger als 20 Hektar stießen jedoch auch dann rasch an Wachstumsgrenzen, wenn sie diese besonders energiereiche Pflanze säten und ernteten. Rund 85 Prozent der bundesdeutschen Bauernhöfe gehörten in den 1970er Jahren zu dieser grundsätzlich benachteiligten Gruppe der Betriebe. Eine Mast, die ausschließlich hinzugekauftes Kraftfutter nutzte, aber rechnete sich bei Rindern wegen des starken Preisdrucks auf dem bundesdeutschen Fleischmarkt genauso wenig wie bei den Schweinen.[573]

Bei einem Großvieh wie dem Rind dauerte die Mast zudem in der Regel mindestens ein Jahr, wenn nicht länger. Bullen etwa brauchten 15 bis 16 Monate, um das bei ihnen gewünschte Schlachtgewicht von 550 bis 650 Kilo zu erreichen; Ochsen (die kastrierten männlichen Tiere) wuchsen sogar noch langsamer. Kein anderes Segment der landwirtschaftlichen Produktion band Betriebskapital für so lange

---

[570] Fritz Haring, Möglichkeiten zur Verbesserung der Rindfleischerzeugung, in: MDLG 86 (1971), S. 734–735, hier: S. 734. Zu den Ursprüngen dieses speziellen Produktionssystems in den USA schon im 19. Jahrhundert vgl. genauer: Josuha Specht, Red Meat Republic. A Hoof-to-Table History of how Beef changed America, Princeton und Oxford 2019.

[571] Vgl. zu diesem Zusammenhang genauer: Werner Hensche, Bullenmast statt Milcherzeugung?, in: MDLG 86 (1971), S. 523–524; H. H. Hildebrandt, Erfolgskontrolle in der Rindermast, in: MDLG 88 (1973), S. 820–821; Gerhard Leffers, Weidemast statt Milcherzeugung?, in: MDLG 91 (1976), S. 941–944; Cay Langbehn, Bullenmast als Betriebszweig, in: top agrar 5 (1976), Nr. 4, S. R 8; E. Reimer, Wirtschaftlichkeit des Betriebszweiges Futterbau-Rindviehhaltung, in: BBSH 130 (1980), S. 138–140; Chancen rund um das Rind, in: BBSH 132 (1982), S. 856–859.

[572] Vgl. hierzu etwa: Gerhard Schömig, Silomais besitzt die höchste Wettbewerbskraft, in: MDLG 91 (1977), S. 938–941; Mit der Bullenmast Geld verdienen, in: MDLG 93 (1978), S. 145–147, hier: S. 145; Hubert Pahl/Hugo Steinhauser/Alois Heissenhuber, Gewinnung ausgewählter Grundfuttermittel sowie Wirtschaftlichkeit ihres Einsatzes in der Jungbullenmast, in: BLW 65 (1987), S. 629–670, hier: S. 630–633.

[573] Vgl. dazu bereits: Erich Johannlükens, Marktgerechte Schlachtrindererzeugung, in: DBK 14 (1961), S. 130–131.

3. Die Haltung von Rindern und die Rindfleischproduktion 423

Zeit – insbesondere dann, wenn Stallgebäude neu errichtet oder eigens für die Mast modernisiert wurden.[574]

Eine kostensparende reine Weidemast aber ließ sich in Deutschland in den hier untersuchten Jahrzehnten, in denen das Land den harten Winter noch ganz selbstverständlich als die Regel und nicht als die Ausnahme kannte, schon aus klimatischen Gründen kaum durchführen. Fast alle Mastrinder kamen daher selbst dann für eine mehrmonatige „Endmast" in den Stall, wenn sie zuvor lange auf der Weide gestanden hatten.[575]

Ökonomisch problematisch war eine spezialisierte Rindfleischproduktion schließlich und endlich auch noch wegen der geringen Reproduktionsrate der Gattung: Da jede Kuh nun einmal von Natur aus lediglich ein Kalb pro Jahr bekommt, wogen sowohl der Verlust von Tieren in der langen Mastperiode wie auch Schädigungen durch Krankheiten, Parasitenbefall oder Fütterungsfehler finanziell besonders schwer.[576]

Mit Milch ließen sich hingegen laufende Einnahmen generieren. Zudem musste sich der Landwirt noch nicht einmal groß um den Verkauf der täglich frisch entstehenden Ware kümmern. Seit der zweiten Hälfte des 19. Jahrhunderts entwickelte sich in Deutschland ein sehr dichtes Netz regional operierender privater und auch genossenschaftlicher Unternehmen, die Milch jeden Tag neu bemerkenswert effizient abtransportierten, verarbeiteten und konsumfertig zu den städtischen Verbrauchern brachten. Dieses spezielle Vermarktungssystem nur für Milch erfasste selbst entlegene Bauernhöfe. Die gelieferten Mengen wurden für jeden einzelnen Betrieb laufend registriert und regelmäßig individuell abgerechnet.[577]

---

[574] Vgl. hierzu genauer: Dumstorf, Voraussetzungen, S. 7 u. S. 21 f.; Hans Jungehülsing, Mit Bullen oder Schweinen wachsen?, in: top agrar 6 (1977), Nr. 5, S. 30–31; Schömig, Silomais, S. 940. Zudem war die „bodenunabhängige Veredelung" in der BRD ja agrarpolitisch grundsätzlich unerwünscht.

[575] Hierbei ging es auch darum, die körperliche Entwicklung der Tiere durch die genau gesteuerte Zufütterung von Kraftfutter positiv zu beeinflussen. Vgl. hierzu etwa: Jürgen Neumeier, Wirtschaftliche Formen der Jungbullenmast, in: MDLG 87 (1972), S. 978–980; Grünlandverwertung durch Bullenmast mit Mais, in: top agrar 1 (1972), Nr. 10, S. 9–11; Gerhard Leffers, Weidemast statt Milcherzeugung?, in: MDLG 91 (1976), S. 941–944; Die Weidemast ist unwirtschaftlich, in: LWE 133 (1986), Nr. 49, S. 16.

[576] Zu den Verlustquoten vgl. etwa: V. Steinhardt/ E. Ernst, Jährlich zehn Prozent Kälberverluste, in: BBSH 133 (1983), S. 112–114. Zur gesundheitlichen Gefährdung der Tiere vgl. anschaulich: Tagebuch eines Bullenmästers, in: top agrar 3 (1974), Nr. 8, S. R 14; Tagebuch eines Bullenmästers, in: top agrar 4 (1975), Nr. 4, S. R 32 u. Nr. 8, S. R 25; Tagebuch eines Bullenmästers, in: top agrar 5 (1976), Nr. 2, S. R 22 u. Nr. 10, S. R 29; Gerritt Dirksen, Gesundheitsprobleme in der Rindermast, in: BBSH 130 (1980), S. 2055–2056.

[577] Neuere wirtschaftshistorische Untersuchungen dieser bemerkenswerten Modernisierungsleistung, die im Zuge heftiger Auseinandersetzungen zwischen privaten Großhändlern und genossenschaftlichen sowie auch kommunalen Unternehmen entstand, liegen nicht vor. Detailreich anhand konkreter Beispiele vgl. etwa die älteren Darstellungen: Emil Nebert, Die Milchversorgung Berlins, staatswiss. Diss. Universität Erlangen 1929; Artur Schürmann, Die Milchversorgung des Ruhrkohlenbezirkes. Eine Untersuchung über die Grundlagen der Organisation des Milchabsatzes, Berlin 1929; Thyge Thyssen, Bauer und Standesvertretung. Werden und Wirken des Bauerntums in Schleswig-Holstein seit der Agrarreform, Neumüns-

Im Vergleich mit der Rindermast konnte die Milchproduktion daher gerade für die vielen kleineren Bauernhöfe in der Bundesrepublik, die in der Regel ohne größere finanzielle Rücklagen wirtschafteten, ökonomisch eindeutig als „vorzüglich" gelten. Noch Mitte der 1980er Jahre sorgte allein die Milch für 26 Prozent aller bäuerlichen Einnahmen in der Bundesrepublik. Weitere 17 Prozent entstanden durch die Vermarktung der nebenbei gemästeten Jungtiere sowie auch durch die finanzielle „Zweitverwertung" ausgesonderter älterer Kühe als Schlachtvieh, die ja ganz offensichtlich problemlos funktionierte.[578]

Eindeutige Signale, das Fehlen einer „professionellen Rindermast" in der westdeutschen Landwirtschaft behindere den Absatz gerade der teuersten Fleischsorte, sandte der Markt jedenfalls nicht. Wie die Praxis zeigte, fanden Fleischabschnitte, die qualitativ als besonders wertvoll beworben und daher auch zu höheren Preisen als die Standardware angeboten wurden, in der Bundesrepublik vielmehr nur wenige Käufer. So scheiterte – wie oben schon erwähnt – in den frühen 1970er Jahren der hoffnungsvoll gestartete Versuch einer großen regionalen Supermarktkette, Rindfleisch als Markenartikel zu etablieren, indem sie Tiere einer britischen „Fleischrasse" nach Westdeutschland brachte, ebenso rasch an mangelnder Resonanz bei den Verbrauchern wie andere Bemühungen von Einzelhandelsunternehmen, die Herrschaft der Sonderangebote auf dem westdeutschen Fleischmarkt durch die Einführung von „Markenfleisch" zu beenden.[579] Immerhin eine Marktnische eroberte eine 1975 in Schleswig-Holstein gegründete „Erzeugergemeinschaft für Vollfleischrinder", die lediglich „hochwertige Erzeugnisse" anbieten wollte und deshalb nach eigenen Angaben mit ihren Mastmethoden für Westdeutschland „absolutes Neuland" betrat. Zu einem Modell, das in anderen Agrarregionen Nachahmer fand, entwickelte sie sich – trotz öffentlicher Fördergelder – jedoch offensichtlich nicht.[580]

---

ter 1958, S. 99–116; Heinz-Ulrich Thimm, Die volkswirtschaftliche Verflechtung der deutschen Landwirtschaft, München 1964 (BLJ 1964, Sonderh. 3), S. 66–68.

[578] Die Zahlen nach: Hugo Steinhauser, Ökonomische Probleme der Rundviehhaltung, in: KF 68 (1985), S. 10–18, hier: S. 10. Zur ökonomischen Alternativlosigkeit der Milchproduktion für flächenarme Betriebe vgl. genauer auch: Georg Blohm, Betriebswirtschaftliche Entwicklungstendenzen in der westdeutschen Landwirtschaft, in: Verleihung des Justus-von-Liebig-Preises 1970 durch die Landwirtschaftliche Fakultät der Christian-Albrechts-Universität Kiel an Hjalmar Clausen und Georg Blohm, Hamburg o. J., S. 35–48, hier: S. 46.

[579] Siehe dazu oben S. 132 f.

[580] Eine Chance für Rinderhalter, in: BBSH 125 (1975), S. 4499–4502, hier: S. 4499. Bei ihrer Gründung bestand diese Gemeinschaft aus 18 Landwirten, die in der Region um Neumünster addiert rund 2.000 Stallplätze für Mastrinder besaßen. 1977 war die Zahl der angeschlossenen Betriebe auf 61 gestiegen. Otto Bolten, Zwischenbilanz der Erzeugergemeinschaft für Vollfleischrinder, in: BBSH 127 (1977), S. 2683–2688. Die Zahl der Mastplätze wird nicht nicht mitgeteilt. Weitere Informationen zur Entwicklung der Gemeinschaft konnten im Rahmen dieses Projektes nicht ermittelt werden. Ihre öffentliche Förderung erfolgte im Rahmen des „Marktstrukturgesetzes" von 1969, das zeitlich befristet „Startbeihilfen" für neu gegründete landwirtschaftliche Produktions- und Vermarktungsgenossenschaften zuließ. Zu den begrenzten Wirkungen des Gesetzes vgl. etwa: Rolf Fredemann, Macht und Ohnmacht von Erzeugergemeinschaften, in: top agrar 1 (1972), Nr. 7, S. 33–34.

3. Die Haltung von Rindern und die Rindfleischproduktion

Das Gros der westdeutschen Landwirte hatte daher keinen Grund, in der hierarchischen Verzahnung von Milch- und Rindfleischproduktion auf ihren Höfen ein Problem der inländischen Agrarproduktion zu sehen, das dringend gelöst werden müsse. Mit der Entstehung des Gemeinsamen Marktes der Europäischen Gemeinschaft wurde die besondere Struktur in diesem Segment der agrarischen „Veredelung" zudem noch zusätzlich stabilisiert: Der hoch angesetzte Garantiepreis für Milch sowie die stark entwickelten Interventionsmechanismen, die mit der Marktordnung für dieses Produkt in Kraft traten, bestärkten gerade Betriebe, die ohnehin schon intensiv mit Kühen arbeiteten, in ihrer betrieblichen Schwerpunktsetzung.[581]

Ließ man die schwierig zu beurteilende Frage der Fleischqualität außen vor, dann konnten die westdeutschen Rinderhalter mit ihrer gekoppelten Herstellung von Milch und Rindfleisch in den Jahren nach 1960 eindeutig als sehr erfolgreich gelten. Es gelang ihnen zum einen dank deutlich verbesserter Leistungen pro Tier, erheblich mehr Milch zu liefern, obwohl sie die Zahl der Kühe in ihren Ställen kontinuierlich reduzierten.[582]

Zum anderen präsentierten sich auch die Resultate der Fleischproduktion sehr positiv: Von 1960 auf 1980 wuchs die Menge des im Inland erzeugten Rindfleisches (berechnet in Tonnen) um fast 70 Prozent. Damit entwickelte sich die bundesdeutsche Landwirtschaft – neben den Agrarbranchen von Großbritannien und Frankreich – zu einem der drei Hauptproduzenten dieser Fleischsorte innerhalb der Europäischen Gemeinschaft. Seit den späten 1970er Jahren verzeichnete die BRD sogar regelmäßig Exportüberschüsse bei Rindfleisch, während die Handelsbilanz des Landes für diese besonders hochwertige landwirtschaftliche Ware zuvor immer negativ abgeschlossen hatte.[583]

Erstaunlicher noch: Die Fleischmenge wuchs massiv, obwohl die westdeutschen Bauern die Zahl der insgesamt von ihnen gehaltenen Rinder nur geringfügig steigerten. Inklusive aller Mastkälber schickten sie 1980 rund 5,54 Millionen Tiere dieser Gattung in die Schlachthöfe; 1960 waren es 5,25 Millionen gewesen. Der

---

[581] Siehe dazu S. 372–374.
[582] Die jährliche Milchproduktion (in Tonnen) wuchs von 1960 auf 1980 um 64,9 Prozent; gleichzeitig sank die Zahl der Milchkühe um fast vier Prozent (das entsprach 215.000 Tieren). Berechnet nach: StatJb BRD 1962, S. 195; StatJb BRD 1982, S. 159.
[583] In absoluten Zahlen wuchs die gesamte Schlachtmenge (inklusive Kalbfleisch) von 1960 auf 1980 von 925.000 Tonnen auf 1,54 Millionen Tonnen. Danach stagnierte die Zahl. 1989 verzeichnete die Statistik eine gewerbliche Schlachtmenge von 1,55 Millionen Tonnen. Zahlen aus und berechnet nach: StatJb BRD 1962, S. 196; StatJb BRD 1982, S. 160; StatJB BRD 1992, S. 190. Zur Entwicklung der Rindfleischexporte vgl. etwa: Gerd Trautmann, Außenhandel der Bundesrepublik Deutschland mit Schlachtrindern, Rindfleisch und Zubereitungen von Rindfleisch von 1970 bis 1983, in: FW 65 (1985), S. 696–698. Diese Ausfuhren gingen zu 80 bis 90 Prozent nach Italien (S. 696). Der Exportüberschuss, der 1979 zum ersten Mal auftrat, entstand, obwohl jährlich nach wie vor rund 200.000 Tonnen ausländisches Rindfleisch eingeführt wurden. Rund die Hälfte dieser Importe stammte aus „Drittländern", die nicht zur EG gehörten. Zu den Details vgl.: Ewald Rosenberger, Die Stellung des Rindfleischmarktes zwischen Milch- und Schweinefleischmarkt, in: BLJ 61 (1985), S. 93–105, hier: S. 102.

Zuwachs an Tieren gegenüber dem Ausgangsjahr betrug anteilig also lediglich sechs Prozent.[584]

Wenn dennoch viel mehr Fleisch anfiel, so deshalb, weil größere und schwere Rinder die jüngeren und leichteren Tiere verdrängt hatten. 1980 lag die Zahl der bis zu drei Monate alten und mit einem Einlieferungsgewicht von maximal 150 bis 180 Kilo – im Vergleich – leichten Kälber um fast 70 Prozent niedriger als 1960. Die Gruppe der etwa anderthalb Jahre alten Mastbullen, von denen jeder einzelne fünf bis sechs Zentner auf die Waage brachte, hatte sich hingegen mehr als verdoppelt. Ihr Anteil an der Gesamtzahl der innerhalb von zwölf Monaten in den bundesdeutschen Schlachthöfen getöteten Rinder war von rund 20 auf 44 Prozent gestiegen. Zwar ließ sich für die Bundesrepublik auch damit noch keineswegs von einer standarisierten Rindfleischproduktion sprechen. Die einheimischen Landwirte aber waren doch offensichtlich dabei, in diesem Bereich der agrarischen „Veredelung" zunehmend auf den Jungbullen zu setzen.[585]

Da auch noch mehr Milchkühe in die Schlachthöfe geschickt wurden, die ihren Platz im Melkstall für eine junge Kuh räumen mussten, stellten ausgewachsene Tiere im Jahr 1980 fast 76 Prozent aller geschlachteten Rinder (gegenüber 46 Prozent 1960).[586] Sie waren pro Kopf zudem deutlich schwerer, als es ihre Artgenossen im gleichen Alter zwei Jahrzehnte zuvor gewesen waren. Dieser individuelle Gewichtszuwachs verdankte sich sowohl züchterischen Bemühungen wie auch einer verbesserten Fütterung, die sich auf die von den Biologen gewonnenen neuen Informationen stützte, wie Rinder in ihren verschiedenen Lebensphasen gefüttert werden mussten.[587]

---

[584] Zahlen aus und berechnet nach: StatJb BRD 1962, S. 196; StatJb BRD 1982, S. 160. 1989 war die Zahl der geschlachteten Rinder auf 5,1 Millionen gesunken. Der Zuwachs gegenüber 1960 betrug nun also nur noch 2,6 Prozent. StatJb BRD 1992, S. 190.

[585] Zahlen aus und berechnet nach: StatJb BRD 1962, S. 196; StatJb BRD 1982, S. 160. 1989 war ihre absolute Zahl zwar leicht (um rund 100.000 Tiere) gesunken; anteilig stellten sie nun jedoch schon 47 Prozent aller geschlachteten Rinder, da die Zahl aller Schlachtungen um 308.000 gesunken war. Zahlen aus und berechnet nach: StatJb BRD 1992, S. 190. Das für die Kälber angegebene Gewicht nennt das übliche Schlachtgewicht in den 1980er Jahren. In den 1950er Jahren hatte dies durchschnittlich lediglich knapp 70 Kilo betragen. Zu ihrem steigenden Gewicht vgl. genauer: U. Peters/Hugo Steinhauser, Das optimale Mastendgewicht in der Kälbermast, in: BLW 49 (1971), S. 40–53; Hermann Zucker, Moderne Tierproduktion und Fleischqualität, in: FW 62 (1982), S. 1050–1061, hier: S. 1055 f.

[586] Hierbei ist die kleine Gruppe der Ochsen mit einberechnet. Zu ihrem Anteil siehe genauer S. 427. Die Zahl der eingelieferten Milchkühe wuchs im gleichen Zeitraum von 1,25 Millionen 1960 auf 1,69 Millionen. Anteilig wuchs ihr Anteil am „Auftrieb" damit von 24,0 Prozent auf 30,5 Prozent. Der Anteil der „Färsen" (der „ungedeckten" Kühe, die noch nicht gekalbt hatten und daher auch noch keine Milch gaben), blieb hingegen weitgehend unverändert. Vgl. hierzu genauer: H. Steinhäuser/K. Walter/W. Kreul, Ein Beitrag zur Ökonomik der Färsenmast, in: BLJ 54 (1977), S. 259–274. Alle angeführten Zahlen aus und berechnet nach: StatJb BRD 1962, S. 196; StatJb BRD 1982, S. 160.

[587] Zu den Unterschieden in den Futteransprüchen zwischen Milchkühen und Mastrindern vgl. genauer: Josef Neumeier, Wirtschaftliche Formen der Jungbullenmast, in: MDLG 87 (1972), S. 978–980; Ivo Burckhardt, Bullenmast immer noch auf alten Wegen!, in: KF 55 (1972), S. 546–547.

Darüber hinaus waren die von ihren Besitzern ausgesonderten Milchkühe offensichtlich auch deshalb mittlerweile in besserer körperlicher Verfassung, weil ihre „Nutzungsdauer" in der modernisierten Milchwirtschaft immer kürzer ausfiel. Eine Schlachtung nach vier bis maximal fünf Lebensjahren galt bereits in den 1970er Jahren als betriebswirtschaftlich empfehlenswert, während sich die Praxis zuvor an dem Merksatz orientiert hatte, eine Kuh müsse „möglichst alt werden und viele Kälber tragen [...], um die Aufzuchtkosten zu senken". Bis zu zehn Geburten waren wohl üblich gewesen. Nun strebten die Landwirte hingegen eher danach, Muttertiere an die Schlachthöfe zu liefern, die „noch eingefleischt" waren und daher zumindest potentiell „in die höchste Schlachtklasse" eingeordnet werden konnten. Mit ihren „Abschlachtprämien", die sie seit 1970 mehrfach zeitlich befristet zahlte, um die Überproduktion von Milch zu stoppen, förderte die EG-Agrarbürokratie diesen Trend noch zusätzlich.[588]

Zweifel, wie dieser Boom in der westdeutschen Rindfleischproduktion zu beurteilen sei, blieben jedoch sogar öffentlich präsent. Ausgerechnet ein Professor, der sich an der staatlich finanzierten „Bundesanstalt für Fleischforschung" mit Fragen der Fleischqualität beschäftigte, gab im Herbst 1989 zu Protokoll, er sei überzeugt, „auch heimische Betriebe könnten schmackhaftes, hochwertiges Rindfleisch liefern – wenngleich das bislang kaum geschehen sei", weil die westdeutschen Landwirte keine „Fleischrinder" hielten und weil die Mastbullen zudem auch noch zu jung geschlachtet würden. Ohne eine veränderte Einstellung der westdeutschen Konsumentinnen und Konsumenten sei auf eine Änderung jedoch kaum zu hoffen: „Sie wollten zwar bestes Fleisch, müssten aber erst noch lernen, daß solche Ware ihren (hohen) Preis hat."[589]

Konkret monierten die Experten der Fleischbranche insbesondere die marginale Rolle, die das Fleisch von Ochsen auf dem bundesdeutschen Markt spielte. Wenn es um „Zartheit, Saftigkeit und Geschmack" geht, liefern diese kastrierten männlichen Tiere, denen die männlichen Sexualhormone fehlen und die deshalb deutlich langsamer wachsen als ihre zeugungsfähigen Artgenossen, nach dem einhelligen Urteil von Gourmets die beste Ware. Ihr Anteil an allen im Inland geschlachteten Rindern sank jedoch von kaum drei Prozent 1960 auf unter ein Prozent im letzten Jahr der „alten" Bundesrepublik.[590]

---

[588] Karl-Heinz Drögemeier, 3 oder 10 Kälber von der Mutterkuh?, in: MDLG 93 (1978), S. 206–209, hier: S. 206 u. S. 209.

[589] „Das Volk der Wurstesser", in: FAZ, 24. 11. 1989. Zitiert wird hier Wolfgang Branscheid, Professor an der „Bundesanstalt für Fleischforschung" in Kulmbach. Zur Arbeit dieser Institution (einer Dienststelle des BML) vgl. etwa: Von Schimmelpilzen, Räuchertechniken und Gepökeltem, in: FAZ, 16. 12. 1975; Wolfgang Branscheid, 70 Jahre Fleischforschung in der Bundesrepublik Deutschland, in: FW 88 (2008), Nr. 6, S. 88–91.

[590] Zahlen aus und berechnet nach: StatJb BRD 1962, S. 196; StatJb BRD 1992, S. 190. Das Zitat aus: Fritz Haring, Möglichkeiten zur Verbesserung der Rindfleischerzeugung, in: MDLG 86 (1971), S. 734–735, hier: S. 734. In absoluten Zahlen schrumpfte die Gruppe der geschlachteten Ochsen von rund 140.000 im Jahr 1960 auf nur noch 43.500 im Jahr 1989. Wie viel Fleisch die Tiere jeweils lieferten, wurde statistisch nicht erfasst. Zu den geschmacklichen Vorzügen von Ochsenfleisch vgl. auch: Zucker, Tierproduktion, S. 1055; Vor einem schwierigen Weideabtrieb, in: BBSH 127 (1977), S. 3596–3597.

In Großbritannien und auch in Frankreich (neben der BRD – wie gesagt – die beiden anderen wichtigen Produktionsländer für Rindfleisch innerhalb der EG) war dies ganz anders: Dort stellten die Ochsen 30 bis fast 40 Prozent aller Rinder, die „unters Messer" kamen – offensichtlich vor allem auch deshalb, weil in beiden Ländern trotz des höheren Preises von Ochsenfleisch eine entsprechende Nachfrage existierte.[591]

Zwar wussten wohl auch etliche Bundesbürger um die geschmacklichen Vorzüge dieser Rindfleisch-Variante. Seit den späten 1960er Jahren bereicherten gleich mehrere Ketten von „Steak-Häusern" die gastronomische Landschaft der Republik. Sie alle warben damit, ausländische Ware anzubieten, die qualitativ deutlich besser sei als einheimisches Rindfleisch. De facto verzehrten ihre Kunden vor allem Ochsenfleisch, das entweder aus Südamerika oder auch aus Großbritannien oder Irland stammte. Dieser Luxuskonsum in Restaurants initiierte jedoch kein weitverbreitetes Bedürfnis, Fleisch dieser Art nun auch im Privathaushalt zuzubereiten. Ein spezieller Markt für Ochsenfleisch entwickelte sich in der Bundesrepublik jedenfalls nicht, obwohl die „Steak-Häuser" mit ihren teuren Fleischgerichten kommerziell erfolgreich arbeiteten.[592] Selbst die in den Jahren nach 1985 erneut gestarteten Versuche großer Handelsketten, Fleisch in einen qualitativ hochwertigen Markenartikel zu verwandeln, die gerade auch auf Ochsenfleisch setzten, machten die Ware nicht populär.[593]

Allerdings fehlten die Ochsen in der bundesdeutschen Rindfleisch-Produktion auch noch aus einem anderen Grund. Ökonomisch „vorzüglich" ist die Ochsenmast nur dort, wo die Weideflächen so groß sind, dass sich die Milchproduktion auf dem weiten Land arbeitstechnisch nicht mehr sinnvoll organisieren lässt. Unter diesen speziellen Bedingungen liegt es nahe, Ochsen zu halten, da sie – anders als Bullen – wegen ihres friedlichen Wesens nicht mit speziellen Zäunen eingehegt werden müssen. Betriebe mit so umfangreichen Wiesen aber gab es westlich des Rheins sowie auch auf der anderen Seite der Nordsee deutlich häufiger als in der kleinteilig strukturierten und stark auf den Ackerbau fixierten Landwirtschaft der Bundesrepublik. Sie konnte den kastrierten Mastrindern lediglich in einigen Teilen von Schleswig-Holstein und Niedersachsen ausreichend Grasland bieten.[594]

---

[591] Lothar Schön, Das Qualitätsniveau der Schweine-, Kalb- und Rindfleischerzeugung in der Bundesrepublik Deutschland, in: BLW 54 (1976), S. 118–130, hier: S. 126. Gemeinsam produzierten die drei Länder Mitte der 1970er Jahre zu fast gleichen Anteilen rund 75 Prozent des in der EG erzeugten Rindfleisches. Vgl. ähnlich auch: Ewald Böckenhoff, Schlachtbullen nicht gefragt, in: MDLG 100 (1985), S. 1001.

[592] Zu diesem Widerspruch vgl. genauer: Günter-Hans Bruse, Die Rindermast in der Sackgasse?, in: KF 57 (1974), S. 538–540, hier: S. 539; Peter Wiegner, „Projekt Schleswig-Holstein", in: BBSH 135 (1985), S. 1552–1554, hier: S. 1552.

[593] Zum begrenzten Erfolg dieser Versuche, Fleisch gehobener Qualität zu höheren Preisen unter einem Markennamen zu verkaufen, siehe schon oben S. 132–135.

[594] Vgl. etwa: Gerhard Leffers, Weidemast statt Milcherzeugung?, in: MDLG 91 (1976), S. 941–944, hier: S. 944 (hiernach rentierte sich die Weidemast erst ab einer Grünfläche von 50 ha besser als die Milchproduktion); Josef Angele, Entwicklungstendenzen im Familienbetrieb mit viel Grünland, in: MDLG 86 (1971), S. 631–632; Hermann-Josef Nienhoff, Ochsenmast mit veränderten Signalen, in: DBK 40 (1987), S. 325–326. Zu den Kosten, die ein „bullensi-

Die Märkte für Agrarprodukte – so zeigt sich an diesem Beispiel geradezu exemplarisch – werden eben nicht nur von den Konsumgewohnheiten und Ansprüchen der Verbraucher geprägt. Auch die Strukturen der Landwirtschaft bilden einen Faktor, der das Marktgeschehen dauerhaft bestimmen kann. Die von Freunden der guten Küche vielfach monierte Neigung der Deutschen, eher auf die Quantität als auf die Qualität ihrer Nahrung zu achten, erklärt beim Rindfleisch daher nur einen Teil der historischen Entwicklung.

3.2. Wachsende Unordnung: die „Dauerintervention" der EG auf dem Rindfleischmarkt und ihre Folgen

Der massive Anstieg der Rindfleischproduktion in der Bundesrepublik nach 1960 ist nicht nur deshalb bemerkenswert, weil er ohne neu eingeführte „Fleischrassen" entstand und noch nicht einmal stark vergrößerte Herden brauchte. Erstaunlicher Weise ergab er sich auch nicht aus den Bedürfnissen der Fleischkonsumenten. Wie oben schon gezeigt wurde, erwiesen sich Hoffnungen, mit dem wachsenden Wohlstand des Landes werde das Interesse der Westdeutschen an Rindfleisch kontinuierlich zunehmen, als trügerisch. Der Pro-Kopf-Verbrauch vermehrte sich nur in den 1960er Jahren wirklich deutlich. Seit dem Beginn der nachfolgenden Dekade stagnierte die Zahl auf einem international bestenfalls durchschnittlichen Niveau; 1978 begann sie dann sogar zu sinken. Im statistischen Durchschnitt verzehrte jeder Bundesbürger Mitte der 1980er Jahre nicht mehr Rindfleisch als bereits 20 Jahre zuvor.[595]

Auf die Landwirte, die Rinder hielten, machte diese Entwicklung jedoch überhaupt keinen Eindruck: Sie steigerten ihre Fleischproduktion gerade in den 1970er und 1980er Jahren ganz erheblich. Diese Entkoppelung von Angebot und Nachfrage ist nur zu verstehen, wenn man auf die Marktordnung der Europäischen Gemeinschaft für Rindfleisch schaut. Sie wurde von den Agrarministern der sechs EG-Gründungsstaaten langwierig ausgehandelt, trat im Sommer 1968 in Kraft, und unterschied sich erheblich von den oben bereits vorgestellten Bestimmungen für die Preisbildung bei Hühnerfleisch und Schweinefleisch. Griffen diese nur geringfügig in die Mechanismen eines freien Marktes ein, so galten für Rindfleisch stark interventionistische Vorschriften. Daher illustriert die Geschichte der Rindfleischproduktion in den hier untersuchten Jahrzehnten besonders eindringlich,

---

cherer Weidezaun" verursachte, vgl. genauer: Tagebuch eines Bullenmästers, in: top agrar 4 (1975), Nr. 8, S. R 25. Zur Praxis der extensiven Weidemast vgl. detaillierter: Rolf Jördens, Die langfristigen Entwicklungsmöglichkeiten des Milch- und Rindfleischangebotes in Frankreich, Hannover 1976, S. 82–115 (am Beispiel einzelner französischer Regionen); Otmar Seibert, Extensive Produktionsformen. Chancen zur Marktentlastung, Umweltsicherung und Einkommenskombination, Münster-Hiltrup 1986 (im Vergleich verschieden angelegter Modellprojekte, die öffentlich gefördert wurden).

[595] Siehe oben S. 7 f.

wie massiv die Agrarpolitik der EG einen landwirtschaftlichen Markt verändern und prägen konnte.

Hinter der speziellen Konstruktion der Marktordnung für Rindfleisch stand eine planerische Absicht: Sie sollte es den im Rat der EG-Agrarminister vereinten Politikern erlauben, „das Rindfleischangebot zu beherrschen und zu lenken".[596] Ein vergleichbar starkes Bedürfnis, den Markt aktiv zu steuern, gab es weder beim Hühnerfleisch noch beim Schweinefleisch. Dieser Unterschied erklärt sich aus dem ganz anderen Stand der jeweiligen Produktion. Alle EG-Länder mussten in den 1960er Jahren Rindfleisch importieren, um den Bedarf ihrer Bevölkerung an dieser Ware zu decken. Schweinefleisch entstand innerhalb der Gemeinschaft hingegen in ausreichenden Mengen. Auf dem noch ganz neuen und ökonomisch nachrangigen Markt für Hühnerfleisch galt – wie gezeigt – der stark entwickelte Importschutz, den die Staatengemeinschaft installierte, als ausreichend, um die Produktion hinter der neu errichteten gemeinsamen Zollgrenze aufblühen zu lassen.[597]

Anders beim Rindfleisch: Trotz heftiger Streitigkeiten über Detailfragen teilten alle der seinerzeit beteiligten Agrarpolitiker die Ansicht, sie müssten mit der Marktordnung für dieses hochwertige Agrarprodukt gezielt besonders starke Anreize für eine vermehrte Rindermast setzen. So wollte man einerseits die umfangreichen Importe aus „Drittländern" im Interesse der gewünschten agrarischen Autarkie der EG zurückdrängen und andererseits doch Knappheitspreise verhindern. Gerade dieser zweite Punkt galt als zentral wichtig. Eine weitere Verteuerung des ohnehin schon kostspieligen Produktes – so die allgemein geteilte Furcht – werde den Appetit der Konsumentinnen und Konsumenten auf Rindfleisch dämpfen, den man doch fördern müsse, um den Landwirten innerhalb der Gemeinschaft mit dem einträglichen Verkauf von Schlachtrindern eine neue Einkommensquelle zu eröffnen. Deshalb sollte die politische Lenkung des Marktes ein paralleles Wachstum von Angebot und Nachfrage innerhalb der Gemeinschaft sicherstellen: Gewünscht war eine konfliktfreie Aufwärtsentwicklung von Rindfleischproduktion und -konsum, die „gleichgewichtig im Interesse sowohl der Erzeuger als auch der Verbraucher wirkt".[598]

Um den Markt so steuern zu können, entstand mit der Marktordnung ein komplexes Gefüge von Vorschriften, in dessen Zentrum ein „Orientierungspreis" für Rindfleisch stand, den der Rat der Agrarminister jährlich neu festlegte. Er sollte nach der Logik des Systems dem Preis entsprechen, der „auf repräsentativen Märkten" für ein schlachtreifes Rind gezahlt wurde, wenn sich Angebot und Nach-

---

[596] So im Rückblick formuliert in: Mitteilung der EG-Kommission über die Neuordnung der Gemeinsamen Marktorganisation für Rindfleisch, 5. 10. 1977, BArch Kbz, B 136/12 001. Eine vorläufige Version der Marktordnung galt bereits seit November 1964. Sie vereinheitlichte die zuvor sehr unterschiedlichen Zollbestimmungen und Einfuhrregeln. Vgl. als Überblick: Die Grundtatsachen zur Gemeinsamen Marktordnung für Rindfleisch, Brüssel 1964.
[597] Siehe dazu S. 290–292.
[598] Mitteilung der EG-Kommission über die Neuordnung der Gemeinsamen Marktorganisation für Rindfleisch, 5. 10. 1977, BArch Kbz, B 136/12 001.

frage die Waage hielten. Anschließend beobachteten die EG-Agrarbehörden den „Marktpreis" für Rindfleisch. Diese Zahl errechneten die Brüsseler Beamten wöchentlich neu aus nationalen Daten, die wiederum auf den Preisstatistiken ausgewählter Schlachthöfe in dem jeweiligen Land beruhten. Am Ende dieser Kalkulationen ergab sich ein „gewogener Mittelwert", der die Marktlage im gesamten Binnenraum der Gemeinschaft auf einen Blick kenntlich machen sollte.[599]

Unterschied sich der so ermittelte „Marktpreis" von dem aktuell geltenden „Orientierungspreis", konnte der Rat der Agrarminister eingreifen. Zahlten die Schlachthöfe Summen, die deutlich über der Referenzsumme lagen, sollten verstärkt Rindfleischimporte aus „Drittländern" zugelassen werden, um den Markt zu beruhigen. Wurde der „Orientierungspreis" im realen Geschäftsleben hingegen um mehr als zwei Prozent unterschritten, durften die Politiker preisstützende Maßnahmen beschließen. Subventionen für die Einlagerung überschüssiger Rinderhälften oder -viertel durch die fleischverarbeitende Industrie gehörten dabei ebenso zu ihrem Arsenal wie die Entscheidung, überschüssige Fleischmengen durch staatliche Stellen aufzukaufen. In beiden Fällen ging es darum, Ware befristet vom Markt zu nehmen, um weiter sinkende Preise zu verhindern. Betrug die negative Differenz zwischen der politisch fixierten Summe, die den ausgeglichenen Markt beschreiben sollte, und dem „Marktpreis" sogar mehr als sieben Prozent, musste zwingend interveniert werden. Einmal begonnen, durften die preisstützenden Maßnahmen in diesem Fall erst beendet werden, wenn der statistisch errechnete „gewogene Mittelwert" der realen Preise für den EG-Raum wieder mehr als 92 Prozent des „Orientierungspreises" entsprach. Weder die Marktordnung für Hühnerfleisch noch die für Schweinefleisch kannten solch einen Automatismus.[600]

Als diese Regelungen in den 1960er Jahren entstanden, meinten die beteiligten Agrarpolitiker einhellig, die von ihnen ausgehandelte Verordnung diene vor allem dem Interesse der Verbraucher: Sie erwarteten, im EG-Raum werde mit Sicherheit noch „auf längere Sicht ein Mangel an Rindfleisch" bestehen.[601] Dementsprechend

---

[599] Hubertus Schulte, Die Marktordnung für Rindfleisch, in: DBK 36 (1983), S. 149–151, hier: S. 149. Der EG-weite „Mittelwert" entstand, indem die nationalen Zahlen jeweils genauso stark gewertet wurden, wie es dem Anteil des Landes am gesamten Rindfleischverbrauch in der EG entsprach. Bei der Errechnung der nationalen Zahlen wurden die unterschiedlichen Marktstrukturen berücksichtigt, d. h. in den Ländern, in denen viel Ochsenfleisch verzehrt wurde, gingen dessen Preise stärker in den nationalen „Marktpreis" ein als in den Ländern, in denen die Ochsenmast keine Rolle spielte. Es handelte sich also im doppelten Sinne um einen „gewogenen Mittelwert". Vgl. hierzu genauer etwa: Materialband zum Agrarbericht 1973, BT Drucksachen 7/147, S. 335 (online abrufbar unter: https://dip.bundestag.de).

[600] Vgl. zusammenfassend zur Rindfleisch-Marktordnung etwa: Wolfgang von Trotha/Alfred Schuh, Die gemeinsame Agrarpolitik. Auswirkungen und Folgeerscheinungen, München 1968, S. 37–41.

[601] Ebenda, S. 41. Vgl. auch: Michael Broders, Maßnahmen zur direkten Förderung der Rindfleischproduktion, in: KF 55 (1972), S. 550–552, hier: S. 551. Der Autor war Verwaltungsrat in der Abteilung Vieh und Fleisch der Brüsseler Generaldirektion Landwirtschaft. Zu dieser Defiziterwartung vgl. auch schon: Grundtatsachen, S. 9.

fielen die Bestimmungen der Marktordnung über den Import aus „Drittländern" sehr viel umfangreicher aus als die Vorschriften, wann und wie die Preise zu stützen seien. Lediglich zwei der insgesamt 34 Artikel beschäftigten sich mit diesem Interventionsmechanismus.[602]

In der Tat blieb die teure Ware nach 1968 zunächst noch knapp. Die Prämien, mit denen die EG im Jahr 1970 erstmals die vorzeitige Schlachtung von Milchkühen förderte, dienten daher nicht nur dem Ziel, den Milchüberschuss zu beseitigen: Sie sollten auch das Angebot an Rindfleisch steigern und so den Preisauftrieb auf diesem Agrarmarkt lindern.[603]

Der gewünschte Effekt trat zwar ein; er verging jedoch schon nach wenigen Monaten. Gleichzeitig verteuerten sich Importe aus Übersee, weil die Nachfrage nach Rindfleisch international (vor allem in den USA und in Japan, aber auch in den sozialistischen Ländern im „Ostblock") geradezu rasant wuchs. 1971/72 herrschte auf dem Weltmarkt daher „eine Rindfleischverknappung, wie es sie seit 20 Jahren nicht mehr gegeben hat". Trotz der vielfältigen Brüsseler Bemühungen, den Markt antizyklisch zu steuern, lag der von den Statistikern der EG berechnete „Marktpreis" im Mai 1972 daher bereits um fast 20 Prozentpunkte höher als der „Orientierungspreis", den der Rat der Agrarminister festgelegt hatte.[604] Da „Drittländer" ihr Rindfleisch nur noch teuer verkauften, erlebten die Konsumentinnen und Konsumenten in den EG-Ländern deutliche Preissteigerungen für diese ohnehin schon besonders kostspielige Fleischsorte. Auch die Beseitigung aller Importhindernisse änderte daran nichts.[605]

Perspektivisch schien sich die unausgewogene Situation des Marktes sogar noch zu verschärfen, hatte die subventionierte vorzeitige Schlachtung von EG-weit wohl rund 330.000 Kühen im Jahr 1970 doch logischerweise dazu geführt, dass alle diese Muttertiere keine Kälber mehr bekamen. Der agrarpolitisch drängende Wunsch, das Problem der von der EG gehorteten „Berge" von Butter und Milch-

---

[602] Vgl. die Artikel 5 und 6 in: Die EWG-Marktordnungen für Milch (Milcherzeugnisse) und Rindfleisch. Textausgabe der Verordnungen (EWG) Nr. 804/68 und 805/68 des Rates der EWG, Stuttgart 1969, S. 63–90, hier: S. 70–72.

[603] Vgl. genauer: Jörg-Volker Schrader, Stabilisierungspolitik im Hinblick auf den Milch- und Rindfleischmarkt, in: Cay Langbehn/Hans Stamer (Hrsg.), Agrarwirtschaft und wirtschaftliche Instabilität, München etc. 1976, S. 283–312, hier: S. 309.

[604] Schrader, Stabilisierungspolitik, S. 309. Zum Hintergrund vgl. etwa: Christian Gerlach, Fortress Europe. The EEC in the World Food Crisis, 1972–1975, in: Kiran Klaus Patel (Hrsg.), Ferile Ground for Europe? The History of European Integration and the Common Agricultural Policy since 1945, Baden-Baden 2009, S. 241–256.

[605] Am 18. 5. 1972 betrug der „Marktpreis" 118,6 Prozent des „Orientierungspreises". Unterrichtung über eine EWG-Verordnung über die allgemeinen Regeln im Falle einer erheblichen Preiserhöhung für Rindfleisch, 7. 6. 1972, BT Drucksache 6/3461, S. 4 (online abrufbar unter: https://dip.bundestag.de). Nach den Bestimmungen der Marktordnung entfielen damit alle Zölle für Rindfleisch und auch andere Einfuhrbeschränkungen. Zur Preisentwicklung in der BRD vgl. etwa: Rindfleisch bleibt noch länger knapp, in: Blick durch die Wirtschaft, 22. 6. 1972; Karl Ludwig Schweisfurth, Die Deutsche Fleischwarenindustrie aus der Sicht der Verbandsarbeit, in: FW 53 (1973), S. 1063–1066, hier: S. 1063; Fleisch-Mehrerlös blieb in der Verarbeitung, in: SZ, 12. 7. 1974.

pulver möglichst rasch zu lösen, initiierte zudem bereits 1973 eine weitere Aktion dieser Art. Sie brachte – zusätzlich zu den routinemäßig wegen schwacher Milchleistungen aussortierten Kühen – noch einmal 400.000 Muttertiere weit vor ihrer Zeit in die Schlachthäuser.[606] Gerade in den EG-Ländern, in denen die Rindfleisch-Produktion von der Milchwirtschaft abhing, reduzierten die „Abschlachtprämien" somit auf Jahre hin auch die Zahl der potentiellen Mastrinder.[607]

Kurzfristig allerdings trug die Milchpolitik der im Agrarrat vereinten Politiker erheblich dazu bei, dass sich der Markt für die teuerste Fleischsorte im Sommer 1973 unversehens ganz anders präsentierte als in den vorangegangenen Jahren seit 1968: Erstmals sank der statistisch ermittelte „Marktpreis" für Rindfleisch unter den „Orientierungspreis". Der Angebotsschub, den die gerade zum zweiten Mal eingeführten Beihilfen für vorzeitige Schlachtungen auslösten, trug dazu ebenso bei wie das oben beschriebene Phänomen, dass die Rinder, die „an den Haken" kamen, mittlerweile pro Kopf deutlich schwerer waren als noch eine Dekade zuvor. Seit dem Beitritt von Großbritannien, Irland und Dänemark am 1. Januar 1973 zählte die EG zudem drei neue Mitgliedsstaaten, in deren Landwirtschaft die Rindermast eine wichtige Rolle spielte. Irland und Dänemark produzierten beide jeweils deutlich mehr von diesem Fleisch, als die eigene Bevölkerung verbrauchte. Gleichzeitig aber legte der Konsum im Raum der Wirtschaftsgemeinschaft kaum noch zu; teilweise sank er sogar – wahrscheinlich auch in Reaktion auf die hohen Preise. Nur noch in Italien gab es offensichtlich nach wie vor große Wachstumschancen.[608]

Die Reaktion der Bauern auf dieses Überangebot, das nach den Mechanismen des Marktes auf die Preise drückte, ließ nicht lange auf sich warten. In allen wichtigen Produktionsländern drängten die Agrarverbände auf staatliche Hilfe. So rief auch der DBV schon bei den ersten Anzeichen für eine veränderte Marktlage nach preisstützenden Maßnahmen, damit das Vertrauen der Landwirte „auf eine wirtschaftlich zukunftsträchtige Fleischerzeugung bestärkt" werde.[609]

Für die Agrarpolitiker gab es in dieser Sache allerdings rasch gar nichts mehr zu entscheiden, führte der Preisdruck den statistisch ermittelten „Marktpreis" doch zügig um mehr als sieben Prozentpunkte unter den „Orientierungspreis".

---

[606] Schrader, Stabilisierungspolitik, S. 309. Bei der ersten dieser beiden Zahlen handelt es sich um eine Schätzung, die berücksichtigt, dass die gleichzeitig gewährten Prämien für die „Nicht-Vermarktung" von Milch wohl mit Sicherheit zu weiteren vorzeitigen Schlachtungen von Milchkühen führten. Die speziellen „Abschlachtprämien" wurden von Februar bis Ende Juni 1970 EG-weit für insgesamt 234.000 Kühe gewährt. Rund 150.000 davon gehörten bundesdeutschen Landwirten. Ebenda.

[607] Detailliert zu den langfristigen Folgen schon der ersten Abschlachtaktion für die Kälberproduktion vgl.: Gustav Neidlinger, Ist die Subventionierung der Schlachtrinderproduktion zweckmäßig?, in: AW 21 (1971), S. 243–246, hier: S. 244 f.

[608] Vgl. im Überblick: Ernst-Ludwig Littmann, Förderung der Rindfleischproduktion in europäischen Ländern, in: AW 21 (1972), S. 246–249, hier: S. 246 f.

[609] Generalsekretär des DBV an StS Hans-Jürgen Rohr (BML), 15. 8. 1973, BArch Kbz, B 116/25 657. Zur europäischen Ebene vgl.: COPA fordert 8,5 % höhere Rindfleischpreise, in: DBK 26 (1973), S. 67–68.

Nach den Regeln der Marktordnung war die EG damit zur Intervention verpflichtet. Um zusätzliche Nachfrage zu schaffen, kauften staatliche Stellen in allen Mitgliedsländern daraufhin seit dem September 1973 im Rahmen kurzfristig beschlossener Finanzpläne genau festgelegte Kontingente an Rindervierteln und -hälften. Unabhängig von der aktuell herrschenden Baisse der Preise zahlten sie dabei Summen, die in etwa 92 Prozent des „Orientierungspreises" entsprachen. Anschließend wurden die frisch geschlachteten Körperteile tiefgefroren und in Kühlhäuser gebracht, um sie dort zu verwahren, bis eine „Beruhigung der Lage" es erlaube, das Fleisch „dem Markt und damit dem Verbraucher wieder zuzuführen".[610]

Diese öffentlich organisierte und finanzierte Vorratsbildung reichte zwar aus, um die vorhandenen Lagerkapazitäten fast vollständig zu füllen. Bereits im Frühjahr 1974 summierten sich die Interventionskäufe auf EG-weit rund 300.000 Tonnen. Das klingt sehr gewichtig, entsprach aber doch kaum zehn Prozent der jährlichen Rindfleischproduktion in der damaligen Gemeinschaft. So dimensioniert reichte die Intervention nicht aus, um dem Trend der Preise eine andere Richtung zu geben. Da die Privatverbraucher mehrheitlich nach wie vor keinen wachsenden Appetit auf Rindfleisch zeigten, gelang es noch nicht einmal, den „Marktpreis" wieder so nah an den „Orientierungspreis" heranzuführen, dass die zwingende Intervention beendet werden konnte.[611]

Während diese Eingriffe in das Marktgeschehen noch andauerten, beschloss der Agrarrat im Frühjahr 1974, den „Orientierungspreis" für Rindfleisch massiv zu erhöhen. Der zentrale Referenzwert der Marktordnung stieg daher im Rechnungsjahr 1974/75 um 17 Prozent, obwohl die beteiligten Politiker doch schon im Vorjahr mit 15 Prozent einen kaum weniger großzügig bemessenen Zuschlag bewilligt hatten.[612] Kein anderer der politisch fixierten Preise in den EG-Marktordnungen

---

[610] BML an den Vorsitzenden des Verbraucherausschusses Berlin, 15. 11. 1973, BArch Kbz B 116/25 657. Zu den Details der Aufkäufe und Einlagerungen vgl. auch: Niederschrift über die Sitzung des BML mit den Vieh- u. Fleischreferenten der Länder, 17./18. 12. 1973, ebenda.

[611] Sprechzettel für den BML, 26. 3. 1974, BArch Kbz, B 116/38 584. Vgl. zusammenfassend auch: Adrien Ries, Das ABC der Europäischen Agrarpolitik, Baden-Baden 1979, S. 135. Zur weitgehenden Belegung der vorhandenen Kühlhauskapazitäten noch im Jahr 1973 vgl.: Aktenvermerk v. Regierungsrat Roller (BML), 12. 12. 1973, BArch Kbz B 116/25 657. Addiert hatten die Landwirte im EG-Raum 1972 rund 5,35 Millionen t Rindfleisch produziert (inklusive von Kalbfleisch). Diese Zahl nach: Protokoll der 105. Sitzung des Wirtschaftsausschusses für Außenhandelsfragen beim BML, 14. 10. 1974, BArch Kbz, B 116/38 584.

[612] Schulte, Marktordnung, S. 149. Zum 1. 4. 1974 (dem Beginn des Rechnungsjahres, mit dem die EG-Gremien in der Agrarpolitik arbeiteten) erfolgte eine Anhebung um 12 Prozent. Nach lautstarken Protesten der Bauernverbände, diese Erhöhung sei angesichts der Inflationsrate völlig unzureichend, folgte am 3.10. d. J. ein zunächst nicht vorgesehenes weiteres Plus von 5 Prozent. Zu den Bauernprotesten (die in Frankreich etwa Blockaden der Tour de France einschlossen) vgl.: Gerlach, Fortress, S. 250. Die Angabe für das vorangegangene Rechnungsjahr 1973/74 berechnet nach: Materialband zum Agrarbericht 1974, BT Drucksache 7/1651, S. 141 (online abrufbar unter: https://dip.bundestag.de). Die Phase großzügiger Erhöhungen hatte bereits 1970/71 begonnen. Für die Zeit vom 1. 4. 1970 bis zu dem Beschluss vom Frühjahr 1974 ergab sich so bereits eine Gesamtsteigerung von 26,8 Prozent (berechnet nach: ebenda).

wurde ähnlich stark angehoben.[613] Beide Erhöhungen antworteten zwar auch auf die hohen Inflationsraten dieser Jahre. Sie gingen aber doch deutlich über einen Ausgleich der Geldentwertung hinaus, sollten sie doch erklärtermaßen die Rindermast für die Landwirte im Raum der Europäischen Gemeinschaft finanziell noch attraktiver machen und damit auch die Fleischproduktion stärker von der bäuerlichen Milchwirtschaft lösen.[614]

Sucht man nach Entscheidungen, um die Probleme der Gemeinsamen Agrarpolitik der EG an einem konkreten Beispiel zu illustrieren und zu diskutieren, dann drängt sich dieser Beschluss aus dem Frühjahr 1974 wohl geradezu auf. Wie oben skizziert wurde, handelte es sich bei der Marktordnung für Rindfleisch um ein Instrument, das dauerhaft ein möglichst ausgewogenes Verhältnis von Angebot und Nachfrage garantieren und daher stets antizyklisch eingesetzt werden sollte. Der Beschluss, bei einem Überangebot an Ware und mitten in einer laufenden Intervention noch weitere Anreize für die Produzenten zu setzen, verstieß daher eklatant gegen den ordnungspolitischen Geist der 1968 vereinbarten Vorschriften. Nach deren Buchstaben allerdings war er möglich: Die Regeln der Marktordnung verpflichteten die Agrarminister nicht, die aktuelle Lage auf dem Rindfleisch-Markt zu berücksichtigen, wenn sie berieten, wie hoch der „Orientierungspreis" sein sollte.[615]

Damit war der Weg frei, politischen Überlegungen starken Raum zu geben – und genau dies geschah im Frühjahr 1974. Die Entscheidung des Agrarrates, den Referenzwert des Interventionsverfahrens erneut stark zu erhöhen, kam erst nach heftigem Streit zustande, weil Frankreich mit der Unterstützung von Italien unnachgiebig darauf beharrte. Großbritannien forderte hingegen, den Vorjahreswert unverändert fortzuschreiben; andere Mitgliedsstaaten plädierten für eine moderate Steigerung von maximal fünf Prozent.[616] Die Bundesregierung legte sich zwar nicht auf eine Zahl fest, warnte aber doch „eindringlich vor [einer] zu starken Preiserhöhung": Ansonsten sei mit einer „Dauerintervention" auf dem Rindfleischmarkt zu rechnen. Auch EG-Agrarkommissar Pierre Lardionis (ein Christ-

---

[613] Vgl. genauer die Aufstellung der verschiedenen Zuschläge in: Klaus Nahry, Marktordnungspreise sind keine Erzeugerpreise, in: DBK 27 (1974), S. 209–210, hier: S. 210.
[614] Vgl. hierzu schon: Vorschläge der EWG-Kommission betr. die Festsetzung der Preise verschiedener Agrarerzeugnisse und einige Begleitmaßnahmen, 10. 4. 1973, BT Drucksache 7/453, S. 22 f. (online abrufbar unter: https://dip.bundestag.de).
[615] Vgl. genauer: EWG-Marktordnungen, S. 69 (Artikel 3). Zu berücksichtigen war hiernach zwar „die Marktlage bei Milch und Milcherzeugnissen". Mit Bezug auf Rindfleisch war hingegen nur von „Vorausschätzungen" die Rede, wie sich Produktion und Absatz entwickeln würden. So entstand ein Handlungsspielraum, der es möglich machte, eine Erhöhung des „Orientierungspreises" zu beschließen, obwohl die im September 1973 begonnene Marktintervention noch lief. Vollends vage war schließlich die Bestimmung des Artikels, bei der Entscheidung über den „Orientierungspreis" sei auch noch „die gewonnene Erfahrung" zu berücksichtigen.
[616] Aktenvermerk des Leiters der Europa-Gruppe über die erwartete Haltung der EG-Mitgliedsstaaten zu den Kommissionsvorschlägen für die Agrarpreise 1974/75, 10. 12. 1973, BArch Kbz, B 116/25 671.

demokrat aus den Niederlanden) meinte, die französisch-italienische Haltung sei „in der gegenwärtigen Situation [...] unverantwortlich".[617]

Die Gegenseite aber gab nicht nach und machte sich dabei noch nicht einmal die Mühe, ordnungspolitisch zu argumentieren. Der französische Agrarminister Jacques Chirac, ein gaullistischer Politiker, dem noch eine lange Karriere in diversen anderen Ämtern bevorstand, erklärte im Agrarrat vielmehr ganz offen, „aus innenpolitischen Gründen" werde die Pariser Regierung mit ihrem Veto jeden Beschluss verhindern, der nicht ihren Vorstellungen entspreche.[618] Lautstarke öffentliche Proteste französischer Bauern, die dringend höhere Agrarpreise verlangten, erklärten diese Haltung ebenso wie Chiracs Bemühungen, in seiner ersten hochrangigen politischen Position möglichst großen Eindruck zu machen: Er agierte im Frühjahr 1974 auf der europäischen Ebene daher ganz bewusst als „Rindfleischminister", der kompromisslos für die Interessen seiner Klientel stritt.[619]

Die vagen Formulierungen der Marktordnung, was der „Orientierungspreis" sei und wie er bestimmt werden müsse, taugten in dieser Situation nicht, um eine sachorientierte Debatte zu erzwingen. Zudem sicherten die Grundregeln, wie die EG-Gremien Entscheidungen fällten, nationalen Sonderinteressen großen Einfluss. So kam der zunächst vertagte Beschluss über den neuen „Orientierungspreis" auf einer der EG-typischen Krisensitzungen schließlich doch noch in der von Frankreich und Italien verlangten Höhe zustande, weil die Gegner einer starken Steigerung den Konflikt unbedingt beenden wollten. Die Bundesregierung stützte diese nachgiebige Haltung: Landwirtschaftsminister Josef Ertl (FDP) prägte ihre Verhandlungsstrategie mit seiner Ansicht, „eine andere als eine landwirtschaftsorientierte Politik" sei von der französischen Regierung angesichts der sozialen und wirtschaftlichen Realitäten des Landes ohnehin nicht zu erwarten. Widerstand gegen zentrale Wünsche der Franzosen könne man sich deshalb sparen.[620]

Zudem verfolgte die Bundesrepublik in den EG-Gremien seinerzeit eine eigene agrarpolitisch hoch kontroverse Agenda. Schon seit 1969/70 stritten sich die Mitglieder der Gemeinschaft heftig über die Frage, wie es auf dem Gemeinsamen Markt weiterhin einheitliche Agrarpreise geben könne, obwohl sich die wirtschaftliche Situation der einzelnen Länder und damit auch der Wert ihrer nationalen Zahlungsmittel uneinheitlich entwickelten. Hinter diesem hochgradig verwickelten Problem stand die finale Krise des Systems weitgehend stabiler Wechselkurse, das den internationalen Handel nach dem Zweiten Weltkrieg stark beflügelt hatte. Aus Gründen, die weit über das hier verhandelte Thema hinausgehen, geriet diese

---

[617] Protokoll der Sitzung des EG-Agrarministerrates, 18./19 2.1974, BArch Kbz, B 116/38 584.
[618] Ebenda.
[619] Der Rindfleischminister, in: FAZ, 19. 1. 1974. Vgl. auch: Paris besteht auf höheren Rindfleischpreisen, in: FAZ, 19. 1. 1974.
[620] So im Rückblick: Josef Ertl, Agrarpolitik ohne Illusionen. Politische und persönliche Erfahrungen, Frankfurt/Main 1985, S. 46.

Ordnung 1969 gerade auch in Europa in eine schwere Krise; bereits 1971 fand sie de facto ihr Ende.[621]

Die damit eingeleitete Rückkehr fluktuierender Wechselkurse hatte für die Gemeinsame Agrarpolitik der EG gravierende Folgen. Kurz gesagt, entstand in Reaktion auf die neue Instabilität ein als „Währungsausgleich" oder „Grenzausgleich" bezeichnetes Instrumentarium besonderer nationaler Vergünstigungen, das die Landwirte in den Mitgliedsstaaten mit „starker" Währung vor ihren Konkurrenten in den Ländern mit geringer bewerteten Zahlungsmitteln schützen sollte.[622] Da kein Land in der EG wirtschaftlich so dominierte wie die Bundesrepublik, wirkte der „Grenzausgleich" in der Praxis vor allem wie ein Schutzschild für die westdeutschen Landwirte. Insbesondere Frankreich sprach von Protektionismus und Wettbewerbsverzerrung zum Nachteil der französischen Bauern. Die Bundesregierung aber verweigerte jede grundlegende Änderung, weil sie bei einem Wegfall der zusätzlichen Subventionen schweren Ärger mit den Landwirten im eigenen Land fürchtete.[623]

Aus diesem Konflikt entstand in den frühen 1970er Jahren offensichtlich so etwas wie ein verdeckter agrarpolitischer Nichtangriffspakt zwischen den beiden politisch dominanten Ländern der Gemeinschaft.[624] Trotz gravierender ordnungspolitischer und finanzieller Bedenken akzeptierte daher auch die Bundesrepublik im Frühjahr 1974 einen Beschluss, der den „Orientierungspreis" in der Marktordnung für Rindfleisch letztlich in „eine politische Absichtserklärung" ver-

---

[621] Vgl. als pointierten Überblick zum „Bretton Woods-System", in dem sich die Regierungen verpflichteten, den Wechselkurs der eigenen Währung nur innerhalb sehr enger Grenzen schwanken zu lassen, sowie zu seiner Krise und seinem Ende etwa: Michael D. Bordo, The Operation and Demise of the Bretton Woods System, 1953 to 1971, Cambridge/Ms. 2017.

[622] Zum Zusammenhang zwischen den Währungsproblemen und der CAP vgl.: Kiran Klaus Patel, Projekt Europa. Eine kritische Geschichte, München 2018, S. 283–286. Zu den Details vgl.: A. Rathjen, Wie funktioniert der Grenzausgleich?, in: BBSH 132 (1982), S. 11–12. In kritischer Perspektive zum „Grenzausgleich" vgl. etwa: Hartmut Gaese, Die Agrarintegration im europäischen Integrationsprozess, in: BLW 53 (1975), S. 433–454, insbes. S. 444–451; Walter Pflaumbaum, Agrarmarktpolitik im Zwielicht des Grünen Dollars, in: MDLG 85 (1985), S. 1465–1466. Ein positives Urteil aus der Perspektive der westdeutschen Landwirte vgl. hingegen in: Stefan Tangermann, Germany's Position on the CAP - is it all the Germans' Fault?, in: Michael Tracy/S. Hodac (Hrsg.), Prospects for Agriculture in the European Economic Community, Bruges 1979, S. 394–407, hier: S. 402.

[623] Zur Entstehung der bundesdeutschen Bestimmungen vgl. den Gesetzentwurf der Regierungsparteien SPD und FDP in: BT Drucksachen 6/56, den Schriftlichen Bericht des Finanzausschusses dazu in: BT Drucksachen 6/150, sowie die Plenumsdebatte am 10. 12. 1969 in: BT Protokolle 6/19, S. 694–705. Schon 1972 vereinbarten SPD und FDP im Rahmen ihrer Koalitionsverhandlungen ohne jeden Streit, den „Grenzausgleich" so lange zu sichern, „bis sichergestellt ist, daß es keine Währungsveränderungen mehr gibt". Positionspapiere der Verhandlungsdelegationen der SPD und der FDP zur Agrar- und Ernährungspolitik, 6. 12. 1972, BArch Kbz N 1392/68.

[624] Vgl. hierzu etwa: Pompidou: Grenzausgleich abschaffen, in: FAZ, 22. 3. 1972; Friedrichs verteidigt die Agrarpolitik, in: FAZ, 23. 2. 1973; Hans Herbert Götz, Neuanfang auch in der Agrarpolitik, in: FAZ, 4. 6. 1974; Agrarpolitik wichtiges Thema bei Schmidts Pariser Gesprächen, in: FAZ, 31. 5. 1974.

wandelte: Er bezeichnete nun eine Summe, die „als angemessener Erlös für die Erzeuger angesehen wird". Die Interessen der Verbraucher, die ohne die Intervention wegen des Überangebotes an Ware mit Sicherheit zumindest für einige Zeit deutlich geringere Rindfleischpreise hätten zahlen müssen, traten demgegenüber in den Hintergrund.[625]

Auf die großzügigen Brüsseler Preissignale haben die Bauern sowohl in der Bundesrepublik wie auch allgemein im EG-Raum stark reagiert. Allein die westdeutschen Landwirte steigerten ihre Rindfleisch-Produktion von 1972 auf 1974 um 256.000 Tonnen. In allen Mitgliedsländern summierte sich das Plus (auch wegen des Beitritts von Großbritannien, Irland und Dänemark) sogar auf 800.000 Tonnen. Der Verbrauch von Rindfleisch hatte im gleichen Zeitraum EG-weit hingegen nur um 50.000 Tonnen zugelegt.[626]

Zwangsläufig war überhaupt nicht daran zu denken, die im Vorjahr eingelagerten 300.000 Tonnen wieder dem Markt „zuzuführen". Stattdessen begannen erneute Vorratskäufe. Weil die Kühlhäuser kaum noch Fleisch aufnehmen konnten, organisierten die nationalen Behörden, die für die Umsetzung der Interventionsmaßnahmen zuständig waren, seit Mai 1974 die Herstellung und Lagerung von Fleischkonserven als einer zweiten Form der „Marktbereinigung".[627]

Da sich der „Marktpreis" dennoch immer weiter nach unten bewegte, griff der Agrarrat zusätzlich zu einer Art Notbremse: Mitte Juli 1974 beschloss das Gremium einen Importstopp für Rindfleisch aus allen „Drittländern". Ausgenommen wurden lediglich Kontingente, die einzelnen Staaten (vor allem in Südamerika) nach den Bestimmungen der internationalen GATT-Vereinbarungen zustanden.[628]

---

[625] Hubertus Schulte, Die Marktordnung für Rindfleisch, in: DBK 36 (1983), S. 149–151, hier: S. 149. Zu den Streitigkeiten vor dem Beschluss vgl. etwa: Von Bonn über Brüssel nach Dortmund, in: DBK 27 (1974), S. 109–111. Zum Zustandekommen der zweiten Erhöhung im Herbst 1974 vgl.: Schicksalstage der Landwirtschaft, in: ebenda, S. 270; Europas Bauern fordern Taten, in: ebenda, S. 271; Hart erkämpfte Preisrevision, in: ebenda, S. 302.

[626] Die Zahl für die BRD berechnet nach den Angaben in: StatJb BRD 1973, S. 183; StatJb BRD 1975, S. 190. Die Zahlen für den EG-Raum berechnet nach den Angaben in: Protokoll der 105. Sitzung des Wirtschaftsausschusses für Außenhandelsfragen beim BML, 14. 10. 1974, BArch Kbz, B 116/38 584.

[627] Vgl. hierzu genauer: Ernst Trauschke, EG-Rindfleischmarkt in der Krise, in: BBSH 132 (1982), S. 1371–1372, hier: S. 1371. In der Bundesrepublik wurden die Interventionsmaßnahmen von einer Dienststelle des BML, der „Einfuhr- und Vorratsstelle für Vieh und Fleisch", organisiert. 1976 wurde sie Teil einer neugegründeten „Bundesanstalt für landwirtschaftliche Marktordnung". Vgl. als Abriss: Heribert Winzeck, Die neue Bundesanstalt für landwirtschaftliche Marktordnung, in: DBK 29 (1976), S. 276–279.

[628] Zu den Details vgl. die Angaben von Regierungsdirektor Ernst Trauschke (BML) in: Das aktuelle Interview, in: MDLG 89 (1974), S. 866–867. Der Importstopp war zunächst bis Ende Oktober 1974 befristet, wurde dann aber auf unbestimmte Zeit verlängert. Die Abkürzung GATT steht für „General Agreement on Tariffs and Trade". Der erste Vertrag dieser Art, der wichtige Teile des Welthandels völkerrechtlich bindend regelt, wurde im Oktober 1947 abgeschlossen; die Bundesrepublik trat 1951 bei. Zur Bedeutung dieser Abmachungen für die EG-Agrarpolitik vgl. zusammenfassend: Stephan von Cramon-Taubadel/Ralf Kühl, Wendepunkt für die Europäische Agrarpolitik? Die Agrarverhandlungen in der Uruguay-Runde,

3. Die Haltung von Rindern und die Rindfleischproduktion

Mit dieser zwar nicht vollständigen, aber doch ziemlich weitgehenden Sperrung ihres internen Marktes exportierte die Staatengemeinschaft das Luxusproblem ihrer Rindfleisch-Überproduktion auf den Weltmarkt. 1972 war sie mit Einfuhren von 750.000 Tonnen noch der weltweit wichtigste Abnehmer gewesen. Nun aber begann sie, Ausfuhren sowohl von Frischfleisch wie auch von tiefgefrorener Ware aus EG-Ländern zu subventionieren, um den Markt zu entlasten. Dabei ging es vielfach schlicht darum, Platz in den überfüllten Kühlhäusern zu gewinnen. Solche Geschäfte (die vor allem mit „Ostblock"-Staaten abgeschlossen wurden) trugen „Dumping-Charakter", d. h. die Ware wurde auf Kosten der Steuerzahler in den Mitgliedsstaaten zu teilweise fast absurd niedrigen Preisen ins Ausland verkauft.[629]

Gerade südamerikanische Staaten, die schon seit der zweiten Hälfte des 19. Jahrhunderts Rinder für den europäischen Markt mästeten, litten unter der neuen EG-Politik: Sie verloren nicht nur bislang sichere Abnehmer, sondern sahen sich auch noch einem öffentlich finanzierten unlauteren Wettbewerb der Europäer ausgesetzt, der ihnen andere Absatzchancen verbaute.[630]

Der Ausgleich von Angebot und Nachfrage für Rindfleisch im EG-Raum, dem all diese dirigistischen Maßnahmen dienen sollten, stellte sich jedoch auch in den nachfolgenden Jahren hartnäckig nicht ein: Die Produktion der Landwirte wuchs stets deutlich stärker als der Konsum.[631] Daher entwickelten sich die Interventionskäufe ebenso zu einer Konstante des Marktgeschehens wie die massiv subventionierten Exporte.[632] Allein von 1973 bis 1978 nahm der Staatenbund insgesamt

---

in: Wirtschaftsdienst 1990, Nr. 9, S. 463–470. Zum recht großen Umfang der durch diese und andere Abmachungen gesicherten Einfuhren siehe unten S. 49.

[629] Trauschke, EG-Rindfleischmarkt, S. 1372. Vgl. ähnlich auch: Heinz Heck, Die neue Vieherei aus Brüssel, in: FAZ, 19. 7. 1974; Rindfleisch für Brüssel teurer, in: FAZ, 26. 7. 1974; Deutsches Rindfleisch ist im Ausland nur halb so teuer, in: FAZ, 24. 5. 1975. Subventionierte Verkäufe, die vor allem der Lagerräumung dienten, gab es auch bei den Rindfleisch-Konserven. Teilweise wurden diese Dosen (die nach einem genau festgelegten einheitlichen Standard produziert und neutral verpackt wurden) zeitlich befristet auch in bundesdeutschen Supermärkten und Metzgereien als „Sonderposten" zu sehr günstigen Preisen angeboten; teilweise gingen sie als Spenden an karitative Einrichtungen, die sie wiederum teilweise in Länder der „Dritten Welt" abgaben. Einen detaillierten Bericht über eine dieser Aktionen (die wohl in mehrfacher Hinsicht als eine Marktstörung eigener Art gelten können) vgl. etwa in: Tätigkeitsbericht Nr. 76 der Einfuhr- und Vorratsstelle für Schlachtvieh, Fleisch und Fleischerzeugnisse. Berichtszeit: 1.1. bis 30. 6. 1975, 1. 12. 1975, BArch Kbz, B 152/117.

[630] Zu den Folgen für den Weltmarkt und die überseeischen Agrarländer vgl. genauer: Zur Fleischsituation, in: FW 55 (1975), S. 202–203; Hartmut Gaese, Der europäische Rindfleisch-Importstopp aus der Sicht der überseeischen Agrarexportländer, in: BLW 55 (1977), S. 129–139 (am Beispiel von Uruguay); Stefan Tangermann/Wolfgang Krostitz, Protektionismus bei tierischen Erzeugnissen, in: AW 31 (1982), S. 233–241. Zu dem lebhaften internationalen Handel schon vor dem Ersten Weltkrieg vgl.: Boris Loheide, Agrobusiness und Globalisierung. Die Entstehung des transatlantischen Rindfleischmarktes 1870–1914, Berlin 2012.

[631] Mitteilung der EG-Kommission über die Neuordnung der Gemeinsamen Marktorganisation für Rindfleisch, 5. 10. 1977, BArch Kbz, B 136/12 001.

[632] Subventionierte Exportgeschäfte gab es seit 1974/75 gleich in zwei Formen, weil sowohl Aktionen zur Entlastung der Interventionslager sowie – gewissermaßen präventiv – auch Ausfuhren von Frischware finanziell gefördert wurden, die nicht zu den Interventionskäufen gehörte. Da die Weltmarktpreise weit unter denen im Gemeinsamen Markt lagen, übernahm die

1,75 Millionen Tonnen Rindfleisch auf seine Rechnung aus dem freien Handel. Die Kosten für diese zur Realität gewordene „Dauerintervention" addierten sich im gleichen Zeitraum auf fast acht Milliarden DM. Lediglich die preisstützenden Maßnahmen bei Milch und Milchprodukten kamen die EG noch teurer.[633]

Unbeeindruckt beschloss der Agrarrat dennoch jährlich eine weitere Erhöhung des „Orientierungspreises" für Rindfleisch. Auch die Regeln der Marktordnung galten unverändert weiter.[634] Noch im Herbst 1977 fällte die EG-Kommission in einem Grundsatzpapier zu ihrer Rindfleisch-Politik ein insgesamt positives Urteil über den Interventionsmechanismus und seine Wirkungen: Wie die Praxis seit 1973 beweise, handele es sich dabei um ein geeignetes Instrument „zur Verhinderung übermäßiger Preisrückgänge bei Rindfleisch und somit zum dauernden Schutz der Einkommen der Landwirte".[635]

Allerdings meldeten sich in der zeitgenössischen Debatte schon früh auch ganz andere, nämlich sehr unfreundliche Stimmen. Bereits 1974 übte ein veritabler Bundesminister, der FDP-Politiker Hans Friedrichs, der in der damaligen sozial-liberalen Koalition das Wirtschaftsressort leitete, in einem programmatisch gemeinten Buch mit dem Titel „Mut zum Markt" scharfe Kritik an der Rindfleisch-Politik der EG (und indirekt damit auch an den Entscheidungen seines Kabinetts- und Parteikollegen, des Landwirtschaftsministers Josef Ertl): Sie demonstriere schlagend die negativen Folgen einer Wirtschaftspolitik, die der Selbstregulation freier ökonomischer Systeme misstraue und daher genau die „Marktstörung" intensiviere, die ursprünglich einmal als Anlass für den staatlichen Eingriff gedient

---

EG auch bei solchen Geschäften die Preisdifferenz. Dieser ohnehin sehr spezielle Handel war offensichtlich stark betrugsanfällig: Exportfirmen beantragten und erhielten hohe Erstattungen, obwohl sie de facto kein hochwertiges Rindfleisch, sondern nur minderwertige Ware ausgeführt hatten. Kontrollen der Zollämter erfolgten nur stichprobenartig. Vgl. hierzu genauer (mit Beispielen aufgedeckter Fälle): Horst Keller/Gerhard Maier, Skandal im Kühlhaus, Stuttgart 1978, S. 65–95.

[633] Die Summe der Interventionskäufe nach: Schweisfurth, Fleischwaren-Industrie, S. 960. Die Kosten berechnet nach den Angaben in: Jobst Conrad/Werner Uka, Die Agrarsubventionen der Europäischen Gemeinschaft. Daten, Fakten, Trends, West-Berlin 1987, S. 53. Für die Umrechnung in DM wurde ein Kurs von 2,60 DM pro Rechnungseinheit zugrunde gelegt. Diese Zahl aus: Winfried Heck, Die neue Europäische Rechnungseinheit, in: Wirtschaftsdienst 1978, Nr. 2, S. 87–91, hier: S. 91.

[634] In den 1970er Jahren gab es nur eine Änderung: 1975 wurde auf deutschen und britischen Druck der Punkt in der Entwicklung des „Marktpreises", ab dem automatisch interveniert werden musste, von 93 Prozent des „Orientierungspreises" auf 90 Prozent gesenkt. Aufkäufe der Interventionsstellen wurden damit etwas billiger, weil diese Marke in der Regel auch den „Interventionspreis" bezeichnete, den sie an Lieferanten zahlten. Vgl. dazu genauer den Bericht in: BML-Fachreferat 427 an BML-Fachreferat 123, 18. 2. 1975, BArch Kbz, B 116/38 584. Die weiteren Erhöhungen des „Orientierungspreises" machten den Einspareffekt jedoch rasch wieder zunichte. Auch ein Ende der automatischen Intervention wurde so nicht erreicht, weil der „Marktpreis" in den nachfolgenden Jahren zu keinem Zeitpunkt über 87 Prozent des „Orientierungspreises" hinausging. Genaue Angaben für die einzelnen Jahre vgl. in: Schulte, Marktordnung, S. 149.

[635] Mitteilung der EG-Kommission über die Neuordnung der Gemeinsamen Marktorganisation für Rindfleisch, 5. 10. 1977, BArch Kbz, B 136/12 001.

hatte. De facto verlagere die EG mit ihrer Intervention die Absatzrisiken der Produzenten bei der Rindermast „auf den Steuerzahler" und orientiere sich dabei auch noch an Preisen, die „primär nach den Einkommenszielen der Landwirte an ungünstigen Standorten" festgelegt würden.[636]

Wenig später klagte die bundesdeutsche Fleischwarenindustrie, die wegen des Importstopps auf große Mengen von preiswertem südamerikanischen „Verarbeitungsfleisch" verzichten musste, mit ihrer Agrarpolitik erweise sich die EG „zunehmend als Störfaktor des Welthandels". Die staatlichen Käufe auf dem Rindfleischmarkt sicherten innerhalb des Gemeinsamen Marktes „ein unvertretbar überhöhtes Preisniveau zum Nutzen der inländischen Erzeuger und zum Schaden der Fleischwarenindustrie und der Verbraucher".[637] Ähnlich kritisch meldete sich auch der Lebensmittelhandel zu Wort: Weil die Gemeinschaft „das freie Spiel des Marktes" blockiere, subventioniere sie „die Produktion von Rindfleisch, das eigentlich niemand haben will – zumindest nicht zu den […] administrierten Preisen". Diese Politik gehe sowohl „zu Lasten des Handels" wie auch „zu Lasten des Steuerzahlers".[638]

Zwischen der EG-Kommission und ihren Kritikern gab es in dieser Debatte nur eine Gemeinsamkeit: Beide Seiten präsentierten „die Landwirte" als die Nutznießer der mit öffentlichen Geldern stabilisierten Rindfleischpreise – und beide Seiten argumentierten damit sehr pauschal, ja irreführend unsauber. Jeder, der auch nur kurz vergleichend auf den Markt für Schweinefleisch schaute, der entdeckte in der Rindfleisch-Branche nach 1973/74 lediglich eine wirklich überraschende Entwicklung: Trotz der verstetigten Interventionsmaßnahmen schrumpfte die Gruppe der Rindermäster genauso kontinuierlich wie die der schweinehaltenden Betriebe, die ohne preisstützende Maßnahmen auskommen mussten. Zwar gab es Unterschiede zwischen den Schwundquoten: Landwirte, die wirtschaftlich auf Schweine setzten, lebten als Unternehmer offensichtlich noch etwas gefährlicher als Rindermäster. Allerdings fiel die Differenz zwischen den beiden Entwicklungen recht bescheiden aus. Als Instrument einer Politik, die bestehende landwirtschaftliche Strukturen – konkret: die Vielzahl bäuerlicher Familienbetriebe – er-

---

[636] Hans Friedrichs, Mut zum Markt. Wirtschaftspolitik ohne Illusionen, Stuttgart 1974, S. 102–105 (Zitate: S. 103). In einer Aktuellen Stunde des Bundestages am 14. 11. 1974 musste Ertl auf Fragen von CDU/CSU-Abgeordneten mehrfach zu diesen Passagen des Buches Stellung beziehen. Er vermied zwar geschickt jede klare Aussage, revanchierte sich aber doch zumindest insofern für diese heikle Situation, als er in der Debatte en passant mitteilte, das von Friedrichs publizierte Buch sei seiner Kenntnis nach „im wesentlichen" von Beamten des Wirtschaftsministeriums verfasst worden. BT Protokolle 7/131, S. 8865–8867 u. S. 8872 f., Zitat: S. 8867 (online abrufbar unter: https://dip.bundestag.de).

[637] In der Reihenfolge der Zitate: Fleischwarenindustrie beklagt überhöhte Rohstoffpreise, in: FW 55 (1975), S. 960; Karl Ludwig Schweisfurth, Fleischwarenindustrie in der Zerreißprobe, in: FW 56 (1976), S. 1449–1453, hier: S. 1449.

[638] In der Reihenfolge der Zitate: Was ist mit dem Fleischpreis los?, in: LZ 27 (1975), Nr. 21, S. 6; „Die tatsächliche Preis-Rechnung", in: ebenda, Nr. 51, S. 8. Vgl. ähnlich auch: Import-Fleisch könnte 7 DM billiger sein, in: FAZ, 11. 6. 1976.

halten wollte, taugte die Marktordnung für Rindfleisch ganz offensichtlich nicht sehr viel.[639]

Diese begrenzte Wirkung der „Dauerintervention" auf dem Rindfleischmarkt ist erklärungsbedürftig. Da zeitgenössische Studien dazu fehlen, lassen sich an dieser Stelle nur Hypothesen formulieren. Ein genauerer Blick auf die Praxis der EG-finanzierten Käufe sowie auch auf deren Umfang liefert dafür die Basis.

Grundsätzlich profitierten die Bauern ja stets nur indirekt von den marktlenkenden Maßnahmen der Staatengemeinschaft: Bei allen Gütern, für die stark interventionistisch angelegte Marktordnungen galten, erfolgte der korrigierende Eingriff, der auf sinkende Preise reagierte, nicht direkt auf den Höfen. Vielmehr wurden bereits verarbeitete Agrarprodukte gekauft und eingelagert, d. h. die eigentlichen Partner der EG bei solchen Geschäften waren etwa die Molkereien, die Zuckerfabriken, die Getreidemühlen oder beim Fleisch eben die Schlachthöfe. Hinzu kamen dann wohl auch Großhändler, die den Absatz der jeweiligen Ware organisierten. Die Beschaffungs- und Herstellungskosten all dieser Lieferanten gingen selbstverständlich vollständig auf die Brüsseler Rechnung.[640]

Zwar gab es unter diesen Unternehmen auch genossenschaftliche Betriebe mit bäuerlicher Basis. An Schlachthöfen beteiligten sich jedoch – wie gezeigt – nur wenige Bauern. Indirekte Stützungseffekte lassen sich daher weitgehend ausschließen.[641] Die gerade bei Fleisch sehr teure Lagerung der Käufe schließlich erfolgte in Privatbetrieben, die mit der Landwirtschaft mehrheitlich überhaupt nichts zu tun hatten. Auch diese Ausgaben firmierten buchhalterisch als Kosten der Agrarintervention. Gleich aus doppeltem Grund kamen die Gelder der EG, mit denen Ware „vom Markt genommen" wurde, den Agrarproduzenten also keineswegs vollständig zugute.[642]

Zudem handelte es sich bei Rindfleisch um eine der landwirtschaftlichen Waren, die in sehr unterschiedlichen Qualitäten angeboten und daher de facto auf recht stark separierten Teilmärkten gehandelt wurden.[643] Die öffentlichen Stellen,

---

[639] Siehe genauer S. 418.
[640] Grundlegend dazu vgl.: Onno Popinga, Gebrauchsanleitung zum Agrarbericht, in: ders. (Hrsg.), Produktion und Produktionsverhältnisse auf dem Land, Opladen 1979, S. 72–111, hier: S. 99–109.
[641] Siehe dazu oben S. 75 f.
[642] Zu den florierenden Geschäften der Kühlhaus-Branche in der Bundesrepublik vgl. etwa: Noch haben Rinder im Kühlhaus Platz, in: FAZ, 24. 7. 1976; G. Kissel, Gewerbliche Kühlhäuser in der Bundesrepublik Deutschland, in: AW 31 (1982), S. 22–26. Es handelte sich um eine mittelständische Branche: 1982 bestand sie aus 78 Unternehmen, die 99 Kühlhäuser betrieben und rund 1.900 Personen beschäftigten. Alle Betriebe lebten stark von EG-Mitteln: Bis zu 60 Prozent der eingelagerten Warenmengen waren Fleisch und Butter (ebenda, S. 23 u. S. 25).
[643] In der Bundesrepublik unterschieden Schlachthöfe und Großhändler sieben verschiedene Qualitätsstufen. Vgl. hierzu genauer: Klaus Peter Krause, Jungbulle oder ausgediente Milchkuh, in: FAZ, 15. 10. 1975. Eine 1982 in Kraft gesetzte einheitliche Regelung für den ganzen Gemeinsamen Markt unterschied bei Jungbullen, Ochsen, älteren Kühen etc. jeweils fünf verschiedene Qualitäts- und Preisstufen. Vgl. hierzu: Wonach Rindfleisch künftig eingestuft und bezahlt wird, in: top agrar 11 (1982), Nr. 12, S. 84–86.

die das Instrumentarium der Marktordnung konkret anwandten, kauften jedoch nur ganz bestimmte Rindfleisch-Partien. Geschlachtete Milchkühe etwa blieben grundsätzlich unberücksichtigt, weil solche „Stützungskäufe [...] mit einer indirekten, nicht wünschenswerten Stützung des Milchmarktes gleichzusetzen" seien.[644] Auch beim Fleisch männlicher Tiere sahen die Beauftragten der EG genau hin: Sie wählten stets nur Rinderviertel oder -hälften aus einer der oberen Handelsklassen und ignorierten damit sowohl die durchschnittlichen wie auch die geringeren Qualitäten.[645]

Zudem waren die Einkaufsmengen vorab durch die zugeteilten finanziellen Mittel limitiert. Diese reichten nach dem Beginn der „Dauerintervention" nicht mehr so weit wie im ersten Jahr der Stützungskäufe, weil sowohl die Bundesrepublik wie auch Großbritannien als Gegner allzu üppiger Agrarsubventionen in den EG-Gremien für eher knapp bemessene Etatansätze sorgten: Durchschnittlich entsprachen die neuen Einlagerungen von Rindfleisch in der Bundesrepublik in den 1970er Jahren jeweils nur rund fünf Prozent der gesamten inländischen Jahresproduktion.[646]

So wie sie gehandhabt wurden, schufen die Interventionskäufe der Europäischen Gemeinschaft „einen gespaltenen Rinder-Markt": Er teilte sich seit 1973 in ein recht kleines Segment, in dem die politisch beeinflussten Preise direkt wirkten, und den sehr viel größeren übrigen Markt, auf dem im Prinzip frei gehandelt wurde. Die Schutzwirkung des einen Abschnitts für den anderen war nicht nur indirekter Art; sie fiel logischerweise zudem auch noch umso schwächer aus, je stärker sich die jeweils angebotene Ware von den Qualitäten unterschied, die für die Interventionsstellen in Frage kamen.[647]

Der „Marktpreis", der für die Anwendung der Marktordnung so wichtig war, gab über diese Differenzen keine Auskunft. Zum einen handelte es sich dabei ja um eine statistische Konstruktion, die sehr unterschiedliche Preisstände gleich zweimal – zunächst auf nationaler Ebene und dann, in einem zweiten Schritt, auch noch für die gesamte EG – in eine einzige Zahl umrechnete. Zum anderen fußte die Zahl auch noch auf sehr selektiv erhobenen Daten: Da die Schlachthöfe in den meisten EG-Staaten – anders als in der Bundesrepublik – nicht verpflichtet waren, fortlaufend über ihre Preise zu berichten, arbeiteten die Statistiker bei der Errech-

---

[644] Aktenvermerk von Regierungsdirektor Roller (BML), 12. 12. 1973, BArch Kbz, B 116/25 657.
[645] Schulte, Marktordnung, S. 150. Vgl. genauer auch etwa: Tätigkeitsbericht Nr. 78 (Berichtszeit: 1. 1. bis 30. 6. 1976) der Bundesanstalt für Landwirtschaftliche Marktordnung, Geschäftsbereich 3, 18. 10. 1976, BArch Kbz B 152/117.
[646] Berechnet für die Jahre 1977 bis 1980 nach den Angaben in: Agrarbericht 1979, BT Drucksachen 8/2530, S. 54; Agrarbericht 1980, BT Drucksachen 8/3635, S. 54; Agrarbericht 1981, BT Drucksachen 9/140, S. 55 (alle drei Dokumente online abrufbar unter: https://dip.bundestag.de).
[647] Protokoll der 105. Sitzung des Wirtschaftsausschusses für Außenhandelsfragen beim BML, 14. 10. 1974, BArch Kbz, B 116/38 584. Hier liegt wohl ein erheblicher Unterschied zur Marktintervention bei Milch vor: Bei diesem Produkt gab es keine klar unterteilten Teilmärkte mit separaten Preisen.

nung des „Marktpreises" für jedes Land nur mit den Angaben einiger weniger ausgewählter Betriebe. Sie lagen alle in der Nähe von Großstädten. Das Marktgeschehen abseits der Metropolen erfasste die Messzahl nicht. In der Realität muss es in zahlreichen Segmenten des stark fragmentierten Rindfleisch-Marktes in der gegebenen Überschusssituation daher Preise gegeben haben, die noch weit unterhalb des kompliziert errechneten „Marktpreises" lagen.[648]

Schließlich blieb die stabilisierende Wirkung der EG-Intervention auch deshalb gering, weil selbst Anbieter, die exakt das liefern konnten, was die amtlichen Käufer wollten, keineswegs sicher darauf rechnen konnten, mit den Behörden ins Geschäft zu kommen. Die „Einfuhr- und Vorratsstelle für Vieh und Fleisch", die das preisstützende Procedere in der Bundesrepublik verantwortete, kam per Ausschreibung und durch ein Losverfahren zu ihren Lieferanten. Sie unterteilte dabei die für einen bestimmten Zeitraum geplante Abschöpfungsmenge in einzelne kleinere Posten, die jeweils öffentlich ausgelobt wurden. Da die Zahl der interessierten Lieferfirmen verständlicherweise stets sehr groß ausfiel und da die Wahl des billigsten Anbieters bei diesem sehr speziellen Verfahren das ganze Geschehen ad absurdum geführt hätte, musste zwangsläufig gelost werden, wer den Zuschlag erhielt und damit den attraktiven Preis einstreichen durfte, der im freien Handel nicht zu erlangen war. Selbst den direkt beteiligten Verarbeitungsbetrieben und Großhändlern bot dieser Ablauf keine Planungssicherheit. Für die Landwirte, die auf ihren Höfen Rinder mästeten, aber muss er vollends willkürlich gewirkt haben.[649]

Wie der kontinuierliche Schwund ihrer Zahl auch in den Zeiten der „Dauerintervention" belegt, half der hoch angesetzte „Orientierungspreis" für Rindfleisch im Endeffekt nur recht wenigen Mastbetrieben, obwohl die Agrarpolitiker den bäuerlichen Produzenten mit diesem Referenzwert doch spätestens seit 1974 einen „angemessenen Erlös" sichern wollten. Offensichtlich nutzte das Niveau, auf dem die Rindfleischpreise durch die öffentlichen Aufkäufe stabilisiert wurden, vor allem den besonders effizient arbeitenden Anbietern, denen es gelang, ihre Stückkosten pro schlachtreifem Tier niedrig zu halten. Wie auch in den anderen Seg-

---

[648] So beruhen die Meldungen für die Bundesrepublik etwa auf Daten aus nur 14 Schlachthöfen, die alle in der Nähe des seinerzeit noch kaufkraftstarken Ruhrgebiets lagen und daher wohl eher hohe Preise nannten. In Frankreich meldeten nur sieben Schlachthöfe. Diese Angaben nach: BML an ML Bayern, 2. 4. 1971, BArch Kbz B 116/25 761.

[649] Vgl. zu dieser Praxis genauer: Niederschrift über die Sitzung des BML mit den Vieh- und Fleischreferenten der Länder, 5. 10. 1973, BArch Kbz, B 116/38 584; Hans-Jürgen Tuengerthal, Die Neuorganisation der Einfuhr- und Vorratsstellen und die Auswirkungen auf den Bereich der Vieh- und Fleischwirtschaft, in: FW 57 (1977), S. 620–622, hier: S. 620. Ob auch in den anderen EG-Ländern so verfahren wurde, konnte im Rahmen dieses Projektes nicht geklärt werden. Für ein konkretes Beispiel einer Ausschreibung mit zu vielen Angeboten vgl. etwa: In drei Wochen 27 000 Ochsen interveniert, in: BBSH 135 (1985), S. 5929. Hiernach erhielt die BALM im Herbst d. J. Angebote für fast 62.000 Ochsenhälften, nachdem sie Kontingente von insgesamt 27.000 Hälften ausgeschrieben hatte. Bei Ausschreibungen für das Fleisch von Bullen, die in der BRD sehr viel zahlreicher gemästet wurden als Ochsen, dürfte das Überangebot wohl noch ungleich größer gewesen sein.

menten der agrarischen „Veredelung" waren dies eher die Betriebe mit größeren Beständen. Sie wären wohl auch noch auf einem freien Markt erfolgreich gewesen, auf dem die Überproduktion die Preise noch weiter nach unten gedrückt hätte. Insofern wirkte die Preissicherung durch die EG für sie teilweise sogar wie ein Gewinnzuschlag. Damit erklärt sich auch die Tatsache, dass die Marktordnung die Produktion von Rindfleisch innerhalb der Gemeinschaft dauerhaft beflügelte, obwohl die für schlachtreife Rinder tatsächlich gezahlten Summen doch ebenso dauerhaft deutlich tiefer als der „Orientierungspreis" lagen.[650] Betriebe, die nicht zur Spitzengruppe der Produzenten gehörten, gelangten hingegen auch mit den administrativ beeinflussten Preisen nicht verlässlich in die Gewinnzone.[651]

Als eine Handlungsgemeinschaft, die vor einem akuten Problem steht, stellte sich die EG mit ihrer Rindfleisch-Politik in den Jahren der „Dauerintervention" seit 1974 selbst bei sehr wohlwollender Betrachtung kein gutes Zeugnis aus. Zwar gab es wegen der anhaltend hohen Kosten, die Deutschland und Großbritannien als den wichtigsten „Netto-Zahlern" der Gemeinschaft ein Dorn im Auge waren, einige Versuche, die Sache zumindest etwas billiger zu gestalten. So wurden seit 1978 etwa die Interventionskäufe in den Sommermonaten, in denen weniger Rinder in die Schlachthöfe kamen als im Frühjahr und im Herbst, für einzelne der grundsätzlich eingelagerten Qualitäten regelmäßig vorübergehend eingestellt.[652] Wirklich grundlegende Änderungen aber gelangen nicht. Vor allem Frankreich verweigerte sie. Die Bundesrepublik, die nach wie vor ihren europapolitisch so anstößigen „Grenzausgleich" verteidigte, begnügte sich mit allgemein gehaltenen Appellen, der Handel mit Rindfleisch müsse freier gestaltet werden.[653]

Selbst scharf formulierte öffentliche Kritik an dieser passiven Haltung blieb wirkungslos. So legten etwa die zur Beratung der Bundesregierung bestellten „Wirtschaftsweisen" im Winter 1980/81 eine ausführliche Stellungnahme zur Agrarpoli-

---

[650] Dieser Effekt, eher die ohnehin florierenden und besonders produktiven Betriebe zu stärken, charakterisiert die CAP ganz allgemein. Vgl. dazu etwa: Hermann Priebe, Ziele und Auswirkungen der Strukturpolitik, in: Hans von der Groeben/Hans Möller (Hrsg.), Möglichkeit und Grenzen einer Europäischen Union. Bd. 6: Die agrarwirtschaftliche Integration Europas, Baden-Baden 1979, S. 128–141, hier: S. 137–142; Kurt Eisenkrämer, Aktuelle Probleme der Agrarpolitik, in: Landwirtschaft im Blickpunkt, Göttingen 1984, S. 7–20, hier: S. 10 f. (konkret am Beispiel der Milchwirtschaft); Conrad/Uka, Agrarsubventionen, S. 91–94.
[651] So das kritische Fazit in: Schrader, Stabilisierungspolitik, S. 310 f.
[652] Als Überblick über die komplizierten Regelungen dieser „aufgelockerten Intervention" vgl.: Sprechzettel des BML für die Sitzung des Agrarministerrates am 18. 6. 1979, 13. 6. 1979, BArch Kbz, B 136/12 001; Agrarbericht 1979, BT Drucksachen 8/2530, S. 55 (online abrufbar unter: https://dip.bundestag.de).
[653] Als Beispiel für solche Reformappelle vgl. etwa: Hans-Jürgen Rohr, Gute Chancen für deutsche Landwirte im europäischen Wettbewerb?, in: Landwirtschaft in der Europäischen Gemeinschaft. Fragen zur Situation unserer Partner. Erweiterte Fassung der Vorträge der DLG-Wintertagung am 15. 1. 1981 in Wiesbaden, Frankfurt/Main 1981 (Archiv der DLG, Nr. 67), S. 164–174, hier: S. 165 u. S. 167 f. Rohr war Staatssekretär im BML. Zum Dauerstreit um den „Grenzausgleich" vgl. etwa: Ann-Christina Lauring Knudsen, European Integration in the Image and the Shadow of Agriculture, in: Desmond Dinan (Hrsg.), Origins and Evolution of the European Union, Oxford und New York 2006, S. 191–217, hier: S. 291–294.

tik vor, in der sie alle Formen der Marktintervention zugunsten der Landwirte als volkswirtschaftlich schädlich verdammten. Die anhaltende Überproduktion bei Agrarprodukten im EG-Raum, so urteilten die Ökonomen, entstehe durch den „Missbrauch der Preispolitik als Einkommenspolitik". Zugleich appellierten sie an die Bundesregierung, ihre „unheilige Allianz" in der Gemeinsamen Agrarpolitik mit Ländern wie Frankreich aufzugeben, „die eine große Landwirtschaft haben und damit auf viele Landwirte Rücksicht nehmen müssen": Den „zahllosen sachlich unvertretbaren Entscheidungen" des Agrarrates dürften nicht noch weitere kostspielige interventionistische Beschlüsse folgen.[654]

Starker Tobak, so sollte man denken – und eine nicht zu ignorierende Aufforderung zur Replik und Diskussion an alle Agrarpolitiker. Bei der sehr ausführlichen parlamentarischen Behandlung des Gutachtens hatten jedoch weder die Vertreter der Regierungsparteien noch die der oppositionellen CDU/CSU etwas zu den harschen Worten der Sachverständigen zu sagen.[655] Wenig später erneuerte sich dieses einvernehmliche Schweigen, als die Parlamentarier den jährlichen „Agrarbericht" des Bundeslandwirtschaftsministeriums diskutierten. Josef Ertl als der Ressortchef verteidigte die Überschussproduktion der Landwirte sogar noch mit den Worten, alle Bürger in den EG-Staaten sollten sich „glücklich schätzen, daß unser Tisch seit 30 Jahren immer reichlicher gedeckt worden ist".[656]

Somit sah auch die Bundesregierung tatenlos zu, wie sich der europäische Rindfleischmarkt zunehmend zu einem agrarpolitischen Krisenherd erster Ordnung entwickelte. In den 1980er Jahren gingen die Produktivitätssteigerungen der Landwirte immer deutlicher über die konstant nur noch mageren oder auch ganz fehlenden Zuwächse beim Konsum der Ware in den EG-Ländern hinaus – und die Marktordnung löste dieses Grundproblem nicht, sondern verstärkte es sogar noch. Bereits 1984 – dem Jahr, in dem die Einführung der „Milchquoten" zu vielen zusätzlichen Rinderschlachtungen führte – geriet das Interventionssystem an seine Grenzen: Mit 765.000 Tonnen wurde eine Rekordmenge an Rindfleisch neu eingelagert; die Kosten dafür lagen EG-weit in nur zwölf Monaten bei über sechs Milliarden DM. Auch die künstlich verbilligten Ausfuhren der Staatengemeinschaft erreichten mit 800.000 Tonnen einen neuen Höchststand. Damit war die EG nun der weltweit größte Rindfleisch-Exporteur. Dennoch lagerten bei Jahresende immer noch 615.000 Tonnen in Kühlhäusern und anderen Magazinen. Zehn Jahre

---

[654] Jahresgutachten 1980/81 des Sachverständigenrates zur Begutachtung der gesamtwirtschaftlichen Entwicklung, 25. 11. 1980, BT Drucksachen 9/17, S. 176–199, hier: S. 187 u. S. 178 f. (online abrufbar unter: https://dip.bundestag.de). Noch schärfer formuliert: Olaf Sievert, Grundsätze zur Reform der europäischen Agrarpolitik, in: Landwirtschaft und Agrarpolitik in den 80er Jahren. Öffentliche Arbeitstagung am 12./13. 2. 1981, Bonn 1982, S. 9–26. Sievert war Mitglied des Sachverständigenrates.
[655] Vgl. die Protokolle der Plenumsberatungen vom 27. 1. 1981 und 20. 2. 1981 in: BT Protokolle 9/16, S. 1001–1065 u. 9/24, S. 1067–1096 (beide Dokumente sind online abrufbar unter: https://dip.bundestag.de).
[656] BT Protokolle 9/29, S. 1390–1471, Zitat: S. 1401 (online abrufbar unter: https://dip.bundestag.de).

nach dem Beginn der preisstützenden Maßnahmen stand es um die „Ordnung" dieses Marktes ganz offensichtlich schlechter als je zuvor.[657]

Sollten die verantwortlichen Politiker gehofft haben, die Zuspitzung von 1984 sei womöglich nur ein vorübergehender Effekt der neuen dirigistischen Vorschriften für die Milchproduktion, so hatten sie sich getäuscht. 1985 klafften Angebot und Nachfrage beim Rindfleisch auf dem Gemeinsamen Markt ebenso weit auseinander wie im Vorjahr. Mit einem Vorrat an Interventionsfleisch von nun 750.000 Tonnen fiel die Bilanz der Markteingriffe bei Jahresende zudem sogar noch schlechter aus als 1984. Konserven und tiefgefrorene Rinderteile füllten auf Kosten der EG nun sogar schon die Regale und Kühlräume von Lagerhäusern in europäischen Ländern, die der Staatengemeinschaft gar nicht angehörten (etwa in der Schweiz, in Österreich und Spanien).[658]

Anders als bislang fand diese Krise sogar die Aufmerksamkeit einer breiteren Öffentlichkeit. Neben den ausufernden Kosten standen dabei vor allem die subventionierten Ausfuhren im Fokus. So kritisierten konservative Politiker und Medien etwa eine 175.000 Tonnen umfassende Rindfleisch-Lieferung in die wirtschaftlich dahinsiechende UdSSR, bei der die EG dem Käufer einen Preisabschlag von 84 Prozent (bezogen auf ihren Einkaufspreis) gewährte. Zusätzliche Empörung entstand, weil ein prominentes Mitglied der Kommunistischen Partei in Frankreich, der mehrere Export-Handelsfirmen besaß, für die Vermittlung dieses Geschäftes eine millionenschwere Provision kassierte. Gleich auf doppelte Weise schien die EG hier ihren politischen Gegner zu fördern, wurde der Händler doch verdächtigt, unter der Hand seine Partei zu finanzieren.[659]

Linke und christliche Kreise, denen die „Dritte Welt" am Herzen lag, wiederum reagierten entrüstet auf die Nachricht, dass die EG mit ihren „Dumping"-Exporten von eingelagertem Rindfleisch mittlerweile sogar die einheimischen Märkte in Agrarländern wie Brasilien und Argentinien belastete, die ihre Bevölkerungen problemlos selbst mit Fleisch versorgen konnten.[660]

---

[657] Agrarbericht 1985, BT Drucksachen 10/2850, S. 66 (online abrufbar unter: https://dip.bundestag.de). Die Kosten nach: Hohe Preisverluste bei der Intervention, in: FAZ, 23. 7. 1985.

[658] Agrarbericht 1986, BT Drucksachen 10/5015, S. 69 (online abrufbar unter: https://dip.bundestag.de). Zu den Einlagerungen in Nicht-EG-Ländern vgl.: Hohe Preisverluste bei der Intervention, in: FAZ, 23. 7. 1985.

[659] Hierzu vgl. etwa: Butter und Fleisch mit „Rabatt" in den Ostblock, in: FAZ, 26. 9. 1985; Gegen Billigfleisch für Moskau, in: FAZ, 9. 10. 1985; Richard Bröcker, EG-Rindfleischmarkt: Die Probleme werden größer, in: DBK 38 (1985), S. 450–452, hier: S. 451. Bei dem oben erwähnten KP-Mitglied und Geschäftsmann handelte es sich um Jean-Baptiste Doumeng, den die zeitgenössische Presse gern als „roten Milliardär" bezeichnete. Seine Firmen hatten sich auf den Agrarhandel zwischen Frankreich und den Ostblock-Staaten spezialisiert. Vgl. zu seiner Person und seinen Geschäften etwa die recht unkritische Darstellung in: René Mauries, Jean-Baptiste Doumeng. Le grand absent, Toulouse 1992; in kritischerer Perspektive vgl.: Rudolf Wagner, Der „rote Milliardär" wird alt, in: Die Zeit, 13. 7. 1984; Paul Lewis, „Red Millionaire", in: New York Times, 19. 8. 1984.

[660] Vgl. hierzu: Horst Wagner, Den Bauern keine falsche Hoffnungen machen, in: FAZ, 10. 1. 1987; Agrarpolitik behindert Helfer, in: FAZ, 13. 10. 1987. Nach diesen Texten gingen 1986 rund 100.000 t Rindfleisch aus EG-Ländern in die beiden südamerikanischen Staaten.

Gleichzeitig entfalteten die Interventionsmaßnahmen innerhalb des Gemeinsamen Marktes immer geringere Wirkungen: Die Preise, die Rindermäster erzielten, wenn sie ihre Tiere verkauften, lagen tiefer als je zuvor unterhalb der Zahlen, die der Agrarrat in der Marktordnung festgelegt hatte. Im Herbst 1985 klagte der Präsident des schleswig-holsteinischen Bauernverbandes, die Aufkäufe der amtlichen Stellen reichten nur noch aus, um „das Schlimmste für unsere Fleischerzeuger zu verhindern". An der „Dramatik" der Marktsituation aber könnten sie nichts ändern: Jedes zur Schlachtung eingelieferte Tier bringe den Rindermästern mehrere hundert DM Verluste.[661]

Rund ein Jahr später bezeichnete selbst Bundeslandwirtschaftsminister Ignaz Kiechle (CSU) die Lage auf dem Rindfleischmarkt öffentlich als „katastrophal". Die Verantwortung für das preisdrückende Überangebot an Rindfleisch liege bei seinen Amtsvorgängern: Sie hätten „die Landwirte mit einer unsinnigen Investitionsförderung geradezu zu mehr Produktion gezwungen".[662]

Kurz zuvor hatten Landwirte auf der „Grünen Woche" in West-Berlin, einer traditionsreichen und stark besuchten Publikumsmesse für Agrarprodukte, lautstark mit Slogans wie „Bullenmäster krepieren" höhere Erzeugerpreise verlangt. Der Überschuss an angebotener Ware, so berichteten die für ihre Aktion eigens aus Bayern angereisten Bauern, mache die Einkäufer der großen Handelsketten „immer wählerischer". Dieses „Feilschen um die Preise" treibe die Schlachthöfe in einen harten Wettbewerb um den billigsten Einkauf und führe dazu, dass sich in der Rindermast lediglich mit „ausgefeilter Produktionstechnik überhaupt noch einen Gewinn erzielen" lasse. So perfekt könnten aber „nur wenige Spitzenbetriebe" arbeiten.[663]

Hilfe erhofften sich die protestierenden Bauern von den Politikern: Sie verlangten noch umfangreichere Interventionskäufe sowie ein wirklich vollständiges Importverbot für Rindfleisch aus „Drittländern". Um diese Abschottung des Gemeinsamen Marktes zu erreichen, dürfe sich die EG nicht scheuen, auch internationale Verträge wie etwa das GATT-Abkommen einseitig zu kündigen. Vereinbarungen dieser Art, deren Bestimmungen dafür sorgten, dass der 1974 verhängte

---

    Der verlangte Preis pro kg lag um 40 Prozent niedriger als bei dem UdSSR-Geschäft von 1985.

[661] Karl Eigen, Grußwort, in: 25 Jahre Nordfleisch AG 1960–1985. Jubiläumsveranstaltung anlässlich des 25jährigen Bestehens der Nordfleisch AG am 19. November 1985 in Kiel, Kiel 1986, S. 24–27, hier: S. 26. Vgl. ähnlich auch: Ewald Böckenhoff, Schlachtbullen nicht gefragt, in: MDLG 100 (1985), S. 1001; F. Raue, Bullenmast mit Maissilage, in: MDLG 100 (1985), S. 965–970, hier: S. 970.

[662] Kiechle: Katastrophaler Rindfleischmarkt, in: BBSH 136 (1986), S. 4775. Weitere Klagen über völlig unzureichende Preise vgl. auch in: Luxemburger Beschlüsse auch hier spürbar, in: ebenda, S. 3231; H. Brüse, Einkommensreserven ausschöpfen, in: LWE 134 (1987), Nr. 6, S. 6–8, hier: S. 7.

[663] Berthold Achler, Bullenmast in Niederbayern: Jetzt legen sogar die Profis drauf, in: top agrar 15 (1986), Nr. 4, S. 40–41, hier: S. 40.

Einfuhrstopp zahlreiche Ausnahmen kannte, nützten nur den „Importbonzen" und schädigten die hart bedrängten europäischen Landwirte.⁶⁶⁴

Wegen solcher Abmachungen spielten Einfuhren auf dem EG-Markt für Rindfleisch in der Tat nach wie vor eine nicht ganz unwichtige Rolle. Die vertraglichen Verpflichtungen stammten überwiegend aus Zeiten, in denen die Landwirte in den Mitgliedsstaaten den internen Bedarf an Rindfleisch bei weitem nicht befriedigen konnten. Dementsprechend hatte man seinerzeit großzügig bemessene Importmengen vereinbart. 1985 etwa addierten sich die Rindfleisch-Einfuhren, deren Abnahme die EG nicht verweigern durfte, auf 400.000 Tonnen. Dies entsprach zwar lediglich 5,4 Prozent der gesamten Produktion in den Mitgliedsstaaten, sorgte auf einem ohnehin überfüllten Markt aber logischer Weise doch für zusätzliche Probleme.⁶⁶⁵

Der Ruf der Bauern nach noch mehr Agrarprotektionismus und nach noch mehr staatlicher Lenkung blieb dennoch unerhört. Gleich aus mehreren Gründen passten solche Forderungen nicht mehr in das allgemeine politische Klima. Der in den 1970er Jahren noch weit verbreitete Glauben, der Staat sei dazu berufen, wirtschaftliche und soziale Entwicklungen zu planen und zu lenken, schwand in den 1980er Jahren stark dahin. Stattdessen gewannen neoliberale Konzepte, die ganz auf den freien Wettbewerb setzten, in den Wirtschaftswissenschaften und rasch auch in den Medien sowie in der Politik immer mehr an Gewicht. Nach intensiven Debatten über das Problem der stetig wachsenden Staatsschulden entwickelten zudem alle EG-Länder Sparprogramme für die öffentliche Hand.⁶⁶⁶

Vor diesem Hintergrund galten die Kosten der Vorratskäufe und Einlagerungen nun zunehmend auch den EG-Agrarpolitikern als ein Problem, das dringend gelöst werden müsse. 1984 warnte ein hochrangiger Beamter des Bundeslandwirtschaftsministeriums öffentlich, bleibe eine grundlegende Reform der stark interventionistisch angelegten Marktordnungen weiterhin aus, drohe der Europäischen Gemeinschaft wegen ihrer überbordenden Ausgaben für die Landwirtschaft der „Sturz ins Chaos". Künftig müsse es die Hauptaufgabe der Agrarpolitik sein, „der ungebrochenen Produktionsexpansion der Landwirtschaft entschieden entgegen zu treten".⁶⁶⁷ Ignaz Kiechle selbst sprach etwas weniger scharf von einer Strategie, wie man die Bauern dazu bewegen könne, sich bei ihrer Arbeit verstärkt „an der Aufnahmebereitschaft des Marktes" zu orientieren.⁶⁶⁸

---

⁶⁶⁴ Ebenda. Solche Forderungen nach einem vollständigen Importstopp hatten zu diesem Zeitpunkt bereits eine gewisse Tradition. Vgl. etwa: Constantin Freiherr von Heeremann, Die Tierproduktion in der deutschen und europäischen Agrarwirtschaft, in: KF 65 (1982), S. 424–426, hier: S. 424; Bröcker, EG-Rindfleischmarkt, S. 451.
⁶⁶⁵ Die Zahlen aus und berechnet nach: Agrarbericht 1986, BT Drucksachen 10/5015, S. 70 (online abrufbar unter: https://dip.bundestag.de).
⁶⁶⁶ Eine treffende Skizze dieses veränderten Hintergrunds und seiner Bedeutung für die EG-Agrarpolitik vgl. in: Eisenkrämer, Probleme, S. 9 f.
⁶⁶⁷ In der Reihenfolge der Zitate: ebenda, S. 20 u. S. 10. Der Autor war Ministerialdirektor im BML.
⁶⁶⁸ Ignaz Kiechle, Sinnvoll und notwendig: Den produktionstechnischen Fortschritt nutzen, in: KF 67 (1984), S. 238–239, hier: S. 238.

Die Debatte, wie dieses politische Vorhaben konkret umzusetzen sei, begann in den Gremien der Europäischen Gemeinschaft mit einem „Grünbuch", das die EG-Kommission im Sommer 1985 als „Diskussionsgrundlage" vorlegte. Darin plädierte sie in sehr allgemein gehaltenen Formulierungen dafür, die notwendige „Anpassung der Produktion an die Nachfrage" in der europäischen Landwirtschaft durch eine „Politik der Preissenkung" in den verschiedenen Marktordnungen herbeizuführen. Details fehlten.[669]

Die Agrarpolitiker in den Mitgliedsstaaten reagierten jedoch ohnehin grundsätzlich ablehnend. Auch die Bundesregierung verweigerte sich. Eine „Absenkung des EG-Preisstützungsniveaus", so erklärte sie in Reaktion auf das „Grünbuch", sei mit ihr im Interesse der Landwirte „aus einkommens- und gesellschaftspolitischen Gründen" nicht zu machen.[670] Politisch war diese Ablehnung nicht sehr überraschend. Mitte der 1980er Jahre litt die europäische Landwirtschaft ja nicht nur unter niedrigen Rindfleischpreisen. Wie gezeigt, verdienten die Bauern seinerzeit auch mit schlachtreifen Hühnern und Schweinen kaum noch Geld. Die erst kurz zuvor eingeführte „Milchquote" verunsicherte die Bauern noch zusätzlich; deren Wirkungen ließen sich noch nicht sicher beurteilen.[671]

Es hätte großen politischen Mut gebraucht, um in dieser Situation, in der die Landwirte höhere Erzeugerpreise verlangten, Beschlüsse zu fassen, die auf einen umfassenden Abbau der Marktinterventionen hinausliefen. Trotz ihrer Sorgen über den beständig steigenden Finanzbedarf der Gemeinsamen Agrarpolitik war die Bundesregierung nicht bereit, so unpopulär zu agieren. Dementsprechend endete die Diskussion über das „Grünbuch", kaum dass sie begonnen hatte.[672]

---

[669] Bericht der Bundesregierung über die Integration in den Europäischen Gemeinschaften. Berichtszeitraum April bis September 1985, BT Drucksachen 10/4374, S. 27 (online abrufbar unter: https://dip.bundestag.de). Vgl. auch: Perspektiven für die Gemeinsame Agrarpolitik. „Grünbuch". Zusammenfassung, in: Berichte und Informationen der Kommission der Europäischen Gemeinschaften 1985, Nr. 5, S. 1–17, hier: S. 7. Vgl. im Überblick auch: Wilhelm Scheper, Gestaltungsmöglichkeiten der Markt- und Preispolitik, in: Hermann Priebe/Wilhelm Scheper/Winfried von Urff (unter Mitarbeit v. Heino von Meyer u. a.), Agrarpolitik in der EG – Probleme und Perspektiven, Baden-Baden 1984, S. 169–216, hier: S. 200–202.

[670] Agrarbericht 1987, BT Drucksache 11/85, S. 67 (online abrufbar unter: https://dip.bundestag.de). Vgl. zusammenfassend auch schon: Klaus Peter Krause, Die Agrarpolitik ändern – aber wie?, in: FAZ, 14. 12. 1985. Im Hintergrund dieser Haltung stand auch die Überzeugung der CDU, sie habe bei der Bundestagswahl im März 1984 ihr Wählerpotential in ländlichen Regionen nicht ausgeschöpft, weil viele Bauern sozial unzufrieden seien und deshalb gemeinsam mit ihren Familienmitgliedern nicht abgestimmt hätten. Der Parteivorsitzende und Bundeskanzler Helmut Kohl hatte deshalb nach der Wahl gefordert, die CDU müsse sich den Bauern „mit mehr Liebe widmen". Günter Buchstab/Hans-Otto Kleinmann (Bearb.), Helmut Kohl: Berichte zur Lage 1982–1989. Der Kanzler und Parteivorsitzende im Bundesvorstand der CDU Deutschland, Düsseldorf 2014, S. 202 (Sitzung des Bundesvorstandes, 26. 3. 1984).

[671] Siehe dazu S. 357 f.

[672] Die Bundesregierung blockierte durch ihr Veto im Agrarrat sogar eigens einen Beschluss, wenigstens die Preise in der Getreide-Marktordnung zu senken. Vgl. dazu: Kiran Klaus Patel, Der Deutsche Bauernverband 1945 bis 1990, in: VfZ 58 (2010), S. 161–179, hier: S. 177.

In einem zweiten Anlauf projektierte die Kommission daher ein deutlich bescheidener dimensioniertes Reformvorhaben. Ein „Memorandum", das sie im Dezember 1985 vorlegte, beschäftigte sich ausschließlich mit dem Rindfleischmarkt. Das politisch brisante Reizwort „Preissenkung" kam darin nicht vor. Inhaltlich aber setzte die Kommission weiterhin auf genau dieses Instrument der Marktregulation: Sie wollte die „Dauerintervention" nach einer Übergangszeit von lediglich zwei Jahren beenden. Danach war für Rindfleisch nur noch eine „fakultative Intervention" bei „gravierenden saisonalen Marktstörungen" durch private Einlagerungen zulässig, die Brüssel finanziell fördern durfte. Grundsätzlich aber sollten sich die Preise der kostspieligsten Fleischsorte frei nach dem Verhältnis von Angebot und Nachfrage bilden.[673]

Im Rahmen der EG-Agrarpolitik waren diese Vorschläge im Grunde genommen alles andere als revolutionär: Sie wollten auf dem Rindfleisch-Markt nur in etwa die Regeln einführen, nach denen die Schweinefleisch-Branche seit eh und je arbeitete. In der gegebenen krisenhaften Situation ließ sich jedoch selbst solch eine Angleichung der Vorschriften politisch nicht durchsetzen. Der auch 1986/87 noch zu verzeichnende Tiefstand fast aller Agrarpreise führte zu „Angst und Depression in bäuerlichen Familien"; sogar in der Bundesrepublik, in der die Landwirte ihre Interessen ansonsten weitaus friedlicher artikulierten als etwa ihre Kollegen in Frankreich oder Belgien, kam es zu öffentlichen Kundgebungen von Bauern, bei denen die Agrarpolitiker aller Parteien aggressiv beschimpft wurden.[674] Die Chancen für einen Kurswechsel hin zu freieren Märkten standen daher einerseits nach wie vor denkbar schlecht. Gar nichts zu tun war agrarpolitisch andererseits wegen der Sparzwänge jedoch auch keine Option.

Nach langen Streitigkeiten (die durch den Beitritt von Spanien und Portugal mit Jahresanfang 1986 noch einmal an Intensität gewannen) einigte sich die Staatengemeinschaft daher im April 1987 lediglich auf einen zaghaften Kompromiss: Sie beschloss einige „Korrekturen" an der Marktordnung für Rindfleisch, die mit dem Konzept der Kommission von 1985 kaum etwas gemein hatten. Im Zentrum stand dabei die Entscheidung, den Preis etwas abzusenken, zu dem die Interventionsstellen ihre Einkäufe tätigten.[675]

Details können hier entfallen, denn die Ankündigung, mit diesem Beschluss werde die „Wiederherstellung des Marktgleichgewichts" gelingen, erfüllte sich nicht. Trotz unverändert stark subventionierter Exporte von wiederum 800.000 Tonnen und trotz einer Einschränkung der neuen Interventionskäufe erreichte der EG-finanzierte Vorrat an eingelagertem Rindfleisch Ende d. J. mit einem Gesamtumfang

---

[673] Agrarbericht 1986, BT Drucksachen 10/5015, S. 66 (online abrufbar unter: https://dip.bundestag.de).

[674] Für viele Familien ist die Grenze der Belastbarkeit überschritten, in: FAZ, 27. 6. 1987 (Zitat). Zu den Bauernprotesten siehe schon oben S. 448 sowie ferner: Lorenz Goslich, Franz Josef Strauß und sein „Jahrhundertvertrag", in: FAZ, 9. 4. 1987; Alfred Behr, Späth als Fachmann für Ferkelzucht und Bullenpreise, in: FAZ, 22. 6. 1987.

[675] Vgl. genauer: Agrarbericht 1987, BT Drucksachen 11/85, S. 70 (online abrufbar unter: https://dip.bundestag.de).

von 843.000 Tonnen einmal mehr einen Rekordstand.[676] Wolfgang von Geldern, den Parlamentarischen Staatssekretär im Bundeslandwirtschaftsministerium, überkam angesichts dieser Zahlen ein Anfall von agrarpolitischer Verzweiflung: „Kaum habe man ein altes Lager geräumt, sei schon ein neues wieder voll, wobei sich Gefrierfleisch heutzutage am Weltmarkt praktisch nicht absetzen lasse".[677] Auch die Kosten lagen mit rund acht Milliarden DM höher als je zuvor. Ein Redakteur der Fachzeitschrift „top agrar" kommentierte: „Von dieser Summe kommt bei den Bauern kaum noch etwas an; es profitieren vor allem Kühlhausbetreiber, Handel und Importländer. Eine Steuerungsfunktion für den Markt hat die Intervention längst verloren; eine Reform ist überfällig."[678]

Zeitlich parallel fiel die Kritik an der Gemeinsamen Agrarpolitik auch in der breiteren Öffentlichkeit immer schärfer aus. Selbst ein so wichtiger Amtsinhaber wie der nordrhein-westfälische Landwirtschaftsminister Klaus Matthiesen meinte schon 1986 mit Blick auf die schier endlosen Brüsseler Streitigkeiten und die ausufernden Kosten, dieser Strang der EG-Politik sei mittlerweile „dem Wahnsinn nahe". Mit dieser gezielt provokanten Äußerung setzte der linke Sozialdemokrat, den der NRW-Ministerpräsident Johannes Rau 1983 aus Schleswig-Holstein abgeworben hatte, um seinem Kabinett ein stärkeres umweltpolitisches Profil zu geben, den Ton der Debatte.[679] Von einer Politik, die „wie Satire" wirke, und von „Europas Selbstbedienungsladen" für Landwirte sprach knapp ein Jahr später das Hamburger Nachrichtenmagazin „Der Spiegel" in einer ungewöhnlich umfangreichen Serie mit dem Titel „Landwirtschaft – der alltägliche Irrsinn".[680] Fast zeitgleich bezeichnete „Die Zeit" die CAP als einen „Musterfall für Politikversagen". Anfang 1989 beschrieb das Blatt die Marktordnungen als „eine einzige Fehlkonstruktion":

---

[676] In der Reihenfolge der Zitate: Agrarbericht 1988, BT Drucksachen 11/1760, S. 87 (online abrufbar unter: https://dip.bundestag.de); Carlo Trojan, Wie sollen Europas Landwirte in der Überschusssituation „entlohnt" werden?, in: Wie viele Landwirte braucht Europa? Beiträge zur Meinungsbildung über Existenzfragen. Vorträge der DLG-Wintertagung am 15. 1. 1987 in Wiesbaden, Frankfurt/Main 1987, S. 63–73, hier: S. 64. Der Autor firmiert in dieser Publikation als „Kabinettschef" des EG-Landwirtschaftskommissars Frans Andriessen. Die angeführte Zahl berechnet nach den Angaben in: Agrarbericht 1988, S. 78. Der Gesamtvorrat bestand aus 688.000 Tonnen aus EG-eigenen Einkäufen und 155.000 Tonnen in der bezuschussten privaten Lagerung.

[677] Übervolle Interventionslager, in: LWE 134 (1987), Nr. 5, S. 4. Geldern war CDU-Mitglied und vertrat im Bundestag seit 1976 den ländlich geprägten Wahlkreis Cuxhaven.

[678] Berthold Achler, Bullenpreise – wo bleibt der Aufschwung?, in: top agrar 17 (1988), Nr. 7, S. 3. Ähnlich auch das Fazit in: Mitgliederversammlung des Deutschen Raiffeisenverbandes, 8. Juni 1988, Bonn-Bad Godesberg, Bonn 1988, S. 33.

[679] Matthiesen: EG-Agrarpolitik „dem Wahnsinn nahe", in: FAZ, 25. 4. 1986. Zum Hintergrund der durchaus überraschenden Personalentscheidung Raus vgl. etwa: Mit Matthiesen gegen die Grünen an der Ruhr, in: FAZ, 30. 9. 1983. Matthiesen hatte sich in Schleswig-Holstein als Kritiker von Atomkraftwerken profiliert.

[680] Landwirtschaft – der alltägliche Irrsinn, in: Der Spiegel 41 (1987), Nr. 45, S. 70–97, Nr. 46, S. 114–136 (hier die beiden Zitate: S. 114 u. S. 123), Nr. 47, S. 96–125, Nr. 48, S. 92–120, Nr. 49, S. 104–126.

Durch sie sei in Europa ein „Moloch Landwirtschaft" entstanden, der Milliarden an Steuergeldern verschlinge.[681]

Immerhin erkannten auch die so rüde geschmähten Brüsseler Instanzen, dass ihr Reformversuch von 1987 offensichtlich weitgehend wirkungslos blieb. Nach einem wiederum hart ausgetragenem Streit einigten sich die Agrarminister und die Kommission daher schließlich Ende Januar 1989 auf ein neuen Anlauf. Zwar gab es auch diesmal keine Angleichung der Marktordnung für Rindfleisch an die Regeln für die Schweinefleisch-Produktion, weil Frankreich, Irland und Spanien entschlossene Schritte in diese Richtung verhinderten. Zumindest die Interventionskäufe aber wurden doch deutlich anders gestaltet. Künftig begannen sie erst bei einem niedriger als zuvor angesetzten „Marktpreis"; zudem wurden sie auf 220.000 Tonnen pro Jahr begrenzt. Eine Überschreitung dieser Maximalmenge war nur unter vertrackt formulierten Bedingungen möglich, die sicherstellen sollten, dass diese zusätzliche Einlagerungen wirklich eine Ausnahme für Zeiten mit ganz besonders niedrigen Rindfleischpreisen blieben. Nach dem Urteil des Bundeslandwirtschaftsministeriums war damit „eine erhebliche Einschränkung der Intervention" gelungen.[682]

In der Tat achteten die Landwirte in den Mitgliedsstaaten nun wirklich stärker auf die Signale des Marktes: Die Rindfleisch-Produktion sank binnen Jahresfrist um sieben Prozent; es entstand (auch dank weiterer umfangreich subventionierter Exporte) eine „weitgehend ausgeglichene Versorgungssituation". Damit begannen auch die riesigen Rindfleisch-Vorräte der EG deutlich zu schrumpfen.[683]

Allerdings blieben doch Zweifel, wie frei sich dieser Markt in Zukunft entwickeln werde. So erhöhte der Agrarrat ebenfalls im Januar 1989 eine andere Form der Agrarsubvention ausdrücklich als „Ausgleich für die verschlechterten Interventionsbedingungen" beim Rindfleisch: Die bereits im Vorjahr eingeführte „Halteprämie", die Landwirte für Rinder einstreichen konnten, die nicht der Milchproduktion dienten, wurde deutlich erhöht; der Kreis der Bezieher fiel größer aus als zuvor. Von daher gab es auf dem Rindfleischmarkt nach wie vor einen Produktionsanreiz, der nichts mit dem Bedarf der Konsumenten zu tun hatte.[684] Zudem

---

[681] In der Reihenfolge der Zitate: Ulrich Weinstock, Ein Musterfall für Politikversagen, in: Die Zeit, 2. 10. 1987; Skandal, in: Die Zeit, 27. 1. 1989. Vgl. inhaltlich ähnlich auch: Heinz Georg Wolf, Die Abschaffung der Bauern. Landwirtschaft in der EG – Unsinn mit Methode, Frankfurt/Main 1987.

[682] Zu den erneut enorm komplizierten Details vgl.: Agrarbericht 1989, BT Drucksachen 11/3986, S. 82 – hier auch das Zitat (online abrufbar unter: https://dip.bundestag.de). Zu den Konflikten bei der Aushandlung des Kompromisses vgl. etwa: EG soll Rindfleischkäufe drastisch einschränken, in: FAZ, 14. 10. 1988; EG will Rindfleisch-Erzeugung verringern, in: FAZ, 15. 11. 1988.

[683] Agrarbericht 1990, BT Drucksachen 11/6387, S. 89 (online abrufbar unter: https://dip.bundestag.de). Ende 1989 betrug die gesamte Lagermenge 277.000 Tonnen (statt 843.000 Tonnen ein Jahr zuvor); davon entfielen 147.000 Tonnen auf die bezuschusste private Einlagerung. Der EG-eigene Bestand war damit von 688.000 Tonnen auf 130.000 Tonnen geschrumpft. Alle Angaben nach: ebenda, S. 89 f.

[684] Friedrich-Wilhelm Probst, Die Märkte für Schlachtvieh und Fleisch, in: AW 38 (1989), S. 415–432, hier: S. 425. Vgl. auch: Reform mit Pferdefuß, in: Wirtschaftswoche 43 (1989),

hatte die EG den Pfad, den sie mit der Formulierung der stark interventionistisch konzipierten Marktordnung in den 1960er Jahren eingeschlagen hatte, ja auch mit der Reform von 1989 noch keineswegs verlassen. Immer noch gehörten preisstützende Maßnahmen zu deren Instrumentarium. Auch blieb abzuwarten, wie stabil die neu eingeführte Kontingentierung der Einlagerungen funktionieren werde.

Die weitere Entwicklung des europäischen Rindfleischmarktes steht hier nicht zur Debatte.[685] Bereits dessen Geschichte zwischen dem Inkrafttreten der eigens für diese Fleischsorte erdachten Interventionsregeln im Sommer 1968 und den Jahren 1989/90 aber liefert m. E. bereits genügend Material, um an dieser Stelle abschließend noch die Frage zu diskutieren, wie die Gemeinsame Agrarpolitik der EG zu bewerten ist. Vernichtend negative Urteile von Zeitgenossen wie auch von Nachgeborenen lassen sich problemlos zuhauf zitieren – einige Beispiele dafür wurden ja bereits angeführt.

Andererseits finden sich in Forschungsarbeiten zur Geschichte der europäischen Staatengemeinschaft seit einiger Zeit auch positive Wertungen. Die weitverbreitete Kritik werde der CAP nicht gerecht, so argumentierte etwa Ann-Christina Lauring Knudsen in einer Reihe von vielbeachteten Publikationen, weil sie deren Charakter als eine Form der Wohlfahrtspflege für die landwirtschaftlichen Produzenten verkenne, die ganz in der europäischen Tradition staatlicher Sozialpolitik stehe. Bewerte man sie als soziale Unterstützung, dann sei die EG-Agrarpolitik „remarkably successful by practically any measure".[686] Mark Spoerer und auch andere Wirtschaftshistoriker haben diesem Urteil widersprochen: In den verfügbaren ökonomischen und sozialstatistischen Datenreihen seien keine Wohlfahrtseffekte der CAP erkennbar.[687]

In dieser Debatte argumentieren beide Seiten von hoher Warte und ohne genauere Kenntnisse der Agrarmärkte. Die hier untersuchte Geschichte des bundesdeutschen Fleischmarktes erlaubt es demgegenüber (wie oben schon angemerkt wur-

---

Nr. 6, S. 24. Um bäuerliche Betriebe zu stärken, war die „Halteprämie" zuvor nur an Landwirte gezahlt worden, die maximal 50 Rinder hielten. Jetzt galten 90 Tiere als Grenze. Gleichzeitig wurde die Zahlung pro Tier um 63 Prozent erhöht (von jährlich 25 ECU auf 40 ECU). Zur Einführung der Prämie im Vorjahr vgl. etwa: Nun locht mal schön!, in: top agrar 16 (1987), Nr. 3, S. 131–132. Die Tiere, für die der Landwirt die Prämie erhielt, mussten mit einer Ohrmarke besonders gekennzeichnet werden.

[685] Einige Hinweise auf anhaltende Absatzprobleme (auch wegen des mittlerweile entdeckten BSE-Problems) vgl. etwa in: Agrarbericht 1995, BT Drucksachen 13/400, S. 91–93 u. S. 99.

[686] Knudsen, Integration, S. 206 f. Vgl. auch: dies., Farmers on Welfare. The Making of Europe's Common Agricultural Policy, Ithaca/NY and London 2009, insbes. S. 304–317; Adam D. Sheingate, The Rise of the Agricultural Welfare State. Institutions and Interest Group Power in the United States, France, and Japan, Princeton 2001, S. 161–176.

[687] Mark Spoerer, Agricultural Protection and Support in the European Economic Community, 1962–92: Rent-Seeking or Welfare Policy?, in: European Review of Economic History 19 (2015), S. 195–214, hier: S. 207 f. Vgl. auch: Giovanni Federico, Was the CAP the worst agricultural Policy of the 20th Century?, in: Kiran Klaus Patel (Hrsg.), Ferile Ground for Europe? The History of European Integration and the Common Agricultural Policy since 1945, Baden-Baden 2009, S. 257–271. Der Autor bejaht die im Titel gestellte Frage uneingeschränkt: „To sum up, the CAP can hardly be defended from any point of view." (S. 271).

de), die Effekte der Gemeinsamen Agrarpolitik sehr viel konkreter zu überprüfen, in dem man vergleichend auf die Entwicklungen in zwei eng benachbarten Segmenten der agrarischen „Veredelung" schaut: Auf dem Markt für Schweinefleisch spielten interventionistische Eingriffe nur eine geringe Rolle; die Produktion von Rindfleisch wurde hingegen spätestens seit 1973/74 stark durch die preisstabilisierenden Maßnahmen der EG geprägt. Zudem waren die beiden Produktionsbereiche 1974 (dem Jahr, in dem die „Dauerintervention" für Rindfleisch begann) in der Bundesrepublik fast exakt gleich stark besetzt: 683.000 landwirtschaftliche Betriebe hielten Rinder; 682.000 Höfe beteiligten sich an der Schweinezucht und -mast.[688]

Wenn die dezidiert interventionistisch angelegten Marktordnungen der EG den Landwirten tatsächlich sozialen Schutz gewährten, dann sollten sich diese Zahlen in den nachfolgenden Jahren doch wohl deutlich unterschiedlich entwickeln – zumal die EG ja nicht nur die Preise für Rindfleisch, sondern auch noch die für Milch stützte. Aufgrund der engen Verzahnung der beiden Betriebszweige wirkten hier gleich zwei Schutzsysteme zusammen, während die Gemeinsame Agrarpolitik – wie gezeigt – die Schweinemast als eine „Oase unternehmerischer Freiheiten" behandelte.[689]

Bis 1989 (dem Jahr, in dem die Regeln für die Intervention auf dem Rindfleischmarkt erstmals deutlich restriktiver gefasst wurden) verhielt es sich mit dem unternehmerischen Schicksal der bundesdeutschen Landwirte in den beiden Produktionsbereichen wie folgt: Die Gruppe der Betriebe, die Rinder hielten, schrumpfte um 304.555 Höfe und damit um 44,6 Prozent. Gleichzeitig verabschiedeten sich 372.857 Betriebe von der Schweinemast. Dies entsprach einem Schwund von 54,6 Prozent.[690]

Ein Unterschied ist also durchaus nachweisbar. Ist er aber signifikant genug, um der CAP sozial stabilisierende Wirkungen zu bescheinigen? Oder wirkt diese Differenz letztlich unbedeutend, weil sie nichts daran ändert, dass der Trend in beiden Produktionsbereichen exakt gleich verlief? Antworten auf diese beiden Fragen lassen sich wohl nur als persönliche Statements formulieren, je nachdem, welcher Maßstab benutzt wird, um einen politischen Erfolg zu identifizieren.

In diesem Sinne möchte ich an dieser Stelle den Blick noch einmal auf die enormen Kosten der Marktinterventionen lenken. Angesichts der Milliardensummen, die für die Preisstützungen bei Rindfleisch sowie auch bei Milch und Milchprodukten ausgegeben wurden, wirkt deren Effekt nach meinem Erachten doch überraschend gering. Dies gilt zumal, wenn man darüber hinaus bedenkt, dass die Zahlen der noch aktiven Betriebe ja sowohl in der Rinderhaltung wie auch in der Schweinemast eine bereits weit fortgeschrittene interne Konzentration verbargen. In beiden Produktionssegmenten stand die große Mehrheit der Landwirte Ende der 1980er Jahren vor düsteren ökonomischen Aussichten.

---

[688] Die Zahlen aus: StatJb BRD 1977, S. 200.
[689] Siehe dazu oben S. 369.
[690] Die Angaben aus und berechnet nach: StatJb BRD 1991, S. 160.

So betrachtet, dokumentiert die Geschichte der EG-Interventionen auf dem Rindfleischmarkt vor allem die Gewalt der Veränderungen, denen der Handel mit Fleisch seit den späten 1950er Jahren unterlag: Die neue Ordnung der Fleischmärkte, die zunehmend von großen Handelsketten und von hochproduktiven Versandschlachthöfen beherrscht wurden, prägte die Rindfleischproduktion cum grano salis genauso stark wie die Schweinemast – trotz der Milliarden, die eingesetzt wurden, um gezielt gerade das Einkommen der Rindermäster zu schützen. Eine Sozialpolitik, die mit sehr viel Geld so wenig bewirkt und de facto vor allem den ohnehin Starken nützt, kann nur als gescheitert bezeichnet werden.

VI. Vergebliche Mühen: das Scheitern der bundesdeutschen Politik in ihrem Kampf gegen die „Massentierhaltung"

Der wichtigste Agrar-Lobbyist des Landes wählte gewichtige Worte. Mit dem seinerzeit gerade im Bundestag beratenen „Gesetzentwurf zum Schutze der landwirtschaftlichen Veredelungswirtschaft", so erklärte DBV-Präsident Edmund Rehwinkel im Sommer 1966, entscheide sich „die Existenzfähigkeit" der deutschen Landwirtschaft. Die Verabschiedung der Vorlage sei dringend notwendig; politisch handele es sich bei dieser Angelegenheit um nichts anderes als um den „Prüfstein [...], ob Parlament und Regierung wirklich bereit sind, das Notwendige zu tun, um unser Bauerntum in breiter Schichtung lebensfähig zu halten".[1]

Dieses entschieden positive Plädoyer bezog sich auf eine kurz zuvor gestartete parlamentarische Initiative der Regierungsparteien CDU/CSU und FDP: Die beiden Fraktionen wollten per Gesetz festlegen, wie viele Tiere ein landwirtschaftlicher Betrieb maximal halten dürfe. Exakt bezifferte „Höchstgrenzen" für die Herden agrarischer Nutztiere sollten verbindlich gelten; wer sie überschritt, beging nach den Bestimmungen des Gesetzentwurfes eine Ordnungswidrigkeit, die Bußgelder nach sich zog. So sollte das geplante Paragraphenwerk eine Konzentration der landwirtschaftlichen „Veredelung" in nur „wenigen Großunternehmen" verhindern.[2]

Mit diesem Vorstoß von konservativ-liberaler Seite begann eine lange agrarpolitische Auseinandersetzung. Zwar scheiterte der Gesetzentwurf (dessen Details gleich genauer skizziert werden). In den 1980er Jahren kam das Konzept genau festgelegter „Bestandsobergrenzen" für die Tierhaltung in landwirtschaftlichen Betrieben in der Bundesrepublik jedoch noch einmal auf die aktuelle politische Agenda. Da sich die Konzentration der Nutztierbestände in der Zwischenzeit kontinuierlich fortgesetzt hatte, klangen die Plädoyers für diese Idee nun sogar noch deutlich drängender als zuvor. Eigentlich passte der Plan, größere Herden schlicht per Gesetz zu verbieten, sowohl in den 1960er Jahren als auch noch zwei Jahrzehnte später sehr gut in die agrarpolitische Landschaft – schließlich stand das Ziel, den traditionellen landwirtschaftlichen Familienbetrieb zu bewahren, an zentraler Stelle im Agrarprogramm aller Parteien. Auch von einer „Massentierhaltung" und von „Tierfabriken" wollten die bundesdeutschen Agrarpolitiker durch die Bank nichts wissen. Dennoch fand sich auch im zweiten Anlauf keine parlamentarische

---

[1] Verhandlungsbericht Deutscher Raiffeisentag, 21.–23. Juni 1966 in Hannover. Hrsg. v. Deutschen Raiffeisenverband, Neuwied o. J., S. 76. Zu Rehwinkels Person und seiner Stellung im DBV vgl.: Patel, Bauernverband, S. 165 f.
[2] Entwurf eines Gesetzes zum Schutze der landwirtschaftlichen Veredelungswirtschaft, 2. 3. 1966, BT Drucksachen 5/353. Die Zitate aus: Schriftliche Begründung der CDU/CSU-Fraktion, in: BT Protokolle 5/27, S. 1243–1245, hier: 1244 f. (beide Dokumente online abrufbar unter: https://dip.bundestag.de).

Mehrheit für die scheinbar so bestechend einfache Idee, beide Ziele auf einen Streich zu erreichen, indem man bindend festlegte, wie kopfstark eine Herde von Nutztieren werden durfte.

Wegen ihrer Furchtlosigkeit könnte man die Debatten über gesetzliche Limits für die landwirtschaftliche Tierhaltung mit gutem Grund als nebensächlich abtun. Trotzdem wird im Folgenden genauer darauf eingegangen, weil sich an diesem Beispiel zeigen lässt, wie schwierig Agrarpolitik sein kann, wenn sie konkret werden muss. An Befürwortern hat es dem Konzept der „Bestandsobergrenzen" nie gemangelt. Die Fragen aber, ob seine Realisierung sowohl sachlich sinnvoll wie auch juristisch legitim sei, erwiesen sich immer wieder neu als Hürden, die das Vorhaben zu Fall brachten.

In historischer Perspektive scheint die bundesdeutsche Kontroverse über betriebliche Maximalgrenzen für die Tierhaltung sehr früh zu beginnen. Selbst der erste Gesetzentwurf von 1966 für deren Regelung hatte bereits eine mindestens zweijährige Vorgeschichte.[3] Mitte der 1960er Jahre aber verteilten sich die agrarischen Nutztiere noch sehr gleichmäßig auf die große Zahl der westdeutschen Bauernhöfe; von Konzentration ließ sich selbst dann kaum sprechen, wenn sehr strenge Maßstäbe angelegt wurden. Lediglich im Bereich der Hühnerhaltung sah es etwas anders aus, weil sich einige Bauern auf diesen Bereich der „Veredelung" spezialisierten und dafür ganz neuartige Großställe errichteten.[4]

Gerade dieser Trend aber schreckte die Agrarpolitiker auf. Ihr Wissen über die Macht großer Futtermittelkonzerne in der modernen Hühnerhaltung in den USA veranlasste sie, nach Wegen zu suchen, um eine vergleichbare Entwicklung in Deutschland zu verhindern. Mit ihrem Gesetzentwurf wollten CDU/CSU und FDP daher die im deutschen Steuerrecht ohnehin schon verankerte Unterscheidung zwischen „landwirtschaftlicher" und „gewerblicher" Tierhaltung zusätzlich sichern: Ihr Antrag sollte erklärtermaßen „landwirtschaftsfremde Betriebe" behindern, die moderne Haltungsformen nutzen wollten, um „unter erheblichem Kapitaleinsatz in die Veredelungsproduktion ein[zu]steigen" und dabei „in Größenordnungen" planten, „wie wir sie bisher nicht kennen". Zwar sei dies in der Bundesrepublik bisher „nur in Einzelfällen" geschehen; es gebe aber keine Garantie, dass es dabei bleiben werde.[5]

---

[3] Vgl. als erste Schritte in dieser Sache die Anträge der FDP-Fraktion vom 16. 4. 1964 sowie von CSU-Abgeordneten vom 30. 4. 1964 in: BT Drucksachen 4/2154 bzw. 4/2224. Die Bundesregierung ließ beide Anträge über ein Jahr lang unkommentiert. Vgl. die Klage des FDP-MdB Fritz Logemann darüber in der Bundestagssitzung vom 14. 5. 1965: BT Protokolle, 4/183, S. 9173 (alle drei Dokumente sind online abrufbar unter: https://dip.bundestag.de).

[4] Nach Informationen des BML existierten in der Bundesrepublik im Jahr 1965 elf Geflügelmastbetriebe mit einer Jahresproduktion von mehr als 100.000 Tieren sowie 53 Schweinemastbetriebe mit einer Jahresproduktion von mehr als 1.000 Tieren. Schriftliche Antwort von BML Werner Schwarz auf eine Anfrage von MdB Fritz Logemann (FDP), 3. 8. 1965, BT Protokolle 4/3799, S. 24.

[5] Schriftliche Begründung der CDU/CSU-Fraktion, 9. 3. 1966, BT Protokolle 5/27, S. 1243–1245, hier: 1244 (online abrufbar unter: https://dip.bundestag.de).

VI. Das Scheitern der bundesdeutschen Politik gegen die „Massentierhaltung"   459

Um solch eine „landwirtschaftsfremde Veredelungsproduktion" in ihren Anfängen zu stoppen, wollten die Regierungsparteien vorschreiben, alle „Tierhalter" dürften ihre Produktion künftig nur noch bis zu einem ganz bestimmten Umfang steigern. Die dabei genannten Zahlen legten etwa jeden schweinehaltenden Betrieb auf maximal 500 Mastplätze fest; Hühnerfleischproduzenten sollten in ihren Ställen generell nicht mehr als 24.000 Tiere „pro Durchgang" aufziehen dürfen.[6]

„Personen oder Firmen der gewerblichen Wirtschaft", so meinten die Autoren des Gesetzentwurfes, nehme man mit dieser Begrenzung wirkungsvoll die Lust auf Investitionen in der Landwirtschaft, weil eine echte Großproduktion erst bei noch größeren Herden beginne. Gleichzeitig aber hätten die westdeutschen Bauern mit ihrer bislang sehr bescheidenen Tierhaltung noch viel Spielraum für „innere Aufstockungen" im Bereich der „Veredelung", um so ihre ökonomische Zukunft zu sichern. Bauern, die es darauf anlegten, einen Schweinestall mit mehr als 500 Mastplätzen zu bauen, konnten sich die Antragsteller nicht vorstellen und Höchstgrenzen für Rinder hielten sie grundsätzlich für unnötig, weil dieses Produktionssegment von Natur aus „weitgehend bodengebunden und damit mit der Landwirtschaft eng verbunden" sei.[7]

Die Gedankenwelt, die hinter dem Entwurf stand, besaß eine lange Tradition. Ihr Kern bestand in der Überzeugung, für die Bauern und für die Landwirtschaft müssten aus gesellschaftspolitischen Gründen andere wirtschaftliche Regeln gelten als sonst im Wirtschaftsleben. Der CDU-Bundestagsabgeordnete Felix Freiherr von Vittinghof-Schnell (nach eigenen Angaben einer der Initiatoren des parlamentarischen Projektes) erklärte denn auch ganz offen, es dürfe in der Agrarproduktion keinen freien Wettbewerb geben, weil sich die Landwirtschaft „einer rein ökonomischen Betrachtungsweise entzieht": Aus Gründen des „Gemeinwohls" müsse der „nichtspezialisierte landwirtschaftliche Familienbetrieb mit zwei Arbeitskräften" erhalten bleiben und dafür brauche man zwingend die „Bestandsobergrenzen" in der Tierhaltung, die der Gesetzentwurf nannte.[8]

---

[6] Berechnet nach den Zahlen: Entwurf eines Gesetzes zum Schutze der landwirtschaftlichen Veredelungswirtschaft, 2. 3. 1966, BT Drucksachen 5/353 (§ 1). Genannt werden hier jährliche maximale Produktionsmengen von 1.000 Mastschweinen und 120.000 Fleischhühnern. Bei den im „Rein-Raus-Verfahren" seinerzeit üblichen zwei „Durchgängen" pro Jahr in der Schweinemast und fünf „Durchgängen" in der Hühnermast ergeben sich die oben genannten Zahlen der Mastplätze. Für Legehennen nannte der Entwurf hingegen gleich eine Zahl der Stallplätze: Pro Betrieb sollten maximal 10.000 Tiere zulässig sein.
[7] Begründung, S. 1244. Nach den Angaben der Antragsteller waren es „Agrarpolitiker der CDU", die den Gesetzentwurf formuliert und dann mit den Abgeordneten von CSU und FDP abgestimmt hatten. Ebenda.
[8] Felix Freiherr von Vittinghof-Schnell, Schutz der bäuerlichen Veredelungswirtschaft – eine bäuerliche Lebensfrage, in: Deutsche Bauernzeitung, 2. 6. 1966. Vittinghof-Schnell vertrat im Bundestag den stark ländlich geprägten Wahlkreis Kleve im westlichen Nordrhein-Westfalen. Zur Tradition und politischen Bedeutung der skizzierten Vorstellung vom besonderen Wesen der Landwirtschaft vgl. genauer: Hans-Wilhelm Windhorst, Die Industrialisierung der Agrarwirtschaft. Ein Vergleich ablaufender Prozesse in den USA und der Bundesrepublik Deutschland, Frankfurt/Main 1989, S. 75–89; Kiran Klaus Patel, Europäisierung wider Willen. Die Bundesrepublik Deutschland in der Agrarintegration der EWG 1955–1973, München 2009, S. 156–165.

Die FDP-Fraktion sekundierte mit der Mahnung, es handle sich bei dieser Sache um „eine Grundsatzfrage der modernen Agrarpolitik": Um der „gesamtwirtschaftlich schädlichen Entwicklung" von großen Tierbeständen in gewerblichen Agrarbetrieben entgegenzutreten, müssten nach vielen freundlichen Worten für die Bauern „jetzt endlich Taten folgen".[9] Da auch der DBV – wie zitiert – den Antrag der Regierungsparteien entschieden bejahte, fand das Vorhaben breite politische Unterstützung. Lediglich die SPD, die im Bundestag seinerzeit die Opposition stellte, verhielt sich abwartend und forderte eine genaue Prüfung von Pro und Contra.[10]

Als ein Initiativantrag der drei Parteien, die das Bundeskabinett trugen, war das geplante Reglement der Tierhaltung von 1966 politisch ungewöhnlich. Vollständig ausgearbeitete Gesetzentwürfe stammten im bundesdeutschen Politiksystem entweder von der Opposition oder aber aus dem fachlich zuständigen Ministerium. Im letzteren Fall kamen sie erst dann vor den Bundestag, wenn die anderen Ressorts und abschließend auch noch das Kabinett dem geplanten Paragraphenwerk bereits zugestimmt hatten. In diesem Fall verhielt es sich jedoch anders, weil die Idee der „Bestandsobergrenzen", bildlich gesprochen, gleich zwei politische Achillesfersen aufwies. Sie passte zum einen eher schlecht in die wirtschaftliche Ordnung der Bundesrepublik. Das Grundgesetz sicherte die Gewerbefreiheit und die Freiheit der Berufswahl – ob fixe Grenzen für die Tierhaltung, die „landwirtschaftsfremde" Investoren treffen sollten, damit vereinbar waren, ließ sich berechtigt bezweifeln. Zum anderen lag der Gedanke nahe, ob restriktive Vorschriften dieser Art nicht besser einheitlich für alle EG-Länder festzulegen seien, um für alle Bauern in den Mitgliedsstaaten gleiche Wettbewerbsbedingungen zu garantieren.

Beide Bedenken wurden im Landwirtschaftsministerium offensichtlich sehr ernst genommen. Auf Forderungen von Bundestagsabgeordneten aus den Regierungsfraktionen, die nachdrücklich juristische Aktivitäten gegen die Entstehung „gewerblicher" Großställe verlangten, reagierte das Ressort deshalb im Sommer 1965 mit der hinhaltenden Auskunft, man prüfe die verfassungsrechtlichen Fragen und verhandele gleichzeitig in Brüssel, ob ein einheitliches Vorgehen möglich sei.[11]

Indem sie dem Bundestag dennoch wenige Monate später einen vollständig ausgearbeiteten Gesetzentwurf vorlegten, demonstrierten die Regierungsparteien unübersehbar, wie unzufrieden sie mit dieser zögerlichen Haltung waren. Es doku-

---

[9] Schriftliche Erklärung des Abgeordneten Josef Effertz für die Fraktion der FDP, 9. 3. 1966, BT Protokolle 5/27, S. 1246–1248, hier: S. 1247 (online abrufbar unter: https://dip.bundestag.de).

[10] Vgl. die Schriftliche Erklärung des MdB Werner Marquardt für die Fraktion der SPD, 9. 3. 1966, BT Protokolle 5/27, S. 1245–1246 (online abrufbar unter: https://dip.bundestag.de).

[11] Vgl. die Schriftliche Antwort von BML Werner Schwarz auf eine Anfrage von MdB Fritz Logemann (FDP), 3. 8. 1965, BT Protokolle 5/3799, S. 24 f. In der Tat wandte sich die Bundesregierung im September 1965 mit der Bitte an die EG-Kommission, sie solle prüfen, ob „Gegenmaßnahmen" auf Gemeinschaftsebene die Entstehung gewerblicher Großbetriebe in der Geflügelhaltung verhindern könnten. Vgl. hierzu im Rückblick: Bericht der EG-Kommission über die Betriebe mit großen Produktionskapazitäten im Bereich der tierischen Erzeugung, 26. 5. 1971, BArch Kbz, B 116/38 800.

VI. Das Scheitern der bundesdeutschen Politik gegen die „Massentierhaltung"   461

mentiert zugleich auch den großen Einfluss, den Landwirte und Agrarlobbyisten in der Bonner Politik besaßen, dass sie in beiden Fraktionen Mehrheiten für ein Vorhaben fanden, das ordnungspolitisch offensichtlich doch keineswegs als unproblematisch gelten konnte.[12]

Die überlieferten Akten des Bundeslandwirtschaftsministeriums sagen uns nicht, was dessen Beamte und der im Frühjahr 1966 noch nicht sehr lange als Ressortchef amtierende Hermann Höcherl (CSU) über die parlamentarische Initiative zum „Schutze der landwirtschaftlichen Veredelungswirtschaft" dachten. Öffentlich gab es keine Kritik von dieser Seite, obwohl Höcherl doch als der erste bundesdeutsche Agrarminister galt, der für eine „auf Förderung des Strukturwandels gerichtete Politik" stand.[13]

Einwände kamen allerdings ohnehin in scharfer Form von anderen politischen Akteuren. So warnte der „Deutsche Industrie- und Handelstag" vor einer volkswirtschaftlich schädlichen neuen „Zwangswirtschaft". Gleich mehrere Verbraucherverbände protestierten, der Gesetzentwurf stehe „im krassen Widerspruch zu den Prinzipien einer verbraucherfreundlichen preisstabilisierenden Marktwirtschaft mit echtem Leistungswettbewerb": Nicht nur in der Industrie, sondern auch in der Landwirtschaft diene höchste Rationalität im Produktionsprozess den Konsumentinnen und Konsumenten.[14]

Selbst einige landwirtschaftliche Organisationen meldeten sich kritisch zu Wort. Die „Arbeitsgemeinschaft Deutsche Geflügelwirtschaft", in der sich Hühnerhalter und Geflügelschlachthöfe zusammengeschlossen hatten, verwies auf die Gewerbefreiheit und mahnte, „Bestandsobergrenzen" würden das „Hineinwachsen der Landwirtschaft in rationelle Größenordnungen" behindern. Noch schärfer äußerte sich ein gerade neu gegründeter „Agrarpolitischer Studienkreis", der nach eigenen Angaben für „die anspruchsvollen, unternehmerischen Pioniere unter den Landwirten und Bauern" sprach. Das Gesetzesvorhaben der Regierungsparteien sei „anachronistisch", passe nur in einen „mittelalterlichen Ständestaat" und

---

[12] Die publizierten Protokolle der Fraktionssitzungen von CDU/CSU und FDP sowie auch der Landesgruppe der CSU für die 1960er Jahre geben keine Auskunft über die Entstehung des Entwurfes. Vgl. etwa die durchgängig nichtssagenden Formulierungen in: Corinna Franz (Bearb.), Die CDU/CSU-Fraktion im Deutschen Bundestag. Sitzungsprotokolle 1961–1966, Düsseldorf 2004, S. 1717, S. 1730 u. S. 1777. Zur starken Stellung von Agrarinteressen im Bundestag vgl. allgemein: Patel, Europäisierung, S. 150–156.

[13] Walter Kannengießer, Nicht jeder Bauer kann Bauer bleiben, in: FAZ, 17. 7. 1968. Vgl. ähnlich auch: Friedrich Steding, Der bäuerliche Familienbetrieb, in: FAZ, 28. 12. 1968; Höcherls realistischer Stil, in: FAZ, 12. 2. 1969. Mit seinen Worten im Bundeskabinett, der Entwurf sei „in wirtschaftlicher Hinsicht annehmbar", äußerte sich Höcherl intern allerdings doch auffällig distanziert. Auszug aus dem Kurzprotokoll über die 26. Kabinettsitzung am 11. 5. 1966, BArch Kbz, B 136/8647.

[14] In der Reihenfolge der Zitate: DIHT an das BKA, 27. 5. 1966, BArch Kbz, B 136/8647; Verbrauchertag der Deutschen Konsumgenossenschaften an BML, 22. 2. 1966, BArch Kbz, B 116/23 303. Als weitere Proteste von Verbraucherorganisationen vgl.: Stellungnahme der Arbeitsgemeinschaft der Verbraucherverbände, 15. 6. 1966, BArch Kbz, B 136/8647; Deutscher Verbraucherbund an BK Ludwig Erhard, 25. 6. 1966, ebenda.

wolle die Agrarwirtschaft zur Stagnation verurteilen: Ohne eine „Wanderung der Viehbestände zum besseren Tierhalter" könne es keine moderne Landwirtschaft geben.[15]

Allerdings gab es auch politische Unterstützung für den Gesetzentwurf. Der Christdemokrat Eugen Leibfried plädierte in seiner Funktion als baden-württembergischer Landwirtschaftsminister gegenüber Bundeskanzler Ludwig Erhard für die zügige Verabschiedung. Es gebe in Baden-Württemberg bereits einige Projekte für „industrielle Großbetriebe für Eiererzeugung", deren Geschäfte mit Sicherheit zu Lasten bäuerlicher Familienbetriebe gehen würden. Verfassungsrechtliche Einwände gegen „Bestandsobergrenzen" hielt der CDU-Politiker für nicht überzeugend: „Da in der Bundesrepublik nicht die freie, sondern die soziale Marktwirtschaft zum Prinzip erhoben ist, können Einzelinteressen nicht den Vorrang haben vor vitalen Belangen des Volkes in seiner Gesamtheit."[16]

Zwar argumentierten Beamte des Bundeslandwirtschaftsressorts in den internen Beratungen mit den anderen Bundesministerien durchaus sehr ähnlich. Eindruck machten sie damit jedoch nicht. Die Initiative der Regierungsparteien stieß vielmehr auf einhellige Ablehnung. Finanz- und Justizministerium hielten sie für verfassungswidrig; das Wirtschaftsressort erklärte, gesetzliche Grenzen für die Zahl gehaltener Tiere seien „weder marktkonform noch wachstumsorientiert, sondern geeignet, überholte Strukturen zu konservieren". Das Arbeitsministerium schließlich profilierte sich als Vertretung der Verbraucher: Dauerhaft niedrige Lebensmittelpreise könne es nur mit den „rationellen Produktionsmethoden der Großbetriebe" geben.[17]

Angesichts dieser geschlossenen Front der Bonner Ressorts war das Konzept der „Bestandsobergrenzen" de facto politisch bereits tot, als es die Bundestagsabgeordneten entsprechend der parlamentarischen Routine ohne Debatte zur weiteren Beratung an die zuständigen Ausschüsse überwiesen. Auch auf ein Machtwort des Bundeskanzlers konnten die Freunde des Konzepts nicht hoffen, hatte sich Erhard doch erst im November 1965 in seiner Regierungserklärung mit viel Pathos für den „Grundsatz höchster Produktivität in der Wirtschaft" ausgesprochen und „protektionistische Forderungen" einzelner wirtschaftlicher Gruppen vehement als „volkswirtschaftlichen Luxus" abgetan, „den wir uns nicht leisten können".[18]

---

[15] In der Reihenfolge der Zitate: Arbeitsgemeinschaft Deutsche Geflügelwirtschaft an den Ernährungsausschuss im Deutschen Bundestag, 10. 6. 1966, BArch Kbz, B 136/8647; Friedrich Steding, Bodenproduktion und Veredelungswirtschaft. Eine agrarpolitische und betriebswirtschaftliche Studie aus Anlass des Gesetzentwurfes zum Schutze der landwirtschaftlichen Veredelungswirtschaft, Prien 1966 (Schriftenreihe des Agrarpolitischen Studienkreises Nr. 1), S. 19 f.
[16] Eugen Leibfried an BK Ludwig Erhard, 9. 9. 1966, BArch Kbz, B 136/8647.
[17] Niederschrift über das Ergebnis der Ressortbesprechung zum Gesetzentwurf zum Schutze der landwirtschaftlichen Veredelungswirtschaft, 7. 4. 1966, BArch Kbz, B 136/8647.
[18] BT Protokolle 5/4, S. 21 (online abrufbar unter: https://dip.bundestag.de).

VI. Das Scheitern der bundesdeutschen Politik gegen die „Massentierhaltung"   463

Allerdings hielt es keiner der direkt beteiligten Politiker für opportun, diesen Stand der Dinge klar und deutlich zu kommunizieren. Offensichtlich wollten sie alle den lautstarken DBV nicht verärgern. So wurde der Gesetzentwurf fast schon klandestin blockiert: Die gleiche Mehrheit von CDU/CSU und FDP, die dem Antrag im Landwirtschaftsausschuss zustimmte, lehnte ihn im Rechtsausschuss unter Hinweis auf die Gewerbefreiheit ab. Versuche, diese parlamentarische Blockade zu lösen, blieben aus. Nach der Bildung der „Großen Koalition" von CDU/CSU und SPD im Dezember 1966 stand es um die Aussichten des Gesetzentwurfes dann vollends düster, waren die Interessen der städtischen Konsumenten der nun zur Regierungspartei gewordenen SPD doch deutlich wichtiger als die der Landwirte.[19] Bis zum Ende der Legislaturperiode im Oktober 1969 wurde nicht erneut über den Antrag beraten. Damit verwandelte er sich am letzten Sitzungstag der Parlamentarier endgültig in politische Makulatur.[20]

Das Landwirtschaftsministerium, das den Gesetzentwurf ohnehin nur halbherzig unterstützt hatte, akzeptierte diese Entwicklung. 1968 hatte sich gezeigt, dass es in den EG-Gremien keine Mehrheit für „Bestandsobergrenzen" geben werde: Auf einer Besprechung der Agrarminister, die auf deutsche Initiative hin stattfand, erklärten die Vertreter der Niederlande und von Belgien unmissverständlich, sie seien grundsätzlich gegen eine Politik, die Agrarbetriebe daran hindere, eine für ihre Produktivität „optimale Größenordnung" zu erreichen, und würden alle Schritte in diese Richtung blockieren. Nach dem sehr schleppenden Verlauf der vorherigen Beratungen in Brüssel kann dieser Ausgang die Beamten des Bonner Ressorts nicht überrascht haben.[21]

Einen völlig freien Wettbewerb, der auf sinkende Stückkosten in der Tierhaltung durch neue Großställe setzte, wollte das Landwirtschaftsministerium aber dennoch nicht akzeptieren. Protestschreiben bäuerlicher Genossenschaften und landwirtschaftlicher Verbände, die dringend „drastische Maßnahmen" gegen Großtierhaltungen verlangten, scheinen die Beamten in dieser Position bestärkt zu haben.[22] In internen Beratungen entwickelte das Ressort daher den Plan, im

---

[19] Vgl. zum Ablauf der Beratungen im Bundestag im Überblick: Antwort des BML auf eine Anfrage der FDP-Fraktion, 21. 5. 1969, BT Drucksache 5/4240, S. 3 f. (online abrufbar unter: https://dip.bundestag.de). Zur Begründung der verfassungsrechtlichen Bedenken vgl. ausführlich: Stenographisches Protokoll der 31. Sitzung des Rechtsausschusses, 2. 2. 1967, BArch Kbz, B 136/8647.
[20] Vgl. im Rückblick: Leiter der Abteilung II im BML an Leiter der Abteilung IV, 20. 7. 1970, BArch Kbz, B 116/38 800.
[21] Bericht der EG-Kommission über die Betriebe mit großen Produktionskapazitäten im Bereich der tierischen Erzeugung, 26. 5. 1971, BArch Kbz, B 116/38 800 (im Rückblick). Die Beratung am 16./17. 1. 1968 schloss das Verfahren ab, dass mit der oben erwähnten Bitte der Bundesregierung vom September 1965 begonnen hatte.
[22] Vgl. etwa: Vorsitzender des Kreislandvolkverbandes Cloppenburg Leo Reinke an BML, 13. 6. 1969, BArch Kbz, B 116/23 303 (Zitat); Beratungs- und Erzeugerring „Niedergrafschaft" an BML, 28. 1. 1970, ebenda; Schweine-Kontrollring Gießen-Grünberg an den BK, das BML und die BT-Fraktionen, 25. 6. 1971, BArch Kbz, B 116/38 800. In allen Fällen handelt es sich um Schreiben von Schweinemästern.

Kampf gegen „eine weitere Ausbreitung der Massentierhaltung" künftig auf neue spezielle Vorschriften zum Umweltschutz für Betriebe zu setzen, die besonders kopfstarke Herden hielten: Die „Kosten derartiger Auflagen" sollten – gemeinsam mit der schon bestehenden steuerlichen Benachteiligung der „gewerblichen Tierhaltung" – den agrarpolitisch unerwünschten Trend zu größeren Beständen stoppen, ohne „mit dem Grundgesetz in Konflikt [zu] geraten".[23]

Unter der Führung des FDP-Politikers Josef Ertl, der im Herbst 1969 in der neuen sozial-liberalen Koalition das Amt des Agrarministers übernahm, begann das Ressort, in Abstimmung mit dem Innenministerium, das für den Umweltschutz zuständig war, mit der Realisierung dieses Konzeptes. So entstanden die oben bereits skizzierten Vorschriften für den Bau von Großställen, die 1971 in Kraft traten. Auch die ebenfalls schon erwähnten Änderungen im Gesetz für die Einkommensteuer, durch die gutverdienende Bundesbürger die Steuervorteile verloren, die Kapitalanlagen in der „gewerblichen Tierhaltung" für sie bislang mit sich gebracht hatten, gehörten in diesen Kontext.[24] Und damit noch nicht genug: Landwirtschaftliche Betriebe, die steuerlich als „gewerblich" galten, erhielten grundsätzlich keine Zahlungen aus dem 1969 eingeführten „Grenzausgleich", der die Wettbewerbsstellung der bundesdeutschen Bauern gegenüber ihren Kollegen in Ländern mit schwächerer Währung verbessern sollte.[25] Gebäude für große Herden wurden zudem von der öffentlichen Förderung für den Neubau von Stallanlagen ausgeschlossen. Bei Schweinen etwa lag diese „Förderschwelle" bei 400 Tieren.[26]

Aus heutiger Sicht mag es überraschen, dass ausgerechnet ein FDP-Minister für diese Kollektion dirigistischer Maßnahmen verantwortlich zeichnete, die erklärtermaßen den freien Wettbewerb in der Landwirtschaft behindern sollten. Auch die Liberalen aber zollten damals dem von linken Ideen geprägten Zeitgeist Tribut: Marktwirtschaftler der strikten Observanz besetzten in der Führung der Partei seinerzeit nur wenige Positionen.[27] Die oben skizzierte Vorstellung, für die Agrarproduktion dürften aus gesellschaftlichen Gründen nicht die gleichen wirtschaftlichen Regeln gelten wie für Industrie und Gewerbe, war zudem auch in der FDP breit akzeptiert. Da Bauern und ihre Familienangehörigen einen erklecklichen Teil der FDP-Wähler stellten, bemühte sich die Partei in ihrer Rolle als Mittelstandsbewegung auch im eigenen Interesse gezielt um diese Klientel. Josef Ertl, ein Bauern-

---

[23] So im Rückblick auf interne Beratungen schon im Jahr 1968: Leiter der Abteilung II im BML an Leiter der Abteilung IV, 20. 7. 1970, BArch Kbz, B 116/38 800.
[24] Zu dem Umweltauflagen siehe oben S. 396f. Zu den Änderungen im Steuerrecht – konkret bei den Abschreibungsmöglichkeiten in § 7 EStG – siehe S. 396.
[25] Vgl. hierzu etwa: Aktenvermerk der Abt. II A 4 des BML, 15. 6. 1970, BArch Kbz, B 116/ 38 800. Diese Regelung ergab sich aus dem „Aufwertungsausgleichsgesetz", das der Bundestag am 10. 12. 1969 angenommen hatte. Siehe dazu oben S. 437.
[26] Vgl. hierzu zusammenfassend etwa: Manfred Lückemeyer, Strategie gegen Großbetriebe = Agrarfabriken?, in: KF 65 (1982), S. 171–175, hier: S. 172.
[27] Vgl. allgemein zum Kurs der Partei nach 1969: Marco Michel, Die Bundestags-Wahlkämpfe der FDP 1949–2002, Wiesbaden 2005, S. 118–133.

VI. Das Scheitern der bundesdeutschen Politik gegen die „Massentierhaltung" 465

sohn und studierter Diplomlandwirt, gehörte zu den Politikern, die diesen speziellen Strang der liberalen Parteiarbeit personifizierten.[28]

In den 1970er Jahren fand die Idee, „Bestandsobergrenzen" für die landwirtschaftliche Tierhaltung festzulegen, um politisch gegen die „Massentierhaltung" vorzugehen, in der Bundesrepublik nur noch geringe Aufmerksamkeit. Auch erneute parlamentarische Initiativen für solch ein Gesetz blieben aus. Offensichtlich betrachteten die Agrarpolitiker aller Parteien das zwischen 1969 und 1971 erlassene Maßnahmenbündel einstweilen als ein ausreichendes Äquivalent – und sei es auch nur, weil die Kombination der verschiedenen Beschlüsse deutlich ihr politisches Bemühen dokumentierte, die traditionellen bäuerlichen Familienbetriebe mit ihren kleinen Viehbeständen zu schützen. Intern urteilte jedenfalls zumindest das Bundeslandwirtschaftsministerium schon sehr früh bemerkenswert nüchtern über die zu erwartenden realen Wirkungen der neu eingeführten Restriktionen. Selbst in den Umweltschutzauflagen für Großställe (dem schärfsten Teil der Maßnahmen) sah das Ressort nur noch Symbolpolitik, als sie ausformuliert vorlagen: „Eine Begrenzung der Bestandsgröße wird dadurch kaum erreichbar sein."[29]

Mehr als nicht exakt zu messende leicht verzögernde Effekte auf das Tempo des landwirtschaftlichen „Strukturwandels" haben die skizzierten Beschlüsse in der Tat nicht entfaltet. Der Trend, dass die Zahl der Bauernhöfe kontinuierlich schrumpfte, setzte sich daher weiter fort. Agrarpolitisch blieb es dennoch lange Zeit bemerkenswert ruhig. Lediglich unter Experten der landwirtschaftlichen „Veredelung" begann in den späten 1970er Jahren eine Debatte, ob der Staat die Geschäfte der landwirtschaftlichen Betriebe mit großen Tierbeständen nicht auch noch auf andere Weise erschweren müsse, um den ökonomisch bedrohten Kleinbauern zu helfen.

Dabei ging es um ein spezielles Element der modernen Tierhaltung, um die sogenannten „Getreidesubstitute". Mit diesem Sammelbegriff bezeichneten die Fachleute der Tierernährung bestimmte kohlehydratreiche Futtermittel wie etwa Tapioka, Maiskleber oder auch Maiskeimschrot, deren Nährwert dem von Getreide entspricht oder diesen sogar übertrifft. In Mischfutter konnten sie daher als Getreideersatz dienen. Sie stammten seinerzeit fast durchweg aus Übersee, durften frei in den EG-Raum eingeführt werden, und waren teilweise deutlich billiger als die Gerste und die anderen Getreidearten, die in Europa bislang große Teile des Tierfutters lieferten. Kritisiert wurde vor allem die in den internationalen GATT-Verträgen verankerte liberale Importregelung. Die EG schädige mit dieser Politik der offenen Grenzen die agrarische Bodenproduktion in ihren Mitgliedsstaaten –

---

[28] Paradigmatisch für die Haltung der FDP zur Agrarpolitik vgl. etwa das Protokoll der Fraktionssitzung vom 14. 2. 1968 in: Die FDP-Fraktion im Deutschen Bundestag. Sitzungsprotokolle 1949–1969. Zweiter Halbband: Januar 1963 bis Juni 1969. Bearb. v. Volker Stalmann, Düsseldorf 2017, S. 1361–1364. Vgl. auch: Jürgen Dittberger, Die FDP. Geschichte, Personen, Organisation, Perspektiven. Eine Einführung, Wiesbaden 2005, S. 329 f. Vgl. hier auch Angaben zu Ertls Biografie, S. 377. Vgl. hierzu auch: Demontage eines Denkmals, in: FAZ, 5. 12. 1980.

[29] BML an LM Bayern, 23. 2. 1970, BArch Kbz, B 116/23 303. Vgl. ähnlich auch: Aktenvermerk von MRat Preiß für den BML, 17. 12. 1970, ebenda.

und fördere so zumindest indirekt die „flächenunabhängige" Tiermast in Großbetrieben, die keine oder doch nur recht wenige eigene Feldfrüchte erzeugten. Begrenzungen der Einfuhren seien daher unerlässlich, um „langfristig die bäuerliche Veredelungswirtschaft in Ordnung zu halten".[30]

Für diese Forderung gab es durchaus gute Gründe: Ohne umfangreiche Importe von Futtermitteln aus „Drittländern" war eine intensive agrarische „Veredelung" in vielen europäischen Staaten in der Tat kaum möglich, weil der landwirtschaftlich nutzbare Boden im EG-Raum die stark vermehrte Zahl der Tiere mit ihren hohen Ansprüchen an die Futterqualität gar nicht vollständig ernähren konnte. Neben „Getreidesubstituten" waren dabei auch fett- und eiweißhaltige Stoffe wie etwa Soja, Sojaschrot oder auch „Ölkuchen" wichtig.[31] Wer wirklich konsequent sein wollte, musste als Freund der traditionellen bäuerlichen Landwirtschaft daher zwingend nach Importschranken für ausländisches Tierfutter rufen, zumal dessen Einfuhr in den 1970er Jahren geradezu rasant zunahm.[32]

Um die politische Realisierbarkeit dieser Forderung allerdings stand es ganz offensichtlich schlecht. Nationale Alleingänge konnte es nicht geben, da der Verzicht auf Kontingentierungen und Zölle bei diesen Waren für die gesamte EG galt und zudem auch noch völkerrechtlich verbindlich gesichert war. Zudem kam ein großer Teil der strittigen Futterstoffe aus den USA, die – wie sich bereits mehrfach gezeigt hatte – kein Pardon kannten, wenn die Bedürfnisse anderer Nationen die Exportinteressen ihrer Farmer bedrohten. Durch diese Zusammenhänge gewann die Frage, wie man innerhalb der EG die landwirtschaftliche „Veredelung" in bäuerlichen Kleinbetrieben stärken könne, unversehens fast schon eine weltpolitische Dimension.[33]

---

[30] Klaus Loeffler, Getreidesubstitute im Mischfutter – pro und contra, in: DBK 31 (1978), S. 192–193, hier: S. 193. Vgl. auch: Helge Amberg, Gedanken zum Problem der Getreidesubstitute, in: ebenda, S. 224–225; Herbert Meister/Jürgen Zeddies, Getreidesubstitute – Einkommensvorteile oder -nachteile für die Landwirtschaft?, in: TZ 34 (1982), S. 203–210.

[31] Im Überblick vgl. hierzu etwa: Günther Thiede, Bilanz über die EG-Futterwirtschaft, in: KF 63 (1980), S. 408–416; Ölkuchenbilanz, in: KF 66 (1983), S. 297–300; Hermann Zucker, Futterzusatzstoffe – unentbehrlich für Landschaftsschutz und Tierschutz?, in: KF 69 (1986), S. 328–334.

[32] So wuchs der EG-weite Import von Getreidesubstituten allein von 1974 auf 1977 von 4,7 Millionen Tonnen auf 8,7 Millionen Tonnen. Nahezu 50 Prozent dieser Menge entfielen auf Tapioka, das seinerzeit vor allem aus Thailand stammte. Diese Angaben nach: Entschärft sich das Tapiokaproblem von selbst?, in: BBSH 129 (1979), S. 1080. Die Niederlande und die Bundesrepublik waren die wichtigsten Abnehmer der Importe. Vgl. in diesem Zusammenhang aus entwicklungspolitischer Perspektive auch: Harald Schumann, Futtermittel und Welthunger. Agrargroßmacht Europa – Mastkuh der Dritten Welt, Reinbek 1986.

[33] Vgl. hierzu etwa: Landwirtschaft am Scheideweg?, in: MDLG 93 (1978), S. 266–268; Getreidesubstitute. Zum Problem der importierten Kraftfuttermittel in der Europäischen Gemeinschaft. Gutachten des Wissenschaftlichen Beirats beim Bundesministerium für Ernährung, Landwirtschaft und Forsten. Abgeschlossen im Oktober 1984, Münster-Hiltrup 1985, insbes. S. 24 f. Als ein Beispiel für die oft recht brachialen Versuche der USA, ihre Agrarausfuhren zu sichern, lässt sich etwa der „Hähnchenkrieg" in den frühen 1960er Jahren anführen. Siehe dazu oben S. 270.

Zu allem Überfluss konnte es kaum ohne Einfluss auf die Fleischpreise bleiben, wenn das Tierfutter merklich teurer wurde. Wirkungsvolle Importsperren für „Getreidesubstitute" und andere Futtermittel aber hätten mit Sicherheit genau diesen Effekt gehabt. Es verwundert daher nicht, dass sich keine der Parteien in der Bundesrepublik die Forderung nach solchen Restriktionen zu eigen machte. Selbst der DBV verhielt sich unentschlossen und abwartend.[34]

An dieser Passivität der westdeutschen Agrarpolitiker änderte sich auch nichts, als feste „Bestandsobergrenzen" für die Tierhaltung erst in Österreich (1978) und kurz darauf auch noch in der Schweiz (1980) eingeführt wurden. Österreichische Landwirte durften seitdem maximal 400 Schweine oder auch 100 Mastrinder besitzen; die Eidgenossen zeigten sich mit 1.000 Schweinen oder 250 Rindern etwas großzügiger. Um die Bindung der landwirtschaftlichen „Veredelung" an die Erträge des eigenen Bodens noch zusätzlich abzusichern, traten in der Schweiz zudem Restriktionen für Futtereinfuhren in Kraft. All dies geschah erklärtermaßen „zur Erhaltung des bäuerlichen Familienbetriebes". Der All-Parteien-Koalition, die in Bern regierte, war dieses Ziel so wichtig, dass sie bereit war, „eine gewisse Beeinträchtigung der unternehmerischen Freiheit in Kauf zu nehmen".[35]

Für die Agrardebatten in der Bundesrepublik hatte diese politische Entwicklung direkt hinter ihren südlichen Grenzen jedoch nur geringe Bedeutung. Selbst in der landwirtschaftlichen Fachwelt wurde das Vorgehen in den beiden Nachbarländern kaum diskutiert. Das generell gering entwickelte Interesse der Deutschen an Ereignissen in den beiden deutlich kleineren Staaten mag dieses Schweigen zu einem guten Teil erklären. Zum anderen aber fußte deren Vorgehen deutlich auf besonderen Voraussetzungen. Beide Länder gehörten seinerzeit zu den „bündnisfreien" Staaten, die neutral zwischen dem „Ostblock" und westlichen Bündnissen wie der Nato oder der EG standen. Die Sicherung der einheimischen Agrarproduktion ließ sich daher als politisch hoch bedeutsam verstehen. Zudem konnte das Interesse der Allgemeinheit, die traditionelle Struktur der Landwirtschaft zu erhalten, in gebirgigen Ländern, deren Agrarproduktion stark von der arbeitsaufwendigen Almwirtschaft abhing, sehr viel einleuchtender begründet werden als in der Bundesrepublik mit ihrer ungleich vielgestaltigeren Landschaft und Agrarwirtschaft. Die „Beeinträchtigung" der unternehmerischen Freiheit, die sich aus den Höchstzahlen für die Tierhaltung ergab, war in der Bonner Republik damit verfassungsrechtlich deutlich angreifbarer als in der Schweiz.[36]

---

[34] Vgl.: Rudolf Schnieders, Substitute – ihre Problematik für die Agrarpolitik, in: DBK 31 (1978), S. 280. Der Autor war DBV-Generalsekretär.

[35] Vgl. jeweils: Melanie Kröger, Die Modernisierung der Landwirtschaft. Eine vergleichende Untersuchung der Agrarpolitik Deutschlands und Österreichs nach 1945, Berlin 2006, S. 335 f.; Hans W. Popp, Bäuerliche Agrarpolitik in der Schweiz, in: DBK 36 (1983), S. 6–7 (Zitate: S. 7). Vgl. ausführlicher zu den Schweizer Bestimmungen auch: Vital Gawronski, Landwirtschaft und Agrarpolitik in der Schweiz, Zürich 1981, S. 58–60. Die genannten Zahlen waren in der Schweiz nicht Teil des Gesetzes. Der Bundesrat konnte sie auf dem Verordnungswege verändern.

[36] Ein Plädoyer gegen Bestandsobergrenzen in der Bundesrepublik ausdrücklich unter Hinweis auf die Frage der „Verhältnismäßigkeit" des staatlichen Eingriffs in: Manfred Lückemeyer,

Da sich das „Höfesterben" immer weiter fortsetzte, standen die bundesdeutschen Agrarpolitiker allerdings weiterhin unter Handlungsdruck. 1982 beschäftigten sich im DBV sowohl die Landesorganisationen und diverse Fachgremien sowie schließlich auch die Verbandsspitze ausführlich mit einem konkreten Plan, die Tierbestände pro Betrieb zu limitieren, um so „möglichst viele Bauern in der Produktion zu halten". Nach heftigen Streitigkeiten zwischen den Vertretern der norddeutschen und der süddeutschen Landwirte, wie groß ein landwirtschaftlicher Betrieb denn maximal sein dürfe, um noch als „bäuerlich" zu gelten, einigte sich der Verband schließlich auf allgemein akzeptierte Zahlen: Nach diesem Konzept sollte es auf einem familiär geführten Bauernhof nicht mehr als 1.200 Mastplätze für Schweine oder auch 100 Milchkühe geben.[37]

Keine Einigung gelang hingegen bei der Frage, wie diese Zahlen gemeint sein sollten. Zwar gab es im DBV „starke Sympathien" für den Plan, sie nach dem Schweizer Modell als „absolute Bestandsobergrenzen" zu definieren. Solch einen entschlossenen Dirigismus hielten andere Mitglieder der Verbandsspitze jedoch für verfassungswidrig. Nach ihren Vorstellungen sollte ein Betrieb, der größere Herden hielt, lediglich steuerlich benachteiligt werden. Allerdings müsse dies weitaus konsequenter geschehen als bislang, seien die bestehenden Regelungen dafür doch bestenfalls „eine halbherzige Lösung".[38] Auch wenn dieser Dissens den DBV letztlich daran hinderte, die Parteien mit einem konsistenten Forderungskatalog zu konfrontieren, so brachte die Verbandsdebatte die „Bestandsobergrenzen" doch wieder auf die politische Tagesordnung in der Bundesrepublik.

Nach dem Bruch der sozial-liberalen Koalition im September 1982 geriet die westdeutsche Agrarpolitik ohnehin stark in Bewegung. Nicht nur stellten CDU/CSU und FDP erstmals seit 1967 wieder gemeinsam die Bundesregierung. Darüber hinaus fiel das Amt des Landwirtschaftsministers, das in der sozial-liberalen Koalition so etwas wie ein von Josef Ertl bewirtschafteter Erbhof der FDP gewesen war, nach der vorgezogenen Bundestagswahl am 6. März 1983 an den CSU-Politiker Ignaz Kiechle, dessen Partei sich schon seit den frühen 1970er Jahren rühmte, in der bayerischen Landesregierung eine besonders bauernfreundliche Politik zu betreiben.[39]

Landwirtschaftliche Viehhaltung oder „Agrarfabriken"?, in: BLW 60 (1982), S. 403–419, hier: S. 409 f. u. S. 411 f. Vgl. auch: Manfred Merforth, Zur Problematik von Bestandsobergrenzen, in: Entwicklungsaspekte: Arbeitsmärkte, Ländliche Räume, Landwirtschaft, Hannover 1983 (Schriftenreihe für ländliche Sozialfragen, Nr. 89), S. 75–87, hier: S. 83 f.

[37] Vgl. zusammenfassend zu der Debatte: Helmut Born, Was ist ein bäuerlicher Familienbetrieb?, in: KF 66 (1983), S. 376; ders., Sicherung der Tierhaltung in bäuerlicher Hand. Aus der Sicht des Berufsstandes, in: Sicherung der Tierhaltung in bäuerlicher Hand, Göttingen 1985 (Schriftenreihe für ländliche Sozialfragen, Nr. 94), S. 42–49, hier: S. 42–45 (Zitat: S. 44). Weitere Zahlen, die das Konzept nannte, waren: 150 Sauenplätze, 30.000 Plätze für Legehennen, Stallkapazitäten für 60.000 Masthähnchen. Eine Zahl für Mastrinder wurde nicht festgelegt.

[38] Born, Sicherung, S. 45 f.

[39] Offiziell wurde dies als „Bayerischer Weg" in der Agrarpolitik bezeichnet: Mit ihm habe sich die Landesregierung von der ansonsten betriebenen „Strukturpolitik des sogenannten Gesundschrumpfens" losgesagt. Heinz Barall, Existenzerhaltungen, in: MDLG 89 (1974), S. 1426–1427 (Zitat: S. 1427). Als zusammenfassende Selbstdarstellung vgl. auch: Wolfgang

VI. Das Scheitern der bundesdeutschen Politik gegen die „Massentierhaltung" 469

Zudem gab es nun auch noch eine neue Fraktion im Bundestag, deren Mitglieder die moderne Landwirtschaft ganz grundsätzlich für ein Übel hielten: Mit 5,6 Prozent der Stimmen war den „Grünen" knapp der Einzug ins Parlament gelungen. In ihrem „Bundesprogramm" von 1980 kritisierte die Partei die „gegenwärtige überwiegend industrialisierte und chemisierte Landwirtschaft". Sie votierte strikt gegen die „Massentierhaltung" und plädierte für „eine vielfältige Hofwirtschaft", in der „Viehhaltung und Anbau in einem ausgewogenen Verhältnis zueinander stehen" sollten, weil in solchen Betrieben „auf den Zukauf von Dünge- und Futtermitteln weitgehend verzichtet werden" könne.[40]

Zwar war ökologisch begründete Kritik an den Methoden, mit denen hochintensive Agrarbetriebe arbeiteten, nicht neu. Mit den Wahlerfolgen der „Grünen", die in den 1980er Jahren auch noch in acht der elf bundesdeutschen Landesparlamente einzogen, gewann sie jedoch politisch deutlich an Gewicht. Gleichzeitig verschärften sich die Probleme der bislang betriebenen Agrarpolitik. Die anhaltende Überproduktion trotz des ungebrochen fortschreitenden Trends, dass immer mehr Bauern ihren Betrieb aufgaben, sowie die enormen Kosten der Interventionsmaßnahmen, die Dauerkrisen auf den Märkten für Milch und Rindfleisch, der Preisverfall für alle Schlachttiere seit Mitte des Jahrzehnts – für Krisengefühle bei Landwirten und Agrarpolitikern gab es fraglos Stoff genug. Vor diesem Hintergrund rückte das Konzept, die Bestände von Nutztieren gesetzlich zu limitieren, in der Liste agrarpolitischer Forderungen immer weiter nach vorn. Die nach wie vor diskutierten verfassungsrechtlichen Probleme einer solchen Bestimmung galten zudem nun auch juristischen Experten nicht mehr zwingend als ein unüberwindbares Hindernis: Es seien durchaus Lösungen denkbar, die den Grundsatz der „Verhältnismäßigkeit" staatlicher Eingriffe in private Rechte nicht verletzten.[41]

So votierten zwischen 1983 und 1985 alle im Bundestag vertretenen Parteien in Anträgen für die Einführung von „Bestandsobergrenzen". Die „Grünen" legten sogar einen eigenen Gesetzentwurf „zum Schutz der bäuerlichen Landwirtschaft und der Umwelt" vor. Er enthielt – wie sich denken lässt – besonders strenge Regeln: 600 Stallplätze für Schweine bzw. 60 für Milchkühe wurden als „absolute Obergrenzen" festgeschrieben. Größere Bestände mussten abgebaut werden; mit

---

von Trotha/Alfred Schuh (Bearb.), Der bayerische Weg: Moderne Agrarpolitik. Jedem eine Chance, München 1971. In kritischer Perspektive zu den Widersprüchen und den begrenzten Erfolgen der Landespolitik vgl.: Hans-Dieter Stallknecht/Stephan Schlitz, Die agrarstrukturelle Entwicklung in Bayern. Was bewirkt der „Bayerische Weg" in der Agrarpolitik?, in: Land, Agrarwirtschaft und Gesellschaft 2 (1985), S. 221–242.

[40] Die Grünen. Das Bundesprogramm, o. O. o. J. [Bonn 1980], S. 12. Im Laufe der 1980er Jahre wurde das Argument, die starke Einfuhr der „Getreidesubstitute" zerstöre die traditionellen Agrarstrukturen in den gering entwickelten Exportländern und sei daher als eine spezielle Form der „Ausbeutung" der „Dritten Welt" durch die Industriestaaten zu sehen, im Rahmen der ökologischen Debatte zunehmend wichtiger. Vgl. beispielhaft etwa: Armin Bechmann, Landbau-Wende. Gesunde Landwirtschaft – gesunde Ernährung. Vorschläge für eine neue Agrarpolitik, Frankfurt/Main 1987, S. 34–37.

[41] Vgl. genauer etwa: Lothar Rudolf Liebermann, Rechtliche Möglichkeiten des Verbots von Agrarfabriken, in: Agrarrecht 14 (1984), S. 206–214.

Inkrafttreten des Gesetzes sollte ein „sofortiges Aufstockungsverbot über die Grenzwerte hinaus" gelten.[42]

Auch auf Landesebene gab es Initiativen in dieser Sache. Im Sommer 1984 verabschiedete der Bayerische Landtag (auf Antrag der oppositionellen SPD) einen Appell an die Landregierung, sie solle sich auf „Bundes- und EG-Ebene" für allgemein gültige „Bestandsobergrenzen" einsetzen.[43] Im Jahr darauf publizierte ein Mitarbeiter des niedersächsischen Agrarressorts einen detailliert ausgearbeiteten Plan, wie der Gesetzgeber Vorschriften zur Tierhaltung nutzen könne, um das „breitgestreute bäuerliche Eigentum" zu schützen. Im Februar 1986 machte sich die niedersächsische CDU als die alleinige Regierungspartei des Landes diesen Entwurf auf ihrem Parteitag ausdrücklich zu eigen.[44] Der Landesverband der FDP folgte diesem Beispiel, formulierte aber abweichende (etwas höher liegende) Maximalzahlen als die Christdemokraten.[45]

Nur wenige Monate später legte auch das bayerische Landwirtschaftsministerium einen Referentenentwurf in gleicher Sache vor. Begleitend erklärte der verantwortliche Ministerialdirektor, das Ressort habe die durchaus immer noch bestehenden verfassungsrechtlichen Bedenken „nach langem Ringen zurückgestellt", weil die aktuelle Lage zum Handeln zwinge: Der „Trend zur Industrialisierung der Landwirtschaft und damit zur tödlichen Gefährdung der bäuerlichen Landwirtschaft" sei mittlerweile „unübersehbar". Im Sinne einer „vorausschauenden Vorsorgepolitik" halte das Ministerium daher „Bestandsobergrenzen" nun für unverzichtbar. Konkret sollten diese bei 60 Milchkühen bzw. einer Jahresproduktion von 300 Mastrindern oder 3.000 Schweinen liegen. Wurden diese Zahlen überschrit-

---

[42] Den Entwurf vom 1. 2. 1985 vgl. in: BT Drucksachen 10/2822 (Zitate: S. 1 f.). Zur Position der anderen Parteien vgl. die Anträge von CDU/CSU und FDP vom 19. 5. 1983 und vom 27. 3. 1984 in: BT Drucksachen 10/89 und 10/1188; für die SPD vgl. den Antrag vom 28. 3. 1984 in: BT Drucksachen 10/1190 (online abrufbar unter: https://dip.bundestag.de).

[43] Vgl. den Beschluss vom 17. 7. 1984 in: Drucksachen des Bayerischen Landtags, Drucksache 10/4486. Am 8. 5. 1985 erneuerte der Landtag diesen Appell (Drucksache 10/6802).

[44] Bernd Wulkotte, Es darf nicht nur ein Schlagwort sein: Bäuerlicher Familienbetrieb, in: LWE 133 (1986), Nr. 16, S. 12 u. Nr. 17, S. 5–7 (zum Votum des CDU-Parteitags vgl.: Nr. 16, S. 12). Vgl. auch noch: ders., Eine Obergrenze für das Ganze, in: LWE 133 (1986), Nr. 51/52, S. 5–7. In kritischer Perspektive vgl.: Hans-Wilhelm Windhorst, Die Zukunft der Veredelungswirtschaft im Spannungsfeld von agrarpolitischen Zwängen, ökonomischen Rahmenbedingungen und agrotechnologischen Entwicklungen, in: Welche Zukunftsperspektiven eröffnen sich für die Veredelungswirtschaft? Referate einer Vortragsreihe im Winterhalbjahr 1987/88, Vechta 1988, S. 69–123, hier: S. 93–97. Bestandsobergrenzen ergaben sich aus dem Entwurf nur indirekt, weil der „bäuerliche Familienbetrieb" danach maximal drei Vollzeit-Arbeitskräfte beschäftigen durfte. Durch Kombination mit Vorschriften zur Feldwirtschaft hätte dies die Produktion von Schlachttieren auf maximal 250 Mastrinder oder 4.000 Schweine pro Jahr und Hof begrenzt.

[45] Hirche: Unentschlossene bürgerliche Wähler mobilisiert, in: Nordwest-Zeitung, Ausgabe Oldenburger Nachrichten, 21. 5. 1986. Bei diesem Text handelt es sich um ein Interview mit Walter Hirte, dem Fraktionsvorsitzenden der FDP im niedersächsischen Landtag. Er nennt hier 330 Mastrinder als Maximalbestand.

VI. Das Scheitern der bundesdeutschen Politik gegen die „Massentierhaltung" 471

ten, musste der Inhaber, der seine Herde nicht verkleinerte, eine „Strukturabgabe" zahlen.[46]

Bauernhöfe mit kleineren Herden wollte der Entwurf zudem auf neuartige Weise direkt fördern: Ihre Inhaber sollten ein jährlich ausgezahltes „Bewirtschaftungsentgelt" erhalten. Diese Subvention, deren Höhe im Wesentlichen von der jeweils bewirtschafteten Fläche abhing, rechtfertigte das bayerische Ressort mit den Leistungen der Bauern „in der Pflege der Kulturlandschaft": Deren Erhaltung sei ein Beitrag zum Umweltschutz und daher im Interesse der Allgemeinheit.[47]

Auch der DBV bekannte sich im Dezember 1986 erneut zu dem Konzept, die Tierhaltung zu limitieren. Das von Kritikern der Idee nach wie vor oft angeführte Argument, ein nationaler Alleingang sei in dieser Sache nicht möglich, wischte der Verband dabei ungeduldig beiseite: „Wer auf EG-Regelungen wartet, der will im Grunde nichts anderes, als Bestandsobergrenzen zu verhindern."[48] Zudem übernahm die Organisation nun auch die Forderung, die EG-Futtermittelimporte zu begrenzen. Dabei ging es vor allem um die Stoffe, die das Getreide im Mischfutter ersetzen konnten: „Wenn das Loch der Substitute nicht gestopft werde, dann seien alle Bekenntnisse zu einer flächenabhängigen Veredelung nichts als Heuchelei."[49] Fast zeitgleich organisierte der „BUND", die größte bundesdeutsche Umweltorganisation, gemeinsam mit verschiedenen Verbraucherverbänden durch

---

[46] „Gegen die tödliche Gefährdung der bäuerlichen Landwirtschaft", in: top agrar 16 (1987), Nr. 10, S. 32 (bei diesem Text handelt es sich um ein Interview mit Ministerialdirektor Alfred Schuh). Zu den Details des Entwurfs vgl. genauer: Windhorst, Zukunft, S. 99–101. Die von der Zahl der gehaltenen Tiere abhängige „Strukturabgabe", sollte nach einer fünfjährigen Übergangszeit fällig werden. Die zur Abgrenzung der davon betroffenen Höfe genannten Zahlen (siehe oben) waren auch noch in anderer Hinsicht wichtig: Wuchs der Tierbestand in einem Betrieb auf mehr als 80 Prozent davon an, sollte der Hof sämtliche Vergünstigungen verlieren, die Bauernhöfe gegenüber gewerblichen Unternehmen genossen.

[47] Alois Glück, Zur Notwendigkeit eines Bündnisses von Umweltschutz und Landwirtschaft, in: Kleinbauern in Europa. Leistungen – Lasten – Lebenschancen, Göttingen 1988, S. 12–19, hier: S. 13 f. Der Autor war Staatssekretär im bayerischen Landwirtschaftsministerium. Genauer zu diesem „Bewirtschaftungsentgelt" vgl.: Halvor Jochimsen, Aus für die Großen – Schutz für die Kleinen?, in: top agrar 16 (1987), Nr. 10, S. 28–30, hier: S. 29.

[48] Rudolf Schnieders, Bestandsobergrenzen in der tierischen Veredelung: Instrument der Marktsteuerung oder gesellschaftspolitische Orientierung?, in: DBK 40 (1987), S. 4–6. Gleichzeitig beschrieb die Organisation den „bäuerlichen" Agrarbetrieb nun mit etwas höheren Zahlen als noch 1982, weil die süd- und norddeutschen Landesverbände über diese Frage erneut verhandelt hatten. In Anpassung an die Fortschritte bei der Stalltechnik sollten pro Hof nun maximal 1.700 Mastplätze für Schweine (statt 1.200) oder 120 (statt 100) Milchkühe zulässig sein. Bestände dieser Größe könnten „von einer bäuerlichen Familie bei guter technischer Ausstattung ohne Arbeitsüberlastung betreut und bewältigt werden" (S. 5).

[49] Wettbewerbskraft der deutschen Veredelungswirtschaft stärken, in: BBSH 138 (1988), S. 2311–2312. Vgl. ähnlich auch schon: Friedrich Golter, Zur Wettbewerbssituation in der Tierproduktion, in: KF 70 (1987), S. 465–467, hier: S. 467. Hinter dieser Forderung stand die Tatsache, dass der Getreideanteil an den in der Bundesrepublik industriell produzierten Futtermischungen seit den 1960er Jahren stark gesunken war: Er reduzierte sich von rund 49 Prozent in den Jahren 1960/61 auf nur noch 18 Prozent 1987/88. Vgl. hierzu genauer: Gudio Nischwitz, Sozioökonomische, ökologische und rechtliche Rahmenbedingungen für die Veredelungswirtschaft in den neunziger Jahren, Vechta 1994, S. 43.

Plakate, Anzeigen in der Presse und öffentliche Veranstaltungen eine Kampagne mit dem Slogan „Stoppt die Massentierhaltung".[50]

Bei so viel grundsätzlicher Zustimmung sollte es mit dem restriktiven Plan – so ließe sich vermuten – eigentlich doch rasch vorangegangen sein. Davon kann jedoch keine Rede sein. Die zahlreichen verschiedenen Initiativen für das Tierhaltungs-Limit blieben isoliert nebeneinander bestehen. Niemand versuchte, die einzelnen Konzepte und Entwürfe, die sich in diversen Details stark voneinander unterschieden und zudem teilweise wichtige Fragen offen ließen, zu nur noch einem, in sich stimmigen Modell zusammenzuführen, um der Grundidee so zu noch größerer politischer Wirkung zu verhelfen. Trotz vieler positiver Worte über die „Bestandsobergrenzen" trat die bundesdeutsche Agrarpolitik in dieser Angelegenheit über Jahre hin auf der Stelle.

Letztlich dokumentierte dieser Stillstand wohl vor allem die Tatsache, dass sich die bundesdeutsche Landwirtschaft in den zwei Dekaden seit der ersten intensiven politischen Debatte über ein Verbot großer Tierbestände in den 1960er Jahren gravierend verändert hatte. Mit dem „Strukturwandel" war deren innere Disparität enorm gewachsen: Eine Minderheit der Bauern produzierte mit modernen Methoden hoch effizient und bewusst marktorientiert; die Tierbestände verteilten sich zunehmend ungleich auf die immer noch recht große Zahl der Bauernhöfe. Politiker, die in dieser Situation intervenierten, liefen daher Gefahr, gerade von landwirtschaftlicher Seite scharf kritisiert zu werden.

Solche Einwände kamen etwa von den Geflügelmästern, die – wie gezeigt – trotz ihrer enorm großen Ställe ja darauf beharrten, Bauern zu sein: Wer „Bestandsobergrenzen" einführe, so erklärten ihre Verbände, der bestrafe ausgerechnet die Landwirte, die sich seit den frühen 1960er Jahren „mutig und marktwirtschaftlich verhalten" hätten.[51] Aber auch außerhalb des kleinen Kreises der konsequent modern arbeitenden Hühnerhalter meldeten sich Hofinhaber zu Wort, die ihre Rechte als Unternehmer verteidigten. Auf einer betriebswirtschaftlichen Fachtagung der DLG im Sommer 1987 etwa verabschiedeten die rund einhundert anwesenden Landwirte einvernehmlich eine Resolution, in der es hieß, „Bestandsobergrenzen" seien in ihrer Sicht eine Agrarpolitik „für die rückständigen, nicht für die fortschrittlichen Bauern. Für die deutsche Landwirtschaft sei es tödlich, wenn eine Agrarpolitik für das letzte Drittel gemacht werde."[52]

Ein Jahr später gründeten 550 „spezialisierte Schweinehalter" in Niedersachsen eigens eine „Interessengemeinschaft", deren Statut die „Verhinderung einseitiger strukturkonservierender und Marktanteile aufgebender Gesetzgebung" als ein

---

[50] Uneinigkeit über die Veredelungswirtschaft, in: LWE 134 (1987), Nr. 34, S. 3–4.
[51] Geflügelzüchter fürchten um Jobs, in: Nordwest-Zeitung, Ausgabe Oldenburger Nachrichten, 12. 12. 1987.
[52] „Freiraum schaffen, damit der Bauer Unternehmer sein kann", in: FAZ, 21. 9. 1987. Vgl. ähnlich auch: Günter Müller, Rationalisieren und wachsen. Den Könnern Freiraum lassen, in: Einkommenschancen für Landwirte. Im ländlichen Raum leben, arbeiten und verdienen. Vorträge der DLG-Wintertagung am 14. 1. 1988 in Wiesbaden, Frankfurt/Main 1988, S. 13–35, hier: S. 19 f.

zentrales Ziel anführte. Binnen Jahresfrist wuchs die Zahl der Vereinsmitglieder auf fast 1.200.[53]

Mit der Landwirtschaftskammer Schleswig-Holstein positionierte sich sogar eine der öffentlich-rechtlichen Körperschaften, die auf dem Gebiet der ehemaligen britischen Besatzungszone die wirtschaftlichen und gesellschaftlichen Interessen der Agrarwirtschaft vertreten sollen, eindeutig gegen alle Pläne, die Zahl der Nutztiere in den Agrarbetrieben zu begrenzen. Ausgesprochen giftig kommentierte einer der leitenden Männer der Kammer, werde einer der vorliegenden Gesetzentwürfe tatsächlich angenommen, dann würden „die überlebenswilligen, unternehmerischen Bauern [...] Opfer einer Verbrüderung von Kleinbauernideologen, Naturschützern und Politikern, die dringend ein Gesetz – welches auch immer – gegen Nitrat im Trinkwasser und Hormone in Kälbern brauchen".[54] Das Agraressort des nördlichsten Bundeslandes stützte diese Position.[55]

Da die Tierbestände der Landwirte, die das „Höfesterben" überlebt hatten, im Norden der Bundesrepublik im Vergleich der Bundesländer ungewöhnlich groß ausfielen, hätte die Einführung von „Bestandsobergrenzen" in Schleswig-Holstein in der Tat schon in den 1980er Jahren gravierende Folgen gehabt. Legte man etwa die Regelungen des bayerischen Konzeptes zugrunde, so wäre jeder vierte der rund 30.000 seinerzeit noch aktiven schleswig-holsteinischen Landwirte von deren Realisierung finanziell schwer getroffen worden: Etwa elf Prozent hätten jede Form der öffentlichen Begünstigung und Förderung – bis hin zu dem verbilligten Bezug von Dieselöl – verloren; weitere dreizehn Prozent wären zur Zahlung einer „Strukturabgabe" verpflichtet gewesen, weil sie nach den Paragraphen des Gesetzentwurfes zu viele Tiere hielten.[56]

---

[53] G. Dierichs, Ein erfolgreiches Jahr – die ISN zog Bilanz, in: DGS 41 (1989), S. 359–360. Diese „Interessengemeinschaft der Schweinehalter Nord-Westdeutschlands" (ISN) existiert auch heute noch. Sie bezeichnet sich selbst als eine Organisation der „marktorientierten und spezialisierten Schweinehalter". Zit. nach: www.schweine.net/allgemein/ueber-uns.html, letzter Zugriff: 5. 1. 2021.

[54] Halvor Jochimsen, Denn sie wissen nicht, was sie tun!, in: top agrar 17 (1988), Nr. 11, S. 3. Vgl. auch schon: ders., Aus für die Großen – Schutz für die Kleinen?, in: top agrar 16 (1987), Nr. 10, S. 28–30. Im Rest der Bundesrepublik sind die Landwirtschaftskammern Teil der staatlichen Verwaltung. Vgl. zu diesem Unterschied genauer: Hans Junghülsing, Die Landwirtschaftskammern Nordrhein-Westfalens im Spannungsfeld von Selbstverwaltungs- und Hochheitsaufgaben, in: Landwirtschaft und Agrarpolitik im Wandel der Zeiten, Münster-Hiltrup 1991 (Niederschriften von Arbeitstagungen des Landesausschusses, Nr. 26), S. 22–31.

[55] Vgl. etwa die strikte Stellungnahme gegen Obergrenzen in: Sönke Traulsen/B. Roeloffs, Konservieren und entwickeln – Überlegungen zur Förderung der Leistungsbereitschaft und Wettbewerbsfähigkeit bäuerlicher Familienbetriebe aus schleswig-holsteinischer Sicht, in: Wilhelm Henrichsmeyer/Cay Langbehn (Hrsg.), Wirtschaftliche und soziale Auswirkungen unterschiedlicher agrarpolitischer Konzepte, Münster-Hiltrup 1988, S. 685–693, insbes. S. 691–695. Bei den Autoren handelte es sich zum einen um den Staatssekretär und zum anderen um einen der Ministerialdirektoren des Ressorts.

[56] Diese Zweiteilung ergab sich aus den oben bereits skizzierten Planungen für eine Schlechterstellung auch der Betriebe, deren Tierzahlen mehr als 80 Prozent der „Obergrenzen" erreichten. Die angeführten Zahlen aus: Halvor Jochimsen, Aus für die Großen – Schutz für die Kleinen?, in: top agrar 16 (1987), Nr. 10, S. 28–31, hier: S. 30 f.

Gleichzeitig aber wirtschafteten keineswegs alle dieser Höfe mit ihren kopfstarken Herden ökonomisch erfolgreich, denn Größe allein machte – wie oben schon gezeigt wurde – einen Bauernhof ja noch nicht profitabel. Nach Schätzungen der Landwirtschaftskammer wäre wohl mindestens die Hälfte der etwa 7.500 schleswig-holsteinischen Betriebe mit einem großen Stall wirtschaftlich in eine schwere Schieflage geraten, hätten die vom bayerischen Fachressort geplanten Bestimmungen bundesweit gegolten.[57]

Wie diese Zahlen für Schleswig-Holstein belegen, kamen Rettungsversuche für die Tierhaltung in traditionellen Größenordnungen zumindest in bestimmten Teilen der Bundesrepublik in den 1980er Jahren bereits recht spät. Damit vermehrte sich die ohnehin schon lange Listen an konzeptionellen Problemen, auf die Freunde der „Bestandsobergrenzen" eine Antwort finden mussten. Konnte es angesichts der deutlichen Unterschiede in der Agrarstruktur zwischen Nord- und Süddeutschland überhaupt eine bundesweit einheitliche Regelung für solche Limitierungen geben? Und wichtiger noch: Wie reagierte man politisch auf die Bauern, die sich das spätestens seit den 1950er Jahren fortlaufend von fast allen Agrarpolitikern propagierte Leitbild des „unternehmerisch" denkenden Landwirtes tatsächlich zu eigen gemacht hatten, und nun selbstbewusst weiterhin das Recht auf Wachstum einklagten, das Betriebsinhabern in allen anderen Wirtschaftsbereichen in der Bundesrepublik selbstverständlich zugestanden wurde?

Vor dem Konglomerat an kniffligen Fragen, das die Idee von „Bestandsobergrenzen" mit sich brachte, haben die Entscheidungsträger in der bundesdeutschen Agrarpolitik in den 1980er Jahren letzten Endes kapituliert. Zwar kam im Frühjahr 1988 noch einmal Bewegung in die Debatte, als die bayerische Staatsregierung den Gesetzentwurf ihres Landwirtschaftsministeriums in leicht modifizierter Form in den Bundesrat einbrachte. Simon Nüssel, der damalige Leiter des bayerischen Agrarressorts, erklärte bei dieser Gelegenheit, der Wettbewerb im Agrarbereich brauche „ordnungspolitisch vernünftige Schranken", weil „freie Konzentrationsbewegungen" in der landwirtschaftlichen Tierhaltung die bäuerlichen Familienbetriebe schädigten. Deren Verschwinden aber führe zu einer „eklatanten Umweltzerstörung". Die vorgesehene „Strukturabgabe" für Agrarbetriebe, die große Herden hielten, sei daher unverzichtbar.[58]

Sein niedersächsischer Amtskollege, der CDU-Politiker Burkhard Ritz, allerdings widersprach. Wie in Kiel, so hatte man auch in Hannover mittlerweile festgestellt, dass die bayerische Regelung einen nicht unerheblichen Teil der Landwirte im eigenen Bundesland finanziell hart getroffen hätte. Viele davon seien „im

---

[57] Ebenda, S. 30 f. Vgl. ähnlich auch: Manfred Köhne, Beginn einer verhängnisvollen Entwicklung, in: top agrar 16 (1987), Nr. 10, S. 33.
[58] So auf der Sitzung des Bundesrates am 29. 4. 1988 in: Bundesrat Plenarprotokoll 588, S. 125 (online abrufbar unter: www.bundesrat.de). Die Modifikation bestand im Wesentlichen darin, dass nun maximale Produktionsmengen anstatt der zuvor angegebenen Zahlen der Stallplätze genannt wurden. So sollte der Gefahr begegnet werden, dass die Landwirte die Mastdauer verkürzten, um trotz der Limitierung mehr schlachtreife Tiere zu produzieren (ebenda).

VI. Das Scheitern der bundesdeutschen Politik gegen die „Massentierhaltung"   475

Grunde jene klassischen bäuerlichen Familienbetriebe, die wir in der Vergangenheit mit erheblichen öffentlichen Mitteln gefördert haben, um ihnen [durch die ‚innere Aufstockung'] eine Zukunftsperspektive zu eröffnen". Kleinere Höfe arbeiteten zudem keineswegs per se umweltfreundlicher als Agrarbetriebe mit großen Herden. Der Minister brachte das abweichend konzipierte Modell ins Spiel, das die niedersächsische CDU zwei Jahre zuvor auf ihrem Landesparteitag akzeptiert hatte, und rief gleichzeitig nach der Bundesregierung: Sie müsse einen Vorschlag für eine bundesweit akzeptable Lösung erarbeiten.[59]

Auch der DBV entdeckte nun, da die Sache konkret zu werden versprach, unversehens die Nachteile der vorliegenden Modelle. Daher bereicherte die Verbandsführung die ohnehin schon recht unübersichtliche agrarpolitische Diskussion durch die Mitteilung, sie lehne sowohl den bayerischen Gesetzentwurf wie auch die in Niedersachsen formulierten Bestimmungen ab: Der erstere nenne viel zu strenge Zahlen; aber auch das norddeutsche Alternativkonzept, das den „bäuerlichen Familienbetrieb" über die aufgebrachte Arbeitsleistung definierte, sei inakzeptabel, weil es letztlich alle landwirtschaftlichen Betriebe einer umfassenden öffentlichen Kontrolle unterwerfe.[60]

Aus diesem Durcheinander entstand nach offensichtlich sehr komplexen Verhandlungen zwischen den Bonner Ministerien, den Ländern und den agrarischen Interessenverbänden immerhin ein 1989 verabschiedetes Bundesgesetz zur „Förderung der bäuerlichen Landwirtschaft", das in einem seiner Paragraphen konkrete Zahlen nannte, die „übergroße Tierbestände" beschrieben. Glaubte man Bundeslandwirtschaftsminister Ignatz Kiechle, dann erhielt die Bundesrepublik damit nach langen Debatten doch noch ein brauchbares Instrument, um „einer ungehemmten Bestandsgrößenentwicklung in der Landwirtschaft Grenzen [zu] setzen".[61]

De facto handelte es sich agrarpolitisch dabei jedoch nur um alten Wein, der in einen neuen juristischen Schlauch umgefüllt wurde: Das Gesetz, das im Juli 1989 in Kraft trat, schrieb lediglich die schon seit langem geübte Praxis fort, bestimmte landwirtschaftliche Betriebe von bestimmten öffentlichen Fördermitteln auszuschließen. Bislang hatte sich diese Benachteiligung vor allem auf die Unterscheidung von „gewerblicher" und „landwirtschaftlicher" Tierhaltung gestützt; nun traf sie alle Höfe, die mehr als 1.700 Schweine bzw. mehr als 400 Mastrinder oder 120 Milchkühe hielten. Der steuerrechtliche Status des Unternehmens spielte dabei keine Rolle.[62]

---

[59] Ebenda, S. 126. Nach den Angaben des Ministers hätten in Niedersachsen 15 Prozent der Agrarbetriebe die „Strukturabgabe" zahlen müssen, die der bayerische Entwurf vorsah.
[60] Helmut Born, Bodengebundenheit und Bestandsobergrenzen – Vor- und Nachteile agrarpolitischer Maßnahmen zur Erhaltung der bäuerlichen Veredelungswirtschaft, in: Zukunftsperspektiven, S. 41–56, hier: 41–43. Der Autor war stellvertretender DBV-Generalsekretär.
[61] So Kiechle vor dem BT-Plenum am 16. 6. 1989 in: BT Protokolle 11/110, S. 11 231 (online abrufbar unter: https://dip.bundestag.de).
[62] Das Gesetz vgl. in: BGBL 1989, S. 1435–1439, die genannten Zahlen S. 1439. Sie galten für einseitig spezialisierte Betriebe; wurden mehrere Nutztierarten gehalten, mussten die Bestände addiert werden. Dafür gab es einen Umrechnungsschlüssel (geregelt in § 8, S. 1436). Zur

Diese agrarpolitische Reform wog nicht besonders schwer, zumal das ganze Vorhaben keineswegs alle öffentlichen Hilfen betraf und auch noch lediglich kurzfristig angelegt war. Konkret ging es ausschließlich um Mittel, die für vier Jahre gezahlt wurden, um die bundesdeutsche Landwirtschaft dafür zu entschädigen, dass der „Grenzausgleich" auf Druck der EG nun endlich ganz abgebaut wurde. Klaus Matthiesen, der nordrhein-westfälische Landwirtschaftsminister, bemerkte nüchtern, es handele sich „im wesentlichen [um] ein Gesetz zur Umverteilung von zwei Prozentpunkten Mehrwertsteuer", das die Wandlung der Agrarstruktur nur unwesentlich bremsen werde.[63] Die „Grünen" reagierten mit höhnischem Spott und prognostizierten ein weiteres Wachstum der Tierbestände: „In Wirklichkeit gibt es hier keine Einschränkungen". Ihr erneut vorgelegter Gesetzentwurf zur Einführung „absoluter Bestandsobergrenzen" hatte im Bundestag politisch jedoch keine Chancen.[64]

Tatsächlich blieb die verabschiedete Regelung weit hinter dem Antrag der bayerischen Staatsregierung im Bundesrat zurück (um von den älteren Bestimmungen in Österreich und in der Schweiz ganz zu schweigen). Es handelte sich um einen mühsam ausgehandelten Kompromiss, um den kleinsten gemeinsamen Nenner der bundesdeutschen Agrarpolitik.[65] Die Bauern, die keine „übergroßen" Tierbestände hielten, profitierten von diesem Förderungsgesetz selbst in den günstigsten Fällen nicht so stark, dass sie einen Ausgleich für die Kostenvorteile erhielten, die sich in der landwirtschaftlichen „Veredelung" durch die Haltung kopfstarker Herden erreichen ließen.[66] Von einer agrarpolitischen Weichenstellung, die den Trend zur Vergrößerung der Tierbestände gestoppt hätte, ließ sich daher nicht sprechen.

---

steuerrechtlichen Unterscheidung der beiden Betriebsformen, die zentral von der Größe der bewirtschafteten Fläche abhing, siehe oben S. 263.

[63] So auf der Sitzung des Bundesrates am 30. 6. 1989 in: Bundesrat Plenarprotokoll 602, S. 264 (online abrufbar unter: www.bundesrat.de). Der Zusammenhang mit der Mehrwertsteuer entstand, weil der „Grenzausgleich" seit seiner Einführung zu einem guten Teil in indirekter Form gewährt wurde: Landwirte hatten bei dieser Abgabe das Recht auf einen größeren „Vorsteuerabzug" als andere Gewerbetreibende. Dieser bislang drei Prozentpunkte betragende Vorteil musste nach einem EG-Beschluss 1989 auf nur noch ein Prozent gesenkt werden; Ende 1992 sollte dann auch dieser Vorteil verschwinden. Die durch den ersten Abbauschritt freiwerdenden öffentlichen Mittel wurden mit dem Gesetz als „soziostruktureller Einkommensausgleich" (d. h. als direkte Subvention) neu verteilt. Vgl. zu den Details etwa: Agrarfabriken sollen zurückgedrängt werden, in: FAZ, 17. 10. 1988; Rudolf Wolffram/H. Dröge, Strukturgesetzentwurf der Bundesregierung – betriebswirtschaftliche und agrarpolitische Konsequenzen, in: DGS 41 (1989), S. 10–18.

[64] So MdB Dora Flinner im BT-Plenum am 16. 6. 1989 in: BT Protokolle 11/150, S. 11 239. Den überarbeiteten Gesetzentwurf, den die Partei am 10. 3. 1988 in den Bundestag einbrachte, vgl. in: BT Drucksachen, 11/1986. Die darin genannten Maximalbestände entsprachen dem Entwurf von 1985 (beide Dokumente online abrufbar unter: https://dip.bundestag.de).

[65] Vgl. die Formulierung des Berichterstatters im Bundesrat (Staatssekretär Ziegler aus dem Landwirtschaftsministerium Rheinland-Pfalz) am 16. 6. 1989, das Gesetz habe „viele Väter", in: BR Plenumsprotokoll 602, S. 261 (online abrufbar unter: www.bundesrat.de). Im Bestand des Bundeslandwirtschaftsministeriums im Bundesarchiv Koblenz finden sich keine Akten, die Auskunft über die Entstehung des Gesetzes bieten.

[66] Wolffram/Dröge, Strukturgesetzentwurf, S. 16.

VI. Das Scheitern der bundesdeutschen Politik gegen die „Massentierhaltung" 477

Ein Beispiel, wie sich unternehmerisch denkende Landwirte in dieser Situation verhielten, bietet uns der Rindermäster Gerd Sonnleitner, der seinen 30 ha großen Hof (plus zehn ha Pachtland) nahe bei Passau sehr modern führte: Er hatte sich schon in den 1970er Jahren auf die Rindermast spezialisiert, besaß (nach mehreren „Aufstockungen") einen Stall mit 200 Mastplätzen, und baute daneben nur noch Mais und Zuckerrüben an. Alle anderen Produktionsbereiche hatte er aufgegeben. Sonnleitner agierte grundsätzlich nach der Prämisse: „Ich muß mich dem Verdrängungswettbewerb stellen", der im Bereich der „Veredelung" gerade auch von Agrarbetrieben in den anderen EG-Ländern ausgehe, die alle stark auf Expansion setzen würden. Den Preisverfall bei Rindfleisch in den Jahren nach 1984/85 konterte der oberbayerische Bauer entscheidungsfreudig mit einer neuen Spezialisierung: Statt Bullen mästete er nun nur noch Kälber, die er „garantiert rückstandsfrei" für einen der großen bundesdeutschen Produzenten von Baby-Fertignahrung aufzog.[67]

Und damit nicht genug: In den späten 1980er Jahren investierte Sonnleitner viel Geld in den Bau eines neuen, hochmodernen Stalls für Schweine: Dank Computersteuerung, „Spaltenboden" und vollautomatischer Fütterungsanlage konnte er darin nun auch noch jeweils 550 Schweine im „Rein-Raus-Verfahren" bis zur Schlachtreife mästen, ohne neues Personal einzustellen. Gehalten wurden ausschließlich „extreme Fleischtypen"; nach der Schlachtung ging deren Fleisch gezielt an Metzger in der niederbayerischen Region, die Ware im „Hochpreissegment" suchten. Selbstbewusst verstand sich Sonnleitner als ein Vorbild auch für andere Landwirte – und dabei dachte er ausdrücklich auch an die fruchtlosen Debatten über eine gesetzliche Limitierung der Tierhaltung: „Besinnung auf die eigenen Kräfte bringt mehr, als auf die ‚Segnungen' der Politik zu warten."[68]

Alle der oben vorgestellten Modelle für „Bestandsobergrenzen" hätten Sonnleitners Hof als „bäuerlichen" Agrarbetrieb eingestuft. Am Beispiel dieses Unternehmens zeigt sich daher eindringlich, wie grundlegend sich die landwirtschaftliche Praxis in der Bundesrepublik im Laufe der hier genauer untersuchten Jahrzehnte auch außerhalb der vielgeschmähten „Agrarfabriken" verändert hatte. Gerade Landwirte, die wirtschaftlich florierende Betriebe führten, weil sie – wie Gerd Sonnleitner – marktorientiert dachten, arbeiteten vollständig anders als noch in den Jahren um 1960. Die Einbindung der Landwirtschaft in den Lebensmittelmarkt der modernen Konsumgesellschaft hatte diesen Wandel erzwungen.

---

[67] Gerd Sonnleitner, Positionsverbesserung der deutschen Agrarwirtschaft – Was die Marktpartner tun können, in: Offensive Marktbehauptung. Möglichkeiten der deutschen Agrarwirtschaft im EG-Wettbewerb. Vorträge der DLG-Wintertagung an 12. Januar 1989 in Wiesbaden, Frankfurt/Main 1989, S. 30–36, hier: S. 31 f. Bei der Umstellung auf die Haltung von Kälbern wurde die Zahl der Mastplätze auf 300 erhöht. Mit seiner Garantie der „Rückstandsfreiheit" reagierte Sonnleitner auf den Wandel des Kalbfleischmarktes nach dem Hormonskandal von 1980/81. Siehe dazu oben S. 83 ff. Sein Hof lag in der Gemeinde Ruhstorf, weniger als 30 km südlich von Passau.

[68] Ebenda, S. 35.

In den späten 1980er Jahren gab es unter den fachkundigen Zeitgenossen niemanden mehr, der noch ernsthaft hoffte, in Zukunft werde der Anpassungsdruck für die Bauern nachlassen. Lediglich die Wertung dieser Perspektive unterschied sich: Stimmen, die einen weiteren Wandel entschieden bejahten, weil ein Bauernhof nun einmal nicht anderes sei, als „ein Wirtschaftsunternehmen wie jedes andere auch", fanden sich ebenso wie tiefempfundene Klagen, mit diesem Prozess verschwinde endgültig alles, „was der Bauer jahrhundertelang war".[69]

Zwischen diesen beiden Positionen stand die mal mehr, mal weniger resignativ gefärbte Haltung, leider sei in dieser Sache nichts zu machen: Die Agrarpolitik habe alle ihre Möglichkeiten ausgeschöpft und doch nur wenig bewirkt. Exemplarisch ließe sich hier etwa der Direktor der Landwirtschaftskammer Münster zitieren. In einer öffentlichen Diskussion über die Zukunftsaussichten der bundesdeutschen Agrarproduzenten sagte er im Februar 1987 klipp und klar: „Jeder, der sich zu einem anderen Beruf hingezogen fühlt, sollte diesen Weg gehen. Die Misere der Landwirtschaft sei so groß und ein Ende nicht abzusehen, daß man nur empfehlen könne, andere Einkommensalternativen wahrzunehmen."[70]

Der traditionelle familiär geführte Bauernhof mit seinem Nebeneinander verschiedener kleiner Viehherden und einer ebenfalls klein dimensionierten Feldwirtschaft galt daher allgemein als ein Relikt der Vergangenheit. Um 1960 hatte er noch das Bild der bundesdeutschen Landwirtschaft bestimmt. In den späten 1980er Jahren aber besaß er nach den Worten von Gerd Sonnleitner nur noch in einem Segment der bundesdeutschen Lebenswelt sichere Zukunftsaussichten: in „Kindermalbüchern, Altersstufe 5 Jahre".[71]

---

[69] In der Reihenfolge der Zitate: Hans-Wilhelm Windhorst, Chancen und Risiken der deutschen Veredelungswirtschaft, in: DGS 40 (1988), S. 1383–1387, hier: S. 1386; Dora Flinner (MdB und Landwirtin in baden-württembergischen Boxberg) in der Fraktionssitzung der „Grünen" am 19. 4. 1988 in: Die Grünen im Bundestag. Sitzungsprotokolle und Anlagen 1987–1990. Bearb. v. Wolfgang Hölscher/Paul Kraatz, Düsseldorf 2015, S. 1192.

[70] Kritische Auseinandersetzung mit anstehenden Problemen, in: DGS 39 (1987), S. 423–428, hier: S. 427.

[71] Sonnleitner, Positionsverbesserung, S. 31.

Schlussbetrachtung

Blickt man resümierend auf die wichtigsten Ergebnisse der hier vorgelegten Untersuchung zurück, dann ergab sich die Entstehung der so stark umstrittenen modernen, enorm leistungsstarken Landwirtschaft im Bereich der Tiermast aus drei vorgelagerten Wandlungen, die gemeinsam den Fleischmarkt so grundlegend veränderten, dass die Agrarproduzenten vor ganz neuen Anforderungen ihrer Handelspartner standen.

Erstens nahm der Pro-Kopf-Verbrauch von Fleisch seit 1960 massiv zu. Damit verband sich auch eine weitgehende „Demokratisierung" des Fleischkonsums: Fast alle Einkommensgruppen lagen bei der Menge des verzehrten Fleisches zunehmend dicht beieinander. Fleisch und Wurst gehörten damit nicht mehr zu den Waren des „gehobenen Konsums", die in der Lebensführung sozial schlechter gestellter Haushalte nur eine geringe Rolle spielten. An dieser ganz neuartigen Situation änderte sich durch den in der Geschichtswissenschaft viel beredten wirtschaftlichen „Strukturbruch" in den 1970er Jahren nichts.

Erst im nachfolgenden Jahrzehnt zeigten sich auf dem Markt neue Tendenzen. Zum einen stagnierte der Pro-Kopf-Verbrauch auf hohem Niveau: Offensichtlich gab es auch beim Verbrauch dieses besonders hochwertigen Lebensmittels so etwas wie einen Sättigungsgrad. Zum anderen deutete sich an, dass die traditionell starke Verbindung zwischen Fleischkonsum und sozialer Stellung nun spiegelbildlich verändert zurückkehre: Anders als bei Geringverdienern ging die Stagnation bei den höheren Einkommensgruppen seit Mitte der 1980er Jahre in sinkende Verbrauchszahlen über. Allerdings handelte es sich dabei nur um die ersten, noch recht unscheinbaren Anzeichen einer neuen sozialen Distinktion im Konsum von Fleisch.

Unabhängig davon verband sich die Mengenkonjunktur mit starken Wandlungen in den Ansprüchen der Konsumentinnen und Konsumenten an das Produkt „Fleisch". Schon in den 1950er Jahren fürchteten sie sich zunehmend vor Fett, das sie zuvor als Energieträger sehr geschätzt hatten: Fleisch sollte nun vor allem mager sein. Diese Präferenz verstärkte sich in den nachfolgenden Dekaden sogar noch. Gleichzeitig konzentrierte sich der Fleischkonsum immer stärker auf einige wenige Partien der tierischen Körper, die als besonders attraktiv galten. Andere Abschnitte waren zunehmend schwer verkäuflich oder auch gar nicht mehr absetzbar. Dieser in mehrfacher Hinsicht sehr selektive Konsum von Fleisch bei wachsendem Verbrauch prägte die gesamte Produktions- und Verarbeitungskette des Produktes, die von den Landwirten bis zu den Einzelhändlern reichte.

Da die Landwirte rasch das magere Fleisch lieferten, das die Verbraucher schätzten, konnte sich das neue Konsummuster des intensiven Fleischverzehrs – trotz anhaltend deutlicher Unterschiede bei den verzehrten Mengen zwischen Frauen und Männern – zügig dauerhaft etablieren. So bewiesen die Bundesbürger bereits in den hier untersuchten Jahrzehnten eine erstaunliche Resilienz gegenüber Mahnungen, sie müssten sich weniger üppig ernähren und dafür auch ihren Fleischverbrauch einschränken. Allenfalls begrenzte, kurzfristige Wirkungen zeigten auch die diversen Skandale um Fleisch, das Spuren von Antibiotika oder von Hormonen aufwies, die im Verdacht standen, die menschliche Gesundheit zu gefährden. Sogar die häufig auftretenden Qualitätsmängel bei Schweinefleisch, die zu massenhaft enttäuschten Genusserwartungen geführt haben müssen, bewogen die große Mehrheit der Bundesbürger nicht, weniger Fleisch dieser Art zu kaufen und zu verzehren. Der Markt, den die Landwirte bedienten, blieb enorm groß.

Zweitens wandelte sich der Einzelhandel mit Fleisch. Dieser Prozess begann in den späten 1950er Jahren mit der Entstehung der ersten Supermärkte, die auch Frischfleisch verkauften. Für ihr Geschäft erwies sich das Produkt „Fleisch" als überaus wichtig. Die hohe Verzehrfrequenz in den Haushalten bedingte bei dieser rasch verderblichen Ware eine hohe Einkaufsfrequenz. Zudem gehörte Fleisch zu den hochpreisigen Lebensmitteln, die starke Umsätze generierten. Da es typischerweise als zentrales Element einer konkret geplanten Mahlzeit gekauft wurde, förderte sein Verkauf darüber hinaus den Absatz anderer Produkte. Schließlich und endlich zählten die wichtigsten Fleischabschnitte zu den wenigen Waren, deren Preis einkaufende Hausfrauen auch ohne Erinnerungsstütze kannten. Sonderangebote für Fleisch erwiesen sich daher als ein probates Mittel, um neue Kunden zu werben und zu binden.

Die Entwicklung des gesamten Fleischmarktes seit den späten 1950er Jahren ist ohne diese neue Form des Fleischverkaufs nicht zu verstehen. Da die Kundinnen und Kunden rasch und sehr positiv auf den Fleischverkauf in den Supermärkten – und zumal auf Sonderangebote – reagierten, entstand auf der Ebene des Einzelhandels mit Fleisch erstmals ein echter Preiswettbewerb. Damit gerieten die vielen Kleinbetriebe der Metzger/Schlachter, die den Verkauf von Fleisch an die Endverbraucher bislang fast vollständig beherrscht hatten, wirtschaftlich auf ganz neue Art unter Druck. Die Bundesbürger förderten diese Veränderung kontinuierlich, weil sie ihre Lebensmittel mit wachsendem Wohlstand paradoxerweise immer preisbewusster einkauften. Der Trend zur Massenmotorisierung, mit der die alltägliche räumliche Mobilität auch durchschnittlich verdienender Familien stark zunahm, förderte dieses selektive Konsumverhalten. In den hier untersuchten Jahrzehnten verlagerte sich der Fleischverkauf daher unaufhaltsam in die Supermärkte; die Branche der mittelständischen Metzger/Schlachter schrumpfte trotz heftiger Gegenwehr stark. Zwar verlief dieser Prozess in Süddeutschland deutlich langsamer als im Westen und Norden des Landes. Mehr als eine zeitliche Verzögerung ergab sich daraus aber nicht.

Wegen dieser Abkehr der Endverbraucher von den traditionsreichen Fachgeschäften hatte der Konzentrationsprozess, der die Entwicklung des Lebensmittel-Einzelhandels in der Bundesrepublik seit den 1960er Jahren prägte (und auch noch heute prägt), für das Produkt „Fleisch" zentrale Bedeutung. Durch betriebliche Zusammenschlüsse von Supermarkt-Ketten entstand eine starke „Nachfragemacht" des Einzelhandels, die es auf den Märkten für Lebensmittel bislang nicht gegeben hatte. Da die Politik kaum bremsend eingriff, konzentrierte sich diese Macht zudem in recht kurzer Zeit in immer weniger Händen. Gab es in den 1960er Jahren in der Bundesrepublik noch mehrere Dutzend der neuen Großbesteller von

Fleisch und Fleischwaren, so schrumpfte deren Zahl in den beiden folgenden Dekaden immer weiter. In den späten 1980er Jahren lieferten die westdeutschen Schlachthöfe bereits rund zwei Drittel ihrer gesamten Produktion an nur noch zehn Handelskonzerne, die in ihrem Wettbewerb um Kunden alle sehr stark gerade auch auf Sonderangebote von Frischfleisch setzten.

Wie die Untersuchung zeigen konnte, mussten diese Einzelhandelsketten ihre „Nachfragemacht" zwingend möglichst unnachgiebig nutzen, um ökonomisch erfolgreich zu arbeiten. Wegen des scharfen Konkurrenzkampfes, die Gunst der Konsumenten durch niedrige Preise zu erringen, entstanden ihre Gewinne nicht im Verkauf, sondern im Einkauf der abzusetzenden Waren. Entsprechend rücksichtslos setzten sie ihre Zulieferer unter Druck. Da der Fleischeinkauf kaum feste Vertragspartnerschaften kannte und täglich neu erfolgte, herrschte gerade in diesem Segment des Lebensmittelmarktes ein besonders starker Preisdruck.

Interessanterweise starteten allerdings gerade die großen Supermarktketten bereits in den 1970er und 1980er Jahre mehrere Versuche, das von ihnen selbst geschaffene Diktat, Fleisch müsse möglichst billig sein, wieder zu brechen. Im Interesse besserer Gewinnmargen begannen sie, Fleisch als einen hochwertigen Markenartikel anzubieten, dessen höherer Preis mit Qualitätsgarantien für eine bessere Haltung und eine schonendere Schlachtung der Tiere gerechtfertigt wurde. Diese mit großen Hoffnungen gestarteten Bemühungen scheiterten jedoch an der Gleichgültigkeit der Verbraucher: Markenfleisch, das im vertikalen Verbund von Landwirten, Schlachthöfen und Einzelhandel nach genau definierten Standards produziert wurde, blieb ein Nischenprodukt, weil die Kunden der anonym gehandelten Standardware treu blieben. Damit änderte sich auch nichts an der Marktstruktur, dass der bundesdeutsche Einzelhandel etwa 60 bis 70 Prozent seines gesamten Umsatzes mit Fleisch mit Sonderangeboten machte, deren Preise teilweise noch nicht einmal die Kosten des Händlers deckten.

Drittens erodierte seit 1960 die dominante Stellung der kommunalen Schlachthöfe und der mit ihnen verbundenen Viehmärkte bei der Vermarktung und Schlachtung ausgemästeter Nutztiere. Die bislang zentralen Instanzen des Fleischmarktes in der Bundesrepublik verloren damit trotz heftiger unternehmerischer Gegenwehr der öffentlichen Unternehmen innerhalb von nur zwei Jahrzehnten ihre Funktion. Verdrängt wurden sie durch neuartige genossenschaftliche oder auch private „Versandschlachthöfe", die ihre Standorte direkt in den landwirtschaftlichen Produktionsgebieten wählten. Sie bezogen die Schlachttiere direkt bei den Landwirten, arbeiteten gewinnorientiert und organisierten sich innerbetrieblich daher vollständig anders als die strukturell ineffizient arbeitenden Kommunalunternehmen, die nur ihre eigenen Kosten erwirtschaften mussten. „Versandschlachthöfe" setzten stark auf eine möglichst weitgehende Automatisierung und Beschleunigung des Schlachtens, arbeiteten an jedem Werktag (teilweise sogar in zwei Schichten), und vermarkteten dank der von ihnen intensiv genutzten modernen Kühltechnik ausschließlich ausgeschlachtete und halbierte oder auch geviertelte Tierkörper bzw. (zunächst zusätzlich, dann immer mehr dominierend) große

Mengen von gleichartigen Fleischabschnitten, die bereits gebrauchsfertig verpackt waren.

Die vollständig andere Arbeitsorganisation im System dieser „Totvermarktung" von Fleisch führte zu massiv steigenden Schlachtzahlen und zu sinkenden Stückkosten beim Schlachten. Wie die Darstellung belegen konnte, stand der unaufhaltsame Aufschwung der „Versandschlachthöfe" direkt in Zusammenhang mit dem eben skizzierten Wandel im Einzelhandel mit Fleisch. Es waren von Anfang an die stark an möglichst niedrigen Einkaufspreisen und an großen Mengen interessierten Supermarkt-Ketten, die ihren Fleischbedarf durch Bestellungen bei den neuen Schlachtbetrieben deckten. Hinzu kamen als weitere Abnehmer fleischverarbeitende Betriebe, die Wurstwaren für die Einzelhandels-Ketten herstellten und im Interesse möglichst effizienter Betriebsabläufe auf eigene Schlachtungen verzichteten. Die so eingeleitete Ko-Evolution auf den Ebenen der Schlachtbetriebe und des Einzelhandels setzte sich seit den frühen 1960er Jahren kontinuierlich fort. Parallel verlaufende Konzentrationsprozesse waren Teil dieser gemeinsamen Entwicklung.

Exemplarisch deutlich wurde dies in der zweiten Hälfte der 1980er Jahre, als eine Kette von Fusionen und Übernahmen im Lebensmittel-Einzelhandel mit nur leichter zeitlicher Verzögerung erhebliche Umstrukturierungen auch in der Schlachthof-Branche nach sich zog. Die Untersuchung belegt hierbei, dass die Supermarkt-Ketten ihre geringe Rentabilität trotz sehr hoher Umsätze durch beständigen starken Preisdruck an die Schlachthofbetriebe weiterreichten. Gewinne entstanden in diesem mittleren Segment des Fleischmarktes in den 1980er Jahren kaum noch im Kerngeschäft (dem Verkauf von Muskelfleisch für den menschlichen Konsum), sondern – wenn überhaupt – eher durch die geschickte Nutzung der Schlachtabfälle für eine Vielzahl völlig anderer gewerblicher Zwecke. Gerade die größten Schlachtbetriebe waren daher ökonomisch leicht verwundbar.

Auch für die Landwirte, die Nutztiere für den Fleischkonsum mästeten, hatte das System der „Totvermarktung" gravierende Folgen: Die neue Marktordnung konfrontierte die Bauern sehr viel direkter und eindringlicher mit den Ansprüchen, die Konsumentinnen und Konsumenten an die Ware „Fleisch" stellten, als dies bislang der Fall gewesen war. Da es nun keine Viehhöfe mehr gab, auf denen lebendes Mastvieh gehandelt wurde, erhielt der Mäster sein Geld nicht mehr für das lebende Tier, dessen Erscheinungsbild nur grobe Informationen darüber lieferte, wie viel Muskelfleisch und wie viel Fett das einzelne Tier bot. Abgerechnet wurde nun vielmehr erst nach der Schlachtung, wenn das Schwein oder Rind bereits „ausgeschlachtet" und halbiert bzw. geviertelt „am Haken" hing. Die von den Schlachthöfen gezahlten Preise reflektierten daher nun sehr viel genauer die Vorlieben der Verbraucher. Neuartige elektronische Messgeräte, die in den 1980er Jahren entwickelt und rasch auch in der Bundesrepublik eingesetzt wurden, trieben diese Entwicklung noch weiter voran, halfen sie doch, den Marktwert jedes einzelnen geschlachteten Tieres noch genauer zu bestimmen. Zwangsläufig waren die Landwirte den Risiken einer nicht marktkonformen Produktion damit sehr viel stärker ausgesetzt als zuvor.

Der Kontext dieser Wandlungen auf den anderen Ebenen des Fleischmarktes erklärt die veränderten Praktiken der landwirtschaftlichen Tierzucht und Tierhaltung im Untersuchungszeitraum. Da der Agrarsektor gleichzeitig den größten Teil seiner Arbeitskräfte an die anderen Wirtschaftsbereiche verlor, in denen höhere Löhne und bessere Arbeitsbedingungen lockten, wurden Veränderungen an der landwirtschaftlichen Praxis vollends unerlässlich. Der neue Umgang mit den Tieren ermöglichte bislang undenkbare betriebliche Expansionen und stark vermehrte Umsätze, diente zugleich aber immer auch dazu, die landwirtschaftliche Produktion an die Vorgaben der Schlachthöfe, Händler und Konsumenten anzupassen. Wie die Untersuchung zeigen konnte, hatte diese doppelte Herausforderung in den drei wichtigsten Segmenten der agrarischen Produktion für den Fleischmarkt, bei Hühnern, Schweinen und Rindern, signifikant unterschiedliche Konsequenzen. Die bislang vorliegenden Arbeiten über die neuere Agrargeschichte haben diese Differenzen kaum adäquat erfasst.

So erwähnen sie etwa die moderne Hühnermast in der Regel als ein Modell, das die Formen und Probleme der intensiven Tierhaltung ganz generell frühzeitig paradigmatisch vorweggenommen habe. Diese Sicht unterschätzt m. E. jedoch, wie sehr die neuartige Hühnermast als ein Sonderfall in der Entwicklung der Landwirtschaft im 20. Jahrhundert gelten muss. Wie der entsprechende Abschnitt der Monographie zeigt, besaß die Hühnermast in der deutschen Landwirtschaft keine nennenswerte Tradition. Daher fehlte – ganz anders als bei Schweinen und Rindern – auch ein etabliertes Vermarktungs- und Vertriebssystem für das Produkt „Hühnerfleisch"; ja es gab noch nicht einmal einheitliche Regeln für eine amtliche Fleischbeschau bei geschlachteten Hühnern, die beim Großvieh bereits seit den 1880er Jahren existierten.

Wenn auf dieser Tabula rasa dennoch seit Mitte der 1950er Jahre innerhalb weniger Jahre auch in Westdeutschland eine hochproduktive Hühnermast entstand, so verdankte sich dies umfassender Importe: Die US-amerikanische Agrarindustrie, die seit den 1930er Jahren viel Geld in entsprechende Forschungen und Experimente investiert hatte, lieferte (gegen Lizenzgebühren) sowohl neuartige Hybrid-Zuchtlinien von „Einzweck"-Hühnern, die in ihrer sehr kurzen Lebenszeit keine Eier legen, sondern nur Fleisch ansetzen sollten, wie auch ein ausgefeiltes technologisches Wissen für deren Vermehrung, Haltung, Fütterung und Verarbeitung.

Es entstand so ein ganz neues Segment der landwirtschaftlichen „Veredelung", das von Anfang an nach eigenen Regeln funktionierte. Vor allem war die Hühnerfleisch-Branche schon in ihren Anfängen stark vertikal integriert: Basis-Zuchtstationen, Vermehrungsbetriebe, Brütereien, Mastbetriebe und auch die neu aufgebauten speziellen Schlachthöfe nur für Fleischhühner hingen – teils durch direkte unternehmerische Verbindungen, teils durch finanzielle Abhängigkeiten und vertragliche Bindungen – eng miteinander zusammen. Zwar lag die Mast vorwiegend in den Händen selbständiger Landwirte. Sie produzierten jedoch mehrheitlich im System der sogenannten „Vertragsmast", d. h. für einen von vornherein bekannten Abnehmer, der bei der Festsetzung der von ihm am Ende der Mastperiode gezahlten Preise für die schlachtreifen Hühner logischerweise recht frei war.

Bemerkenswert ist auch die überaus geringe Zahl der Landwirte, die sich im großen Stil mit der marktorientierten Hühnermast beschäftigten. In der ganzen Bundesrepublik existierten in den 1970er Jahren lediglich 1.500 solcher Betriebe; in den späten 1980er Jahren war ihre Zahl auf rund 1.000 geschrumpft. Diese winzig kleine Gruppe von Bauern produzierte mehr als 90 Prozent der rund 230 Millionen Fleischhühner, die seinerzeit jährlich in der Bundesrepublik bis zur Schlachtreife gemästet wurden. Wegen dieser enorm starken Konzentration der Bestände in nur wenigen Betrieben und wegen der dominanten Rolle der „Vertragsmast" galt die Broiler-Branche in der Bundesrepublik spätestens seit den 1970er Jahren allen Parteien und auch vielen landwirtschaftlichen Interessenvertretern als das Ergebnis einer beklagenswerten agrarpolitischen Fehlentwicklung, die sich in den anderen Bereichen der tierischen „Veredelung" nicht wiederholen dürfe.

Als ein agrargeschichtlicher Sonderfall kann die Hühnermast auch deshalb gelten, weil das hochmoderne Produktionssystem, das dafür nach 1950 aufgebaut wurde, seine Ware den Konsumentinnen und Konsumenten überhaupt erst einmal schmackhaft machen musste, denn bislang hatten die Deutschen nur sehr wenig Hühnerfleisch gegessen. Bei der Bewältigung dieser Aufgabe erwies sich die neu entstehende Branche in der Bundesrepublik nur als bedingt erfolgreich. Nach anfänglich raschen Zuwächsen stagnierte der Pro-Kopf-Verbrauch schon seit den 1970er Jahren auf international recht mäßigem Niveau. Der Markt litt daher beständig unter der Gefahr der Überproduktion; die Gewinnmargen blieben klein. Zwar bemühten sich gerade die größten Produzenten in den 1980er Jahren, das „Brathähnchen" von seinem Image als Billigprodukt zu befreien, das sie selbst in den vorangegangenen Dekaden geschaffen hatten. Der versuchte Kurswechsel hin zu einer Produktion besserer Qualitäten – auch in Hinsicht auf die Haltung und Fütterung der Tiere – gelang jedoch nicht: Ähnlich wie bei den oben erwähnten Markenfleisch-Programmen der Supermarktketten zeigten sich die Kunden auch bei diesen preislich teureren Angeboten nur mäßig interessiert.

Bei den Schweinen musste eine Modernisierung der landwirtschaftlichen Praxis schon deshalb ganz anders verlaufen als bei der Hühnermast, weil diese Form der agrarischen „Veredelung" in Deutschland eine lange Tradition besaß und auch in den 1950er Jahren noch zum Alltag fast aller Bauern gehörte. Das Produkt, das sie erzeugten, war bestens eingeführt. So erklärt es sich, dass die westdeutschen Landwirte bereits in den ersten Jahren des beginnenden Wirtschaftsaufschwungs auf den Wunsch der Verbraucher nach magerem Schweinefleisch reagierten: Neue Zuchtlinien, die ältere, fettreiche Schweinetypen verdrängten, machten diese Umorientierung möglich. Der nachfolgende Boom beim Absatz von Schweinefleisch, der bis in die 1970er Jahre hinein anhielt, wäre ohne diese frühe Anpassung wohl nicht möglich gewesen.

Die weitere Modernisierung der Schweinehaltung verlief dennoch widersprüchlich. Die bereits erwähnten Qualitätsmängel beim Fleisch der gerade erst erfolgreich eingeführten neuartigen „Magerschweine" erzwangen erneute Züchtungsarbeiten. Mit intensiver öffentlicher Förderung entstanden so auch bei den

Schweinen nun erstmals Hybridzuchtlinien, die – wie bei den modernen Fleischhühnern – von den Bauern nicht mehr selbst vermehrt werden konnten. Die dauerhafte Abhängigkeit von Zulieferern, die so entstand, scheuten jedoch viele der schweinehaltenden Landwirte in der Bundesrepublik: Die neuen „Rassen" setzten sich daher nur recht mühsam durch.

Sogar noch zögerlicher verabschiedeten sich die Bauern von den traditionellen Haltungsformen. Konsequent moderne Stallanlagen konnten sie sich wegen der hohen Baukosten meist nicht leisten. Betriebliche „Aufstockungen", mit denen ein Landwirt an der Mengenkonjunktur auf dem Markt für Schweinefleisch partizipieren wollte, entstanden in der Regel durch Improvisationen und Kompromisse. Zudem konnte der neue, strikt auf Effizienz setzende Umgang mit den Tieren in der Praxis keineswegs per se als ökonomisch vorteilhaft gelten. So brachte etwa der Verzicht auf eine „Einstreu" aus Stroh im Stall oft viele Probleme mit sich, die das Mastresultat – und damit auch die Einnahmen des Bauern – deutlich schmälerten. Selbst in den späten 1980er Jahren befand sich die bundesdeutsche Landwirtschaft in der Gesamtschau daher bei der Schweinehaltung noch mitten in einem langsam verlaufenden Anpassungsprozess.

Die Weichen für die Zukunft waren jedoch längst eindeutig gestellt. Die immer noch recht große Gruppe der Bauern, die für den Schweinefleischmarkt produzierten, zerfiel zu diesem Zeitpunkt bereits eindeutig in zwei sehr ungleich besetzte Kohorten: Einer kleinen Minderheit von knapp 30.000 Betrieben, die zusammen rund 70 Prozent all der Mastschweine besaßen, die in der Bundesrepublik gehalten wurden, standen etwa 280.000 Bauernhöfe gegenüber, die zwar ebenfalls noch Schweine für den Fleischmarkt aufzogen, aber mehrheitlich doch jeweils über so wenige Stallplätze und so kleine Herden verfügten, dass sie im modernen System der Fleischproduktion kaum noch Entwicklungschancen besaßen.

Da in den Jahren um 1960 noch fast 1,3 Millionen bundesdeutsche Landwirte Schweine gehalten hatten und größere Bestände zu diesem Zeitpunkt kaum existierten, war ein scharfer Auslese- und Konzentrationsprozess zu konstatieren. Wie die Untersuchung zeigen konnte, ergab sich diese Auslese direkt aus den wirtschaftlichen Zwängen, die im Handel mit Frischfleisch und in der Schlachthofbranche herrschten. Der kontinuierliche scharfe Preisdruck, der das neue Marktsystem charakterisierte, führte dazu, dass sich die Landwirte in ihrer Arbeit mit Schweinen keinerlei Fehler oder auch nur Nachlässigkeiten leisten konnten: Perfektion in allen Belangen der Vermehrung, Aufzucht, Behandlung und Fütterung entwickelte sich immer stärker zur Mindestbedingung für ein dauerhaftes ökonomisches Überleben der Höfe, die Schweine hielten.

Durchschnittliche Ergebnisse, die das biologische Leistungspotential der Tiere nicht fast vollständig realisierten, hielten einen Betrieb hingegen nur in den Phasen über Wasser, in denen vergleichsweise wenige schlachtreife Schweine auf den Markt gebracht wurden. Da die Schweineproduktion zyklisch schwankte und da es im Untersuchungszeitraum deshalb immer wieder auch Zeiten gab, in denen ein deutliches Überangebot herrschte, brauchte es enormes Geschick im Umgang mit den Tieren und hohen Einsatz sowohl des Bauern wie auch seiner Familienangehörigen, um den Fortbestand eines Hofs zu sichern. Die übergroße Mehrheit der bundesdeutschen Schweinemäster aber zählte zu den nur durchschnittlich bzw. sogar nur gering produktiven Landwirte. Dass viele von ihnen selbst einfache betriebswirtschaftliche Regeln missachteten (etwa bei der Kostenkontrolle durch eine genaue Buchführung), ändert nichts an dem enormen Druck, den das neue Marktsystem auf die Bauern ausübte.

Die Untersuchung konnte so auch die bekannte und in der Literatur zur Geschichte der modernen Landwirtschaft oft angeführte Regel relativieren, ein Bauernhof müsse entweder „wachsen oder weichen". Betriebliches Wachstum muss vielmehr als eine zwar notwendige, allein aber doch noch keineswegs hinreichende Voraussetzung für den wirtschaftlichen Erfolg eines Bauern gelten: Wichtiger war und blieb die möglichst perfekte Beherrschung der Produktionstechniken. Sie gelang bei der Schweinemast auch Landwirten, die keinen Riesenstall besaßen. Der betriebliche Selektionsprozess, der die Zahl der schweinehaltenden Höfe in der Bundesrepublik im Untersuchungszeitraum massiv schrumpfen ließ, verlief daher komplizierter, als es die eben zitierte Handlungsanweisung suggeriert. In der Gesamtschau herrschte dennoch eindeutig ein Trend zu größeren Produktionseinheiten und möglichst effizienten Arbeitsmethoden: Der Zwang, die Stückkostendegression zu nutzen, um den Preisdruck der Abnehmer abzufangen, ließ den Landwirten kaum eine andere Wahl, als auf die „Aufstockung" und auf die Einsparung von Arbeit zu setzen. Um eine Maximierung der Profite ging es dabei hingegen nur in den wenigsten Fällen.

Die Modernisierung der Rindermast schließlich verlief in den hier untersuchten Jahrzehnten zumindest insofern auf eigene Art, als Rindfleisch in der Praxis der westdeutschen Bauern ein Nebenprodukt der Milchwirtschaft blieb: Eine betriebliche und ökonomische Trennung der Fleischerzeugung von der Haltung von Milchkühen fand – anders als etwa in den USA – in der Bundesrepublik nicht statt. Dennoch gelangen auch in diesem Segment der agrarischen „Veredelung" massive Produktivitätssteigerungen; wie in der Schweinemast verband sich dieser Aufschwung auch in der Rinderhaltung mit einer scharfen Auslese unter den Produzenten und mit einer deutlichen Konzentration der Bestände auf eine kleine Minderheit unter den noch aktiven Betrieben. So sank die Zahl der Höfe, auf denen Rinder gehalten wurden, von 1,24 Millionen im Jahr 1960 auf rund 380.000 in der zweiten Hälfte der 1980er Jahre. Lediglich drei Prozent davon (11.400 Höfe in absoluten Zahlen) hielten zu diesem Zeitpunkt bereits rund sechzig Prozent aller Rinder. Die betrieblichen Strukturen entwickelten sich mithin kaum anders als bei den schweinehaltenden Betrieben.

Wie die Darstellung zeigen konnte, belegt die Parallelität dieser Veränderungen, wie wirkungslos die enorm kostspieligen Bemühungen der Europäischen Gemeinschaft blieben, das ökonomische Überleben möglichst vieler Landwirte durch dirigistische „Marktordnungen" zu sichern. Anders als bei Hühner- und Schweinefleisch, die beide innerhalb der Gemeinschaft auf weitgehend freien Märkten gehandelt wurden, setzte die EG bei Rindfleisch nämlich seit 1973 das gesamte Instrumentarium ein, das ihr zur Verfügung stand, um frei gebildete Preise zu verhindern: Staatliche Käufe, Einlagerungen und hochsubventionierte Exporte in „Drittländer" sollten die Rindfleischpreise stützen, die durch Überproduktion ins Rutschen geraten waren. Diese Maßnahmen verursachten Milliardenkosten und störten den internationalen Handel, konnten den meisten der rinderhaltenden Bauern aber dennoch nicht helfen. Die in der neueren Literatur zu findende Wertung, die Gemeinsame Agrarpolitik der Europäischen Gemeinschaft könne als eine erfolgreiche, speziell auf die Bauern und ihre Familien bezogene Form der Sozialpolitik gelten, ist damit widerlegt.

Generell zeigt die hier vorgelegte Untersuchung eindringlich, wie wenig Versuche bewirkten, den Wandel des Fleischmarktes, der in den Jahren um 1960 begann, durch politische Interventionen zu stoppen oder doch wenigstens zu bremsen. So vollzog sich der Aufschwung der Versandschlachthöfe und der „Totvermarktung" trotz der „Ausgleichsabgabe", die den Transport geschlachteter und zerlegter Tiere in die Städte verteuerte, und trotz der Millionen an Steuergeldern, mit denen gerade die großen Kommunen in den 1960er und 1970er Jahren ihre städtischen Schlacht- und Viehhöfe modernisierten. Ähnliches galt auf der Ebene der Agrarproduktion. So konnte die steuerliche Diskriminierung der „gewerblichen" gegenüber der „landwirtschaftlichen" Tierhaltung den Trend zu kopfstärkeren Beständen ebenso wenig stoppen wie die speziellen Umweltschutzauflagen, die den Bau und Betrieb von Großställen erschweren sollten. Gleichfalls weitgehend wirkungslos blieben Beschlüsse, solche Anlagen von den öffentlichen Fördergeldern auszuschließen, die Landwirte ansonsten erhielten. Das Scheitern direkter Marktinterventionen wurde am Beispiel des Rindfleischmarktes ja bereits erwähnt.

Dieser umfassende Misserfolg aller strukturkonservativen Absichten erklärt sich m. E. dadurch, dass die Politik bei dem Versuch, ihre Ziele zu erreichen, jeweils viel zu kurz griff: Sie ignorierte, wie stark die verschiedenen Segmente des Produktions- und Vermarktungssystems für Fleisch miteinander in Verbindung standen. So konnten die Versandschlachthöfe mit ihren speziellen Produktionsmethoden ungleich besser auf die neuen Anforderungen des Einzelhandels antworten als die ineffizient arbeitenden städtischen Schlachtbetriebe. Gegenüber diesen Wettbewerbsvorteilen fiel die „Ausgleichsabgabe" kaum ins Gewicht. Mit der Entstehung der neuen Verarbeitungsbetriebe, die ganz auf kontinuierliche Anlieferungen schlachtreifer Tiere und auf deren „Qualitätsbezahlung" setzten, aber standen auch die Bauern ungleich stärker als zuvor unter dem Druck, möglichst marktkonform zu produzieren. Unter diesen Gegebenheiten musste eine Agrarpolitik, die sich nur mit den Bauern beschäftigte, notwendigerweise scheitern.

Wegen dieser engen systemischen Abhängigkeit der agrarischen „Veredelung" von den anderen Segmenten des Fleischmarktes kann man m. E. auch nicht von einer „Eigendynamik" bei der Entstehung der modernen landwirtschaftlichen Produktionsmethoden sprechen, wie Frank Uekötter sie in seiner Studie über die Wandlungen in der landwirtschaftlichen Bodenbearbeitung und bei den dafür benutzten Apparaturen diagnostiziert hat. Wie schon in der Einleitung zitiert wurde, schreibt Uekötter in diesem Zusammenhang, die hoch intensive Form der Agrarproduktion habe sich im Wesentlichen wegen dieser Automatismen bei technischen Verbesserungen zu einem „monströsen System" entwickelt, obwohl „eigentlich niemand" eine so radikale Abkehr von den traditionellen Formen der Bewirtschaftung gewollt habe.[1]

Für den Fleischmarkt und das Produktionssystem, das ihn belieferte, erscheint mir ein ähnliches Fazit als verfehlt, denn in diesem Fall lassen sich sehr wohl Akteure identifizieren, die zwar nicht die Methoden, wohl aber die Ergebnisse der neuen Strukturen und Verfahren so stark schätzten, dass deren dynamische Weiterentwicklung gesichert war. Ohne den enormen Fleischhunger der Konsumenten, ohne ihre sehr speziellen Anforderungen, wie das Fleisch zu sein habe, das sie täglich kauften, ohne ihre Neigung, dabei stets sehr genau auf den Preis zu schauen, den sie zahlten, und ohne ihre Bequemlichkeit, die dafür sorgte, dass sie beim Einkauf stets die großen Supermärkte gegenüber den kleinen Metzgereien bevorzugten, hätte sich der Fleischmarkt fraglos nicht auf die Art und Weise verändert, wie er das in den hier untersuchten Jahrzehnten ab 1960 tat: Auf diesem Markt herrschten die Konsumenten. Sie setzten und hielten ihn in Bewegung – und sie bekamen, was sie wollten.

Wie stark dieses Fazit gilt, beweis das recht klägliche Schicksal der diversen Versuche, auch Frischfleisch in einen Markenartikel zu verwandeln, der seinen höheren Preis durch Qualitätsgarantien der Produzenten rechtfertigte. Wie die Untersuchung gezeigt hat, gab es solche Bemühungen ja gleich mehrfach. Das System der Massenproduktion von Fleisch, in dem es vor allem um die niedrigsten Preise ging, entwickelte aus sich selbst heraus Alternativen, die für das Schicksal der Tiere im Stall und auch in den Schlachthöfen zumindest einige positive Veränderungen mit sich brachten. Dies geschah nicht um der Tiere willen, sondern im Interesse höherer Gewinnraten, da sich mit hochpreisigen Artikeln mehr Geld verdienen ließ als mit Billigprodukten. Die Konsumentinnen und Konsumenten aber zeigten nur geringes Interesse an den neuen Angeboten, mit denen – bei durchschlagendem Erfolg – so etwas wie eine Kehrtwende in den Produktionsmethoden der Fleischerzeugung und -verarbeitung hätte beginnen können. Trotz ihrer enorm starken Position im Gefüge des Fleischmarktes erwies sich die Macht der großen Handelsketten damit als letztlich doch sehr begrenzt.

Zwar ist die Macht der Verbraucher wegen ihrer Vereinzelung gerade auf Lebensmittelmärkten, an denen fast alle Haushalte partizipieren, notorisch diffus und schwer zu fassen. Sie entsteht nur, wenn sich Millionen von individuellen Entscheidungen kontinuierlich zu einem dominanten Muster addieren. Bei Fleisch aber gab es ein solch stabiles Muster: Gleich auf doppelte Weise, sowohl durch ihre Passivität gegenüber Alternativangeboten sowie auch durch ihre nicht nachlassende Nutzung der Standardprodukte, stützten die Konsumenten das neu etablierte Produktionssystem, obwohl Informationen über dessen problematische Seiten

---

[1] Frank Uekötter, Die Wahrheit ist auf dem Feld. Eine Wissenschaftsgeschichte der deutschen Landwirtschaft, Göttingen 2010, S. 346 f.

und Konsequenzen spätestens seit Beginn der 1970er Jahre breit zur Verfügung standen. Es gibt daher keinen Grund, die Verbraucherinnen und Verbraucher von Fleisch aus ihrer Mitverantwortung für die Veränderungen zu entlassen, die sich in den Praktiken der Fleischerzeugung und -verarbeitung in den Jahren zwischen 1950 und 1990 vollzogen.

Die Fleischwirtschaft und das System der landwirtschaftlichen Tierhaltung, die sich in der Bundesrepublik in den hier untersuchten Jahrzehnten entwickelten, entstanden nicht aus sich selbst heraus, sondern nur durch Reaktion auf Wandlungen in anderen wirtschaftlichen und gesellschaftlichen Segmenten. Zwar blickten Politik, Medien und auch Teile der Bevölkerung mit zunehmender Distanz oder auch Empörung auf die Art und Weise, wie das Lebensmittel Fleisch produziert wurde. Zumal die Landwirte standen im Fokus dieser Kritik. Gerade sie aber besaßen ganz geringe Handlungsmöglichkeiten: Wollten sie ökonomisch überleben, mussten sie das möglichst effizient und billig produzierte Fleisch liefern, das die Bürgerinnen und Bürger der Republik verlangten.

Danksagung

Das hier vorliegende Buch präsentiert Ergebnisse eines dreijährigen Forschungsprojektes, das dank der finanziellen Förderung der Deutschen Forschungsgemeinschaft (DFG) am Historischen Seminar der Leibniz-Universität Hannover durchgeführt wurde. Mein Dank gilt der DFG, die mehrere Unterbrechungen der Bearbeitung akzeptierte, sowie Cornelia Rauh, die sowohl die Antragstellung wie auch die Arbeit am Projekt mit zahlreichen Ratschlägen und kollegialer Hilfe unterstützt und begleitet hat. Weitere Danksagungen schulde ich den Gutachtern der DFG sowie den Mitgliedern des Wissenschaftlichen Beirats am Institut für Zeitgeschichte in München, die das Manuskript geprüft und für seine Publikation durch das Institut plädiert haben.

Hilfreiche Kommentare zu ersten Entwürfen des Textes erhielt ich von Linde Apel, Elizabeth Harvey, Kim Christian Priemel, Cornelia Rauh und Klaus Weinhauer. Auch ihnen gilt mein Dank. Die Diskussionen, die ich sowohl mit Mitgliedern des Lehrkörpers wie auch mit Studierenden nach Vorträgen zum Thema dieser Arbeit an den Universitäten Bielefeld, Hamburg, Hannover und Frankfurt am Main sowie auf einer Tagung des LWL-Instituts für Westfälische Zeitgeschichte Münster führen durfte, halfen bei der Prüfung zentraler Thesen und Interpretationen. Wie stets liegt die Verantwortung für Lücken, Irrtümer und Fehlurteile dennoch ganz bei mir.

Ohne die intensive Nutzung der Bestände verschiedener wissenschaftlicher Bibliotheken hätte die vorliegende Arbeit nicht entstehen können. Besonders nützlich waren dabei Zeitschriften und Bücher aus der Zentralbibliothek der Wirtschaftswissenschaften – Leibniz-Informationszentrum Wirtschaft Kiel/Hamburg, der Staats- und Universitätsbibliothek Hamburg und der Bibliothek der Humboldt-Universität Berlin. Wenn diese Arbeit neue Erkenntnisse über die Vergangenheit bietet, so dokumentiert sie damit den Wert eines Bibliothekswesens, das auch thematisch sehr spezielle Drucksachen dauerhaft aufbewahrt und sichert.

Abkürzungsverzeichnis

AF	Agri-Forum
AfS	Archiv für Sozialgeschichte
AW	Agrarwirtschaft
BArch Kbz	Bundesarchiv Koblenz
BBSH	Bauernblatt für Schleswig-Holstein
BHZP	Bundeshybridzuchtprogramm
BKA	Bundeskanzleramt
BLJ	Bayerisches Landwirtschaftliches Jahrbuch
BLW	Berichte über Landwirtschaft
BMI	Bundesministerium des Inneren
BML	Bundesministerium für Ernährung, Landwirtschaft und Forsten
BT	Berliner Tageblatt
CAP	Common Agricultural Policy (der EG)
CG	Centralgenossenschaft Vieh und Fleisch
CMA	Centrale Marketing-Gesellschaft der deutschen Agragwirtschaft
DBK	Deutsche Bauern-Korrespondenz
DBV	Deutscher Bauern-Verband
DG	Deutsche Geflügelwirtschaft
DGS	Deutsche Geflügelwirtschaft und Schweineproduktion
DLG	Deutsche Landwirtschaftsgesellschaft
DSVZ	Deutsche Schlacht- und Viehhof-Zeitung
DSZ	Deutsche Schlachthof-Zeitung
EG	Europäische Gemeinschaft
EWG	Europäische Wirtschaftsgemeinschaft
FAZ	Frankfurter Allgemeine Zeitung
FW	Fleischwirtschaft
GEG	Großeinkaufs-Gesellschaft Deutscher Konsumgenossenschaften
GK	Geflügel-Kontor
HAB	Hamburger Abendblatt
HB	Handelsblatt
HuW	Hauswirtschaft und Wissenschaft
IK	Industriekurier
KF	Kraftfutter
LMP	Lebensmittel-Praxis
LWE	Landwirtschaftsblatt Weser-Ems
LWK	Landwirtschaftskammer
LZ	Lebensmittel-Zeitung
MA	Markenartikel
MDLG	Mitteilungen der Deutschen Landwirtschafts-Gesellschaft
MinDir	Ministerialdirigent
ML	Ministerium für Ernährung, Landwirtschaft und Forsten
NFZ	Norddeutsche Fleischzentrale

NSZ	Norddeutsche Schlachter-Zeitung
NWZ	Nordwest-Zeitung
RR	Raiffeisen-Rundschau
SB	Selbstbedienung
StatJB BRD	Statistisches Jahrbuch der Bundesrepublik Deutschland
SVZ	Schlacht- und Viehhof-Zeitung
SZ	Süddeutsche Zeitung
TZ	Der Tierzüchter
VfZ	Vierteljahrshefte für Zeitgeschichte
VR	Verpackungs-Rundschau
VSWG	Vierteljahrschrift für Sozial- und Wirtschaftsgeschichte
WuS	Wirtschaft und Statistik
ZGG	Zeitschrift für das gesamte Genossenschaftswesen

Quellen- und Literaturverzeichnis

Archive

Bundesarchiv Koblenz (BArch Kbz)

B 106 (Bundesministerium des Inneren)
B 116 (Bundesministerium für Ernährung, Landwirtschaft und Forsten)
B 136 (Bundeskanzleramt)
B 142 (Bundesministerium für Gesundheitswesen)
B 152 (Bundesanstalt für landwirtschaftliche Marktordnung)
B 295 (Bundesministerium für Umwelt und Naturschutz)
N 1392 (Nachlass Josef Ertl)

Niedersächsisches Landesarchiv Hannover (NLA HA)

Nds. 120 Hannover (Regierungspräsident Hannover)
Nds. 600 (Niedersächsisches Ministerium für Ernährung, Landwirtschaft und Forsten)

Niedersächsisches Landesarchiv Oldenburg (NLA OL)

Best. 266 (Landwirtschaftskammer Weser-Ems)

Landesarchiv Schleswig-Holstein Schleswig (LA SH)

Abt. 605 (Ministerpräsident und Staatskanzlei)
Abt. 691 (Wirtschaftsministerium)

Zeitschriften (systematisch ausgewertete Jahrgänge)

Agri-Forum
Agrarwirtschaft 1959–1990
Bauernblatt für Schleswig-Holstein 1975–1990
Bayerisches Landwirtschaftliches Jahrbuch 1960–1990
Berichte über Landwirtschaft 1960–1990
Deutsche Bauern-Korrespondenz 1959–1990
Deutsche Geflügelwirtschaft 1960–1972
Deutsche Geflügelwirtschaft und Schweineproduktion 1973–1990
Deutsche Schlacht- und Viehhof-Zeitung 1954–1959
Deutsche Schlachthof-Zeitung 1922–1933
Dynamik im Handel 1982–1983
Die Fleischerei 1965–1975
Fleischwirtschaft 1960–1990
Food + Non-Food 1975–1985
Hauswirtschaft und Wissenschaft 1960–1990
Jahrbuch der Absatz- und Verbrauchsforschung 1975–1990
Kraftfutter 1955–1990

Land, Agrarwirtschaft und Gesellschaft 1984-1990
Landwirtschaftsblatt Weser-Ems 1985-1989
Lebensmittel-Praxis 1960-1975
Lebensmittel-Zeitung 1975, 1980, 1985-1990
Markenartikel
Mitteilungen der Deutschen Landwirtschafts-Gesellschaft 1960-1990
Nielsen Beobachter 1967-1989
Norddeutsche Schlachter-Zeitung 1959-1969
Norddeutsche Fleischer-Zeitung 1970-1973
Raiffeisen-Rundschau 1960-1975
Selbstbedienung 1960-1970
Schlacht- und Viehhof-Zeitung 1960
Der Tierzüchter 1958-1962
top agrar 1972-1990
Verpackungs-Rundschau 1960-1985
Zeitschrift für das gesamte Genossenschaftswesen 1965-1970

Tageszeitungen (einzelne Ausgaben)

Berliner Tageblatt
Frankfurter Allgemeine Zeitung
Hamburger Abendblatt
Handelsblatt
Nordwest-Zeitung
Süddeutsche Zeitung

Zeitgenössische Literatur

Alvensleben, Reimar von: Die Chancen der Junggeflügelmast in Nordrhein-Westfalen, in: Die künftige Wettbewerbssituation von Erzeugung und Vermarktung aus der Landwirtschaft Nordrhein-Westfalens. Niederschriften von Arbeitstagungen des Landesausschusses [für landwirtschaftliche Forschung, Erziehung und Beratung], Düsseldorf 1969, S. 35-51.
Alvensleben, Reimar von: Standorte der Junghühnermast in der EWG. Bestimmungsgründe und Auswirkungen des interregionalen Wettbewerbs, Stuttgart 1970.
Andrae, Bernd: Westdeutsche Bauernbetriebe im Spannungsfeld zwischen Erstrebtem und Erreichtem, in: Ders./Cay Langbehn (Hrsg.), Zukunftsfragen der westdeutschen Landwirtschaft. Zum 80. Geburtstag von Georg Blohm, Hamburg und Berlin 1976, S. 31-47.
Arndt, Helmut: Leistungswettbewerb und ruinöse Konkurrenz in ihrem Einfluss auf Wohlfahrt und Beschäftigung. Von der Gleichgewichts- zur Prozessanalyse, Berlin 1986.
Ausgewählte Probleme der Agrarwirtschaft. 4. Bericht des Ministerausschusses für Landwirtschaft und Ernährung des Europäischen Wirtschaftsrates (OEEC). Bd. 1. Deutsche Übersetzung, Bonn 1961.
Backhaus, Wolfgang: Die Schlachtvieh- und Fleischversorgung der Stadt Düsseldorf. Ein Beitrag zur deutschen Ernährungswirtschaft, Bonn 1937.
Balling, Richard: Marketing-Konzept für einen Markenartikel Rindfleisch. Marktlehre der Agrar- und Ernährungswirtschaft, Frankfurt/Main 1989.
Baum, Joachim G.: Hauswirtschaft und Hausfrau. Ergebnisse und Erläuterungen einer Befragung, Köln 1968.
Bechmann, Armin (unter Mitarbeit v. Evelyn Gerstedt): Landbau-Wende. Gesunde Landwirtschaft – gesunde Ernährung. Vorschläge für eine neue Agrarpolitik, Frankfurt/Main 1987.
Behrens, Hans/Beinke, Ernst Gustav: Landwirtschaft und Tierzucht, in: Walter Hofmeister (Hrsg.), Der Landkreis Oldenburg (Oldb). Geschichte – Kultur – Landschaft – Wirtschaft, Oldenburg 1968, S. 108-123.

Bellen, Alexander van der: Öffentliche Unternehmen zwischen Markt und Staat, Köln 1977.
Berekoven, Ludwig: Die Gewinne in Industrie und Einzelhandel, in: Jahrbuch der Absatz- und Verbrauchsforschung 26 (1980), S. 117–128.
Berg, Hartmut: Thesen des Bundeskartellamtes zur „Nachfragemacht" im Lebensmittelhandel. Eine kritische Analyse, in: Ordo 37 (1986), S. 183–200.
Berndt, Susanne: Neuere Entwicklungstendenzen in der Nahrungsmittelproduktion der Bundesrepublik Deutschland und ihre Auswirkungen auf Landwirtschaft und Konsumenten, Aachen 1987.
Biebel, Erich: Der Deutsche Fleischgroßhandel. Entwicklung und Aufgaben des Bundesverbandes der Großschlächter und Fleischgroßhändler e. V. Hrsg. im Auftrag des Bundesverbandes, Wiesbaden 1986.
Bircher, Regina/Gareis, Rudolf/Götz, Christoph: Ökonomische, gesellschaftspolitische und ethische Aspekte des jüngsten „Hormonskandals" vom August 1988, in: Bayerisches Landwirtschaftliches Jahrbuch 66 (1989), S. 27–45.
Bischoff, Detlef/Nikusch, Karl-Otto (Hrsg.): Privatisierung öffentlicher Aufgaben. Ausweg aus der Finanzkrise des Staates?, Berlin 1977.
Blohm, Georg: Die Neuorientierung der Landwirtschaft. Ihre betriebswirtschaftliche Anpassung an die veränderten ökonomischen Voraussetzungen, Stuttgart 1963.
Bock, H.: Gekühlte Lastwagen, in: Rudolf Plank (Hrsg.), Handbuch der Kältetechnik. Bd. 11: Der gekühlte Raum – der Transport gekühlter Lebensmittel und die Eiserzeugung, Berlin etc. 1962, S. 415–455.
Böckenhoff, Ewald/Heinrich, F.: Long Term Trends of Beef Consumption and Conclusions regarding Beef Production, in: J. C. Bowman/P. Susmel (Hrsg.), The Future of Beef Production in the European Community, The Hague etc. 1979, S. 101–130.
Böckenhoff, Ewald: Marktstruktur und Preisbildung bei Schlachtvieh und Fleisch in der Bundesrepublik Deutschland. Als Manuskript vervielfältigt, Bonn 1966.
Bönig, Wolfgang (Hrsg.): Alternativen zur EG-Preispolitik. Tagung [der Evangelischen Akademie Loccum] vom 8.–10. Februar 1980, Loccum 1980.
Boyens, Christian: Die Kosten der Schlachtschweinevermarktung in der Bundesrepublik Deutschland, Bonn 1970.
Breitenacher, Michael/Täger, Uwe Christian: Ernährungsindustrie. Strukturwandlungen in Produktion und Absatz, Berlin und München 1990.
Brinkmann, Heide: PSE-Fleisch. Problem, Meinungen, Lösungsvorschläge, Hamburg und Berlin 1986.
Bruckhaus, Max/Hagen, Karlheinz: Verkaufen um jeden Preis. Das Diskontprinzip in Theorie und Praxis, Frankfurt/Main 1969.
Brüggemann, Hans: Viehhaltung im Bauernbetrieb, Frankfurt/Main 1954.
Busch, Wilhelm: Das Gefüge der westfälischen Landwirtschaft, Münster 1939.
Büttner, Julius: Die Hausschlachtung auf dem Lande, Berlin und Frankfurt/Main 1948.
Centrale Marketing-Gesellschaft der deutschen Agrarwirtschaft, Jahresbericht 1976, Bonn o. J., S. 13, dies., Jahresbericht 1980, Bonn o. J.
Chancen in der Tierproduktion? Wettbewerbsfähigkeit – Produktionsentwicklung – Vermarktungswege, Frankfurt/Main 1984.
Claus, Volker: Qualitätsferkel. Erzeugung, Vermarkung und Förderungsmaßnahmen, Hamburg 1966.
Cordes, Bernd: Vertragslandwirtschaft in der deutschen und niederländischen Legehennenhaltung, Hamburg 1978.
Cube, Hans Ludwig von: Die Kältetechnik heute und ihre Zukunftsaussichten, in: Firmenhandbuch der Kältetechnik. Warenkatalog der Kälte- und Zubehör-Industrie, 9. Aufl., Karlsruhe 1960, Textteil, S. 13–32.
Das Haus an der Feldhege. Blätter aus der Chronik einer Familie und ihres Werkes, überreicht von der Schweisfurth GmbH, Fleischwaren- und Konservenfabrik, 3. ergänzte Aufl., Herten 1957.
Denis, Alfred: Untersuchungen zu fleischhygienischen Vorschriften aus der Sicht der Schlachttechnik und der amtlichen Untersuchungstätigkeit, veterinärmed. Diss. Universität Gießen 1979.

Deutsches Tiefkühlinstitut, Ertragsquelle Tiefkühlkost. Ungekürzte Ausgabe, Köln 1971.
Dichtl, Erwin: Die Problematik staatlicher Eingriffe in den Preiswettbewerb im Handel, in: Ehrendoktorwürde der wirtschaftswissenschaftlichen Fakultät [der Universität Münster] für Leonhard Glaske und Robert Nieschlag, Münster 1985, S. 66–77.
Die Agrarmärkte 1962 in der Bundesrepublik und im Ausland. Vieh und Fleisch. Hrsg. v. der Zentralen Markt- und Preisberichtstelle der Deutschen Landwirtschaft, o. O. o. J.
Die Agrarmärkte 1963 in der Bundesrepublik und im Ausland. Vieh und Fleisch. Hrsg. v. der Zentralen Markt- und Preisberichtsstelle der Deutschen Landwirtschaft, o. O. o. J.
Die Deutschen und ihre Ernährung – Urteile und Vorurteile. Eine repräsentative Erhebung des Iglo-Forums, Hamburg 1989.
Die Grundtatsachen zur Gemeinsamen Marktordnung für Rindfleisch, Brüssel 1964.
Die Konzentration im Lebensmittelhandel. Sondergutachten der Monopolkommission gemäß § 24 b Abs. 5 Satz 4 GWB, Baden-Baden 1985.
Die ländliche Welt in der Wertung durch unsere Zeit. Achter Landpädagogischer Kongress in Oldenburg/Old., 8. bis 12. Juni 1965, Frankfurt/Main 1965.
Dijk, G. van: Price Formation and Margin Behaviour of Meat in the Netherlands and the Federal Republic of Germany, Wageningen 1978.
Dobert, Heinz: Betriebsvereinfachung in der Landwirtschaft. Schlagwort oder Notwendigkeit?, Wiesbaden 1963.
Dorenkamp, Hubert: Der Einfluss von Betriebsleiterfähigkeit und -neigung auf Betriebsergebnisse und Betriebsorganisation. Versuche einer Quantifizierung, Bonn 1968.
Drechsler, Hans-Dieter: Die Vermarktung von Schlachtvieh und ihre Bedeutung für Schleswig-Holstein, Hamburg und Berlin, Hamburg und Berlin 1966.
Drews, Manfred: Wirtschaftlichkeitsvergleich der Lebend- und Fleischvermarktung von Rindern und Schweinen, agrarwiss. Diss. Universität Kiel 1959.
Dritte Verbandsversammlung des Reichsverbandes der Deutschen Großschlächter am 18. April 1925 in Dresden, o. O. 1925.
Eberhard, Hans: Zweck und Wesen der Fleischbeschau, Stuttgart 1903.
Eggeling, Friedrich Karl von: Vom Jagen in Deutschland. Über Wild und Jagd in der Industriegesellschaft, Hamburg und Berlin 1988.
Egger, Martin: Dörfliche Industriearbeiter und ihr Einfluss auf die Sozialstruktur des Dorfes, in: Mensch und Arbeit 10 (1958), S. 52–54.
Ehrlinger, Erich: Die Konzentration im Einzelhandel, ihre Ursachen und Auswirkungen, wirtschafts- u. sozialwiss. Diss., Universität Erlangen-Nürnberg 1962.
Eilers, Emil: Oldenburg als Erzeugerland für Schlachtvieh, rechts- und staatswiss. Diss. Universität Bonn 1940.
Eimler, Wolf-Michael/Kleinschmidt, Nina: Der Fleisch-Report, Hamburg 1990.
Eisenmann, Hans: Zukunftsperspektiven der Landwirtschaft in Bayern, in: Ernst Schmacke (Hrsg.): Bayern auf dem Weg in das Jahr 2000. Prognosen, Düsseldorf 1971, S. 118–136.
Eli, Max: Die Nachfragekonzentration im Nahrungsmittelhandel. Ausmaß, Organisation und Auswirkungen, Berlin und München 1968.
Engel, Ernst: Die moderne Vieh- und Fleischvermarktung und ihre Auswirkungen auf die genossenschaftliche Viehverwertung, in: Verhandlungsbericht der Mitgliedertagung des Deutschen Raiffeisenverbandes am 15. und 16. Juni 1961 in Neustadt a.d.W., Bonn 1961, S. 91–105.
Erhard, Ludwig: Wohlstand für Alle. Bearb. v. Wolfram Lange, Düsseldorf 1957.
Ernährungsbericht 1976. Hrsg. v. der Deutschen Gesellschaft für Ernährung, Frankfurt/Main 1976.
Esselmann, Wilhelm: Standorte der Fleischwarenindustrie. Am Beispiel Nordrhein-Westfalens, Stuttgart 1971.
Esskultur '82. Verhalten, Einstellungen und Trends in bundesdeutschen Haushalten beim Kochen, Essen und Trinken, Hamburg 1982.
Farmers Marketing Organisations, Paris 1961 (O.E.E.C. Documentation Food & Agriculture, 1961 Series, No. 34).
Fast Food in Europe. Quick Service Catering in West Germany, United Kingdom, France, Italy, Spain, Netherlands and Belgium, London 1990.

Fewson, Dietrich: Rentable Veredelungswirtschaft – tierzüchterische Möglichkeiten, in: Rentabilitätssteigerung bei der tierischen Veredelung. Vorträge auf der DLG-Herbsttagung Köln 1967, Frankfurt/Main 1967, S. 41–72.
Fietkau, Hans-Joachim u. a.: Umweltinformation in der Landwirtschaft, Frankfurt/Main 1982.
Filip, Jana/Wöhlken, Egon (unter Mitarbeit v. Christel Trautmann): Nachfrage nach Lebensmitteln in privaten Haushalten. Eine Auswertung der Einkommens- und Verbrauchsstichprobe 1978, Bd. 1, Münster-Hiltrup 1984.
Fischer, Claus: Die Betriebe der Futtermittelhersteller im Weser-Ems-Gebiet. Eine wirtschaftsgeographische Strukturanalyse, wirtschaftswiss. Diss. Universität Göttingen 1978.
Fischer, Heinrich: Das hessische Dorfgemeinschaftshaus. Ein Weg zur Schaffung sozialer Einrichtungen in Landgemeinden, Frankfurt/Main 1954.
Fischer, Wolfgang: Die genossenschaftliche Vieh- und Fleischwirtschaft in den 80er Jahren, Kiel 1980.
Fitzen, Hildegard: Möglichkeiten der Markenbildung bei landwirtschaftlichen Frischeprodukten, agrarwiss. Diss. Universität Bonn 1975.
Fleischenquete 1912/1913. Verhandlungen der Gesamtkommission und Zusammenstellung der Sachverständigen-Gutachten, Berlin 1913.
Fleischwirtschaft in Zahlen 1985. Bundesrepublik Deutschland und EG-Mitgliedsstaaten. Hrsg. v. Bundesministerium für Ernährung, Landwirtschaft und Forsten, Bonn 1985.
Fleischwirtschaft in Zahlen 1988. Bundesrepublik Deutschland und EG-Mitgliedsstaaten. Hrsg. v. Bundesministerium für Ernährung, Landwirtschaft und Forsten, Bonn 1988.
Fleischwirtschaft in Zahlen 1992. Bundesrepublik Deutschland und EG-Mitgliedsstaaten. Hrsg. v. Bundesministerium für Ernährung, Landwirtschaft und Forsten, Bonn 1992.
Folkerts, Martin (Hrsg.): Das Schlachthof-Viertel Hamburg Sternschanze, Hamburg 1977.
Francke, Horst: Neuzeitliche Tierzucht. Zucht, Haltung und Fütterung landwirtschaftlicher Nutztiere, Frankfurt/Main 1965.
Freiberg, Ernst: Die Grüne Hürde Europas. Deutsche Agrarpolitik und EWG, Köln und Opladen 1965.
Freybe, Carl u. a.: Die Technik in der Fleischwirtschaft, 2. vollst. umgearb. u. erw. Aufl., Hannover 1966.
Fünfundsiebzig [75] Jahre Arbeit und Fortschritt in der Fleisch- und Wurstwarentechnik: Mittelhäuser & Walter 1883–1958, Hamburg 1958.
Fünfundzwanzig [25] Jahre Nordfleisch AG 1960–1985. Jubiläumsveranstaltung anlässlich des 25jährigen Bestehens der Nordfleisch AG am 19. November 1985 in Kiel, Kiel 1985.
Futterqualität – Erfolgsfaktor bei der tierischen Veredelung. Vorträge auf der DLG-Herbsttagung Heilbronn 1968, Frankfurt/Main 1968.
Gabriel, Margarete: Einkochen und Einlagern ohne Verluste. Das praktische Nachschlagewerk der Siedlerfrau für die gesamte Vorratswirtschaft, Hamburg 1951.
Ganzow, Helga: Schnelle kluge Küche, Hamburg 1978.
Garmann, Nobert: Organisationssysteme genossenschaftlicher Viehverwertung. Entwicklung, Aufbau und Wirksamkeit, o. O. 1957.
Geerlings, Regina: Die Genese einer ländlichen Genossenschaft von einer „traditionellen" zu einer „integrierten" Unternehmung (Die Entwicklung der Raiffeisenbank e.G. Alsfeld), Gießen 1982.
GEG: Bericht über das Geschäftsjahr 1969, Hamburg o. J.
GEG: Bericht über das Geschäftsjahr 1970, Hamburg o. J.
GEG: Bericht über das Geschäftsjahr 1971, Hamburg o. J.
Geiersbach, Paul: Bruder, muß zusammen Zwiebel und Wasser essen. Eine türkische Familie in Deutschland, Berlin und Bonn 1982.
Geprägs, Ernst: Mehr Einfluss am Markt für die Landwirtschaft, in: Verhandlungsbericht der Mitgliedertagung des Deutschen Raiffeisenverbandes vom 1. bis 3. Juni 1970 in Kiel, Bonn 1970, S. 136–145.
Gerlich, Heinrich: Die Preisbildung und Preisentwicklung für Vieh und Fleisch am Berliner Markt (für Schweine), Leipzig 1911.
Geschäftsbericht 1975 Bundesverband der Deutschen Fleischwarenindustrie, Bonn o. J.
Geschäftsbericht 1989 Bundesverband der Deutschen Fleischwarenindustrie, Bonn o. J.

Geschäftsbericht Norddeutscher Genossenschaftsverband Schleswig-Holstein und Hamburg (Raiffeisen – Schulze-Delitzsch) 1989, Kiel und Hamburg 1990.
Geschäftsbericht Westfleisch 1986, Münster o. J.
Geschäftsbericht Westfleisch 1987, Münster o. J.
Geschäftsbericht Westfleisch 1988, Münster o. J.
Geschäftsbericht Westfleisch 1989, Münster o. J.
Gesellschaft für Marktforschung: Einkaufen in Hamburg. Ergebnisse einer Erhebung in ganz Hamburg und einer Sonderbefragung in den Bezirken Harburg, Wandsbek und Hamburg-Nord, 4 Bde., Hamburg 1971/72.
Gesunde Landwirtschaft – morgen. Bauernkongress der CDU am 4. und 5. März 1965 in Oldenburg, Bonn 1965.
Glock, Helmut: Die westdeutsche Agrarwirtschaft in der Europäischen Wirtschaftsgemeinschaft. Grundlagen und ausgewählte Probleme, staatswiss. Diss. Universität Mainz 1962.
Gravert, H.-O.: Leistungsentwicklung in der tierischen Produktion, in: Günther Weinschenck (Hrsg.), Die künftige Entwicklung der Europäischen Landwirtschaft. Prognosen und Denkmodelle, München 1973, S. 23–36.
Gröner, Helmut (Hrsg.): Wettbewerb, Konzentration und Nachfragemacht im Lebensmittelhandel, Berlin 1989.
Große Frie, Claudia: Absatz- und Verwertungsmöglichkeiten für Schlachtnebenprodukte und Schlachtabfälle in der Bundesrepublik Deutschland, wirtschaftswiss. Diss. Universität Bonn 1984.
Grube, Joachim: Gemeinschaftseinrichtungen in ländlichen Gemeinden. Untersucht am Beispiel hessischer und niedersächsischer Gemeinschaftshäuser, Braunschweig 1972.
Grüttner, Felix: Geschichte der Fleischversorgung in Deutschland. Ein Überblick über die geschichtlichen Grundlagen unserer heutigen Versorgung mit Fleisch, Braunschweig 1938.
Guckenberger, Gerhard: Entwicklungstendenzen in der Vermarktung von Schlachtvieh und Fleisch und ihre Auswirkungen auf die kommunalen Schlacht- und Viehhöfe, agrarwiss. Diss. TU München 1972.
Gundelach, Finn: The Kennedy Round of Trade Negotiations: Results and Lessons, in: Frans A. M. Alting von Geusau (Hrsg.), Economic Relations after the Kennedy Round, Leyden 1969, S. 146–198.
Hahlbrock, Dietrich: Neue Tendenzen in der Vermarktung von Vieh und Fleisch, in: Vorträge der Wintertagung [der DLG], Frankfurt/Main 1963, S. 40–54.
Hahn, Christian Diederich: Die Grüne Großmacht. Das Ärgernis mit den Bauern, Stuttgart 1962.
Hahn, Peter L.: Die Problematik der Umwandlung des kommunalen Schlachthofes in andere Rechts- und Organisationsformen, wirtschaftswiss. Diss. Universität Hohenheim 1977.
Halle, Jürgen: Diktatur des Rindviehs. Möglichkeiten und Grenzen der Neuorganisation landwirtschaftlicher Betriebe, insbesondere auch nach der Flurbereinigung, Hünfeld 1958.
Hammerschmidt, Jost: Die unabhängige Wirtschaftsberatung in Deutschland. Stand und Ausbaumöglichkeiten unter Berücksichtigung ausländischer Erfahrungen, Erlangen 1964.
Harrison, Ruth: Tiermaschinen. Die neuen landwirtschaftlichen Fabrikbetriebe, München 1965.
Hasselmann, Winfried: Zur Einführung, in: Ernst Andreas Friedrich, Kornlingen. Ein Modell moderner Landwirtschaft, Hildesheim 1968, S. 7–14.
Hausburg, O.: Der Vieh- und Fleischhandel von Berlin. Reform-Vorschläge mit Bezugnahme auf die neuen städtischen Central-Viehmarkt- und Schlachthofanlagen, Berlin 1879.
Hausmann, Friedrich-Bernhard: Sind die Genossenschaften noch Selbsthilfeeinrichtungen der Landwirtschaft?, in: Ordo 23 (1971), S. 220–221.
Heckhausen, Wilhelm: Der Strukturwandel im Fleischergewerbe, staatswiss. Diss. Universität Halle 1933.
Heger, Dietrich/Meier, Gerd: Die Rewe-Gruppe. Auftrag der Gegenwart. Neu bearb.u.erw., Köln 1979.
Heinritz, Hans: Der Wettbewerb verschiedener Verkehrsmittel (Pferdefuhrwerk, Kraftwagen und Eisenbahn) mit Beispielen auf der Milch-, Fleisch- und Mehlversorgung Jenas, staatswiss. Diss. Universität Jena 1933.
Heiss, Hugo (Bearb.): Bau, Einrichtung und Betrieb öffentlicher Schlacht- und Viehhöfe. Handbuch der Schlachthofwissenschaft und Schlachthofpraxis, 5. vollst. neu bearb. Aufl., Berlin 1932.

Heiss, Hugo: Schlachthöfe (Rechtliches), in: Josef Brix u. a. (Hrsg.), Handwörterbuch der Kommunalwissenschaften, Bd. 3, Jena 1924, S. 599–606.
Henksmeier, K. H.: Welche Anforderungen stellt ein modernes Einzelhandelsvertriebssystem an die Belieferung mit Frischfleisch und Fleischwaren?, in: R. Platz u. a., Rationalisierung der Vermarktung von Schlachtvieh und Fleisch. Vorträge und zusammengefasste Diskussion der Sitzung des Ausschusses Land- und Ernährungswirtschaft am 14. November 1961, Dortmund 1961, S. 9–14.
Hermann, Karl: Tiefgefrorene Lebensmittel, Berlin und Hamburg 1970.
Hespeler, Bruno: Jäger wohin? Eine kritische Betrachtung deutschen Waidwerks, München 1990.
Heuer, Hans: Die veränderte ökonomische Basis der Städte, in: Jürgen Friedrichs (Hrsg.), Die Städte in den 80er Jahren. Demographische, ökonomische und technologische Entwicklungen, Opladen 1980.
Hoffmann, Jörg: Ansätze zur Lösung der Finanzierungsproblematik der Genossenschaften, wirtschaftswiss. Diss. Universität Hamburg 1973.
Holst, Peter: Die Versorgung westdeutscher Ballungsgebiete mit tierischen Erzeugnissen, Hamburg und Berlin 1967.
Hötzel, Hans-Joachim: Immissionsschutzrechtliche Probleme der Massentierhaltung, in: Agrarrecht 8 (1978), S. 57–62.
Hülsemeyer, Friedrich: Die Erzeugung und Vermarktung von Eiern und Geflügelfleisch in der Bundesrepublik Deutschland. Entwicklungstendenzen und Rationalisierungsmöglichkeiten, Hamburg und Berlin 1966.
Hülsemeyer, Friedrich: Möglichkeiten und Grenzen koordinierten Anbieterverhaltens im Bereich der Geflügelwirtschaft der Bundesrepublik Deutschland, in: Günther Weinschenck (Hrsg.), Die künftige Entwicklung der europäischen Landwirtschaft. Prognose und Denkmodell, München etc. 1973, S. 273–278.
Huter, Otto/Landerer, Christoph: Die Berliner Eigenbetriebe als Instrument kommunaler Politik, Berlin 1984.
Iglo-Forum-Studie '91: Genussvoll Essen – bewusst Ernähren. Gemeinsamkeiten und Unterschiede am neuen deutschen Tisch. Berichts- und Tabellenband, Hamburg 1991.
Ihle, H. A.: Möglichkeiten und Grenzen eines übersichtlichen Fleischangebots, in: Rentabilitätssteigerung bei der tierischen Veredelung. Vorträge auf der DLG-Herbsttagung Köln 1967. Schlachttiere im Wettbewerb. DLG-Ausschlachtungsschau Köln 1967, Frankfurt/Main 1967, S. 117–120.
Im Dienste der Landwirtschaft. Aus der Arbeit der Landwirtschaftskammer Rheinland 1965–1966. Bd. 1: Bericht der Zentrale, o. O. o. J.
Institut für Selbstbedienung (Hrsg.), Fleischfleisch im SB-Laden, Köln o. J. [1965].
Jäger, Wilhelm: Struktur- und Anpassungsprobleme der Landwirtschaft im Rahmen der allgemeinen wirtschaftlichen Entwicklung, dargestellt an Gebieten des Kern- und Ostmünsterlandes, wirtschaftswiss. Diss. Universität Münster 1959.
Jahn-Schnelle, Hildegard/Wieken, Klaus: Einkaufsgewohnheiten und Ladenöffnungszeiten. Bericht über eine Untersuchung im Auftrag der Arbeitsgemeinschaft der Verbraucherverbände, Gießen 1970.
Jahresbericht der Schlachthofdeputation Hamburg 1927, o. O. o. J.
Johne, Albert: Der Laien-Fleischbeschauer. Leitfaden für den Unterricht, 2. verb. Aufl., Berlin 1901.
Jördens, Rolf: Die langfristigen Entwicklungsmöglichkeiten des Milch- und Rindfleischangebotes in Frankreich, Hannover 1976.
Jungk, Robert: Die Zukunft hat schon begonnen. Amerikas Allmacht und Ohnmacht, Stuttgart 1952.
Jüttner-Kramny, Lioba: Das Phänomen „Nachfragemacht", in: Wettbewerbsbedingungen zwischen Industrie und Handel. Referate des XV. FIW-Symposiums, Köln etc. 1982, S. 103–117.
Kalis, Hans: Vermarktung von Fleisch – Entwicklung und gegenwärtige Organisationsformen, in: Marktübersicht auf dem Vieh- und Fleischmarkt. Vorträge auf der Arbeitstagung „Markt und Betrieb", 28. April 1967 in Kiel, Frankfurt/Main 1967, S. 23–37.
Kallert, Eduard: Fleisch einschließl. Geflügel und Wild, in: Rudolf Plank (Hrsg.), Handbuch der Kältetechnik. Bd. 10: Die Anwendung der Kälte in der Lebensmittelindustrie, Berlin etc. 1960, S. 127–207.

Kallweit, Erhard u. a.: Qualität tierischer Nahrungsmittel. Fleisch – Eier – Milch, Stuttgart 1988.
Kapfelsperger, Eva/Pollmer, Udo: Iss und stirb. Chemie in unserer Nahrung. Mit Ratschlägen für den Verbraucher, München 1983.
Kariger, Albert: Die Entwicklung der Mischfutterindustrie in Deutschland, Stuttgart 1963.
Kersten, Lutz: Anbieterverhalten und Preisbildung am Geflügelmarkt. Untersuchungen für die Bundesrepublik Deutschland unter Berücksichtigung der Niederlande, Braunschweig 1978.
Kersten, Lutz: Die Strukturen der Geflügelfleischerzeugung in der Bundesrepublik Deutschland, Braunschweig 1975.
Keymer, U.: Arbeitsverfahren im Rinderstall, in: Weniger Arbeit – Gesundes Vieh. Vorträge des 4. Deutschen Landarbeitstages, 15. Mai 1963 in Ingolstadt, Frankfurt/Main 1963 (Arbeiten der DLG Bd. 92), S. 33–58.
Kirschner, Ulrich: Fusionskontrolle im Lebensmitteleinzelhandel. Anmerkungen zum Fall Coop-Wandmaker, in: Wirtschaft und Wettbewerb 37 (1987), S. 789–796.
Kissel, Gerhard: Physische Distribution von Geflügelfleisch aus der Sicht einer Geflügelschlachterei, nahrungs- u. hauswiss. Diss. Universität Gießen 1981.
Klever, Ulrich: Alles, was schlank macht. Das Erfolgsbuch zum Abnehmen und Gesundbleiben, München 1970.
Kloeppel, Rolf: Erfolgsbetriebe III. Sonderdruck, Kiel 1973 (Kartei für Rationalisierung [des Rationalisierungskuratoriums für Landwirtschaft]. Dritte Lieferung, S. 403–478).
Knigge, Wilhelm: Die Bedeutung der genossenschaftlichen Vieh- und Fleischwirtschaft in der Bundesrepublik Deutschland, in: 1. Fachtagung der genossenschaftlichen Vieh- und Fleischwirtschaft, 29. Juni 1976, München, Bonn 1976, S. 7–16.
Koch, Helmut: Remsfeld – Lebensverhältnisse in einem Dorf Nordhessens, in: Onno Poppinga (Hrsg.), Produktion und Lebensverhältnisse auf dem Land, Opladen 1979, S. 215–235.
Köhne, Manfred/Wesche, Rüdiger: Die Besteuerung der Landwirtschaft, Stuttgart 1982.
Köhne, Manfred: Die Zukunft der Landwirtschaft, in: Ernst Schmacke (Hrsg.), Niedersachsen auf dem Weg in das Jahr 2000, Düsseldorf 1971, S. 96–112.
Köhne, Manfred: Voraussichtliche Entwicklung der Produktion auf verschiedenen Standorten, in: Chancen in der Tierproduktion? Wettbewerbsfähigkeit – Produktionsentwicklung – Vermarktungswege, Frankfurt/Main 1984, S. 37–52.
Kolb, Volker: Landwirtschaftliche Erbsitten im Kraftfeld industriegesellschaftlichen Strukturwandels, nahrungs- u. haushaltswiss. Diss. Universität Gießen 1978.
König, Paul: Die Organisation des gemeinschaftlichen Verkaufes im deutschen Lebensmittel-Einzelhandel, dargestellt an der Edeka-Bewegung, Berlin 1932.
Konzentration im Einzelhandel. Hrsg. v. Deutschen Industrie- und Handelstag, Bonn 1983.
Kötter, Herbert: Veränderungen in Wirtschaft und Gesellschaft und ihre Bedeutung für die ländlichen Genossenschaften, in: Verhandlungsbericht Deutscher Raiffeisentag, 24. bis 26. Juni 1964 in München. Hrsg. V. Deutschen Raiffeisenverband, Bonn 1964, S. 24–37.
Krohn, Heinz: Wetterzone Agrarpolitik, Hannover 1965.
Kruschwitz, Eberhard/Scheer, Werner (unter Mitarbeit v. Rainer Baller u. a.): Edeka – 75 Jahre immer in Aktion 1907–1982, Hamburg 1982.
Kunkel, Klaus: Die Deutschen halten uns für blöd... Was Gastarbeiterfamilien wünschen – wie sie leben, wohnen und arbeiten, wie sie einkaufen und wie sie informiert sein wollen. Darstellung und Interpretation einer psychologischen Situationsanalyse, Köln 1975.
Ladel, Thomas: Analyse des Schlachtvieh- und Fleischabsatzes in Baden-Württemberg und Konsequenzen für die Strategie der Fleischerfachgeschäfte, Hamburg und Frankfurt/Main 1991.
Lademann, Rainer: Besonderheiten im Wettbewerb des Handels – Realität oder Ideologie?, Göttingen 1988.
Lademann, Rainer: Machtverteilung zwischen Industrie und Handel. Eine empirische Untersuchung der Marktstrukturen in der Ernährungswirtschaft, Göttingen 1988.
Lademann, Rainer: Marktstrategien und Wettbewerb im Lebensmittelhandel. Wettbewerbsökonomische Analysen von Marktstrukturen, Marktverhalten und Marktergebnissen, Göttingen 2012.
Landwirtschaftskammer Weser-Ems: Tätigkeitsbericht 1985/87, Oldenburg 1987.
Landwirtschaftskammer Weser-Ems: Tätigkeitsbericht 1988/90, Oldenburg 1990.

Langbehn, Wilhelm/Schieffer, Gerhard: Zur Lage und Entwicklung der Fleischwirtschaft in der Freien und Hansestadt Hamburg. Erstellt für die Behörde für Wirtschaft, Verkehr und Landwirtschaft, unter Mitwirkung des Forschungsamtes der Freien und Hansestadt Hamburg, Kiel 1980.
Langholz, Hans-Jürgen: Tierhaltung und Fleischwirtschaft, in: W. Henrichsmeyer u. a. (Hrsg.), Existenzsicherung in der Landwirtschaft, München etc. 1985, S. 90–108.
Le Bihan, J.: Organisation der Erzeugung und des Vertriebs von Fleischhühnern in den EWG-Staaten, Brüssel 1965 (Hausmitteilungen über Landwirtschaft der EWG-Kommission, Generaldirektion Landwirtschaft, Direktion Wirtschaft und Agrarrecht, Abteilung Bilanzen, Studien, Information Nr. 4).
Leiber, Franz: Erzeugergemeinschaften und Organisationsformen der vertikalen Integration in der Schweinefleischproduktion, Hiltrup 1974.
Lerche, Martin: Das Fleischbeschaugesetz, Berlin und Hamburg 1960.
Lerche, Martin: Die deutschen Wursterzeugnisse. Eine Systematik der Wurstarten und Wurstsorten in der Bundesrepublik und in West-Berlin, Frankfurt/Main 1972.
Lerner, Franz: Ein Jahrhundert Frankfurter Fleischversorgung, Frankfurt/Main 1985.
Liebler, Eduard: Fleisch- und Wurstwaren: Kundenmagnet Nr. 1 im Lebensmitteleinzelhandel, Köln 1990.
Liebscher, Wilhelm: Die Wirkstoffe in der Ernährung der landwirtschaftlichen Nutztiere. Ein Vademekum über Vitamine, Mineralstoffe einschließlich Spurenelemente, Antibiotika, Antioxydantien, Kokzidiostatika, 4. rev. u. erw. Aufl., Wien 1963.
Lindacher, Walter F.: Lockvogel- und Sonderangebote. Grenzen selektiver Niedrigpreisstellung, Köln etc. 1979.
Lojewski, Willi: Hoffnung auf Raten – Landarbeiter und Agrarpolitik, in: Dreißig Jahre Agrarpolitik in der Bundesrepublik Deutschland, Hamburg und Berlin 1979 (Berichte über Landwirtschaft Sonderh. Nr. 196), S. 85–92.
Magura, Wilhelm (Bearb.): Chronik der Agrarpolitik und Agrarwirtschaft in der Bundesrepublik Deutschland von 1945 bis 1967, Hamburg 1970.
Manegold, Dirk: Handels- und Bearbeitungsspannen bei Rind- und Schweinefleisch, in: Rupprecht Zapf (Hrsg.), Entwicklungstendenzen in der Produktion und im Absatz tierischer Erzeugnisse, München etc. 1970, S. 305–324.
Marktintegration und agrarpolitisch relevante Tätigkeit der Genossenschaften. Vorträge und Verhandlungen der Europäischen Arbeitstagung des Instituts für Genossenschaftswesen der Westfälischen Wilhelms-Universität Münster vom 6. bis 8. Oktober 1965 in Münster, Hamburg und Berlin 1967.
Matschuk, Hans-Joachim/Vieth, Reinhard: Die Konzentration im Lebensmittelhandel. Entwicklung, Ursachen und Folgen, in: Handelsforschung 4 (1989), S. 135–151.
Matthias, Max: Schlachthöfe (Rechtliches), in: Josef Brix u. a. (Hrsg.), Handwörterbuch der Kommunalwissenschaften, Bd. 3, Jena 1924, S. 606–614.
Mauch, Kurt: Jagd und Jäger in der Bundesrepublik, Hamburg 1971 (dpa-Hintergrund 2134).
Mechler, Heinrich: Der Unternehmer und sein Berater. Ein Erfahrungsbericht aus den USA, Stuttgart 1958.
Meier, Eckart: Tierische Veredelungserzeugnisse im Lebensmittelhandel, Hamburg und Berlin 1973.
Meier, Friedhelm/Tews, Karlheinz: Hamburgs Vieh- und Fleischzentrum (VFZ). Entwicklung und Perspektiven, Hamburg 1986.
Mellerowicz, Konrad: Markenartikel. Die ökonomischen Gesetze ihrer Preisbildung und Preisbindung, München und Berlin 1963.
Menzel, Bernhard: Die Rewe-Gruppe. Auftrag der Gegenwart, 2. überarb. Aufl., Köln 1963.
Menzel, Bernhard: Genossenschaftswesen. Eine Auswahl aktueller Fragen, Stuttgart 1966.
Meyer, Paul W.: Der Wettbewerb im Lebensmittelhandel und die Konsequenzen für Handel, Verbraucher, Lieferanten und Gesellschaft, in: Jahrbuch der Absatz- und Verbrauchsforschung 22 (1976), S. 201–228.
Meyer, Wilhelm: Die Rolle der Genossenschaften auf sich wandelnden Agrarmärkten, in: Michael Besch/Friedrich Kuhlmann/Günter Lorenzl (Hrsg.), Vermarktung und Beratung, Münster-Hiltrup 1983, S. 155–172.

Meyerhöfer, Walter: Struktur und Wettbewerbsverhältnisse im Vieh- und Fleischhandel in Bayern, München 1984.
Meyer-Ibold, Elmar/Bockholt, Ernst: Die Mehrwertsteuer in der Ernährungs- und Landwirtschaft. Einführung in das System, Kommentierung des Gesetzes, Hannover 1967.
Molsen, Käthe: Vom Krämerladen zum Supermarkt. Die Entwicklung eines Familienbetriebes. 75 Jahre Johs. Schmidt 1887–1962, Hamburg 1962.
Müller, Günter: Standortprobleme von landwirtschaftlichen Erzeugnissen und Vermarktungseinrichtungen, in: Verhandlungsbericht der Mitgliedertagung des Deutschen Raiffeisenverbandes am 20. und 21. Juni 1963 in Bonn, Bonn 1963, S. 125–140.
Müller, Stefan/Beeskow, Werner: Einkaufsstättenimage und Einkaufsstättenwahl, in: Jahrbuch der Absatz- und Verbrauchsforschung 28 (1982), S. 400–426.
Müller-Hagedorn, Lothar: Das Konsumentenverhalten. Grundlagen für die Marktforschung, Wiesbaden 1986.
Narman, Halil: Türkische Arbeiter in Münster. Ein Beitrag zum Problem der temporären Akkulturation, Münster 1978.
Neuloh, Otto/Teuteberg, Hans-Jürgen: Ernährungsfehlverhalten im Wohlstand. Ergebnisse einer empirisch-soziologischen Untersuchung in heutigen Familienhaushalten, Paderborn 1979.
Neumaier, Thomas/Zimmermann, Werner (Hrsg.): Bericht über die AID-Tagung „Agrarmärkte im Wettbewerb – eine neue Beratungssituation" vom 25. bis 27. Oktober 1967 in Kassel, Bad Godesberg 1967, S. 106–116.
Neumann, Die Viehmarkt- und Schlachthofanlagen in Hamburg, in: Hygiene und soziale Hygiene in Hamburg. Zur 90. Versammlung der Deutschen Naturforscher und Ärzte in Hamburg im Jahre 1928 hrsg. v. der Gesundheitsbehörde Hamburg, Hamburg 1928, S. 528–531.
Niehaus, Hans: Die Vermarktungswege für Schlachtvieh in der Bundesrepublik Deutschland, agrarwiss. Diss. Universität Gießen 1965.
Nieschlag, Robert: Der Klein- und Mittelbetrieb im Handel. Schicksal und Chancen, Berlin 1976.
Nieschlag, Robert: Die Zukunft des Lebensmittelgroß- und -einzelhandels, in: Die Zukunft der Ernährungswirtschaft. Hrsg. v. d. Getreide-Import-Gesellschaft, Duisburg, zu ihrem 25jährigen Bestehen, Duisburg 1975, S. 57–68.
Ober, Josef/Kiesl, Hans P.: Stallfußböden. Ein Untersuchungs- und Erfahrungsbericht, Hiltrup 1970.
Oetker, Arend: Die Bedeutung der Ernährungsindustrie für die deutsche Landwirtschaft, in: Agrarmärkte und Agrarmarketing. Mit Beiträgen v. Paul Beck u. a. Hrsg. zum 60. Geburtstag v. Helmut Fahrnschon, Hamburg 1983, S. 45–51.
Organisation of the Wholesale Meat Markets in Europe, Paris 1961 (O.E.E.C. Documentation Food & Agriculture, 1961 Series, No. 42).
Ottmann, Paul: Der Wandel der Schlachtviehvermarktung in Nordrhein-Westfalen. Orientierungshilfen zur Verbesserung der Vermarktungsstruktur sowie des Notierungswesens unter besonderer Berücksichtigung der Verhältnisse im Bereich der Landwirtschaftskammer Rheinland, agrarwiss. Diss. Universität Bonn, 1976.
Pacyna, Günther: Edmund Rehwinkel. Ein Porträt, Freudenstadt 1969.
Paulus, K.: Technologie des Abkühlens von Lebensmitteln vor dem Weiterverarbeiten, in: Günter Dinglinger u. a., Kältetechnologie in der Lebensmitteltechnik. Kühlkette – Gefrierkette – Gefriertrocknung. Vorträge eines Seminars, Hamburg 1972, S. 23–36.
Pautsch, Peter/Schier, Volker/Steininger, Siegfried: Betriebs- und mitarbeitergerechte Gestaltung der Arbeits- und Produktionsbedingungen in der Vieh- und Fleischwirtschaft, Bonn 1989.
Pernice, Johann-Anton: Der deutsche Lebensmittelhandel: Leistungsfähiges Absatzinstrument im Dienste des Verbrauchers, in: Agrarmärkte und Agrarmarketing. Mit Beiträge v. Paul Beck u. a. Hrsg. zum 60. Geburtstag von Helmut Fahrnschon, Hamburg 1983, S. 53–62.
Pieritz, Klaus-Detlev: Tiere und Menschen. Vom Gespür des Züchters zur Nutzung wissenschaftlicher Erkenntnisse, in: Unsere Landwirtschaft – eine Zwischenbilanz. Hrsg. v. der Deutschen Landwirtschafts-Gesellschaft, Frankfurt/Main und München 1985, S. 75–107.
Pircher, Franz: Populationsgenetik in der Tierzucht. Eine Einführung in die theoretischen Grundlagen, Hamburg 1964.
Plate, Roderich/Neidlinger, Gustav: Agrarmärkte und Landwirtschaft im Strukturwandel der siebziger Jahre. Analyse und Projektion für die Bundesrepublik Deutschland, Hiltrup 1971.

Plate, Roderich: Agrarmarktpolitik. Bd. 2: Die Agrarmärkte Deutschlands und der EWG, München etc. 1970.
Plate, Roderich: Die westdeutsche Landwirtschaft am Vorabend des Gemeinsamen Europäischen Marktes. Derzeitiger Stand und voraussichtliche Entwicklung des Agrarmarktes, Frankfurt/Main 1959.
Plate, Roderich: Entwicklung der Verbraucherpreise und der Erzeugerpreise wichtiger Lebensmittel in der Bundesrepublik Deutschland seit Anfang der 50er Jahre, Münster 1976.
Plate, Roderich: Prognose der Nachfrage nach Mischfuttermitteln, dargestellt am Beispiel der Bundesrepublik Deutschland. Vortrag, gehalten im Symposium der europäischen Futtermittelindustrie, Basel/Schweiz Oktober 1969, Basel 1970.
Poppinga, Onno: Gebrauchsanleitung zum Agrarbericht, in: ders. (Hrsg.), Produktion und Lebensverhältnisse auf dem Land, Opladen 1979, S. 72–111.
Prändl, Oskar u. a.: Fleisch. Technologie und Hygiene der Gewinnung und Verarbeitung, Stuttgart 1988.
Preiswürdigkeit der Futtermittel. Wissenschaftliche Arbeitstagung am 30. 8. 1961 im Max-Planck-Institut für Tierzucht und Tierernährung Mariensee, Mariensee 1961.
Priebe, Hermann: Der ländliche Raum – eine Zukunftsaufgabe. Die Region „Unterer Bayerischer Wald" als Beispiel, Stuttgart etc. 1973.
Probst, Friedrich-Wilhelm: Tierische Veredelung im Jahre 2000 – Entwicklungstendenzen in Europa, Braunschweig 1982.
Probst, Friedrich-Wilhelm: Vermarktungskosten und -spannen bei Rind- und Schweinefleisch. Trends und Bestimmungsfaktoren, Braunschweig 1976.
Probst, Friedrich-Wilhelm: Vermarktungskosten und Spannen bei Rind- und Schweinefleisch. Trends und Bestimmungsfaktoren, Braunschweig 1976.
Profilierung des Supermarktes. Vorschläge des ISB-Arbeitskreises Struktur der Supermärkte, Köln 1979.
Pufpaff, Klaus (Bearb.): Wirtschaftsraum Ostfriesland, Papenburg, Oldenburg 1968.
Rautenberg, Kord: Konsumverhalten spanischer, italienischer und türkischer Gastarbeiter, in: Jahrbuch der Absatz- und Verbrauchsforschung 28 (1982), S. 289–310.
Rebettge, Bodo: Die Entwicklung und Bedeutung der deutschen Fleischwarenindustrie, rechts- u. staatswiss. Diss. Universität Halle-Wittenberg 1932.
Reichsverband der Deutschen Groß-Schlächter und des Fleischgroßhandels, Jahrbuch 1932, Berlin 1933.
Rentabilitätssteigerung bei der tierischen Veredelung. Vorträge auf der DLG-Herbsttagung Köln 1967. Schlachttiere im Wettbewerb. 6. DLG-Ausschlachtungsschau Köln 1967, Hannover 1967.
Reuter, Edmund: Das Fleischhandwerk, in: Fisch und Fleisch im Blickfeld von Erzeuger und Verbraucher. Vorträge der 4. Arbeitstagung der Marktabteilung der DLG in Hamburg vom 12. bis 14. Mai 1953, Frankfurt/Main 1953, S. 35–37.
Rewe-Zentralorganisation, Bericht über das Geschäftsjahr 1981, Köln o. J.
Rewe-Zentralorganisation, Bericht über das Geschäftsjahr 1984, Köln o. J.
Rhodes, D. N.: Meat Quality and the Consumer, in: J. C. Bowman/P. Samuel (Hrsg.), The Future of Beef Production in the European Community, The Hague etc. 1970, S. 79–89.
Ristić, Milan: Einflüsse der Schlachtmethodik auf die Qualität von Broiler-Schlachtkörpern, agrarwiss. Diss. Universität Hohenheim 1970.
Röper, Burckhardt: Die vertikale Preisbindung bei Markenartikeln: Kritik und Wirklichkeit, in: Wirtschaft und Wettbewerb 21 (1971), S. 847–857.
Roy, Ewell P.: The Broiler Chicken Industry, in: John R. Moore/Richard G. Walsh (Hrsg.), Market Structure of the Agricultural Industries, Ames/Iowa 1966, S. 68–100.
SB in Zahlen. Ausgabe 1977/78, Köln 1979.
SB in Zahlen. Ausgabe 1985, Köln 1985.
Schaffranke, Ewald: Die wirtschaftliche Betriebsführung von Schlachthof, Schlachtviehmarkt und Fleischmarkt. Aus der Praxis – für die Praxis, Dortmund 1962.
Schenk, Heinz-Otto: Konzentrationsprozess – Chancen des Einzelnen, in: Gottfried Theuer/Arnold Witte (Hrsg.), 25 Jahre FÜR SIE. Discount setzt sich durch, Köln 1987, S. 34–47.

Scherer, Adolf: Die nächste Aufgabe. Der Konzentrationsprozess im gewerblichen Raum und seine Folgen für die Agrarwirtschaft, Neuwied 1958 (Raiffeisen-Hefte Nr. 5).
Scherer, Adolf: Die Zeit ist reif zum Handeln. Der Umbruch am Markt und die Antwort des Bauern, Neuwied 1961.
Schlachthofstrukturplan für Niedersachsen. Vorgelegt vom Niedersächsischen Ministerium für Ernährung, Landwirtschaft und Forsten. Bearbeiter: Alfred Wöltje/Otto Saenger, Hannover 1971.
Schlüter-Craes, Franz-H.: Ökonomische Auswirkungen von Umweltschutzauflagen in Betrieben mit Schweine- und Geflügelhaltung, agrarwiss. Diss. Universität Bonn 1980.
Schmid, Hannelore: Die Zeche zahlt der Bauer, Frankfurt/Main 1988.
Schmidt, Erich: Quantitative Analyse der Nachfrage nach Rindfleisch in der Bundesrepublik Deutschland 1960–1974. Ein Beispiel zur Erfassung struktureller Verhaltensänderungen und zur Diskriminierung von Modellspezifikationen in empirischen Analysen, Braunschweig-Völkenrode 1975 (Landbauforschung Völkenrode, Sonderheft Nr. 30).
Schmidt, Horst: Handbuch der Nutz- und Rassehühner, Melsungen 1985.
Schmidt, Ludwig: Schweineproduktion. Markt und Wirtschaftlichkeit, Zucht, Fütterung, Stallbau, Hygiene und Gesunderhaltung, 2. erw. u. verb. Aufl., Frankfurt/Main etc. 1980.
Schmidt, Thomas: Organisatorische Gestaltung von Logistikprozessen in kooperativen Verbundsystemen der Ernährungswirtschaft. Geflügel-Kontor und Edeka-Handelsgruppe als Fallbeispiele, agrarwiss. Diss. Universität Gießen 1982.
Schmidt, U./Woltersdorf, W.: Rückstände im Fleisch nach therapeutischer oder nutritiver Verabreichung von Antibiotika, in: Rückstände in Fleisch und Fleischerzeugnissen. Bericht über das Kolloquium von [sic!] Bioziden und Umweltchemikalien in Fleisch am 22. 3. 1974, Boppard 1975, S. 73–83.
Schmitt, Günther (Hrsg.): Landwirtschaftliche Marktforschung in Deutschland. Arthur Hanau zum 65. Geburtstag, München 1967.
Schoenfelder, L.: Die Schlacht- und Viehhöfe. Anlage, Bau und innere Einrichtung, Berlin 1921.
Schön, Lothar: Handelsklassen für Fleisch – gegenwärtiger Stand, offene Probleme, in: Marktübersicht auf dem Vieh- und Fleischmarkt. Vorträge auf der Arbeitstagung „Markt und Betrieb", 28. April 1967 in Kiel, Frankfurt/Main 1967, S. 38–57.
Schönfeldt, Sybil Gräfin: Das Kochbuch für die Frau vom dicken Mann, Reinbek 1965.
Schönfeldt, Sybil Gräfin: Das Kochbuch für Leute, die länger leben wollen, Reinbek 1969.
Schopen, Wilhelm: Die vertikale Integration in der Landwirtschaft. Erscheinungsformen und Entwicklungstendenzen mehrstufiger Zusammenarbeit, Hiltrup 1966.
Schuh, W. H.: Die Auswirkungen der Nachfragekonzentration des Lebensmittelhandels auf die Bezugsformen von Frischwaren unter besonderer Berücksichtigung der Verhältnisse in Nordrhein-Westfalen, in: ders./O. Strecker, Frischwaren im Nahrungsmittelsortiment, Dortmund 1963, S. 7–20.
Schuler, Friedrich Joachim: Struktur und Dynamik der Großhandelsbetriebe im Großraum Stuttgart, Marburg 1986.
Schultes, Werner: Preisbindung und Preisempfehlung im Rahmen der Kartellgesetznovelle, in: Wirtschaftsdienst 53 (1973), S. 534–540.
Schultes, Werner: Verbraucherpolitische Erfahrungen mit unverbindlichen Preisempfehlungen, in: Zeitschrift für Verbraucherpolitik 1 (1977), S. 339–351.
Schulze, Ernst-Ulrich: Vom Tier zum Fleisch. 75 Jahre CG, Hannover 1988.
Schweisfurth, Karl Ludwig: „Herta – wenn's um die Wurst geht!", in: Werbung in einer freien Wirtschaft. Kongressbericht [vom 4. Kongress der Werbung, München, 1959]. Hrsg. v. Zentralausschuss der Werbewirtschaft, München 1960, S. 109–122.
Schweisfurth, Karl Ludwig: Die Be- und Verarbeitung von Fleisch in einem modernen Absatzsystem, in: Roderich Plate u. a., Rationalisierung der Vermarktung von Schlachtvieh und Fleisch. Vorträge und zusammengefasste Diskussion in der Sitzung des Ausschusses Land- und Ernährungswirtschaft am 14. November 1961, Dortmund o. J., S. 31–38.
Seibert, Otmar: Extensive Produktionsformen. Chancen zur Marktentlastung, Umweltsicherung und Einkommenskombination, Hiltrup 1986 (Schriftenreihe des Bundesministeriums für Ernährung, Landwirtschaft und Forsten, Reihe A, H. 322).
Seilmeier, Gerhard/Walz, Karl-Ludwig (Gesamtbearb.), Jagdlexikon, München etc. 1983.

Semmler, Gisela: Verwendung von Schlachtfetten im Non-Food-Bereich. Ökonomische, technologische und physiologische Aspekte, Frankfurt/Main 1974.
Siebeck, Wolfram: Aller Anfang ist leicht. Ein Kochseminar nach der Serie im „Zeit"-Magazin, Hamburg 1983.
Slaughterhouse Facilities and Meat Distribution in O.E.E.C. Countries, Paris 1959 (O.E.E.C. Documentation Food & Agriculture, 1959 Series, No. 12).
Somogyi, Arpad: Rückstände von Tierarzneimitteln, in: Dieter Großklaus (Hrsg.), Rückstände in von Tieren stammenden Lebensmitteln. Unter Mitwirkung v. Alexander Kaul u. a., Berlin und Hamburg 1989, S. 52–74.
Spree, Hans-Ulrich: Darstellung landwirtschaftlicher Themen im Fernsehen, in: Landwirtschaft im Blickpunkt. Mit Beiträgen v. Kurt Eisenkrämer u. a., Göttingen 1984 (Schriftenreihe für ländliche Sozialfragen H. 91), S. 30–41, hier: S. 39–41.
Stahl, Dietrich/Bibelriether, Hans: Jagd in Deutschland. Wild und Jäger im Industrieland, Hamburg und Berlin 1971.
Stallbau heute. Möglichkeiten und Grenzen. Vorträge auf der DLG-Herbsttagung am 14. und 15. September 1977 in Mainz, Frankfurt/Main 1978.
Stamer, Hans/Wolffram, Rudolf: Die Nachfrage nach Agrarprodukten. Elastizitäten und Entwicklungstendenzen, Hamburg 1965.
Stamer, Hans: Angebots- und Nachfrageentwicklung für Milch und Fleisch, in: Mehr Fleisch – weniger Milch. Vorträge auf der DLG-Herbsttagung, Münster/Westfalen 1969, Frankfurt/Main 1969, S. 5–13.
Steding, Friedrich: Agrarpolitik zwischen Zwang und Freiheit. Ein Erlebnisbericht, Prien 1975.
Stober, Rolf: Rechtsfragen zur Massentierhaltung. Rechtsgutachten zur Verfassungs- und Gesetzmäßigkeit des Entwurfs einer Hennenhaltungsverordnung, Königstein 1982.
Straube, Hanne: Türkisches Leben in der Bundesrepublik, Frankfurt/Main und New York 1987.
Strecker, Otto u. a.: Die Landwirtschaft und ihre Marktpartner. Neue Formen der Zusammenarbeit, Hiltrup 1963.
Strecker, Otto/Reichert, Josef/Pottenbaum, Paul: Marketing für Lebensmittel. Grundlagen und praktische Entscheidungshilfen, Frankfurt/Main 1983.
Strecker, Otto: Agrarpolitische Gegenwartsfragen der getreideveredelnden Nutztierhaltung im Weser-Ems-Gebiet, Bonn 1960.
Strecker, Otto: Künftige Entwicklungstendenzen der Absatzgestaltung, in: Der Markt und die Veredelungswirtschaft. Eine Veröffentlichung der Vortragstagung der Landwirtschaftskammer Hannover 1968, Hannover 1968, S. 34–56.
Strecker, Otto: Preisbildung und Preisnotierung für Fleisch, in: Marktübersicht auf dem Vieh- und Fleischmarkt. Vorträge auf der Arbeitstagung „Markt und Betrieb", 28. April 1967 in Kiel, Frankfurt/Main 1967, S. 58–70.
Strecker, Otto: Vermarktung von Vieh und Fleisch heute und in Zukunft, in: Verhandlungsbericht der Mitgliederversammlung des Deutschen Raiffeisenverbandes vom 1. bis 3. Juni 1970 in Kiel, Bonn 1970, S. 118–135.
Stubbe, Helmut: Edeka zwischen Förderungsauftrag und Wettbewerb, in: Edeka zwischen Förderungsauftrag und Wettbewerb. Edeka zwischen Hersteller und Verbraucher, o. O. 1980, S. 9–12.
Stubbe, Helmut: Perspektiven für den Edeka-Kaufmann im genossenschaftlichen Verbundsystem. Referat anlässlich der Edeka-Jahrestagung des 71. Edeka-Verbandstages 1978 in Düsseldorf, o. O. 1978.
Süddeutsche Fleischverwertung GmbH München, Geschäftsbericht 1960, München o. J.
Süddeutsche Fleischverwertung GmbH, Geschäftsbericht 1960, München o.J.
Südfleisch GmbH, Geschäftsbericht 1986, München 1986.
Südfleisch GmbH, Geschäftsbericht 1987, München o. J.
Südfleisch GmbH, Geschäftsbericht 1988, München o. J.
Südfleisch, Geschäftsbericht 1984, München o. J.
Südfleisch, Geschäftsbericht 1988, München o. J.
Südvieh GmbH, Geschäftsbericht 1981, München o. J.
Südvieh GmbH, Geschäftsbericht 1986, München o. J.
Südvieh-Südfleisch GmbH, Bericht über das Geschäftsjahr 1989, München o. J.

Survey on the Organisation of Marketing Poultry Meat with special Emphasis on Broilers, Paris 1961 (O.E. C. D. Documentation in Food and Agriculture, 1961 Series, No. 58).
Talbot, R. B.: The Chicken War. An International Trade Conflict between the United States and the European Community, 1961–1964, Ames 1978.
Taylor, Robert E.: Beef Production and the Beef Industry: A Beef Producer's Perspective, Minneapolis 1984.
Teichmann, Ulrich: Die Politik der Agrarpreisstützung. Marktbeeinflussung als Teil des Agrarinterventionismus in Deutschland, Köln 1955.
Terjung, Dietrich: Die Fleischwirtschaft im Bezirk der IHK Oldenburg, in: Jürgen Schade (Hrsg.), Das Oldenburger Land – eine Region im Wandel, Oldenburg (Oldenb.) 1983 (Monographien deutscher Wirtschaftsgebiete, 3. völlig neue Aufl.), S. 118–122.
Tewes, Dieter: Der Einfluss der Gütertarifpolitik auf die Futtermittelmärkte der Bundesrepublik Deutschland, Münster-Hiltrup 1965.
Thimm, Heinz-Ulrich: Die volkswirtschaftliche Verflechtung der deutschen Landwirtschaft, München etc. 1964.
Thoma, Franz: Bäuerliche Selbsthilfe im Verkehr mit Vieh und Fleisch. 10 Jahre Südfleisch, München 1967.
Tierernährung und -erzeugung. Neue technische und wirtschaftliche Entwicklungen, Münster-Hiltrup 1981 (Agrarpolitische Berichte der OECD, Reihe C, Nr. 11).
Tierernährung und -erzeugung. Neuere technische und wirtschaftliche Entwicklungen, Münster 1981 (Agrarpolitische Berichte der OECD, Reihe C, Nr. 11).
Tietz, Bruno: Der Lebensmittelmarkt in der Bundesrepublik Deutschland von 1960 bis 1990. Bd. II: Großhandel, Kooperation, Industrieller Absatz und Landwirtschaftliche Vermarktung, Hamburg und Saarbrücken 1978.
Tietz, Bruno: Der Lebensmittelmarkt in der Bundesrepublik Deutschland. Bd. I: Konsument, Einzelhandel, Handwerk und Gastronomie, Hamburg und Saarbrücken 1978.
Tietz, Bruno: Die Tendenz im Lebensmitteleinzelhandel, Hamburg o. J. [1982].
Tofaute, Hartmut: Die Übertragung öffentlicher Leistungen und Funktionen auf Private (Privatisierung). Eine Darstellung politischer, ökonomischer, gesellschaftlicher und arbeitnehmerorientierter Gesichtspunkte, Stuttgart 1977.
Togrund, Peter: Der Großbezug von Fleisch. Eine Darstellung der bisherigen Versuche genossenschaftlichen, kommunalen und privaten großbetrieblichen Fleischbezugs, Mönchen-Gladbach 1913.
Treis, Bartho/Lademann, Rainer: Abgrenzung des sachlich relevanten Marktes im Lebensmitteleinzelhandel. Ergebnisse einer empirischen Untersuchung zur Zusammenschlußkontrolle im Handel, Göttingen 1986.
Trillhaas, Johannes: Schweinefleischvermarktung unter der Dachmarke „Westfleisch", in: 2. Röttgener Marketing-Tage: Strategien zur Fleischvermarktung, Bonn 1990 (CMA-Materialien zum EG-Binnenmarkt 1990, H. 3), S. 26–34.
Trotha, Wolf von/Schuh, Alfred: Die gemeinsame Agrarpolitik. Auswirkungen und Folgeerscheinungen, München 1968.
Türk, Karl Gustav: Schlachtblut- und Abfallstoff-Verwertung. Grundlagen, Verarbeitung und Verwertung, sowie die dafür erforderlichen Einrichtungen, Berlin 1928.
Verhandlungsbericht der Mitgliederversammlung des Deutschen Raiffeisenverbandes am 15. und 16. Juni 1961 in Neustadt a. d. W. Hrsg. v. Deutschen Raiffeisenverband, Bonn 1961.
Verhandlungsbericht Deutscher Raiffeisentag, 21.–23. Juni 1966 in Hannover. Hrg. v. Deutschen Raiffeisentag, Neuwied o. J.
Verhandlungsbericht Deutscher Raiffeisentag, 22. bis 24. Juni 1960 in Köln. Hrsg. v. Deutschen Raiffeisentag, Bonn 1960.
Verkauf von Fleisch und Wurst. Hrsg. v. Institut für Selbstbedienung, Köln 1969.
Vetter, Heinz/Klasink, Albert: Grenzen für die Anwendung hoher Flüssigmistgaben, in: Heinz Vetter (Hrsg.), Mist und Gülle. Verwertung und Beseitigung von Flüssigmist und Hühnerkot, Frankfurt/Main 1973, S. 19–42.
Warenwirtschaftssysteme, Datenkassen, Scanner... Jobkiller im Handel?, Hamburg 1983.
Warnholtz, Jutta: Vegetarieruntersuchung: Wie sehen sich die Vegetarier?, Diplomarbeit im Fach Psychologie, Universität Hamburg 1979.

Warren, Cline J.: The Netherlands Poultry Meat Industry, Washington D.C. 1972.
Weeber [sic!], Ludwig: Die Verwertung von Schlachtabfällen im Stuttgarter Vieh- und Schlachthof. Ein Beitrag zum Vierjahresplan, Stuttgart 1939.
Wehland, Wilhelm: Die Kommunikationsstrukturen im Prozess der agrarpolitischen Entscheidungen, in: Hans-Günther Schlotter (Hrsg.), Die Willensbildung in der Agrarpolitik, München etc. 1971, S. 91–123.
Weissmann, Arnold/Dehnen, Jörg: Die handels- und wettbewerbspolitische Beurteilung der Einkaufsgenossenschaften des Lebensmittelhandels Edeka und Rewe, Nürnberg 1983.
Weitzel, Günter: Der Lebensmittelhandel in Bayern. Strukturbild und Entwicklungstrends. Gutachten im Auftrag des Bayerischen Staatsministeriums für Wirtschaft und Verkehr, München 1989.
Wellford, Harrison: Sowing the Wind. A Report from Ralph Nader's Center for Study of Responsive Law on Food Safety and the Chemical Harvest, New York 1972.
Weniger, Joachim H. u. a.: Untersuchungen über die Schlachtkörperqualitäten von Rindern und Schweinen in den Ländern der Europäischen Wirtschaftsgemeinschaft, Brüssel 1966.
Wennrich, G.: Huhn, in: Hans Hinrich Sambraus (Hrsg.), Nutztierethologie. Das Verhalten landwirtschaftlicher Nutztiere. Eine angewandte Verhaltenskunde für die Praxis, Berlin und Hamburg 1978, S. 249–274.
Westfalens Landwirtschaft im Wandel 1973–1977. Ergebnisse der sozialökonomischen Betriebserhebung 1977 in Nordrhein-Westfalen für den Bereich der Landwirtschaftskammer Westfalen-Lippe, Münster 1978.
Westfalens Landwirtschaft im Wandel 1982–1988. Ergebnisse der sozialökonomischen Betriebserhebung 1988 in Nordrhein-Westfalen für den Bereich der Landwirtschaftskammer Westfalen-Lippe, Münster 1989.
Weyl, Heinz: Zur Geschichte der Landes- und Regionalplanung in Niedersachsen, in: Zur geschichtlichen Entwicklung der Raumordnung, Landes- und Regionalplanung in der Bundesrepublik, Hannover 1991, S. 197–251.
Wick, Carolina: Garten-Grill. Eine Anleitung für das Grillen im Garten, auf dem Balkon, beim Picknick oder Camping, München 1972.
Wigger, Heinrich: Rationelle Fleischvermarktung, dargestellt am Beispiel Schleswig-Holsteins, Hamburg und Berlin 1972.
Wilhelm, Jan: Der Fall „Selex und Tania" und die Kartellrechtsreform, in: Wirtschaft und Wettbewerb 37 (1987), S. 965–982.
Wilkens, Christian: Die Tierzucht, in: Heinrich Flügge u. a. (Bearb.): Das Hannoversche Wendland. Beiträge zur Beschreibung des Landkreises Lüchow-Dannenberg, Lüchow 1971, S. 106–111.
Willers, Benno: Fleischabsatz im Umbruch. Analyse der Vermarktungsstruktur in dicht besiedelten Regionen, dargestellt für Nordrhein-Westfalen, Hannover 1964.
Willers, Benno: Schlachtanlagen unter erhöhtem Wettbewerb, in: Zukunftsaspekte aus agrarpolitischen Entscheidungen für den Milchmarkt sowie den Vieh- und Fleischabsatz in Nordrhein-Westfalen, Dortmund 1970, S. 19–30.
Windhorst, Hans-Wilhelm: Das agrarische Intensivgebiet Südoldenburg, in: Zeitschrift für Agrargeographie 4 (1986), S. 345–366.
Windhorst, Hans-Wilhelm: Intensive Tierhaltung in Südoldenburg – Entwicklung, Strukturen, Probleme und Perspektiven, in: Johann-Bernhard Haversath (Hrsg.), Innovationsprozesse in der Landwirtschaft, Passau 1989, S. 19–32.
Wirtz, Hans: Operating im Filialbereich, in: Robert Nieschlag/Dudo von Eckardstein (Hrsg.), Der Filialbetrieb als System: Das Cornelius-Stüssgen-Modell. Hrsg. im Auftrage der Cornelius Stüssgen AG anläßlich ihres 75jährigen Jubiläums, Köln 1972, S. 263–308.
Witt, Max: Ernährungssicherung als Aufgabe der Industriegesellschaft, Göttingen 1963.
Wittich, Wolfgang: Der gemeinsame Markt für Vieh und Fleisch nach der Übergangszeit, in: Verhandlungsbericht der Mitgliederversammlung des Deutschen Raiffeisenverbandes am 22. und 23. Juni 1967 in Freiburg, Bonn 1967, S. 143–152.
Wittich, Wolfgang: Der westdeutsche Vieh- und Fleischmarkt in Gegenwart und Zukunft, in: Fragen der Fleischvermarktung. Vorträge der DLG-Herbsttagung, Hamburg 2. bis 4. September 1963, Frankfurt/Main 1964, S. 11–24.

Wöhlken, Egon/Mönning, Bernd: Entwicklungstendenzen der Nachfrage nach Nahrungsmitteln in der BRD und EWG, in: Günther Weinschenck (Hrsg.), Die künftige Entwicklung der europäischen Landwirtschaft. Prognosen und Denkmodelle, Bern und Wien 1973, S. 203–223.
Wollschläger, Hans: „Tiere sehen dich an" oder Das Potential Mengele. Essay, Zürich 1989.
Wolter, Annette: Gesunde Küche für jeden Tag. Leichte Rezepte für Genießer. Mit Studioteil: Alles, was fit macht, Reinbek 1977.
Wowra, Walter: Ausgewählte Fragen aus dem Bereich der genossenschaftlichen Viehverwertung, in: Verhandlungsbericht der Mitgliederversammlung des Deutschen Raiffeisenverbandes am 15. und 16. Juni 1961 in Neustadt a. d. W., Bonn 1961, S. 106–116.
Zabert, Arnold: Kochen. Die neue Küche: kulinarisch, leicht und gesund, Frankfurt/Main 1978.

Darstellungen

Adams, Carol J: Neither Man nor Beast. Feminism and the Defense of Animals, New York 1994.
Adams, Carol J.: The Sexual Politics of Meat. A Feminist-Vegetarian Critical Theory, New York und London 2017.
Adams, Carol J./Donovan, Josephine (Hrsg.): Animals and Women. Feminist Theoretical Explorations, Durham 1995.
Alvensleben, Reimar von/Scheper, Uwe: The Decline of the Meat Image in Germany, in: Reimar von Alvensleben u. a., Problems of Meat Marketing. Seven Essays, Kiel 1997, S. 1–7.
Anders, Sven: Industrieökonomische Marktmachtanalyse der Fleischwirtschaft. Theorie und empirische Tests, agrarwiss. Diss. Universität Gießen 2005.
Arends, H.: Strukturelle Entwicklungen der Mischfutterindustrie in der Bundesrepublik Deutschland, in: Kraftfutter 75 (1992), S. 104–110.
Asche, Florian: Tiere essen dürfen. Ethik für Fleischesser, Melsungen 2015.
Banken, Rolf: Schneller Strukturwandel trotz institutioneller Stabilität. Die Entwicklung des deutschen Einzelhandels 1949–2000, in: Jahrbuch für Wirtschaftsgeschichte 2007, Bd. 2, S. 114–145.
Barcz, Anna/Lagodska, Dorota (Hrsg.): Animals and their People. Connecting East and West in Cultural Animal Studies, Leiden und Boston 2019.
Barlösius, Eva: Naturgemäße Lebensführung. Zur Geschichte der Lebensreform um die Jahrhundertwende, Frankfurt/Main 1997.
Barlösius, Eva: Soziologie des Essens. Eine sozial- und kulturgeschichtliche Einführung in die Ernährungsforschung, 3. durchges. Aufl., Weinheim und München 2016.
Barlösius, Eva: Weibliches und Männliches rund ums Essen, in: Alois Wierlacher/Regina Bendix (Hrsg.), Kulinaristik. Forschung – Lehre – Praxis, Bd. 1, Berlin 2008, S. 35–44.
Becker, Heinrich: Dörfer heute. Ländliche Lebensverhältnisse im Wandel. 1952, 1972 und 1993/95, Bonn 1997.
Behrens, Arne: Jahresgespräche und andere Formen der Interaktion: Eine Explorationsstudie, Duisburg 1992.
Benecke, Norbert: Der Mensch und seine Haustiere. Die Geschichte einer jahrtausendealten Beziehung, Stuttgart 1994.
Berson, Josh: The Meat Question. Animals, Humans, and the deep History of Food, Cambridge/MS und London 2019.
Bissinger, Manfred (Hrsg.): Die Geschichte der Markenmacher. 75 Jahre Unilever in Deutschland, Hamburg 2005.
Block, Daniel: Food Systems, in: Amy Bentley (Hrsg.), A cultural History of Food. Bd. 6: A Cultural History of Food in the Modern Age, London und New York 2012, S. 47–67.
Böcher, Hans-Georg: Der Weg der Marke. Wie aus Produkten Marken werden, Frankfurt/Main 2011.
Bode, Wilhelm/Emmert, Elisabeth: Jagdwende. Vom Edelhobby zum ökologischen Handwerk, München 1998.
Böger, Richard: Konditionenspreizung der Hersteller gegenüber dem Lebensmittelhandel, Göttingen 1990.

Bordo, Michael D.: The Operation and Demise of the Bretton Woods System, 1953 to 1971, Cambridge/Ms. 2017.
Bourdieu, Pierre: Die feinen Unterschiede. Kritik der gesellschaftlichen Urteilskraft, Frankfurt/Main 1987.
Brandes, Dieter: Die elf Geheimnisse des Aldi-Erfolges, Frankfurt/Main 2003.
Brandes, Dieter: Konsequent einfach. Die Aldi-Erfolgsstory, Frankfurt/Main und New York 1998.
Bräuninger, Friedrich/Hasenbeck, Manfred: Die Abzocker. Selbstbedienung in Wirtschaft und Politik, Düsseldorf 1994.
Briesen, Detlef: Das gesunde Leben. Ernährung und Gesundheit seit dem 18. Jahrhundert, Frankfurt/Main und New York 2010.
Buchstab, Günter/Kleinmann, Hans-Otto (Bearb.): Helmut Kohl: Berichte zur Lage 1982–1989. Der Kanzler und Parteivorsitzende im Bundesvorstand der CDU Deutschland, Düsseldorf 2014.
Buchstab, Günter/Lindsay, Denise (Bearb.): Barzel: „Unsere Alternative für die Zeit der Opposition". Die Protokolle des CDU-Parteivorstandes 1969–1973, Düsseldorf 2009.
Burch, David/Lawrence, Geoffrey (Hrsg.), Supermarkets and Agri-Food Supply-Chains. Transformations in the Production and Consumptions of Foods, Cheltenham etc. 2007.
Burgholz, Dieter: Die wirtschaftliche Entwicklung von Märkten, Messen und Schlachthöfen (ab ca. 1850 bis zur Gegenwart), in: Hans Pohl (Hrsg.), Kommunale Unternehmen. Geschichte und Gegenwart. Referate und Diskussionsbeiträge des 9. Wissenschaftlichen Symposiums der Gesellschaft für Unternehmensgeschichte am 17./18. Januar 1985 in Köln, Stuttgart 1987, S. 88–115.
Busse, Tanja: Die Wegwerfkuh. Wie unsere Landwirtschaft Tiere verheizt, Bauern ruiniert, Ressourcen verschwendet und was wir dagegen tun können, München 2015.
Campus, Indio: Veredelungswirtschaft in Südoldenburg. Fallstudie zum Strukturwandel in der modernen Landwirtschaft, Saarbrücken 1993.
Carolan, Michael: The Sociology of Food and Agriculture, 2. Aufl., London und New York 2016.
Chandler Jr., Alfred D.: Shaping the Industrial Century. The Remarkable Story of the Evolution of the Modern Chemical and Pharmaceutical Industries, Cambridge/Ms. und London 2005.
Clement, Reiner: Mikroökonomie. Grundlagen der Wissenschaft von Märkten und Institutionen wirtschaftlichen Handelns, Berlin 2012.
Conrad, Jobst: Options and Restrictions of Environmental Policy in Agriculture, Baden-Baden 1991.
Convenience. Das schwierige Geschäft mit der Bequemlichkeit, Frankfurt/Main etc. 1996.
Corni, Gustavo/Giess, Horst: Brot – Butter – Kanonen. Die Ernährungswirtschaft in Deutschland unter der Diktatur Hitlers, Berlin 1997.
Cramer, Nils: Erbhof und Reichsnährstand. Landwirtschaft in Schleswig-Holstein 1933–1945, Husum 2013.
Cushman, Gregory T.: Guano and the Opening of the Pacific World. A global ecological History, Cambridge 2013.
D'Silva, Joyce/Webster, John (Hrsg.): The Meat Crisis. Developing more sustainable and ethical Production and Consumption, London und New York 2012.
Dickmanns, Christoph: Auswirkungen institutioneller Rahmenbedingungen auf die regionale Agrarstrukturentwicklung, Kiel 1995.
Die Geschichte des Bundesfachverbandes Fleisch e. V. 1924–1999, in: 75 Jahre Bundesfachverband Fleisch e. V., Hamburg 1999, S. 14–21.
Dittberger, Jürgen: Die FDP. Geschichte, Personen, Organisation, Perspektiven. Eine Einführung, Wiesbaden 2005.
Ebner, Rupert: Pillen vor die Säue. Warum Antibiotika in der Massentierhaltung unser Gesundheitssystem gefährden, München 2020.
Eckart, Karl/Wollkopf, Hans-Friedrich u. a.: Landwirtschaft in Deutschland. Veränderungen der regionalen Agrarstruktur in Deutschland zwischen 1960 und 1992, Leipzig 1994.
Egenolf, Petra: Ökonomische Konsequenzen von BSE: Stand der Forschung und empirische Analyse des Verbraucherverhaltens in der deutschen BSE-Krise, Gießen 2004.

Eggers, Sonja: Struktur und Entwicklung des Wettbewerbs im deutschen Schweine- und Rindfleischsektor, Kiel 1998.
Einhundert Jahre Wissen, Kraft, Zukunft. Festschrift zum 100jährigen Bestehen der Südfleisch GmbH, München 1997.
Engel, Christoph/Hamann, Hanjo: The Hog-Cycle of Law Professors. Reprints of the Max Planck Institute for Research on Collective Goods, Bonn 2018/8 (online unter: hdl.handle.net/10419/85015, Zugriff: 10. 6. 2020).
Engel, Elmar: Landwirtschaft oder Gewerbe. Die steuerliche Abgrenzung, St. Augustin 1998.
Engels, Jens Ivo: Aus dem Zentrum an die Peripherie. Der amtliche Naturschutz in Westdeutschland zwischen Tradition und politischer Ökologisierung 1945–1980, in: Hans-Werner Fröhm/Friedemann Schmoll (Bearb.), Natur und Staat. Staatlicher Naturschutz in Deutschland 1906–2006, Bonn-Bad Godesberg 2006, S. 445–533.
Engels, Jens Ivo: Naturpolitik in der Bundesrepublik. Ideenwelt und politische Verhaltensstile in Naturschutz und Umweltbewegung 1950–1980, Paderborn 2006.
Engels, Jens Ivo: Von der Sorge um die Tiere zur Sorge um die Umwelt. Tiersendungen als Umweltpolitik in Westdeutschland zwischen 1950 und 1980, in: AfS 43 (2003), S. 207–323.
Erker, Paul: Der lange Abschied vom Agrarland. Zur Sozialgeschichte der Bauern im Industrialisierungsprozeß, in: Matthias Frese/Michael Prinz (Hrsg.), Politische Zäsuren und gesellschaftlicher Wandel im 20. Jahrhundert, Paderborn 1996, S. 327–360.
Ermann, Ulrich u. a.: Agro-Food Studies. Eine Einführung, Köln etc. 2018.
Essig, Mark: Lesser Beast. A Snout-to-Tail History of the humble Pig, New York 2015.
Ewert. Hinrich: Den Fortschritt der Landwirtschaft fördern. 100 Jahre Landwirtschaftskammer Hannover. Ein Ausflug durch die Geschichte der Landwirtschaftskammer Hannover, Hannover 1999.
Exner, Peter: Ländliche Gesellschaft und Landwirtschaft in Westfalen 1919–1969, Paderborn 1997.
Fabian, Sina: Boom in der Krise. Konsum, Tourismus und Autofahren in Westdeutschland und Großbritannien 1970–1990, Göttingen 2016.
Federico, Giovanni: Was the CAP the worst agricultural Policy of the 20th Century?, in: Kiran Klaus Patel (Hrsg.), Ferile Ground for Europe? The History of European Integration and the Common Agricultural Policy since 1945, Baden-Baden 2009, S. 257–271.
Fedtke, Eberhard: Aldi Geschichten. Ein Gesellschafter erinnert sich, Herne 2012.
Fennell, Rosemary: The Common Agricultural Policy. Continuity and Change, Oxford 1997.
Fiddes, Nick: Fleisch. Symbol der Macht, Frankfurt/Main 1993.
Fischer, Stefanie: Ökonomisches Vertrauen und antisemitische Gewalt. Jüdische Viehhändler in Mittelfranken 1919–1939, Göttingen 2014.
Flechsig, Werner: Mahlzeiten am Tage der Hausschlachtung in Ostfalen, in: Braunschweigische Heimat 70 (1984), S. 29–36.
Fleischatlas 2021. Daten und Fakten über Tiere als Nahrungsmittel, Bonn 2021.
Fleischman, Thomas: Communist Pigs. An Animal History of East Germanys Rise and Fall, Seattle 2020.
Foer, Jonathan Safran: Tiere essen, Köln 2010.
Franz, Corinna (Bearb.): Die CDU/CSU-Fraktion im Deutschen Bundestag. Sitzungsprotokolle 1961–1966, Düsseldorf 2004.
Frei, Norbert/Süß, Dietmar (Hrsg.); Privatisierung. Idee und Praxis seit 1970, Göttingen 2012.
Friedman, Harriet/McMichael, Philip: Agriculture and the State. The Rise and Fall of National Agricultures, 1870 to the Present, in: Sociologica Ruralis 29 (1989), S. 93–117.
Führer, Karl Christian: Das NS-Regime und die „Idealform des deutschen Wohnungsbaues". Ein Beitrag zur nationalsozialistischen Gesellschaftspolitik, in: VSWG 89 (2002), S. 141–166.
Führer, Karl Christian: Gewerkschaftsmacht und ihre Grenzen. Die ÖTV und ihr Vorsitzender Heinz Kluncker 1964–1982, Bielefeld 2017.
Führer, Karl Christian: Medienmetropole Hamburg. Mediale Öffentlichkeiten 1930–1960, München und Hamburg 2008.
Füllsack, Manfred: Von Schweinen, Geisteswissenschaftlern und Arbeitsämtern, in: Zeitschrift für Gemeinwirtschaft 38 (2000/2001), Nr. 3/4, S. 77–87.
Fünfundsiebzig [75] Jahre Bundesfachverband Fleisch e.V., Hamburg 1999.

Gall, Philipp von: Tierschutz als Agrarpolitik. Wie das deutsche Tierschutzgesetz der industriellen Tierhaltung den Weg bereitete, Bielefeld 2016.
Gasteiger, Nepomuk: Der Konsument. Verbraucherbilder in Werbung, Konsumkritik und Verbraucherschutz 1945–1989, Frankfurt/Main 2012.
Gawronski, Vital: Landwirtschaft und Agrarpolitik in der Schweiz, Zürich 1981.
Gerlach, Christian: Fortress Europe. The EEC in the World Food Crisis, 1972–1975, in: Kiran Klaus Patel (Hrsg.), Ferile Ground for Europe? The History of European Integration and the Common Agricultural Policy since 1945, Baden-Baden 2009, S. 241–256.
Giedion, Sigfried [sic!]: Die Herrschaft der Mechanisierung. Ein Beitrag zur anonymen Geschichte, Frankfurt/Main 1982.
Gillingham, John R.: The EU. An Obituary, London und New York 2016.
Gisolfi, Monika R.: The Takeover. Chicken Farms and the Roots of American Agribusiness, Athens/GA 2017.
Glaeßner, Gert-Joachim: Arbeiterbewegung und Genossenschaften. Entstehung und Entwicklung der Konsumgenossenschaften in Deutschland am Beispiel Berlins, Göttingen 1989.
Graf, Rüdiger (Hrsg.): Ökonomisierung. Debatten und Praktiken in der Zeitgeschichte, Göttingen 2019.
Graff, Dietrer: Edeka – älteste Einkaufsgenossenschaft des Lebensmitteleinzelhandels, Köln 1994.
Gräser, Marcus: Chicagos „Eingeweide". Schlachthöfe als Image, in: Wiebke Porombka/Heinz Reif/Erhard Schütz (Hrsg.), Versorgung und Entsorgung der Moderne. Logistiken und Infrastrukturen der 1920er und 1930er Jahre, Frankfurt/Main 2011, S. 105–122.
Gries, Rainer: Produktkommunikation. Geschichte und Theorie, Wien 2008.
Gröppel, Andrea: Die Dynamik der Betriebsformen des Handels. Ein Erklärungsversuch aus Konsumentensicht, in: Forschungsgruppe Konsum und Verhalten (Hrsg.), Konsumentenforschung. Gewidmet Werner Kroeber-Riel zum 60. Geburtstag, München 1994, S. 379–397.
Gümbel, Rudolf: Handel, Markt und Ökonomik, Wiesbaden 1985.
Gunderson, Ryan: Meat and Inequality. Environmental Health Consequences of Livestock Agribusiness, in: Jody Emel/Harvey Neo (Hrsg.), Political Ecologies of Meat, London und New York 2015, S. 101–108.
Haas, Bernhard: 75 Jahre Westfleisch. ...und nicht irgendwo her! 1928- 2003: Fleischvermarktung zwischen Wachstum und Wandel, Münster 2003.
Haindl, Erika: Neustadt am Main. Biografie eines Dorfes, Würzburg 1994.
Hall, Lauren Rae: The Queer Vegetarian. Understanding Alimentary Activism, in: Greta Gaard/Simon C. Estok/Serpil Oppermann (Hrsg.), International Perspectives in Feminist Ecocriticism, New York 2013, S. 166–183.
Haupt, Heinz-Gerhard/Torp, Claudius (Hrsg.): Die Konsumgesellschaft in Deutschland 1890–1990. Ein Handbuch, Frankfurt/Main 2009.
Heinze, Rolf G.: Verbandspolitik zwischen Partikularinteresse und Gemeinwohl. Der Deutsche Bauern-Verband, Gütersloh 1992.
Heinzelmann, Ursula: Was is(s)t Deutschland. Eine Kulturgeschichte über deutsches Essen, Wiesbaden 2016.
Heseker, Helmut u. a.: Lebensmittel- und Nährstoffaufnahme Erwachsener in der Bundesrepublik Deutschland, 2. überarb. Aufl., Niederkleen 1994.
Hoffmann-Axthelm, Dieter (Hrsg.): Kapitalismus mit Messer und Gabel, Berlin 2006.
Hofschulte, Bernhard: Die Geschichte des Schlacht- und Viehhofes der Stadt Karlsruhe bis zum Jahre 1927, Hannover 1983.
Horowitz, Roger: Putting Meat on the American Table. Taste, Technology, Transformation, Washington D.C. 2006.
Hüllen, Rudolf von: Ideologie und Machtkampf bei den Grünen. Untersuchungen zur programmatischen und innerorganisatorischen Entwicklung einer deutschen „Bewegungspartei", Bonn 1990.
Hünemörder, Kai F.: Kassandra im modernen Gewand. Die umwelt-apokalyptischen Mahnrufe der frühen 1970er Jahre, in: Frank Uekötter/Jens Hohensee (Hrsg.), Wird Kassandra heiser? Die Geschichte falscher Ökoalarme, Stuttgart 2004, S. 78–97.

Hurtig, Florian: Paradise lost. Vom Ende der Vielfalt und dem Siegeszug der Monokultur, München 2020.
Jaeger, Friedrich (Hrsg.): Menschen und Tiere. Grundlagen und Herausforderungen der Human-Animal-Studies, Berlin 2020.
Jäger, Cornelie: Das Tier und der Nutzen. Wie landwirtschaftliche Tierhaltung endlich allen gerecht wird, Bonn 2019.
Jansen, Sarah: „Schädlinge". Geschichte eines wissenschaftlichen und politischen Konstrukts 1840-1920, Frankfurt/Main etc. 2003.
Jelenko, Marie: Geschlechtsspezifische Ernährungspraktiken, in: Karl-Michael Brunner u. a., Ernährungsalltag im Wandel. Chancen für Nachhaltigkeit, Wien 2007.
Jones, Geoffey/Miskell, Peter: European Integration and Corporate Restructuring: The Strategy of Unilever, c. 1957–c. 1990, in: Economic History Review 58 (2005), S. 113–139.
Josephson, Paul R.: Chicken. A History from Farmyard to Factory, Cambridge/MS 2020.
Jürgens, Karin: Milchbauern und ihre Wirtschaftsstile. Warum es mehr als einen Weg gibt, ein guter Milchbauer zu sein, Marburg 2013.
Kayser, Maike: Die Agrar- und Ernährungswirtschaft in der Öffentlichkeit. Herausforderungen und Chancen für die Marketing-Kommunikation, agrarwiss. Diss. Universität Göttingen 2012.
Klemm, Volker: Agrarwissenschaft im „Dritten Reich". Aufstieg oder Sturz? (1933-1945), Berlin 1994.
Klemm, Volker: Agrarwissenschaften in Deutschland. Geschichte – Tradition. Von den Anfängen bis 1945, St. Katharinen 1992.
Klohn, Werner/Voth, Andreas: Das Oldenburger Münsterland. Entwicklung und Strukturen einer Agrarkompetenz-Region, 4. neubearb. Aufl., Vechta 2008.
Kluge, Ulrich: Ökowende. Agrarpolitik zwischen Reform und Rinderwahnsinn, Berlin 2001.
Knudsen, Anna-Christina Lauring: European Integration in the Image and Shadow of Agriculture, in: Desmond Dinan (Hrsg.), Origins and Evolution of the European Union, Oxford und New York 2006, S. 191–217.
Knudsen, Ann-Christina Lauring: Farmers on Welfare. The Making of Europe's Common Agricultural Policy, Ithaca/NY und London 2009.
Kofahl, Daniel/Schelhaas, Sebastian (Hrsg.): Kulinarische Ethnologie. Beiträge zur Wissenschaft von eigenen, fremden und globalisierten Ernährungskulturen, Bielefeld 2018.
Köhli, Jörg: Interkulturelle Unterschiede des Konsumentenverhaltens. Eine empirische Untersuchung unter besonderer Berücksichtigung der Einkaufsgewohnheiten von Türken und Deutschen in Kiel, Münster und Hamburg 1990.
König, Mario: Besichtigung einer Weltindustrie – 1859-2016, Basel 2016 (Chemie und Pharma in Basel Bd. 1).
Königs, Christoph F.: Internalisierung der Esskultur zwischen Mangel, Überfluss, Diversität und Innovationen am Beispiel der Bundesrepublik Deutschland, Aachen 2014.
Kopsidis, Michael: Agrarentwicklung. Historische Agrarrevolutionen und Entwicklungsökonomie, Stuttgart 2006.
Köster, Roman: Hausmüll. Abfall und Gesellschaft in Westdeutschland 1945–1990, Göttingen 2017.
Kröger, Melanie: Die Modernisierung der Landwirtschaft. Eine vergleichende Untersuchung der Agrarpolitik Deutschlands und Österreichs nach 1945, Berlin 2006.
Krüger, Gesine/Steinbrecher, Aline/Wischermann, Clemens (Hrsg.): Tiere und Geschichte. Konturen einer *Animate History*, Stuttgart 2014.
Kuhlmann, Friedrich: Entwicklungen der Landwirtschaft in Deutschland. Eine Reise durch die Zeit von 1850 bis zur Gegenwart, Frankfurt/Main 2019.
Kutsch, Thomas: Haushalt und Ernährung, in: Ulrich Oltersdorf/Thomas Preuß (Hrsg.), Haushalte an der Schwelle zum nächsten Jahrtausend. Aspekte hauswirtschaftlicher Forschung – gestern, heute, morgen, Frankfurt/Main und New York 1996, S. 254–279.
Lackner, Helmut: Ein „blutiges Geschäft" – kommunale Vieh- und Schlachthöfe im Urbanisierungsprozess des 19. Jahrhunderts. Ein Beitrag zur Geschichte der technischen Infrastruktur, in: Technikgeschichte 71 (2004), S. 89–138.
Ladwig, Bernd: Politische Philosophie der Tierrechte, Berlin 2020.

Langer, Lydia: Revolution im Einzelhandel. Einführung der Selbstbedienung in Lebensmittelgeschäften der Bundesrepublik Deutschland (1949–1973), Köln etc. 2013.
Lau, Anett: Das sozialistische Tier. Auswirkungen der SED-Politik auf das gesellschaftliche Mensch-Tier-Verhältnis in der DDR (1949–1989), Köln etc. 2017.
Leonard, Christopher: The Meat Racket. The secret Takeover of America's Food Business, New York etc. 2014.
Lintner, Martin M.: Der Mensch und das liebe Vieh. Ethische Fragen im Umgang mit Tieren, Innsbruck und Wien 2017.
Loehlin, Jennifer A.: From Rugs to Riches: Housework, Consumption, and Modernity in Germany, Oxford und New York 1999.
Loheide, Boris: Agrarbusiness und Globalisierung. Die Entstehung des transatlantischen Rindfleischmarktes 1870–1914, wirtschafts- u. sozialwiss. Diss. Universität Köln 2008.
Lowe, John F.: Die McDonald's Story. Anatomie eines Welterfolges, München 1988.
Lummel, Peter: Born-in-the-City: The Supermarket in Germany, in: Peter J. Atkins/Peter Lummel/Derek J. Oddy (Hrsg.), Food and the City in Europe since 1800, Farnham und Burlington 2007, S. 165–175.
Lüth, Maren/Spiller, Achim: Markenführung in der Fleischwirtschaft – zum Markentransferpotential der Marke Wiesenhof, in: Agrarwirtschaft 55 (2006), S. 142–151.
Mahlerwein, Gunter: Grundzüge der Agrargeschichte. Bd. 3: Die Moderne (1880–2010). Hrsg. v. Clemens Zimmermann, Köln etc. 2016.
Malycha, Andreas/Thoms, Ulrike: Aufbruch in eine neue Zukunft? Biowissenschaftliche Prognosen in der DDR und der Bundesrepublik in den 1970er und 1980er Jahren, in: Heinrich Hartmann/Jakob Vogel (Hrsg.), Prognosen in Wirtschaft, Politik und Gesellschaft seit 1900, Frankfurt/Main und New York 2010, S. 107–134.
Marterer, Burghard: Tagebuch eines Metzgers. Mein Weg durch die Hölle – aus dem Tagebuch eines Schlachters, online unter: www.swissveg.ch/node/523.
Martin, Franz/Schumacher, Kim Philip: Risiko Gülle – ein Abfallprodukt gefährdet das globale Produktionsnetzwerk der intensiven Landwirtschaft, in: Nina Baur u. a. (Hrsg.), Waren – Wissen – Raum. Interdependenzen von Produktion, Markt und Konsum in Lebensmittelwarenketten, Wiesbaden 2020, S. 187–215.
Marzen, Walter: Die Theorie von der „Dynamik der Betriebsformen des Handels" – aus heutiger Sicht, in: ders. (Hrsg.), Die Betriebswirtschaftslehre in der Welt von heute. Festschrift zum 60. Geburtstag von Rudolf Bratschitsch, Spardorf 1988, S. 123–148.
Mauries, René: Jean-Baptiste Doumeng. Le grand absent, Toulouse 1992.
Mellinger, Nan: Fleisch. Ursprung und Wandel einer Lust. Eine kulturanthropologische Studie, Frankfurt/Main und New York 2000.
Mende, Silke: „Nicht rechts, nicht links, sondern vorn". Eine Geschichte der Gründungsgrünen, München 2011.
Mensch, Mario/Olschewsky, Anna: Planet der Hühner. Über die Nutzung des Huhns durch den Menschen, Frankfurt/Main 2017.
Merta, Sabine: Schlank! Ein Körperkult der Moderne, Stuttgart 2008.
Meyer von Bremen, Ann-Helen/Rundgren, Gunnar: Foodmonopoly. Das riskante Spiel mit billigem Essen, München 2014.
Möhring, Maren: Ernährung im Zeitalter der Globalisierung, Leipzig 2007.
Möhring, Maren: Fremdes Essen. Die Geschichte der ausländischen Gastronomie in der Bundesrepublik Deutschland, München 2012.
Mohnhaupt, Jan: Tiere im Nationalsozialismus, München 2020.
Mohrmann, Ruth-E.: „Blutig wol ist Dein Amt, o Schlachter…". Zur Errichtung öffentlicher Schlachthäuser im 19. Jahrhundert, in: Siegfried Becker/Andreas C. Bimmer (Hrsg.), Mensch und Tier. Kulturwissenschaftliche Aspekte einer Sozialbeziehung, Marburg 1991, S. 101–118.
Moor, Liz: The Rise of Brands, Oxford etc. 2007.
Mose, Ingo u. a. (Hrsg.): Globalization and Rural Transitions in Germany and the UK, Göttingen 2010.
Müller, Matthias: Möglichkeiten zur Verbesserung der Schlachthofstruktur in der Bundesrepublik Deutschland, Stuttgart 1992.

Nieradzik, Lukasz/Schmidt-Lauber, Brigitte (Hrsg.): Tiere nutzen. Ökonomie tierischer Produktion in der Moderne, Innsbruck 2016.
Nischwitz, Guido: Die Veredlungswirtschaft in Südoldenburg unter dem Einfluss sich wandelnder sozioökonomischer und politischer Rahmenbedingungen. Eine politisch-geographische Untersuchung, Vechta 1996.
Nischwitz, Guido: Sozioökonomische, ökologische und rechtliche Rahmenbedingungen für die Veredlungswirtschaft in den neunziger Jahren, Vechta 1994.
Nitsch, Peter: Das Einkochen von Fleisch- und Wurstwaren. Ein Literaturbericht, veterinärmed. Diss. Universität Leipzig 1993.
Nonn, Christoph: Fleischvermarktung in Deutschland im 19. und frühen 20. Jahrhundert, in: Jahrbuch für Wirtschaftsgeschichte 1996/I, S. 53–75.
Nonn, Christoph: Verbraucherprotest und Parteiensystem im wilhelminischen Deutschland, Bonn 1996.
Oertel, Claudia: Betriebsaufgabe und Rückzugsstrategien in der Landwirtschaft, Hamburg 2002.
Parker, Philipp S./Shonkwiler, John S.: On the Centenary of the German Hog Cycle: New Findings, in: European Review of Agricultural Economics 41 (2014), S. 47–61.
Patel, Kiran Klaus: Der Deutsche Bauernverband 1945 bis 1990, in: VfZ 58 (2010), S. 161–179.
Patel, Kiran Klaus: Europäisierung wider Willen. Die Bundesrepublik Deutschland in der Agrarintegration der EWG 1955–1973, München 2009.
Patel, Kiran Klaus: Germany and European Integration since 1945, in: Helmut Walser Smith u. a. (Hrsg.): The Oxford Handbook of Modern German History, Oxford etc. 2011, S. 775–794.
Patel, Kiran Klaus: Projekt Europa. Eine kritische Geschichte, München 2018.
Paulus, Julia (Hrsg.): „Bewegte Dörfer". Neue soziale Bewegungen in der Provinz 1970–1990, Paderborn 2017.
Pelzer, Birgit/Reith, Reinhold: Margarine. Die Karriere der Kunstbutter, Berlin 2001.
Perren, Richard: Taste, Trade, and Technology. The Development of the International Meat Industry since 1840, Aldershot etc. 2006.
Peter, Peter [sic!]: Kulturgeschichte der deutschen Küche, München 2008.
Pietzsch, Joachim: Lesestoff Krebs. Die Darstellung der „Krankheit des Jahrhunderts" in ausgewählten Printmedien, Bochum 1991.
Pilgrim, Volker Elis: Zehn Gründe, kein Fleisch mehr zu essen, Reinbek 1992.
Ploeg, Jan Douwe van der: The virtual Farmer. Past, Present, and Future of the Dutch Peasantry, Assen 2003.
Pottker, Jan: Crisis in Candyland. Melting the Chocolate Shell of the Mars Family Empire, Bethseda 1995.
Poutrus, Patrice: Die Erfindung des Goldbroilers. Über den Zusammenhang zwischen Herrschaftssicherung und Konsumentwicklung in der DDR, Köln 2002.
Prahl, Hans-Werner/Setzwein, Monika: Soziologie der Ernährung, Opladen 1999.
Prange, Hartwig: Die Veterinärmedizin im gesellschaftlichen Spannungsfeld. Der Beruf vor, während und nach der Vereinigung, Gießen 2011.
Prasad, Monica: The Politics of Free Markets. The Rise of Neoliberal Economic Policies in Britain, France, Germany and the United States, Chicago und London 2006.
Prinz, Michael: Der Sozialstaat hinter dem Haus. Wirtschaftliche Zukunftserwartungen, Selbstversorgung und regionale Vorbilder: Westfalen und Südwestdeutschland 1920–1960, Paderborn etc. 2012.
Ragotzky, Klaus: Der Haushalt als Marktpartner, in: Ulrich Oltersdorf/Thomas Preuß (Hrsg.), Haushalte an der Schwelle zum nächsten Jahrtausend. Aspekte hauswirtschaftlicher Forschung – gestern, heute, morgen, Frankfurt/Main und New York 1996, S. 235–253.
Ravert, Karl: Gülleaufbereitungsverfahren – Wirtschaftlichkeit und Auswirkungen auf die regionale Konzentration der Veredelungsproduktion, Frankfurt/Main 1995.
Reckendrees, Alfred: Konsummuster im Wandel: Haushaltsbudgets und privater Verbrauch in der Bundesrepublik Deutschland 1952–1998, in: Jahrbuch für Wirtschaftsgeschichte 2007/II, S. 29–61.
Reckert, Gerald: Zur Adaption neuer Speisen und Verzehrformen. Die Einführung von fast food in der Bundesrepublik Deutschland, ökotrophol. Diss. TU München 1986.

Reichholf, Josef H.: Mein Leben für die Natur. Auf den Spuren von Evolution und Ökologie, Frankfurt/Main 2015.
Reulecke, Jürgen: Geschichte der Urbanisierung in Deutschland, Frankfurt/Main 1985.
Rheinberger, Hans-Jörg/Müller-Wille, Staffan [sic!]: Vererbung. Geschichte und Kultur eines biologischen Konzepts, Frankfurt/Main 2009.
Richter, Hedwig/Richter, Ralf: Die Gastarbeiter-Welt. Leben zwischen Palermo und Wolfsburg, Paderborn etc. 2012.
Rimas, Andrew/Fraser, Evan D. G.: Beef. How Milk, Meat, and Muscle shaped the World, Edinburgh und London 2008.
Rothgerber, Hank: Real Men don't eat (Vegetable) Quiche. Masculinity and the Justification of Meat Consumption, in: Psychology of Men & Masculinity 14 (2013), S. 363–375.
Rückert-John, Jana/Kröger, Melanie (Hrsg.): Fleisch. Vom Wohlstandssymbol zur Gefahr für die Zukunft, Baden-Baden 2019.
Ruile, Arno: Ausländer in der Großstadt. Zum Problem der kommunalen Integration der türkischen Bevölkerung, Augsburg 1984.
Sandgruber, Roman: Das Geschlecht der Esser, in: Rolf Walter (Hrsg.), Geschichte des Konsums. Erträge der 20. Arbeitstagung der Gesellschaft für Sozial- und Wirtschaftsgeschichte 23.–26. April 2003 in Greifswald, Stuttgart 2004, S. 379–408.
Saraiva, Tiago: Fascist Pigs. Technoscientific Organisms and the History of Fascism, London 2016.
Scherer, Bernd: Gütezeichen im Marketing des Fleischhandwerks, agrarwiss. Diss. Universität Bonn 1988.
Schmitz, Peter Michael: Einfluss der Agrarmarktpolitik auf Lebensmittelmärkte und Ernährungsverhalten, in: Jahrbuch der Absatz- und Verbrauchsforschung 33 (1987), S. 353–378.
Schneider, Norbert F.: Familie und private Lebensführung in West- und Ostdeutschland. Eine vergleichende Analyse des Familienlebens 1970–1992, Stuttgart 1994.
Schnieders, Rudolf: Das neue Zeitalter der Agrarpolitik. Vom Landwirtschaftsgesetz zur europäischen Agrarreform, in: Henning Brand-Saßen u. a.: Landwirtschaft im Umbruch. Agrarpolitik, Markt, Strukturen und Finanzierung seit den siebziger Jahren, Stuttgart 2008, S. 9–68.
Schweisfurth, Karl Ludwig: Wenn's um die Wurst geht. Mein Weg von der Fleischindustrie zur ökologischen Landwirtschaft, München 2001.
Seidl, Alois: Deutsche Agrargeschichte, Frankfurt/Main 2014.
Settele, Veronika: Mensch, Kuh, Maschine. Kapitalismus im westdeutschen Kuhstall 1950–1980, in: Mittelweg 26 (2017), S. 44–65.
Settele, Veronika: Revolution im Stall. Landwirtschaftliche Tierhaltung in Deutschland 1945–1990, Göttingen 2020.
Sewig, Claudia: Der Mann, der die Tiere liebte. Bernhard Grzimek. Biografie, Bergisch Gladbach 2009.
Sheingate, Adam D.: The Rise of the Agricultural Welfare State. Institutions and Interest Group Power in the United States, France, and Japan, Princeton 2001.
Silbermann, Alphons: Die Küche im Wohnerlebnis der Deutschen. Eine soziologische Studie, Opladen 1995.
Sobowski, Rainer: Der Bauernverband in der Krise. Ein Beitrag zur Neubestimmung gruppenkollektiven Verhaltens, Frankfurt/Main 1990.
Specht, Joshua: Red Meat Republic. A Hoof-to-Table History of how Beef changed America, Princeton/NJ und Oxford 2019.
Spiekermann, Uwe: Die Edeka. Entstehung und Wandel eines Handelsriesen, in: Peter Lummel/Alexandra Deak (Hrsg.), Einkaufen! Eine Geschichte des täglichen Bedarfs, Berlin 2005, S. 93–102.
Spiekermann, Uwe: Hormonskandale, in: Petra Rösgen (Hrsg.), Skandale in Deutschland nach 1945, Bielefeld 2007, S. 104–113.
Spiekermann, Uwe: Warum scheitert die Ernährungskommunikation? Eine Antwort aus kulturwissenschaftlicher Perspektive, in: Eva Barlösius/Regine Rehaag (Hrsg.), Skandal oder Kontinuität. Annäherungen an eine öffentliche Ernährungskommunikation, Berlin 2006, S. 39–49.
Spiller, Achim/Schulze, Birgit: Trends im Verbraucherverhalten: Ein Forschungsüberblick zum Fleischkonsum, in: dies. (Hrsg.), Zukunftsperspektiven der Fleischwirtschaft. Verbraucher, Märkte, Geschäftsbeziehungen, Göttingen 2008, S. 233–272.

Spoerer, Mark: Agricultural Policies in Western Europe since 1945, in: Otmar Hesse (Hrsg.), Perspectives on European Economic and Social History, Baden-Baden 2014, S. 181–194.
Spoerer, Mark: Agricultural Protection and Support in the European Economic Community, 1962–92: Rent-Seeking or Welfare Policy?, in: European Review of Economic History 19 (2015), S.195–214.
Spuler-Stegemann, Ursula: Muslime in Deutschland. Nebeneinander oder Miteinander?, Freiburg etc. 1998.
Stalmann, Volker (Bearb.): Die FDP-Fraktion im Deutschen Bundestag. Sitzungsprotokolle 1949–1969. Zweiter Halbbd: Januar 1963 bis Juni 1969, Düsseldorf 2017.
Steiner, Dieter: Rachel Carson: Pionierin der Ökologiebewegung. Eine Biographie, München 2014.
Stoff, Heiko: Wirkstoffe. Eine Wissensgeschichte der Hormone, Vitamine und Enzyme, 1920–1970, Stuttgart 2012.
Stull, Donald D./Broadway, Michael J.: Slaughterhouse Blues. The Meat and Poultry Industry in North America, Belmont/CA 2004.
Suchfort, Klaus: Der Schlachthof in Gießen. Ein Beitrag zur Geschichte der Veterinärmedizin, tiermed. Diss. Universität Gießen 1997.
Teltschick, Werner: Geschichte der deutschen Großchemie. Entwicklung und Einfluss in Staat und Gesellschaft, Weinheim 1992.
Teuteberg, Hans-Jürgen/Neumann, Gerhard/Wierlacher, Alois (Hrsg.): Essen und kulturelle Identität. Europäische Perspektiven, Berlin 1997.
Thoms, Ulrike: Der dicke Körper und sein Konsum im Visier von Wissenschaft und Politik in der DDR und BRD, in; Comparativ 21 (2011), H. 3, S. 97–113.
Thoms, Ulrike: Essen in der Arbeitswelt. Das betriebliche Kantinenwesen seit seiner Entstehung um 1850, in: Hans-Jürgen Teuteberg (Hrsg.), Revolution am Esstisch. Neue Studien zur Nahrungskultur im 19./20. Jahrhundert, Stuttgart 2004, S. 203–217.
Thurn, Valentin/Kreutzberger, Stefan: Harte Kost. Wie unser Essen produziert wird – auf der Suche nach Lösungen für die Ernährung der Welt, München 2014.
Tilly, Richard H.: Städtewachstum, Kommunalfinanzen und Munizipalsozialismus in der deutschen Industrialisierung. Eine vergleichende Perspektive 1870–1913, in: Jürgen Reulecke (Hrsg.), Die Stadt als Dienstleistungszentrum. Beiträge zur Geschichte der „Sozialstadt" in Deutschland im 19. und frühen 20. Jahrhundert, St. Katharinen 1995, S. 125–152.
Torp, Claudius: Konsum und Politik in der Weimarer Republik, Göttingen 2011.
Treitel, Corinna: Eating Nature in Modern Germany. Food, Agriculture and Environment, Cambridge 2017.
Tucher von Simmelsdorf, Friedrich W.: Die Expansion von McDonald's Deutschland Inc., Wiesbaden 1994.
Uekötter, Frank: Deutschland in Grün. Eine zwiespältige Erfolgsgeschichte, Göttingen 2015.
Uekötter, Frank: Die Wahrheit ist auf dem Feld. Eine Wissenschaftsgeschichte der deutschen Landwirtschaft, Göttingen 2010.
Vahrenkamp, Richard: Die logistische Revolution. Der Aufstieg der Logistik in der Massenkonsumgesellschaft, Frankfurt/Main und New York 2011.
Vahrenkamp, Richard: Logistik als Metasystem der Infrastruktur. Die Grenzen der Eisenbahn-Logistik und der Aufstieg der Lastwagen-Logistik 1900 bis 1938, in: Wiebke Porombka (Hrsg.), Versorgung und Entsorgung der Moderne. Logistiken und Infrastrukturen der 1920er und 1930er Jahre, Frankfurt/Main 2011, S. 123–152.
Verg, Erik (unter Mitarbeit v. Werner Plumpe u. Heinz Schultheis): Meilensteine. 125 Jahre Bayer 1863–1988, Leverkusen 1988.
Voerste, Anja: Lebensmittelsicherheit und Wettbewerb in der Distribution. Rahmenbedingungen, Marktprozesse und Gestaltungsansätze, dargestellt am Beispiel der BSE-Krise, Köln 2009.
Vogler, Pen: Scoff. A History of Food and Class in Britain, London 2020.
Wecker, Georg: Marktbeherrschung, gemeinsamer Einkauf und vertikale Beschränkungen als kartellrechtliche Probleme im deutschen Einzelhandel, Baden-Baden 2010.
Weiler, Ulrike: Fleisch essen? Eine Aufklärung, Frankfurt/Main 2016.
Weinberg, Peter: Nonverbale Markenkommunikation, Heidelberg 1986.

Wildt, Michael: Am Beginn der „Konsumgesellschaft". Mangelerfahrung, Lebenshaltung, Wohlstandshoffnung in Westdeutschland in den fünfziger Jahren, Hamburg 1994.
Windhorst, Hans-Wilhelm: Agrarindustrielle Unternehmen – Entstehungsbedingungen, Strukturen, räumliche Organisation, in: ders. (Hrsg.), Industrialisierte Landwirtschaft und Agrarindustrie. Entwicklungen, Strukturen und Probleme, Vechta 1989, S. 89–103.
Windhorst, Hans-Wilhelm: Die Industrialisierung der Agrarwirtschaft. Ein Vergleich ablaufender Prozesse in den USA und der Bundesrepublik Deutschland, Frankfurt/Main 1989.
Windhorst, Hans-Wilhelm: Entwicklung der Fleischproduktion und des Fleischverzehrs in Deutschland. Vortrag am 31. Mai 1997 auf dem 4. Fleischhygiene-Kolloquium an der Universität in Leipzig, Vechta 1997.
Windhorst, Hans-Wilhelm/Wilke, Anna: Analysen zur Globalisierung in der Eier- und Fleischerzeugung, Dinklage 2013 (Beiträge zur Geflügelwirtschaft Nr. 1).
Wirth, Sven (Hrsg.): Das Handeln der Tiere. Tierische Agency im Fokus der Human-Animal-Studies, Bielefeld 2016.
Wise, Michael D.: Meat, in: ders./Jennifer Jensen Wallach (Hrsg.), The Routledge History of American Foodways, New York etc. 2016, S. 97–112.
Wolfschmidt, Matthias (unter Mitarbeit v. Stefan Scheytt): Das Schweinesystem. Wie Tiere gequält, Bauern in den Ruin getrieben und Verbraucher getäuscht werden, Frankfurt/Main 2016.
Wormuth, Hans-Joachim: Aspekte des rituellen Schlachtens (Schächten), in: Berliner und Münchener Tierärztliche Wochenschrift 94 (1982), S. 265–271.
Wortmann, Michael: Aldi and the German Model: Structural Change in German Grocery Retailing und die Success of Grocery Discounters, in: Competition and Change 8 (2004), S. 425–441.
Zapf, Wolfgang u. a. Individualisierung und Sicherheit. Untersuchungen zur Lebensqualität in der Bundesrepublik Deutschland, München 1987.
Zeitreihen zur Landwirtschaft in Nordrhein-Westfalen 1960 bis 2014, Münster 2015.
Zimmermann, Clemens: Vom Nutzen und Schaden der Subsistenz. Fachdiskurse über „Arbeiterbauern" vom Kaiserreich zur Bundesrepublik, in: Westfälische Forschungen 61 (2011), S. 155–178.

Personenverzeichnis

Adenauer, Konrad 41
Annuss, Heinz 161, 163, 166, 198, 214
Arndt, Helmut 149

Balling, Richard 62, 127
Branscheid, Wolfgang 427
Bredehorn, Günther 313, 315, 352

Carson, Rachel 279–281
Chirac, Jacques 436
Croll, Willi 225

Dobert, Heinz 154, 226
Dürr, Paul 360–363

Eppler, Erhard 199
Erhard, Ludwig 41 f., 462
Ertl, Josef 436, 440, 446, 464 f., 468

Friedrichs, Hans 150, 440 f.

Geldern, Wolfgang von 452
Gerl, Franz 176, 306, 380
Glup, Gerhard 303, 310
Grzimek, Bernhard 83, 282

Harbeck, Martin 326
Harrison, Ruth 279–282
Hasselmann, Winfried 262, 346
Höcherl, Hermann 461
Huber, Antje 84

Kartte, Wolfgang 136 f., 140, 151
Kiechle, Ignaz 448 f., 468, 475
Köhne, Manfred 380
Kröger, Melanie 5
Kronlage, Ewald 403–408, 414

Lardionis, Pierre 435 f.
Lauring Knudsen, Ann-Christina 454
Leibfried, Eugen 462

Lohmann, Heinz 272 f., 296–298
Lohmiller, Richard 158

Matthiesen, Klaus 452, 476
Meyerholz, Hinrich 312–314
Moksel, Alexander 165 f., 185, 213

Nüssel, Simon 474

Patel, Kiran Klaus 5
Pütthoff, Robert 138

Rabe, Xaver 353–355
Raiffeisen, Friedrich Wilhelm 168 f.
Rau, Johannes 452
Rehwinkel, Edmund 457
Reischl, Hans 139, 157
Ritz, Burkhard 474

Schwarz, Werner 172, 261–263
Schweisfurth, Karl Ludwig 104 f., 124, 149, 226 f., 230, 241, 327, 421
Settele, Veronika 5, 282, 287
Siebeck, Wolfram 61
Sonnleitner, Gerd 477 f.
Spoerer, Mark 454
Stern, Horst 80, 349
Stoll, Karl Christian 40

Tooze, Adam 35

Uekötter, Frank 6, 487 f.

Vetter, Heinz 409
Vittinghof-Schnell, Felix Freiherr von 459

Weck, Johann Carl 95
Wesjohann, Paul 273, 296–299
Wiegandt, Klaus 143, 155 f.
Wissmann, Mathias 147
Wollschläger, Hans 55, 89
Wolters, Hans-Georg 84

www.ingramcontent.com/pod-product-compliance
Lightning Source LLC
Chambersburg PA
CBHW031720230426
43669CB00007B/188